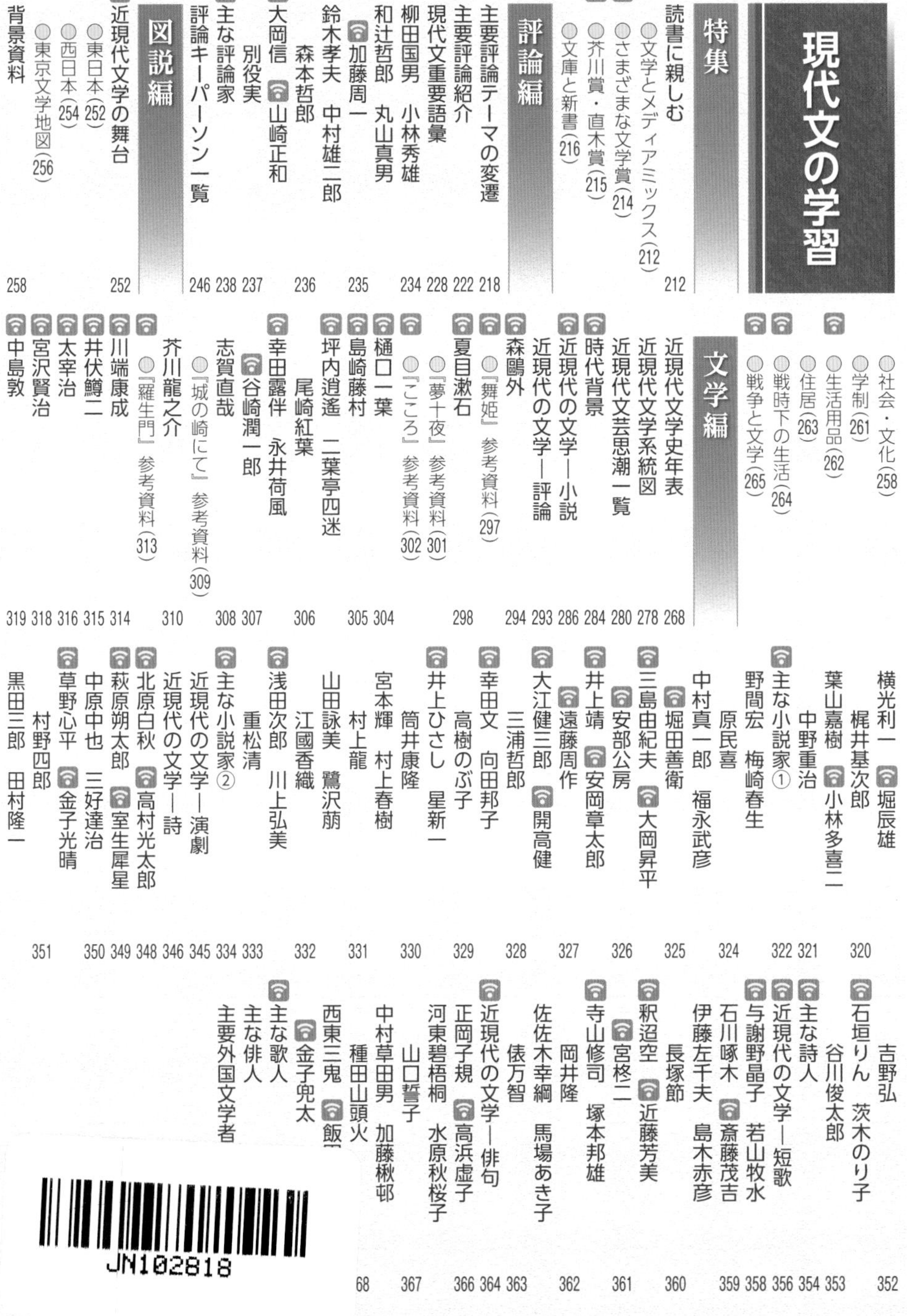

現代文の学習

特集

評論編

図説編

文学編

漢文の学習

表現の学習

言葉の学習

新たな「国語」の学びに向けて

「国語」で学ぶことは、どのように役立つのか。これからの社会を生きていくために、何を、どのように学んでいけばよいのか。そのヒントを探ってみよう。

社会とのつながりに着目する

国語の学習では評論・小説・古文・漢文など、さまざまな文章に接する。ただ書かれていることを読み取るだけでなく、その内容が現代社会の実情とどうつながりがあるのか、今後のあり方につながるヒントが隠れていないか、と考えていくことで、より深い学びにつながる。

➡参照 p.218 主要評論テーマの変遷
➡参照 p.478 小論文必須テーマ

小説

絶対に絶対に秘密なんだけど、お客さんにだけ教えてあげる。三十ドルでコルト拳銃が手に入るんだ。中古だけどね。ちゃんと装弾カプセル二ダース付きなんだ。さっきのと合わせて六十ドルになるから二丁買える。えっ、人を殺すのかって？いいや、僕は人は殺さない。絶対に人間は殺さないってば。僕が殺すのは、占領者たち、侵略者たちだけだよ。

（イラク戦争で孤児になった十二歳の少年アフメドの発言。米原万里『バグダッドの靴磨き』より）

評論

「遠近感」なきグローバル資本主義というシステム、しかしその中で私たちは「遠近感」のある場の中で生きている。身近な人の命が突然失われれば、私たちは身の引き裂かれるような痛みに茫然自失する。私たちの記憶に深く刻み込まれた建造物が失われれば、私たちは自分自身が深く傷つけられたような思いにとらわれる。

「遠近感」なき経済システムと「遠近感」の中にある私たちの生きられた場の間には、明らかな対立が存在している。

（上田紀行『生きる意味』より）

現代社会

▼2022年のロシアのウクライナ侵攻に伴い小麦粉の販売が一人当たり2パックに制限された、ドイツのスーパーマーケット。

読解のヒント

キーワードに着目する

評論文を読む際は、よく使われる語彙を知っておくと、スムーズな読解につながる。

グローバリズム？
資本主義？

➡参照 p.228 現代文重要語彙

論理構造に着目する

たとえば主張・理由・具体例の役割や関係性などといった基本ルールを知っておくと、文章の構造が見えやすくなり、読解に役立つ。

「経済システム」と「生きられた場」が対比の関係にあるということは…
ここは筆者の主張の具体例にあたるのかな？

➡参照 p.468 論理のレッスン

参照 p.372 主要外国文学者

参照 p.322〜主な小説家

国際化と文学

海外の文学作品を読んだり、日本の文学作品の外国語訳バージョンを読んだりすることで、文化や表現方法の違い、地域や時代を越えた共通点など、さまざまな発見がある。

世界で読まれる日本の文学作品

▲▶翻訳された村上春樹の作品。
右は英語・ドイツ語・フランス語・スウェーデン語版、左は中国語版。

▲2022 年ブッカー賞の翻訳部門で『ヘヴン』が最終選考まで残った川上未映子（中央）。

▼英訳版が 2020 年に全米図書賞を受賞した柳美里の小説『ＪＲ上野駅公園口』。

▲宮沢賢治「雨ニモマケズ」の英訳版を手がけたアーサー・ビナード。

古典文学から学ぶ 病

古典文学には現代と異なる価値観や社会制度が描かれているが、一方で時代を越えても変わらない人の心情や思索にも気づくことができる。以下は文学作品における「病気」の描かれ方を眺めることで、現代にもつながる視点を見いだした書籍である。

『日本古典と感染症』（ロバート・キャンベル編著）

『万葉集』と天然痘、『源氏物語』とマラリアなど、医学や科学が現代よりも発達していなかった時代の、感染症の捉え方、感染状況、希望の見いだし方などを追う。

形を変える文学作品

さまざまな表現方法に形を変えて、時代を越えて長く親しまれる作品もある。

軍記物語

参照 p.158 平家物語

▲和漢混交文で書かれた軍記物語『平家物語』は、琵琶法師の語りによって広められた。

能

参照 p.176 能・狂言

▲能「二番目物・敦盛（あつもり）」。一谷（いちのたに）合戦で討死した平敦盛（たいらのあつもり）の亡霊が現れて戦う。

小説

▲現代の小説家が訳した『平家物語』。原典との違いや表現の意図を探るのもおもしろい。

アニメ

参照 p.212 文学とメディアミックス

▲アニメ版『平家物語』。原作には登場しないオリジナルキャラクターが、新たな視点を与えている。　©「平家物語」製作委員会

▲カズオ・イシグロ（1954 ―）は長崎県に生まれ、幼少期に英国へ移住。その後英国籍を取得した。1989 年に『日の名残り』でブッカー賞、2017 年にノーベル文学賞を受賞した。写真は 2018 年に長崎市から名誉市民章を手渡されたときのもの。

▲リービ英雄（1950 ―）は日本語を母語とせずに日本語で創作を続けている作家・日本文学者。万葉集の英訳で全米図書賞を受賞、その後『星条旗の聞こえない部屋』で野間文芸新人賞、『模範郷』で読売文学賞など、数々の賞を受賞している。

『疫病と日本文学』（日比嘉高編）

中古から現代まで、日本文学が疫病をどう描いてきたのかを通覧できる。神と鬼と虫と人間が織りなす文芸の世界からパンデミックを切りとる。

参照 p.12 古文の世界の背景を知ろう ― 生活事情

文学・語学と技術の進歩

くずし字の自動認識

古典の原文は現代では用いられない字（くずし字）なので読みにくいが、近年、くずし字の自動認識技術が向上しており、歴史的資料の研究が進むことが期待されている。

▶AIくずし字認識アプリ「みを」。画像は徒然草百三十七段「花は盛りに」冒頭。

外国語翻訳ツール

外国語の自動翻訳技術も日進月歩で進化している。スマートフォンの普及や通信速度の向上に伴い、以前より身近で実用的なものになっている。

▼翻訳ツール「DeepL」の翻訳画面（カフカ『変身』のドイツ語原文冒頭を日本語に翻訳したもの）。

ドイツ語（自動検出）

Als Gregor Samsa eines Morgens aus unruhigen Träumen erwachte, fand er sich in seinem Bett zu einem ungeheuren Ungeziefer verwandelt. Er lag auf sinem panzerartig harten Rücken und sah, wenn er den Kopf eine wenig hob, seinen gewölbten, braunen, von bogenförmigen Versteifungen geteilten Bauch, auf dessen Höhe sich die Bettdecke, zum gänzlichen Niedergleiten bereit, kaum noch erhalten konnte.

日本語　用語集

ある朝、グレゴール・ザムザが落ち着かない夢から覚めると、ベッドの中で怪物的な害虫に変身していた。鎧のような硬い背中に横たわり、少し頭を上げると、アーチ型の肩甲骨で分けられた膨らんだ褐色の腹が見えた。その高さでは、ベッドカバーが完全に滑り落ちそうで、かろうじて維持している状態だった。

-フランツ・カフカ「変身」。

コーパスの活用

コーパスとは本の中身や話し言葉を文字データにして大量に集め、コンピュータで検索・分析ができるようにしたデータベースのことである。従来は実際の文献にあたらないといけなかった作業を、コンピュータ上で大量に、即座に行えるようになったため、日本語の研究を新しい手法で展開していくことが可能になっている。

▼「日本語歴史コーパス」検索画面。

注目の評論家

哲学・教育学　苫野（とまの）一徳（いっとく）

一九八〇ー。兵庫県出身。早稲田大大学院教育学研究科修了。専門は哲学、教育学。既存の教育制度の問題を検討し、多様で異質な人たちが、互いに了承し承認し合う方法を探究している。

◆入試出題例……福島学院大(二三)、神戸女学院大(二三)、広島修道大(二二)、大阪産業大(二〇)

芸術認知科学　齋藤（さいとう）亜矢（あや）

一九七八ー。茨城県出身。東京藝術大大学院美術研究科修了。専門は芸術認知科学。芸術する心がなぜ生まれたのか、進化や発達の視点からアプローチしている。

◆入試出題例……大同大(二三)、足利大(二三)、亜細亜大(二二)

美学、現代アート　伊藤（いとう）亜紗（あさ）

一九七九ー。東京都出身。東京大大学院人文社会系研究科修了。専門は美学、現代アート。障害を通して、人間の身体のあり方を研究している。

◆入試出題例……北海道大(二三)、九州大(二三)、学習院大(二三)、東海大(二三)、立命館大(二三)ほか

⬇参照 p.218～評論編

便覧徹底活用ガイド

ビジュアル索引
古典文学作品編

凡例
作者・撰者
登場人物
絵画・絵巻
地図
写真
参考資料・解説
一覧
参考動画

『新訂総合国語便覧』の使い方

『新訂総合国語便覧』は、国語の学習で必要となるあらゆる情報を網羅した、総合資料集です。充実の内容で、国語の知識を深めることができます。

全体構成

◆古文の学習
図説編　古典文学の背景
資料編　古典文学の資料
文学編　文学史と作品

◆現代文の学習
評論編　現代評論の背景と評論家
図説編　近現代文学の背景
文学編　文学史と作家

◆漢文の学習
図説編　中国文学の背景
文学編　文学史と人物
資料編　漢文学習の資料

◆表現の学習
理解編　実践前の確認事項
実践編　実践のための資料

◆言葉の学習

※古文・現代文・漢文には冒頭に特集ページを用意しています。特集ページや小倉百人一首など、よく参照するページは左端全体に色がついていますので、探しやすくなっています。

調べ方・使い方

●目次を使う
目次では、小さな見出しもできるだけ多くあげました。調べたい資料・人物・作品などがわかる場合は、目次からすぐに目的のページに進めます。

●索引を使う
索引では、多くの見出し語を五十音順にあげました。調べ学習に役立ちます。

●ビジュアル索引を使う
「古典文学作品編」「古典人物系譜編」「近現代文学編」の三つのパートで、著名な人物・作品の関連項目、比較対象項目を視覚的に示しています。この索引そのものが文学史を概観できる資料になっていますので、ぜひビジュアル索引ページを読み込んでみてください。

●気の向くままにページを開く
さまざまな箇所に、興味深いトピックや写真を掲載していますので、とくに目的がない場合でも、パラパラとページをめくってみることをお勧めします。国語便覧を通して、新たな発見・学びにつなげてもらえたらと思います。

国語便覧関連資料紹介サイト

国語便覧専用のウェブページを用意しています。本だけでなくウェブからもさまざまな情報を得られます。

第一学習社版 国語便覧
関連資料紹介サイト

https://www.daiichi-g.co.jp/kokugo/binran/

おもな関連資料

・NHK for Schoolや官公庁などで公開されている、関連動画・貴重な音声データなど、全二五〇点以上のウェブリンクをご案内しています。

※外部サイトへのリンクとなります。
※利用については先生の指示に従ってください。
※利用に際しては一般に、通信料が発生します。

閲覧方法

❶裏表紙や右にある二次元コードから、サイトのトップ画面に進むことができます。
❷目次の マークも参照しながら、リンク先一覧から目的のサイトへ進んでください。

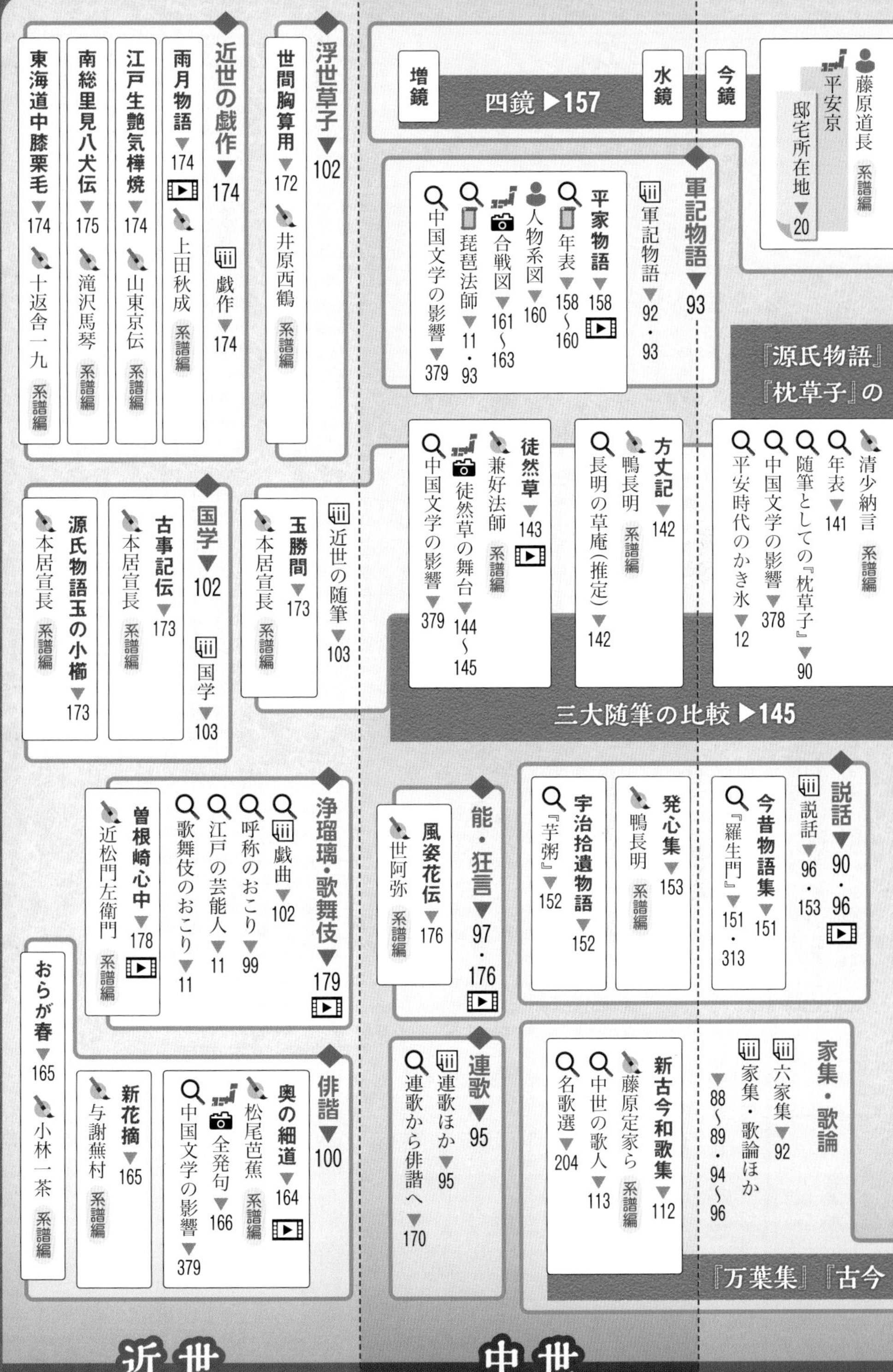

藤原道長 系譜編
平安京 邸宅所在地▼20
今鏡
水鏡
四鏡▶157
増鏡
軍記物語▼93
軍記物語▼92・93
平家物語▼158
年表▼158〜160
人物系図▼160
合戦図▼161〜163
琵琶法師▼11・93
中国文学の影響▼379
『源氏物語』
『枕草子』の
清少納言 系譜編
年表▼141
随筆としての『枕草子』▼90
中国文学の影響▼378
平安時代のかき氷▼12
方丈記▼142
鴨長明 系譜編
長明の草庵（推定）▼142
徒然草▼143
兼好法師 系譜編
徒然草の舞台▼144〜145
中国文学の影響▼379
三大随筆の比較▶145
近世の随筆▼103
玉勝間▼173
本居宣長 系譜編
国学▼102
国学▼103
古事記伝▼173
本居宣長 系譜編
源氏物語玉の小櫛▼173
本居宣長 系譜編
浮世草子▼102
世間胸算用▼172
井原西鶴 系譜編
近世の戯作▼174
戯作▼174
雨月物語▼174
上田秋成 系譜編
江戸生艶気樺焼▼174
山東京伝 系譜編
南総里見八犬伝▼175
滝沢馬琴 系譜編
東海道中膝栗毛▼174
十返舎一九 系譜編
説話▼90・96
説話▼96・153
今昔物語集▼151
『羅生門』▼151・313
発心集▼153
鴨長明 系譜編
宇治拾遺物語▼152
『芋粥』▼152
能・狂言▼97・176
風姿花伝▼176
世阿弥 系譜編
浄瑠璃・歌舞伎▼179
戯曲▼102
呼称のおこり▼99
江戸の芸能人▼11
歌舞伎のおこり▼11
曽根崎心中▼178
近松門左衛門 系譜編
家集・歌論
六家集▼92
家集・歌論ほか▼88〜89・94〜96
新古今和歌集▼112
藤原定家ら 系譜編
中世の歌人▼113
名歌選▼204
『万葉集』『古今
連歌▼95
連歌ほか▼95
連歌から俳諧へ▼170
俳諧▼100
奥の細道▼164
松尾芭蕉 系譜編
全発句▼166
中国文学の影響▼379
新花摘▼165
与謝蕪村 系譜編
おらが春▼165
小林一茶 系譜編
中世
近世

皇室 ▼68・70

藤原氏略系図 ▼70

桓武天皇
清和天皇

平氏と源氏 ▼160

醍醐天皇
古今和歌集 作品編

一条天皇
皇后 藤原定子
中宮 藤原彰子

後宮 ▼86
中古女性文学年譜 ▼123

後白河天皇
梁塵秘抄 ▼91
千載和歌集 ▼115

院政 ▼91

後鳥羽天皇 99

貴族

中古の歌人 ▶111

藤原公任 55
和漢朗詠集（編者）▼91
三十六歌仙 ▼88

中古女性文学系図 ▼123

藤原道長 ▼156
栄花物語 ▼157
大鏡 作品編
紫式部日記 作品編
摂関政治 ▼86
紫式部日記絵巻 ▼86
道長勤務状況 ▼10

中世の歌人 ▼94・113

紫式部 57
源氏物語 作品編
紫式部日記 作品編
年譜 ▼124
石山寺 ▼125
紫式部の食事 ▼13

藤原道綱母 53
蜻蛉日記 作品編

伯母・姪

万葉の歌人 ▼107

大伴家持 6
万葉集（編者） 作品編

安倍仲麻呂 7

紀貫之（古今和歌集撰者）35
土佐日記 作品編
六歌仙批評 ▼110
官位例 ▼65

清少納言と紫式部 ▼140

清少納言 62
枕草子 作品編
紫式部の人物評 ▼148
平安時代のかき氷 ▼12

菅原孝標女
更級日記 作品編
物詣で ▼90

源頼朝

源氏と平氏 ▼160

平家物語 作品編

柿本人麻呂 3

山部赤人 4

菅原道真 24
大鏡 作品編
紅梅殿 ▼21

源俊頼（金葉和歌集撰者）74

太安万侶
古事記（筆録） 作品編
日本書紀（編者） 作品編

在原業平 17
伊勢物語 作品編
六歌仙 ▼110
皇室略系図 ▼68

和泉式部 56
和泉式部日記 ▼150
中古の歌人 ▼111

親子

小式部内侍 60

赤染衛門 59

藤原長子
讃岐典侍日記 ▼150

鴨長明
方丈記 作品編

上代

中古

便覧徹底活用ガイド

ビジュアル索引
古典人物系譜編

凡例
○囲み数字…小倉百人一首の歌番号
下命・執筆したとされる作品
…登場する作品・モデルになった作品
…絵画・絵巻
…地図
…写真
…参考資料・解説
…参考動画

中世

式子内親王 ⑧⑨

新古今和歌集 隠岐本▼112 作品編

藤原俊成（千載和歌集撰者）⑧③
長秋詠藻▼88
古来風体抄▼95

藤原定家（新古今和歌集・新勅撰和歌集撰者）⑨⑦
拾遺愚草▼94
近代秀歌▼95
明月記▼150
小倉百人一首▼180

藤原俊成女
無名草子▼96

阿仏尼
十六夜日記▼150
うたたね▼150

武士

源義経
義経記▼93
源平合戦ほか▼86

源実朝 ⑨③
金槐和歌集▼94
右大臣実朝▼94

平清盛
入道相国▼64
奈良絵本『平家物語』▼158

西行 ⑧⑥
山家集▼89

寂蓮（新古今和歌集撰者）⑧⑦

世阿弥▼176
風姿花伝 作品編

隠者の文学▼96
発心集 作品編
無名抄▼96

兼好法師
徒然草 作品編

近世

町人

近世の俳人▼100・168
俳風の比較▼168
俳仙群会図▶100

松尾芭蕉▼164
奥の細道 作品編

与謝蕪村▼165
新花摘 作品編

小林一茶▼165
おらが春 作品編

近松門左衛門▼178
曽根崎心中 作品編

井原西鶴▼172
世間胸算用 作品編

上田秋成▼174
雨月物語 作品編

山東京伝▼174
江戸生艶気樺焼 作品編

滝沢馬琴▼175
南総里見八犬伝 作品編

十返舎一九▼175
東海道中膝栗毛 作品編

近世の歌人▼101

本居宣長▼173
玉勝間 作品編
古事記伝
源氏物語玉の小櫛 作品編

国学者▼103
賀茂真淵

便覧徹底活用ガイド

ビジュアル索引 近現代文学編

凡例
作品 / 地図 / 写真・絵画 / 参考資料・解説 / 動画

- 旧居・墓ほか ▼257
- 菊池寛 ▼323
  - 芥川賞・直木賞 ▼215
- 新興芸術派 ▼290
  - 梶井基次郎 ▼320
    - 檸檬 ▼320
- 井伏鱒二 ▼315
  - 自筆画「桃」▼290
  - 黒い雨 ▼315
  - 原爆被害 ▼267
  - 「春暁」訳詩 ▼381
- 新戯作派 ▼292
  - 太宰治 ▼316
    - 富嶽百景 ▼316
    - 文学碑ほか ▼317
  - 坂口安吾 ▼337
- 第二次戦後派 ▼292
  - 三島由紀夫 ▼326
  - 安部公房 ▼326

- 『羅生門』出版記念会 ▼310
- 新感覚派 ▼290
  - 川端康成 ▼314
    - 伊豆の踊子 ▼314
    - 天城・湯ケ野 ▼252
    - ノーベル賞 ▼314
  - 「文芸時代」▼291
  - 川端と横光 ▼290
  - 横光利一 ▼320
- 「文学界」
  - 小林秀雄 ▼234
    - 考えるヒント ▼222
    - 中原中也 ▼350
    - 反プロレタリア ▼293
- 第三の新人 ▼292
  - 遠藤周作 ▼327
    - 海と毒薬 ▼265

- 耽美派 ▼288
  - 谷崎潤一郎 ▼307
    - 新技巧派 ▼310
    - 学生時代 ▼260
- プロレタリア文学 ▼290
  - 葉山嘉樹 ▼321
    - 「文芸戦線」▼291
  - 小林多喜二 ▼321
- 中島敦 ▼319
  - 『山月記』と『人虎伝』▼381
- 戦後の世代 ▼292
  - 大江健三郎 ▼328
  - 村上春樹 ▼331
    - 映画『ノルウェイの森』▼213

- 近代詩の確立 ▶346
  - 小説家として ▼289
  - 萩原朔太郎 ▼349
  - 宮沢賢治 ▼318
    - 草野心平 ▼351
    - 映画『銀河鉄道の夜』▼213
- 四季派・歴程派 ▶346～347
  - 三好達治 ▼350
    - 艸千里浜 ▼255
  - 草野心平 ▼351
  - 中原中也 ▼350
  - 立原道造 ▼355
- 戦後詩 ▶347
  - 石垣りん ▼353
  - 吉野弘 ▼352
  - 茨木のり子 ▼353
  - 谷川俊太郎 ▼353

近現代歌人系譜 ▶357

- アララギ派 ▶356
  - 長塚節 ▼360
  - 釈迢空 ▼361
- 新興俳句 ▶364
  - 水原秋桜子 ▼367
  - 四S ▼367
  - 山口誓子 ▼367
- 人間探求派 ▶364
  - 中村草田男 ▼368
  - 加藤楸邨 ▼368
  - 橋本多佳子 ▼371
- 「日光」▶356
- 根源俳句 ▼365
  - 西東三鬼 ▼369
- 新歌人集団 ▶356
  - 宮柊二 ▼361
  - 近藤芳美 ▼361
- 前衛俳句 ▶365
  - 金子兜太 ▼369
- 前衛短歌 ▼357
  - 寺山修司 ▼362
- 「心の花」
  - 佐佐木幸綱 ▼363
  - 俵万智 ▼363

知っておくと便利！大人の一般常識

訪問時のマナー

会社でも一般の家庭でも、事前に訪問の連絡をしてから出向くようにする。訪問の日時も、相手の都合を丁重にうかがうようにしたい。訪問の際には、指定の時間に決して遅れないのは当然だが、一般の家庭などでは、おもてなしをする側は準備で何かと忙しいので、早すぎる到着はNGとされる。欧米のホームパーティーなどは、数分ほど遅れていくのがマナーとされている。

【一般家庭の玄関先でのマナー】

相手にお尻を向けたり、後ろ手でドアを閉めたりしないようにしよう。靴をそろえて上がるのも忘れずに。玄関先で長々と挨拶するのは避けよう。

横向きで静かにドアを閉める。

相手に向かって会釈する。

靴を脱いで上がる。

横向きで靴をそろえる。

スリッパをはく。

食事のマナー

●日本料理のマナー

日本料理の配置は、ご飯が左、汁椀が右。箸づかいにも気を配りたい。

【マナーに反する箸づかい】

- × 寄せ箸…箸で器を引き寄せる。
- × 迷い箸…料理の上で箸をうろうろさせる。
- × 刺し箸…箸を料理に突き刺す。

〜箸のもち方〜

❶右手で箸を上からもちあげる。

❷左手を箸の下にそえる。

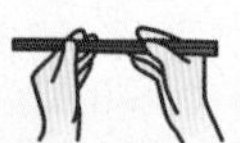
❸右手を箸にそって右方向にすべらせながら下にそえる。

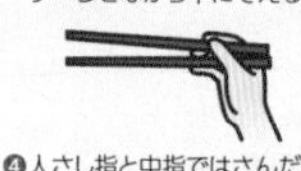
❹人さし指と中指ではさんだ箸を動かし、もう一方の箸は動かさない。

●西洋料理のマナー

西洋料理では、ナイフやフォークは外側に並べられているものから順番に使う。

食べる途中で置くとき

食べ終わったあとで置くとき

●ライス

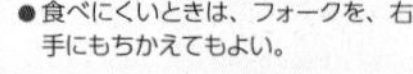

- ライスは、フォークの腹にのせて食べる。（背にはのせない）
- 食べにくいときは、フォークを、右手にもちかえてもよい。

ナプキンは胸元にかけないでひざに置く。唇やグラスについたよごれをふきとるときにも使う。

●肉料理

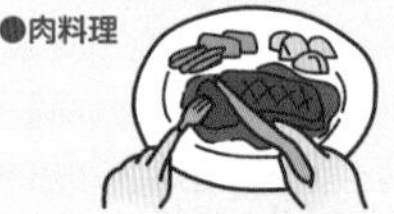

- 左から、ひと口大に切り、ナイフでソースをからませながら食べる。
- 最初に全部を切るのではなく、ひと口大に切りながら食べる。

上座（かみざ）と下座（しもざ）

席には上座と下座があることを心得よう。先生や先輩、上司やお客様などが上座に座る。その時の人員構成で判断する。基本的に入り口からいちばん遠い席が上座、近い席が下座。

・数字は席次を表す。

和室・床の間なし

和室・床の間あり
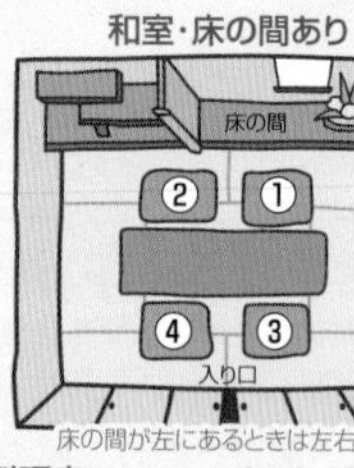

床の間が左にあるときは左右逆。

洋室
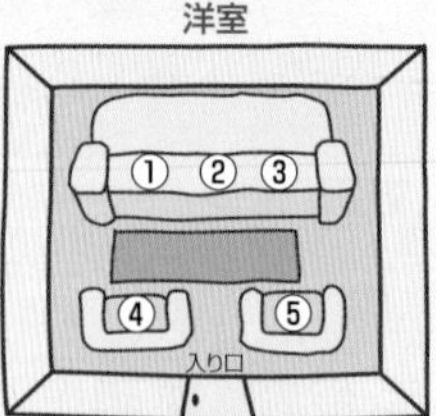

洋室 ソファーが上座。
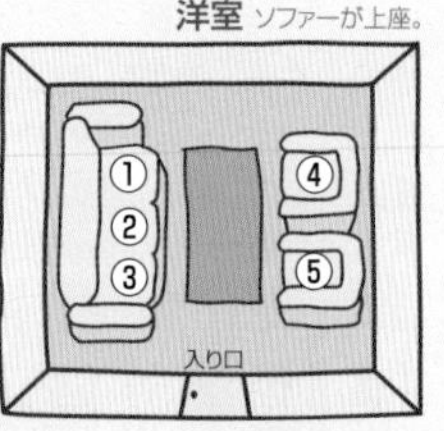

和室の店

中華料理店
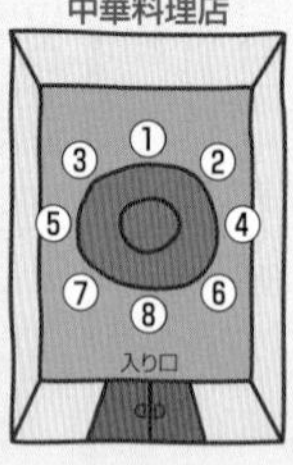

エレベーター
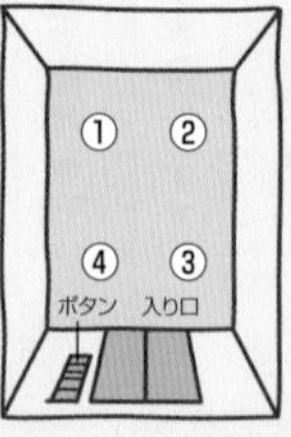

列車
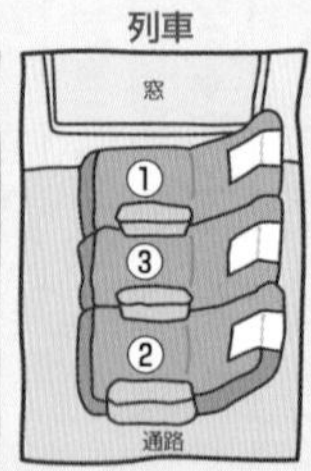

タクシー
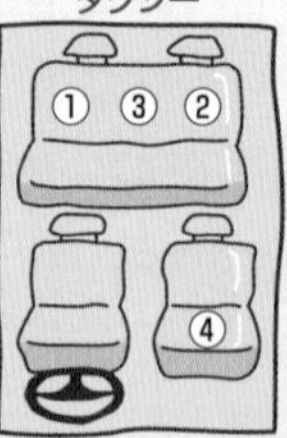

自家用車
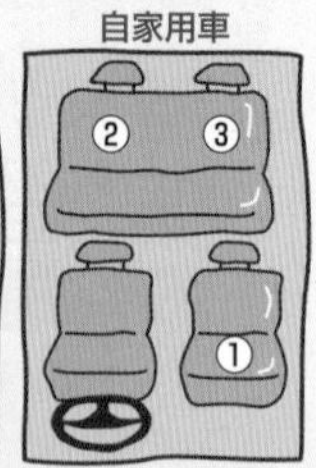

古文の学習

小石川後楽園〈東京都〉

特集 古文の世界の背景を知ろう

仕事事情

貴族は勤勉な公務員 中古 物語などから想像すると、平安貴族には優雅に恋愛生活を送っていたイメージがあるが、現実の彼らは、朝廷に仕えて公務を行う官僚である。のちに三人の娘を后として、**摂関政治**の栄華をきわめた**藤原道長**も、「**宿直**」という泊まり込みを含む激務をこなし、休日は六日に一日程度である。

参照 P.50 年中行事／P.62 暦法 P.64 官職解説／P.154 大鏡

12時午	2時未	4時申	6時酉	8時戌	10時亥	12時子	2時丑	4時寅	6時卯	8時辰	10時巳	12時午
参内（1・25）	業務 除目第一夜（午後）			終了	退出（1・26）		午前					
参内	業務 除目第二夜				終了	（1・27） 宿直						
	業務 除目第三夜						終了（1・28）	退出				

▲**藤原道長の勤務状況**　1005年（寛弘2）1月25日から27日、地方官を任免する春の除目の行事が三日間行われた。業務開始は未刻（午後2時ごろ）と遅めだが、連日の夜勤、最終日は翌日の丑刻（午前2時ごろ）にもつれこんだ。

平安時代の就職戦線 中古 道長のような上流貴族はほんの一握り。下級官人たちは経済的に潤う**国司**（地方官）を希望した。しかし一方で、「世におちぶれて**受領**（地方官の長官）の北の方（妻）になり」（『源氏物語』蓬生）という悪口もある。

任官や昇進を望む者は、**申し文**という申請書を朝廷に提出する。紫式部の父藤原為時は、「血の涙を流して苦学した。」と見事な漢詩で訴えた。これを見た道長が感嘆し、越前守になしたという話が、『**今昔物語集**』などに見える。

参照 P.64 官職解説 P.151 今昔物語集

芸に秀でて名を上げる 中古 九〇七年（延喜七）、**紀貫之**と凡河内躬恒は、宇多法皇の大堰川御幸に随行して和歌を詠んでいる。官位は高くなかったものの、歌人として認められていたことがわかる。貴人のために屏風歌を依頼されることも多く、『**古今和歌集**』の撰者としても後世に名を残している。

管弦の素養も、貴族にとっては重要であった。男性は管楽器と弦楽器、女性は琴や箏などの弦楽器をたしなみ、合奏を楽しんだ。音楽の名手にまつわる逸話は説話集にも多く採られている。特に、源博雅が鬼に盗まれた琵琶の名器「玄象」を取り返した『今昔物語集』の話は有名である。

参照 P.34 楽器・舞楽／P.110 古今和歌集 P.111 中古の歌人／P.151 今昔物語集

鬼と笛を吹く博雅（月岡芳年筆『月百姿』） 博雅には、鬼から名笛「葉二つ」を譲り受けた逸話もある。

「官位相当表」（P.66）に、漫画で読んだ「陰陽師」を発見したよ。

安倍晴明は官僚の仕事として「陰陽師」をやってたってこと？

私、安倍晴明は、陰陽寮という役所に所属して「陰陽師」の職にあった時期がありますが、陰陽寮の長官「陰陽頭」にはなっていないのです。同じ陰陽寮の「天文博士」にはなっているのですが。

陰陽道は陰陽五行説によって、天文道は天文学によって、吉凶を占い、祈禱を行います。道も修めており、占いや儀式でしばしば効験を現したので、陰陽寮を離れてからも天皇や貴族たちの信望を集めたのですよ。官職名というよりも、陰陽道を行う人という、広い意味での「陰陽師」として伝説化したようですね。

参照 P.66 官位相当表

参考資料

『平安時代史事典』（角川書店　1994年）
岡野玲子著・夢枕獏原作『陰陽師』全13巻（白泉社　1999－2005年）

『平家物語』は弾き語りライブ 中世　『平家物語』は、琵琶を弾きながら物語を語ることを職業とした**琵琶法師**によって広められた。**『太平記』**には、貴人の邸に招かれた琵琶法師が、源頼政の鵺退治のくだりを語り、感動させた話が載る。

明治時代に小泉八雲が著した『怪談』によって「耳なし芳一」の話が広く知られるようになった。盲目の芳一は、平家一門の怨霊に招かれ、壇の浦の合戦のくだりを語ったという。

参照 P.34 楽器・舞楽
P.93 太平記／P.158 平家物語

耳なし芳一像　物語の舞台となった、今の山口県下関市赤間神宮内にある。

武士の副業 近世　幕藩体制のもと太平の世が続いた江戸時代、経済活動を活発に行った町人たちは、やがて文化の担い手となっていく。一方、下級武士の生活は豊かとはいえなかった。勤務の形態上、現代よりも休日の多かった彼らは、副業に励み、生活の支えとした。

武士の副業には、寺子屋の師匠や剣術の師範などのほか、傘張り、提灯作り、金魚・鈴虫などの飼育、植物の栽培などがあった。今の新宿区大久保あたりに組屋敷のあった、鉄砲組百人隊の同心(下級役人)たちはツツジの栽培に成功し、のちに『江戸名所図会』に紹介されるほどの名所になった。

なお、江戸時代後期になると、**山東京伝**ら**戯作者**に対して原稿料が支払われるようになる。武家奉公を辞した**十返舎一九**や、下級武士の出身である**滝沢馬琴**などは、いわゆる職業作家の先駆けとして原稿料で身を立てた。

大久保の同心が栽培したキリシマツツジ

参照 P.98「近世」という時代
P.174 近世の戯作

江戸時代の芸能人 近世　芝居見物は人々の人気を集めた娯楽の一つで、**歌舞伎**役者は当時のスター的な存在であった。役者の似顔絵や舞台上の姿などを描いた浮世絵を「役者絵」といい、現代でいうアイドルのブロマイドのようにもてはやされた。また、双六や役者番付といった〝関連グッズ〟も作成された。すぐれた絵師の登場や印刷技術の向上もこれらの文化を支えた。

スターがファッションリーダーであることも現代と変わらない。印象的な舞台衣装や着こなし、歌舞伎の家ごと・役者ごとに決まっていた文様も、庶民の間で流行した。

参照 P.102 戯曲／P.179 歌舞伎

役者絵「市川鰕蔵の武村定之信」(東洲斎写楽筆)　衣装の文様は市川家の三升紋。

▶**七代目市川團十郎の役者紋**　鎌・輪・ぬで、「構わぬ」と読ませる。

歌舞伎では男性が女性の役を演じているよね。

どうして歌舞伎役者には女性がいないんだろう。

歌舞伎の起こりは、一六〇三年（慶長8）、出雲の阿国という女性が京で催した「歌舞伎踊」（阿国歌舞伎）と言われております。その後、女性の芸人や遊女による「女歌舞伎」が流行いたしますが、風紀が混乱するということで禁じられました。これと代わるようにして美少年による「若衆歌舞伎」が盛行しますが、風俗が乱れるということで禁止に。そうして、若衆の象徴である前髪を剃った野郎頭にすることなどを条件に「野郎歌舞伎」が認められ、今日に至っております。

参照 P.102 戯曲
P.179 歌舞伎

参考資料

『新版 近世文学研究事典』(おうふう　2006年)
『新版 歌舞伎事典』(平凡社　2011年)
『最新 歌舞伎大事典』(柏書房　2012年)

生活事情

男性貴族のドレスコード　上代・中古

儀式のときは束帯（そくたい）、宿直（とのい）のときは衣冠（いかん）、日常では直衣（のうし）……。男性貴族たちはこのように、TPOに応じた装束を身にまとっていた。特に正装である束帯は、位階（いかい）によって袍（ほう）（表着（うわぎ））の色が異なるなど、さまざまなきまりがあった。頭頂部を人に見せるのはマナー違反とされていたため、冠（かんむり）または烏帽子（えぼし）を必ず着用した。

参照 P.37 服装／P.66 官位相当表

描かれた平安美人　中古

絵巻に描かれた貴族の顔には、男女とも色白で下ぶくれ、細長い目に「く」の字型の鼻、朱色の点のような口という共通点がある。これは引目鉤鼻（ひきめかぎはな）という大和絵（やまとえ）の表現技法の一つ。もちろん、当時の貴族がみなこのような顔をしていたわけではないが、色白で長い黒髪は美人の条件とされ、女性は白粉（おしろい）を塗って「顔作り」（化粧）した。

宇治十帖のヒロイン浮舟（うきふね）（『源氏物語絵巻』東屋（あずまや）一）　色白でふっくらとした、典型的な平安美人。

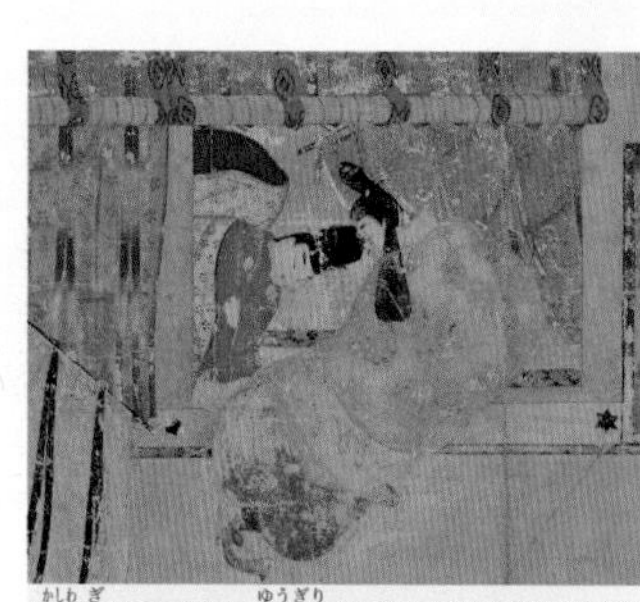

柏木（かしわぎ）を見舞う夕霧（ゆうぎり）（『源氏物語絵巻』柏木二）　病床でも烏帽子（えぼし）を着用した。

扇（おうぎ）の日本文化　中古

参照 P.124 源氏物語

現代でも使われる扇は、平安時代の日本で生まれたすぐれた実用品であり、美しい美術品である。扇（あお）いで風を起こす用途だけでなく、ものを載せて優雅に差し出したり、顔を隠したりするのにも用いた。装飾として絵や和歌・経文（きょうもん）などが書かれるが、朝廷に携帯する扇は、儀式の次第をカンニングペーパーのように書き込んで、懐（ふところ）に潜ませることもあった。

「ラ・ジャポネーズ」（クロード・モネ筆）一八七五年ごろ。

疫病（えきびょう）と日本人　上代

参照 P.38・40 服装

わが国で最も古い疫病（感染症）の記録は、大和時代、崇神（すじん）天皇の御代。『日本書紀』には国民の半分が死亡したとあり、『古事記（こじき）』には、大物主神（おおものぬしのかみ）を祀（まつ）ることで終息したと記される。奈良時代、聖武（しょうむ）天皇が東大寺の大仏を建立したのも、疫病を鎮める願いがあった。神仏にすがり、まじないなどの民間習俗に頼っていた時代はその後も長く続く。医学や公衆衛生が発達した現代においても、疫病の脅威から逃れられたとはいえない。

参照 P.84 日本書紀／P.104 古事記

道端で排泄（はいせつ）する平安時代の庶民（『餓鬼（がき）草子（ぞうし）』）　都市として整備された平安京も、衛生状態はよくなかった。

平安時代にかき氷があったって、クイズ番組で言ってたよ。

冷凍庫のない時代でしょ。ありえなくない？

？

私、清少納言（せいしょうなごん）は、今から千年以上前に、随筆『枕草子（まくらのそうし）』の中でかき氷について記しました。「あてなるもの（上品で高貴なもの）」の一つとして、「削り氷（けずりひ）に甘（あま）づら入れて、新しき金椀（かなまり）に入れたる。」をあげたの。削った氷を金属の器に入れ、ツタの樹液を煮詰めて作ったシロップをかけた「削り氷」。ほら、かき氷でしょ？

当時は、冬の間にできた氷を、山の中の洞窟や地面に掘った穴を利用した「氷室（ひむろ）」という施設に保管していたの。氷室から運ぶ夏の氷は貴重品。高貴な人しか口にできない特別なスイーツでした。

参照 P.132 枕草子

参考資料

『日本大百科全書』（小学館　1994年）
奈良文化財研究所
https://www.nabunken.go.jp/

「円き顔を長く見する化粧の図」（『都風俗化粧伝』） 江戸後期のこの本では面長メイクを紹介している。髪型も垂髪から結髪へ。

江戸時代のガイド本 近世 現代では雑誌やインターネットで見るような情報は、版本として流通していた。

化粧や装いへの関心の高さは今も昔も変わらない。一六八七年（貞享四）刊行の『女用訓蒙図彙』は、女性の生活に必要な道具・礼儀作法・髪型・小袖模様等に関する図解百科事典。化粧のしかたを指南した『都風俗化粧伝』は、一八一三年（文化一〇）から百年以上の長きにわたって繰り返し刊行されたロングセラーである。スイーツカタログ『御菓子雛形』や料理本『豆腐百珍』など、グルメ情報も豊富だった。

参照 P.98 印刷の進歩

食事の変遷 中古―近世 天皇の正式な食事は内膳司が給仕する大床子御膳で、朝夕二回。宇多天皇が書き置いた『寛平御遺誡』には、巳刻（一〇時）と申刻（一六時）とあり、一般の貴族もこれが標準だったと考えられている。

参照 P.36 奈良時代の貴族の食事
P.36 奈良時代の庶民の食事

紫式部の食事 中古 平安時代の貴族の食事。主食は蒸した米「強飯」で、炊いた米「粥」も日常的に食されていた。飯の周りに置かれた調味料で、副菜に調味しながら食べる。魚・鳥の肉は「生物」と呼ばれ、膾や刺身のほか、煮焼・蒸茹の調理法があった。生物に対して、「干物」の干し魚・干し鳥もある。吸い物は「羹」といった。

白米強飯 / 鰯の干物 / 魚の切身 / 酒 / 蘇 / 塩 / 醤 / 酢 / 海藻 / 蕪のあつもの / 蒸鮑 / 漬物

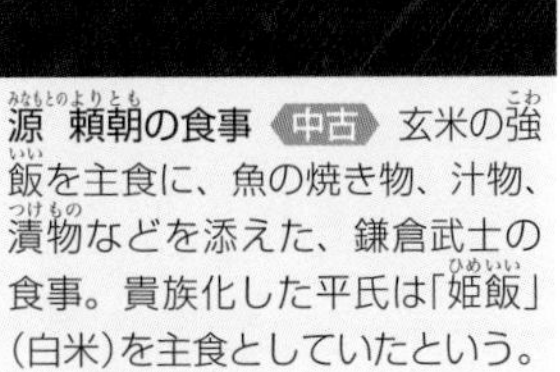

源頼朝の食事 中古 玄米の強飯を主食に、魚の焼き物、汁物、漬物などを添えた、鎌倉武士の食事。貴族化した平氏は「姫飯」（白米）を主食としていたという。

外食産業の発達 近世 （『近世職人尽絵詞』） 江戸中期以降に広まった屋台は、庶民のファストフード。手ぬぐいで顔を隠した武士もてんぷらを買っている。

▲**十返舎一九の食事** 近世 江戸時代の町人の食事。白米に焼き魚、汁物、煮物、漬物。膳は箱膳で、使わないときは中に食器を入れる銘々膳。

古典文学の舞台

◀藤原京復元模型
694年から710年の平城京遷都まで、持統・文武・元明の三代15年間の都城。唐の長安城を模した条坊制が初めて取り入れられた。
(⇨p.392)

奈良

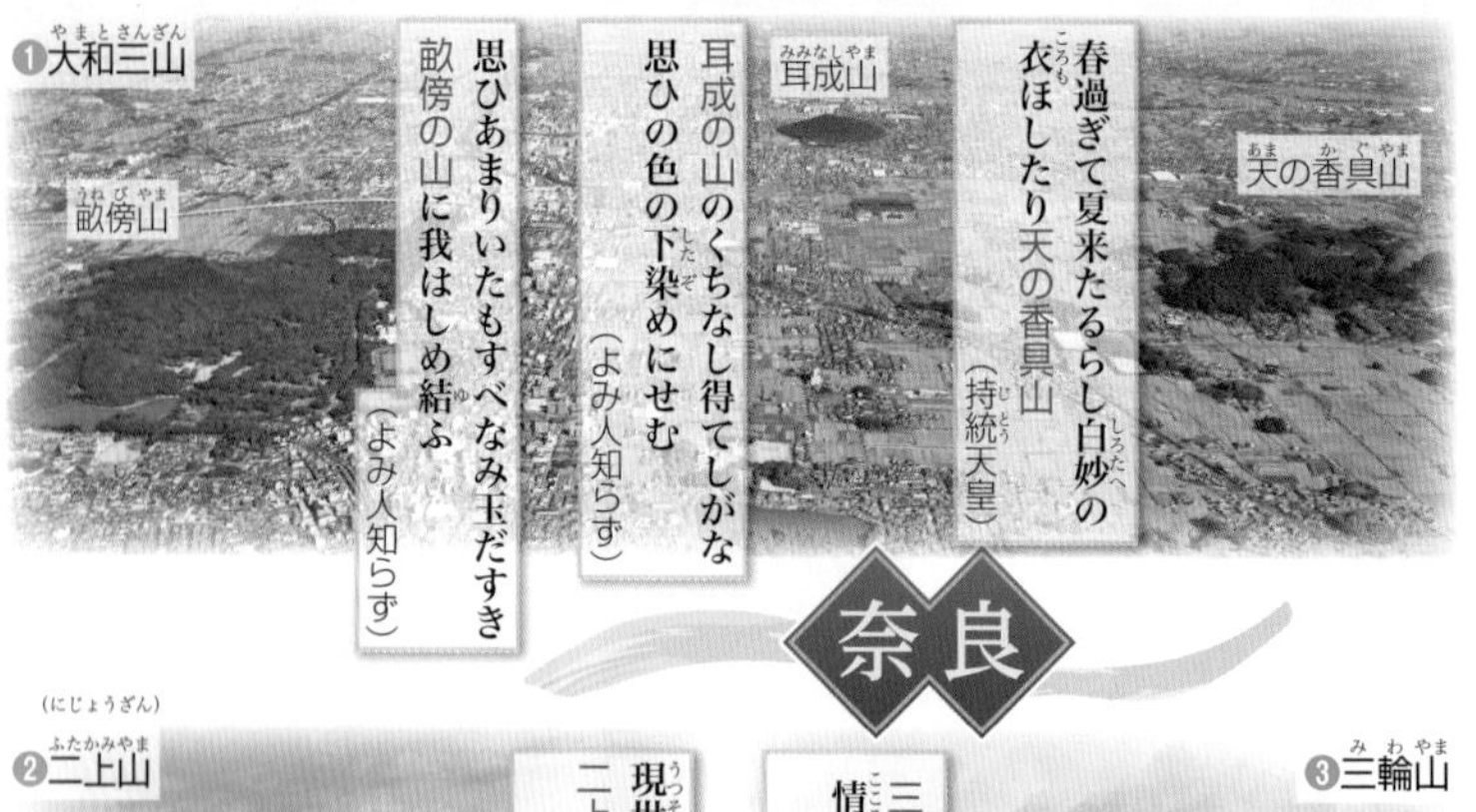

❶大和三山

春過ぎて夏来たるらし白妙の衣ほしたり天の香具山（持統天皇）

耳成の山のくちなし得てしがな思ひの色の下染めにせむ（よみ人知らず）

思ひあまりいたもすべなみ玉だすき畝傍の山に我はしめ結ふ（よみ人知らず）

若草山山焼き

❷二上山（にじょうざん）

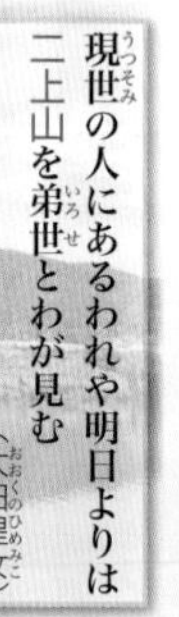

現世の人にあるわれや明日よりは二上山を弟世とわが見む（大伯皇女）

❸三輪山

三輪山をしかも隠すか雲だにも情あらなも隠さふべしや（額田王）

東大寺二月堂修二会

❹吉野山

吉野山去年のしをりの道かへてまだ見ぬ方の花をたづねん（西行法師）

❺飛火野

春日野の飛火の野守出でて見よ今幾日ありて若菜つみてむ（よみ人知らず）

❻山の辺の道

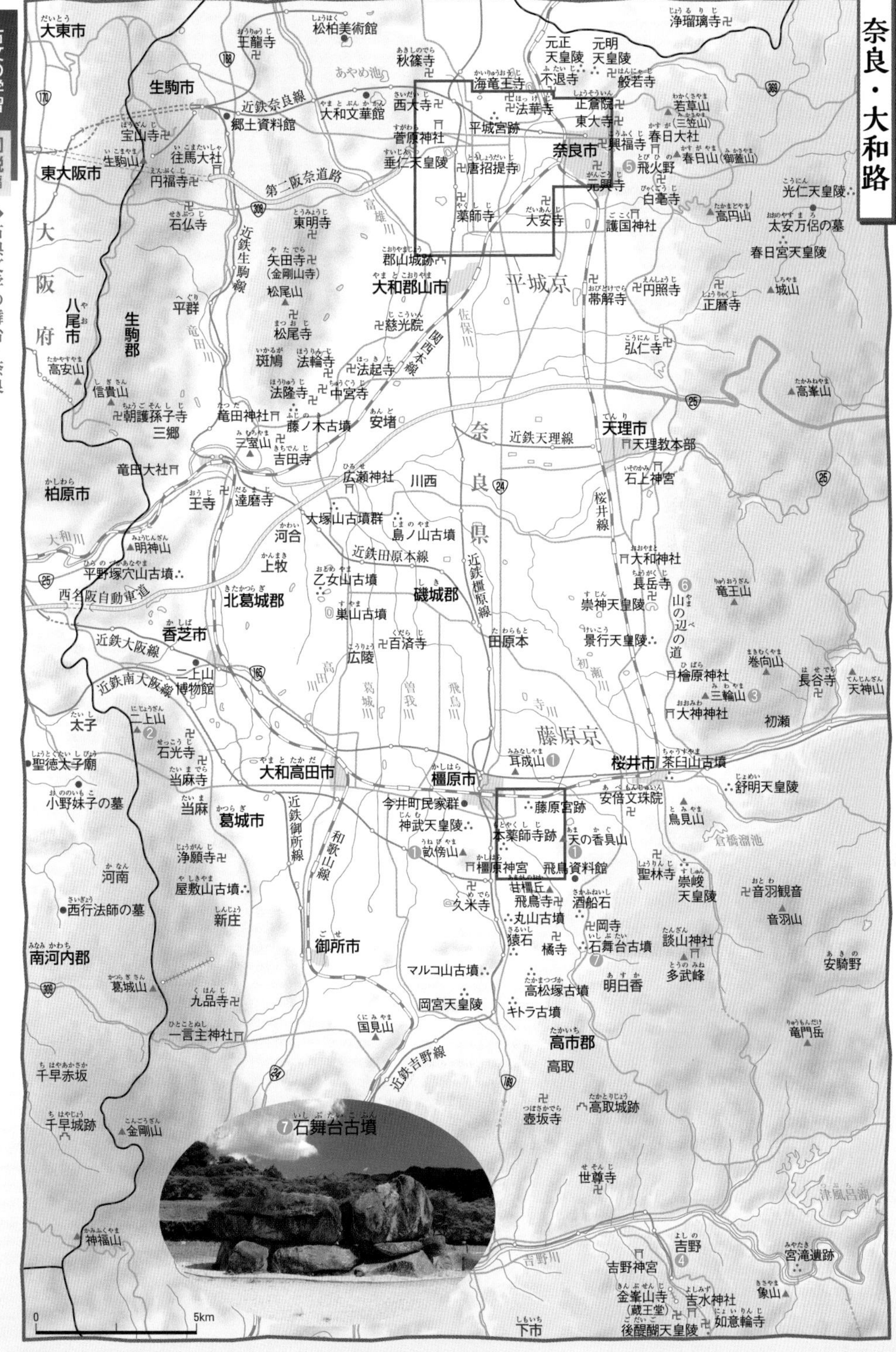
奈良・大和路
大東市
松柏美術館
王龍寺
秋篠寺
あやめ池
元正天皇陵
元明天皇陵
不退寺
般若寺
浄瑠璃寺
生駒市
近鉄奈良線
大和文華館
海竜王寺
西大寺
法華寺
正倉院
若草山
(三笠山)
宝山寺
郷土資料館
菅原神社
平城宮跡
東大寺
春日大社
生駒山
往馬大社
垂仁天皇陵
唐招提寺
奈良市
興福寺
春日山(御蓋山)
東大阪市
円福寺
第二阪奈道路
飛火野
元興寺
光仁天皇陵
白毫寺
石仏寺
東明寺
薬師寺
大安寺
護国神社
高円山
太安万侶の墓
富雄川
春日宮天皇陵
大阪府
矢田寺
(金剛山寺)
郡山城跡
平城京
帯解寺
円照寺
城山
八尾市
生駒郡
松尾山
大和郡山市
正暦寺
平群
松尾寺
慈光院
佐保川
竜田川
近鉄生駒線
関西本線
弘仁寺
高安山
斑鳩
法輪寺
法起寺
信貴山
法隆寺
中宮寺
高峯山
朝護孫子寺
竜田神社
安堵
三郷
藤ノ木古墳
奈良県
天理市
近鉄天理線
天理教本部
三室山
吉田寺
竜田大社
広瀬神社
川西
石上神宮
柏原市
王寺
達磨寺
桜井線
大塚山古墳群
河合
島ノ山古墳
大和川
明神山
近鉄田原本線
大和神社
平野塚穴山古墳
上牧
乙女山古墳
長岳寺
竜王山
西名阪自動車道
北葛城郡
磯城郡
近鉄橿原線
崇神天皇陵
山の辺の道
巣山古墳
香芝市
近鉄大阪線
百済寺
田原本
景行天皇陵
広陵
巻向山
二上山博物館
高田川
葛城川
曽我川
飛鳥川
初瀬川
檜原神社
長谷寺
天神山
近鉄南大阪線
三輪山
太子
二上山
寺川
大神神社
初瀬
藤原京
石光寺
聖徳太子廟
耳成山
桜井市
茶臼山古墳
当麻寺
大和高田市
橿原市
舒明天皇陵
小野妹子の墓
当麻
今井町民家群
藤原宮跡
安倍文殊院
葛城市
近鉄御所線
神武天皇陵
本薬師寺跡
天の香具山
鳥見山
倉橋溜池
和歌山線
浄願寺
畝傍山
橿原神宮
飛鳥資料館
聖林寺
河南
甘樫丘
崇峻天皇陵
音羽観音
屋敷山古墳
飛鳥寺
酒船石
音羽山
西行法師の墓
久米寺
新庄
丸山古墳
岡寺
猿石
橘寺
石舞台古墳
談山神社
南河内郡
御所市
安騎野
マルコ山古墳
多武峰
葛城山
明日香
高松塚古墳
九品寺
岡宮天皇陵
キトラ古墳
国見山
竜門岳
一言主神社
高市郡
近鉄吉野線
千早赤坂
高取
千早城跡
高取城跡
壺坂寺
金剛山
石舞台古墳
世尊寺
津風呂湖
吉野川
吉野
神福山
宮滝遺跡
吉野神宮
象山
金峯山寺
(蔵王堂)
吉水神社
如意輪寺
下市
後醍醐天皇陵
0
5km

神護寺▶

葵祭り

❶嵐山

朝まだき嵐の山の寒ければ
もみぢの錦着ぬ人ぞなき
（藤原公任）

京都

❷広沢の池

古の人は汀に影絶えて
月のみ澄める広沢の池
（源頼政）

大文字送り火

祇園祭り

❸上賀茂神社

❺下鴨神社

❹北野天満宮

月のすむ北野の宮の小松原
幾代をかけて神さびにけん
（源実朝）

❻糺の森

偽りをただすの森の木綿だすき
かけつつ誓へ我を思はば
（平貞文）

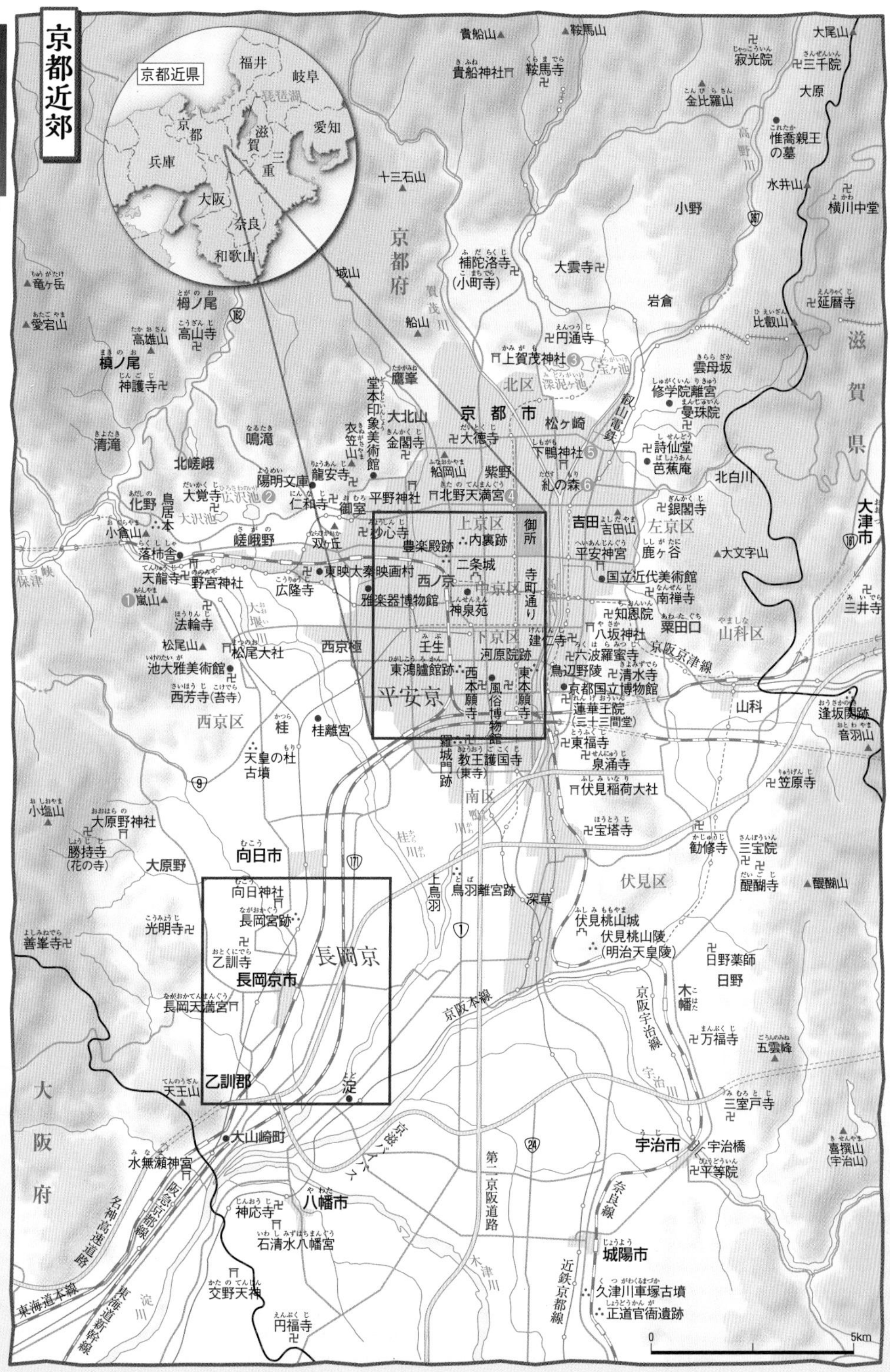
京都近郊
京都近県
福井
岐阜
琵琶湖
京都
滋賀
愛知
兵庫
三重
大阪
奈良
和歌山
貴船山
鞍馬山
大尾山
寂光院
三千院
貴船神社
鞍馬寺
金比羅山
大原
惟喬親王の墓
高野川
十三石山
水井山
横川中堂
小野
京都府
補陀洛寺（小町寺）
大雲寺
竜ヶ岳
城山
岩倉
延暦寺
栂ノ尾
愛宕山
賀茂川
船山
比叡山
高雄山
高山寺
円通寺
槙ノ尾
上賀茂神社
宝ヶ池
深泥ヶ池
神護寺
鷹峯
北区
雲母坂
修学院離宮
曼殊院
堂本印象美術館
大北山
京都市
叡山電鉄
清滝
鳴滝
衣笠山
金閣寺
大徳寺
松ヶ崎
詩仙堂
北嵯峨
龍安寺
船岡山
紫野
下鴨神社
芭蕉庵
陽明文庫
北白川
広沢池
大覚寺
仁和寺
御室
北野天満宮
平野神社
糺の森
化野
鳥居本
大沢池
妙心寺
上京区
御所
吉田
吉田山
左京区
銀閣寺
大津市
小倉山
嵯峨野
双ヶ丘
豊楽殿跡
内裏跡
平安神宮
鹿ヶ谷
大文字山
落柿舎
二条城
天龍寺
野宮神社
東映太秦映画村
西ノ京
中京区
寺町通り
国立近代美術館
保津峡
広隆寺
南禅寺
三井寺
嵐山
雅楽器博物館
神泉苑
知恩院
大堰川
法輪寺
壬生
下京区
建仁寺
八坂神社
粟田口
山科区
松尾山
松尾大社
西京極
河原院跡
六波羅蜜寺
京阪京津線
池大雅美術館
東鴻臚館跡
西本願寺
風俗博物館
東本願寺
鳥辺野陵
清水寺
西芳寺（苔寺）
平安京
京都国立博物館
山科
逢坂関跡
西京区
桂
桂離宮
蓮華王院（三十三間堂）
音羽山
天皇の杜古墳
羅城門跡
教王護国寺（東寺）
東福寺
泉涌寺
笠原寺
伏見稲荷大社
南区
小塩山
大原野神社
鴨川
桂川
宝塔寺
勝持寺（花の寺）
向日市
勧修寺
三宝院
大原野
醍醐寺
醍醐山
伏見区
向日神社
上鳥羽
鳥羽離宮跡
深草
長岡宮跡
伏見桃山城
伏見桃山陵（明治天皇陵）
光明寺
善峯寺
乙訓寺
長岡京
日野薬師
長岡京市
日野
木幡
長岡天満宮
京阪本線
京阪宇治線
万福寺
五雲峰
宇治川
乙訓郡
淀
三室戸寺
大阪府
天王山
大山崎町
京滋バイパス
宇治市
宇治橋
喜撰山（宇治山）
平等院
水無瀬神宮
第二京阪道路
阪急京都線
名神高速道路
神応寺
八幡市
奈良線
石清水八幡宮
木津川
城陽市
近鉄京都線
東海道本線
東海道新幹線
淀川
交野天神
久津川車塚古墳
正道官衙遺跡
円福寺
0
5km

平安京

平安京復元図

七九四年から一八六九年の東京遷都まで続いた、桓武天皇造営の都城。右京は未造成の沼沢地が多く、都市機能は左京に集中している。

平安京は東西約四・五キロ、南北約五・二キロ、中央を南北に貫く朱雀大路で左京と右京に二分される。大路と小路で碁盤目状に区画する「条坊制」を取り入れ、その一区画を「町」と呼んで宅地の基本単位とした。一町は方四〇丈と決められ、大路・小路の道幅も規定されていた。なお、町の中はさらに細分され、三二分の一町が宅地の最小単位とされた。

●道路幅の図解

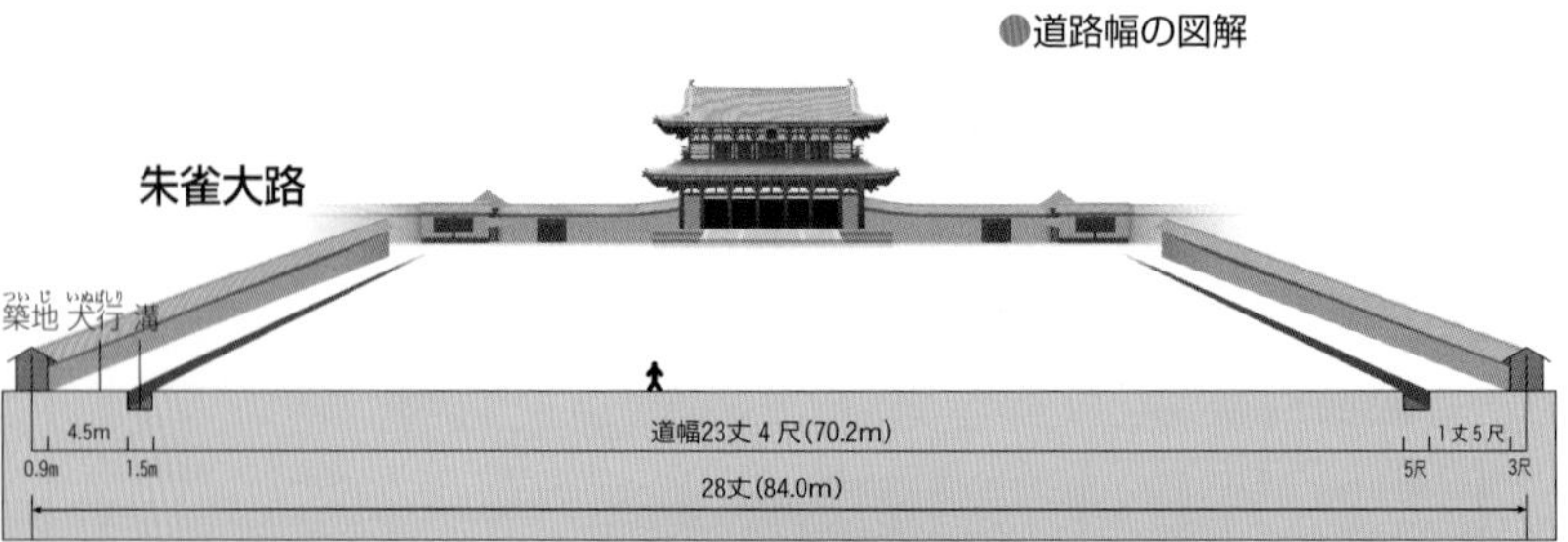

道路幅は、両側の築地の中央から中央までの距離をいい、実際の道幅は寸法より短い。「犬行」とは、築地と溝との間の整地された部分。

羅城門と朱雀大路

嵯峨野竹林の小径

大覚寺
広沢池
仁和寺
大沢池
広隆寺
双ヶ丘
嵯峨野
嵐山
大堰川
桂川

嵐山〜嵯峨野は、平安当時も明媚な山川・竹林が広がり、貴族たちの行楽の地であった。

大堰川

▶平安期の庶民の生活想像図（『甦る平安京』より）

白河殿と六勝寺 白河上皇造営の離宮。

土御門殿と法成寺

平安京平面図

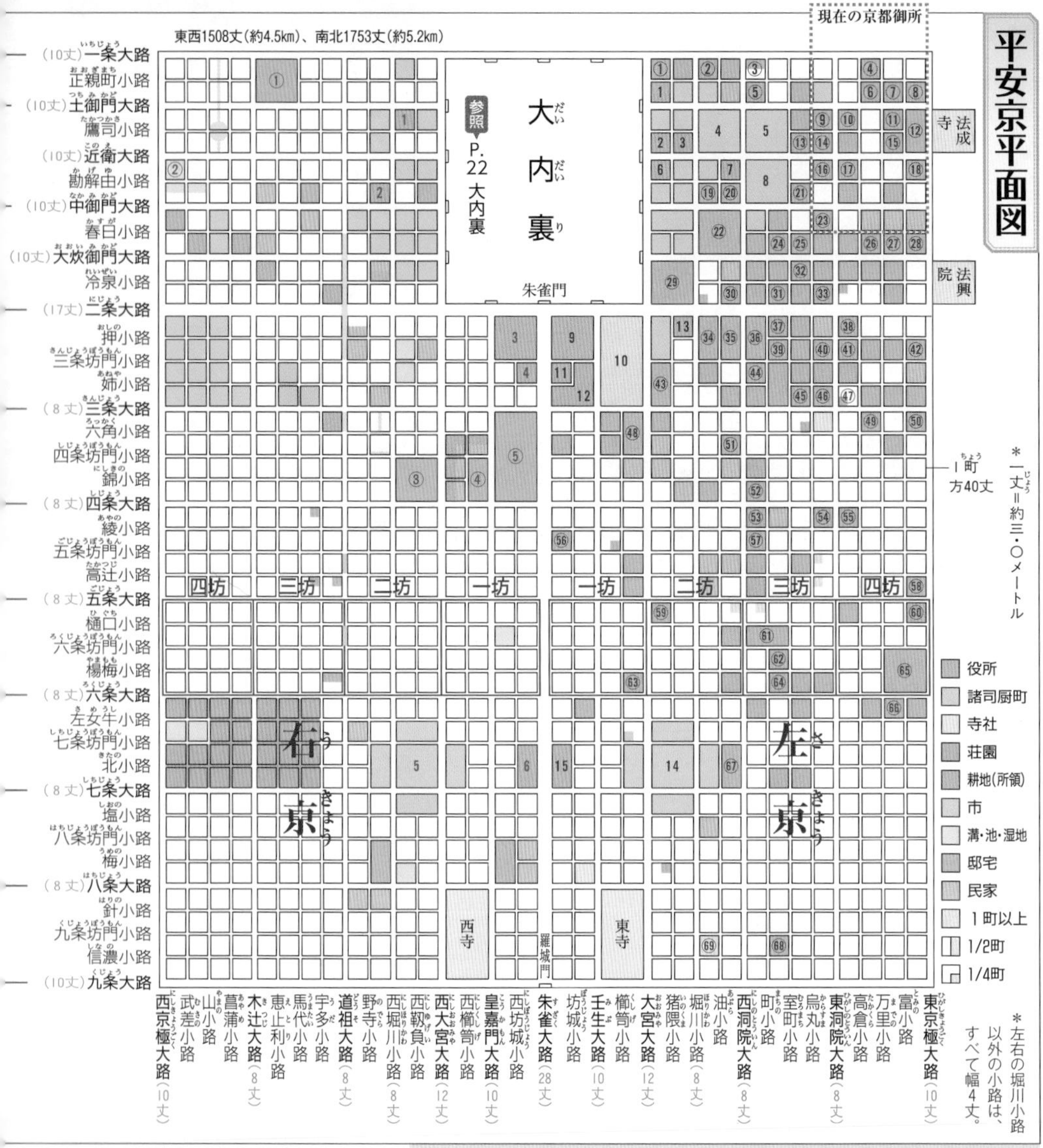

東西1508丈(約4.5km)、南北1753丈(約5.2km)

現在の京都御所

大内裏

参照 P.22 大内裏

朱雀門

(10丈)一条大路
正親町小路
(10丈)土御門大路
鷹司小路
(10丈)近衛大路
勘解由小路
(10丈)中御門大路
春日小路
(10丈)大炊御門大路
冷泉小路
(17丈)二条大路
押小路
三条坊門小路
姉小路
(8丈)三条大路
六角小路
四条坊門小路
錦小路
(8丈)四条大路
綾小路
五条坊門小路
高辻小路
(8丈)五条大路
樋口小路
六条坊門小路
楊梅小路
(8丈)六条大路
左女牛小路
七条坊門小路
北小路
(8丈)七条大路
塩小路
八条坊門小路
梅小路
(8丈)八条大路
針小路
九条坊門小路
信濃小路
(10丈)九条大路

四坊　三坊　二坊　一坊　一坊　二坊　三坊　四坊

右京　左京

西寺　羅城門　東寺

法成寺　法興院

1町 方40丈

＊一丈=約三・〇メートル

西京極大路(10丈)
武者小路
山小路
菖蒲小路
木辻大路(8丈)
恵止利小路
馬代小路
宇多小路
道祖大路(8丈)
野寺小路
西堀川小路(8丈)
西靫負小路
西大宮大路(12丈)
西櫛笥小路
皇嘉門大路(10丈)
西坊城小路
朱雀大路(28丈)
坊城小路
壬生大路(10丈)
櫛笥小路
大宮大路(12丈)
猪隈小路
堀川小路(8丈)
油小路
西洞院大路(8丈)
町小路
室町小路
烏丸小路
東洞院大路(8丈)
高倉小路
万里小路
富小路
東京極大路(10丈)

＊左右の堀川小路以外の小路は、すべて幅4丈。

凡例
役所
諸司厨町
寺社
荘園
耕地(所領)
市
溝・池・湿地
邸宅
民家
1町以上
1/2町
1/4町

10 神泉苑　八二四年に空海が祈雨の法要を行った話は有名。

平安京の地制

＊一坊内の町は千鳥式に数える。
＊一丈=約三・〇メートル

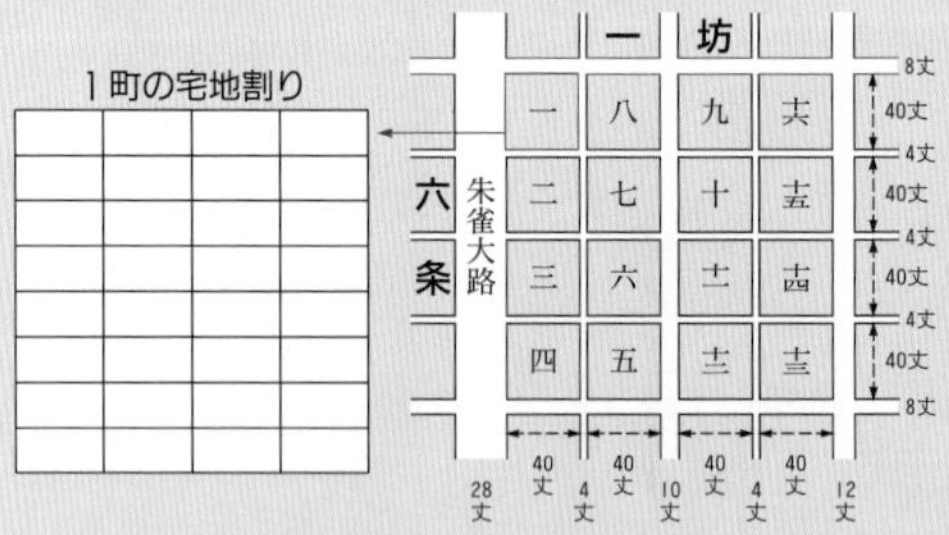

1町の宅地割り

一坊　六条　朱雀大路

四	五	十三	十四
三	六	十一	十四
二	七	十	十五
一	八	九	十六

8丈　40丈　4丈　40丈　4丈　40丈　4丈　40丈　8丈

28丈　40丈　4丈　40丈　10丈　40丈　4丈　40丈　12丈

北辺　一条　二条　三条　四条　五条　六条　七条　八条　九条

＊参考文献：『甦る平安京』（京都市）

この図は、平安中期を基準としている。

〔左京〕
1 織部司　2 左衛門府　3 検非違使庁
4 左近衛町　5 左衛門町　6 修理職
7 東獄　8 修理職町　9 大学寮　10 神泉苑
11 左京職　12 弘文院・奨学院・勧学院
13 木工寮　14 東市　15 東鴻臚館
① **一条院**（一条今内裏。藤原師輔の旧邸）
② 藤原倫寧邸（道綱母が住んだ）
③ 藤原道綱母邸
④ 藤原道長の**一条邸**
⑤ 安倍晴明邸
⑥ 源雅実の**土御門邸**
⑦ 具平親王の**土御門邸**
⑧ 藤原良房の**染殿**
⑨ 源雅信の**棗院**
⑩ 藤原道長・頼通の**高倉殿**（藤原基経の旧邸）
⑪ 源倫子（道長の妻）の**鷹司殿**
⑫ 藤原道長の**土御門殿**（京極殿・上東門邸）
⑬ 藤原忠通の**近衛殿**
⑭ 藤原仲平の**枇杷殿**（道長と娘妍子の邸）
⑮ 藤原惟憲の**陽明門邸**
⑯ 敦明親王の**小一条院**（藤原良房らの旧邸）
⑰ 花山上皇の**花山院**（藤原忠平の**東一条邸**）
⑱ 紀貫之の**桜町邸**（万里小路東とも）
⑲ 藤原時平の**本院**（子敦忠が伝領）
⑳ 滋野貞主の**滋野井邸**
㉑ 菅原是善（道真の父）の**菅原院**
㉒ 藤原頼通の**高陽院**（高陽親王の旧邸）
㉓ 源能有の**近院**（藤原基房の**松殿**）
㉔ 時康親王（のちの光孝天皇）の**小松殿**
㉕ 藤原隆家の**大炊御門邸**
㉖ 藤原頼長の**大炊御門高倉邸**
㉗ **春日殿**（**大炊御門富小路邸**）
㉘ **春日京極殿**
㉙ **冷泉院**（歴代の後院）
㉚ 陽成上皇の**陽成院**（二条院は別称か）
㉛ 藤原道兼の**町尻殿**（**二条殿**）
㉜ 藤原実頼・実資の**小野宮**
㉝ 藤原道長の**小二条殿**（のち大江匡房邸）
㉞ 藤原兼通の**堀河院**（藤原基経旧邸）
㉟ 藤原冬嗣の**閑院**
㊱ 藤原兼家の**東三条殿**
㊲ 藤原定子（一条天皇皇后）の**二条宮**
㊳ 源俊賢の**山吹殿**（藤原師尹旧邸）
㊴ 冷泉上皇の**鴨院**（のち藤原師実邸）
㊵ 三条天皇の**三条宮**（のち菅原孝標邸）
㊶ 藤原定子の**竹三条宮**
㊷ 藤原定方の**山井殿**
㊸ 藤原長家（俊成・定家の祖）の**御子左邸**（醍醐天皇御子左大臣兼明親王旧邸）
㊹ 源高明の**高松殿**（道長の妻源明子伝領）
㊺ 白河法皇の御所**三条西殿**（待賢門院御所）
㊻ 白河法皇の御所**三条東殿**
㊼ 以仁王の**高倉宮**
㊽ 藤原頼忠の**四条大宮邸**
㊾ **待賢門院御所**、㊿ 同、**三条京極邸**
(51) 藤原実季（鳥羽天皇母の親）の邸
(52)(53) 藤原頼忠・公任の**四条宮邸**
(54) 藤原忠平の**西五条邸**、(55) **東五条邸**
(56) 壬生忠岑邸（のちに壬生寺）
(57) 菅原道真の**紅梅殿**
(58) 藤原俊成の**五条京極邸**
(59) 藤原彰子（一条天皇中宮）の**六条邸**
(60) 藤原良相の**崇親院**（困窮者のための施設）
(61) 具平親王の**千種殿**（大江匡房の**江家文庫**）
(62) 慶滋保胤の**池亭**
(63) 藤原顕輔の**六条大宮邸**
(64) 源顕房の**六条池亭**
(65) 源融の**河原院**
(66) 平資盛の邸
(67) 宇多上皇の**亭子院**
(68) 藤原師輔の**九条殿**
(69) 綜芸種智院（空海開設の学校）

〔右京〕
1 隼人司　2 西獄　3 穀倉院
4 右京職　5 西市　6 西鴻臚館
① 宇多院（宇多上皇の後院（別宮））
② 今宮神社
③ 淳和院（淳和天皇以後、歴代の後院）
④ 源高明の**西宮邸**
⑤ 朱雀院（歴代の後院）

(57) **紅梅殿**（『北野天神縁起絵巻』）菅原道真が住んだ邸宅。大宰府へ旅立つ道真は庭の梅に別れを惜しみ「東風吹かば匂ひおこせよ梅の花あるじなしとて春を忘るな」の和歌を詠んだ。

大内裏

大内裏は、二官八省以下の行政施設のほか、国家儀式や宮中年中行事を行う殿舎、天皇の居住する内裏が設置され、政事・公事・行事の中心として位置していた。

▲**平安神宮大極殿** 1895年(明治28)、平安建都千百年を記念して、平安宮大極殿を八分の五の規模に縮小して再現した建物。正門も応天門に倣って作られている。

大極殿復元模型

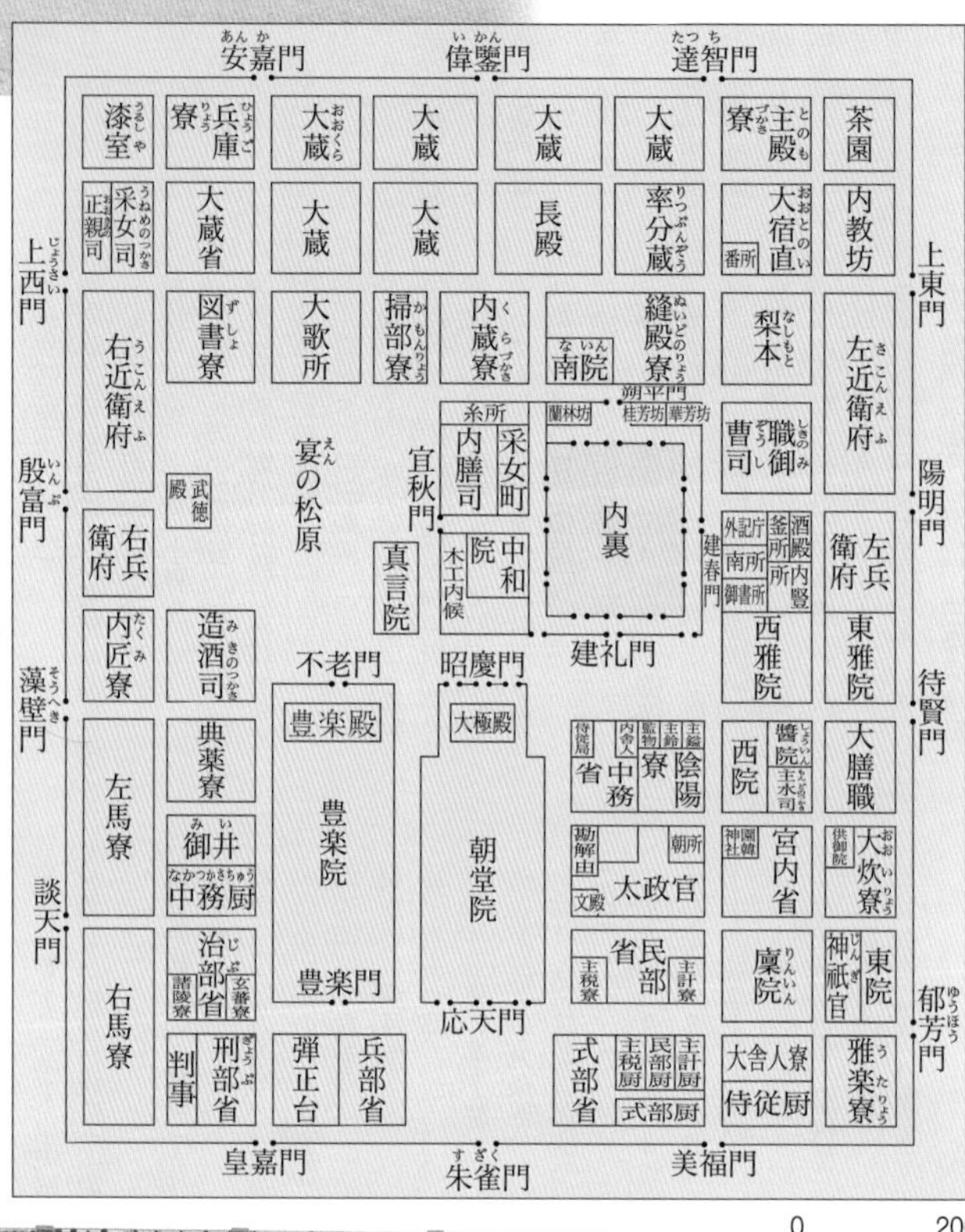

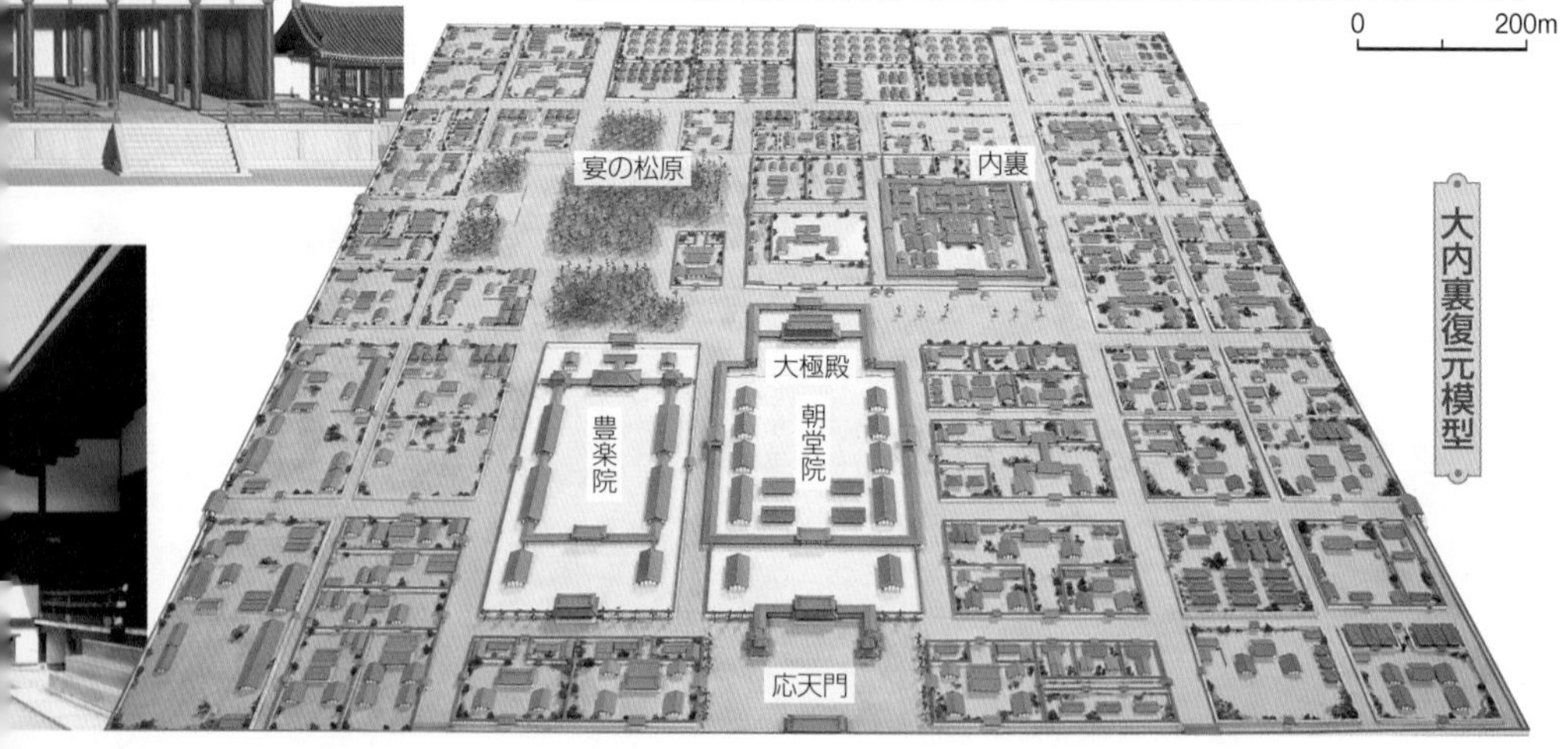

大内裏復元模型

内裏

内裏は、天皇が日常生活を行う場所で、現在の皇居にあたる。公務用の殿舎、私生活用の殿舎が設けられ、各殿舎は渡殿で結ばれていた。貴族の邸を一時的に内裏として用いたものを**里内裏**という。

徽安門 玄輝門 安喜門
遊義門 嘉陽門 陰明門 宣陽門 武徳門 延政門
永安門 承明門 長楽門
襲芳舎 凝花舎 飛香舎 登花殿 貞観殿 宣耀殿 淑景北舎 淑景舎 常寧殿 昭陽北舎 弘徽殿 麗景殿 昭陽舎
承香殿 後涼殿 清涼殿 仁寿殿 綾綺殿 温明殿 露台 紫宸殿
蔵人所町屋 校書殿 宜陽殿 御輿宿 橘 桜 作物所 進物所 安福殿 春興殿 朱器殿 作物所
0 50m

参照 P.24 清涼殿俯瞰図

は後宮

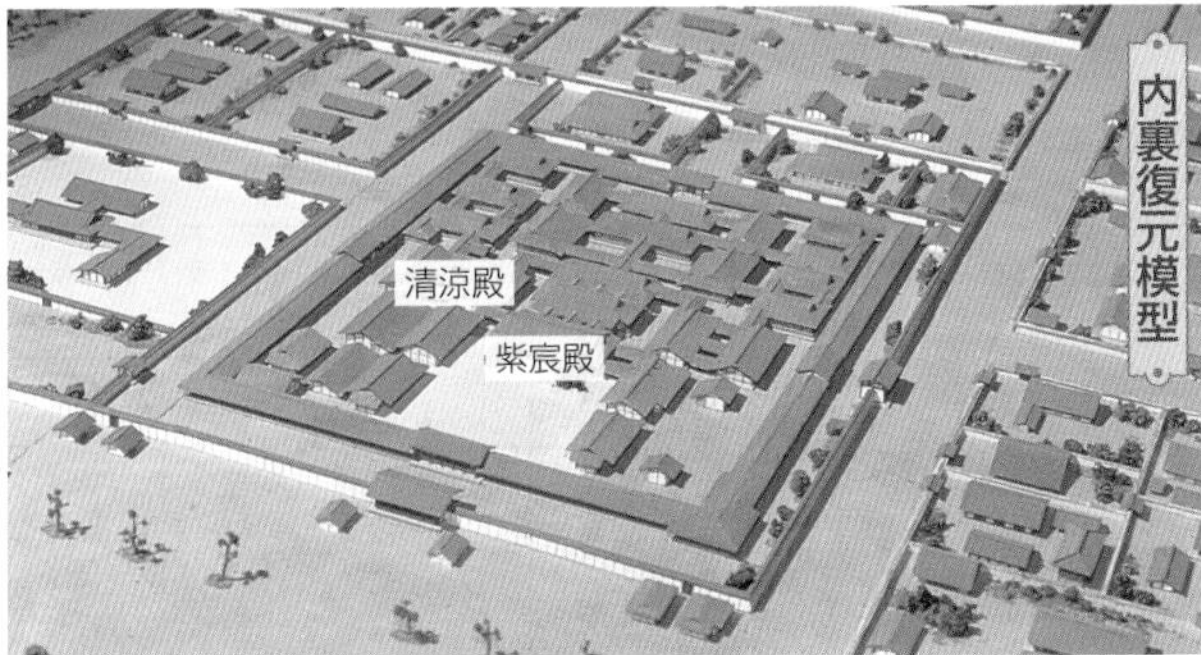

内裏復元模型

仁寿殿 内宴・相撲などの行事や仏事を行った。平安初期は天皇の住居。
綾綺殿 内宴や相撲などに用いられた。
温明殿 内侍所が置かれ、神宝を保管。
宜陽殿 天皇累代の御物を納める。
春興殿 武具を納める。
朱器殿 儀式用の朱器を納める。
校書殿 蔵人所が置かれ、天皇累代の書籍・文書を納める。
安福殿 造酒司・主水司などの詰所。
進物所 略式の食事の調理。
作物所 宮中で用いる調度品を作る。
滝口陣 護衛・警備の武士の詰所。
後涼殿 宮中に仕える女官の詰所。
蔵人所町屋 蔵人の宿舎。
後宮 宮中の后妃・女官、親王や内親王が居住する殿舎。承香殿・常寧殿・貞観殿・麗景殿・宣耀殿・弘徽殿・登花殿を後宮七殿、昭陽舎(梨壺)・淑景舎(桐壺)・飛香舎(藤壺)・凝花舎(梅壺)・襲芳舎(雷鳴壺)を後宮五舎という。

＊二官八省の各官庁は「官職解説」(p.64)を参照。
朝堂院(八省院) 平安宮の正庁。即位や朝賀などの国家的儀礼が行われた。大極殿はその正殿。
豊楽院 饗宴・節会・射礼・相撲・競馬などの諸行事が行われた。
中和院 天皇が親祭を行う場所。
真言院 真言密教の修法を行う道場。
武徳殿 競馬・騎射などを観覧する殿舎。
梨下院 内裏の別宮。
雅院 平安前期の東宮御所。
職御曹司 中宮職の曹司(詰所)。
外記庁 太政官の政務所。
大歌所 日本古来の歌曲を管理。
御井町 天皇に供する水を汲む井戸。
率分蔵 租税の十分の二を別納する倉。太政官に所属。
廩院 民部省に所属する倉。
厨 各官庁の台所。
大宿直所 内裏警護人の詰所。
茶園 宮廷用の茶の栽培所。
漆室 漆芸品を制作する工房。
内教坊 妓女を養成する施設。

▼豊楽殿復元模型

飛香舎の藤

紫宸殿 内裏の中心となる正殿。南殿。天皇の日常政務の場であったが、平安中期以降は、即位・立太子・譲位などの公事や、元日の節会・季の御読経などの行事も行われた。南庭の左に桜、右に橘が植えられ、儀式の折に左右近衛府の官人が分かれて陣を置いたことから、左近の桜、右近の橘と呼ばれた。

紫宸殿の高御座

▼紫宸殿平面図

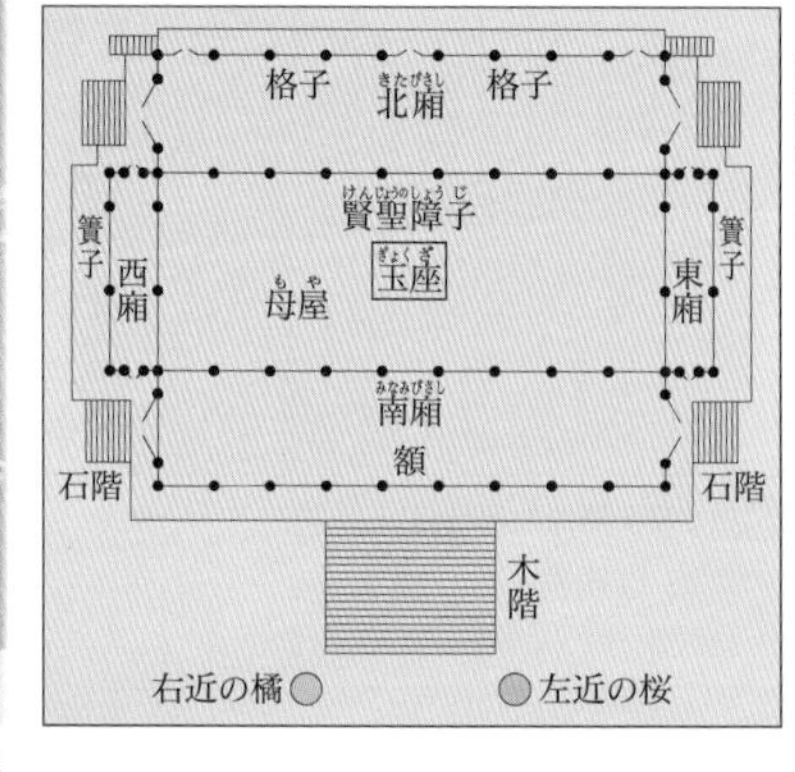

▼清涼殿殿上間

清涼殿の南廂にある、公卿・殿上人の詰め所。

▼昆明池障子

清涼殿の母屋と東廂 母屋の南五間と東廂を昼の居室とした。

▼清涼殿平面図

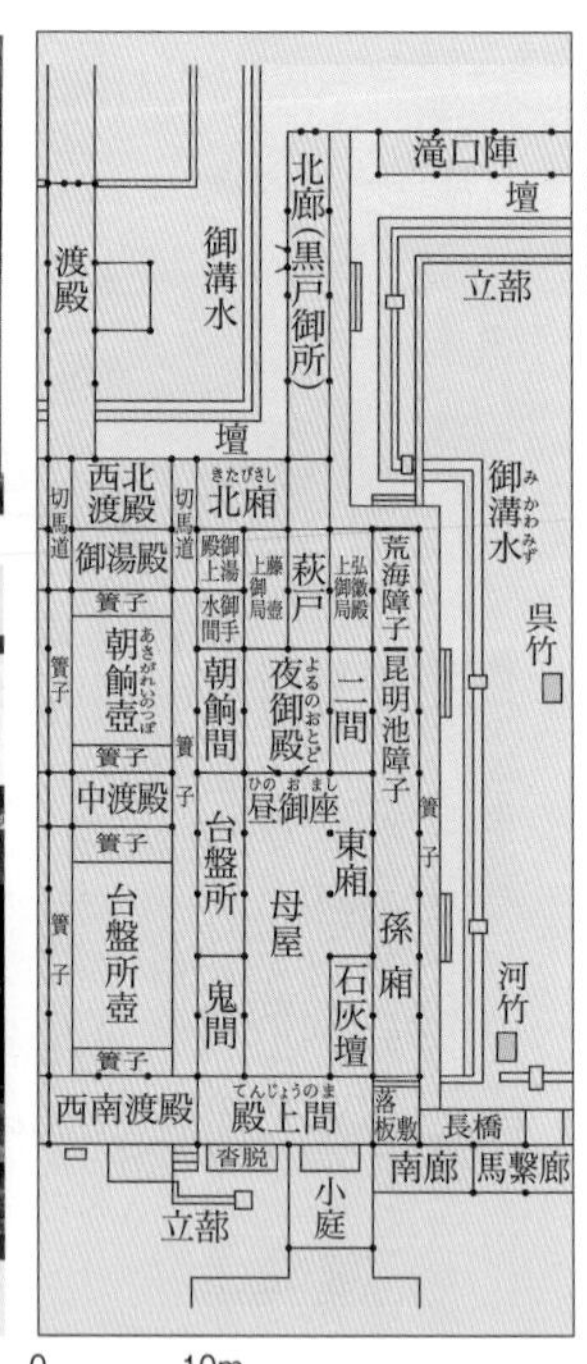

清涼殿　天皇が居住する殿舎。平安中期ごろより、叙位・除目などの重要公事や天皇の日常政務も行われ、政治の中心となった。

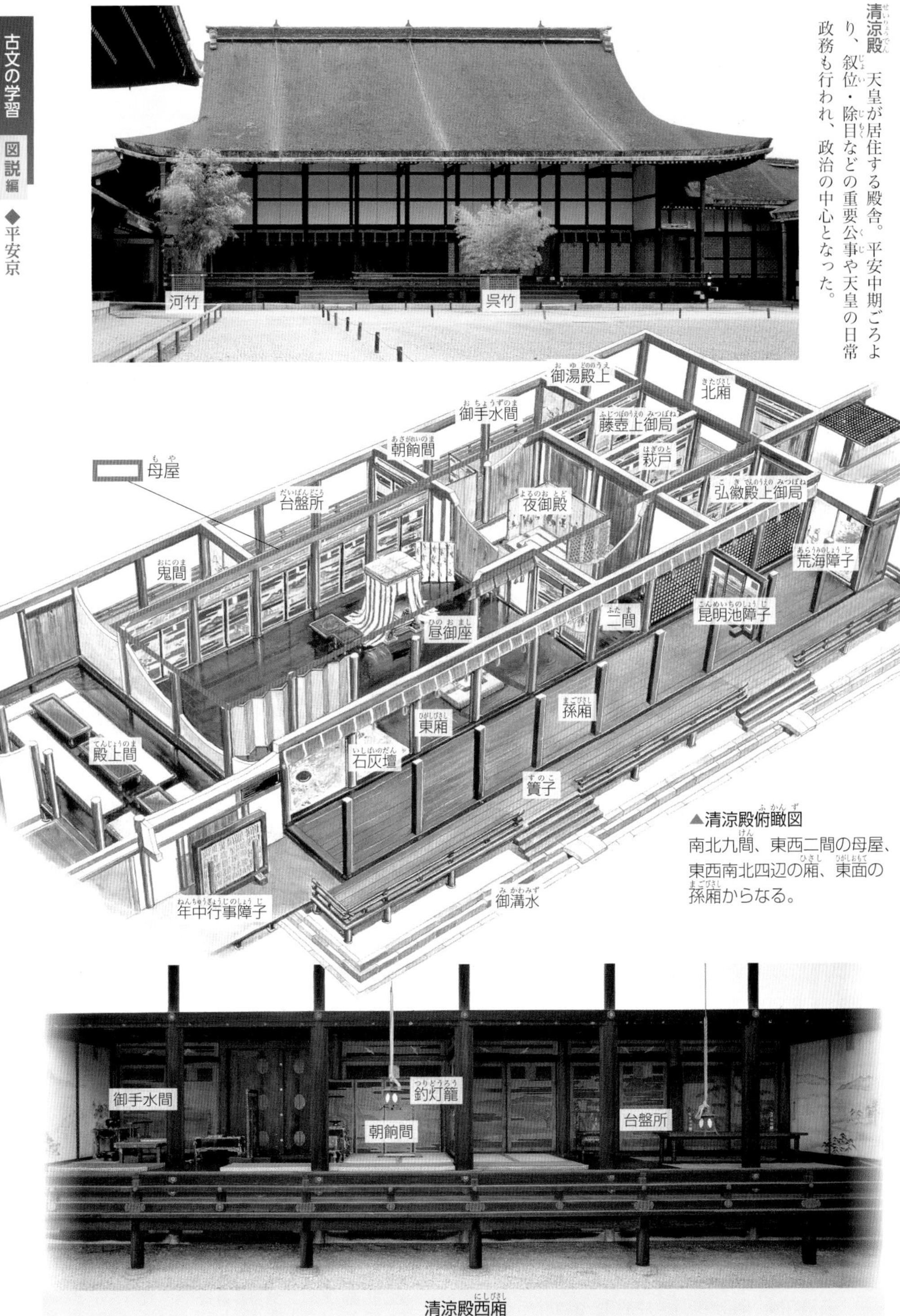

▲清涼殿俯瞰図
南北九間、東西二間の母屋、東西南北四辺の廂、東面の孫廂からなる。

清涼殿西廂

えさし藤原の郷（岩手県）

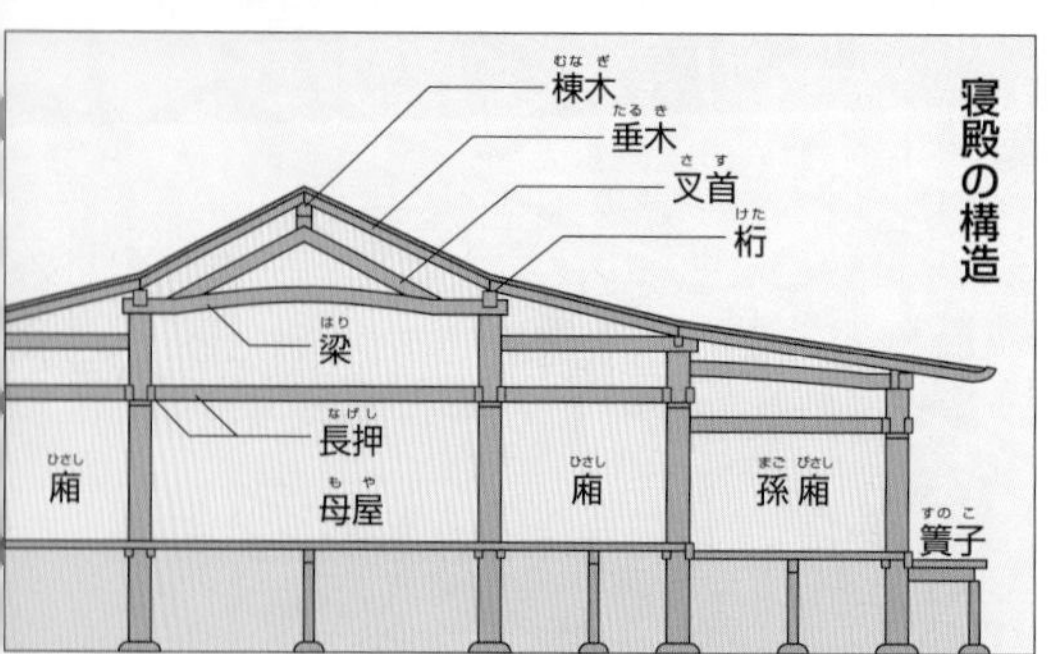

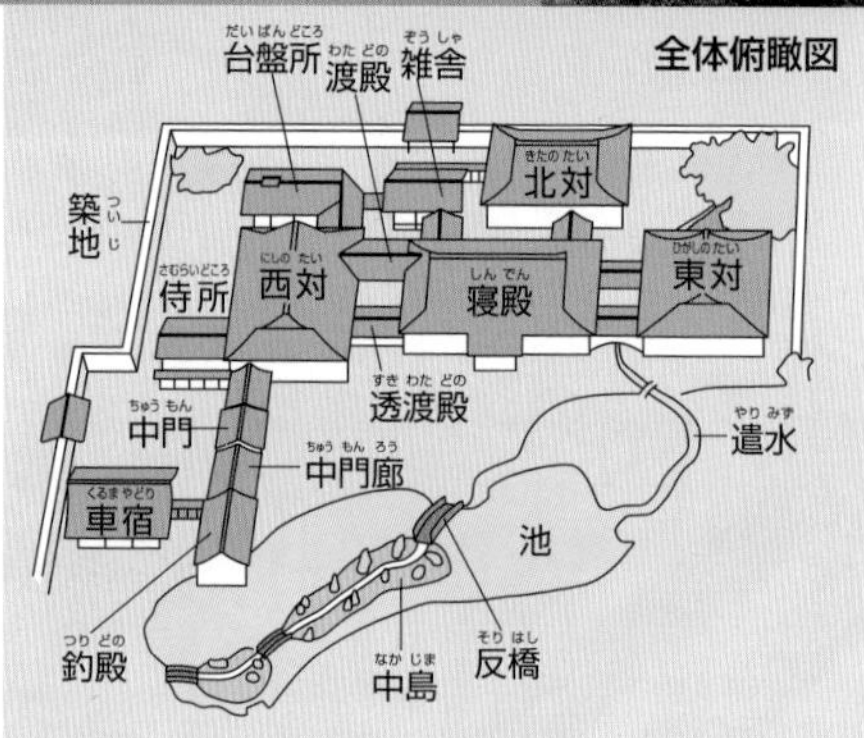

寝殿と、東西および北に対屋を持つ寝殿造が復元されている。寝殿造では、東西の対屋から南に中門廊が延びて庭を囲み、東西と北に門を開く形が普通であるが、この寝殿造は地形の関係で、東の中門廊と東門が省略されている。

寝殿内部　寝殿造では天井を張らない。

寝殿造は、十世紀中ごろに完成した貴族住宅の建築様式をいう。寝殿と呼ぶ建物を中心に、その東西に対屋を建て、寝殿と対屋の間を渡殿という廊下でつなぐ。対屋の数にきまりはなく、寝殿および東西対の北側にも、いくつかの対屋や廊が設けられた。東西の対屋からは南に中門廊が延び、その中ほどに中門を開いて、寝殿への出入り口とする。寝殿の南庭には池を掘り、寝殿の東側を通して北から池に遣水を引く。池には中島・橋・釣殿を設けるのを普通とした。敷地の周囲は築地で囲み、中門と対応する位置の東西、および北側に門を開く。寝殿の内部は、母屋を中心に、四周に廂・簀子をめぐらして構成され、必要に応じて、廂にさらに孫廂を加える場合もあった。寝殿の屋根は入母屋造と呼ばれ、母屋の屋根の周囲に、廂の屋根を付け加えた形をとる。

寝殿

◀寝殿と対屋を結ぶ廊下。庭に面して吹き放しに作られている、南側の渡殿を透渡殿と呼ぶ。北側の渡殿は複廊になっており、半分を廊下、半分を部屋として用いた。

中門廊

寝殿の内部

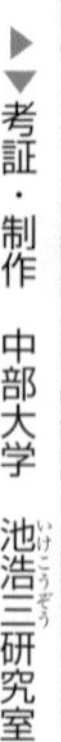

考証・制作　中部大学　池浩三研究室

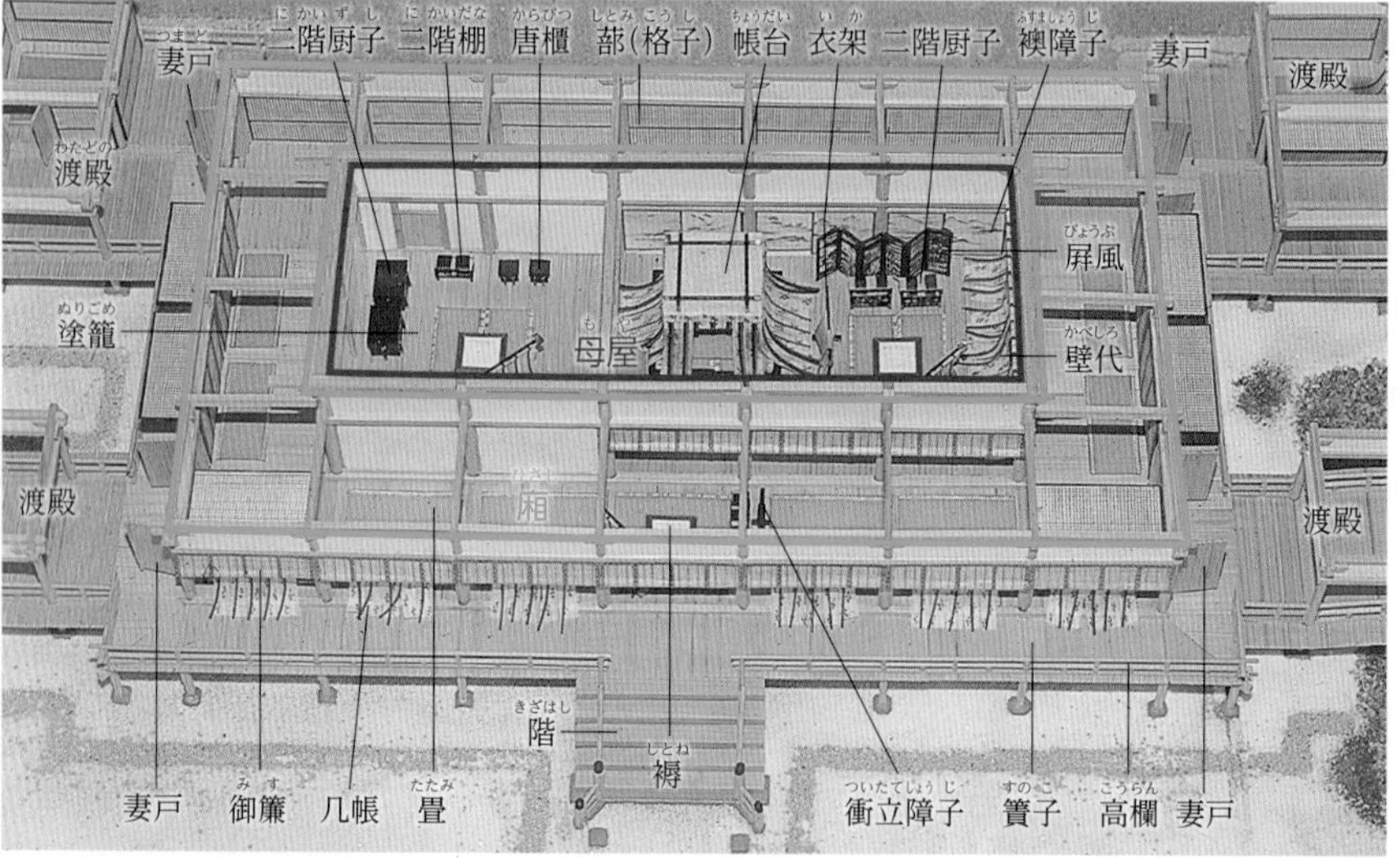

寝殿の室礼

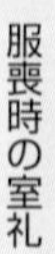

服喪時の室礼

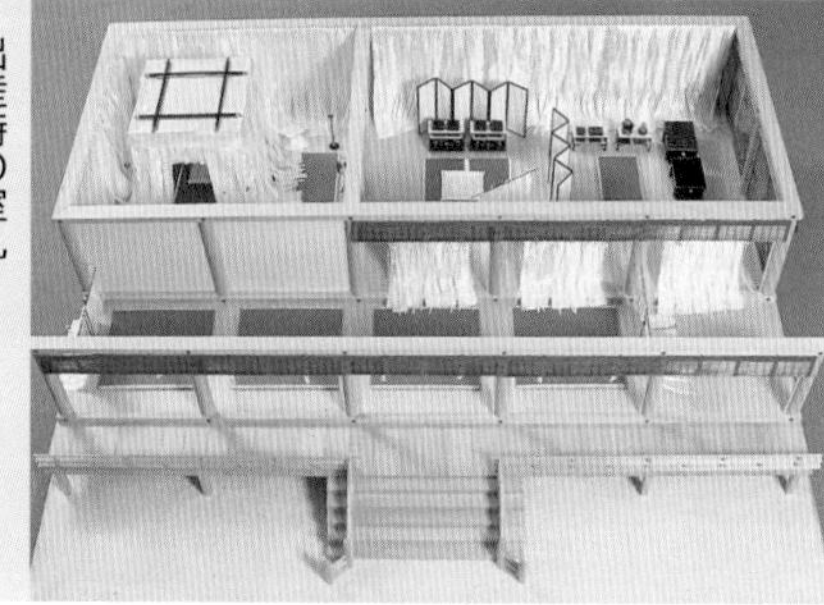

出産時の室礼

閼伽棚(『法然上人絵伝』)　仏前に供える水や花などを置く。

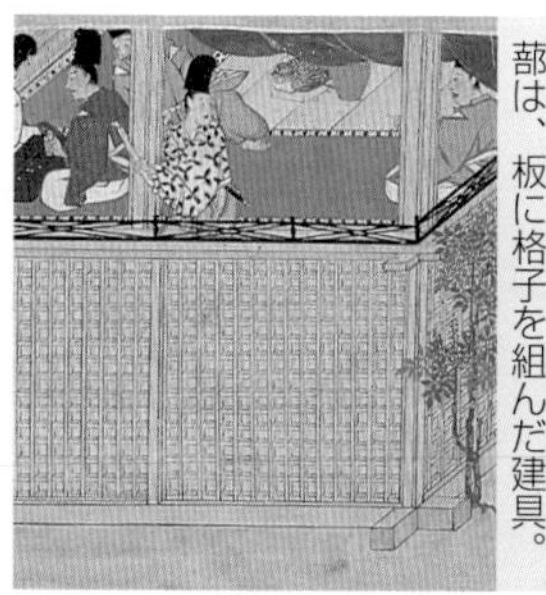

立蔀(『石山寺縁起絵巻』)　外部から室内が見えないように、土台をつけて庭などに立てた蔀。蔀は、板に格子を組んだ建具。

透垣(『源氏物語絵巻』橋姫)　板や竹で、間を透かして作った垣根。絵は、垣間見をする薫。

打橋(『法然上人絵伝』)　建物の間にかけた板の通路。取りはずせる。

籬(『西行物語絵巻』)　柴や竹などを粗く編んで作った垣根。

小柴垣(『春日権現霊験記』)　雑木の小枝などで作った、低い垣根。

神社建築

神社建築は一般に、御神体を安置する本殿、祭祀・礼拝を行う拝殿、幣帛を奉る幣殿からなる。ただし一定はしておらず、幣殿を持たない神社もある。一般参拝の場合、拝殿を中心的建物と考えがちだが、**拝殿の奥に本殿**があり、本殿は見えない場合が多い。

本殿建築は、出入り口の位置によって**妻入り**と**平入り**の二形式に分類される。屋根の三角部分（妻側）を正面とするのが妻入り、横の直線部分（大棟）を正面とするのが平入りである。屋根は切妻造で、瓦葺きではなく草木で屋根を葺くのが基本である。

出雲大社の拝殿・本殿

本殿の様式

妻入り形式

大社造、住吉造（住吉大社など）、春日造（春日大社など）などがある。大社造は最古の建築様式を残すもので、正面二間、妻の中央に棟まで届く宇豆柱を持つため、入り口が右（あるいは左）にある。床が高いのも特徴である。

平入り形式

神明造、八幡造（宇佐神宮など）、流造（賀茂別雷神社）などがある。神明造は大社造と並ぶ最古の建築様式とされ、正面が三間で中央一間に出入り口が設けられ、両側面に棟持柱を持ち、破風板が伸びて千木となっている。床が高く、全体に直線的外観を持つのも特徴である。

大社造　出雲大社本殿

棟持柱

神明造　伊勢神宮内宮

参拝の作法

❶鳥居をくぐる前に、深く一礼する。参道の中央は神様の通り道なので歩かない。

❷手水舎でお清めをする。まず、左手、右手の順に水を注ぎながら手を清める。

❸左手に水をためて口をすすぐ。最後に、口につけた左手をもう一度清める。

❹柄杓を傾けて水を流し、柄を洗う。

❺神前に着いたら一礼する。賽銭を入れ、鈴の緒が下がっている場合は鈴を鳴らす。

❻まず、二回深く礼をする。

❼左手を少しずらした状態で二回拍手を打つ。手を合わせたまま願いごとをする。

❽お祈りが済んだら、もう一度深く一礼する。鳥居を出る前に最後の一礼をする。

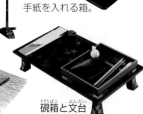

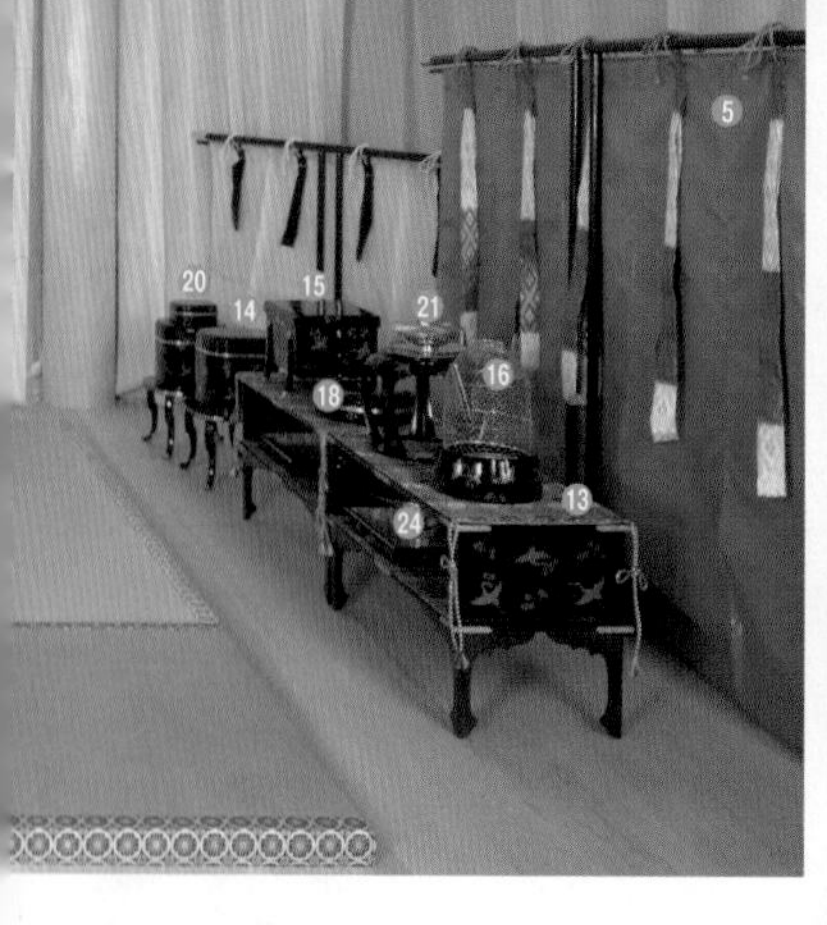

障屏具 ①御簾（母屋と廂、廂と簀子との境に垂らす、竹で編んだ簾） ②壁代（壁の代わりに母屋と廂の仕切りに用いる布） ③④障子（室内を区切る建具。③は襖障子、④は衝立障子） ⑤几帳（T字型の台に布（帷子）を垂らし、室内に立てた仕切り。持ち運びができるので、さまざまな用途にあてた） ⑥屏風

座臥具 ⑦畳 ⑧褥（角形の座布団） ⑨床子（机形の腰掛け。写真は天皇用の大床子） ⑩円座（菅などを渦巻き状に編んだ敷物） ⑪脇息（肘掛け）

清涼殿台盤所　宮中に仕える女房の詰め所。

脇息

倚子（正倉院・赤漆槻木胡床）

伏籠

▲火桶の上にかぶせて衣類を乾かしたり、香をたきしめたりするのに使うかご。

衣桁

▶衣服をかける具。

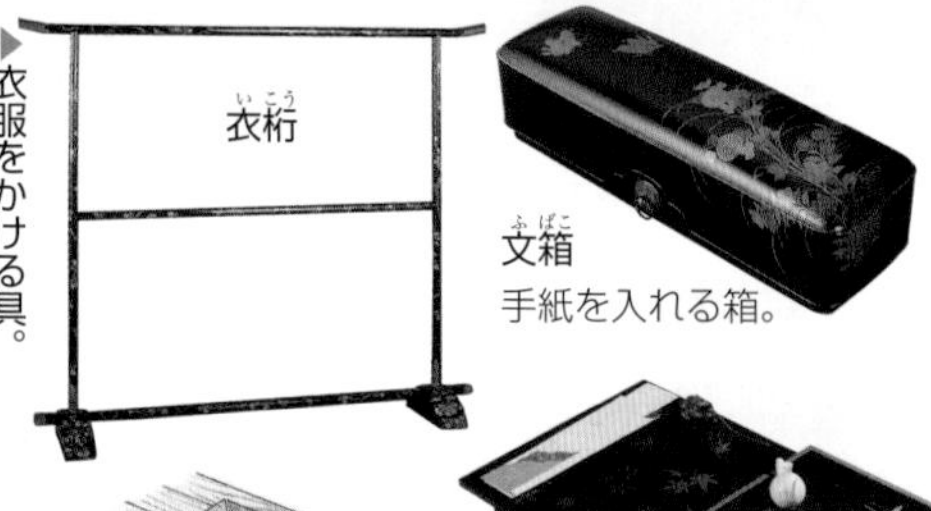

文箱
手紙を入れる箱。

炭櫃
床を切って作った炉。一説に角火鉢。

硯箱と文台

円座

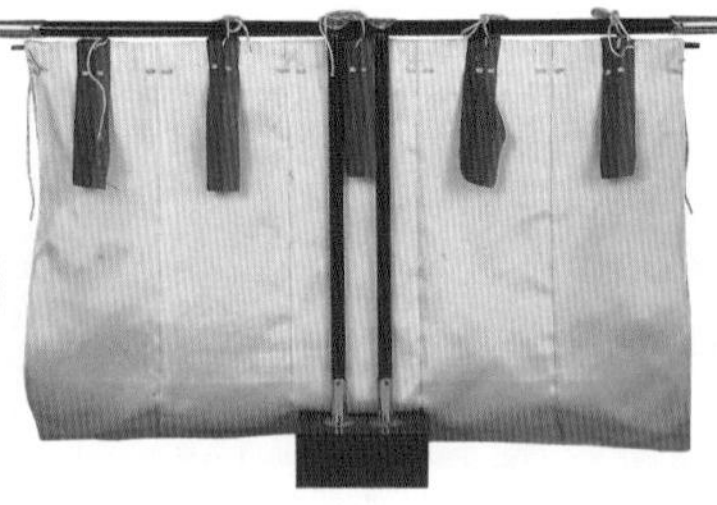

裏

表

几帳

清涼殿御手水間　天皇が朝の洗顔と口すすぎをする部屋。

清涼殿朝餉間　天皇が略式の食事をとる部屋。

什器（日用家具）⑫二階厨子（下段に両開きの扉のある棚）⑬二階棚 ⑭冠箱 ⑮唐櫃（衣類などを収める六脚の箱）⑯火取（香を焚く道具）⑰火桶（木製の丸火鉢）

整容具 ⑱鏡箱 ⑲鏡台（鏡は箱に収め、使うときに鏡台に据える）⑳唐櫛笥（化粧道具を入れる、大小二つ重ねの箱）㉑泔坏（洗髪用の米のとぎ汁を入れる器）㉒角盥（洗顔・手洗い・口すすぎ・鉄漿付け用の湯や水を入れる器）㉓半挿（湯や水を注ぐ器）㉔唾壺（唾を吐き入れる器）

照明具・飲食具 ㉕灯台（「照明具」参照）㉖台盤（食物を盛る膳や盆を載せる台）㉗釣灯籠

飲食具

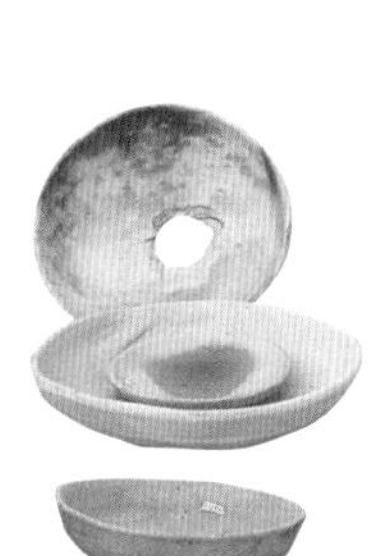

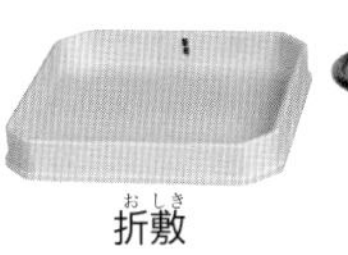
瓶子　とっくり。

▶食物や杯などを載せる、薄板で作った縁のある盆。

折敷

高坏

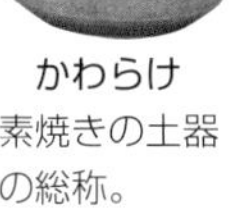
かわらけ
素焼きの土器の総称。

提子
◀つるがある銚子の一種。

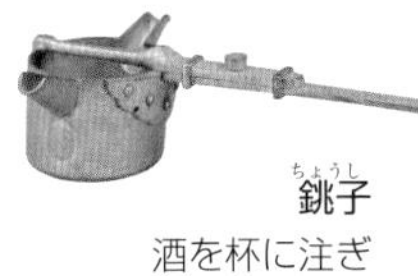
銚子
酒を杯に注ぎ移すための器。

◀▲皿を載せる一人膳。「懸盤」が正式なもので、「高坏」は略式。

懸盤

照明具

松明（『年中行事絵巻』）
屋外用。松材を割いて束ねて燃やす。

紙燭（『法然上人絵伝』）
屋内用。松材の先に油を塗り、握り手を紙で巻く。

篝火（『源氏物語絵色紙帖』）　屋外用。鉄製の籠で松材を焚く。

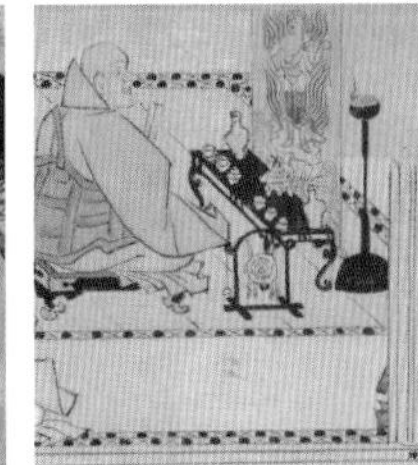

灯台（『法然上人伝絵伝』）
屋内用。皿の油に灯心を浸し、火をともす。

貴族の生活

貴族の一生

出産・誕生　上代では出産のとき、産屋に移る。出産を穢れとする禁忌思想によるものである。平安朝でも天皇の御子を身ごもった女性は、宮中を出て里邸で出産した。医学の未発達な当時、出産には生命の危険を伴った。村上天皇中宮安子、一条天皇皇后定子など、出産後の死亡例は多い。産前から加持・祈禱や修法が行われ、**出産が近づくと室内は白で統一**された(『紫式部日記』)。

出産が終わると、乳付(授乳)と、湯殿の儀(産湯)・読書鳴弦の儀(博士が漢籍を朗読し、魔除けに弓の弦を鳴らす)などを行う。皇子出産には宮中から御佩刀を賜る。誕生後、三日・五日・七日・九日の産養や、五十日・百日の祝いが盛大に行われた。

成人(幼年から青年へ)　男女とも三歳から五歳に、吉日を選んで**袴着**(着袴)が行われる。親族・関係者が列席し、式が終わると宴を開く。男子は、七歳になると、漢学を習い始める。これを**書始め**という。

初冠・初元結は男子の成人式(元服)で、十一歳から十五歳ごろ。童子の髪型を、束ねて元結で結び、末の部分を切って結い上げるのが**理髪**の儀、次に冠をかぶらせる**加冠**の儀が行われる。加冠の役を務めることを加冠・引入と呼ぶ。

女子の成人式は、十三歳から十五歳ごろ、**髪上げ**の儀と、裳の大腰の紐を結ぶ**腰結**の儀(**裳着**ともいう)が行われる。結婚の見通しの立ったときに行われることが多い。

文づかい(『竹取物語絵巻』)

初冠(『聖徳太子絵伝』)

御産の禱(安田靫彦筆)

教養・娯楽　貴族的教養は、習字(手)、和歌、管弦が主体で、男性は漢詩文、女性は仮名文が必須であった。

詠者を左右に分けて和歌の優劣を競う**歌合**は、平安時代に流行した文学遊戯である。貝合・扇合など、ものを比べて競う**物合**の遊びは多く、『源氏物語』にも、絵合や薫物合の場面が描かれている。男性の戸外の娯楽は蹴鞠・鷹狩などがある。また男女ともに碁・双六に興ずることもあった。

娯楽

歌合(「天徳内裏歌合想定図」)

蹴鞠(下鴨神社蹴鞠始め)

碁(『源氏物語絵色紙帖』空蟬)

双六(『石山寺縁起絵巻』)

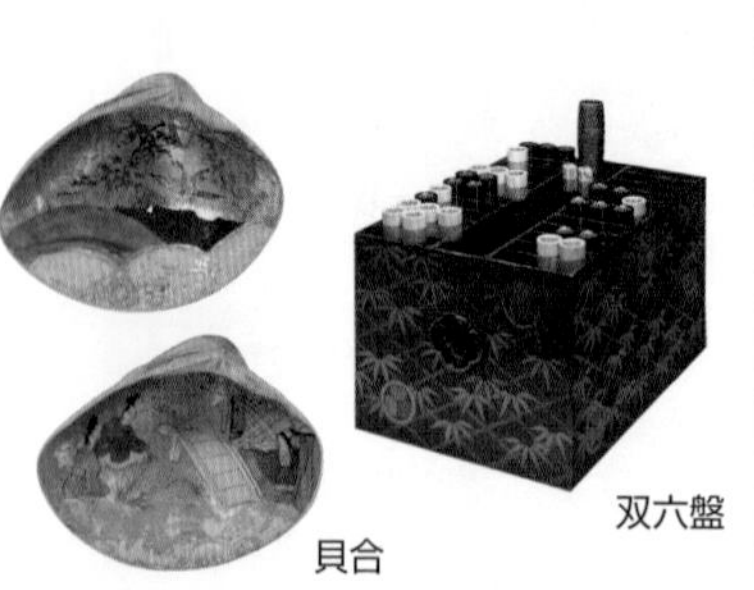

双六盤

貝合

恋愛・結婚　結婚は親の取り決めで成立する場合もあるが、男性が**垣間見**によって知った女性に歌や文を贈り、仲立ちの女房などの手引きで通うようになるケースが、物語には多く見える。

　男性は結婚後三日は連続して通い、三日目の夜に**露顕**や**三日の餅**の儀式などがあり、男女の仲が公認された。院政期には、この儀が第一夜に行われた例も多い。妻の実家に生活の基盤が据えられる招婿婚・通婚・妻問婚も多いが、妻が夫の家に引き取られる場合もあり、実体は複雑である。

算賀　四十歳を過ぎると初老で、長寿を祝して**四十の賀**を行い、以後十年ごとに算賀を行った。竹の杖や「鳩の杖」が贈られ、専門歌人に依頼して屏風歌がよまれたりした。

死・葬送　病には薬と加持・祈禱を併用する。加持・祈禱を行うのは、**物の怪**(生霊・死霊など)がとりついて病気になると考えられていたからである。

　死期を迎えると西方浄土への往生を願う。死者の父母・夫は一年、妻・兄弟姉妹は三月、喪服(藤衣)を着て過ごした。八世紀末、深草山の西の埋葬が禁止された。藤原氏の墳墓は愛宕・鳥辺野であったが、道長は木幡に墓寺として浄妙寺を建てている。

露顕(『源氏物語絵巻』宿木〈二〉)

五十の賀(『北野天神縁起絵巻』)

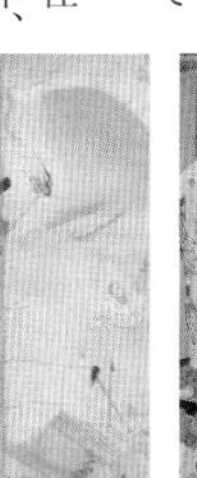
野辺送り(『北野天神縁起絵巻』)

信仰

浄土思想　平安朝には、阿弥陀如来の力に頼って西方極楽浄土に生まれようとする**浄土思想**が広がった。特に源信(恵心僧都)の『往生要集』の影響力は大きい。道長の法成寺無量寿院、頼通の宇治平等院鳳凰堂は、その美術的形象化である。一方で、現世での願いがかなうとされる観音信仰も盛んであった。

物詣で・参籠　清水・石山・長谷などの寺や、石清水八幡宮などの神社に参詣する**物詣で**も盛んに行われた。外出することがめったに許されない当時の女性にとって、物詣では貴重な遠出の機会であった。

出家　出家は死後の安穏を保証するものであるが、**現世との縁が切れる**ことにもなるから、決断するのは容易ではない。いきおい、死の直前に出家することになる。『源氏物語』の紫の上は出家を願うが、光源氏がこれを許さない。明石の入道は、娘腹の姫君が国母になるのを見届けるまでは俗界と無縁になりきれない。十九歳の若さで出家した顕信は、父道長の理解を超えるものだった。出家は文学の重要な問題の一つである。

加持・祈禱　加持とは、指で印を結び、呪を唱えて仏の力を招き寄せること。祈禱は、息災・増益・敬愛・調伏などを願う行為である。

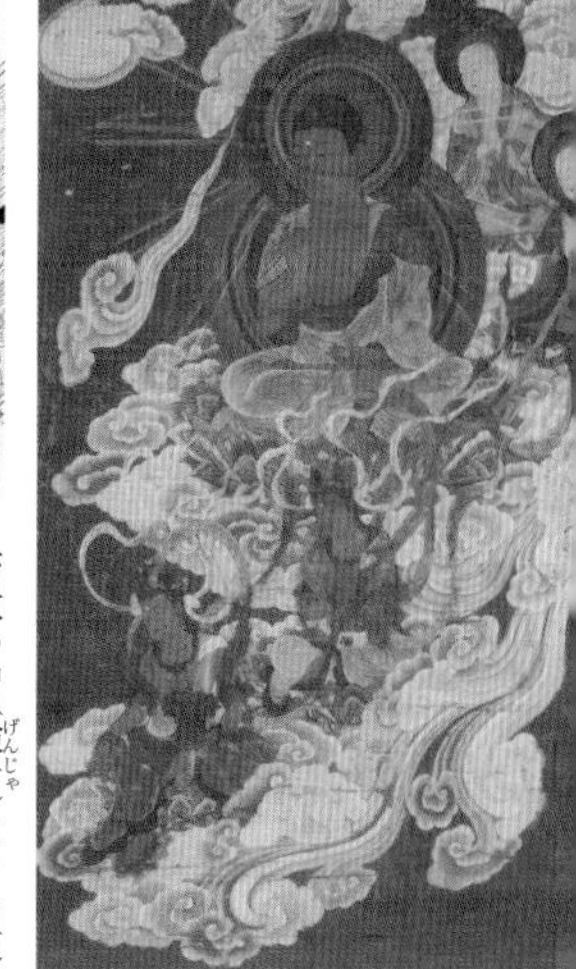
死者を迎えに来る阿弥陀如来(「阿弥陀聖衆来迎図」)

参籠(『石山寺縁起絵巻』)

出家(『法然上人絵伝』)

密教の僧(験者)はその道の専門家であった。源氏が北山へ出かけたのも、「わらはやみ」の熱病加持のためだった。物の怪を調伏するには、加持・祈禱を頼るしか方法はないのである。

物忌み　災いを避けるために、陰陽師の占いによって、物忌みという護身行為を行う。**人との対面を禁じ、門を閉じ、簾や冠や袖に物忌みの札をつける**。

方違え　陰陽道では、年・月・日・時に応じて、ある方向を避ける方忌の禁忌がある。金星の精で万物を殺伐する恐ろしい「大将軍」は、三年に一度方位を変え、十二年で一巡する。「太白星」も金星の精だが、これは一日ごとに遊行する。これらの方向を避けていては何もできないから、**あらかじめ適当な場所へ行って宿泊する**。これが方違えで、翌日、その場所から目的地に向かった。なお、忌むべき方角を「方塞」という。

和琴　日本固有の弦楽器。長さ約二メートル。六弦を張り、水牛の角または鼈甲で作った小片で弾奏する。

箏　現在の琴。桐の胴に十三弦を張り、柱で弦を調律し、指に「爪」をはめて弦を弾く。

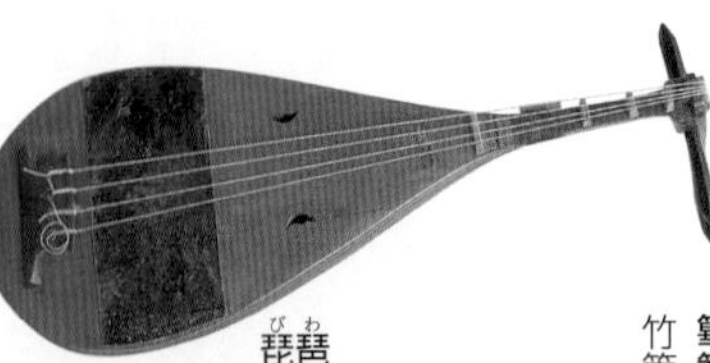
琵琶
通常四弦。胴は平たく長さ六十〜九十センチ。ばちで弦を弾く。

管弦（宮内庁楽部）

舟楽（『駒競行幸絵巻』）

篳篥　縦笛。長さ約十八センチの竹管。表に七孔、裏に二孔ある。

高麗笛　横笛。細笛。約三十六センチ。

神楽笛　横笛。太笛。約四十五センチ。

竜笛　横笛。約四十センチ。

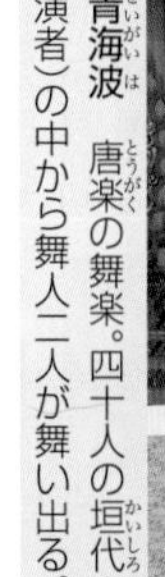
笙　つぼの上に十七本の竹管が立っている。吹き口から息を出入させて演奏する。

青海波　唐楽の舞楽。四十人の垣代（助演者）の中から舞人二人が舞い出る。

春鶯囀　唐楽の舞楽。『源氏物語』（花宴）には「春の鶯囀るという舞」とある。

迦陵頻　唐楽の雅楽。鳥の翼をつけ、銅拍子を持ち、四人で舞う童舞。

太平楽　唐楽の舞楽。四人で舞う武の舞で、太刀や鉾を手にする勇壮な舞。

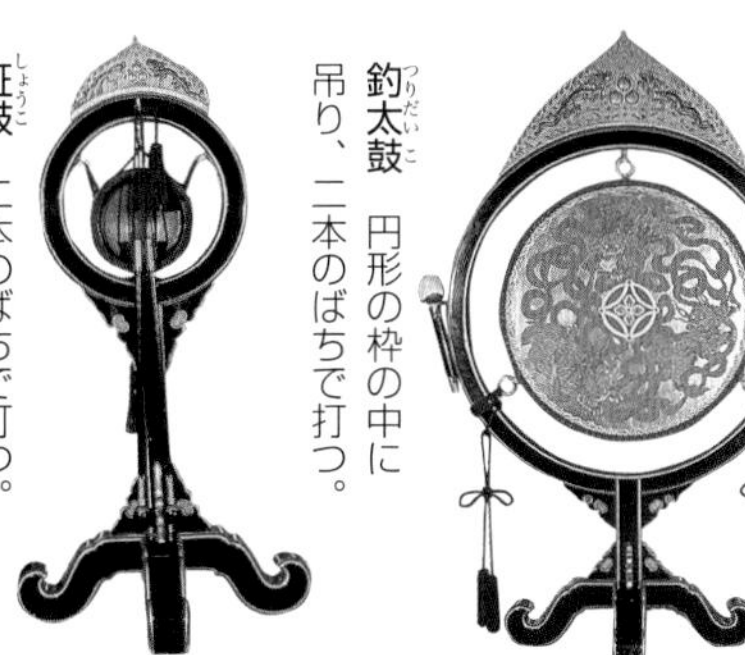

鉦鼓 二本のばちで打つ。

釣太鼓 円形の枠の中に吊り、二本のばちで打つ。

羯鼓 台に据え、ばちで打つ。

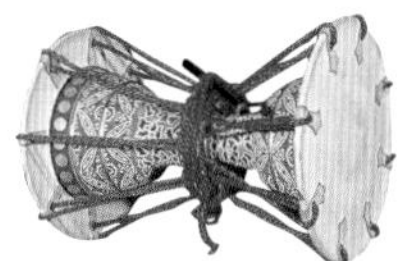

三鼓 右手に持ったばちで打つ。

笏拍子 神楽などで、拍子をとる楽器。

乗り物

輿

二本の轅に屋形を乗せ、人が運ぶ乗り物全般を輿という。肩に担ぐ輦輿と、腰のあたりで手で支える腰輿がある。

網代輿（『春日権現霊験記』） 網代（「網代車」参照）に黒塗りの押縁を打った輿。親王・大臣の乗用。

鳳輦復元模型 屋根に黄金の鳳凰を飾った輿。天皇が盛儀の際に乗用。

車

牛に引かせて運行する、屋形のついた乗り物全般を**牛車**といい、**人の手で引く車を輦車**という。天皇の乗り物は輦輿に限られていたが、牛車は皇族以下の公卿から地下に及ぶまで、広く乗用とした。乗る人の身分や時と場合によって細かい使い分けがなされていた。屋形は前後を乗降口として簾を垂らし、左右はふさいで物見という窓を設けた。

軒格子
眉（反りの部分）
棟
袖格子
簾
物見
鴟尾
軛
轂
榻
轄
轅
輻

❸ ❷
❹ ❶
席順

網代車 網代（檜や竹を薄く削って編んだもの）で屋根と両わきを張った牛車。大臣・納言・大将の略儀用。

▶乗車は後ろから、降車は前から行う。

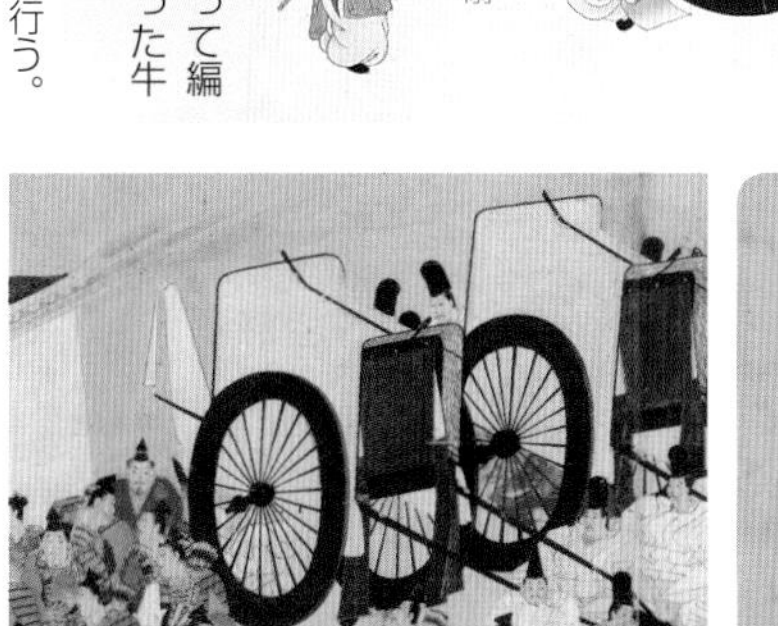

檳榔毛車 檳榔の葉を晒して裂いたもので車箱を覆う。上皇・親王・大臣などの乗用。

輦車（『石山寺縁起絵巻』） 輿の形の屋形に車輪をつけ、人が引く。東宮・妃など、「輦車の宣旨」を受けた者だけが宮中まで乗用できた。

服装

上代

「養老衣服令」では、朝廷内で着用する衣服を、礼服・朝服・制服の三つに規定している。そのうち制服は、無位の官人や一般庶民が公務の際に着用する衣服とされた。奈良時代から平安時代中期までは、隋唐文化摂取の影響を色濃く反映しているが、平安中期の国風化の芽生えとともに、和様の公家装束が完成されていった。

礼服

「衣服令」の規定により、五位以上の官人が、朝賀や即位など朝廷の重要な儀式に着用するものとされる。経費が高いため、嵯峨天皇の代からは三位以上の者が即位式のみに着用することとされ、幕末の孝明天皇の即位式まで続いている。

朝服

有位の官人が、朝廷に出仕する際に着用する衣服。奈良時代を代表するのは、男性の袍袴様式、女性の裙様式で、中古以降、前者は男性の表着である袍へ、後者は女性の正装である裳へと、国風化の形式に変化していく。

◀奈良時代の貴族の衣服

◀奈良時代の貴族の食事

◀奈良時代の庶民の食事

料理復元（2点）奥村彪生

中古初期の朝服

中期以降の衣服の長大化に比して、身頃や袖が細身である。

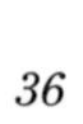

中古

平安時代中期以降、国風化した衣服が定着した。正装として束帯、正装の略式として布袴・衣冠、略装として直衣・狩衣などが用いられた。

束帯

公家男性の正装。参朝のほか、公事・儀式の際にも用いられた。「宿直装束」に対して「昼装束」ともいう。束帯の袍は位階によって色が決められており、四位以上は黒、五位は緋、六位以下は縹を用いた。下襲の裾の長さも位階によって異なる。

冠(垂纓)
巾子
簪
袍の頸上
縫腋の袍
笏
畳紙
飾太刀
平緒
下襲の裾
襴
蟻先
表袴
靴氈
靴帯
靴

①髻
③簪
②巾子
④纓

◆冠のつけ方

①髪を頭上で束ねて髻を結う。②巾子の中に髻を入れる。③冠が落ちないように、巾子の根元に横から簪を挿し、髻を貫き留める。④巾子の後ろに纓を二枚重ねて挿し込む。冠は束帯・衣冠の場合の被り物で、参内の際には必ず着用したため、位階・官職などで複雑な区別が生じた。

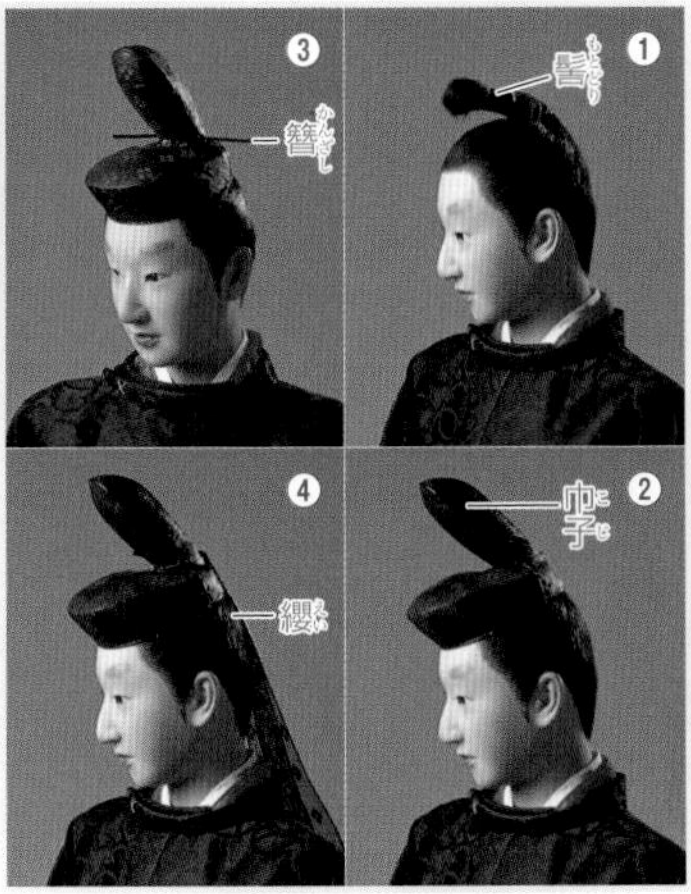

文官の束帯姿　文官は、両脇が縫いつけられた縫腋の袍という表着を用いた。文官は通常は飾太刀を佩かないが、勅授帯剣を得た高位の者のみ、儀杖の剣を帯びた。冠は、纓を垂らした垂纓の冠。

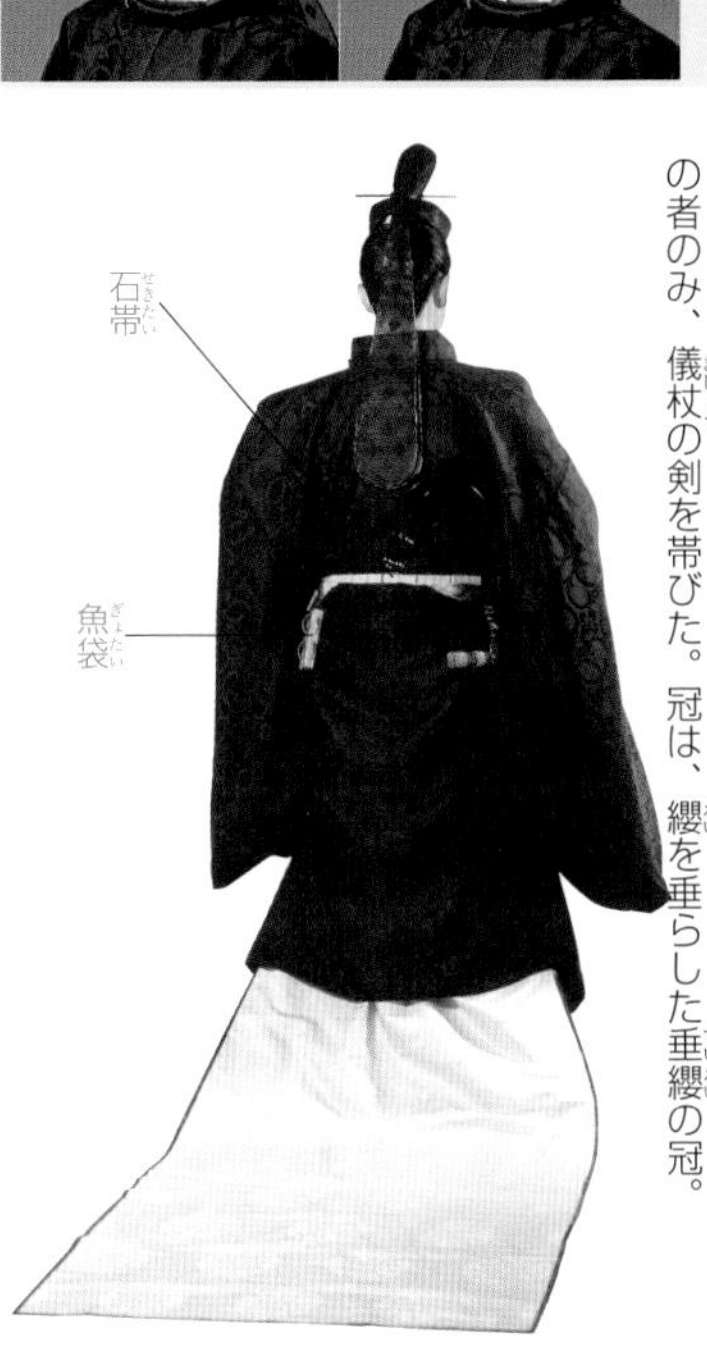

装束着用順序

❶小袖を着て襪(白い絹の靴下)をはき冠をかぶる。
❷大口袴(裾口が広い袴)をはき単を着る。
❸衵(多く綾織物)と表袴(表白、裏赤)を着る。
❹下襲(背後に裾が長く続いた服)を着る。
❺縫腋袍(袖の下から両脇を縫いつけた表着)を着、石帯(袍の腰を結ぶ帯)をしめる。

◀**武官**の束帯姿　武官は、両脇をあけた闕腋の袍という表着を用いた。衛府の太刀を佩き、弓を携えて、矢を収める胡籙を腰の後ろに帯びる。冠は巻纓の冠。

布袴　束帯を略式にした服装。表袴と大口袴を省き、指貫と下袴をはく。私的な儀礼に着用した。

衣冠　布袴をさらに略式にした服装。笏・石帯は省いて、扇・腰帯を用いた。「宿直装束」ともいい、非常の参内などの折に着用した。

褐衣　身分の低い武官の服装。貴人の護衛を務める随身などの服装。

直衣

公家男子の略装。衣冠と形態はほぼ同じだが、烏帽子をかぶり、袍の色は位階による規定がない。平安後期には、勅許を得て参朝にも使用できるようになり、その場合は冠をかぶった（冠直衣）。

◀**夏の直衣姿**　夏には、表地に二藍などの濃い色を用いた。

冬の直衣姿（『紫式部日記絵巻』）　冬は表地に白を用いた。図のように、歩きやすくするために指貫を引き上げることを「稜取る」という。

狩衣

もと民間服であったが、活動的であることから鷹狩・蹴鞠などの際に着用。やがて平服とも、六位以下の正装ともなる。

水干

狩衣と同形で、「水干狩衣」ともいう。公家から庶民まで広く使用され、貴族の子弟の童水干や滝口水干などが生まれた。裾を短く仕立てて袴の中に着込めるのを通例とした。菊綴という緒が特徴。

平礼烏帽子　水干　頸上の緒　菊綴　付けもの　括袴　菓頸巾　草鞋

直垂

平安時代の庶民の服装。

被け物（『紫式部日記絵巻』）
祝儀や褒美として賜る衣服などを、「被け物」「禄」などという。下賜された衣服は肩にかける（被く）のが作法であった。

狩衣を着て蹴鞠に興ずる貴族（『年中行事絵巻』）

女房装束

男子の束帯に対する女子の正装。日常着の袿に裳・唐衣を加えたもので、天皇の御前にはこの姿でないと伺候を許されなかった。なお、「十二単」という呼称は、近世に入ってからの誤用といわれる。

袿

日常は、裳・唐衣を省いた袿姿で過ごした。袿を重ねて用い、色の配合によって美しさを演出した。袿の上に丈の短い袿を重ねた姿を小袿という。

❶小袖を着て紅の長袴をはく。
❷単（裏のない衣）を着る。
❸五衣（五枚の袿を重ねたもの）を着る。
❹打衣（砧で打ってつやを出す）と表着を着る。
❺唐衣（錦・綾などで袷に仕立てた衣）を着て裳（腰部より下の後方にだけまとう衣）をつけ、袙扇を持つ。

髪上げ（『紫式部日記絵巻』）

振分髪（『扇面古写経』模写）

細長

平安時代の女子の略服の一つ。袿の上に細長という衣を重ねる。

汗衫

もと汗取りの単の短い衣。やがて下級者の表着となり、さらに長くなって童女の正装となった。

小袖

平安中期以降の庶民の婦人の服装は、舟型袖の小袖が一般的になった。奈良期の裙の名残のような褶だつものを腰に巻いている。

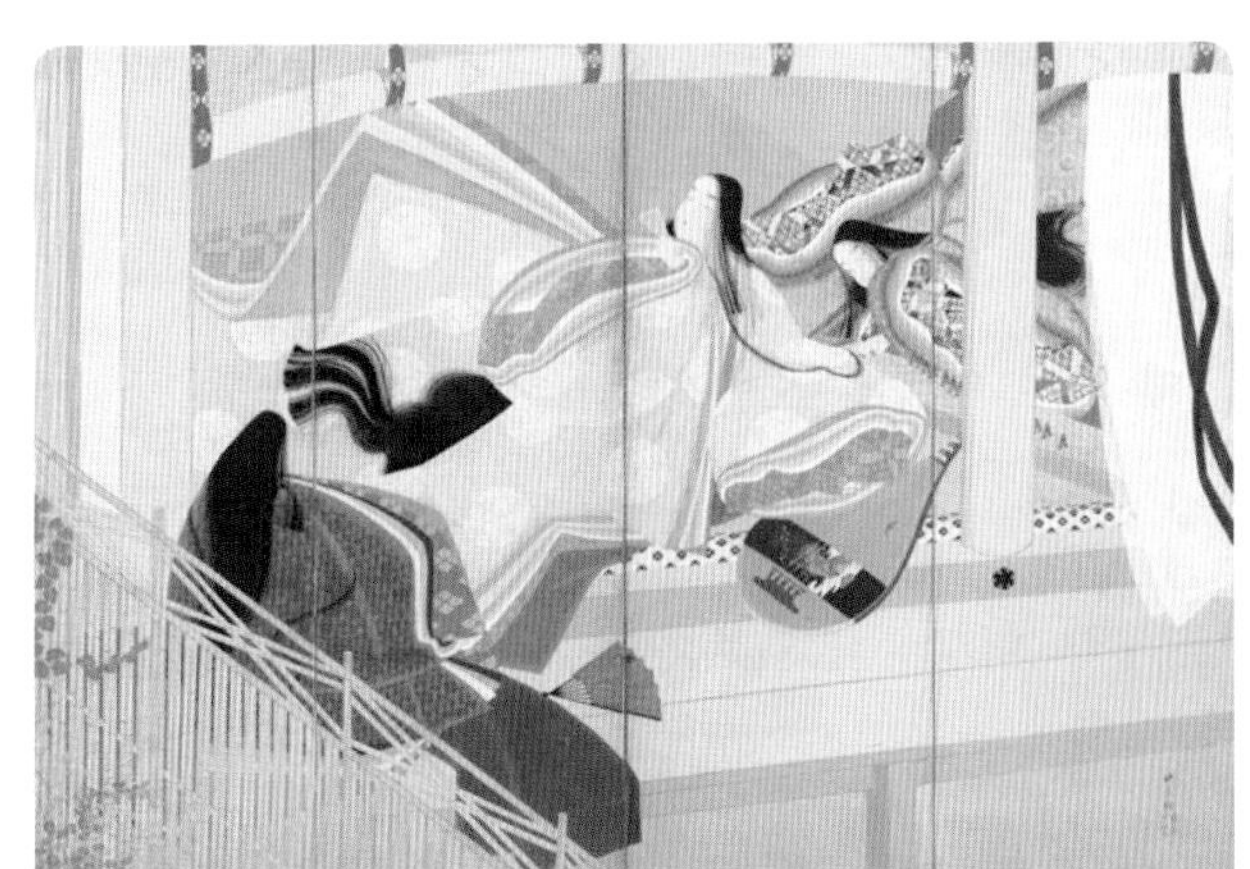
袿姿でくつろぐ女性たち（松岡映丘筆「宇治の宮の姫君たち」）

▲打出（左『駒競行幸絵巻』、右『紫式部日記絵巻』）
晴れの儀式の際に、寝殿や対屋の御簾の下から女房装束の袖の襲色目を打ち出して、華やかさを演出した。着飾った女房たちが居並んでいるように見せるが、実際は重ねた装束で几帳の帳を抱え込むように結んで並べている。

中世

直垂

中古の庶民服より転じたもの。鎌倉時代には武士の通常服となり、室町時代には直垂に帷子を重ね、袴をはいて礼装とした。

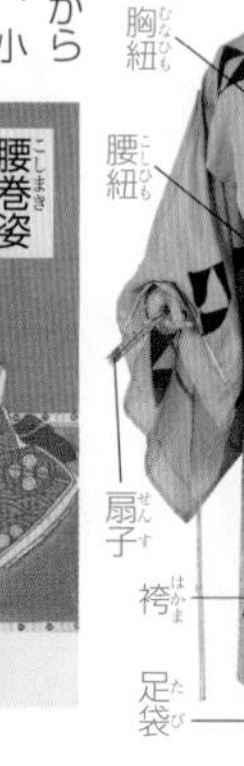

打掛

室町時代末からの婦人服は、小袖の重ね着が普通となった。帯は締めずにはおったままの表着を打掛という。夏の祝儀の際には、打掛を腰に巻きつけた腰巻姿になった。

腰巻姿

浅井長政夫人お市

素襖

直垂を簡素化した、裏地のない一重の衣服。胸紐と菊綴に染革、袴と同地の腰紐を使う。

壺装束

女性の旅装。袿を引きずらないように身の丈に合わせて着て紐で結ぶ。

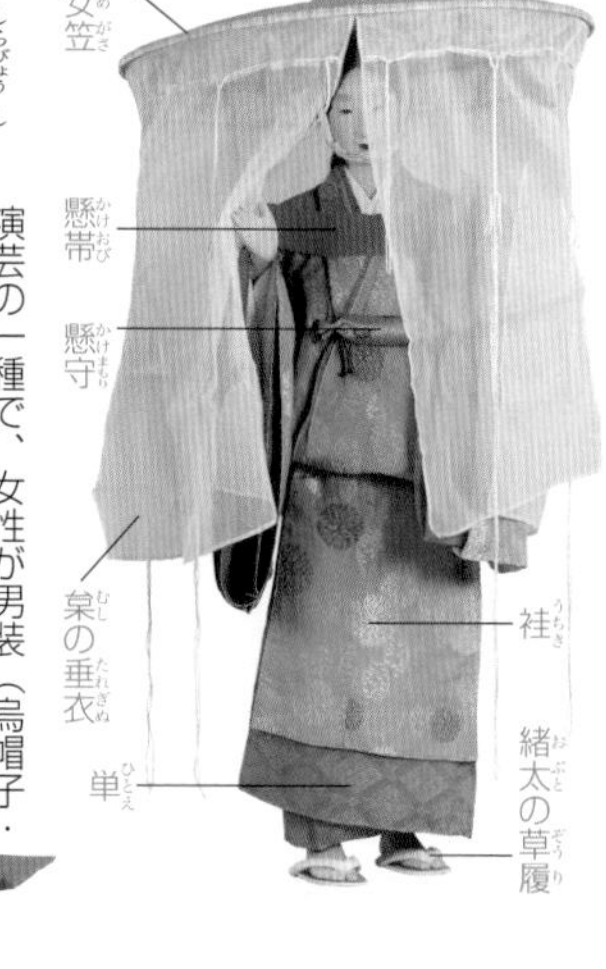

白拍子

演芸の一種で、女性が男装（烏帽子・水干・腰刀）をして舞ったもの。男舞ともいう。

有職文様

平安時代中・後期に生まれた、貴族の衣装や調度に用いられた織文様を「有職文様」という。織りで表す行程上、幾何学的な意匠が多い。家格や位階によって、色や文様に決まりがあった。

亀甲文

小葵文

鳥襷文

立湧文

桐竹鳳凰文

天皇のみが使用。

鸚鵡丸文

八藤丸文

浮線綾文

窠文

近世

直垂

武士の通常服の直垂は、江戸時代になって儀礼化し、将軍・御三家と三位以上の大名が着る式服となった。長袴に白の腰紐、直垂と袴は同地・同色・同文様の上下が通例で、長裃という。

風折烏帽子
懸緒
胸紐
直垂
小刀
腰紐
菊綴
末広扇
大帷子
長袴
袖露

肩衣

武士の普通礼装。もとは袖のない直垂で、肩を張らせて形式化した。長裃が通例。

髷
肩衣
家紋
熨斗目紋付の小袖
小刀
殿中扇
長袴

侍烏帽子
染革の菊綴
家紋
素襖
染革の胸紐
小刀

鷹見泉石像(渡辺華山筆)

素襖

中世の素襖が儀礼化したもので、江戸時代は六位以下の式服とされた。殿中では長袴が通例。

小袖

階層や男女を問わず着用した、江戸時代の中心的衣服。染織技法の発達により多彩な文様が生まれ、町民層を中心に流行した。袖に振りのある脇明の小袖を振袖、脇詰の小袖を留袖という。

留袖
鶺鴒髱の島田
小袖
足袋

小袖
扇子
羽織(紙子羽織)
足袋

道中姿

合羽をつけた町人の旅装。合羽は宣教師のマントを模したもので、町人階級のものを「引き廻し」ともいう。

髪型(近世〈江戸〉)

色・襲色目

平安時代の衣服は何枚も重ねて着るものであったため、色の調和が重視された。「襲色目」には、袷仕立ての衣裳の表裏の配色をいう場合と、重ね着した衣服の配色をいう場合とがある。四季の自然物を模した色目が多く、季節通用のもの以外は着用時期が限られていた。

古典にあらわれる色

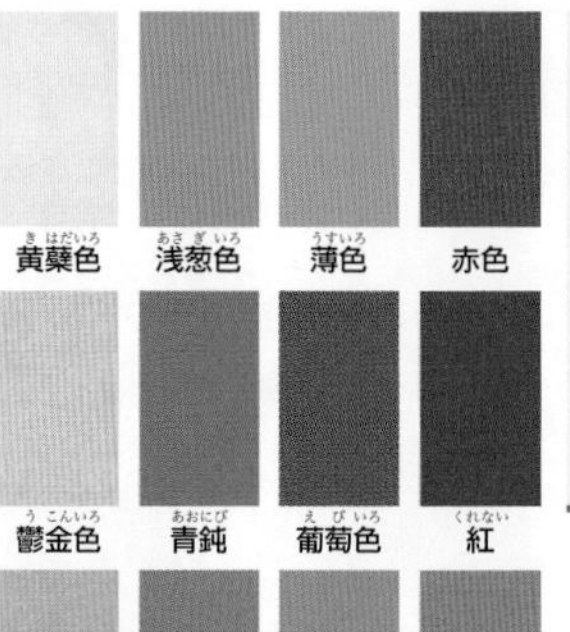
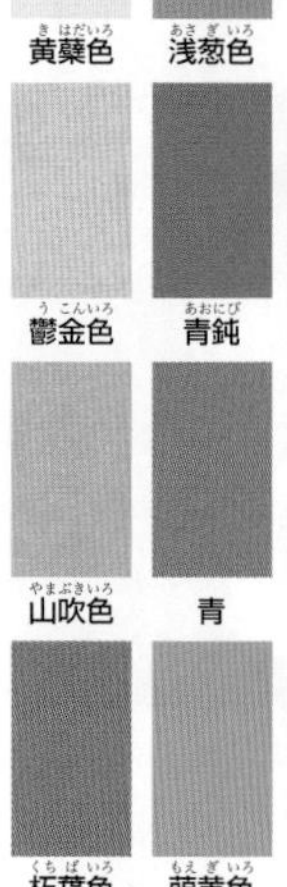

赤色　薄色　浅葱色　黄櫨色

紅　葡萄色　青鈍　鬱金色

紅梅　紫苑色　青　山吹色

蘇芳　二藍　萌黄色　朽葉色

古代紫　藍　海松色　檜皮色

濃紫　縹色　黄色　鈍色

表と裏の襲色目

＊諸説あるものは一説によった。

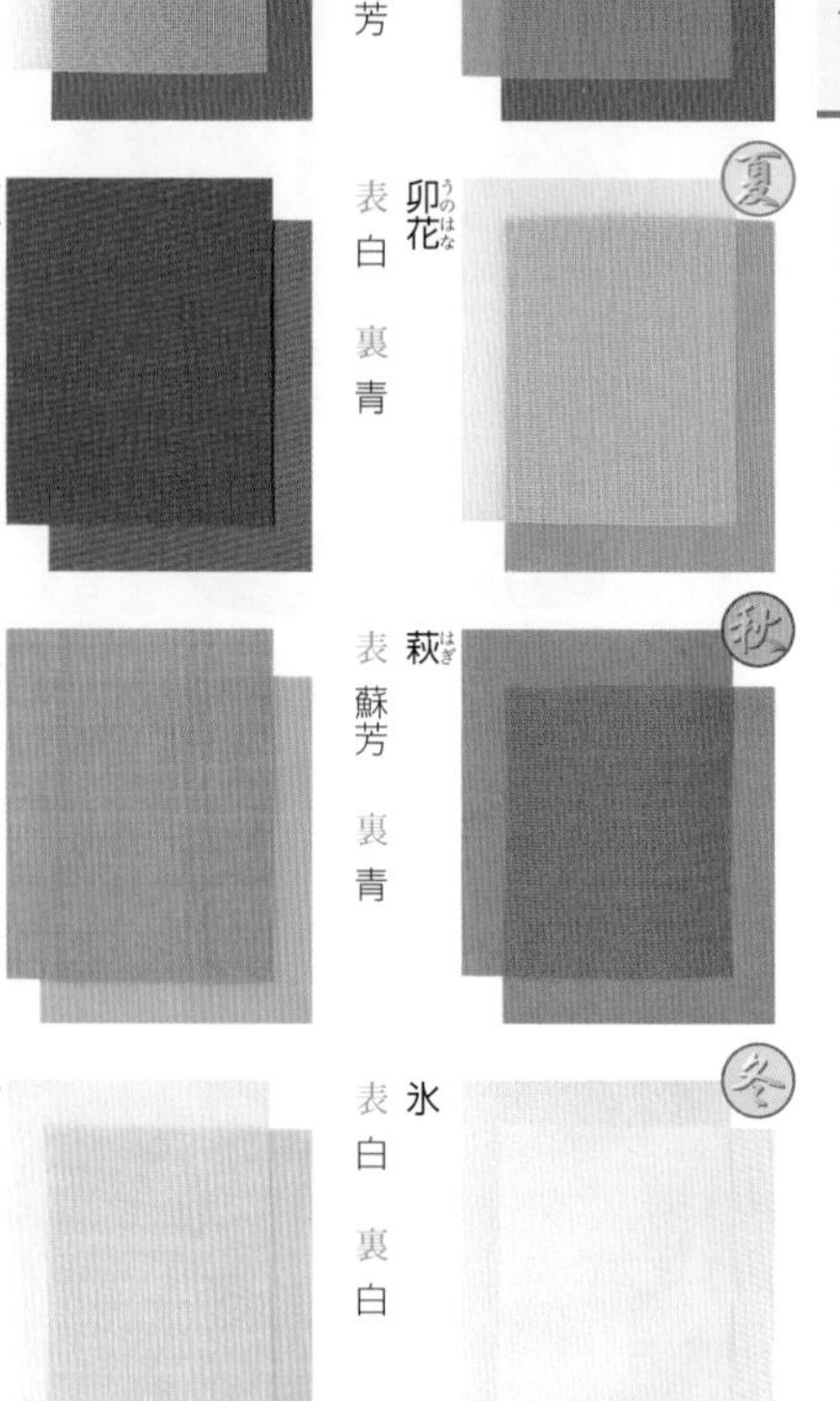

春

紅梅　表 紅梅　裏 蘇芳

梅　表 白　裏 蘇芳

夏

卯花　表 白　裏 青

杜若　表 紫　裏 萌黄

秋

萩　表 蘇芳　裏 青

女郎花　表 女郎花　裏 青

冬

氷　表 白　裏 白

雪の下　表 白　裏 紅梅

女房装束の襲色目

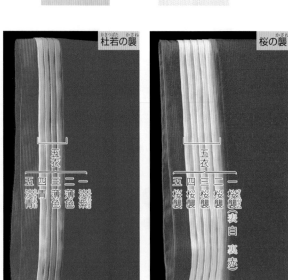

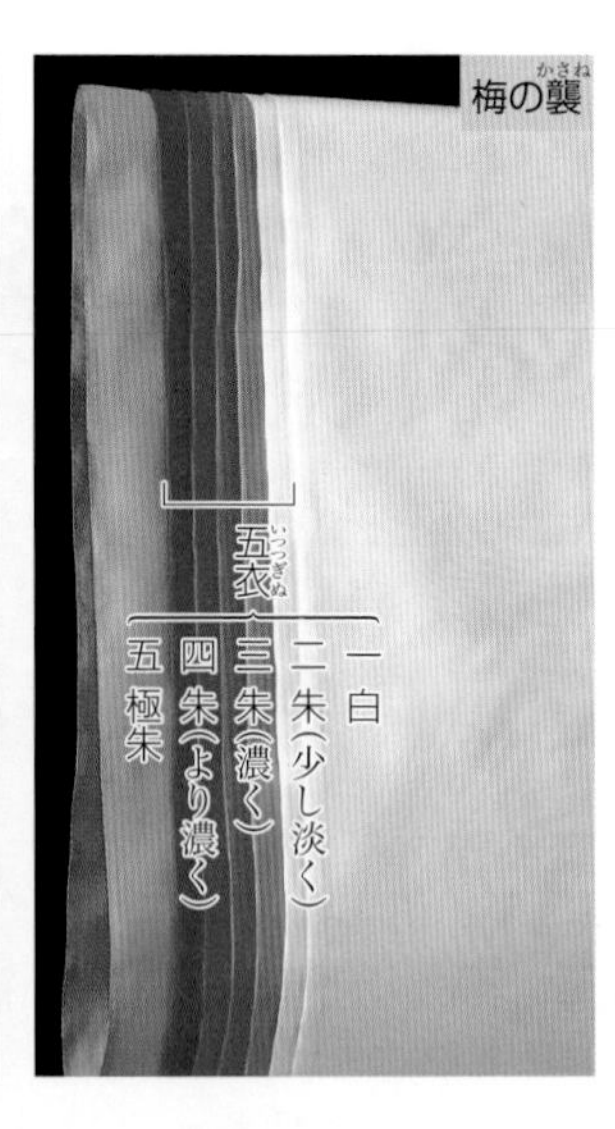

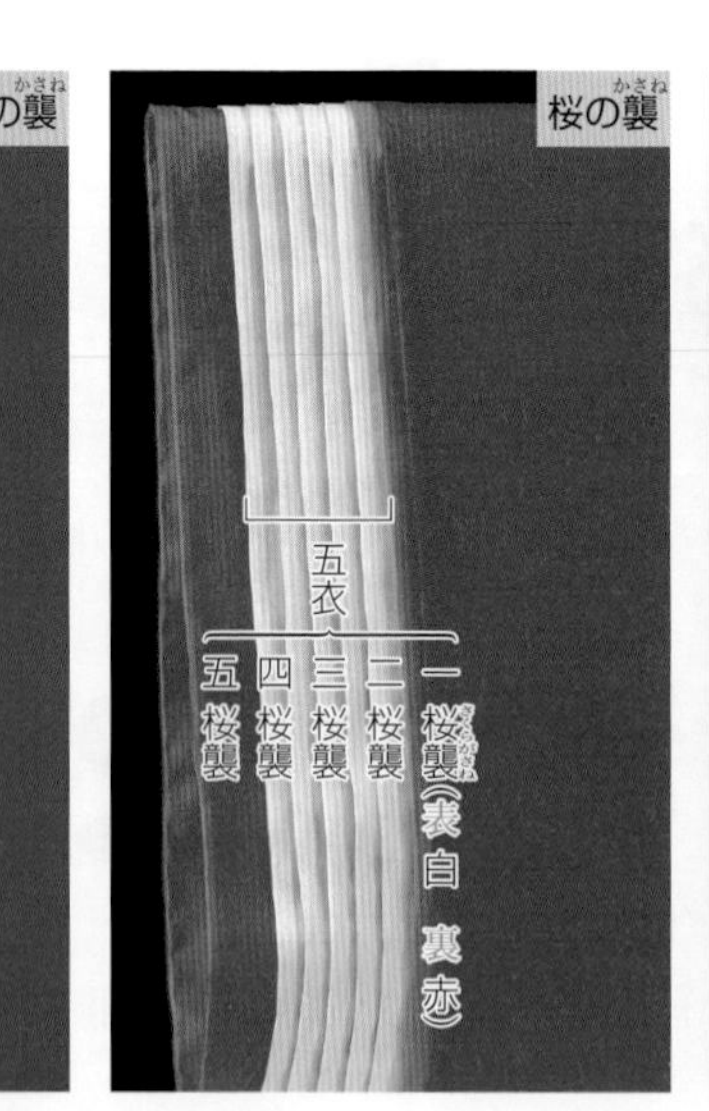

杜若の襲

五衣

一 淡紫
二 薄色
三 薄色
四 青
五 淡青

写真：藤森武

桜(さくら)　表 白　裏 赤花

藤(ふじ)　表 薄色　裏 萌黄

躑躅(つつじ)　表 蘇芳　裏 青

山吹(やまぶき)　表 淡朽葉　裏 黄

橘(たちばな)　表 濃朽葉　裏 黄

撫子(なでしこ)　表 紅梅　裏 青

牡丹(ぼたん)　表 白　裏 紅梅

楝(おうち)　表 淡紫　裏 青

紫苑(しおん)　表 淡紫　裏 青

桔梗(ききょう)　表 二藍　裏 濃青

黄紅葉(きもみじ)　表 黄　裏 蘇芳

櫨(はじ)　表 赤　裏 黄

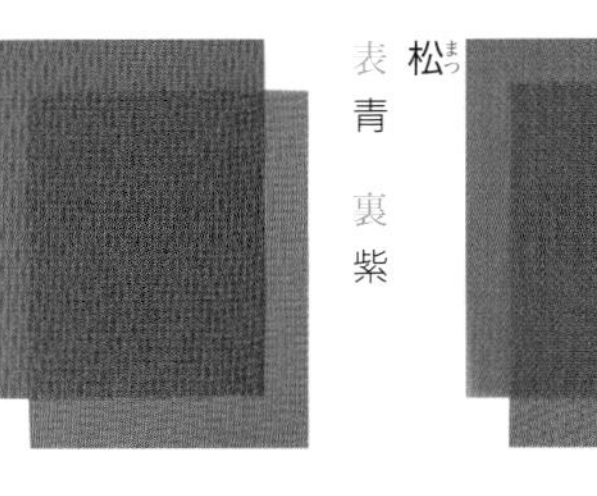
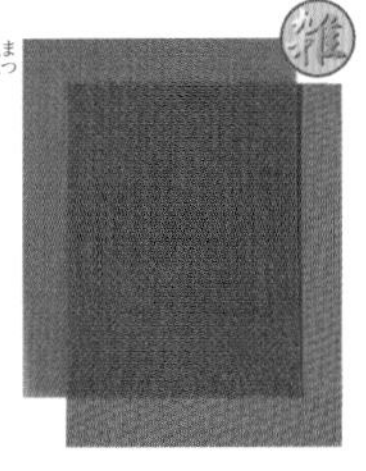
雑
松(まつ)　表 青　裏 紫

葡萄(えび)　表 蘇芳　裏 縹

木賊(とくさ)　表 萌黄　裏 白

檜皮(ひわだ)　表 蘇芳　裏 縹

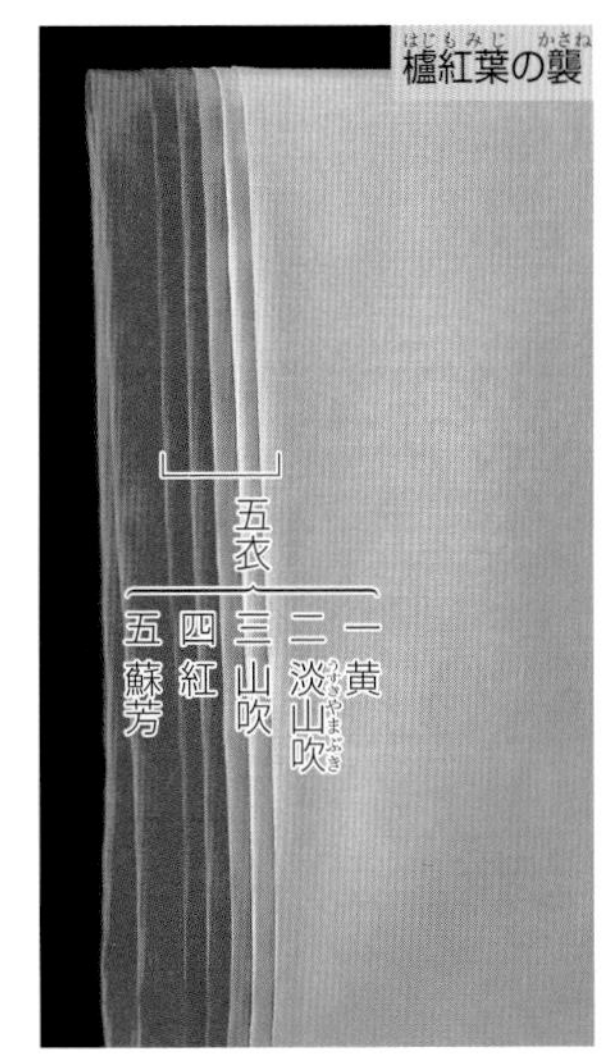

櫨紅葉(はじもみじ)の襲(かさね)

襲の色目の構成

女房装束の袿(うちき)は、五枚重ねが基準とされたことから「五衣(いつつぎぬ)」と呼ばれる。襲色目はこの五衣の色の組み合わせをいい、名称や色の重ね方は、**自然の色彩が多く取り入れられている。**色名で示す配色のほかに、「匂(におい)」「薄様(うすよう)」「村濃(むらご)」「裾濃(すそご)」などの形容で示す配色のしかたがあり、そのうち「匂」は、同色の濃淡でグラデーションのように表現する方法、「薄様」は、同色で上から順に薄くし、下の二枚を白にする方法である。

紅梅の匂

一 淡紅梅(うすこうばい)(より薄く)
二 淡紅梅
三 紅梅
四 紅梅
五 濃紅梅(こきこうばい)

紫の薄様

一 紫
二 淡紫
三 淡紫(より薄く)
四 白
五 白

武装・武器・馬具

鎧 騎射戦に備えた武具の様式で、重量があり大きいので、大鎧ともいう。着背長・物具などと呼ばれるのも鎧である。

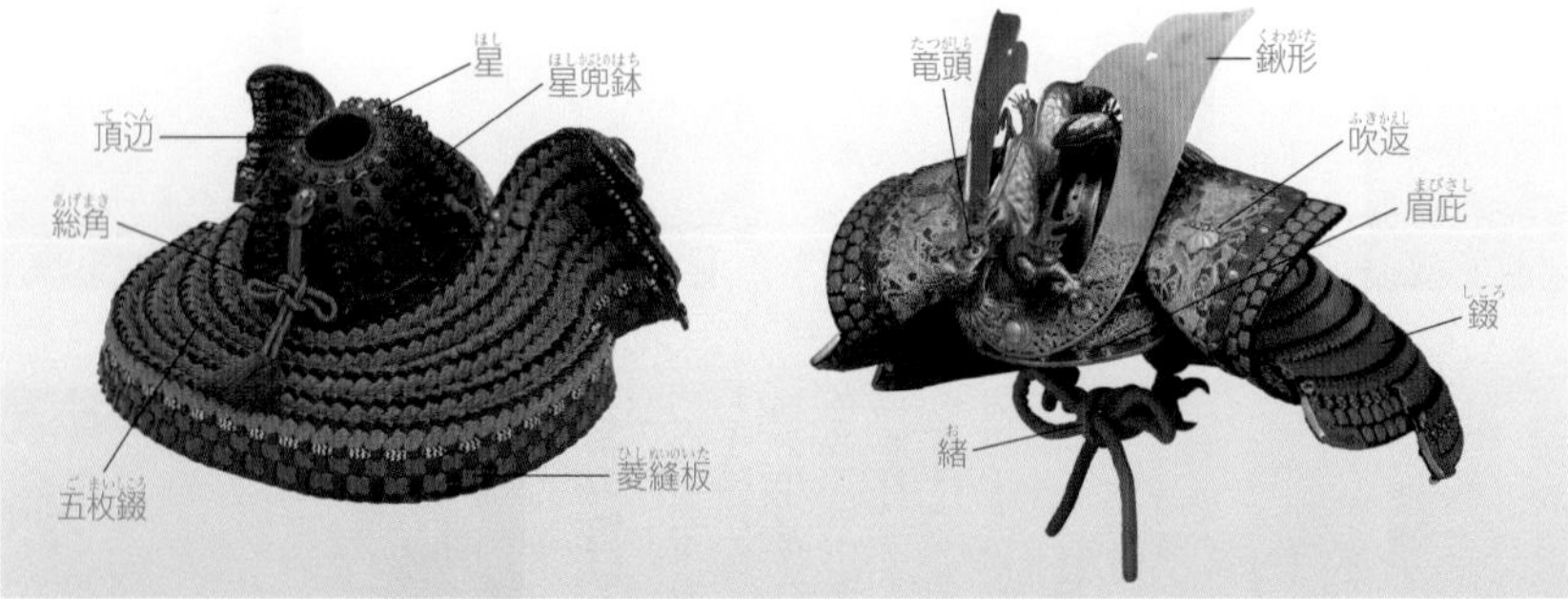

兜 鉢の部分で頭部を、錣の部分で首を覆う。写真のような鍬形や竜頭といった装飾（「前立て」）をつけることも多い。

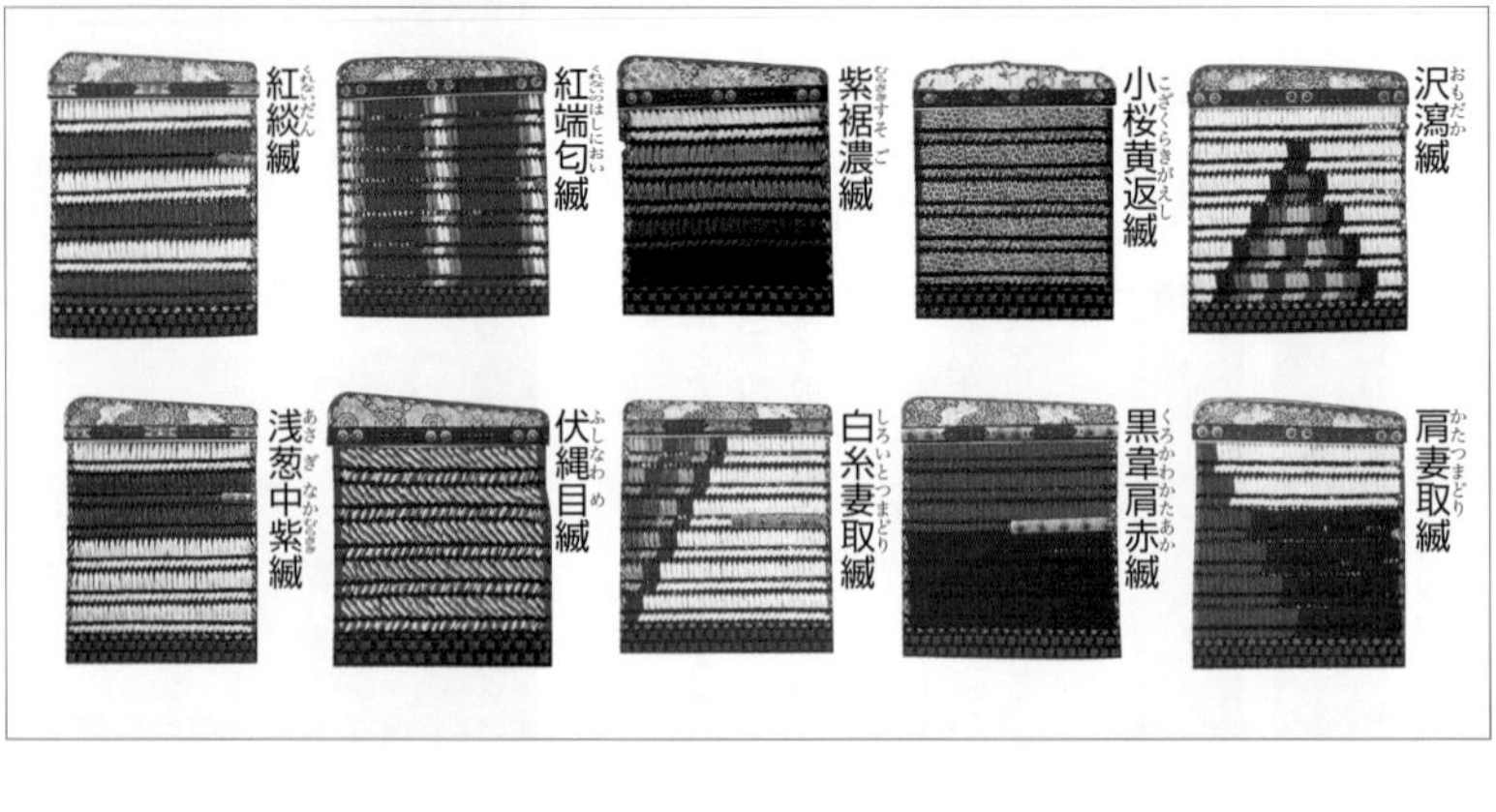

縅 鎧は「札」を並べて作る。牛革や鉄片を横に並べ、細い韋緒で綴じ、さらに上下を糸・革・布などで連ねる。これが縅である。縅は、材料と色で「赤糸縅」、染め文様にちなんで「小桜（革）縅」などと呼ばれる。『平家物語』には源義経が紫裾濃縅の鎧を着たとある。

沢瀉縅　小桜黄返縅　紫裾濃縅　紅端匂縅　紅緂縅

肩妻取縅　黒韋肩赤縅　白糸妻取縅　伏縄目縅　浅葱中紫縅

「剛臆之座」（磯田長秋筆）　後三年の役に戦功のあった洗革縅の武者は剛（強者）の座に着く。萌黄縅の武者は臆（臆病）の座にいる。

小具足

武将が陣中でくつろぐ姿。

胴丸

軽快な武装として一般武士が着用した。

腹巻

胴丸を簡素化した武装。

狩装束

武士が狩りや流鏑馬などを行うときの姿。

武芸

武士の弓馬の訓練として、走らせた馬上から矢を射る射芸が行われた。流鏑馬・笠懸・犬追物を馬上の三つ物という。流鏑馬は的までが数メートルと短いため、的まで約十八メートルと遠くした笠懸が生まれた。

流鏑馬

笠懸（『男衾三郎絵巻』）

犬追物（『犬追物図屏風』）

馬の毛色

葦毛　白に黒や褐色の混じった毛。

河原毛　たてがみの黒い白毛。

鹿毛　茶褐色。たてがみ・尾・脚が黒。

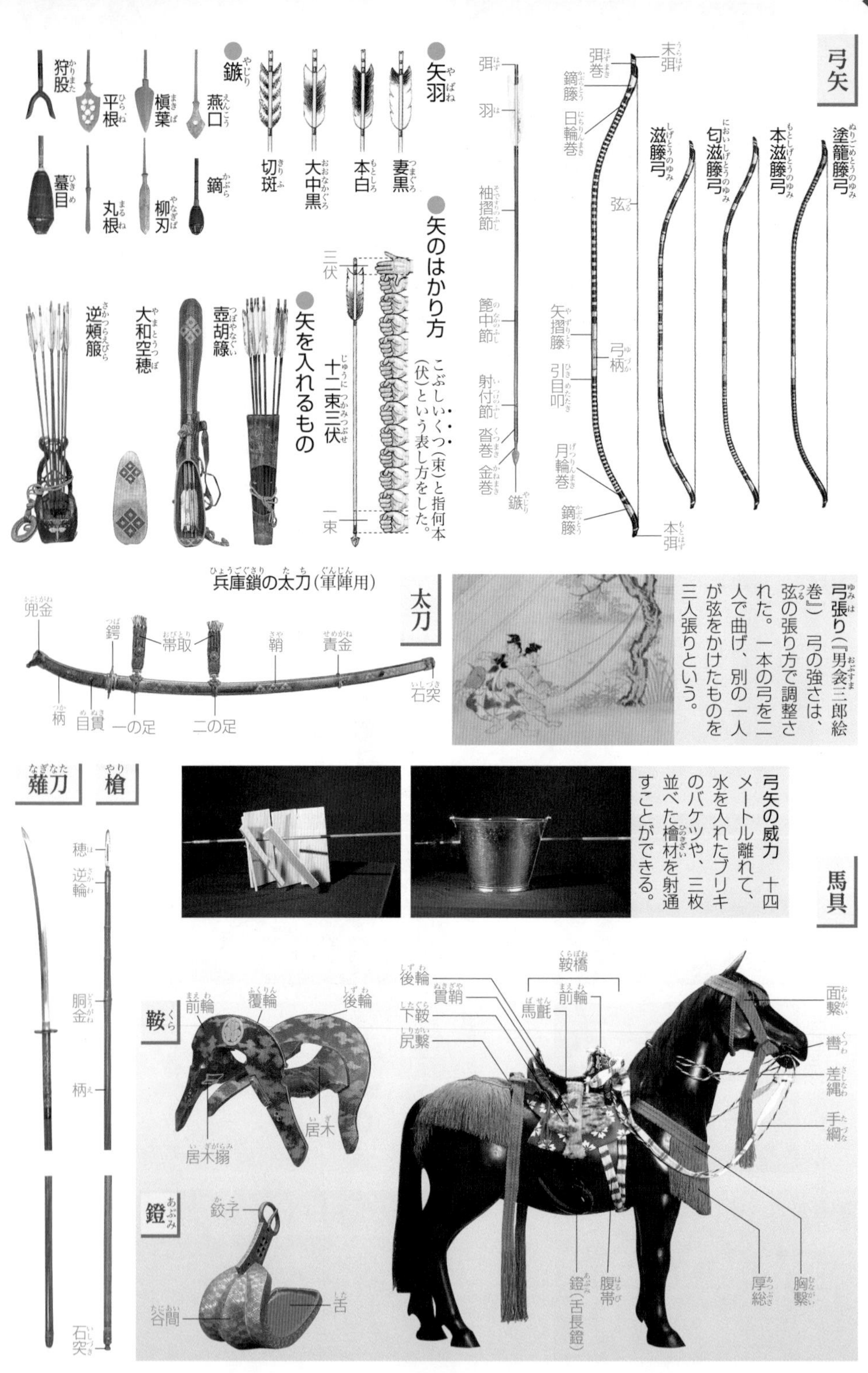
弓矢
塗籠藤弓
本滋藤弓
匂滋藤弓
滋藤弓
末弭
弭巻
鏑籐
日輪巻
弦
矢摺籐
弓柄
引目叩
月輪巻
鏑籐
本弭
弭
羽
袖摺節
篦中節
射付節
沓巻
金巻
鏃
矢羽
妻黒
本白
大中黒
切斑
鏃
燕口
槇葉
平根
狩股
鏑
柳刃
丸根
蟇目
矢のはかり方
こぶしいくつ(束)と指何本(伏)という表し方をした。
三伏
十二束三伏
一束
矢を入れるもの
壺胡簶
大和空穂
逆頰箙
太刀
兵庫鎖の太刀(軍陣用)
兜金
鍔
帯取
鞘
責金
石突
柄
目貫
一の足
二の足
弓張り(『男衾三郎絵巻』) 弓の強さは、弦の張り方で調整された。一本の弓を二人で曲げ、別の一人が弦をかけたものを三人張りという。
薙刀
槍
穂
逆輪
胴金
柄
石突
弓矢の威力 十四メートル離れて、水を入れたブリキのバケツや、三枚並べた檜材を射通すことができる。
馬具
鞍
前輪
覆輪
後輪
居木
居木搦
鐙
鉸子
舌
笭間
鞍橋
後輪
貫鞘
下鞍
尻繋
馬氈
前輪
面繋
轡
差縄
手綱
鐙(舌長鐙)
腹帯
厚総
胸繋

近世の貨幣

全国的な流通貨幣として、金・銀・銭があった。数貨幣)は主に江戸中心の経済圏で、銀貨(貫・匁の秤量貨幣)は主に大阪中心の経済圏で、銭(貫・文の計数貨幣)は一般の日常生活で用いられた。金貨(両・分・朱の計改鋳などのため、価格の相場がたえず変動したので、両替商が発達した。

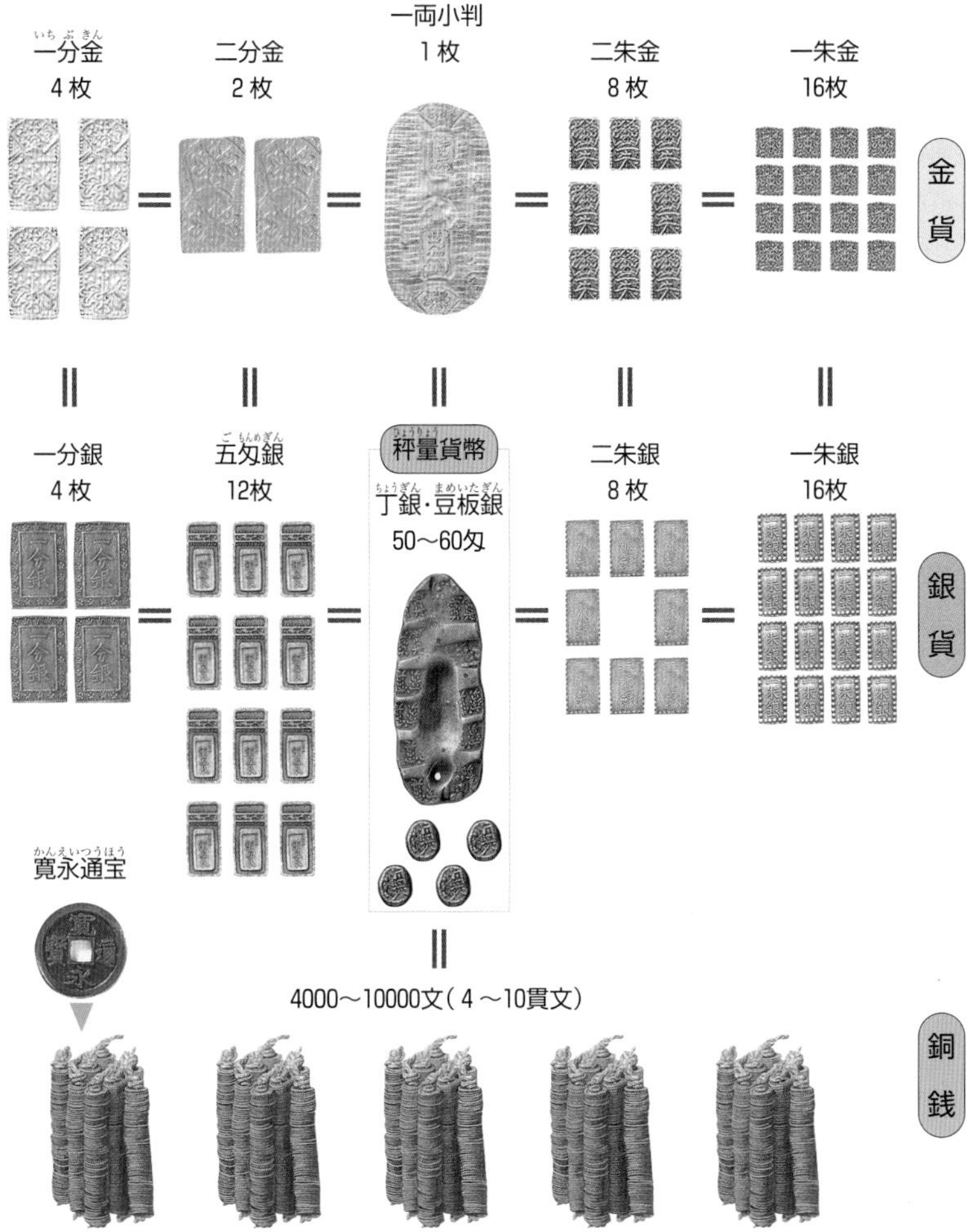

金貨

一分金 4枚 ＝ 二分金 2枚 ＝ 一両小判 1枚 ＝ 二朱金 8枚 ＝ 一朱金 16枚

‖

銀貨

一分銀 4枚 ＝ 五匁銀 12枚 ＝ 秤量貨幣 丁銀・豆板銀 50〜60匁 ＝ 二朱銀 8枚 ＝ 一朱銀 16枚

‖

銅銭

寛永通宝

4000〜10000文(4〜10貫文)

●交換率

〔計数貨幣〕

1両＝4分＝16朱

1両＝4貫文＝4000文

〔秤量貨幣〕

1貫＝1000匁

1両＝60匁

＊1700年(元禄13)の公定相場による。実際は時価相場で交換された。公定相場も変動した。

江戸時代の物価

(文政期〈1818〜1829年〉ごろ)

諸物価

米1石(1000合)	銀73匁	富くじ1枚	金1分
味噌1貫(3.75kg)	銀1.6匁	灯油1升(1.8ℓ)	銀27匁
鰌鍋1人前	銭300文	旅籠1泊	銭64文
蕎麦1杯	銭16文	湯銭1回	銭8文

大工の家計(夫婦と子供一人) 『文政年間漫録』による

年間収入 銀1貫587匁6分

内訳 1日銀5匁4分×労働日数294日

年間支出 銀1貫514匁 内訳

米代	銀354匁
店賃(家賃)	銀120匁
調味・薪炭代	銀700匁
道具・家具代	銀120匁
服飾費	銀120匁
交際費	銀100匁

『江戸物価事典』による

両替商の帳場 両替商には、銭両替(両替だけする)と本両替(今日の銀行機能をもつ)とがあった。上は本両替商の店頭。❶は結界(帳場格子)。❷は机。❸は算盤。❹は帳簿。❺は天秤。秤量貨幣を計量する重要な道具。❻は分銅。❼は貨幣数を計る金枡。❽は車箪笥(帳簿箪笥)。

四季の自然と生活

春

1 うめ

君ならで
誰にか見せむ梅の花
色をも香をも
知る人ぞ知る
紀友則（古今集・38）

2 あしび・あせび

3 かたかご（かたくり）

5 さくら（やまざくら）

見る人もなき山里の桜花
ほかの散りなむ
のちぞ咲かまし
伊勢（古今集・68）

4 からたち

8 さしもぐさ・よもぎ

7 こぶし

6 かわやなぎ（ねこやなぎ）

年中行事

＊印は現在も行われているもの。

一月　睦月

一日　**＊四方拝**　天皇が清涼殿東庭で四方の神霊を拝し、国家の幸いを祈る。

元日節会　天皇が紫宸殿に出御、群臣に宴を賜る。

恵方詣り　新年、その年の干支の恵方（吉方）にあたる社寺に参詣する。

七日　**白馬節会**　宮中に引かせて来た青馬（のちに白馬）を天皇が御覧になり、のちに宴を賜る。青は春の色で、これを見ると年中の邪気祓いになる。

人日（＊七種）　五節句の一つ。春の七草を入れた粥を食べ、無病息災を祈る。

このごろ　**県召除目**　春の除目。地方官（外官）である国守（受領）を任命する。

粥の木（粥杖）　小豆粥を煮るのに用いた焚き木の燃え残りの木で腰を打ち合う。打たれると懐妊するとされた。

＊藪入り　盆・正月の十六日ごろ、奉公人が主人から休暇をもらい、家に帰る。

十七日　**射礼**　建礼門の前で、親王以下五位以上、六衛府の者が弓を射る。

十八日　**賭弓**　弓場殿で左右近衛府・兵衛府の舎人が弓の技を競うのを天皇が御覧になる。

上の子の日　**子の日の遊び**　正月最初の子の日に野に出て小松を引き、若菜を摘んで千代を祝う。

上の卯の日　**初卯**　卯槌や卯杖を贈り合

卯槌

9 ふじ

恋しけば形見にせむと
吾が屋戸に植ゑし
藤波いま咲きにけり
山部赤人（万葉集・1471）

10 すみれ

11 すもも

12 ぜんまい

13 つつじ

14 つばき

15 なし

16 やなぎ

青柳の糸よりかくる春しもぞ
乱れて花のほころびにける
紀貫之（古今集・26）

17 ふきのとう

18 みる

19 もも

20 やまぶき

21 わらび

石激る垂水の上のさ蕨の萌え出づる春に
なりにけるかも
志貴皇子（万葉集・1418）

卯杖

い、室内に飾る。邪気を払うとされた。

このころ　**節分**＊　元来「節分」は季節の変わり日をいったが、特に立春の前日をいうようになった。豆をまいて鬼を追い払う。

二月　如月

四日　**祈年祭り**　五穀豊穣を祈る。

十五日　**涅槃会**＊　釈迦がすべての煩悩を滅して入寂した日で、法会を行う。

春分の日　**彼岸会**＊　春分の日を中日とする前後七日間の法要。

古典にあらわれる景物

3 もののふの八十少女らが汲みまがふ寺井の上のかたかごの花　大伴家持（万葉集・4143）

8 かくとだにえやはいぶきのさしも草さしもしらじな燃ゆる思ひを　（⇨p.189）　藤原実方（後拾遺集・612）

10 春の野にすみれ摘みにと来し我ぞ野をなつかしみ一夜寝にける　山部赤人（万葉集・1424）

14 巨勢山のつらつら椿つらつらに見つつ偲はな巨勢の春野を　坂門人足（万葉集・54）

15 梨花一枝、春、雨を帯びたり。（枕草子・木の花は）

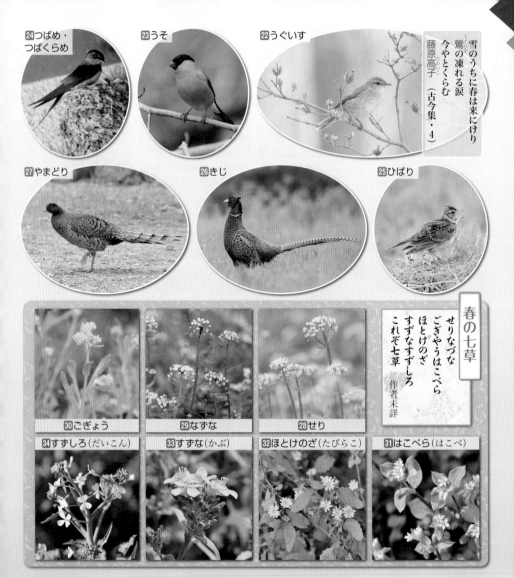

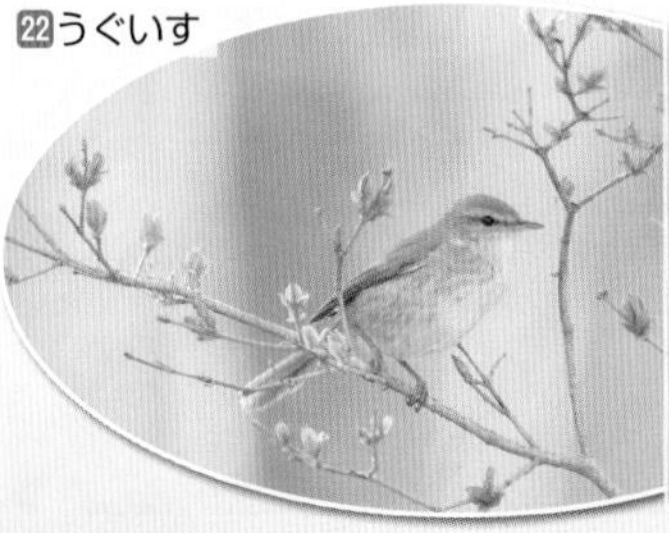

雪のうちに春は来にけり
鶯の凍れる涙
今やとくらむ
藤原高子（古今集・4）

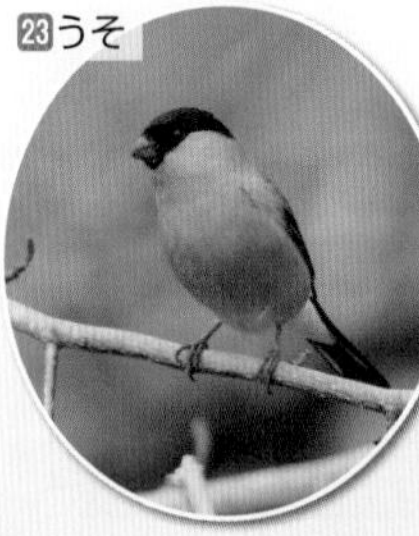

㉒うぐいす

㉓うそ

㉔つばめ・つばくらめ

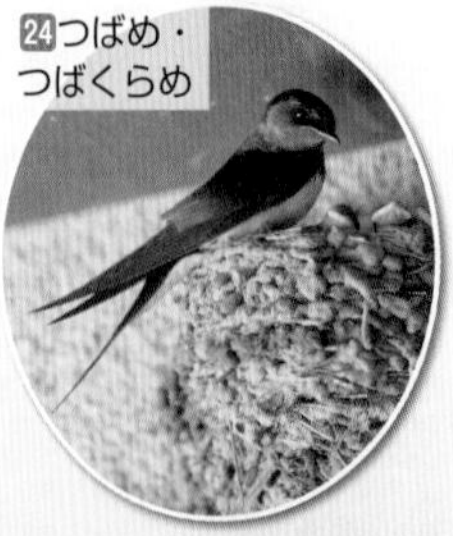

㉕ひばり

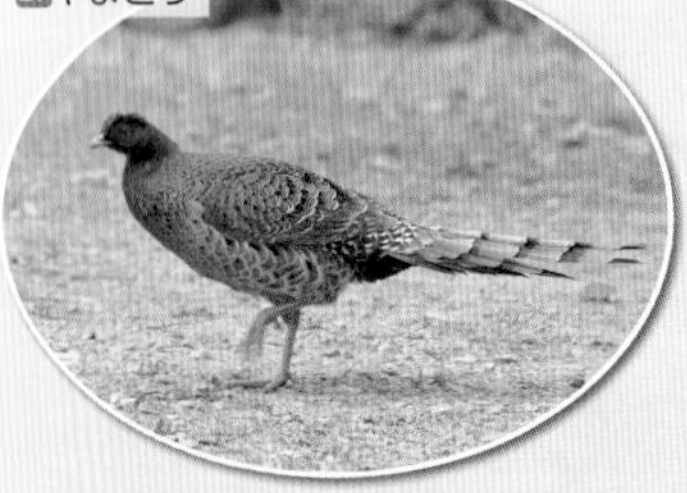

㉖きじ

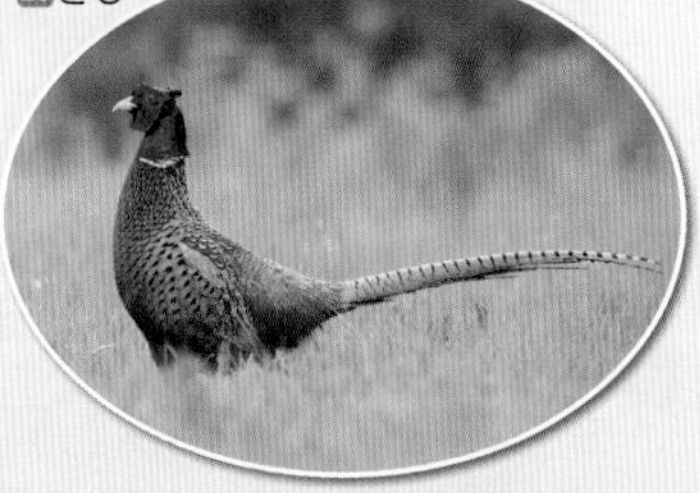

㉗やまどり

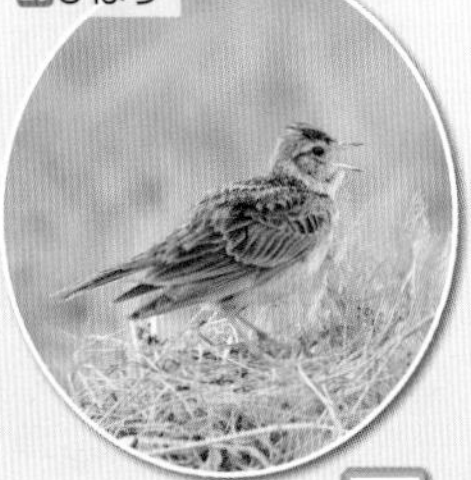

春の七草

せりなづな
ごぎやうはこべら
ほとけのざ
すずなすずしろ
これぞ七草
作者未詳

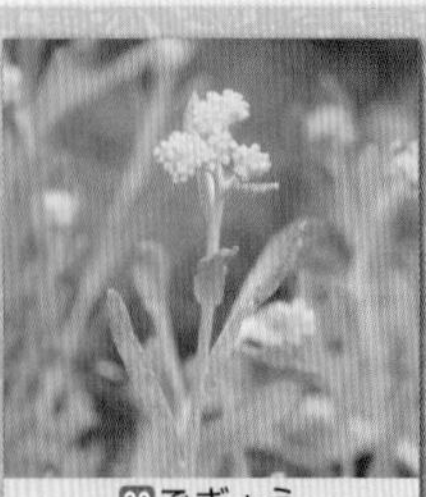

㉘せり

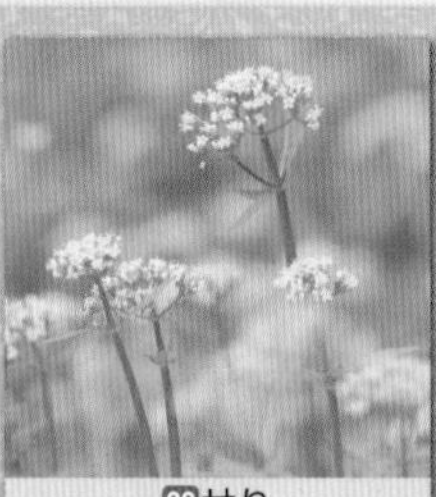

㉙なずな

㉚ごぎょう

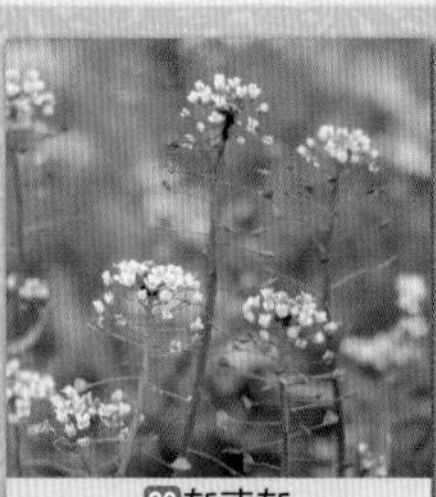

㉛はこべら（はこべ）

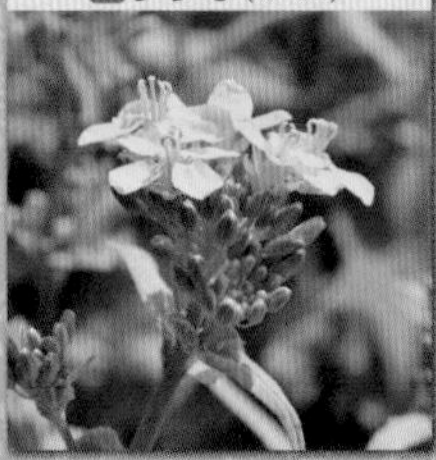

㉜ほとけのざ（たびらこ）

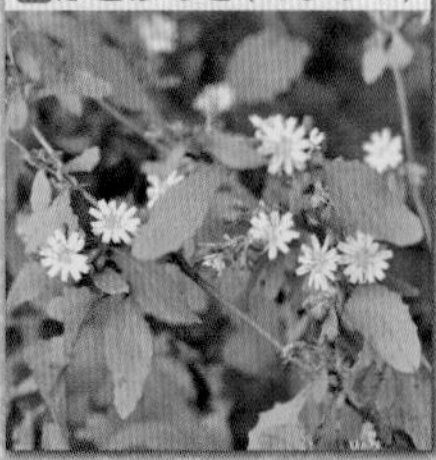

㉝すずな（かぶ）

㉞すずしろ（だいこん）

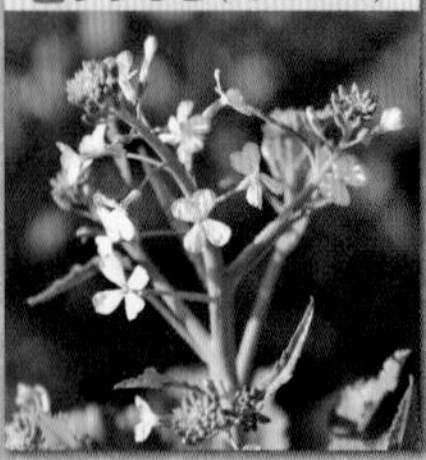

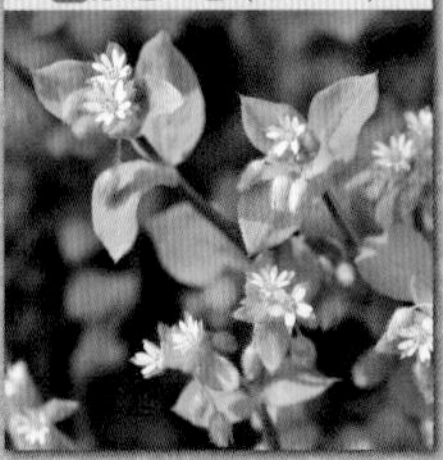

三月　弥生

三日 ***上巳** 五節句の一つ。もとは水辺の祓いの風習。平安朝の宮廷では***曲水**の行事。川辺で宴を張り、水に浮かべた杯が自分の前を過ぎる前に詩歌を作る。民間では**流し雛**が行われ、江戸時代以降、女子の成長を祈る***雛祭り**として定着した。

曲水

四月　卯月

一日 **二孟旬** 夏と冬の季節の初めに、天皇が群臣を召して宴を張る。**孟夏**の旬と**孟冬**の旬（十月一日）の総称。

更衣 装束・調度を夏物に改める。

八日 ***灌仏会** 釈迦降誕を祝う法会。釈尊像に甘茶を注ぐ。関西では五月八日。

灌仏会

夏

36 あおい

37 あし・よし

35 かきつばた

「かきつばた」という五文字を句の上に据ゑて、旅の心をよめ。」
（伊勢物語・第九段）

41 うのはな（うつぎ）

卯の花に葦毛の馬の夜明けかな　森川許六

40 おうち（せんだん）

39 うけら

38 いばら

44 くちなし

43 きり

42 おもだか

古典にあらわれる景物

24 燕の持たる子安の貝取りて給へ。（竹取物語）

25 うらうらに照れる春日に雲雀上がり情悲しも一人し思へば　大伴家持（万葉集・4292）（⇨p.201）

27 あしびきの山鳥の尾のしだり尾のながながし夜をひとりかも寝む　柿本人麻呂（拾遺集・778）（⇨p.181）

36 うつくしきもの。……葵のいと小さき。（枕草子・うつくしきもの）

37 若の浦に潮満ち来れば潟を無み葦辺をさして鶴鳴き渡る　山部赤人（万葉集・919）（⇨p.200）

40 木のさまにくげなれど、棟の花、いとをかし。（枕草子・木の花は）

44 耳成の山のくちなしの得てしがな思ひの色の下染めにせむ　よみ人知らず（古今集・1026）

葵祭り

中の酉の日　賀茂の祭り* 古典で「祭り」といえばこの祭り。賀茂神社の祭りで、双葉葵を飾るので「葵祭り」、石清水八幡宮の祭礼「南祭り」に対して「北祭り」ともいう。一八八四年以降は五月十五日に行われる。

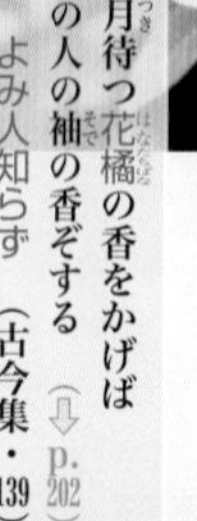
48たちばな

五月待つ花橘の香をかげば
昔の人の袖の香ぞする
よみ人知らず（古今集・139）
（⇩p.202）

47すえつむはな（べにばな）

46しょうぶ・あやめ

45しもつけ

50ねぶ（ねむ）

象潟や雨に西施がねぶの花
松尾芭蕉

49つづら（つづらふじ）

53ぼたん

散りてのちおもかげに立つ牡丹かな
与謝蕪村

52ははきぎ（ほうきぐさ）

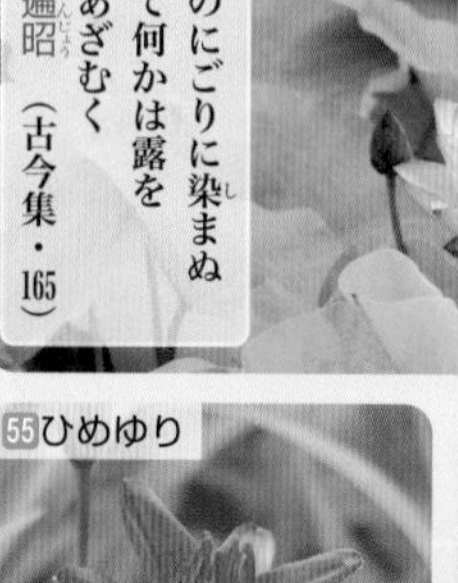
51はちす・はす

蓮葉のにごりに染まぬ
心もて何かは露を
玉とあざむく
遍昭（古今集・165）

56むらさき

55ひめゆり

54はまゆう

五月　皐月

五日　*端午　五節句の一つ。邪気祓いのため、簾や柱に薬玉を掛け、軒に菖蒲を飾る。尚武に通じることからのちに男子の成長を祈る節句。

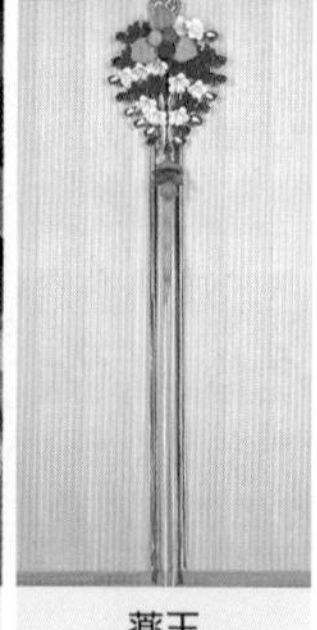
薬玉

軒に飾った菖蒲

***賀茂競馬**　上賀茂神社の境内で行う。現在は六月五日。

賀茂競馬（『賀茂競馬図屛風』）

59 う

60 かわせみ

61 かんこどり（かっこう）

憂き我をさびしがらせよ閑古鳥　松尾芭蕉 （⇩p.207）

62 くいな（ひくいな）

63 さぎ

65 ほととぎす

昔思ふ草の庵の夜の雨に涙な添へそ山ほととぎす　藤原俊成（新古今集・201）⇩p.204

57 ゆうがお

64 ぬえ（とらつぐみ）

66 うつせみ（せみのぬけがら）

67 ぬかづきむし（こめつきむし）

68 ほたる

58 わすれぐさ（かんぞう）

六月　水無月

晦日　大祓＊　水無月祓・夏越祓とも。半年間の汚れを祓うみそぎ。

大祓の茅の輪

古典にあらわれる景物

46 菖蒲、蓬などの香り合ひたる、いみじうをかし。（枕草子・節は）

47 人知れず思へば苦し紅の末摘花の色に出でなむ　よみ人知らず（古今集・496）

49 まさきの葛青つづら、くる人まれなる所なり。（平家物語・大原御幸）

54 み熊野の浦の浜木綿百重なす心は思へど直にあはぬかも　柿本人麻呂（万葉集・496）

56 紫草のにほへる妹を憎くあらば人妻ゆゑに吾恋ひめやも　大海人皇子（万葉集・21）⇩p.198

57 御随身ついゐて、「かの白く咲けるをなむ、夕顔と申し侍る。」（源氏物語・夕顔）

62 くひなのたたくなど、心細からぬかは。（徒然草・第十九段）

63 鷺は、いと見目も見苦し。（枕草子・鳥は）

秋

69もみじ

秋は来ぬ紅葉は宿に降り敷きぬ
道ふみわけてとふ人はなし
よみ人知らず（古今集・287）

70あかね

71あさがお

72あさじ（ち・ちがや）

73おぎ

葦辺なる荻の葉さやぎ
秋風の吹き来るなへに
雁鳴き渡る
作者未詳（万葉集・2134）

74いちい（あららぎ）

75おもいぐさ（なんばんぎせる）

76かるかや

77きく

七月　文月

七日　**＊七夕（乞巧奠）**　五節句の一つ。牽牛・織女の二星を祭る。織物・裁縫・恋愛・書道などの上達を祈る。

十五日ごろ　**＊盂蘭盆**　先祖の霊を祭る。

二十八日　**相撲節**　全国から力士が召され、宮中で相撲をとる。

相撲節（『平安朝相撲節会図』）

八月　葉月

一日　**八朔**　八月朔日の略。「田の実の節」ともいい、豊作を祈願した。

十五日　**＊仲秋観月**　八月十五夜を中秋・三五夜ともいう。月見の宴を催し、薄や団子などを供える。

＊石清水放生会　石清水八幡宮の例祭。南祭り。魚や鳥を放って法会を行う。

秋分の日　**彼岸会**　春の彼岸会に準ずる。

九月　長月

九日　**重陽**　五節句の一つ。重九・菊の節句ともいう。宮中では詩歌を献上し、菊酒で長寿を祈る。

79さねかずら（びなんかずら）
名にし負はば逢坂山のさねかづら人にしられでくるよしもがな
藤原定方（後撰集・701）

⇩p.185

86ばしょう
芭蕉野分して盥に雨を聞く夜かな
松尾芭蕉

重陽の節句

このころ 司召除目 秋の除目。平安中期以降、京官を任命する儀式。

古典にあらわれる景物

71 あるじとすみかと、無常を争ふさま、いはば朝顔の露に異ならず。（方丈記）

72 浅茅が宿に昔をしのぶこそ、色好むとは言はめ。（徒然草・第百三十七段）

75 道の辺の尾花が下の思ひ草今さらさらに何か思はむ　作者未詳（万葉集・2270）

81 荒れたる門の、しのぶ草茂りて見上げられたる、（源氏物語・夕顔）

82 月草に衣は摺らむ朝露にぬれてののちはうつろひぬとも　作者未詳（万葉集・1351）

84 いとせめて恋しきときはうばたまの夜の衣を返してぞ着る　小野小町（古今集・554）

88 宿木と思ひ出でずは木の下の旅寝もいかにさびしからまし（源氏物語・宿木）

92かり・かりがね

90りんどう

89むくげ

道のべの木槿は馬に食はれたり　松尾芭蕉

93しぎ

心なき身にも
あはれは知られけり
鴫立つ沢の秋の夕暮れ
西行（新古今集・362）（⇨p.204）

91われもこう

秋の七草

萩の花
尾花葛花
なでしこの花
女郎花また藤袴
あさがほの花
山上憶良

96くず

95おばな（すすき）

94はぎ

100あさがお（ききょう）

99ふじばかま

98おみなえし

97なでしこ

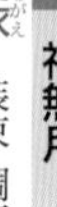
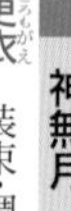
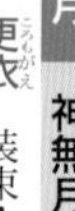

十月　神無月

一日　更衣　装束・調度を冬物に改める。

更衣（『公事録付図・恒例』）

上の亥の日　亥の子の祝い*　万病を除くという「亥の子餅」を食べる。室町時代以降は中の亥の日に行う。

十一月　霜月

十五日　子供宮参り（七五三）*　男子は三歳・五歳、女子は三歳・七歳のとき、晴れ着を着て氏神に詣でる。

中の卯の日　新嘗祭り　新米・新穀を天皇が神に供える。

中の辰の日　豊明節会　新嘗祭りの翌日に、天皇が豊楽殿で新穀を食し、群臣に宴を賜る。

このころ　五節　五節舞姫の舞楽。中の丑の日に「帳台の試み」、翌寅の日に「御前の試み」「殿上の淵酔」、卯の日に「童女御覧」、辰の日の豊明節会に五節舞が演じられる。

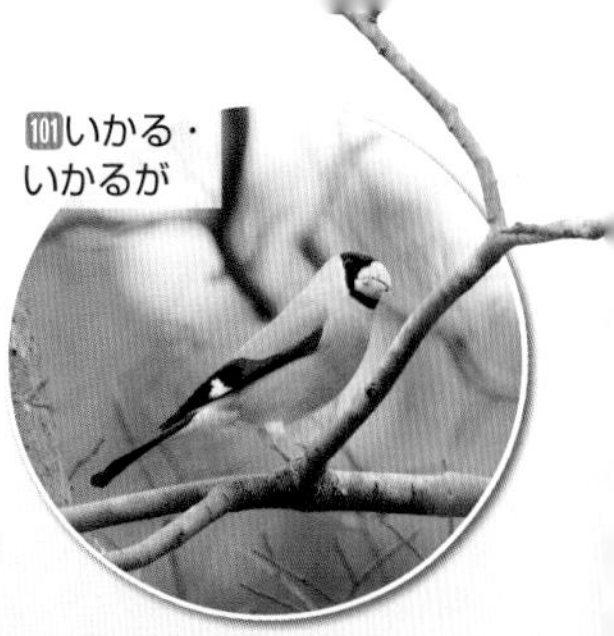

101 いかる・いかるが

夕されば
野辺の秋風身にしみて
鶉鳴くなり深草の里
藤原俊成（千載集・259）

102 うずら

103 かささぎ

104 ひたき

105 ひわ

106 もず

107 きりぎりす（こおろぎ）

108 すずむし（まつむし）

109 はたおり（きりぎりす）

110 まつむし（すずむし）

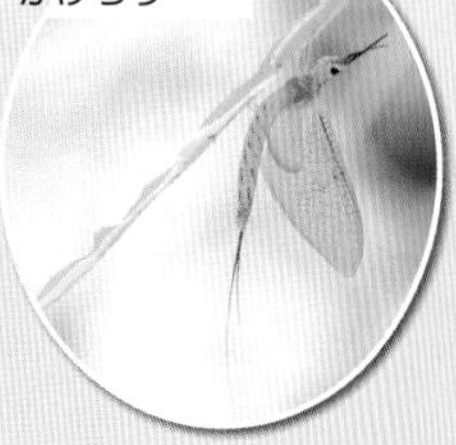

111 ひおむし・かげろう

112 ひぐらし

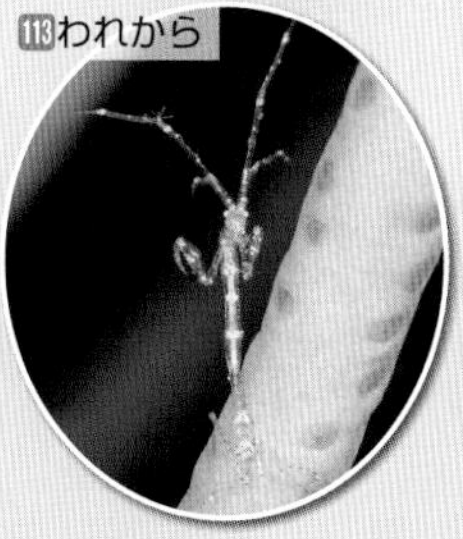

113 われから

114 みのむし

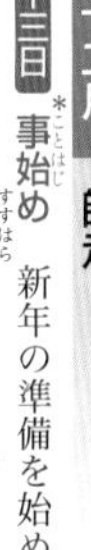

十二月　師走

十三日 **事始め*** 新年の準備を始める。この日に**煤払**いを行った。

十九日 **御仏名** 十九日から三日間、宮中で、罪業消滅のため、三世諸仏の名を唱え、読経する。

このごろ **荷前** 宮中で、年の終わりの吉日に十陵八墓に幣を奉る。

古典にあらわれる景物

92 雁などの連ねたるが、いと小さく見ゆるは、いとをかし。（枕草子・春は、あけぼの）

94 秋萩の散りのまがひに呼びたてて鳴くなる鹿の声の遥けさ　湯原王（万葉集・1550）

98 女郎花多かる野辺に宿りせばあやなくあだの名をや立ちなむ　小野美材（古今集・229）

103 かささぎの渡せる橋におく霜の白きを見れば夜ぞふけにける　大伴家持（新古今集・620）（⇨p.181）

107 鳴けや鳴け蓬が杣の蟋蟀過ぎゆく秋はげにぞ悲しき　曾禰好忠（後拾遺集・273）（⇨p.203）

110 秋の野に人まつ虫の声すなり我かと行きていざとぶらはむ　よみ人知らず（古今集・202）

111 かげろふの夕べを待ち、夏の蟬の春秋を知らぬもあるぞかし。（徒然草・第七段）

114 蓑虫、いとあはれなり。（枕草子・虫は）

冬

117 ひいらぎ

116 すいせん

115 さざんか

121 かも

120 おし（おしどり）

119 ゆづりは・ゆづるは

118 やまたちばな（やぶこうじ）

124 ちどり

123 たず・つる

122 たか

127 みやこどり（ゆりかもめ）

126 みそさざい

125 におどり（かいつぶり）

古典にあらわれる景物

124 淡海の海夕浪千鳥汝が鳴けば情もしのに古思ほゆ　柿本人麻呂（万葉集・266）（⇩p.199）

127 名にし負はばいざこと問はむ都鳥わが思ふ人はありやなしやと（伊勢物語・第九段）

132 ひさかたの月の桂も秋はなほ紅葉すればや照りまさるらむ　壬生忠岑（古今集・194）（⇩p.203）

133 小竹の葉はみ山も清にさやげども吾は妹思ふ別れ来ぬれば　柿本人麻呂（万葉集・133）

138 鸚鵡、いとあはれなり。人の言ふらむことをまねぶらむよ。（枕草子・鳥は）

140 かむなは小さき貝を好む。（方丈記）

晦日 **大祓**　年間の汚れや罪を祓い清める。親王以下すべての官人が朱雀門で行う。

追儺　舎人が紛した疫病の鬼を桃の弓・葦の矢で追い払う。「**鬼やらい**」ともいう。近世以降節分の行事となった。

追儺（『公事十二ヶ月絵巻』）

無季

128たけ

今は昔、竹取の翁といふ者ありけり。野山にまじりて竹を取りつつ、よろづのことに使ひけり。（竹取物語）

129あずさ（みずめ）

130えのき

131かしわぎ・かしわ

132かつら

133ささ

134しい

135しらかし

136まゆみ

137まき（いぬまき）

＊「まき」は、多くは杉・檜をさす。

138おうむ

139みみずく

140かむな（やどかり）

想像上の動物

四神　四つの方位を司る守護神。北に丘陵、南に沼沢、東に川、西に大道のある地勢が四神にふさわしい土地とされ、平安京はその条件にかなった「四神相応の地」といわれた。

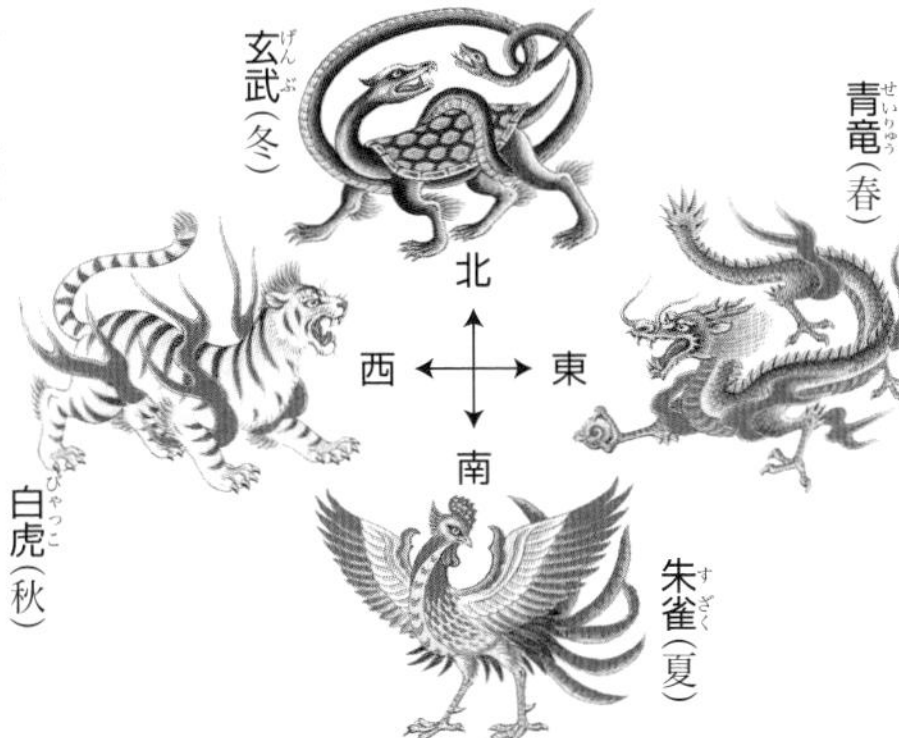

瑞鳥・瑞獣　この世に聖人が出るしるしに現れるといわれた。

暦法

十干十二支

十干十二支(干支)　干支は、古代中国で生まれた序数の知識で、十干、十二支、およびそれらを組み合わせた六十の周期で年・月・日を数える方法が、年暦に用いられた。この暦法は、推古朝になってから、百済より日本に伝えられた。十二支に動物をあてるのも伝来による。

陰陽五行説　五行とは、万物を構成する五元素、木・火・土・金・水をいい、五行説とは、この五気の盛衰消長によって宇宙・人事のあらゆる事象を説明しようとする考え方である。これが暦法と結びついて、甲乙は木、丙丁は火、戊己は土、庚辛は金、壬癸は水にあてられた。さらに日本では陰陽説とも結びつき、十干を陽(兄)と陰(弟)に分け、これに五行を配して、甲＝きのえ(木の兄)のように呼んでいる。日本では干支を「えと」という。

時刻　昼夜それぞれを等分に分け、季節によって昼夜の一時間の長さが変わる時法を不定時法、昼夜を通して等分した時法を定時法という。日本では、八世紀ごろには定時法が使用されており、夜半を子として一日を十二辰刻に分け、一辰刻を四刻に分けた。そして、子刻・午刻から九・八…四の順に太鼓を鳴らして時を知らせた。しかし、相次ぐ戦乱で定時法の基礎を失った江戸時代には、夜明けと日暮れを起点とする不定時法に逆行した。

五行	木		火		土		金		水	
十干	①甲(きのえ・こう)	②乙(きのと・おつ(いつ))	③丙(ひのえ・へい)	④丁(ひのと・てい)	⑤戊(つちのえ・ぼ)	⑥己(つちのと・き)	⑦庚(かのえ・こう)	⑧辛(かのと・しん)	⑨壬(みずのえ・じん)	⑩癸(みずのと・き)

十二支	①子(ね・し)	②丑(うし・ちゅう)	③寅(とら・いん)	④卯(う・ぼう)	⑤辰(たつ・しん)	⑥巳(み・し)	⑦午(うま・ご)	⑧未(ひつじ・び)	⑨申(さる・しん)	⑩酉(とり・ゆう)	⑪戌(いぬ・じゅつ)	⑫亥(い・がい)
	鼠(ねずみ)	牛(うし)	虎(とら)	兎(うさぎ)	竜(たつ)	蛇(へび)	馬(うま)	羊(ひつじ)	猿(さる)	鶏(にわとり)	犬(いぬ)	猪(いのしし)

干支(えと)									
①甲子(きのえね・こうし)	②乙丑(きのとうし・いっちゅう)	③丙寅(ひのえとら・へいいん)	④丁卯(ひのとう・ていぼう)	⑤戊辰(つちのえたつ・ぼしん)	⑥己巳(つちのとみ・きし)	⑦庚午(かのえうま・こうご)	⑧辛未(かのとひつじ・しんび)	⑨壬申(みずのえさる・じんしん)	⑩癸酉(みずのととり・きゆう)
⑪甲戌(きのえいぬ・こうじゅつ)	⑫乙亥(きのとい・いつがい)	⑬丙子(ひのえね・へいし)	⑭丁丑(ひのとうし・ていちゅう)	⑮戊寅(つちのえとら・ぼいん)	⑯己卯(つちのとう・きぼう)	⑰庚辰(かのえたつ・こうしん)	⑱辛巳(かのとみ・しんし)	⑲壬午(みずのえうま・じんご)	⑳癸未(みずのとひつじ・きび)
㉑甲申(きのえさる・こうしん)	㉒乙酉(きのととり・いつゆう)	㉓丙戌(ひのえいぬ・へいじゅつ)	㉔丁亥(ひのとい・ていがい)	㉕戊子(つちのえね・ぼし)	㉖己丑(つちのとうし・きちゅう)	㉗庚寅(かのえとら・こういん)	㉘辛卯(かのとう・しんぼう)	㉙壬辰(みずのえたつ・じんしん)	㉚癸巳(みずのとみ・きし)
㉛甲午(きのえうま・こうご)	㉜乙未(きのとひつじ・いつび)	㉝丙申(ひのえさる・へいしん)	㉞丁酉(ひのととり・ていゆう)	㉟戊戌(つちのえいぬ・ぼじゅつ)	㊱己亥(つちのとい・きがい)	㊲庚子(かのえね・こうし)	㊳辛丑(かのとうし・しんちゅう)	㊴壬寅(みずのえとら・じんいん)	㊵癸卯(みずのとう・きぼう)
㊶甲辰(きのえたつ・こうしん)	㊷乙巳(きのとみ・いっし)	㊸丙午(ひのえうま・へいご)	㊹丁未(ひのとひつじ・ていび)	㊺戊申(つちのえさる・ぼしん)	㊻己酉(つちのととり・きゆう)	㊼庚戌(かのえいぬ・こうじゅつ)	㊽辛亥(かのとい・しんがい)	㊾壬子(みずのえね・じんし)	㊿癸丑(みずのとうし・きちゅう)
(51)甲寅(きのえとら・こういん)	(52)乙卯(きのとう・いつぼう)	(53)丙辰(ひのえたつ・へいしん)	(54)丁巳(ひのとみ・ていし)	(55)戊午(つちのえうま・ぼご)	(56)己未(つちのとひつじ・きび)	(57)庚申(かのえさる・こうしん)	(58)辛酉(かのととり・しんゆう)	(59)壬戌(みずのえいぬ・じんじゅつ)	(60)癸亥(みずのとい・きがい)

六十年たつと生まれた年の干支に還(かえ)るところから、満六十歳(数え年六十一歳)を「還暦(かんれき)」という。

方位と時刻

方位　方位を表すのも十二支を用いた。真北を子として十二に分け、間の方位は艮(丑寅＝北東)のように呼んだ。また、方位は陰陽道と結びつき、さまざまな俗信が生まれた(方違え⇨p.33)。

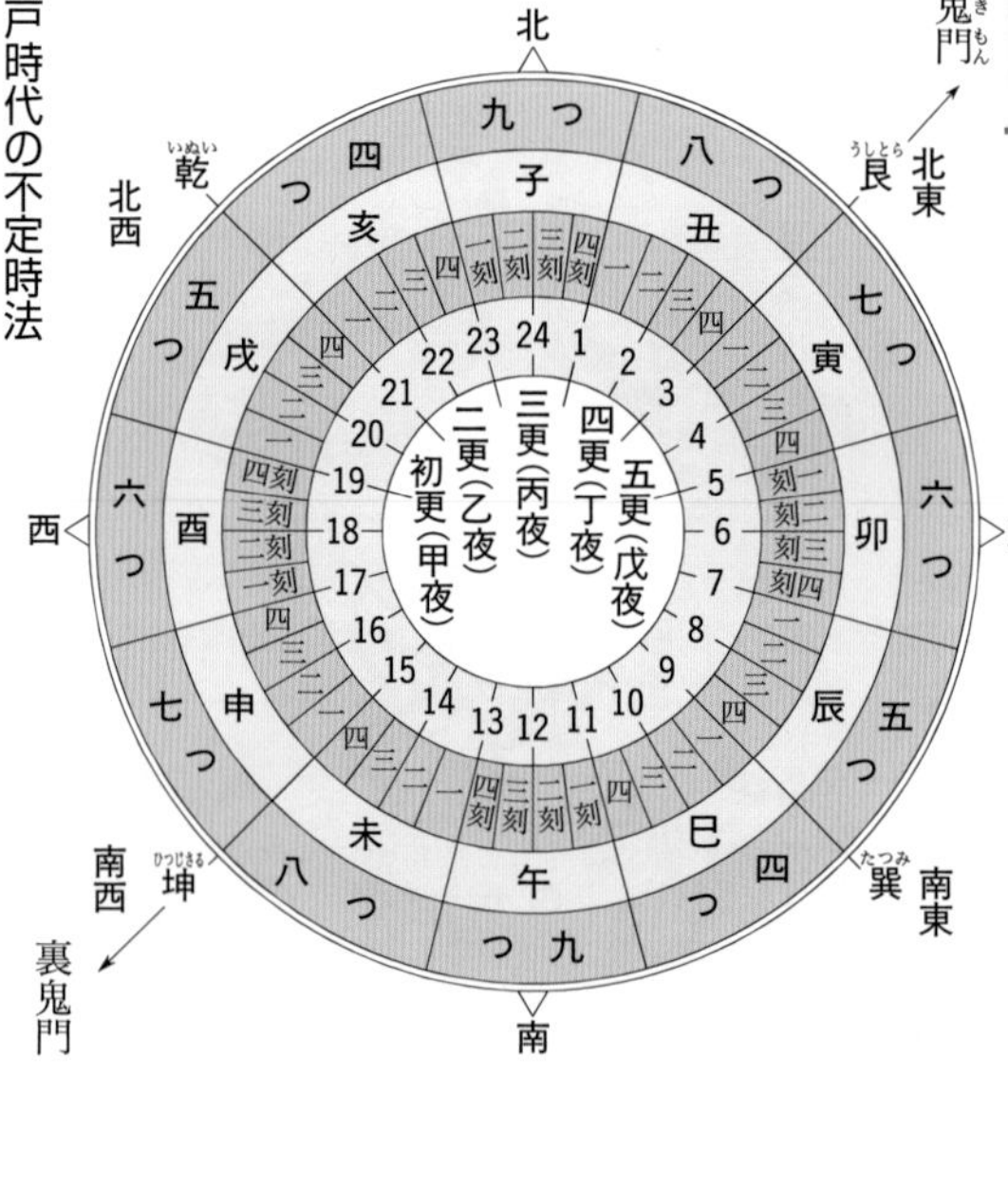

北　北東 艮(うしとら)　鬼門　東　南東 巽(たつみ)　南　南西 坤(ひつじさる)　裏鬼門　西　北西 乾(いぬい)

子　丑　寅　卯　辰　巳　午　未　申　酉　戌　亥

九つ　八つ　七つ　六つ　五つ　四つ

初更(甲夜)　二更(乙夜)　三更(丙夜)　四更(丁夜)　五更(戊夜)

江戸時代の不定時法

冬至　春分秋分　夏至

晩九つ　晩八つ　晩七つ　明け六つ　朝五つ　朝四つ　昼九つ　昼八つ　昼七つ　暮れ六つ　夜五つ　夜四つ　晩九つ

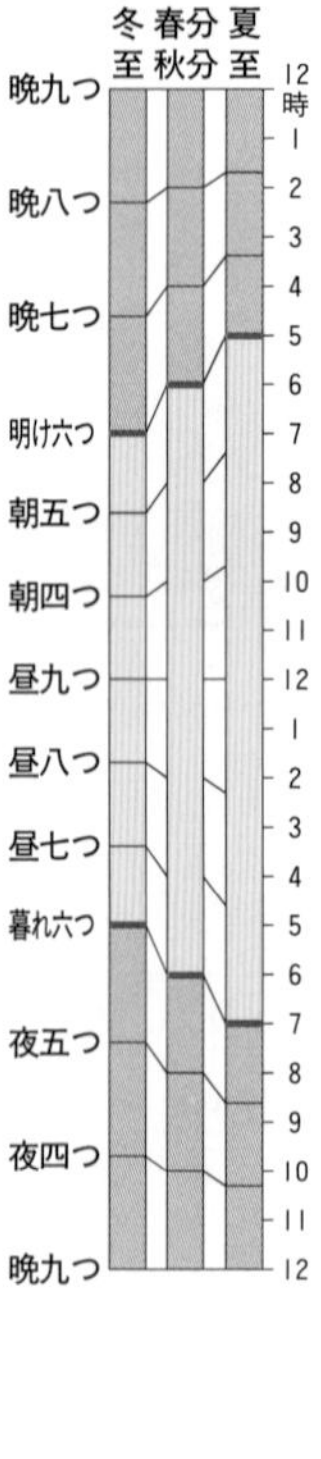

陰暦と二十四節気

季節	春			夏			秋			冬		
月	一月	二月	三月	四月	五月	六月	七月	八月	九月	十月	十一月	十二月
異名	睦月	如月	弥生	卯月	皐月	水無月	文月	葉月	長月	神無月	霜月	師走
二十四節気(現在の日付)	立春(2月4日ごろ) 雨水(2月19日ごろ)	啓蟄(3月6日ごろ) 春分(3月21日ごろ)	清明(4月5日ごろ) 穀雨(4月20日ごろ)	立夏(5月6日ごろ) 小満(5月21日ごろ)	芒種(6月6日ごろ) 夏至(6月21日ごろ)	小暑(7月7日ごろ) 大暑(7月23日ごろ)	立秋(8月8日ごろ) 処暑(8月23日ごろ)	白露(9月8日ごろ) 秋分(9月23日ごろ)	寒露(10月8日ごろ) 霜降(10月23日ごろ)	立冬(11月7日ごろ) 小雪(11月22日ごろ)	大雪(12月7日ごろ) 冬至(12月22日ごろ)	小寒(1月5日ごろ) 大寒(1月20日ごろ)

陰暦　最も古い暦は、月の満ち欠けによって日を数える**太陰暦**であった。一月の日数を二十九日と三十日とし、これを交互に繰り返して十二か月を一年(約三五四日)とした。これでは季節の循環する周期の日数(約三六五日)とずれが生じるため、ある割合で十三か月の年を作って日数を調節する、**太陰太陽暦**が考え出された。挿入される月を閏月、閏月を含む年を閏年といった。

二十四節気　太陰太陽暦は日付と季節との関係が変動する。そのずれを調整するために設けられたのが二十四節気で、黄道上に二十四の分点(一月に二点)を設け、太陽がその点を通過するときの時候に名称をつけたものである。

名称	月の出(朝 昼 夕方 深夜 朝)	見え方
三日月	8:00 東→南→西 (宵月夜)夕月夜	夕方西南に見えすぐ沈む。
七日月	11:30 東→南→西 上弦	夕方南に見える。「上弦」とは上向きの弓の弦。
十三夜月	16:00 東→南→西	夕方東南に見える。
満月・望月	18:00 東→南→西	夕方東に上り、一晩中沈まない。
十六夜月	18:45 東→南→西南	「いざよい」とは、ためらう意。日没後しばらくして出る。
二十余りの月	23:00 東→南 下弦 有明の月(朝月夜)	夜中に上り、明け方南に見える。
(26日頃)	3:00 東→東南	明け方東南に見える。

数字は月の出のおよその時刻を示す。

月の名称

- 1日ごろ　新月
- 13日ごろ　十三夜月
- 14日ごろ　小望月
- 15日ごろ　望月
- 16日ごろ　十六夜月
- 17日ごろ　立待月
- 18日ごろ　居待月
- 19日ごろ　臥待月
- 20日ごろ　更待月
- 22日ごろ　二十余りの月

月齢(月の満ち欠けの度合)

古文における朝方

あかつき　暗いうち。夜が明けようとするとき。
あけぼの　夜明けの空に明るみがさしてきたころ。
あした　夜が終って明るくなってしばらくの間。
つとめて　あさはやいころ。

官職解説

参照 P.66 官位相当表

【官と位】大臣以下の職掌を官（官職）、身分等級の別を位（位階）という。親王の位階は一品～四品に分かれ、位階のない場合は無品親王のように呼ぶ。

官と位とは対応する（官位相当）。その対応を示したのが「官位相当表」である。官位相当には例外もあり、位より官が高いときは守、官より位が高いときは行の字を加えて、「従五位上行大内記」のように記す。兼官のあるときは兼の字を加える。

官位相当は、養老官位令を基本とするが、令外官が加わったり、その後の変遷に伴って説の分かれる点も多い。また、後宮と女司の関係は官位相当がないと考えられるが、後に掲げた官位相当表には、便宜上、これらも加えて示してある。

【蔭位の制】律令制では、父祖の位階によって、その子、孫が一定の位につくことができた。

（例）父祖	嫡子	庶子・嫡孫	庶孫
一位	従五位下	正六位上	正六位下

太政官制

- 太政官
  - 議政官
    - 太政大臣　則闕の官（適当な人がいなければ欠員のまま）
    - 〈長官〉 ①左大臣　①右大臣　①内大臣（令外官）
    - 〈次官〉 ②大納言　③中納言（令外官）　大・中納言には権官（員外官）の置かれることがある。
    - ⑧参議（宰相）（令外官）
    - 公卿
  - 事務官
    - 〈判官・主典〉 左弁官 弁・史
    - 少納言局 少納言 外記
    - 右弁官 弁・史

○数字は定員。

八省

- 中務省（宮中の諸政務） 中宮職・大舎人寮・図書寮・内蔵寮・縫殿寮・内匠寮・陰陽寮
- 式部省（文官人事・礼式） 大学寮
- 治部省（戸籍・葬制） 雅楽寮・玄蕃寮・諸陵寮
- 民部省（民政・税務） 主計寮・主税寮
- 兵部省（武官人事・軍事） 隼人司
- 刑部省（裁判・刑罰） 囚獄司
- 大蔵省（出納・財務） 織部司
- 宮内省（宮中庶務） 大膳職・木工寮・大炊寮・主殿寮・典薬寮・掃部寮・正親司・内膳司・造酒司・采女司・主水司

●八省以外の諸機関（令外官など）

【弾正台】実権は検非違使に移り、有名無実。

【六衛府】左右近衛府　宮中内廓の警備・行幸の供奉。
左右衛門府　宮中外廓の警備。
左右兵衛府　宮中中廓の警備。

【諸使】検非違使・按察使・勘解由使など。

【諸所】天皇の家政機関として置かれた役所。蔵人所は中でも別格で、宮中の天皇家における家政の万事を総掌した。弁官から選ばれた頭弁、近衛から選ばれた頭中将は、ともに参議に昇進する出世コースであった。

●官職関連の主な用語

【大臣・納言】政務・儀式を執行する上卿。大臣は太政官制の最高官で、令制の太政大臣・左大臣・右大臣、令外官の内大臣がある。納言は大臣に次ぐ官で、令制の大納言、令外官の中納言がある。

【参議】太政官の朝政に参与する令外官。大臣・納言に次ぐ重職。

【公卿・上達部・殿上人】公卿は、大臣・大納言・中納言・参議、および三位以上の人。四位でも参議であれば公卿である。上達部は公卿と同じであるが、大臣を別に扱い、「大臣・上達部」のように呼ばれることが多い。現任の官職なしで位階だけの人を散位、三位以上で参議にならない人を非参議と呼ぶ。殿上人は、四位・五位の昇殿を許された人の通称。蔵人は六位でも昇殿を許された。

【摂政・関白】律令官制を超越した最高の地位。摂政は天皇幼少時に、関白は天皇成人後に置かれる。

【中国風の別称】太政大臣は相国・大相国、左右大 ←

◆中国風の呼び方（唐名）◆

平清盛を「入道相国」と呼ぶのは、太政大臣を「相国」に当てたもの。太政大臣・左右大臣を「三公」「三槐」と呼び、参議を「宰相」と呼ぶのも、中国の呼び方（唐名）によったものである。

◆古典に現れる人物の官位例◆

紀貫之（実在） 九一七年（延喜一七）従五位下、九四三年（天慶六）従五位上。玄蕃頭から木工権頭に移ったのは九四五年。藤原時平は十六歳元服のとき、正五位下だから、大歌人も文化功労者の待遇からはほど遠い。

紀貫之

光源氏と頭中将（源氏物語） 源氏は十八歳で正三位、近衛中将、翌年参議となり宰相中将。二十一歳で近衛大将。頭中将も三位中将、宰相中将とコースは似るが、権中納言になったとき、源氏は内大臣。内大臣になったとき、三十三歳の源氏は太政大臣。最終ポストも、源氏が准太上天皇（太上天皇に準ずる待遇）で頭中将は太政大臣だから、脇役は最後まで主役に及ばない。

【律令官人の俸禄】位階を持つ者には春秋の**季禄**、親王には田地の**品田**、封戸の**品封**が下賜される。三位以上の者には**位田**・**位封**、四・五位にも位田などが与えられた。官職についた者の俸禄のうち、特に参議以上の重職にある者は、**食封**・**職封**・**職分田**のほか、**年給**・**年爵**などを受けた。律令制における収入高は特に三位と四位、五位と六位の差が大きかった。

律令官人の経済的特権

（諸説あり）

位階	季禄（半年分） 絁（疋）	綿（屯）	布（端）	鍬（口）	資人（人）	位田（町）	位封（戸）
正一位	30	30	100	140	100	80	300
正二位	20	20	60	100	80	60	200
正三位	14	14	42	80	60	40	130
正四位	8	8	22	30	40	24	
正五位	5	5	12	20	25	12	
正六位	3	3	5	15			
正七位	2	2	4	15			
正八位	1	1	3	15			
大初位	1	1	2	10			

律令制の年収（俸禄から現在の金額に推定換算）

（万円） 0 1,000 5,000 10,000

正一位・従一位	37,500万円
正二位・従二位	12,500万円
正三位・従三位	7,500万円
正四位上・正四位下	4,200万円
正五位上・正五位下	2,800万円
正六位上・正六位下	700万円
正七位上・正七位下	500万円
正八位上・正八位下	350万円
大初位上・大初位下	260万円

太政官は、律令制における**国政を総括する最高機関**であった。その下に八省が置かれた。

←臣は**左丞相**・**右丞相**、准大臣は**儀同三司**、大納言は**亜相**、中納言は**黄門**、参議は**宰相**と呼ばれる。

【皇后（中宮）・女御・更衣】それぞれ**天皇の妃**だが、位が異なり、皇后（中宮）の下に女御が置かれ、女御の下に更衣が置かれる。天皇の正妻は**皇后**だが、**中宮**は皇后の別称で、一条天皇の時に定子と彰子の二皇后が並立されて以後は、先立の皇后を皇后宮、新立の皇后を中宮と言うのが通例となった。摂関・大臣の娘は、まず**女御**として入内し、皇后の位に昇った。納言の娘が入内したときは**更衣**であったといわれる。

【命婦】四位・五位の位階を持つ女性を命婦といい、内命婦（本人が位階を持つ者）と外命婦（夫が位階を持つ者）に分けられる。

【内侍司】後宮十二司の一。後宮の女官の中心であり、天皇に常侍して後宮の諸礼式をつかさどった。**尚侍**・**典侍**・**掌侍**などの職員を置く。

【女房】高位の女官や、貴族の侍女のうち、部屋（房）を与えられた者を**女房**と言う。

参照 P.23・86 後宮

地方官

国司（受領）の任期は四年が標準。田租は官に納める正税と役所の必要分に用い、その余りを守以下の職員が一定の率で分配した。受領になるのは蓄財の好機だった。

諸国 五畿七道 国（**国司**）―郡（**郡司**）

要地 京師 左右京職（**京の行政や交通等の事務**）

筑前 大宰府（**西海道の統括。外交や防衛等**）

参照 後見返し 五畿七道

官位相当表

各官職は、**長官**（総括責任者・太政官を除き普通一名　）、**次官**（補佐・一名　）、**判官**（実務の判断、書類審査・一～三名　）、**主典**（書類作成、登録事務・一～三名　）の四等に職掌を分ける。左表中の＊と▲は、官職との対応を示している。

▶公卿（上達部）

官制	官職		親王（一品・二品・三品・四品）	正一位	従一位	正二位	従二位	正三位	従三位	正四位上	正四位下	従四位上	従四位下	正五位上	正五位下
中央官制	官	神祇官											伯		
中央官制	官	太政官		太政大臣	太政大臣	左大臣・右大臣	内大臣	大納言	中納言		参議	左大弁・右大弁		左中弁・右中弁	左少弁・右少弁
中央官制	省	中務省								卿				大輔	
中央官制	省	式部省・治部省・民部省・兵部省・＊刑部省・大蔵省・宮内省									卿				大輔・＊大判事
中央官制	職・坊	中宮職・大膳職・左京職・右京職・修理職・春宮坊								東宮傅			大夫	大膳大夫	
中央官制	寮	大舎人寮・図書寮・内蔵寮・縫殿寮・内匠寮・大学寮・雅楽寮・玄蕃寮・諸陵寮・主計寮・主税寮・木工寮・左馬寮・右馬寮・兵庫寮													
中央官制	寮	陰陽寮・大炊寮・主殿寮・典薬寮・掃部寮・斎宮寮													
中央官制	司・監・署	正親司・内膳司・造酒司・東市司・西市司・囚獄司													
中央官制	司・監・署	隼人司・織部司・采女司・＊主水司・＊舎人監・＊主膳監・＊主蔵監・主殿署・主工署・主馬署													
中央官制	六衛府	左衛門府・右衛門府＊・左兵衛府・右兵衛府＊・左近衛府・右近衛府							近衛大将				衛門督・兵衛督・近衛中将		近衛少将
中央官制	諸所	蔵人所				別当				頭	頭	頭	頭	五位	五位
中央官制	諸使	＊検非違使・勘解由使・按察使・▲弾正台							▲尹			＊別当	勘解由長官・按察使・▲大弼		▲少弼
中央官制	諸使	斎院司													
地方官制	大宰府	＊鎮守府							帥				大弐	少弐	
地方官制	国司	（大国）大和・常陸・陸奥・肥後など一三国　（上国）山城・三河・安芸・筑前など三五国　（中国）安房・丹後・土佐・薩摩など一一国　（下国）和泉・伊賀・伊豆・対馬など九国													
後宮								尚蔵	**尚侍**	尚膳	尚縫	**典侍**	典蔵		

少初位		大初位		従八位		正八位		従七位		正七位		従六位		正六位		従五位	
下	上	下	上	下	上	下	上	下	上	下	上	下	上	下	上	下	上
					少史	大史						少佑	大佑		少副	大副	
											少外記、少史				大外記、大史	少納言	
					少典鑰		少録、少主鈴	大典鑰	監物主典	少監物、大主鈴	少内記、大録		少丞		大内記、大丞	侍従、大監物	少輔
						*判事少属	少録	少主鑰		*判事大属	大録	*少判事、大主鑰	少丞	大丞、*中判事		少輔	
					少属	大属					京少進、大膳少進	少進、京大進、大膳大進	大進			亮、東宮学士	
				少属	大属				少允、音博士、書博士、算博士	大允、助教、明法博士				助、明経博士		文章博士	頭
			少属	大属	斎宮属			少允、漏刻博士、医師	大允、典薬少允、斎宮少允、陰陽師、暦博士、針博士	斎宮大允、医博士、陰陽博士、天文博士			助	侍医、斎宮助		頭	
		少令史	囚獄大令史、正親大令史、令史					佑、内膳典膳							正、内膳奉膳		
(署)令史	*令史	令史				*佑	佑					(署)首	*正	(司)正			
					*少志	*大志		近衛少曹			*少尉		*大尉		近衛将監		衛門佐、兵衛佐
												六位					
					*少志	*大志	▲少疏	勘解由主典			*小尉、▲大疏	勘解由判官	*大尉	▲少忠	▲大忠	勘解由次官	*佐
				主典					判官				次官			長官	
					*軍曹		少典、算師、医師、少工			*軍監	大工、少判事、大典	大判事	少監	大監			*将軍
	下国目	中国目		大国少目、上国目、下国掾	大国大目		中国掾		大国少掾、上国掾	大国大掾		下国守	上国介	大国介、中国守		上国守	大国守
				典薬、典兵、典闈、典殿、典掃、典水、典酒、掌縫				掌蔵、尚兵、尚闈、尚掃、典書、尚薬、尚水				尚書、尚殿、尚酒				掌侍、典膳、典縫	

皇室略系図

①誕生
②立太子
③在位
〈出家〉
④崩御

──は夫婦関係、━━は天皇系図、算用数字は天皇の歴代順を示す。人名は、和訓の読みで統一した（『平安時代史辞典』による。p.70〜71も同様）。なお、「媙子」を「娍子」とするなど、資料によって文字を異にするものもある。

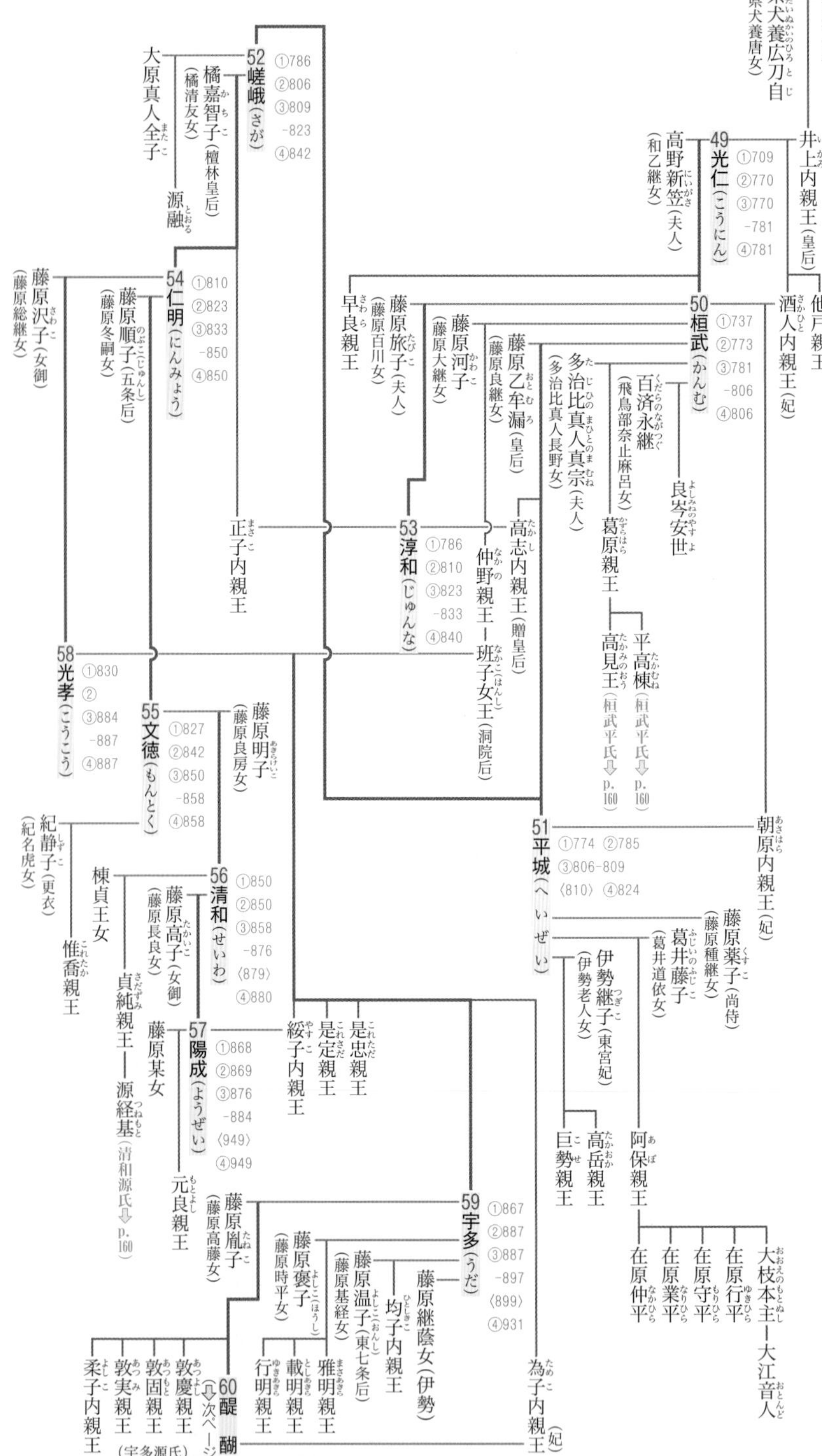

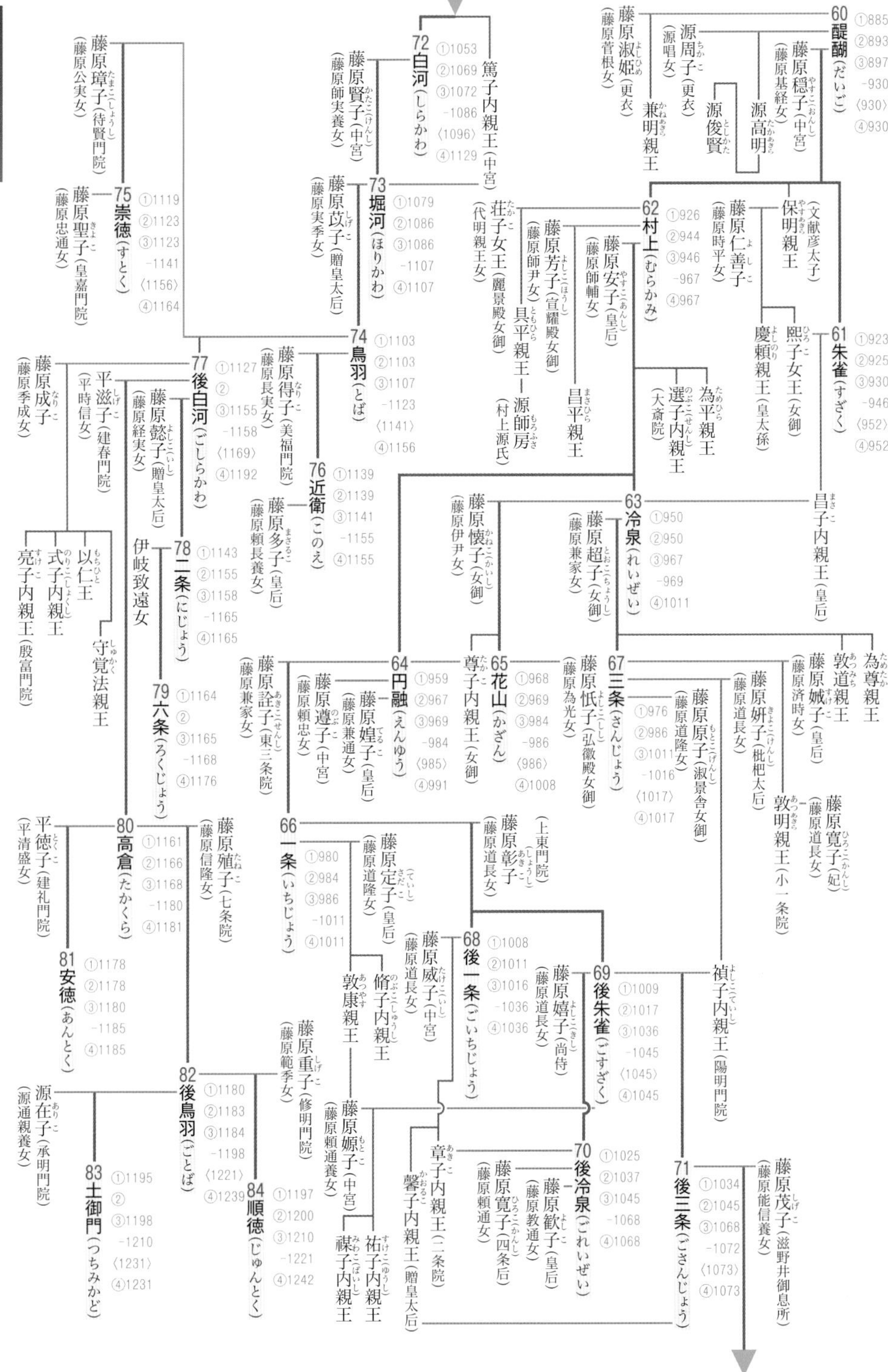

藤原氏略系図

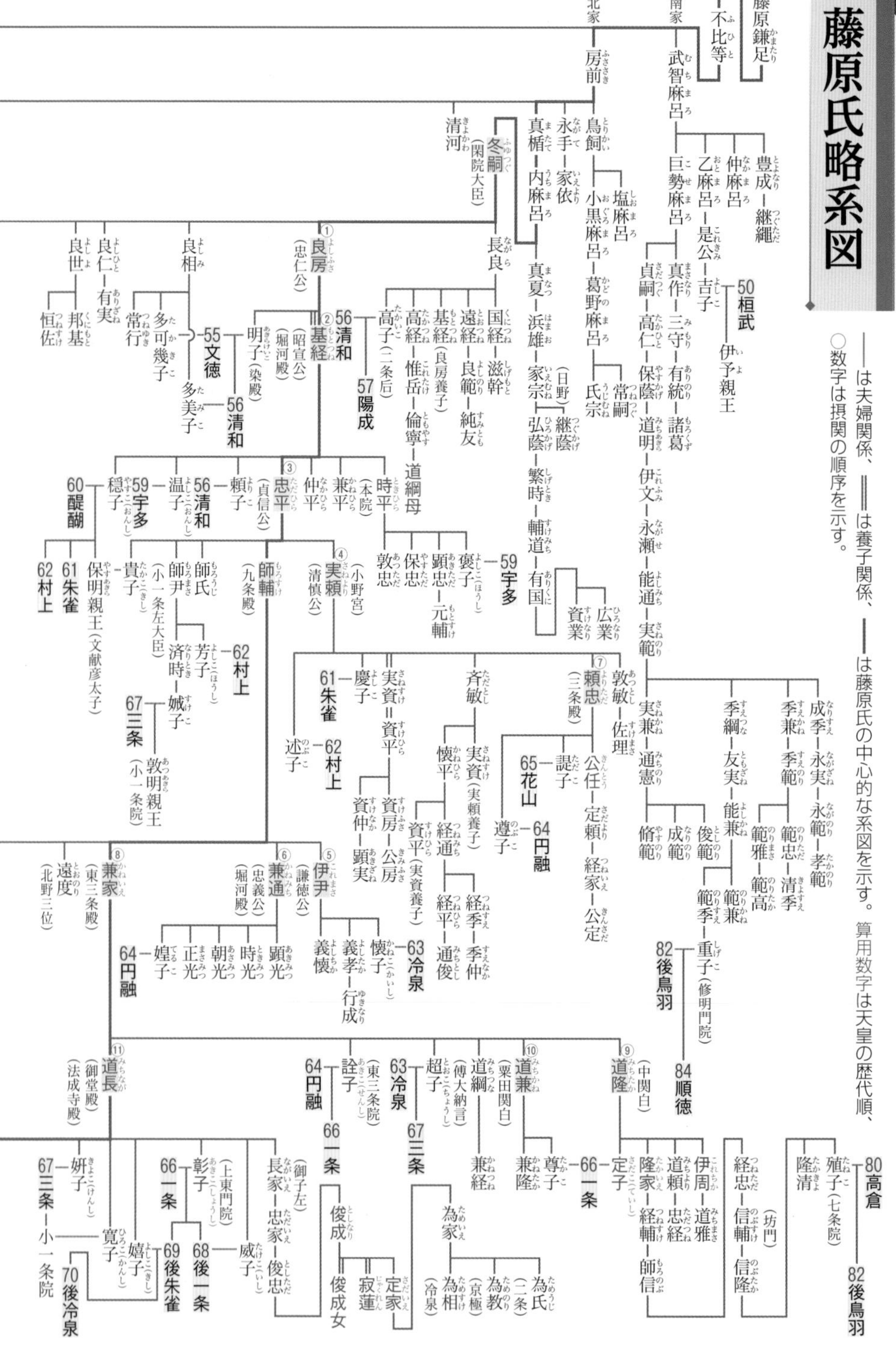

―は夫婦関係、‖は養子関係、┃は藤原氏の中心的な系図を示す。算用数字は天皇の歴代順、○数字は摂関の順序を示す。

◆藤原氏略系図

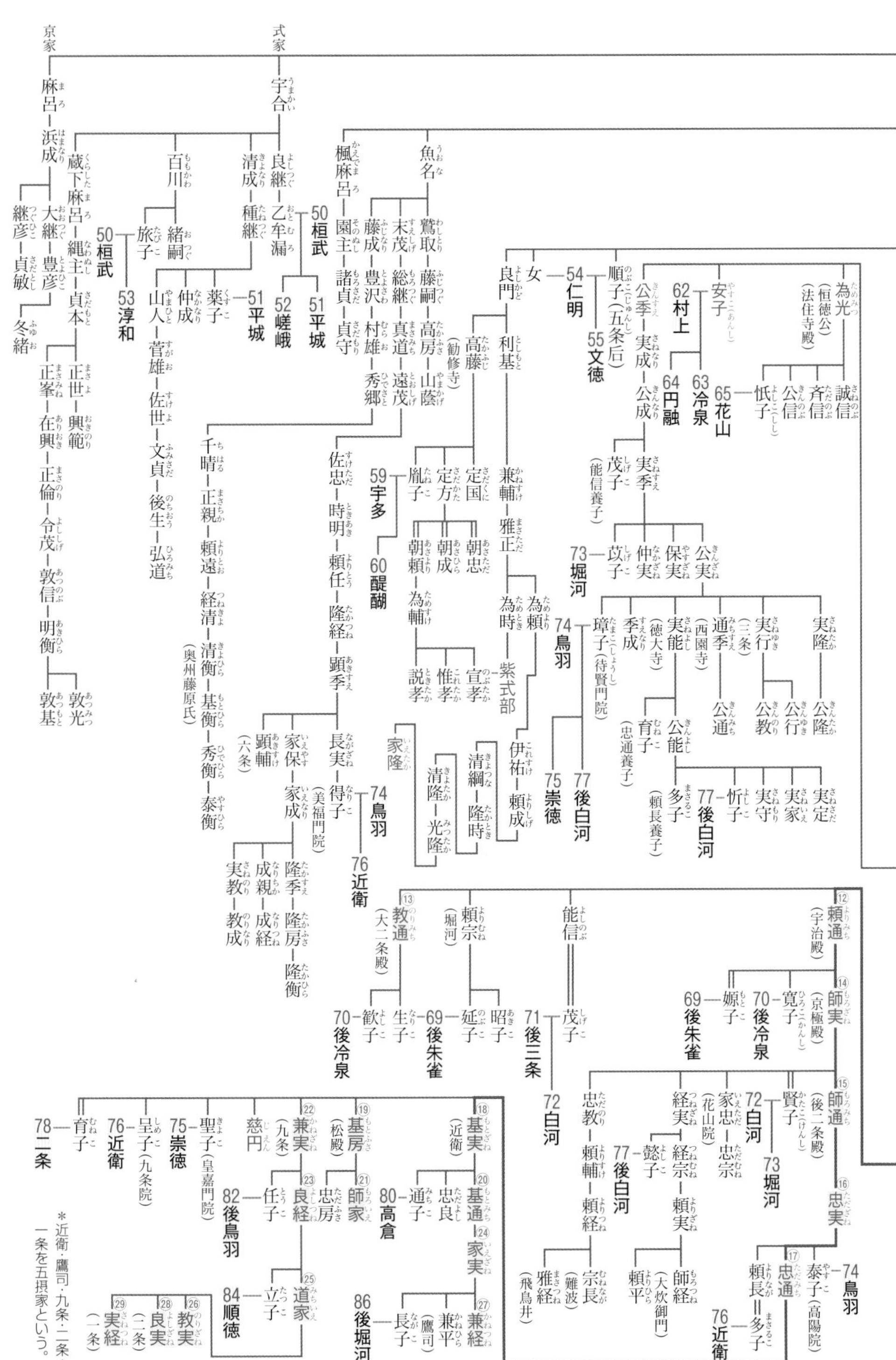

＊近衛・鷹司・九条・二条・一条を五摂家という。

天皇・年号一覧

赤字は女帝を示す。

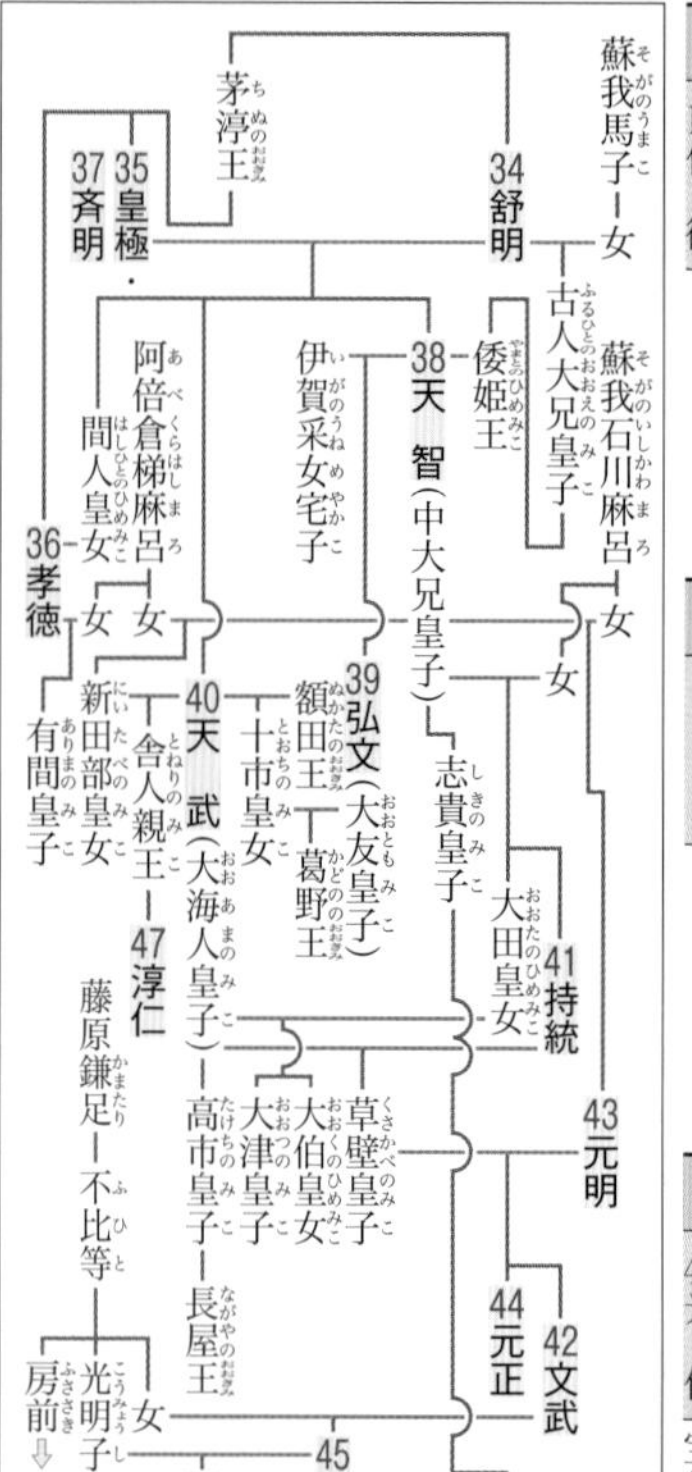

時代	天皇	年号	年代
大和時代	1 神武		
	2 綏靖		
	3 安寧		
	4 懿徳		
	5 孝昭		
	6 孝安		
	7 孝霊		
	8 孝元		
	9 開化		
	10 崇神		
	11 垂仁		
	12 景行		
	13 成務		
	14 仲哀		
	15 応神		
	16 仁徳		

時代	天皇
大和時代	17 履中
	18 反正
	19 允恭
	20 安康
	21 雄略
	22 清寧
	23 顕宗
	24 仁賢
	25 武烈
	26 継体
	27 安閑
	28 宣化
	29 欽明
	30 敏達
	31 用明
	32 崇峻
	33 推古

時代	天皇	年号	年代
大和時代	34 舒明		
	35 皇極		
	36 孝徳	大化	六四五―六五〇
		白雉	六五〇―六五四
	37 斉明(皇極重祚)		
	38 天智		
	39 弘文		
	40 天武	朱鳥	六八六
	41 持統		
	42 文武	大宝	七〇一―七〇四
		慶雲	七〇四―七〇八
	43 元明	和銅	七〇八―七一五
	44 元正	霊亀	七一五―七一七
		養老	七一七―七二四
奈良時代	45 聖武	神亀	七二四―七二九
		天平	七二九―七四九
		天平感宝	七四九
	46 孝謙	天平勝宝	七四九―七五七
		天平宝字	七五七―
	47 淳仁	〃	七六五
	48 称徳(孝謙重祚)	天平神護	七六五―七六七
		神護景雲	七六七―七七〇
	49 光仁	宝亀	七七〇―七八一

時代	天皇	年号	年代
平安時代	50 桓武	天応	七八一
		延暦	七八二―八〇六
	51 平城	大同	八〇六―
	52 嵯峨	〃	八一〇
		弘仁	八一〇―八二四
	53 淳和	天長	八二四―八三四
	54 仁明	承和	八三四―八四八
		嘉祥	八四八―八五一
	55 文徳	仁寿	八五一―八五四
		斉衡	八五四―八五七
		天安	八五七―八五九
	56 清和	貞観	八五九―八七七
	57 陽成	元慶	八七七―八八五
	58 光孝	仁和	八八五―
	59 宇多	〃	八八九
		寛平	八八九―八九八
	60 醍醐	昌泰	八九八―九〇一
		延喜	九〇一―九二三
		延長	九二三―九三一
	61 朱雀	承平	九三一―九三八
		天慶	九三八―九四七
	62 村上	天暦	九四七―九五七
		天徳	九五七―九六一
		応和	九六一―九六四
		康保	九六四―九六八
	63 冷泉	安和	九六八―九七〇
	64 円融	天禄	九七〇―九七三
		天延	九七三―九七六
		貞元	九七六―九七八
		天元	九七八―九八三
		永観	九八三―九八五
	65 花山	寛和	九八五―九八七
	66 一条	永延	九八七―九八九
		永祚	九八九―九九〇
		正暦	九九〇―九九五
		長徳	九九五―九九九

時代	天皇	年号	年代
平安時代		長保	九九九―一〇〇四
		寛弘	一〇〇四―一〇一二
	67 三条	長和	一〇一二―一〇一七
	68 後一条	寛仁	一〇一七―一〇二一
		治安	一〇二一―一〇二四
		万寿	一〇二四―一〇二八
		長元	一〇二八―一〇三七
	69 後朱雀	長暦	一〇三七―一〇四〇
		長久	一〇四〇―一〇四四
		寛徳	一〇四四―一〇四六
	70 後冷泉	永承	一〇四六―一〇五三
		天喜	一〇五三―一〇五八
		康平	一〇五八―一〇六五
		治暦	一〇六五―一〇六九
	71 後三条	延久	一〇六九―
	72 白河	〃	一〇七四
		承保	一〇七四―一〇七七
		承暦	一〇七七―一〇八一
		永保	一〇八一―一〇八四
		応徳	一〇八四―一〇八七
	73 堀河	寛治	一〇八七―一〇九四
		嘉保	一〇九四―一〇九六
		永長	一〇九六―一〇九七
		承徳	一〇九七―一〇九九
		康和	一〇九九―一一〇四
		長治	一一〇四―一一〇六
		嘉承	一一〇六―一一〇八
	74 鳥羽	天仁	一一〇八―一一一〇
		天永	一一一〇―一一一三
		永久	一一一三―一一一八
		元永	一一一八―一一二〇
		保安	一一二〇―一一二四
	75 崇徳	天治	一一二四―一一二六
		大治	一一二六―一一三一
		天承	一一三一―一一三二
		長承	一一三二―一一三五

平安時代　鎌倉時代

天皇	年号	西暦
	保延	一一三五—一一四一
	永治	一一四一—一一四二
76 近衛	康治	一一四二—一一四四
	天養	一一四四—一一四五
	久安	一一四五—一一五一
	仁平	一一五一—一一五四
	久寿	一一五四—一一五六
77 後白河	保元	一一五六—一一五九
78 二条	平治	一一五九—一一六〇
	永暦	一一六〇—一一六一
	応保	一一六一—一一六三
	長寛	一一六三—一一六五
	永万	一一六五—一一六六
79 六条	仁安	一一六六—一一六九
80 高倉	嘉応	一一六九—一一七一
	承安	一一七一—一一七五
	安元	一一七五—一一七七
	治承	一一七七—一一八一
81 安徳	養和	一一八一—一一八二
	寿永	一一八二—一一八五
82 後鳥羽	(元暦)	一一八四—一一八五
	文治	一一八五—一一九〇
	建久	一一九〇—一一九九
83 土御門	正治	一一九九—一二〇一
	建仁	一二〇一—一二〇四
	元久	一二〇四—一二〇六
	建永	一二〇六—一二〇七
	承元	一二〇七—一二一一
84 順徳	建暦	一二一一—一二一三
	建保	一二一三—一二一九
	承久	一二一九—
85 仲恭	〃	一二二二
86 後堀河	貞応	一二二二—一二二四
	元仁	一二二四—一二二五
	嘉禄	一二二五—一二二七
	安貞	一二二七—一二二九

鎌倉時代

天皇	年号	西暦
	寛喜	一二二九—一二三二
	貞永	一二三二—一二三三
87 四条	天福	一二三三—一二三四
	文暦	一二三四—一二三五
	嘉禎	一二三五—一二三八
	暦仁	一二三八—一二三九
	延応	一二三九—一二四〇
	仁治	一二四〇—一二四三
88 後嵯峨	寛元	一二四三—一二四七
89 後深草	宝治	一二四七—一二四九
	建長	一二四九—一二五六
	康元	一二五六—一二五七
	正嘉	一二五七—一二五九
	正元	一二五九—一二六〇
90 亀山	文応	一二六〇—一二六一
	弘長	一二六一—一二六四
	文永	一二六四—一二七五
91 後宇多	建治	一二七五—一二七八
	弘安	一二七八—一二八八
92 伏見	正応	一二八八—一二九三
	永仁	一二九三—一二九九
93 後伏見	正安	一二九九—一三〇二
94 後二条	乾元	一三〇二—一三〇三
	嘉元	一三〇三—一三〇六
	徳治	一三〇六—一三〇八
95 花園	延慶	一三〇八—一三一一
	応長	一三一一—一三一二
	正和	一三一二—一三一七
	文保	一三一七—一三一九
96 後醍醐	元応	一三一九—一三二一
	元亨	一三二一—一三二四
	正中	一三二四—一三二六
	嘉暦	一三二六—一三二九
	元徳	一三二九—一三三一
	元弘	一三三一—一三三四
	建武	一三三四—一三三六

南北朝時代　室町時代

天皇	年号	西暦
	延元	一三三六—一三四〇
97 後村上	興国	一三四〇—一三四六
	正平	一三四六—一三七〇
98 長慶	建徳	一三七〇—一三七二
	文中	一三七二—一三七五
	天授	一三七五—一三八一
	弘和	一三八一—一三八四
99 後亀山	元中	一三八四—一三九二
(北朝) 光厳	正慶	一三三二—一三三三
光明	建武	一三三四—一三三八
	暦応	一三三八—一三四二
	康永	一三四二—一三四五
	貞和	一三四五—一三五〇
崇光	観応	一三五〇—一三五二
後光厳	文和	一三五二—一三五六
	延文	一三五六—一三六一
	康安	一三六一—一三六二
	貞治	一三六二—一三六八
	応安	一三六八—一三七五
後円融	永和	一三七五—一三七九
	康暦	一三七九—一三八一
	永徳	一三八一—一三八四
100 後小松	至徳	一三八四—一三八七
	嘉慶	一三八七—一三八九
	康応	一三八九—一三九〇
	明徳	一三九〇—一三九四
(一三九二年	南北朝合一)	
	応永	一三九四—
101 称光	〃	一四二八
	正長	一四二八—一四二九
102 後花園	永享	一四二九—一四四一
	嘉吉	一四四一—一四四四
	文安	一四四四—一四四九
	宝徳	一四四九—一四五二
	享徳	一四五二—一四五五
	康正	一四五五—一四五七

室町時代　安土・桃山時代　江戸時代

天皇	年号	西暦
	長禄	一四五七—一四六〇
	寛正	一四六〇—
103 後土御門	〃	一四六六
	文正	一四六六—一四六七
	応仁	一四六七—一四六九
	文明	一四六九—一四八七
	長享	一四八七—一四八九
	延徳	一四八九—一四九二
	明応	一四九二—一五〇一
104 後柏原	文亀	一五〇一—一五〇四
	永正	一五〇四—一五二一
	大永	一五二一—
105 後奈良	〃	一五二八
	享禄	一五二八—一五三二
	天文	一五三二—一五五五
	弘治	一五五五—一五五八
106 正親町	永禄	一五五八—一五七〇
	元亀	一五七〇—一五七三
	天正	一五七三—
107 後陽成	〃	一五九二
	文禄	一五九二—一五九六
	慶長	一五九六—
108 後水尾	〃	一六一五
	元和	一六一五—一六二四
	寛永	一六二四—
109 明正	〃	一六四四
110 後光明	正保(ほ)	一六四四—一六四八
	慶安	一六四八—一六五二
	承応	一六五二—一六五五
111 後西	明暦	一六五五—一六五八
	万治	一六五八—一六六一
	寛文	一六六一—
112 霊元	〃	一六七三
	延宝	一六七三—一六八一
	天和	一六八一—一六八四
	貞享	一六八四—一六八八

江戸時代　明治　大正　昭和　平成　令和

天皇	年号	西暦
113 東山	元禄	一六八八—一七〇四
	宝永	一七〇四—
114 中御門	〃	一七一一
	正徳	一七一一—一七一六
	享保	一七一六—一七三六
115 桜町	元文	一七三六—一七四一
	寛保	一七四一—一七四四
	延享	一七四四—一七四八
116 桃園	寛延	一七四八—一七五一
	宝暦(れき)	一七五一—
117 後桜町	〃	一七六四
	明和	一七六四—
118 後桃園	〃	一七七二
	安永	一七七二—
119 光格	〃	一七八一
	天明	一七八一—一七八九
	寛政	一七八九—一八〇一
	享和	一八〇一—一八〇四
	文化	一八〇四—一八一八
120 仁孝	文政	一八一八—一八三〇
	天保	一八三〇—一八四四
	弘化	一八四四—
121 孝明	〃	一八四八
	嘉永	一八四八—一八五四
	安政	一八五四—一八六〇
	万延	一八六〇—一八六一
	文久	一八六一—一八六四
	元治	一八六四—一八六五
	慶応	一八六五—
122 明治	〃	一八六八
	明治	一八六八—一九一二
123 大正	大正	一九一二—一九二六
124 昭和	昭和	一九二六—一九八九
125 (上皇)	平成	一九八九—二〇一九
126 (今上)	令和	二〇一九—

古典文学史年表

凡例

史 歴史書　地 地誌　思 思想書　仏 仏教書　説 説話　物 物語　歴 歴史物語　日 日記　随 随筆　軍 軍記物語　紀 紀行
評 評論　能 能楽論書　小 小説　仮 仮名草子　浮 浮世草子　読 読本　黄 黄表紙　洒 洒落本　滑 滑稽本　合 合巻　人 人情本　国 国学　浄 浄瑠璃　舞 歌舞伎　辞 辞書　語 語学書　註 註釈書　叢 叢書　医 医学書　図 地図　歌 歌集・歌合
漢 漢詩文　謡 歌謡　論 歌論書　連 連歌集・連歌論書　俳 俳諧集・俳文・俳論　狂 狂歌集

上代文学

▶これ以前　◀これ以後　＊このころ

時代	西暦	年号	作品(作者)
古墳時代			
大和時代	▶七〇九	和銅 二	歌 柿本人麻呂歌集(柿本人麻呂)
奈良時代	▶七一二	和銅 五	史 古事記(太安万侶) ⇩p.104
	▶七一六	霊亀 二	地 播磨国風土記(作者未詳)
	七一八	養老 二	地 常陸国風土記(作者未詳)
	七二〇	四	史 日本書紀(舎人親王ら)
	＊	＊	歌 類聚歌林(山上憶良)
	七三三	天平 五	地 出雲国風土記(作者未詳)
	七五一	天平勝宝 三	漢 懐風藻(作者未詳)
	◀七五三	四	謡 仏足石歌(作者未詳)
	◀七五九	天平宝字 三	歌 万葉集(大伴家持ら) ⇩p.105
	七七二	宝亀 三	論 歌経標式(藤原浜成)

歴史事項

五七	倭の奴国王、後漢に朝貢、光武帝より印綬を受ける。
二三九	邪馬台国女王卑弥呼、魏に朝貢。
(五世紀)	倭の五王(讃・珍・済・興・武)の時代、中国南朝に朝貢。
五〇七	大伴金村、継体天皇を擁立。
五三八	仏教伝来。
五八七	物部氏滅亡、蘇我氏の覇権確立。
六〇七	小野妹子を隋に派遣。
六三〇	犬上御田鍬を唐に派遣。
六四五	大化改新、蘇我氏の本宗家滅亡。
六七二	壬申の乱、大海人皇子(天武天皇)勝利。
七〇一	大宝律令制定(藤原不比等ら撰進)。
七一〇	平城京に遷都。
七一三	『風土記』撰進の詔。
七一八	養老律令制定(藤原不比等ら撰進)。
七二九	藤原光明子(不比等の娘)、人臣で初めて立后。
七三七	藤原四氏(房前・麻呂・武智麻呂・宇合)病没。
七四〇	藤原広嗣(式家)の乱。
七五二	東大寺大仏の開眼供養。
七五四	唐僧鑑真来日。
七六四	恵美押勝(藤原仲麻呂)の乱、南家失脚。

▶金印

◀東大寺大仏

◆古典文芸理念

【上代】

【まこと】上代文学の底流をなす精神。『続日本紀』宣命(天皇の詔)にみられる「明き浄き直き誠の心」「諂ひ欺く心なく忠に赤き誠」などの一連の言葉が示すように、上代人は「明き浄き直き心」＝〈誠〉をこのうえなく重んじた。

●**たとへ物あらはに言ひ出でても、その物より自然に出づる情にあらざれば、物と我二つになりて、その情誠に至らず。**(服部土芳『三冊子』)

〔参考〕

【ますらをぶり】賀茂真淵やその一門の歌人たちが提唱したもので、『万葉集』にみられるような男性的で力強く大らかな歌風をいう。

【たをやめぶり】女性的で優美・繊細な歌風。賀茂真淵が『万葉集』の「ますらをぶり」に対して『古今集』の歌風を批判して称した。

【中古】

【あはれ】平安文学における代表的な美意識。優美で繊細な感情とそれを客観視できる知性とが調和した

時代	西暦	年号	年	区分	作品
	七八九	延暦	八	史	高橋氏文（作者未詳）

七八四　長岡京に遷都。翌年、造営責任者藤原種継（式家）暗殺。
七八八　最澄、比叡山に延暦寺創建。

中古文学

平安時代

西暦	年号	年	区分	作品
七九七	延暦	一六	史	続日本紀（菅野真道ら）
八〇七	大同	二	史	古語拾遺（斎部広成）
八一四	弘仁	五	漢	凌雲集（小野岑守ら）
八一八		九	漢	文華秀麗集（藤原冬嗣ら）
*八二〇		一一	評	文鏡秘府論（空海）
*八二三		一四	説	日本霊異記（景戒）
八二七	天長	四	漢	経国集（良岑安世ら）
▶八三五	承和	二	漢	性霊集（空海）
八九三	寛平	五	歌	寛平御時后宮歌合
九〇〇	昌泰	三	漢	菅家文草（菅原道真）
九〇一	延喜	元	史	日本三代実録（藤原時平ら）
九〇三		三	漢	菅家後集（菅原道真）
*	*		物	竹取物語（作者未詳）⇩p.118
◀九〇五		五	歌	古今和歌集（紀貫之ら）⇩p.110
〃	〃		論	古今和歌集仮名序（紀貫之）
九一三		一三	歌	亭子院歌合
*	*		歌	新撰和歌集（紀貫之）
*	*		物	伊勢物語（作者未詳）⇩p.120
*九三一	承平	元	辞	倭名類聚抄（源順）
◀九三五		五	日	土佐日記（紀貫之）⇩p.146
九四〇	天慶	三	軍	将門記（作者未詳）
九四五		八	論	和歌体十種（壬生忠岑）
*九五一	天暦	五	歌	後撰和歌集（源順ら）
九六〇	天徳	四	歌	天徳四年内裏歌合
*	*		物	大和物語（作者未詳）⇩p.122
▶九六五	康保	二	物	平中物語（作者未詳）
*九七四	天延	二	日	蜻蛉日記（藤原道綱母）⇩p.147

七九四　平安京に遷都。
七九七　坂上田村麻呂、蝦夷遠征。
八〇五　最澄、天台宗を開く。
八〇六　空海、真言宗を開く。
八一〇　薬子の変、式家失脚。蔵人所を設立、藤原冬嗣（北家）、蔵人頭に就任。
八一六　検非違使を設置。
八二一　藤原冬嗣、勧学院を設置。
八四二　承和の変、橘逸勢ら流罪。
八五八　藤原良房、摂政（人臣摂政の初め）。
八六六　応天門の変、伴善男流罪（大伴氏衰退）。
八七三　皇子・皇女に源姓を授ける（清和源氏）。
八八七　藤原基経、関白（関白の初め）。〔八八八　阿衡の紛議〕
八八九　高望王らに平姓を授ける（桓武平氏）。
八九四　遣唐使を停止。
九〇一　昌泰の変、菅原道真、大宰府に左遷。
九三〇　藤原忠平、摂政。
九三五―九四〇　平将門の乱。
九三九―九四一　藤原純友の乱。
九六七　藤原実頼、関白。以後、摂関を常置。
九六九　安和の変、源高明左遷。
九七二　権中納言兼通、大納言兼家を越えて関白・内大臣。

▲最澄

▲空海

▼大宰府政庁復元模型

均整のとれた美的理念であり、情趣、悲哀・哀愁、同情・憐憫、愛情・慕情、賛嘆などの感情を表す。

●**心深しやなどほめたてられて、あはれ進みぬれば、やがて尼になりぬかし。**（紫式部『源氏物語』）

●**野分のまたの日こそ、いみじうあはれにをかしけれ。**（清少納言『枕草子』）

【もののあはれ】本居宣長が『源氏物語』を「もののあはれ」の文学と評して以来、確立された文芸理念。また、これから派生した理念として中世の「幽玄」がある。

●**さて人は、何事にまれ、感ずべきことにあたりて、感ずべき心を知りて、感ずるを、もののあはれを知るとは言ふを、かならず感ずべきことにふれても、心動かず、感ずることなきを、もののあはれ知らずと言ひ、心なき人とは言ふなり。**（本居宣長『源氏物語玉の小櫛』）

【をかし】これも平安文学の代表的な美意識。「あはれ」「もののあはれ」がしみじみとした情緒美を表すのに対して、「をかし」は明るい知性的な美である。景物を感覚的にとらえ、主知的・客観的に表現する傾向をもっているため、鑑賞・批評の言葉として歌合の判詞などにもよく用いられている。『枕草子』

 ◆日本の名言　和をもつて貴しとなす。（聖徳太子『十七条憲法』）　和らいだ心で人に接することが大事である。

年	年号	分類	作品（作者）
*九八二	天元五	物	宇津保物語（作者未詳）⇩p.122
九八四	永観二	説	三宝絵詞（源為憲）
*九八五	寛和元	仏	往生要集（源信）
九九六	長徳二	随	枕草子（清少納言）
*	*	物	落窪物語（作者未詳）⇩p.122
*一〇〇七	四	歌	拾遺和歌集（花山院か）
*一〇〇八	寛弘五	物	源氏物語（紫式部）⇩p.124
〃	〃	日	和泉式部日記（和泉式部か）
*一〇一〇	七	日	紫式部日記（紫式部）⇩p.148
*一〇一二	九	歌	和漢朗詠集（藤原公任）
▶一〇二七	万寿四	日	御堂関白記（藤原道長）
*一〇二九	長元二	歴	栄花物語〔正編〕（作者未詳）
▶一〇四一	長久二	論	新撰髄脳・和歌九品（藤原公任）
*一〇五三	天喜元	物	浜松中納言物語（菅原孝標女か）
*一〇六〇	康平三	日	更級日記（菅原孝標女）⇩p.149
*	*	物	夜半の寝覚（菅原孝標女か）
*一〇六四		漢	本朝文粋（藤原明衡）
*	*	物	堤中納言物語（作者未詳）⇩p.122
*一〇七三	延久五	日	成尋阿闍梨母集（成尋阿闍梨母）
*一〇七六	承保三	物	狭衣物語（六条斎院宣旨か）
一〇八六	応徳三	歌	後拾遺和歌集（藤原通俊）
*	*	歴	大鏡（作者未詳）⇩p.154
▶一〇九二	寛治六	歴	栄花物語〔続編〕（作者未詳）
*一一〇八	天仁元	日	讃岐典侍日記（藤原長子）
*一一一一	天永二	説	江談抄（大江匡房）
*一一一五	永久三	論	俊頼髄脳（源俊頼）
〃	〃	歌	散木奇歌集（源俊頼）
*一一二〇	保安元	説	今昔物語集（作者未詳）⇩p.151
*一一二六	大治元	歌	金葉和歌集（源俊頼）
*	*	説	古本説話集（作者未詳）
▶一一三四	長承三	説	打聞集（作者未詳）
*一一五一	仁平元	歌	詞花和歌集（藤原顕輔）

九八六　花山天皇出家、一条天皇即位。外祖父兼家、摂政。
九九〇　藤原道隆、関白。道隆の娘定子、中宮。
九九一　円融皇后詮子に東三条院の女院号宣下（女院号の初め）。
九九五　内大臣伊周と権大納言道長の政権争い。
九九六　伊周・隆家兄弟、左遷。道長、左大臣。
一〇〇〇　道長の娘彰子、中宮。（中宮定子は皇后。）
一〇〇八　彰子、敦成親王（後の後一条天皇）出産。
一〇〇九　彰子、敦良親王（後の後朱雀天皇）出産。
一〇一二　中宮彰子、皇太后、女御妍子（道長の娘）中宮。
一〇一六　後一条天皇即位。外祖父道長、摂政（翌年太政大臣）。
一〇一八　道長の娘威子、中宮。〔道長の三人の娘が立后〕
一〇五一―一〇六二　前九年の役、奥州安倍氏滅亡。
一〇五三　藤原頼通、平等院鳳凰堂を建立。
一〇七二　院の蔵人所を設置。
一〇八三―一〇八七　後三年の役、奥州藤原氏成立。
一〇八六　白河上皇、院政を開始。
一〇九五　院に北面の武士を設置。
一一〇五　藤原清衡、中尊寺を建立。
一一〇八　平正盛、源義親を討つ。
一一二六　中尊寺金色堂落成。
一一二九　平忠盛、瀬戸内海の海賊を追討。
一一五六　保元の乱。宮廷内部の権力闘争を武士の力によって結着、武士が中央政権に参入する端緒となる。
一一五九　平治の乱。平清盛が乱を平定、源氏勢力を駆逐し、平

◀大鏡絵詞

が、この美的理念に基づいて書かれた代表作とされ、『源氏物語』を「もののあはれ」の文学というのに対し、『枕草子』は「をかし」の文学と呼ばれる。

● **夏は、夜。月のころはさらなり、闇もなほ、蛍の多く飛びちがひたる。また、ただ一つ二つなど、ほのかにうち光りて行くも、をかし。雨など降るも、をかし。**
（清少納言『枕草子』）

〖長高し〗本来、身長・物などが高い意であるが、中古以来文芸理念として「あはれ」「をかし」の優美さに対する**男性的な雄々しさ、壮大で崇高な美**をいうようになった。

● **一には、式部（和泉式部）が二首の歌を今見れば、「はるかに照らせ」といふ歌は、詞も姿もことのほかに長高く、また景気もあり。**
（鴨長明『無名抄』）

【中世】

〖幽玄〗中世文学を中心にみられる美的理念。美的理念として最初に取り上げた藤原俊成によると、「幽玄」とは「**静寂美**」を基調に「**長高し**」「**繊細美**」「**艶**」などが複合した**奥深い美**としてとらえられている。のちに藤原定家の「有心」、世阿弥の妖艶美、芭蕉の「さび」などに継承、展開された。

● **幽玄の体――詮はただ詞に現れ**

どんなに高貴な人であっても、深い愛情がなくては結婚したくない。

平

西暦	年号	分類	作品
一一六九＊	嘉応 元	謡	梁塵秘抄（後白河院）
＊	＊	説	唐物語（藤原成範か）
一一七〇	二	歴	今鏡（藤原為経か）
＊	＊	物	とりかへばや物語（作者未詳）
一一七八	治承 二	歌	長秋詠藻（藤原俊成）
一一七九	三	説	宝物集（平康頼か）
一一八七	文治 三	歌	千載和歌集（藤原俊成）
一一九〇	建久 元	歌	山家集（西行）

家政権確立の基盤を作る。
一一六七　清盛、武臣として初めて太政大臣となる。
一一七七　鹿が谷の変。平家打倒の陰謀が露見し、処罰される。
一一七九　清盛、院政を停止し、後白河院を鳥羽殿に幽閉。
一一八〇　以仁王の平氏追討令旨、諸国の源氏が挙兵。清盛、福原京に遷都を強行（半年後に還都）。
一一八五　平氏滅亡。
一一八九　奥州藤原氏滅亡。

中世文学

鎌倉時代

西暦	年号	分類	作品
一一九四	建久 五	歌	六百番歌合
一一九五	六	歴	水鏡（中山忠親か）
一一九七	八	論	古来風体抄（藤原俊成）
一二〇二	建仁 二	評	無名草子（作者未詳）
一二〇五	二	歌	新古今和歌集（藤原定家ら）⇩ p.112
一二〇九	承元 三	論	近代秀歌（藤原定家）
＊	＊	軍	保元物語（作者未詳）
＊	＊	軍	平治物語（作者未詳）
一二一一＊	建暦 元	論	無名抄（鴨長明）
一二一二	二	随	方丈記（鴨長明）⇩ p.142
一二一三	建保 元	歌	金槐和歌集（源実朝）
一二一五	三	説	古事談（源顕兼）
〃＊	〃	説	発心集（鴨長明）
一二一六	四	歌	拾遺愚草（藤原定家）
一二一九＊	承久 元	論	毎月抄（藤原定家）
〃＊	〃	日	たまきはる（建春門院中納言）
一二二〇	二	史	愚管抄（慈円）
一二二一＊	三	軍	平家物語（作者未詳）⇩ p.158
一二二二	四	説	閑居友（慶政）
一二二三	貞応 二	紀	海道記（作者未詳）
〃	〃	論	詠歌之大概（藤原定家）
＊	＊	物	松浦宮物語（作者未詳）

一一九二　源頼朝、征夷大将軍となる。
一一九六　九条兼実、失脚。
一二〇〇　梶原景時追討。
一二〇三　比企能員の乱。源実朝、征夷大将軍となる。北条時政、執権となる。
一二〇五　畠山重忠追討。北条義時、執権。
一二〇七　専修念仏弾圧、法然・親鸞流罪。
一二一三　和田義盛追討。
一二一九　実朝、公暁に殺され、公暁は義時に殺される。〔源氏の正統断絶〕。
一二二一　承久の乱。公家政権と幕府政権の内乱。反北条勢力は一掃され、後鳥羽院は隠岐へ配流。六波羅探題設置。

▶鶴岡八幡宮

ぬ余情、姿に見えぬ景気なるべし。心にも理深く詞にも艶極まりぬれば、これらの徳は自ら備はるにこそ。たとへば、秋の夕暮れ空の気色は、色もなく声もなし。いづくにいかなる故あるべしとも覚えねど、すずろに涙こぼるるごとし。（鴨長明『無名抄』）

【有心】俊成の「幽玄」を継承した理念で、やはり余情を重んじるが、より技巧的で妖艶な美が主調となっている。藤原定家はこの「有心」をもって和歌の最高理念とした。

●**さてもこの有心体は余の九体にわたりて侍るべし。其故は幽玄にも心あるべし。長高しにもまた侍るべし。残りの体にもまたかくのごとし。げにげにいづれの体にも、実は心なき歌はわろきにて候。**（藤原定家『毎月抄』）

【無心】有心に相対する理念。文学では初め連歌の世界で用いられ、和歌的な情緒をたたえた有心連歌に対し、庶民的で機知に富んだ滑稽な連歌を無心連歌と称した。それが、室町期の世阿弥の能楽論になると、禅などの影響から心を超越した無我の境地をいうように変わってきている。

●**かやうなれども、この内心ありと、よそに見えては悪かるべし。**

◆日本の名言　世のかしこき人なりとも、深き心ざしを知らでは、あひがたしとなむ思ふ。（『竹取物語』かぐや姫の言葉）

鎌倉時代

西暦	年号	年	分類	作品
＊	＊		物	海人の刈藻（作者未詳）
＊	＊		物	住吉物語（作者未詳）
＊	＊		物	西行物語（作者未詳）
＊一二三二	貞永	元	歌	建礼門院右京大夫集（建礼門院右京大夫）
一二三五	文暦	二	歌	新勅撰和歌集（藤原定家）
〃	〃		歌	小倉百人一首（藤原定家） ⇩ p.180
＊	＊		説	今物語（藤原信実か）
＊	＊		日	うたたね（阿仏尼）
▶＊一二四二		三	日	明月記（藤原定家）
〃	〃		紀	東関紀行（作者未詳）
一二四五	寛元	三	歌	壬二集（藤原家隆）
＊	＊		説	宇治拾遺物語（作者未詳） ⇩ p.152
＊一二五〇	建長	二	説	撰集抄（作者未詳）
一二五一		三	歌	続後撰和歌集（藤原為家）
一二五二		四	説	十訓抄（六波羅二﨟左衛門入道）
＊〃	〃		日	弁内侍日記（後深草院弁内侍）
一二五三		五	仏	正法眼蔵（道元）
一二五四		六	説	古今著聞集（橘 成季）
＊	＊		軍	源平盛衰記（作者未詳）
▶一二六五	文永	二	歌	続古今和歌集（藤原為家ら）
一二六六		三	史	吾妻鏡（作者未詳）
＊一二七八	弘安	元	歌	続拾遺和歌集（二条為氏）
▶一二八〇	弘安	三	日	十六夜日記（阿仏尼）
＊一二八三		六	説	沙石集（無住道暁）
▶一二九二	正応	五	日	中務内侍日記（伏見院中務内侍）
〃	〃		仏	歎異抄（唯円）
▶一三一二	正和	元	歌	玉葉和歌集（京極為兼）
◀一三一三		二	日	とはずがたり（後深草院二条）
一三三〇	元徳	二	随	徒然草（兼好法師） ⇩ p.143
一三三九	延元	四	史	神皇正統記（北畠親房）

一二二四 親鸞、浄土真宗創始。
一二二七 道元、曹洞宗創始。
一二三二 貞永式目（御成敗式目）制定。
一二四七 三浦泰村追討。
一二五三 日蓮、法華宗創始。
一二七四 蒙古来襲（文永の役）。
一二八一 蒙古来襲（弘安の役）。
一二八五 霜月騒動、安達泰盛一族滅亡。北条一族の守護職増大。
一三二一 院政を廃止、後醍醐天皇の親政開始。
一三二四 正中の変。後醍醐天皇の倒幕計画が事前に発覚、日野資朝・俊基が捕らえられる。
一三三一 元弘の変。後醍醐天皇のクーデター。翌年、天皇は捕らえられ隠岐へ配流。
一三三三 後醍醐天皇隠岐脱出。鎌倉幕府滅亡。
一三三六 湊川の戦いで足利尊氏勝利、南北朝の対立始まる。

▲親鸞

◀文永の役（『蒙古襲来絵詞』）

もし見えば、それは態になるべし。せぬにてはあるべからず。無心の位にて、我心をわれにも隠す安心にて、せぬひまの前後をつなぐべし。（世阿弥『花鏡』）

【わび】「幽玄」を継承した**閑寂で枯淡な味わいを表す**理念。中世以降、世の中の無常観から隠者的な境地が尊ばれるようになり、室町期に入っては禅僧の五山文学などと結びついて、茶道・墨絵などが盛んになった。そうした当時の文化に共通するものが「わび」の理念である。

●**花をのみ待つらん人に山里の雪間の草の春を見せばや。利久はわびの本意として、この歌を常に吟じ……**（安楽庵策伝『醒睡笑』）

【近世】

【さび】近世文学の中心理念であると同時に芭蕉俳諧の根本理念。「わび」と同様に**閑寂な枯淡の境地**であり、自然と一体化した世俗を超越した作者（主体）の精神が作品に反映されたものといえよう。また芭蕉は「さび」が句の表に表れ、情趣を感じさせる句風を「**しをり**」、「さび」の境地に入っている繊細な美を「**ほそみ**」、荘重で品位のある美を「**位**」といっている。

●**さびは句の色なり。閑寂なる句**

人の真情に基づいて表現されるものである。

時代	西暦	年号	作品
南北朝時代	一三四六	正平元(貞和二)	歌 風雅和歌集(光厳院)
	一三五七	正平一二(延文二)	連 菟玖波集(二条良基・救済)
	*	*	軍 太平記(作者未詳)
	*	*	軍 曽我物語(作者未詳)
	*一三七二	建徳三(応安五)	連 応安新式(二条良基)
	*〃	〃	連 筑波問答(二条良基)
	*一三七六	天授二(永和二)	歴 増鏡(作者未詳)
	一三八一	弘和元(永徳元)	歌 新葉和歌集(宗良親王)
	一三八七	元中四(嘉慶元)	論 近来風体抄(二条良基)
室町時代	*	*	軍 義経記(作者未詳)
	*一四〇二	応永九	能 風姿花伝(世阿弥)
	*一四三〇	永享二	能 申楽談儀(世阿弥)
	一四三九	一一	歌 新続古今和歌集(飛鳥井雅世)
	*一四五〇	文安五	論 正徹物語(正徹)
	▶一四六四	寛正五	連 ささめごと(心敬)
	一四七〇	文明二	連 吾妻問答(宗祇)
	一四八八	長享二	連 水無瀬三吟百韻(宗祇ら)
	一四九五	明応四	連 新撰菟玖波集(宗祇ら)
	一五一八	永正一五	謡 閑吟集(編者未詳)
	*一五三九	天文八	俳 新撰犬筑波集(山崎宗鑑)
	一五四〇	九	俳 守武千句(荒木田守武)
安土桃山時代	一五九三	文禄二	小 伊曽保物語(キリシタン版)
近世文学	▶一六二三	元和九	仮 醒睡笑(安楽庵策伝)
	〃	〃	仮 竹斎(富山道治)

一三三八 尊氏、室町幕府開設。
一三五二 尊氏、弟の直義を殺害。
一三六一 南朝軍、京都を攻める。
一三七〇 今川了俊、九州探題となり、九州の南朝方を掃討。
一三七八 足利義満、花の御所造営。
一三九〇 土岐康行を追討。
一三九一 明徳の乱。山名氏清敗死。
一三九二 南北朝合一。
一三九七 義満、金閣寺を建立。
一三九九 応永の乱、大内義弘敗死。
一四四一 嘉吉の乱、赤松満祐が将軍義教を謀殺。
一四六七―七七 応仁の乱。山名・細川両勢力に分かれて争乱。
一四八三 足利義政、銀閣寺を建立。
一五四三 種子島に鉄砲伝来。
一五四九 キリスト教伝来。
一五六〇 桶狭間の戦い、織田信長勝利。
一五六八 信長、将軍義昭を奉じて入京。
一五七三 信長、将軍義昭を追放、室町幕府滅亡。
一五八二 本能寺の変、信長自害。
一五九〇 豊臣秀吉、全国統一。
一五九二 秀吉の朝鮮侵略(文禄の役)。
一五九七 秀吉の朝鮮侵略(慶長の役)。
一六〇〇 関ケ原の戦い、東軍を率いる徳川家康の勝利。
一六〇三 家康、徳川幕府開設。
一六一五 大坂夏の陣、豊臣氏滅亡。武家諸法度制定。

▲足利尊氏

▲織田信長

をいふにあらず。たとへば、老人の甲冑を帯し戦場に働き、錦繡をかざり御宴に侍りても、老の姿有るがごとし。賑かなる句にも、静かなる句にもあるものなり。（向井去来『去来抄』）

【粋】元禄期の上方で理想とされた理念。遊里で享楽するのに必要とされた「遊びの哲学」ともいうべきもので、**決して官能におぼれず、人情の機微を察知し、適切に物事に対処していけること**をいう。主として浮世草子や浄瑠璃の世界に描かれている。

● **まことの粋はここへ参らず、内にて小判をよふでいまする。**（井原西鶴『好色一代男』）

【意気・通】上方の「粋」が江戸に移り、知的な要素をより多く加えたもの。黄表紙・洒落本・人情本などの理想的理念で、「通」の境地にまで至らず外面のみまねるものを**「半可通」**、「通」や「意気」を全く解さないものを**「野暮」**と呼び、これらによって洒落本などの人物が造型されている。

● **跡のにた山、本多の、意気に見へるやつは、翌助といふやつだ。**（田舎老人多田爺『遊子方言』）

● **通だの通り者だのといはれて身体を潰すよりかも、野暮といはれて金をためた方が利方だの。**

時代				
一六四九	慶安	二	歌	挙白集（木下長嘯子）
一六六六	寛文	六	仮	伽婢子（浅井了意）
一六七三	延宝	元	国	源氏物語湖月抄（北村季吟）
一六八二	天和	二	浮	好色一代男（井原西鶴） ⇩p.172
一六八三	〃	三	俳	虚栗（榎本其角）
一六八六	貞享	三	浄	出世景清（近松門左衛門） ⇩p.178
一六八八	〃	五	浮	日本永代蔵（井原西鶴）
*一六九〇	元禄	三	俳	幻住庵記（松尾芭蕉） ⇩p.164
〃	〃		国	万葉代匠記（契沖）
一六九一	〃	四	俳	猿蓑（向井去来・野沢凡兆ら）
一六九二	〃	五	浮	世間胸算用（井原西鶴）
一六九三	〃	六	国	和字正濫抄（契沖）
一七〇二	〃	一五	俳	奥の細道（松尾芭蕉）
〃	〃		俳	三冊子（服部土芳）
*〃	〃		俳	去来抄（向井去来）
一七〇六	宝永	三	俳	風俗文選（森川許六）
一七一一	〃	八	浮	傾城禁短気（江島其磧）
〃	〃		浄	冥途の飛脚（近松門左衛門）
一七一五	正徳	五	浄	国性爺合戦（近松門左衛門）
〃	〃		浮	世間子息気質（江島其磧）
一七一六	享保	元	随	折たく柴の記（新井白石）
一七三二	〃	一七	随	駿台雑話（室鳩巣）
一七四六	延享	三	浄	菅原伝授手習鑑（竹田出雲ら）
一七四七	〃	四	浄	義経千本桜（竹田出雲ら）
一七四八	寛延	元	浄	仮名手本忠臣蔵（竹田出雲ら）
一七四九	〃	二	読	古今奇談英草紙（都賀庭鐘）
一七五八	宝暦	八	舞	三十石艠始（並木正三）
一七六〇	〃	一〇	国	万葉考（賀茂真淵）
一七六三	〃	一三	滑	風流志道軒伝（風来山人）
一七六五	明和	二	俳	誹風柳多留・初編（柄井川柳）
一七七三	安永	二	語	脚結抄（富士谷成章）
一七七四	〃	三	医	解体新書（杉田玄白）

一六三七—一六三八 島原の乱。
一六三九 ポルトガル船の来航を禁止（鎖国）。
一六五一 由井正雪の乱。
一六五二 若衆歌舞伎禁止。
一六五七 明暦の大火。江戸の半分以上を焼失。
一六六八 岡山藩、閑谷学校創設。
一六八四 貞享暦を採用、翌年実施。
一六八五 生類憐みの令。竹本座創設。
一六八八 柳沢吉保、側用人になる。
一六九〇 湯島に学寮を移す。翌年、林信篤を大学頭に任命。
一六九五 貨幣の改鋳（悪鋳）。〔元禄小判〕
一七〇二 赤穂浪士の討ち入り。
一七〇三 江戸大地震。豊竹座創設。
一七〇七 富士山噴火。
一七〇九 徳川家宣、六代将軍に就任。新井白石を登用。
一七一四 貨幣の改鋳、品質を慶長小判に戻す。〔正徳小判〕
一七一五 海舶互市新例、長崎貿易を制限。
一七一六 徳川吉宗、八代将軍に就任。享保の改革（—四五）。
一七一七 大岡忠相（越前守）を江戸町奉行にする。
一七二〇 漢訳洋書の輸入制限を緩和。
一七二二 出版取り締まり令。
一七二七 大坂堂島に米相場会所設立、米価を調節。
一七三二 享保の大飢饉。
一七五一 徳川吉宗没。
一七五八 宝暦事件、竹内式部追放。
一七六七 明和事件、山県大弐ら処刑。
一七七二 田沼意次、老中となる。南鐐二朱銀を発行。

◀赤穂浪士討ち入り

（式亭三馬『浮世床』）

〔参考〕

【うがち】近世後期の文学にみられる特色の一つで、隠された特殊事実や人情の機微をことさらに暴露し写実的かつ精細に描いてみせることをいう。

【義理・人情】近世の封建社会制度と密接に結びついて生まれた文学理念。「義理」は、江戸時代の人々の生活を外側から規制した社会規範であり、しかも彼らの内側からの良心の声でもあった。これに対して「人情」は、そうした封建道徳などに規制されつつもあふれてくる人間の自然の情である。この二つの相反する理念は現実社会の中で矛盾し合い、人々はその葛藤に苦悶することになる。その相克のさまを文学の世界に描き出したのが近松の浄瑠璃であった。

●いやいやそれでは世間が立たぬ。どうぞ無事な吉左右を、と涙ながらに二足三足、行きては帰り、何と逢うても大事あるまいかい。なんの人が知りませう、逢うてやつて下さんせ。アア大坂の義理は欠かれまい。

（近松門左衛門『冥途の飛脚』）

【虚実皮膜】近松の芸術論。芸術はその表現において虚と実の間を理想とするというもので、事実そのま

ために理性を失いがちである。

江戸

西暦	和暦	分類	作品(作者)
一七七五	四	黄	金々先生栄花夢(恋川春町)
一七七六	五	読	雨月物語(上田秋成)
一七七七	六	俳	新花摘(与謝蕪村) ⇩p.165
一七八三	天明三	狂	万載狂歌集(四方赤良)
一七八四	四	国	貞丈雑記(伊勢貞丈)
一七八五	五	黄	江戸生艶気樺焼(山東京伝)
一七八七	七	俳	鶉衣(横井也有)
*一七九一	寛政三	随	癇癖談(上田秋成)
一七九五	七	随	玉勝間(本居宣長) ⇩p.173
一七九六	八	国	源氏物語玉の小櫛(本居宣長)
一七九八	一〇	国	古事記伝(本居宣長)
一八〇一	享和元	日	父の終焉日記(小林一茶) ⇩p.165
一八〇二	二	滑	東海道中膝栗毛(十返舎一九)
一八〇四	文化元	歌	六帖詠草(小沢蘆庵)
一八〇六	三	読	雷太郎強悪物語(式亭三馬)
一八〇七	四	読	椿説弓張月(滝沢馬琴)
一八〇八	五	読	春雨物語(上田秋成)
一八〇九	六	滑	浮世風呂(式亭三馬)
一八一〇	七	俳	蕪村七部集(与謝蕪村)
一八一四	一一	読	南総里見八犬伝(滝沢馬琴)
一八一八	文政元	随	花月草紙(松平定信)
一八一九	二	俳	おらが春(小林一茶)
一八二一	四	図	大日本沿海輿地全図(伊能忠敬)
一八二五	八	舞	東海道四谷怪談(鶴屋南北)
一八二六	九	歌	桂園一枝(香川景樹)
一八二八	一一	合	偐紫田舎源氏(柳亭種彦)
〃	〃	史	日本外史(頼山陽)
一八三二	天保三	人	春色梅児誉美(為永春水)
一八六〇	万延元	舞	三人吉三廓初買(河竹黙阿弥)
一八六二	三	舞	青砥稿花紅彩画(河竹黙阿弥)
一八六六	慶応二	地	西洋事情(福沢諭吉)

一七八二 天明の大飢饉(—八七)。
印旛沼干拓に着手。
一七八七 松平定信、老中筆頭となる。寛政の改革(—九三)。
一七九〇 人足寄場を江戸石川島に設置。寛政異学の禁。
一七九一 山東京伝を処罰(手鎖の刑)。
一七九二 『海国兵談』を絶版とし、林子平を処罰。
一八〇〇 伊能忠敬、蝦夷地を測量。
一八〇四 ロシア使節レザノフ、長崎来航。
一八〇六 薪水撫恤令(薪水給与令)。
一八〇八 間宮林蔵、樺太探検。フェートン号事件、イギリス船が薪水や食料を奪取。
一八二五 異国船打払令(無二念打払令)。
一八二八 シーボルト事件、天文方高橋景保らを投獄。
一八三三 天保の大飢饉(—三九)。
一八三七 大塩平八郎の乱。生田万の乱。
一八三九 蛮社の獄、渡辺崋山・高野長英ら蘭学者を弾圧。
一八四一 老中水野忠邦、天保の改革(—四三)。
一八四二 為永春水・柳亭種彦を処罰。
一八五三 アメリカ使節ペリー、浦賀来航。
一八五四 日米和親条約締結。
一八五八 日米修好通商条約締結。安政の大獄、尊攘派を弾圧。
一八六〇 桜田門外の変、大老井伊直弼暗殺。
一八六四・一八六六 長州戦争。
一八六六 薩長同盟なる。翌年、薩長両藩に討幕の密勅が下る。
一八六七 徳川慶喜、大政奉還。〔王政復古〕

▲松平定信

までは演劇は成り立たず、そこには美化・誇張が必要であるということ。

●近松答へていはく、……芸といふものは、実と虚との皮膜の間にあるものなり。なるほど、今の世、実事によく写すを好むゆゑ、家老はまことの家老の身ぶり、口上を写すとはいへども、さらばとて、まことの大名の家老などが、立ち役のごとく、顔に紅、おしろいを塗ることありや。また、まことの家老は顔を飾らぬとて、立ち役がむしやむしやと髭はえなり、頭ははげなりに舞台へ出て芸をせば、慰みになるべきや。皮膜の間といふがここなり。虚にして虚にあらず、実にして実にあらず、この間に慰みがあつたものなり。

(穂積以貫『虚実皮膜論』)

【勧善懲悪】 儒教思想と幕府の政教方針の影響を受けて生まれた理念。**善を勧め悪を懲らすこと。** 江戸後期文学の読本・人情本・歌舞伎脚本などに多くみられ、特に読本の滝沢馬琴作『南総里見八犬伝』はその代表作である。

●**勧善懲悪は国政の始めとかや。**

(近松門左衛門『娥歌かるた』)

古典文学系統図

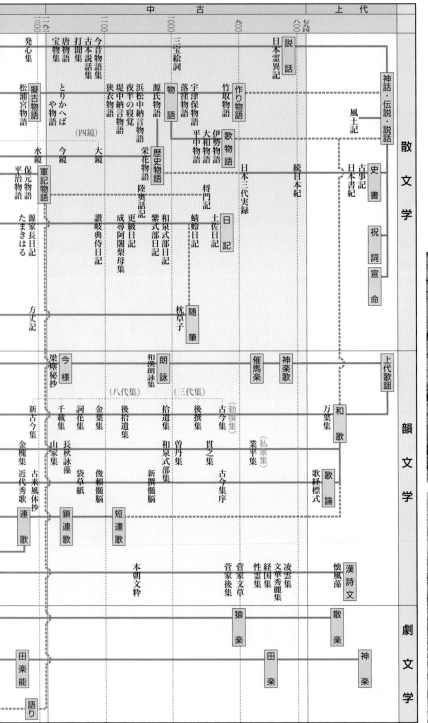

上代	中古
七九四・八〇〇	九〇〇・一〇〇〇・一一〇〇・一一九二・一二〇〇

散文学

- 神話・伝説・説話
  - 風土記
  - 説話：日本霊異記、三宝絵詞、今昔物語集、古本説話集、打聞集、唐物語、宝物集、発心集
  - 作り物語：竹取物語、宇津保物語、落窪物語 → 物語：源氏物語、浜松中納言物語、夜半の寝覚、堤中納言物語、狭衣物語、とりかへばや物語 → 擬古物語：松浦宮物語
  - 歌物語：伊勢物語、大和物語、平中物語
  - 歴史物語：栄花物語、（四鏡）大鏡、今鏡、水鏡
  - 史書：古事記、日本書紀、続日本紀、日本三代実録
  - 軍記物語：将門記、陸奥話記、保元物語、平治物語
  - 日記：土佐日記、蜻蛉日記、和泉式部日記、紫式部日記、更級日記、成尋阿闍梨母集、讃岐典侍日記、源家長日記、たまきはる
  - 随筆：枕草子、方丈記
  - 祝詞
  - 宣命

韻文学

- 上代歌謡：神楽歌、催馬楽、朗詠：和漢朗詠集、今様：梁塵秘抄
- 和歌：万葉集
  - 〈勅撰集〉（三代集）古今集、後撰集、拾遺集、（八代集）後拾遺集、金葉集、詞花集、千載集、新古今集
  - 〈私家集〉業平集、貫之集、曽丹集、和泉式部集、長秋詠藻、山家集、金槐集
- 歌論：歌経標式、古今集序、新撰髄脳、俊頼髄脳、袋草紙、古来風体抄、近代秀歌
- 短連歌 → 鎖連歌 → 連歌
- 漢詩文：懐風藻、凌雲集、文華秀麗集、経国集、性霊集、菅家文草、菅家後集、本朝文粋

劇文学

- 散楽 → 猿楽
- 神楽 → 田楽 → 田楽能
- 語り

分を思い切りよく断定し、日本人の自然観・美意識を表している。

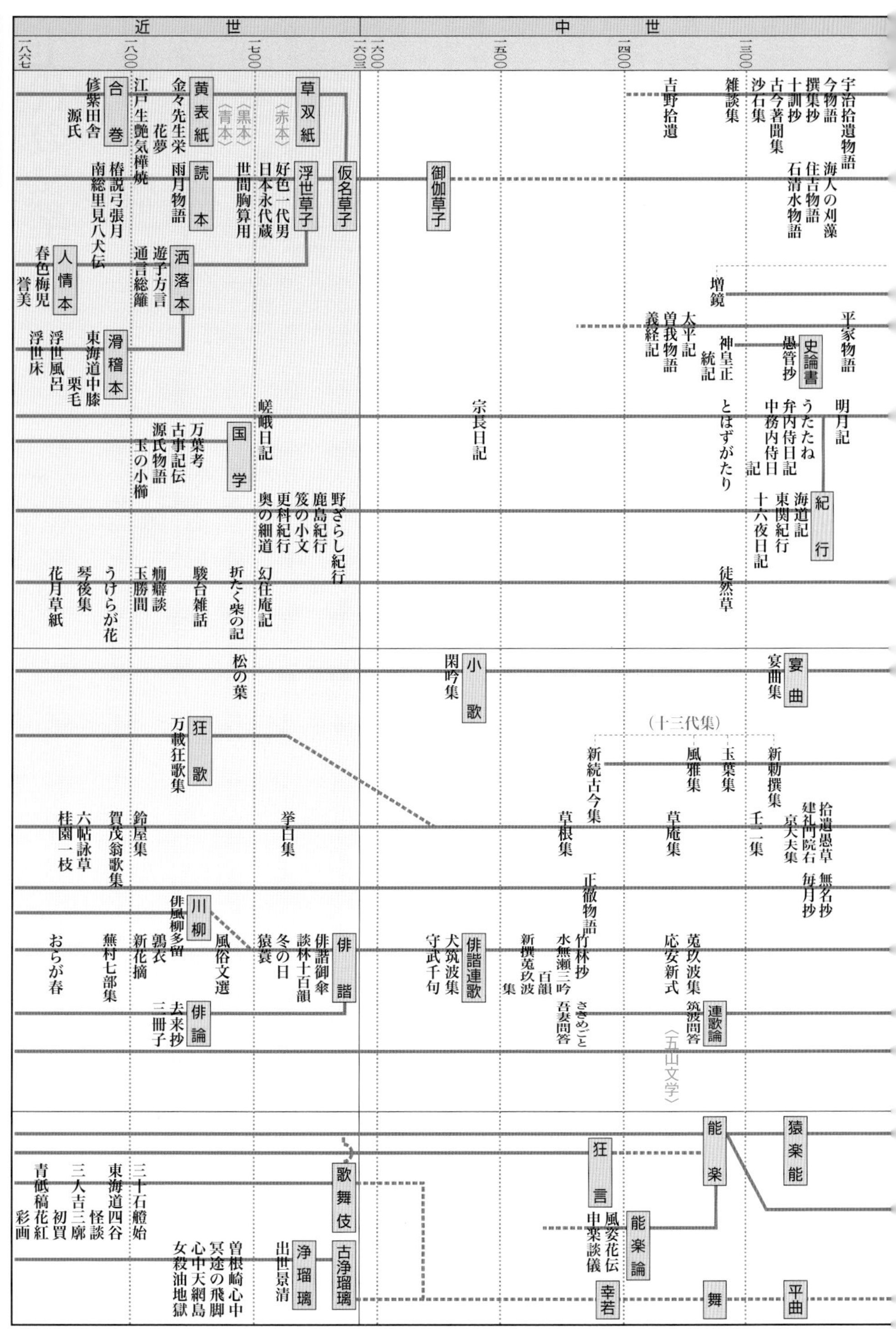
近世
中世
一八六七
一八〇〇
一七〇〇
一六〇三
一六〇〇
一五〇〇
一四〇〇
一三〇〇
宇治拾遺物語
今物語
撰集抄
十訓抄
古今著聞集
沙石集
雑談集
吉野拾遺
海人の刈藻
住吉物語
石清水物語
御伽草子
仮名草子
草双紙
〈赤本〉
〈黒本〉
〈青本〉
黄表紙
金々先生栄花夢
江戸生艶気樺焼
合巻
修紫田舎源氏
浮世草子
好色一代男
日本永代蔵
世間胸算用
読本
雨月物語
椿説弓張月
南総里見八犬伝
洒落本
遊子方言
通言総籬
人情本
春色梅児誉美
滑稽本
東海道中膝栗毛
浮世風呂
浮世床
増鏡
平家物語
太平記
曽我物語
義経記
史論書
愚管抄
神皇正統記
明月記
うたたね
弁内侍日記
中務内侍日記
とはずがたり
宗長日記
国学
万葉考
古事記伝
源氏物語玉の小櫛
嵯峨日記
紀行
海道記
東関紀行
十六夜日記
野ざらし紀行
鹿島紀行
笈の小文
更科紀行
奥の細道
徒然草
幻住庵記
折たく柴の記
駿台雑話
癇癖談
玉勝間
うけらが花
琴後集
花月草紙
宴曲
宴曲集
小歌
閑吟集
松の葉
狂歌
万載狂歌集
(十三代集)
新勅撰集
玉葉集
風雅集
新続古今集
拾遺愚草
建礼門院右京大夫集
壬二集
草庵集
草根集
挙白集
鈴屋集
賀茂翁歌集
六帖詠草
桂園一枝
無名抄
毎月抄
正徹物語
川柳
俳風柳多留
俳諧
俳諧御傘
談林十百韻
冬の日
猿蓑
風俗文選
鶉衣
新花摘
蕪村七部集
おらが春
俳諧連歌
菟玖波集
応安新式
竹林抄
水無瀬三吟百韻
新撰菟玖波集
犬筑波集
守武千句
連歌論
筑波問答
ささめごと
吾妻問答
〈五山文学〉
俳論
去来抄
三冊子
猿楽能
能楽
狂言
能楽論
風姿花伝
申楽談儀
歌舞伎
三十石艠始
東海道四谷怪談
三人吉三廓初買
青砥稿花紅彩画
古浄瑠璃
浄瑠璃
出世景清
曽根崎心中
冥途の飛脚
心中天網島
女殺油地獄
幸若
舞
平曲

上代の文学

古墳時代—七九四年

「上代」という時代

多くの小国が分かれて存在していたころから、七九四年（延暦一三）に都が平安京に移るまでの時代を、**「上代」**と呼ぶ。日本史の時代区分でいう奈良時代以前をさす。

この時代は、縄文時代から弥生時代へ、さらに古墳時代へと文化が移り変わり、人々の生活も、狩猟・漁労中心から水田農耕中心へと移っていく。そういう中で、人は集団を作り、村落を作り、やがて小国家が現れ、四世紀ごろまでに大和朝廷の国家的統一が完成した。

五世紀ごろを境として、**口承の文学**が、大陸から伝来した文字との出会いによって**文字文学・記載文学**へと転じていく。文字とともに文化も流れこみ、漢籍を通して儒教思想や仏教も伝来した。聖徳太子の時代を中心に栄えた**飛鳥文化**は、大陸文化の影響が強い。六四五年（大化元）の大化改新を経て、氏族社会に替わって唐の法制度をまねた律令制社会となり、文化的には、**白鳳文化**から奈良時代の**天平文化**へと展開していく。

七一〇年（和銅三）の遷都から七八四年（延暦三）に**長岡京**に移されるまで、八代の天皇・七十年余りの間、都はほぼ一定して**平城京**に置かれた（聖武天皇の時代に、恭仁京・紫香楽京・難波京と一時的に遷都が繰り返されたことがある）が、それ以前は、都は天皇の代ごとに替えられるのが普通であった。天智天皇の大津京、天武天皇の飛鳥浄御原京、持統天皇の藤原京といった具合である。

文学概観

▲高松塚古墳壁画・女子群像（奈良県明日香村）

文芸の始まりは、口承の言葉によってなされる表現行為で、口承文学は、音楽的要素や演劇的要素も含んでいた。自然と戦いながら生きていく古代の人々にとっては、神を祭ることが共同体の全員の最も大切な儀式であった。**祝詞**は、この儀式で語られた言葉である。祭りには、詩や歌や語りなどのさまざまな文芸要素が含まれていた。

【口承文学から記載文学へ】 口承の中で伝えられた神々の伝承や説話は、八世紀の前半、**『古事記』『日本書紀』**によって文字化された。六世紀末から七世紀にかけて東アジアの情勢は緊迫しており、日本も国家体制の再編に努めねばならなかった。『古事記』や『日本書紀』はこのような政治的背景の中で編纂された。諸国に**『風土記』**を献ずるよう命じたのもその一環である。しかし同時に、これらの書物の完成は、失われやすい口承・伝承の世界を記載文芸として定着させ、新しい文学史的段階を開くことになった。

【詩歌の展開】 『古事記』『日本書紀』にも歌謡の類が多く含まれている。歌謡は集団の人々によって広く歌われたもので、その生活感情をうかがうことができる。これに対して、個人の感情をよんだ和歌を広く集めたのが**『万葉集』**である。代表歌人である**柿本人麻呂**が活躍したのは、『古事記』が編纂されるより前の時代である。この時期、す

風土記 （作者）未詳。（成立）七一三年（和銅六）の勅令によって各国の国司たちが編纂。（内容）常陸・播磨・出雲・豊後・肥前の五風土記が伝存。ほかに、逸文として断片的に記事が残る国もある。本来地誌だが、土地の伝承をも多く伝えており、文学資料としても貴重。

日本書紀 （作者）舎人親王を筆頭に、太安万侶らが編纂。（成立）七二〇年（養老四）。（内容）三十巻。巻一・二が神代、巻三の神武天皇から巻三十の持統天皇までの歴史を編年体で記す。歴史のみならず、古代の言語・文章に関する貴重な資料。

◆六国史一覧

書名	成立	巻数	記述年代
①日本書紀	七二〇	30	神武～持統
②続日本紀	七九七	40	文武～桓武
③日本後紀	八四〇	40	桓武～淳和
④続日本後紀	八六九	20	仁明
⑤日本文徳天皇実録	八七九	10	文徳
⑥日本三代実録	九〇一	50	清和～光孝

◆「令和」の典拠◆

「令和」は、『万葉集』「梅花の歌三十二首」序文の「初春**令**月、気淑風**和**（初春の令月にして、気淑く風和ぐ。梅は鏡前の粉を披き、蘭は珮後の香を薫す）」の箇所を典拠とする。「梅花の歌三十二首」は、七三〇年（天平二）、大宰帥大伴旅人が宴を催した際に、梅を題に三十二人が一首ずつよんだもの。「令」は「よい」、「和」は「穏やかだ」の意味で、「令和」には、『万葉集』自体の持つ価値もふまえて、「人々が美しく心を寄せ合う中で、文化が生まれ育つ」という意味が込められている。

でに和歌は叙情詩として独立していたのである。短歌だけでなく、人麻呂が得意とした重厚な長歌も完成し、歌人としては、天皇・皇子女をはじめ貴賤の官人から職業歌人に及ぶ人々が詠作している。下級の官人たちは、宮廷賛歌や宴席の歌、相聞・挽歌など、多様な作歌活動を繰り広げている。

記紀の成立

七一二年（和銅五）、元明天皇の下命を受けた**太安万侶**が、**稗田阿礼**の誦み習っていた帝紀・旧辞を筆録して、**『古事記』**（⇨p.104）を作った。天地開闢から推古天皇までの歴史を記述している。漢文的表現と万葉仮名的な表現を混在させた独特の表記法を駆使し、わが国の神話や古代の伝承を生き生きとした文章で描いている。その八年後、七二〇年（養老四）に**『日本書紀』**が完成する。国家的事業として行われた歴史書編纂で、以後「**六国史**」として展開する勅撰史書の初めとなった。

万葉集

『**万葉集**』（⇨p.105）は、記紀の時代の歌から八世紀の中ごろに至るまで数百年の歌を含み、**総歌数約四千五百首**、**二十巻**からなる。主要歌人の活動時期や社会的・政治的な情勢を考慮して四期に分けられるが、第四期の**大伴家持**に至って、初期の素朴でおおらかな歌風は、都市的な鋭敏・繊細な歌境へと向かっている。歌風の展開と、**東歌**や**防人歌**に見られる都から地方への作歌活動の広がりは、上代文学の活力をよく示している。成立には複雑な段階が想定されるが、大伴家持が晩年に全体の編集を行って、現在のような形にまとめられたものと考えられている。

漢詩文

万葉の時代は、和歌だけが作られていたのではない。八世紀中ごろに編まれた日本最初の漢詩集『**懐風藻**』には、女性詩人の詩も含まれている。唐の制度を模倣したこの時代の国家体制の中では、漢詩文の教養は、知識人に欠くことのできないものであった。

文芸理念

江戸時代の**賀茂真淵**は、『万葉集』の男性的でおおらかな歌風を「**ますらをぶり**」と評した。感動の直接的な表現を基本とする「**まこと**」、また、宣命（天皇の命令を伝える文書の形式）に見える「**明き浄き直き誠の心**」が生活や思考の中心であった。言葉には呪力があり、その内容はそのまま実現されるものだという「**言霊**」の信仰も、この時期の文芸意識の特徴を示している。

スサノオのオロチ退治（島根県雲南市・海潮神代神楽）

「草薙の剣」（安田靫彦筆）

◆漢字の使用◆

平仮名や片仮名が考案されたのは、平安時代初期のことであるから、上代においては日本語を表記する独自の文字はなく、中国から伝来した漢字を用いるしかなかった。『古事記』を編纂した太安万侶も、漢字による日本語の表記にはずいぶん苦労し、独特の工夫をした。それは漢字の音と訓を交えて書くというスタイルである。たとえば、上巻冒頭に近い一節に、

次国稚如二浮脂一而、久羅下那州多陀用弊流之時、（流字以上十字以レ音。）

とある。漢字の訓を使って読ませる漢文体の表記に交じって、傍点部（「くらげなすただよへる」と読む）のように音で読ませる万葉仮名ふうの表記を交えている。そして、流の字より上の十字は音で読めと注記している。

なお、安万侶は、歌謡に関しては、表音的な万葉仮名表記で統一している。

このほか、『続日本紀』の宣命に用いられた、表意的な漢字に表音的な漢字を小字で添えて書く「宣命書き」という表記法がある。たとえば、

此乃食国天下乎調賜比平賜比、天下乃公民乎恵賜比撫賜牟止奈母（この食国天下を調へ賜ひ平げ賜ひ、天下の公民を恵び賜ひ撫で賜はむとなも）

のごとくである。宣命書きは、祝詞などにも用いられている。

模型「梅花の宴」（大宰府展示館）

 朝に紅顔ありて夕べに白骨となる。（『和漢朗詠集』） 人の生死のはかり知れないこと、世の無常なこと。

中古の文学

七九四年—一一九二年

「中古」という時代

七九四年（延暦一三）に桓武天皇により都が長岡京から平安京に移されてから、源頼朝が征夷大将軍になり鎌倉幕府を開いた一一九二年（建久三）までの約四百年間を「中古」と呼ぶ。日本史でいう平安時代がこれにあたる。

【貴族政治の時代】 この時代は、一言でいえば、天皇を頂点とした貴族政治の時代である。奈良時代に確立した天皇中心の律令制社会から、天皇家と縁戚関係を結んだ藤原氏が政治の実権を握る**摂関政治**の時代となり、十一世紀初めの**藤原道長**によってその全盛期を迎える。しかし、道長以後、摂関政治はしだいに崩れ始め、十一世紀後半の白河上皇から、退位した天皇が政治を執る**院政**が始まる。その間、地方で勢力を蓄えた武士階級が中央へ進出し始め、やがて**平清盛**による**平家政権**の時代となる。これに対抗する源氏の武士との間に繰り広げられた**源平合戦**の時代を経て、武家政治の中世へと移っていく。

【貴族文化の繁栄】 文化面では、遣隋使や遣唐使によってもたらされた大陸文化の受容の時代から脱皮して、この時代には、わが国独自の文化、いわゆる国風文化が形成され、確立することになる。摂関政治の最盛期を中心にして、文学・美術・建築・工芸など、さまざまな分野にわたって絢爛豪華な貴族文化の繁栄をみる。

【浄土教と末法思想】 一方、思想面では、**浄土教**の普及による**末法思想**が貴族から庶民の間にまで広まり、**厭離穢土**（汚れた現世を厭い離れる）、**欣求浄土**（死後、極楽浄土に往生することを願う）の考え方が当時の人々の共通した人生観となった。この浄土教の普及に貢献したのが、十世紀末ごろに『**往生要集**』を著した**源信**である。仏教では、一〇五二年（永承七）に、仏の教えが廃れるという末法の時代に入るとされ、人心は動揺し、社会不安が広まった。これにより浄土教はいっそう普及に拍車がかかり、やがて鎌倉時代の新仏教の成立へとつながっていくことになる。特に平安後期の文学には、末法思想の影響が顕著なものが多い。この世で身の上に起こることはすべて前世からの因縁で決まっていると考える「**宿世**」という運命観とともに、この時代の文学や美術は、仏教思想を抜きにしては考えられない。

管弦の遊び（冷泉為恭筆「春秋行楽図」）

藤原道長（『紫式部日記絵巻』）

平治の乱（『平治物語絵巻』）

文学概観

この時代は貴族政治の時代であり、文学の担い手も一貫して都の貴族たちであった。しかしながら、四百年の間にはさまざまな変遷を見せる。

◆後宮◆

王朝文学を彩る女性文学の数々は、天皇の後宮から生み出された。後宮とは、皇妃や女官たちの住む宮中の奥御殿をいう。貞観殿・恒寧殿・承香殿・麗景殿・弘徽殿・宣耀殿・登華殿の七殿と、昭陽舎（梨壺）・淑景舎（桐壺）・飛香舎（藤壺）・凝華舎（梅壺）・襲芳舎（雷鳴壺）の五舎があった。ここに住む皇妃たちは、教養や才気のある女性を女房として集め、文学サロンを形成した。『源氏物語』や『枕草子』の主要な舞台となったのも、この後宮である。

◆勅撰漢詩集一覧

書名	成立	巻数	下命者	撰者
①**凌雲集**	八一四	1	嵯峨天皇	小野岑守ら
②**文華秀麗集**	八一八	3	嵯峨天皇	藤原冬嗣ら
③**経国集**	八二七	20	淳和天皇	良岑安世ら

（＊『経国集』は、六巻のみ現存する。）

中に物がつかえているようで不快なものである。

【漢詩文から仮名文学へ】 まず、最初期の九世紀前半は漢詩文の時代である。『**凌雲集**』『**文華秀麗集**』『**経国集**』という三つの勅撰漢詩集が編纂された。その中心的存在は**嵯峨天皇**であった。このころ、渡唐して密教を学び、真言宗の開祖となった**空海**が、思想評論『三教指帰』、詩論集『文鏡秘府論』、漢詩文集『性霊集』などの文学的にすぐれた著作を残している。以後も、三善清行・都良香・**菅原道真**などの漢学者・漢詩人が現れ、十一世紀中ごろには、藤原明衡により漢詩文集『**本朝文粋**』が編まれた。

九世紀中ごろには、小野篁のように、漢詩・漢文と同時に和歌もよくする人物が登場するが、時代の気運はしだいに国風(日本文化)尊重に変わっていく。**在原業平・僧正遍昭・小野小町**ら**六歌仙**の活躍する時代を経て、十世紀初めに最初の勅撰和歌集『**古今和歌集**』が完成する。国風暗黒時代から和歌復興時代へと移ったのである。それには、八九四年(寛平六)の菅原道真の建議による遣唐使廃止が大きな弾みとなった。

このころ、漢字の草体から生み出された平仮名が、日本語を表記する独自の文字として発達する。公式文書は漢文で書かれたが、和歌など私的な文章は平仮名で書かれるようになっていく。十世紀初め、**紀貫之**は、『古今和歌集』の「**仮名序**」で、初めて仮名で歌論を書き、後年『**土佐日記**』では仮名による旅日記を書いて、十世紀末に全盛期を迎える王朝の仮名文学の開拓者となった。物語の祖と言われる『**竹取物語**』も、十世紀初めごろに書かれた初期の仮名文学作品である。そのほか、『**伊勢物語**』や『**大和物語**』などの歌物語も十世紀の中ごろまでに作られた。

【王朝女性文学の時代】 『古今和歌集』の時代にもすでに小野小町や**伊勢**などすぐれた女性歌人がいるが、女性が文学の担い手になるのは、十世紀の末ごろからである。その先駆けとなったのは、『**蜻蛉日記**』を書いた**藤原道綱母**である。彼女は藤原兼家の妻として家庭にあったが、王朝の女性歌人や作家は、ほとんどが宮仕えに出ている。宮仕えは、**後宮**を中心とした文化サロンの一員となることを意味する。その中でもっとも華やかだったのは、一条天皇の皇后**定子**(藤原道隆の娘)、中宮**彰子**(藤原道長の娘)、同じ時代の物語愛好者、**大斎院選子内親王**の三人のサロンであった。そのうち、定子サロンでは、**清少納言**の『**枕草子**』が書かれ、彰子サロンでは、**紫式部**の『**源氏物語**』が書かれた。大斎院のサロンでも『**住吉物語**』の改作などが行われたと考えられている。この時代は、藤原道長により現出された摂関政治の絶頂期にあたり、王朝女性文学も、その全盛期を迎えたのであった。

【平安後期の文学】 摂関政治が衰退期を迎えると、文学作品も全盛期の精彩を失っていった。物語文学は、『源氏物語』の強烈な影響のもと、その模倣作が作られたにすぎず、和歌文学も、保守と新傾向のせめぎあう模索の時代となっていく。そんな中で、新しい文学ジャンルを開いたのは、『**栄花物語**』や『**大鏡**』の**歴史物語**と、『**今昔物語集**』などの**説話集**である。前者は、歴史を物語的に記述するという新しいスタイルを作り、後者は、日本・中国・インドにわたる膨大な説話を集大成し、貴族から庶民までの生態を生き生きと描き出した。庶民の間に流行した歌謡「**今様**」を集めた『**梁塵秘抄**』が**後白河法皇**によって作られたのも平安末期のことであった。

源信 九四二―一〇一七。恵信僧都とも。比叡山横川で良源に天台宗を学んだ。『往生要集』を著して念仏の教えを説き、浄土教の発達の基礎を築いた。

空海 七七四―八三五。諡は弘法大師。唐に留学し、帰国後真言宗を開いた。書にもすぐれ、三筆の一人。儒教・道教・仏教の優劣を論じた『三教指帰』、漢詩論集『文鏡秘府論』、漢詩文集『性霊集』などがある。

◆仮名の誕生◆

漢字一字に一音をあてる万葉仮名を、簡略に書きくずして平仮名が生まれた。

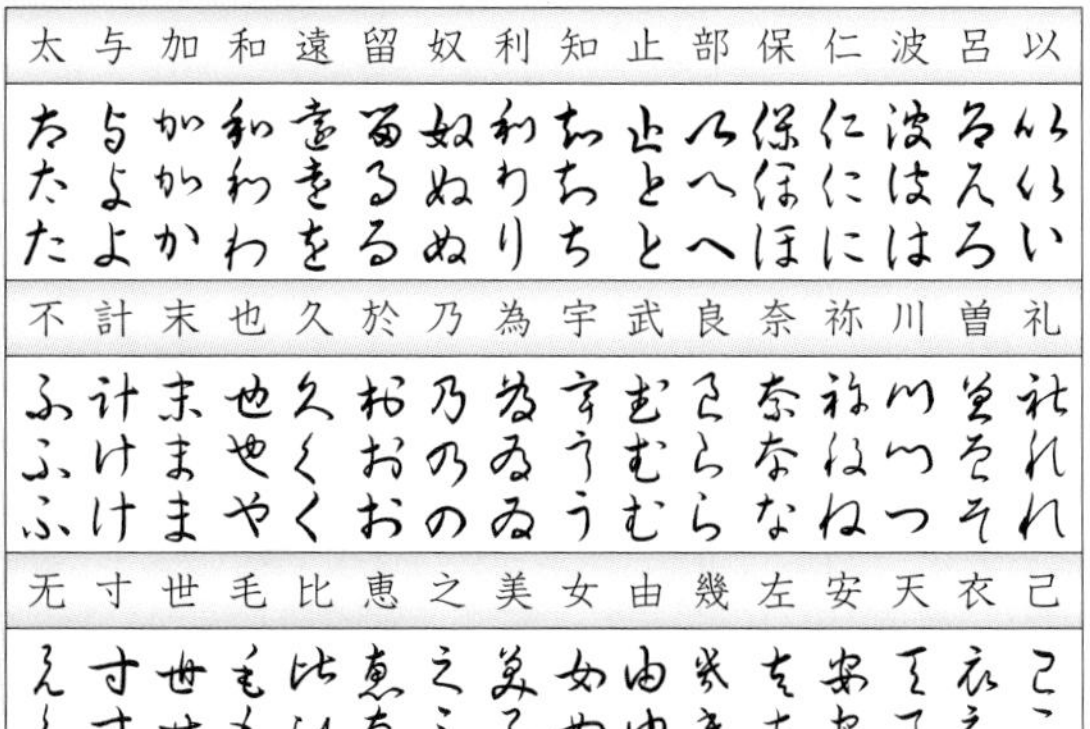

以呂波仁保部止知利奴留遠和加与太
いろはにほへとちりぬるをわかよた
礼曽川祢奈良武宇為乃於久也末計不
れそつねならむうゐのおくやまけふ
己衣天安左幾由女美之恵比毛世寸无
こえてあさきゆめみしゑひもせすん

 ◆日本の名言 おぼしきこと言はぬは、げにぞ腹ふくるる心地しける。(『大鏡』) 思っていることを言わないのは、腹の

勅撰集と和歌

平安初期には、勅撰集といえば『凌雲集』『文華秀麗集』『経国集』という三つの勅撰漢詩集のことであった。それが、その後の国風復興の気運を受け、九〇五年（延喜五）ごろに、初めての勅撰和歌集**『古今和歌集』**（⇩p.110）二十巻が撰ばれた。『万葉集』以来の大きな和歌集の誕生である。そして、半世紀後の十世紀中ごろ、第二の勅撰和歌集**『後撰和歌集』**ができ、さらに十一世紀初めに**『拾遺和歌集』**ができた。以上を**「三代集」**と呼ぶ。その後、八十年ほどして**『後拾遺和歌集』**が撰ばれたころから、歌風は変化し始め、続く**『金葉和歌集』『詞花和歌集』『千載和歌集』**の新歌風模索の時期を経て、鎌倉時代初期の**『新古今和歌集』**（⇩p.112）に至り、王朝和歌の中世的発展とでもいうべき新古今歌風が完成する。

ところで、勅撰集に入る歌人たちには、多く自撰あるいは他撰の**私家集**（個人歌集）があり、個性を競っている。平安中期の**藤原公任**が撰んだ、万葉時代から平安前期までの代表的な歌人三十六人を**「三十六歌仙」**というが、平安後期には、その三十六人の家集をまとめて**「三十六人集」**が作られ、後世まで広く愛好された。また、平安時代を通して盛んに行われた**歌合**をまとめた**『類聚歌合』**なども編纂されている。十一世紀後半からは、和歌文学においても、それまでの時代の成果をまとめ、一方で新しい時代への準備が整っていく時期であった。

十二世紀後半になると、**藤原俊成**の家集**『長秋詠藻』**や、**西行**の**『山家集』**が現れ、俊成が撰んだ勅撰和歌集**『千載和歌集』**とともに、中世の始まりを告げる作品となっている。

歌物語と前期作り物語

『古今和歌集』と相前後して成った**『伊勢物語』**（⇩p.120）は、**在原業平**の和歌を中心とする短い歌話を集めたもので、**「歌物語」**と呼ばれる形態の代表作品である。これに対して、同じころにできた**『竹取物語』**（⇩p.118）は伝承された説話をもとにして成立した虚構の物語で、**「作り物語」**と呼ばれる。主人公が竹の中から生まれ、月の世界に昇天するという内容が、素朴で簡潔な文体で綴られている。

歌物語は、『古今和歌集』の歌人**平貞文**を主人公に擬した**『平中物語』**や、特定の主人公を持たない**『大和物語』**（⇩p.122）などがあり、十世紀中ごろに相次いで成立した。また、作り物語は、十世紀後半には、**『うつほ物語』**（⇩p.122）全二十巻のような長編も現れた。そのほか、同時期に、継子いじめを扱った**『住吉物語』**や**『落窪物語』**（⇩p.122）も作られて、物語の内容は多様化した。現在は散逸しているが、十世紀末までに多数の物語が作られていたことが知られている。

十一世紀の初め、寛弘年間（一〇〇四―一〇一二）のころ、**紫式部**によって**『源氏物語』**（⇩p.124）五十四巻が書かれる。成立当初から宮廷人の間で愛読されていたことが、『紫式部日記』などからわかる。この王朝物語文学の頂点に立つ作品は、以後、いつの時代にも最高の古典としてもてはやされ、今日では、世界の文学史上の傑作として、海外でも高い評価を得ている。

平安後期の作り物語

『源氏物語』の熱心な読者であった**菅原孝標女**（⇩p.149）は、『更級日記』のほかに、**『夜**

「三十六歌仙図」（鈴木其一筆）

◆三十六歌仙一覧（かっこ内は初出歌集）

①柿本人麻呂（万葉集）　②紀貫之（古今集）
③凡河内躬恒（古今集）　④伊勢（古今集）
⑤大伴家持（万葉集）　⑥山部赤人（万葉集）
⑦在原業平（古今集）　⑧僧正遍昭（古今集）
⑨素性法師（古今集）　⑩紀友則（古今集）
⑪猿丸大夫（入集なし）　⑫小野小町（古今集）
⑬藤原兼輔（古今集）　⑭藤原朝忠（後撰集）
⑮藤原敦忠（後撰集）　⑯藤原高光（拾遺集）
⑰源公忠（後撰集）　⑱壬生忠岑（古今集）
⑲斎宮女御（拾遺集）　⑳大中臣頼基（拾遺集）
㉑藤原敏行（古今集）　㉒源重之（拾遺集）
㉓源宗于（古今集）　㉔源信明（後撰集）
㉕藤原清正（後撰集）　㉖源順（拾遺集）
㉗藤原興風（古今集）　㉘清原元輔（拾遺集）
㉙坂上是則（古今集）　㉚藤原元真（後拾遺集）
㉛小大君（拾遺集）　㉜藤原仲文（拾遺集）
㉝大中臣能宣（拾遺集）　㉞壬生忠見（後撰集）
㉟平兼盛（後撰集）　㊱中務（後撰集）

長秋詠藻

作者　藤原俊成（一一一四―一二〇四）。
成立　原型本は一一七八年（治承二）に自撰。
内容　俊成の青年期から壮年期の歌を収める。題詠が多いが、叙情性の濃い歌風を見せる。「六家集」の一つ。

あるが、一度身につけた学問や知識は、終生その身に伴う。

半の寝覚』『浜松中納言物語』などの長編物語を書いたといわれている。十一世紀中ごろから後半にかけてのころである。両作品は、不完全な形ながらも現存している。同じころ、六条斎院宣旨によって書かれたといわれる『狭衣物語』は、『源氏物語』に次ぐ高い評価を受けた作品である。これらの物語は、いずれも『源氏物語』から多大な影響を受けつつ、それぞれに工夫を凝らして新しい物語世界を描き出した。この時代にも、現存する物語のほかに多くの中短編物語が書かれたが、その多くは散逸した。ただ、十編の短編を集めた『**堤中納言物語**』（⇩p.122）は、短編物語集というユニークな形で伝わり、「虫めづる姫君」など、当時の読者の特異な好みを反映した作品を含んでいて興味深い。

十二世紀になると、兄妹が互いに姿を変えて育てられたことから起こる奇怪な事件を扱った『**とりかへばや物語**』のように、変わった趣向の作品が生まれる。新傾向の物語の誕生と見ることもできるが、王朝の作り物語は、しだいに退廃的になっていく。この期の作り物語には、ほかに『在明の別れ』や『松浦宮物語』などがある。

歴史物語

摂関政治の絶頂期を過ぎたところで、過去を振り返る動きが起こり、「**歴史物語**」が生まれた。歴史物語は、『日本書紀』以下の漢文で書かれた「六国史」とは異なり、仮名で書かれた歴史である。十一世紀中ごろに『**栄花物語**』（⇩p.157）四十巻が成り、続いて十二世紀に入るころ『**大鏡**』（⇩p.154）ができた。『栄花物語』は藤原道長賛美に終始するが、『大鏡』は批判をも交えつつ、歴史の裏面にまで迫る傑作である。二人の老翁の話を若い侍が聞くという戯曲的スタイルが特色で、のちにこの形式を継ぐ『**今鏡**』などが現れたこともあり、歴史物語は総称して「**鏡物**」とも呼ばれる。

「竹取物語」（小林古径筆）

うつほの母と子（奈良絵本『宇津保物語』）

『大鏡絵詞』　藤原道長の法成寺落慶供養。

山家集

作者 西行法師（一一一八―一一九〇）。成立 一一七八年（治承二）ごろまでに原型が成立、その後増補。内容 四季・恋・雑に百首歌を加えた構成。花月へのあこがれや宗教的思念など、西行独自の歌風を示す。「六家集」の一つ。

平中物語

作者 未詳。平時経かとも。成立 九六〇年（天徳四）―九六五年（康保二）。内容『古今集』時代の歌人平貞文（？―九二三）を主人公のモデルにする。三十八章段と付載説話一編からなる。『伊勢物語』の形式をまねて、恋愛の話を中心に記すが、より現実的である。

住吉物語

作者 未詳。成立 十世紀後半。内容 現存本は鎌倉時代の改作。継母に虐待された姫君が住吉に逃れ、妹の夫である少将に見つけ出されて結婚し、幸福になる。

狭衣物語

作者 通説は六条斎院禖子宣旨（源頼国女）（生没年未詳）。成立 十一世紀半ば〜後半か。内容 四巻。主人公狭衣中将の愛の遍歴。『源氏物語』の影響が強い。

とりかへばや物語

作者 未詳。成立 現存本は、一一六八年―一一八〇年（高倉天皇の時代）ごろに成立。内容 擬古物語。三巻。男女とりかえられて育った兄妹が、もとの性に戻って幸福になるまでを描く。

 ◆日本の名言　倉の内の財は朽つることあり、身の内の財は朽つることなし。（『実語教』）　貯えた財宝はなくなることが

女性日記文学

紀貫之は、土佐の国の国司の任期を終えて都に帰った九三五年(承平五)ごろ、帰京の旅を『土佐日記』(⇩p.146)に書くにあたり、「男もすなる日記といふものを、女もしてみむとて、するなり。」と、自らを女性に擬して書いた。以後、十世紀後半から、女性の書いた仮名日記が多く現れる。**藤原道綱母**の『**蜻蛉日記**』(⇩p.147)は、夫兼家との交渉を中心にして、妻として母として生きる女性の心が克明に書かれている。十一世紀に入ると、敦道親王との恋愛の経緯を記した『**和泉式部日記**』(⇩p.150)、中宮彰子の皇子出産前後の宮廷生活と自己の心情を綴った『**紫式部日記**』(⇩p.148)、物語に憧れる少女時代から信仰の世界へ傾いていく晩年までの半生を回想的に記した**菅原孝標女**の『**更級日記**』(⇩p.149)などが作られた。また、入宋したわが子を思う老母の心情を述べた『**成尋阿闍梨母集**』(⇩p.150)も、日記的な家集である。これら諸作品から、十二世紀の初め、堀河・鳥羽の両天皇に仕えたころの思い出を記す**藤原長子**の『**讃岐典侍日記**』(⇩p.150)に至る王朝の女性が書いた日記は、男性の日記とは違って、自己の内面の真実を書き記していて自照性(自分自身を客観的に見つめること)が強く、「**自照の文学**」とも呼ばれる。

紫式部と藤原斉信(『紫式部日記絵巻』)

随筆文学としての『枕草子』

十世紀末ごろ、一条天皇の皇后藤原定子に仕えた**清少納言**によって、『**枕草子**』(⇩p.140)が書かれた。宮廷生活の見聞や体験を記した部分は日記的でもあるが、自らの好みや感想を自由に綴ったところは、随筆というのにふさわしい。特に「**ものはづけ**」と呼ばれる類集的章段は、作者の個性的な価値観を率直に提示するのみならず、対象を鋭く見つめ、洗練された言語表現がなされている点ですぐれている。『源氏物語』と並ぶ王朝文学の最高傑作として高く評価されるゆえんである。

中宮定子とその家族(『枕草子絵巻』松岡映丘模写)

説話集のさまざま

九世紀の初め、薬師寺の僧**景戒**が『日本霊異

◆**物詣で**◆

貴族の女性の外出といえば、物詣での旅が主であった。平安時代は、特に観音信仰が盛んで、観音を本尊とする寺々への参詣がしばしば行われている。京都近郊では清水寺、近江の石山寺、大和の長谷寺などがその代表である。『蜻蛉日記』や『更級日記』には、石山寺や長谷寺への物詣での旅の様子が詳しく書かれている。物詣では、日ごろ閉じこもりがちな生活の気晴らしであるとともに、文学的感性を磨く旅でもあったのである。

孝標女の参籠(『石山寺縁起絵巻』)

◆**日記文学年表**

書名	成立	作者
土佐日記	九三五ごろ	紀貫之
蜻蛉日記	九七四ごろ	藤原道綱母
和泉式部日記	一〇〇八ごろ	和泉式部
紫式部日記	一〇一〇ごろ	紫式部
更級日記	一〇六〇ごろ	菅原孝標女
成尋阿闍梨母集	一〇七三ごろ	成尋阿闍梨母
讃岐典侍日記	一一〇八ごろ	讃岐典侍(藤原長子)
たまきはる	一二一九ごろ	建春門院中納言
弁内侍日記	一二五九ごろ	後深草院弁内侍
十六夜日記	一二八〇ごろ	阿仏尼
中務内侍日記	一二九二ごろ	伏見院中務内侍(藤原経子)
とはずがたり	一三一三ごろ	後深草院二条

記』（⇨p.153）三巻を編んだ。話としては奈良時代の話が多く、仏教の因果応報を説く仏教説話集である。この作品の流れをくむ仏教説話集には、十世紀後半に**源為憲**によって書かれた**『三宝絵詞』**（⇨p.153）がある。これはもとは絵を伴っていたが、現在はその詞だけが伝わっている。

和歌や歴史物語に見られた過去の総合・集成の動きは説話の世界にも見られ、十二世紀の初めに成った**『今昔物語集』**（⇨p.151）は、三十一巻（うち三巻は欠巻）に及ぶ大冊で、天竺（インド）・震旦（中国）・本朝（日本）の三つに大別して一千余の説話を集めている。質・量ともに群を抜いた、説話集の最高峰である。**仏法部**と**世俗部**とからなるが、そのうち本朝世俗部に収められた多くの説話は、さまざまな階層でたくましく生きる人間の姿を、美醜にかかわらず余すところなく描き出している。近代の作家、芥川龍之介が『今昔物語集』を典拠にした作品を書いてから、一躍有名な説話集となった。

このほか平安後期には、仏教説話集**『打聞集』**（⇨p.153）、和歌説話と仏教説話の二部から成る**『古本説話集』**（⇨p.153）、**大江匡房**の言談を記録した**『江談抄』**（⇨p.153）などが作られ、次いで平安最末期の、漢籍を典拠とする**『唐物語』**（⇨p.153）や、**平康頼**が編んだという**『宝物集』**（⇨p.153）などを経て、鎌倉期の説話集へとつながっていく。

歌謡と朗詠

平安初期には、前代から伝えられた**神楽歌・東遊歌・催馬楽・風俗歌**などの歌謡が、神事や宮廷行事の場を中心に行われていた。

一方、十一世紀の初め、**藤原公任**は、朗詠に適した漢詩句と和歌とを集めて、**『和漢朗詠集』**二巻を編纂した。ここに収められた和歌や漢詩句は、王朝人の口の端にのぼることが多く、催馬楽などの文句とともに、物語や日記文学などにもよく引用される。

十二世紀中ごろには、**後白河法皇**が、当時流行していた**今様**（新風の歌謡）を集成し、**『梁塵秘抄』**を作った。時代の世相や風俗を濃厚に反映していて、貴重な資料となっている。もとは歌詞集十巻と口伝集十巻とから成る大冊であったが、現在はその一部が伝わるのみである。

白拍子図（長谷川雪丹筆）

文芸理念

中古の貴族社会では、優美・繊細な情趣、中庸を得た調和を尊重する。**賀茂真淵**が『古今和歌集』の歌風を評した「**たをやめぶり**」は、その精神の表れである。また、**本居宣長**（⇨p.173）が『源氏物語』を論じてその最高達成とした「**もののあはれ**」は、王朝貴族の生活の中から生み出され、日本の伝統的な美意識の基調を作った理念といえる。『伊勢物語』の基調には「**みやび**」の精神があるとされる。そして、『源氏物語』の「**あはれ**」と『枕草子』の「**をかし**」が、しばしば比較される。これに、平安末期の歌論で使われる男性的な「**長高し**」を加えれば、この時代のあらゆる傾向が含められよう。

和漢朗詠集

編者　藤原公任（九六六―一〇四一）。成立　一〇一二年（寛弘九）ごろ。

内容　詩歌集。二巻。朗詠に適した和歌と漢詩句・漢文句とを四季と雑に分け、朗詠題ごとに集成したもの。漢詩では白居易の百三十九首、和歌では紀貫之の二十六首が最多で、計八百首余りを収める。

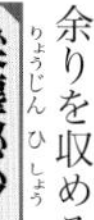

梁塵秘抄

編者　後白河法皇（一一二七―一一九二）。成立　一一六九年（嘉応元）ごろ。

内容　歌謡。もと二十巻（歌詞集十巻・口伝集十巻）か。巻一・二、約五百五十首が現存する。多く七五調四句からなる今様を分類・集大成する。今様は「今様歌」の略で、新風の歌謡の意。遊女や白拍子などによって歌われて平安後期に流行した。

●**遊びをせむとや生まれけむ　戯れせむとや生まれけむ　遊ぶ子どもの声聞けば　わが身さへこそ揺るがるれ**　（巻二・359）

◆院政◆

上皇（退位した天皇）が院庁において政治を行う形態を院政といい、平安後期の一〇八六年に、白河上皇が父後三条天皇の遺志を継いで始めた。以後、平安末まで、鳥羽・後白河・後鳥羽と続く。藤原摂関家の衰退に乗じて、天皇の親政を取り戻そうとして始まったものであるが、初期には天皇や摂関家との対立が生じ、後期になると新興武士勢力と対立することになった。鎌倉時代にも院政は残ったが、承久の乱以後は急速に形骸化した。院政を執った上皇たちは文化面でも指導力を発揮し、『金葉集』から『新古今集』までの勅撰和歌集を作るなど、和歌をはじめとする貴族文学を守り発展させるべく努力した。

◆日本の名言　地に倒るるものは地によつて立つ。（『撰集抄』）　地に倒れたものは、地によってのみ立ち上がることがで

中世の文学

一一九二年―一六〇三年

「中世」という時代

一一九二年（建久三）、源頼朝が征夷大将軍に就任し、名実ともに鎌倉幕府が成立した。このころから、徳川家康が江戸幕府を開いた一六〇三年（慶長八）までの約四百年間を「**中世**」と呼ぶ。日本史の時代区分でいう、鎌倉時代・南北朝時代・室町時代・安土桃山時代がこれにあたる。

【動乱の時代】 平安末期の源平の合戦、鎌倉時代の一二二一年（承久三）に起きた承久の乱、鎌倉幕府の崩壊から建武の新政（一三三四―三六）前後の混乱、そして南北朝の長い対立抗争に至る過程で、かつては政治の中枢にあった貴族はもはや完全に実力を失っていった。鎌倉幕府に替わって開かれた足利氏の室町幕府もしだいに力を失って、やがて応仁の乱（一四六七）へと続き、戦国時代に入る。織田信長・豊臣秀吉の織豊政権時代も含めて、中世四百年間は、不安定な政局とうち続く戦乱に終始した、まさに「**動乱の時代**」であった。

【中世文化の特色】 都においては中古以来の貴族文化の伝統を残しつつ、新興支配階級である武士の文化が盛んになり、さらに地下や庶民の間にも独自の文化が起こるなど、階層的な広がりを見せたのが中世である。

また、中古以来の都である京都のみならず、幕府の置かれた鎌倉が文化のひとつの中心都市となり、さらに、中世後期においては、経済的に栄えた堺や、実力を蓄えた戦国大名の治める地方都市が文化の拠点となるなど、文化の地方伝播が見られたのも、この時代の特色である。

なお、中世を通じて、京都・鎌倉を中心に、仏教文化も盛んであった。末期には、新たにキリシタンの文化も起こってくる。十六世紀末に、キリシタンの宣教師が伝えた活版印刷術は、近世の出版文化の勃興に大きく貢献した。

文学概観

中世という時代は、政治の実権が貴族から武士に移った時代である。文学の担い手も、貴族層から武家、さらには庶民へと広がっていった。

【貴族文学の光芒】 鎌倉幕府の成立後も、京都では、公家が形骸化した宮廷政治を行っており、王朝文学の伝統を守ろうと努めていた。鎌倉時代初期には、和歌を中心として、貴族文学はなお盛んで、その結実が『**新古今和歌集**』である。**後鳥羽院**・**藤原定家**といった巨人が輩出し、新古今時代と呼ばれる和歌史上の一時代を画した。**定家**・**家隆**・**西行**ら、新古今時代を代表する六人の歌人の家集を総称して「**六家集**」と呼ぶが、まさしく王朝和歌の最後の盛り上がりの時代であるといえる。

しかしながら、後鳥羽院が鎌倉幕府に反旗を翻した**承久の乱**に敗れて以後、貴族の文学は急速に精彩を失っていった。和歌は、特色のない題詠歌ばかりになって興趣を失い、物語文学も、懐古趣味の強い擬古物語の制作にとどまった。

【隠者と僧侶の文学活動】 この時代、新しく台頭してきたのは、俗世を厭って世捨て人となった隠者たちによる文学作品である。**鴨長明**『**方丈記**』や**兼好法師**『**徒然草**』などの随筆のほか、説話文学も彼らの草庵生活の中から多く生み出された。

仏教がさまざまなジャンルの文学に大きな影響を与えているのも、中世の文学の特徴である。僧

◆六家集一覧

家集名	歌人名（生没年）
①長秋詠藻	藤原俊成（一一一四―一二〇四）
②山家集	西　行（一一一八―一一九〇）
③拾遺愚草	藤原定家（一一六二―一二四一）
④壬二集	藤原家隆（一一五八―一二三七）
⑤拾玉集	慈　円（一一五五―一二二五）
⑥秋篠月清集	藤原良経（一一六九―一二〇六）

◆軍記物語一覧（歴史順）

書名	時代	歴史事項（西暦）	主要人物
将門記	平安	平将門の乱（九三五―四〇）	平将門
陸奥話記	平安	前九年の役（一〇五一―六二）	源頼義
保元物語	平安	保元の乱（一一五六）	藤原頼長
平治物語	平安	平治の乱（一一五九）	源義平
平家物語	平安	源平の合戦（一一八〇―八五）	平清盛
源平盛衰記	平安	源平の合戦（一一八〇―八五）	平清盛
義経記	平安	義経の一代記（一一五九―八九）	源義経
曽我物語	鎌倉	曽我兄弟仇討ち（一一九三）	曽我兄弟
承久記	鎌倉	承久の乱（一二二一）	後鳥羽院
太平記	南北朝	南北朝の動乱（一三三六―九二）	後醍醐天皇
明徳記	南北朝	明徳の乱（一三九一）	山名氏清
応永記	室町	応永の乱（一三九九）	大内義弘
応仁記	室町	応仁の乱（一四六七―七七）	山名宗全

◆軍記物語の総称

四部合戦状	『保元物語』『平治物語』『平家物語』『承久記』
三代記	『承久記』『明徳記』『応仁記』

侶も、文学の重要な担い手であった。和讃や法語のようなすぐれた仏教文学の創作のみならず、『平家物語』も、琵琶法師の語りによって広められた。

【庶民階層への広がり】 中世も後期になると、文芸の創作や享受は、公家や上級武家・僧侶などの知識階級から、下級武士や庶民階層にまで広がっていく。室町幕府の保護を受けて**能楽**が発達し、公家の協力を得て地下の連歌師が活躍したのも、階層を超えて文学や芸能が享受された表れである。また、小歌や田唄など、民間に広く流行した歌謡の類も、『**閑吟集**』その他に収められて記録にとどめられている。

軍記物語の世界

動乱の時代をそのまま写したのが「**軍記物語**」である。中古にも『**将門記**』『**陸奥話記**』などの軍記物語があったが、中世に入って、『**保元物語**』『**平治物語**』『**承久記**』などの軍記物語が続々と現れた。いずれも和漢混交文で、保元の乱の源為朝、平治の乱の悪源太義平などの武者としての活躍ぶりを描く。そして、軍記物語の代表作『**平家物語**』（⇩p.158）は、平家一門の繁栄から滅亡に至る過程を、平清盛や木曽義仲など個性的な武人の運命とからめて描き出す。「**諸行無常、盛者必衰**」の仏教的無常観が全編に流れている。「平曲」として琵琶法師によって語られたものであるが、語り物として享受されるにとどまらず、読み物としても愛好された。大幅に増補されて四十八巻にまでなった『**源平盛衰記**』のような異本もある。

十四世紀後半になると、後醍醐天皇の時代を中心とする南北朝の争乱を述べた『**太平記**』四十巻が現れる。小島法師の作かと伝えられるが、これも「**太平記読み**」によって語られ、語り物として享受された。ほかに、源平合戦時代の悲劇の英雄源義経の一代記『**義経記**』や、曽我兄弟の仇討ちを描いた『**曽我物語**』などもこのころに作られた。

復元された西行庵（奈良県吉野山）

源義経（松岡映丘筆「屋島の義経」）

▶琵琶法師

保元物語 作者 未詳。藤原時長などの名をあげる説がある。成立 十三世紀前半ごろ。内容 一一五六年（保元元）に起きた保元の乱の経緯を物語化したもの。三巻。特に、敗者である崇徳院・藤原頼長・源為朝らを印象的に描いている。

平治物語 作者 未詳。『保元物語』同様、藤原時長らが擬される。成立 十三世紀前半ごろ。内容 一一五九年（平治元）に起きた平治の乱の顚末を年代記的に記す。軍記物語。三巻。悪源太義平らの英雄的人物像を鮮明に描く。「四部合戦状」の一つ。

太平記 作者 小島法師と伝えられる。成立 一三六八―一三七九年ごろ。内容 四十巻。後醍醐天皇即位以後約五十年間の南北朝の動乱を扱い、歴史の変換を壮大なスケールで描く。

曽我物語 作者 未詳。成立 十四世紀後半か。内容 伝記的軍記物語。十巻または十二巻。曽我兄弟が十八年間の苦難に耐え、一一九三年（建久四）に父の敵を討った事件を描く。後世、能・浄瑠璃・歌舞伎などの題材にもなり、これらを「曽我物」と総称する。

義経記 作者 未詳。成立 十五世紀前半か。内容 伝記的軍記物語。八巻。源平争乱の悲劇の英雄であった源義経の生涯を描く。各地にあった義経伝説を集めたものかという。判官義経を題材にした能・浄瑠璃・歌舞伎なども多く、「判官物」と総称される。

歴史物語と史論

中古に作られた歴史物語『大鏡』(⇩p.154)と『今鏡』(⇩p.157)を継ぐものとして、鎌倉前期に、『大鏡』以前の古い時代を扱った『水鏡』(⇩p.157)が作られた。また、南北朝期には、後鳥羽上皇から後醍醐天皇までの鎌倉時代の歴史を流麗な仮名文の編年体で記した『増鏡』(⇩p.157)が作られた。「四鏡」の完成である。

これら「歴史物語」の流れに対して、新しく生まれたのは「史論」である。歴史の背後にある原理・理法を明らかにしようとする姿勢で歴史を論じたもので、十三世紀前半に天台座主(比叡山延暦寺の僧の最高位)であった慈円が書いた『愚管抄』(⇩p.157)は、仏教的な立場で歴史を論じ、歴史を動かすものは「道理」であると説いた。また、十四世紀前半に後醍醐天皇に仕えた北畠親房が書いた『神皇正統記』(⇩p.157)は、神道を基本にして南朝の正統性を説いている。

『新古今集』・和歌の新風

中古末期の歌壇は、保守派の藤原清輔たちに代表される六条藤家と、新傾向派の藤原俊成に代表される御子左家とが対立していた。この両派を包み込む新しい歌壇のリーダーは後鳥羽院であった。彼の命によって、藤原定家・藤原家隆ら六人の撰者が一二〇五年(元久二)に撰進した『新古今和歌集』(⇩p.112)は、「新古今風」と呼ばれる優美・繊細な象徴美を完成した。「幽玄」「有心」を理想とする中世文学の代表であり、同時

中世歌人系譜

⑧までが八代集、⑨〜㉑が十三代集。──は血縁関係、‖は師弟関係を示す。

- 藤原俊成(⑦千載集 長秋詠藻)
  - 藤原定家(⑧新古今集 ⑨新勅撰集 拾遺愚草)──藤原為家(⑩続後撰集 ⑪続古今集)
    - 【二条派】二条為氏(⑫続拾遺集)──二条為世(⑬新後撰集 ⑮続千載集)
      - 二条為道──二条為定(⑯続後拾遺集 ⑱新千載集)──二条為遠(⑳新後拾遺集)
      - 二条為藤(⑯続後拾遺集)──二条為明(⑲新拾遺集)
      - 二条為冬──二条為重(⑳新後拾遺集)
      - 頓阿(⑲新拾遺集 草庵集)‖経賢‖尭孝‖東常縁‖宗祇
        - 頓阿‖二条良基
        - 宗祇‖宗長
        - 宗祇‖肖柏
        - 宗祇‖三条西実隆‖細川幽斎
    - 【京極派】京極為教──京極為兼(⑭玉葉集)‖伏見院──後伏見院──光厳院(⑰風雅集)
    - 阿仏尼
    - 【冷泉派】冷泉為相──冷泉為秀──冷泉為尹‖正徹(草根集)‖心敬
      - 冷泉為秀‖今川了俊‖正徹
      - 心敬‖宗砌
  - 定家‖藤原家良
  - 定家‖源実朝(金槐集)
  - 定家‖東重胤
  - 俊成女
  - 寂蓮
  - 藤原家隆(⑧新古今集 壬二集)
  - 飛鳥井雅経(⑧新古今集)──飛鳥井雅有──飛鳥井雅孝──飛鳥井雅家──飛鳥井雅縁──飛鳥井雅世(㉑新続古今集)

拾遺愚草 作者 藤原定家(一一六二―一二四一)。成立 一二一六年(建保四)正編成立、以後追補。内容 自撰家集。正編三巻と員外一巻。上・中巻は定数歌を年代順に、下巻は部類して収める。「六家集」の一つ。

壬二集 作者 藤原家隆(一一五八―一二三七)。成立 初撰本は一二四五年(寛元三)。以後追補。内容 他撰家集。壬生二品と呼ばれた家隆の作品を集成。『玉吟集』ともいう。三巻または五巻。「六家集」の一つ。

拾玉集 作者 慈円(一一五五―一二二五)。成立 一三四六年(貞和二)。内容 他撰家集。五巻または七巻。多彩な詠風、長い歌歴を誇る慈円の全歌を集成。「六家集」の一つ。

秋篠月清集 作者 藤原良経(一一六九―一二〇六)。成立 一二〇四年(元久元)。内容 『新古今集』編纂と並行して自撰された家集。「六家集」の一つ。

金槐和歌集 作者 源実朝(一一九二―一二一九)。成立 自撰本は一二一三年(建保元)に成立、他撰本もある。内容 家集。一巻。古今調・新古今調の歌が多いが、万葉調の力強い歌もあって高く評価される。

源実朝
(松岡映丘筆「右大臣実朝」)

に『古今和歌集』以来の貴族文学の伝統の極致でもある。俊成・定家らは、『古来風体抄』『近代秀歌』『毎月抄』といった歌論も著しており、その理想を今に伝えている。『古今和歌集』から『新古今和歌集』までを「**八代集**」と呼ぶ。以後、勅撰和歌集は十五世紀の中ごろに作られた『**新続古今和歌集**』まで十三の集（**十三代集**）を数えるが、このうち、叙景歌にすぐれた十四世紀前半の『**玉葉和歌集**』と『**風雅和歌集**』を除いては見るべき特色がなく、マンネリズムの誹りを免れない。

鎌倉期には、鎌倉三代将軍**源実朝**が『**金槐和歌集**』に結実させた万葉調和歌や、平清盛の娘建礼門院に仕え、平家の滅亡とともに恋人を失った女性が日記ふうに記した『**建礼門院右京大夫集**』のような個性的な家集がある。しかし、歌壇を支配するようになった藤原定家の子為家の没後、その子息たちは、**二条家**（為氏）、**京極家**（為教）、**冷泉家**（為相）の三派に分かれて争い、主流の二条家は保守的であったことから、和歌は急速に新鮮味を失っていった。

連歌の盛行

和歌に代わって盛んになったのは「**連歌**」である。和歌の上の句（五・七・五の長句）または下の句（七・七の短句）を一人がよみかけると、相手が他方の句で応えるという**短連歌**は『万葉集』の昔からあり、平安時代にもよく作られた。平安末期ごろから、長句と短句を交互に続けていく形式の**鎖連歌**（**長連歌**）が行われるようになり、後鳥羽院や定家らもこれを愛好した。貴族的な「**有心連歌**」と庶民的で滑稽を主とする「**無心連歌**」の二種があった。

鎌倉時代になると連歌は庶民の間にも流行するようになり、多くの専門の連歌師が輩出した。南北朝期の十四世紀中ごろ、関白**二条良基**が古来の連歌を撰んだ連歌集『**菟玖波集**』は、勅撰に準ずる扱いを受け、連歌は和歌と肩を並べる地位を獲得した。良基には、連歌を作るときの作法書『**応安新式**』や連歌論書『**筑波問答**』などもある。十五世紀に、**心敬**は、連歌論書『**ささめごと**』を書いて、「**冷え**」「**さび**」などの中世的な連歌理念の深化を説いた。心敬に連歌を学んだ**飯尾宗祇**が肖柏・宗長とともに吟じた『**水無瀬三吟百韻**』は、連歌の模範とされた。宗祇が編んだ『**新撰菟玖波集**』は、連歌を和歌と並ぶ芸術に高めたすぐれた撰集である。

一方、芸術化への反動として、連歌本来の自由な遊びや滑稽の精神を取り戻そうと、**俳諧連歌**が起こる。十六世紀前半に**山崎宗鑑**が撰んだ『**新撰犬筑波集**』や、**荒木田守武**の『**守武千句**』は、次代の江戸俳諧へと連なっていく。

歌会に集う人々（『慕帰絵詞』）　連歌の会か。歌聖柿本人麻呂の画像が床の間に掛けられている。

古来風体抄　作者 藤原俊成（一一一四—一二〇四）。成立 初撰本は一一九七年（建久八）、再撰本は一二〇一年（建仁元）。内容 歌論。二巻。和歌の本質と歴史を論じ、秀歌例をあげる。

近代秀歌　作者 藤原定家。成立 一二〇九年（承元三）。内容 源実朝に書き送った書簡体の歌論書。一巻。二系統ある。新風樹立の必要を説き、「余情妖艶の体」を求めて本歌取り論を展開する。

毎月抄　作者 藤原定家。成立 一二一九年（承久元）。内容 一巻。身分の高い和歌初学者にあてた書簡体の歌論書。毎月百首を添削して返すときに添えたもの。有心体論を展開する。

ささめごと　作者 心敬（一四〇六—一四七五）。成立 一四六三年（寛正四）。内容 連歌論。二巻。心の「艶」を理想の美として、幽玄体の連歌を重視する。連歌・和歌・仏教に同一性を認め、中世文学論の到達点を示す。

菟玖波集　作者 二条良基（一三二〇—一三八八）撰。成立 一三五六年（文和五）。内容 連歌集。二十巻。準勅撰。古代以来の連歌作品を広く収める。

新撰菟玖波集　作者 飯尾宗祇（一四二一—一五〇二）撰。成立 一四九五年（明応四）。内容 二十巻。準勅撰。『菟玖波集』以後の連歌を集める。

◆日本の名言　己が所能をもつて人の不能を責むることなかれ。（『金言童子教』）　自分の才能を基準にして人のできない

隠者の文学

動乱の時代を避けて出家遁世した隠者の中には、貴族的教養を身につけている人も多い。十三世紀初めに『**方丈記**』(⇩p.142)『発心集』(⇩p.153)『無名抄』などを書いた**鴨長明**や、十四世紀中ごろに『**徒然草**』(⇩p.143)を書いた**兼好法師**などは、中世の特色をよく示す隠者文学・草庵文学の代表者である。彼らに共通するのは、仏教的無常観と、王朝的貴族趣味、そして自然や人生を凝視する観察者の目を備えていることである。『方丈記』と『徒然草』は、『枕草子』と並ぶ代表的な随筆文学である。

日記・紀行

王朝女性日記の流れをくむ作品として、十三世紀の初めに、**建春門院中納言**(藤原俊成の娘で、定家の同母姉)の『**たまきはる**』(⇩p.150)(『建春門院中納言日記』『健寿御前日記』ともいう)が、中ごろに、**後深草院弁内侍**の『**弁内侍日記**』(⇩p.150)が、末ごろに、**伏見院中務内侍**の『**中務内侍日記**』(⇩p.150)などが書かれたが、この時代の女性の日記としては、十四世紀初めごろに**後深草院二条**が書いた『**とはずがたり**』(⇩p.150)が、赤裸々な恋愛体験の告白や懺悔修行の旅を描いた特異な内容で、特に注目される。

鎌倉に幕府が置かれて、京都と鎌倉の間を往復することが多くなり、紀行文が多く書かれた。十三世紀には和漢混交文の『**海道記**』『**東関紀行**』(⇩p.150)があり、また、**阿仏尼**の『**十六夜日記**』(⇩p.150)は、仮名紀行文としてすぐれた作品である。阿仏尼には若いころの恋愛体験を綴った日記『**うたたね**』(⇩p.150)もある。室町期には、連歌師たちの旅日記が現れ、宗祇の『**筑紫道記**』(⇩p.150)などが有名である。

物語・説話

藤原俊成女の作かといわれる物語評論の書『**無名草子**』が十三世紀初頭に書かれた。『源氏物語』をはじめ、多くの物語を論評しており、現存しない散逸物語の内容を知ることもできて、貴重である。中世になっても、王朝物語を模倣した**擬古物語**が作られ続け、『海人の刈藻』や『我が身にたどる姫君』などの作品があるが、とりたてて見るべき特徴はない。室町時代に入ると、主に女性や子供を対象とした短編物語が続々と作られ、総称して「**御伽草子**」と呼ばれる。多く彩色された絵を伴った奈良絵本として伝わる。『**鉢かづき**』や『**一寸法師**』など。

説話集では、十三世紀半ばの『**宇治拾遺物語**』(⇩p.152)が、多彩な説話を収めてすぐれている。十三世紀中ごろの『**十訓抄**』(⇩p.153)や『**古今著聞集**』(⇩p.153)は、分類・整理に意を用いているが、形式に流れた感が強い。また、鴨長明の『**発心集**』(⇩p.153)をはじめ、『**閑居友**』『**撰集抄**』『**沙石集**』『**雑談集**』(⇩p.153)などは、仏教的色彩の

御伽草子『浦島太郎』

無名抄

作者 鴨長明(一一五五?—一二一六)。成立 一二一一年(建暦元)以後、一二一六年(建保四)以前。内容 歌論書。約八十章段からなる。作歌の心得・和歌故事・文学遺跡・歌人の逸話・同時代歌人の批評など多岐にわたる。長明の和歌の師、俊恵の説を多く記している。

無名草子

作者 藤原俊成女(一一七一?—一二五四)かといわれるが、未詳。成立 一一九八年(建久九)—一二〇二年(建仁二)ごろ。内容 文学評論書。一巻。『源氏物語』を中心とした物語の作者や登場人物、歌集や歌人などについて、女房たちが論評し合うという、戯曲的形式で綴る。取り上げる人物は女性が中心で、平安朝の伝統的美意識に基づいて評価する。

◆説話集一覧

時代	仏教説話	世俗説話
平安時代	日本霊異記(景戒) 三宝絵詞(源為憲) 打聞集(編者未詳) 古本説話集(編者未詳)	江談抄(大江匡房) 今昔物語集(編者未詳) 唐物語(藤原成範か)
鎌倉時代	宝物集(平康頼) 発心集(鴨長明) 閑居友(慶政) 撰集抄(編者未詳) 沙石集(無住道暁) 雑談集(無住道暁)	古事談(源顕兼) 宇治拾遺物語(編者未詳) 今物語(藤原信実か) 十訓抄(六波羅二臈左衛門入道か) 古今著聞集(橘成季)

よい香りがする。立派な人物は幼いときから人並みすぐれている。

濃い説話集である。ほかに、当代の貴族社会の逸話を集めた『今物語』（⇩p.153）などがある。

能・狂言

中世に入って盛んになった芸能に「能」「狂言」（⇩p.176）がある。もともとは奇術・曲芸や滑稽・物まねなどを主体とする見せ物で、猿楽（申楽）と呼ばれていたが、中世に至ってすぐれた芸能集団が現れた。特に、大和猿楽四座の一つ、観世座の創始者**観阿弥**とその子**世阿弥**は、足利義満の保護下に猿楽の能を芸術として大成した。能は、謡・囃子を伴い、仮面をつけて舞い演技する舞台芸術である。「**謡曲**」は、その詞章（台本）である。観阿弥・世阿弥は、能作者としても演技者としてもすぐれていた。

謡曲は、古歌や和漢の古典を引用し、枕詞・掛詞・縁語などの修辞を活用し、荘重・優美な夢幻世界を作り出す。世阿弥は五十曲近い謡曲を書く一方、『**風姿花伝**』（『**花伝書**』ともいう）などの能楽論書で、「**花**」「**幽玄**」の理想や、修業のあり方を説いた。一方、狂言は、当時の口語を用いた、庶民的・写実的な喜劇で、能といっしょに上演された。

歌謡

室町時代には、**幸若舞**が武士層に好まれた。歌謡には、鎌倉期から室町期にかけて流行した**宴曲**があり、十六世紀初めの『**閑吟集**』は、室町期の流行歌である**小歌**を集めた撰集である。

宗教活動と文学

鎌倉新仏教の発展に伴って、歌謡風な**和讃**や、宗旨を平易な仮名で記した**法語**も現れる。**親鸞**の語録を弟子の唯円が記したといわれる十三世紀の『**歎異抄**』や**道元**の『**正法眼蔵**』も仏教文学として注目される。京・鎌倉の禅宗五大寺を中心にした漢詩文の創作活動は、特に「**五山文学**」と呼ばれる。また、十五世紀後半以降、キリスト教の宣教師たちの布教活動の中から、**キリシタン文学**が生まれた。古典を当時の口語に改めた『**天草本平家物語**』や、『**伊曽保物語**』などの作品がある。

文芸理念

中世には、貴族から武士へ、さらに庶民層へと文芸の享受層が広がっていく。これに応じて文芸意識も多様化する。中世的な美は「**幽玄**」「**有心**」「**無心**」「**艶**」などである。和歌・連歌・能などが追究した「幽玄」は、中古の伝統を継承して中世の代表的な美意識となった。これから発展した「有心」は、見るもの（主体）と見られるもの（客体）とが一体化した境地。一方、「無心」は、「有心」の貴族性に対して、庶民性に近い一面を持っている。「艶」は、室町期に入ると「氷の艶」というような新しい境地を見つけていく。**茶の湯**や**山水画**の流行とも関連して、枯淡の境地へと傾く中世の美は、近世俳諧の「わび」「さび」へとつながっていく。

能舞台（『能狂言絵巻』）

幸若舞 語り物として室町中期から末期にかけて流行した芸能。単に「舞」ともいい、その詞章を集めたものを「舞の本」という。

宴曲 鎌倉末期から室町時代にかけて武家中心に流行した宴席用の歌曲。正式には「早歌」という。十三世紀末に明空が編纂した早歌集『宴曲集』がある。

小歌 催馬楽や今様などの歌謡に代わって、中世、特に室町中期以降に広く行われた比較的短小詩型の流行歌。最初の小歌集『閑吟集』は十六世紀初めに成り、三百余首を収める。

親鸞 一一七三—一二六二。浄土真宗の開祖。『教行信証』のほか、『三帖和讃』などの著がある。

道元 一二〇〇—一二五三。曹洞宗の開祖。『正法眼蔵』のほか、言行録『正法眼蔵随聞記』がある。

五山文学 京都・鎌倉の臨済宗五大寺院（時代により変動がある）を中心に、室町幕府の管轄下にある五山・十刹・諸山の官寺の僧たちによって作られた漢詩文・日記・語録などをいう。

◆キリシタン文学◆

一五四九年、ザビエルが初めてキリスト教を伝えて以来、多くの宣教師が来日、布教活動を行った。その活動のために、彼らは天草や長崎などで洋式印刷機を用いて教義書や聖者伝などを翻訳・刊行したほか、内外の古典を当時の俗語に翻訳して出版しており、文学資料としても注目される。主な作品に『イソップ物語』の訳『伊曽保物語』や『天草本平家物語』がある。また、『日葡辞書』や『ロドリゲス日本大文典』のような辞書や文法書も刊行しており、当時の日本語を知る貴重な資料となっている。

◆日本の名言 栴檀は二葉より薫じ、梅花は蕾めるに香あり。（『撰集抄』） 栴檀は二葉のころから、梅は蕾のころから、

近世の文学

一六〇三年—一八六七年

「近世」という時代

一六〇三年（慶長八）の江戸幕府の創設から、一八六七年（慶応三）の大政奉還までの約二百七十年間を「近世」と呼ぶ。日本史の時代区分でいう「江戸時代」にあたる。

【秩序と統制】 この時代は、安土・桃山期に成立した中央集権体制を受けて、さらに揺るぎない幕藩体制が確立された時期である。

幕府は体制秩序を維持するために、大名・朝廷・寺社などに厳しい諸法度を公布し、士農工商その他の身分制度を整え、鎖国や通商制限などの方策をとった。幕府の統制の理念は、朱子学の奨励や、家父長的な社会観の固定化によって支えられた。

【町人の勃興】 近世の初期は、農産物や金銀の生産力が増し、全国の交通路や運輸方式も整備され、都市を中心とする商工業の発展が、土地経済を貨幣経済へと変貌させていった。とりわけ、各藩の交易の集中した大阪、工芸技術の進んだ京都には、たくましい町人層が活発に活動して、経済の実権を握るようになった。

【庶民の啓蒙】 幕府は文治政策を勧め、官学の**昌平坂学問所**、私塾の林家塾を模範として、各地に藩学が設けられた。一般庶民の教育機関としては**寺子屋**が発達し、読み書き算盤をはじめとする啓蒙が行われた。また、印刷技術の進歩によって、従来は一部の人々に独占されていた書物が広く開放されるようになったばかりでなく、多様な分野にわたって、商品としての読み物が普及するようになった。

【矛盾と改革】 近世の中期以降は、幕藩体制の矛盾が、しだいに社会的な動揺を深刻化していった。貨幣経済の強大化、農村の階層化と疲弊、都市の肥大化と退廃、武士階級の窮乏などに加えて、飢饉や大火などの災害までも続発した。幕府は、**享保の改革**、**寛政の改革**、さらには後期の**天保の改革**などによって体制の強化をはかったが、根本的な効果はなかった。それらの改革は、倹約令・異学の禁・出版統制など、学問・思想・文化などの自由な摂取や表現を権力によって弾圧するものであった。

【崩壊への道】 近世後期は、幕藩体制が経済的にも思想的にも崩壊に向かう時期であった。社会的には農民一揆や災害の頻発、思想的には洋学の合理的な視点、国学の古道回帰の主張、漢学の陽明学的な行動

官学・湯島聖堂学問所（「聖堂講釈図」）

藩学・水戸藩の弘道館

印刷の進歩

文禄・慶長年間に、朝鮮から銅活字と印刷機械が持ち帰られた。これにならって、わが国でも木活字による印刷が行われるようになり、寛永年間には、活字に代わる木版の整版印刷が開発された。これによって、京都を中心に商業出版が成立し、業者も刊行書目も急激に増加した。一六八七年（貞享四）に刊行された書物は約六千種と記録されている。

板木と製版印刷の工程　反転文字を彫り、墨を塗って刷る。

絵草子店（『画本東遊』）

それでいてもとの水ではない。常住不変のものは存在しない。

主義などが、体制を空洞化させる圧力となった。ペリー来航は体制崩壊の引き金であったのである。

文学概観

幕府の文治政策や印刷技術の進歩などに伴い、漢学や国学の自由な研究・主張が盛んになった。しかし、近世文学の最大の特色は、町人の経済力の充実を背景とした庶民文学の展開であった。

【三つの系列】 庶民文学を三つの系列に分けると、次のようになる。

(1)韻文 今まで中心をなした和歌・連歌に代わって、**連句**・**発句**・**俳文**など俳諧系文学が盛んになる。この流れから、さらに遊戯的・通俗的な**雑俳**(**川柳**など)が生まれた。

(2)戯曲 今まで中心をなした能楽・狂言に代わって、**浄瑠璃**・**歌舞伎**などの詞章・脚本が生まれた。

(3)散文 今までの古典的な物語に代わって、庶民を対象とした草子類が現れた。**仮名草子**・**浮世草子**に始まり、**草双紙**(黄表紙・合巻など)・**洒落本**・**滑稽本**・**人情本**など多様に分化した。

【時代の区分】 近世文学は、大きく前期(上方中心)と後期(江戸中心)に分けられるが、各期をさらに二期に分けて考えるとわかりやすい。

(1)前期(上方中心時代)

①啓蒙期(延宝のころまで)

いろいろな分野での実用書のほかに、古典のパロディ(擬物語)、笑話集、中国小説の翻案、古物語をまねた作品(擬古物語)などが板行された。これらを総称して**仮名草子**という。

この時期に、**松永貞徳**が**貞門俳諧**を確立。演劇は中世的な古浄瑠璃が行われていた。

②元禄期

俳諧では、**西山宗因**の**談林俳諧**が新風を起こし、**松尾芭蕉**の**蕉風俳諧**が芸術性を確立した。演劇では、**近松門左衛門**が浄瑠璃に新生面を開き、歌舞伎にも影響を与えた。散文では、**井原西鶴**が浮世草子の諸作によって、庶民文学の開拓者となった。近世文学の最盛期である。

(2)後期(江戸中心時代)

①安永・天明期

江戸では、趣味的・遊戯的な小冊子群が流行した。絵入りで世相をうがつ**黄表紙**、遊里の裏表を描く**洒落本**、それに**川柳**・**狂歌**がこの時期に全盛を迎えた。上方では、俳諧の復興に努めた**与謝蕪村**、前期読本の代表的作者**上田秋成**、歌舞伎を大成させた**奈河亀輔**らが活躍した。

②文化・文政期

寛政の改革の取り締まりの後には、体制的な道徳観念に迎合するものや、卑俗な大衆的興味に堕したものなどが盛んになる。伝奇的な筋立ての中に勧善懲悪・因果応報の考えを取り入れた**読本**、遊戯的なおもしろさを描く**滑稽本**、庶民の恋愛生活を写す**人情本**、女性向け絵入りメロドラマの**合巻**などが生まれた。俳諧では、生活感覚を平明によんだ**小林一茶**が知られている。

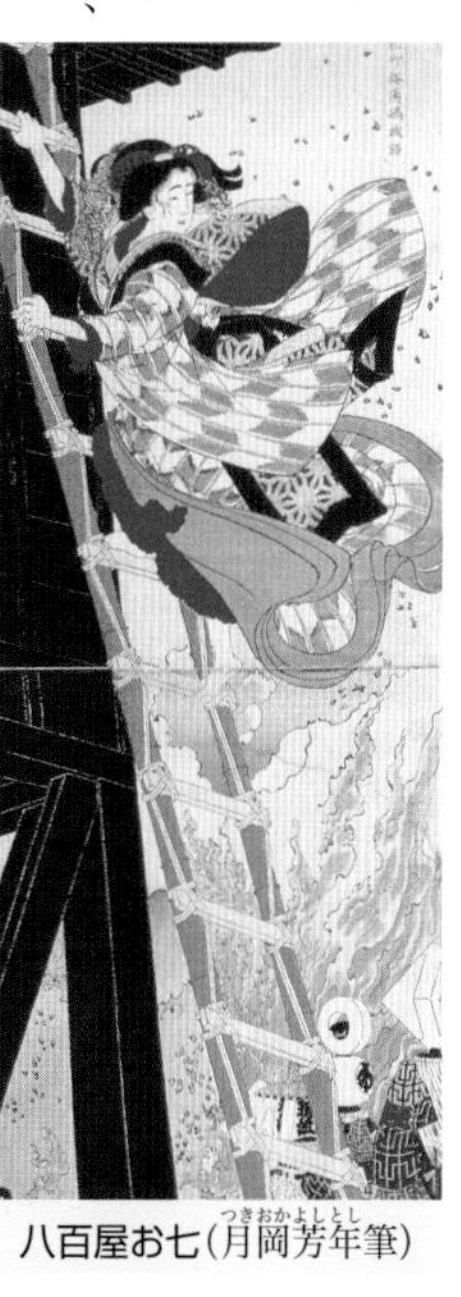

八百屋お七(月岡芳年筆)

醒睡笑 作者 安楽庵策伝(一五五四—一六四二)。成立 一六二三年(元和九)。内容 仮名草子。京都所司代板倉重宗の望みにこたえて、笑話・小咄を集成・分類したもの。

仁勢物語 作者 未詳。成立 一六四〇年(明正一七)ごろ刊。内容 仮名草子。『伊勢物語』を近世の世相・風俗におきかえたパロディである。

伽婢子 作者 浅井了意(一六一〇?—一六九一)。成立 一六六六年(寛文六)刊。内容 仮名草子。怪談集。中国の『剪燈新話』などを翻案したもの。

誹風柳多留 作者 呉陵軒可有(?—一七八八)ほか選。成立 一七六五年(明和二)初編刊。内容 川柳選句集。柄井川柳(一七一八—一七九〇)の選んだ前句付の付句を集成したもの。前句付とは、「七・七」の前句に合う「五・七・五」の付句を付ける文芸遊戯であるが、付句だけを独立させた。これを川柳と呼ぶようになる。初代川柳の死後も一八三八年まで続刊。全百六十七編。

◆呼称のおこり◆

浄瑠璃 室町末期に、琵琶や扇拍子に合わせて語られた『浄瑠璃姫物語』が好評で、この種の語り物を浄瑠璃と呼ぶようになった。

義太夫 元禄期に、浄瑠璃を語った竹本義太夫の節が流行し、義太夫(節)が浄瑠璃の別称となった。

歌舞伎 本来「傾く」とは、自由奔放で異様な身なりや言動をすること。出雲の阿国一座の舞踊が衝撃的だったので、「傾き踊り」と呼ばれた。歌舞伎はのちの当て字である。

◆日本の名言 ゆく河の流れは絶えずして、しかももとの水にあらず。(鴨長明『方丈記』) 流れゆく水は絶えることなく、

俳諧

【貞門俳諧】中世末期の、山崎宗鑑らの俳諧連歌の流れを受け継いで、近世初頭に、松永貞徳（一五七一―一六五三）が新しい俳諧を確立した。彼は、俳諧の本質を形式的な言語の面からとらえ、俳言（俗語的表現）を含めることを重んじた。これを貞門俳諧という。

【談林俳諧】伝統から離れ切れない貞門への反動として、西山宗因（一六〇五―一六八二）の談林俳諧が起こった。宗因は、貞門の格式を打破し、現実に即して自由な素材・用語を駆使した。

【蕉風俳諧】松尾芭蕉（⇩p.164）は、貞門・談林の道を経た後、詩情に沈潜して新しく文学伝統を再生させる蕉風俳諧を打ち立てた。以後、蕉風は俳諧の主流となった。それだけに芭蕉の俳諧はさまざまに解釈され、変貌しがちであった。

【蕉風復興】安永・天明期に、「芭蕉に帰れ」とする主張が花開く。その中心は与謝蕪村（⇩p.165）であった。この期の俳諧には、個性的・知識的・芸術至上主義的な傾向が見られた。

【俳諧の低俗化】俳諧は大衆に普及するにつれて平明化・低俗化し、近世後期にはいわゆる「月並俳諧」に堕しがちであったが、小林一茶（⇩p.165）は「生活派の俳人」として、時代の風流観にとらわれない個性的な作風を示した。

三冊子　作者 服部土芳（一六五七―一七三〇）。成立 一七〇二年（元禄一五）作。内容 俳論。蕉風の俳論や作法、芭蕉の教訓などを集録。

独りごと　作者 上島鬼貫（一六六一―一七三八）。成立 一七一八年（享保三）刊。内容 俳論。「まことのほかに俳諧なし」と主張。

去来抄　作者 向井去来（一六五一―一七〇四）。成立 去来晩年の成立。刊行は一七七五年（安永四）。内容 俳論。師芭蕉やその門下の言葉を記した「先師評」「同門評」が貴重。

鶉衣　作者 横井也有（一七〇二―一七八三）。成立 一七八七年（天明七）刊。内容 俳文集。機知・技巧に富んだ軽妙な文章を収める。

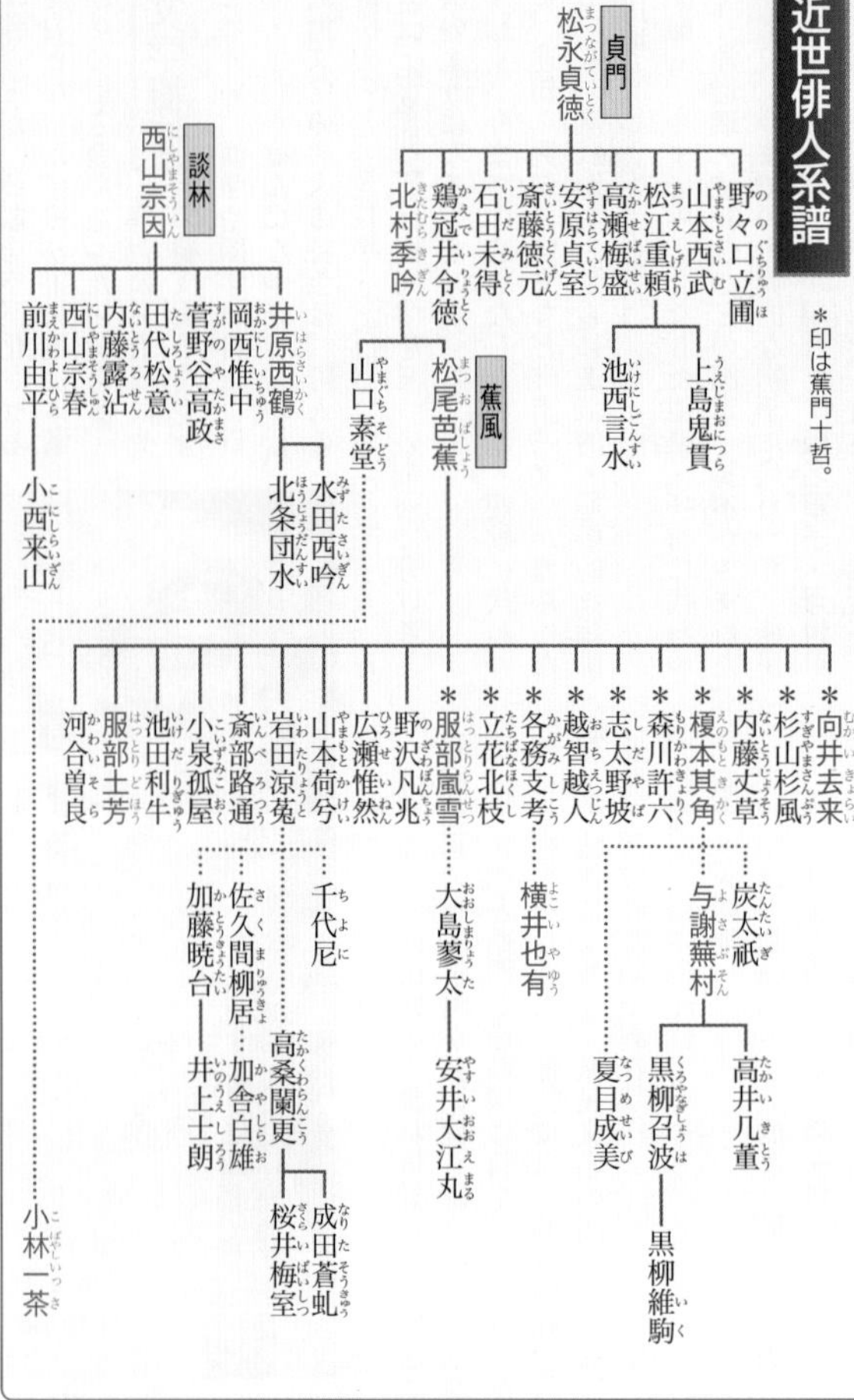

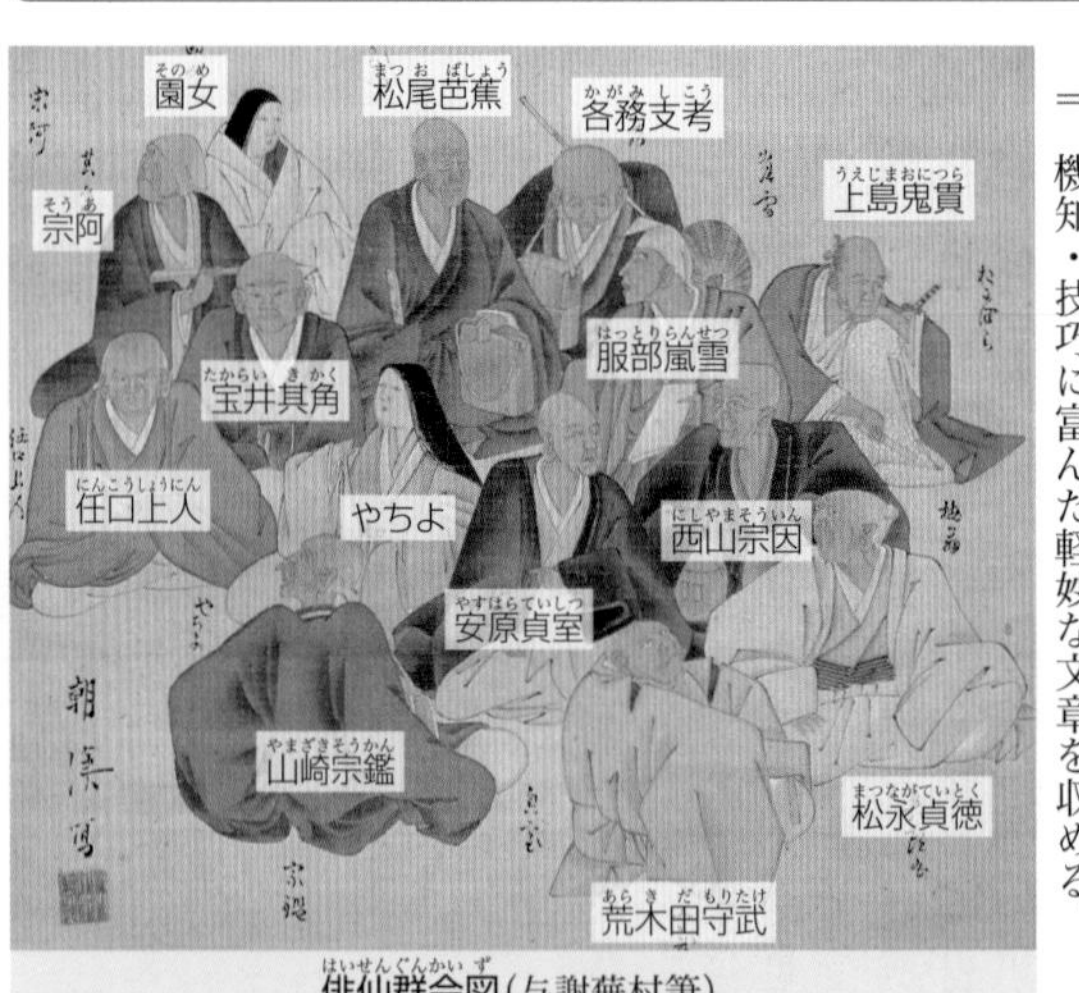

俳仙群会図（与謝蕪村筆）

ちになるので、心を統御し、決して情欲に振り回されてはいけない。

和歌

伝統の尊重 近世初頭、歌学の権威であった**細川幽斎**は、伝統的な歌風を重んじ、多くの堂上(公卿)歌人を育成した。門人の中には、**木下長嘯子**や**松永貞徳**のように、自由清新な歌風をもつ者もあった。

和歌の革新 元禄期に入ると、古典研究の気運とともに和歌革新の声が上がった。**戸田茂睡**は反伝統の立場から、人間性に基づく自由な詠歌を唱導した。

ますらをぶり 近世中期、**賀茂真淵**は国学研究のかたわら、万葉復古の「**ますらをぶり**」を主張した。門人には、万葉調を重んじる者のほかに、古今調・新古今調に従う者も多かった。

ただこと歌 近世後期、**小沢蘆庵**は、万葉調や堂上派に対抗して、平易・自然な言葉で清新な感情を述べよと、「**ただこと歌**」を主唱した。

調べの説 **香川景樹**は蘆庵の説を受け継ぎ、率直な真情がおのずから歌の調べとなると主張した。彼の一派を**桂園派**という。

個性的な歌人たち 幕末には、**良寛**・**橘曙覧**・**平賀元義**・**大隈言道**など、各地で個性的な魅力を発揮した人々が活躍した。

狂歌 天明期を中心に、**大田南畝**(**四方赤良**)らによる狂歌が流行した。

近世歌人系譜

- 二条派 細川幽斎
  - 三条西実条 ― 三条西公勝 …… 香川景平 ‖ 香川景柄 ‖ 香川景樹(桂園派)
    - 木下幸文
    - 熊谷直好
    - 八田知紀(御歌所派) ― 高崎正風
    - 香川景恒
  - 堂上派
    - 飛鳥井雅章 ― 本多重世 ― 山名玉山 ― 戸田茂睡
    - 智仁親王 ― 後水尾院 …… 霊元院 …… 富士谷成章 ‖ 富士谷御杖
    - 烏丸光広 ‖ 烏丸光賢
    - 中院通勝
  - 地下派
    - 松永貞徳 ― 北村季吟
    - 木下長嘯子 ― 下河辺長流
- 上冷泉家 冷泉為満 …… 冷泉為村 ― 小沢蘆庵 ― 香川景樹
- 荷田春満
  - 荷田在満
  - 賀茂真淵(県居派)
    - 万葉派 加藤宇万伎(美樹) ― 上田秋成
    - 万葉派 田安宗武 ‖ 松平定信
    - 楫取魚彦
    - 鈴屋派・新古今風 本居宣長
      - 本居春庭
      - 本居大平 ― 加納諸平
      - 伴信友
      - 平田篤胤 ― 六人部是香 ― 大田垣蓮月
      - 田中大秀 ― 橘曙覧
    - 古今派 加藤千蔭 ― 一柳千古 ― 中島広足
    - 古今派 村田春海 ― 清水浜臣
- 特に師弟関係のない人
  - 良寛
  - 大隈言道

＊‖は父子関係。

細川幽斎 一五三四―一六一〇。古典学者・歌人。古今伝授を伝え、二条流の歌学を大成した。古今伝授は、『古今集』の講釈を師から弟子に伝えること。

戸田茂睡 一六二九―一七〇六。歌人・歌学者。古今伝授などの古い考えを否定し、新風を起こした。歌論書に『梨本集』がある。

小沢蘆庵 一七二三―一八〇一。歌学者・歌人。和歌は京の四天王の随一と称された。「ただこと歌」を主唱し、古今集に学べと説いた。歌集に『六帖詠草』がある。

香川景樹 一七六八―一八四三。歌人。技巧・趣向を捨てて自然の情を打ち出せば音調が整うとして「調べの説」を説いた。歌集に『桂園一枝』、歌論に『新学異見』『歌学提要』がある。

良寛 一七五七―一八三一。僧・詩人・歌人。禅僧として諸国を行脚した後、越後国で清閑・枯淡な生涯を終えた。漢詩や書にすぐれ、和歌は万葉に学んで万葉を出たものと称される。

良寛(亀田鳥冊斎筆)

橘曙覧 一八一二―一八六八。歌人。広く日常に材を取り、清新な表現を用いて、脱俗的な風格のある和歌を作った。歌集に『志濃夫廼舎家集』がある。

 ◆日本の名言 心の師とは成るとも心を師とすることなかれ。(鴨長明『発心集』) 人間の心は欲の虜となり迷いに陥りが

戯曲

【初期の演劇】 近世初期に、語り物・人形・音楽が結合した**操り芝居**が始まった。その詞章を古浄瑠璃と呼ぶ。また、慶長の初め、**出雲の阿国**の「歌舞伎踊」が人気を得たことから、女歌舞伎・若衆歌舞伎が行われたが、次々と禁止され、野郎歌舞伎としての興行だけが許された。

【近松の出現】 貞享・元禄期に、**近松門左衛門**(⇩p.178)が**竹本義太夫**と結んで、表現・内容ともに新しい浄瑠璃を作り出した。近松の好敵手として**紀海音**も活躍した。近松は、歌舞伎でも役者坂田藤十郎のために脚本を書いたが、この時期の歌舞伎は、浄瑠璃の作品を上演することが多かった。

【主役の交替】 浄瑠璃は、**竹田出雲・並木宗輔**らによって全盛期を迎える。一方歌舞伎では、大阪の**並木正三**が浄瑠璃の手法を取り入れ、門人の並木五瓶が上方・江戸の演劇を融合させるなどの工夫をして、歌舞伎の隆盛をもたらした。浄瑠璃は歌舞伎に圧迫されるようになり、**近松半二**が歌舞伎の手法を取り入れた形式を工夫したが、その後は衰退の一途をたどった。

【江戸の花】 近世後期には、江戸歌舞伎が写実的な退廃美を大成した。文化・文政期の**鶴屋南北**や、幕末の**河竹黙阿弥**がその代表である。

竹本義太夫

仮名草子と浮世草子

【仮名草子】 近世初期に刊行された、主に仮名書きの散文作品をまとめて**仮名草子**という。仮名草子の内容や様式は多様だが、大別すると、中世的な教養や趣味を反映したものと、町人社会の実用的な要求にこたえたものとの二傾向がある。しかし、文学的に成熟した作品はあまり見られなかった。

【浮世草子】 一六八二年(天和二)、**井原西鶴**(⇩p.172)が町人層の現実を活写した『**好色一代男**』を刊行して、庶民文学の第一歩をしるした。その後、彼は次々に新しい題材を取り上げて大いに世に迎えられた。これらの作品群をまとめて**浮世草子**という。西鶴の生存中も没後も、浮世草子の模倣作や、影響を受けた作品が多く生まれたが、西鶴に遠く及ばないものであった。

【八文字屋本】 京の書店、**八文字屋**の主人自笑が**江島其磧**に浮世草子を書かせて人気を博した。其磧は、自作が西鶴の模倣であることを公言しながら、新しい趣向を加えて、**三味線物・気質物**と呼ばれる作品群を作った。こうした浮世草子を八文字屋本と総称したが、自笑・其磧の死後、八文字屋本は急速に衰えた(⇩p.174)。

漢学・国学

【官学】 幕府は、封建支配の理念として、名分を正し、道義を根本とする「**朱子学**」を官学と定めた。**林羅山**がその代表で、門流には**新井白石**や**室鳩巣**らが出た。

【異学の禁】 朱子学に対して、知行合一を唱える**陽明学派**(中江藤樹・熊沢蕃山・佐藤一斎ら)や、経典の原義に帰ろうとする**古学派**(山鹿素行・伊藤仁斎・荻生徂徠ら)などの学派が起こったが、

八百屋お七 作者 紀海音(一六六三—一七四二)。成立 一七〇四年(宝永元)?内容 世話物浄瑠璃。実話を基に悲恋を描く。

義経千本桜 作者 並木宗輔(一六九五—一七五一)ら合作。成立 一七四七年(延享四)。内容 時代物浄瑠璃。源義経、静御前、狐忠信らが活躍する浄瑠璃全盛期の代表作。

仮名手本忠臣蔵 作者 竹田出雲(一六九一—一七五六)ら合作。成立 一七四八年(寛延元)。内容 時代物浄瑠璃。先行の赤穂義士劇の集大成。

伽羅先代萩 作者 奈河亀輔(生没年未詳)。成立 一七七七年(安永六)。内容 時代物歌舞伎。奥州仙台の伊達騒動をモデルにしたもの。

東海道四谷怪談 作者 鶴屋南北(一七五五—一八二九)。成立 一八二五年(文政八)。内容 世話物歌舞伎。刺激的な趣向の怪談劇。

三人吉三廓初買 作者 河竹黙阿弥(一八一六—一八九三)。成立 一八六〇年(万延元)。内容 世話物歌舞伎。白浪(盗賊)物の代表作。

仮名手本忠臣蔵

はあくまでも新しさをめざし、表現は伝統に即したものを用いるべきだ。

荻生徂徠の自宅「蘐園」の額

「契沖・賀茂真淵・本居宣長対座画像」(模写)

歌舞伎の芝居小屋(中村座・復元)

これらは寛政異学の禁により思想統制を受けた。

【国学の祖】 中世の因襲を打破し、実証的な研究を進めた学者に、**北村季吟**・**下河辺長流**らがいる。その志を継いだ**契沖**は、文献学的研究の基礎を築き、近世国学の祖と呼ばれる。

【国学の隆盛】 契沖の影響を受けた**荷田春満**、春満に学んだ**賀茂真淵**を経て、真淵の教えを受けた**本居宣長**(⇨p.173)は、実証的な学風による国学の総合的な体系を大成した。

【その他の国学者】 宣長の学風を継いだ**本居大平**や**平田篤胤**のほかに、真淵を受け継いだ**村田春海**・**加藤千蔭**らがあり、また**香川景樹**・**塙保己一**・**清水浜臣**など多くの国学者が輩出した。

文芸理念

和歌においては、賀茂真淵が古代の「**高く、直く、雄々しき心**」を重んじ、写実的な万葉調を「**ますらをぶり**」として唱導した。本居宣長は、新古今調を重んじ、「**もののあはれ**」に主眼を置いた。小沢蘆庵は、自然な表現を重んじる「**ただこと歌**」を、香川景樹は心の誠から生まれる「**調べ**」を歌の本質として主張した。

貞門俳諧では「**滑稽**」「**をかしみ**」を主体とした。芭蕉はこれを「**さび**」「**ほそみ**」「**しをり**」などの幽玄閑寂の境地に高め、「**まことをせめる**」ことを重んじ、「**不易流行**」を説いた。

浄瑠璃・歌舞伎など演劇の世界では、近松が演劇の目標を「**慰み**」とし、方法論として「**虚実皮膜**」を説き、ドラマの基盤に「**義理人情**」を置いた。

戯作では、上方・江戸の遊里や演劇の美意識から生まれた「**粋**」「**意気**」「**通**」、人情風俗の機微をつく「**うがち**」などがあげられる。観念的な「**勧善懲悪**」が建前として利用されることが多かった。

◆国学関係の著作者一覧

作者名(生没年)	書名
下河辺長流(一六二六—一六八六)	万葉集管見
契沖(一六四〇—一七〇一)	万葉代匠記
賀茂真淵(一六九七—一七六九)	万葉考　歌意考
平田篤胤(一七七六—一八四三)	古道大意
加藤千蔭(一七三五—一八〇八)	万葉集略解
塙保己一(一七四六—一八二一)	群書類従
香川景樹(一七六八—一八四三)	新学異見

◆近世随筆一覧

書名	成立	作者
戴恩記	一六八二刊	松永貞徳
折たく柴の記	一七一六ごろ	新井白石
駿台雑話	一七三二	室鳩巣
うひ山ぶみ	一七九八	本居宣長
玉勝間	一七九五—一八一二刊	
うけらが花	一八〇二・一八三八刊	加藤千蔭
胆大小心録	一八〇八	上田秋成
癇癖談	一八二二刊	上田秋成
琴後集	一八一〇刊	村田春海
蘭学事始	一八一五	杉田玄白
花月草紙	一八一八	松平定信
北越雪譜	一八三七・一八四二刊	鈴木牧之

折たく柴の記　作者 新井白石(一六五七—一七二五)。成立 一七一六年(享保元)ごろ。内容 政治体験などの自伝的随筆。

駿台雑話　作者 室鳩巣(一六五八—一七三四)。成立 一七三二年(享保一七)。内容 教訓的随筆。見聞を記し、道義を説く。

花月草紙　作者 松平定信(一七五八—一八二九)。成立 一八一八年(文政元)。内容 人事や風物を通して、自己の理念を語る。

◆日本の名言　情は新しきをもつて先となし、詞は古きをもつて用ふべし。(藤原定家『詠歌之大概』)　和歌の心(内容)

古事記

七一二年成立(上代・奈良時代初期)　編者太安万侶

◆現存する最古の文学

皇室および諸氏族の伝承を整理・統一した歴史書。神話・伝説・歌謡を多く含み、文学性が高い。

『古事記』上巻序文

【書名】 古事記。今日ではコジキと読むが、本居宣長(⇨p.173)はフルコトブミと読んだ。古事は故事に通じ、「古人から伝えられた事を記したもの」という意味。

【編者】 太安万侶(?—七二三)。文武・元明・元正の三人の天皇に仕え、『日本書紀』の編纂にも関与した。

「古事記」(安田靫彦筆)

【成立】 七一二年(和銅五)、元明天皇の勅命により編纂。序文によると、天武天皇は氏姓の尊卑に基づく社会秩序の確立を意図し、諸氏族に伝承されていた「帝紀」と「旧辞」の正伝を作ろうと企て、稗田阿礼に「帝皇の日嗣」(帝紀)と「先代の旧辞」(旧辞、本辞)とを誦習させたが、天皇は半ばにして崩御した。その遺志を継いで、元明天皇が編纂事業を継承し、太安万侶に命じて完成させた。

【内容・構成】 上・中・下の三巻からなる。序文では編纂の動機と過程が語られている。上巻は天地開闢以来の神の世の物語で、神話・歌謡に有機的なつながりをもたせ、高天原と出雲、九州などを結びつけて、立体的な神話体系をなす。中巻以下は人の世の物語で、天皇一代ごとにまとめた系譜や物語を、皇位継承順に並べる構成である。中巻は神武天皇から応神天皇まで、下巻は仁徳天皇から推古天皇までのことを記し、中巻は神話的要素を含むが、下巻は現実性を帯びた内容になっている。

【文体】 口承性を生かした変体の漢文体。文脈を途中で切らない「語り」の口調を生かし、繰り返しによって文章に韻律美をもたせ、漢文的な対句法を用いている。歌謡は「万葉仮名」という一字一音式の仮名を用いて表記されている。

例 **夜久毛多都　伊豆毛夜幣賀岐　都麻碁微爾　夜幣賀岐都久流　曽能夜幣賀岐袁**

八雲立つ　出雲八重垣　妻籠みに　八重垣作る　その八重垣を

【史的評価】 わが国現存最古の典籍。神話や伝説、歌謡を豊富に含み、奈良朝までの古代人の文化と生活を広く吸収してできた古典である。古拙な文体ではあるが、**古代人のほがらかな生が躍動しており、政治的意図を超えて人間の怒り、歓び、悲しむ姿を描き出す**ことに成功している。

冒頭・例文

天地初発之時、於二高天原一成神名、天之御中主神。次高御産巣日神。次神産巣日神。此三柱神者、並独神成坐而隠レ身也。

訓読 天地の初発之時、高天の原(天上に想定された世界)に成りませる神の名は、天之御中主神。次に高御産巣日神。次に神産巣日神。此の三柱の神は、並独神(男女一対の夫婦でなく単独の神)と成坐して身を隠したまひき。　(本居宣長『古事記伝』)

◆倭建命の東征

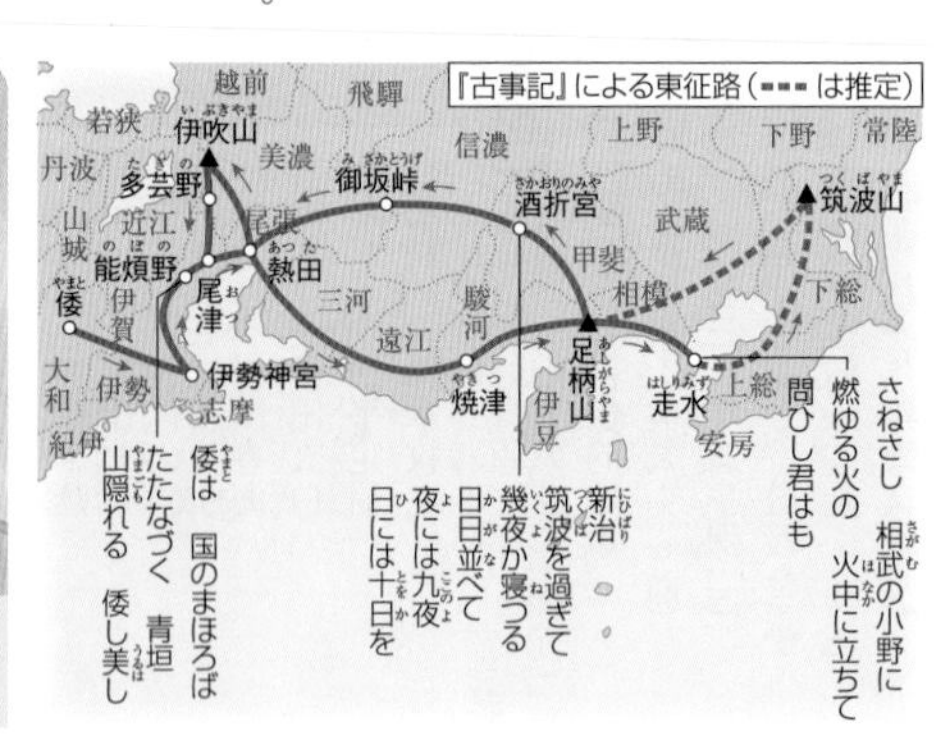

さねさし　相武の小野に　燃ゆる火の　火中に立ちて　問ひし君はも

新治　筑波を過ぎて　幾夜か寝つる　日日並べて　夜には九夜　日には十日を

倭は　国のまほろば　たたなづく　青垣　山隠れる　倭し美し

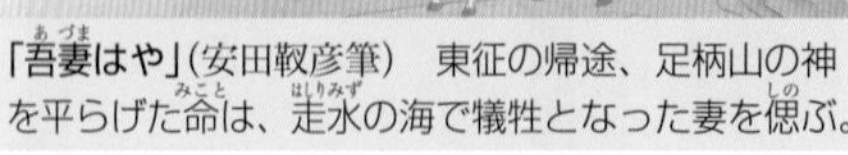

「吾妻はや」(安田靫彦筆)　東征の帰途、足柄山の神を平らげた命は、走水の海で犠牲となった妻を偲ぶ。

まんようしゅう

万葉集

七五九年以降成立か（上代・奈良時代後期）　編者未詳

◆現存する最古の歌集

奈良時代までの歌の集大成。二十巻・約四千五百首。素朴で大らかな「ますらをぶり」の歌風が基調。

『万葉集』巻一

【書名】**万葉集**。多くの歌の集を意味するが、「葉」には「世」「代」の意味があり、万世にわたって長く語り続けようという祝福の気持ちもこめられている。

【編者】各巻の編纂の方針は著しく異なっているので（内容・構成の項参照）、複数の撰者が想定される。これを最終的にまとめた編纂者としては、平安時代に有力だった橘諸兄説、契沖が唱えた**大伴家持**説などがある。家持が編纂にかかわったのは、動かすことのできない事実である。

【成立】七五九年（天平宝字三）以後に二十巻の形となり、宝亀年間（七七〇—七八〇）に現行本が完成したとする説が有力。

【内容・構成】**二十巻、四千五百余首からなる**。作者は天皇から庶民まで、時代の幅も、十六代仁徳天皇から四十七代淳仁天皇の代までの数百年、地域も陸奥国から筑紫国に及ぶ。

『万葉集』は「古歌集」「柿本人麻呂歌集」「類聚歌林」「高橋虫麻呂歌集」などの先行歌集を参考にして成立した古代の歌の集大成で、生活に密着した歌が多い。背景となる激動の時代の中で、反逆者の名のもとに殺された皇子を思う姉の慟哭、防人の夫を案じる妻の直情、冷徹な権力者の意外な横顔、東国の民謡に見られるのどかさなど、**感情を率直にうたい上げる伸びやかな「ますらをぶり」**が基調となっている。

【分類】**相聞・挽歌・雑歌**の三つの部立を基本とする。**相聞**は、恋歌。**挽歌**は、本来は死者の棺を挽くときに歌ったもので、死者を悼む歌。**雑歌**は、この二つに属さない行幸・宴会などの歌。このほかに、表現態度（正述心緒・寄物陳思・譬喩歌）や内容（羇旅歌・有由縁歌）や歌体（長歌・旋頭歌など）によって分類された巻もある。

【歌体】**短歌が全体の九割以上で、ほぼ四千二百首**。次が長歌で約二百六十首。旋頭歌が六十首、仏足石歌体歌が一首、連歌が一首ある。

【史的評価】**文学意識を持った初の記載文学**として文学史上に高い位置を占める。創作文芸中、最も早く完成した和歌の揺籃期から爛熟期までを含み、また、集団の文芸から個の文芸へと移り変わっていく過程を示す。『万葉集』はのちの勅撰集にも多大な影響を与えたが、確かな評価を受けるのは近世の国学者たちの研究を待たねばならなかった。

❖万葉仮名

日本民族には文字がなく、中国から伝わってきた漢字を用いて日本語を表した。そのために考案された表音文字には、①漢字の字音を借りた音仮名（阿）、②漢字の和訓を借りた訓仮名（吾）、③漢字の訓の複雑な転用（金）などがある。このほか、戯訓と呼ばれる文字遊びの当て字がある。

〔色二山上復有山〕　色にいでば
「山の上に復山有り」で「出」という字になる。

〔如是二二知三〕　かくし知らさむ
「二二」は九九で「し」になる。

歌体の例

短歌（五・七・五・七・七）
● 東の　野に炎の　立つ見えて　かへり見すれば　月傾きぬ（巻一・48）

長歌（五・七・五・七……五・七・七）
● 天地の　分かれし時ゆ　神さびて　高く貴き　駿河なる　富士の高嶺を　天の原　ふりさけ見れば　渡る日の　影も隠らひ　照る月の　光も見えず　白雲も　い行き憚り　時じくそ　雪は降りける　語り継ぎ　言ひ継ぎ行かむ　富士の高嶺は（巻三・317）

旋頭歌（五・七・七・五・七・七）
● 佐保川の　岸のつかさの　柴な刈りそね　ありつつも　春し来たらば　立ち隠るがね（巻四・529）

仏足石歌体歌（五・七・五・七・七・七）
● 伊夜彦　神の麓に　今日らもか　鹿の伏すらむ　皮ごろも着て　角つきながら（巻十六・3884）

連歌（五・七・五の長句に七・七の短句で応じる）
● 〔尼〕佐保川の　水を塞き上げて　植ゑし田を
〔家持〕刈る早飯は　独りなるべし（巻八・1635）

　祇園精舎の鐘の声、諸行無常の響きあり。娑羅双樹の花の色、盛者必衰の理をあらはす。（『平家物語』）

◆『万葉集』の時代区分と歌風の変遷

『万葉集』二十巻四千五百余首の中で最も古い歌は、仁徳天皇の時代のものであり、最も新しいものは七五九年（天平宝字三）正月一日の大伴家持の歌である。『万葉集』の時代区分は、ごく初期の作品を、その詠歌の時期や作者の信頼性が薄いという理由で第一期には含めず、歌人の個性の確認できる舒明天皇以降からを第一期とし、全体を四期に分けるのが定説である。

時代区分	歌風の展開	代表歌人
第一期（629〜672年）	**初期万葉の伝唱時代**　雄略天皇の『万葉集』巻一巻頭の長歌など。 **万葉時代の夜明け**　六二九年即位の舒明天皇の時代から、大化改新を経て六七二年の壬申の乱まで。集団的口誦的歌謡から、しだいに個性的・定型的な歌へと移り変わる時期で、みずみずしい情感、素朴で明朗な歌いぶりが特色である。	舒明天皇 斉明天皇 天智天皇 大海人皇子 額田王 有間皇子
第二期（673〜710年）	**万葉調の完成**　壬申の乱後、天武天皇の時代から、七一〇年の平城京遷都まで。律令制が完成する繁栄の時期で、皇室賛歌や皇族の挽歌が多い。長歌・短歌の形式が整い、枕詞・序詞などの修辞を自由に使い、柿本人麻呂に代表される雄大・荘重な叙事詩や、大津皇子などの愛と死をめぐる物語的な背景を持つ歌語りなど、叙情性が強化される。	持統天皇 柿本人麻呂 高市黒人 大津皇子 志貴皇子
第三期（710〜733年）	**万葉調の隆盛**　平城京遷都後の奈良時代前期。宮廷知識人の間で中国の詩・小説が歓迎され、和歌の新しい想像力を刺激し、都市化した美的趣味の「風流」を生む。また、仏教・儒教・老荘などの思想を身につけた大伴旅人・山上憶良や、叙景詩に秀でる山部赤人などに代表される、個性化・多様化の時代である。	山上憶良 山部赤人 大伴旅人 高橋虫麻呂 大伴坂上郎女
第四期（734〜759年）	**万葉調の転換・万葉時代の末期**　奈良時代中期、大伴家持が因幡国庁で作った万葉最終歌の七五九年まで。七二九年（天平元）の長屋王の失脚と自刃以後、政治的な行き詰まりと貴族社会の動揺が広がり、天平文化の爛熟の中で、歌風は個性化を深め、理性的・技巧的となる。長歌は影をひそめ、短歌が主流となる。	大伴家持 笠女郎 狭野茅上娘子 中臣宅守 厚見王

【東歌】「東歌」は、『万葉集』巻十四に収められる二百三十余首の短歌の総称で、すべて作者名を欠く。遠江・駿河から陸奥に及ぶ十二国、古代東国諸国の民謡である。生活に密着した、庶民の素朴な情感が、東国の方言も交えて歌われている。ただし、江戸時代の国学者賀茂真淵などが「東ぶりならず」と評している歌もあって、東歌の非民謡的性格については、現代に至るまで研究の対象となっている。

●**多摩川に曝す手作りさらさらに何そこの児のここだかなしき**（巻十四・3373）

【防人歌】『万葉集』巻十四の「東歌」の国名不明の歌の中に、防人歌五首がある。防人歌が九十二首収められているのは巻二十で、その大部分は、七五五年（天平勝宝七）二月に「相替はりて筑紫に遣はさるる諸国の防人等の歌」八十四首である。三年交替で辺境守備に赴いたまま、帰らぬ人となる防人も多かった。防人歌には、そうした防人の、故郷を出発するときの離別の情や、難波へ向かう途中での肉親を思う情などがよまれている。大伴家持の手で収集されて整理されたものかと見られている。

●**防人に行くは誰が夫と問ふ人を見るが羨しさもの思ひもせず**（巻二十・4425）

『万葉集画撰』より（大亦観風筆）

万葉の歌人

額田王

有間皇子 六四〇―六五八。孝徳天皇皇子。蘇我赤兄にそそのかされ、謀反を企てるが、捕らえられ、藤白坂で刑死。

歌風 哀切・悲痛。

●**磐代の浜松が枝を引き結び真幸くあらばまた還り見む** （巻二・141）

額田王 生没年未詳。七世紀後半の人。鏡王の娘。初め大海人皇子に愛されたが、のちに天智天皇に召されたらしい。

歌風 理知的・優美華麗。

●**熟田津に船乗りせむと月待てば潮もかなひぬ今は漕ぎ出でな** （巻一・8）

大津皇子 六六三―六八六。天武天皇皇子。大伯皇女の同母弟。父天皇崩御後、謀反の罪で刑死。

歌風 才知奔放・哀切。

●**百伝ふ磐余の池に鳴く鴨を今日のみ見てや雲隠りなむ** （巻三・416）

大伯皇女 六六一―七〇一。天武天皇皇女。同母弟大津皇子に対する姉の愛情を歌った歌を残す。

歌風 沈痛・孤愁。

●**わが背子を大和へ遣るとさ夜更けて暁露にわが立ちぬれし** （巻二・105）

柿本人麻呂

柿本人麻呂 生没年未詳。七世紀末―八世紀初めころの人。持統・文武朝に仕えた。万葉前期の代表的歌人。

歌風 重厚荘重・雄大多彩。

●**東の野に炎の立つ見えてかへり見すれば月傾きぬ** （巻一・48）

高市黒人 生没年未詳。七世紀末―八世紀初めころの人。持統・文武朝に仕えた。羇旅歌が多い。

歌風 旅の叙景・哀愁。

●**桜田へ鶴鳴き渡る年魚市潟潮干にけらし鶴鳴き渡る** （巻三・271）

志貴皇子 ？―七一六。天智天皇皇子。子の白壁王が即位して光仁天皇となったので、田原天皇と諡された。

歌風 清朗・典雅。

●**石激る垂水の上の早蕨の萌え出づる春になりにけるかも** （巻八・1418）

山部赤人

大伴旅人 六六五―七三一。家持の父。大宰帥として筑紫に下り、山上憶良と親交。のち大納言。

歌風 大陸的風雅・老荘的自由思想。

●**験なき物を思はずは一坏の濁れる酒を飲むべくあるらし** （巻三・338）

山上憶良 六六〇―七三三？。遣唐使として渡唐。のち筑前守となり大宰府で大伴旅人と親交。

歌風 軽妙機知・現実凝視。

●**銀も金も玉も何せむに勝れる宝子に及かめやも** （巻五・803）

山部赤人 生没年未詳。八世紀前半の人。元明・元正・聖武天皇朝の宮廷歌人。叙景歌にすぐれる。後世、人麻呂と並称された。

歌風 叙景美・自然賛美。

●**若の浦に潮満ち来れば潟を無み葦辺をさして鶴鳴き渡る** （巻六・919）

高橋虫麻呂 生没年未詳。八世紀前半の人。地方の伝説に取材した長歌が多い。

歌風 叙事的・具体描写。

●**勝鹿の真間の井を見れば立ちならし水汲ましけむ手児奈し思ほゆ** （巻九・1808）

大伴家持

湯原王 生没年未詳。八世紀の人。志貴皇子の子。叙景歌にすぐれる。

歌風 繊細・静謐。

●**吉野なる夏実の河の川よどに鴨そ鳴くなる山かげにして** （巻三・375）

大伴坂上郎女 生没年未詳。八世紀前半の人。旅人の異母妹。家持の養母。女性最多入集。

歌風 類歌踏襲・物語的虚構。

●**夏の野の繁みに咲ける姫百合の知らえぬ恋は苦しきものそ** （巻八・1500）

笠女郎 生没年未詳。八世紀中ごろの人。集中の歌二十九首はすべて家持への恋歌。

歌風 技巧的・情熱的。

●**相念はぬ人を思ふは大寺の餓鬼の後に額づくごとし** （巻四・608）

大伴家持 七一八？―七八五。旅人の子。越中・因幡などに赴任して歌作した。集中最多の歌人で、編纂者とされる。

歌風 繊細な感性・清冽な叙情。

●**わが屋戸のいささ群竹吹く風の音のかそけきこの夕へかも** （巻十九・4291）

 命を知れる者は天を恨みず。己を知る者は人を恨みず。（『十訓抄』） 天命を知っている者は、不満があっ

『万葉集』地名地図

❶天皇の御代栄えむと東なる陸奥山に黄金花咲く（大伴家持・巻十八・4097）
〈長歌に「陸奥の小田なる山」とある〉

❷陸奥の真野の草原遠けども面影にして見ゆといふものを（笠女郎・巻三・396）

❸安太多良の嶺に臥す鹿猪のありつつも吾は到らむ寝処な去りそね（東歌・巻十四・3428）

❹筑波嶺に雪かも降らる否をかも愛しき児ろが布乾さるかも（東歌・巻十四・3351）

❺勝鹿の真間の井を見れば立ちならし水汲ましけむ手児奈し思ほゆ ⇩p.200（高橋虫麻呂歌集・巻九・1808）

❻多摩川に曝す手作りさらさらに何そこの児のここだかなしき ⇩p.201（東歌・巻十四・3373）

❼鎌倉の見越の崎の石崩の君が悔ゆべき心は持たじ（東歌・巻十四・3365）

❽田児の浦ゆうち出でて見ればま白にそ不尽の高嶺に雪は降りける（山部赤人・巻三・318）

❾上毛野伊香保の沼に植ゑ子水葱かく恋ひむとや種求めけむ（東歌・巻十四・3415）

❿信濃なる千曲の川の細石も君し踏みてば玉と拾はむ ⇩p.201

❹筑波山

❺真間の井

『万葉集』歌枕地図

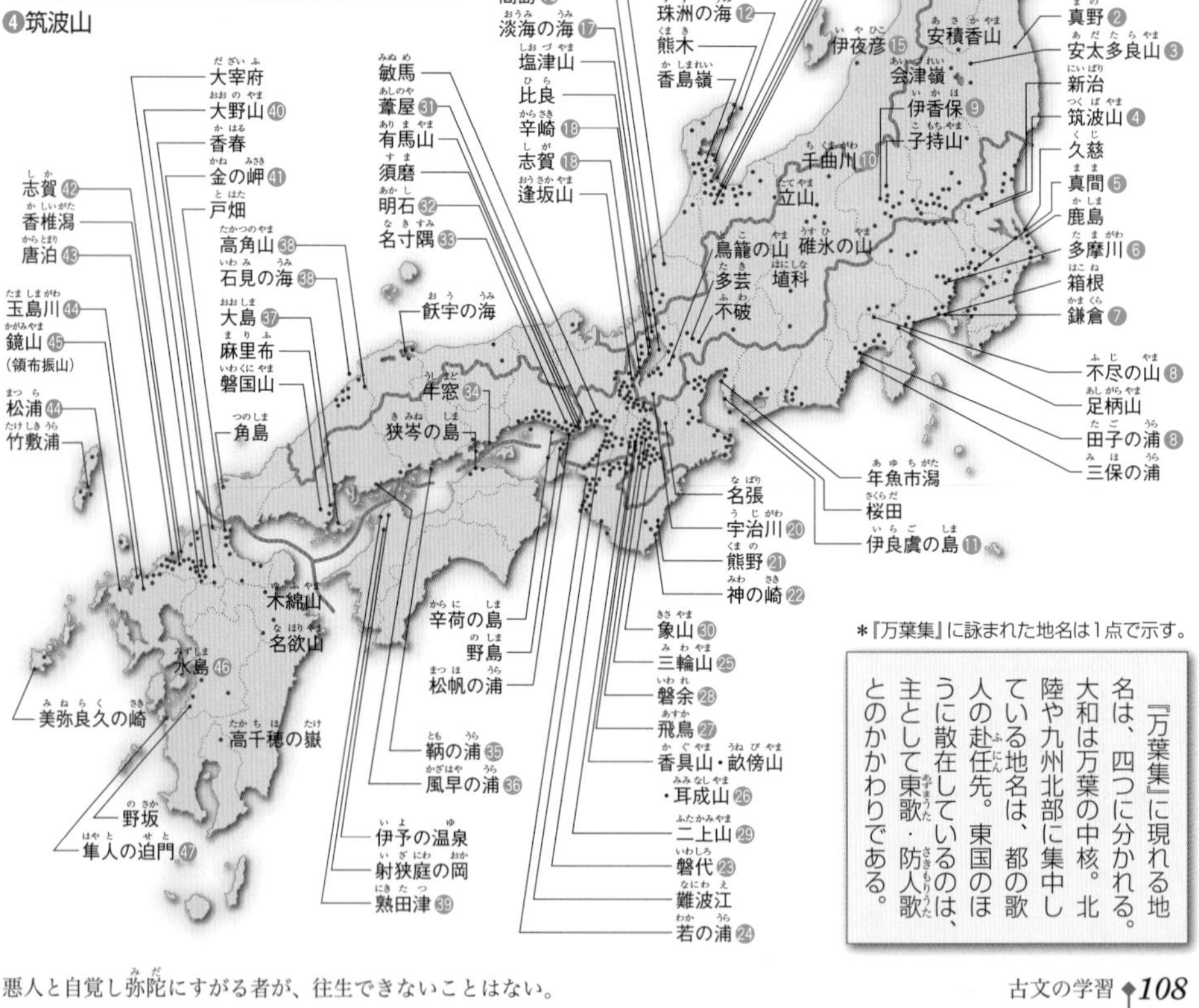

陸奥山❶（陸奥の小田なる山）
真野❷
安積香山
安太多良山❸
会津嶺
新治
筑波山❹
久慈
真間❺
鹿島
多摩川❻
箱根
鎌倉❼
不尽の山❽
足柄山
田子の浦❽
三保の浦
伊香保❾
子持山
千曲川❿
立山
鳥籠の山
碓氷の山
多芸
埴科
不破
二上山⓭
三島野
伊夜彦⓯
渋谷
奈呉の海⓮
珠洲の海⓬
熊木
香島嶺
後瀬山⓰
高島⓳
淡海の海⓱
塩津山
比良
辛崎⓲
志賀⓲
逢坂山
敏馬
葦屋㉛
有馬山
須磨
明石㉜
名寸隅㉝
飫宇の海
牛窓㉞
狭岑の島
年魚市潟
名張
桜田
宇治川⓴
伊良虞の島⓫
熊野㉑
神の崎㉒
象山㉚
三輪山㉕
磐余㉘
飛鳥㉗
香具山・畝傍山
・耳成山㉖
二上山㉙
磐代㉓
難波江
若の浦㉔
辛荷の島
野島
松帆の浦
鞆の浦㉟
風早の浦㊱
伊予の温泉
射狭庭の岡
熟田津㊴
大宰府
大野山㊵
香春
金の岬㊶
戸畑
高角山㊳
石見の海㊳
大島㊲
麻里布
磐国山
角島
志賀㊷
香椎潟
唐泊㊸
玉島川㊹
鏡山㊺（領巾振山）
松浦㊹
竹敷浦
木綿山
名欲山
水島㊻
美弥良久の崎
高千穂の嶽
野坂
隼人の迫門㊼

＊『万葉集』に詠まれた地名は1点で示す。

『万葉集』に現れる地名は、四つに分かれる。北陸や九州北部に集中している地名は、都の歌人の赴任先。東国のほうに散在しているのは、主として東歌・防人歌とのかかわりである。大和は万葉の中核。

（東歌・巻十四・3400）

⑪現世の命を惜しみ浪にぬれ伊良虞の島の玉藻刈り食む（麻続王・巻一・24）

⑫珠洲の海に朝びらきして漕ぎ来れば長浜の浦に月照りにけり（大伴家持・巻十七・4029）

⑬玉くしげ二上山に鳴く鳥の声の恋しき時は来にけり（大伴家持・巻十七・3987）

⑭東風をいたみ奈呉の浦廻に寄する波いや千重しきに恋ひ渡るかも（大伴家持・巻十九・4213）

⑮伊夜彦神の麓に今日らもか鹿の伏すらむ皮ごろも着て角つきながら（越中国歌・巻十六・3884）

⑯かにかくに人は言ふとも若狭道の後瀬の山の後も逢はむ君（坂上大嬢・巻四・737）

⑰淡海の海夕浪千鳥汝が鳴けば情もしのに古思ほゆ⇩p.199（柿本人麻呂・巻三・266）

⑱ささなみの志賀の辛崎幸くあれど大宮人の船待ちかねつ⇩p.199（柿本人麻呂・巻一・30）

⑲何処にか我は宿らむ高島の勝野の原にこの日暮れなば（高市黒人・巻三・275）

⑳もののふの八十氏河の網代木にいさよふ波の行方知らずも⇩p.199（柿本人麻呂・巻三・264）

㉑み熊野の浦の浜木綿百重なす心は思へど直にあはぬかも（柿本人麻呂・巻四・496）

㉒苦しくも降り来る雨か神の崎狭野の渡りに家もあらなくに（長奥麻呂・巻三・265）

㉓磐代の浜松が枝を引き結び真幸くあらばまた還り見む⇩p.198（有間皇子・巻二・141）

㉔若の浦に潮満ち来れば潟を無み葦辺をさして鶴鳴き渡る⇩p.200（山部赤人・巻六・919）

㉕三輪山をしかも隠すか雲だにも情あらなも隠さふべしや⇩p.198（額田王・巻一・18）

㉖香具山は畝火雄をしと耳成と相争ひき神代よりかくにあるらし…（中大兄皇子・巻一・13）

㉗采女の袖吹きかへす明日香風都を遠みいたづらに吹く（志貴皇子・巻一・51）

㉘百伝ふ磐余の池に鳴く鴨を今日のみ見てや雲隠りなむ⇩p.199（大津皇子・巻三・416）

㉙現世の人にある吾や明日よりは二上山を弟とわが見む（大伯皇女・巻二・165）

㉚み吉野の象山の際の木末にはここだも騒く鳥の声かも⇩p.200（山部赤人・巻六・924）

㉛葦屋の菟原処女の奥つ城を往き来と見れば哭のみし泣かゆ（高橋虫麻呂歌集・巻九・1810）

㉜天離る夷の長路ゆ恋ひ来れば明石の門より大和島見ゆ⇩p.199（柿本人麻呂・巻三・255）

㉝行きめぐり見とも飽かめや名寸隅の船瀬の浜にしきる白浜（笠金村・巻六・937）

㉞牛窓の浪の潮騒島響み寄さえし君は逢はずかもあらむ（未詳・巻十一・2731）

㉟鞆の浦の磯のむろの木見むごとに相見し妹は忘らえめやも（大伴旅人・巻三・447）

㊱わが故に妹嘆くらし風早の浦の沖辺に霧たなびけり（遣新羅使人・巻十五・3615）

㊲筑紫道の可太の大島しましくも見ねば恋しき妹を置きて来ぬ（遣新羅使人・巻十五・3634）

㊳石見のや高角山の木の間より我が振る袖を妹見つらむか（柿本人麻呂・巻二・132）

㊴熟田津に船乗りせむと月待てば潮もかなひぬ今は漕ぎ出でな⇩p.198（額田王・巻一・8）

㊵大野山霧立ち渡るわが嘆く息嘯の風に霧立ち渡る（山上憶良・巻五・799）

㊶ちはやぶる金の岬を過ぎぬとも吾は忘れじ志賀の皇神（未詳・巻七・1230）

㊷荒雄らが行きにし日より志賀の海人の大浦田沼はさぶしくもあるか（山上憶良か・巻十六・3863）

㊸韓亭能許の浦浪立たぬ日はあれども家に恋ひぬ日はなし（遣新羅使人・巻十五・3670）

㊹松浦なる玉島川に鮎釣ると立たせる子らが家路知らずも（大伴旅人・巻五・856）

㊺海原の沖行く船を帰れとか領巾振らしけむ松浦佐用比売（大伴旅人・巻五・874）

㊻聞くがごとまことに貴く奇しくも神さび居るかこれの水島（長田王・巻三・245）

㊼隼人の湍門の磐も年魚走る吉野の滝になほ及かずけり（大伴旅人・巻六・960）

⑰淡海の海（琵琶湖）

⑧田子の浦

 善人なほもて往生をとぐ。いはんや悪人をや。（親鸞『歎異抄』） 善行を積んだ人は、極楽往生する。自ら

古今和歌集

こきんわかしゅう

九〇五年ごろ成立（中古・平安時代前期）　撰者紀貫之ら四人

『古今和歌集』巻一

◆**最初の勅撰和歌集**

後世の規範となった歌集。二十巻・約千百首。優雅で女性的な「たをやめぶり」の歌風が基調。

【書名】**古今和歌集**。略して「古今集」ともいう。仮名序の最後の、「古を仰ぎて今を恋ひざらめやも。」（歌の初めて興った古を仰いで、この集の編まれた今の世を必ず恋うだろう。）という意味をこめた。

【撰者】**紀貫之・紀友則・壬生忠岑・凡河内躬恒**の四人。

【成立】九〇五年（延喜五）ごろ、醍醐天皇の勅命により成立。のち若干の増補・改変が行われた。

【内容・構成】**二十巻**、約**千百首**からなる。冒頭に紀貫之の**仮名序**、末尾に紀淑望の**真名序**を備え、春（上下）、夏、秋（上下）、冬、賀、離別、羇旅、物名、恋（一―五）、哀傷、雑（上下）、雑体、大歌所御歌に分かれ、整然と組織されている。歌の配列も巧みで、四季の部では季節の推移に従って素材を配列するなど、配慮が行き届いている。

歌体は**短歌中心**で、ほかに長歌五首と旋頭歌四首を雑体に収める。作者数は百二十余人、このほかに全歌数の四割を占める「よみ人知らず」の歌がある。『万葉集』の素朴で雄大な「ますらをぶり」に対し、**『古今集』はやさしく可憐な「たをやめぶり」の姿態美をもつ**。

技巧としては、掛詞・縁語が発達し、見立ての手法も盛んに用いられた。万葉時代に用いられた枕詞と序詞も、この時代にふさわしく改めて使用された。五七調から七五調への移り変わりがみられる。

【歌風の変遷】古今集時代を三期に区分する。

よみ人知らずの時代　八四九年（嘉祥二）ごろまで。素直に心情を述べた万葉風をとどめている歌が多い。

六歌仙の時代　八五〇年（嘉祥三）から八九〇年（寛平二）まで。仮名序で作風を批評された**僧正遍昭・在原業平・文屋康秀・喜撰法師・小野小町・大友黒主**の**六歌仙**が代表歌人である。前期の素朴な感情表現が優艶華麗な技巧的なものとなり、明るい浪漫的作風が特徴である。

撰者の時代　八九一年（寛平三）ごろ以後。歌合や贈答歌の行われた宮廷の生活を反映して、比喩・縁語・掛詞などを用いた優美で繊細な歌が多い。代表歌人に紀貫之ら**撰者**のほか、**伊勢・素性法師**などがいる。

【史的評価】漢詩文全盛から国風尊重へ時代の流れを変えた**最初の勅撰和歌集**として、後世まで最も尊重された。韻文・散文を問わずのちの文学に与えた影響は大きく、歌の規範とされた。また仮名で書かれた書物が公的な性格を与えられたことは、平安文学全般にとっても重要な意味をもつ。紀貫之の仮名序は本格的な文学論であり、六歌仙批評にみられる、個人批判を初めて行った点でも興味深い。

❖**仮名序の六歌仙批評**

①**僧正遍昭**　歌のさまは得たれども、まこと少なし。

②**在原業平**　その心余りて、詞足らず。

③**文屋康秀**　詞は巧みにて、そのさま身に負はず。

④**喜撰法師**　詞かすかにして、初め終はり確かならず。

⑤**小野小町**　あはれなるようにて、強からず。

⑥**大友黒主**　そのさまいやし。

仮名序冒頭・例文

やまと歌は、人の心を種として、よろづの言の葉とぞなれりける。世の中にある人、ことわざしげきものなれば、心に思ふことを、見るもの、聞くものにつけて、言ひ出だせるなり。

訳 和歌は、人の心をもとにして、（それが）さまざまな言葉となったものであった。この世に生きる人は、直面する事柄やするべき行為が多いので、心に思うことを、その見聞したものに託して、表現したのである。

六歌仙（菱田春草筆）　左より小町、黒主、業平、康秀、遍昭、喜撰。

とをなすのに、別の日を待って行おうとしてはいけない。

中古の歌人

遍昭

八一六—八九〇。俗名良岑宗貞。仁明天皇に近侍し、天皇崩御とともに出家。六歌仙の一人。

歌風　軽妙洒脱・率直。

●**蓮葉のにごりに染まぬ心もて何かは露を玉とあざむく**（古今・夏・165）

在原業平

八二五—八八〇。阿保親王の子。『伊勢物語』の主人公のモデル。六歌仙の一人。

歌風　情熱的・技巧的。

●**月やあらぬ春や昔の春ならぬわが身ひとつはもとの身にして**（古今・恋五・747）

小野小町

生没年未詳。九世紀中ごろの人。仁明天皇の更衣かという。多くの伝説がある。六歌仙の一人。

歌風　繊麗・哀婉。

●**思ひつつ寝ればや人の見えつらむ夢と知りせばさめざらましを**（古今・恋二・552）

藤原敏行

？—九〇一。宇多天皇に仕えた。能書家としても知られる。

歌風　主観的叙情・主知的技巧。

●**秋来ぬと目にはさやかに見えねども風の音にぞおどろかれぬる**（古今・秋上・169）

素性

生没年未詳。九世紀末—十世紀初めの人。遍昭の子。出家後、宇多天皇の知遇を得る。

歌風　軽妙洒脱・平明華麗。

●**見渡せば柳桜をこきまぜて都ぞ春の錦なりける**（古今・春上・56）

紀友則

？—九〇五？。貫之のいとこ。『古今集』撰者の一人になるが、完成前に死去。

歌風　流麗平易・格調高雅。

●**君ならで誰にか見せむ梅の花色をも香をも知る人ぞ知る**（古今・春上・38）

伊勢

生没年未詳。九世紀末—十世紀前半の人。宇多天皇皇后温子に仕えた。

歌風　技巧的・流麗上品。

●**春霞立つを見捨てて行く雁は花なき里に住みやならへる**（古今・春上・31）

凡河内躬恒

生没年未詳。十世紀初めの人。『古今集』撰者の一人。貫之と並称される歌人。

歌風　機知的・即興的。

●**春の夜のやみはあやなし梅の花色こそ見えね香やは隠るる**（古今・春上・41）

紀貫之

？—九四五？。『古今集』撰者の一人として仮名序を書く。『土佐日記』の作者。

歌風　技巧的・理知的叙情。

●**袖ひちてむすびし水のこほれるを春立つ今日の風やとくらむ**（古今・春上・2）

壬生忠岑

生没年未詳。十世紀初めの人。『古今集』撰者の一人。歌論『忠岑十体』の作者という。

歌風　温和穏健・叙情的。

●**風吹けば峰にわかるる白雲の絶えてつれなき君が心か**（古今・恋二・601）

藤原兼輔

八七七—九三三。紫式部の曽祖父。堤中納言と称す。貫之・躬恒らと親交。

歌風　知的平明・軽妙洒脱。

●**人の親の心はやみにあらねども子を思ふ道に惑ひぬるかな**（後撰・雑一・1102）

藤原公任

九六六—一〇四一。『和漢朗詠集』『拾遺抄』など、編著書が多い。

歌風　率直平明・知的優美。

●**春来てぞ人も訪ひける山里は花こそ宿の主なりけれ**（拾遺・雑春・1015）

和泉式部

生没年未詳。十世紀末—十一世紀前半の人。『和泉式部日記』の作者か。

歌風　情熱的・即興的。

●**黒髪の乱れも知らずうち臥せばまづかきやりし人ぞ恋しき**（後拾遺・恋三・755）

能因

九八八—？。俗名橘永愷。藤原長能に師事。「すき」への志向を重んじた。

歌風　明快繊細・美的叙景。

●**都をば霞とともに立ちしかど秋風ぞ吹く白河の関**（後拾遺・羇旅・518）

曾禰好忠

生没年未詳。十世紀後半—十一世紀初めの人。曽丹後・曽丹と称された。

歌風　訴嘆調・新奇表現。

●**鳴けや鳴け蓬が杣のきりぎりす過ぎゆく秋はげにぞ悲しき**（後拾遺・秋上・273）

源俊頼

一〇五五—一一二九。『金葉集』撰者。『俊頼髄脳』の作者。

歌風　感覚新鮮・大胆自由。

●**うづら鳴く真野の入江の浜風に尾花波寄る秋の夕暮れ**（金葉・秋・239）

◆日本の名言　学道の人は後日を待ちて行道せんとや思ふことなかれ。（『正法眼蔵随聞記』）　道を学ぶ人は、やるべきこ

新古今和歌集

しんこきんわかしゅう

一二〇五年成立（中世・鎌倉時代前期）　撰者藤原定家ら六人

八番目の勅撰和歌集

王朝和歌の到達点を示す歌集。二十巻・約二千首。艶麗な歌風で余情美を重んじる。

『新古今和歌集』巻四

【書名】新古今和歌集。略して「新古今集」ともいう。八番目の勅撰集として『古今集』の伝統を受け継ぎ、しかも新たな方向をめざすという意味で名づけられた。

【撰者】後鳥羽院の院宣により、源通具・藤原有家・藤原定家・藤原家隆・藤原雅経・寂蓮の六人が撰に当たったが、院自身が実質的な中心人物であった。

【成立】成立過程は四期に分けられる。**第一期**は、一二〇一年（建仁元）十一月三日、和歌撰進の院宣が下され、撰者により撰歌が奉られるまで。**第二期**は、院により撰進歌が吟味・取捨された精選時代。**第三期**は、歌の部類立・配列を行った部類時代。一二〇五年（元久二）三月二十六日、いちおうの完成をみた。歌の切継（加除修正）作業は続けられ、最終的な成立は一二一〇年（承元四）以降、一二一六年（建保四）の間と推定される。この時期が**第四期**、切継時代である。

【内容・構成】**二十巻、約二千首**からなる。藤原親経の真名序と藤原良経の仮名序を備える。いずれも後鳥羽院が述べるところを記した形式となっている。

各巻の歌は**ほぼ季節順**に並べられ、前代歌人の歌群と当代歌人の歌群が交互に配列されている。長歌は一首もなく、すべて短歌で統一されている。

【歌風】『新古今集』の特色は、**観念を感覚的に形象化する象徴表現にある**。それを育てる基盤となったのが、当時盛んに行われた**題詠**であった。歌合といった公的な場で、定められた題について歌をよむこのやり方では、歌はもはや現実の情景や場面に即した直截的な心情表現ではなくなって、題詠という枠の中でできる限り複雑な内容を象徴的に表現する方向に変わってきた。その結果、**華麗**、**優美**、**繊細**、**妖艶**な新古今的虚構世界が生まれた。『新古今集』の代表的歌人である藤原俊成・定家父子はその世界で重んじられた余情美を、それぞれ「**幽玄**」「**有心**」という理念で説明している。

【表現】『新古今集』の歌には、象徴表現を支えるためにさまざまな技巧が凝らされている。**本歌取り**は、歌の中の言葉で本歌を連想させることにより、歌の世界が二重写しとなって余情を深める。また**序詞**や**掛詞**も一首の意味を複雑化し、内容を奥深くする効果をもつ。ほかに特徴ある表現方法として**三句切れ**、**体言止め**がある。この二つの技巧の併用で、一首の歌は上句と下句の間に内容的なつながりをもたなくなり、それが表現の上で結びつけられることにより、叙情を重厚にしている。

【史的評価】**『万葉集』『古今集』と並んで三大歌風の一つを形成する**。その歌風形成の裏には、源平動乱の暗い記憶をもち、一時の平和の中にも貴族政権の崩壊を見ていた歌人たちの目があった。『新古今集』はそうした社会的激動のさなかで、現実世界を離れて構築した、あやうい美の世界である。その影響は、心敬・宗祇らの連歌および連歌論、世阿弥の能楽論、芭蕉の俳論にと及び、近代に至っても明星派の与謝野晶子や象徴派の詩人たちにその価値を認められている。

隠岐本『新古今和歌集』

一二二一年（承久三）七月、後鳥羽院は承久の乱に敗れ、隠岐に流された。隠岐における後鳥羽院の生活は、『増鏡』（新島守）に、「遠島御百首」の歌を引きつつ、あわれ深く叙述されている。一二三四年（文暦元）から翌年ごろにかけて、後鳥羽院は『新古今和歌集』から約四百首を除き、これが後世に伝えるべき正しい『新古今和歌集』である旨の跋文を加えた。これを隠岐本『新古今和歌集』と呼ぶ。

『新古今和歌集』の古写本の中には、隠岐本で除かれた歌を合点（記号）で示し、隠岐本の跋文を付載するものもあったが、隠岐本そのものと認定される写本は発見されていなかった。一九九五年（平成七）、藤原定家の子孫である冷泉家の秘庫から、成立時にきわめて近いころに書写された隠岐本の古写本が発見された。これは切継の実態を明かしてくれる資料としても貴重である。

後鳥羽院

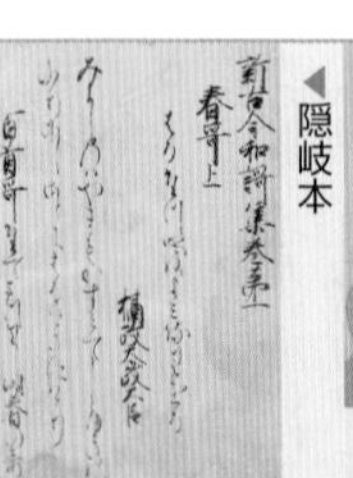

◀隠岐本

否定されるべきむなしいものだ。

中世の歌人

藤原俊成 一一一四—一二〇四。定家の父。法名釈阿。『千載集』の撰者。家集『長秋詠藻』。
歌風 清浄美・余情優艶。
● **夕されば野辺の秋風身にしみてうづら鳴くなり深草の里** (千載・秋上・259)

西行 一一一八—一一九〇。俗名佐藤義清。『新古今集』に最多の九十四首入集。家集『山家集』。
歌風 自然美・自己省察。
● **さびしさに堪へたる人のまたもあれな庵並べむ冬の山里** (新古今・冬・627)

藤原実定 一一三九—一一九一。後徳大寺左大臣と称す。俊成・俊恵らと親交。家集『林下集』。
歌風 絵画的・感覚的。
● **なごの海の霞の間より眺むれば入る日を洗ふ沖つ白波** (新古今・春上・35)

寂蓮 一一三九?—一二〇二。俗名藤原定長。俊成の養子。『新古今集』の撰者の一人になるが、完成前に死去。
歌風 優艶・繊細巧緻。
● **暮れてゆく春の湊は知らねども霞に落つる宇治の柴舟** (新古今・春下・169)

式子内親王 一一四九—一二〇一。後白河天皇皇女。賀茂の斎院となり、のち出家。俊成・定家に和歌を学ぶ。
歌風 清浄・優艶。
● **山深み春とも知らぬ松の戸にたえだえかかる雪の玉水** (新古今・春上・3)

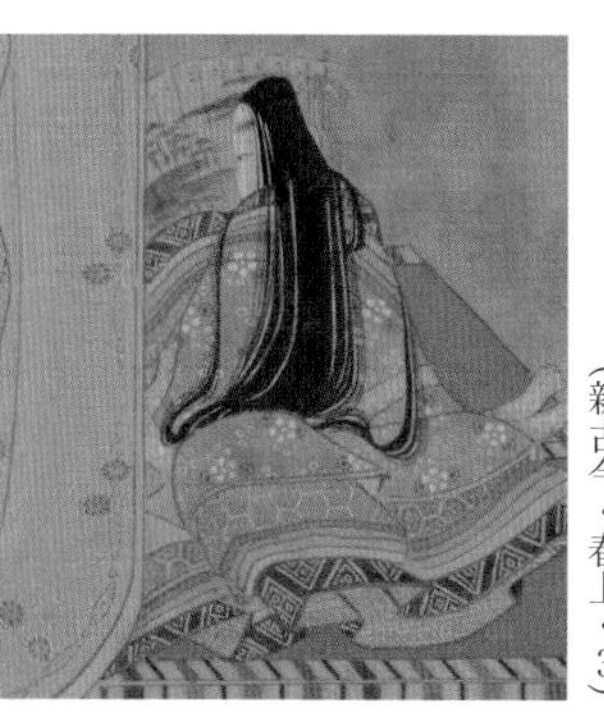

慈円 一一五五—一二二五。天台座主。家集『拾玉集』。史論『愚管抄』の著者。
歌風 端正・調和。
● **わが恋は松を時雨の染めかねて真葛が原に風さわぐなり** (新古今・恋一・1030)

藤原家隆 一一五八—一二三七。壬生二品と称す。『新古今集』撰者の一人。家集『壬二集』(玉吟集)。
歌風 平淡・清澄。
● **志賀の浦や遠ざかりゆく波間より凍りて出づる有明の月** (新古今・冬・639)

藤原定家 一一六二—一二四一。俊成の子。『新古今集』撰者の一人。晩年に『新勅撰集』を撰ぶ。家集『拾遺愚草』。
歌風 幻想的象徴美・古典的構想美。
● **春の夜の夢の浮橋とだえして峰にわかるる横雲の空** (新古今・春上・38)

藤原良経 一一六九—一二〇六。後京極殿と称す。『新古今集』仮名序の作者。家集『秋篠月清集』。
歌風 清新高雅・漢詩的風韻。
● **人住まぬ不破の関屋の板びさし荒れにしのちはただ秋の風** (新古今・雑中・1599)

藤原雅経 一一七〇—一二二一。飛鳥井と号す。『新古今集』撰者の一人。家集『明日香井集』。
歌風 秀句志向・技巧的。
● **移りゆく雲に嵐の声すなり散るか正木の葛城の山** (新古今・冬・561)

藤原俊成女 一一七一?—一二五四?。母方の祖父俊成の養女。評論『無名草子』の作者と目される。
歌風 幻想的・艶麗哀切。
● **面影の霞める月ぞ宿りける春や昔の袖の涙に** (新古今・恋二・1136)

後鳥羽上皇 一一八〇—一二三九。第八十二代天皇。上皇として『新古今集』の撰進を下命。
歌風 優艶流麗・印象鮮明。
● **見渡せば山もと霞む水無瀬川夕べは秋と何思ひけむ** (新古今・春上・36)

藤原秀能 一一八四—一二四〇。承久の乱に敗れ、出家して如願と称した。家集『如願法師集』。
歌風 平明暢達・心情直叙。
● **夕月夜潮満ち来らし難波江の葦の若葉に越ゆる白波** (新古今・春上・26)

宮内卿 一一八五?—一二〇五?。後鳥羽院に仕えた。俊成女と並称される女性歌人だが、夭折した。
歌風 知巧的・絵画的。
● **濃く薄き野辺の緑の若草に跡まで見ゆる雪のむら消え** (新古今・春上・76)

源実朝 一一九二—一二一九。頼朝の子。鎌倉幕府三代将軍。定家に師事。家集『金槐和歌集』は万葉調の和歌を含む。
歌風 壮大・勇渾。
● **大海の磯もとどろに寄する波割れて砕けて裂けて散るかも** (金槐集・雑・697)

◆日本の名言 万事は皆非なり。言ふに足らず、願ふに足らず。(『徒然草』第38段) 人の欲望の対象となるすべてのものは、

『万葉集』『古今集』『新古今集』の比較

（歌数には異説のあるものが多い。）

	万葉集	古今集	新古今集
成立	奈良時代後期 759年（天平宝字３）以後	平安時代初期 905年（延喜５）以後	鎌倉時代初期 1205年（元久２）以後
巻数歌数	20巻　約4500首	20巻　約1100首	20巻　約2000首
撰者	不明 （大伴家持説が有力）	紀貫之 凡河内躬恒 紀友則 壬生忠岑	源通具 藤原有家 藤原定家 藤原家隆 藤原雅経 寂蓮
主要歌人（歌数）	額田王13 柿本人麻呂85 高市黒人18 山部赤人50 山上憶良77 高橋虫麻呂32 大伴旅人79 大伴家持479 坂上郎女85	在原業平30 小野小町18 素性法師36 紀貫之102 紀友則46 凡河内躬恒60 壬生忠岑35 藤原敏行19 伊勢22	西行94 慈円92 藤原良経79 藤原俊成73 式子内親王49 藤原定家46 藤原家隆43 寂蓮35 後鳥羽院33
時代区分	第一期（近江飛鳥時代） 第二期（藤原宮時代） 第三期（奈良時代前期） 第四期（奈良時代後期）	第一期（よみ人知らず時代） 第二期（六歌仙時代） 第三期（撰者時代）	古代歌群（万葉・古今・後撰・拾遺集時代中心の歌群） 近代歌群（後拾遺・金葉・詞花・千載・新古今集時代中心の歌群）
分類	雑歌 相聞 挽歌 （整っていない）	春（上下） 夏 秋（上下） 冬 賀・離別・羇旅 物名・恋（一―五） 哀傷・雑（上下） 雑体・大歌所御歌 （整然としている）	春（上下） 夏 秋（上下） 冬 賀・哀傷・離別 羇旅・恋（一―五） 雑（上中下） 神祇・釈教 （整然としている）
形式・格調	**五七調**｛二句切れ／四句切れ｝ 初句切れはほとんどない 三句切れは少ない **助詞止めが最も多い** 助動詞止めが助詞止めの1/2、体言止め・連体止めが少ない 字余りを気にしない	**七五調が増加** 三句切れが増加 **助動詞止めが最も多い** 助詞止めが助動詞止めの1/2 体言止めが少ない53 連体止めはやや増加 字余りはほとんどない	**七五調が中心** 三句切れが多い 初句が独立していく傾向（初句切れ108） **体言止めは大変多い**470 助詞止め・助動詞止めは同数 倒置法が多い **連体止めが多い**552
修辞	◎**枕詞・序詞**が多い。 ◎掛詞・縁語はほとんどない。 ◎対句・反復。	◎**掛詞・縁語・比喩中心**。 ◎枕詞は使われるが種類が少ない。 ◎擬人法。	◎**本歌取り**が多い。 ◎掛詞・縁語は修辞の中心にならない。 ◎枕詞も少ない。
作歌態度	◎現実生活の感動を直線的に表現して**直感的・具象的**である。 ◎情趣的なものだけでなく、現実生活に即した幅広い題材を豊富な用語でよみあげる。	◎生活から遊離し、**観念的・遊戯的**な傾向が強い。 ◎感情をあらわにすることなく、技巧を凝らし、屈折のある表現で、情趣的な美的題材をよみあげる。	◎心象を**象徴的**に表現し、美的官能の世界を構成しようとする。 ◎言葉の韻律的な連なりによって、華麗で夢幻的な情調を出し、余情を重んじる。
歌風	**感動** 素朴 男性的 叙事的 直線的 ますらをぶり	**情趣** **優雅** 女性的 叙情的 曲線的 理知的 みやび たをやめぶり	**幽玄** **有心** **艶麗** 叙景的 複合的 夢幻的 唯美的 絵画的 音楽的
歌体	短歌4207 長歌265 旋頭歌62 仏足石歌1 短連歌1	短歌1091 長歌5 旋頭歌4	短歌1978

どうしたらよいかと問われたときの法然の言葉を引用したもの。

勅撰和歌集一覧

天皇や上皇の勅命によって編纂された歌集「勅撰和歌集」は、『古今和歌集』以下二十一集あり、「二十一代集」と総称される。『拾遺和歌集』までを「三代集」、『新古今和歌集』までを「八代集」、以下を「十三代集」とも呼ぶ。

時代	名称			歌集名	成立	巻数・歌数	下命者	撰者	歌風・特色
平安	二十一代集	八代集	三代集	①古今和歌集	九〇五年？	20巻・約一一〇〇首	醍醐天皇	紀貫之・紀友則・壬生忠岑・凡河内躬恒	情趣・優雅・機知の古今風。
平安	二十一代集	八代集	三代集	②後撰和歌集	九五一年？	20巻・約一四二五首	村上天皇	源順・大中臣能宣・清原元輔・紀時文・坂上望城＊	人事詠が多い。「褻」の歌。
平安	二十一代集	八代集	三代集	③拾遺和歌集	一〇〇七年？	20巻・約一三五一首	花山上皇	花山上皇か ＊梨壺の五人という。	屏風歌が多い。「晴」の歌。
平安	二十一代集	八代集		④後拾遺和歌集	一〇八六年	20巻・約一二一八首	白河天皇	藤原通俊	旧保と革新。当代歌に重点。
平安	二十一代集	八代集		⑤金葉和歌集	一一二六年？	10巻・約六五〇首	白河上皇	源俊頼	革新的。叙景歌に新風。
平安	二十一代集	八代集		⑥詞花和歌集	一一五一年？	10巻・約四一五首	崇徳上皇	藤原顕輔	清新な歌風。「戯れ歌」も多い。
平安	二十一代集	八代集		⑦千載和歌集	一一八七年	20巻・約一二八八首	後白河上皇	藤原俊成	幽玄。静寂。『古今集』回帰。
鎌倉	二十一代集	八代集		⑧新古今和歌集	一二〇五年？	20巻・約一九七八首	後鳥羽上皇	源通具・藤原有家・藤原定家・藤原家隆・藤原雅経・寂蓮	有心・余情・妖艶の新古今風。
鎌倉	二十一代集	十三代集		⑨新勅撰和歌集	一二三五年？	20巻・約一三七四首	後堀河天皇	藤原定家	⑦を継承。平淡美。
鎌倉	二十一代集	十三代集		⑩続後撰和歌集	一二五一年	20巻・約一三七一首	後嵯峨上皇	藤原為家	⑨を継承するが、平板。
鎌倉	二十一代集	十三代集		⑪続古今和歌集	一二六五年	20巻・約一九一五首	後嵯峨上皇	藤原為家・藤原基家・藤原行家・藤原光俊・藤原家良	新古今風で華麗だが、古風。
鎌倉	二十一代集	十三代集		⑫続拾遺和歌集	一二七八年	20巻・約一四五九首	亀山上皇	藤原為氏	⑩を継承。穏健。優雅。
鎌倉	二十一代集	十三代集		⑬新後撰和歌集	一三〇三年？	20巻・約一六〇七首	後宇多上皇	二条為世	二条派の伝統的歌風。平明。
鎌倉	二十一代集	十三代集		⑭玉葉和歌集	一三一二年	20巻・約二八〇〇首	伏見上皇	京極為兼	京極派の客観的歌風。叙景歌。
鎌倉	二十一代集	十三代集		⑮続千載和歌集	一三二〇年	20巻・約二一四三首	後宇多上皇	二条為世	二条派の伝統表明。⑭に対抗。
鎌倉	二十一代集	十三代集		⑯続後拾遺和歌集	一三二六年？	20巻・約一三五三首	後醍醐天皇	二条為藤・二条為定	二条派の伝統的歌風。平明。
南北朝	二十一代集	十三代集		⑰風雅和歌集	一三四九年？	20巻・約二二一一首	花園上皇	光厳上皇	京極派の集大成。自然観照。
南北朝	二十一代集	十三代集		⑱新千載和歌集	一三五九年	20巻・約二三六五首	後光厳天皇	二条為定	二条派重視。穏当。平明。
南北朝	二十一代集	十三代集		⑲新拾遺和歌集	一三六四年	20巻・約一九二〇首	後光厳天皇	二条為明・頓阿	⑱の直後。新味乏しく、平凡。
南北朝	二十一代集	十三代集		⑳新後拾遺和歌集	一三八四年	20巻・約一五五四首	後円融天皇	二条為遠・二条為重	二条派重視。作者階層の拡大。
室町	二十一代集	十三代集		㉑新続古今和歌集	一四三九年	20巻・約二一四四首	後花園天皇	飛鳥井雅世	新古今風と二条派歌風の融合。

本阿弥光悦筆和歌巻断簡「おほけなく浮世の民におほふかな我立杣に墨染の袖」（『千載和歌集』歌意はp. 194参照。）

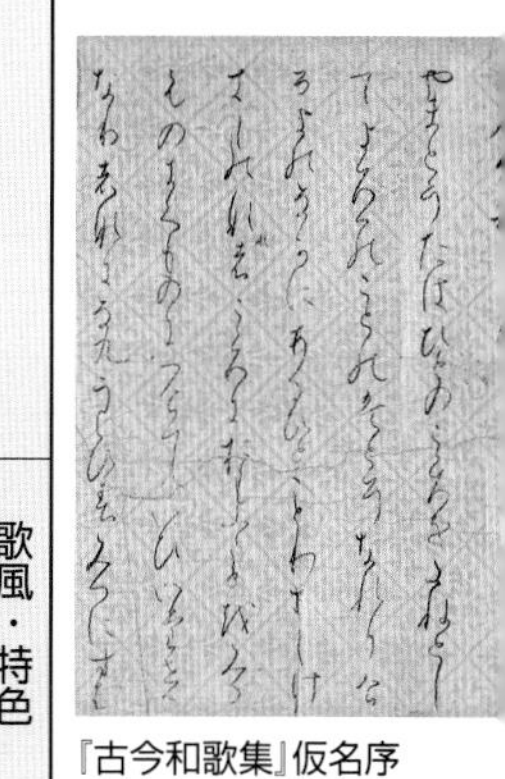
『古今和歌集』仮名序

◆日本の名言 目のさめたらんほど、念仏し給へ。（『徒然草』第39段） 眠気に襲われて念仏の行を怠ることがあるのを、

和歌の修辞

種類・解説	例文
枕詞 意味的・音的類縁性の関連をもつ一定の語の上にかかり、情緒的な色彩を添えながら、句調を整えるのに用いられる。普通五音である。	(1)意味的な関連によるもの a修飾的 **あかねさす紫野行き標野行き野守は見ずや君が袖振る** (万葉集) b比喩的 **降る雪の白髪までに大君に仕へまつれば貴くもあるか** (万葉集) (2)音的類縁性によるもの a音調的 **浅茅原つばらつばらに物思へば故りにし里し思ほゆるかも** (万葉集) b掛詞的 **わが待たぬ年は来ぬれど冬草のかれにし人はおとづれもせず** (枯・離) (古今集)
序詞 枕詞と機能は同じであるが、一句からなる枕詞とは違って、長いものである。掛かる言葉も枕詞のように一定せず、自由に修飾できるため、和歌に複雑な効果を与える。『万葉集』によく使われている。	(1)意味的な関連によるもの a比喩の序詞 **み熊野の浦の浜木綿百重なす心は思へど直にあはぬかも** (万葉集) (み熊野の浦の浜木綿は幾重も重なっているが、そのようにあなたを心で思っていても直接お会いしていないことだなあ。) (2)音的類縁性によるもの a同音反復の序詞 **みかの原わきて流るるいづみ川いつ見きとてか恋しかるらむ** (新古今集) (みかの原を分けて、わき出て流れるいずみ川ではないが、私はあの人をいつ見たというので、こんなにも恋しいのだろうか。) b掛詞の序詞 **立ちわかれいなばの山の峰に生ふるまつとし聞かば今帰り来む** (松)(待つ) (古今集) ((あなたと)別れて因幡に行っても、あの稲葉山の峰に生えている松のように、(あなたが私を)待つと聞いたなら、すぐに帰って来ましょう。)
掛詞 同音の一つの言葉で、二つ以上の意味を表す技法である。「言い掛け」ともいい、「懸詞」の字をあてることもある。歌や文の意味内容を複雑にし豊かにする。	(1)前後の文脈をつなぐ掛詞 **ももしきやふるき軒ばのしのぶにもなほあまりある昔なりけり** (偲ぶ)(忍ぶ) (続後撰集) (宮中は荒れ果て、古い軒ばの忍ぶ草を見るにつけても、偲んでも偲びきれない昔の御代だよ。) (2)前の語句を並列的に受ける掛詞 **山里は冬ぞさびしさまさりける人めも草もかれぬと思へば** (離れ)(枯れ) (古今集)

主要枕詞一覧

枕詞	修飾する語
あかねさす	日・昼・紫・君
あきつしま	大和
あさつゆの	消・消え・おく・命
あしびきの	山・峰・尾の上・固有の山の名
あづさゆみ	引く・張る・射る・音・末
あまざかる	日・鄙・向かふ
あまとぶや	雁・軽・領布
あらがねの	土・地
あらたまの	年・月・日・春
あをによし	奈良
いさなとり	海・浜・灘・湖
いそのかみ	古・降る・振る
いはばしる	垂水・滝
うつせみの	命・世・人・身・空し・殻
うばたまの	黒・闇・夜・夢・月
うまさけ	三室・三輪・かみ
おきつもの	なばり・なびく
おほともの	御津・高師
かきつばた	にほふ・さき沼
からころも	着る・裁つ・紐・袖・裾
くさまくら	旅・ゆふ・仮・むすぶ
くれたけの	節・ふし・世・夜
ささなみの	近江・志賀・大津
さねかづら	のちも逢ふ
さねさし	相模
しきしまの	大和
しろたへの	衣・袖・雪・袂・雲
そらにみつ	大和
たたなづく	青垣

多くは心からかかる。外界から来る病は少ない。

修辞	説明	例
	『古今集』以後の和歌に盛んに用いられた。	(山里は、冬が特にさびしさがまさっているよ。人も訪ねて来なくなり、草も枯れてしまうと思うと。)
縁語	一首中のある語と密接な関係がある語を、互いに縁語という。掛詞の技巧とともに使われることが多い。連想によって複雑なイメージを構成する。題詠の場合、特に重視され、『新古今集』に盛んに表れる。	◎**青柳の糸よりかくる春しもぞ乱れて花のほころびにける**（古今集） 柳の枝を糸に見たて、「糸」に関係のある「よりかくる」「乱れ」「ほころび」を用いている。 ◎**鈴鹿山うき世をよそにふり捨てていかになりゆくわが身なるらむ**（新古今集） 鈴鹿山の「鈴」に関係のある「ふり」「なり」（「成りゆく」と掛けている）を用いている。
本歌取り	古歌の特徴的な語句をもとにして、一首を作る方法。古歌のイメージの上に新たな世界を展開させ、複雑な情感を生み出し、余情・余韻を深める。	◎（本歌）**み吉野の山の白雪積もるらしふるさと寒くなりまさるなり**（古今集） ◎（本歌取り）**み吉野の山の秋風さ夜更けてふるさと寒く衣うつなり**（新古今集） 本歌の寒々としたみ吉野の情景を下敷きとしながら、季節を冬から秋に移し、衣をうつ音を入れることによって、寂寥としたイメージの増幅を図っている。
折句	物の名を一音ずつに分けて、各句の頭においてよみこむ技法。	◎**唐衣きつつなれにしつましあればはるばるきぬる旅をしぞ思ふ**（伊勢物語） 各句の頭の「唐・着・つ・は・旅」に、植物の名前「かきつばた」をよみこんでいる。
歌枕	和歌によむ地名や名所をいう。その名称から連想されるイメージもよみこまれる。	◎**都をば霞とともに立ちしかど秋風ぞ吹く白河の関**（後拾遺集） 歌枕の「白河の関」は、「みちのくへの玄関口」のイメージをもつ。
体言止め	普通、歌の結句の終わりの文節に体言を用いて、余韻・余情を表す技法をいう。	◎**春の夜の夢の浮橋とだえして峰に分かるる横雲の空**（新古今集） ◎**心なき身にもあはれは知られけり鴫立つ沢の秋の夕暮れ**（新古今集） ◎**山深み春とも知らぬ松の戸にたえだえかかる雪の玉水**（新古今集）
句切れ	結句以外の句で終止していることをいう。一首中に二か所以上切れるものもあれば、句切れのない歌もある。二句切れ、四句切れは**五七調**、初句切れ、三句切れは**七五調**に近い。	◎**句切れのない歌** 石激る垂水の上の早蕨の萌え出づる春になりにけるかも（万葉集） ◎**初句切れ** 契りきな／かたみに袖をしぼりつつ末の松山波越さじとは（後拾遺集） ◎**二句切れ** 何処にか船泊てすらむ／安礼の崎漕ぎ廻み行きし棚無し小舟（万葉集） ◎**三句切れ** 嘆けとて月やはものを思はする／かこち顔なるわが涙かな（千載集） ◎**四句切れ** わが背子が帰り来まさむ時のため命残さむ／忘れたまふな（万葉集） ◎**句切れが二か所以上ある場合** またや見ん／交野のみ野の桜狩り／花の雪散る春のあけぼの（新古今集）

枕詞	かかる語
たたみこも	へ・隔て・平群
たまくしげ	ふた・箱・み・明く
たまだすき	懸け・畝火
たまづさの	使ひ・妹・言・通ふ
たまのをの	長き・短き・絶ゆ
たまぼこの	道・里人・手向けの神
たまもかる	敏馬・沖
たらちねの	母・親
ちはやぶる	神・社・氏・宇治
つがのきの	つぎつぎに
つゆじもの	消ゆ・おく
とりがなく	東
なつくさの	しげき・ふかく・野
にほどりの	かづく・葛飾・なづさふ
ぬえどりの	片恋・のどよふ
ぬばたまの	黒・闇・夜・夢・月
はるがすみ	立つ・春日
ひさかたの	天・雨・空・月・雲・光
ふゆごもり	春・張る
みづぐきの	岡・跡・かき・流れ
みづどりの	鴨・浮き・立つ・憂き
むらぎもの	心
むらさきの	匂ふ・名高し・心
もののふの	八十氏川・宇治川・矢田・氏
ももしきの	宮・大宮
ももづたふ	八十・五十・渡る・津・石
やくもたつ	出雲
やすみしし	わが大君
やまかはの	たぎつ・おと・あさ
やまのゐの	飽く・浅き
ゆふづくよ	暁闇・をぐらし
わかくさの	夫・妻・新・若

◆日本の名言 病を受くることも、多くは心より受く。外から来る病は少なし。（『徒然草』第129段） 病気にかかることも、

たけとりものがたり　十世紀中ごろまでに成立（中古・平安時代前期）　作者未詳

竹取物語

◆現存する最古の作り物語

かぐや姫を主人公とした伝奇的作り物語。貴族社会への風刺も含む。「物語の出で来はじめの祖」。

『竹取物語』冒頭

【書名】竹取物語。平安中期には「竹取の翁の物語」「かぐや姫の物語」とも呼ばれた。

【作者】未詳。(1)源順、(2)源融、(3)僧正遍昭などの説がある。仮名の文章力に長じ、漢籍の教養も深い知識人だと推定される。

【成立】素朴な原型「竹取翁伝」から発展したもの。成立時期は、仮名が普及したのち、九〇一年—九五六年（延喜以後、天暦以前）ごろか。

【内容・構成】**(1)かぐや姫のおいたち、(2)五人の貴公子と帝の求婚、(3)かぐや姫の昇天、の三つの部分からなる。**古代の説話、(1)竹取翁譚、(2)妻争い説話、(3)羽衣伝説を下敷きにし、巧みに話を展開する。

昔、竹取の翁が竹の中に三寸ばかりの小さな女の子を見つけた。育てると、三月ばかりで美しい女性に成人した。体から光を放つので、なよ竹のかぐや姫と名づけられた。多くの求婚者の中でも特に熱心な五人の貴公子がいた。かぐや姫は、結婚の条件として、石作皇子には仏の御石の鉢を、倉持皇子には蓬莱の玉の枝を、右大臣阿部御主人には火鼠の皮衣を、大納言大伴御行には竜の頸の玉を、中納言石上麻呂足には燕の子安貝をそれぞれ持って来るようにと言う。しかし、いずれも姫の難題解決に失敗して、結婚できなかった。最後に帝から入内の勧めがあったが、姫は固く辞退した。三年めの春ごろから姫は月を見てもの思いにしずむ。月から迎えが来るのである。これを防ごうとする数多くの兵士たちの努力もむなしく、姫は天の羽衣を着て昇天していく。

(1)のかぐや姫のおいたちと、(3)の昇天の部分が幻想的であるのに対し、中間の求婚の話は、写実的で笑いの要素が濃い世態小説になっている。**空想的な世界に現実が織り込まれ、欺瞞に満ちた上級貴族の生活を諷しているといえよう。**

また一方、輝くばかりの美しさをもち、地上の人間と結婚することなく、多くの人々の嘆きを残して昇天するかぐや姫の姿には、**古人の永遠の憧憬が託されている。**

【文体】**漢文訓読風の口調の交じる和文。**淡々と事実を述べ、主観の表出を抑えた簡古素朴な表現である。

【史的評価】『源氏物語』に「物語の出で来はじめの祖なる竹取の翁」と記され、**物語文学の元祖とされている。和文による初めての伝奇的な作り物語で、**後続の作品に及ぼした影響は大きい。

冒頭・例文

今は昔、竹取の翁といふ者ありけり。野山にまじりて竹を取りつつ、よろづのことに使ひけり。名をば、さかきの造となむいひける。その竹の中に、もと光る竹なむ一筋ありける。あやしがりて寄りて見るに、筒の中光りたり。

訳 昔々、竹取の翁という者がいた。野山に分け入って竹を取っては、いろいろなものに使っていた。翁の名を、さかきの造といった。翁の取る竹の中に、根元が光る竹が一本あった。不思議に思って寄って見ると、筒の中が光っている。

❖『竹取物語』のモデル

阿部御主人、大伴御行、石上麻呂(足)は『日本書紀』持統天皇十年十月の記事などに名の見える実在人物。この同じ記事に名の見える多治比真人と藤原不比等を、石作皇子、倉持皇子のモデルとする説もある。また、かぐや姫の求婚者として最後に登場する天皇に、孝安天皇、欽明天皇、天智天皇、天武天皇、桓武天皇などの実在の天皇の名をあげる伝承もある。

▼かぐや姫（英一蝶筆）

『竹取物語絵巻』より

竹の中から身の丈三寸ほどの女の子を見つけた竹取の翁は、その子を家に持ち帰り(❶)、大切に養育する。三月ばかりで美しい女性に成人したかぐや姫に求婚する者は多かったが、中でも熱心な五人の貴公子がいた(❷)。かぐや姫は彼らのそれぞれに、結婚の条件として難題を示す。石作皇子は仏の御石の鉢(❸)、倉持皇子は蓬萊の玉の枝(❹)、阿部の右大臣は火鼠の皮衣(❺)、大伴の大納言は竜の頸の玉(❻)、石上の中納言は燕の子安貝(❼)に挑戦するが、みな失敗する。かぐや姫の類ない美しさを聞いた帝も、自ら翁の邸に出向いて求婚するが、かぐや姫はそれを固辞した(❽)。それから三年ほどのち、かぐや姫は自分の正体を翁に明かし、月に帰る日が近づいたことを告げる。その年の八月十五日の夜、月からの迎えの使者に連れられてかぐや姫は昇天した(❾)。形見の不死の薬の顚末(❿)を結びに、物語は幕を閉じる。

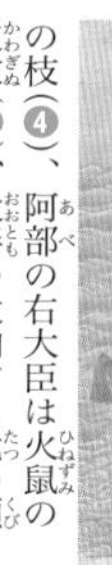
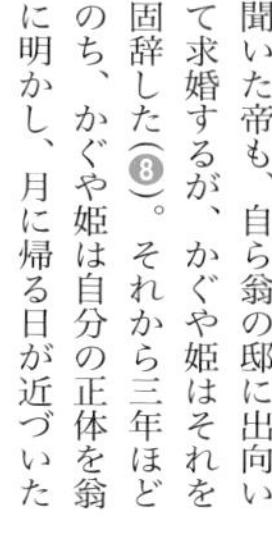

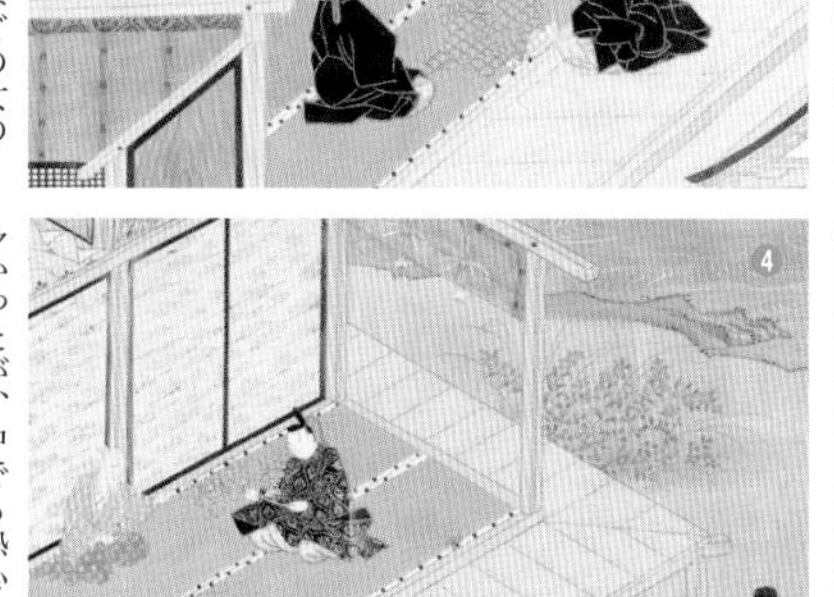

◆日本の名言　花は盛りに、月はくまなきをのみ見るものかは。(『徒然草』第137段)　花は満開のさまだけ、秋の月は満

伊勢物語

いせものがたり

十世紀中ごろまでに成立（中古・平安時代前期）　作者未詳

◆「男」の一代記ふう歌物語

在原業平をモデルにした「男」の初冠から辞世の歌まで、みやびな愛の世界を描く。約百二十五段。

『伊勢物語』

【書名】**伊勢物語**。「在五が物語」「在五中将の日記」とも呼ばれた。在五とは在原業平のことである。「伊勢物語」と呼ばれたのは、業平原作に女性歌人の伊勢が手を加えたためだとか、物語中の伊勢斎宮の記事によるとか、諸説あるが、定かではない。

【作者】未詳。(1)業平の作、(2)業平の作に次男の滋春が書き継いだもの、(3)業平の作に伊勢が補筆したもの、(4)紀貫之の作、などの諸説がある。

【成立】九〇一年（延喜元）以前に原型がなり、業平の家集『業平集』を参考として作られた『原伊勢物語』が、増補され種々の異本が成立したと考えられる。

【内容・構成】伝本によって異なるが、**約百二十五段からなり、約二百十首の歌を含む**。章段の配列法も伝本によって差があるが、現存の『伊勢物語』は、初冠から始まって、辞世をよむところで終わっている。在原業平の歌を中心とし、男主人公の一代記ふうの構成で、二条后との恋、伊勢斎宮との恋、東下り、惟喬親王との主従の物語などが主な枠を作り、これに関連する小話が付け加えられた形になっている。

内容的には、男女間の愛情の話が多い。主人公に配される女性は、后、斎宮のような高貴な女性から下層の召し使いまで多種多様である。この色好みの主人公は、理想の男性として扱われており、彼の奔放な生命力とその「**みやび**」の精神は、和歌と散文との交錯が生み出す叙情と相まって、平安貴族社会で愛されてきた。

【文体】語彙は少なく、文章も極度に単純化されている。各段は「**昔、男ありけり。**」で始まるものが多く、助動詞「けり」を効果的に繰り返して話を進めていく。

【史的評価】**歌物語**というジャンルを開いた最初の作品。後続の『大和物語』や『平中物語』をはじめ、『源氏物語』の構想にも影響を与えた。

第一段・例文

昔、男、初冠して、平城の京、春日の里に、しるよしして、狩りにいにけり。

訳 昔、ある男が、元服して、奈良の旧都、春日の里に、（そこを）領有している縁で、狩りに出かけた。

◆業平関連年譜

西暦	事項
八二五	業平誕生。
八二六	在原の姓を賜る。
八四二	二条后高子誕生。
八四四	惟喬親王誕生。
八四九	従五位下。
八五〇	文徳天皇即位、惟仁親王（清和天皇）立太子。
八五八	恬子内親王、伊勢斎宮。
八六五	右馬頭。
八六六	高子、清和天皇女御。
八七二	七月、惟喬親王出家。
八七七	従四位上。
八七九	蔵人頭。
八八〇	五月死去。

『伊勢物語』参考系図

══ は養子関係を示す。

50 桓武
51 平城 ― 阿保親王 ― 在原行平／在原業平
伊都内親王（阿保親王との間に在原業平）
52 嵯峨 ― 源融
52 嵯峨 ― 54 仁明 ― 55 文徳
53 淳和
紀名虎 ― 有常 ― 女
紀名虎 ― 静子
55 文徳・静子 ― 惟喬親王／恬子内親王（伊勢斎宮）
藤原冬嗣 ― 長良／良房／順子（五条后）
順子 ― 55 文徳
長良 ― 基経／国経／高子（二条后）
良房 ══ 基経
良房 ― 明子（染殿后）
55 文徳・明子 ― 56 清和
56 清和・高子 ― 57 陽成

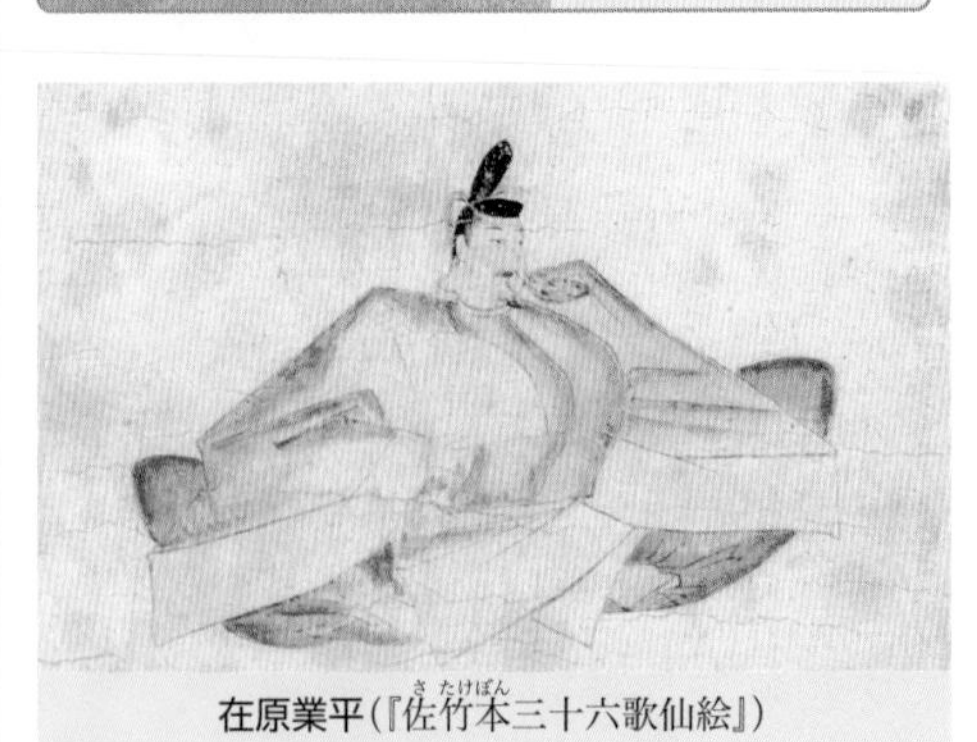

在原業平（『佐竹本三十六歌仙絵』）

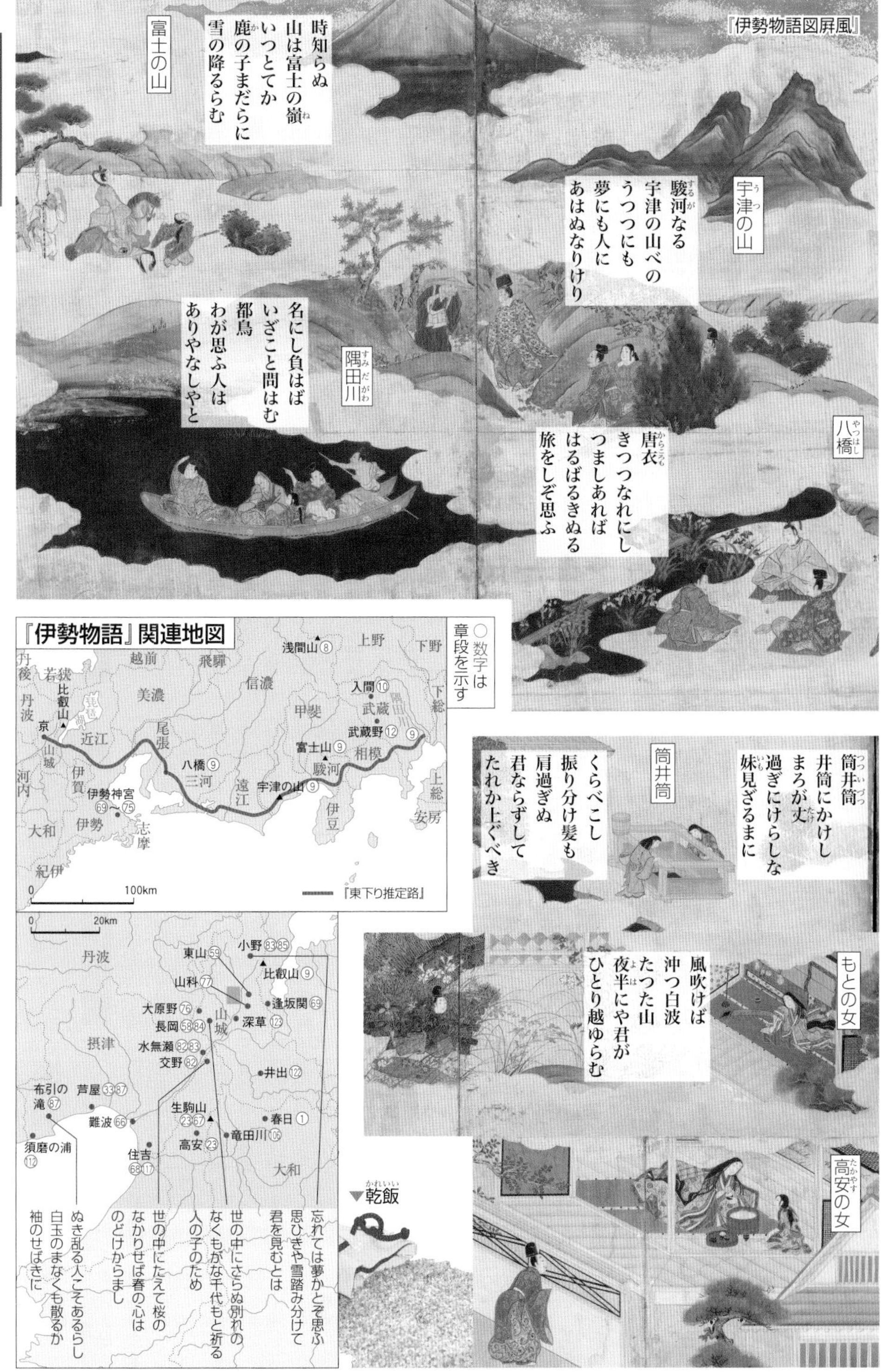
『伊勢物語図屏風』
富士の山
時知らぬ
山は富士の嶺
いつとてか
鹿の子まだらに
雪の降るらむ
宇津の山
駿河なる
宇津の山べの
うつつにも
夢にも人に
あはぬなりけり
隅田川
名にし負はば
いざこと問はむ
都鳥
わが思ふ人は
ありやなしやと
八橋
唐衣
きつつなれにし
つましあれば
はるばるきぬる
旅をしぞ思ふ
『伊勢物語』関連地図
○数字は章段を示す
丹後
若狭
越前
飛騨
信濃
上野
下野
浅間山⑧
比叡山
琵琶湖
美濃
入間⑩
武蔵
隅田川
下総
丹波
京
近江
甲斐
武蔵野⑫
⑨
山城
尾張
富士山⑨
相模
八橋⑨
三河
駿河
河内
伊賀
遠江
宇津の山⑨
上総
伊勢神宮
69〜75
伊豆
安房
大和
伊勢
志摩
紀伊
0
100km
『東下り推定路』
0
20km
丹波
東山59
小野83 85
比叡山⑨
山科77
逢坂関69
大原野76
長岡58 84
山城
深草123
摂津
水無瀬82 83
交野82
井出122
布引の滝87
芦屋33 87
難波66
生駒山23 67
春日①
竜田川106
高安23
須磨の浦112
住吉68 117
大和
忘れては夢かとぞ思ふ思ひきや雪踏み分けて君を見むとは
世の中にさらぬ別れのなくもがな千代もと祈る人の子のため
世の中にたえて桜のなかりせば春の心はのどけからまし
ぬき乱る人こそあるらし白玉のまなくも散るか袖のせばきに
乾飯
筒井筒
筒井筒
井筒にかけし
まろが丈
過ぎにけらしな
妹見ざるまに
くらべこし
振り分け髪も
肩過ぎぬ
君ならずして
たれか上ぐべき
もとの女
風吹けば
沖つ白波
たつた山
夜半にや君が
ひとり越ゆらむ
高安の女

やまとものがたり　平安中期

大和物語

◆『伊勢物語』と並ぶ歌物語

【書名】大和物語。書名の由来は『伊勢物語』に対する命名か。

【作者】未詳。宇多天皇の周辺の女房たちが関与しているかという。

【成立】九五一年(天暦五)ごろ成立。以後増補されて現在の形になった。

【内容・構成】百七十三段に区切るのが普通。和歌二百九十五首(うち、連歌が二首)。**和歌にまつわる説話、歌語りの集成で、天皇はじめ貴族、僧、女性など実在人物に関する話が前半に多く、百四十七段以後は、蘆刈・姨捨などの伝説的な話が多い。**『伊勢物語』が業平の一代記に近い性格を持つのに対して、『大和物語』の構成は無秩序に見えるが、配列には連想や歌題意識を生かしている。

【文体】口伝えの歌語りを文字化するときに作者の筆が加わり、例えば、『古今集』や『伊勢物語』に見える竜田山の話に登場人物の心理や説明を加えるなどして、叙情的な歌物語と、一般的な物語との間を揺れ動く文体となっている。

【史的評価】多様な実在人物を登場させているので、**当時の貴族社会の話題や人間関係を知る文芸資料としても貴重な作品**である。

うつほものがたり　平安中期

宇津保物語

◆最初の長編物語

【書名】宇津保物語。「うつほ」は、主人公仲忠が母とともに住んだ山中の杉の巨木の空洞のこと。

【作者・成立】未詳。源順とする説が有力であるが、複数の作者によって九七〇年—九九九年(天禄以後、長徳以前)ごろ成立と推定される。

【内容・構成】二十巻。清原俊蔭は渡唐の途中、遭難して波斯国に漂流し、琴の技を学び霊琴を得て帰国する。俊蔭の娘と藤原兼雅との間に仲忠が生まれる。一時、母子は山中で困窮した生活を送ったが、琴の霊験で兼雅に再会し、幸福な生活を取り戻す。これを序曲として、**第一部**は源正頼の娘の貴宮をめぐる求婚譚、**第二部**は立太子問題を中心とする政治状況、**第三部**は俊蔭巻で予言されていた仲忠の運命の実現を思わせる秘琴の伝授が語られる。

【文体】初めは伝奇的性格が強いが、巻が進むにつれて現実を描写する筆が円熟し、長編物語の文体が確立されている。

【史的評価】**最初の長編物語**。構想の統一性に欠けるところもあるが、以後の女性文学では扱わない**社会・人間認識の広がりをとらえている。**

おちくぼものがたり　平安中期

落窪物語

◆平安朝のシンデレラ

【書名】落窪物語。不幸な生活を送る姫君の部屋の名を書名としている。

【作者】未詳。男性知識人の作かと推定され、源順などを当てる説もある。

【成立】十世紀末ごろの成立。『枕草子』にこの物語が引用されている。

【内容・構成】四巻。母と死別して継母のもとでいじめられながら暮らしている女君が、貴公子道頼と結婚して幸福になる、シンデレラなどと似た**継子いじめの物語**。道頼は継母たちに復讐した上で、最後は女君の父たちに子としての報恩をして、大団円となる。逆境と幸福、復讐と報恩、明暗織りまぜた緊密な構成の中編物語である。

【文体】涙と笑い、軽快な事件の展開で読者を飽きさせない特異なテンポを持った文体の中に、次の時代の『源氏物語』の表現を生み出す可能性をも含んでいる。

【史的評価】同じ継子いじめの『住吉物語』も原作は同じころに成立している。両者の成立の先後は明らかでないが、相互に影響し合って、中世の御伽草子などにまで多くの継子物語を生み出した。

つつみちゅうなごんものがたり　平安後期

堤中納言物語

◆異色の短編物語集

【書名】堤中納言物語。書名の由来は明らかでない。短編を一包みにしていた「包の物語」から変化したという説、登場人物が堤中納言兼輔を連想させるためという説など。

【編者】未詳。各短編の作者も別であろう。

【成立】作中の一編「逢坂越えぬ権中納言」は一〇五五年(天喜三)、小式部という女房が物語合のために新作した。他の短編は『風葉和歌集』に和歌が採られているので、多くは一二七一年(文永八)以前の成立。

【内容・構成】十編の短編物語と書きさしの一編を含む。「**花桜折る少将**」「**このついで**」「**虫めづる姫君**」「**ほどほどの懸想**」「**逢坂越えぬ権中納言**」「**貝合**」「**思はぬかたにとまりする少将**」「**はなだの女御**」「**掃墨**」「**よしなしごと**」の十編で、毛虫を愛する姫君の話(虫めづる姫君)や、白粉のかわりに墨を塗りつける滑稽な話(掃墨)など、人生の諸相を描く。

【文体】変わった品々の注文を書簡体で綴った「よしなしごと」など、作品により文体が異なり、多様である。

【史的評価】最初の短編物語集。さまざまな物語の特色を示してくれる。

あっても、法規が道理のために破られることはない。法の強さをいう。

中古女性文学の世界

中古女性文学の最盛期は、摂関政治の絶頂期と重なる。貴族たちは、天皇と外戚関係を結び、摂政・関白として権力を握るために、娘を後宮に送り込む。娘のもとには才能ある女房を集めて、魅力的なサロンを形成することに努めたのである。

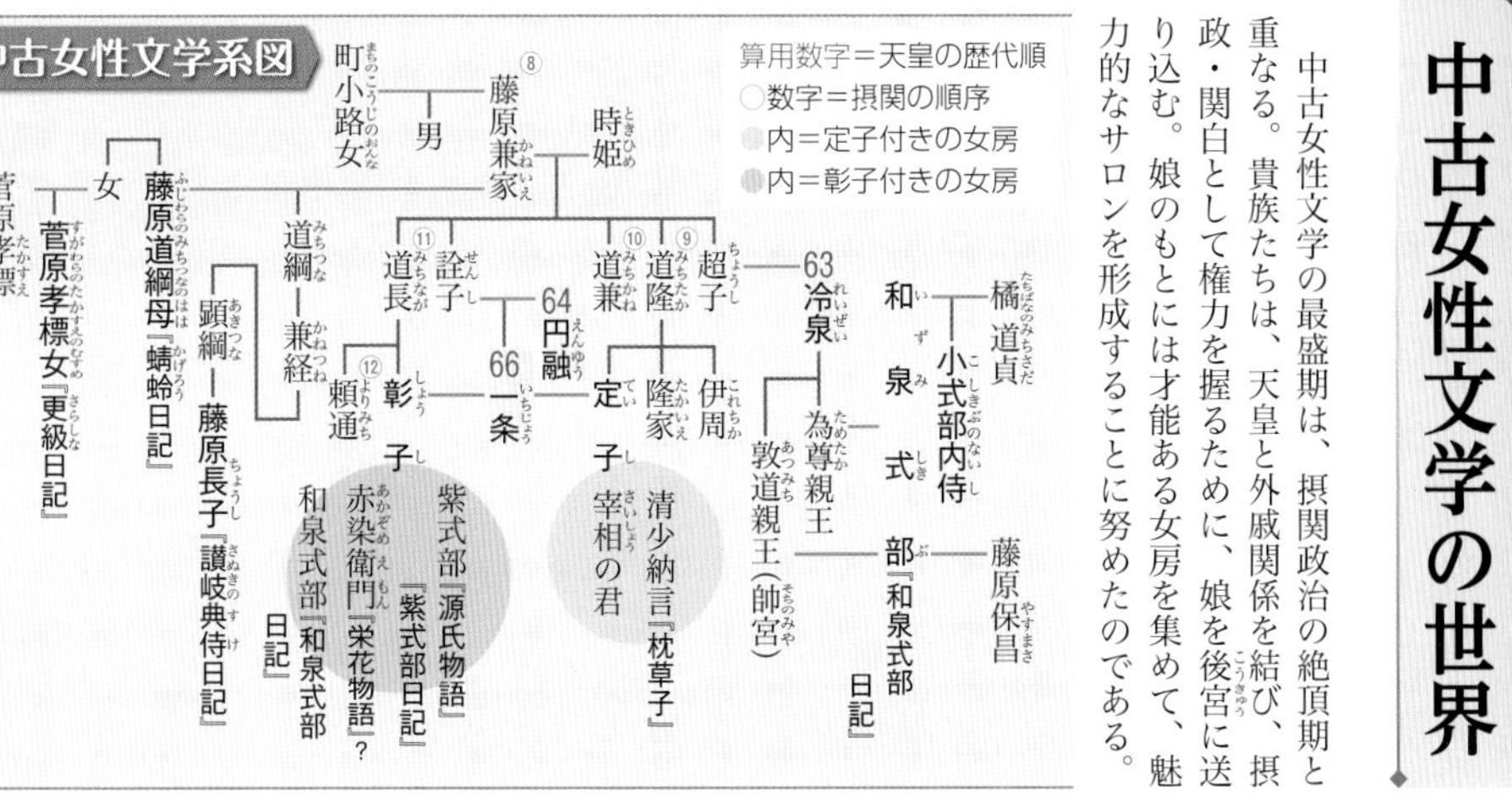

中古女性文学年譜

○数字＝数えの年齢(推定年齢も含む)　＊＝このころ　＝『枕草子』日記的章段の記述範囲
＝『紫式部日記』の記述範囲　＝『和泉式部日記』の記述範囲　＝『更級日記』の記述範囲

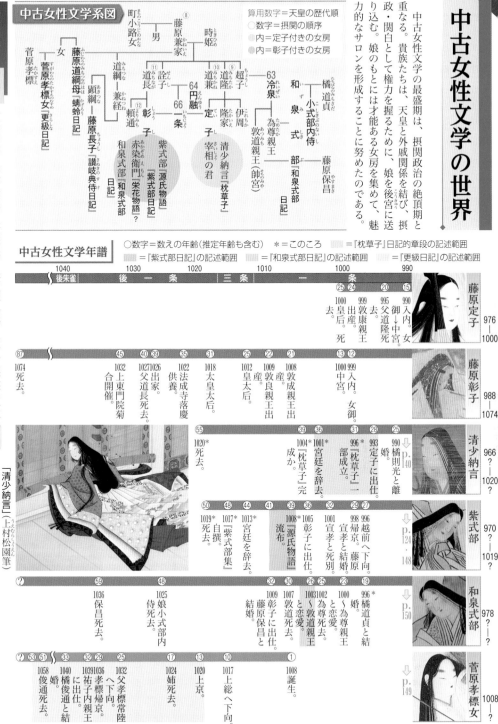

990 一条 1000 / 1010 三条 / 1020 後一条 1030 / 1040 後朱雀

藤原定子 976—1000

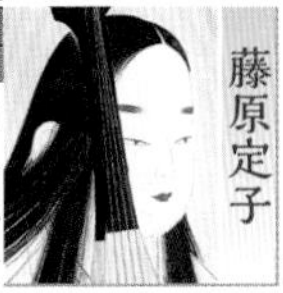

- 990 ⑮ 入内。女御→中宮。
- 995 ⑳ 父道隆死去。
- 999 ㉔ 敦康親王出産。
- 1000 ㉕ 皇后。死去。

藤原彰子 988—1074

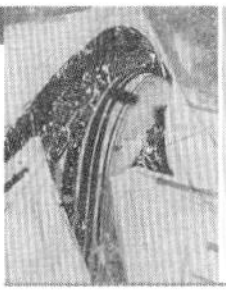

- 999 ⑫ 入内。女御。
- 1000 ⑬ 中宮。
- 1008 ㉑ 敦成親王出産。
- 1009 ㉒ 敦良親王出産。
- 1012 ㉕ 皇太后。
- 1018 ㉛ 太皇太后。
- 1022 ㉟ 法成寺落慶供養。
- 1026 ㊴ 出家。
- 1027 ㊵ 父道長死去。
- 1032 ㊺ 上東門院菊合開催。
- 1074 (87) 死去。

清少納言 966？—1020？

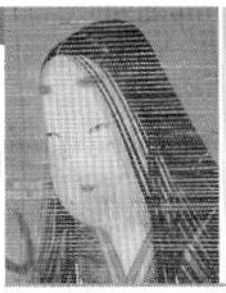

⇩p.140

- 990 ㉕ 橘則光と離婚。
- 993 ㉘ 定子に出仕。
- 996＊ ㉛ 『枕草子』一部成立。
- 1001＊ ㊱ 宮廷を辞去。
- 1004＊ ㊴ 『枕草子』完成か。
- 1020＊ ㊿+5(55) 死去。

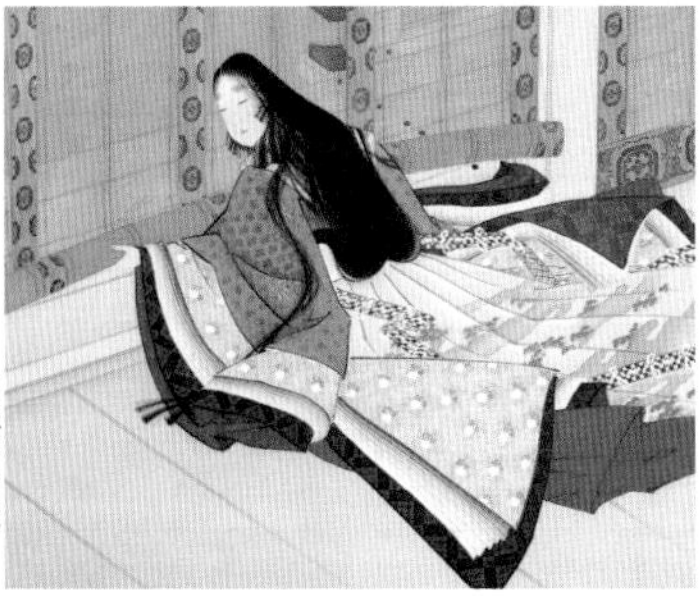

「清少納言」(上村松園筆)

紫式部 970？—1019？

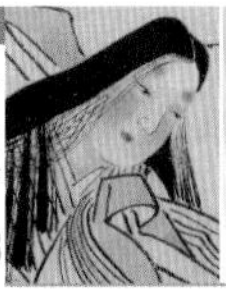

⇩p.124・148

- 996 ㉗ 越前へ下向。
- 998 ㉙ 帰京。藤原宣孝と結婚。
- 1001 ㉜ 宣孝と死別。
- 1005 ㊱ 彰子に出仕。
- 1008＊ ㊴ 『源氏物語』流布。
- ㊶
- 1013＊ ㊹ 宮廷を辞去。
- 1017＊ ㊽ 『紫式部集』自撰。
- 1019＊ ㊿ 死去。

和泉式部 978？—？

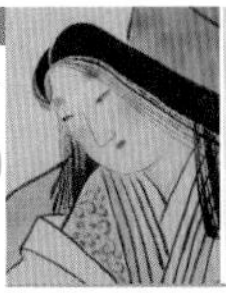

⇩p.150

- 996＊ ⑲ 橘道貞と結婚。
- 1000 ㉓ 〜為尊親王と恋愛。
- 1002 ㉕ 為尊死去。
- 1003 ㉖ 〜敦道親王と恋愛。
- 1007 ㉚ 敦道死去。
- 1009 ㉜ 彰子に出仕。藤原保昌と結婚。
- 1025 ㊽ 娘小式部内侍死去。
- 1036 (59) 保昌死去。
- ？

菅原孝標女 1008—？

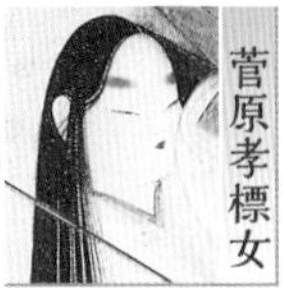

⇩p.149

- 1008 ① 誕生。
- 1017 ⑩ 上総へ下向。
- 1020 ⑬ 上京。
- 1024 ⑰ 姉死去。
- 1032 ㉕ 父孝標常陸へ下向。
- 1036 ㉙ 孝標帰京。
- 1039 ㉜ 祐子内親王に出仕。
- 1040 ㉝ 橘俊通と結婚。
- 1058 (51) 俊通死去。
- (53)
- ？

◆日本の名言　理を破る法はあれども、法を破る理はなし。(『曽我物語』)　道理が法によって論破されて崩れることは

げんじものがたり

源氏物語

一〇〇八年ごろに成立（中古・平安時代中期）　作者紫式部

◆世界に誇る古典の最高峰

光源氏を主人公とした正編と宇治十帖からなる長編物語。五十四帖。「もののあはれ」を基調とする。

『源氏物語』若紫巻

【書名】 源氏物語。「源氏の物語」「光源氏の物語」ともいう。

【作者】 紫式部（九七〇？—一〇一九？）。父は藤原為時、母は藤原為信の娘。父為時は詩文の才のある学者だった。一条天皇中宮彰子に仕えた。

【成立】 一〇〇八年（寛弘五）ごろには宮中に流布していた。夫宣孝と死別したのち、書き始めたものと考えられる。『紫式部日記』一〇〇八年十一月、敦成親王誕生五十日の祝宴の席で、藤原公任が紫式部に向かって「あなかしこ、このわたりに若紫や候ふ（オリイッテオ尋ネシタイ、コノアタリニ若紫ハイラッシャルカ）」と冗談を言ったという。公任が『源氏物語』の「若紫」の巻や、その作者が紫式部であることを知っていたからだと思われる。

【内容・構成】 五十四巻。「若菜」の巻を上・下二巻に数えたり、「若菜」を一巻に数え、巻名だけの「雲隠」の巻を加えたりして五十四巻にするなど、いろいろな数え方がある。

主人公光源氏の誕生、恋愛、栄華から晩年に至る一生（正編、「桐壺」—「雲隠」）と、その没後の子供たちの時代、薫・匂宮を中心とした「宇治十帖」（続編、「匂宮」「紅梅」「竹河」と、「橋姫」以下の宇治十帖）とに分けられる。

正編・続編をさらに三部に分ける。

第一部（桐壺—藤裏葉）　光源氏が高麗の相人の予言どおり、准太上天皇となり栄華を極める約四十年。藤壺の宮、紫の上など多くの女性との交渉が描かれる。

第二部（若菜—幻〔雲隠〕）　富や地位とはかかわりない人間の内面の苦しみを中心にして、光源氏の晩年が描かれる。

第三部（〔匂宮—竹河〕橋姫—夢浮橋）　京都の貴族の世界を中心とする第一部・第二部と違って、都を離れた宇治の僧庵を背景に、光源氏の子・孫である薫・匂宮と、宇治の八宮の姫君、大君・中の君・浮舟との恋が描かれる。

【文体】 自然と人物の心の動きの微妙なくまぐまを、みごとに描き上げ、平安時代仮名文の模範的な文体を完成させている。

【史的評価】 四百字の原稿用紙にして約二千枚の長編という量、自然と人間の心理とを融合させて、平安時代の中庸・調和の理想である「もののあはれ」を十分に描き上げた質、いずれの点からみても、日本の古典の最高峰をなす。以後の文学に与えた影響もきわめて大きい。ウェイリー、サイデンステッカーなどによって翻訳され、全世界の読者から絶賛されている。

須磨・例文

須磨には、いとど心づくしの秋風に、海は少し遠けれど、行平の中納言の、関吹き越ゆると言ひけむ浦波、よるよるは、げにいと近く聞こえて、またなくあはれなるものは、かかる所の秋なりけり。

訳 須磨では、ひとしお物を思わせる秋風が吹き初め、海はやや遠いのですけれども、行平の中納言の「関吹きこゆる」とよんだ浦波が、なるほど夜はいつもたいそう近く聞こえて、またとなくあわれなものは、こういう土地の秋なのでした。

（谷崎潤一郎『新訳源氏物語』）

◆紫式部関連年譜

西暦	事項
九七〇	紫式部誕生か。
九七三	弟惟規誕生。
九九六	父為時、越前守。晩秋、紫式部、越前に行く。
九九八	春、紫式部、越前より帰京。晩秋ごろ、紫式部、宣孝と結婚。
一〇〇一	春、為時帰京。四月、宣孝死去。秋ごろから、紫式部、『源氏物語』を執筆か。
一〇〇五	十二月二十九日、紫式部、中宮彰子へ出仕。
一〇〇八	三月十四日、為時、正五位左少弁蔵人。このころ、『源氏物語』が宮中で好評、「日本紀の御局」とあだ名される。夏、中宮に楽府を進講。この冬、『源氏物語』の清書・製本作業が進む。この間、道長が局から草稿本を持ち去る。
一〇一〇	このころ、『紫式部日記』を編集。
一〇一一	二月一日、為時、越後守。
一〇一三	九月下旬、紫式部、宮廷を去り、年末、『紫式部集』を編集か。
一〇一四	正月二十日ごろ、彰子の病気に紫式部、清水寺参詣。二月ごろ、紫式部、死亡か（一説）。
一〇一六	六月、為時、辞任して帰京。
一〇一九	四月二日、為時、出家、七十歳。紫式部なお生存か。

（今井源衛『紫式部〈新装版〉』による）

◆『源氏物語』人物系図

（━━は夫婦関係を、──は血縁関係を、----は隠された実の親子関係を示す。p.126〜135も同様。）

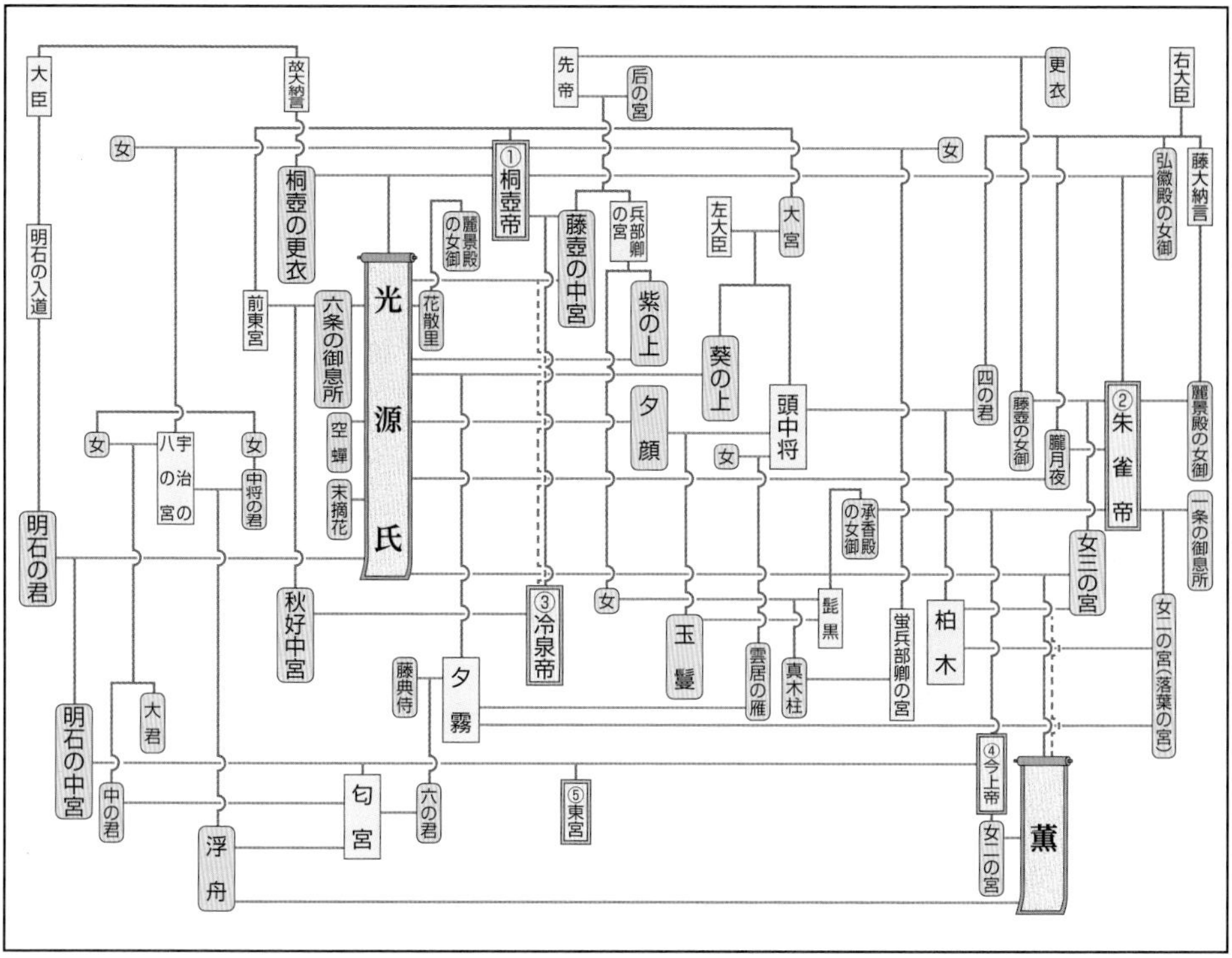

❖紫式部と石山寺

平安朝の人は石山寺によく物詣でに行く。大斎院選子が、中宮彰子に「何かおもしろい物語はないかしら？」と尋ねられたとき、紫式部は、「新しいのをお作りになっては。」と申し出て、彰子から新作物語作成の命令を受けると、石山寺に参籠して物語の構想を練った、という伝説がある。石山寺には今も「源氏の間」という一室があって、ここで紫式部が『源氏物語』を書いたということになっている。紫式部は、ここで窓から琵琶湖の湖面に月影の映るのを眺めて、「今宵は十五夜なりけり。」という須磨の巻の一節から書き始めたというけれども、今、その部屋からは琵琶湖の水面は見えない。昔は水位が高くて見えたという説もあるが、いったい伝説はどこまでが本物なのだろうか。

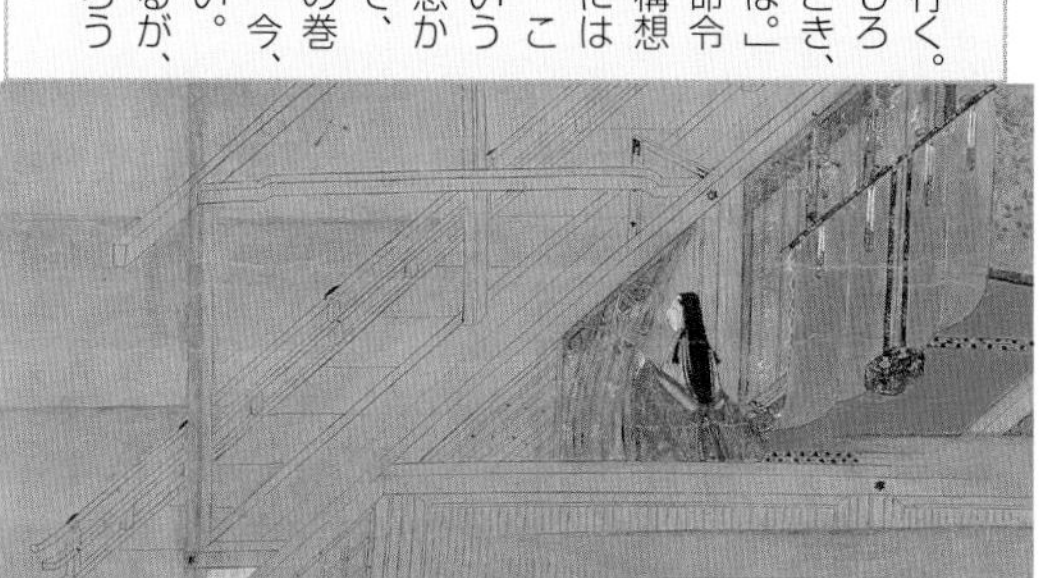

▶『石山寺縁起絵巻』

◆物語の系譜

◆日本の名言　長者の万灯より貧女の一灯。（『曽我物語』）　富者の莫大な寄進よりも、貧女のわずかだが真心のこもった

◆『源氏物語』年表（年齢は数え年）

巻名	源氏年齢	記事	関係人物・年齢
（第一部）❶桐壺	1	**光君（桐壺帝第二皇子）誕生** ● 帝に愛された桐壺の更衣は、光り輝く皇子を生んだ。	
	3	**桐壺の更衣、死去** ●（夏）弘徽殿の女御たちに嫉妬された桐壺の更衣は病気になり、宮中を退出し、その夜、死んだ。 ● **帝の嘆き** ●（秋）帝は靫負の命婦をつかわして故更衣の母を見舞う。帝の悲嘆は尽きない。	
	4	**第一皇子（朱雀帝）立太子** ●（春）帝は弘徽殿の女御腹の第一皇子を東宮に定めた。	東宮（朱雀帝）・7
	6	**更衣の母、死去** ● 桐壺の更衣の母も死去し、光君は相次いで肉親と死別した。	
	11〜7	**光君、臣籍に下る** ● 光君は高麗の相人の観相を受けた。熟慮の結果、帝は光君を臣籍に列し、源氏の姓を賜る。 ● **藤壺の宮、入内** ● 桐壺の更衣に生きうつしの藤壺（先帝の四の宮）が入内した。故更衣を懐かしむ帝の気持ちは、少し紛れるようであった。世間の人々は、源氏を「光君」、藤壺を「輝く日の宮」と称賛した。	
	12	**葵の上との結婚** ● 源氏の元服が盛大に行われ、左大臣の姫君（葵の上）と結婚する。 ● **源氏、藤壺を思慕** ● 源氏は、葵の上に親しみがもてず、亡き母に似ているという藤壺を思慕した。 ● **二条院造営** ● 源氏は、亡き母の里邸を改修して二条院を造り、ここで理想の女性と暮らしたいと思う。 〔源氏13〜16歳の間の記事は物語にない。〕	葵の上・16 藤壺の宮・17
❷帚木	17	**雨夜の品定め** ●（夏）五月雨のころ、宮中の源氏の宿直所で頭中将（葵の上の兄）たちが女性論や体験談を語った。源氏は中の品（中流階級）の女性に興味を抱いた。 ● **空蝉とあう** ● 源氏は方違えに泊まった家で、伊予介の若い後妻の空蝉とあう。	
❸空蝉	17	**空蝉に逃げられる** ●（夏）源氏は小君（空蝉の弟）の手引きで碁を打つ空蝉を垣間見し、空蝉の部屋へ忍んだ。空蝉は気づいて部屋を抜け出し、源氏は軒端の荻（空蝉の継娘）と一夜を過ごした。	
❹夕顔	17	**夕顔とあう** ● 六条の御息所に通う途中、大弐の乳母を見舞った源氏は、夕顔の咲く家の女性を知る。 ● **夕顔の死** ●（秋）荒れ果てた某の院に行った夜、物の怪に襲われて夕顔は急死した。夕顔は雨夜の品定めで頭中将が話した「常夏の女」であった。〔頭中将と夕顔の娘（玉鬘）の話はのちの「玉鬘」の巻に出てくる〕 ● **空蝉は伊予へ** ● 空蝉は夫と任国へ下った。	《源氏、近衛中将》 六条の御息所（前東宮の妃）・24 夕顔・19 玉鬘（夕顔の娘）・3

◆主要巻別人物系図

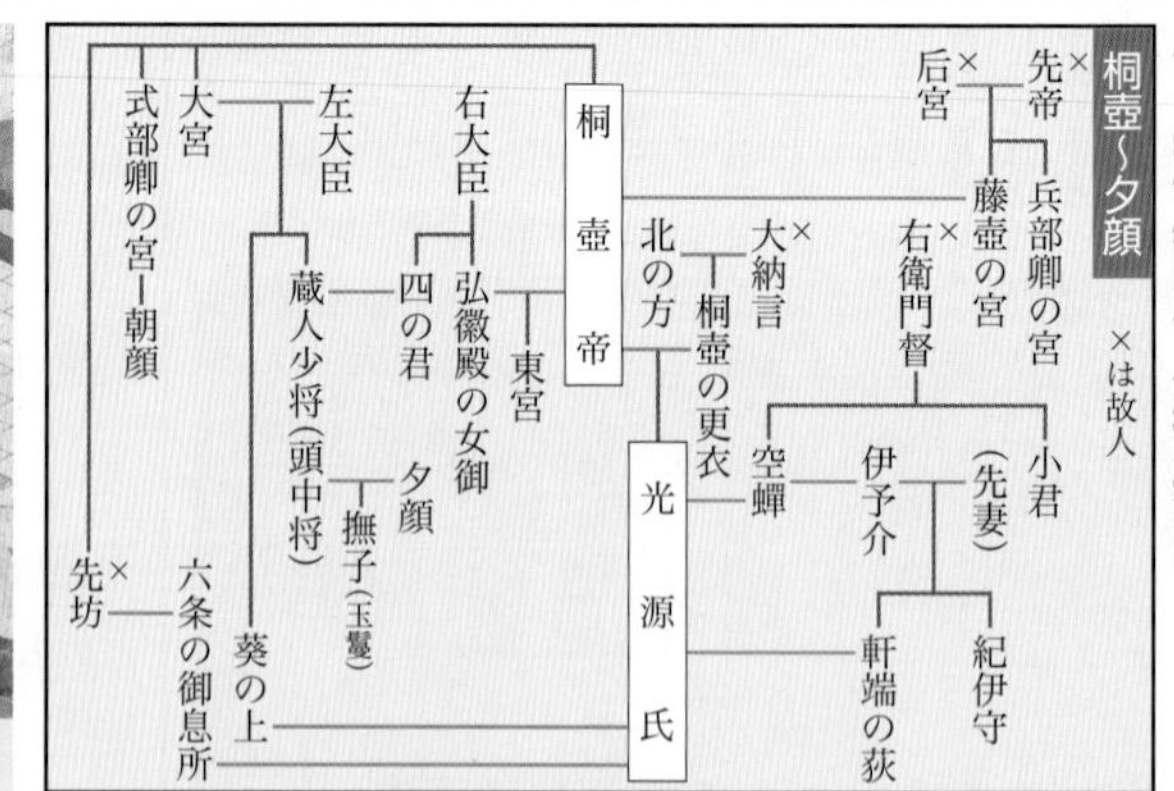

高麗の相人（『源氏物語絵色紙帖』）

⑤ 若紫

18

●**紫の上を見つける**●(春)源氏は「わらわやみ」の加持のために北山の聖を訪ねたとき、藤壺によく似た少女(紫の上)を見つけた。彼女は兵部卿の宮(藤壺の兄)の姫君で、母に死別後、祖母の尼君と暮らしていた。

●**藤壺とあう**●(夏)源氏は、王命婦(藤壺の侍女)の手引きで、三条の宮に里下りしていた藤壺にあう。藤壺は懐妊し、源氏も藤壺も罪の意識にさいなまれた。

●**紫の上を引き取る**●(秋)紫の上の祖母は帰京して死去。(冬)父の兵部卿の宮に先んじて、源氏は紫の上を二条院へ迎えた。

●**朱雀院の紅葉の賀**●(冬)紅葉の賀で、源氏は頭中将とともに青海波を舞う。

⑥ 末摘花

●**末摘花とあう**●(春)源氏は常陸の宮の姫君(末摘花)が両親と死別して寂しく暮らしていると聞いて関心を抱く。(秋)八月、源氏は末摘花にあったが、紫の上を引き取ってからは、あまり末摘花には熱心でない。

●**末摘花の容貌に驚く**●(冬)普賢菩薩の乗り物(象)に似た鼻の先が紅花(末摘花)のように赤い彼女の容貌に、源氏は驚いたが、彼女を見捨てることはしなかった。二条院で源氏は紫の上に、鼻の赤い女性の絵を描いて見せて、たわむれたりすることもあった。

《源氏、十月、正三位中将》
藤壺の宮・23
北山の尼君(紫の上の祖母)・40ばかり
紫の上・10ばかり
明石の君・9

⑦ 紅葉賀

19

●**藤壺、出産**●(春)藤壺は皇子(冷泉帝)を出産した。(秋)藤壺は中宮に、源氏は参議に昇進。桐壺帝は譲位を決意された。

《源氏、七月、宰相中将》
若宮(冷泉帝)・1
藤壺の中宮・24

⑧ 花宴

20

●**朧月夜の君とあう**●(春)桜花の宴の夜、源氏は朧月夜の君にあった。彼女は弘徽殿の女御の妹(右大臣の六の君)で、東宮(朱雀帝)に入内することになっていた。

藤壺の中宮・25

21

●**桐壺帝譲位**●桐壺帝譲位、朱雀帝即位、藤壺の中宮の皇子(冷泉帝)が東宮となる。

《源氏、近衛大将》

⑨ 葵

22

●**車争い**●(春)六条の御息所の姫君(秋好中宮)が伊勢の斎宮に決まった。(夏)賀茂の新斎院の御禊の日、見物に来た六条の御息所と葵の上の一行が、物見車の場所のことで争いを起こし、誇りを傷つけられた御息所はこれを恨んだ。

●**葵の上の死去**●(秋)六条の御息所の生霊に苦しめられながら、葵の上は男子(夕霧)を出産し、まもなく急死した。

●**源氏、紫の上と結婚**●(冬)葵の上の四十九日が明けて、源氏は紫の上と結婚した。

朱雀帝・25
東宮(冷泉帝)・4
葵の上・26
夕霧・1

23

●**源氏、葵の上を追憶**●(春)新年、源氏は左大臣邸を訪れ、葵の上のことを懐かしんだ。夕霧も美しく成長する。

●**六条の御息所、伊勢へ下る**●(秋)御息所は娘の斎宮とともに伊勢へ下ることになった。源氏との関係や、生霊となって葵の上にたたった事件などを悩んでのことである。源氏は嵯峨の野宮へ行き別れを惜しんだ。

●**桐壺院崩御**●(冬)秋から病気の重かった桐壺院が崩御、藤壺は三条の宮に退出した。

六条の御息所・30
斎宮(秋好中宮)・14

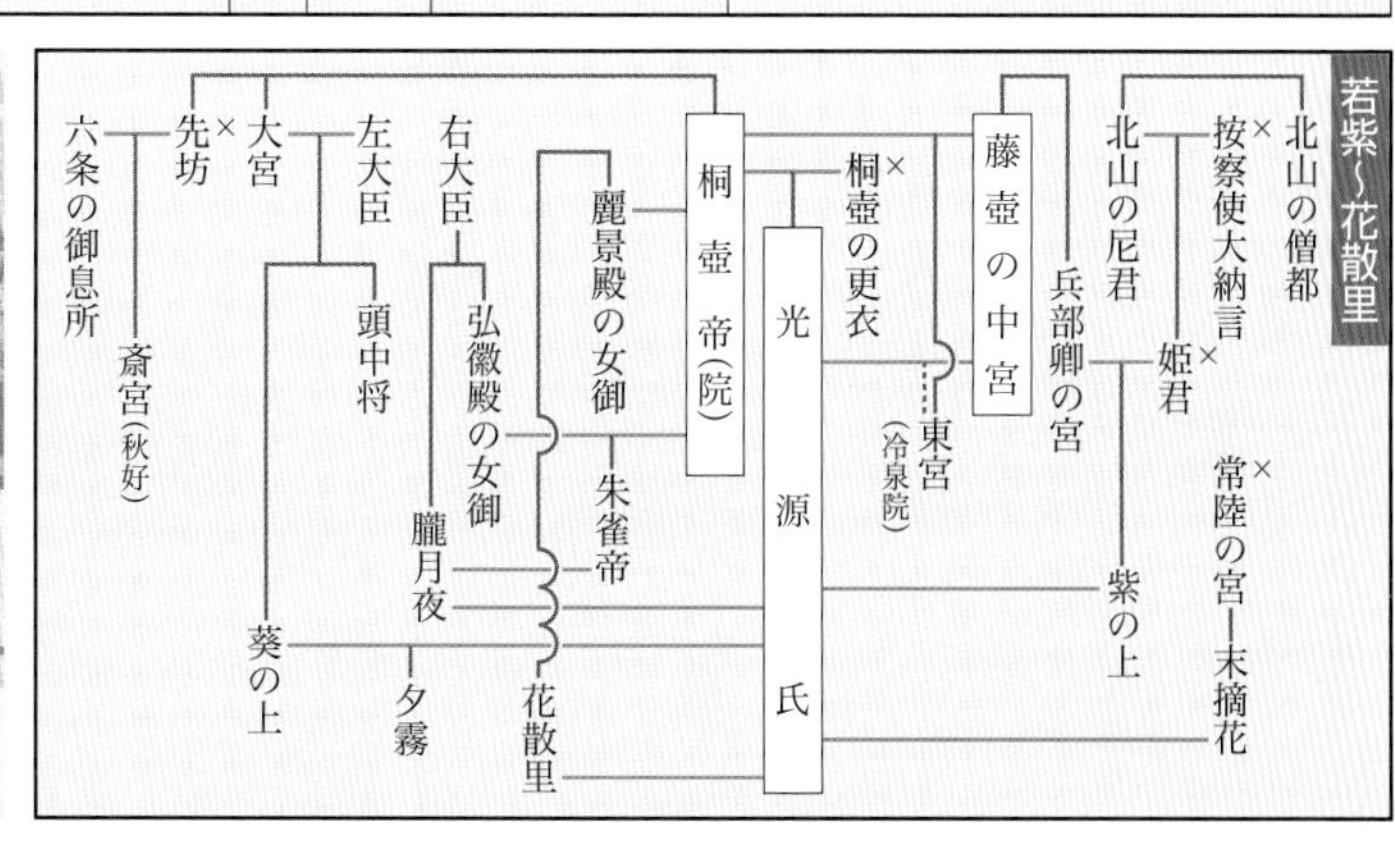

若紫を垣間見る源氏(『源氏物語絵色紙帖』)

巻	⑩賢木（さかき）		⑫須磨（すま）	⑬明石（あかし）		⑭澪標（みおつくし）
源氏の年齢	24	25	26	27	28	29
出来事	●**朧月夜の君、尚侍となる**●（春）朧月夜の君は、尚侍となって弘徽殿に住むことになった。桐壺院の服喪で斎院が退下し、昔から源氏が好意を寄せていた朝顔の姫君が斎院となった。右大臣家は外戚として権勢を振るうようになる。 ●**藤壺、出家**●桐壺院の一周忌が終わり、藤壺は出家した。源氏の悲しみは大きかった。	●**朧月夜の君との関係が露見**●（夏）里に下った朧月夜のもとへ忍んだ源氏は、右大臣に発見され、弘徽殿の女御たちは源氏を失脚させようと計画する。	●**源氏、須磨へ退去**●（春）三月、源氏は都を離れる決心をした。桐壺院の御陵に詣で、紫の上をはじめ、親しい人々に別れを告げて須磨へ下った。時勢が変わり、周囲の状況も不利だと判断したからである。 ●**八月十五夜、京を思う**●京の人々と文通するだけのわびしい秋、八月十五夜には道真の詩を誦して懐旧にふける。	●**暴風雨に遭う**●（春）三月上巳の日、祓のために海岸へ出た源氏は大暴風雨に遭った。 ●**明石へ移る**●（春）天変地異の続く中で、住吉の神に大願を立てた。源氏は夢で故桐壺院から須磨を去れと諭される。翌暁、明石の入道が夢の告げで源氏を迎えに来た。 ●**明石の君とあう**●（秋）明石の入道は、娘（明石の君）と源氏との結婚を望んでいた。八月、源氏は初めて明石の君とあった。	●**召還の宣旨**●昨年、朱雀帝は桐壺院に夢の中でしかられて以来、目を病み、右大臣家にも不幸が続いた。（秋）源氏召還の宣旨が下った。 ●**源氏、政界に復帰**●帰洛した源氏は権大納言に復帰する。	●**朱雀帝譲位**●（春）東宮（冷泉帝）元服。朱雀帝が譲位。冷泉帝が即位された。源氏は内大臣に昇進。辞任していた左大臣（葵の上の父）は太政大臣に復帰した。冷泉帝、源氏、左大臣家の時代が始まる。 ●**明石の姫君誕生**●三月、明石の君は姫君を出産した。
巻		⑪花散里（はなちるさと）		⑮蓬生（よもぎう）		
出来事		●**花散里とあう**●（夏）故桐壺院の麗景殿の女御を訪れた源氏は、その妹の花散里とあう。彼女とは昔からの知り合いであった。		●**末摘花、生活困窮**●源氏が須磨へ下った後、末摘花の邸は荒れ果てたが、彼女はじっと耐えていた。乳母子も邸を去ってしまった。		●**源氏、末摘花を訪れる**●（夏）花散里を訪問する途中、源氏はふと思い出して末摘花の荒れ果てた邸を訪れ、二人は再会した。
人物の年齢	藤壺の中宮・29 東宮（冷泉帝）・6		紫の上・18	明石の入道・60ばかり 明石の君・18	《源氏、八月、権大納言》	《源氏、二月、内大臣》 冷泉帝・11 東宮（今上帝）・3 左大臣（摂政太政大臣）・63 夕霧・8

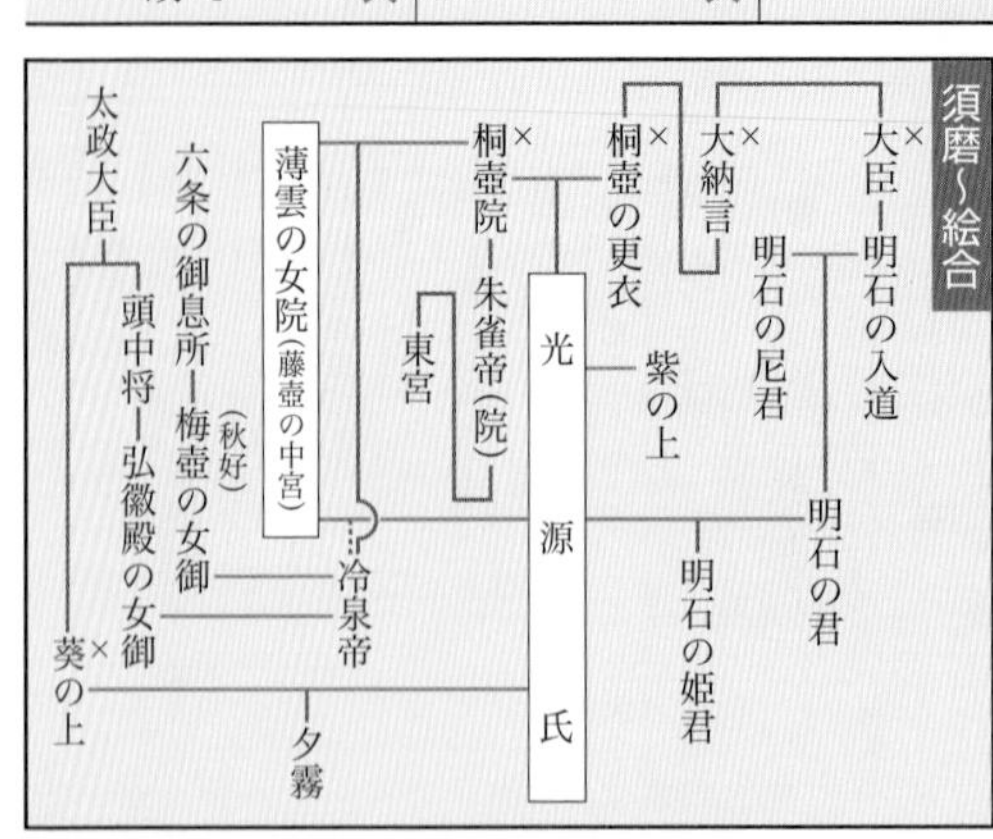

須磨（『源氏物語絵帖』） 夕暮れ、海の見える廊に出て、空の雁、沖の舟を見る源氏。

●**住吉詣で**●（秋）源氏は住吉へお礼参りをした。偶然に明石の君もお参りした。豪華な源氏の行列を見て、明石の君は源氏に会うことを避けた。

●**六条の御息所、死去**●娘の斎宮とともに伊勢から帰京した御息所は、病のため尼になり、見舞った源氏に娘の将来を遺言して死んだ。朱雀院から懇望があったが、源氏は前斎宮を帝に奉ろうと志していた。

明石の姫君（明石の中宮）・1
六条の御息所・36
前斎宮（秋好中宮）・20

⑯ 関屋

●**空蟬に再会**●（秋）石山に詣でた源氏は、常陸の任国から夫とともに上京する空蟬に、逢坂の関で出会う。昔を思い出して二人は感無量であった。夫の死後、空蟬は出家して源氏の世話になりながら静かな余生を送る。

31

⑰ 絵合

〔源氏30歳の記事は物語にない。〕

●**前斎宮入内**●（春）前斎宮が入内、梅壺の女御と呼ばれた。先に入内していた弘徽殿の女御（頭中将の娘）と寵を競う。

●**絵合**●帝は絵がお好きだったので、両者は絵で競うことになる。絵合の競技は、最後に出された源氏の須磨の絵日記によって梅壺の勝ちとなった。これは源氏の政治的勝利の象徴でもある。

⑱ 松風

●**嵯峨の御堂**●源氏は、そのうち出家して後世を願おうと嵯峨に御堂を造る。

●**明石の君、上京**●（秋）二条院の東院が落成し、源氏は花散里、明石の君をここに住まわせる予定であった。明石の君は姫君ともども上京し、父入道の大堰の山荘に落ち着いた。源氏は、嵯峨の御堂の仏事をかねて、大堰へ明石の君を訪問する。帰京後、源氏は、姫君を二条院へ迎える計画を紫の上に相談した。

⑲ 薄雲

●**明石の姫君、二条院へ移る**●（冬）明石の君も姫君を手離す決意をした。姫君は二条院に迎えられ、紫の上の養女となる。姫君の将来を考えてのことである。明石の姫君の袴着は、二条院で行われた。

梅壺の女御（秋好中宮）・22
弘徽殿の女御・14
明石の君・22
明石の姫君（明石の中宮）・3
紫の上・23

●**薄雲の女院薨去**●太政大臣（葵の上の父）が死に、藤壺も世を去った。源氏は深く悲しんだ。

●**帝、出生の秘密を知る**●（夏）夜居の僧が冷泉帝に、実の父は源氏であると奏上した。（秋）帝は源氏に譲位の意志を伝えたが、源氏は固辞し、親王宣下の内意をも辞退した。

●**春秋の定め**●梅壺の女御は二条院に退出したとき、源氏の問いに、秋を好むと答えた。それで彼女を「秋好」と呼ぶ。

32

⑳ 朝顔

●**朝顔の姫君を訪れる**●（秋）父の喪に服して斎院を退下した朝顔の君は桃園の邸へ帰った。源氏が訪れても彼女は会おうとしない。このとき、昔なじみの源典侍が尼になって、ここにいることを知った。

●**夢に藤壺を見る**●（冬）紫の上は、源氏と朝顔の君とのうわさを聞いて苦しむ。雪の

《源氏、秋、従一位、牛車を許される》
太政大臣（葵の上の父）・66
藤壺の中宮（薄雲の女院）・37
冷泉帝・14

梅壺の女御と弘徽殿の女御の絵合（『源氏物語絵色紙帖』）

紫の上を慰める源氏（『源氏物語絵色紙帖』朝顔）

 ◆日本の名言 努めて学ばんより如かじ、務めて師を求めんには。（『譬喩尽』） 自分一人で努力して勉強するより、よい

夜、紫の上に源氏は、かかわりのある女性たちの批評を語った。その夜の夢に藤壺が現れ、秘密をもらした源氏を恨む。源氏はねんごろに供養をした。

《源氏、秋、太政大臣》

㉑乙女

33

●**夕霧の学問**●(夏)元服した夕霧を、源氏は六位にとどめ、大学寮で学問させることにした。将来を考えての処置である。

●**夕霧と雲居の雁**●ともに祖母大宮のもとで養育された夕霧と雲居の雁の幼い恋を雲居の雁の父(昔の頭中将、今は内大臣)は、喜ばない。彼女を東宮(のちの今上帝)に入内させたいと考えていたから、雲居の雁を自邸に引き取って、仲を裂いた。太政大臣になった源氏が支援する「秋好」が中宮になったので、内大臣は対抗意識を燃やしていたのである。(冬)夕霧は、五節の舞姫に出た惟光の娘に文を送ったりして、寂しさを紛らわしていた。

《夕霧、夏、六位殿上》
夕霧・12
雲居の雁・14

34

●**夕霧進士に**●(春)夕霧は進士に及第、(秋)侍従となる。源氏は六条院の造営に着手した。

《夕霧、秋、侍従》
夕霧・13
玉鬘・20ばかり

35

●**六条院完成**●(秋)豪華な六条院は、四つの区画に分かれ、春の町には源氏と紫の上、秋の町に秋好中宮、夏の町に花散里、冬の町には少し遅れて十月に明石の君が移ってきた。

㉒玉鬘

●**筑紫で過ごした玉鬘**●夕顔の遺児玉鬘は、三歳のとき、乳母(大宰少弐の妻)とともに筑紫へ下り、今は美しく成長した。少弐が死に、上京の機会がない。

●**大夫の監の求婚**●肥後の国に勢力をもつ大夫の監が玉鬘に無理に求婚したので、乳母は長男豊後介と相談して、九州を脱出し上京した。

●**初瀬詣で**●(夏)上京した玉鬘一行は、初瀬詣での途中、椿市で、昔の夕顔の侍女だった右近に会った。右近は今は源氏に仕えていた。

●**玉鬘、六条院へ入る**●(冬)この縁で、玉鬘は源氏に引き取られ、六条院の、花散里のいる夏の町の西の対に住むことになった。

●**衣くばり**●(冬)年末、源氏は女性たちに新年の衣裳を送った。

《夕霧、秋、左中将》
紫の上・27
秋好中宮・26
明石の君・26

㉓初音　㉔胡蝶　㉕蛍

36

●**六条院の新春**●(春)源氏は六条院の女性たちを訪問する。数日後、二条院の東院の末摘花、空蟬を訪れる。

●**舟楽**●(春)三月、春の御殿の舟楽。翌日、紫の上は秋好中宮に、蝶鳥の装束をした童を使いにして贈り物をする。

●**玉鬘への懸想文**●(夏)美しい玉鬘のうわさが広がって、蛍宮(源氏の弟)はじめ多くの人の恋文が来る。

●**蛍火のいたずら**●(夏)五月雨の夜、源氏は蛍を放って、その光で玉鬘の美しい姿を蛍宮に垣間見せた。このころには、源氏も玉鬘に心引かれている。玉鬘を相手に物語論を展開したりする。

玉鬘・22
紫の上・28
秋好中宮・27
夕霧・15
柏木・20 21
冷泉帝・18

◀**衣くばりの装束**(『六条院の生活』)

紅梅襲の匂・紫の上

紅梅のいと紋浮きたる葡萄染めの御小袿、今様色のいとすぐれたる(紅梅の模様がよく浮いている葡萄色の小袿と、薄紅梅色のたいそう立派な袿)

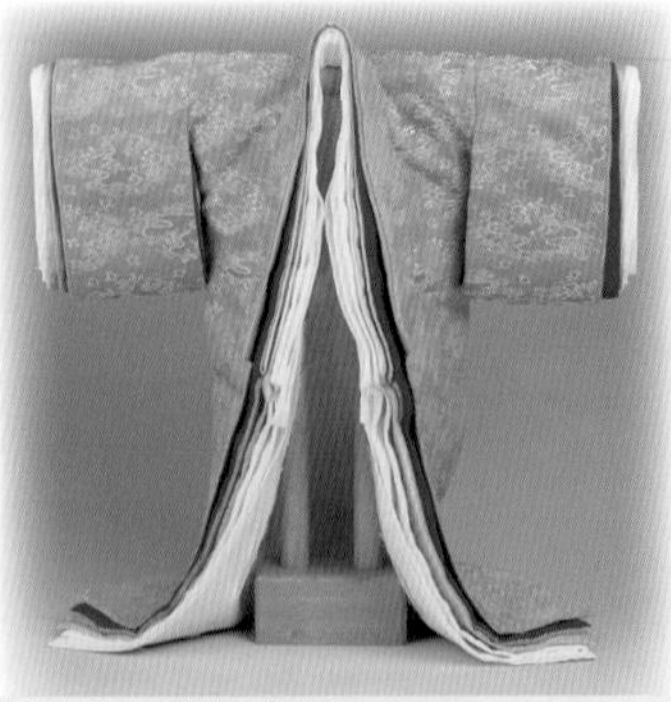

紅の薄様・花散里

浅縹の海賦の織物、……いと濃き掻練具して(薄い藍色地に海辺の風景を織り出した小袿に、……実に濃い紅の練り絹の袿を添えて)

を極めて咲かせるのが芸の花。珍しく新鮮であることが命である。

巻	年齢	内容	人物
㉖常夏 ㉗篝火 ㉘野分 ㉙行幸		●**夕霧と柏木**●夕霧は雲居の雁を恋い続けていた。柏木(内大臣の長男)は、自分の妹とは知らず玉鬘に恋している。 ●**近江の君**●(夏)六月、六条院の釣殿で納涼の雑談に近江の君のうわさが出る。内大臣が源氏に対抗して迎えた娘であるが、貴族の娘にふさわしい教養に欠けている。彼女の珍妙な手紙は人々の笑いものになる。 ●**篝火に映える玉鬘**●(秋)七月、玉鬘を訪れた源氏は、篝火を明るくして玉鬘を見る。玉鬘も源氏に打ち解けてきた。夕霧、柏木もやって来て、花散里のいる夏の町の西の対で奏楽があった。 ●**夕霧、紫の上を垣間見る**●(秋)八月、野分の見舞いに六条院へ行った夕霧は、紫の上の姿を垣間見て、その美しさに驚いた。また、夕霧は源氏と玉鬘の、父と娘というには不自然な親しさにも、不審な気持ちを抱いた。 ●**大原野の行幸**●(冬)十二月、大原野の行幸を見物した玉鬘は、実父内大臣や恋文を寄こす男性たちを見た。	
㉚藤袴 ㉛真木柱	37	●**玉鬘の裳着**●(春)玉鬘の処置について源氏は方針を決めた。源氏は玉鬘の裳着に内大臣を招き、真相を明かす。 ●**玉鬘、尚侍となる**●(春)大宮は死去した。(秋)玉鬘が尚侍となると聞いて、求婚者たちは最後の努力を払う。 ●**髭黒、玉鬘を手に入れる**●(冬)髭黒の大将は、侍女の手引きでついに玉鬘を手に入れた。髭黒は大喜びだったが、玉鬘は最も嫌っていた髭黒と結婚する皮肉な運命である。源氏は残念に思った。 ●**家庭争議**●玉鬘に熱中する髭黒を見て、北の方と娘(真木柱)は実家の式部卿の宮(紫の上の父。昔の兵部卿の宮)邸に帰った。	《夕霧、秋、宰相中将》 玉鬘・23 夕霧・16 髭黒・32 33 真木柱・12 13
	38	●**玉鬘出産**●(春)髭黒は尚侍の玉鬘を、しいて自邸に退出させた。(冬)十一月、玉鬘は男子を出産した。	
㉜梅枝 ㉝藤裏葉	39	●**明石の姫君の裳着**●(春)薫物合を行って、源氏は六条院の女性たちの香の優劣を判じたりする。翌日、明石の姫君の裳着が行われた。同月、東宮の元服も行われた。夕霧はまだ雲居の雁のことを思い続けていた。 ●**夕霧と雲居の雁の結婚**●内大臣は、夕霧と雲居の雁の仲を許す気になった。(夏)長い恋が実って二人は結婚した。 ●**明石の姫君入内**●同じ月、明石の姫君が入内するとき、紫の上は明石の君に初めて会った。(秋)源氏は准太上天皇となる。高麗の相人の予言の実現である。内大臣は太政大臣に、夕霧は中納言に昇る。(冬)冷泉帝と朱雀院が源氏の六条院へ行幸された。源氏は万事めでたいことずくめで、第一部の物語は、めでたしめでたしで幕になる。	《源氏、秋、准太上天皇》 《夕霧、秋、中納言》 明石の姫君(明石の中宮)・11 夕霧・18 雲居の雁・20 朱雀院・42 女三の宮・13 14

梅の折枝、蝶、鳥、飛びちがひ、唐めいたる白き小袿に、濃きがつややかなる重ねて(梅の折枝に蝶や鳥が飛び交う模様の、舶来ふうの白い小袿に、濃い紫の艶のある袿を重ねて)

紫の薄様・明石の君

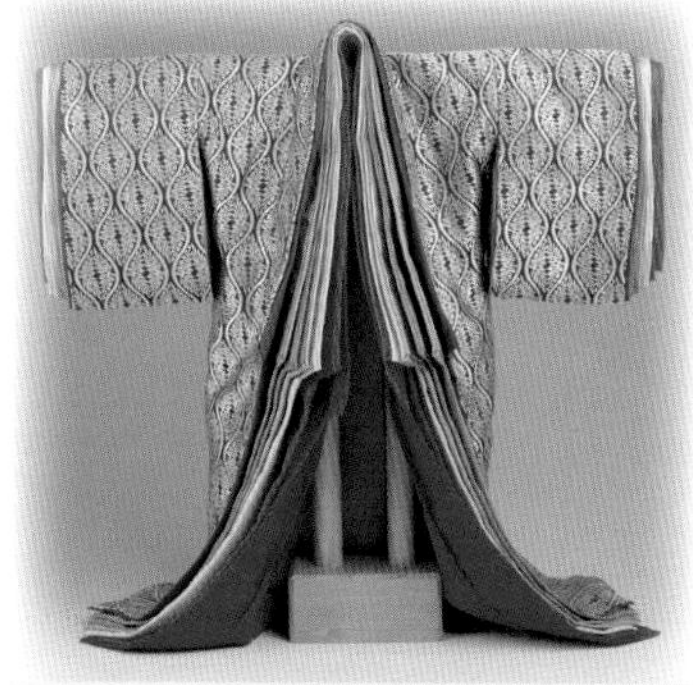

色々襲・空蝉

青鈍の織物、……御料にある梔子の御衣、聴し色なる添へ給ひて(青鈍色の織物に、……自分のお召し物の中の黄色の御衣に、薄紫色の袿をお添えになって)

巻	年齢	事項	人物
(第二部) ㉞若菜上		●**女三の宮の降嫁**●朱雀院は出家に先立ち、女三の宮を源氏に託す決心をなさる。源氏はやむをえずこれをお受けした。 ●**柏木の失望**●女三の宮の後見を望んでいた人々は多かった。特に柏木は望みのかなわなかったことを残念に思った。	
	40	●**源氏四十の賀**●正月、玉鬘が源氏の四十の賀を祝ったのに始まり、年末には帝の勅命による賀も行われた。(春)二月には女三の宮が六条院へ移った。(夏)明石の女御が懐妊、六条院へ退出するなど、あわただしい一年であった。	《夕霧、十二月、兼右大将》
	41	●**明石の女御、出産**●(春)三月、明石の女御は皇子(のちの東宮)を安産し、明石の入道は宿願成就の報を受けて遁世した。 ●**柏木、女三の宮を垣間見る**●同月、蹴鞠の日、柏木は女三の宮の姿を垣間見て、以後、恋の病にとりつかれた。月末、六条院の賭弓に参加したときも、柏木は女三の宮のことばかりを思い続ける。これが柏木の不幸な運命につながる。 ●**蛍宮、真木柱と結婚**●一時、玉鬘に熱中した蛍兵部卿の宮は、このころ、髭黒の娘の真木柱の君と結婚した。	明石の女御(明石の中宮)・13 柏木・25 26 真木柱・16 17
㉟若菜下		〔源氏42～45歳の間の記事は物語にない。〕	
	46	●**冷泉帝譲位**●冷泉帝は在位十八年で譲位、今上帝が即位、明石の女御腹の皇子が東宮となる。太政大臣は辞任し、今上帝の外戚として髭黒が右大臣関白に昇った。夕霧は大納言兼左大将となった。紫の上は出家を望むが、源氏は許さない。 ●**住吉詣で**●(冬)十月、紫の上や明石の君を連れて、源氏は住吉に詣でた。源氏は、明年の朱雀院の五十の賀に備えて女三の宮に琴を教える。明石の女御は次々と子ができて、年末にはまた懐妊のため六条院へ退出した。	《夕霧、大納言兼左大将》 冷泉院・28 今上帝・20
	47	●**紫の上発病**●(春)六条院で女楽が行われた翌日、紫の上は病の床についた。回復しないので二条院へ移って静養する。 ●**柏木・女三の宮事件**●柏木は女二の宮(落葉の宮)と結婚したが、女三の宮のことが忘れられない。(夏)紫の上の病で人少なの機会に、柏木は六条院へ忍び、侍女の小侍従を介して女三の宮にあった。源氏は女三の宮の懐妊を不審に思う。 ●**柏木・女三の宮の秘密を察知**●源氏は、柏木が女三の宮へ送った文を発見した。源氏は二人の秘密を知って煩悶する。 ●**柏木の病**●(冬)年末、朱雀院の御賀の予行演習が六条院で行われたとき、源氏は柏木に皮肉な言葉をぶつけた。柏木は気分が悪くなり、退席、病床に臥してしまった。	女三の宮・21 22 紫の上・37 (39) 柏木・31 32 朱雀院・50
		●**女三の宮出産**●(春)女三の宮は男の子(薫)を出産した。見舞いに来た朱雀院に頼んで、女三の宮は出家した。	薫・1 柏木・32 33

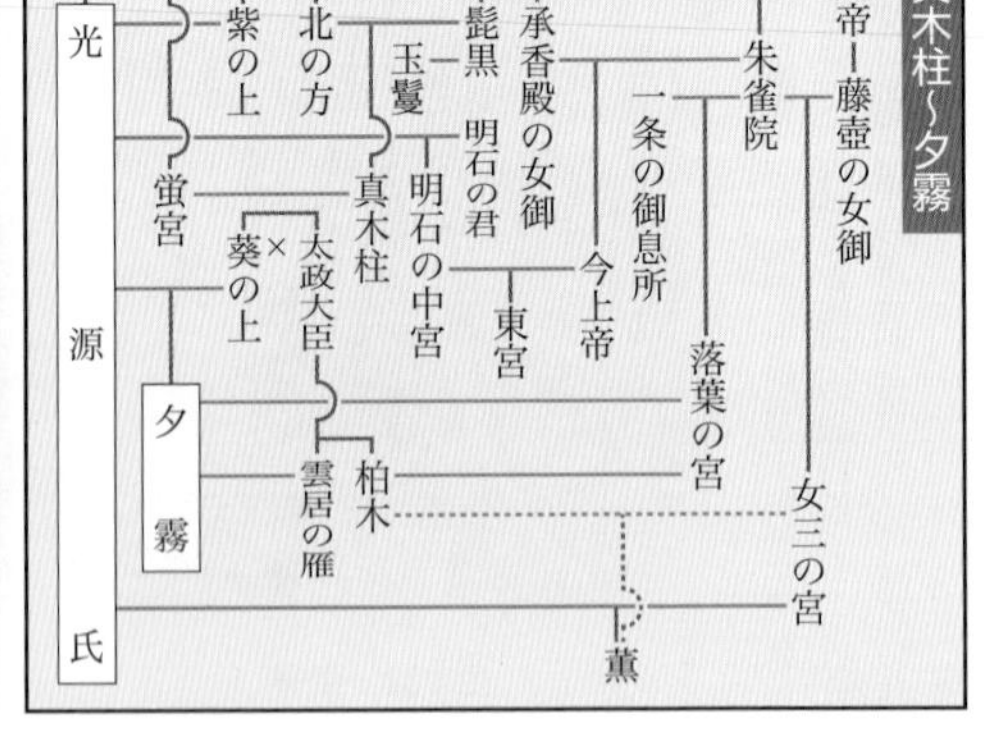

朱雀院と女三の宮(『源氏物語絵巻』柏木)

巻名	年齢	内容	人物・年齢
㊱柏木	48	●柏木の死去●病を見舞った夕霧に柏木は後事を頼み、死去した。三月、薫の五十日の祝いに源氏は白楽天の詩をつぶやいた。昔の藤壺との事件と、今の柏木・女三の宮事件とが、人間の宿命の恐ろしさを感じさせるのである。	朱雀院・51
㊲横笛	49	●柏木の一周忌●(春)源氏・夕霧は柏木の一周忌の供養をした。朱雀院からは出家した女三の宮に贈り物が届く。●遺愛の笛●夕霧は、柏木の遺言で落葉の宮を慰めに訪れるうち、彼女に心引かれるようになった。(秋)彼女の母、一条の御息所から贈られた柏木遺愛の笛を、夕霧は源氏に見せ、柏木の遺言の真意をただしたが、源氏は口をにごして答えなかった。柏木は夕霧の夢で、笛を伝えたいのは別人だと告げた。のちにこの笛は薫に伝えられた。	夕霧・28 匂宮・3ばかり
㊳鈴虫	50	●持仏供養●(夏)女三の宮の持仏開眼供養が行われた。●鈴虫の宴●(秋)八月十五夜、源氏は女三の宮を訪れ、鈴虫の宴を開く。柏木・女三の宮事件を締めくくる静かな一時である。	女三の宮・24 25 夕霧・29 秋好中宮・41 雲居の雁・31
㊴夕霧	50	●一条の御息所、急死●(秋)物の怪の加持のために、御息所は小野の山荘へ移った。見舞った夕霧は、落葉の宮に意中を訴えた。事態を耳にした御息所は、心痛が重なり急死した。●夕霧、落葉の宮を引き取る●(冬)夕霧は、無理に落葉の宮を一条の宮へ移し、説得を続ける。雲居の雁は夕霧の態度に怒って里帰りしてしまう。柏木の死が生んだ意外な波紋である。	
㊵御法	51	●法華千部供養●健康の回復しない紫の上は、出家を願う。(春)紫の上は、二条院で法華供養を行った。●紫の上の死●(夏)衰弱を加えた紫の上は、八月十四日暁、源氏と明石の中宮に見守られながら息を引き取った。源氏も出家の意志を固めた。	紫の上・43 匂宮・5
㊶幻	52	●紫の上追憶●源氏は、四季折々に紫の上のことを追憶する。年末には身辺の整理をし、明年の出家に備える。	薫・5
雲隠		〔巻名だけで記事はない。源氏の年齢でいえば53〜61歳までにあたり、この間、源氏は出家し、世を去る。〕	
(第三部)	薫年齢		
㊷匂宮	19〜14	●薫と匂宮●源氏が世を去ったあと、薫(母、女三の宮)と匂宮(母、明石の中宮)とが世間の注目を浴びる貴公子であった。明るい性格の匂兵部卿の宮に対して、十九歳で三位中将に昇った薫は、何か思い沈んだふうのある人柄だった。	
㊹竹河		●玉鬘の姫君たち●髭黒の死後、玉鬘腹の姫君に求婚するものが多かったが、長女大君は冷泉院へ参り姫君を出産、中の君は母に代わって尚侍となった。	《夕霧、右大臣》

紫の上の文を燃やす源氏(『源氏物語画帖』幻)

紫の上の臨終(『源氏物語絵巻』御法)

◆日本の名言　事に臨んで恐れ、謀を好んで成すは勇士のする所なり。(『太平記』)　楠正成の言葉。勇士は、大事に立ち

㊺ 橋姫

20

●**宇治の八の宮**●源氏の異母弟八の宮は、宇治に移り、大君・中の君の二人の姫君を育てていた。(秋)世の無常を感じる薫は、仏道に励む八の宮に私淑して宇治へ通い始めた。

〔薫21歳の記事は物語にない。〕

22

●**姫君たちの演奏**●(秋)八の宮が山寺に籠って不在のとき、薫は宇治を訪ね、姫君たちが琵琶・琴を弾いているのを垣間見た。●**薫の秘密**●この日、薫は弁の君から、柏木・女三の宮に関する自分の出生の秘密を知らされた。弁の君の母は柏木の乳母である。

㊻ 椎本

23

●**匂宮、宇治を訪れる**●(春)薫の話に心動かされた匂宮は、初瀬詣での帰途、宇治に立ち寄り、以後文を送るようになる。●**八の宮死去**●(秋)八の宮は例年のように山寺に籠り、そこで死去した。●**薫、宇治へ弔問**●(冬)年末、薫は大君に、八の宮の遺言を盾に取って衷心を訴えるが、大君は応じようとしない。

㊼ 総角

24

●**匂宮、六の君との縁談を拒む**●匂宮は薫に宇治への手引きを頼む。夕霧は、六の君を匂宮にと望むが、匂宮は耳を貸さない。●**匂宮、中の君と契る**●(秋)大君は薫と中の君の結婚を望んでいる。薫は一計を案じて、匂宮を宇治へ伴い、中の君にあわせた。●**大君、死去**●(冬)匂宮と六の君との縁談が進行し、忍び歩きを禁じられている匂宮は中の君の所へ通って来ない。大君は心労が重なって病み、薫に見守られながら死去した。

㊹ 竹河

●**その後の状況**●大君は続いて冷泉院の皇子を出産した。昔、大君に心を寄せた蔵人少将(夕霧の子)は三位中将に昇り、竹河左大臣の死後、夕霧が左大臣、薫は中納言に昇ったという。

冷泉院・49
玉鬘・53

匂宮・23
弁の君・60ばかり

㊸ 紅梅

●**紅梅と真木柱の結婚**●蛍宮の死後、真木柱は姫君(宮の御方)を連れて、柏木の弟紅梅と再婚した。紅梅の長女大君は東宮に参った。●**匂宮の求婚**●紅梅は中の君を匂宮にと考えている。匂宮は宮の御方に求婚する。真木柱は決めかねて悩んでいる。

《薫、秋、中納言》
夕霧・49

㊾ 宿木

●**薫・匂宮の縁談**●薫には帝から女二の宮との縁談、匂宮には夕霧から六の君との縁談が起きた。

真木柱・46 47
宇治の大君・26
宇治の中の君・24
匂宮・25
今上帝・45
明石の中宮・43

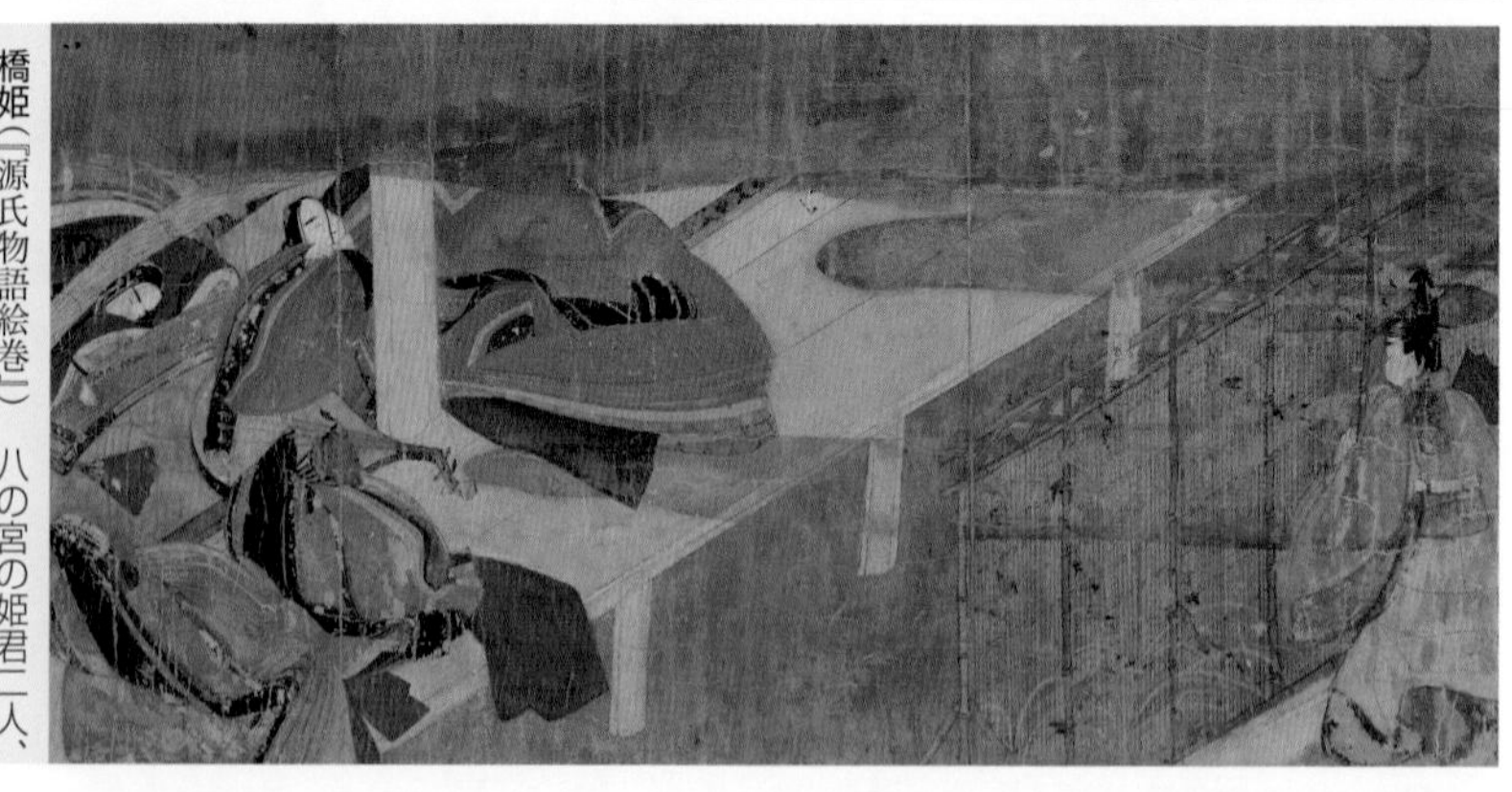

橋姫〈『源氏物語絵巻』〉八の宮の姫君二人、柱のもとで琵琶を置き撥を手にするのが中の君。大君は箏の琴にうつぶきかかり、ほかに女房二人が簀子にいる。竹の透垣の遣戸を開けて垣間見るのが薫。画面上は霧のたちこめたさま。

巻	薫の年齢	内容	人物の年齢
㊽早蕨	25	●中の君、二条院へ●（春）匂宮は中の君を二条院へ迎えた。薫が中の君を訪れると、匂宮は二人の仲を疑ったりする。 ●浮舟の話題●（秋）匂宮と六の君とが結婚。中の君を慰めに行った薫は、中の君の異母妹浮舟のことを聞いた。	浮舟・20ばかり
㊿東屋	26	●匂宮と浮舟●（秋）浮舟の母は、薫が浮舟に関心を抱いているのを喜び、浮舟を二条院の中の君に預けた。匂宮は偶然彼女を見かけて、近づく。 ●浮舟、宇治へ移る●浮舟の母は不安に思って浮舟を三条の小家に移す。薫は三条の家を訪れ、浮舟を宇治へ伴い、ここに住まわせることにした。	
		●中の君出産●（春）中の君は若君（匂宮の子）を出産した。 ●薫の結婚●（春）薫は今上帝の女二の宮と結婚した。 ●薫、浮舟を垣間見る●（夏）薫は宇治で初瀬詣で帰途の浮舟を垣間見て、亡き大君に似た浮舟に心を引かれる。	《薫、二月、権大納言兼右大将》 匂宮・27 中の君・26
○51浮舟	27	●匂宮、浮舟とあう●（春）浮舟の所在を探知した匂宮は、薫をよそおって宇治へ赴き、浮舟と契った。 ●浮舟、死の決意●匂宮・浮舟の秘密に薫も気づく。浮舟は宇治川に身を投じる決意をし、匂宮と母へ最後の歌を残す。	
○52蜻蛉	27	●消えた浮舟●翌日、浮舟の姿がないことに人々は気づいた。葬儀は遺体なしで行われた。（夏）薫は浮舟の四十九日の法要を行う。匂宮は故式部卿の姫君に熱中したりする。	
○53手習	27	●発見された浮舟●（春）初瀬詣での帰途、急病になった母の尼の加持に下山した横川の僧都は、宇治院で倒れている女性（浮舟）を発見した。素性の知れぬまま、尼君たちは小野へ連れ帰って介抱する。僧都の妹尼は、死んだ娘の生まれ変わりと思って大切に世話をした。 ●浮舟出家●（秋）尼君たちの不在中に立ち寄った僧都に頼んで、浮舟は出家した。 ●薫が浮舟の情報を耳にする●（春）横川の僧都が明石の中宮に語った初瀬詣でのときの不思議な話は、薫の耳に入った。薫は叡山参詣の途中、横川へ赴こうと決心する。	浮舟・22 横川の僧都・60余 今上帝・48 明石の中宮・46
○54夢浮橋	28	●薫が横川の僧都に会う●（夏）薫は、供養のために叡山へ行き、帰途横川の僧都を訪れ浮舟の生存を確認した。 ●小君を小野へつかわす●薫は浮舟の弟（小君）を小野へつかわしたが、浮舟は面会を拒み、小君はむなしく帰京した。人々は、これからどんな運命をたどっていくであろうか。――光源氏の没後の様子を述べた匂宮・紅梅・竹河の三巻に続いて、橋姫の巻から始まった宇治十帖はここで終わっている。余情あふれる幕切れである。	浮舟・23 匂宮・29

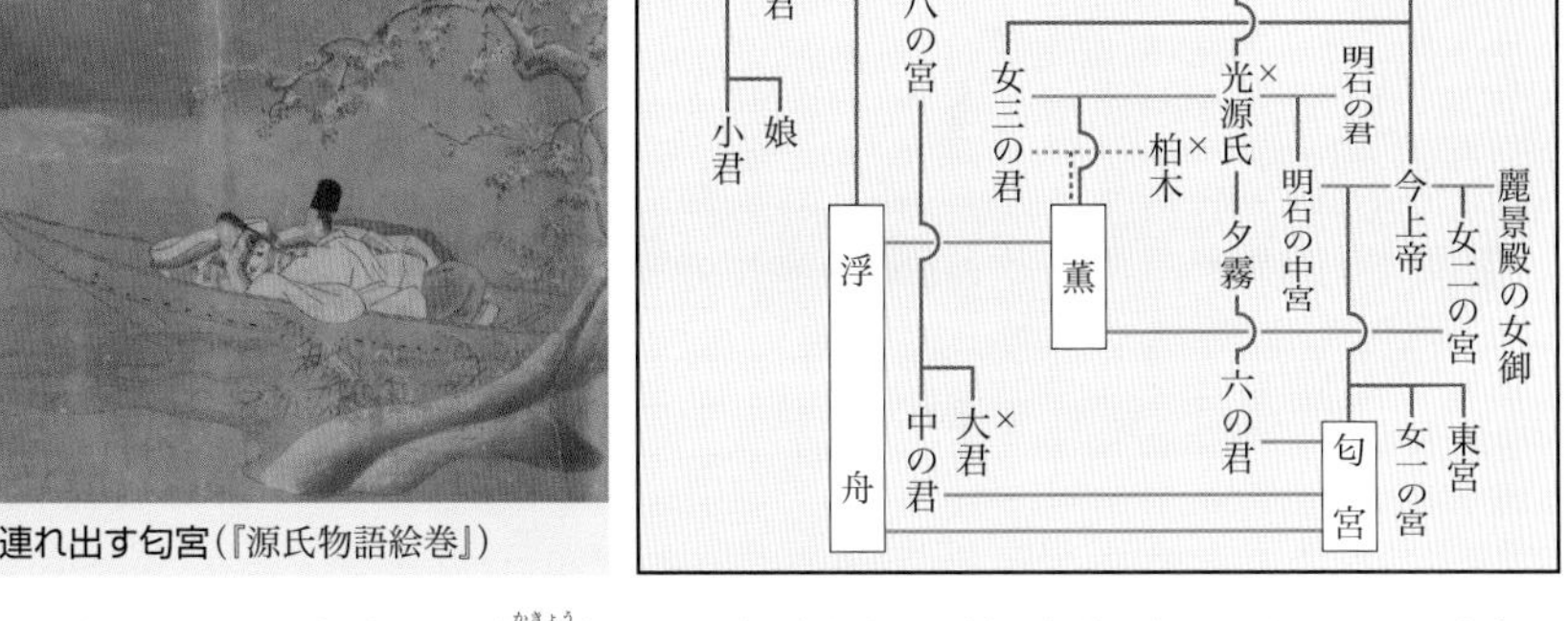

浮舟を連れ出す匂宮（『源氏物語絵巻』）

日本の名言　初心忘るべからず。（世阿弥『花鏡』）　芸の修練の各段階での最初の経験を忘れてはならないという戒め。

源氏物語の世界

鞍馬寺（若紫）　源氏が若紫に出会った「北山」のモデルの一つ。

野宮神社（賢木）　伊勢に下向する六条の御息所と源氏の別れの舞台。

渉成園（夕顔）　「某の院」のモデル、河原院の一部が庭園として残る。

住吉大社（澪標）　今の大阪市住吉区にある。源氏と明石の君が行き合った。

◀**逢坂の関跡**（関屋）　今の大津市逢坂山。石山詣でに向かう源氏と、夫の任国から上京した空蟬が再会した。

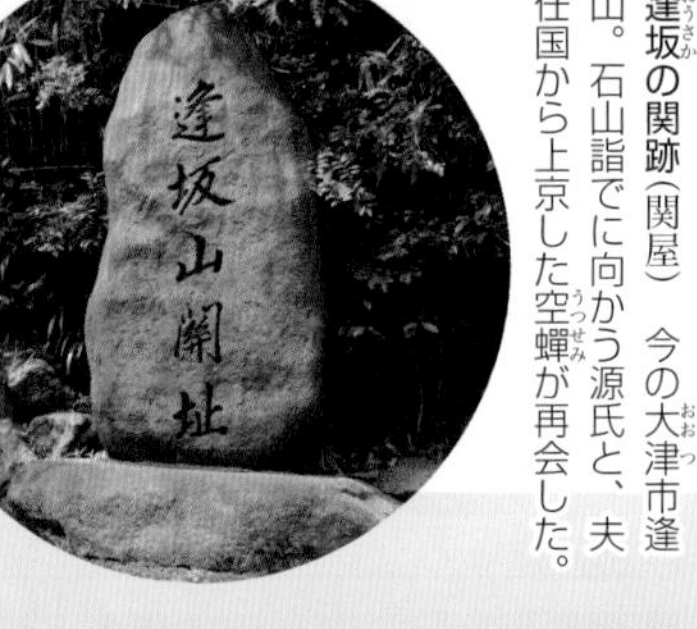

▼**宇治川**（浮舟）　「宇治十帖」の舞台。冬の暁、匂宮が浮舟を小舟に乗せて対岸の隠れ家へと連れ出した。

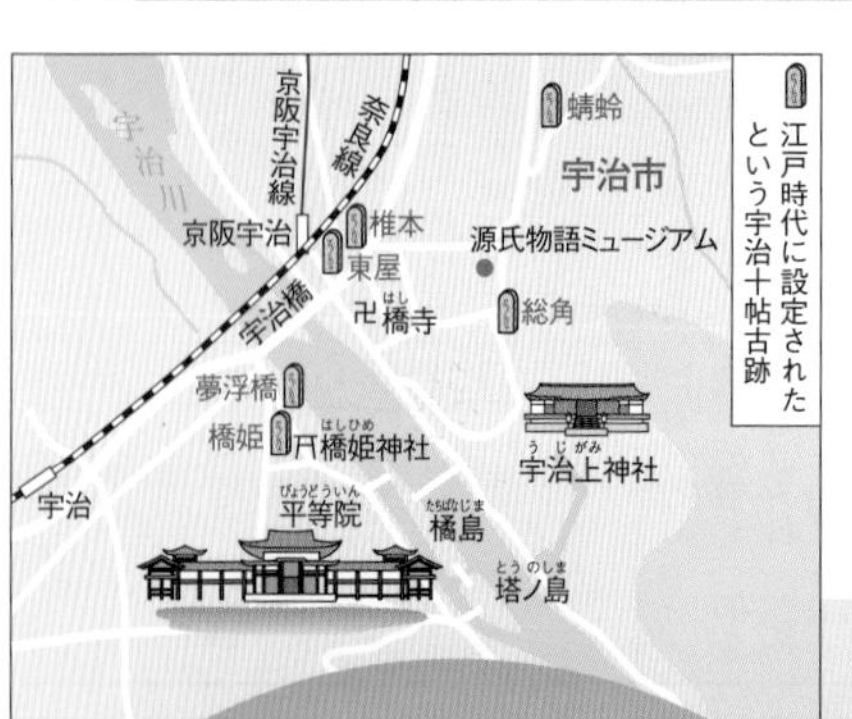

平等院（椎本）
夕霧が源氏から伝領した宇治の別荘は、源融の宇治院がモデルだという。現在の平等院の地。

になすべきことをしないで暮らしていると、後悔するにちがいない。

◆『源氏物語』関連地図

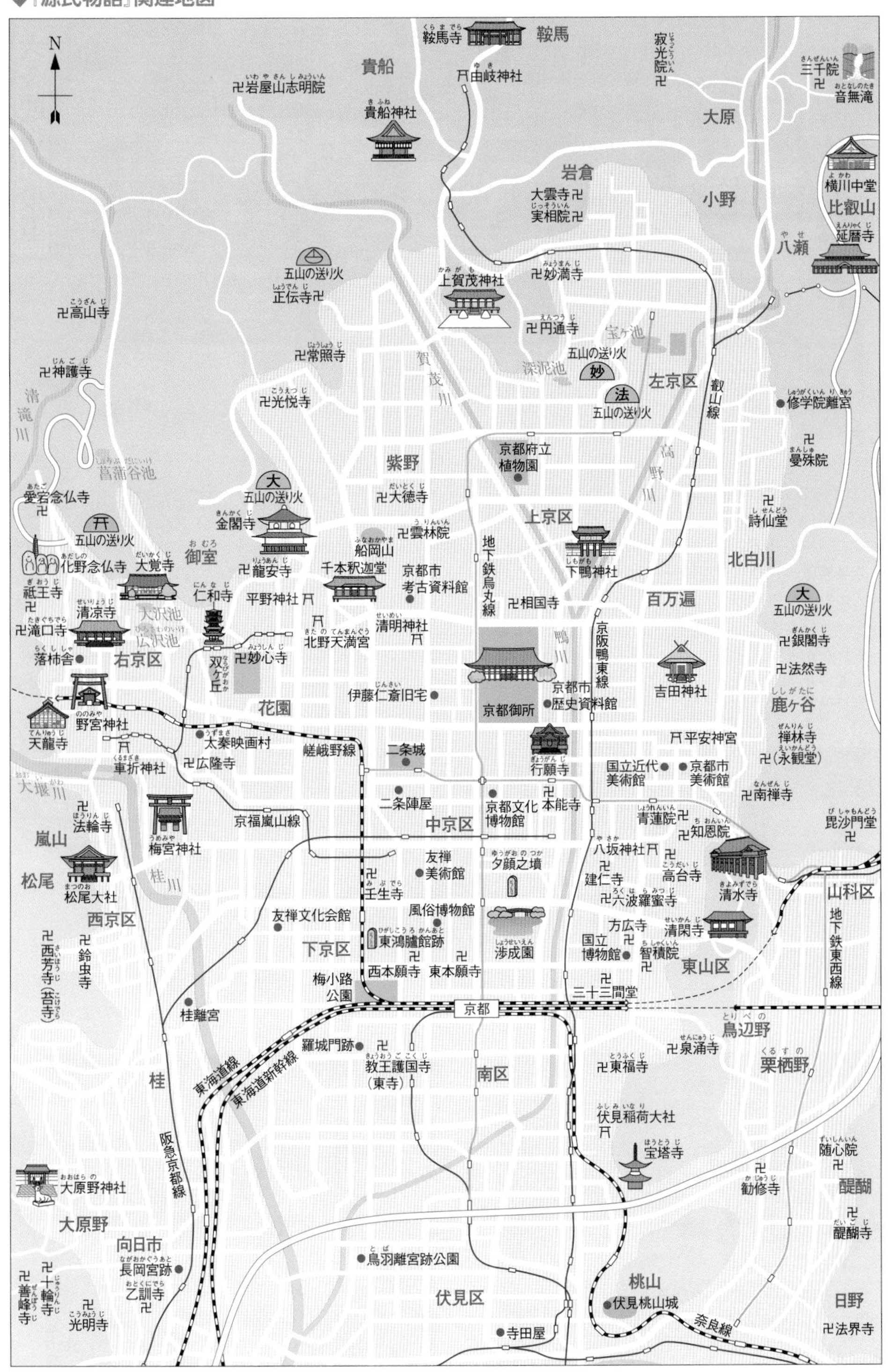

 一期なすことなくして明け暮れば、のちに必ず悔やむべし。（無住『沙石集』） 自分の一生涯、その折々

六条院復元模型

夏の町
花散里
夕霧
玉鬘
冬の町
明石の君
秋の町
秋好中宮
春の町
紫の上・源氏
明石の中宮
女三の宮

六条院は、六条京極四町を占めた源氏の邸宅。四つに区画した各町には、四季の趣向を凝らした庭が造られ、四人の女君が各町の主人として風雅を競った。手前が南で、東南が紫の上の春の町。春の花を集めた中に秋の草木をさりげなく混ぜた庭がある。源氏の住まいであり、明石の中宮はここで紫の上の養女として育てられた。また、源氏が正妻として迎えた女三の宮もこの御殿に住んだ。西南は秋好中宮の秋の町で、紅葉する草木が植えられ、東北の花散里の夏の町の庭は、夏の木陰を主眼として造られている。源氏の息子夕霧と養女玉鬘は、花散里を後見役としてここに住まう。西北の明石の君の冬の町は、雪景色を楽しむために松を多く植えなどしている。

（風俗博物館資料による）

◀**初音**　新春を迎える源氏と紫の上

常夏　篝火に照らされた源氏と玉鬘

常夏　釣殿で涼む源氏と公達

梅枝 薫物合の準備をする源氏と紫の上

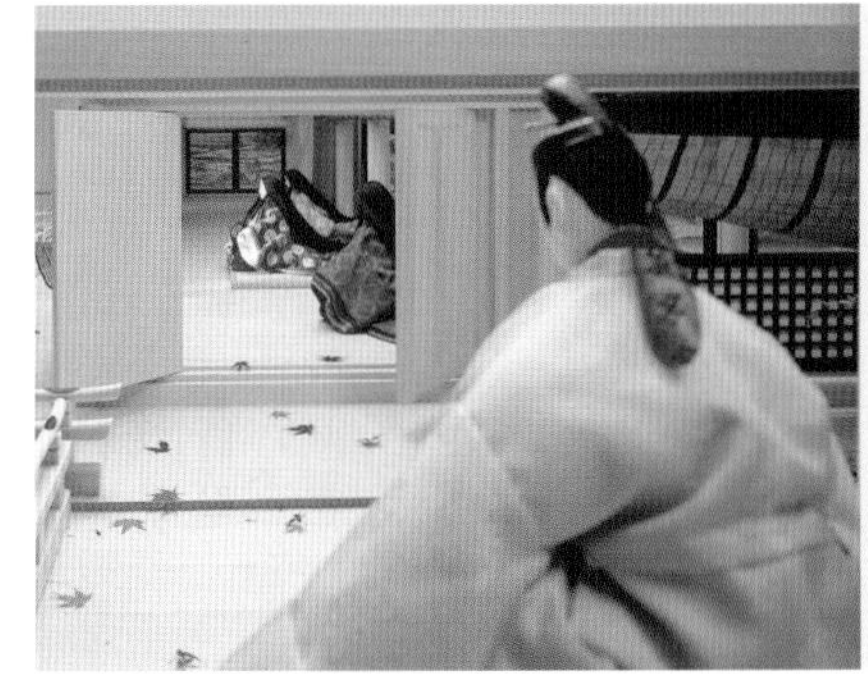

野分 紫の上を垣間見る夕霧

若菜上 女三の宮を垣間見る柏木

梅枝 明石の姫君の裳着

若菜下 六条院の女楽

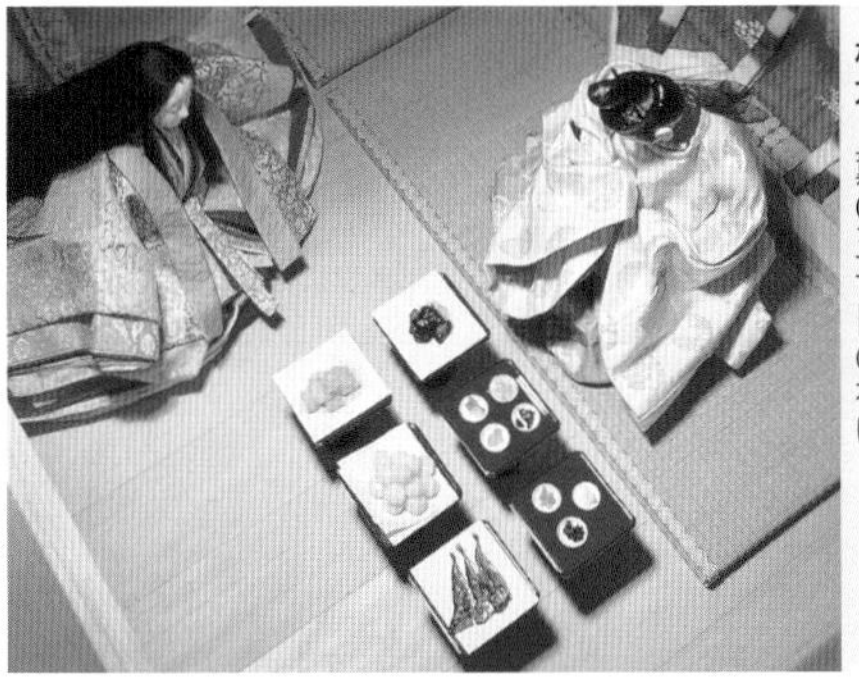

柏木 薫の五十日の祝い

柏木 夕霧に後事を託し、柏木死去

日本の名言　玉磨かざれば光なし。瓦も磨けば玉となる。(『毛吹草』)　すばらしい素質をもっていても修養しなければ

枕草子

まくらのそうし

九九六年ごろ一部成立（中古・平安時代中期）　作者清少納言

◆随筆文学の誕生

中宮定子に仕えた宮廷生活の体験や、感性の光る「ものづくし」を自在に著した「をかし」の文学。

『枕草子』冒頭

【書名】枕草子。古くは「清少納言記」ともいう。書名の由来は、跋文の次の話による。内大臣藤原伊周が中宮定子に紙を献上したとき、定子が「これに何を書こうか」と相談され、清少納言が「枕にこそは侍らめ〈枕デショウネ〉」と答えてこの紙をいただいた。これに書いたので『枕草子』という。清少納言の答えは、①身辺に置く手控えの草子「枕草子」の意、②歌枕や枕詞を書きとめた草子、③天皇がお書きになるという『史記』〈鞍褥〉と「枕」〈馬鞍〉の洒落など、諸説があって定まらない。

【作者】清少納言（九六六？―一〇二〇？）。父清原元輔は『後撰和歌集』の編者の一人。はじめ橘則光と結婚し、父の没後、一条天皇中宮定子のもとへ宮仕えに出た。藤原実方、藤原行成、藤原斉信とも親しく、『枕草子』にもその交際が描かれている。中宮没後、宮仕えを退き、藤原棟世と結婚した。晩年は不遇な生活を送ったらしい。

【成立】九九六年（長徳二）ごろに初稿本ができ、以後の事件を加えて、一〇〇四年ごろ（寛弘年間）に再稿本がまとめられた。跋文によると、源経房がやって来て、清少納言が座布団をさし出したら、その上に『枕草子』が載っていて、経房がこれを持ち去ってしまったという。これは長徳元年から二年のころの事件で、そのときまでに初稿本が成立していたと考えられる。

【内容・構成】内容的に次のように分類される。

類集的章段　①「山は」「市は」「峰は」などの形で始まるもの。②「すさまじきもの」「にくきもの」などの形で始まるもの。**ものづくし**。

日記的(回想的・実録的)章段　特定の場所・日時で、清少納言が見聞きしたことを記録したもの。

随想的章段　自然や人事についての感想を記したもの。

これらが前後の関係なく配列されている雑纂形態の本と、類似の性格の章段をまとめた類纂形態の本とがある。同じ雑纂形態でも、本によって章段の数や配列が違う。また、学者によって章段の区切り方に相違がある。

【文体】類集的章段、日記的章段、随想的章段によって**文体もさまざま**である。類集的章段にみられる、**印象のままを連ねた文章の創出**など、清少納言の個性がよく表れている。

【史的評価】中宮定子に仕えていた日常、そこに集まる女房たちの興味や感想など、**中宮定子の後宮の文化精神を巧みに書きとめたところ**に、第一の価値がある。『徒然草』のように随筆を書くという明確な意識は本人になかったであろうが、結果的には**随筆文学というジャンルを開拓**した。

第一段・例文

春は、あけぼの。やうやう白くなりゆく、山ぎは少し明かりて、紫だちたる雲の細くたなびきたる。

訳 春は、夜が明け始めるころ（がよい）。（あたりが）だんだん白んでいく、（そのうちに）山の稜線のあたりがほんのりと明るくなって、赤紫がかった雲が細くたなびいている（、そういうところがいい）。

◆清少納言と紫式部の比較

（⇩p.123）

清少納言	枕草子
・清原元輔の娘。 ・一条天皇皇后定子に出仕。 ・主家は没落。 ・外向的・勝気。	・随筆。 ・九九六年(長徳二)ごろ一部成立。 ・類集的章段・日記的章段・随想的章段。 ・約三百段。 ・「をかし」の文学。 ・鋭い感覚。 ・簡潔な文体。
紫式部	**源氏物語**
・藤原為時の娘。 ・一条天皇中宮彰子に出仕。 ・主家は繁栄。 ・内向的・控えめ。	・物語。 ・一〇〇五年(寛弘二)ごろ一部成立。 ・光源氏を主人公とした大長編物語。 ・五十四帖。 ・「もののあはれ」の文学。 ・深い思索。 ・流麗な文体。

◆『枕草子』参考年表

段数は「新日本古典文学大系」による。

西暦	年号	天皇	推定年齢	歴史事項（*は清少納言関連）	枕草子章段（〔 〕内は段数）
九六七	康保四	村上 冷泉	2	5・25 村上天皇崩御。10・11 冷泉天皇即位。	村上の先帝の御時に〔175〕 清涼殿の丑寅のすみの〔20〕は村上天皇の御代の話題。
九六九	安和二	円融	4	9・23 円融天皇即位。	
九八一	天元四		16	*橘則光と結婚。則長誕生。	
九八四	永観二	花山	19	10・10 花山天皇即位。	
九八六	寛和二	一条	21	7・22 一条天皇即位。	小白河といふ所は〔32〕
九九〇	正暦元（11・7改元）		25	1・25 内大臣藤原道隆の娘定子入内。5・26 関白道隆摂政。6月 *元輔（清女の父）、任国肥後で没。7・2 藤原兼家没。10・5 女御定子、中宮となる。	あはれなるもの〔114〕に藤原宣孝の御嶽詣での話題。
九九二	三		27	前年2・12 円融法皇崩御。11・15 中宮、五節の舞姫を献ず。	円融院の御はての年〔131〕 宮の五節いださせ給ふ〔86〕
九九三	四		28	初冬 *清女、宮仕えに出る。	宮に初めて参りたるころ〔177〕
九九四	五		29	2・20 *道隆、積善寺で経供養。春 *中宮が女房たちに教養試験を行う。8・28 藤原伊周、権大納言から内大臣に昇る。12月 *清女、地獄絵の屏風を見る（一説、前年冬）。「香炉峰の雪」の逸話もこの冬か。	関白殿二月廿一日に〔259〕 清涼殿の丑寅のすみの〔20〕 三月ばかり物忌みしに〔282〕 大納言殿参り給ひて〔293〕 御仏名のまたの日〔77〕 雪のいと高う降りたるを〔280〕
九九五	長徳元（2・22改元）		30	1・19 道隆の娘原子、春宮女御。2月頃 *頭中将斉信、清女との絶交宣言を解消（「草の庵」の逸話）。4・10 入道前関白道隆薨去(43)。6・19 権大納言藤原道長、右大臣、氏長者となる。権中納言藤原隆家、中納言となる（「くらげの骨」の逸話〔98〕はこのころか。）	関白殿、黒戸より出でさせ給ふとて〔123〕 淑景舎、春宮に参り給ふほどのことなど〔100〕 頭中将の、すずろなるそらごとを〔78〕 故殿の御服のころ〔154〕 故殿の御ために〔128〕 方弘は〔104〕このころの話か。
九九六	長徳二		31	4・24 内大臣伊周を大宰権帥に、中納言隆家を出雲権守に左遷。晩夏・初秋 *中宮から紙・畳の贈り物が、里居の清女に届けられる。秋 *源経房、清女の里を訪問。	かへる年の二月廿日よ日〔79〕 御前にて人々とも〔258〕 殿などのおはしまさで後〔136〕 この草子（枕草子跋文）〔跋〕
九九七	三		32	12・16 定子、第一皇女脩子出産。4・5 伊周・隆家が罪を許される。歌嫌いの橘則光に清女が歌を贈り、則光と再び疎遠となる。	職の御曹司におはしますころ、木立などの〔74〕 さて、その左衛門の陣〔82〕 里にまかでたるに〔80〕
九九八	四		33	6・22 定子、職の御曹司へ移る。*藤原行成と清女、親しい仲であったのはこのころ。5月 *ほととぎすを聞きに賀茂の奥へ行く。12月～翌年春 *雪の山の存続期間をめぐる逸話。	頭の弁の御もとより〔126〕 頭の弁の、職に参り給ひて〔129〕 職の御曹司の西面の〔46〕 五月の御精進のほど〔95〕 職の御曹司におはしますころ、西の廂にて〔83〕
九九九	長保元（1・13改元）		34	6・14 内裏焼亡。8・9 定子、平生昌の三条宅へ行啓。11・1 道長の娘彰子入内。翌年2・25 定子は皇后、彰子は中宮となる。	二月つごもりごろに〔102〕 五月ばかり、月もなう〔130〕 大進生昌が家に〔5〕 一条の院をば〔227〕
一〇〇〇	二		35	11・7 定子、第一皇子敦康出産。2・12 定子、一条今内裏へ。3・27 定子、平生昌宅へ行啓。8・27 再度、生昌宅へ。12・15 定子、第二皇女出産、翌日、崩御(25)。	今内裏の東をば〔9〕 うへにさぶらふ御猫は（翁丸の事件）〔6〕 職の御曹司の西面の〔46〕 三条の宮におはしますころ〔222〕
一〇〇一	三		36	清女、宮仕えを辞去か。	成信の中将は〔273〕

◆日本の名言 木は規によつて直く、人は人によつて賢し。（『加賀国篠原合戦』） 曲がった木はさしがねをあてて削られ

ほうじょうき

方丈記

一二一二年ごろに成立（中世・鎌倉時代前期）　作者鴨長明

無常を嘆く隠者文学

草庵生活を送る作者が、人とすみかの無常を見つめ、格調高い和漢混交文で綴った随筆。

『方丈記』冒頭

【書名】**方丈記**。書名は、文中に「その家のありさま、……広さはわずかに方丈」とある庵で、この書を著したことによる。

【作者】**鴨長明**（一一五五?―一二一六）。下鴨神社の禰宜、鴨長継の次男。十八、九歳で父の死にあい、家職を継ぐ望みを失って、以後は和歌・管弦に親しみ地下歌人として活躍する。後鳥羽院に認められ、和歌所寄人となった。『千載集』に一首、『新古今集』に十首入集。五十余歳で出家し、大原での隠遁生活を経て日野外山に移り、方丈の庵を結んで『方丈記』『無名抄』『発心集』を著した。

【成立】奥書によると、一二一二年（建暦二）三月晦日ごろの成立。

【内容・構成】内容からおよそ五つに分けられる。

序章では、人の世の無常を川の流れに寄せて、詠嘆的な調子で語り始める。**二章**では、彼の経験した「五災厄」（安元の大火・治承の辻風・福原遷都・養和の飢饉・元暦の大地震）という天変地異、社会変動が克明に描き出される。特に福原遷都の箇所は詳細な見聞録をなしており、彼のルポライターとしての目の確かさがうかがわれる。**三章**では、身辺へと話題が移る。若いころからの自分の住居の変転を述べたあと、現在の住居すなわち「方丈」の庵の様子を、ひとつひとつの道具立てにまで言及して述べる。**四章**では、現在の草庵生活の楽しさを嘆美する。しかし**終章**では、一転してその方丈の生活に執着する自己を批判し、「心さらに答ふることなし」として黙してしまう。

自分の内面的矛盾をさらけ出し、ぎりぎりの線にまで自己を追いつめたところに一編の主題がある。解答できない自分を見いだし黙してしまうところに、この作者の真実があったと思われる。

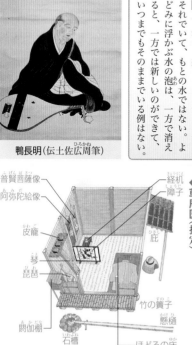

【文体】**和漢混交文**。全体に情緒的な、しかしひとすじの力を秘めた文章である。対句・比喩を多く用い、修辞的に整った格調の高さは読む者の心にしみる。

【史的評価】慶滋保胤の『池亭記』に影響を受けたと言われるが、『方丈記』は「記」といったところにとどまらず、**すぐれた自照文学として『徒然草』とともに双璧をなす**。十三世紀中ごろの『十訓抄』や十五世紀の世阿弥の『花伝書』にも『方丈記』の言葉が引かれていて、古くから読み継がれてきた。

冒頭・例文

ゆく川の流れは絶えずして、しかも、もとの水にあらず。よどみに浮かぶうたかたは、かつ消え、かつ結びて、久しくとどまりたるためしなし。

訳 川の流れは絶えることがないが、それでいて、もとの水ではない。よどみに浮かぶ水の泡は、一方で消えると、一方では新しいのができて、いつまでもそのままでいる例はない。

鴨長明（伝土佐広周筆）

長明関連年譜

西暦	事項
一一五五	長明誕生か。一説、一一五三年。
一一七七	四月、安元の大火。
一一八〇	四月、辻風。六月、福原遷都。
一一八一	養和の大飢饉。
一一八五	元暦の大地震。
一一八六	秋から冬、伊勢に旅行。歌日記『伊勢記』は今伝わらない。
一二〇一	和歌所寄人。初めて公家社会から認められる。
一二〇四	大原に出家遁世か。
一二〇八	日野外山に転居。
一二一一	鎌倉に下向、実朝に対面。この前後に『無名抄』成立。
一二一二	『方丈記』成立。このころ『発心集』成立。
一二一六	死去。

草庵図（推定）

つれづれぐさ
徒然草

一三三〇年ごろに成立（中世・鎌倉時代後期） 作者兼好法師

◆無常を肯定する隠者文学

教訓、滑稽、王朝趣味など、多彩な話題を自由に書いた随筆。序段と二百四十三段からなる。

『徒然草』冒頭

【書名】徒然草。序段の「つれづれなるままに、日暮らし硯に向かひて……」という冒頭文による。ただし、兼好の死後、後人がこの作品を編纂したときの命名だと言われている。

【作者】兼好法師。俗名卜部兼好とも。一三一三年（正和二）以前、三十歳前後で出家、兼好と号した。隠者となった後も、歌人・知識人として武家や貴族と交遊を続けた。二条派歌人の四天王の一人に数えられ、家集『兼好法師集』がある。しかし、生涯については解明されていない点も多い。

【成立】作品の大部分が一三三〇年（元徳二）末から一三三一年（元弘元）秋にかけての約一年間になったとする説に対し、長期にわたり逐次成立したとする説もある。これには、無常観、文体の変遷を根拠に、序段から三十段あたりまでは一三一九年（元応元）ごろに執筆されていたとする二部説や、三回に分けたとする三部説もある。

【内容・構成】序のほか二百四十三段。**各段はそれぞれ独立した主題をもって書かれている。**その内容は、説話、処世訓、自然観照文など多岐にわたる。作者の目が人間生活のあらゆる部分に向かって光っていることを感じさせる。しかも、その目は時により、場合に応じて視点を変え、ある段では酒を賛美し、ある段ではその害を説くなどの矛盾が随所にみられる。しかし、それは社会や人間に限りない興味を抱く作者が、現実世界のさまざまな矛盾を眺めたときのいつわりのない生活感情の流露である。また、その矛盾を根底でつなぐものは、個人の体験や思考に裏打ちされた**作者独自の無常観**である。兼好は、「大事を思ひ立たん人は、去りがたく心にかからん事の本意をとげずして、さながら捨つべきなり」（五十九段）と無常の自覚を説き、「世はさだめなきこそ、いみじけれ」（七段）と、世の無常を賛美する。こうした彼の無常観は、多彩な内容に焦点を与え、作品の価値を永遠のものにしている。

【文体】古来、名文の誉れが高い。内容に応じて**和漢混交文や和文**を使いこなし、係り結びの曲調を用いて文章に陰影を与えている。全体に平易な印象を与え、会話の部分は特に生き生きと描かれている。

【史的評価】中世から、歌人・連歌師などに愛読され、その卓抜したユーモアは、連歌・俳諧をはじめ、近世に至っては浄瑠璃・浮世草子にまで影響を与え、慶長から幕末までの版行は五十種を越えるベストセラーであった。作品中に点在する兼好独特の美意識は、中世的なものへの先駆けをなし、「さび」の美的世界へ通じるものとなっている。

兼好法師

◆兼好関連年譜

西暦	事項
一二八三	兼好誕生か。
一三一三	この年以前、三十歳前後で出家したか。
一三一五	このころ修学院にこもる。
一三二四	二条為世から『古今集』の教えを受ける。このころ比叡山、横川に隠棲。
一三三〇	『徒然草』執筆開始か。
一三三五	内裏千首和歌に詠進。
一三三八	二条為定邸の歌合に出席。
一三四四	足利直義の高野山奉納和歌詠進。
一三四五	このころ家集『兼好法師集』なるか。
一三五〇	四月八日死去とする過去帳あり。
一三五一	『続古今集』を書写するか。
一三五二	後普光園院殿御百首に合点を加える。この年以降死去か。

冒頭・例文

つれづれなるままに、日暮らし硯に向かひて、心にうつりゆくよしなしごとを、そこはかとなく書きつくれば、あやしうこそものぐるほしけれ。

訳 所在なさにまかせて、終日硯に向って、心に浮かんでは消えていくとりとめもないことを、順序次第もなく書きつけると、我ながら不思議なほど、ものにつかれたような気持ちになることだ。

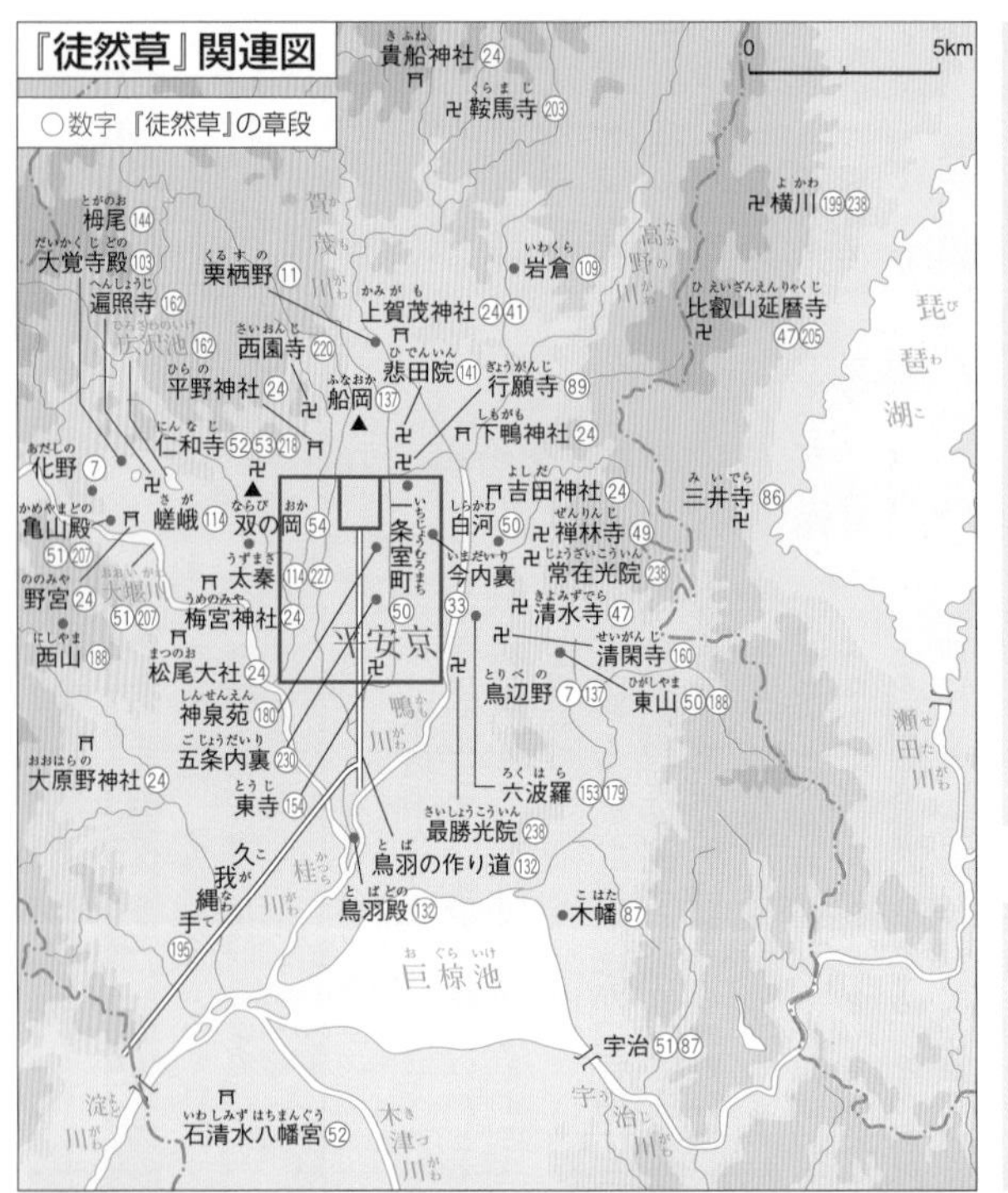

仁和寺（第52段ほか）兼好は仁和寺近くの双の岡に隠棲したため、『徒然草』には仁和寺の僧の逸話が多い。

▲足鼎をかぶった仁和寺の僧（第53段）

双の岡（第54段）

賀茂の競馬（第41段） 上賀茂神社の競馬会の神事。

化野（第7段） 葬送地であったことから、無常の象徴として描かれる。写真は、嵯峨野念仏寺。

天龍寺（第51段） 亀山殿跡の池が庭園に残る。

◆三大随筆の比較

	作者	成立	内容・構成	文体	特色
枕草子	清少納言〈女房〉	・一〇〇四年(寛弘元)ごろ一部成立。〈平安中期〉	・約三百段。 ①類集的章段―「うつくしきもの」「鳥は」など「ものづくし」の段。 ②日記的(回想的)章段―中宮定子に仕えた宮廷生活を綴った段。 ③随想的章段―自然や人事について述べた段。	・和文体。 ・省略や体言止めがリズムと余情を生む。	・「をかし」の美学。 ・随筆文学の先駆。 ・『源氏物語』と並ぶ王朝文学の傑作。
方丈記	鴨長明〈隠者〉	・一二一二年(建暦二)成立。〈鎌倉初期〉	・一巻。 前半―自ら体験した大火・辻風・遷都・飢饉・大地震など五つの災厄。 後半―そんな世の中を離れて日野山に草庵を結んだ心境。	・和漢混交文。 ・漢語・対句・比喩を多用。	・無常観。 ・自照的。 ・不安定な世相を背景にした厭世観。
徒然草	兼好法師〈隠者〉	・一三三〇年(元徳二)〜一三三一年(元弘元)成立。〈鎌倉後期〉	・序のほか二四三段。 ・作者の幅広い教養を反映して、人生論、逸話、奇談、有職故実の知識、自然観照など多種多様な話題。 ・王朝文化へのあこがれが見られる。	・和文体と和漢混交文とを話題に応じて使い分ける。	・無常観。 ・批評精神・尚古主義。 ・自由な精神で物事を多面的にとらえる。

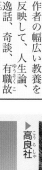

石清水八幡宮に参詣した法師が、麓の高良社などだけ見て、山上の本社を拝まずに帰った滑稽談。

▶高良社

▶石清水八幡宮本社(第52段)

▼丹波の出雲大神宮(京都府亀岡市)と神社に伝わる木彫りの狛犬(第236段)

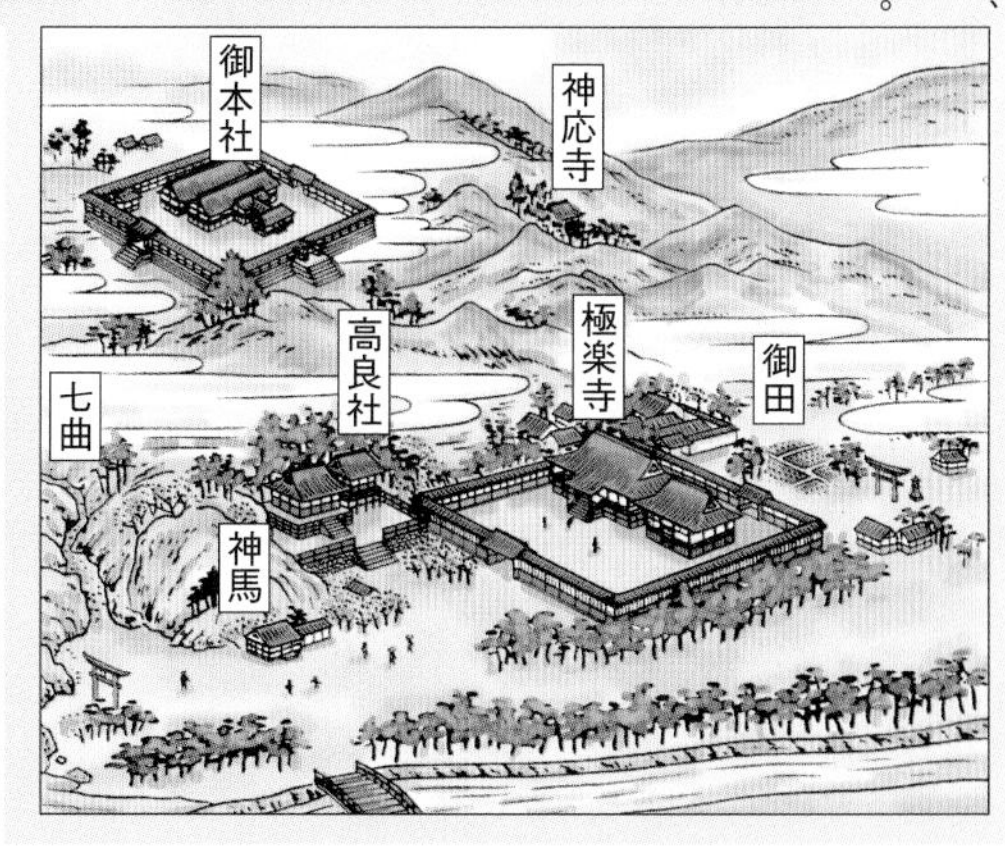

◆日本の名言 人の一生は重荷を負つて遠き道を行くがごとし。(『東照宮御遺訓』) 人間の一生というものは、重荷物を

とさにっき
土佐日記

九三五年ごろ成立（中古・平安時代前期）　作者紀貫之

◆女性に仮託した仮名日記

土佐守の任期を終えて帰京するまでの旅日記。批判と諧謔に富む一方、土佐で亡くした女児を悼む。

『土佐日記』冒頭

【書名】 土佐日記。古くは「土左日記」と書かれ、「とさの日記」と呼ばれた。書名は「土佐の国から京に帰るまでの出来事や感想などを日を追って記した路次の記」という意味。

【作者】 紀貫之（？—九四五？）。三十六歌仙の一人。従兄弟にあたる紀友則ほか、凡河内躬恒・壬生忠岑らとともに『古今和歌集』を編纂。百首を超える自詠が『古今和歌集』に入り、本格的な歌論としても名高い仮名序を書いて、当代歌壇第一人者としての実力を示した。『土佐日記』は、作者が晩年に土佐守の任を終え、任地を出発してから都へ帰着するまでの体験を綴ったもの。

【成立】 貫之の帰京は九三五年（承平五）二月十六日であるから、それ以後の成立。日記形式で書かれているが、⑴冒頭・末尾の照応、⑵読者を予想した表現、⑶有機的・構成的に書かれた緊密な脈絡、⑷漢詩文に学んだ表現、などから判断すると、船中での覚え書きに後日推敲を加えて完成したとみられる。貫之在世中から相当流布していたことから、九三五年か、その翌年の成立であろう。

【内容・構成】 九三四年（承平四）十二月二十一日、国司の館を出発、五十五日を費やして帰京するまで一日も省かない日次の記を、**女性の筆に仮託し、女性の立場で書いている。**

内容は、五十七首の和歌と歌論を含み、出発の送迎や別離、同船の人人の言動、自然の景観、風波や海賊に対する恐怖、帰京を待ち望む心情など多岐にわたる。しかし、中心になっているのは、**土佐守在任中に急死した女児に対する哀惜の情**である。その悲嘆の表現は心境小説的で、日記を真の文芸作品にしている。また、随所に世相に対する作者の批判が見られ、誠実さに対しては深い感動と愛着、軽薄・打算に対しては非難と攻撃を記している。

【文体】 漢文では示し得ない心の機微を**仮名文字**で表現することに成功している。漢文訓読調の硬さは隠せないが、簡潔な文体に漢文の長所も生かされている。文中の機知・諧謔・俳味が文章の特色を生んでいる。

【史的評価】 冒頭文で「この日記は女性の筆作である」ことを述べ、容易に虚構性を加え得る自由な立場で筆を進める。その結果、従来の男性の日記が漢文体で書かれ、公的、備忘録的であったのに対して、これは**私的、文芸的、創作的なもの**となり、自照的要素や近代性を導き入れることになった。その方法は『蜻蛉日記』などにも影響し、王朝女性文学を完成させることになる。

冒頭・例文

男もすなる日記といふものを、女もしてみむとて、するなり。それの年の十二月の二十日余り一日の日の戌の時に、門出す。

訳 男も書くと聞いている日記というものを、女の私も書いてみようと思って、書くのである。某年十二月二十一日の午後八時ごろに出発する。

土佐日記（佐多芳郎筆）

◆貫之関連年譜

西暦	事項
八六八	このころ誕生。
九〇五	四月『古今和歌集』撰進。
九〇七	九月、宇多法皇の大堰川御幸に供奉。
九一三	『亭子院歌合』に列席。
九三〇	土佐守。在任中、『新撰和歌』編纂。
九三五	任を終え二月帰洛。のち、『土佐日記』を書く。
九四三	一月、従五位上。
九四五	三月、木工権頭。同年没か。

紀貫之（『上畳本三十六歌仙絵』）

『土佐日記』旅程図

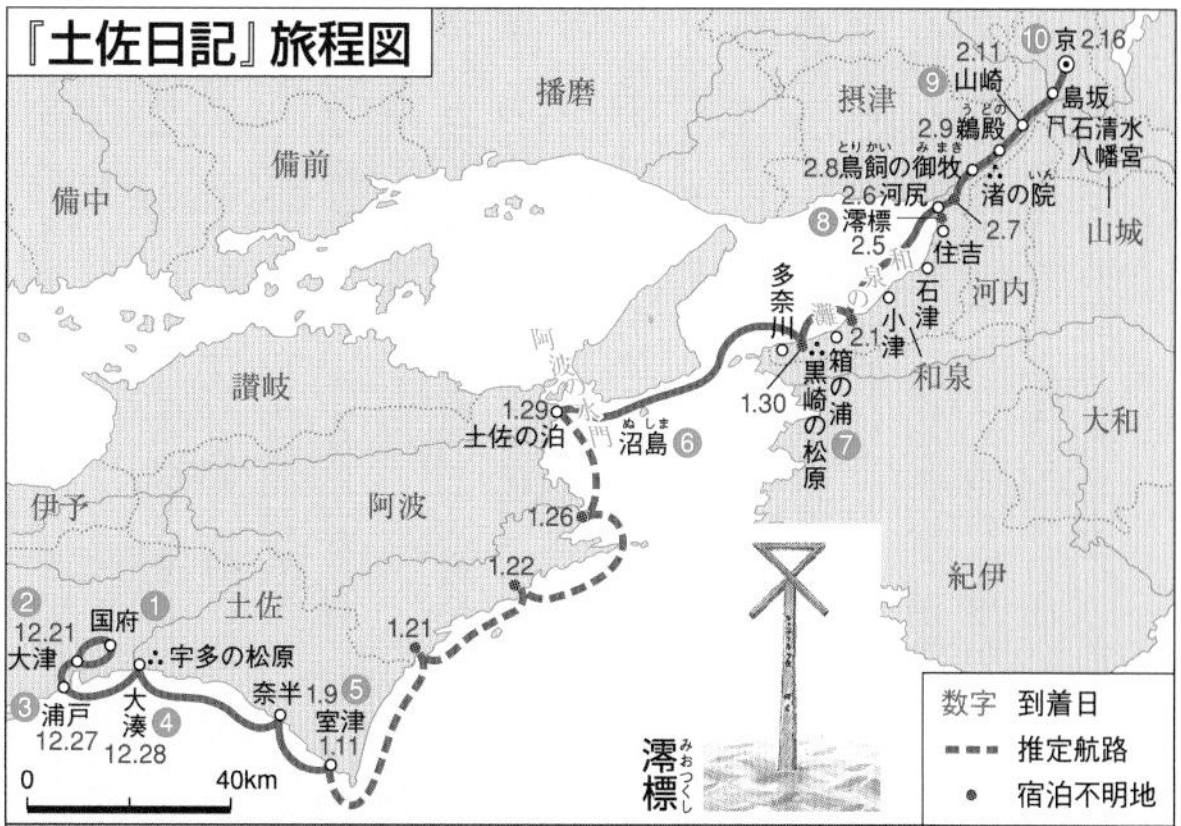

数字 到着日
推定航路
宿泊不明地

月日	出発地	→到着地（宿泊日）
九三四年 12.21	国府	→大津（四泊）
25	大津	→国府（一泊）
26	国府	→大津（一泊）
27	大津	→浦戸（一泊）
28	浦戸	→大湊（十泊）
九三五年 1.9	大湊	→奈半（二泊）
11	奈半	→室津（十泊）
21	室津	→（泊a）（一泊）
22	（泊a）	→（泊b）（四泊）
26	（泊b）	→（泊c）（三泊）
29	（泊c）	→土佐泊（一泊）
30	土佐泊	→和泉の灘A（一泊）
2.1	和泉の灘A	→和泉の灘B（四泊）
5	和泉の灘B	→澪標（一泊）
6	澪標	→河尻（一泊）
7	河尻	→（泊d）（一泊）
8	（泊d）	→鳥飼の御牧（一泊）
9	鳥飼の御牧	→鵜殿（四泊）
11	鵜殿	→山崎（五泊）
16	山崎	→京

①それの年の十二月の二十日余り一日の日の戌の時に、門出す。
②二十七日。大津より浦戸をさして漕ぎ出づ。
③二十八日。浦戸より漕ぎ出でて大湊を追ふ。
④（一月）九日のつとめて、大湊より奈半の泊を追はむとて、漕ぎ出でけり。
⑤十一日。あかつきに船を出だして、室津を追ふ。
⑥三十日。…夜中ばかりに船を出だして、阿波の水門を渡る。…和泉灘といふ所に至りぬ。
⑦二月一日、今日は箱の浦といふ所より綱手引きて行く。
⑧六日。澪標のもとより出でて、難波に着きて、河尻に入る。
⑨十一日。…山崎の橋見ゆ。うれしきことかぎりなし。
⑩十六日。…京に入り立ちてうれし。

蜻蛉日記

かげろうにっき

九七四年以後成立（中古・平安時代中期） 作者藤原道綱母

◆自照的女性日記の代表作

兼家の妻として、道綱の母として、苦悩と内省の日記文学。

『蜻蛉日記』冒頭

【書名】 蜻蛉日記。『大鏡』にも「かげろふの日記」の名称が見え、早くからこの名で流布していた。

【作者】 **藤原道綱母**（九三六ごろ—九九五）。父は藤原倫寧。平安中期有数の歌人。

【成立】 全巻同時成立か否かは不明。その内容から、九六九年（安和二）、九七一年（天禄二）といった時期が成立にかかわりをもつと思われる。

【内容・構成】 **上・中・下三巻。** 上巻十五年、中巻三年、下巻三年の計二十一年間の記録。

上巻 藤原兼家と結婚した九五四年から九六八年まで。結婚して男を待つ受け身の立場となった作者の苦悩が主に描かれ、道綱誕生、町小路の女への嫉妬、母の死などが挿話的に綴られる。

中巻 九六九年から九七一年まで。作者の病気、賭弓での道綱の勝利、唐崎の祓え、石山詣でと続き、鳴滝参籠が全編のクライマックスとなる。作者の苦悩は深くなり、その心理描写に多く筆が費やされるが、鳴滝参籠のあたりから、自己の人生を内省する澄んだ境地が開けてくる。

下巻 九七二年から九七四年まで。中巻終わりの調和的な心境が受け継がれ、兼家をあたかも遠景の人のように客観的に眺め、諦観を含んだ心象が身辺雑記的に記される。

【史的評価】 平安女性日記の代表的作品。**自己の内面を照らし出し客観化して描く自照文学の最初の作品**である。事件本位の作り事であった物語から、個人の心理を描く散文文学への糸口ともなった。

道綱母と兼家（『大鏡絵詞』）

◆日本の名言 人は遠慮の二字、肝要なり。遠慮さへあれば、分別にもなる。（『甲陽軍鑑』） 武田信玄の言葉。思慮深く

むらさきしきぶにっき

紫式部日記

一〇一〇年ごろ成立（中古・平安時代中期）　作者紫式部

憂愁にしずむ自己を凝視

中宮彰子の皇子出産の記事を中心に記録。冷静な自己分析と消息文の辛口人物批評が出色。

『紫式部日記』

【書名・作者】 紫式部日記。「紫日記」と題する写本もある。作者は紫式部（⇨p.124）。

【成立】 一〇一〇年（寛弘七）夏ごろの成立。初めから今のような形に整理されていたか否かには問題もある。

【内容・構成】 一〇〇八年（寛弘五）の記事が最も多い。

寛弘五年　七月、土御門邸（道長の邸）の秋の風情から筆を起こし、九月十一日、中宮彰子の敦成親王（後一条天皇）御産前後の儀式を中心にして、人々の様子、宮仕えの感想を述べて年末に至る。

寛弘六年　正月の若宮の戴餅の儀の記事のあとは、女房の批評、自分の心境などを手紙の文体で書いた**消息文**、これに続いて年次不明の記事がある。これは寛弘五年の記事の前、五、六月ごろの部分に相当すると考えられている。

寛弘七年　元日、二日の儀式、十五日の敦良親王（後朱雀天皇）の五十日の祝いの記録で終わる。

現存本はこのように不統一な部分があるので、残欠説、非残欠説など、成立の問題とからんで諸説がある。

【史的評価】 漢文の記録類からは知りえぬ皇子誕生前後の人々の具体的な動きを生き生きと描いている。また、**『源氏物語』の作者の、孤独な思いと自己凝視や鋭い批判から、平安時代の知識階級の女性の精神の内面をうかがうことができる。**

清少納言評・例文

清少納言こそ、したり顔にいみじう侍りける人。さばかりさかしだち、真名書きちらして侍るほども、よく見れば、まだいとたらぬこと多かり。

訳 清少納言は、実に得意顔をしてえらそうにしていた人です。あれほど利口ぶって、漢字を書き散らしている程度も、よく見ると、不十分な点がたくさんある。

寛弘五年九月十七日

敦成親王七日の産養い　中宮彰子は御帳台に臥し、紫式部がおそばにいる。女房たちは白づくめの正装をしており、贈り物の包みが置かれている。

寛弘五年十一月一日

敦成親王五十日の祝い　皇子を抱いた中宮の前に「雛遊びの具」のような御膳を据える。女房たちは裳・唐衣をつけた正装で、髪上げをしている。

寛弘五年十一月一日

五十日の祝いの夜の宴席　公卿たちが酔態を見せる中、藤原公任（右）が「このわたりに若紫や候ふ。」と呼びかける。『源氏物語』が流布していたことがうかがわれる。

消息文

中宮に漢籍を進講　紫式部は漢詩文の教養をひた隠しにしていたが、人目を避けて中宮（左）に『白氏文集』の「新楽府」を教授した。

『紫式部日記絵巻』より

とがわかる。一部を知れば全体を推し量ることができること。

さらしなにっき

更級日記

一〇六〇年ごろ成立（中古・平安時代後期）　作者菅原孝標女

◆四十年間を回想した日記

物語に憧れた少女時代から、宮仕えへの失望、信仰に生きる晩年までを、夢を交えて振り返る。

『更級日記』冒頭

【書名】 更級日記。書名は、日記中の歌「月も出でで闇にくれたる姨捨になにとて今宵たづね来つらむ」が『古今集』『大和物語』の有名な「わが心慰めかねつ更級や姨捨山に照る月を見て」をふまえているのによる。

【作者】 菅原孝標女（一〇〇八―一〇五九以後）。父は上総・常陸の受領であるが、その家系は菅原道真に始まる学者の血統。母は藤原倫寧女で、『蜻蛉日記』の作者道綱母は、伯母にあたる。『夜半の寝覚』『浜松中納言物語』などの作者と伝えられている。

【成立】 夫の死後、二、三年を経た一〇六〇年（康平三）ごろの成立。

【内容・構成】 十三歳の年から四十年におよぶ自分の人生を回想的に年を追って綴ったもの。父が上総介の任を終えて上京するときの旅から始まり、物語に魅せられた少女時代、祐子内親王（後朱雀天皇皇女）のもとへの宮仕えを経て、夫との死別ののち、ひたすら仏の夢を信じた晩年までが描かれている。物語を耽読した少女時代には『源氏物語』の世界にひきこまれ、夕顔・浮舟など薄幸の女性にあこがれている。また、日記中に数多くの夢を記しているのも特色である。

【文体】 詞書を拡大させただけの家集的な部分と、歌を含まず自分の生涯の重要事項を語る部分とが混在している。その両者の対照によって、作者のあこがれと悲しみの交錯した一生が効果的に述べられている。

【史的評価】 冒頭で作者は「あづま路の道の果てよりも、なほ奥つ方に生ひ出でたる人」と、実際育った上総の国にかえて虚構の舞台を設定し、自分を三人称で書いている。現実の自己とその生涯を対象化し、少女時代から晩年までの「女の一生」を描こうとする意識は、私小説的な性格を備えた『蜻蛉日記』の系列をひく。

◆孝標女関連年譜

西暦	事　項
一〇〇八	孝標女誕生。
一〇二〇	父、上総介の任を終え一家帰京。
一〇二一	叔母から『源氏物語』をもらう。
一〇二四	姉死去。
一〇三二	父、常陸介。
一〇三六	父帰京。
一〇三九	祐子内親王のもとに出仕。
一〇四〇	橘俊通と結婚。
一〇四五	このころ長男仲俊誕生。石山寺参詣。
一〇四六	初瀬詣で。以後、毎年のように鞍馬、石山寺、太秦寺など へ物詣で。
一〇五五	弥陀来迎の夢をみる。
一〇五八	信濃守俊通帰京し、十月、死去。

孝標女（佐多芳郎筆）

『更級日記』旅程図

少女時代の上京の旅
晩年の初瀬詣で・和泉行きの旅

冒頭・例文

あづま路の道の果てよりも、なほ奥つ方に生ひ出でたる人、いかばかりかはあやしかりけむを、……

訳 常陸の国よりも、もっと奥のほうで生まれ育った人（私）は、どんなにか田舎っぽかったろうに、……

◆日本の名言　一滴舌上に通じて大海の塩味を知る。（『醒睡笑』）　海水の一滴を舌で味わえば、大海全体の水が塩辛いこ

日記・紀行

和泉式部日記　作者 和泉式部（生没年未詳）の自作、第三者の作、藤原俊成の筆作など諸説ある。成立 自作とすれば、一〇〇八年（寛弘五）ごろ。日記中の彼女の恋愛の相手、帥宮敦道親王が一〇〇七年（寛弘四）十月に亡くなったので、その喪に服していたころ、故宮を追憶して書いたものであろうというのが通説である。内容「和泉式部物語」という別称もある。一〇〇三年（長保五）四月、和泉式部が愛人為尊親王の喪に服していたとき、その弟の帥宮から使いの童が来て、宮との仲が急速に親しくなり、十二月、宮に迎えられて宮邸に入り、翌年正月、帥宮の北の方が邸を出るまで、十か月の事件を記したもの。和泉式部自身を「女」と三人称で記し、贈答歌と地の文との微妙な行文の中に、二人の緊迫した心理を描く。

成尋阿闍梨母集　作者 成尋阿闍梨母（九八八—？）。成立 一〇七三年（延久五）ごろ。内容 二巻。入宋したわが子を思う老母の心情を述べた日記的家集。

讃岐典侍日記　作者 讃岐典侍（藤原長子）（一〇七九？—？）。成立 一一〇八年（天仁元）ごろ。内容 二巻。もとは三巻であったか。上巻は作者が近侍した堀河院の看病と臨終の記録。下巻は鳥羽天皇に仕えながら堀河院を追慕する心情を綴る。死を正面から凝視した特異な女性日記文学。

明月記　作者 藤原定家（一一六二—一二四一）。成立 一一八〇年（治承四）から一二三五年（嘉禎元）までの記事が現存するが、中間に散逸部分も多い。内容 定家十九歳から七十四歳までの日記。歌人・古典学者定家の人となりを知る貴重な資料。

たまきはる　作者 建春門院中納言（一一五七—？）。藤原俊成の娘。成立 一二一九年（建保七）三月。さらに作者の死後、藤原定家が増補。内容「建春門院中納言日記」「健寿御前日記」ともいう。宮廷の諸行事等、女房生活の回想が中心で、詳細な服装描写などに特色がある。

海道記　作者 未詳。成立 一二二三年（貞応二）ごろ。内容 都の郊外に住む僧の鎌倉への旅日記。漢文訓読調の文体で、仏教色が強い。

建礼門院右京大夫集　作者 建礼門院右京大夫（生没年未詳）。藤原（世尊寺）伊行の娘。成立 一二三二年（貞永元）ごろ。内容 二巻。恋人平資盛との出会い、平家都落ちに伴う別離、そして資盛の戦死による悲嘆の情を哀切に綴った日記的家集。

うたたね　作者 阿仏尼（一二二二？—一二八三）。藤原為家の側室。成立 一二四〇年（仁治元）ごろ。内容 多感な少女時代、上流貴族の青年との情熱的ながら不幸に終わった初恋の体験を綴った日記。

阿仏尼

東関紀行　作者 未詳。成立 一二四二年（仁治三）ごろ。内容 京都東山の隠遁者が鎌倉に旅した紀行。美文調の和漢混交文。

弁内侍日記　作者 後深草院弁内侍（生没年未詳）。藤原信実の娘。成立 一二五二年（建長四）ごろ。内容 七年間の宮廷生活を和歌を中心にして綴った女房の生活記録。

十六夜日記　作者 阿仏尼。成立 一二七九—一二八〇年（弘安二—三）ごろ。内容 訴訟のため京から鎌倉へ下向した旅日記と鎌倉滞在記とからなる。中世に多く作られた紀行文学の代表作品。東海道の歌枕を丹念に歌によみこむ。

中務内侍日記　作者 伏見院中務内侍（藤原経子）（生没年未詳）。成立 一二九二年（正応五）ごろ。内容 宮廷生活の回想記。和歌が多い。

とはずがたり　作者 後深草院二条（一二五八—？）。源雅忠の娘。成立 一三〇六年（嘉元四）以後一三一三年（正和二）以前。内容 五巻。前三巻は宮廷における愛の遍歴と苦悩、後二巻は出家後の修行の旅の記録。特異な体験を赤裸々に綴る。文章には『源氏物語』の影響が強い。

筑紫道記　作者 宗祇（一四二一—一五〇二）。成立 一四八〇年（文明一二）。内容 弟子二人との山口から筑紫大宰府などへの旅日記。

飯尾宗祇

を大切に思うあまり、自分を甘やかしすぎてはならない。

今昔物語集

こんじゃくものがたりしゅう

一一二〇年ごろ成立(中古・平安時代後期) 編者未詳

◆わが国最大の説話集

一千話以上の説話の集大成。三十一巻(うち三巻欠)。仏教説話と世俗説話。人間の姿をリアルに描く。

『今昔物語集』

【書名】今昔物語集。略して「今昔物語」とも。各説話の書き出しが「今ハ昔」とあることに由来する。

【編者】未詳。現在伝わらない『宇治大納言物語』を増補発展させたものとみれば、宇治大納言源隆国が原作者となる。しかし、近年は南都北嶺などの僧侶を作者と考え、無名の一僧侶による趣味的なものか、白河院の庇護を受けた複数の僧侶が編纂したものかなど、説が分かれる。

【成立】一一二〇年(保安元)前後、院政時代ごろの成立。

【内容・構成】全三十一巻(うち巻八・十八・二十一の三つの巻は欠落)。**一千有余の説話の集大成。**

天竺部 〔巻一〕釈迦降誕と神話化された生涯。〔巻二〕釈迦の説法。〔巻三〕釈迦の衆生教化と入滅。〔巻四〕釈迦入滅後の仏弟子の活動。〔巻五〕釈迦の前生譚・本生譚にかかわる説話。

震旦部 〔巻六〕中国への仏教渡来、流布史。〔巻七〕大般若経・法華経の功徳、霊験譚。(〔巻八〕欠巻)〔巻九〕孝子譚。〔巻十〕奇異譚。

本朝部・仏法 〔巻十一〕日本への仏教渡来、流布史。〔巻十二〕法会の縁起と功徳。〔巻十三〕法華経読誦の功徳。〔巻十四〕法華経の霊験譚。〔巻十五〕僧侶の往生譚。〔巻十六〕観世音菩薩の霊験譚。〔巻十七〕地蔵菩薩の霊験譚。(〔巻十八〕欠巻)〔巻十九〕俗人の出家往生、奇異譚。〔巻二十〕天狗、冥界の往環、因果応報。(〔巻二十一〕欠巻)

本朝部・世俗 〔巻二十二〕藤原氏の列伝。〔巻二十三〕強力譚。〔巻二十四〕芸能譚。〔巻二十五〕合戦・武勇譚。〔巻二十六〕宿報譚。〔巻二十七〕変化・怪異譚。〔巻二十八〕滑稽譚。〔巻二十九〕盗賊譚・動物譚。〔巻三十〕歌物語・恋愛譚。〔巻三十一〕奇異・怪異譚の追加拾遺。

第一巻~第五巻が**天竺**(インド)の**仏教説話**、第六巻~第九巻が**震旦**(中国)の仏教説話、第十巻が震旦の世俗説話、第十一巻~第二十巻が本朝(日本)の仏教説話、第二十二巻~第三十一巻が本朝の世俗説話。仏教説話は仏教伝来や因果応報の話など、宗教的、教訓的色彩が強い。**世俗説話**は仏教的色彩のない話である。前者は『今昔物語集』の三分の二を占め、その素材の多くは漢文文献を出典としているが、具象的で生き生きとした人間臭さをもつものが多い。後者は、前者よりはるかに文学的な色合いが濃い。その登場人物は貴族・受領・僧侶・武士・農民・商人・医者・学者などあらゆる階層から、さらに動植物・妖怪変化に至る。新興勢力として武士が力を得ていく過渡期に成立した『今昔物語集』は、たくましい生命力で生きる人間の姿をリアルに描き出し、そこから生まれてくる不思議、醜悪、怪異、笑いなどを非情な目でとらえている。**人間世界の諸事象の集大成として永遠の生命をもつ作品である。**

【文体】**和漢混交文の先駆をなす簡潔な表現で、口語も豊富に用いられている。**文体的には、『源氏物語』などの流暢な平安女性文学から、巧みな語り物文芸である『平家物語』への線上に位置する。「今ハ昔」で始まり、「トナム語リ伝ヘタルトヤ」で結ばれる、説話のパターンを確立した。

【史的評価】素材の対象を庶民層はじめあらゆる階層にしたこと、簡潔な文体、話の展開の早さなどは、平安文学史上特異な存在である。以後の『宇治拾遺物語』など中世の説話に多大な影響を与え、またそのきびきびした語り口はのちの軍記物語の表現様式へとつながっていく。近代に至って、芥川龍之介らが『今昔物語集』に取材した傑作を書き、にわかに文学作品として注目を集めた。

『百鬼夜行絵巻』

巻二十九・例文

今は昔、摂津の国の辺より盗みせむがために京に上りける男の、日の未だ明かりければ、羅城門の下に立ち隠れて立てりけるに、……

訳 今は昔、摂津の国のあたりから盗みを働こうと京に上った男が、日がまだ暮れなかったので、羅城門の下に立ち隠れていたが、……

 ◆日本の名言 身は労すべし、休め過ぐすべからず。およそわが身を愛し過ぐすべからず。(貝原益軒『養生訓』) わが身

宇治拾遺物語

百九十七話。軽妙な和文体。昔話から珍談奇談まで幅広い話題。庶民的で滑稽な話も多い。

◆中世説話の代表作

『宇治拾遺物語』

【書名】宇治拾遺物語。源隆国の「宇治大納言物語」の「遺れるを拾」ったという序文の一節を書名とする。序文には、「拾遺」は官職名で「侍従」をさすという一説もあげている。序文は編者自身の書いたものとは認められず、後人の追記で信じがたいという説もある。「宇治大納言物語」と題された宇治拾遺物語の伝本もある。

【編者】未詳。

【成立】出典と見られる『古事談』の成立した一二一三年―一二一九年（建保年間）以降、十三世紀半ばごろの成立。十二世紀後半に成立し、以後、増補されたとする説もある。

【内容・構成】百九十七話。全体を分類構成する編集意識はないが、雑然とした配列の連続・変転が読者の興味をそそる。『今昔物語集』と約八十話、『古本説話集』『古事談』と各々約二十話の共通話を持つほか、多くの作品と伝承関係を持つ。仏教説話と呼べるものは約八十話あるが、仏の霊験、聖の奇特だけではなく、僧の失敗譚や、狸が化けて現じた仏にたぶらかされる聖とその正体を見あらわす猟師の話（「猟師、仏を射る事」）など、**仏教的な呪縛から解放され、現実的・合理的な色彩の庶民性を備えた話を含む**。「鬼に瘤取らるる事」「雀、報恩の事」など民間説話から採られた昔話、珍談奇聞「利仁、芋粥の事」など、話題の幅の広い世間話の集になっている。

【文体】会話文の多い軽妙な語り口で、漢文脈の出典の話も王朝の物語に近い和文体に書きやわらげられている。説話末の感想・批評・教訓の類も少なく、読者の親しみやすい文体である。

【史的評価】文学と宗教、貴族と庶民、珍奇な話題と日常的な話題、いずれにも片寄らずに幅広い興味で話題を収集し、寛容に人間を理解する。説話の本質を生かした代表作品である。

雀、報恩の事・例文

今は昔、春つ方、日うららかなりけるに、六十ばかりの女のありけるが、虫うち取りて居たりけるに、庭に雀のしありきけるを、童べ、石を取りて打ちたれば、当たりて、腰を打ち折られにけり。

訳 昔々、春のころ、うららかな日に、六十ばかりの女がいたが、衣の虱などを取っていたところ、庭に雀がはね回るのを、子供が、石を取って投げつけたところ、命中して、雀は腰を打ち折られてしまった。

雀、報恩の事・前半（『宇治拾遺物語絵巻』） 傷ついた雀を手厚く介抱してやった優しい老女に、雀は米がわき出るひさご（ひょうたん）の種を与えて恩返しする。

❖「芋粥」と『宇治拾遺物語』

芥川龍之介の「芋粥」は、『宇治拾遺物語』の「利仁、芋粥の事」を素材にしている。同じ話は、『今昔物語集』（巻二十六）にも見える。芋粥を腹いっぱい食べたいという男「五位」の願いをかなえてやる利仁の大仕掛けな接待計画と、大量の芋粥を前に食欲を失う人間心理がからみ合い、ユーモラスな一編となっている。芥川は「五位」の人物像を冒頭に紹介する。これは『宇治拾遺物語』にはない。読み比べて、芥川が加えた要素の効果を考えるのもおもしろい。

雀、報恩の事・後半（『宇治拾遺物語絵巻』） 真似をした欲深い老女は、毒虫がつまったひさごの種が与えられ、散々な目にあう。

説話

日本霊異記（にほんりょういき）　編者 薬師寺の僧景戒（きょうかい）（生没年未詳）。成立 八二三年（弘仁一四）ごろ。内容 正式名は『日本国現報善悪霊異記（にほんこくげんぽうぜんあくりょういき）』。三巻。百十六話。日本最古の仏教説話集。因果応報の物語を年代順に記す。『今昔物語集』など後世の説話文学の源流となった。

三宝絵詞（さんぼうえことば）　編者 源為憲（ためのり）（?—一〇一一）。成立 九八四年（永観二）。内容 三巻。最初の仮名書きの仏教説話集。出家した冷泉（れいぜい）天皇皇女尊子（そんし）内親王のための仏教入門書として、仏・法・僧の三宝の尊さを絵入りで説いた。

江談抄（ごうだんしょう）　編者 大江匡房（おおえのまさふさ）（一〇四一—一一一一）の言談を藤原実兼（さねかね）（一〇八五—一一一二）らが筆録。成立 一一一一年（天永二）ごろか。内容 六巻。世俗説話集。漢学者大江匡房の晩年の談話を、語りの場での問答も含めて漢文で筆録したもの。有職故実（ゆうそくこじつ）・仏神・漢詩など、内容ごとに分類・整理されている。

打聞集（うちぎきしゅう）　編者 未詳。成立 一一三四年（長承三）以前。内容 現存一巻（もと二、三巻）。説経のための手控えとして作られた仏教説話集。

空を飛ぶ鉢（『信貴山（しぎさん）縁起』）『古本説話集』『今昔物語集』などの説話。

唐物語（からものがたり）　編者 藤原成範（しげのり）（一一三五—一一八七）か。成立 十二世紀半ばから末ごろか。内容 一巻。『蒙求（もうぎゅう）』『白氏文集（はくしぶんしゅう）』などの漢籍に載る故事を、和歌を含む和文に翻案したもの。

宝物集（ほうぶつしゅう）　編者 平康頼（やすより）（生没年未詳）か。成立 一一七九年（治承三）以後。内容 巻数不定。仏教説話集。天竺（てんじく）（インド）・震旦（しんたん）（中国）・本朝（日本）の、発心（ほっしん）・因縁・霊験・縁起譚などを収め、説話を通して仏教帰依を進める。『大鏡』の形式をまねる。

古本説話集（こほんせつわしゅう）　編者 未詳。成立 平安末期か鎌倉初期。内容 二巻一冊。上巻は和歌説話四十六話、下巻は仏教説話二十四話からなる。有名無名の王朝びとたちの和歌や仏の霊験にまつわる話を流麗な仮名文で綴る。『今昔物語集』と四十話、『宇治拾遺物語』と二十三話が共通する。

古事談（こじだん）　編者 源顕兼（あきかね）（一一六〇—一二一五）。成立 一二一二—一二一五年（建暦二—建保三）ごろ。内容 六巻。多くの古書から集めた四百六十余の説話を六編に分類。仏教に関する超自然的説話が多く、滑稽な説話もある。

発心集（ほっしんしゅう）　編者 鴨長明（かものちょうめい）（一一五五?—一二一六）。成立 一二一二年（建暦二）以後一二一六年（建保四）までか。数次にわたって成立したともいう。内容 八巻。百余話。本朝の高僧の事跡を記し、その言動や思考から人間真理や仏法の教えについて省察する。出家・往生説話が多い。長明最晩年の著作か。

閑居友（かんきょのとも）　編者 慶政（けいせい）（一一八九—一二六八）。成立 一二二二年（承久四）ごろ。内容 二巻。出家・往生説話を中心に集めた仏教説話集。下巻は、女性に関する話が多い。

十訓抄（じっきんしょう）　編者 一本の奥書に、六波羅二﨟左衛門入道（ろくはらじろうざえもんのにゅうどう）編かという。成立 一二五二年（建長四）。内容 三巻。年少者への教訓のために十項目の徳目を立て、各編にふさわしい説話を列挙する。仏教色が乏しく、儒教色が濃いのが特色。善を勧め、悪を戒める、実際的な啓蒙書となっている。

古今著聞集（ここんちょもんじゅう）　編者 橘成季（たちばなのなりすえ）（生没年未詳）。成立 一二五四年（建長六）。内容 二十巻。本朝古今の説話約七百話を三十編に分類して、年代順に整然と配列したもの。王朝懐古の思いが強く、約三分の二が平安時代の貴族説話である。一方、鎌倉時代の卑俗な内容の説話も含む。『十訓抄』と内容的に類似する話も多い。

今物語（いまものがたり）　編者 藤原信実（のぶざね）（一一七六?—一二六六?）か。成立 一二三九年（延応元）以降か。内容 一巻。貴族社会の当代（「今」）の話を収める。和歌や連歌、恋愛の話などを中心に、

撰集抄（せんじゅうしょう）　編者 未詳。成立 十三世紀中ごろ。内容 九巻。西行（さいぎょう）の編と伝えられてきたが、西行没後の説話が少なくなく、擬作と考えられる。仏教説話集。

沙石集（しゃせきしゅう）　編者 無住道暁（むじゅうどうぎょう）（一二二六—一三一二）。成立 一二八三年（弘安六）。内容 仏教説話集。十巻。古今東西の説話を例に引いて、仏の教えや人生訓などを説いた啓蒙書。約百五十余話を載せるが、増補本もある。地方の珍しい話題が豊富。

雑談集（ぞうたんしゅう）　編者 無住道暁。成立 一三〇五年（嘉元三）。内容 十巻。東西の説話に編者の見聞や体験も加えて編纂。教説や理論面で『沙石集』と重複するものが多い。

大鏡

おおかがみ

十一世紀末までに成立（中古・平安時代後期）　作者未詳

『大鏡』道長伝

◆歴史物語の最高傑作

藤原道長の栄華の理由を解き明かす歴史物語。紀伝体。『今鏡』『水鏡』『増鏡』と続く鏡物の祖。

【書名】 **大鏡**。語り手である大宅世継にちなんで「世継が物語」（『愚管抄』）、「世継の翁の物語」（『徒然草』）とも呼ばれた。

【作者】 未詳。源氏関係の貴族階級男子で、道長のことを詳しく伝聞でき、宗教にも関心がある人物といった条件から、藤原能信、源道方・経信父子、源俊明、源雅定、源顕房などが作者の候補とされている。

【成立】 『大鏡』の記事の終わりは一〇二五年（万寿二）、『栄花物語』『今昔物語集』などを参考にしたらしい点を考え合わせ、十一世紀の末ごろまでの成立と思われる。

【内容・構成】 文徳天皇の八五〇年（嘉祥三）から後一条天皇の一〇二五年（万寿二）に至る百七十六年間の歴史を、**紀伝体で叙述した歴史物語**。構成は、**序・本紀・列伝・藤原氏の物語・昔物語**の五部仕立てである。

序で、この物語の語り手百九十歳の大宅世継と聞き手百八十歳の夏山繁樹とその妻、それに探求心・批判精神に富む三十歳ぐらいの若侍という登場人物と、雲林院の菩提講で彼らの話を作者が筆録しているという舞台設定が示される。

本紀では十四代にわたる天皇の簡単なプロフィールが語られ、次に道長をクライマックスにおく摂関家藤原氏代々の主要大臣**列伝**、さらに鎌足から頼通までの**藤原氏繁栄の物語**と続き、最後に風流譚・信仰譚などの**昔物語**が語られる。

『大鏡』の特色は、序で**作品の目的—道長の栄華がどうして生まれたかを解き明かす—が世継の口を借りて示されている**こと、その方法として**戯曲的対話形式**がとられていることがあげられる。この対話形式という方法は、一面的な道長賛美に終始した『栄花物語』を『大鏡』が超える大きな要因である。世継の常識的な話に対する繁樹の異見、さらに若侍の真相暴露という立体的構造により、深く人間の歴史の真実に迫っている。

【文体】 登場人物の言葉がその性格や場面に応じており、簡潔で躍動的、男性的な筆致とあいまって、作品の戯曲的効果を高めている。

【史的評価】 歴史と人間を見る目の確かさ、批判精神をも交えた叙述態度・方法の独自さで、歴史物語の最高傑作の位置を占め、**『今鏡』『水鏡』『増鏡』と続く鏡物の祖**として後代の歴史物語に多大な影響を与えた。

雲林院の菩提講（『大鏡絵詞』）

◆道長関連年譜

西暦	事項
九六六	道長誕生。
九八〇	従五位下。母、没。
九八七	源雅信の娘倫子と結婚。
九八八	源高明の娘明子と結婚。
九九〇	父兼家、没。
九九二	長男頼通誕生。
九九五	兄関白道隆・関白道兼、没。
	→右大臣・氏長者→蔵人所別当。
九九六	左大臣。伊周・隆家左遷。
九九九	娘彰子、一条天皇中宮。
一〇〇八	皇子敦成（後一条天皇）誕生。
一〇一一	関白就任を辞退。
一〇一二	娘妍子、三条天皇中宮。
一〇一六	摂政、准三宮。
一〇一七	従一位太政大臣。
一〇一八	娘威子、後一条天皇中宮。
	太政大臣を辞任。
一〇一九	出家。法名行覚。
一〇二二	法成寺金堂供養。
一〇二七	道長没。鳥辺野で葬送。

冒頭・例文

さいつごろ、雲林院の菩提講に詣でて侍りしかば、例人よりはこよなう年老い、うたてげなる翁二人、嫗といき合ひて、同じ所に居ぬめり。

訳 先日、雲林院の菩提講に参詣しましたところ、並の老人よりは格段に年をとって、異様な感じの老翁二人、老女一人の三人が偶然出会って、同じ場所に座り合わせたようです。

で困難な事態に立ち向かおうとする気持ちを表した言葉。

◆『大鏡』参考年表

西暦	年号	天皇	事項　（　）は年齢	関係記事
七世紀〜九世紀		斉明〜仁明	鎌足、不比等、冬嗣など藤原氏の話題が藤氏物語に語られている。	藤氏物語
八五〇	嘉祥三	文徳	天皇歴代の紀は文徳天皇から始まる。	文徳紀
八五八	天安二	清和	良房、事実上の摂政。	良房伝
八七二	貞観一四		良房没(69)。	〃
			基経、摂政。	基経伝
八七六	一八	陽成	(大宅世継、誕生)	序
八八四	元慶八	光孝	基経、光孝天皇を立てる。	基経伝
八八九	寛平元	宇多	(夏山繁樹、このころに誕生。)	序
八九一	三		基経没(56)。	基経伝
八九九	昌泰二	醍醐	時平、左大臣。道真、右大臣。	時平伝
九〇一	延喜元		道真、大宰権帥に左遷。	〃
九〇三	三		道真、大宰府で没(59)。	〃
九〇九	九		時平没(39)。	〃
九三〇	延長八	朱雀	忠平、摂政。	忠平伝
九三六	承平六		忠平、太政大臣。	〃
九三九	天慶二		平将門、藤原純友の乱。	道隆伝
九四七	天暦元	村上	実頼、左大臣。師輔、右大臣。	実頼・師輔伝
九四九	三		忠平没(71)。繁樹は忠平の蔵人少将時代の小舎人童で、村上天皇の時代に貫之の娘宅の梅で鶯宿梅の逸話を残す。	忠平伝 藤氏物語 序 昔物語
九六〇	天徳四		師輔没(53)。	師輔伝
九六七	康保四	冷泉	実頼、関白。源高明、左大臣。	実頼伝
九七〇	天禄元	円融	実頼没(71)。伊尹、摂政。	実頼・伊尹伝
九七二	三		伊尹没(49)。兼通は皇后安子からの文書のおかげで関白となる。	兼通伝
九七四	天延二		兼通、太政大臣。	〃
九七七	貞元二		兼通没(53)。兼通・兼家兄弟の不和は死ぬまで続いた。	〃
九七八	天元元		頼忠、関白。	頼忠伝
			頼忠、太政大臣。	〃
九八五	寛和元	花山	弘徽殿女御(為光の娘)没。	花山紀 為光伝
九八六	二	一条	花山天皇出家。	花山紀
			兼家、摂政。為光、右大臣。	兼家伝
九九〇	正暦元		兼家没(62)。道隆、摂政。	〃
九九三	四		道隆、関白。	道隆伝
九九四	五		伊周、道長を越えて内大臣。	道長伝
九九五	長徳元		道隆没(43)。	道隆伝
			道兼、関白となり翌月没(七日関白)(35)。	道兼伝
			東三条女院詮子、天皇を説得して、道長は内覧、右大臣。	道長伝
九九六	二		伊周、隆家の左遷。	道隆伝
			道長、左大臣。	道長伝
九九九	長保元		道長の娘彰子入内。	〃
			定子、敦康親王出産。	道隆伝
一〇〇〇	二		定子、皇后。彰子、中宮。	道長伝
一〇〇一	三		誠信、弟斉信に官位を越され憤死。このころ、公任「三舟の才」や行成の逸話など話題が多い。	為光伝 頼忠伝 伊尹伝
一〇〇七	寛弘四		道長、金峰山へ参詣。伊周の策謀ありとのうわさに急ぎ帰る。	昔物語 道隆伝
一〇〇八	五		彰子、敦成親王(後一条天皇)出産。	道長伝
一〇〇九	六		彰子、敦良親王(後朱雀天皇)出産。	道長伝
一〇一〇	七		伊周没(37)。	道隆伝
一〇一五	長和四	三条	道長、摂政に准ぜられる。倫子、准三宮。	道長伝
一〇一六	五	後一条	道長、摂政。	道長伝
一〇一七	寛仁元		道長、太政大臣。頼通、摂政。	〃
			三条院皇子敦明親王、東宮位を辞退、道長の娘寛子の婿となり、小一条院と呼ばれる。	師尹伝
一〇一八	二		道長の娘威子、後一条天皇の中宮となる。	三条紀 道長伝
一〇一九	三		道長出家(54)。頼通、関白。	〃
一〇二〇	四		道長の法成寺無量寿院、落慶供養。	〃
一〇二一	治安元		道長の娘嬉子、東宮(後朱雀天皇)に入内。	〃
一〇二二	二		法成寺金堂供養。	公季伝 藤氏物語
一〇二五	万寿二		雲林院菩提講に世継たち参会。	序

『大鏡』主要人物

藤原良房　八〇四—八七二。太政大臣。諡、忠仁公。妹順子は文徳天皇の母、娘明子は清和天皇の母で、藤原氏繁栄の基礎を固めた。

藤原基経　八三六—八九一。関白太政大臣。諡、昭宣公。叔父良房の猶子となる。娘温子は宇多天皇、穏子は醍醐天皇の后となり、外戚政治の基礎を固めた。

藤原忠平　八八〇—九四九。太政大臣。諡、貞信公。醍醐天皇を補佐し、朱雀・村上両朝にわたり摂政十二年、関白八年を務めた。

藤原師輔　九〇八—九六〇。右大臣。兄実頼の小野宮家に対して九条家と呼ばれ、この家からは子兼家、孫道長が出て藤原氏の中心となった。

藤原伊尹　九二四—九七二。太政大臣。諡、謙徳公。師輔の子。『後撰集』編纂など文化面でも活躍した。

藤原兼家　九二九—九九〇。太政大臣。師輔の三男。兄兼通と昇進を競い、失意の時代もあったが、娘詮子が一条天皇の母となり、政権の座を固めた。

藤原道隆　九五三—九九五。内大臣。兼家の子。『枕草子』に、冗談を口にする人柄の一端が描かれる。中関白と呼ばれる。

藤原道兼　九六一—九九五。右大臣。道隆の弟。父兼家を助けて花山天皇出家の事件で活躍。関白在任七日で病没し、「七日関白」と呼ばれる。

藤原道長　九六六—一〇二七。太政大臣。兄道隆・道兼が次々没した後、藤原氏の中心的存在となる。『紫式部日記』『御堂関白記』などに性格・風貌が描かれる。

藤原伊周　九七四—一〇一〇。内大臣。道隆の子。道長との政治闘争に敗れて九九六年大宰権帥に左遷。翌年許されて帰京。

道長と伊周の双六勝負（『大鏡絵詞』）

宇多天皇　八六七—九三一。在位八八七—八九七。光孝天皇皇子。源氏となったが父帝の崩御で皇太子となり即位。

醍醐天皇　八八五—九三〇。在位八九七—九三〇。宇多天皇皇子。左大臣時平、右大臣道真に補佐され、『古今集』勅撰など文化面でも成果があがった。

村上天皇　九二六—九六七。在位九四六—九六七。醍醐天皇皇子。『枕草子』にも文雅の逸話の話題が多く、『後撰集』を勅撰。醍醐天皇と並び延喜・天暦の御代とたたえられる。

花山天皇　九六八—一〇〇八。在位九八四—九八六。冷泉天皇皇子。母は伊尹の娘であるため外戚に恵まれず、兼家・道兼らの策謀によって花山寺で出家。

一条天皇　九八〇—一〇一一。在位九八六—一〇一一。円融天皇皇子。母は兼家の娘詮子。道隆の娘定子を皇后、道長の娘彰子を中宮とする。

小一条院　九九四—一〇五一。東宮一〇一六—一〇一七。三条天皇皇子。母は藤原済時の娘。東宮を辞退し院号を得て、太上天皇に准じられた。

菅原道真　八四五—九〇三。右大臣（追贈・太政大臣）。時平の讒言によって大宰権帥に左遷され、九州で没した。北野天神として祭られる。

大宰府の菅原道真

源高明　九一四—九八二。左大臣。醍醐天皇皇子。源氏となり順調に昇進したが、皇位継承問題にからんで九六九年大宰権帥に左遷。九七二年許されて帰京。

《雲林院の菩提講での語り手たち》

大宅世継　八七六—一〇二五なお健在（貞観十八年誕生、今年百九十歳という本文からの計算による）。若いとき、宇多天皇の母后班子女王に仕えた経歴を持つ。『大鏡』の歴史の主な語り手。その妻は十歳年上で二百歳。

夏山繁樹　八八九ごろ—一〇二五なお健在。世継の昔からの知人で、貞信公忠平の小舎人童の経歴を持つ。鶯宿梅の話などを話題にする。先妻には死別し、今の妻を連れている。

若侍　当時三十歳ばかり。世継の語る小一条院の話に異見をさしはさんだりする。

筆者（記者）　年齢不詳。一品宮禎子内親王（三条天皇皇女、後朱雀天皇皇后）にゆかりのある人物。

歴史物語・史論

栄花物語（えいが） 作者 未詳。正編は赤染衛門（あかぞめえもん）（生没年未詳）の作か。続編は出羽弁（でわのべん）、周防内侍（すおうのないし）などが推定されているが確証はない。成立 正編は長元年間（一〇二八—三七）ごろ。続編は一〇九二年（寛治六）ごろ。内容 四十巻（正編三十巻・続編十巻）。最初の仮名文の歴史物語。藤原道長の栄華を中心に、五十九代宇多（うだ）天皇から七十三代堀河（ほりかわ）天皇までの十五代約二百年間の貴族社会の歴史を記述。道長賛美を中心とし、史実に対する批判精神は乏しい。編年体。

扶桑略記（ふそうりゃっき） 作者 皇円（こうえん）（?—一一六九）。成立 一〇九四年（寛治八）—一一〇七年（嘉承二）ごろ。内容 三十巻（現存十六巻）。神武（じんむ）天皇から堀河天皇までの漢文の編年体通史。仏教関係の記事が中心。

愚管抄（ぐかんしょう） 作者 慈円（じえん）（一一五五—一二二五）。慈鎮（じちん）とも。関白藤原忠通（ただみち）の子。九条兼実（くじょうかねざね）の弟。成立 一二二〇年（承久二）。内容 七巻。鎌倉時代の代表的史論書。神武天皇から八十四代順徳（じゅんとく）天皇までの歴史を論述。ただし、全体の約半分は、慈円の生きた保元（ほうげん）の乱（一一五六年）以降承久（じょうきゅう）の乱（一二二一年）直前までの記述で占められている。天皇と摂関家を中心とした政治の正当性を主張した。

吾妻鏡（あずまかがみ） 作者 未詳。成立 鎌倉時代。内容 五十二巻または四十七巻。一一八〇年（治承四）の頼朝（よりとも）挙兵から、一二六六年（文永三）の六代将軍宗尊（むねたか）親王の辞任・帰京までの鎌倉幕府の歴史を記す。日記の体裁を取っているが、実際は、公家・武家の日記や軍記物語、寺院・神社の古文書などに基づいて編纂されている。編年体。

慈円（じえん）（『新三十六人撰歌合』）

神皇正統記（じんのうしょうとうき） 作者 北畠親房（きたばたけちかふさ）（一二九三—一三五四）。成立 一三三九年（延元四）。一三四三年（興国四）修訂。内容 三巻。建武（けんむ）の新政に活躍した作者が、常陸小田（ひたちおだ）城中で執筆した南北朝時代の史論書。天地創造から九十七代後村上（ごむらかみ）天皇までの歴史を論述。武家（足利氏（あしかが））の擁立した北朝に対し、後醍醐（ごだいご）天皇から後村上天皇へと継承された南朝の正当性を主張した。

北畠親房

◆四鏡の比較

	大鏡	今鏡	水鏡	増鏡
成立	十一世紀末ごろまで。	一一七〇年（嘉応二）。	十二世紀末。	一三七六年（天授二）以前。
作者	未詳（男性）。	藤原為経（ためつね）といわれる。	中山忠親（なかやまただちか）といわれる。	未詳（二条良基か）。
構成	紀伝体（個人の伝記を重ねて叙述する方法）。	紀伝体。	編年体（年代順に叙述する方法）。	編年体。
対象年代	文徳（もんとく）天皇即位の八五〇年（嘉祥三）から後一条（ごいちじょう）天皇の一〇二五年（万寿二）までの十四代百七十六年間。	『大鏡』の後を受け、後一条天皇から高倉（たかくら）天皇の一一七〇年（嘉応二）までの十三代百四十六年間。	『大鏡』に扱われる以前の神武天皇から仁明（にんみょう）天皇まで。	一一八〇年（治承四）の後鳥羽（ごとば）天皇の生誕から、後醍醐天皇の一三三三年（元弘三）までの十五代百五十三年間。
内容	藤原氏全盛の経過を多角的な視点から描いている。	整然とした紀伝体だが、内容がやや平板単調である。	『扶桑略記』の抜粋を仮名書きにしたものに作者の感慨を付す。	豊富な資料で風雅な公家社会を描く。

平家物語

へいけものがたり

十三世紀前半に成立(中世・鎌倉時代中期)　作者未詳

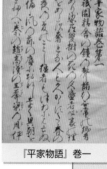

◆軍記物語の代表作

十二巻。平家一門の繁栄から没落までを仏教的無常観から描く。琵琶法師によって語られた。

『平家物語』巻一

【書名】平家物語。平家一門の繁栄から没落までを描いていることによる。

【作者】未詳。『徒然草』に「後鳥羽院の御時、信濃前司行長、……平家物語を作りて、生仏といひける盲目に教へて語らせけり」とある。この行長は、前下野守で九条兼実の家司であった藤原行長であろう。『尊卑分脈』にはその行長の従兄弟にあたる葉室時長が作者の一人と記されている。いずれにせよ、原作者は一人とは考えられず、現在の十二巻に灌頂の巻を加えた形ができ上がるまでの代表的な作者が、行長あるいは時長であろう。

【成立】平信範の日記『兵範記』の一二四〇年(仁治元)の記事に「治承物語六巻、号二平家一、此間書写候」とあるので、同年以前の成立。承久の乱以前、後鳥羽院の時代に成立していた原作は三巻程度で、それが琵琶法師に語り伝えられるうちに増補加筆され、六巻、十二巻と増えていったと考えられる。このため、『平家物語』には異本が多く存在する。大きくは、琵琶法師によって語られた「語り本」系と、読み物としての「読み本」系とに分かれる。

参照 P.93 琵琶法師

●語り本系（琵琶法師の二流派）

一方流〔覚一本・葉子十行本・流布本―ともに十二巻で灌頂巻が最後に加わる〕

八坂流〔八坂本・屋代本・百二十句本―ともに十二巻〕

❖琵琶法師

『平家物語』は琵琶法師の語りによって広められた。琵琶法師とは、盲目の僧形をした芸人で、京都を拠点として各地を巡り、琵琶を片手に社寺縁起や歴史物語を語った。彼らにとって、哀調を帯びた調子で始まる多くの合戦場面や悲劇を含む『平家物語』は、格好の語り物であった。

◆『平家物語』年表

西暦	年号	天皇	上皇	事項〔 〕内は関係巻名、1は巻数。
一一三二	長承元	崇徳	鳥羽	3・13 平忠盛、昇殿を許される。〔1 殿上闇討〕 11・23 忠盛に対する闇討ち未遂事件。〔1 殿上闇討〕
一一四六	久安二	近衛	鳥羽	2月 清盛、安芸守。〔1 鱸〕
一一四七	三	近衛	鳥羽	6月 延暦寺僧徒、忠盛・清盛を強訴。
一一五六	保元元	後白河		7・10 保元の乱。〔1 鱸〕
一一五九	平治元	二条	後白河	12・9 平治の乱。〔1 鱸〕
一一六七	仁安二	六条	後白河	2・11 清盛、太政大臣。〔1 鱸〕 5・17 清盛、太政大臣辞任。〔1 鱸〕
一一六八	三	高倉	後白河	2・11 清盛、出家。法名浄海。〔1 禿髪〕
一一七一	承安元	高倉	後白河	2・14 清盛の娘徳子、入内。翌年、中宮。〔1 吾身栄花〕
一一七七	治承元	高倉	後白河	4・13 延暦寺僧徒、朝廷に強訴。〔1 御輿振・内裏炎上〕 6・1 鹿が谷の変。〔1 鹿谷〕〔2 西光被斬〕〔2 新大納言流罪・大納言死去〕
一一七八	二	高倉	後白河	7月 鹿が谷の変で鬼界が島配流の成経・康頼、赦免。俊寛は残され、翌年死去。〔3 赦文・足摺〕 11・12 安徳天皇誕生。〔3 御産〕
一一七九	三	高倉	後白河	8・1 平重盛、死去。〔3 医師問答〕 11・20 清盛、後白河院を鳥羽殿に幽閉。〔3 大臣流罪・法皇被流〕
一一八〇	四			2・21 安徳天皇、即位。〔4 厳島御幸〕 5・10 源頼政、以仁王(後白河皇子)の令旨を受ける。〔4 源氏揃〕

奈良絵本『平家物語』▼

清盛は出家するが、子孫は出世し、平家は栄華を極めた。

鹿谷

後白河法皇

西光

東山の麓、鹿が谷の山荘では、平家討滅の密議が開かれた。

使いものにならない。

●**読み本系**（広本・略本がある）
広本系（延慶本六巻・長門本二十巻・源平盛衰記四十八巻）
略本系（四部合戦状本十二巻・源平闘諍録（部分）・南都本十二巻）

【内容・構成】 冒頭の「祇園精舎」の章段には、『平家物語』の基調をなす**仏教的無常観が色濃く表れ、平家一族の興亡という生々流転の人間ドラマ**の骨組みが示される。

物語は主人公清盛の死を境に二つに大別される。**前半は、清盛を中心にして平家の台頭と栄華とが描かれる。**その栄華も清盛の嫡男で清盛の専横を押しとどめていた重盛の死（巻三「無文」）以後下り坂となる。高倉宮以仁王の令旨により、源頼朝・木曽義仲などが各地で平家追討に立ち上がり、風雲急を告げるさなかに清盛は死ぬ（巻六「入道死去」）。**後半は、義仲の入京、平家一門の都落ちへと物語は展開する。**巻九の義仲の最期、巻十の平家の人々の悲劇を経て、巻十一で平家は滅亡する。巻十二は後日談で、あとに添えられた灌頂の巻（この巻を立てない本もある）は、平家一門の唯一の生存者である建礼門院の述懐が語られる。

以上の大きな流れの中に、合戦譚や恋愛譚、説話や主要人物に関するエピソードが織り込まれ、これにこの時代特有の因果応報の仏教思想や儒教思想がからみあって、一大人間絵巻を繰り広げる。

【文体】 **和漢混交文。**場面に応じて巧みな変化をみせ、合戦場面では簡潔で力強い調子の文体、情緒的な場面では流麗な七五調の和文体で、歌を配すなどして王朝的な雰囲気を盛り上げている。会話文では当時の口語そのままに武家言葉や方言・俗語が飛び出し、場面場面を生かしている。**対句表現や擬態語・擬声語の多用が目立ち、**平安時代とは異なる語法が随所に認められる。

【史的評価】 新たに登場した武士たちの世界を平安貴族の世界と対照させながら生き生きと描き出した、**「軍記物語」の代表作**である。

冒頭・例文

祇園精舎の鐘の声、諸行無常の響きあり。娑羅双樹の花の色、盛者必衰の理をあらはす。おごれる人も久しからず、ただ春の夜の夢のごとし。

訳 釈迦が説法したという祇園精舎の鐘の音は（病僧の臨終のときには自然に鳴り出し）、諸行無常の響きを立てる。釈迦入滅のときに白色に変じたという娑羅双樹の花の色は、盛者も必ず衰えるという道理を表している。驕り高ぶっている人も末長くは続かず、ただ春の夜の夢のようにはかない。

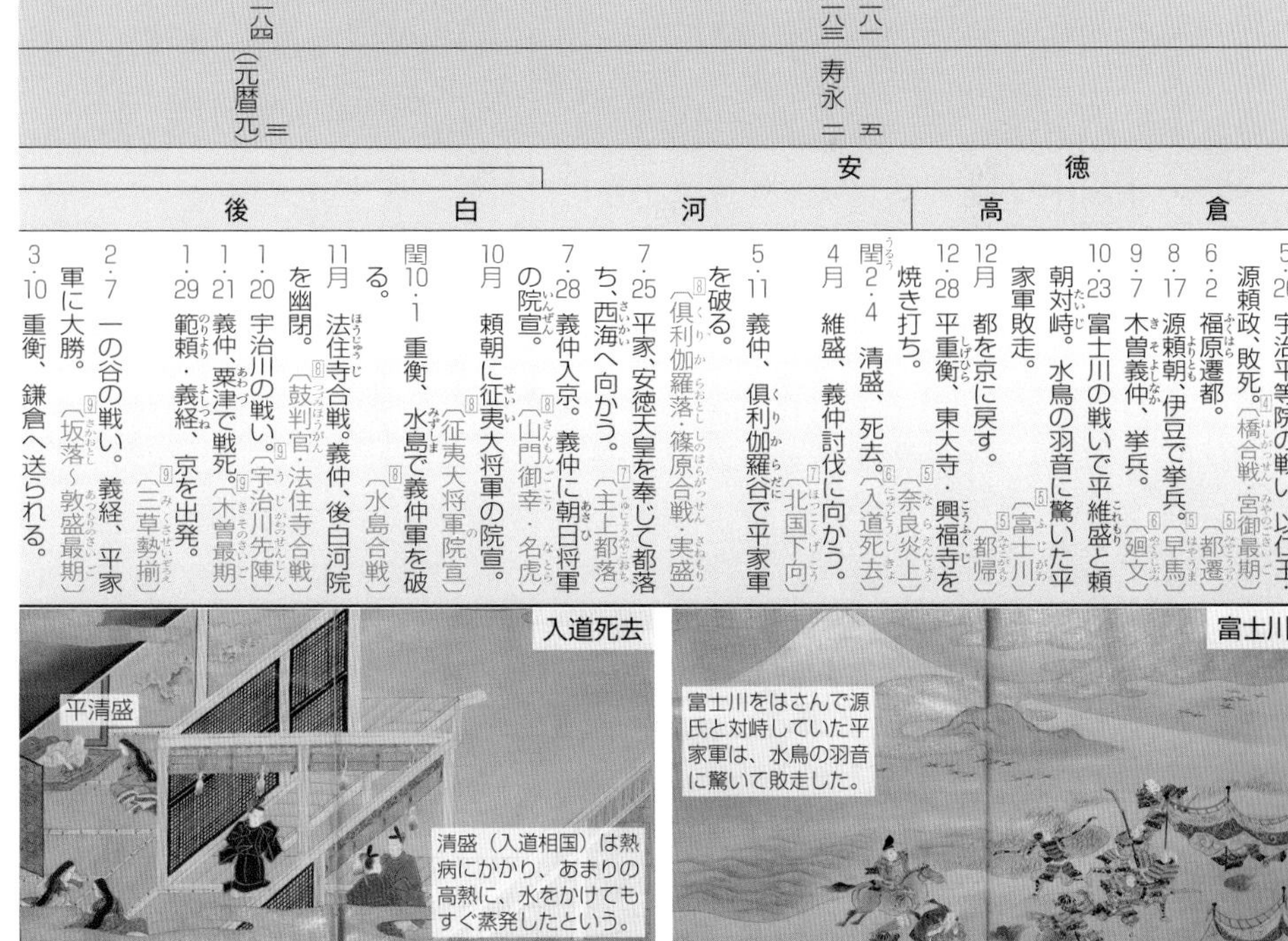

一一八一 五
一一八三 寿永 二
一一八四 （元暦元） 三
安徳
高倉
後白河
5.26 宇治平等院の戦い。以仁王・源頼政、敗死。〔4 橋合戦・宮御最期〕
6.2 福原遷都。〔5 都遷〕
8.17 源頼朝、伊豆で挙兵。〔5 早馬〕
9.7 木曽義仲、挙兵。〔6 廻文〕
10.23 富士川の戦いで平維盛と頼朝対峙。水鳥の羽音に驚いた平家軍敗走。〔5 富士川〕
12月 都を京に戻す。〔5 都帰〕
12.28 平重衡、東大寺・興福寺を焼き打ち。〔5 奈良炎上〕
閏2.4 清盛、死去。〔6 入道死去〕
4月 維盛、義仲討伐に向かう。〔7 北国下向〕
5.11 義仲、倶利伽羅谷で平家軍を破る。〔8 倶利伽羅落・篠原合戦・実盛〕
7.25 平家、安徳天皇を奉じて都落ち、西海へ向かう。〔7 主上都落〕
7.28 義仲入京。義仲に朝日将軍の院宣。〔8 山門御幸・名虎〕
10月 頼朝に征夷大将軍の院宣。〔8 征夷大将軍院宣〕
閏10.1 重衡、水島で義仲軍を破る。〔8 水島合戦〕
11月 法住寺合戦。義仲、後白河院を幽閉。〔8 鼓判官・法住寺合戦〕
1.20 宇治川の戦い。〔9 宇治川先陣〕
1.21 義仲、粟津で戦死。〔9 木曽最期〕
1.29 範頼・義経、京を出発。〔9 三草勢揃〕
2.7 一の谷の戦い。義経、平家軍に大勝。〔9 坂落～敦盛最期〕
3.10 重衡、鎌倉へ送られる。
入道死去
平清盛
清盛（入道相国）は熱病にかかり、あまりの高熱に、水をかけてもすぐ蒸発したという。
富士川
富士川をはさんで源氏と対峙していた平家軍は、水鳥の羽音に驚いて敗走した。

 予が風雅は夏炉冬扇のごとし。（松尾芭蕉『柴門辞』） 自分の俳諧は、一般の人々にとっては無用のもので、

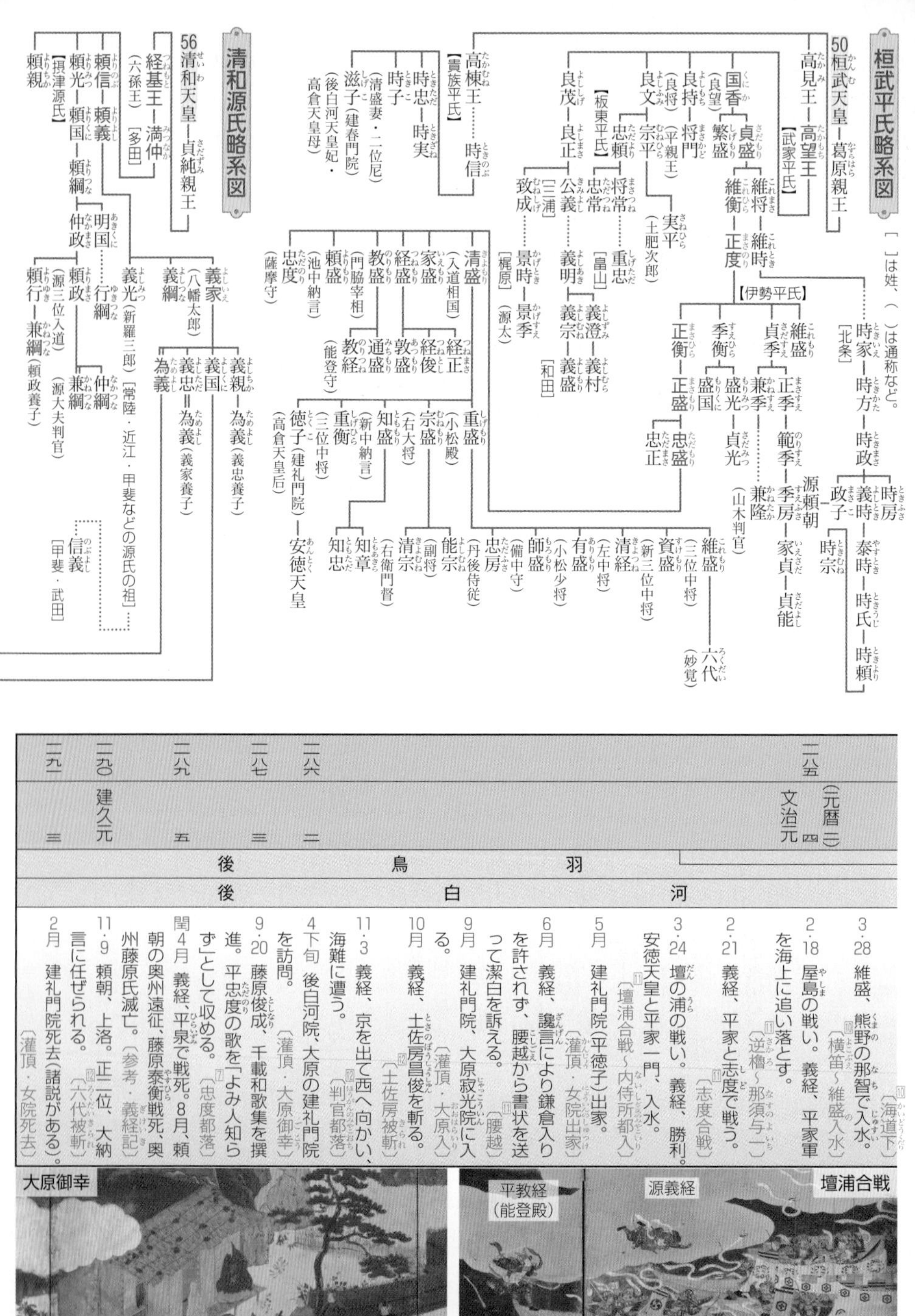

西暦	年号	天皇	院政	事項
一一八五	(元暦二)文治元 四	後鳥羽	後白河	3.28 維盛、熊野の那智で入水。〔10 海道下〕〔10 横笛〜維盛入水〕 2.18 屋島の戦い。義経、平家軍を海上に追い落とす。〔11 逆櫓〜那須与一〕 2.21 義経、平家と志度で戦う。〔11 志度合戦〕 3.24 壇の浦の戦い。義経、勝利。安徳天皇と平家一門、入水。〔11 壇浦合戦〜内侍所都入〕 5月 建礼門院(平徳子)出家。〔灌頂・女院出家〕 6月 義経、讒言により鎌倉入りを許されず、腰越から書状を送って潔白を訴える。〔11 腰越〕 9月 建礼門院、大原寂光院に入る。〔灌頂・大原入〕 10月 義経、土佐房昌俊を斬る。〔12 土佐房被斬〕 11.3 義経、京を出て西へ向かい、海難に遭う。〔12 判官都落〕
一一八六	二			4下旬 後白河院、大原の建礼門院を訪問。〔灌頂・大原御幸〕
一一八七	三			9.20 藤原俊成、千載和歌集を撰進。平忠度の歌を「よみ人知らず」として収める。〔7 忠度都落〕
一一八九	五			閏4月 義経、平泉で戦死。8月、頼朝の奥州遠征、藤原泰衡戦死、奥州藤原氏滅亡。〔参考・義経記〕
一一九〇	建久元			11.9 頼朝、上洛。正二位、大納言に任ぜられる。〔12 六代被斬〕
一一九一	二			2月 建礼門院死去(諸説がある)。〔灌頂・女院死去〕

壇浦合戦

平教経(能登殿)

源義経

『源平合戦図屏風』

大原御幸

『大原御幸図屏風』

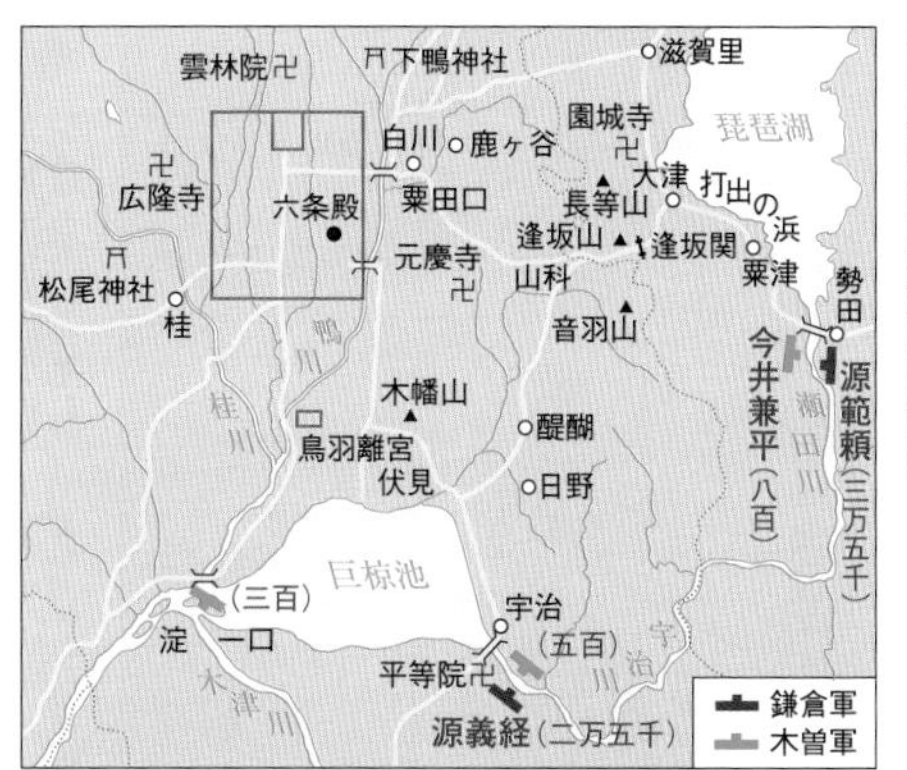

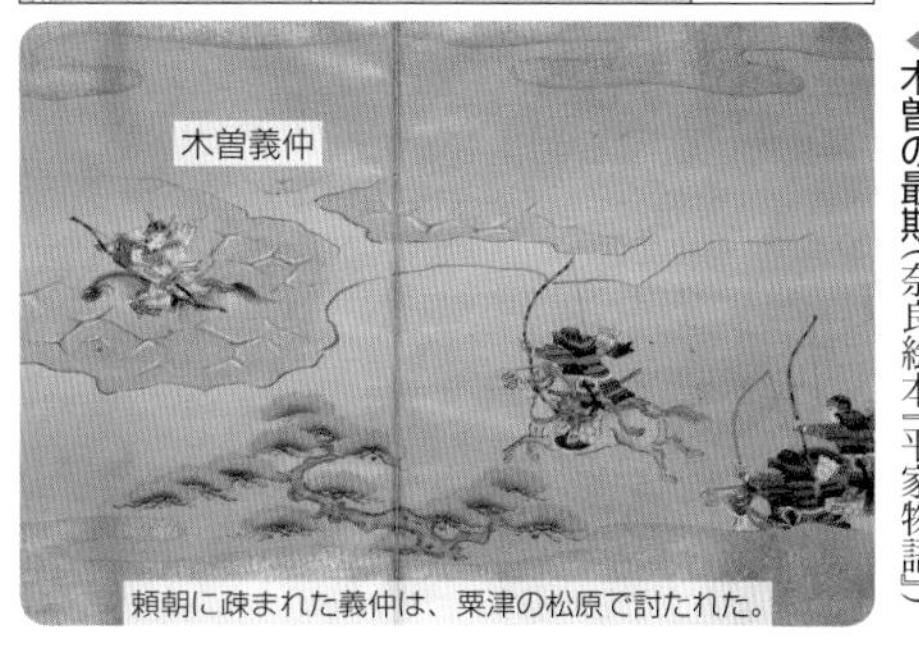

雲林院
下鴨神社
滋賀里
琵琶湖
園城寺
白川
鹿ヶ谷
広隆寺
六条殿
粟田口
大津
打出の浜
長等山
逢坂山
逢坂関
松尾神社
桂
元慶寺
山科
粟津
勢田
音羽山
今井兼平（八百）
源範頼（三万五千）
鴨川
桂川
瀬田川
木幡山
鳥羽離宮
醍醐
伏見
日野
巨椋池
（三百）
淀
一口
宇治
（五百）
宇治川
木津川
平等院
源義経（二万五千）
鎌倉軍
木曽軍

木曽義仲
頼朝に疎まれた義仲は、粟津の松原で討たれた。

◀木曽の最期（奈良絵本『平家物語』）

●「木曽の最期」関係図

義朝
義平（悪源太）
頼朝（鎌倉将軍）
範頼（蒲冠者）
義経（牛若・九郎判官）
頼家
実朝（鎌倉右大臣）
一幡
公暁
千寿丸
義賢（帯刀先生）
仲家（頼政養子）
義仲（朝日将軍）［木曽］
義高（清水冠者）
義教（信太三郎先生）
頼賢
頼仲
為宗
為成
為朝（鎮西八郎）
為仲
行家
為家
義重
義康
義兼
義房
義氏
義純［畠山］
義清［細川］
政義［新田］
政氏
基氏
朝氏
義貞
泰氏
頼氏
家氏［足利］
［一色］
宗家［斯波］
家時
貞氏
尊氏（室町将軍）
直義＝直冬（実父尊氏）
基氏
義詮
義満

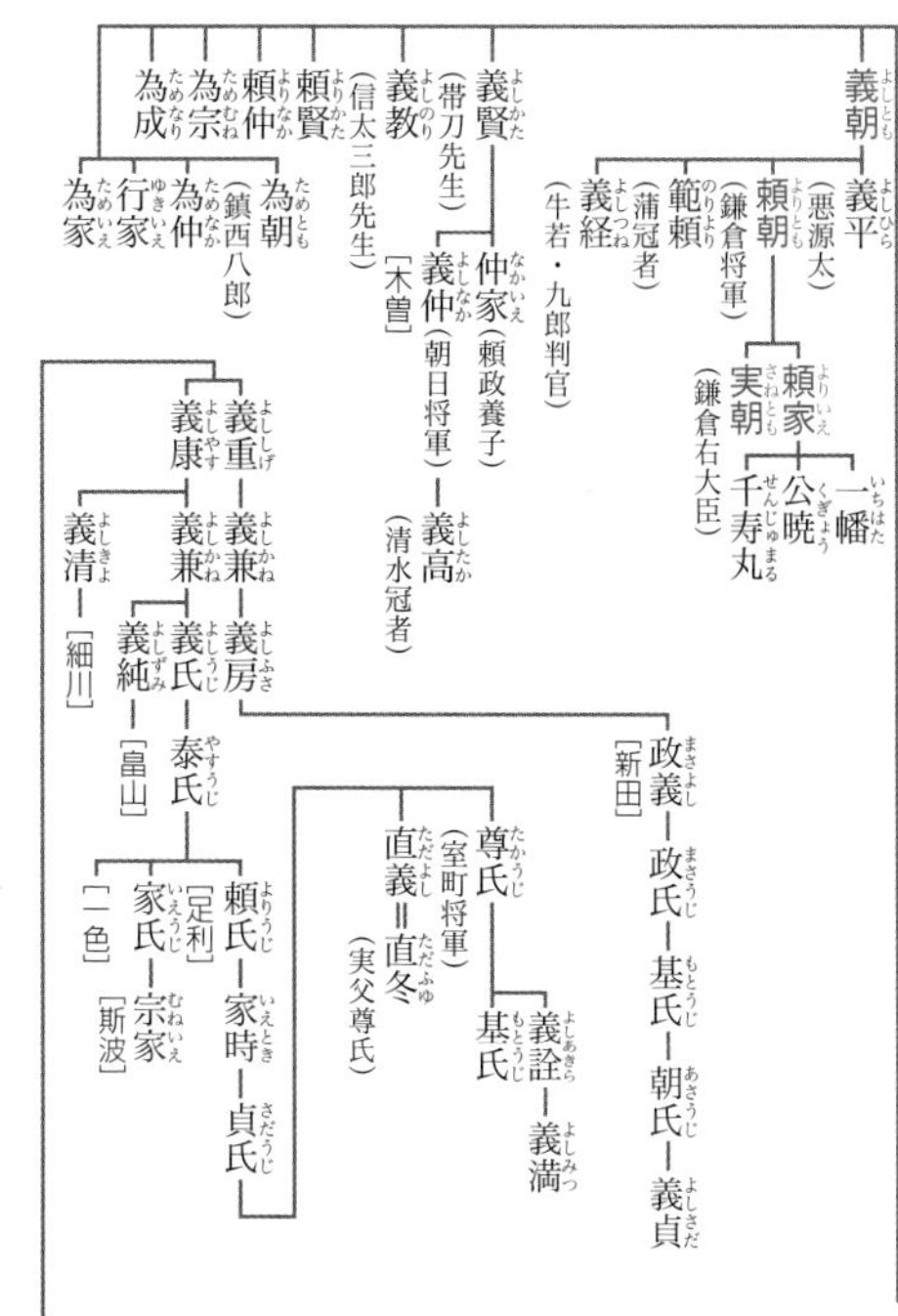

源平合戦図

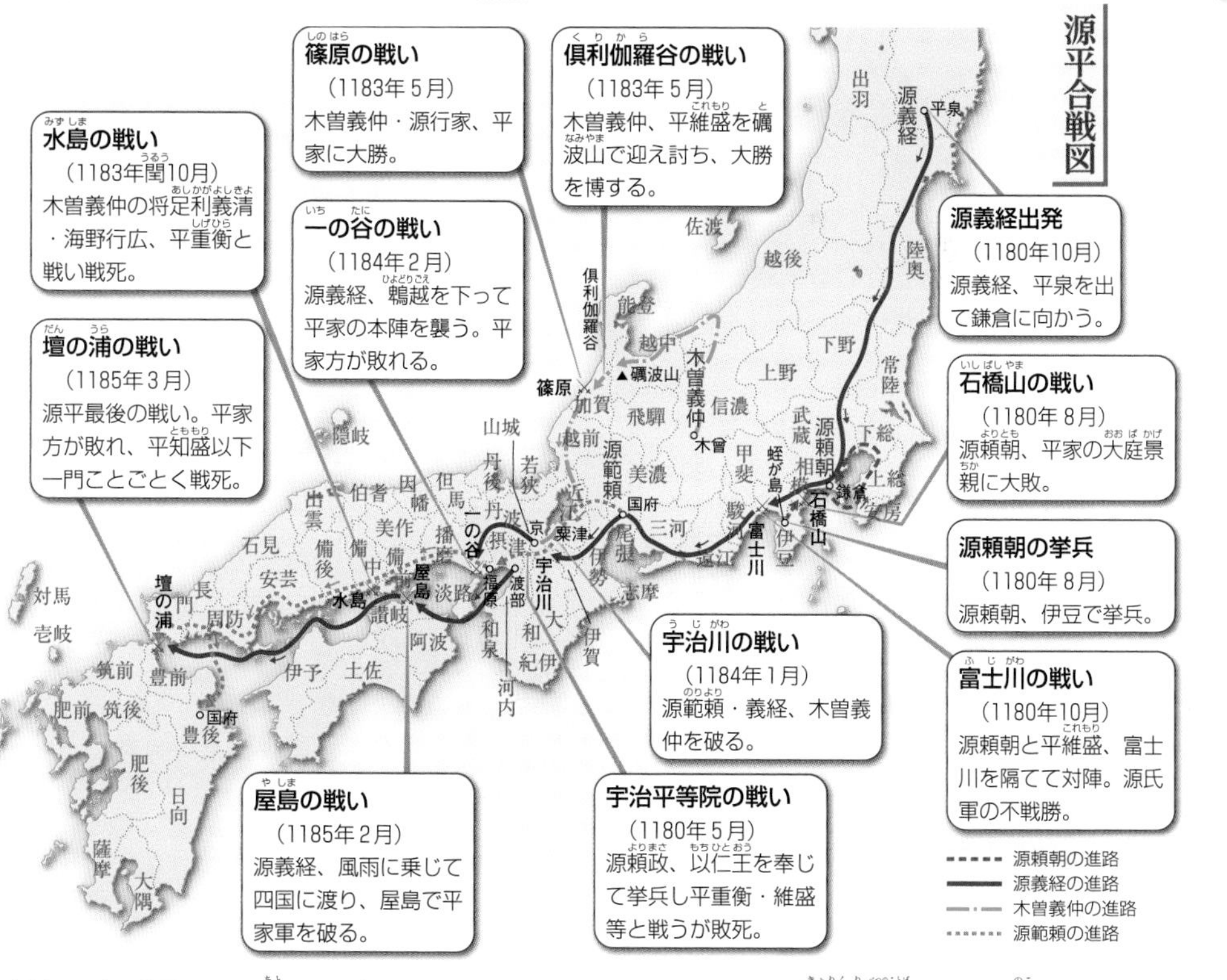

篠原の戦い
（1183年5月）
木曽義仲・源行家、平家に大勝。
倶利伽羅谷の戦い
（1183年5月）
木曽義仲、平維盛を礪波山で迎え討ち、大勝を博する。
水島の戦い
（1183年閏10月）
木曽義仲の将足利義清・海野行広、平重衡と戦い戦死。
一の谷の戦い
（1184年2月）
源義経、鵯越を下って平家の本陣を襲う。平家方が敗れる。
壇の浦の戦い
（1185年3月）
源平最後の戦い。平家方が敗れ、平知盛以下一門ことごとく戦死。
源義経出発
（1180年10月）
源義経、平泉を出て鎌倉に向かう。
石橋山の戦い
（1180年8月）
源頼朝、平家の大庭景親に大敗。
源頼朝の挙兵
（1180年8月）
源頼朝、伊豆で挙兵。
富士川の戦い
（1180年10月）
源頼朝と平維盛、富士川を隔てて対陣。源氏軍の不戦勝。
宇治川の戦い
（1184年1月）
源範頼・義経、木曽義仲を破る。
屋島の戦い
（1185年2月）
源義経、風雨に乗じて四国に渡り、屋島で平家軍を破る。
宇治平等院の戦い
（1180年5月）
源頼政、以仁王を奉じて挙兵し平重衡・維盛等と戦うが敗死。
源頼朝の進路
源義経の進路
木曽義仲の進路
源範頼の進路
出羽
平泉
源義経
陸奥
佐渡
越後
下野
常陸
上野
武蔵
下総
上総
安房
相模
源頼朝
鎌倉
石橋山
蛭が島
伊豆
富士川
駿河
甲斐
信濃
木曽
木曽義仲
飛騨
越中
能登
礪波山
倶利伽羅谷
篠原
加賀
越前
若狭
美濃
尾張
三河
遠江
源範頼
国府
近江
粟津
京
山城
丹後
丹波
但馬
因幡
伯耆
隠岐
出雲
石見
美作
備前
備中
備後
安芸
播磨
摂津
一の谷
福原
宇治川
波部
和泉
河内
大和
紀伊
伊賀
伊勢
志摩
淡路
屋島
讃岐
阿波
土佐
伊予
水島
周防
長門
壇の浦
対馬
壱岐
筑前
豊前
肥前
筑後
豊後
国府
肥後
日向
薩摩
大隅

 ◆日本の名言 古人の跡を求めず、古人の求めたるところを求めよ。（松尾芭蕉『許六離別詞』） 古人の遺した外形を追い

一の谷の戦い〜壇の浦の戦い

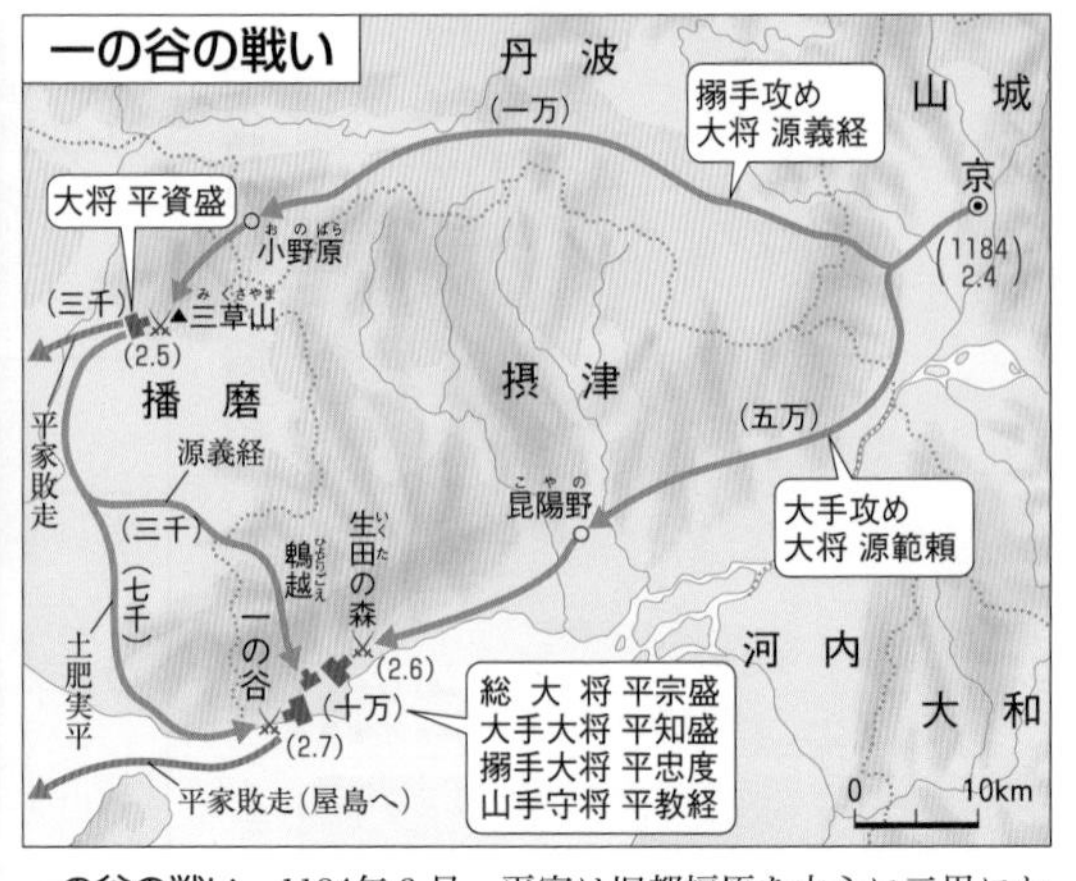

一の谷の戦い 1184年２月。平家は旧都福原を中心に三里にわたる要塞を構えていたが、源範頼軍に大手の生田の森を、源義経軍に搦手（弱点）の一の谷を攻められ（⇒**逆落**）、屋島へ敗走した。

屋島 1183年９月から1185年２月まで、平家の本拠地であった。

▶生田の森

◀平敦盛の供養塔（一の谷）

屋島の戦い 1185年２月。源義経の奇襲に驚いた平家は、内裏を捨てて海上に逃れた。勝機を失った平家は翌日の志度の合戦にも敗れ、西海を落ちていった。

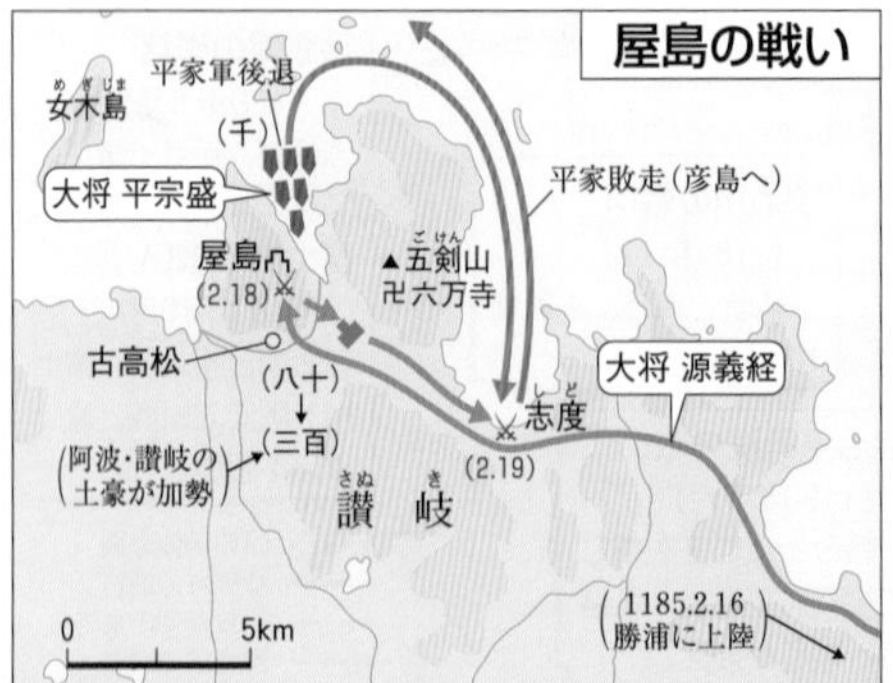

大切なように、人は心が大切で、心を養うことが肝要である。

壇の浦の戦い　1185年３月24日。早朝より源氏三千余艘と平家千余艘が壇の浦（関門海峡の東）に対峙した。緒戦は舟軍に長じた平家が上潮に乗って有利であったが、やがて四国・九州の兵に背かれ、潮の流れも変わって、平家は追い詰められた。安徳天皇や平知盛・教経らは入水し、源平最後の合戦はその日のうちに決着がついた。

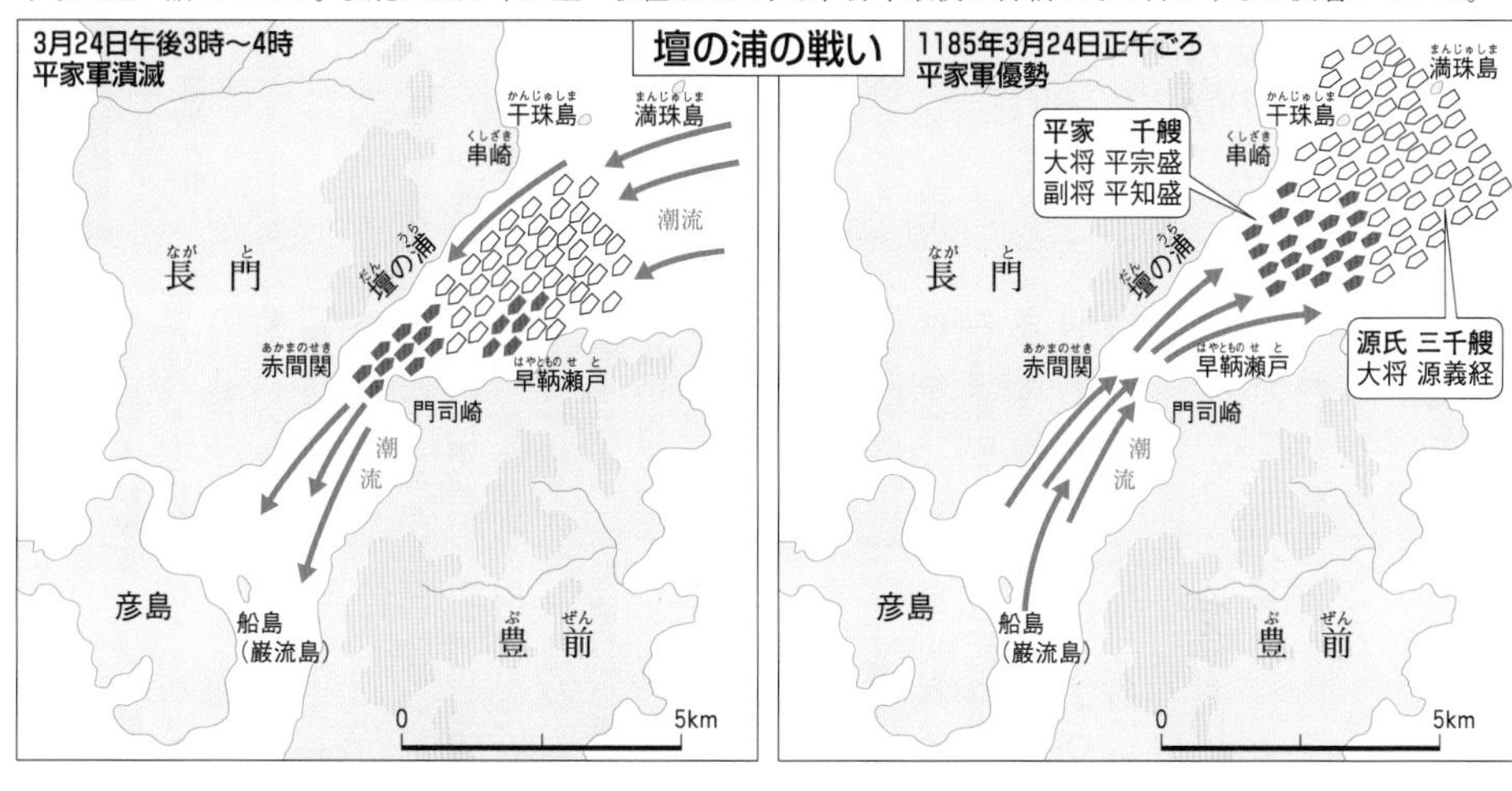

安徳天皇入水

能登殿の最期

能登守教経は、源氏の兵を抱えて海に身を投じた。

 ◆日本の名言　梅は匂ひよ木立はいらぬ、人は心よ姿はいらぬ。（高三龍達「龍達節」）　梅は木のたたずまいより香りが

まつお ばしょう

松尾芭蕉

一六四四（寛永二一）—一六九四（元禄七）　蕉風俳諧

西暦	年	事項
一六四四	0	伊賀の上野に誕生。
一六六六	22	故郷を出奔して上洛。
一六七二	28	『貝おほひ』なる。江戸に出る。
一六七五	31	『談林十百韻』参加。
一六八〇	36	深川芭蕉庵に入る。
一六八二	38	芭蕉庵焼失。
一六八三	39	芭蕉庵再興。
一六八四	40	秋『野ざらし紀行』の旅。『冬の日』刊。
一六八七	43	秋『鹿島紀行』の旅。冬『笈の小文』の旅。
一六八八	44	秋『更科紀行』の旅。
一六八九	45	春『奥の細道』の旅に出発。八月大垣着。
一六九〇	46	『幻住庵記』なる。
一六九一	47	『嵯峨日記』なる。冬、江戸に帰る。『猿蓑』刊。
一六九二	48	芭蕉庵再興。
一六九四	50	十月十二日、大阪で死去。『炭俵』刊。
一七〇二		『奥の細道』刊。

◆風雅の求道者

高次の文芸性を追求した蕉風俳諧を確立・完成。後世、俳壇の師表と仰がれる。

生い立ち　伊賀上野に生まれた。本名宗房、通称藤七郎、また、忠右衛門、甚七郎ともいわれる。十歳ごろから侍大将藤堂家の嗣子良忠の小小姓として仕え、良忠が北村季吟を師として貞門俳諧を学んだので、芭蕉も貞門に親しんだ。良忠の死後、芭蕉は郷里を出奔して京に入った。このころ撰した『貝おほひ』（三十番発句合）には談林風な新しさがみられる。その後、江戸に入って『談林十百韻』などに桃青の号で句を寄せ、談林俳諧への傾倒を示す。

蕉風開眼時代　一六八〇年冬、深川の草庵に入る。二年後の江戸大火で類焼し、一時甲州に行くが、翌年再興された芭蕉庵に戻る。この期間『武蔵曲』『虚栗』などに句を寄せているが、閑寂の詩情に、俳諧の新風を開こうとする動きが看取される。

蕉風確立時代　四十歳で、郷里伊賀へ『**野ざらし紀行**』の旅に出て、休む間もなく『**鹿島紀行**』『**笈の小文**（卯辰紀行）』『**更科紀行**』『**奥の細道**』の旅に出る。芭蕉は旅の間に、「侘び人」としての人生観を体得し、閑寂・幽玄の芸術観を深め、「**不易流行**」の思想を育み、蕉風俳諧の基盤を作った。また、門人らとの連句興行を重ね、芭蕉七部集のうちの『**冬の日**』『**春の日**』『**曠野**』（以上荷兮編）を刊行した。**蕉風**は『冬の日』において確立された。

蕉風完成時代　『奥の細道』の旅の後は、伊賀、大津、京、奈良などを往来、『**幻住庵記**』や『**嵯峨日記**』を書いた。『**ひさご**』（珍碩編）『**猿蓑**』（凡兆・去来編）も刊行された。『猿蓑』は、**わび・さび**の円熟した詩境、蕉風完成期の風格を示す。一度江戸に帰ってから九州への旅の途次、大阪の旅宿で病没した。『**炭俵**』（野坡・利牛・孤屋編）は没年の刊行だが、晩年の「**軽み**」が示され、「また一つの新風」（去来）とたたえられた。

▲芭蕉画賛「ほろほろと山吹ちるかたきのおと」（絵は弟子の許六が書いている）

◀芭蕉短冊「ふる池や蛙飛込水のおと」

野ざらし紀行（甲子吟行）［紀］　一六八四年、芭蕉は門人千里を連れて江戸深川の庵を出発し、故郷伊賀へ向かった。故郷で越年した後、甲斐を経て江戸に帰った。そのときの紀行文で、蕉風俳諧の確立期にあたる。

鹿島紀行［紀］　一六八七年八月、門人曽良・宗波を連れて鹿島の月見に出かけたときの紀行文。

笈の小文［紀］　一六八七年十月、江戸を出発して郷里伊賀で越年し、翌年須磨、明石に至って終わる紀行文。

奥の細道［紀］　一六八九年三月、江戸深川の芭蕉庵を出て、門人曽良とともに松島、平泉、象潟など奥州を巡覧し、北陸、美濃を経て、九月に大垣から伊勢に舟で出発するまでの紀行文。

幻住庵記［俳］　一六九〇年四月、近江の石山の幻住庵に住んだときの随筆。

芭蕉七部集［俳］　芭蕉一代のうち代表的な七部を選んだもの。編者は佐久間柳居。『冬の日』『春の日』『曠野』『ひさご』『猿蓑』『炭俵』『続猿蓑』の七部。

❖芭蕉の俳諧理念

蕉風の根本的な精神は「さび」「しをり」「細み」である。「さび」は、閑寂な観照態度から生まれる情調であり、「しをり」は「さび」に導かれて表現される余情をいい、自然の風物に作者の心が微細に通い合う姿勢を「細み」と呼ぶのである。

商人は不正なことをしなくてはやっていけないと解される。

よさ ぶそん

与謝蕪村

一七一六(享保元)―一七八三(天明三)　天明俳諧

◆画人にして俳人

南画制作と並行して、俳諧を蕉風に復帰させようと努めた。天明俳諧の中心人物。

西暦	年	事項
一七一六	0	大阪の富農の家に誕生。
一七三六	20	江戸に出て、宋阿に入門。俳諧の修業に励む。
一七四二	26	宋阿死去。以後、十年に及ぶ放浪生活に入る。
一七四四	28	初めて蕪村と号す。
一七五一	35	上洛。二年ほど画業に打ち込む。
一七六〇	44	このころ結婚か。谷口から与謝に改姓。
一七七〇	54	夜半亭二世を襲名。
一七七七	61	『夜半楽』刊。『新花摘』起稿。
一七八三	67	十二月二十五日病死。
一七八四		『蕪村句集』刊。

【生い立ち】本姓は谷口氏。少年時代を摂津の毛馬村で送ったが、二十歳ごろ江戸に出て、其角の弟子、夜半亭宋阿に入門、俳諧を志した。宋阿の死後は、奥羽・関東などを放浪し、画人・俳人としての基礎を作った。三十五歳のとき上洛、丹後の与謝に住んで南宗画の風を学び、多くの山水画を残した。俳諧にも熱意を傾け、天明期俳諧の中心人物となった。

【蕉風復興】蕪村は「芭蕉にかえれ」と主張し、絵画の「離俗論」を俳諧にも適用して、芸術的純粋を求めようとした。その句は、客観的な描写の中に感覚的な美しさを融和させた詩境を描き、古典趣味や空想的なロマン性を豊かに備えた作品も多かった。

夜半楽 俳　集中の『春風馬堤曲』は、発句・漢詩の形式を交えた、新風の俳体詩の佳作。

新花摘 俳　亡き母追善の発句のほかに、随筆・俳文などを収めた遺稿集。没後に刊行。

▶蕪村自画賛「又平に逢ふや御室の花さかり」

こばやし いっさ

小林一茶

一七六三(宝暦一三)―一八二七(文政一〇)　化政調の俳諧

◆生活派の俳人

不遇な生育体験、長い放浪生活、晩年の家庭苦などを、独自の俳風でよんだ。

西暦	年	事項
一七六三	0	信濃の農家に誕生。
一七六六	3	生母病死。
一七七一	8	継母を迎える。
一七七三	10	異母弟仙六誕生。
一七七七	14	江戸に出て奉公する。やがて、葛飾派の二六庵竹阿に入門。
一七八九	26	このころ、一茶と号す。
一七九一	28	竹阿病死。二六庵を継承する。
一八〇二	39	父病死。遺産相続問題がおこる。『父の終焉日記』記述。
一八一三	50	遺産相続問題決着。故郷に定住し、俳諧寺と号す。
一八一四	51	初めて妻を迎える。
一八一九	56	『おらが春』を書く。
一八二七	64	十一月十九日病死。

【逆境の生涯】本名信之。通称弥太郎。信濃の柏原の農家に生まれた。三歳で生母と死別。継母に実子が生まれたため折り合いが悪く、十四歳のころ江戸に出て奉公する。俳人竹阿に入門し、やがてあとを継ぐが、窮迫の生活が続き、京阪、九州、四国から北陸、関東に至る放浪の旅を送った。五十歳を越えて、長年の遺産争いが決着し、やっと故郷に定住。しかし、三男一女をすべて失い、妻を三度も変える家庭苦を味わった末、柏原の大火に被災。焼け残った土蔵を仮住居とするうちに病死した。

【生活派の俳人】彼の句には、逆境から生まれた独特の主観が強く示され、既成の風流観にとらわれない素材や、俗語・方言の使用などによって、近世には珍しい「生活派」の俳人として高く評価されている。

父の終焉日記 日　父が発病して死ぬまで一か月の看護記録。父への真情、母や弟への対立感情を描く。

おらが春 俳　身辺雑事を日記形式で記す。

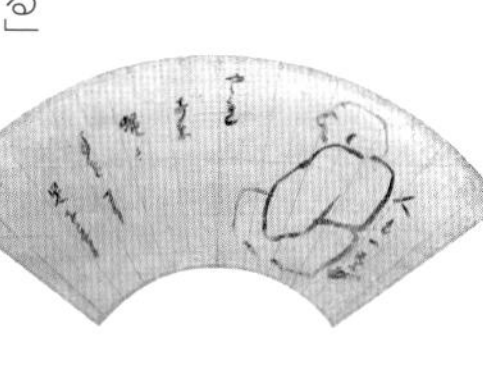

▼一茶筆「やれ打つな蠅が手をすり足をする」

◆日本の名言　商人と屏風は曲まねば立たず。（西川如見『町人嚢』）　商人は自分の感情を曲げても客を大切にせよ。俗に、

『奥の細道』参考図

◆芭蕉全発句

①芭蕉庵	草の戸も住み替はる代ぞ雛の家
②千住	行く春や鳥啼き魚の目は涙
③日光	あらたふと青葉若葉の日の光
〃	しばらくは滝に籠るや夏の初め
④黒羽	夏山に足駄を拝む首途かな
〃	木啄も庵は破らず夏木立
⑤殺生石	野を横に馬引き向けよほととぎす
⑥葦野	田一枚植ゑて立ち去る柳かな
⑦須賀川	風流の初めや奥の田植ゑ歌
〃	世の人の見つけぬ花や軒の栗
⑧忍の里	早苗取る手もとや昔しのぶ摺り
⑨飯坂	笈も太刀も五月に飾れ帋幟
⑩岩沼	笠島はいづこ五月のぬかり道
⑪武隈の松	桜より松は二木を三月越し
⑫仙台	あやめ草足に結ばん草鞋の緒
⑬平泉	夏草やつはものどもが夢の跡

③日光杉並木

松島

⑰最上川

▲矢立て

白河の関跡

芭蕉像

面と、時々刻々に変化する面とがある。

	平泉	五月雨の降り残してや光堂
⑭	堺田	蚤虱馬の尿する枕もと
⑮	尾花沢	涼しさをわが宿にしてねまるなり
	〃	這ひ出でよ飼屋が下の蟇の声
	〃	まゆはきを俤にして紅粉の花
⑯	立石寺	閑かさや岩にしみ入る蟬の声
⑰	最上川	五月雨を集めてはやし最上川
⑱	羽黒山	ありがたや雪をかほらす南谷
	〃	涼しさやほの三日月の羽黒山
⑲	月山	雲の峰いくつ崩れて月の山
⑳	湯殿山	語られぬ湯殿にぬらす袂かな
㉑	酒田	温海山や吹浦かけて夕涼み
	〃	暑き日を海に入れたり最上川
㉒	象潟	象潟や雨に西施がねぶの花
	〃	汐越や鶴はぎぬれて海涼し
㉓	直江津	文月や六日も常の夜には似ず
	〃	荒海や佐渡に横たふ天の河
㉔	市振	一つ家に遊女も寝たり萩と月
㉕	有磯海	早稲の香や分け入る右は有磯海
㉖	金沢	塚も動けわが泣く声は秋の風
	〃	秋涼し手ごとにむけや瓜茄子
	〃	あかあかと日はつれなくも秋の風
㉗	小松	しほらしき名や小松吹く萩薄
	〃	無残やな甲の下のきりぎりす
㉘	那谷	石山の石より白し秋の風
㉙	山中温泉	山中や菊は手折らぬ湯の匂ひ
	〃	今日よりや書き付け消さん笠の露
㉚	大聖寺	庭掃いて出でばや寺に散る柳
㉛	松岡	もの書いて扇ひき裂くなごりかな
㉜	敦賀	月清し遊行の持てる砂の上
	〃	名月や北国日和さだめなき
㉝	種の浜	寂しさや須磨に勝ちたる浜の秋
	〃	波の間や小貝にまじる萩の塵
㉞	大垣	蛤のふたみに別れ行く秋ぞ

⑬中尊寺光堂内陣

親不知

⑬高館から見た北上川

⑯立石寺（山寺）

㉘那谷寺

㉞大垣

◆日本の名言　師の風雅に、万代不易あり、一時の変化あり。（服部土芳『三冊子』）　師の芭蕉の俳諧には、永遠に不変の

近世の俳人

松永貞徳 一五七一—一六五三。俳諧を連歌から独立した文学として確立させた。その流派を貞門と呼ぶ。俳諧式目解説書『俳諧御傘』などを著した。

● **花よりも団子やありて帰る雁** （犬子集）

北村季吟 一六二四—一七〇五。貞門の一人。和漢の学問に精通し、『枕草子春曙抄』『源氏物語湖月抄』など多くの古典注釈書を刊行。

● **一僕とぼくぼくありく花見かな** （山の井）

西山宗因 一六〇五—一六八二。貞門の格式を打破し、清新自由な趣向を生かした。談林派の中心で、「この道の中興開山なり」と称された。

● **すりこぎも紅葉しにけり唐辛子** （難波草）

上島鬼貫 一六六一—一七三八。談林派を経て、「まことのほかに俳諧なし」という悟りを得た。口語も取り入れた率直平易な作風は、蕉風に先立つ独自の位置を占める。俳論『独りごと』などがある。

● **ひうひうと風は空ゆく冬牡丹** （荒小田）

向井去来 一六五一—一七〇四。号は落柿舎。蕉門十哲の一人。芭蕉の俳諧理論を忠実に整理・祖述した。『猿蓑』の編者の一人。俳論に『去来抄』『旅寝論』がある。

● **尾頭の心もとなき海鼠かな** （猿蓑）

服部嵐雪 一六五四—一七〇七。蕉門十哲の一人。才気にあふれた作風で、江戸俳壇の中心となる。流派を雪門と呼ぶ。

● **名月や烟這ひ行く水の上** （萩の露）

森川許六 一六五六—一七一五。蕉門十哲の一人。画技や文章にすぐれ、芭蕉の死後、蕉風理論の解説や、同門の作品批評などに力を尽くした。俳文集『風俗文選』を編纂。

● **清水の上から出たり春の月** （正風彦根体）

榎本其角 一六六一—一七〇七。姓はのち宝井氏。嵐雪とともに蕉門の中心となる。作風は都会趣味で磊落。俳諧選集に『虚栗』など。

● **鐘一つ売れぬ日はなし江戸の春** （五元集拾遺）

服部土芳 一六五七—一七三〇。伊賀上野に庵を結び、その篤実な人柄から伊賀蕉門の中心となった。俳論『三冊子』を著し、芭蕉の教えを伝えた。

● **桐の葉に光広げる蛍かな** （小柑子）

内藤丈草 一六六二—一七〇四。蕉門十哲の一人。官を辞して芭蕉に師事する。近江に庵を結び、禅と俳諧に精進した。作風は高潔洒脱。

● **時鳥鳴くや湖水のささ濁り** （続猿蓑）

野沢凡兆 ?—一七一四。蕉門の一人。姓氏は宮城氏、宮部氏ともいう。句風は客観的で印象鮮明、才気に富む。去来とともに『猿蓑』を編纂。

● **禅寺の松の落葉や神無月** （猿蓑）

横井也有 一七〇二—一七八三。徳川家に仕えたが、晩年は官を退いて風流に遊ぶ。庶民的な作風が受けた。俳文集『鶉衣』がある。

● **くさめして見失うたる雲雀かな** （蘿葉集）

千代女 一七〇三—一七七五。加賀で生涯を送り、特定の師をもたなかったが、平易通俗の句風で広く知られた。

● **月の夜や石に出て鳴くきりぎりす** （千代尼句集）

炭太祇 一七〇九—一七七一。江戸から上洛して僧となり、やがて島原の遊郭の中に庵を結んだ。世相人情の機微をとらえ、人事句が得意。

● **初恋や灯籠に寄する顔と顔** （太祇句選）

高井几董 一七四一—一七八九。蕪村に師事し、その句風を忠実に守った。繊細・平淡な作風。自撰句集に『井華集』がある。

● **悲しさに魚食ふ秋の夕かな** （井華集）

近世俳風の比較

呼称〈代表俳人〉時期	俳風・例句
貞門〈松永貞徳〉 寛永〜寛文(1624〜1673)	山崎宗鑑・荒木田守武らの俳諧連歌から俳諧を独立させた。形式的で言語遊戯的。 ● **ねぶらせて養ひたてよ花のあめ** 松永貞徳
談林〈西山宗因〉 延宝〜貞享(1673〜1688)	マンネリ化した貞門俳諧に対抗。斬新・奇抜・軽妙。矢数俳諧（多作連吟）など。 ● **やがて見よ棒くらはせん蕎麦の花** 西山宗因
蕉風〈松尾芭蕉〉 元禄(1688〜1704)	放埒になった俳諧を革新。わび・さび・しをり・ほそみなどを追求し、芸術に昇華。 ● **この道や行く人なしに秋の暮れ** 松尾芭蕉
天明調〈与謝蕪村〉 天明(1781〜1789)	蕉風復帰運動。離俗の理念を掲げ、高い芸術性を志す。浪漫的・絵画的。古典趣味。 ● **牡丹散ってうち重なりぬ二三片** 与謝蕪村
化政調〈小林一茶〉 文化〜文政(1804〜1830)	月並調の俳諧隆盛の中、生活感情を率直に詠む。主観的。俗語・方言の使用。 ● **名月を取ってくれろと泣く子かな** 小林一茶

という芭蕉の言葉を引用したもの。

主要季語一覧

	新年	春	夏	秋	冬
時候	新年・去年今年・旧年・元日・元朝・三ヶ日・松の内・松過・小正月	立春・早春・余寒・啓蟄・春分・彼岸・花冷え・日永・長閑・八十八夜・夏近し・晩春	立夏・薄暑・麦秋・入梅・梅雨・短夜・夏至・梅雨明・極暑・土用・秋近し・晩夏	立秋・残暑・新涼・仲秋・八朔・二百十日・爽やか・夜長・朝寒・夜寒・身にしむ・行秋	立冬・小春・霜夜・冬至・年の暮・行年・大晦日・除夜・寒・寒の入・小寒・大寒・節分
天文	初明り・初日・初空・初茜・初東雲・初凪・初霞	春時雨・東風・春雨・霞・陽炎・朧月・花曇・蜃気楼・別れ霜	五月雨・梅雨・薫風・夕立・雷・虹・炎天・朝焼・夕焼・夕凪	天の川・流星・稲妻・野分・待宵・名月・十六夜・宵闇・鰯雲	初時雨・凩・初霜・時雨・初雪・北風・空風・霜・霰・雪・吹雪
地理	初富士・若菜野	雪解・雪崩・残雪・薄氷・焼野・流水・苗代・水温む	出水・青田・皐月富士・滝・泉・清水・赤潮・土用波	秋出水・初潮・不知火・花野・落し水・刈田・穭田	初氷・枯野・霜柱・霧氷・水涸る・寒潮・氷・氷柱
生活	雑煮・屠蘇・年賀・年玉・門松・注連飾・鏡餅・宝舟・初夢・独楽・羽子板・歌留多・獅子舞・書初・初荷	山焼く・麦踏・梅見・春炬燵・畑打・苗床・接木・雪割り・草餅・桜餅・花見・観潮・干汐・凧・風車・風船・種蒔・茶摘・畦塗	更衣・袷・新茶・田植・早乙女・蛍狩・草取・鵜飼・夜釣・釣堀・蚊帳・単衣・浴衣・納涼・打水・行水・心太・風鈴・裸・寝冷え	虫売・虫籠・相撲・夜なべ・夜食・月見・松茸飯・新米・案山子・鳴子・乾柿・菊人形・蘆刈・稲刈・豊年・凶作・冬支度・紅葉狩	鷹狩・柴漬・寄鍋・熱燗・乾鮭・屏風・炭火・炭焼・焚火・炬燵・火鉢・風邪・咳・蒲団・火事・古暦・歳暮・御用納・年忘・年越
行事	初詣・破魔弓・七種粥・初寅・十日戎・鏡開・雪祭・藪入・追儺・豆撒・厄落・かまくら・事始	初午・針供養・雛・桃の節句・流雛・鶏合・曲水・薪能・春日祭・御水取・彼岸会・甘茶・花祭・桜祭・花供養・どんたく	端午・幟・吹流・矢車・武者人形・柏餅・粽・菖蒲湯・薬玉・賀茂祭・競馬・御田植・山開・祇園祭	七夕・中元・盆支度・草市・墓参・盂蘭盆・灯籠・重陽・恵比須講・誓文払・火祭	亥の子・御取越・十夜・酉の市・熊手・七五三の祝・帯解・袴着・御火焚・報恩講・顔見世
動物	初鶏・初鴉・初雀・初鶯・初声・初鳩・伊勢海老	白魚・公魚・鶯・田螺・初鮒・若鮎・雲雀・燕・鱒・蛤・桜貝・囀り・仔馬・蝶・蜂・蛙	鯖・初鰹・鰻・蟹・螢・蝸牛・雨蛙・鮎・鰹・蠅・蟻・蚊・蚤・時鳥・水鶏・蟬・金魚	虫・松虫・鈴虫・蟋蟀・螽蟖・蟷螂・蜉蝣・蜻蛉・雁・秋刀魚・鰯・鮭・蝗・渡り鳥・鹿	鷲・鷹・梟・水鳥・鴨・鴛鴦・熊・狐・狸・都鳥・千鳥・鯨・河豚・鱈・鮪・鰤・牡蠣
植物	福寿草・橙・若菜・薺・根白草・御形・仏の座・野老・歯朶	梅・沈丁花・若草・柳・土筆・菫・蒲公英・蕨・蓬・椿・桃・彼岸桜・夏蜜柑・山吹・桜・藤・馬酔木・菜の花	青葉・牡丹・菖蒲・蕗・苺・紫陽花・薔薇・枇杷・早苗・胡瓜・百合・月見草・百日紅・向日葵・茄子・桃・瓜	朝顔・撫子・南瓜・西瓜・桐一葉・芒・萩・葛・栗・梨・芋・菊・落穂・蜜柑・檸檬・松茸・柿・紅葉・銀杏	山茶花・寒木・落葉・大根・葱・枯木立・枯草・枯尾花・枯葉・寒椿・寒梅・藪柑子・枇杷の花・水仙

◆日本の名言　松のことは松に習へ、竹のことは竹に習へ。（服部土芳『三冊子』）　私意を捨てて、素直に対象に向かえ、

俳諧の修辞

連歌から俳諧へ

連歌は、和歌の五七五と七七とを二人が唱和する形式から発生したもので、元来は即興的なおかしみを旨とした。やがて連歌にも和歌的な優美さが求められるようになり、中世に入って、一つの文芸ジャンルとして完成される。このような情趣を重んじる連歌に対して、連歌本来の気軽さや滑稽味を取り戻そうとして起こったのが**俳諧連歌**である。俳諧連歌は、室町時代末から流行し、江戸時代に入って、**俳諧**という、連歌と対立する新しい文芸形式を確立する。

連句

俳諧は、長句(五七五)と短句(七七)を付け連ねる連歌の形式を受け継いでいる。発端である長句(発句)が独立して俳句と呼ばれるようになった明治以降は、俳諧連歌のことを連歌や俳句と区別して**連句**と呼ぶ。なお、発句のみを独立して作ることは江戸時代にも行われており、「俳諧」と言うときには連句・発句の両者を含んでいる。

連句には、百句で完結する**百韻**を基準にして、多くの略式があった。三十六句で完結する**歌仙**形式は「芭蕉七部集」の連句の中心をなし、これに伴って、修辞や清書の仕方(懐紙の書き方)も決まってきた。これらの決まりが、作法・式目と呼ばれるものである。

【付合・作法】 連句の芸術性は長句と短句の連接によって左右される。この連接を**前句**に対する**付句**と呼ぶ。前句と付句の**付合**を大事にするのは、連歌からの伝統である。

連句の芸術性は二句の付合のほかに、百韻、歌仙などの一巻全体の完成度が問題となる。最初の一句目の長句を**発句**、第二句目の短句を**脇**、第三句目の長句を**第三**、一巻の最後の短句を**挙句**と呼び、その他の句を**平句**と呼ぶ。発句には**季語**がなくてはならず、また、「や」「かな」などの**切れ字**を用いる。脇は発句と同じ季節をよんで発句を補い、体言止めにするのが普通である。第三は発句・脇の世界から離れ、変化に向かう。「て」「にて」で句を止めるのも、以下の平句の変化を引き出すためである。

【式目】 四季の景物の中で特に重視されるのは、**花と月**である。歌仙では二花三月(花を二つ、月を三つよむこと)といって、それをよむべき場所も指定されていた(これを**定座**という)。なお、花といえば桜、月といえば秋で、季節もこれによって規定される。

春・秋の句数は三〜五句、**夏・冬**の句数は一〜三句、同じ題材が再出するには何句隔てるか(**去り嫌ひ**)が決められており、四季の句はみな五句去りである。季が移るときは**雑**(**無季**)の句を挟んだりする。**恋**の句数は二〜五句で、三句去りである。季移りは春から冬へ逆行してもいいが、春の三〜五句の中で、晩春から初春へ逆行するのは**季戻**といって嫌われた。

【付合の方法】 前句と付句が縁語で結ばれるものを**親句**、縁語に頼らない関係を**疎句**とする分け方は、連歌でも行われた。蕉風の俳諧は後者に近く、各務支考はこれを七名八体に分けている。このうち、たとえば**有心付**は前句の意味・余情を汲んで付ける方法、**面影(俤)付**は、歴史上の人物や古典中の人物を想定する付け方である。『去来抄』には「**移り・響き・匂ひ・位**」などの付け方をあげている。「匂ひ」は匂い合うような、「響き」は打てば響くような、「位」は品格の釣り合うような付合をいい、「移り」は、前句から付句への自然な呼応をいう鑑賞用語である。

【懐紙】 歌仙は二枚の懐紙を使う。**初折**(一枚目)の**表**(初表)に六句、**裏**(初裏)に十二句、**名残の折**(二枚目)の**表**(名表)に十二句、**裏**(名裏)に六句を記す。初表が序破急の**序**、初裏と名表が**破**、名裏

●**歌仙の例**（各句の色字が季語）

句順	芭蕉七部集『ひさご』花見の巻	季・定座	作意
発句	1 木のもとに汁も鱠も桜かな　翁(芭蕉)	春	桜の下の花見の宴。〈切れ字「かな」〉
脇	2 西日のどかによき天気なり　珍碩	春　同季がルール	発句の補充。〈なり止めは異例〉
第三	3 旅人の虱かき行く春暮れて　曲水	春　序	天気と旅・虱の付合。〈て止め〉
初表四	4 はきも習はぬ太刀の鞘　翁	雑	旅行用の鞘を太刀に着せた旅姿。
五	5 月待ちて仮の内裏の司召し　碩	秋・月の定座（定座というほど固定して	にわか仕立ての武士の任官のさま。
六	6 籾臼つくる杣がはやわざ　水	秋	木こりの早わざは司召しの舞台裏。

一なり。(松尾芭蕉『笈の小文』)　根本精神は一つ、風雅の道である。

区分	番号	句	作者	季	解説
初裏一	7	鞍置ける三歳駒に秋の来て	翁	秋	収穫期の山村の景。
二	8	名はさまざまに降り替はる雨	碩	雑	雨は春雨・梅雨・時雨と降りかわる。
三	9	入込に諏訪の涌湯の夕ま暮れ	水	雑（はいない。各折の末端に近いので引き上げる）	諏訪の野天風呂の混浴の夕景。
四	10	中にもせいの高き山伏	翁	雑	「入込」の中で特に目立つ山伏姿。
五	11	言ふ事をただ一方へ落としけり	碩	雑	山伏の強情な性格の一面。
六	12	ほそき筋より恋つのりつつ	水	雑・恋	ふとしたことから募る恋。
七	13	物思ふ身にもの食へとせつかれて	翁	雑・恋	恋のもの思いに食は進まない。
八	14	月見る顔の袖おもき露	碩	秋・月の定座	月を仰いで涙ぐむかぐや姫の面影。
九	15	秋風の船をこはがる波の音	水	秋	秋風に揺れる船、怖がる船客。
十	16	雁ゆくかたや白子若松	翁	秋	白子若松は今の鈴鹿市内の地。
十一	17	千部読む花の盛りの一身田	碩	春・花の定座	一身田は今の津市の専修寺の地。
十二	18	巡礼死ぬる道のかげろふ	水	春	前句の釈教から行き倒れの巡礼へ。
破					
名表一	19	何よりも蝶の現ぞあはれなる	翁	春	陽炎に立ち舞う蝶（荘周の夢）。
二	20	文書くほどの力さへなき	碩	雑・恋	恋文を書く力さえない恋の病。
三	21	羅に日をいとはるる御かたち	水	夏・恋	羅で日光を避ける貴婦人の姿。
四	22	熊野みたきと泣き給ひけり	翁	雑（恋や釈教などは、初表の序の部分では避ける）	平維盛の入水した熊野を思う妻。
五	23	手束弓紀の関守が頑に	碩	雑	通行を許さない紀伊国の関守。
六	24	酒ではげたるあたまなるらん	水	雑	関守のはげ頭を取り上げた笑い。
七	25	双六の目をのぞくまで暮れかかり	翁	雑	双六の勝負に終日を過ごす遊び人。
八	26	仮の持仏にむかふ念仏	碩	雑・釈教	遊び人と念仏三昧の人との対比。
九	27	なかなかに土間に居れば蚤もなし	水	夏	行脚の人が宿を借りたさま。
十	28	我が名は里のなぶりものなり	翁	雑	自分の呼び名を気に止めない境地。
十一	29	憎まれていらぬ躍りの肝を煎り	碩	秋（一句ずらした）	盆踊りの世話にもつい手を出す。
十二	30	月夜々々に明け渡る月	水	秋・月の定座	お盆前後の数日を踊り明かす。
急					
名裏一	31	花薄あまりまねけばうら枯れて	翁	秋	月夜ごとに秋が深まる晩秋の野。
二	32	ただ四方なる草庵の露	碩	秋	すすきが原の草庵のさま。
三	33	一貫の銭むつかしと返しけり	水	雑	金の貸し借りを嫌う草庵の隠者。
四	34	医者のくすりは飲まぬ分別	翁	雑	生死は天命と達観した心境。
五	35	花咲けば芳野あたりをかけ廻り	水	春・花の定座	老いてなお健脚の風狂人。
挙句	36	虻にささるる春の山中	碩	春	山野の虻に刺された軽いおかしみ。

が急に当たる。記録係（執筆）が挙句をよみ、正客が発句、亭主が脇、相伴が第三をよむのが原則だった。

●歌仙の書き方

懐紙は、半紙二つ折を二枚重ねて、右端を水引きで綴じる。

名裏(6句)
名表(12句)
1句2行書き
水引き
初表(6句)
初裏(12句)

切れ字

発句は一巻の巻頭の句であるから、他の句と比べて格別な重みを持つ。発句に切れ字を入れる決まりも、平句と区別する客観的基準から始まった。「発句の十八の切れ字」は中世から行われており、今日の品詞分類で分けると次のようになる。

（助詞）かな・もがな・ぞ・か・よ・や
（助動詞）けり・らむ・つ・ぬ・ず・じ
（動詞の活用語尾）せ・れ・へ・け
（形容詞の活用語尾）し
（副詞の一部）〔いか〕に

発句の文型は、**二句一章**（切れ字が上五か中七に入る）か**一句一章**（切れ字が座五に入る）かであるが、実際の用例では判別がしにくく、客観性には乏しい。芭蕉は、切れ字は句切れの判別がつかない人のために定められたものであるとし、句の内容による切れ字説へと進んでいる。

季語

連句一巻の内容に変化を与えるうえで、四季の配置は重要である。季語は、どの題材がどの季節に当たるものであるかの基準として設けられた。俳諧では、日常的な事物も季節の題材となるので、『歳時記』に記載される季語の数は増加の一途をたどった。

井原西鶴

いはら さいかく

一六四二(寛永一九)―一六九三(元禄六)　浮世草子・談林俳諧

西暦	年	事項
一六四二	0	大阪に誕生。
一六五六	14	俳諧に志す。
一六六二	20	俳諧点者となる。
一六七五	33	妻、三児を残して病死。追善のため一日独吟千句を興行。
一六七七	35	独吟千六百句興行。
一六八〇	38	一日独吟四千句興行。
一六八二	40	『好色一代男』刊。
一六八四	42	『諸艶大鑑』刊。六月、一昼夜二万三千五百句独吟。
一六八五	43	『西鶴諸国ばなし』刊。
一六八六	44	『好色五人女』刊。『好色一代女』刊。『本朝二十不孝』刊。
一六八七	45	『男色大鑑』刊。『武道伝来記』刊。
一六八八	46	『日本永代蔵』刊。『武家義理物語』刊。
一六九二	50	『世間胸算用』刊。
一六九三	51	八月十日死去。遺稿『西鶴置土産』刊。

◆人生を活写した作家

談林俳諧師にして浮世草子の人気作家。元禄の社会の現実相を町人の目で的確に描く。

【生い立ち】 井原西鶴は、本名を平山藤五といい、大阪の富裕な町人だったといわれるが、その経歴は明らかでない。若くして家業を譲り、貞門に学んだが、のち西山宗因の談林派に転じた。

【談林俳諧の西鶴】 三十歳代に入ると、西鶴は新風談林の急先鋒としてめざましい活躍をする。それは、付合俳諧の実作や、撰集、他派との論争などの面での活動にとどまらない。独吟から、多作速吟を競う矢数俳諧に進んで、町人庶民の現実を自由奔放に表現した。その破格な異風は、他派から「阿蘭陀流」とか、「放埒抜群」などと攻撃されたが、のちに浮世草子へと展開する内容や手法の基盤がここに認められるのである。なお、一六八四年、住吉の社前で興行した矢数俳諧では、一昼夜で二万三千五百句を独吟するという、前人未到の記録を作っている。

▶西鶴短冊
「大晦日さだめなき世の定かな」

【浮世草子の創始】 一六八二年、師宗因が死去したのち、西鶴は『好色一代男』を刊行した。これは、町人の現実的な要求を満たしていた地誌・名所記・評判記などの要素を取り入れ、『源氏物語』五十四帖を俳諧化して、五十四章の連作小説を構成したものであった。大阪で大評判を取り、二年後には菱川師宣の挿絵による別版が発行されるほどの人気を得た。これが「浮世草子」の始まりである。

その後、西鶴は次々に新しい題材を取り上げて浮世草子を発表した。題材によって便宜的に分類すると、次のようになる。(※印は没後刊行)

好色物　男女の恋愛・好色生活を扱ったもの。『好色一代男』『諸艶大鑑(好色二代男)』『好色五人女』『好色一代女』※『西鶴置土産』

武家物　武家社会を背景に武士気質を扱ったもの。『武道伝来記』『武家義理物語』『新可笑記』

町人物　町人の経済生活の種々相を扱ったもの。『日本永代蔵』『世間胸算用』※『西鶴織留』

雑話物　諸国の奇話、主題別の雑話など。『西鶴諸国ばなし』『本朝二十不孝』『本朝桜陰比事』※『西鶴俗つれづれ』※『西鶴名残の友』※『万の文反古』

▼上『好色一代男』、下『世間胸算用』

好色一代男 浮　主人公世之介の生活を中心として、当時の好色風俗を描いた連作的短編集。談林俳諧風の緊張した表現と、現実を直視した姿勢が融合した名作。初版挿絵は西鶴の自筆。

好色五人女 浮　世間の話題となった事件(お夏清十郎・樽屋おせん・おさん茂右衛門・八百屋お七・おまん源五兵衛)を戯曲的発想で小説化している。

好色一代女 浮　一女性の流転の生涯を描く。仮名草子の比丘尼物の影響がみられるが、当時の身分社会相を深刻に観照している。

日本永代蔵 浮　寛永の刊本『長者教』にならい、形式的な教訓性をもたせて、町人の致富の工夫や手段を主題として描いた短編集。

世間胸算用 浮　大晦日の借金決算に題材をしぼり、市井の庶民の哀歓を凝視した短編集。

もとおり のりなが

本居宣長

◆国学の大成者

一七三〇(享保一五)―一八〇一(享和元) 国学

近世中期の国学者。契沖の実証的な研究態度と、賀茂真淵の古道精神とを継承発展させ、国学を大成。

西暦	年	事項
一七〇一		契沖没。六十一歳。
一七三〇	0	宣長、伊勢松坂に誕生。
一七三六	6	荷田春満没。六十七歳。
一七五二	22	医学修業のため上洛。儒学・古学を学ぶ。
一七五七	27	帰郷。小児科医開業。
一七六三	33	賀茂真淵に出会う。『石上私淑言』なる。『紫文要領』刊。
一七六四	34	『古事記伝』起稿。
一七六九	39	賀茂真淵没。七十三歳。
一七七九	49	『詞の玉緒』刊。
一七九三	65	『玉勝間』起稿。
一七九六	66	『源氏物語玉の小櫛』なる(一七九九年刊行)。
一七九八	68	『古事記伝』完成。『うひ山ぶみ』
一八〇一	71	病死。

▶柱掛鈴 宣長の書斎「鈴屋」の名の由来となった鈴。

【生い立ち】 本居宣長は、本名栄貞。伊勢松坂本町の木綿問屋小津家の次男として生まれ、兄の死後、小津家を継いだ。年若いころから『新古今集』などの和歌を学び、医学修業のため京に上ると、徂徠学や契沖の著書に啓発された。また、京都の生活を通して、王朝文化へのあこがれも深まった。

【真淵との出会い】 帰郷してのちは、医業のかたわら、和歌・物語の研究を進めていった。彼の最初の研究対象は『源氏物語』で、その成果は『石上私淑言』『紫文要領』の二著に示された。その年、近畿に旅しての帰り道に松坂に泊まった賀茂真淵と会見した宣長は、真淵の教えによって、日本古代精神の究明と、そのための『古事記』研究を終生の仕事と決意した。『古事記伝』が完成するまでには三十五年が費されたが、これは宣長の思想的・学問的真髄であるとともに、国学の体系を確立する大きな業績であった。

【多面的な著述】 『古事記』研究のほかにも、宣長は多面的な著述を行った。

古典の注釈書 『源氏物語玉の小櫛』『古今集遠鏡』『新古今集美濃の家づと』『続紀歴朝詔詞解』

語学に関するもの 『紐鏡』『字音仮字道』『詞の玉緒』

古道に関するもの 『直毘霊』『玉くしげ』『玉鉾百首』『鈴屋問答録』

学問論 『うひ山ぶみ』

経済論 『秘本玉くしげ』

思想的随筆 『玉勝間』

家集 『鈴屋集』

▶『古事記伝』

【宣長の学説】 宣長は和歌の本質を「あはれ」にあるとし、『源氏物語』を取り上げて、物語の本質を「**もののあはれ**」の具現にあると唱えた。物語を、道徳性や功利性から独立した芸術としてとらえようとするものであった。また、古典を通して日本の古代精神を追求し、上代の自然の人情が本来理想の道であると主張し、外来の儒仏の教えを自然に反する観念論であるとして排した。宣長の門人の数は五百人に達したといわれ、没後は養子の本居大平が学風を継いだ。

石上私淑言 論 三巻。一七六三年成立したが、刊行は一八一六年。問答形式で和歌の修辞・技法・本質を明らかにしたもの。

紫文要領 評 『源氏物語』の本質を「もののあはれ」とする文学論の出発点をなすもの。

古事記伝 国 『古事記』注釈書。四十八巻。一七九〇年から一八二二年にかけて刊行。三十余年を費やしたライフワーク。実証的・文献学的な研究手法で古道を明らかにしようとしたもの。

玉勝間 随 十五巻。一七九五年から一八一二年にかけて刊行。宣長の人生観・学問観・芸術観などを平明に述べた随筆集。

源氏物語玉の小櫛 国 『源氏物語』注釈書。九巻。「もののあはれ」論の立場で『源氏物語』を詳細に注釈した。

詞の玉緒 語 七巻。古典における係り結びを検証・解説したもの。

本居宣長(望月春江筆)

◆日本の名言 恋の至極は、忍ぶ恋と見立て申し候ふ。(『葉隠』) 心に秘める恋が、至上の恋である。

近世の戯作

戯作の時代

元禄期の、人生を直視しようとした姿勢は、享保の改革前後から衰えていく。上方・江戸ともに、文人・知識人による知的な文芸が生み出されるようになった一面、人生に正対せず、知識人の余技として作り出される趣味的・遊戯的な小作品が流行した。これが戯作である。戯作は、安永・天明期には江戸を中心として草双紙に見られたが、寛政の改革以降は、体制権力に迎合する枠の中でさまざまな娯楽読み物として展開し、分化していった。

前期読本

八文字屋本が衰えたころ、中国白話小説の翻案などによる、仮名草子系統の小説が、和漢の学識を備えた文人たちによって作られた。これを**前期読本**と呼ぶ。大阪の**都賀庭鐘**（筆名**近路行者**・一七一八―？）の『**古今奇談英草紙**』、江戸の**建部綾足**（一七一九―一七七四）の『**本朝水滸伝**』などがあるが、なかでも**上田秋成**（一七三四―一八〇九）が知られる。

上田秋成

秋成は大阪生まれ。幼時から不遇の人生を過ごし、孤高の生き方を貫いた。彼は俳諧を**高井几董**に、漢学を都賀庭鐘に、国学を真淵の門人**加藤宇万伎**に学んだ。本居宣長と国学の論争をしたこともある。若いころ、八文字屋本の小説を作ったが、のちに中国小説を換骨奪胎した怪異小説『**雨月物語**』を発表し、前期読本の代表作とされている。彼にはほかに、読本の『**春雨物語**』、随筆の『**癇癖談**』、『**胆大小心録**』、歌文集『**藤簍冊子**』などがあり、その強い個性と広い学識とを示している。

黄表紙・洒落本

江戸では早くから一冊十ページほどの子供向けの絵本が出版されていたが、しだいに内容・技術とも高度化し、大人を対象とするものも行われるようになった。これらを一括して**草双紙**と呼ぶが、表紙の色によって**赤本・青本・黒本**の三種があった。

その青本を発展させ、明確に大人を対象として、世相・風俗を機知的に盛り込んだものを、表紙の色によって**黄表紙**と呼ぶ。**恋川春町**（一七四四—一七八九）の『**金々先生栄花夢**』がその初めで、以後大いに世に迎えられたが、**朋誠堂喜三二**（一七三五—一八一三）の『**文武二道万石通**』のように、社会風刺や政治批判に触れるものが出始めると、寛政の改革の弾圧の対象となり、生気を失った。

また、宝暦ごろから江戸の文人たちによって遊里に関する機知的な戯文が作られ、**洒落本**と呼ばれた。初めは、**田舎老人多田爺**（生没年未詳）の『**遊子方言**』のようにパロディ風な滑稽を主としたが、しだいに写実的描写に移り、黄表紙と同じく処罰の対象となって消えていった。

山東京伝

山東京伝（一七六一—一八一六）はこれら両分野の第一人者だった。彼ははじめ浮世絵師だったが、黄表紙の『**江戸生艶気樺焼**』や、洒落本の『**通言総籬**』など多くの作品で人気を得た。しかし寛政の改革の禁令で処罰されて以後は、洒落本から手を引き、読本に力を注いだ。『**桜姫全伝曙草紙**』『**昔話稲妻表紙**』などが代表作である。

後期読本

戯作の主流を占めていた黄表紙・洒落本の作者たちは、寛政の弾圧ののち、合巻や読本に筆先を転じた。読本の代表的作家滝沢（曲亭）馬琴もそれである。

滝沢馬琴

滝沢馬琴（一七六七—一八四八）は、はじめ京伝のもとで黄表紙を作っていたが、やがて読本に専念し、『**椿説弓張月**』『**三七全伝南柯夢**』『**南総里見八犬伝**』などを書き、京伝を上回る人気を得た。馬琴の作品は複雑な趣向の中に、勧善懲悪、因果応報の教訓を看板としていたから、支配権力の側からは好意的に迎えられた。

滑稽本

すでに田沼時代に、**平賀源内**（筆名**風来山人**・一七二八—一七七九）の初期滑稽本『**風流志道軒伝**』などがあったが、**滑稽本**が広く世に迎えられたのは、寛政以後、黄表紙や洒落本から転向した**式亭三馬**（一七七六—一八二二）、**十返舎一九**（一七六五—一八三一）らの作品による。

十返舎一九

三馬の『**浮世風呂**』『**浮世床**』、一九の『**東海道中膝栗毛**』が代表作で、これらの滑稽本には、狂言・小咄・落語・川柳・狂歌などの笑いを巧みに取り入れたものが多い。

合巻

黄表紙が現実に背を向けた観念的・伝奇的・空想的なものへと移っていき、物語の筋立てを重視するようになると、黄表紙のページ数では足りなくなり、その数冊分を一巻に合本し、さらにこの合本を数巻にまとめて一編とした。これが**合巻**である。合巻は、絵や本文の形式は黄表紙にならっているが、表紙を錦絵にし、口絵をつけ、挿絵も細密化するなど、華やかなものとなり、歌舞伎との相互影響も多く見られた。**柳亭種彦**（一七八三―一八四二）の『**偐紫田舎源氏**』がその代表作であるが、天保の改革にあたって絶版を命じられ、作者は自殺したと伝えられる。

人情本

洒落本の写実的描写を生かしながら、町人世界における男女の愛情に材をとって、物語の構想を複雑にした小説が作られるようになった。これが**人情本**である。人情本は、通俗的な道徳観にくるまれた甘美なメロドラマとして、読者の圧倒的支持を受け、天保期に大流行した。**為永春水**（一七九〇―一八四三）がその代表的作家で、『**春色梅児誉美**』『**春告鳥**』などが代表作。彼も天保の改革で処罰され、心痛のうちに死去した。以後、人情本は急速に衰えるが、春水が生み出したリアルな風俗描写は、のちの近代小説に大きな影響を与えた。

主要な作品一覧

本朝水滸伝［読］ 作者 建部綾足。 成立 一七七三年（安永二）。 内容 中国の『水滸伝』を日本の奈良時代に翻案した長編。

雨月物語［読］ 作者 上田秋成。 成立 一七七六年（安永五）。 内容 和漢の古典に取材した怪異小説集。

金々先生栄花夢［黄］ 作者 恋川春町。 成立 一七七五年（安永四）。 内容 謡曲『邯鄲』の翻案。当世の風俗を写し出す。

文武二道万石通［黄］ 作者 朋誠堂喜三二。 成立 一七八八年（天明八）。 内容 松平定信の文武奨励政策を風刺。前代未聞の売れ行きだったと伝える。

江戸生艶気樺焼［黄］ 作者 山東京伝。 成立 一七八五年（天明五）。 内容 うぬぼれ男を主人公として、野暮や半可通の生態を風刺的に描いている。

通言総籬［洒］ 作者 山東京伝。 成立 一七八七年（天明七）。 内容 遊里風俗を会話中心のリアルな描写で表現した代表的洒落本。

椿説弓張月［読］ 作者 滝沢馬琴。 成立 一八〇七―一八一一年（文化四―八）。 内容 源為朝の後半生を雄大な英雄伝説の構想で描く。

南総里見八犬伝［読］ 作者 滝沢馬琴。 成立 一八一四―一八四二年（文化一一―天保一三）。 内容 『水滸伝』に擬して規模雄大、趣向変幻、首尾一貫の勧善懲悪小説。完成までに二十八年を要した大作。

風流志道軒伝［滑］ 作者 風来山人。 成立 一七六三年（宝暦一三）。 内容 辻講釈師志道軒の口を借りて、世相を風刺し、批判したもの。

浮世風呂［滑］ 作者 式亭三馬。 成立 一八〇九―一八一三年（文化六―一〇）。 内容 銭湯での写実的な会話によって庶民の風俗を描写。

東海道中膝栗毛［滑］ 作者 十返舎一九。 成立 一八〇二―一八〇九年（享和二―文化六）。 内容 弥次郎兵衛と喜多八の江戸から京・大阪への道中記。先行の滑稽文献を集大成して活用する。

偐紫田舎源氏［合］ 作者 柳亭種彦。 成立 一八二九―一八四二年（文政一二―天保一三）。 内容 『源氏物語』を室町幕府におきかえて翻案。江戸城大奥を諷したものだとされて絶版処分にされた。未完の長編。

春色梅児誉美［人］ 作者 為永春水。 成立 一八三二―一八三三年（天保三―四）。 内容 町人社会の男女の愛情生活を写実的かつ情緒的に美化した作品。

◆往来物◆

平安時代から近代初期にかけて用いられた書道の手本および初学者向けの教科書を「**往来物**」（往来）という。往来とは手紙の往信と返信のこと。もともと手紙の模範文例集であったが、やがて様々な初学者向けの教科書全般を指すようになった。その種類はおよそ七千に達するとも言われている。初めは貴族や僧侶の子弟が用いていたが、中世には武家や上層庶民の子弟も使用するようになった。近世になると、出版文化の隆盛や寺子屋教育の普及、学習者層の拡大に伴って、多種多様な往来物が刊行され、広く庶民に学ばれた。

これらは便宜的に、古往来・教訓科・社会科・語彙科・消息科・地理科・歴史科・産業科・理数科・合本科・女子用に分類される。代表的な往来物である『庭訓往来』は、衣食住・職業・仏教などの語彙が列挙され、社会生活に必要な知識を得ることができた。成立は南北朝後期から室町初期ごろだが、明治初期に至るまで長く用いられた。

往来物は、日本における初等教育の普及と発展を示すものであると同時に、収められた知識や語彙から当時の文化や社会を知ることができる、貴重な資料でもある。

寺子屋の様子
（「寺子屋の図」為本蘇牛筆）

◆日本の名言　医は仁術なり。仁愛の心を本とし人を救ふをもつて志とすべし。わが身の利養を専らに志すべからず。

能・狂言

のう・きょうげん

能

「能」は「**猿楽の能**」の略。上代、大陸から伝えられた庶民芸能（散楽）や田の神を祭る神事芸能（田楽）、大寺院の法会のあとに行われる延年などを合わせて芸を整え、集団（座）を作った。「猿楽の能」は畿内の諸座の総称であるが、世阿弥の父、**観阿弥清次**（一三三三―一三八四）が創始した大和猿楽観世座は他座の長所や曲舞を摂取して、能楽を舞台芸術に高めた。「能」は謡い・囃子・所作（舞・演技）から成る舞台芸術で、その謡いの詞章が「**謡曲**」である。現在、観世・宝生・金春・金剛・喜多の五流がある。

能

分類	内容	代表作
別格	式能。国土安穏を祈る儀礼の歌舞。	**翁**
初番目物（脇能）神物	神霊がシテとなる夢幻能。神が天下泰平・家内安全などの祝福を与えるめでたい曲目。	高砂 **老松** **賀茂**
二番目物 修羅物	戦死して修羅道に落ちた武人の霊がシテで、多くは『平家物語』に取材している。夢幻能。	敦盛 **頼政** 忠度
三番目物 鬘物	女性をシテとし、優美な舞が見どころ。五番立の中心的位置を占める。王朝物語に取材した夢幻能が多い。	松風 **井筒** **西行桜**

＊色字は世阿弥作。

狂言

狂言は、象徴的・夢幻的な能に対して、**現実的・写実的な寸劇**。能と能の間に演じられ、対話と独白で筋が進行し、滑稽・軽妙・皮肉・卑俗な庶民的性格が強い。能が用いる面もつけず、扮装・小道具も簡単で、観客の緊張を和らげる。現在、大蔵・和泉の二流であるが、明治維新ごろまで鷺流があった。

世阿弥

一三六三―一四四三。父観阿弥が洛東今熊野で催した猿楽に、十二歳でデビュー。将軍義満の寵愛を受け、父の死後は二十一歳で二代目の棟梁となった。彼は能役者であるばかりでなく、謡曲作者として百数十番の作品を書き、**幽玄の美的理念**と、その舞台上での実現「**花**」を理論化し、物真似・稽古論を体系化して、能の完成者となった。彼の能楽論は秘伝として世に知られなかったが、明治時代「世阿弥十六部集」が公刊され、現在知られている論書は二十部を越す。

風姿花伝 能　一四〇二年（応永九）ごろ成立。『花伝書』ともいう。修行論、演出論、幽玄・花の解説など、能の総論と主要領域の各論を説く。

至花道 能　一四二〇年（応永二七）成立。修道体系論として稽古の心得も説く。

花鏡 能　一四二四年（応永三一）までに成立。長男元雅へ授与された秘伝書。世阿弥芸道論の極致を示す。

用語解説

シテ・ワキ・ツレ（能）＝シテは中心人物で原則として面をつける。ワキは脇役、ツレはシテ・ワキに従って出る役。アド（狂）＝狂言のシテ役（オモともいう）に対する脇役。現在能＝シテが現世界の人間として描かれる。夢幻能＝シテが化身として現れ、のち、その本体の霊となる。前後二場構成の複式能が多い。序破急＝序一段（導入）、破三段（展開）、急一段（終結）の構成組立。花＝「見る人の心に珍し」く思われる演技。

能面

中将　小面

般若　翁

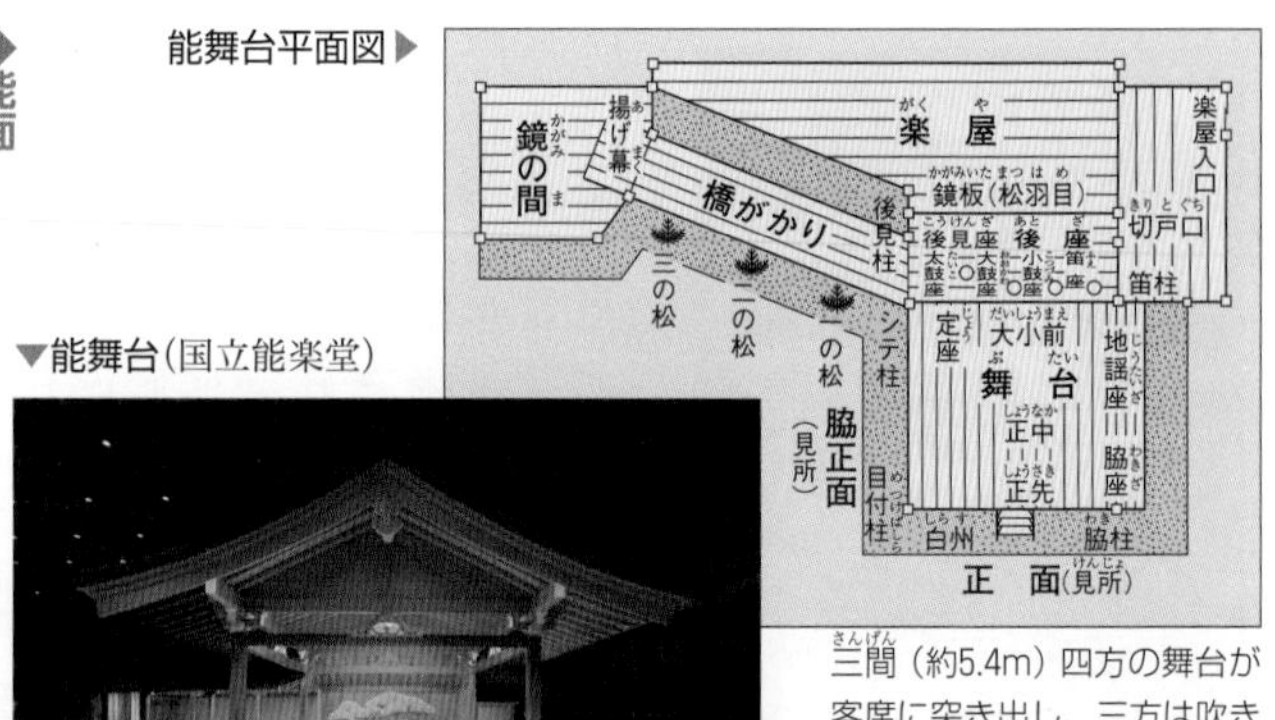

三間（約5.4m）四方の舞台が客席に突き出し、三方は吹き抜けになっている。登場人物と囃方は橋がかりを通って舞台に上がり、地謡方は切戸口から出入りする。

嘘とも言えない、微妙な表現によって生み出されるものである。

分類		内容	代表作
四番目物	雑物	他の分類に属さない能をすべて含む。狂女物（シテが狂女）、直面物（シテが武士）、男物狂物、芸尽物、唐物のように、現在能が多いが、妄執物（シテが地獄の男女）のような夢幻能もある。	道成寺 隅田川 蘆刈 鉢木
五番目物（切能）	鬼物	シテは、鬼・天狗・精霊など超自然的な物。ほとんど夢幻能。テンポが速く、見た目のおもしろさがねらい。	鞍馬天狗 土蜘蛛 紅葉狩 石橋
狂言	脇狂言	五番立の演能の最初に演じる祝言物。	福の神 宝の槌
	主従狂言（大名物）	主人である大名をシテとするもの。	末広がり 萩大名
	主従狂言（太郎冠者物）	従者太郎冠者をシテとするもの。	棒縛 鬼瓦
	舞狂言	夢幻能をまねた舞。	蛸
	聟狂言	シテが聟。聟取りと聟入りの二類。	八幡聟 庭鳥聟
	女狂言	シテが女。嫁取りと主婦の二類。	釣女 千切木
	鬼狂言	シテが鬼・雷・閻魔の三類。	節分
	山伏狂言	山伏をシテとする。	柿山伏
	出家狂言	出家をシテとする。	宗論
	座頭狂言	座頭をシテとする。	川上地蔵
	語り	演者一人の語り。	七騎落
	雑狂言	商人・盗人など右以外。	昆布売

初番目物・高砂
世阿弥作。神物。夢幻能。松の伝説に基づいて、祝福の意を表現。

二番目物・敦盛
世阿弥作。修羅物。夢幻能。討死した平敦盛の亡霊が現れて舞う。

三番目物・松風
世阿弥作。鬘物。夢幻能。美しい姉妹の霊が旅僧の夢に出現する。

四番目物・隅田川
観世元雅作。狂女物。現在能。狂った母が子の梅若丸の死を悼む。

五番目物・紅葉狩
観世信光作。鬼退治物。現在能。平維茂の鬼（美女）退治。

棒縛
主従狂言の太郎冠者物。左がシテの次郎冠者。酒を盗み飲む笑劇。

 ◆日本の名言　芸といふものは、実と虚の皮膜の間にあるものなり。（穂積以貫「虚実皮膜論」）　芸というものは、実とも

ちかまつ もんざえもん

近松門左衛門

一六五三(承応二)―一七二四(享保九)　浄瑠璃・歌舞伎

◆誇り高い開拓者

世話物浄瑠璃を生み出し、近世演劇の基礎を確立した国民的劇詩人。「虚実皮膜論」を唱える。

西暦	年	事項
一六五三	0	越前の福井で誕生。
一六八四	31	『夕霧七年忌』上演。近松の歌舞伎最古作。竹本座創設。『世継曽我』上演。近松の浄瑠璃最古作。
一六八六	33	『出世景清』上演。
一七〇三	50	『曽根崎心中』上演。豊竹座開設。
一七〇五	52	竹田出雲、竹本座の座主に、近松は同座の座付作者となる。
一七〇九	56	坂田藤十郎没。以後近松は歌舞伎を離れる。
一七一一	58	『冥途の飛脚』上演。紀海音に対抗して力作を続発。
一七一五	62	『国性爺合戦』大当たり。
一七二〇	67	『心中天の網島』上演。
一七二一	68	『女殺油地獄』上演。
一七二二	69	『心中宵庚申』上演。
一七二四	71	『関八州繫馬』上演。十一月二十二日病死。

【生い立ち】本名杉森信盛。近松が十四、五歳のころ父信義が浪人し、京都に移住した。近松が浄瑠璃・歌舞伎作者として活躍を始めたのは、三十代に入ってからで、彼は、浄瑠璃では宇治嘉太夫(加賀掾)・竹本義太夫(筑後掾)のために、歌舞伎では都万太夫座の名優坂田藤十郎のために筆をとった。

【作者の覚悟】当時、狂言作者は侮蔑の対象とされ、その名を明らかにしなかったが、彼はあえて作者名を公然と掲げ、世人の非難に対して「芝居事で朽ち果つべき覚悟」を表明し、劇壇に画期的な前進をもたらした。

【歌舞伎作者】近松は、初めその主力を歌舞伎の狂言作りに注いだ。藤十郎の死後は歌舞伎から遠ざかったが、少なくとも三十編余の作品があるとされる。代表作に**『一心二河白道』『傾城仏の原』『傾城壬生大念仏』**などがある。

【浄瑠璃作者】浄瑠璃については、竹本義太夫が独立し、大阪道頓堀に竹本座を開設したとき、近松は**『世継曽我』**を作ってその旗上げに参加した。次いで**『出世景清』**上演に及び、両者の名声が確立する。この『出世景清』が、新浄瑠璃の初めといわれている。その後、近松は叙事詩的な浄瑠璃に、歌舞伎の演技・作劇手法を導入して、立体的・演劇的な浄瑠璃を開拓した。

【座付作者】一七〇三年、近松の初めて書いた世話浄瑠璃**『曽根崎心中』**が大好評を得た。これを機に義太夫は座本を引退し、竹田出雲掾があとを継ぎ、近松は座付作者として迎えられる。近松の作品は太夫として出演した義太夫によって語り生かされた。同じ道頓堀に開設された豊竹座の作者**紀海音**は近松の好敵手であったから、義太夫死後も、近松は二代義太夫(政太夫)を助けて晩年まで創作を続けた。

【虚実皮膜】近松の世話物は、とりわけ「義理・人情」の葛藤を中心に人生の諸相を描き、**「虚実皮膜の間」**に演劇の真を作り出そうとしたとされる。

国性爺合戦　千里が竹虎狩りの段。和藤内の母の示した伊勢大神宮のお札の威力で、虎を服従させる場面。

出世景清 浄　一六八六年二月初演。時代物。平家の遺臣悪七兵衛景清が源氏に抵抗する苦節物語。新浄瑠璃の初めとされる画期的な作品。

曽根崎心中 浄　一七〇三年五月初演。世話物。手代徳兵衛と遊女お初の心中事件を脚色したもの。この作以後世話物浄瑠璃が盛行した。

国性爺合戦 浄　一七一五年十一月初演。時代物。明朝再興のため活躍する和藤内(国性爺)を、雄大な構想と新奇な舞台技巧によって描いた。十七か月連続の興行記録を示し、解散寸前の竹本座を蘇生させた名作。

心中天の網島 浄　一七二〇年十二月初演。世話物。紙屋治兵衛と遊女小春の情死事件を脚色したもの。道行文の美しさが特に名高い。

女殺油地獄 浄　一七二一年七月初演。世話物。主役の河内屋与兵衛が、近松としては珍しく悪役の不良児として描かれている。

▲**曽根崎心中**　天神森の段。橋上で二人の運命を嘆く道行の場面。

宣長『玉勝間』　師の学説にこだわらず真理の追究に励めという教え。

浄瑠璃・歌舞伎

●**浄瑠璃** 浄瑠璃芝居は、本来音曲を主体とし、詞章と人形とが加わったもの。竹本義太夫の音曲、近松の詞章は歌舞伎に影響を与えた。一方操り人形の工夫は歌舞伎の演技に学んで発達した。浄瑠璃芝居は、文楽座（寛政ごろできた人形劇場）の名をとって**文楽**とも呼ばれる。

●**歌舞伎** 歌舞伎は、歌舞や寸劇を中心とするショーだったが、浄瑠璃の詞章（脚本）を取り入れて、演劇として完成していった。江戸歌舞伎は様式的な荒事、上方歌舞伎は写実的な和事を伝統芸とする。歌舞伎は、遊里とともに、大都市庶民の風俗・美意識などに強い影響力をもった。

種類			作品	作者	初演
浄瑠璃	時代物		国性爺合戦	近松門左衛門	一七一五
			菅原伝授手習鑑	竹田出雲	一七四六
			義経千本桜	二代竹田出雲	一七四七
			本朝廿四孝	近松半二	一七六六
	世話物		曽根崎心中	近松門左衛門	一七〇三
			八百屋お七	紀海音	一七一一
			心中天網島	近松門左衛門	一七二〇
			新版歌祭文	近松半二	一七八〇
歌舞伎	時代物	時代物	御摂勧進帳	桜田治助	一七七三
			楼門五三桐	並木五瓶	一七七八
		お家物	伊賀越道中双六	近松半二	一七八三
			伽羅先代萩	奈河亀輔	一七八五
	世話物	時代世話物	助六所縁江戸桜	金井三笑	一七六一
			東海道四谷怪談	鶴屋南北	一八二五
		生世話物	与話情浮名横櫛	瀬川如皐	一八五三
			三人吉三廓初買	河竹黙阿弥	一八六〇

用語解説 時代物＝江戸時代以前の武家社会に題材をとった作品。世話物＝当時の庶民生活の事件や人物を題材とした作品。お家物＝時代物のうち、大名のお家騒動や仇討ちに取材した作品。時代世話物＝時代物と世話物が混じり、演出方法に様式美が強いもの。生世話物＝表現がより写実的・現実的な世話物。所作事＝舞踊・舞踊劇。荒事＝超人的な武人や鬼神の活躍を誇張して表現する、江戸歌舞伎の伝統的狂言。和事＝男女の恋愛・情事を表現する歌舞伎劇。上方で発達した。隈取＝顔面に筋肉の隆起の様を描く、歌舞伎独特の化粧法。十八番＝歌舞伎の代表狂言十八種。一般に市川家の当り狂言十八種をさす。

義経千本桜 道行初音旅の段。狐忠信に励まされ、静御前が大和吉野へ旅立つ場面。

隈取

公家荒の隈　筋隈　むきみ隈　二本隈

暫 荒事の代表的演目。主役（鎌倉権五郎景政・中央の筋隈）が悪人どもをひしぐ場面。

小倉百人一首

おぐらひゃくにんいっしゅ

名称 「百人一首」とは、百人のすぐれた歌人の歌を一首ずつ選んだ歌集の意。「小倉百人一首」の名は、藤原定家の京都小倉山の山荘のふすまの色紙に歌が書きつけられていたことから生まれたもの。

撰者 諸説があるが、藤原定家が選び、のちの人が補修したとするのが一般的である。

成立 藤原定家の日記『明月記』の一二三五年(文暦二)五月二十七日の記述で、宇都宮頼綱(定家の子為家の妻の父)の望みに従い、天智天皇から藤原家隆までの歌人各一首を染筆したという。これにのちの人が作品を補って現在のものができ上がったとされる。

定家の山荘「厭離庵」

歌枕地図

若狭湾
天の橋立60
由良のと46
丹後
いなば山16
但馬
大江山60
若狭
近江
琵琶湖
因幡
いく野60
丹波
美作
ならの小川98
名こその滝55
比叡山95
小倉山26
逢坂山25
播磨
大江山60
逢坂の関10 62
いなの笹原58
山城
うじ山8
摂津
宇治川64
いずみ川27
ありま山58
みかの原27
須磨の関78
伊賀
難波19 20 88
奈良61
三笠山7
すみの江18
三室山69
手向山24
まつほの浦97
播磨灘
竜田川17 69
初瀬35 74
たかしの浜72
淡路島78
天の香具山2
河内
和泉
淡路
伊勢
吉野31 94
讃岐
大和
紀

＊場所については異説もある。

分類＼歌集	古今和歌集	後撰和歌集	拾遺和歌集	後拾遺和歌集	金葉和歌集	詞花和歌集	千載和歌集	新古今和歌集	新勅撰和歌集	続後撰和歌集	合計
春	4			1		1					6
夏	1						1	1	1		4
秋	6	2	1	2	1			4			16
冬	2				1		1	2			6
恋	4	4	8	9	1	3	8	5	1		43
雑	3	1	2	2	2	1	4	2	1	2	20
羇旅	3								1		4
離別	1										1
合計	24	7	11	14	5	5	14	14	4	2	100

参照 P.116 和歌の修辞

索引

太字は「きまり字」を示す。ここまで聞けば歌を確定できる。

＊■は係り結びを示す。

①秋の田のかりほの庵の苫をあらみ わが衣手は露にぬれつつ

天智天皇 秋

わかころも
てはつゆに
ぬれつつ

大意 秋の田の刈り穂を納める仮小屋の（屋根に葺いている）苫の目が粗いので、（張り番をしている）私の袖は、露にしきりにぬれることだ。

出典 後撰集・秋中・302 **作者** 天智天皇（六二六—六七一）

修辞 「かりほ」は「刈り穂・仮庵」の掛詞。

補説 農夫の心を思いやった天皇御製歌とされる。

秋（名）の（格助）田（名）の（格助）かりほ（名）の（格助）庵（名）の（格助）苫（名）を（間助）あら（形・ク・語幹）み（接尾）わ（代名）が（格助）衣手（名）は（係助）露（名）に（格助）ぬれ（動・ラ下二・連用）つつ（接助）

②春過ぎて夏来にけらし白妙の 衣ほすてふ天の香具山

持統天皇 夏

ころもほす
てふあまの
かくやま

大意 春が過ぎて夏が来たらしい。（夏になると）白い衣をほすという天の香具山（に白い衣が見えるよ）。

出典 新古今集・夏・175 **作者** 持統天皇（六四五—七〇二） **修辞** 二句切れ。体言止め。

補説 『万葉集』の実景の歌「春過ぎて夏来たるらし白妙の衣ほしたり天の香具山」を観念的に改作。

春（名）過ぎ（動・ガ上二・連用）て（接助）夏（名）来（動・カ変・連用）に（助動・完了・連用）けらし（助動・推定・終）白妙（名）の（格助）衣（名）ほす（動・サ四・終）てふ（格助（と）＋動・八四・連体）天の香具山（名）

③あしびきの山鳥の尾のしだり尾の ながながし夜をひとりかも寝む

柿本人麻呂 恋

なかなかし
よをひとり
かもねむ

大意 （雌雄が谷を隔てて独り寝するという）山鳥の長く垂れた尾のように、長い（秋の）夜を、私も一人わびしく寝るのだろうかなあ。

出典 拾遺集・恋三・778 **作者** 柿本人麻呂（生没年未詳） **修辞** 「あしびきの」は「山」の枕詞。上三句は序詞。 **補説** 山鳥の伝説をふまえ、序詞が豊かなイメージを与えている。

あしびきの（枕詞）山鳥（名）の（格助）尾（名）の（格助）しだり尾（名）の（格助）ながながし（形・シク・終）夜（名）を（格助）ひとり（名）か（係助）も（係助）寝（動・ナ下二・未）む（助動・推量・連体）

④田子の浦にうちいでて見れば白妙の 富士の高嶺に雪は降りつつ

山部赤人 冬

ふしのたか
ねにゆきは
ふりつつ

大意 田子の浦に出て眺めると、真っ白な富士の高嶺に、雪がしきりに降り積もっていることだ。

出典 新古今集・冬・675 **作者** 山部赤人（生没年未詳） **補説** 『万葉集』の素朴な実感の歌「田子の浦ゆうちいでて見ればま白にそ富士の高嶺に雪は降りける」を優雅な新古今調に改作。

田子の浦（名）に（格助）うちいで（動・ダ下二・連用）て（接助）見れ（動・マ上一・已）ば（接助）白妙（名）の（格助）富士（名）の（格助）高嶺（名）に（格助）雪（名）は（係助）降り（動・ラ四・連用）つつ（接助）

⑤奥山にもみぢふみわけなく鹿の 声聞く時ぞ秋はかなしき

猿丸大夫 秋

こゑきくと
きそあきは
かなしき

大意 奥山に（散った）紅葉を踏み分け、（妻を求めて）鳴く鹿の声を聞くとき、秋の悲しさを感じることだ。

出典 古今集・秋上・215 **作者** 猿丸大夫（生没年未詳） **補説** 秋の鹿鳴は、雄鹿の妻問いの声。『万葉集』以来、ものさびしく人恋しい気持ちを喚起するものとしてよまれる。

奥山（名）に（格助）もみぢ（名）ふみわけ（動・カ下二・連用）なく（動・カ四・連体）鹿（名）の（格助）声（名）聞く（動・カ四・連体）時（名）ぞ（係助）秋（名）は（係助）かなしき（形・シク・連体）

⑥かささぎの渡せる橋におく霜の 白きを見れば夜ぞふけにける

中納言家持 冬

しろきをみ
れはよそふ
けにける

大意 鵲が（翼を連ねて）架けるという橋（にも見なされる宮中の階）に降りている霜が白いのを見ると、夜もかなり更けたことだなあ。

出典 新古今集・冬・620 **作者** 大伴家持（七一八？—七八五） **補説** 「鵲の橋」を渡って織女が牽牛に会いに行くという七夕伝説のイメージから、現実の冬の霜夜に転換する。

かささぎ（名）の（格助）渡せ（動・サ四・已）る（助動・存続・連体）橋（名）に（格助）おく（動・カ四・連体）霜（名）の（格助）白き（形・ク・連体）を（格助）見れ（動・マ上一・已）ば（接助）夜（名）ぞ（係助）ふけ（動・カ下二・連用）に（助動・完了・連用）ける（助動・詠嘆・連体）

⑦天の原ふりさけ見れば春日なる三笠の山にいでし月かも

安倍仲麻呂　羇

みかさのや
まにいてし
つきかも

大意 大空をはるかに眺めやると、(あの月は、かつて故郷の)春日の三笠山に出ていた月と同じなのだなあ。

出典 古今集・羇旅・406　**作者** 安倍仲麻呂(六九八—七七〇)　**補説** 作者は渡唐して三十五年間唐の朝廷に仕えた。この歌は浙江省寧波での送別の宴でよまれたとされるが、帰国はかなわなかった。

天の原(名)　ふりさけ見れ(動・マ上一・已)　ば(接助)　春日(名)　なる(助動・存在・連体)
三笠の山(名)　に(格助)　いで(動・ダ下二・連用)　し(助動・過去・連体)　月(名)
かも(終助)

⑧わが庵は都のたつみしかぞすむ世をうぢ山と人はいふなり

喜撰法師　雑

よをうちや
まとひとは
いふなり

大意 私の庵は都の東南にあり、このように(心静かに)住んでいる。(それなのに)世を住みづらく思ってこの宇治山にのがれているのだと、世間の人は言っているようである。

出典 古今集・雑下・983　**作者** 喜撰法師(生没年未詳)
修辞 三句切れ。「うぢ」は「憂し・宇治」の掛詞。

わ(代名)　が(格助)　庵(名)　は(係助)　都(名)　の(格助)　たつみ(名)　しか(副)　ぞ(係助)
すむ(動・マ四・連体)　世(名)　を(格助)　うぢ山(名)(形・ク・終)　と(格助)　人(名)　は(係助)
いふ(動・八四・終)　なり(助動・伝聞・終)

⑨花の色はうつりにけりないたづらにわが身よにふるながめせしまに

小野小町　春

わかみよに
ふるなかめ
せしまに

大意 桜の色はあせてしまったなあ。むなしく長雨が降っていた間に。私の容色も衰えてしまったなあ。むなしく恋のもの思いにふけっていた間に。

出典 古今集・春下・113　**作者** 小野小町(生没年未詳)
修辞 二句切れ。倒置法。「ふる」は「降る・経る」、「ながめ」は「長雨・眺め」の掛詞。「ふる」は「ながめ」の縁語。

花(名)　の(格助)　色(名)　は(係助)　うつり(動・ラ四・連用)　に(助動・完了・連用)
けり(助動・詠嘆・終)　な(終助)　いたづらに(形動・ナリ・連用)　わ(代名)　が(格助)　身(名)　よ(名)
に(格助)　ふる(動・ラ四・連体／動・八下二・連体)　ながめせ(動・サ変・未)　し(助動・過去・連体)　ま(名)　に(格助)

⑩これやこの行くも帰るもわかれては知るも知らぬもあふ坂の関

蟬丸　雑

しるもしら
ぬもあふさ
かのせき

大意 これがまあ、(東国へ)行く人も(京へ)帰る人も、知る人も知らぬ人も、別れてはまた逢うという、(逢うという名をもつ)逢坂の関であるよ。

出典 後撰集・雑・1090　**作者** 蟬丸(生没年未詳)　**修辞** 体言止め。「あふ」は「逢ふ・逢坂」の掛詞。「わかれ」は「あふ」の縁語。「行くも帰るも」と「知るも知らぬも」は対句。

これ(代名)　や(間助)　こ(代名)　の(格助)　行く(動・カ四・連体)　も(係助)　帰る(動・ラ四・連体)
も(係助)　わかれ(動・ラ下二・連用)　て(接助)　は(係助)　知る(動・ラ四・連体)　も(係助)
知ら(動・ラ四・未)　ぬ(助動・打消・連体)　も(係助)　あふ坂の関(名)(動・八四・終止)

⑪わたの原八十島かけてこぎいでぬと人には告げよあまのつり舟

参議篁　羇

ひとにはつ
けよあまの
つりふね

大意 広い海を、多くの島をめざして(配所の隠岐に)船出したと、あの人に伝えておくれ。海人のつり舟よ。

出典 古今集・羇旅・407　**修辞** 四句切れ。体言止め。擬人法。倒置法。
作者 小野篁(八〇二—八五二)　**補説** 八三八年(承和五)、遣唐副使として正使と争い、隠岐に配流されたときによんだ歌。

わたの原(名)　八十島(名)　かけ(動・カ下二・連用)　て(接助)　こぎいで(動・ダ下二・連用)
ぬ(助動・完了・終)　と(格助)　人(名)　に(格助)　は(係助)　告げよ(動・ガ下二・命)　あま(名)
の(格助)　つり舟(名)

⑫天つ風雲のかよひ路吹きとぢよをとめの姿しばしとどめむ

僧正遍昭　雑

をとめのす
かたしはし
ととめむ

大意 空の風よ、雲の中の通路を吹き閉ざしてくれ。(天女のような)舞姫の姿を、もうしばらく(この地上に)とどめ(てその姿を眺め)たいから。

出典 古今集・雑上・872　**作者** 僧正遍昭(八一六—八九〇)
修辞 三句切れ。擬人法。
補説 美しい五節の舞姫を天女にたとえた。出家前の歌。

天(名)　つ(格助)　風(名)　雲(名)　の(格助)　かよひ路(名)　吹きとぢよ(動・ダ上二・命)
をとめ(名)　の(格助)　姿(名)　しばし(副)　とどめ(動・マ下二・未)　む(助動・意志・終)

志四録』) 生涯学び続けることの大切さを説いた言葉。

⑬つくばねの峰よりおつるみなの川恋ぞつもりて淵となりぬる

陽成院　恋

大意 筑波山の峰から流れ落ちる男女川の水が積もって淵となるように、私の恋心も積もり積もって、深い恋の淵となったことだ。

こひそつもりてふちとなりぬる

出典 後撰集・恋三・777　**作者** 陽成院（八六八―九四九）

修辞 上三句は「つもりて淵となり」の序詞。「淵」は「川」の縁語。

つくばね（名）の（格助）峰（名）より（格助）おつる（動・タ上二・連体）みなの川（名）
恋（名）ぞ（係助）つもり（動・ラ四・連用）て（接助）淵（名）と（格助）なり（動・ラ四・連用）
ぬる（助動・完了・連体）

⑭みちのくのしのぶもぢずり誰ゆゑに乱れそめにしわれならなくに

河原左大臣　恋

大意 陸奥のしのぶもじずりの模様のように、（私の心は）だれのせいで乱れ始めたのでしょうか。私（のせい）ではありませんのに。

みたれそめにしわれならなくに

出典 古今集・恋四・724　**作者** 源融（八二二―八九五）

修辞 上二句は「乱れ」の序詞。「そめ」は「染め・初め」の掛詞。「乱れ」「そめ」は「しのぶもぢずり」の縁語。

みちのく（名）の（格助）しのぶもぢずり（名）誰（代名）ゆゑ（名）に（格助）
乱れそめ（動・マ下二・連用）に（助動・完了・連用）し（助動・過去・連体）われ（代名）
なら（助動・断定・未）な（助動・打消・未）く（接尾）に（接助）

⑮君がため春の野にいでて若菜つむわが衣手に雪はふりつつ

光孝天皇　春

大意 あなたのために、春の野に出て若菜を摘む私の袖に、雪がしきりに降り続けることだ。

わかころもてにゆきはふりつつ

出典 古今集・春上・21

作者 光孝天皇（八三〇―八八七）　**補説** 正月七日に若菜を摘み、一年の無病息災を祈って、七草粥などにして食べる。その若菜を人に贈ったときに添えた歌。

君（代名）が（格助）ため（名）春（名）の（格助）野（名）に（格助）いで（動・ダ下二・連用）
て（接助）若菜（名）つむ（動・マ四・連体）わ（代名）が（格助）衣手（名）に（格助）雪（名）
は（係助）ふり（動・ラ四・連用）つつ（接助）

⑯立ちわかれいなばの山の峰に生ふるまつとし聞かば今帰り来む

中納言行平　離

大意 （あなたと）別れて因幡の国に行っても、あの稲葉山の峰に生えている松のように、（あなたが私を）待つと聞いたなら、すぐに帰って来ましょう。

まつとしきかはいまかへりこむ

出典 古今集・離別・365　**作者** 在原行平（八一八―八九三）

修辞 「いなば」は「往なば・因幡」、「まつ」は「松・待つ」の掛詞。「いなばの山の峰に生ふる」は「まつ」の序詞。

立ちわかれ（動・ラ下二・連用）いなば（名／動・ナ変・未＋接助）の（格助）山（名）の（格助）峰（名）に（格助）
生ふる（動・ハ上二・連体）まつ（名／動・タ四・終）と（格助）し（副助）聞か（動・カ四・未）ば（接助）
今（副）帰り来（動・カ変・未）む（助動・意志・終）

⑰ちはやぶる神代もきかず竜田川からくれなゐに水くくるとは

在原業平朝臣　秋

大意 （人の代はもちろん）神代にも聞いたことがない、竜田川が（流れる紅葉で）真紅の色に水をくくり染めにしているということは。

からくれなゐにみつくくるとは

出典 古今集・秋下・294　**作者** 在原業平（八二五―八八〇）

修辞 二句切れ。倒置法。擬人法。「ちはやぶる」は「神」の枕詞。

補説 絢爛豪華な屏風歌。

ちはやぶる（枕詞）神代（名）も（係助）きか（動・カ四・未）ず（助動・打消・終）
竜田川（名）からくれなゐ（名）に（格助）水（名）くくる（動・ラ四・終）と（格助）は（係助）

⑱すみの江の岸に寄る波よるさへや夢の通ひ路人めよくらむ

藤原敏行朝臣　恋

大意 住江の岸に寄る波の「よる」ではないが、（昼間は人目をはばかるのはやむをえないにしても）夜までも、どうして夢の中の通い路で人目を避けるのであろうか。

ゆめのかよひちひとめよくらむ

出典 古今集・恋二・559　**作者** 藤原敏行（？―九〇一、一説九〇七）　**修辞** 上二句は「よる」の序詞。

すみの江（名）の（格助）岸（名）に（格助）寄る（動・ラ四・連体）波（名）よる（名）さへ（副助）
や（係助）夢（名）の（格助）通ひ路（名）人め（名）よく（動・カ上二・終）
らむ（助動・原因推量・連体）

 少にして学べば壮にしてなす。壮にして学べば老いて衰へず。老いて学べば死して朽ちず。（佐藤一斎『言

⑲ **難波潟みじかき葦のふしのまも あはでこの世をすぐしてよとや**　伊勢　〔恋〕

あはてこの
よをすくし
てよとや

大意 難波潟に生えている葦の、短い節の間のように、ほんの少しの間も（あなたと）お会いしないで一生を過ごせとおっしゃるのですか。**出典** 新古今集・恋一・1049 **作者** 伊勢（八七？―九三九？） **修辞** 上二句は「ふし（節）」の序詞。「ふしのま」は「節と節の間・短い時間」の意の掛詞。「世」は「世の中・男女の仲」の意の掛詞。「ふし」「世（節）」は「葦」の縁語。

難波潟（名）みじかき（形・ク・連体）葦（名）の（格助）ふし（名）の（格助）ま（名）も（係助）
あは（動・ハ四・未）で（接助）こ（代名）の（格助）世（名）を（格助）すぐし（動・サ四・連用）
てよ（助動・強意・命）と（格助）や（係助）

⑳ **わびぬればいまはたおなじ難波なる みをつくしてもあはむとぞ思ふ**　元良親王　〔恋〕

みをつくし
てもあはむ
とそおもふ

大意（会えずに）つらい思いをしているのだから、今はもう同じことだ。難波の浦にある澪標ではないが、身を滅ぼしてもあなたに会いたいと思うよ。**出典** 後撰集・恋五・961 **作者** 元良親王（八九〇―九四三） **修辞** 二句切れ。「みをつくし」は「澪標・身を尽くし」の掛詞。

わび（動・バ上二・連用）ぬれ（助動・完了・已）ば（接助）いま（名）はた（副）おなじ（形・シク・終）
難波（名）なる（助動・存在・連体）み（名）を（格助）つくし（動・サ四・連用）て（接助）
も（係助）あは（動・ハ四・未）む（助動・意志・終）と（格助）ぞ（係助）思ふ（動・ハ四・連体）

㉑ **いま来むといひしばかりに長月の ありあけの月を待ちいでつるかな**　素性法師　〔恋〕

ありあけの
つきをまち
いてつるかな

大意「すぐに来よう。」と（あなたが）言って寄こしたばかりに、九月の（夜長を待ち明かして、あなたの代わりに、待ちもしない）有明の月が出てしまったことだ。**出典** 古今集・恋四・691 **作者** 素性法師（生没年未詳） **補説** つれない恋人への恨みを、女性の立場でよむ。

いま（副）来（動・カ変・未）む（助動・意志・終）と（格助）いひ（動・ハ四・連用）
し（助動・過去・連体）ばかり（副助）に（格助）長月（名）の（格助）ありあけ（名）
の（格助）月（名）を（格助）待ちいで（動・ダ下二・連用）つる（助動・完了・連体）かな（終助）

㉒ **吹くからに秋の草木のしをるれば むべ山風を嵐といふらむ**　文屋康秀　〔秋〕

むへやまか
せをあらし
といふらむ

大意 吹くとすぐに秋の草木がしおれるので、なるほど山風のことを「荒し」といい、また文字で「嵐」と書くのであろうよ。**出典** 古今集・秋下・249 **作者** 文屋康秀（生没年未詳） **修辞**「嵐」は「嵐・荒らし」の掛詞。**補説**「山＋風＝嵐」という言語遊びに、「荒し」を掛ける。

吹く（動・カ四・連体）からに（接助）秋（名）の（格助）草木（名）の（格助）
しをるれ（動・ラ下二・已）ば（接助）むべ（副）山風（名）を（格助）嵐（名／形・ク・終）と（格助）
いふ（動・ハ四・終）らむ（助動・原因推量・終）

㉓ **月見ればちぢに物こそかなしけれ わが身ひとつの秋にはあらねど**　大江千里　〔秋〕

わかみひと
つのあきに
はあらねと

大意 月を見ると、さまざまにもの悲しい気持ちに誘われることよ。私ひとりのために訪れた秋ではないのだけれど。**出典** 古今集・秋上・193 **作者** 大江千里（生没年未詳） **修辞** 三句切れ。倒置法。**補説** 白居易の詩「燕子楼」の中の「秋来只為二一人一長。」の句をふまえる。

月（名）見れ（動・マ上一・已）ば（接助）ちぢに（形動・ナリ・連用）物（名）こそ（係助）
かなしけれ（形・シク・已）わ（代名）が（格助）身（名）ひとつ（名）の（格助）秋（名）
に（助動・断定・連用）は（係助）あら（補動・ラ変・未）ね（助動・打消・已）ど（接助）

㉔ **このたびは幣もとりあへず手向山 もみぢの錦神のまにまに**　菅家　〔羇〕

もみちのに
しきかみの
まにまに

大意 今回の旅は（急な出発で）、幣も用意できませんでした。（そこで、）手向山の紅葉の錦を幣として手向けます。神の御心のままに。（どうかお受けください。）**出典** 古今集・羇旅・420 **作者** 菅原道真（八四五―九〇三） **修辞** 二句切れ。「たび」は「度・旅」、「手向」は「手向山・手向け」の掛詞。「幣」は「手向」の縁語。

こ（代名）の（格助）たび（名）は（係助）幣（名）も（係助）とりあへ（動・ハ下二・未）
ず（助動・打消・終）手向山（名／動・カ下二・連用）もみぢ（名）の（格助）錦（名）神（名）の（格助）
まにまに（副）

㉕名にしおはば逢坂山のさねかづら人にしられでくるよしもがな

三条右大臣　恋

大意 (逢う・寝るという)名をもつなら、逢坂山のさねかずらを繰るように、人に気づかれず通うてだてがほしいなあ。

出典 後撰集・恋三・701 **作者** 藤原定方(八七三—九三二) **修辞** 上三句は「来る」の序詞。「逢坂・逢ふ」、「さねかづら・さ寝」、「来る・繰る」が掛詞。「逢ふ」は「さ寝」の、「くる」は「さねかづら」の縁語。

ひとにしら
れてくるよ
しもかな

名	に	し	おは	ば	逢坂山	の	さねかづら	人	に	しら	れ	で	くる	よし	もがな
名	格助	副助	動・八四・未	接助	名	格助	名	名	格助	動・ラ四・未	助動・受身・未	接助	動・ラ四・連体	名	終助

㉖小倉山峰のもみぢば心あらばいまひとたびのみゆき待たなむ

貞信公　雑

大意 小倉山の峰の紅葉よ、もしおまえに情趣を解する心があるなら、もう一度あるはずの行幸を(散らないで)待っていてほしい。

出典 拾遺集・雑秋・1128 **作者** 藤原忠平(八八〇—九四九) **修辞** 擬人法。 **補説** 宇多法皇が醍醐天皇にも行幸を勧めたいと言ったのを受け、大堰川でよまれた。

いまひとた
ひのみゆき
またなむ

小倉山	峰	の	もみぢば	心	あら	ば	いま	ひとたび	の	みゆき	待た	なむ
名	名	格助	名	名	動・ラ変・未	接助	副	名	格助	名	動・タ四・未	終助

㉗みかの原わきて流るるいづみ川いつ見きとてか恋しかるらむ

中納言兼輔　恋

大意 みかの原を分けて、わき出て流れる泉川(ではないが、私はあの人を)いつ見たというので、こんなにも恋しいのだろうか。

出典 新古今集・恋一・996 **作者** 藤原兼輔(八七七—九三三) **修辞** 上三句は「いつ見」の序詞。「わき」は「分き・湧き」の掛詞。「わき」は「いづみ」の縁語。

いつみきと
てかこひし
かるらむ

みかの原	わき	て	流るる	いづみ川	いつ	見	き	と	て	か	恋しかる	らむ
名	動・カ四・連用	接助	動・ラ下二・連体	名	代名	動・マ上一・連用	助動・過去・終	格助	接助	係助	形・シク・連体	助動・原因推量・連体

㉘山里は冬ぞさびしさまさりける人めも草もかれぬと思へば

源宗于朝臣　冬

大意 山里は、冬が特にさびしさがまさっているよ。訪れる人もなく、草も枯れてしまうと思うと。

出典 古今集・冬・315 **作者** 源宗于(?—九三九) **修辞** 三句切れ。倒置法。「かれ」は「離れ・枯れ」の掛詞。 **補説** 官職に恵まれなかった作者の寂寥感も感じられる。

ひとめもく
さもかれぬ
とおもへは

山里	は	冬	ぞ	さびしさ	まさり	ける	人め	も	草	も	かれ	ぬ	と	思へ	ば
名	係助	名	係助	名	動・ラ四・連用	助動・詠嘆・連体	名	係助	名	係助	動・ラ下二・連用	助動・強意・終	格助	動・八四・已	接助

㉙心あてに折らばや折らむ初霜のおきまどはせる白菊の花

凡河内躬恒　秋

大意 あて推量に折ったら折り取ることもできるだろうか。初霜が白く降りて(どれが花か霜か)紛らわしくさせている白菊の花よ。

出典 古今集・秋下・277 **作者** 凡河内躬恒(生没年未詳) **修辞** 二句切れ。体言止め。倒置法。擬人法。 **補説** 白菊に白い霜が置いた景を、理知的によんだ歌。

おきまとは
せるしらき
くのはな

心あて	に	折ら	ば	や	折ら	む	初霜	の	おきまどはせ	る	白菊	の	花
名	格助	動・ラ四・未	接助	係助	動・ラ四・未	助動・意志・連体	名	格助	動・サ四・已	助動・存続・連体	名	格助	名

㉚ありあけのつれなく見えし別れよりあかつきばかりうきものはなし

壬生忠岑　恋

大意 有明の月が(無情に空に残っているように、あなたの態度が)冷淡に見えたあのときの別れ以来、私にとって夜明けほどつらいものはない。

出典 古今集・恋三・625 **作者** 壬生忠岑(生没年未詳) **補説** 『古今六帖』は「来れど逢はず」の題に収める。その朝の別れ以来、訪ねても逢おうとしない女への恨み。

あかつきは
かりうきも
のはなし

ありあけ	の	つれなく	見え	し	別れ	より	あかつき	ばかり	うき	もの	は	なし
名	格助	形・ク・連用	動・ヤ下二・連用	助動・過去・連体	名	格助	名	副助	形・ク・連体	名	係助	形・ク・終

㉛ 朝ぼらけありあけの月と見るまでに吉野の里にふれる白雪

坂上是則　冬

よしののさ
とにふれる
しらゆき

大意 夜明け方、有明の月の光がさしているのかと見まちがえるほどに、吉野の山里に降り積もっている白雪よ。

出典 古今集・冬・332

作者 坂上是則（生没年未詳）　**修辞** 体言止め。

補説 月の光に見まがうほどに白く輝く雪景色を見ての感動をよむ。

朝ぼらけ	ありあけ	の	月	と	見る	まで	に	吉野	の	里	に	ふれ	る	白雪
名	名	格助	名	格助	動・マ上一・連体	副助	格助	名	格助	名	格助	動・ラ四・已	助動・存続・連体	名

㉜ 山川に風のかけたるしがらみは流れもあへぬもみぢなりけり

春道列樹　秋

なかれもあ
へぬもみち
なりけり

大意 山あいの谷川に、風が（自然と）かけていたしがらみは、流れることもできずにたまっている紅葉だったよ。

出典 古今集・秋下・303

作者 春道列樹（?—九二〇）　**修辞** 擬人法。

補説 「しがらみ」は、流れをせきとめるために杭を打ち並べ、小枝や竹などを渡したもの。

山川	に	風	の	かけ	たる	しがらみ	は	流れ	も	あへ	ぬ	もみぢ	なり	けり
名	格助	名	格助	動・カ下二・連用	助動・存続・連体	名	係助	動・ラ下二・連用	係助	動・ハ下二・未	助動・打消・連体	名	助動・断定・連用	助動・詠嘆・終

㉝ ひさかたの光のどけき春の日にしづ心なく花のちるらむ

紀友則　春

しつこころ
なくはなの
ちるらむ

大意 日の光がのどかにさす春の日に、（どうして）落ち着いた心もなく、桜の花は散り急ぐのであろうか。

出典 古今集・春下・84

作者 紀友則（?—九〇五?）

修辞 「ひさかたの」は「光」の枕詞。擬人法。

補説 散る花を惜しむ心を、花を擬人化してよむ。

ひさかたの	光	のどけき	春	の	日	に	しづ心	なく	花	の	ちる	らむ
枕詞	名	形・ク・連体	名	格助	名	格助	名	形・ク・連用	名	格助	動・ラ四・終	助動・原因推量・連体

㉞ 誰をかもしる人にせむ高砂の松も昔の友ならなくに

藤原興風　雑

まつもむか
しのともな
らなくに

大意 （年老いた私は）だれを親しい友としたらよいのか。（あの老松の）高砂の松にしても、昔からの友人というわけではないのだから。

出典 古今集・雑上・909　**作者** 藤原興風（生没年未詳）

修辞 二句切れ。擬人法。　**補説** 旧友に次々と先立たれた老人の悲哀。「高砂」は兵庫県高砂市の歌枕の地。

誰	を	**か**	も	しる	人	に	せ	**む**	高砂	の	松	も	昔	の	友	なら	な	く	に
代名	格助	係助	係助	動・ラ四・連体	名	格助	動・サ変・未	助動・適当・連体	名	格助	名	係助	名	格助	名	助動・断定・未	助動・打消・未	接尾	接助

㉟ 人はいさ心もしらずふるさとは花ぞ昔の香ににほひける

紀貫之　春

はなそむか
しのかにに
ほひける

大意 あなたの心は、さあどうだか、わかりません。（心変わりをしているのではあるまいか。）昔なじみのこの土地では、梅の花は昔に変わらぬよい香をはなって美しく咲いているよ。

出典 古今集・春上・42　**作者** 紀貫之（?—九四五?）

修辞 二句切れ。　**補説** 無沙汰を責める知人に歌で返事。

人	は	いさ	心	も	しら	ず	ふるさと	は	花	**ぞ**	昔	の	香	に	にほひ	**ける**
名	係助	副	名	係助	動・ラ四・未	助動・打消・終	名	係助	名	係助	名	格助	名	格助	動・ハ四・連用	助動・詠嘆・連体

㊱ 夏の夜はまだ宵ながら明けぬるを雲のいづこに月やどるらむ

清原深養父　夏

くものいつ
こにつきや
とるらむ

大意 夏の夜は、まだ宵だと思っているうちに明けてしまったが、（月も沈むひまもあるまいから）雲のどのあたりに月は宿っているのだろうか。

出典 古今集・夏・166　**作者** 清原深養父（生没年未詳）

修辞 擬人法。

補説 夏の短夜を誇張して、美しい月を惜しむ心を表現。

夏	の	夜	は	まだ	宵	ながら	明け	ぬる	を	雲	の	いづこ	に	月	やどる	らむ
名	格助	名	係助	副	名	接尾	動・カ下二・連用	助動・完了・連体	接助	名	格助	代名	格助	名	動・ラ四・終	助動・現在推量・連体

るのがよい。長所を認め、それを学ぶ心でつきあうのが交友の道。

㊲白露に風の吹きしく秋の野はつらぬきとめぬ玉ぞ散りける

文屋朝康　秋

つらぬきと
めぬたまぞ
ちりける

大意 （草葉の）白露に、風がしきりに吹く秋の野は、糸で貫き通していない玉（のように露）が散るよ。

出典 後撰集・秋中・308

作者 文屋朝康（生没年未詳） **補説** 同じ作者に「秋の野に置く白露は玉なれやつらぬき懸くる蜘蛛の糸すぢ」という歌もある。露を玉（真珠）に見立てる例は多い。

白露（名） に（格助） 風（名） の（格助） 吹きしく（動・カ四・連体） 秋（名） の（格助） 野（名） は（係助）
つらぬきとめ（動・マ下二・未） ぬ（助動・打消・連体） 玉（名） ぞ（係助） 散り（動・ラ四・連用）
ける（助動・詠嘆・連体）

㊳忘らるる身をば思はずちかひてし人のいのちの惜しくもあるかな

右近　恋

ひとのいの
ちのをしく
もあるかな

大意 （あなたに）忘れられる（私の）身はどうなろうとかまわない。（それよりも、私への愛を神に）誓ったあなたの命が、（誓いを破った神罰のために失われるのではないかと）惜しまれることだよ。

出典 拾遺集・恋四・870 **作者** 右近（生没年未詳）

修辞 二句切れ。 **補説** 『大和物語』八十四段にも見える。

忘ら（動・ラ四・未） るる（助動・受身・連体） 身（名） を（格助） ば（係助） 思は（動・ハ四・未）
ず（助動・打消・終） ちかひ（動・ハ四・連用） て（助動・完了・連用） し（助動・過去・連体） 人（名）
の（格助） いのち（名） の（格助） 惜しく（形・シク・連用） も（係助） ある（補動・ラ変・連体） かな（終助）

㊴浅茅生の小野の篠原しのぶれどあまりてなどか人の恋しき

参議等　恋

あまりてな
とかひとの
こひしき

大意 浅茅の生える野辺の篠原ではないが、忍びこらえるのに、思いがあふれて（こらえきれぬほど）、どうしてこんなにあなたが恋しいのだろうか。

出典 後撰集・恋一・578 **作者** 源等（八八〇—九五一） **修辞** 上二句は「しの」の序詞。本歌取り。本歌は「浅茅生の小野の篠原しのぶとも人知るらめや言ふ人なしに」。

浅茅生の（枕詞） 小野（名） の（格助） 篠原（名） しのぶれ（動・バ上二・已） ど（接助）
あまり（動・ラ四・連用） て（接助） など（副） か（係助） 人（名） の（格助） 恋しき（形・シク・連体）

㊵しのぶれど色にいでにけりわが恋は物や思ふと人のとふまで

平兼盛　恋

ものやおも
ふとひとの
とふまて

大意 心の中につつみ隠してきたが、（とうとう）顔色や様子に出てしまったことだよ、私の恋は。「もの思いしているのか。」と人が尋ねるほどに。

出典 拾遺集・恋一・622 **作者** 平兼盛（？—九九〇）

修辞 二句・三句切れ。倒置法。 **補説** 「天徳四年内裏歌合」で㊶の歌と番わされ、辛くも勝ちとなった。

しのぶれ（動・バ上二・已） ど（接助） 色（名） に（格助） いで（動・ダ下二・連用）
に（助動・完了・連用） けり（助動・詠嘆・終） わ（代名） が（格助） 恋（名） は（係助） 物（名）
や（係助） 思ふ（動・ハ四・連体） と（格助） 人（名） の（格助） とふ（動・ハ四・連体） まで（副助）

㊶恋すてふわが名はまだき立ちにけり人しれずこそ思ひそめしか

壬生忠見　恋

ひとしれず
こそおもひ
そめしか

大意 （私があの人を）恋しているという浮き名が早くも立ってしまったよ。だれにも知られないように（心ひそかに）思い始めたのに。

出典 拾遺集・恋一・621 **作者** 壬生忠見（生没年未詳）

修辞 三句切れ。倒置法。 **補説** 歌合で㊵の歌に負けた忠見は病死したという。

恋す（動・サ変・終） てふ（格助（と）＋動・ハ四・連体） わ（代名） が（格助） 名（名） は（係助） まだき（副）
立ち（動・タ四・連用） に（助動・完了・連用） けり（助動・詠嘆・終） 人（名） しれ（動・ラ下二・未）
ず（助動・打消・連用） こそ（係助） 思ひそめ（動・マ下二・連用） しか（助動・過去・已）

㊷ちぎりきなかたみに袖をしぼりつつ末の松山波こさじとは

清原元輔　恋

すゑのまつ
やまなみこ
さしとは

大意 約束をしたね。互いに（涙でぬれた）袖を絞りながら、末の松山を波が越すことのないように（二人の愛もいつまでも変わらないように）と。

出典 後拾遺集・恋四・770 **作者** 清原元輔（九〇八—九九〇）

修辞 初句切れ。倒置法。本歌取り。本歌は「君をおきてあだし心をわが持たば末の松山波も越えなむ」。

ちぎり（動・ラ四・連用） き（助動・過去・終） な（終助） かたみに（副） 袖（名） を（格助）
しぼり（動・ラ四・連用） つつ（接助） 末の松山（名） 波（名） こさ（動・サ四・未）
じ（助動・打消意志・終） と（格助） は（係助）

㊸あひみてののちの心にくらぶれば昔は物を思はざりけり

権中納言敦忠　恋

むかしはも
のをおもは
さりけり

大意 あなたと契りを交わしてからの恋のもの思いに比べると、(契りを結ぶ)以前はもの思いをしていなかったようなものだったよ。

出典 拾遺集・恋二・710　**作者** 藤原敦忠(九〇六—九四三)

補説 初めて女と一夜を過ごした翌朝に贈った、後朝の歌。思いを遂げてかえってまさる切ないもの思い。

あひみ(動・マ上一・連用)　て(接助)　の(格助)　のち(名)　の(格助)　心(名)　に(格助)
くらぶれ(動・バ下二・已)　ば(接助)　昔(名)　は(係助)　物(名)　を(格助)　思は(動・八四・未)
ざり(助動・打消・連用)　けり(助動・詠嘆・終)

㊹あふことのたえてしなくはなかなかに人をも身をも恨みざらまし

中納言朝忠　恋

ひとをもみ
をもうらみ
さらまし

大意 (あなたに)逢うことが全然なかったら、かえってあなたを恨んだり、自分(の不幸)を嘆いたりしなかったろうに。

出典 拾遺集・恋一・678

作者 藤原朝忠(九一〇—九六六)

補説 つれなくなった女への恨みとわが身のつらさを、反実仮想の表現を用いて強く訴えている。

あふ(動・八四・連体)　こと(名)　の(格助)　たえて(副)　し(副助)　なく(形・ク・未)　は(接助)
なかなかに(副)　人(名)　を(格助)　も(係助)　身(名)　を(格助)　も(係助)
恨み(動・マ上二・未)　ざら(助動・打消・未)　まし(助動・反実仮想・終)

㊺あはれともいふべき人は思ほえで身のいたづらになりぬべきかな

謙徳公　恋

みのいたつ
らになりぬ
へきかな

大意 ああかわいそうだと言ってくれそうな人も思い当たらないで、私は(あなたを思いながら)むなしく死んでしまうことだろうよ。

出典 拾遺集・恋五・950　**作者** 藤原伊尹(九二四—九七二)

補説 女がつれなくなり、全く逢ってくれなくなったときによんだ歌。このままでは恋死にすると訴える。

あはれ(形動・ナリ・語幹)　と(格助)　も(係助)　いふ(動・八四・終)　べき(助動・当然・連体)　人(名)
は(係助)　思ほえ(動・ヤ下二・未)　で(接助)　身(名)　の(格助)　いたづらに(形動・ナリ・連用)
なり(動・ラ四・連用)　ぬ(助動・強意・終)　べき(助動・推量・連体)　かな(終助)

㊻由良のとをわたる舟人かぢを絶えゆくへも知らぬ恋の道かな

曾禰好忠　恋

ゆくへもし
らぬこひの
みちかな

大意 由良川の瀬戸を渡る舟人が、櫓を失って行方もわからず漂うように、私の恋の前途も不安なことであるよ。

出典 新古今集・恋一・1071

作者 曾禰好忠(生没年未詳)　**修辞** 上三句は「ゆくへも知らぬ」の序詞。「ゆくへ」「道」は「わたる」の縁語。

補説 「由良のと」は京都府宮津市の由良川の河口か。

由良(名)　の(格助)　と(名)　を(格助)　わたる(動・ラ四・連体)　舟人(名)　かぢ(名)　を(格助)
絶え(動・ヤ下二・連用)　ゆくへ(名)　も(係助)　知ら(動・ラ四・未)　ぬ(助動・打消・連体)
恋(名)　の(格助)　道(名)　かな(終助)

㊼八重むぐらしげれる宿のさびしきに人こそ見えね秋は来にけり

恵慶法師　秋

ひとこそみ
えねあきは
きにけり

大意 雑草の茂るこの住まいは寂しいので、訪れる人もないが、秋だけは(昔ながらに)やってきたことだ。

出典 拾遺集・秋・140

作者 恵慶法師(生没年未詳)　**補説** 『拾遺集』の詞書に、河原院でよんだとある。「河原院」は⑭の作者源融の別荘であったが、当時すでに荒廃していた。

八重むぐら(名)　しげれ(動・ラ四・已)　る(助動・存続・連体)　宿(名)　の(格助)
さびしき(形・シク・連体)　に(接助)　人(名)　こそ(係助)　見え(動・ヤ下二・未)　ね(助動・打消・已)
秋(名)　は(係助)　来(動・カ変・連用)　に(助動・完了・連用)　けり(助動・詠嘆・終)

㊽風をいたみ岩うつ波のおのれのみくだけて物を思ふころかな

源重之　恋

くたけても
のをおもふ
ころかな

大意 風が激しいので、岩を打つ波がひとりでに砕け散るように、(私も恋人からの反応もなく)自分だけ心を砕いてもの思いをするこのごろだよ。

出典 詞花集・恋上・210　**作者** 源重之(生没年未詳)

修辞 上二句は「くだけ」の序詞。「くだけ」は「波が砕け散る・思い苦しむ」の意の掛詞。「くだけ」は「波」の縁語。

風(名)　を(間助)　いた(形・ク・語幹)　み(接尾)　岩(名)　うつ(動・タ四・連体)　波(名)　の(格助)
おのれ(代名)　のみ(副助)　くだけ(動・カ下二・連用)　て(接助)　物(名)　を(格助)
思ふ(動・八四・連体)　ころ(名)　かな(終助)

49 みかきもり衛士のたく火の夜は燃え昼は消えつつ物をこそ思へ

大中臣能宣朝臣　恋

ひるはきえ
つつものを
こそおもへ

大意 皇居の諸門を守る衛士の焚く篝火が、夜は燃え昼は消えるように、（私の恋は）夜は情熱の火が燃え、昼は魂も消えては、思い悩むことだ。

出典 詞花集・恋上・224　**作者** 大中臣能宣（九二一—九九一）

修辞 上二句は「夜は燃え昼は消え」の序詞。

補説 序詞は比喩にとどまらず、恋の炎を象徴している。

みかきもり（名）衛士（名）の（格助）たく（動・カ四・連体）火（名）の（格助）夜（名）
は（係助）燃え（動・ヤ下二・連用）昼（名）は（係助）消え（動・ヤ下二・連用）つつ（接助）物（名）
を（格助）**こそ**（係助）**思へ**（動・八四・已）

50 君がため惜しからざりし命さへ長くもがなと思ひけるかな

藤原義孝　恋

ながくもか
なとおもひ
けるかな

大意 あなた（に逢う）ためには惜しくないと思っていた命までもが、（こうして逢ったあとでは、かえって）長くあってほしいと思うことだよ。

出典 後拾遺集・恋二・669　**作者** 藤原義孝（九五四—九七四）

補説 女のもとから帰った翌朝に贈った後朝の歌。恋が成就した喜びを、若い作者が素直によんでいる。

君（代名）が（格助）ため（名）惜しから（形・シク・未）ざり（助動・打消・連用）
し（助動・過去・連体）命（名）さへ（副助）長く（形・ク・連用）もがな（終助）と（格助）
思ひ（動・八四・連用）ける（助動・詠嘆・連体）かな（終助）

51 かくとだにえやはいぶきのさしも草さしもしらじなもゆる思ひを

藤原実方朝臣　恋

さしもしら
しなもゆる
おもひを

大意 このように（あなたを思っていると）さえ言えはしない。伊吹山のさしも草のように、燃える恋の思いの火を、あなたは知らないだろうよ。

出典 後拾遺集・恋一・612　**作者** 藤原実方（？—九九八）

修辞 「いぶきのさしも草」は「さしも」の序詞。「言ふ・伊吹」、「思ひ・火」が掛詞。「もゆる」「ひ」は「さしも草」の縁語。倒置法。

かく（副）と（格助）だに（副助）え（副）**やは**（係助）**いぶき**（名／動・八四・連体）の（格助）
さしも草（名）さしも（副）しら（動・ラ四・未）じ（助動・打消推量・終）な（終助）
もゆる（動・ヤ下二・連体）思ひ（名／名）を（格助）

52 あけぬれば暮るるものとはしりながらなほうらめしき朝ぼらけかな

藤原道信朝臣

なほうらめ
しきあさほ
らけかな

大意 夜が明けてしまうと（やがて）日は暮れるものだ（、そうすればまた逢える）とわかっていながらも、やはり（別れが名残惜しく）恨めしい夜明け方だよ。

出典 後拾遺集・恋二・672　**作者** 藤原道信（？—九九四）

補説 夭折した貴公子の後朝の歌。わりきれない恋心。

あけ（動・カ下二・連用）ぬれ（助動・強意・已）ば（接助）暮るる（動・ラ下二・連体）もの（名）
と（格助）は（係助）しり（動・ラ四・連用）ながら（接助）なほ（副）うらめしき（形・シク・連体）
朝ぼらけ（名）かな（終助）

53 嘆きつつひとり寝る夜のあくるまはいかに久しきものとかはしる

右大将道綱母　恋

いかにひさ
しきものと
かはしる

大意 （あなたの来ない寂しさを）嘆きながら独り寝の夜を過ごす私にとって、夜明けまでの時間がどんなに長いものか、あなたにはわかるだろうか、いや、わかりはしないだろう。

出典 拾遺集・恋四・912　**作者** 藤原道綱母（九三六？—九九五）

補説 『蜻蛉日記』の作者が、夫兼家の不実を責めた歌。

嘆き（動・カ四・連用）つつ（接助）ひとり（名）寝る（動・ナ下二・連体）夜（名）の（格助）
あくる（動・カ下二・連体）ま（名）は（係助）いかに（副）久しき（形・シク・連体）もの（名）
と（格助）**かは**（係助）**しる**（動・ラ四・連体）

54 忘れじのゆくすゑまではかたければ今日をかぎりのいのちともがな

儀同三司母　恋

けふをかき
りのいのち
ともかな

大意 （いつまでも）忘れまいという誓いが将来まで（変わらないこと）は期待できないので、（その言葉を聞いた、幸せな）今日を限りとして死んでしまいたいものだ。

出典 新古今集・恋三・1149　**作者** 藤原伊周母（？—九九六）

補説 夫藤原道隆が作者のもとに通い始めたころの歌。

忘れ（動・ラ下二・未）じ（助動・打消意志・終）の（格助）ゆくすゑ（名）まで（副助）
は（係助）かたけれ（形・ク・已）ば（接助）今日（名）を（格助）かぎり（名）の（格助）
いのち（名）と（格助）もがな（終助）

日本の名言　人間到る処青山あり。（村松香雲の七言絶句の結句）　世の中どこで死んでも骨を埋める場所はある。大望

55 滝の音はたえて久しくなりぬれど 名こそ流れてなほ聞こえけれ　大納言公任　雑

なこそなか
れてなほき
こえけれ

大意 滝の水音は聞こえなくなって久しい時がたったが、その名声だけは今もこの世に伝わっていることだ。

出典 拾遺集・雑上・449

作者 藤原公任（九六六—一〇四一）　**修辞** 「流れ」は「滝」の、「聞こえ」は「音」の縁語。　**補説** 京都市右京区にある大覚寺の滝の跡をよむ。タとナの頭韻が特色。

滝（名）の（格助）音（名）は（係助）たえ（動・ヤ下二・連用）て（接助）久しく（形・シク・連用）
なり（動・ラ四・連用）ぬれ（助動・完了・已）ど（接助）名（名）こそ（係助）
流れ（動・ラ下二・連用）て（接助）なほ（副）聞こえ（動・ヤ下二・連用）けれ（助動・詠嘆・已）

56 あらざらむこの世のほかの思ひ出に いまひとたびのあふこともがな　和泉式部　恋

いまひとた
ひのあふこ
ともかな

大意 （私はもう）生きていられないであろう（から、）あの世への思い出に（あなたと）もう一度逢いたいものだよ。

出典 後拾遺集・恋三・763

作者 和泉式部（生没年未詳）　**補説** 病の床から恋人に贈った歌。作者は60の小式部内侍の母。『和泉式部日記』にも情熱的な恋愛が描かれる。

あら（動・ラ変・未）ざら（助動・打消・未）む（助動・推量・連体）こ（代名）の（格助）世（名）
の（格助）ほか（名）の（格助）思ひ出（名）に（格助）いま（副）ひとたび（名）の（格助）
あふ（動・ハ四・連体）こと（名）もがな（終助）

57 めぐりあひてみしやそれともわかぬまに 雲隠れにし夜半の月かな　紫式部　雑

くもかくれ
にしよはの
つきかな

大意 めぐりあって見たのが月だともはっきりわからないうちに、雲に隠れてしまった夜中の月よ。そのように、久しぶりにあった人があなただとわからないうちに、あわただしく帰ってしまったことだ。

出典 新古今集・雑上・1497　**作者** 紫式部（九七〇?—一〇一九?）　**修辞** 「めぐり」「雲隠れ」は「月」の縁語。

めぐりあひ（動・ハ四・連用）て（接助）み（動・マ上一・連用）し（助動・過去・連体）や（係助）それ（代名）
と（格助）も（係助）わか（動・カ四・未）ぬ（助動・打消・連体）ま（名）に（格助）雲隠れ（動・ラ下二・連用）
に（助動・完了・連用）し（助動・過去・連体）夜半（名）の（格助）月（名）かな（終助）

58 ありま山ゐなの笹原風吹けば いでそよ人を忘れやはする　大弐三位　恋

いてそよひ
とをわすれ
やはする

大意 有馬山から猪名の笹原に風が吹くとそよそよと笹がそよぐが、さあそのことだ、（揺れているのはあなたの心で、）私はあなたを忘れはしない。

出典 後拾遺集・恋二・709　**作者** 大弐三位（九九九—?）

修辞 上三句が「そよ」の序詞。　**補説** 「あなたの心変わりが心配だ。」と文をよこした男に答えた歌。

ありま山（名）ゐな（名）の（格助）笹原（名）風（名）吹け（動・カ四・已）ば（接助）
いで（感）そ（代名）よ（終助）人（名）を（格助）忘れ（動・ラ下二・連用）やは（係助）
する（補動・サ変・連体）

59 やすらはで寝なましものをさ夜ふけて かたぶくまでの月を見しかな　赤染衛門　恋

かたふくま
てのつきを
みしかな

大意 ためらわずに寝てしまったらよかったのに、（あなたが訪れるかと待っていて）夜が更けて、山の端に傾くまでの月を眺め明かしたことだよ。

出典 後拾遺集・恋二・680　**作者** 赤染衛門（生没年未詳）

補説 藤原道隆の恋人であった作者の姉（妹）に代わって、期待させながら訪れなかった男への恨みをよむ。

やすらは（動・ハ四・未）で（接助）寝（動・ナ下二・連用）な（助動・強意・未）まし（助動・不可能な希望・連体）
ものを（接助）さ夜（名）ふけ（動・カ下二・連用）て（接助）かたぶく（動・カ四・連体）まで（副助）の（格助）
月（名）を（格助）見（動・マ上一・連用）し（助動・過去・連体）かな（終助）

60 大江山いく野の道の遠ければ まだふみも見ず天の橋立　小式部内侍　雑

またふみも
みすあまの
はしたて

大意 大江山、生野を通って行く道が遠いので、まだ天の橋立を訪れたことがないし、母からの文も見ていない。

出典 金葉集・雑上・586

作者 小式部内侍（?—一〇二五）

修辞 四句切れ。倒置法。「いく」は「行く・生野」、「ふみ」は「踏み・文」の掛詞。「ふみ」は「橋」の縁語。

大江山（名）いく野（名／動・カ四・連体）の（格助）道（名）の（格助）遠けれ（形・ク・已）ば（接助）
まだ（副）ふみ（動・マ四・連用／名）も（係助）見（動・マ上一・未）ず（助動・打消・終）
天の橋立（名）

61 いにしへの奈良の都の八重桜 けふ九重ににほひぬるかな

伊勢大輔　春

けふここの
へににほひ
ぬるかな

大意 昔の奈良の都の八重桜が（献上され）、今日はこの京の都の宮中に美しく咲き匂ったよ。

出典 詞花集・春・27

作者 伊勢大輔（生没年未詳）

修辞 「九重」は「八重」の縁語。

補説 古と今日、奈良の旧都と京の都、八重と九重が対比されている。

いにしへ（名）の（格助）奈良（名）の（格助）都（名）の（格助）八重桜（名）けふ（名）
九重（名）に（格助）にほひ（動・ハ四・連用）ぬる（助動・完了・連体）かな（終助）

62 夜をこめて鳥のそらねははかるとも よに逢坂の関はゆるさじ

清少納言　雑

よにあふさ
かのせきは
ゆるさし

大意 夜の明けぬうちに、鶏の鳴きまねで（函谷関の故事のように）だまそうとしても、（私とあなたとが逢う）逢坂の関は、決してあなたを通すまい。

出典 後拾遺集・雑二・940　**作者** 清少納言（九六六?—一〇二〇?）

修辞 「逢」は「逢坂・逢ふ」の掛詞。

補説 鶏の声にせかされ帰った男を、機知でやりこめる。

夜（名）を（格助）こめ（動・マ下二・連用）て（接助）鳥（名）の（格助）そらね（名）は（係助）
はかる（動・ラ四・終）とも（接助）よに（副）逢坂の関（名）は（係助）ゆるさ（動・サ四・未）
じ（助動・打消推量・終）

63 いまはただ思ひ絶えなむとばかりを 人づてならで言ふよしもがな

左京大夫道雅　恋

ひとつてな
らていふよ
しもかな

大意 今となっては「きっぱりあきらめよう。」とだけを、人づてでなく直接伝える方法があればよいのになあ。

出典 後拾遺集・恋三・750

作者 藤原道雅（九九二—一〇五四）

補説 当子内親王との恋が内親王の父三条院の怒りに触れ、仲を裂かれたときの詠歌。内親王の御所の高欄にそっと結びつけたという。

いま（名）は（係助）ただ（副）思ひ絶え（動・ヤ下二・連用）な（助動・強意・未）
む（助動・意志・終）と（格助）ばかり（副助）を（格助）人づて（名）なら（助動・断定・未）
で（接助）言ふ（動・ハ四・連体）よし（名）もがな（終助）

64 朝ぼらけ宇治の川霧たえだえに あらはれわたる瀬々の網代木

権中納言定頼　

あらはれわ
たるせせの
あしろき

大意 夜明け方、宇治川の霧がとぎれとぎれに（晴れてきて）、あちこちの浅瀬の網代木が次々に見えてくるよ。

出典 千載集・冬・419

作者 藤原定頼（九九五—一〇四五）

修辞 体言止め。「たえだえに」は「とぎれとぎれに・切れ目切れ目に」の意の掛詞。

補説 「網代」は氷魚を獲るためのしかけ。

朝ぼらけ（名）宇治（名）の（格助）川霧（名）たえだえに（副）
あらはれわたる（動・ラ四・連体）瀬々（名）の（格助）網代木（名）

65 うらみわびほさぬ袖だにあるものを 恋にくちなむ名こそをしけれ

相模　恋

こひにくち
なむなこそ
をしけれ

大意 （男のつれなさを）恨み嘆いて、涙の乾くまもない袖さえ（朽ちずに）あるのに、恋の浮き名のためにすたってしまいそうなわが名が惜しいよ。

出典 後拾遺集・恋四・815　**作者** 相模（生没年未詳）

修辞 「朽ち」は「袖」の縁語。

補説 作者は浮き名がもとで夫と離別した経歴をもつ。

うらみわび（動・バ上二・連用）ほさ（動・サ四・未）ぬ（助動・打消・連体）袖（名）だに（副助）
ある（動・ラ変・連体）ものを（接助）恋（名）に（格助）くち（動・上二・連用）
な（助動・強意・未）む（助動・推量・連体）名（名）こそ（係助）をしけれ（形・シク・已）

66 もろともにあはれと思へ山桜 花よりほかにしる人もなし

前大僧正行尊　雑

はなよりほ
かにしるひ
ともなし

大意 お互いに懐かしく思い合おう、山桜よ。桜花のおまえ以外に（私の心を）わかってくれる人もいないことだ。

出典 金葉集・雑上・556

作者 行尊（一〇五五—一一三五）

修辞 二句・三句切れ。倒置法。

補説 奈良県吉野郡の修験道の霊場・大峰山中で、思いがけず出合った桜の花に、修行の身も忘れて呼びかける。

もろともに（副）あはれ（形動・ナリ・語幹）と（格助）思へ（動・ハ四・命）山桜（名）花（名）
より（格助）ほか（名）に（格助）しる（動・ラ四・連体）人（名）も（係助）なし（形・ク・終）

 万機公論に決すべし。（『五箇条の御誓文』） 国の政治は世論の動向や趨勢によって決めなければならない。

67 春(はる)の夜(よ)のゆめばかりなる手枕(たまくら)に かひなくたたむ名(な)こそをしけれ

周防内侍(すおうのないし)　雑

大意 春の夜の（はかない）夢のような（たわむれの）腕枕のために、甲斐もなく浮き名が立つのは残念なことだ。

出典 千載集・雑上・961

作者 周防内侍（生没年未詳）　**修辞**「かひな」は「かひなく・腕(かひな)」の掛詞。「かひな」は「手枕」の縁語。　**補説** 腕枕をしてあげようと戯れかけた男性を即座にいなした歌。

かひなくた
たむなこそ
をしけれ

春（名）の（格助）夜（名）の（格助）ゆめ（名）ばかり（副助）なる（助動・断定・連体）手枕（名）に（格助）かひなく（形・ク・連用）たた（動・タ四・未）む（助動・婉曲・連体）名（名）**こそ**（係助）**をしけれ**（形・シク・已）

68 心(こころ)にもあらでうき世(よ)にながらへば 恋(こひ)しかるべき夜半(よは)の月(つき)かな

三条院　雑

大意 心ならずもこのつらい世に生き長らえたなら、きっと恋しく思うにちがいない、今夜の月だよ。

出典 後拾遺集・雑一・861

作者 三条院（九七六―一〇一七）

補説 内裏炎上、眼病、藤原道長の圧力などにより、在位五年で譲位を決意した天皇の、悲痛な詠嘆。

こひしかる
へきよはの
つきかな

心（名）に（助動・断定・連用）も（係助）あら（補動・ラ変・未）で（接助）うき世（名）に（格助）ながらへ（動・八下二・未）ば（接助）恋しかる（形・シク・連体）べき（助動・推量・連体）夜半（名）の（格助）月（名）かな（終助）

69 あらしふく三室(みむろ)の山(やま)のもみぢばは 竜田(たつた)の川(かは)の錦(にしき)なりけり

能因法師(のういんほうし)　秋

大意 山風の吹く三室山の紅葉が（吹き散らされて）、竜田川の水面は錦を織りなしたように美しいことだよ。

出典 後拾遺集・秋下・366

作者 能因法師（九八八―一〇五〇？）　**補説**「三室の山」は奈良県生駒(いこま)郡の神奈備(かんなび)山。「竜田川」も同郡にあり、ともに紅葉の名所。二つの歌枕と錦の見立てで豪華な印象。

たつたのか
はのにしき
なりけり

あらし（名）ふく（動・カ四・連体）三室の山（名）の（格助）もみぢば（名）は（係助）竜田の川（名）の（格助）錦（名）なり（助動・断定・連用）けり（助動・詠嘆・終）

70 さびしさに宿(やど)をたちいでてながむれば いづこもおなじ秋(あき)の夕(ゆふ)ぐれ

良暹法師(りょうぜんほうし)　秋

大意 寂しさに（たえかねて）家の外に出て眺めると、どこも同じ（寂しい）秋の夕暮れであるよ。

出典 後拾遺集・秋上・333

作者 良暹法師（生没年未詳）

修辞 体言止め。　**補説** 秋の夕暮れの寂しさを歌って、『新古今集』の三夕(さんせき)の歌（⇩p.581）と並ぶ名歌。

いつこもお
なしあきの
ゆふくれ

さびしさ（名）に（格助）宿（名）を（格助）たちいで（動・ダ下二・連用）て（接助）ながむれ（動・マ下二・已）ば（接助）いづこ（代名）も（係助）おなじ（形・シク・連体）秋（名）の（格助）夕ぐれ（名）

71 夕(ゆふ)されば門田(かどた)の稲葉(いなば)おとづれて 葦(あし)のまろやに秋風(あきかぜ)ぞ吹(ふ)く

大納言経信(つねのぶ)　秋

大意 夕方になると、門前の田の稲葉に音をたてて、葦で葺いた小屋に秋風が吹き渡ってくることだ。

出典 金葉集・秋・183

作者 源経信（一〇一六―一〇九七）

補説「田家(でんけ)の秋風(しゅうふう)」の題詠であるが、清新な叙景歌となりえた。「まろや」は未詳。屋根を丸く葺いた仮小屋か。

あしのまろ
やにあきか
せそふく

夕（名）され（動・ラ四・已）ば（接助）門田（名）の（格助）稲葉（名）おとづれ（動・ラ下二・連用）て（接助）葦（名）の（格助）まろや（名）に（格助）秋風（名）**ぞ**（係助）**吹く**（動・カ四・連体）

72 音(おと)にきくたかしの浜(はま)のあだ波(なみ)は かけじや袖(そで)のぬれもこそすれ

祐子内親王家紀伊(ゆうしないしんのうけのきい)　恋

大意 噂(うわさ)に高い高師の浜にむなしく寄せる波を袖にかけまいよ。波で（涙で）袖をぬらすといけないから。名高い浮気者のあなたに思いはかけまいよ。

出典 金葉集・恋下・501　**作者** 紀伊（生没年未詳）　**修辞**「高し・高師」、「波をかけ・思いをかけ」、「波でぬれ・涙でぬれ」が掛詞。「かけ」「ぬれ」は「波」の縁語。

かけしやそ
てのぬれも
こそすれ

音（名）に（格助）きく（動・カ四・連体）たかしの浜（名／形・ク・終止）の（格助）あだ波（名）は（係助）かけ（動・カ下二・未）じ（助動・打消意志・終）や（間助）袖（名）の（格助）ぬれ（動・ラ下二・連用）も（係助）**こそ**（係助）**すれ**（補動・サ変・已）

㊸ 高砂のをのへの桜咲きにけり 外山のかすみたたずもあらなむ　前中納言匡房　春

とやまのか
すみたたす
もあらなむ

大意 遠い山の峰に桜が咲いたなあ。近くの低い山に（眺めをさえぎる）霞が立たないでほしいよ。

出典 後拾遺集・春上・120　**修辞** 三句切れ。

作者 大江匡房（一〇四一—一一一一）

補説 「遥望の山桜」の題詠。大らかで格調が高い。「高砂」は地名ではなく、高く砂の積み重なった所で、山の意。

高砂（名）の（格助）をのへ（名）の（格助）桜（名）咲き（動・カ四・連用）
に（助動・完了・連用）けり（助動・詠嘆・終）外山（名）の（格助）かすみ（名）
たた（動・タ四・未）ず（助動・打消・連用）も（係助）あら（補動・ラ変・未）なむ（終助）

㊹ 憂かりける人を初瀬の山おろしよ はげしかれとは祈らぬものを　源俊頼朝臣　恋

はけしかれ
とはいのら
ぬものを

大意 （私に）つらくあたった人を、（私になびくようにと）初瀬観音に祈ったが、初瀬の山おろしの風よ、その風が激しく吹くように、あの人がいよいよつれなくなれとは祈らなかったのになあ。

出典 千載集・恋二・707　**作者** 源俊頼（一〇五五—一一二九）

修辞 「はげしかれ」は「山おろし」の、「祈ら」は「初瀬」の縁語。

憂かり（形・ク・連用）ける（助動・詠嘆・連体）人（名）を（格助）初瀬（名）の（格助）
山おろし（名）よ（終助）はげしかれ（形・シク・命）と（格助）は（係助）祈ら（動・ラ四・未）
ぬ（助動・打消・連体）ものを（終助）

㊺ ちぎりおきしさせもが露をいのちにて あはれ今年の秋もいぬめり　藤原基俊　雑

あはれこと
しのあきも
いぬめり

大意 させも草に置く（恵みの）露のような、あんなにも約束してくださった言葉を頼りとして（いたが）、ああ、今年の秋もむなしく過ぎるようだ。

出典 千載集・雑上・1023　**作者** 藤原基俊（一〇六〇—一一四二）

修辞 「させも」は「さしも」の転で、「させも草・さしも」の掛詞。「おき」「させも」「いのち」「秋」は「露」の縁語。

ちぎりおき（動・カ四・連用）し（助動・過去・連体）させも（名）が（格助）露（名）を（格助）
いのち（名）にて（格助）あはれ（感）今年（名）の（格助）秋（名）も（係助）
いぬ（動・ナ変・終）めり（助動・推定・終）

㊻ わたの原こぎいでてみれば久方の 雲ゐにまがふ沖つ白波　法性寺入道前関白太政大臣　雑

くもゐにま
かふおきつ
しらなみ

大意 海原に舟をこぎだしてみると、遠くの空に浮かぶ雲と見まがう沖の白波が見えるよ。

出典 詞花集・雑下・380

作者 藤原忠通（一〇九七—一一六四）

修辞 「久方の」は「雲」の枕詞。体言止め。

補説 「海上の遠望」の題詠であるが、雄大な叙景歌として評価された。

わたの原（名）こぎいで（動・ダ下二・連用）て（接助）みれ（動・マ上一・已）ば（接助）
久方の（枕詞）雲ゐ（名）に（格助）まがふ（動・ハ四・連体）沖（名）つ（格助）白波（名）

㊼ 瀬をはやみ岩にせかるる滝川の われても末にあはむとぞ思ふ　崇徳院　恋

われてもす
ゑにあはむ
とそおもふ

大意 瀬の流れがはやいので、岩にせきとめられる急流が、二つに分かれても再び合流するように、今はあなたと隔てられても、将来はきっと一緒になろうと思う。

出典 詞花集・恋上・229　**作者** 崇徳院（一一一九—一一六四）

修辞 上三句は「われても末にあふ」の序詞。「瀬」「せか」は「滝川」の縁語。

瀬（名）を（間助）はや（形・ク・語幹）み（接尾）岩（名）に（格助）せか（動・カ四・未）
るる（助動・受身・連体）滝川（名）の（格助）われ（動・ラ下二・連用）て（接助）も（係助）末（名）
に（格助）あは（動・ハ四・未）む（助動・意志・終）と（格助）ぞ（係助）思ふ（動・ハ四・連体）

㊽ 淡路島かよふ千鳥のなく声に 幾夜ねざめぬ須磨の関守　源兼昌　冬

いくよねさ
めぬすまの
せきもり

大意 淡路島から渡ってくる千鳥の鳴く声に、幾夜目覚めたことだろうか。この須磨の関の番人は。

出典 金葉集・冬・288

作者 源兼昌（生没年未詳）　**修辞** 四句切れ。倒置法。体言止め。

補説 歌題「関路の千鳥」が喚び起こす冬の夜の旅愁に、『源氏物語』須磨の巻のイメージを重ねる。

淡路島（名）かよふ（動・ハ四・連体）千鳥（名）の（格助）なく（動・カ四・連体）声（名）
に（格助）幾夜（名）ねざめ（動・マ下二・連用）ぬ（助動・完了・終）須磨（名）の（格助）
関守（名）

 ◆日本の名言　天は人の上に人を造らず、人の下に人を造らず。（福沢諭吉『学問のすゝめ』）　人間は生まれながらにして

⑦⑨ 秋風にたなびく雲のたえ間より もれいづる月のかげのさやけさ

左京大夫顕輔　秋

もれいつる
つきのかけ
のさやけさ

大意 秋風にたなびく雲の切れ目からもれ出た月光の清らかなことよ。

出典 新古今集・秋上・413

作者 藤原顕輔（一〇九〇—一一五五）

修辞 体言止め。

補説 藤原定家の『和歌十体』に、「麗様」の例歌として採られている。平明で清澄なよみぶりである。

秋風（名）に（格助）たなびく（動・カ四・連体）雲（名）の（格助）たえ間（名）より（格助）
もれいづる（動・ダ下二・連体）月（名）の（格助）かげ（名）の（格助）さやけさ（名）

⑧⓪ 長からむ心もしらず黒髪の みだれてけさは物をこそ思へ

待賢門院堀河　恋

みだれてけ
さはものを
こそおもへ

大意 末長い愛を誓ったあなたの心も測りがたくて、寝乱れた黒髪のように、私の心も今朝はあれこれと思い乱れることだ。

出典 千載集・恋三・801

作者 待賢門院堀河（生没年未詳）

修辞 「黒髪の」は「みだれ」の序詞。「長から」「乱れ」は「黒髪」の縁語。

補説 「黒髪のみだれ」は女性らしい比喩。

長から（形・ク・未）む（助動・婉曲・連体）心（名）も（係助）しら（動・ラ四・未）
ず（助動・打消・連用）黒髪（名）の（格助）みだれ（動・ラ下二・連用）て（接助）けさ（名）
は（係助）物（名）を（格助）**こそ**（係助）**思へ**（動・ハ四・已）

⑧① ほととぎす鳴きつる方をながむれば ただありあけの月ぞ残れる

後徳大寺左大臣　夏

たたありあ
けのつきそ
のこれる

大意 ほととぎすの鳴いた方角を眺めると、（その姿は見えなくて）ただ有明の月が空に残っているばかりだ。

出典 千載集・夏・161

作者 藤原実定（一一三九—一一九一）

補説 「暁に郭公を聞く」の題による。ほととぎすは鋭い声で鳴き、直線的に飛ぶ。

ほととぎす（名）鳴き（動・カ四・連用）つる（助動・完了・連体）方（名）を（格助）
ながむれ（動・マ下二・已）ば（接助）ただ（副）ありあけ（名）の（格助）月（名）**ぞ**（係助）
残れ（動・ラ四・已）**る**（助動・存続・連体）

⑧② 思ひわびさてもいのちはあるものを 憂きにたへぬは涙なりけり

道因法師　恋

うきにたへ
ぬはなみた
なりけり

大意 思い悩んで、それでも命はあるものだが、（恋の）つらさに耐えられない（であふれ出る）ものは涙であるよ。

出典 千載集・恋三・817

作者 道因法師（一〇九〇—一一八二?）

補説 耐えられないと思った命は長らえ、耐えられるはずの涙はこぼれてしまうと、対比する。

思ひわび（動・バ上二・連用）さても（副）いのち（名）は（係助）ある（動・ラ変・連体）
ものを（接助）憂き（形・ク・連体）に（格助）たへ（動・ハ下二・未）ぬ（助動・打消・連体）
は（係助）涙（名）なり（助動・断定・連用）けり（助動・詠嘆・終）

⑧③ 世の中よ道こそなけれ思ひ入る 山の奥にも鹿ぞ鳴くなる

皇太后宮大夫俊成　雑

やまのおく
にもしかそ
なくなる

大意 世の中は、つらさから逃げる道もないことだ。俗世を避けようと思いこんで入ってきたこの深山にも、鹿が（悲しげに）鳴いているようだよ。

出典 千載集・雑中・1148

作者 藤原俊成（一一一四—一二〇四）

修辞 二句切れ。「入る」は「思ひ入る・山に入る」の掛詞。「道」「入る」「奥」は「山」の縁語。

世の中（名）よ（終助）道（名）**こそ**（係助）**なけれ**（形・ク・已）思ひ入る（動・ラ四・連体）山（名）
の（格助）奥（名）に（格助）も（係助）鹿（名）**ぞ**（係助）鳴く（動・カ四・終）
なる（助動・推定・連体）

⑧④ ながらへばまたこのごろやしのばれむ 憂しと見し世ぞ今は恋しき

藤原清輔朝臣　雑

うしとみし
よそいまは
こひしき

大意 （これから）生き長らえたら、（つらい）このごろのことをまた懐かしく思い出すだろうか。つらいと思っていた昔のことが今は恋しく思われる（のと同様に）。

出典 新古今集・雑下・1843

作者 藤原清輔（一一〇四—一一七七）

修辞 三句切れ。

補説 作者二十代から三十代前半の作。

ながらへ（動・ハ下二・未）ば（接助）また（副）このごろ（名）**や**（係助）しのば（動・バ四・未）
れ（助動・自発・未）**む**（助動・推量・連体）憂し（形・ク・終）と（格助）見（動・マ上一・連用）
し（助動・過去・連体）世（名）**ぞ**（係助）今（名）は（係助）**恋しき**（形・シク・連体）

産）を買っておいてはやらないのが、わが家の家憲である。

85 夜もすがら物思ふころは明けやらで閨のひまさへつれなかりけり　俊恵法師　恋

ねやのひま
さへつれな
かりけり

大意 (恋に悩んで)一晩中もの思うこのごろは、夜もなかなか明けやらず、寝室の戸のすきままでも、無情にも白んでくれないことだ。

出典 千載集・恋二・765　**作者** 俊恵法師(一一一三—?)

補説 女性の立場で、独り寝の嘆きをよむ。助詞「さへ」によって、男の「つれな」さを言外に表している。

夜もすがら(副)　物思ふ(動・ハ四・連体)　ころ(名)　は(係助)　明けやら(動・ラ四・未)　で(接助)
閨(名)　の(格助)　ひま(名)　さへ(副助)　つれなかり(形・ク・連用)　けり(助動・詠嘆・終)

86 なげけとて月やは物を思はするかこち顔なるわが涙かな　西行法師　恋

かこちかほ
なるわかな
みたかな

大意 思い嘆けと言って月が私にものを思わせるのか。そうではないのに、月のせいでであるかのように流れる(私の恋の)涙であるよ。

出典 千載集・恋五・926　**作者** 西行法師(一一一八—一一九〇)

修辞 三句切れ。

補説 「やは」は反語。切ない自問自答。

なげけ(動・カ四・命)　とて(格助)　月(名)　やは(係助)　物(名)　を(格助)　思は(動・ハ四・未)
する(助動・使役・連体)　かこち顔なる(形動・ナリ・連体)　わ(代名)　が(格助)　涙(名)　かな(終助)

87 村雨の露もまだひぬまきの葉に霧たちのぼる秋の夕ぐれ　寂蓮法師　秋

きりたちの
ほるあきの
ゆふくれ

大意 通り雨のしずくもまだ乾かない真木の葉に、白い霧が立ち上っている秋の夕暮れよ。

出典 新古今集・秋下・491

作者 寂蓮法師(一一三九?—一二〇二)

修辞 体言止め。　**補説** ⑦⓪や『新古今集』の三夕の歌(⇩p.581)と同様に、結句に「秋の夕ぐれ」を置いて、そのあわれを歌う名歌。

村雨(名)　の(格助)　露(名)　も(係助)　まだ(副)　ひ(動・ハ上一・未)　ぬ(助動・打消・連体)
まき(名)　の(格助)　葉(名)　に(格助)　霧(名)　たちのぼる(動・ラ四・連体)　秋(名)　の(格助)
夕ぐれ(名)

88 難波江の葦のかりねのひとよゆゑみをつくしてや恋ひわたるべき　皇嘉門院別当　恋

みをつくし
てやこひわ
たるへき

大意 難波江の葦の刈り根の一節のように短い仮寝の一夜の契りゆえに、命をかけて生涯恋い続けることであろうか。

出典 千載集・恋三・806　**作者** 皇嘉門院別当(生没年未詳)　**修辞** 「難波江の葦の」は「かりねのひとよ」の序詞、「仮寝の一夜・刈り根の一節」、「澪標・身を尽くし」が掛詞。

難波江(名)　の(格助)　葦(名)　の(格助)　かりね(名)　の(格助)　ひとよ(名)　ゆゑ(名)
み(名)　を(格助)　つくし(動・サ四・連用)　て(接助)　や(係助)　恋ひわたる(動・ラ四・終)
べき(助動・推量・連体)

89 玉の緒よたえなばたえねながらへば忍ぶることの弱りもぞする　式子内親王　恋

しのふるこ
とのよわり
もそする

大意 私の命よ、絶えるなら絶えてしまえ。このまま生き長らえるなら、(この恋を)心に秘めて耐え忍ぶ力も弱って(人目につくようになって)しまうといけないから。

出典 新古今集・恋一・1034　**作者** 式子内親王(一一四九—一二〇一)

修辞 二句切れ。「たえ」「ながらへ」「弱り」は「緒」の縁語。

玉の緒(名)　よ(終助)　たえ(動・ヤ下二・未)　な(助動・強意・未)　ば(接助)
たえ(動・ヤ下二・連用)　ね(助動・強意・命)　ながらへ(動・ハ下二・未)　ば(接助)　忍ぶる(動・バ上二・連体)
こと(名)　の(格助)　弱り(動・ラ四・連用)　も(係助)　ぞ(係助)　する(補動・サ変・連体)

90 見せばやな雄島のあまの袖だにもぬれにぞぬれし色はかはらず　殷富門院大輔　恋

ぬれにそぬ
れしいろは
かはらす

大意 (私の袖を、つれないあなたに)見せたいものだ。(松島の)雄島の漁夫の袖でさえ、潮水のためぬれにぬれても色は変わらない(のに、私の袖は悲しみの涙で血の色に変わっているのだ)。

出典 千載集・恋四・884　**作者** 殷富門院大輔(生没年未詳)

修辞 初句・四句切れ。本歌取り。

見せ(動・サ下二・未)　ばや(終助)　な(終助)　雄島(名)　の(格助)　あま(名)　の(格助)　袖(名)
だに(副助)　も(係助)　ぬれ(動・ラ下二・連用)　に(格助)　ぞ(係助)　ぬれ(動・ラ下二・連用)
し(助動・過去・連体)　色(名)　は(係助)　かはら(動・ラ四・未)　ず(助動・打消・終)

◆日本の名言　我が家の遺法、人知るや否や、児孫の為に美田を買はず。(西郷隆盛「偶成」)　子孫のためによい田地(財

91 きりぎりす鳴くや霜夜のさむしろに衣かたしきひとりかも寝む

後京極摂政前太政大臣　秋

大意 こおろぎが鳴く、寒々とした霜夜に、むしろの上に片袖を敷いて私はひとりわびしく寝ることかなあ。

出典 新古今集・秋下・518　**作者** 藤原良経(一一六九—一二〇六)　**修辞** 「さむしろ」は「寒し・さ莚」の掛詞。本歌取り。　**補説** 「きりぎりす」は今のコオロギ。本歌は③の歌など。

ころもかた　しきひとり　かもねむ

きりぎりす（名）　鳴く（動・カ四・連体）　や（間助）　霜夜（名）　の（格助）　さむしろ（形・ク・終／名）　に（格助）　衣（名）　かたしき（動・カ四・連用）　ひとり（名）　か（係助）　も（係助）　寝（動・ナ下二・未）　む（助動・推量・連体）

92 わが袖は潮干に見えぬ沖の石の人こそしらねかわくまもなし

二条院讃岐　恋

大意 私の袖は、引き潮のときにも見えない沖の石のように、あなたは知らないけれども、(恋の涙に)乾く間もない。

出典 千載集・恋二・759　**作者** 二条院讃岐(生没年未詳)　**修辞** 「潮干に見えぬ沖の石の」は「かわくまもなし」の序詞。　**補説** 「石に寄する恋」の題詠歌。「沖の石の讃岐」と称賛された。

ひとこそし　らねかわく　まもなし

わ（代名）　が（格助）　袖（名）　は（係助）　潮干（名）　に（格助）　見え（動・ヤ下二・未）　ぬ（助動・打消・連体）　沖（名）　の（格助）　石（名）　の（格助）　人（名）　こそ（係助）　しら（動・ラ四・未）　ね（助動・打消・已）　かわく（動・カ四・連体）　ま（名）　も（係助）　なし（形・ク・終）

93 世の中はつねにもがもななぎさこぐあまの小舟のつなでかなしも

鎌倉右大臣　羇

大意 世の中がいつまでも変わらないでほしいものだ。海辺をこぐ漁父が小舟の綱手を引く情景は、心にしみて情趣が深いことよ。

出典 新勅撰集・羇旅・525　**作者** 源実朝(一一九二—一二一九)　**修辞** 二句切れ。本歌取り。本歌は「陸奥はいづくはあれど塩釜の浦こぐ舟の綱手かなしも」。

あまのをふ　ねのつなて　かなしも

世の中（名）　は（係助）　つねに（形動・ナリ・連用）　もがも（終助）　な（終助）　なぎさ（名）　こぐ（動・ガ四・連体）　あま（名）　の（格助）　小舟（名）　の（格助）　つなで（名）　かなし（形・シク・終）　も（終助）

94 み吉野の山の秋風さ夜ふけてふるさと寒く衣うつなり

参議雅経　秋

大意 吉野の山から秋風が吹き、夜が更けて、旧都の里は寒く、衣を打つ音が寒々と聞こえてくる。

出典 新古今集・秋下・483　**作者** 藤原雅経(一一七〇—一二二一)　**修辞** 本歌取り。本歌は「み吉野の山の白雪積もるらしふるさと寒くなりまさるなり」。　**補説** 砧で衣を打つ音は、哀愁を誘う。

ふるさとさ　むくころも　うつなり

み吉野（名）　の（格助）　山（名）　の（格助）　秋風（名）　さ夜（名）　ふけ（動・カ下二・連用）　て（接助）　ふるさと（名）　寒く（形・ク・連用）　衣（名）　うつ（動・タ四・終）　なり（助動・推定・終）

95 おほけなくうき世の民におほふかなわがたつ杣に墨染の袖

前大僧正慈円　雑

大意 身のほどに過ぎたことだが、現世の衆生の上に覆って(仏の加護を祈って)いることだよ。「わがたつ杣」(比叡山)に住むことになった私の法衣の袖を。

出典 千載集・雑中・1134　**作者** 慈円(一一五五—一二二五)　**修辞** 三句切れ。倒置法。体言止め。「墨染」は「墨染・住み初め」の掛詞。「おほふ」は「袖」の縁語。

わかたつそ　まにすみそ　めのそて

おほけなく（形・ク・連用）　うき世（名）　の（格助）　民（名）　に（格助）　おほふ（動・ハ四・連体）　かな（終助）　わ（代名）　が（格助）　たつ（動・タ四・連体）　杣（名）　に（格助）　墨染（名／動・マ下二・連用）　の（格助）　袖（名）

96 花さそふ嵐の庭の雪ならでふりゆくものはわが身なりけり

入道前太政大臣　雑

大意 桜の花を誘って吹く山風の庭の花吹雪が降りゆくのではなく、年をとって旧りゆくものは私自身であったよ。

出典 新勅撰集・雑一・1054　**作者** 藤原公経(一一七一—一二四四)　**修辞** 擬人法。「ふりゆく」は「降りゆく・旧りゆく」の掛詞。　**補説** 華やかな上の句から一転して、下の句でわが身の老いを嘆息する。

ふりゆくも　のはわかみ　なりけり

花（名）　さそふ（動・ハ四・連体）　嵐（名）　の（格助）　庭（名）　の（格助）　雪（名）　なら（助動・断定・未）　で（接助）　ふりゆく（動・カ四・連体）　もの（名）　は（係助）　わ（代名）　が（格助）　身（名）　なり（助動・断定・連用）　けり（助動・詠嘆・終）

を恋ふる歌」)　理想の妻や友人を得たいという青年の気持ち。

97 こぬ人をまつほの浦の夕なぎに焼くやもしほの身もこがれつつ

権中納言定家　恋

大意 (待っても)来ない恋人を待つ私は、松帆の浦の夕なぎ時に焼く藻塩が火に焦がれるように、身も焦がれているよ。

出典 新勅撰集・恋三・851　**作者** 藤原定家(一一六二―一二四一)　**修辞**「まつほの浦の夕なぎに焼くやもしほの」は「こがれ」の序詞。「まつ」は「松・待つ」の掛詞。「こがれ」は「もしほ」の縁語。

やくやもし
ほのみもこ
かれつつ

こ（動・カ変・未）　ぬ（助動・打消・連体）　人（名）　を（格助）　まつほの浦（名／動・タ四・連体）　の（格助）
夕なぎ（名）　に（格助）　焼く（動・カ四・連体）　や（間助）　もしほ（名）　の（格助）　身（名）
も（係助）　こがれ（動・ラ下二・連用）　つつ（接助）

98 風そよぐならの小川の夕ぐれはみそぎぞ夏のしるしなりける

従二位家隆　夏

大意 楢の葉に風のそよぐ、ならの小川の夕暮れは（涼しくて秋のようだが）、（この上賀茂神社境内の川で人々が行っている六月祓の）みそぎの行事が、（今日はまだ）夏である証拠なのだなあ。

出典 新勅撰集・夏・192　**作者** 藤原家隆（一一五八―一二三七）　**修辞**「なら」は「ならの小川・楢」の掛詞。本歌取り。

みそぎぞな
つのしるし
なりける

風（名）　そよぐ（動・ガ四・連体）　ならの小川（名）　の（格助）　夕ぐれ（名）　は（係助）
みそぎ（名）　ぞ（係助）　夏（名）　の（格助）　しるし（名）　なり（助動・断定・連用）
ける（助動・詠嘆・連体）

99 人もをし人もうらめしあぢきなく世を思ふゆゑに物思ふ身は

後鳥羽院　雑

大意 人をいとおしく思い、また人を恨めしくも思う。(思うにまかせぬ)この世をつまらないと思うために、思い悩む私にとっては。

出典 続後撰集・雑中・1199　**作者** 後鳥羽院（一一八〇―一二三九）　**修辞** 初句・二句切れ。倒置法。　**補説** 鎌倉幕府との対立が深まった、一二一二年の作。

よをおもふ
ゆゑにもの
おもふみは

人（名）　も（係助）　をし（形・シク・終）　人（名）　も（係助）　うらめし（形・シク・終）　あぢきなく（形・ク・連用）
世（名）　を（格助）　思ふ（動・ハ四・連体）　ゆゑ（名）　に（格助）　物思ふ（動・ハ四・連体）　身（名）
は（係助）

100 ももしきやふるき軒ばのしのぶにもなほあまりある昔なりけり

順徳院　雑

大意 宮中の古い軒端に生える忍ぶ草を見るにつけても、思い偲んでも偲びきれないほど、昔の聖代のことが慕わしく思われることだ。

出典 続後撰集・雑下・1202　**作者** 順徳院（一一九七―一二四二）　**修辞**「しのぶ」は「偲ぶ・忍ぶ草」の掛詞。　**補説** 作者は99の後鳥羽院の皇子。一二一六年の作。

なほあまり
あるむかし
なりけり

ももしき（名）　や（間助）　ふるき（形・ク・連体）　軒ば（名）　の（格助）　しのぶ（名／動・バ四・連体）
に（格助）　も（係助）　なほ（副）　あまり（名）　ある（動・ラ変・連体）　昔（名）
なり（助動・断定・連用）　けり（助動・詠嘆・終）

百人一首かるた

歌がるたのおこり　平安貴族の遊びであった貝合や貝覆の風習を受けて、江戸時代初期に、貝の一方に和歌の上の句を、他方に下の句を書いて合わせる歌貝という遊びが生まれた。これが、ポルトガルから伝えられた西洋カルタの影響を受けて、長方形の厚紙を用いる歌がるたに転化した。和歌はさまざまな古典から選ばれていたが、元禄ごろには『小倉百人一首』に定着した。

歌がるた遊び　現在の正式な競技は個人戦で、各自二十五枚を持ち札として先に持ち札がなくなったほうが勝ちとなる。ほかに、持ち札を五十枚として二組に分かれて競う「源平戦」、持ち札を決めずに百枚の札を取り合う「ばら取り戦」などがある。

歌がるたの競技会

古典名歌選

万葉集

「春野」室井東志生筆

籠もよみ籠持ち
ふくしもよみぶくし持ち
この岡に菜摘ます児
家聞かな名のらさね
そらみつ大和の国は
おしなべて我こそをれ
しきなべて我こそいませ
我こそは告らめ
家をも名をも

雄略天皇（巻一・1）

訳 籠も、よい籠を持ち、掘串も、よい掘串を持ち、この岡に菜をお摘みの娘さん、家を聞きたい、名前を教えてほしい。大和の国は、あまねく私が治めている。隅々まで私が従えている。私のほうこそ告げよう、家をも名をも。

磐代の浜松が枝を引き結び
真幸くあらばまた還り見む

有間皇子（巻二・141）

訳 磐代の浜松の枝を祈りをこめて引き結び、刑を許されて幸いに無事であったなら、また立ち返って見よう。

「いはしろ」岸野圭作筆

〈第一期〉

磐姫皇后

君が行き日長くなりぬ山たづね迎へ
か行かむ待ちにか待たむ（巻二・85）

訳 君の行幸は日数が長くなった。山に迎えに行こうかしら、それともひたすら待っていようかしら。

秋の田の穂の上に霧らふ朝霞いつへ
の方にわが恋ひやまむ（巻二・88）

訳 秋の田の稲穂の上にたちこめている朝霞のように、いつかどこかに私の恋心も消えることがあるのだろうか。

舒明天皇

夕されば小倉の山に鳴く鹿は今夜は
鳴かず寝ねにけらしも（巻八・1511）

訳 夕方になるといつも小倉山で鳴く鹿が今夜は鳴かない。もう寝たらしいよ。

中皇命

たまきはる宇智の大野に馬並めて朝
踏ますらむその草深野（巻一・4）

訳 宇智の大野に馬を並べて、天皇は朝の野を踏ませて、今ごろは狩りにご出発だろう。あの草深い野を。

天智天皇

渡津海の豊旗雲に入日さし今夜の月
夜さやに照りこそ（巻一・15）

訳 大海の豊かになびく雲に夕日がさしている。今夜の月はさやかに照ってほしい。

有間皇子

家にあれば笥に盛る飯を草枕旅にし
あれば椎の葉に盛る（巻二・142）

訳 家にいるといつも食器に盛る飯を、心にまかせぬ旅なので、椎の葉に盛って食べることだ。

額田王

熟田津に船乗りせむと月待てば潮も
かなひぬ今は漕ぎ出でな（巻一・8）

訳 熟田津で船に乗って出発しようと月を待っていると、月も出て、潮も満ちた。さあ漕ぎ出そうよ。

三輪山をしかも隠すか雲だにも情あ
らなも隠さふべしや（巻一・18）

訳 懐かしい三輪山をそんなに隠すのか。せめて雲だけでも情があってほしい。隠すということがあるものか。

あかねさす紫野行き標野行き野守は
見ずや君が袖振る（巻一・20）

訳 紫草の生えた御料地の野をあちらに行きこちらに行きして、野守が見はしないだろうか、あなたが袖を振っているのを。

君待つと吾が恋ひ居ればわが屋戸の
簾動かし秋の風吹く（巻四・488）

訳 あなたを待って私が恋しく思っていると、私の家の簾を動かして秋風が吹くよ。

大海人皇子（天武天皇）

紫草のにほへる妹を憎くあらば人妻
ゆゑに吾恋ひめやも（巻一・21）

訳 紫草のように美しいあなたが憎いなら、人妻であるあなたに私が恋などしようか。

石『草枕』） 人の世は、とかく気骨が折れて世渡りが難しい。

あしひきの山のしづくに妹待つと
我立ちぬれぬ山のしづくに
大津皇子　（巻二・107）

吾を待つと君がぬれけむあしひきの
山のしづくにならましものを
石川郎女　（巻二・108）

訳山のしづくに、私はあなたを待って立ち続けてぬれてしまった、山のしづくに。

訳私を待ってあなたがぬれたという山のしづくになれたらよいのになあ。

「山のしづく」高橋秀年筆

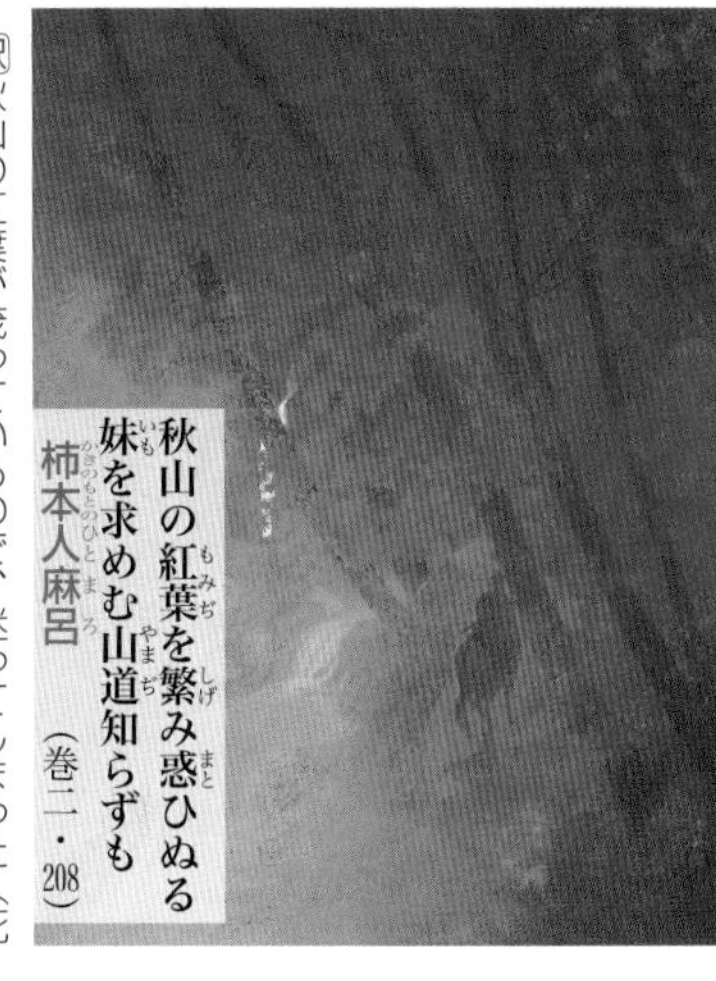

「秋山迷ひぬる」西田俊英筆

秋山の紅葉を繁み惑ひぬる
妹を求めむ山道知らずも
柿本人麻呂　（巻二・208）

訳秋山の紅葉が茂っているので、迷ってしまった（死んでしまった）妻を、探しに行く山道もわからないよ。

葦辺行く鴨の羽交ひに
霜降りて寒き夕へは
大和し思ほゆ
志貴皇子　（巻一・64）

訳葦の生えた水辺を泳ぐ鴨の羽に霜が降りて、寒い夕べは、古都大和が思われてならない。

〈第二期〉

持統天皇

春過ぎて夏来たるらし白妙の衣乾し
たり天の香具山　（巻一・28）

訳春が過ぎて夏がやって来るらしい。まっ白い衣が干してあるよ、天の香具山には。

大津皇子

百伝ふ磐余の池に鳴く鴨を今日のみ
見てや雲隠りなむ　（巻三・416）

訳磐余の池に鳴く鴨を見るのも今日限りで、私は死んでいくことであろう。

大伯皇女

わが背子を大和へ遣るとさ夜更けて
暁露にわが立ちぬれし　（巻二・105）

訳弟を大和へ帰してやるというので、見送ってたたずむうちに夜も更け、暁の露に私は濡れてしまったことだ。

二人行けど行き過ぎがたき秋山をい
かにか君がひとり越ゆらむ　（巻二・106）

訳二人で行っても寂しくて行き過ぎがたい秋の山を、今ごろ弟はどんな思いで一人で越えていることだろうか。

柿本人麻呂

ささなみの志賀の辛崎幸くあれど大
宮人の船待ちかねつ　（巻一・30）

訳志賀の辛崎は昔のままだが、昔の大宮人の船は再び見ることができないことだ。

東の野に炎の立つ見えてかへり見す
れば月傾きぬ　（巻一・48）

訳東方の野には曙の光がさし、振り返って見ると西の空に月が傾いているよ。

天離る夷の長路ゆ恋ひ来れば明石の
門より大和島見ゆ　（巻三・255）

訳田舎の長い旅路の間、大和を恋いつつ帰ってくると、明石の海峡から大和の連山が見えるよ。

もののふの八十氏河の網代木にいさ
よふ波の行方知らずも　（巻三・264）

訳宇治川の網代木にたゆたう波のように、この身のさだめも行方もわからないことだ。

淡海の海夕浪千鳥汝が鳴けば情もし
のに古思ほゆ　（巻三・266）

訳近江の海の夕波に鳴く千鳥よ、おまえが鳴くと、心もしおれて昔の大津宮のことが思われるよ。

あしひきの山河の瀬の響るなべに弓
月が嶽に雲立ち渡る　（巻七・1088）

訳山川の瀬音が激しく響くとともに、弓月が嶽に雲が一面にわき立ってくる。

高市黒人

何処にか船泊てすらむ安礼の崎漕ぎ
廻み行きし棚無し小舟　（巻一・58）

訳今ごろはどこに泊まっているのだろうか、安礼の崎を漕ぎめぐって行った棚無し小舟は。

志貴皇子

石激る垂水の上の早蕨の萌え出づる
春になりにけるかも　（巻八・1418）

訳滝のほとりのわらびが芽ぶく春になったことだなあ。

 知に働けば角がたつ。情に棹させば流される。意地を通せば窮屈だ。とかくこの世は住みにくい。（夏目漱

験なきものを思はずは一坏の濁れる酒を飲むべくあるらし
大伴旅人（巻三・338）

訳かいのないもの思いをするくらいなら、一杯の濁り酒を飲むのがよいようだ。

「讃酒」吉井東人筆

ぬばたまの夜の更けゆけば久木生ふる清き河原に千鳥しば鳴く
山部赤人（巻六・925）

訳夜が更けていくと、久木の生えた清い河原に千鳥がしきりに鳴くことだ。

「水辺と千鳥」中野嘉之筆

夏の野の繁みに咲ける姫百合の知らえぬ恋は苦しきものそ
大伴坂上郎女（巻八・1500）

訳夏野の茂みに咲いている姫百合のように、相手に知られぬ恋は苦しいものだ。

〈第三期〉

山上憶良

銀も金も玉も何せむに勝れる宝子に及かめやも（巻五・803）

訳銀も金も玉も、どうして子という宝にまさるだろうか、いや、子にまさる宝はないことだ。

世間を憂しとやさしと思へども飛び立ちかねつ鳥にしあらねば（巻五・893）

訳世の中をつらく身も細るようだと思うが、飛び去ることもできない。鳥ではないのだから。

憶良らは今は罷らむ子泣くらむそれその母も吾を待つらむそ（巻三・337）

訳憶良めはもう退出しましょう。今ごろは家で子が泣いているだろうし、その子の母も私を待っているでしょうよ。

大伴旅人

世の中は空しきものと知る時しいよよますますかなしかりけり（巻五・793）

訳この世は空しいものだと初めて思い知ったときこそ、いよいよますます悲しいことだよ。

山部赤人

若の浦に潮満ち来れば潟を無み葦辺をさして鶴鳴き渡る（巻六・919）

訳若の浦に潮が満ちてくると、干潟がなくなるので、葦の生えている岸辺をさして鶴が鳴いて行くよ。

み吉野の象山の際の木末にはここだも騒く鳥の声かも（巻六・924）

訳吉野の象山の山あいの木々の梢には、たくさん鳴き騒いでいる鳥の声がすることだよ。

高橋虫麻呂

勝鹿の真間の井を見れば立ちならし水汲ましけむ手児奈し思ほゆ（巻九・1808）

訳葛飾の真間の井戸を見ると、いつもここに立って水を汲んだという娘、手古奈のことが思われる。

小野老

青丹よし寧楽の京師は咲く花の薫ふがごとく今盛りなり（巻三・雑歌・328）

訳奈良の都は、咲き誇る花が美しく映えているように、今繁栄していることよ。

大伴坂上郎女

来むと言ふも来ぬときあるを来じと言ふを来むとは待たじ来じと言ふものを（巻四・527）

訳あなたは、来るつもりだと言っても来ないときがあるのだから、来ないと言うのを、来るかしらと思って待ちはしまい。来ないと言うのだから。

湯原王

吉野なる夏実の川の川よどに鴨そ鳴くなる山かげにして（巻三・375）

訳吉野にある夏実の川のよどんでいる所で、鴨が鳴いているようだ。山の陰になった所で。

の婦人解放運動に不朽の価値をもたらした。

春の苑紅にほふ桃の花下照る道に出で立つをとめ
大伴家持 （巻十九・4139）
訳春の庭園は紅に美しく輝いている。桃の花が照り映える道に出て立つ少女よ。

「桃苑」山下保子筆

蛙鳴く神奈備川に影見えて今か咲くらむ山吹の花
厚見王 （巻八・1435）
訳河鹿の鳴く神奈備川に影を映して、今ごろは咲いているだろうか、山吹の花は。

「信濃の春」山下邦雄筆

信濃なる千曲の川の細石も君し踏みてば玉と拾はむ
東歌 （巻十四・3400）
訳信濃を流れる千曲川の小石でも、あなたが踏んだなら、玉として拾おう。

〈第四期〉

笠女郎
相念はぬ人を思ふは大寺の餓鬼の後に額づくごとし （巻四・608）
訳思ってくれない人を思うのは、大寺の餓鬼像の後ろで拝むように、なんのかいもないことだ。

大伴家持
新しき年の初めの初春の今日降る雪のいや重け吉事 （巻二十・4516）
訳新しい年の初めの、新春の今日に降る雪のように、今年もいよいよ重なれ、よいことが。

わが屋戸のいささ群竹吹く風の音のかそけきこの夕へかも （巻十九・4291）
訳わが家のいささかの群竹に吹く風の音がかすかに聞こえるこの夕方よ。

うらうらに照れる春日に雲雀上がり情悲しも一人し思へば （巻十九・4292）
訳うららかに照っている春の日に雲雀が舞い上がり、心がいたむことよ、ひとりもの思いしていると。

狭野茅上娘子
君が行く道の長路を繰り畳ね焼き亡ぼさむ天の火もがも （巻十五・3724）
訳あなたが流されていく長い道のりを、手繰りたたんで焼きほろぼしてしまう天の火がほしい。

〈東歌〉

多摩川に曝す手作りさらさらに何そこの児のここだ愛しき （巻十四・3373）
訳多摩川にさらす手作りの布のように、今さらながらにどうしてこの女が格別にいとしいのだろう。

信濃道は今の墾道刈株に足踏ましむな沓履けわが背 （巻十四・3399）
訳信濃への道は新しく開いた道です。切り株を踏んで馬に怪我をさせるな。沓を履かせなさい、わが夫よ。

稲舂けば皹る我が手を今夜もか殿の若子が取りて嘆かむ （巻十四・3459）
訳稲をつくのであかぎれした私の手を、今夜もまた御殿の若様が取って、かわいそうだと嘆いてくださるだろうか。

〈防人歌〉

父母が頭かき撫で幸くあれて言ひし言葉ぜ忘れかねつる （巻二十・4346）
訳父母が私の頭を撫でて、無事であれと言った言葉を忘れることができない。

韓衣裾に取りつき泣く子らを置きてそ来ぬや母なしにして （巻二十・4401）
訳裾にとりすがって泣く子供たちを置いて来てしまったことだよ、母もいない子供たちであるのに。

〈旋頭歌〉

元興寺の僧
白珠は人に知らえず知らずともよし知らずとも吾し知れらば知らずともよし （巻六・1018）
訳白珠のような才能は世人に知られずにいるが、人は知らなくてもよい。人は知らなくても自分さえその価値を知っていたら人は知らなくてもよいのだ。

◆日本の名言 元始、女性は太陽であった。（平塚らいてう「青踏」創刊の辞） 女性の人権的自由と独立を説いて、以後

古今集

〈よみ人知らずの時代〉

五月待つ花橘の香をかげば昔の人の袖の香ぞする （巻三・夏・139）

訳 五月を待って咲く橘の花の香をかぐと、昔親しかった人の袖の香がするよ。

木の間よりもりくる月の影見れば心づくしの秋は来にけり （巻四・秋上・184）

訳 木の間からもれてさす月の光を見ると、もの思いして心を砕く秋が来たことだなあ。

紫のひともとゆゑに武蔵野の草はみながらあはれとぞ見る （巻十七・雑上・867）

訳 愛する紫草が一本あるために、それが生えている武蔵野の草は全部いとしく思われることだ。

世の中は何か常なる飛鳥川昨日の淵ぞ今日は瀬になる （巻十八・雑下・933）

訳 世の中は何が不変であろうか、いや、すべて無常である。飛鳥川の昨日の淵が今日は瀬となるように。

飛鳥川

〈六歌仙の時代〉

遍昭

みな人は花の衣になりぬなり苔の袂よかわきだにせよ （巻十六・哀傷・847）

訳 亡き帝の喪に服していた人はみな、喪服を脱いで華やかな衣に着替えたそうだ。涙にぬれた私の僧衣の袂よ、せめて乾きだけでもしてくれよ。

在原業平

世の中にたえて桜のなかりせば春の心はのどけからまし （巻一・春上・53）

訳 世の中に全く桜がなかったら、春の人の心はのどかであっただろうに。

つひにゆく道とはかねて聞きしかど昨日今日とは思はざりしを （巻十六・哀傷・861）

訳 最後に必ず行く死出の道だとは、かねて聞いていたけれど、昨日や今日のこととは思わなかったなあ。

小野小町

思ひつつ寝ればや人の見えつらむ夢と知りせばさめざらましを （巻十二・恋二・552）

訳 思いながら寝たのであの方が夢に現れたのだろうか。夢とわかっていたら、目を覚まさなかっただろうになあ。

うたたねに恋しき人を見てしより夢てふものは頼みそめてき （巻十二・恋二・553）

訳 うたたねの夢で恋しい人を見てしまってから、夢というものを頼りに思い始めたことだ。

文屋康秀

春の日の光にあたる我なれどかしらの雪となるぞわびしき （巻一・春上・8）

訳 春の日の光のような、東宮のお恵みを受けている私ですが、老いて頭髪が雪のようになるのが悲しいことです。

大友黒主

春雨の降るは涙か桜花散るを惜しまぬ人しなければ （巻二・春下・88）

訳 春雨が降るのは世の人の涙なのか。桜の花の散るを惜しまない人はないのだから。

藤原敏行

秋来ぬと目にはさやかに見えねども風の音にぞおどろかれぬる （巻四・秋上・169）

訳 秋が来たと目にははっきりと見えないが、風の音を耳にすると、自然と秋の訪れが感じられ、はっとしたことだ。

在原行平

わくらばにとふ人あらば須磨の浦に藻塩たれつつわぶと答へよ （巻十八・雑下・962）

訳 たまさかにでも私のことを尋ねる人があったら、須磨の浦で涙を流して嘆き暮らしていると答えてくれ。

春雨

〈撰者の時代〉

素性法師

見渡せば柳桜をこきまぜて都ぞ春の錦なりける （巻一・春上・56）

訳 見渡すと、大路の柳と家々の桜とをまぜあわせて、都は春の錦であったよ。

紀友則

君ならで誰にか見せむ梅の花色をも香をも知る人ぞ知る （巻一・春上・38）

訳 あなたでなくて、ほかのだれに見せようか、この梅の花を。色も香も、わかる人だけがわかるのだから。

伊勢

春霞立つを見捨てて行く雁は花なき里に住みやならへる （巻一・春上・31）

訳 春霞が立つこの地を見捨てて北へ帰る雁は、花のない里に住み慣れているのだろうか。

在原元方

年の内に春は来にけり一年を去年とやいはむ今年とやいはむ （巻一・春上・1）

訳 年内に立春になった。この一年を去年と言おうか、今年と言おうか。

清原深養父

冬ながら空より花の散り来るは雲のあなたは春にやあるらむ

な成長と自己の肯定を「愛」であると考えた言葉。

（巻六・冬・330）

訳冬でありながら空から花が散って来るのは、雲の向こうは今は春なのだろうか。

凡河内躬恒

わが宿の花見がてらに来る人は散りなむのちぞ恋しかるべき

（巻一・春上・67）

訳私の家に花見ついでに来る人は、花が散ったあとは来ることもなくなるだろうから、そのころは恋しく思うにちがいない。

かれ果てむのちをば知らで夏草の深くも人の思ほゆるかな

（巻十四・恋四・686）

訳離れてしまう将来のことなど考えないで、今は深くあの人を恋い慕われることだ。

紀貫之

袖ひちてむすびし水のこほれるを春立つ今日の風やとくらむ

（巻一・春上・2）

訳夏、袖がぬれるままに手に汲んだ水が、冬の間は凍っていたのを、立春の今日の風が吹き解かしているだろうか。

宿りして春の山辺にねたる夜は夢のうちにも花ぞ散りける

（巻二・春下・117）

訳春の山辺に宿って寝た夜は、夢の中にも花が散ることだ。

坂上是則

み吉野の山の白雪積もるらしふるさと寒くなりまさるなり

（巻六・冬・325）

吉野山

訳吉野の山の白雪が積もるらしい。奈良の古都は寒さがまさることだ。

壬生忠岑

ひさかたの月の桂も秋はなほ紅葉すればや照りまさるらむ

（巻四・秋上・194）

訳月に生えているという桂も秋にはやはり紅葉するから、秋の月はいちだんと明るく照るのだろうか。

風吹けば峰にわかるる白雲の絶えてつれなき君が心か

（巻一二・恋二・601）

訳風が吹くと峰で吹き分けられて絶える白雲のように、いっこうにそっけないあなたの心であることよ。

春道列樹

昨日といひ今日と暮らしてあすか川流れてはやき月日なりけり

（巻六・冬・341）

訳昨日と言い、今日と言って暮らすうちに、明日となる。飛鳥川の流れが速いように月日は早く流れ過ぎるものだ。

古今集以後

藤原兼輔

人の親の心はやみにあらねども子を思ふ道に惑ひぬるかな

（後撰集・巻十五・雑一）

訳親の心は判断力のないものではないのだが、子のことを思うと理性を失って迷ってしまうものだ。

藤原公任

朝まだき嵐の山の寒ければ紅葉の錦着ぬ人ぞなき

（拾遺集・巻三・秋）

訳明け方の嵐山から吹き下ろす風が寒いので、散りくる紅葉を錦の衣として着ていない人はないことだ。

菅原道真

東風吹かばにほひおこせよ梅の花あるじなしとて春を忘るな

（拾遺集・巻十六・雑春）

訳春風が吹いたら、風に香を託して私のいる筑紫まで届けてくれ、梅の花よ。主人がいないからといって、春を忘れずに咲けよ。

平兼盛

たよりあらばいかで都へ告げやらむ今日白河の関は越えぬと

（拾遺集・巻六・別）

訳つてがあるなら何とかして都へ手紙を送って告げたい。今日白河の関を無事に越えたと。

和泉式部

もの思へば沢の蛍もわが身よりあくがれ出づるたまかとぞ見る

（後拾遺集・巻二十・雑）

薄

訳もの思いしていると、沢のほとりの蛍も私の身からさまよい出た魂かと思われるよ。

能因

心あらむ人に見せばや津の国の難波わたりの春のけしきを

（後拾遺集・巻一・春上）

訳情趣を解する人に見せたいものだ。摂津の国の難波あたりの春の景色を。

曽禰好忠

鳴けや鳴け蓬が杣の蟋蟀過ぎゆく秋はげにぞ悲しき（後拾遺集・巻四・秋上）

訳鳴けよ鳴け、蓬の茂ったあばら屋のきりぎりす（こおろぎ）よ。過ぎて行く秋はまことに悲しいものだ。

源俊頼

うづら鳴く真野の入江の浜風に尾花波寄る秋の夕暮れ（金葉集・巻三・秋）

訳鶉が鳴く真野の入り江に浜風が吹いて、薄が波打つようになびく秋の夕暮れよ。

新古今集

藤原俊成

またや見ん交野のみ野の桜狩り花の雪散る春のあけぼの（巻二・春下・114）

訳再び見ることがあろうか。交野の花見の、雪のように花が散る、美しい春のあけぼのの景色を。

昔思ふ草の庵の夜の雨に涙な添へそ山ほととぎす（巻三・夏・201）

訳昔を思って涙を落としている草庵の夜の雨に、悲しげに鳴いて、涙の雨を加えないでくれ、ほととぎすよ。

西行

心なき身にもあはれは知られけり鴫立つ沢の秋の夕暮れ（巻四・秋上・362）

訳もののあわれを解さない（出家の）身にも、深い情趣が感じられることだよ。鴫の飛び立つ沢の秋の夕暮れは。

津の国の難波の春は夢なれや葦の枯れ葉に風渡るなり（巻六・冬・625）

訳摂津の難波の春景色は夢だったのか。今はただ葦の枯れ葉にわびしく風が吹きわたっているようだ。

散る桜

さびしさに堪へたる人のまたもあれな庵並べむ冬の山里（巻六・冬・627）

訳この寂しさに堪えている人が自分のほかにもあればよい。その人と庵を並べて住みたい。この冬の山里に。

年たけてまた越ゆべしと思ひきや命なりけり佐夜の中山（巻十・羇旅・987）

訳年をとって再び越えることができると思っていただろうか、いや、思いもかけなかった。これも命あればこそのことだよ、佐夜の中山よ。

寂蓮

暮れてゆく春の湊は知らねども霞に落つる宇治の柴舟（巻二・春下・169）

訳暮れてゆく春の行き着く所はどこかわからないけれど、霞の中へ落ちていくように宇治川の柴舟が行くよ。

さびしさはその色としもなかりけりまき立つ山の秋の夕暮れ（巻四・秋上・361）

訳この寂しさは、特にどの色のために生ずるというのでもないが、言い知れぬ寂しさだよ、杉や檜の立ち茂る山の秋の夕暮れは。

まき立つ山

式子内親王

山深み春とも知らぬ松の戸にたえだえかかる雪の玉水（巻一・春上・3）

訳山が深いので、春が来たともわからない山家の松の戸に、とぎれとぎれに落ちかかる雪解けの美しいしずくよ。

桐の葉も踏みわけがたくなりにけりかならず人を待つとなけれど（巻五・秋下・534）

訳桐の落ち葉も踏みわけがたいほど庭に積もった。必ずしも、あの人の訪れてくるのを待っているというわけでもないが。

慈円

わが恋は松を時雨の染めかねて真葛が原に風さわぐなり（巻十一・恋一・1030）

訳私の恋は、松を時雨が紅葉させることができないように、あの人の心を変えられず、葛の原に風が騒いで葉の裏を見せるように、恨みの心が騒ぐようだ。

藤原家隆

下紅葉かつ散る山の夕時雨濡れてやひとり鹿の鳴くらむ（巻五・秋下・437）

訳時雨が降り、一方で下葉の紅葉が散る。その夕時雨に濡れて、妻恋う鹿がひとり寂しく鳴いているだろうか。

鹿

志賀の浦や遠ざかりゆく波間より凍りて出づる有明の月（巻六・冬・639）

訳志賀の浦はしだいに岸から凍って、打ち寄せる波が沖へ遠ざかる。その波の間から昇る凍ったような有明の月よ。

明けばまた越ゆべき山の峰なれや空ゆく月の末の白雲（巻十・羇旅・939）

訳夜が明けたらまた越えて行くことになる山の峰なのだろうか。空を渡る月の行き着く果ての白雲のあたりは。

藤原定家

春の夜の夢の浮橋とだえして峰にわかるる横雲の空（巻一・春上・38）

訳春の夜の夢が途切れて目覚めると、横にたなびく雲が峰から離れて、夜が明けていく空だよ。

大空は梅のにほひに霞みつつ曇りも果てぬ春の夜の月（巻一・春上・40）

訳大空は梅の香が満ちて霞みわたり、曇りきるというほどでもなく、春の夜の月がおぼろに照っている。

見渡せば花も紅葉もなかりけり浦の苫屋の秋の夕暮れ（巻四・秋上・363）

訳見渡すと、情趣を添える花も紅葉もないことよ。苫葺きの海人の仮小屋が点在するだけの海辺の秋の夕暮れの景色は。

駒とめて袖うち払ふかげもなし佐野の渡りの雪の夕暮れ（巻六・冬・671）

訳馬をとめて、袖の雪を払い落とす物陰もない。佐野の渡し場の雪の降る夕

しさ、芸術の価値の高さに比して、現実の人生はあまりに見すぼらしかった。

暮れよ。

旅人の袖吹きかへす秋風に夕日さびしき山のかけはし（巻十・羇旅・953）

訳 旅人の袖を秋風が吹き返し、山のかけはしを夕日が寂しく照らしているよ。

藤原有家

風渡る浅茅が末の露にだに宿りも果てぬ宵の稲妻（巻四・秋上・377）

訳 風の吹きわたる浅茅の葉先のはかない露にさえも、それがこぼれるまでのわずかの間もとどまっていない、ほんの一瞬の宵の稲妻よ。

藤原良経

人住まぬ不破の関屋の板びさし荒れにしのちはただ秋の風（巻十七・雑中・1599）

訳 関守も住まない不破の関屋の板びさしよ、荒れ果てたのちはただ秋風が吹き過ぎるばかりだ。

藤原雅経

移りゆく雲に嵐の声すなり散るか正木の葛城の山（巻六・冬・561）

訳 流れゆく雲の中に嵐の音がするようだ。この嵐で散ることだろうか、正木の葛が、葛城山で。

藤原実定

なごの海の霞の間より眺むれば入る日を洗ふ沖つ白波（巻一・春上・35）

訳 なごの海の霞の絶え間から眺めると、夕日を洗うかのように沖の白波が立っているよ。

藤原俊成女

風通ふ寝覚めの袖の花の香にかをる枕の春の夜の夢（巻二・春下・112）

訳 風が通って、ふと目覚めた私の袖が、花の香に香るよ。枕もその香がする。その枕で今まで見ていた、春の夜の夢よ。

橘のにほふあたりのうたたねは夢も昔の袖の香ぞする（巻三・夏・245）

訳 橘の花が香るあたりでするうたたねは、夢の中でも昔慣れ親しんだ人の袖の香りがするよ。

後鳥羽上皇

見渡せば山もと霞む水無瀬川夕べは秋と何思ひけむ（巻一・春上・36）

訳 見渡すと、山のふもとは霞み、水無瀬川の趣も深い。今まで夕暮れの趣は秋がよいものだと、どうして思っていたのだろうか。春の夕暮れの情趣もそれに劣らないことよ。

藤原秀能

夕月夜潮満ち来らし難波江の葦の若葉に越ゆる白波（巻一・春上・26）

訳 夕方の月明かりに潮が満ちてくるらしい。難波江の葦の若葉を越えて白波が寄せているよ。

葦

その他

源　実朝

大海の磯もとどろに寄する波割れて砕けて裂けて散るかも（金槐集・巻下）

訳 大海の磯もとどろくばかりに寄せる波が、岩に当たって、割れて、砕けて、裂けて散るよ。

箱根路をわが越え来れば伊豆の海や沖の小島に波の寄る見ゆ（金槐集・巻下）

訳 箱根路を私が越えて来ると、伊豆の海がひらけ、沖の小島に白く波が寄せているのが見えることだ。

賀茂真淵

秋の夜のほがらほがらと天の原照る月かげに雁鳴き渡る（賀茂翁家集）

訳 秋の夜が晴れわたり、大空に月光が照る中を雁が鳴いて飛んで行くよ。

本居宣長

敷島の大和心を人問はば朝日ににほふ山桜花（肖像自賛）

訳 大和心とは何かと人が問うなら、朝日に咲きほこる山桜花だと答えよう。

月と雁

良　寛

霞立つながき春日を子供らと手まりつきつつ今日も暮らしつ（布留散東）

訳 霞の立つのどかな春の日を、子供らと手まりをつきながら今日も過ごしたよ。

田安宗武

信濃なる大野のみ牧春されば小草萌ゆらし駒勇むなり（天降言）

訳 信濃の大野の牧場は春になって草が萌えたらしい。駒が勇みたっているよ。

楫取魚彦

天の原吹きすさみける秋風に走る雲あればたゆたふ雲あり（楫取魚彦歌集）

訳 大空を吹き荒れる秋風のため、走る雲もあればたゆたっている雲もあるよ。

橘　曙覧

楽しみはそぞろ読みゆく書のうちに我とひとしき人を見しとき（志濃夫廼舎歌集）

訳 私の楽しみは、気ままに読んでいく書物の中に、自分と同じ理想を持つ人を見いだしたときだ。

駒勇む

◆日本の名言　人生は一行のボードレールにも若かない。（芥川龍之介『或阿呆の一生』）　芥川にとって、芸術の永遠の美

古典名句選

句中の色字は季語を示し、□は季節を示す。

蕉風以前

元朝の見るものにせん富士の山　山崎宗鑑（俳諧古選）［新年］

訳 日本一の名山富士は、心の改まった元日に見るのにふさわしい。

手をついて歌申し上ぐる蛙かな　山崎宗鑑（阿羅野）［春］

訳『古今集』の仮名序ではないが、手をついて歌を申し上げているような蛙の姿だよ。

落花枝に帰ると見れば胡蝶かな　荒木田守武（菊のちり）［春］

訳「落花枝に帰らず」というのに、散った花が枝に帰ると思ったら蝶だったよ。

富士山

しをるるは何かあんずの花の色　松永貞徳（犬子集）［春］

訳 しおれているのは、何を案じているのかね、あんずの花よ。

ねぶらせて養ひたてよ花のあめ　松永貞徳（犬子集）［春］

訳 雨が花を養い育てるように、あめをねぶらせてお子さんを育てなさいよ。

霞さへまだらに立つや寅の年　松永貞徳（犬子集）［春］

訳 トラ年のせいか、霞までもまだら模様に立っていることだ。

巡礼の棒ばかりゆく夏野かな　松江重頼（藤枝集）［夏］

訳 夏草が丈高く茂っていて、巡礼の姿は見えず、長い杖だけが見えるよ。

まざまざといますがごとし魂祭り　北村季吟（師走の月夜）［秋］

訳 魂祭りの仏壇の前に座ると、先祖のお姿がありありと浮かんでくる思いがするよ。

あんずの花

ながむとて花にもいたしくびの骨　西山宗因（懐子）［春］

訳 西行の和歌ではないが、私は花を眺めすぎて首の骨が痛くなったよ。

さればここに談林の木あり梅の花　西山宗因（談林十百韻）［春］

訳 さてここには新しい談林風の俳諧を修業する人々が集まったよ。香り高い梅の花も我らの出発にふさわしく咲いている。

これはこれはとばかり花の吉野山　安原貞室（一本草）［春］

訳 花の吉野山の美しさには、ただこれはこれはと感嘆するばかりだ。

長持に春ぞ暮れゆく更衣　井原西鶴（落花集）［夏］

訳 更衣に春の衣類を長持にしまう。それは長持の中に春が暮れていく風情だ。

浮き世の月見過ぐしにけり末二年　井原西鶴（西鶴置土産）［秋］

訳 人生五十年というが、私は五十二歳だから、浮世の月を末の二年は余分に見たわけだよ。

吉野山

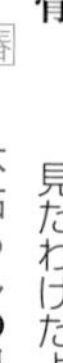

木枯らしの果てはありけり海の音　池西言水（新撰都曲）［冬］

訳 すさまじく吹く木枯らしも、その果ては海に入って冬の海の音となるのだ。

によつぽりと秋の空なる富士の山　上島鬼貫（大悟物狂）［秋］

訳 富士山が、秋の空ににょっぽりといった感じで浮き出ている。

行水の捨て所なし虫の声　上島鬼貫（仏兄七久留万）［秋］

訳 あたりは虫の声に満ちていて、行水の残り水の捨て場所もないよ。

白魚やさながら動く水の色　小西来山（続今宮草）［春］

訳 白魚の透き通った美しさ、それは水の色そのものが動いているようだ。

元日やされば野川の水の音　小西来山（生駒堂）［新年］

訳 元日だが、さればとて野川の水は自然のままで、その音は改めもしないよ。

白魚

あせらず根気よく作家の修業に励むよう説いた一節。

松尾芭蕉

あかあかと日はつれなくも秋の風　（奥の細道）　秋

訳　赤々と日は平気で厳しく照りつけているが、風には秋の気配がするよ。

秋深き隣は何をする人ぞ　（笈日記）　秋

訳　晩秋の旅の宿りの寂しさに、静かな隣家の人はどんな生活をしているのか、しみじみと思いやることだ。

荒海や佐渡に横たふ天の河　（奥の細道）　秋

訳　荒海の彼方、佐渡のほうへ、広い秋空をよぎって天の河が横たわっている。

あらたふと青葉若葉の日の光　（奥の細道）　夏

訳　ああ尊いことよ。日光山の青葉若葉に照りわたる日の光は。

憂き我をさびしがらせよ閑古鳥　（猿蓑）　夏

日光東照宮・陽明門

訳　もの憂い私を、その鳴き声でさらに寂しがらせてくれよ、閑古鳥よ。

梅が香にのつと日の出る山路かな　（炭俵）　春

訳　梅の香の漂う山路を歩いて行くと、行く手に朝日がのっと上ってきたよ。

おもしろうてやがて悲しき鵜舟かな　（曠野）　夏

訳　初めは珍しくておもしろく思った鵜飼いも、やがて悲しく思われてくる。

菊の香や奈良には古き仏たち　（笈日記）　秋

訳　奈良にはふさわしい菊の香が漂い、寺々には古い仏像が静まっている。

五月雨を集めてはやし最上川　（奥の細道）　夏

訳　庄内平野の五月雨を集めた最上川は、水がみなぎって速く流れている。

閑かさや岩にしみ入る蟬の声　（奥の細道）　夏

訳　山寺の静けさのなかで、蟬の声があたりの岩にしみ入るように響いている。

鵜飼い

蛸壺やはかなき夢を夏の月　（猿蓑）　夏

訳　蛸壺の中で、蛸が明日の運命も知らずにはかない夢を結んでいて、空には夏の月が照っている。

旅に病んで夢は枯れ野をかけめぐる　（笈日記）　冬

訳　旅中、病んで臥していても、夢の中では枯れ野をかけめぐって風雅を求めることだ。

旅人とわが名呼ばれん初時雨　（続虚栗）　冬

訳　旅人と呼ばれる身となって、初時雨にぬれながら出で立とう。

夏草やつはものどもが夢の跡　（奥の細道）　夏

訳　藤原三代の栄華の夢、義経たちの功名の夢、それらも戦場の夢と消え、今は夏草が茂っているばかりだ。

奈良七重七堂伽藍八重桜　（泊船集）　春

ならのやえざくら

訳　奈良は七代の帝都で、七堂伽藍を備えた寺院が多く、折しも八重桜が満開であるよ。

野ざらしを心に風のしむ身かな　（野ざらし紀行）　秋

訳　旅中に行き倒れて白骨をさらすことも覚悟のうえで出立しようとするとき、秋風がひとしお身にしみることだ。

初時雨猿も小蓑をほしげなり　（猿蓑）　冬

訳　初時雨が降ってきた。樹上の猿も小蓑が欲しそうにみえるよ。

花の雲鐘は上野か浅草か　（続虚栗）　春

訳　雲とまがう花盛りの彼方から、ゆるく聞こえてくる鐘の音は上野（寛永寺）の鐘だろうか。浅草寺の鐘だろうか。

病雁の夜寒に落ちて旅寝かな　（猿蓑）　秋

訳　寒い夜更けにひとり寝ていると、落雁の声が聞こえる。あの雁も病んで友と別れ、この堅田に旅寝するのか。

猿

日本の名言　牛になる事はどうしても必要です。（夏目漱石が芥川龍之介・久米正雄に宛てた書簡）　牛のように超然と、

古池や蛙飛びこむ水の音　（春の日）　春

訳静かによどむ古池に、蛙が飛びこむ音がして、あとはさらに深い静けさだ。

ほろほろと山吹散るか滝の音　（笈の小文）　春

訳滝の音が響いてくる。岸辺の山吹の花がほろほろとこぼれ散るよ。

道のべの木槿は馬に食はれけり　（野ざらし紀行）　秋

訳道ばたの白い木槿の花が、私の乗っている馬に食われたよ。

名月や池をめぐりて夜もすがら　（孤松）　秋

訳名月にひかれて池の周りをつい一晩中めぐり続けていたよ。

もの言へば唇さむし秋の風　（芭蕉庵小文庫）　秋

訳悪口や自慢を言ったあとの、秋風が寒々と唇に吹くような自己嫌悪よ。

木槿

蕉門

目には青葉山ほととぎす初鰹　**山口素堂**　（江戸新道）　夏

訳目には青葉の色、耳には山ほととぎすの声、口には初鰹の味、これが初夏の鎌倉の風物だ。

梅一輪一輪ほどのあたたかさ　**服部嵐雪**　（玄峰集）　冬

訳寒梅が一輪咲いた。まだ寒い冬だが、梅一輪ほどの暖かさが感じられるよ。

がつくりと抜けそむる歯や秋の風　**杉山杉風**　（猿蓑）　秋

訳秋風の身にしみるころ初めて歯が抜け、愕然と自分の老いを感じたことだ。

卯の花をかざしに関の晴れ着かな　**河合曽良**　（奥の細道）　夏

訳卯の花を挿頭として、白河の関を越えるための晴れ着としよう。

長松が親の名で来る御慶かな　**志太野坡**　（炭俵）　新年

訳小僧の長松も、奉公の年季が明けて一人前となり、親の名を継いで年始の挨拶に来たことだ。

梅

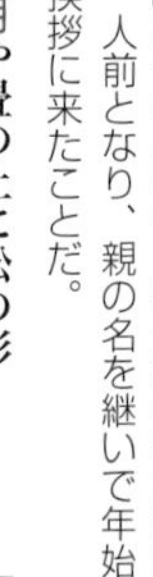

名月や畳の上に松の影　**榎本其角**　（雑談集）　秋

訳月光が座敷までさしこみ、庭の松の影が畳の上に墨絵のように映っている。

木枯らしに二日の月の吹き散るか　**山本荷兮**　（曠野）　冬

訳厳しい木枯らしに冬の夕空の細い二日月が吹き散るかと思われるほどだ。

うらやまし思ひ切るとき猫の恋　**越智越人**　（猿蓑）　春

訳春になると盛んに鳴きたてる猫の恋は、時期が過ぎるとぴたりと鳴きやむ。思いの断ち切りがたい人間から見ればうらやましいよ。

木枯らしの地にも落さぬ時雨かな　**向井去来**　（風俗文選）　冬

訳木枯らしが激しくて、地上に落ちないうちに吹き散らされる時雨よ。

月と松

下京や雪つむ上の夜の雨　**野沢凡兆**　（猿蓑）　冬

訳下京に雪が積もり、その上に夜の雨がやわらかに降っている。

幾人か時雨駆け抜く瀬田の橋　**内藤丈草**　（猿蓑）　冬

訳突然の時雨に、何人かが瀬田の唐橋をいっさんに駆け抜けていく。

十団子も小粒になりぬ秋の風　**森川許六**　（韻塞）　秋

訳宇津の山の名物の十団子も、以前よりも小粒になった。ほろ苦くわびしい秋風が身にしみるよ。

かげろふやほろほろ落つる岸の砂　**服部土芳**　（猿蓑）　春

訳春の日にかげろうがゆらめき、乾いた岸の砂がほろほろこぼれ落ちている。

叱られて次の間へ出る寒さかな　**各務支考**　（枯尾花）　冬

訳師に叱られて、人けのない次の間に出ると、寒さがひときわ身にしみる。

瀬田の橋

暴漢に刺されたときに叫んだといわれる言葉。

与謝蕪村

愁ひつつ岡にのぼれば花いばら　（蕪村句集）夏

訳もの悲しい思いで一人岡に登ると、野いばらが可憐な花をつけていたよ。

斧入れて香におどろくや冬木立　（秋しぐれ）冬

訳枯れ木のように見える冬木立に、斧を打ち入れると、切り口から生き生きした香が立って驚いたことだ。

五月雨や大河を前に家二軒　（安永六年句稿）夏

訳五月雨で水かさの増した大河の岸辺に、心細そうに家が二軒立っている。

蕭条として石に日の入る枯れ野かな　（蕪村句集）冬

訳草木が枯れて石ばかりがあらわな野の彼方に夕日が落ちていくことだ。

白梅に明くる夜ばかりとなりにけり　（から檜葉）春

訳庭の白梅が闇にも白く見える。その白梅あたりから夜が明ける早春になったのだなあ。

冬木立

月天心貧しき町を通りけり　（蕪村句集）秋

訳月は中天にかかり、私は寝静まった貧しい町を一人通って行くよ。

鳥羽殿へ五六騎急ぐ野分かな　（明和五年句稿）秋

訳野分の吹きわたる野を、五六騎の武者がことありげに鳥羽離宮のほうへ走り去って行くよ。

菜の花や月は東に日は西に　（蕪村句集）春

訳菜の花畑の東の空に月が上り始め、西の地平には夕日が沈みかけている。

春雨や小磯の小貝ぬるるほど　（蕪村句集）春

訳磯の小さな貝がぬれるほどの、あるかないかの春雨が降っている。

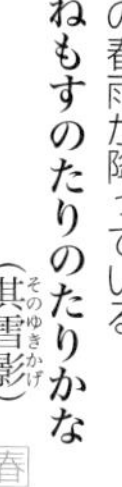

春の海ひねもすのたりのたりかな　（其雪影）春

訳おだやかな春の海は、一日中のたりのたりと波打っているよ。

菜の花

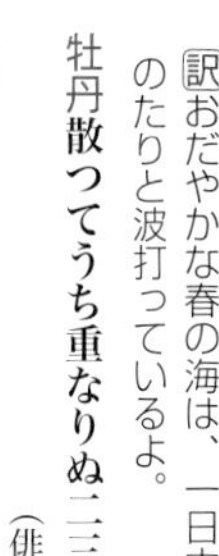

牡丹散つてうち重なりぬ二三片　（俳諧新選）夏

訳牡丹の花びらが散って、二三片重なっている。

中興期

世の中は三日見ぬ間に桜かな　大島蓼太　（蓼太句集）春

訳わずか三日見ないうちに、すっかり桜の花が満開になっていたよ。世間では

人恋し灯ともしごろを桜散る　加舎白雄　（白雄句集）春

訳灯ともしごろ、桜が夕闇のなかに白く散ってそこはかとなく人恋しいことだ。

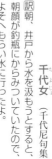

朝顔に釣瓶とられてもらひ水　千代女　（千代尼句集）秋

訳朝、井戸から水を汲もうとすると、朝顔が釣瓶にからみついていたので、よそへもらい水に行ったよ。

朝顔

秋なれや木の間木の間の空の色　横井也有　（蘿葉集）秋

訳さわやかな秋なのだなあ。木々の間から、澄みきった空の色が見える。

日暮れたり三井寺下りる春の人　加藤暁台　（暁台句集）春

訳日が暮れた。三井寺で春の琵琶湖を眺めていた人も長い石段を下りてくる。

藪入りの寝るや一人の親のそば　炭太祇　（太祇句選）春

訳正月十六日、一年に一度の藪入りの夜は、久しぶりにたった一人の母親のそばに寝ることだ。

うき人に蚊の口見せる腕かな　黒柳召波　（春泥句集）夏

訳恋しく思っている人に、白い腕の、蚊に刺された跡をそっと見せたよ。

やはらかに人分け行くや勝ち角力　高井几董　（井華集）秋

訳勝った力士が、観客をやわらかに分けながら花道を下がって行く。

三井寺（園城寺）

日本の名言　板垣死すとも、自由は死せず。（板垣退助）　自由民権運動の指導者板垣退助が、岐阜市において演説の折、

小林一茶

有明や浅間の霧が膳を這ふ　（七番日記）秋

訳 有明の月が残り、宿屋の朝食の膳のあたりまで浅間山の霧が流れてくる。

これがまあつひの栖か雪五尺　（句稿消息）冬

訳 これがまあ、放浪の旅の末の最後の住み所となるのだなあ。雪が五尺も積もる故郷の信濃の村が。

涼風の曲りくねつて来たりけり　（七番日記）夏

訳 裏長屋のつきあたりに住む私の所へは、涼風も曲りくねって吹いて来るよ。

雀の子そこのけそこのけお馬が通る　（おらが春）春

訳 子供らが、遊び道具の「お馬」に乗って、雀の子に「そこのけそこのけ」と声をかけて遊んでいる。

浅間山

露の世は露の世ながらさりながら　（おらが春）秋

訳 この世は露のようにはかないものとは知っているが、そうではあるが、愛児の死ばかりはあきらめられない。

ともかくもあなたまかせの年の暮れ　（おらが春）冬

訳 とにかく、すべては阿弥陀様のおはからいに任せて、年の暮れを迎えよう。

亡き母や海見るたびに見るたびに　（七番日記）無季

訳 海を見るたびに亡き母のことが懐かしく思い出されることだ。

鳴く猫に赤ん目をして手毬かな　（八番日記）新年

訳 かわいらしい女の子が、鳴いてよって来る猫に赤んべをしてみせながら手まりをついている。

這へ笑へ二つになるぞけさからは　（おらが春）新年

訳 娘よ、這ってごらん、笑ってごらん。今朝の元旦から二歳になるのだよ。

古郷やよるもさはるも茨の花　（七番日記）夏

手毬

訳 故郷の人々は、いばらのように、何かにつけてとげとげしく私の心を傷つけることだ。

めでたさもちうくらゐなりおらが春　（おらが春）新年

訳 特にめでたくも、めでたくなくもなく、中くらいのところだ、私の新年は。

やせ蛙負けるな一茶これにあり　（七番日記）春

訳 やせ蛙よ、その組み打ちで大蛙に負けるな。一茶がここについているぞ。

やれ打つな蝿が手をすり足をする　（八番日記）夏

訳 やれ、打つな。蝿が手足をすり合わせてまるで命乞いしているようだよ。

悠然として山を見る蛙かな　（七番日記）春

訳 蛙がゆったりと世俗を超越したような風貌で山を見ているよ。

雪とけて村いっぱいの子どもかな　（七番日記）春

蝿

訳 雪がとけて春めいてくると、村里は子供たちの遊ぶ姿でいっぱいになる。

我と来て遊べや親のない雀　（おらが春）春

訳 ここへ来て私と遊べよ、親のない雀よ。私も母を亡くした寂しい子なのだよ。

化政期

たうたうと滝の落ちこむ茂りかな　井上士朗（枇杷園句集）夏

訳 滝がとうとうたる響きをたてて茂みの中へ落ちこんでいく。

足軽のかたまつて行く寒さかな　井上士朗（縦のならび）冬

訳 貧しい身なりの足軽どもが、寒さの中をひとかたまりになって歩いていく。

撫子のふしぶしにさす夕日かな　夏目成美（成美家集）夏

訳 撫子の細い茎の一ふしごとに、くっきりと夕日がさしている。

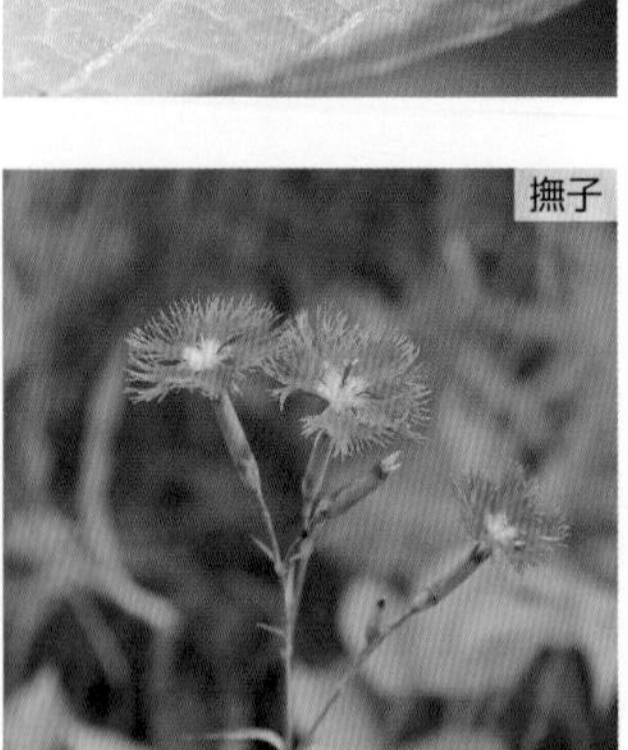

撫子

現代文の学習

ミラベル庭園〈オーストリア〉

特集 読書に親しむ 文学とメディアミックス

メディアミックスの例

筒井康隆『時をかける少女』
時間を自在に超える中学三年生の少女を描く。

1967年 小説

＊表紙は復刻版

1983年 実写映画

2006年 アニメーション映画

実写映画の二十年後が舞台。

2006年 マンガ

アニメーション映画のコミカライズ。

1983年 楽曲

原田知世『時をかける少女』。実写映画の主題歌。

写真提供：ポニーキャニオン

◆形を変える文学

二十世紀に入って小説を原作にした映画が数多く制作され、「文芸映画」と呼ばれた。

一九七〇年代以降になると、単に小説を映像化するだけでなく、小説の刊行と映画の制作とを同時進行で行い、より多くの受容者を獲得しようとするメディアミックス戦略が展開されていく。

現在ではテレビドラマやマンガ、アニメーションなど、一つの物語が多様なメディアに展開される光景を、日常的に目にするようになった。

映画「日本沈没」（原作 小松左京）

◆メディアミックスを楽しむ

一つの物語が複数のメディアで展開されることで、私たち読者、観客は、物語を別の視点から読み解いたり、原作では描かれなかった物語の別の側面を楽しんだりすることができる。また、小説では作中人物の内面を詳細に表現することができる一方、マンガは物語をイメージとして視覚化することに優れており、映像作品では具体的な人物の動きとして物語を描くことが可能になる。それぞれのメディアの特性を活かした演出によって、私たちはより豊かに作品を楽しむことができる。

文豪の作品と映画

◆こころ（原作 夏目漱石）
➡P.302

◆舞姫（原作 森鷗外）
➡P.297

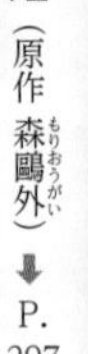

◆羅生門（芥川龍之介）
➡P.313

映像化された小説作品

村上春樹『ノルウェイの森』
一九六九年、大学生の「僕」が体験する恋愛と日常、喪失と再生の物語。国内累計発行部数一〇〇〇万部を突破。二〇一〇年に映画化された。

恩田陸『蜜蜂と遠雷』
国際ピアノコンクールを舞台に、出場者四人の葛藤や成長を描く。第一五六回直木賞、第一四回本屋大賞第一位を受賞、映画化された。

米澤穂信〈古典部〉シリーズ
高校の「古典部」を舞台にしたミステリ。第一作『氷菓』のタイトルでアニメ化。マンガ、実写映画等にもメディアミックスされている。

映画「蜜蜂と遠雷」
©2019映画「蜜蜂と遠雷」製作委員会

アニメ「氷菓」
©米澤穂信・角川書店／神山高校古典部OB会

映画「ノルウェイの森」©2010「ノルウェイの森」村上春樹／アスミック・エース、フジテレビジョン

作家に焦点を当てた作品

映像化作品では、原作を書いた作家自身に焦点を当てて、小説作品の物語と虚実を織り交ぜた作家の伝記とを同時に描き出すことがある。読者が作家に対して持つ興味から、映像化作品の鑑賞へと導いているのである。また近年では、ゲーム『文豪とアルケミスト』、朝霧カフカ原作、春河35作画のマンガ『文豪ストレイドッグス』のように、作家をキャラクター化して活躍させる作品も人気を博している。

映画「ユメ十夜」第三夜より『夢十夜』を執筆する漱石。©2006「ユメ十夜」製作委員会

▲太宰治『人間失格』角川文庫

©二〇一六朝霧カフカ・春河35
KADOKAWA／文豪ストレイドッグス製作委員会

◆映像化に対する議論◆

宮沢賢治『銀河鉄道の夜』が一九八五年にアニメーション映画化されたとき、登場人物が猫の姿で描かれることになった。これは、先行して発表されていた、ますむらひろしのマンガに基づくアイデアだった。宮沢賢治の遺族や編集者の間で、賛否を含めて多くの議論がなされたが、結果的には映像作品として高く評価されることになった。

この経緯は、原作を映像化するとき、登場人物が変更されていても、物語に共通する要素が見いだされれば「同じ」作品として認識されること、また、原作はそれぞれのメディアの特徴を活かして翻案することが可能であり、それによって優れた作品が生み出される可能性があるということを示している。

©朝日新聞社／テレビ朝日
KADOKAWA／アスミック・エース

特集　読書に親しむ

さまざまな文学賞

文学賞とは、小説・詩歌・戯曲・評論などのすぐれた文学作品や、それを執筆した作家に与えられる賞である。主に、まだ作家としてデビューしていない一般の書き手が応募した作品の中から選ばれる公募新人賞と、すでに新聞・雑誌・単行本等で活動している作家が発表した作品の中から選ばれる賞との二種類がある。

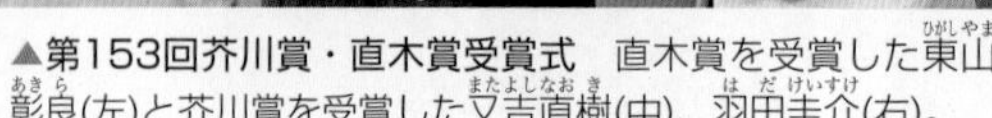

▲第153回芥川賞・直木賞受賞式　直木賞を受賞した東山彰良(左)と芥川賞を受賞した又吉直樹(中)、羽田圭介(右)。

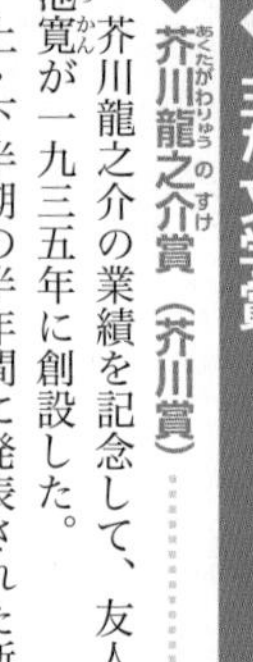

◆主な文学賞

◆芥川龍之介賞（芥川賞）

芥川龍之介の業績を記念して、友人であった菊池寛が一九三五年に創設した。上・下半期の半年間に発表された新人作家による小説作品から選ばれる。選考は年に二回。

◆直木三十五賞（直木賞）

時代小説などで活躍した作家・直木三十五の業績を記念して、菊池寛が創設した。

規定では無名もしくは新進作家の大衆文芸に与えられる賞とされているが、中堅作家やベストセラー作家が発表した小説に与えられることが少なくない。選考は年二回、芥川賞と同時に行われる。

◆本屋大賞

一年間に刊行された小説を対象とした全国の書店員の投票によって、「いちばん！　売りたい本」十作品が選出され、その順位が発表される。

▲本屋大賞受賞作品が並ぶ特設コーナー

近年の「本屋大賞」受賞作品一覧

二〇一二　舟を編む（三浦しをん）
二〇一三　海賊と呼ばれた男（百田尚樹）
二〇一四　村上海賊の娘（和田竜）
二〇一五　鹿の王（上橋菜穂子）
二〇一六　羊と鋼の森（宮下奈都）

ピアノ調律師に魅せられた主人公外村が夢を実現して調律師となり、仕事で出会った多くの人たちとの交流を通じて成長していく。音の世界を繊細な言葉で描いている。

二〇一七　蜜蜂と遠雷（恩田陸）
二〇一八　かがみの孤城（辻村深月）
二〇一九　そして、バトンは渡された（瀬尾まいこ）

森宮優子は血の繋がらない親の下を転々としてきたが、出会った人々にはいつも愛され、不幸を感じることはなかった。家族のあり方をテーマにした感動作。

二〇二〇　流浪の月（凪良ゆう）
二〇二一　52ヘルツのクジラたち（町田そのこ）
二〇二二　同志少女よ、敵を撃て（逢坂冬馬）
二〇二三　汝、星のごとく（凪良ゆう）
二〇二四　成瀬は天下を取りにいく（宮島未奈）

芥川賞

・第1回〜第124回(抜粋)

回	年	作者・受賞作
1	昭10上	石川達三「蒼氓」
8	13下	中里恒子「乗合馬車」他
25	26上	安部公房「壁—S・カルマ氏の犯罪」
28	27下	松本清張「或る『小倉日記』伝」
31	29上	吉行淳之介「驟雨」
33	30上	遠藤周作「白い人」
34	30下	石原慎太郎「太陽の季節」
39	33上	大江健三郎「飼育」
44	35下	三浦哲郎「忍ぶ川」
59	43上	大庭みな子「三匹の蟹」
66	46下	李恢成「砧をうつ女」
73	50上	林京子「祭りの場」
75	51上	村上龍「限りなく透明に近いブルー」
78	52下	宮本輝「螢川」
98	62下	池澤夏樹「スティル・ライフ」
104	平2下	小川洋子「妊娠カレンダー」
115	8上	川上弘美「蛇を踏む」
116	8下	辻仁成「海峡の光」
116	〃	柳美里「家族シネマ」
120	平10下	平野啓一郎「日蝕」
123	12上	町田康「きれぎれ」
	〃	松浦寿輝「花腐し」
124	下	青来有一「聖水」
	〃	堀江敏幸「熊の敷石」

・第127回(平成一四年上半期)以降

回	年	作者・受賞作
127	14上	吉田修一「パーク・ライフ」
128	下	大道珠貴「しょっぱいドライブ」
129	15上	吉村萬壱「ハリガネムシ」
130	下	金原ひとみ「蛇にピアス」
	〃	綿矢りさ「蹴りたい背中」
131	16上	モブ・ノリオ「介護入門」
132	下	阿部和重「グランド・フィナーレ」
133	17上	中村文則「土の中の子供」
134	下	絲山秋子「沖で待つ」
135	18上	伊藤たかみ「八月の路上に捨てる」
136	下	青山七恵「ひとり日和」
137	19上	諏訪哲史「アサッテの人」
138	下	川上未映子「乳と卵」
139	20上	楊逸「時が滲む朝」
140	下	津村記久子「ポトスライムの舟」
141	21上	磯﨑憲一郎「終の住処」
143	22上	赤染晶子「乙女の密告」
144	下	朝吹真理子「きことわ」
	〃	西村賢太「苦役列車」
146	23下	円城塔「道化師の蝶」
	〃	田中慎弥「共喰い」
147	24上	鹿島田真希「冥土めぐり」
148	下	黒田夏子「abさんご」
149	25上	藤野可織「爪と目」
150	下	小山田浩子「穴」
151	26上	柴崎友香「春の庭」
152	下	小野正嗣「九年前の祈り」
153	27上	羽田圭介「スクラップ・アンド・ビルド」
	〃	又吉直樹「火花」
154	下	滝口悠生「死んでいない者」
	〃	本谷有希子「異類婚姻譚」
155	28上	村田沙耶香「コンビニ人間」
156	下	山下澄人「しんせかい」
157	29上	沼田真佑「影裏」
158	下	石井遊佳「百年泥」
	〃	若竹千佐子「おらおらでひとりいぐも」
159	30上	高橋弘希「送り火」
160	下	上田岳弘「ニムロッド」
	〃	町屋良平「1R1分34秒」
161	令元上	今村夏子「むらさきのスカートの女」
162	下	古川真人「背高泡立草」
163	2上	高山羽根子「首里の馬」
	〃	遠野遥「破局」
164	下	宇佐見りん「推し、燃ゆ」
165	3上	石沢麻依「貝に続く場所にて」
	〃	李琴峰「彼岸花が咲く島」
166	3下	砂川文次「ブラックボックス」
167	4上	高瀬隼子「おいしいごはんが食べられますように」
168	4下	佐藤厚志「荒地の家族」
	〃	井戸川射子「この世の喜びよ」
169	5上	市川沙央「ハンチバック」
170	5下	九段理江「東京都同情塔」
171	6上	朝比奈秋「サンショウウオの四十九日」
	〃	松永K三蔵「バリ山行」

直木賞

・第1回〜第124回(抜粋)

回	年	作者・受賞作
6	昭12下	井伏鱒二「ジョン万次郎漂流記」
32	29下	梅崎春生「ボロ屋の春秋」
39	33上	山崎豊子「花のれん」
42	34下	司馬遼太郎「梟の城」
43	35上	池波正太郎「錯乱」
56	41下	五木寛之「蒼ざめた馬を見よ」
58	42下	野坂昭如「火垂るの墓」他
67	47上	井上ひさし「手鎖心中」
69	48上	藤沢周平「暗殺の年輪」
81	54上	阿刀田高「ナポレオン狂」
83	55上	向田邦子「花の名前」他
94	60下	林真理子「最終便に間に合えば」他
97	62上	山田詠美「ソウル・ミュージック・ラバーズ・オンリー」
107	平4上	伊集院静「受け月」
109	5上	高村薫「マークスの山」
117	9上	浅田次郎「鉄道員」
120	平10下	宮部みゆき「理由」
124	下	重松清「ビタミンF」
	〃	山本文緒「プラナリア」

・第127回(平成一四年上半期)以降

回	年	作者・受賞作
127	14上	乙川優三郎「生きる」
129	15上	石田衣良「4TEEN(フォーティーン)」
	〃	村山由佳「星々の舟」
130	下	江國香織「号泣する準備はできていた」
	〃	京極夏彦「後巷説百物語」
131	16上	奥田英朗「空中ブランコ」
	〃	熊谷達也「邂逅の森」
132	下	角田光代「対岸の彼女」
133	17上	朱川湊人「花まんま」
134	下	東野圭吾「容疑者Xの献身」
135	18上	三浦しをん「まほろ駅前多田便利軒」
	〃	森絵都「風に舞いあがるビニールシート」
137	19上	松井今朝子「吉原手引草」
138	下	桜庭一樹「私の男」
139	20上	井上荒野「切羽へ」
140	下	天童荒太「悼む人」
	〃	山本兼一「利休にたずねよ」
141	21上	北村薫「鷺と雪」
142	下	佐々木譲「廃墟に乞う」
	〃	白石一文「ほかならぬ人へ」
143	22上	中島京子「小さいおうち」
144	下	木内昇「漂砂のうたう」
	〃	道尾秀介「月と蟹」
145	23上	池井戸潤「下町ロケット」
146	下	葉室麟「蜩ノ記」
147	24上	辻村深月「鍵のない夢を見る」
148	下	朝井リョウ「何者」
	〃	安部龍太郎「等伯」
149	25上	桜木紫乃「ホテルローヤル」
150	下	朝井まかて「恋歌」
	〃	姫野カオルコ「昭和の犬」
151	26上	黒川博行「破門」
152	下	西加奈子「サラバ！」
153	27上	東山彰良「流」
154	下	青山文平「つまをめとらば」
155	28上	荻原浩「海の見える理髪店」
156	下	恩田陸「蜜蜂と遠雷」
157	29上	佐藤正午「月の満ち欠け」
158	下	門井慶喜「銀河鉄道の父」
159	30上	島本理生「ファーストラヴ」
160	下	真藤順丈「宝島」
161	令元上	大島真寿美「渦 妹背山婦女庭訓魂結び」
162	下	川越宗一「熱源」
163	2上	馳星周「少年と犬」
164	下	西條奈加「心淋し川」
165	3上	澤田瞳子「星落ちて、なお」
	〃	佐藤究「テスカトリポカ」
166	3下	今村翔吾「塞王の楯」
	〃	米澤穂信「黒牢城」
167	4上	窪美澄「夜に星を放つ」
168	4下	小川哲「地図と拳」
	〃	千早茜「しろがねの葉」
169	5上	垣根涼介「極楽征夷大将軍」
	〃	永井紗耶子「木挽町のあだ討ち」
170	5下	万城目学「八月の御所グラウンド」
171	6上	一穂ミチ「ツミデミック」
	〃	河﨑秋子「ともぐい」

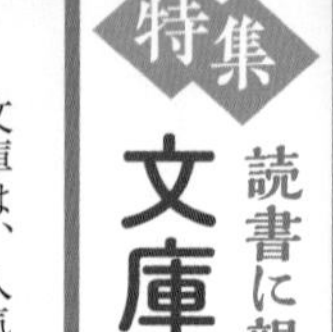

特集 読書に親しむ――文庫と新書

文庫は、人気のある単行本を再出版したものが多く、新書は、実用・教養を中心とした書き下ろしが多い。ここでは、各編集部の推薦する「高校生に読んでほしい5冊」を紹介する。良書を手軽に入手することのできる文庫と新書をぜひ読んでみよう。

▲書店の文庫コーナー

岩波文庫

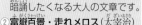

①山月記・李陵 他九編（中島敦）
無駄な言葉がなく、端正でリズミカル、暗誦したくなる大人の文章です。

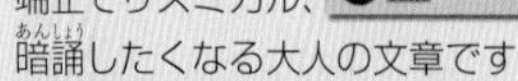

②富嶽百景・走れメロス（太宰治）
③生物から見た世界（ユクスキュル、クリサート）
④手仕事の日本（柳宗悦）
⑤君たちはどう生きるか（吉野源三郎）

講談社文庫

①妖怪アパートの幽雅な日常（香月日輪）
妖怪たちと暮らす高校生の楽しい物語。親近感のある本で、読書好きになろう。
②一瞬の風になれ（佐藤多佳子）
③凍りのくじら（辻村深月）
④獣の奏者（上橋菜穂子）
⑤新世界より（貴志祐介）

幻冬舎文庫

①大河の一滴（五木寛之）
真の勇気と生きる希望がわいてくる、大ロングセラー。
②永遠の仔（一～五）（天童荒太）
③童話物語（上・下）（向山貴彦／著、宮山香里／絵）
④フリーター、家を買う。（有川ひろ）
⑤往復書簡（湊かなえ）

角川文庫

①きみが見つける物語 スクール編 他計10冊（角川文庫編集部編）

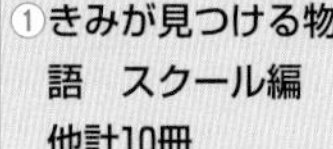

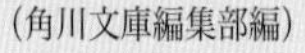

今読みたい短編を厳選。読切小説集。
②図書館戦争（有川ひろ）
③氷菓（米澤穂信）
④銀の匙（中勘助）
⑤RDG レッドデータガール はじめてのお使い（荻原規子）

新潮文庫

①海辺のカフカ（上・下）（村上春樹）
「僕は世界で一番タフな15歳になる」NYタイムズが選ぶ年間ベスト小説。
②君のともだち（重松清）
③風が強く吹いている（三浦しをん）
④ボクの音楽武者修行（小澤征爾）
⑤海底二万里（上・下）（ヴェルヌ）

小学館文庫

①偏差値70の野球部（松尾清貴）
メジャーリーグを目ざす主人公が入った高校は東大合格者全国１位の進学校だった。４冊シリーズ。
②絶対、最強の恋のうた（中村航）
③さくら（西加奈子）
④香港の甘い豆腐（大島真寿美）
⑤セコンドアウト（須藤靖貴）

光文社古典新訳文庫

①飛ぶ教室（ケストナー）
仲間と生活する５人の少年が友情を育み、信頼を学び、本当の勇気と正義を知る物語。
②フランケンシュタイン（シェリー）
③罪と罰（ドストエフスキー）
④車輪の下で（ヘッセ）
⑤ソクラテスの弁明（プラトン）

文春文庫

①手紙（東野圭吾）
人の絆とは何か。罪は償えるのか。犯罪加害者の家族を真正面から描き、感動を呼ぶ不朽の名作。
②戸村飯店 青春100連発（瀬尾まいこ）
③蝉しぐれ（藤沢周平）
④モノレールねこ（加納朋子）
⑤旅をする木（星野道夫）

中公文庫

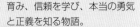

①ミステリ十二か月（北村薫）
極上の読書案内。

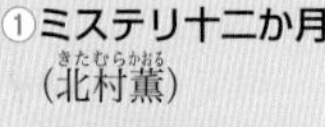

②若い読者のための世界史（上・下）（エルンスト・H・ゴンブリッチ）
③若き芸術家たちへ―ねがいは「普通」（佐藤忠良、安野光雅）
④ミーナの行進（小川洋子）
⑤イソップ株式会社（井上ひさし）

ちくま文庫

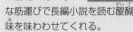

①荒涼館（ディケンズ）
十九世紀小説の代表的作品。個性的な登場人物と巧みな筋運びで長編小説を読む醍醐味を味わわせてくれる。
②水滸伝の世界（高島俊男）
③合葬（杉浦日向子）
④古文の読解（小西甚一）
⑤戦中派虫けら日記（山田風太郎）

角川oneテーマ21

①**決断力**（羽生善治）
勝負を読むための極意を、天才将棋棋士がアドバイス！
②**千年、働いてきました**（野村進）
③**感動をつくれますか？**（久石譲）
④**日本の領土問題**（保阪正康、東郷和彦）
⑤**〈旭山動物園〉革命**（小菅正夫）

岩波ジュニア新書

①**パスタでたどるイタリア史**（池上俊一）
パスタは文明交流が生んだ傑作！
②**いのちをはぐくむ農と食**（小泉武夫）
③**正しいパンツのたたみ方**（南野忠晴）
④**なんにもないけどやってみた**（栗山さやか）
⑤**詩のこころを読む**（茨木のり子）

岩波新書

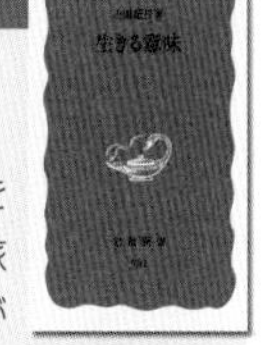

①**生きる意味**（上田紀行）
本当に欲しいものを探そう！　世界を旅した文化人類学者が体験とともに熱く語る生き方指南。
②**バナナと日本人**（鶴見良行）
③**科学の目　科学のこころ**（長谷川眞理子）
④**ルポ　貧困大国アメリカ**（堤未果）
⑤**当事者主権**（中西正司、上野千鶴子）

集英社新書

①**悩む力**（姜尚中）
社会でうまく立ち回れない不器用な心に宿る無限の可能性と、真の強さをつかみ取る方法を説く。
②**ホンモノの文章力**（樋口裕一）
③**物理学と神**（池内了）
④**新人生論ノート**（木田元）
⑤**人が死なない防災**（片田敏孝）

光文社新書

①**ドキュメント　宇宙飛行士選抜試験**（大鐘良一、小原健右）
JAXAの宇宙飛行士選抜試験に応募し、最終選考に残った10人の記録。
②**ガウディの伝言**（外尾悦郎）
③**文章は接続詞で決まる**（石黒圭）
④**希望難民ご一行様**（古市憲寿、本田由紀）
⑤**商店街はなぜ滅びるのか**（新雅史）

講談社現代新書

①**〈子ども〉のための哲学**（永井均）
いかに生きるべきかを自ら考え哲学するための入門書。
②**ロボットとは何か**（石黒浩）
③**数学でつまずくのはなぜか**（小島寛之）
④**古代オリエントの宗教**（青木健）
⑤**本はどう読むか**（清水幾太郎）

ちくま新書

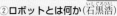

①**哲学思考トレーニング**（伊勢田哲治）
あやしい議論にだまされず、正確に考える哲学の技術が楽しく身につく。
②**サバイバル**（服部文祥）
③**友だち地獄**（土井隆義）
④**独学の精神**（前田英樹）
⑤**国語教科書の思想**（石原千秋）

新潮新書

①**バカの壁**（養老孟司）
「あたりまえ」と思っている考えを別の角度で捉え直す本。

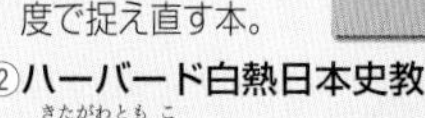

②**ハーバード白熱日本史教室**（北川智子）
③**国家の品格**（藤原正彦）
④**日本人の美風**（出久根達郎）
⑤**マイ仏教**（みうらじゅん）

小学館101新書

①**勝ち続ける意志力**（梅原大吾）
17歳で世界一になったプロゲーマーが贈る人生の書。
②**誰も知らない「名画の見方」**（高階秀爾）
③**「源氏物語」本当の面白さ**（林真理子）
④**地図だけが知っている日本100年の変貌**（竹内正浩）
⑤**未来のための江戸学**（田中優子）

平凡社新書

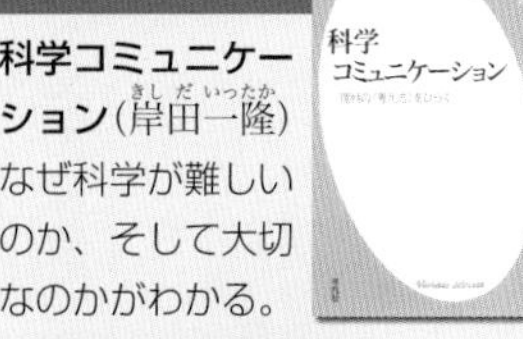

①**科学コミュニケーション**（岸田一隆）
なぜ科学が難しいのか、そして大切なのかがわかる。
②**イスラエルとは何か**（ヤコヴ・M・ラブキン）
③**短歌で読む　昭和感情史**（菅野匡夫）
④**「星の王子さま」物語**（稲垣直樹）
⑤**昭和史の深層**（保阪正康）

文春新書

①**聞く力**（阿川佐和子）
先生や友人、家族との会話から学ぶ、社会人になって商談等に活かせるコミュニケーション術。
②**日本人の誇り**（藤原正彦）
③**名文どろぼう**（竹内政明）
④**体制維新──大阪都**（橋下徹、堺屋太一）
⑤**就活って何だ**（森健）

中公新書

①**理科系の作文技術**（木下是雄）
読む人にきちんと伝わる明解な文を書く方法を伝授します。文科系にも役立つ一冊。

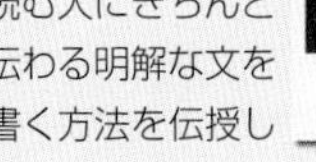

②**日本の選挙**（加藤秀治郎）
③**経済学的思考のセンス**（大竹文雄）
④**科学の横道**（佐倉統／編著）
⑤**高校紛争1969-1970**（小林哲夫）

主要評論テーマの変遷

＊大学入試に出題された評論を年代ごとに分類した。各テーマの年代による変遷を知ることで、旧来的・王道的な捉え方や、最新の捉え方について理解しやすくなる。

＊論壇の潮流・歴史については、「近現代文学史年表」「近現代の文学（評論）」参照。

文化・国際

一九七〇〜八〇年代

日本文化におけるアカデミズム（学問の伝統的思考）の追求と脱却

文化の良し悪しを考察したニュー・アカデミズムの評論が頻出。山口昌男『文化と両義性』、丸山圭三郎『文化のフェティシズム』などが注目された。日本文化論では文学・芸術論の大岡信『紀貫之』、伊藤整『近代日本人の発想の諸形式』、ベネディクトの『菊と刀』を踏まえて日本人を説く土居健郎『甘えの構造』など、**文化の特質を暴き客観的に考察したもの**が多い。唐木順三や柄谷行人、西洋文化論から世相を語った林達夫『思想の運命』などに展開した。一方、小林秀雄の文芸評論『無常といふ事』のような**難解で抽象的な文章は下火**になっていく。

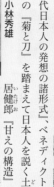

丸山圭三郎

小林秀雄

一九九〇年代

グローバリズムの進行と日本文化の再認識

80年代後半の消費文化論ブームをひきおこした『柔らかい個人主義の誕生』の山崎正和や、自由な思考を促す『思考の整理学』や『知的創造のヒント』の外山滋比古などが、**個性を尊重する90年代初頭の世相を反映した**。多木浩二の『都市の政治学』のような都市文化論もバブル後半の世を映した。『日本語と外国語』の鈴木孝夫、『言語学とは何か』の田中克彦など、国際**比較の中で日本文化の再認識を求めた**。90年代後半では『「日本文化論」の変容』『異文化理解』の青木保など、**グローバリズムの進行に伴って自国と外国文化の比較対照が論点とされた**。

田中克彦

最新の傾向

社会変化に伴う文化の新たな捉え方が論点

日本文化を多面的に捉える試みが、内田樹『日本辺境論』をはじめ、佐々木健一『日本的感性』や高階秀爾『日本人にとって美しさとは何か』、前田英樹『日本人の信仰心』などで展開された。日本のキャラクターを分析した四方田犬彦『「かわいい」論』、新たな感性の重要性を説く原研哉『日本のデザイン』も出現。安藤宏は、『「私」をつくる』で小説の新たな読み方を提示した。水村美苗『日本語が亡びるとき』や内田樹『街場の文体論』、内山節『時間についての十二章』、瀬戸賢一『時間の言語学』など、**現代社会における言語や時間のあり方を探る論考も頻出**。

『日本的感性』

安藤宏

テグジュペリ、フランスの小説家、1900—1944） 小説『星の王子さま』より。

科学・環境

一九七〇～八〇年代

情報学の黎明期。人間性を問う評論も多い。

寺田寅彦

70年代は寺田寅彦や朝永振一郎などの文章から具体的な科学論への移行期間。注目は**人間性とは何かを探る霊長類研究**。生命の全体は個ではなく種が決定すると説く今西錦司の『進化とは何か』、サルの文化行動を研究した河合雅雄の『霊長類学の招待』、栗本慎一郎の『パンツをはいたサル』などが頻出した。一方、**膨大なデータや知識をいかに処理・活用するかも主要なテーマ**であった。「情報産業」の名付け親の梅棹忠夫は『情報の文明学』、佐伯胖は「学び」の過程を分析した『コンピュータと教育』を発表した。環境に関する評論では公害問題が散見された。

朝永振一郎

一九九〇年代

科学そのものを問いなおす姿勢が顕著となる

「安全学」を提唱する村上陽一郎の『科学者とは何か』や、長谷川眞理子の『進化とは何だろうか』などにおいて、科学進歩はすべて歓迎すべきことか、**情報・医療・環境などの面で科学そのものを問いなおす姿勢が生じていく**。また、人の営みはすべて脳器官の構造に対応する『唯脳論』を説く養老孟司、心は脳という物質の活動だとしつつも物事の質感＝クオリアの解明をめざす茂木健一郎『心が脳を感じるとき』など、**脳科学への関心が高まった**。動物行動学・生態学の分野では日高敏隆『動物という文化』、本川達雄『ゾウの時間ネズミの時間』が頻出した。

養老孟司

最新の傾向

世界や自然と交感する新しい科学の提起

『生と死が創るもの』

文理の分断を超えて生命への驚きを探求しようという動きが活発になった。「等身大の科学」を提唱する池内了『疑似科学入門』、「生命誌」研究で知られる中村桂子『ゲノムが語る生命』、柳澤桂子『生と死が創るもの』、さらに「動的平衡」を提唱する福岡伸一『生物と無生物のあいだ』、中屋敷均『科学と非科学』など、**自然の摂理を意識した新たな科学のあり方への示唆を含むもの**が頻出。西垣通『ビッグデータと人工知能』、松田美佐『うわさとは何か』、佐藤卓己『流言のメディア史』など、**Society5.0での問題分析や必要なリテラシーを説く評論**も多い。

中屋敷均

 ◆世界の名言　心で見なくちゃ、ものごとはよく見えないってことさ。かんじんなことは、目に見えないんだよ。（サン＝

一九七〇～八〇年代

さまざまな精神分析の理論が発表された

70年代は三木清『人生論ノート』や亀井勝一郎『人生論・幸福論』、霜山徳爾の『人間の限界』など人生の意味を問う評論が注目された。その後、中村雄二郎の『共通感覚論』や『術語集』、中沢新一『雪片曲線論』など新しい哲学の捉え方を大衆化する動きに。人間存在として和辻哲郎の『風土』も著名。一方、本能のない人間が作った自我や文化は幻想に過ぎないという「唯幻論」を説く岸田秀の『ものぐさ精神分析』や小此木啓吾『モラトリアム人間の時代』、木村敏『時間と自己』など、精神分析理論が広く一般に紹介された年代とも言える。

三木清

亀井勝一郎

一九九〇年代

アイデンティティの確立を主題にした評論が頻出

ユング心理学の知見に基づき人間の深奥を解き明かす河合隼雄『こころの処方箋』など、前代に引き続き精神分析理論を用いた評論が多かったが、しだいに情報社会の発達による現代的な生活の変化を反映させた評論が台頭してくる。若者の心や豊かな社会特有の病像を描いた大平健『豊かさの精神病理』、ひきこもりをシステムの病理とした斎藤環『社会的引きこもり』など、アイデンティティを考える内容が増加した。さらに心と身体は切り離せないものとして市川浩『精神としての身体』、三浦雅士『考える身体』など身体論も盛んになる。

河合隼雄

市川浩

最新の傾向

不確実な世界で「考え続ける」ことの大切さを再認識

不透明な世の中で感じる生きづらさ、その背景にあるグローバリズムや科学信仰の問い直し、原発事故を経て現代社会をどう生きるかを探る試みが多くの評論に共通する。國分功一郎『暇と退屈の倫理学』、内山節『文明の災禍』、上田紀行『生きる意味』、河野哲也『道徳を問いなおす』などが該当。森博嗣『孤独の価値』や清水真木『感情とは何か』は社会と自己とのバランスを探る。鷲田清一『哲学の使い方』を筆頭に、今井むつみ『学びとは何か』、野矢茂樹『心という難問』、苫野一徳『「自由」はいかに可能か』など、真摯に考え続けることを説く評論も近年の傾向。

苫野一徳

生きるという意味を考えさせる言葉。

社会・経済

アカデミズムから ニュー・アカデミズムへの移行

一九七〇～八〇年代

権威と実践の倒錯を扱った「『である』ことと『する』こと」で有名な丸山真男の『日本の思想』や、マルクス主義を批判する吉本隆明の国家論『共同幻想論』などが必須だったが、流れは**アカデミズムからニュー・アカデミズムの評論へ移行していく**。中根千枝の『タテ社会の人間関係』、『ことばと国家』などの田中克彦、浅田彰の『構造と力』、今村仁司『労働のオントロギー』など、**社会経済の新たな存在論へ発展していく**。80年代後半にかけては、やさしく貨幣の役割を説く岩井克人の『ヴェニスの商人の資本論』なども注目されていった。

丸山真男

「ヴェニスの商人の資本論」

現代社会の実態を徹底的に解き明かした

一九九〇年代

93年に『貨幣論』を上梓した岩井克人や、ベネディクト・アンダーソンの『想像の共同体』を用いて地図を例にナショナリズム論をやさしく説いた『地図の想像力』の若林幹夫も注目。**ポストモダンの脱構築評論が主流になっていく**。社会論からの子ども論に本田和子『異文化としての子ども』、フェミニズム評論の上野千鶴子『近代家族の成立と終焉』、加藤秀一『性現象論』など**さまざまに展開した**。そして、『まなざしの地獄』の真木悠介、日本文化の特異性を作ってきた「世間」という概念の考察では阿部謹也『「世間」とは何か』も頻出した。

本田和子

真木悠介

社会の土台を見直し、今後描くべき社会を探る

最新の傾向

仲正昌樹『「不自由」論』、佐伯啓思『自由とは何か』、大澤真幸『自由という牢獄』、小坂井敏晶『責任という虚構』などに共通するのは、**近代社会の前提である「自由な主体」や「意志と責任」を根源から問い直す姿勢である**。内山節『新・幸福論』、佐伯啓思『経済成長主義への訣別』、宇野重規『〈私〉時代のデモクラシー』など、**成熟社会の充足感の薄さを指摘し、持続可能な社会を目ざし人間が人間らしく生きていくための提言を含む評論**も多い。地域づくりや環境、風土の問題を問う桑子敏雄『風景のなかの環境哲学』なども引き続き注目されている。

仲正昌樹

佐伯啓思

主要評論紹介

考えるヒント　小林秀雄

「常識の健全性」に読者を誘う評論集　大きく三部に分かれ、第一部の「考えるヒント」には、「常識」「良心」など十三編が収められている。先人の本質を見抜き、そこから近代人の誤った観念を批判して、確固とした言動の姿を求めようとする筆者の姿勢は、批評家として登場して以来、一貫したものであった。文章としても達人の域のものとして注目される。

日本の思想　丸山真男

日本の思想の展開とその構築方法の解明を試みる　日本の思想を論じた、戦後の代表的な評論集。賛否を超えてその後の言論界に大きな影響を与えた。日本の思想は、歴史的に見て、「対決」と「蓄積」の上に構造化されてこなかった、という認識から出発し、戦争を経験した一人の日本人として、自己批判をしながら、新たな思想の捉え方を模索する。四部からなり、中でも、近代までの身分社会を「である」時代、現代民主主義社会を「する」時代と論じた、第四章「『である』ことと『する』こと」は、教科書にも多く採録され、本書を普遍化した。

ことばと文化　鈴木孝夫

日本語から日本文化を論じる入門書　言語社会学者による本書は、言語と文化の関係を論じた先駆として、一世を風靡した。特に「人を表わすことば」の章は本書の中で量的にも最も多く、また精緻な分類がされており、多くの後学の参考となった。この章では日本語には自分や相手を呼ぶ呼び方がたくさんあることを取り上げ、それは、日本人における人間関係の役割意識の強さから生じていると述べる。また、国際的な文化の違いを理解する必要を指摘し、日本の文化の非は非として、しかし日本語を測る尺度は日本語であるべきだとする。

混沌からの表現　山崎正和

八〇年代の生き方に展望を与えた文明評論集　一九七〇年代後半、人々は、高度成長に明け暮れた六〇年代と石油危機を体験した七〇年代との違いにとまどいを感じていた。七七年発行の本書は、この連続する二つの十年の隔たりを埋め、再確認した。筆者は、生きることを自己表現と規定し、人生に関して積極的に表現することが、よく生きるための本質的な知恵であるという考え方を示した。書名にも、時代認識と考え方が示されている。幅広い視野と卓越した見識、柔軟な思考によって、日本の課題を提起し続けた筆者の代表作の一つ。

知的創造のヒント　外山滋比古

すぐれた着想はいかにして生じ、形になっていくか　筆者自身の知的創造生活から得た多くの示唆を述べる。中心はメモとノートの活用について述べた章で、知的トレーニングを行う上での直接のヒントが得られる。しかし、そこに至る章に述べられている、忘却の効用、着想の種子を寝かせること、雑談から得られるもの、多忙時の遊びの必要性など、一見思考と相反するようなことが実は創造的思考につながるという指摘にも、首肯すべき点が多い。無から有を生じる一次的創造より二次的創造の重要性を強調している点も、現実的で貴重。

夕陽妄語　加藤周一

該博な知識を駆使して、日本の現状を厳しく批評　現代日本を代表する知識人である筆者が、政治・社会・文明・芸術・文化・経済・宗教など、広範にわたる出来事を分析、考察して、平易な言葉で語る。深い知性と教養が、諸々の時事問題に対して縦横無尽に発揮され、事象を斬新な角度で読者に提示してみせている。それを通じて筆者は、日本が世界で生き抜く普遍的なイメージを追い求めようとする。その底流にあるのは倫理観であり、その倫理観は、基本的人権を重視する立場によって貫かれている。朝日新聞の連載を単行本化したもの。

原動力だという逆説。

術語集Ⅱ　中村雄二郎

現代を読み解く四十のキーワードを解説　四十の言葉について考察を加え、現代の状況や問題点を明らかにする、哲学的評論集。「安楽死」「ヴァーチャル・リアリティ」「ヒトゲノム」といった現代用語だけでなく、「悪」「記憶」「物語」などといった、古今に普遍性を持つ言葉も多く取り上げる。筆者によれば、「術語」とは、それを考察することで世界に対する「知の組み換え」を行う可能性のあるキーワード。筆者とともに術語を考察することで、読者は現代に対する認識を明らかにし、知的興奮を獲得できる。岩波新書『術語集』（昭59）の続編。

ヴェニスの商人の資本論　岩井克人

逆説で説き明かす資本主義経済　資本主義のシステムや貨幣について、従来とは異なる斬新な視点と解釈を示した評論集。

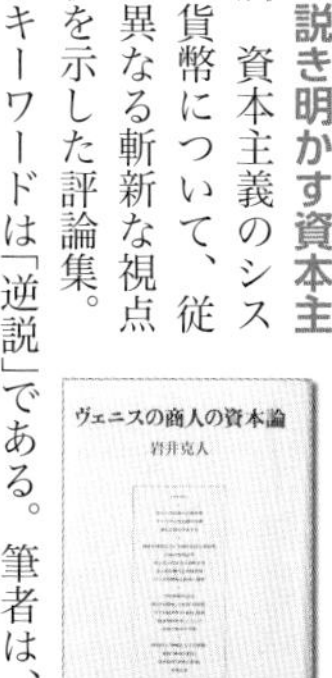

本書のキーワードは「逆説」である。筆者は、「資本主義という逆説的な社会機構の根底にある貨幣という逆説そのもの」について、多様に語っている。たとえば、金貨・銀貨の代わりにすぎなかった預かり手形が、金貨・銀貨に代わって支払い手段として流通したという江戸時代の貨幣制度の変遷を取り上げて、「代わり」のものが、本来のものに「代わって」それ自体が本物になってしまうという逆説を示している。

西洋の眼　日本の眼　高階秀爾

日本と西洋の芸術観・美意識の差異　日本と西洋の相互の関連性を様々な興味深いエピソードを用いてわかりやすく論じている、比較文化論、美術芸術論における秀作。特に第二章「江戸から明治へ」「『波裏』をめぐる幻想」などは北斎の富嶽三十六景に隠された意図についての謎解きのようなもので、美術になじみがない読者にも読みやすい内容となっている。また、第一章「日本と西洋」にある「間の感覚」は教科書にも採録されており、文化の問題は横断的複眼的に考える必要があるという筆者の思想がよく現れている。

寝ながら学べる構造主義　内田樹

構造主義の概観　内田樹の専門は現代フランス思想であるが、その著作は多岐にわたる。マルクス、フロイトから始まり、ソシュールへ続き、レヴィ・ストロース、フーコーなどを取り上げ、それぞれの思想の要旨を平易な、筆者独特のユーモアに満ちた口調で語りあげている。読みやすく、一読して構造主義の概観を捉えることができるという意味で非常に良い入門書となるもの。逆説的に言えば、これを「真理」として鵜呑みにせずに、本書を通じて根源的な問いを発見し、我々一人ひとりがその問いに向き合うことを求めている一冊である。

いちばん大事なこと　養老孟司

環境問題の難しさを解きほぐす　環境省「二一世紀『環の国』づくり会議」委員でもある筆者が、現代の複雑化した環境問題のありようをできるかぎり平易な、しかし本質を逃さない文言でつづる良著。古典的、西洋的な「環境対人間」という構図から抜け出し、自然を「システム」と捉えるべきという思想は、参勤交代制を復活せよという突飛とも言える提言につながっているが、そこにこめられている、自分自身が主体的に生き方、そして生きる世界を作り上げていくものだ、という筆者の人間に対する想いはどこまでも温かいものである。

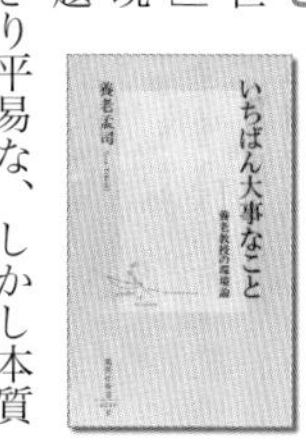

身体にきく哲学　黒崎政男

二十一世紀のデジタル社会における我々の身体　カント哲学とメディア論を専門とする筆者が、デジタルテクノロジーの急速な発展による身体と〈私〉の複雑な逆転現象を考察する。バイオメトリクス認証など現代のテクノロジー社会の分析と、アリストテレス、プラトンに始まりカントやメルロ・ポンティの思想、哲学の考察を通して、一見抽象的作業に見える思想や哲学も身体に密接に結びついており、IT時代には身体に「聞く」そして「効く」哲学が求められていると結論づける。筆者の実体験・実感から成る本書は、非常に説得力がある。

◆世界の名言　人生は芸術を模倣する。（オスカー・ワイルド、イギリスの文学者、1854—1900）芸術が人生を変革させる

人はなぜ「美しい」がわかるのか　橋本 治

独特の発想・語り口で綴る「美」をめぐる人生論　人が「美しい」と感じるのは自分にとって有意味のものを見つけたときであり、「美しい」は人間関係に由来する感情である、と説く。本書にも見られるが、直観を言語化していくプロセスそのものが文章上にダイナミックに表現されているのが筆者の思想・文体の特徴と言えよう。筆者は一九六八年東大駒場祭のポスターを手掛けイラストレーターとして活躍した後、『窯変源氏物語』『恋愛論』『「分からない」という方法』など二〇〇冊以上を多岐にわたり著述した才人であった。

白　原 研哉

「白」に見る日本人の感受性　グラフィックデザイナーで武蔵野美術大学教授の筆者による、「白」への感受性に関しての論及。単純な色彩論ではなく、日本人の文化、感性に踏み込んだ内容となっている。全四章から成り、「日本人の感受性、素材としての紙の白」、「余白としての白」、「美術、神道、茶の湯に見る空白と白」と三章にわたり論を展開した後に、筆者の心象風景としての白とも言うべき随想的結論を示す。装丁も帯まで含めて筆者の言う「白」を体現している趣がある。筆者が作るポスター、建築デザインにも「白」が立ち現れている。

わかりやすいはわかりにくい？　鷲田清一

問うこと自体の意味　大学入試でも頻出の著者の手による「臨床哲学」の書。意味、自由、責任など十三の項目について述べられている。本書に通底する思想は「大事なことは、わからないけれどもわかっていないということはわかること、あるいは、わからないものに直面したときに、答えがないままにそれにどう正確に処するかの知恵」であり、そういった意味でなにがしかの問題に明確な答えを与えている文章ではない。平易な、しかし示唆に富む言葉と、身に沿う多くの具体例に思考を刺激される、哲学の本質を教えてくれる一冊。

語りえぬものを語る　野矢茂樹

相対主義への緻密な論考　本書は講談社のPR誌『本』に連載された言語、相対主義、知覚などについて二十六のコラムをまとめたもの。構成は特殊で注が非常に多く、注だけで一つの哲学的思考を展開しているものもある。タイトルが示す通り、ウィトゲンシュタインの哲学を下敷きにしており、用いられている語はさほど難解ではないものの、内容は深遠で、知的興味関心をかきたてられる。筆者の思索は変化し続けており、本書もその例外ではなく、野矢哲学のある一点の結節といえる。哲学という営みとはどういうものかを実感できる良著。

中動態の世界　國分功一郎

中動態的に生きるとは、逃れようのない状況に自分らしく対処していくこと　雑誌『精神看護』に二〇一四年に掲載された連載をもととする。「能動態（〜する）」でも「受動態（〜される）」でもない、かつてインド＝ヨーロッパ語に広く存在した「中動態」を掘り下げることで「近代的意志」や「自由」について探求する。「強制はないが自発的でもなく、自発的ではないが同意している事態」は、「意志が弱い」と周囲から思われ自分を責めがちな依存症患者やハラスメントの例など、日常にあふれている。そのことに気づかせてくれる一冊。

はじめての哲学的思考　苫野一徳

「意味の世界」の「本質」を洞察することで、問題を解明する「考え方」を見いだす　二五〇〇年の長きにわたり磨き上げられてきた哲学的思考の「奥義」を伝える。ウェブサイト「ｗｅｂちくま」で人気を博した連載記事を加筆・修正したもの。宗教や科学との違い、哲学的思考をするためのコツ、人を殺してはいけない理由、恋とは何か、などが語られる。「絶対の真理」ではなく、できるだけ誰もが納得できる「共通了解」を見いだすべく考え抜く思考法は、「答え」の見えない問題を多く抱える現代において身に着けたいものである。

核戦争は最終最悪のものとして、核兵器廃絶を目ざした。

怯え（おび）の時代　内山節（うちやまたかし）

資本主義が限界を迎える現代を突破するためには　無限の資源を前提とした資本主義の限界が訪れた現代とそこに生きる個人を分析し、未来への糸口を探る書。社会の急速な変化を論じた第一章、市場経済の根本的欠陥を明らかにする第二章、近代の発達原理が逆転し、現実への絶望・無力感をもたらすようになった過程と原因を論じる第三章を経て、第四章では「温かいお金」に注目し、未来への希望を語る。等身大の人間関係と自然、生命の結び合いを重視すべきという主張は、実際に群馬の山村に居を構える筆者ならではの説得力がある。

書物の変　港千尋（みなとちひろ）

デジタル化がもたらすもの　多摩美術大学美術学部情報デザイン学科教授で、写真家でもある筆者のエッセイ集。近代合理主義の一つの典型といえるインターネットの普及による人間の想像力と技術の未来を、筆者独特のイメージを喚起する静かな筆致で綴る。紙媒体と電子媒体の現状を導入として、過去の様々な文化・思想とのつながりを述べ、要所に現在とこれからの芸術のありようを模索する構成。筆者の論に通底する思想「感性」が、人間の歴史を形作ってきたという。常に効率を求める現代に生きる無自覚な我々の目を覚ましよう。

〈私〉時代のデモクラシー　宇野重規（うのしげき）

現代社会におけるデモクラシーの可能性　平等化・個人化した現代社会と、そこにおけるデモクラシー（民主政治）の在り方を、筆者の専門であるトクヴィルを軸に読み解く。歴史的な平等意識の変容について書かれた第一章を皮切りに、現代の新しい個人主義に焦点を当てた第二章、政治と〈私〉を論じる第三章を経て、いかに現代にデモクラシーを実現させるかという第四章へつなぐ。デモクラシーとは社会を再確認・再創造するためのものと同時に、自己の問い直しの手段ともいう筆者の主張は、これからの社会の一つの箴言（しんげん）といえる。

人が人を裁くということ　小坂井敏晶（こざかいとしあき）

裁くという行為の本質　第一、二部では、裁判制度と犯罪捜査の内実と問題点を欧米との比較や心理学を用いて論じる。冤罪（えんざい）が生み出される過程・理由が、様々な心理実験や事例を根拠にして描き出されている。第三部では、裁くということの本質や、「社会」における罪について先哲の引用を用いながら記す。悪とは社会によって生まれるものであり、裁くという行為もまた犯罪であるという主張は過激だが、本書は単なる法律論ではなく、根源的な善悪、社会構造そのものに論及しており、そういった意味で人間という存在を読者各人に問う。

経済成長主義への訣別（けつべつ）　佐伯啓思（さえきけいし）

「ふつうの人」が「ふつうに生きる」ために　現代社会において、「精神の健全性と安定をたもってそこそこ楽しく生きること」が相当に難しくなっている原因は、経済成長が人々を幸福にするという思い込みにあると看破する。筆者は、「具体的な成果に結びつかないものはすべて無意味である」という性急な技術主義や、「成長を目指すのは当然である」という成長至上主義を批判し、「人間の幸せな生にとって経済とは何か」を問う。自分が生きる世界を問い直し、人間とは何かを問い続ける「人間中心主義」の思考の必要性を訴える。

自由という牢獄（ろうごく）　大澤真幸（おおさわまさち）

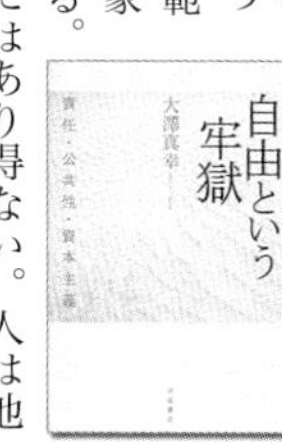

社会性の場でこそ自由は意味を持つ　自由の持つ不自由さについて、広範な知識・思想・社会現象にあたり、論を展開する。自らの存在は他者なしにはあり得ない。人は他者を傷つける可能性があるが、他者との関係から撤退すれば、徹底した自由の否定に至り着く。肯定的承認を与えてくれる「第三者の審級」（筆者の論のキーワード）としての他者によってこそ、自由は可能になる。一読での理解は困難かもしれないが、筆者が「突き詰めて考え続けずにはいられない人に」送りたいと言うとおり、徹底的に思考し続けることの意味を教えてくれる。

◆世界の名言　将来の戦争は勝利に終わるのではなく、相互の全滅に終わる。（ラッセル、イギリスの哲学者、1872—1970）

ネットとリアルのあいだ　西垣通（にしがきとおる）

求められているITとは　エンジニア出身の著者による、人間とITの未来を論じた一冊。現代の閉塞感は、IT革命がもたらした個人のアトム化によりリアルが消失しているために生じ、人間は身体と感情が不可分で、コミュニティなしに生きていけないと論じた後に、人間の身体や心を優しく包むITの必要性を説く。筆者はそれをタイプⅢコンピュータと名付け、未開発の身体感覚の開発や、コミュニティの支援をこれからのITの役割としている。第二章「オートポイエーシス」など、理系、文系問わず様々な示唆を得ることができる。

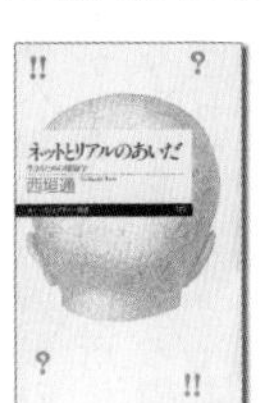

人間にとって科学とは何か　村上陽一郎（むらかみよういちろう）

科学と社会の関係が複雑化する現代の指針　筆者は科学史を専門とし「安全学」の権威としても知られる。批判も多いが、それだけ注目され、現代科学哲学の中心にいる人物だと言える。近代科学への無条件の信仰の否定、開かれた科学への転換を思想の軸にする。本書でも、さまざまな事例をひも解きながら、九章にわたって社会のための科学へ向けて、科学的合理性と社会的合理性のバランスを説く。筆者のバランス感覚は、極端・拙速に走りがちな現代社会に不可欠なものであり、科学リテラシーの指導書とも言える一冊となっている。

科学のこれまで、科学のこれから　池内了（いけうちさとる）

功利主義を疑い、未来への影響を考える通時性の思考を回復せよ　要素還元主義を徹底することで科学は発展したが、科学はいかなる問題にも答えが出せるというのは幻想だ。絶対的な答えのない「複雑系」の問題や、科学のみに閉じた発想では対処できない「トランスサイエンス」問題の解決には、文系・理系の知の融合や、じっくり問題に対処する態度を育てることも大切だ。宇宙物理学者である筆者が、現代科学の現状とその原因を暴き、科学の目ざすべきあり方の一つとして「等身大の科学」や「オープンサイエンス」を提唱する。

動的平衡　福岡伸一（ふくおかしんいち）

生命への見かたが変わる八つのエッセイ　分子生物学を専攻している筆者が、「動的平衡」という語を軸に「生命」とはなにかについて論じる。ゲノムビジネス、狂牛病問題、ダイエットなど幅広い話題を取り上げる。難解になりがちな科学的知識の解説も、比喩や具体例を用いていて理解しやすい。また、単純な技術論ではなく、経済、政治、歴史など様々な視座から現代の科学の在り様を描き出している。デカルトに端を発する生命機械論を否定し、生命とは流れであり、サスティナブルな分解と再構成のダイナミズムの中にあると主張する。

メディアは誰のものか

権力を監視するはずのメディアの現状　朝日新聞社と集英社の共同公開講座「本と新聞の大学」（第六期・全八回）の講義録をまとめたもの。第一回は基調講演、第八回は総括講演であるが、第二回から第七回は、池上彰、青木理ら現在活躍中の識者六名が語る。フェイクニュースやポスト真実（トゥルース）、ネット世論はいかにつくられるかといったスマートフォンとソーシャルメディアの普及によって変化してきたネットメディアをめぐる問題や、新聞・テレビなど既存のメディアが置かれている現状と地方紙の健闘等を取り上げ、メディアの本質を探る。

科学と非科学　中屋敷均（なかやしきひとし）

生きる意味を捉え直す科学エッセイ　科学の万能性が信じられがちな現代において、科学の不確かさとそれにどう向き合えば良いのかを語る。「科学の知見は一〇〇%の真実ではない」、修正され、変わり得る可塑性にこそ、科学の生命力はある、と筆者は言う。「科学」とまだ科学が把握できていない「非科学」のはざま、その不確実な世界で人間は多様な「意志ある選択」をし、世界の形を変えていく。科学的に生きるのに大切なことは、物事をあるがままに見て、自分の理性でその意味を真摯に考えることだと説く筆者の言葉は、力強く情熱的。

エクソフォニー　多和田葉子（たわだようこ）

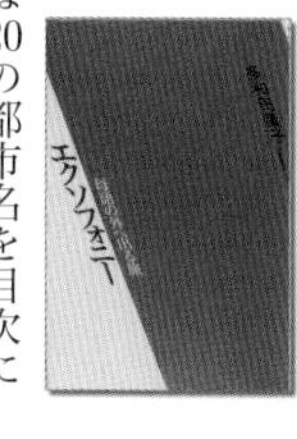

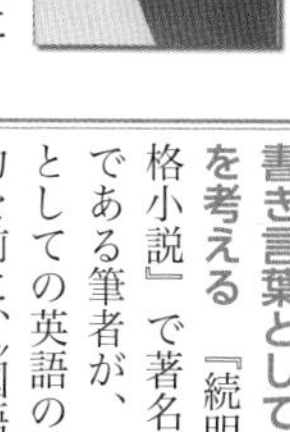

世界各地を筆者とともに巡りながら言語について考える　母語の外に出る（エクソフォニー）ことによる言語表現の可能性を模索する文章。第一部では20の都市名を目次にして、それぞれの土地での体験、記憶をベースに言語についての思索を行っている。第二部は「テレビ　ドイツ語会話」から日独の言語のニュアンスの違いを論じており、第一部、二部共に筆者の小説家ならではの鋭い言語感覚が読み取れる。読みやすいエッセイでありながら、普段我々と一体化している母語を相対化していく姿勢を身に付けられる一冊となっている。

暴力はどこからきたか　山極寿一（やまぎわじゅいち）

類人猿の行動様式から見る人類のこれから　人類学者、霊長類学者である筆者が、自身のフィールドワークから得た知見をもとに人類の持つ暴力性の起源を探る一冊。類人猿の行動様式と人類の進化史を絡め合わせて論じ、最後に人類が大規模な争いを起こすようになった原因と、それを抑止する方法についての結論を示している。人類の攻撃性を進化論的に探る第一章、霊長類の争いとなる資源についての第二章、性についての第三章、類人猿の食と性の葛藤の解決策を事例にみる第四章を経て、人間の社会性、戦いの本質の第五章で結ばれる。

日本語が亡びるとき　水村美苗（みずむらみなえ）

書き言葉としての日本語を考える　『続明暗』『本格小説』で著名な小説家である筆者が、〝普遍語〟としての英語の圧倒的勢力を前に、〝国語〟として日本語がおかれている状況と今後の展望を語る。一、二章を導入として三章以降、書き言葉としての日本語、日本近代文学の歴史的な成立の過程、現代文学を取り巻く状況を、夏目漱石を軸に論を展開。学校英語教育のあるべき姿を提示する七章の、自文化に対する〝根拠のない安心感〟に対する警鐘は一考に価する。文学とは誰の、どのようなものか。そういった思考のスタートラインとしたい。

「私」をつくる　安藤宏（あんどうひろし）

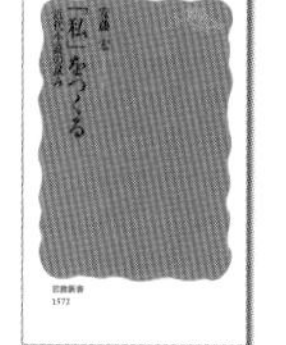

「私」の役割に注目して近代小説を読み解く　作品に潜在し、作者を連想させつつもそれとは異なる存在としての「私」。作者の意図を受け、作中を自由に浮遊しながら小説に独自の奥行きを創り出していく虚構の言表主体としての「私」の立ち現れ方を手掛かりに、日本近代小説の内側に自ずとはたらく「文法」を明らかにする。主人公が小説家という設定が多いのはなぜか。読者はいかにして虚構世界へと誘われるのか。一人称小説と三人称小説という固定観念を打ち破り、漱石、太宰らの作品を分析し、名作が名作たるゆえんを探る。

学びとは何か　今井むつみ（いまい）

「学ぶ」とは、学習しながら学習の仕方を学び、同時に知識を増やしていくこと　認知科学の視点から、「よりよい学びとは何か」を考察する。子供が言語を習得する過程を例に、「学ぶ」とは、知識をシステムとしてつくりあげていく過程であると説く。生きた知識は、自分で発見し体で覚える「手続きの知識」である。それは、たえず修正され新しい要素と関連づけられながら編み直されていき、問題解決にも新たな知識の創造にも使える。創造とは何か、批判的思考とはどういうことか、それらの体得には何が必要か、多くの示唆に富む書。

時間の言語学　瀬戸賢一（せとけんいち）

〈時間はお金〉から〈時間は命〉へ　言語学の立場から考察した新しい時間論。抽象概念ゆえメタファーなしに理解できない「時間」の本質を、日本語・英語の表現や漱石の作品などを足掛かりに探る。時間のメタファーの中心は〈流れ〉であり、「動く時間（未来から過去に）」と「動く自己（過去から未来に）」に二分される。現代社会は、直線的で矢のような時間を高速で突き進んできたが、持続可能な定常経済を構築すべき時期にきている。筆者は、時間は円環する命であると説き、自然の概念に根づいた時間の環を取り戻すことを提言する。

◆世界の名言　決して誤ることのない者は何事もなさない者ばかりである。（ロマン・ロラン、フランスの小説家、1866—

現代文 重要語彙

使い方により意味の異なる場合は、それぞれの意味を①②で示し、反意語は↕で表した。また、難解と思われる語には適宜例文を示した。

アイデンティティー　自己同一性と訳し、自分は確かに自分であるとの確信（存在証明）を持つことをいう。

アイロニー　①皮肉。あてこすり。②反語。述べている言葉の裏にそれと逆のことをほのめかすこと。

アウフヘーベン（止揚）　矛盾・対立する事柄（A・B）を、より高い段階（C）で生かすこと。

木村君は僕と似た所も違う所もある。だからこそつきあう価値がある。
Cの立場
止揚
Aの立場
Bの立場
木村君は僕と趣味も考え方も同じで友達になれる。
木村君と僕には意外に違った面があって、合わない。

アナクロニズム　時代錯誤。時代に逆行していること。時代遅れのものをけなすときにいう。

アナロジー　二つの異なるものに似た部分を見つける心のはたらき。類比。類推。

アニミズム　自然界に存在するさまざまなものに霊魂が宿っていると信じる考え方。精霊信仰。

アフォリズム　簡潔な言葉でうまく真理を表現したもの。警句。格言。「人間は考える葦である」など。

ア・プリオリ　経験に先立つ認識や概念。先天的。先験的。

アポリア　①アリストテレスの哲学では、ある問題について論理的に同じように成り立つ対立した見解に当面すること。②一般に、解決できない難問。

アルゴリズム　数学や情報科学、あるいは関連する分野において、有限回の手続きによって、問題を解決するための一定の手順。

アレゴリー　比喩の一種。抽象的な事柄を具体的形式によって表現すること。寓意。諷喩。

アンチテーゼ　一つの命題・主張（テーゼ）に対する反対の命題・主張。反対命題。

アンビバレンス　相反する感情や意見を同時に持つこと。また、一つのものに相反する価値が併存すること。

イデア　①プラトン哲学における理性で考えられる最高の考え。②理念。③観念。

イデオロギー　哲学・科学・芸術などに基づいてつくられた根本的なものの考え方の体系、思想傾向。

イドラ　偶像。①信仰・礼拝の対象としてつくられた、神を象徴する像。②F・ベーコンの用語。経験の正確な観察のために排除すべき先入見として、四つのイドラを指摘した。

イノベーション　J・A・シュンペーターの経済発展論の中心的な概念。生産を拡大するために、労働力や土地などの生産要素の組み合わせを変化させたり、新たな生産要素を導入したりする企業家の行為をさし、「革新」「新機軸」などと訳される。技術革新や新製品の開発、新制度の導入などを意味することもある。

因果律　すべての事象は何らかの原因の結果として生起し、原因のないものは存在しないという原則。

インテリゲンチャ　知的労働に携わる社会的階層。知識階級。略してインテリともいう。

エートス　集団や社会に共有されている習慣や倫理。

エキゾチシズム　いかにも外国らしい様子。異国情緒。異国趣味。

エクリチュール　書かれたもの、または書くこと。哲学・言語学においては、「話し言葉」と対比させた「書き言葉」のこと。

エゴイズム　自分の利益だけを考え、他人の立場は全く考えないこと。**利己主義**。「エゴ」は自己・自我を意味する。

エコロジー　生態学。生態系（生物とそれらを取り巻く環境を一つのまとまりとして捉えたもの）についての学問。

エスプリ　①精神。②機知。才知。「エスプリがきいている」のように使う。

エピゴーネン　他人の思想や方法、芸術などの追随者、模倣者を軽蔑していう語。亜流。模倣者。

エピローグ　終章。芝居などの閉幕の辞。小説・戯曲・詩などの終わりの部分。↕**プロローグ**。

エポック　（特徴のある）時代・時期。「**エポックメーキング**」は画期的、新しい時代を切り開くような、という意味。

エロス　愛や理想の世界を志向する精神的な衝動。また生命を保存し推進させる本能的エネルギー。

演繹　経験に頼らず一般的普遍的原理から出発し、個々の特殊的事実を論理的に推論すること。（例人間は必ず死ぬ。彼もまた人間である。故に彼は必ず死ぬ。）↕**帰納**。

に耐え得る強い精神を持つ者をたたえた言葉。

オプティミズム　楽天主義。人生の否定的な面を考えず、この世のすべてを肯定的に考えていこうとする立場。↕ペシミズム。

諧謔（かいぎゃく）　その場を楽しませ、雰囲気をなごませる言葉。ユーモア。

蓋然性　ある事柄が起こる確かさの度合い。

概念　①同一種類の事物から共通の要素を抜き出し、それを総合して得た観念。②おおよその意味。内容。コンセプト。

カオス　天地創造以前の世界の状態。混沌（こんとん）。大混乱の意味でも使う。

確証バイアス　自分の考えに沿う情報を無意識に選んで受容してしまう傾向。

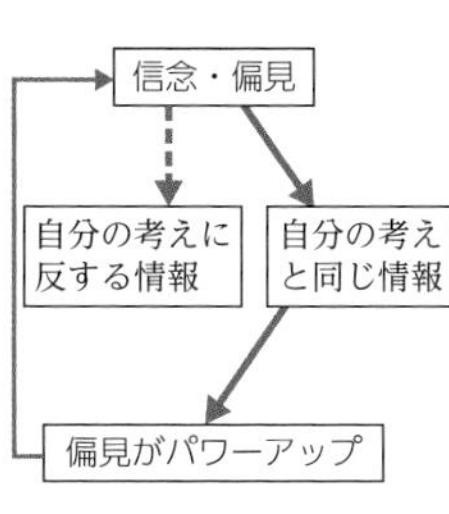

仮象　仮の姿や形。主観的には実在するように見えるが、客観的には存在しないもの。

カタルシス（浄化）　悲劇を見たり、苦悩を表出したりすることにより、心のわだかまりが解消され、一種の快感をおぼえること。

カテゴリー（範疇（はんちゅう））　①分類。部門。事物が属すべき基本的区分のことをいう。②哲学用語で思惟（しい）の形式。

カリスマ　集団をひきつけたり、一般大衆の支持を得たりする非凡な能力。神秘的な存在。

還元主義　生物学における基本的生命観の一つ。物理的、化学的に不可解に見える生命現象も、要素現象に分析・還元し、要素の作用様式を解明することによって理解することができるとする立場。

間主観性（かんしゅかんせい）　複数の主観の間で共通に成り立つこと。共同主観性。相互主観性。

他者AとBと自己における「間主観性」

他者Aの主観
他者Bの主観
自己の主観
間主観性

観念　①思考の対象となる、意識の内容。心的形象。②物事についての考えや見解。

機械論　自然界の諸現象を、機械的な因果関係によって説明しようとする立場。

記号（論）　ある決まった思想や事柄の内容を表すためのしるし。記号の論理的な意味の成り立ちや機能を研究する部門を「記号論」という。

帰納　一つ一つの具体的な事実を総合して、一般的普遍的原理を導き出すこと。（例　犬は死ぬ。魚も死ぬ。人間も死ぬ。結論「生物は必ず死ぬものである。」）↕演繹。

詭弁（きべん）　道理に合わない弁論。こじつけの議論。「アキレスは決して亀に追いつけない」などが知られている。

逆説（パラドックス）　一見真理ではないように見えながら、よくよく考えると真理にかなっている説。「急がば回れ」など。

客観　①認識や行動の対象となるもの。②主観と独立して存在する外界の対象。↕主観。

共同体（コミュニティ）　利益・目的を同じくする人々の集合。狭義には村落や家族など、地縁や血縁によって自然発生的に形成された社会集団。

共同体
（村落・家族の例）

村落（地縁）
家族（血縁）
家族（血縁）
家族（血縁）
家族（血縁）

虚構（フィクション）　文学などで事実ではないことを、あたかも事実であるかのように作りあげること。作りごと。

具象　ものが実体を備え、固有の形体を持っていること。具体。↕抽象。

グローバリゼーション　社会的、経済的な諸現象が、地球的規模で生じること。金融や企業活動などの国際化をさす場合が多い。

形而上　はっきりした形がないもの。精神的なもの。超自然であり、理性的思惟、あるいは独特な直観によって捉えられるとされるもの。

形而上学（メタフィジック）　有形の現象を超越した、背後にある無形の本質、根本原理を追究する学問。

啓蒙　人々に知識を与え、正しく考えられるように教え導くこと。

ゲーム（の）理論　利害が対立、交錯する関係者の意思決定を解明するために用いられる数理的な分析方法。国際政治学などに応用されている。

言語ゲーム　L・ウィトゲンシュタインの提唱した基本概念。言語活動をゲームとして捉え、言葉の意味を特定のゲームにおける機能として理解すべきだとした。

構造主義　現象から構造を抽出し、その現象を理解しようとする考え方。西洋文明中心主義を相対化させるきっかけとなった。

合理　理屈や道理に合うこと。論理的に説明できるようにすることを**合理化**という。

功利主義　十九世紀、イギリスで盛んになった社会思想。倫理学・政治学などにおいて用いられる。最大多数の最大幸福をスローガンとする。

個人主義　個人の意義と価値を重視し、個人の権利や自由を尊重する考え方。↔**全体主義**。

悟性　知的な思考能力。

コペルニクス的転回　カントが自己の認識上の立場を表すのに用いた言葉。われわれの認識は対象に依拠すると考えられていたが、カントはこの考え方を逆転させて、対象の認識はわれわれの主観の構成によって初めて可能になるとし、この認識上の立場の転回をコペルニクスによる天動説から地動説への転回にたとえた。

コモンセンス　常識。一般的な社会生活を営むために必要な知識。

コンテクスト　文章の前後のつながり。**文脈**。コンテキスト。

サスティナビリティー　持続可能性。特に、環境問題を解決するために、持続可能な開発・発展について論じる場合によく用いられる。

三段論法　大前提・小前提の二つの前提から一つの結論を導く論理的推理。推論式。

恣意的　論理的な必然性がなく、そのときの気ままな思いつきであるさま。

ジェンダー　文化的、社会的な性別。生物学的な性別であるセックスに対する概念。男は青色、女は赤色というように、こうあるべきだというそれぞれの性の役割や性差をさす。

自家撞着（どうちゃく）　同一人物の言動などが前後で食い違って、つじつまが合わないこと。**自己矛盾**。

好きなタイプ？優しいならどんな人でもいいよ。

優しいだけじゃ物足りない。男らしくない人はいや。

次元　空間の広がりを表す一つの指標。転じて、物事を行うときの考え方や立場。また、その水準をさす。

自己疎外　理念が自己を否定して、自己にとってよそよそしい他者となること。マルクスはこれを、資本主義社会における人間の非本来的な状態として捉え直した。

実存　時間、空間内にある個別的存在。とくに、自己の存在に関心を持って存在する主体的な人間存在をいう。

シニカル（シニシズム）　世をすねた皮肉な嘲笑的態度。冷笑的。「シニシズム」は冷笑主義。

シニフィアン　言語学用語。「能記」などと訳される。言語記号の表現面（音のイメージ、聴覚映像）をさすもので、それに対し言語の内容面（意味、概念）をシニフィエ（「所記」）という。両者はともに言語体系の中で分節された記号を構成する二つの側面であり、互いの存在を前提としてのみ存在する。

支配　個人ないし集団が他の個人ないし集団を自己の意思・命令・行動に服従させることをいう。M・ウェーバーは支配の正当性を承認させる根拠として「伝統」「カリスマ」「合法性」の三つをあげた。

資本主義　封建制以後に支配的になった生産様式。労働力を商品化し、剰余労働を剰余価値とすることによって資本の自己増殖を目ざし、資本蓄積を最上位におく社会システム。

社会主義　資本主義の矛盾を批判し、これを克服して、新たな社会を建設しようとする思想と運動の総称。

ジャンル　芸術・文芸の形態上の区分。種別。様式。（例　小説・随筆・日記・評論など。）

囚人のディレンマ　ゲーム理論の一例。共犯の二人が警察に拘留されて別々に尋問され、ともに黙秘を通せば両者ともに刑は軽く、一

1932）　一つの発明の影には、大きな努力の積み重ねがある。

方が共犯証言をして他方が黙秘を続ければ、共犯証言をしたほうは釈放され、黙秘を続けたほうは重い刑を受ける。また両者が自白した場合には若干の減刑がある。このとき片方が釈放を願って証言をすれば他方もその戦略をとる可能性があり、その場合は両者が黙秘を通した場合よりも悪い結果となるというディレンマが生じる。国際政治における国家間の関係を理解する場合などに援用される。

主観 対象について認識したり行為したりする意識のはたらき。俗に、自分ひとりの考え方や感じ方に偏る態度であること。↕**客観**。

主体 作用を及ぼすほうのもの。認識し、行動し、評価する我。主体の認識や行動の対象となるものが「**客体**」である。「主体性」は対象に対して、受動的でなく能動的主体となってはたらく傾向。自主性。

循環 ぐるぐると巡ること。生態系の中で物質が形を変えながら循環することを物質循環という。

水の循環
雲
雨
蒸発
川
海

上位語 ある概念を表す言葉に対して、より包括的な概念を表す言葉。「犬」に対する「哺乳類」など。↕**下位語**。

抒情(じょじょう) 感情や情緒を述べること。叙情。「リリシズム」は抒情主義。

進化論 生物進化の事実・機構・原因などに関する理論、またはそれらを研究する学問分野。C・ダーウィンの『種の起源』によって不動の学説として確立され、その後現在の主流であるネオダーウィニズムへと発展した。

心身二元論 精神(心)と身体(体)は別物だとする考え方。

身体論 他者と関わる身体そのものを重視する考え方。

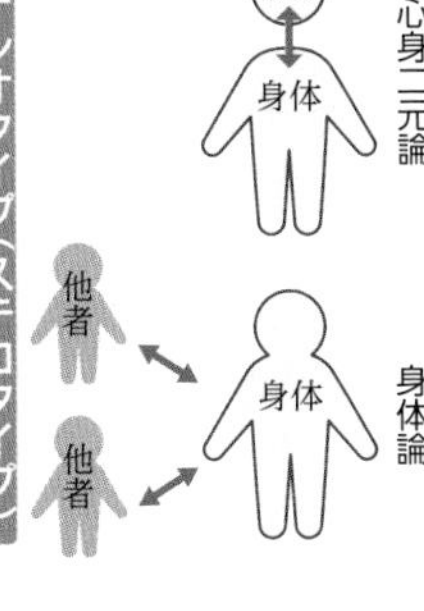

ステレオタイプ(ステロタイプ) 型にはまった考えや行動。**紋切り型**。

関西から来ました。
関西出身だから、絶対にお笑いが好きだ。

ストイック (ストア派の哲学者をさす言葉から)禁欲的。克己的。

世俗化 ある社会で、宗教などの聖なる支配が世俗的な規制の形態に置き換わっていく過程。

全体主義 個人の利益よりも全体の利益が優先し、全体に尽くすことによってのみ個人の利益が増進するという前提に基づいた政治体制で、一つのグループが絶対的な政治権力を全体、あるいは人民の名において独占するものをいう。

相対的 物事が他との関連・比較において、初めて考えられる様子。↕**絶対的**(他との関連・比較にかかわらず、それ自体として存在する様子)。

措定(そてい) ある命題を、自明なものもしくは任意の仮定として、推論によらないで直接的に主張し肯定すること。

ダイナミズム あらゆる現象は自然力の作用とする説。芸術においては、作品のもつ活力、力強さをさす。

多極構造 いくつかの大国に大きな力が配分され、しかもそれらの大国の間に固定的な同盟関係が存在しない国際体系の構造をいう。

他者 自己とは異なる存在。他者はつねに自己との関係のもとで理解される。

他者A
他者B
他者C
他者D
a b c d
自己

自己は他者に囲まれている。他者に投影された自分の姿を見ることで、自己への認識が深まることもある。

タブー 禁忌。①神聖なものと見なされた事物・場所・行為・言葉などについてさわったり、口に出したりすることを禁じたもの。②一般にふれることを禁じられた事物。

耽美主義(たんび) 美を最高の価値として、美の追求を至上の目的とする芸術上・生活上の立場。

秩序 ①物事の正しい順序、筋道、決まり。②社会生活上の決まり。

抽象 個々の具体的概念から共通な属性を抜き出し、これを一般的な概念として捉える心的作用。↕**具象**。**具体**。

ディレンマ(ジレンマ) 相反する二つの事の板ばさみになって、どちらとも決めかねる状態。

デフォルメ 絵画や彫刻などで、対象をありのままに表現せずに、創作家の意図を加えて変形して表現すること。

当為 現にそうあるべきこと。当然そうすべきこと。

 ◆世界の名言 天才とは1パーセントの霊感(れいかん)と99パーセントの汗のことである。(エジソン、アメリカの発明家、1847—

桃源郷（とうげんきょう）　現実の世界を離れた、苦しみや悲しみのないすばらしい世界。中国の陶淵明（とうえんめい）の『**桃花源記**（とうかげんき）』に描かれた、桃の林に囲まれた別天地。仙境。理想郷。

淘汰（とうた）　①よいものをとり、不用のものをとりのぞくこと。②環境に適応するものが生き残り、そうでないものは滅びること。

トートロジー（同語反復）　同じ言葉の無意味な繰り返し。**同義反復**。

頭が痛いということは、それは頭痛ですね。

ナショナリズム　民族、国家に対する個人の世俗的忠誠を内容とする感情やイデオロギー。民族主義、国家主義などと訳される。

ナルシシズム　自分を愛の対象として、それに陶酔すること。自己愛。泉に映る自分の姿に恋をして焦がれ死にしたというギリシャ神話の美少年ナルキッソスに由来する。

二元論　世界を相反する原理で説明しようとする考え方。

〈さまざまな二元論〉

精神⇔物質

善⇔悪

主体⇔客体

陰⇔陽

ニヒリズム　虚無主義。この世界における一切の秩序や価値を否定し、生存は無意味だと考える思想。

二律背反（アンチノミー）　二つの相反する命題が、同じような妥当性を持って存在すること。

認知　対象を知覚し、それが何であるかを理知的に判断すること。

認知
＝人間が環境の中で生きる際に営むプロセス
心・意識・思考・行為・知覚など
↓
情報処理的プロセスとして研究する
＝認知科学

ノスタルジア　故郷をなつかしむこと。郷愁。ホームシック。

パースペクティブ　①遠近法。透視法。②見取り図。③将来の展望や見通し。視野。

恥の文化　R・ベネディクトが『菊と刀』の中で使った用語。西欧型の「罪の文化」に対して、日本文化は他者の感情や思惑と自己の体面を重視する行動様式によって特徴づけられると断定した。

パノプティコン　円形の監獄のこと。円の中央に監視塔を設けることで、囚人は看守の視線を内面化し、常に監視下にあると意識するようになる。**管理社会のメタファー**としてよく持ち出される。

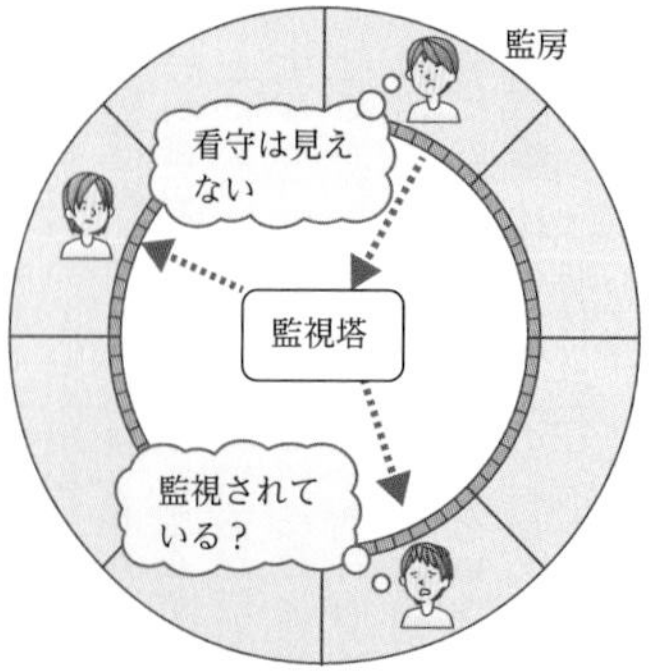

監房
看守は見えない
監視塔
監視されている？

パラダイム　体系を構成する枠組みや座標となるもの。基準。範例。「**パラダイムシフト**」は、社会で常識とされていた考え方などが劇的に変化すること。

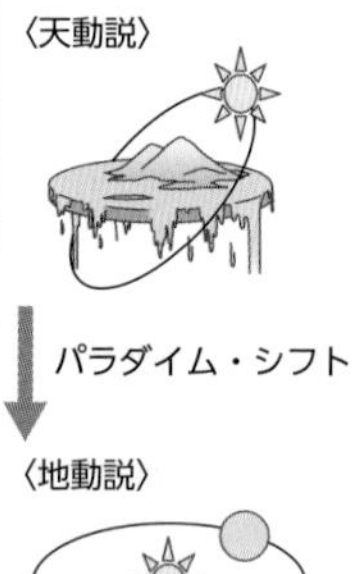

〈天動説〉
パラダイム・シフト
〈地動説〉

パロディー　風刺や滑稽などをねらって、すでにある作品の外面的特徴をまね、中身を違うものに作り変えた作品。

比喩　たとえ。たとえだと明確にわかる**直喩**（**明喩**）に対して、明確にはわからないものを**隠喩**（**暗喩**）という。

ヒューマニズム　人間性の尊重、人間の解放を目指す思想・態度。一般的には人道主義・人間主義・人文主義などの訳語があてられる。現代では、非人間的な科学の進歩から人間性を守ることが課題とされている。

表象　イメージ。心に浮かぶ対象の像。象徴・心象。

風刺　社会や人の矛盾点・欠点などを、それとなく批判すること。

フェミニズム　女性解放思想、またその思想に基づく社会運動。

敷衍（ふえん）　意味を押し広めて、詳しく説明すること。

不条理　①物事の筋道が成り立た

状況でも希望を捨てずに努力し、盲人福祉事業家として活躍した。

ないこと。道理に反すること。②哲学・文学上の概念で、人生に意義を見いだせない極限の状況。

普遍 全体に広く行き渡ること。すべてのものに共通してあること。

プリミティブ 原始的なさま。

プロット 小説や脚本などの筋。構想。

プロパガンダ 多数の人々の態度や行動にはたらきかけて、一定の方向に操作しようとする意図的、組織的な試み。宣伝。

文化相対主義 人類学において、人間の諸文化をそれぞれ独自の価値体系を持つ対等な存在として捉える態度や研究方法のこと。自らの文化を最高のものとして考える**エスノセントリズム（自民族中心主義）**に対する批判として形成された概念。

分節化 ひと続きの全体を、区別して部分に切り分けること。

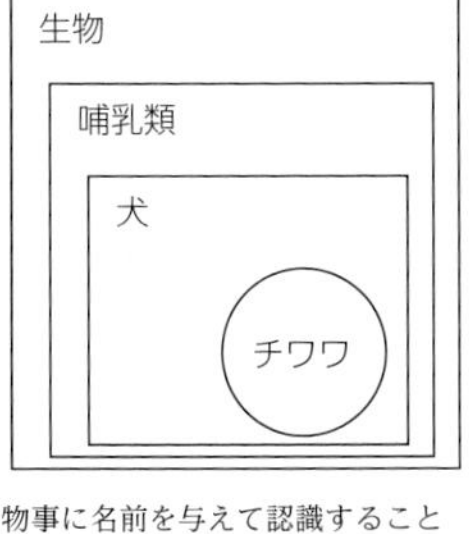

物事に名前を与えて認識すること
＝他の物から分けること
＝分節化

ペーソス 哀愁。哀感。芸術や文学において、かなしみ、やさしさの感情などをかき立てるもの。

ペシミズム 物事を悲観的に考える傾向。厭世主義。

ペダンティック わざと難しい表現や方法などを使い、自分に学識があることをひけらかすような態度をとること。衒学的。

弁証法 すべて存在（正）は、自己否定（反）を止揚（アウフヘーベン）して、高次の存在（合）になる、と考える哲学の一方法。

ホーリズム あるシステムの全体は、その部分の総和以上のものであり、全体を部分や要素に還元することはできないとする立場。「全体論」「全体主義」などと訳されるが、統治体制としての全体主義とは意味が異なる。↔**還元主義**。

ポスト・モダン 「ポスト」は「以後」「次」の意。主観主義的傾向の近代主義の後を担うもの。

マクロ 巨視的。物事を全体的な大きな視点で捉えること。↔**ミクロ**（微視的）。

マンネリズム 芸術家が個性的な創造力を失い、作品が惰性的となり独創性や新鮮味を失うこと。

見えざる手 アダム・スミスの『国富論』に登場する言葉。個々人が自分の利益だけを追求して自由競争することで、結果的に社会全体における最適な資源配分が達成されると考え、この調整機能を「見えざる手」と表現した。

無知の知 ソクラテスの哲学を特徴づける言葉。自分の無知を自覚するところから真の認識に至るとする考え方。

命題 ある論理的な判断を言葉で言い表したもの。解決すべき問題。

メカニズム ①機械装置。しかけ。②機構。（一つの組織を組み立てている）しくみ。

メタファー **隠喩**。**暗喩**。「ようだ」「ごとし」などを用いずに、たとえるものとたとえられるものを直接結びつける比喩。↔**直喩**。

メディア 伝達の媒介・媒体となるもの。手段。

モチーフ 芸術で創作の動機となる中心の思想。題材。

モノローグ 独白。劇で、相手なしに一人で話すせりふ。また、登場人物が一人の独白劇。↔**ダイアローグ**。

モラル 人として守るべき道。倫理。道徳。モラルが欠如した状態を**モラルハザード**という。

唯物論 物質のみが実在するものであるとして、精神や意識などもそこから導こうとする哲学的立場。↔**唯心論**。

ユートピア 現実には存在しない空想上の理想的な社会。理想郷。

ラディカル 妥協を排して根本的に物事を処理しようとする傾向。根本的。急進的。徹底的。

リアリズム ①現実的、実際的な事柄を重視する立場。現実主義。②社会の現実および事物の実際をありのままに描写しようとする芸術上の立場。写実主義。

リアリティ 現実味。

リスク 自然現象や人間の行為が、人間の生命・財産・生存環境などに損害を与える恐れがあること、あるいはその恐れの大小のこと。

理性 本能的、感覚的な欲求に左右されず、論理的に物を考え判断する能力。↔**感性**。**感情**。

リバタリアン 福祉国家のはらむ集産主義（土地などの重要な生産手段を国有として政府の管理下に集中・統制すべきだとする主義）的な傾向に強い警戒を示し、国家の干渉に対して個人の不可侵の権利を擁護する自由論者。

リベラリズム 自由を重んじる立場。自由主義。

レトリック（修辞・修辞学） 効果的で適切な表現をするための文章や言葉の使い方。また、それを研究する学問。

ロゴス 理性。思考能力。論理。↔**パトス**（情念）。

ロジック 論理。論法。論理学。

◆世界の名言　希望は人を成功に導く信仰である。（ヘレン・ケラー、アメリカの教育者、1880―1968）　"三重苦"という

評論家

やなぎた くにお

柳田国男

一八七五(明八)―一九六二(昭三七)　民俗学

西暦年号	年	事項
一八七五 明治8	0	七月三十一日誕生。
一八九一 24	16	次兄井上通泰の東京の家に寄宿。
一八九七 30	22	東大法科入学。花袋、独歩らと『抒情詩』出版。
一九〇〇 33	25	東大卒業。農商務省農務局に入る。
一九〇一 34	26	柳田直平の養子となる。
一九〇二 35	27	法制局参事官に任官。
一九〇五 38	30	全国農事会幹事となる。独歩、藤村らと竜土会を創始。このころより全国を講演や視察旅行。
一九〇九 42	34	『後狩詞記』刊行。
一九一〇 43	35	『遠野物語』刊行。
一九一三 大正2	38	「郷土研究」創刊。
一九一九 8	44	五年間にわたる貴族院書記官長を辞任。『炉辺叢書』刊行を企画。
一九二三 12	48	国際連盟委員を辞任。「民間伝承」を発刊して、民俗学研究に専念。
一九六二 昭和37	87	八月八日死去。

民俗学の創始者

東大時代、浪漫派詩作活動に参加。村落生活・民間伝承を研究し、民俗学成立。

一八七五年、兵庫に生まれる。東大卒業後、農商務省に入り、農政官僚として全国を回った。

九州椎葉村の旅から生まれた『**後狩詞記**』、東北遠野郷の伝承をまとめた『**遠野物語**』は、民俗学創成期の代表的著作である。

一九二五年、雑誌「**民族**」創刊。このころから「**日本の民俗学**」が、学術用語として定着する。民俗学だけでなく、『**国語の将来**』『**方言覚書**』などによって、国語学・国語教育研究へも影響を与えた。晩年には、沖縄研究の成果をまとめた『**海上の道**』(一九六一)がある。一九五一年、文化勲章を受章。著作は、『定本柳田国男集』(全三十六巻)に集成された。

遠野物語 説　岩手県中部の遠野郷に語り伝えられた伝説・昔話・習俗など、一一九話を柳田が記録したもの。同地出身の佐々木喜善の語りを洗練された文体で記述する。

雪国の春 随　一九一八年から一九二八年に書かれた文章から選ばれた十編。「清光館哀史」などが収められ、随筆文学の名作。

こばやし ひでお

小林秀雄

一九〇二(明三五)―一九八三(昭五八)　文芸評論

西暦年号	年	事項
一九〇二 明治35	0	四月十一日誕生。
一九二一 大正10	19	父死去。一高に入学するも、経済的な理由や神経衰弱などで休学。
一九二四 13	22	このころ、富永太郎に邂逅、フランス象徴詩と接触する。
一九二五 14	23	東大仏文科に入学。中原中也を知る。
一九二九 昭和4	27	『様々なる意匠』で「改造」懸賞評論第二席。
一九三六 11	34	正宗白鳥と「思想と実生活」論争。
一九四二 17	40	『当麻』『無常といふ事』執筆。
一九四六 21	44	『モオツアルト』
一九五四 29	52	『近代絵画』
一九五九 34	57	芸術院会員に選任。
一九六四 39	62	『考へるヒント』
一九六七 42	65	文化勲章受章。
一九七八 53	76	『本居宣長』によって日本文学大賞受賞。
一九八三 58	80	三月一日死去。

近代的文芸評論の確立者

文芸復興の機運のもとで「文学界」を創刊。創造的な近代評論の確立。

一九〇二年、東京に生まれる。東大時代の中原中也の恋人との恋愛は、小林の文学的「成熟」に大きな影響を与えた。

一九二九年、『**様々なる意匠**』が「改造」の懸賞論文に入選し、文壇にデビューする。一九三〇年から「文芸春秋」の時評を担当、プロレタリア文学を批判した。一九三三年、「文学界」を創刊、三五年には編集責任者となる。この時期、『**Xへの手紙**』『**私小説論**』などが書かれた。

日米開戦後は、時事的発言を控え、古典の世界へ沈潜、『**当麻**』『**無常といふ事**』などのエッセイを書いた。戦後、評論活動の主流は、音楽・絵画・哲学などに移り、『**モオツアルト**』『**近代絵画**』『**考へるヒント**』などを相次いで発表した。小林の評論活動は文芸批評の域を越え、絶えざる自己省察と人間探究によって、**評論を「創造」に高めた**と評価される。晩年に書かれた『**本居宣長**』は、近代評論の記念碑的労作である。

無常といふ事 随　第二次大戦中に書かれた古典に関するエッセイ集。近代日本散文中、最高の達成を示していると評されている。

本居宣長 評　宣長の言語論の追求を通して自身の国語観を語り、究極の「道」のあり方を求め、後世に伝えようとした書。

ることを知り、青春時代に入ると他者との関係を知り、道徳的な生き方を知る、の意。

和辻哲郎

わつじ てつろう 一八八九(明二二)—一九六〇(昭三五)

◆人間学的倫理学の大成者

一八八九年、兵庫に生まれる。東大在学中に第二次「新思潮」に参加。一九一三年、夏目漱石の門に入った。この時期は、文芸評論などを発表、一九一九年刊の『**古寺巡礼**』は、若者の愛読書となった。

一九二一年、「思想」が創刊され、谷川徹三や林達夫と編集に参加。同誌は、彼の論文の主要な発表機関となった。一九二五年、西田幾多郎の推薦で京大に招かれ、倫理学研究の業績を重ねた。一九二七年から約一年、ドイツでハイデッガーの実存哲学、フッサールの現象学、ディルタイの解釈学を学んだ。和辻倫理学の体系は、個人と社会の弁証法的関係を軸として構成されている。『**人間の学としての倫理学**』『**風土**』『**面とペルソナ**』『**倫理学**』などの著書がある。

一九四八年、志賀直哉らと生成会を創立し、機関誌「心」の編集委員となる。学士院会員、日本倫理学会初代会長などを歴任し、一九五五年、文化勲章を受章した。一九六〇年死去。七十一歳。

古寺巡礼 評 一九一九年刊。一九一七年、奈良付近の古寺巡礼の体験を、日記風に記した評論。古寺の建築、仏像などを通した日本発見の書。

風土―人間学的考察 評 一九三五年刊。風土と人間存在との関係を哲学的に考察した書。海外体験に基づく生態史的文化論。

丸山真男

まるやま まさお 一九一四(大三)—一九九六(平八)

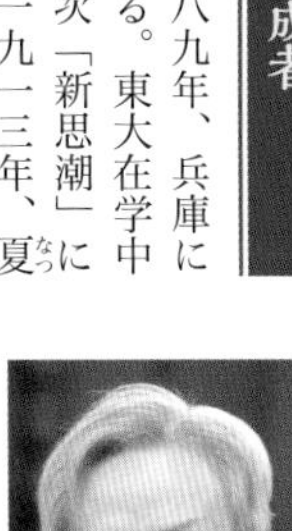

◆時代思想の指導者的活躍

一九一四年、大阪に生まれる。郷里は長野。一九四〇年、東大助教授となる。一九四五年八月、召集先の広島市で原子爆弾に遭遇した。一九四六年に発表した『**超国家主義の論理と心理**』で注目され、以後、戦後民主主義思想の展開に指導的役割を果たす。特に、一九六〇年の安保闘争においては、活発に講演活動や論文発表を行い、若者のオピニオン・リーダーとなった。また、教育者として、すぐれた人材を育成し、丸山学派と呼ばれる学統を形成した。

芸術にも関心を示し、一九四八年には、野間宏・木下順二・杉浦明平・瓜生忠夫らと未来の会を結成、季刊誌「未来」を創刊したほか、音楽鑑賞などでも高い批評力を示した。

一九七一年に東大を退官、のち学士院会員になる。著書に、『**日本政治思想史研究**』『**現代政治の思想と行動**』『**日本の思想**』『**「文明論之概略」を読む**』『**忠誠と反逆**』などがある。

日本政治思想史研究 評 一九五二年刊。初期の代表的著作。近世の儒教思想の流れの中に、わが国の近代意識成立の契機を探究した書。

日本の思想 評 一九六一年刊。近代日本社会のもつ矛盾点と克服の道を説いた「『である』ことと『する』こと」など、幅広い読者をもった本である。

加藤周一

かとう しゅういち 一九一九(大八)—二〇〇八(平二〇)

◆独自な日本文化観

一九一九年、東京に生まれる。東大医学部在学中に、中村真一郎・福永武彦らと「マチネ・ポエティク」というグループを結成、新定型詩運動を進めた。一九四三年、医学部を卒業、医者の道を進む。終戦後、日米「原子爆弾影響合同調査団」の一員として、広島に赴いた。

一九四七年、中村真一郎・福永武彦との共著『**1946 文学的考察**』を刊行、注目を浴びる。以後、活発な文学活動を行い、一九四七年には「近代文学」の同人となる。一九五一年、医学留学生として渡仏、帰国後に『**日本文化の雑種性**』以下の評論を発表し、一九五六年、それらの成果を『**雑種文化**』にまとめて刊行した。一九六〇年、カナダのコロンビア大学に招かれて日本の古典の講義をし、これはのちに『**日本文学史序説**』(一九七五)としてまとめられた。

近年では、「百科辞典」(平凡社)の編集長を務めたり、『**山中人間話**』『**夕陽妄語**』などのエッセイを発表したりするなど、活発な活動を行った。

雑種文化 評 「日本の小さな希望」と副題がつけられている。日本文化の本質は、日本文化と外来文化とが深く融和した雑種性にあるとする。

日本文学史序説 評 上下二巻。外国での講義をまとめたもの。独自な史観に立ち、中国や欧米の影響のもとに発達した日本文学を説いた書。

鈴木孝夫

すずき たかお　一九二六（大一五）—二〇二一（令三）

◆言語機能を新視座から解明

一九二六年、東京に生まれる。一九七三年に『**ことばと文化**』を刊行して多くの読者を獲得、日本語についての問題意識を喚起（かんき）した。

続いて、『**閉**（と）**ざされた言語・日本語の世界**』『**ことばと社会**』『**武器としてのことば**』を出版、ともに人々の関心を集めた。言語は、その国の文化と密接に関係しており、言語の特質は、文化の独自性を反映しているので、日本語の性格を解明するのに、たとえば、ヨーロッパの言語学の方法を適用することは必ずしも有効ではないことを提言する。

国際化時代に入り、異文化理解を前提としたコミュニケーションが必要とされるようになった。このような時代の風潮における鈴木言語学のもつ意味は、重要である。外国人の日本語学習者が増加し、日本語教育の理論と方法の開拓が要求されている今日、鈴木氏の考え方は、ますます多くの人に受け入れられると考えられる。著書に『**日本語と外国語**』『**日本語は国際語になりうるか**』などがある。言語社会学者。

ことばと文化[評]　文化とことばとの関係、ものとことばとの関係など、ことばの本質的機能について述べている。

日本語と外国語[評]　『ことばと文化』の姉妹編。外国語コンプレックスをもつ日本人に、言語の本質と日本語の独自的価値を説いた書。

中村雄二郎

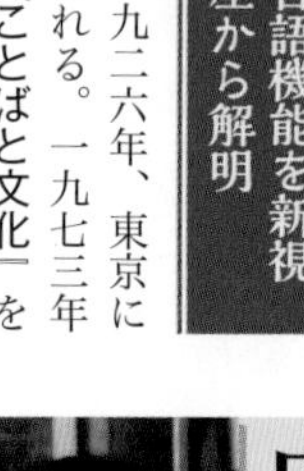

なかむら ゆうじろう　一九二五（大一四）—二〇一七（平二九）

◆多面的な実存性の追究

一九二五年、東京に生まれる。一九五〇年、東大哲学科卒業。

太平洋戦争末期ごろから、パスカルやデカルトに強い関心をもち、戦後は、この二人の思想を思索の拠点として、現代人の直面する問題の究明に努めた。追究対象は、構造主義や言語論、感覚の問題に発展していく。彼の思索のあり方は、関心の領域や視野がきわめて多様で幅広く、かつ、人間存在を根底からトータルに問い直そうとしているところに、特色がある。

中村雄二郎の研究や評論の業績を、その進展過程に沿って整理すると、次の五段階に分けられる。(1)パスカルやデカルトについての研究をまとめた『**パスカルとその時代**』。(2)現代日本思想について考究した『**現代情念論**』『**制度と情念と**』。(3)構造主義や言語論の著述『**言語・理性・狂気**』。(4)思想の根拠としての感覚を論じた『**共通感覚論**』。(5)以上の集大成としての『**場所 トポス**』。その後も「21世紀へのキーワード」シリーズを著すなど、活発な活動を続けた。

哲学の現在[評]　よく考えよく生きることを根本理念として、哲学を説く。『術語集』『問題群』とあわせて三部作とされている。

場所　トポス[評]　著者がこれまで追究してきた哲学の諸問題を貫通する根本問題としてのトポス（場所）について論述した書。

森本哲郎

もりもと てつろう　一九二五（大一四）—二〇一四（平二六）

◆文明批評の多面的な活動

一九二五年、東京に生まれる。東大大学院在学中より雑誌「VAN」編集長として活躍。大学院修了後、東京新聞社に入社し、研修のため渡米する。一九五三年帰国後、朝日新聞社に入社。学芸部記者、学芸部次長を経て、『週刊朝日』副編集長、編集局編集委員を歴任した。

一九七六年、朝日新聞社辞職後は、世界各地を旅行するかたわら、著述活動に従った。一九八〇年には、TBSの情報番組のキャスターを務める。一九八七年、東京女子大学教授となる。

旅を通しての文明批評のかたわら、日本語について、哲学的・文明批評的立場からの研究と発言を続ける。この方面の著作に『**ことばへの旅1〜4**』『**日本語 表と裏**』などがあり、日本語を支える日本人独自のものの見方・考え方・発想法などについて説き、啓発的な文章が収められている。また、人生論的なエッセイも多く執筆している。著書に、『**生き方の研究**』『**「私」のいる文章**』『**日本民族のふるさとを求めて**』などがある。二〇一四年死去。八十八歳。

サハラ幻想行—哲学の回廊[紀]　サハラの奥地タッシリ高原への旅で、岩山の壁画と出会い、白い巨人の像を前に、文明の本質を思索する。

すばらしき旅—人間・歳月・出会い[随]　十八編のエッセイを収録する。人間は旅によって、新しい人生の発見に導かれるとする旅観に立つ。

れ変えられることはない、の意。

大岡 信

おおおか まこと　一九三一(昭六)—二〇一七(平二九)

◆清新な詩作と革新的評論

一九三一年、静岡に生まれる。父博は、歌誌「菩提樹」を主宰する歌人。沼津中学三年ごろから、友人と同人誌を発行したり詩や短歌を発表したりした。また、立原道造や菱山修三らの作品に親しむ。東大在学中に日野啓三・丸山一郎（佐野洋）らと、同人誌「現代文学」を発刊。「赤門文学」にも参加して活動した。東京大学卒業後十年間、読売新聞社外報部で勤務したのち、明治大学、東京芸術大学で教鞭をとる。

詩人、評論家としては、大学卒業後、谷川俊太郎の「櫂」に加わったり、飯島耕一らと「シュルレアリスム研究会」を結成したりして活動している。一九五六年、処女詩集『**記憶と現在**』を出して、その前衛芸術的な表現と日本的感性の融合が注目された。一九五九年、飯島耕一・清岡卓行らと「鰐」を結成、清新な詩活動を展開した。評論活動は、芸術・文芸・評伝など、多方面にわたっており、『**超現実と抒情**』『**紀貫之**』『**装飾と非装飾**』『**折々のうた**』などがある。

紀貫之 評　『日本詩人選』の一巻として刊行。正岡子規の否定的評価以来通念化していた貫之観を再評価、復権させた評伝である。

折々のうた 評　一九七九年以来、朝日新聞に断続的に連載していた、短歌・俳句・詩などの評釈をまとめたもの。一編約二百字の文章が特色。

山崎正和

やまざき まさかず　一九三四(昭九)—二〇二〇(令二)

◆時代を洞察する評論と劇作

一九三四年、京都に生まれる。幼少時、父の任地満州で過ごす。帰国後、京大文学部に進学し、美学を専攻する。一九六二年、処女作『**カルタの城**』を発表し、京都新劇団によって上演された。彼の劇作家としての地位を確立したのは、一九六三年に発表した『**世阿弥**』によってであった。本作は、俳優座によって上演され、岸田戯曲賞を受けて、一躍、新進の劇作家として注目されるようになった。

以後、『**後白河法皇**』『**野望と夏草**』『**実朝出帆**』と、次々に問題作を発表した。

評論家としても深い学識と広い視野から、文芸批評・文明批評・芸術論・史論などに鋭い見識を示した。人間を劇的な存在と見る立場から、広範な文明批評を展開し、『**劇的なる日本人**』『**不機嫌の時代**』『**柔らかい個人主義の誕生**』『**鷗外　闘う家長**』などによって独自な地位を占めた。『**社交する人間**』では、社交による人間関係の重要性を説いた。

劇的なる日本人 評　劇的でないとされた日本人が、西洋における劇とは異質で、より感動的な劇性があることを指摘して注目された評論。

鷗外　闘う家長 評　漱石・荷風の欧州留学体験と鷗外のそれとを比較して、鷗外の自我形成の特質について論じ、その人生にも及んだ評論。

別役 実

べつやく みのる　一九三七(昭一二)—二〇二〇(令二)

◆前衛的な劇作と評論

一九三七年、旧満州の新京（長春）に生まれる。早稲田大学政経学部に進学するが、経済的な困窮のため、中途退学する。

退学後、東京土建一般労組の書記として働きながら、演劇活動に従う。一九六二年、鈴木忠志らと、劇団「自由舞台」を結成、ここで上演された『**象**』は、原爆問題を扱ったもので、初期の代表作と目されている。

「自由舞台」を母体に「早稲田小劇場」を設立し、戦争被害者の少女のやり場のない怒りを表現した『**マッチ売りの少女**』などを発表した。また、ベケットらの不条理劇の影響を受けた作品を創作、上演した。

一九六七年、劇団を離れる。一九六八年、『**マッチ売りの少女**』『**赤い鳥の居る風景**』で、岸田戯曲賞を受けた。一九七二年、山崎正和らと、「手の会」を結成した。同年、『**そよそよ族の叛乱**』で、芸術選奨新人賞受賞。演劇・評論・児童文学などの分野で活躍した。

マッチ売りの少女 戯　童話「マッチ売りの少女」を背景としながら、老夫妻と女（マッチ売りの少女）を登場させ、人生の断面を抉り出す。

空中ブランコのりのキキ 童　空中ブランコで三回転ができるキキは、観客の人気を維持するため秘薬で四回転に成功するが直後に失踪する。

世界の名言　文は人なり。（ビュフォン、フランスの博物学者、1707—1788）　演説『文体論』の一節。文は他から奪わ

主な評論家

青木保（あおき たもつ）
一九三八―。東京出身。東大大学院社会学研究科修了。文化人類学者。専門は東南アジアにおける仏教文化。タイの僧院で修業した経験をまとめた『タイの僧院』(七六)で高い評価を受けた。著書に『儀礼の象徴性』(八四)、『異文化理解』(〇一)、『多文化世界』(一七)などがある。

赤坂憲雄（あかさか のりお）
一九五三―。東京出身。民俗学者。東大文学部卒業。「東北学」の提唱で有名。民俗学的に岡本太郎を論じた『岡本太郎の見た日本』(〇七)では、ドゥマゴ文学賞・芸術選奨文部科学大臣賞を受賞。二〇一二年二月まで、東日本大震災復興構想会議の委員を務めた。

池内了（いけうち さとる）
一九四四―。兵庫出身。京大大学院理学研究科修了。天文学者。『天文学と文学のあいだ』(〇一)などのほか、『科学の考え方・学び方』(九六)など科学全般をテーマとした著作や、『疑似科学入門』(〇八)など、正しい科学知識、科学とのつきあい方を述べた著作も多い。

池上嘉彦（いけがみ よしひこ）
一九三四―。京都出身。東大大学院人文科学研究科修了。言語学者。文学、特に詩への言語学的なアプローチを通して、言語の創造性に焦点を当てた研究を行っている。著書に『ことばの詩学』(八二)、『記号論への招待』(八四)、『詩学と文化記号論』(九二)、『日本語と日本語論』(〇七)などがある。

池田晶子（いけだ あきこ）
一九六〇―二〇〇七。東京出身。慶大哲学科卒業。文筆家を自称し、日常の語彙を用いて哲学を語る「哲学エッセイ」を確立。学術的な哲学とは距離を置いて、執筆や講演を中心に活動した。著書に『帰ってきたソクラテス』(九四)、『14歳からの哲学―考えるための教科書』(〇三)などがある。

池田清彦（いけだ きよひこ）
一九四七―。東京出身。東京教育大学理学部生物学科卒業。生物学者。構造からの現象の理解を目ざす構造主義生物学を支持している。昆虫についての著作も多い。『虫の目で人の世を見る』(九九)、『38億年　生物進化の旅』(一〇)、『やがて消えゆく我が身なら』(一三)などの著書がある。

市川浩（いちかわ ひろし）
一九三一―二〇〇二。京都出身。京大文学部卒業。哲学者。大学を卒業後毎日新聞社の記者となるが、退社して再び研究の道に入り、日本における身体論の草分けの一人となった。著書に『精神としての身体』(七五)、『ベルクソン』(八三)、『〈身〉の構造　身体論を超えて』(八六)などがある。

稲垣栄洋（いながき ひでひろ）
一九六八―。静岡出身。岡大大学院農学研究科修了。農学者。専門は雑草生態学。農林水産省職員を経て研究者となる。雑草の生理生態を中心に、農山村の自然や身近な環境に関する研究を行っている。著書に『赤とんぼはなぜ竿の先にとまるのか？』(一一)、『弱者の戦略』(一四)がある。

今井むつみ（いまい むつみ）
神奈川出身。ノースウェスタン大学心理学部博士課程修了。心理学者。認知発達と言語獲得の関係についての研究に加え、子供の言葉の力と思考力を測定するアセスメントや教材作成にも携わる。著書に『ことばと思考』(一〇)、『学びとは何か』(一六)、『英語独習法』(二〇)などがある。

今福龍太（いまふく りゅうた）
一九五五―。東京出身。東大法学部卒業。文化人類学者。中南米でのフィールドワークを通して、従来の学問の枠にはまらない独自の世界を構築した。著書に『ここではない場所』(〇一)、『クレオール主義』(〇三)、『ブラジルのホモ・ルーデンス』(〇八)などがある。

入不二基義（いりふじ もとよし）
一九五八―。神奈川出身。東京大学文学部哲学科卒業。哲学者。自我や時間を対象とした研究に取り組むとともに、レスラー・予備校講師としても活躍している。著書に『時間は実在するか』(〇二)、『足の裏に影はあるか？ないか？哲学随想』(〇九)などがある。

岩井克人（いわい かつひと）
一九四七―。東京出身。マサチューセッツ工科大学大学院にて博士号取得。経済学者。不均衡動学と貨幣論を専門とし、文明批評や文学論でも才能を発揮している。著書に『不均衡動学の理論』(八七)、『貨幣論』(九三)、『会社はこれからどうなるのか』(〇三)などがある。

は金と同じくらい貴重なもの。②時間を有効に使って勉励すれば必ず成功する

上田紀行
うえだのりゆき

一九五八—。東京出身。東大大学院総合文化研究科修了。文化人類学の立場から、宗教の持つ意味、癒しといった現象について研究を行っており、特に仏教に造詣が深い。著書に『宗教クライシス』(九五)、『生きる意味』(〇五)、『「肩の荷」をおろして生きる』(一〇)、『立て直す力』(一九)などがある。

上野千鶴子
うえのちづこ

一九四八—。富山出身。京大大学院博士課程修了。社会学者。一九八二年、『セクシィ・ギャルの大研究』で女性論に関する世の関心を高め、女性学を確立、女性運動の理論的指導者として活躍する。『スカートの下の劇場』(八九)、『近代家族の成立と終焉』(九四)などの著書がある。

内田樹
うちだたつる

一九五〇—。東京出身。東大文学部卒業。専門はフランス現代思想だが、政治やメディア、学力低下問題、ユダヤ人問題を論じるなど、幅広い評論活動を展開している。また、自身が主催する武道と学術研究のための学塾「凱風館」では、合気道を通じた身体論の実践的検証を行っている。映画や漫画を素材として現代思想を論じたり、日本人論を展開したりするなど、ユニークな視点でも知られる。二〇〇七年、『私家版・ユダヤ文化論』で小林秀雄賞、一〇年、『日本辺境論』で新書大賞を受賞。著書に『街場の現代思想』(〇四)、『街場のメディア論』(一〇)、『武道的思考』(一〇)などがある。

内山節
うちやまたかし

一九五〇—。東京出身。都立新宿高校卒業。自ら山村生活を送り、生きること、働くことの根本原理を、自然との関わりを通して捉え直す試みを実践している。著書に『自由論』(九八)、『「里」という思想』(〇五)、『日本人はなぜキツネにだまされなくなったのか』(〇七)などがある。

宇野重規
うのしげき

一九六七—。東京出身。東大法学部卒業。政治学者。フランスの政治思想史を研究している。また、「希望学」提唱者の一人としても知られる。『〈私〉時代のデモクラシー』(一〇)、『民主主義のつくり方』(一三)、『西洋政治思想史』(一三)などの著書がある。

梅原猛
うめはらたけし

一九二五—二〇一九。宮城出身。京大哲学科卒業。哲学者。実存主義哲学の研究から出発したが、日本の芸能や文学の笑いを研究対象とし、日本文化研究に関心を向けるようになった。『隠された十字架』(七二)、『水底(みなそこ)の歌』(七三)などの著作で大胆に国学史観を批判、梅原日本学を確立した。

江藤淳
えとうじゅん

一九三二—一九九九。東京出身。本名は江頭淳夫(えがしらあつお)。慶大英文科卒業。一九五六年に発表した『夏目漱石』で文芸批評家として認められた。一九六一年から朝日新聞の文芸時評を担当。ライフワーク的な評論『漱石とその時代』(七〇—九九・未完)など、多数の著書がある。

榎本博明
えのもとひろあき

一九五五—。東京出身。都立大大学院で博士号を取得する。心理学者。自己を語ることを通して自己を捉える、自己物語の心理学を提唱した。コミュニケーション、人材育成、子育てなどをテーマに、執筆・講演活動を行っている。著書に『〈ほんとうの自分〉のつくり方』(〇二)などがある。

大澤真幸
おおさわまさち

一九五八—。長野出身。東大社会学科卒業。社会学者。専門は数理社会学。理論モデルの分析だけでなく、実際の社会問題についても積極的に考察し、提言を行う。著書に『意味と他者性』(九四)、『ナショナリズムの由来』(〇七)、『不可能性の時代』(〇八)、『自由という牢獄(ろうごく)』(一六)などがある。

大野晋
おおのすすむ

一九一九—二〇〇八。東京出身。東大国文学科卒業。日本語学者。日本語の起源を南インドのタミル語に求めて論議を呼んだ。『日本語練習帳』(九九)は、発売一年で百八十万部を超すベストセラーとなった。著書に『日本語の起源』(五七)、『日本語以前』(八七)、『係り結びの研究』(九三)などがある。

大森荘蔵
おおもりしょうぞう

一九二一—一九九七。岡山出身。科学における哲学的問題の考察を目ざして東大哲学科に学ぶ。卒業後、アメリカに留学して分析哲学を学んだ。物心二元論を批判し、独自の一元論的哲学体系を確立した。著書に『言語・知覚・世界』(七一)、『物と心』(七六)、『時は流れず』(九六)などがある。

岡　真理（おかまり）

一九六〇—。東京出身。東京外大大学院修了。専門は現代アラブ文学。文学作品や現地でのフィールドワークを通して、パレスチナ問題を研究する。作品の分析により西洋中心主義の脱中心化を試みる。『**彼女の「正しい」名前とは何か**』(〇〇)、『**アラブ、祈りとしての文学**』(〇八)などがある。

加藤典洋（かとうのりひろ）

一九四八—二〇一九。山形出身。東大仏文学科卒業。文芸評論家。村上春樹など文学に関する評論のほか、戦後の日本社会についての評論も多く執筆した。著作に、『**敗戦後論**』(九七)、『**文学地図—大江と村上と二十年**』(〇八)、『**さようなら、ゴジラたち—戦後から遠く離れて**』(一〇)などがある。

加藤尚武（かとうひさたけ）

一九三七—。東京出身。東大哲学科卒業。哲学者・倫理学者。専門は、環境倫理学と生命倫理学を含む応用倫理学。『**環境倫理学のすすめ**』(九一)は、日本初の環境倫理学の入門書と言われている。著書に『**ヘーゲル哲学の形成と原理**』(八〇)、『**新・環境倫理学のすすめ**』(〇五)などがある。

加藤秀俊（かとうひでとし）

一九三〇—二〇二三。東京出身。東京商科大（現一橋大）卒業。一九五三年、京大人文科学研究所助手となる。この時期に「中間文化」論を発表し、注目された。学園紛争で京都を去り、ハワイ大学で「比較大衆文化論」を研究した。著書に『**情報行動**』(七二)、『**日常性の社会学**』(七四)などがある。

樺島忠夫（かばしまただお）

一九二七—二〇一九。中国の撫順（ぶじゅん）市生まれ。京大文学科卒業。文章における語の使用頻度などを量的に測定し、統計を用いて分析する手法が専門。長年にわたって国語教科書の編集にも携わった。著書に『**文章作成の技術**』(九三)、『**文章表現法**』(九九)、『**日本語探検**』(〇四)などがある。

亀井勝一郎（かめいかついちろう）

一九〇七—一九六六。北海道出身。一九二五年東大美学科に入学。翌年、「新人会」会員となり、マルクス主義を知る。三・一五事件に連座して投獄され、転向、日本浪曼派に接近。転向の過程を第一評論集『**転形期の文学**』(三四)に記し、『**大和古寺風物誌**』(四三)で自己再生を図った。

香山リカ（かやまりか）

一九六〇—。北海道出身。東京医科大学医学部卒業。精神科医、大学教授。医師としての経験をもとにして、現代人の抱える心の問題を明らかにする。著書に『**知らずに他人を傷つける人たち**』(〇七)、『**悪いのは私じゃない症候群**』(〇九)、『**気にしない技術**』(一一)などがある。

唐木順三（からきじゅんぞう）

一九〇四—一九八〇。長野出身。京大哲学科卒業。在学中に西田幾多郎（にしだきたろう）の薫陶を受けた。一九三二年、『**現代日本文学序説**』で文芸評論の道に入った。近代日本における「型の喪失」の問題を取り上げた『**鷗外（おうがい）の精神**』(四三)のほか、『**無用者の系譜**』(六〇)、『**古代史試論**』(六九)などの著書がある。

柄谷行人（からたにこうじん）

一九四一—。兵庫出身。本名は柄谷（からたに）善男（よしお）。東大大学院で英文学を専攻。一九六九年、「**意識と自然—漱石試論**」で群像新人賞を受け、評論家として出発。「近代」の持つ意味を問い直した。著書に『**意味という病**』(七五)、『**日本近代文学の起源**』(八〇)、『**世界史の実験**』(一九)などがある。

河合隼雄（かわいはやお）

一九二八—二〇〇七。兵庫出身。京大数学科卒業。心理学者。スイスに留学し、ユング派分析家の資格を取得。帰国後、箱庭（はこにわ）療法を導入、普及させた。臨床活動のかたわら、日本文化の深層心理学的な解明を試みた。著書に『**昔話と日本人の心**』(八二)、『**明恵（みょうえ）夢を生きる**』(八七)などがある。

河合雅雄（かわいまさお）

一九二四—二〇二一。兵庫出身。河合隼雄の兄。京大理学部在学中に霊長類研究所グループに参加。ニホンザルの文化的行動を研究し、サルのイモ洗いを発見。その後アフリカでゴリラとチンパンジーの調査研究にあたった。著書に『**ゴリラ探検記**』(六一)、『**森林がサルを生んだ**』(七九)などがある。

姜　尚中（カンサンジュン）

一九五〇—。熊本出身。国籍は韓国。早大大学院政治学研究科修了。政治学者。日本と韓国を中心としたアジア政治を専門とする。ナショナリズムに関する著作も多い。著書に、『**姜尚中の政治学入門**』(〇六)、『**ニッポン・サバイバル**』(〇七)、『**悩む力**』(〇八)、『**心の力**』(一四)などがある。

しい生活を経験した人こそ、人生の本当の意味合いがわかる。

木村　敏（きむらびん）

一九三一―二〇二一。朝鮮慶尚南道出身。京大大学院博士課程修了。精神病理学者。統合失調症の臨床経験をもとに、自己や対人関係などを時間意識（祭りのまえやあとなどの特徴）で分析した現象学的な論を展開した。著書に『あいだ』（八八）、『関係としての自己』（〇五）などがある。

金田一春彦（きんだいちはるひこ）

一九一三―二〇〇四。東京出身。東大国文学科卒業。日本語学者。父の京助も日本語学者。専門は日本音韻学。音楽にも造詣が深く、本居長世（もとおりながよ）に作曲を学んだ。「歌謡の旋律と歌詞のアクセント」（六七）という論文もある。著書に『日本語音韻の研究』（六七）、『日本語〔新版〕』（八八）などがある。

隈　研吾（くまけんご）

一九五四―。神奈川出身。東大建築意匠専攻卒業。建築家。「負ける建築」「自然な建築」などの新たなコンセプトを生み出し注目された。世界的に活躍する日本人建築家として、国内外から高い評価を受けている。著書に『小さな建築』（一三）、『建築家、走る』（一五）などがある。

黒崎政男（くろさきまさお）

一九五四―。宮城出身。東大大学院人文科学研究科修了。哲学者。カント哲学や認知科学の立場から、電脳社会の人間の本質を追究している。著書に『哲学者はアンドロイドの夢を見たか』（八七）、『カント「純粋理性批判」入門』（〇〇）、『身体にきく哲学』（〇五）などがある。

河野哲也（こうのてつや）

一九六三―。神奈川出身。慶應義塾（けいおうぎじゅく）大学文学研究科卒業。哲学者。現象学・倫理学を専門に、哲学の立場から身体や環境といったテーマを幅広く論じている。著書に『「心」はからだの外にある』（〇六）、『暴走する脳科学』（一三）、『境界の現象学』（一四）などがある。

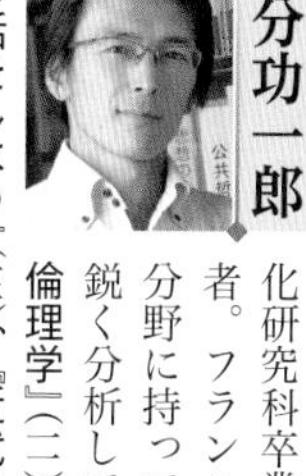

國分功一郎（こくぶんこういちろう）

一九七四―。千葉出身。東大総合文化研究科卒業。社会学者・哲学者。フランスの現代哲学を研究分野に持っており、現代社会を鋭く分析している。『暇と退屈の倫理学』（一一）、『哲学の先生と人生の話をしよう』（一三）、『近代政治哲学』（一五）などの著作がある。

小坂井敏晶（こざかいとしあき）

一九五六―。愛知出身。フランス国立社会科学高等研究院修了。社会学者。専門は社会心理学。人間が生きていくために必要な「虚構」として「民族」ができたとする『増補　民族という虚構』（一一）のほか、『責任という虚構』（〇八）、『人が人を裁くということ』（一一）などの著書がある。

小浜逸郎（こはまいつお）

一九四七―二〇二三。神奈川出身。横浜国立大工学部卒業。哲学者・批評家。社会現象学の見地から、思想、哲学など幅広く批評活動を展開。時代状況への発言でも注目された。著書に、『なぜ人を殺してはいけないのか』（〇〇）、『日本語は哲学する言語である』（一八）、『倫理の起源』（一九）などがある。

齋藤　孝（さいとうたかし）

一九六〇―。静岡出身。東大法学部卒業。身体が持っている身体知を、反復練習することによって継承・上達させるという、教育の「型」を想定、教育問題などに提言を行っている。著書に『声に出して読みたい日本語』（〇一）、『三色ボールペンで読む日本語』（〇二）、『古典力』（一二）などがある。

佐伯啓思（さえきけいし）

一九四九―。奈良出身。東大大学院経済学研究科修了。経済学者。現代社会のあり方を「現代文明論」として総合的に研究し、政治・経済を中心に広く評論活動を行う。経済成長至上主義を批判している。著書に『隠された思考』（八五）、『経済成長主義への訣別（けつべつ）』（一七）などがある。

坂村　健（さかむらけん）

一九五一―。東京出身。慶大大学院工学研究科修了。情報工学研究者。八〇年代からネットワークによるコンピュータ社会の実現をめざして活動し、ユビキタスコンピューティングの応用として、広範なデザイン活動を行う。『電脳都市』（八五）、『ユビキタス、TRONに出会う』（〇四）などがある。

佐々木毅（ささきたけし）

一九四二―。秋田出身。東大法学部卒業。政治学者。政治学研究の第一人者として、国内外の政治思想を多角的に分析し、意欲的に活動している。著書に『民主主義という不思議な仕組み』（〇七）、『政治の精神』（〇九）、『学ぶとはどういうことか』（一二）などがある。

佐藤雅彦（さとうまさひこ）
一九五四—。静岡出身。映像作家。東大教育学部学校教育学科卒業。コマーシャル、映画、ビデオゲームの制作において創造力を発揮し、その作品が高く評価されている。また、教育者としても活躍している。**『プチ哲学』**（〇〇）、**『毎月新聞』**（〇三）、**『考えの整頓』**（一一）などがある。

志村史夫（しむらふみお）
一九四八—。東京出身。名古屋工業大学大学院修士課程修了。工学者。専門は材料工学。物理学をわかりやすく紹介する**『こわくない物理学』**（〇五）、**『アインシュタイン丸かじり』**（〇七）などのほか、科学と人間との関わり方を論じた**『人間と科学・技術』**（〇九）などの著書がある。

高階秀爾（たかしなしゅうじ）
一九三二—。東京出身。美術史・美術評論家。一九五四年にフランスに留学し、一九五九年に帰国。美術評論で古今東西に通じる知識を駆使して活躍し、国際的な文化交流に貢献している。著書に**『ピカソ』**（六四）、**『ルネッサンスの光と闇』**（七一）、**『西洋の眼　日本の眼』**（〇一）などがある。

多木浩二（たきこうじ）
一九二八—二〇一一。兵庫出身。東大美学美術史学科卒業。美術評論家。記号論の立場から、美術・建築・デザイン・写真などの領域で、現代の諸問題を多角的に考察した。著書に**『天皇の肖像』**（八八）、**『絵で見るフランス革命　イメージの政治学』**（八九）、**『都市の政治学』**（九四）などがある。

多田富雄（ただとみお）
一九三四—二〇一〇。茨城出身。免疫学者・文筆家。千葉大医学部卒業。免疫機能に関する抑制T細胞の発見などで、数々の受賞歴を持つ。脳死や原爆などを主題とした能の創作でも知られる。**『免疫の意味論』**（九三）、**『独酌余滴』**（九九）、**『わたしのリハビリ闘争』**（〇七）などがある。

多田道太郎（ただみちたろう）
一九二四—二〇〇七。京都出身。東大中退後、京大仏文科卒業。京大人文科学研究所で、美学・社会学・文学の学際的研究に従い、桑原（くわばら）武夫（たけお）グループの中心的役割を果たす。「思想の科学」編集委員としても活躍。著書に**『複製芸術論』**（六二）、**『しぐさの日本文化』**（七二）などがある。

多和田葉子（たわだようこ）
一九六〇—。東京出身。チューリヒ大学卒業。小説家。ドイツでの生活を通して、母語と他言語との間の「溝」に着目する。独自の考察を行うとともに、創作活動にも取り組み、一九九二年、**『犬婿入り』**（いぬむこいり）で芥川賞を受賞。著書に**『エクソフォニー』**（〇三）などがある。

外山滋比古（とやましげひこ）
一九二三—二〇二〇。愛知出身。東京文理科大英文科卒業。英文学者・言語学者・評論家。チョーサーやシェイクスピアの研究者として知られていたが、個人編集誌「英語文学世界」を発行して、修辞学・意味論などの領域で幅広い評論活動を行った。独自の仮説を打ち立て日本語のレトリックについて考察した**『修辞的残像』**（七九）、世界に先駆けてテクストの受容を論じた**『近代読者論』**（六四）で学者としての地歩を固める。言語表現の問題を中心に文化を考察した評論や、未知のものを読む必要性や音読の有効性を説いた読書の手引きなどで知られる。著書に**『省略の文学』**（七二）、**『知的創造のヒント』**（七七）などがある。

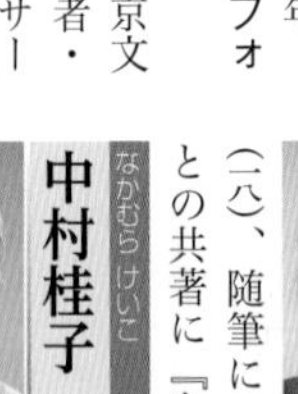

中沢新一（なかざわしんいち）
一九五〇—。山梨出身。東大文学部卒業。宗教学者・人類学者。宗教学の研究のためにチベット密教の修行を自ら体験するなど、独自の方法で研究を行う。著書に**『チベットのモーツァルト』**（八三）、**『雪片曲線論』**（せっぺんきょくせんろん）（八五）、**『森のバロック』**（九二）、**『アースダイバー』**（〇五）などがある。

永田和宏（ながたかずひろ）
一九四七—。滋賀出身。細胞生物学者。細胞内タンパク質研究の第一人者であるとともに、現代を代表する歌人・随筆家でもある。妻は歌人の河野裕子。著書に**『生命の内と外』**（一七）、**『知の体力』**（一八）、随筆に**『歌に私は泣くだらう』**（一二）、河野との共著に**『たとへば君』**（一一）などがある。

中村桂子（なかむらけいこ）
一九三六—。東京出身。東大大学院理学系研究科修了。専門は生命科学の研究。科学によって得られる知識を大切にしながら、多様な生物に受け継がれている生命の歴史物語を読み解く「生命誌」を提唱する。**『科学者が人間であること』**（一三）、**『生命誌とは何か』**（一四）などがある。

中村光夫（なかむらみつお）
一九一一—一九八八。東京出身。東大仏文科卒業。「文学界」連載の『ギイ・ド・モウパッサン』(三三)で評論家として認められた。日本近代文学の歪みを批判的に再検討した『風俗小説論』(五〇)、『志賀直哉論』(五四)などの著書がある。カミュの『異邦人』をめぐる広津和郎との論争は有名。

西垣　通（にしがきとおる）
一九四八—。東京出身。東京大学計数工学科卒業。エンジニアを経て大学の講師となり、『AI：人工知能のコンセプト』で評論家としてデビュー。『デジタル・ナルシス』(九一)、『基礎情報学—生命から社会へ』(〇四)などの評論のほか、『刺客の青い花』(〇〇)など小説も発表している。

西田幾多郎（にしだきたろう）
一八七〇—一九四五。石川出身。東大哲学科選科卒業。哲学者。一九一一年に主客未分の「純粋経験」をキーワードにしたデビュー作『善の研究』を刊行。東洋的な独自の思想を確立した。著書に『働くものから見るものへ』(二七)、『場所的論理と宗教的世界』(四五)などがある。

西谷　修（にしたにおさむ）
一九五〇—。愛知出身。東大法学部卒業。哲学者。専門はフランス現代思想。現代の戦争や社会問題を実例として、人間の狂気や理性、不死の不可能性といった問題を考察している。著書に『世界史の臨界』(〇〇)、『不死のワンダーランド』(〇二)、『理性の探求』(〇九)などがある。

野家啓一（のえけいいち）
一九四九—。宮城出身。東大大学院理学系研究科修了。哲学者。物理学を学んだ後、科学史、科学基礎理論に転向。大森荘蔵に師事した。近代科学の成立と展開過程を中心に研究している。現象学や分析哲学に関する著書も多い。『物語の哲学』(九六)、『科学哲学への招待』(一五)などがある。

野矢茂樹（のやしげき）
一九五四—。東京出身。東大教養学部卒業。哲学者。大森荘蔵に師事し、分析哲学を学ぶ。ウィトゲンシュタインの哲学にも詳しく、『論理哲学論考』の翻訳を手がけた。著書に『哲学・航海日誌』(九九)、『新版 論理トレーニング』(〇六)、『語りえぬものを語る』(一一)などがある。

橋本　治（はしもとおさむ）
一九四八—二〇一九。東京出身。東大文学部卒業。評論家・小説家・随筆家。一九七七年、小説『桃尻娘』でデビュー。古典作品のユニークな現代語訳など、多様なジャンルで活躍した。著書に『「わからない」という方法』(〇一)、『失われた近代を求めてI』(一〇)などがある。

浜田寿美男（はまだすみお）
一九四七—。香川出身。京大文学部卒業。心理学者。子供の発達過程についての知見をもとに、現代の社会問題に見る人間心理のあり方を研究している。著書に『自白の研究』(九二)、『発達心理学再考のための序説』(九三)、『「私」とは何か』(九九)などがある。

原　研哉（はらけんや）
一九五八—。岡山出身。武蔵野美術大学卒業。グラフィックデザイナー。日本的な感性を生かした、日常性を見直す新たなデザインを提示して注目を集める。受賞歴も多数。著書に『デザインのデザイン』(〇三)、『白』(〇八)、『日本のデザイン』(一一)などがある。

日高敏隆（ひだかとしたか）
一九三〇—二〇一〇。東京出身。東大動物学科卒業。動物学者。日本昆虫学会の会長を二度務め、一九八二年に日本動物行動学会を発足させた。昆虫のフェロモンに関する研究が特に有名。著書に『蝶はなぜ飛ぶか』(七五)、『春の数えかた』(〇一)、『人間はどこまで動物か』(〇四)などがある。

平田オリザ（ひらたおりざ）
一九六二—。東京出身。劇作家・演出家。西洋的な演劇理論による演劇を排し、現代口語演劇理論を提唱した。演劇手法を取り入れた教育プログラムの開発やロボット演劇でも注目を集める。戯曲『東京ノート』(九五)、小説『幕が上がる』(一二)、評論『わかりあえないことから』(一二)などがある。

平野　謙（ひらのけん）
一九〇七—一九七八。京都出身。東大社会学科卒業。一九四六年創刊の「近代文学」によって、「政治と文学」論争を起こし、ヒューマニズムの立場から旧左翼文学を批判した。一貫して昭和文学研究に従い、『昭和文学史』(六三)、『わが戦後文学史』(六九)、『昭和文学私論』(七七)などを著した。

世界の名言　自分自身を信じてみるだけでいい。きっと、生きる道が見えてくる。(ゲーテ、ドイツの詩人、1749—1832)

広井良典（ひろいよしのり） 
一九六一―。岡山出身。東大大学院総合文化研究科修了。専門は公共政策学。医療や社会保障などの政策研究と、環境や地域再生、コミュニティ等の原理的研究から、持続可能な福祉社会のあり方を構想する。『コミュニティを問い直す』（〇九）、『人口減少社会のデザイン』（一九）などがある。

福岡伸一（ふくおかしんいち） 
一九五九―。東京出身。京大大学院農学研究科修了。分子生物学者。「動的平衡」という考え方に基づき、生物を部品の集合のように考える機械論的な見方を批判している。著書に『生物と無生物のあいだ』（〇七）、『動的平衡』（〇九）、『世界は分けてもわからない』（〇九）などがある。

星野道夫（ほしのみちお）
一九五二―一九九六。千葉出身。写真家。慶大経済学部卒業。アラスカに定住し、極北の広大な自然や野生動物の生命の営みと、そこに住む人々の暮らしを写真と文章で記録し続けた。写真集に『グリズリー』（八五）、エッセイに『アラスカ　光と風』（八六）などがある。

真木悠介（まきゆうすけ） 
一九三七―二〇二二。東京出身。社会学者。東大文学部博士課程修了。人間と社会の構造関係を分析し、新たな社会心理学を考察。比較社会学や現代社会論も多く論じた。本名の見田宗介（みたむねすけ）でも執筆していた。著書に『現代日本の精神構造』（〇四）、『社会学入門』（〇六）などがある。

松田美佐（まつだみさ） 
一九六八―。兵庫出身。東大大学院人文社会系研究科修了。社会学者。専門はメディア研究。社会心理学を学ぶ中でメディアの仕組みやコミュニケーションに興味を持ち、うわさなどを研究している。著書に『うわさとは何か』（一四）、共著に『ケータイの2000年代』（一四）などがある。

三木　清（みききよし）
一八九七―一九四五。兵庫出身。歴史哲学の開拓者。西田幾多郎を慕って京大哲学科に学ぶ。マルクス主義を部分的に踏まえながら、哲学的ヒューマニズムの立場から自己の哲学を構築。戦時中に書いた『哲学入門』（四〇）、『人生論ノート』（四一）は、青年層に大いに読まれた。

水村美苗（みずむらみなえ）
一九五一―。東京出身。イェール大学仏文科卒業。小説家・評論家。一九九〇年、夏目漱石（なつめそうせき）の『明暗』の完結編『続明暗』で芸術選奨新人賞、二〇〇二年、エミリー・ブロンテの『嵐が丘』に材を取った『本格小説』で読売文学賞を受賞。評論に『日本語が亡（ほろ）びるとき』（〇八）などがある。

港　千尋（みなとちひろ） 
一九六〇―。東京出身。早大政治学科卒業。写真家・写真評論家。南米滞在を経てパリを拠点に活動を始める。記憶やイメージをテーマにして作品、評論を発表している。国際芸術祭の監督も務めた。写真集に『瞬間の山』（〇一）、著書に『書物の変』（一〇）、『芸術回帰論』（一二）などがある。

村上陽一郎（むらかみよういちろう） 
一九三六―。東京出身。東大科学史科卒業。東大大学院で比較文学・比較文化を専攻。近代科学の相対化の理論的な位置づけを、科学史・科学哲学の学際的な視点から行っている。著書に『近代科学を超えて』（七四）、『宇宙像の変遷』（八七）、『安全と安心の科学』（〇五）などがある。

茂木健一郎（もぎけんいちろう） 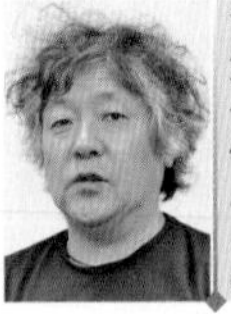
一九六二―。東京出身。東大大学院理学系研究科修了。脳科学者。「クオリア（感覚の持つ質感）」の数理モデルによる表現を目ざして研究を行っている。著書に『脳と仮想』（〇四）、『ひらめき脳』（〇六）、『思考の補助線』（〇八）、『今、ここからすべての場所へ』（〇九）、『疾走する精神』（一四）などがある。

森岡正博（もりおかまさひろ） 
一九五八―。高知出身。東大大学院人文科学研究科で倫理学を専攻。哲学や倫理学の立場から、脳死臓器移植、ジェンダー、セクシュアリティ、環境問題など、現代社会が抱える問題について論じている。『無痛文明論』（〇三）、『草食系男子の恋愛学』（〇八）、『生者と死者をつなぐ』（一二）などがある。

森田良行（もりたよしゆき） 
一九三〇―。東京出身。早大大学院修了。日本語学者。外国人留学生に日本語を教える立場から、日本語の微妙なニュアンスの違いを明瞭に整理した著作を多数発表している。著書に『動詞・形容詞・副詞の事典』（〇八）、『日本語の慣用表現辞典』（一〇）などがある。

柳澤桂子（やなぎさわ けいこ）
一九三八—。東京出身。コロンビア大学動物学科卒業。生命科学者・歌人。生命科学の研究者であったが、原因不明の病に倒れ退職。病床から哲学的にいのちを考察し、「生命とは何か」を問う著作を発表し続けている。著書に**『生きて死ぬ智慧(ちえ)』**(〇四)、**『いのちと環境』**(一一)などがある。

山極寿一（やまぎわ じゅいち）
一九五二—。東京出身。人類学・霊長類学者。京大大学院理学研究科博士課程修了。類人猿を中心としたフィールドワークを行い、それらをもとに生物としてのヒトの進化を多面的に論考している。**『ゴリラとヒトの間』**(九三)、**『家族の起源』**(九四)、**『暴力はどこからきたか』**(〇七)などがある。

山本健吉（やまもと けんきち）
一九〇七—一九八八。長崎出身。慶大国文科卒業。改造社で「俳句研究」に携わったことが、俳句批評家として活躍する機縁となった。近代文学批評に**『私小説作家論』**(四三)、**『小説の再発見』**(六三)など、古典再発見の仕事として**『詩の自覚の歴史』**(七九)、**『いのちとかたち』**(八一)などがある。

養老孟司（ようろう たけし）
一九三七—。神奈川出身。東大医学部卒業後、研修医としてのインターンシップ経験を経て、同大学の解剖学教室に入る。**『唯脳論』『脳が読む』『考えるヒト』**といった、脳科学をわかりやすく説いた一連の著作は、専門家のみならず一般社会にも広く影響を与えた。その考察は、身体論、言語論などを含み、人間文化全体にわたる。対談集**『養老孟司・学問の挑発』**(〇〇)や公演集**『脳と自然と日本』**(〇二)には、次世代への多面的な課題が示され、評論**『人間科学』**(〇三)では、最新脳医学に基づく新しい思索の全容が繰り広げられている。ほかに**『バカの壁』**(〇三)、**『「自分」の壁』**(一四)などの著書がある。

吉田秀和（よしだ ひでかず）
一九一三—二〇一二。東京出身。東京帝国大学仏文科卒業。音楽評論家。クラシック音楽への深い造詣をもとに、音楽の持つ魅力をすぐれた表現で解き明かし、戦後日本の音楽評論において先導的な役割を果たした。著書に**『マネの肖像』**(九二)、**『私の好きな曲』**(〇七)などがある。

四方田犬彦（よもた いぬひこ）
一九五三—。大阪出身。東大比較文学比較文化専攻卒業。比較文学者・映画史家。文学、映像、音楽、都市など、幅広い分野にわたって批評活動を行っている。著書に**『「かわいい」論』**(〇六)、**『「七人の侍(さむらい)」と現代』**(一〇)、**『テロルと映画』**(一五)などがある。

若林幹夫（わかばやし みきお）
一九六二—。東京出身。東大教養学部卒業。社会学者。社会的関係に、その関係の形成される「時間」や「空間」が与える影響を研究している。著書に**『熱い都市 冷たい都市』**(九二)、**『増補 地図の想像力』**(〇九)、**『〈時と場〉の変容』**(一〇)、**『未来の社会学』**(一四)などがある。

若松英輔（わかまつ えいすけ）
一九六八—。新潟出身。慶大仏文科卒業。批評家・随筆家・詩人。作家や哲学者など、さまざまな人物とその思想について、作品中の言葉や表現に注目した講演、執筆活動を行う。文学講座の開催や解説書の執筆でも注目される。著書に**『井筒俊彦』**(一一)、**『生きる哲学』**(一四)などがある。

鷲田清一（わしだ きよかず）
一九四九—。京都出身。京大大学院で哲学を専攻。フッサールの現象学を方法的基礎として、ファッション、顔、身体、皮膚感覚といった表層的な現象からアイデンティティ(自己同一性)のあり方を提起した著作は注目を集めた。また、社会問題と哲学をつなぐ「臨床哲学」を提起し、実践に取り組んでいる。八九年に**『分散する理性』『モードの迷宮』**でサントリー学芸賞、二〇〇〇年に**『「聴く」ことの力』**で桑原武夫(くわばらたけお)学芸賞、一二年に**『「ぐずぐず」の理由』**で読売文学賞を受賞した。著書に**『じぶん・この不思議な存在』**(九六)、**『ちぐはぐな身体』**(〇五)、**『「待つ」ということ』**(〇六)、**『しんがりの思想』**(一五)などがある。

鷲谷いづみ（わしたに いづみ）
一九五〇—。東京出身。生態学者。東大大学院理学系研究科博士課程修了。生物多様性保全に関する幅広い研究を行うとともに、環境保護や環境教育について積極的に提言している。**『サクラソウの目』**(九八)、**『生態系を蘇(よみがえ)らせる』**(〇一)、**『自然再生』**(〇四)などがある。

評論キーパーソン一覧

現代の思想に大きな影響を与え、国語評論文においても名前の頻出する十七世紀以降の西欧の思想家・哲学者を紹介。知っていれば評論読解の一助となる。

ベーコン ◆経験論

Francis Bacon, Baron Verulam and Viscount St. Albans

「知識は力なり」の名言で有名なイギリス経験論の祖。

一五六一～一六二六、イギリス出身、哲学者、神学者、法学者。学問の目的は、自然の法則を知識として把握することで**自然を支配する**（自然にひそむ無限の力を人間の生活のために有効に利用する）力を得ることであると考えた。先入観を**イドラ（幻影・偏見）**と呼び、それを四つに分け、自然法則を確実に知るためには、誤った判断に導く先入観を排除しなければならないとした。また、新しい知識を手に入れるには、経験に基づいて考察することが必要であるとし、**帰納法**を提唱した。

デカルト ◆合理論

René Descartes

大陸合理論の祖。「我思う、ゆえに我あり（cogito, ergo sum）」。

一五九六～一六五〇、フランス出身、哲学者。真理の探究のためには、疑わしいものをすべて排除する必要があるが、どうしても疑うことのできないものが、疑っている私そのものの存在（**方法的懐疑**）である。デカルトは**演繹法**を用い、確実な根拠にしたがって合理的な思考をする主体（**近代的自我**）を発見した。精神と物体（含・身体）を別個の存在とする**物心二元論**や、**機械論的自然観**（自然界の物体は部品を組み合わせて作られた機械のようなもの）は近代科学の基にもなっている。

スピノザ ◆合理論

Baruch De Spinoza

自然は無限の実体である神のあらわれである（汎神論）。

一六三二～一六七七、オランダ出身、哲学者。デカルトと並ぶ合理主義哲学者。デカルトが「神」「精神」「物体」という三つの実体を分けたのに対し、スピノザは、神を無限で永遠の唯一の実体とし、思考（精神）と空間的広がり（物体）は神の二つの属性であり、両者は神において統一されていると説いた。人間における**身心平行論**である。自然は神そのもののあらわれであり（神即自然）、あらゆる出来事は神に起因するとする。

ホッブズ ◆政治思想

Thomas Hobbes

自然法（人間の本性に基づく普遍的な法）は理性の命令である。

一五八八～一六七九、イギリス出身、思想家。人間には自己保存の欲求を充足する自然権（自然法により生来持つ権利）が与えられているが、それを無制限に行使すれば殺し合いがおきる（**自然状態は「万人の万人に対する闘争」**）。これを脱するために、自然法はすべての人が自然権を特定の合議体に譲渡し、それに服従するよう約束（**社会契約**）せよと命じる。国家とはこの約束に基づき人為的に作り出された制度であるとした。

ロック ◆政治思想

John Locke

人間の心はタブラ＝ラサ（白紙）であり知識は経験から得られる。

一六三二～一七〇四、イギリス出身、思想家。**イギリス経験論を確立**。他者の生命や財産が侵害されることを禁ずる自然法がはたらくため**自然状態は自由で平等な状態**である。ゆえに国家は各人の自然権をより確実にするためだけに必要とされ、政府が自然権を侵害すれば、国民は政府に抵抗し、新たな政府をつくる権利を持つ（**抵抗権・革命権**）。主権は国民の側にある（**主権在民**）。このようなロックの考えは**民主主義の基礎を築いた**とされる。

ー、アメリカの映画制作者・実業家、1901―1966） ディズニーランド創設者の言葉。

ルソー
Jean-Jacques Rousseau

◆政治思想

社会契約を結んだ国民すべてが参加する直接民主制を構想した。

一七一二〜一七七八、ジュネーヴ共和国出身、フランスの思想家。自由で平和な自然状態を破壊し不平等な社会を作り出したのは財産の私有に基づく支配と服従の関係である（**「自然に帰れ」**）。だが、自然に帰ることは不可能なので、公共の利益をめざす普遍的な意志（**一般意志**）を法律として制定し、執行する政府を人々の信託に委ね、個人の私利私欲を追求する利己的な**特殊意志**（総計したものが**全体意志**）を排除しよう、と考えた。

モンテスキュー
Charles-Louis de Montesquieu

◆啓蒙思想

イギリスの政治制度を模範に三権分立・立憲君主制を説いた。

一六八九〜一七五五、フランス出身、啓蒙思想家。ロックの影響を受け、三権分立（国家権力を三つに分けて運用させ権力の抑制と均衡をはかる制度）を説いた。ロックは立法・行政・連合（同盟）の三権を分けたのに対し、立法・行政・司法の三権を分け、それぞれを独立した組織に担わせ、三権相互の抑制と均衡を説く**三権分立論**を**完成**させた。また、百科全書の編纂（へんさん）にも協力しフランス革命やアメリカの民主主義制度に影響を与えた。

ヴォルテール
"Voltaire" François-Marie Arouet

◆啓蒙思想

絶対主義や教会の横暴を批判した啓蒙主義を代表する人物。

一六九四〜一七七八、フランス出身、哲学者、文学者。ヴォルテールは筆名。王政の堕落を風刺した作品を書きバスティーユに投獄されたことがある。のちイギリスに渡り、進歩的で自由な市民社会に触れ、ニュートンの物理学やロックの経験論を学んだ。自然科学的知識を尊重してディドロらの百科全書派に協力し、宗教的偏狭さや教会の横暴を批判して**寛容の精神**を説いた。啓蒙運動を推進して民衆を啓発しフランス革命に影響を与えた。

カント
Immanuel Kant

◆観念論

認識論におけるいわゆる「コペルニクス的転回」をもたらした。

一七二四〜一八〇四、ドイツ出身、哲学者、思想家。人間の理性がどのような能力や限界を持つかについて深く吟味する**批判哲学**を提唱し、私たちの認識とは、外界の対象が私たちの心のうちにそのまま写し出される（**認識が対象に従う**）のではなく、人間の理性のはたらきによって対象が再構成される（**対象が認識に従う**）のだと説いた。後の西洋哲学全体へは勿論（もちろん）、その影響は西田幾多郎など日本の哲学者にも強く見られる。

ヘーゲル
Georg Wilhelm Friedrich Hegel

◆観念論

歴史は進歩するもので、その目的は自由を実現することにある。

一七七〇〜一八三一、ドイツ出身、哲学者。**ドイツ観念論の完成者**。古代専制国家から近代市民社会にいたる歴史の発展段階を見わたし、歴史を動かしている本質をえぐり出そうと試みた最初の人物。また、運動や発展は反定立〈アンチテーゼ〉との矛盾や対立が生じなければ成立しない、歴史や社会も**弁証法の論理**にしたがって進歩・発展する（高い次元へ移行＝止揚〈アウフヘーベン〉）、とした弁証法哲学の業績でも知られる。

アダム・スミス
Adam Smith

◆功利主義

『諸国民の富』で自由主義経済を基礎づけた古典派経済学の祖。

一七二三〜一七九〇、スコットランド出身、イギリス（グレートブリテン王国）の経済学者、哲学者。各人の自由な利益追求が**神の「見えざる手」**に喩（たと）えられる需要と供給の市場原理によって調整され、社会全体の富を増大させるという**自由放任**（レッセ・フェール）主義や、富の源泉を各人の労働による生産力に求める**労働価値説**、国家は経済活動への干渉を避け、その任務を限定するべきという**夜警国家論**を説いた。

ベンサム
Jeremy Bentham

◆功利主義

最大多数の最大幸福（功利の原理）を唱えた功利主義の創始者。

一七四八～一八三二、イギリス出身、哲学者、法学者。行為を動機づけるものは快楽（幸福）や苦痛（不幸）であり、快苦は、行為のサンクション（制裁）としてはたらいているとした。人は、より快楽をもたらす行為を選択するから、快楽計算（快楽の量を、快楽の強さや持続性などの基準により比較・計算する）が重要であり、できるかぎり多くの人に、できるかぎり多くの幸福をもたらすことがもっともよい行為であると唱えた。

J.S.ミル
John Stuart Mill

◆功利主義

社会民主主義・自由主義思想に影響を与えた。主著『自由論』。

一八〇六～一八七三、イギリス出身、哲学者。功利主義の擁護者。「満足した豚よりも、不満足な人間である方がよく、満足した愚か者であるよりも不満足なソクラテスの方がよい」と唱え、幸福は量として計算できるものではなく質的に異なっていると説いた。よく生きるためには精神的な世界が必要で、良心が重要なはたらきをする。功利主義道徳の理想はキリスト教の黄金律だとした。ラッセルら分析哲学にも強い影響を与えた。

ロバート・オウエン
Robert Owen

◆空想的社会主義

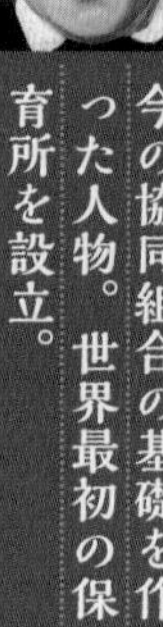

今の協同組合の基礎を作った人物。世界最初の保育所を設立。

一七七一～一八五八、イギリス出身、社会主義者。社会環境が人間の性格に与える影響を重視し、環境の改善が性格の改良をもたらすという性格形成論を唱えた。イギリス最大の紡績工場の経営者として労働条件の改善や労務管理の近代化に取り組み、成功。その後アメリカに渡りニューハーモニー村という共同体の建設に没頭したが失敗。帰国後、協同組合や労働組合運動を指導し労働者の地位向上や女性・児童の保護に尽力した。

フーリエ
Francois Marie Charles Fourier

◆空想的社会主義

エンゲルスが「偉大な批評家」として評価した空想的社会主義者。

一七七二～一八三七、フランス出身、社会主義者。貧富の差、労働者の奴隷化と失業、女性の隷従など、資本主義社会の諸矛盾を厳しく批判し、とりわけ商業を「文明の弱点」として、商業資本家の悪徳と無政府性を激しく攻撃した。こうした虚偽や混乱に満ちた無秩序な社会にかわり、「ファランジュ」と名づけた理想的な協同社会（農村的な協同組合を基礎単位とする）を求めた。ロラン・バルトやベンヤミン、ドゥルーズらに影響を与えた。

マルクス
Karl Heinrich Marx

◆社会主義

資本主義の発展により共産主義社会が到来する必然性を説いた。

一八一八～一八八三、ドイツ出身、哲学者、経済学者。マルクス主義（科学的社会主義）を確立。主著『資本論』に依拠した経済学体系はマルクス経済学と呼ばれる。ヘーゲルの弁証法の考え方を応用し「歴史は常に階級闘争の歴史である」と説いた。人間社会や歴史の基礎をなすものは人間の物質的生産活動であり、その経済的土台の上に、法律・政治・学問などの精神的活動の所産が成立する（唯物史観：史的唯物論）とした。

キルケゴール
Soren Aabye Kierkegaard

◆実存主義

「客観的真理を探し出したとしても、私に何の役に立つだろう。」

一八一三～一八五五、デンマーク出身、思想家。いつでもどこでも誰にでも通用する真理（客観的真理）ではなく、今、ここに生きている私自身にとっての真理（主体的真理）が重要だとした。実存主義の先駆者。私の本来的なあり方を「実存」といい、実存主義は、個別的で具体的で主体的な私自身に執着する。本来的な実存にいたる通路を、美的実存（あれもこれも）→倫理的実存（あれかこれか）→宗教的実存の三段階で説明した。

フランスのデザイナー、1883—1971）

ニーチェ

Friedrich Wilhelm Nietzsche

◆実存主義

「神は死んだ」。神に代わる「超人」に主体性への道を見いだす。

一八四四～一九〇〇、ドイツ出身、哲学者。キリスト教の立場で主体的自己の回復を目ざしたキルケゴールとは対照的に、キリスト教道徳は奴隷道徳であり、**ニヒリズム（虚無主義）**をもたらしたとした。「神は死んだ」と宣言して**既成の価値観を覆し**、力への意志にしたがい力強く生きる主体的なあり方（超人）のなかに主体性への道を見いだした。超人は、永遠のくり返し（**永劫回帰**）である世界のいっさいを肯定する強者である。

ハイデガー

Martin Heidegger

◆実存主義

「存在とは何か」。人間の存在のしかたそのものを問い直した。

一八八九～一九七六、ドイツ出身、哲学者。通常私たちは、日常性に埋没して生きており、この主体性を離れた非本来的なあり方を**ひと（ダス＝マン）**という。だが、不安の中で**切迫する死の可能性に向き合うとき、はじめて自分の固有の、全体的な、他者と交代できない、一回限りの存在が明らかになる**。このような自己のあり方を自覚する存在を**現存在（ダーザイン）**という。「現」とは、存在が了解される場所という意味である。

サルトル

Jean-Paul Charles Aymard Sartre

◆実存主義

「実存が本質に先立つ」。自己の選択が自己のあり方を決定する。

一九〇五～一九八〇、フランス出身、哲学者、小説家。ボーヴォワールとの契約結婚でも知られる。人はいつでも自由に自分自身で生き方を決めることができ、その責任は自分が負っていかざるを得ない（**人間は自由の刑に処せられている**）が、人は一人ではなく他者との関係の中で生きているので、自分の生き方を自分で選ぶということは、自分の存在のみならず全人類に対しても責任を負うことだ（**アンガージュマン**）と説いた。

コント

Isidore Auguste Marie François Xavier Comte

◆実証主義

「社会学」という名称を創始した社会学者、哲学者、数学者。

一七九八～一八五七、フランス出身、思想家。人類の知識の発展段階には、神学的段階、形而上学的段階、実証的段階があるとし、**事実にもとづいて立証される法則だけを真理と認める実証主義**の方法によって複雑な人間社会の現象を解明しようとした。J．S．ミルと親交があり、彼を介して、スペンサーに大きな影響を与えた。スペンサーと並んで社会学の祖として知られる。亡くなるまで、生涯を在野の学者としてすごした。

ダーウィン

Charles Robert Darwin

◆進化論

ガラパゴス諸島などを調査して、「生物進化論」の着想を得た。

一八〇九～一八八二、イギリス出身、生物学者。生物は、環境に適応する有利な変異をおこしたものが生存する可能性が高く、変異した形質は遺伝して子孫に継承される（**自然淘汰**）。この**自然の選択**というプロセスを通して、すべての生物種は共通の祖先から、長い時間をかけて多様に変化してきたとする「生物進化論」を唱えた。自然選択説は現在でも進化生物学の基盤の一つである。主著は『**種の起源**』。

スペンサー

Herbert Spencer

◆進化論

「社会も生物と同様に進化する」という社会進化論を唱えた。

一八二〇～一九〇三、イギリス出身、哲学者。人間の道徳的素質は、先祖から獲得されて伝えられたもので、**利己的感情から利他的感情へと進化**すると説いた。生物の種が環境に適応するように、適者生存の原理により人の道徳性も進化し、社会は強制的な軍事型社会から、相互に自由と平等を分かち合う自発的産業型社会へ進化すると説き、産業型社会を当時の十九世紀のイギリス資本主義社会に見いだした。

◆世界の名言　美しさは女性の「武器」であり、装いは「知恵」であり、謙虚さは「エレガント」である。（ココ・シャネル、

パース ◆プラグマティズム

Charles Sanders Peirce

記号論理学でも新生面を開いたプラグマティズムの創始者。

一八三九〜一九一四、アメリカ出身、哲学者。プラグマティズムは経験論の伝統を受けついだ実用的な哲学で、アメリカ独自の思想。具体的経験の中に科学的方法を活かし、知識や観念を行動（プラグマ）のもたらす結果によってたえず検証しようとする点に特徴がある。パースは、**観念の意味は、それが生み出す諸帰結のなかに示される**と説き、デカルト以来の伝統的な知識論を否定し、実際の行為や効果と関わりのない絶対的な真理を退けた。

デューイ ◆プラグマティズム

John Dewey

プラグマティズムの大成者。問題解決学習を提唱したことで有名。

一八五九〜一九五二、アメリカ出身、哲学者。ダーウィン「進化論」の影響を受け、道具主義を唱えた。人間は道具を使用することによって、ほかの生物以上に環境に適応してきた。**知識も環境に適応するための道具である**。現実の生活の場面でよりよく生きるためには、そのたびに遭遇する問題状況を把握し、それを解決することのできる行為を見いださなければならない。知性とはそのための道具（創造的知性）なのだという説である。

フッサール ◆現象学

Edmund Gustav Albrecht Husserl

先入見を排して「事象そのものへ」立ちかえる現象学を唱えた。

一八五九〜一九三八、オーストリア帝国出身、ドイツの哲学者。現象学とは、「厳密な学」としての哲学であり、世界を素朴に信じる「**自然的態度**」を変更し、世界の実在性についての**判断を停止し（エポケー）**、内面の純粋意識に立ちかえり、そこにあらわれる現象をありのままに記述するものである。ハイデガーやサルトル、メルロ＝ポンティに影響を与えたが、フッサール自身は晩年には、むしろ「自然的態度」を根源的なものとしたという。

フロイト ◆精神分析

Sigmund Freud

人間の心の深層には「無意識」の領域があると唱えた人物。

一八五六〜一九三九、オーストリア出身、精神科医。自己意識を確実なよりどころとしてきたデカルト以来の近代思想と異なり、「**無意識**」を指摘し、心を**エス**（原始的な未組織の心的状態）・**自我**（エスが外界と接するところに成立）・**超自我**（親や社会による教育をとおして社会規範が内在化された部分）の三層からなるとした。精神分析を広く援用する大陸現代思想（哲学者のラカン、デリダ、ガタリなど）に大きな影響を及ぼした。

ユング ◆精神分析

Carl Gustav Jung

深層心理を研究し、分析心理学（通称・ユング心理学）を創始。

一八七五〜一九六一、スイス出身、精神医学者。フロイトが発見した無意識は個人的な意識に関わるものであったのに対して、ユングは個**人をこえた普遍的な集合的無意識**に注目し、無意識は、「個人的な無意識」と「普遍的な集合的無意識」の二層からなるとした。集合的無意識は神話や夢に登場し、そこには人類に共通の**元型（アーキタイプ**。アニマ（女性像）やアニムス（男性像）といった、個人をこえた元型）があるとした。

レヴィ＝ストロース ◆構造主義

Claude Lévi-Strauss

未開社会は規則性を持った体系（構造）にそって営まれている。

一九〇八〜二〇〇九、ベルギー出身、フランスの文化人類学者。言語は無意識のうちに形成された構造（体系）であるというソシュールの考え方を文化人類学の領域にあてはめ、ラカン、フーコー、ロラン・バルトらとともに、現代思想としての**構造主義**（あらゆる事象には、主観的な意識とは関わりなく、普遍的な構造がひそんでおり、これを明らかにすることによって事象を解明しようとする）を担った中心人物のひとり。

スの俳優、1929—1993)

フーコー

Michel Foucault

◆構造主義

理性中心主義を徹底的に批判し、近代の理性的な人間観を解体。

一九二六〜一九八四、フランス出身、哲学者。監獄、警察、精神病、福祉などを考察することで、それらが理性主義によって権力的に封じ込まれてきた歴史を究明し、**人々を抑圧する権力の構造**を描こうとした。フーコーは、理性主義と結びついた絶対的な真理を認めず、重要なのは絶対的真理とされたものがそのようにされてきた系譜を明らかにすること（**知の考古学**）であるとし、**真理が歴史とともに変化する**ことを明らかにした。

ルター

Martin Luther

◆前近代

信仰で神と人間を結ぶより所は『聖書』である（聖書中心主義）。

一四八三〜一五四六、ドイツ出身、神学者。腐敗した教会を批判し宗教改革の口火をきった人物。神の赦しは教会が売る「贖宥状（しょくゆうじょう）」ではなく信仰によってのみ可能だ（信仰義認説）とし、個人の信仰においての根本的なよりどころである『聖書』のドイツ語訳に専念した。ドイツ語訳聖書は近代ドイツ語の成立において重要な役割を果たした。近代職業観の原型とされる「**職業召命観**（職業に貴賤はない）」を唱えたことでも有名。

カルヴァン

Jean Calvin

◆前近代

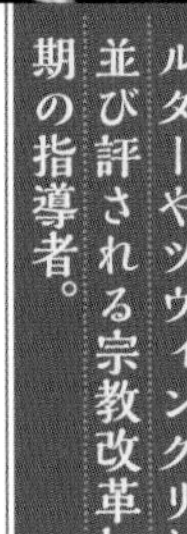

ルターやツヴィングリと並び評される宗教改革初期の指導者。

一五〇九〜一五六四、フランス出身、神学者。神の絶対性を強調することで、教皇や教会の世俗的な権力や権威を否定し、どの人間が救済されるかは神の意志としてあらかじめ決定されており、人間がそれを知ることは不可能であるという「**予定説**」を唱えた。この予定説やルターの職業召命観にもとづいて蓄財に励んだプロテスタントの倫理が、近代の資本主義をうみだす精神的な基盤になったとウェーバーは述べている。

パスカル

Blaise Pascal

◆前近代

人間は偉大さと悲惨さの間を揺れ動く「不安定な中間者」である。

一六二三〜一六六二、フランス出身、思想家、数学者。強大で無限な自然と比較すれば人間は「ひとくきの葦（あし）」のように最も弱く悲惨な存在である。しかし、人間は自分の弱さや悲惨さを自覚することができる「**考える葦**」であり、その点に人間の偉大さ・尊厳があるといった（遺稿集『パンセ』）。そのような存在である人間が真理を認識するためには**幾何学的精神**（科学的・合理的精神）だけでは不十分で、繊細の精神が必要であるとした。

コペルニクス

Nicolaus Copernicus

◆前近代

科学革命の発端となった「地動説」（太陽中心説）を唱えた人物。

一四七三〜一五四三、ポーランド出身、聖職者、天文学者。「地動説」は、カトリック教会公認の学説だった**伝統的宇宙観**「**天動説**」を覆すものだったが、聖職者であるコペルニクスにとって、宇宙は神が創造したもので、そのしくみは美しく調和に満ちたものでなければならなかった。地球や他の惑星を、太陽のまわりを公転する美しい円運動で説明しようとした「地動説」は神の栄光をたたえようとする宗教的世界観に支えられている。

ガリレオ・ガリレイ

Galileo Galilei

◆前近代

「それでも地球は動いている」とつぶやいた科学的手法の開拓者。

一五六四〜一六四二、イタリア出身、物理学者、天文学者、哲学者。ガリレイは、宇宙を書物にたとえ、数学のことばで書かれていると考えた。その書物を解読することは神の栄光をたたえることであり、**天体望遠鏡による観察から地動説**を立証したその行為は、神への深い信仰心に支えられている。カトリック教会による宗教裁判で有罪となり地動説の撤回を余儀なくされたときに「**それでも地球は動いている**」とつぶやいたという。

①宗谷の流氷

①流氷や宗谷の門波荒れやまず　山口誓子

②阿寒湖

⑦秋高う入海晴れて鶴一羽　正岡子規

⑦八郎潟

⑧不来方のお城の草に寝ころびて空に吸はれし十五の心　石川啄木

⑧不来方の城跡

⑬鎌倉や御仏なれど釈迦牟尼は美男におはす夏木立かな　与謝野晶子

⑭天城山隧道

①宗谷　②阿寒湖　北海道　③小樽　④函館　⑤小泊　青森　⑥八甲田山　岩手　⑦八郎潟　⑧盛岡　⑨遠野　秋田　宮城　山形　新潟　⑩安達太良山　福島　湯沢⑪　栃木　群馬　長野　茨城　⑯穂高岳　⑰諏訪湖　埼玉　⑫松戸　⑱野麦峠　山梨　⑮笛吹川　東京　神奈川　千葉　⑲妻籠　⑬鎌倉　下田⑭　静岡

②森と湖のまつり [小]　武田泰淳

阿寒の湖は、陸地からの眺めは平凡で、青い水面のひろがりにすぎない。

③若い詩人の肖像 [小]　伊藤整

小樽の港のまわりを三方から取り巻いている山々の雑木の葉は、十月の末ごろ、寒い夜が一夜二夜すぎると鮮明な赤と黄にかわった。

④蟹工船 [小]　小林多喜二

「おい、地獄さ行ぐんだで！」

二人はデッキの手すりに寄りかかって、蝸牛が背のびをしたように延びて、海を抱え込んでいる函館の街を見ていた。

⑤津軽 [小]　太宰治

いいところは後回しという、自制をひそかに楽しむ趣味が私にある。私はたけのいる小泊の港へ行くのを、私の今度の旅行の最後に残しておいたのである。

⑥八甲田山死の彷徨 [小]　新田次郎

「冬の八甲田山を歩いてみたいと思わないかな。」

旅団長友田少将が二人に向けたその再度の質問はいささか、度を外れたものであった。

⑨遠野物語 [ノ]　柳田国男

この話はすべて遠野の人佐々木鏡石君より聞きたり。

⑰みづうみの氷は解けてなほ寒し三日月の影波にうつろふ　島木赤彦

⑩樹下の二人 [詩]　高村光太郎

あれが阿多多羅山、
あの光るのが阿武隈川。
かうやつて言葉すくなに座つてゐると、
うつとりねむるやうな頭の中に、
ただ遠い世の松風ばかりが薄みどりに
　吹き渡ります。

⑪雪国 [小]　川端康成

国境の長いトンネルを抜けると雪国であった。夜の底が白くなった。信号所に汽車が止まった。

⑪湯沢

⑨遠野

④函館

⑫松戸・矢切の渡し

⑩安達太良山と阿武隈川

⑲妻籠

⑱野麦峠

⑯穂高連峰

向かい側の座席から娘が立ってきて、島村の前のガラス窓を落とした。

⑫野菊の墓 小　**伊藤左千夫**

船で河から市川へ出るつもりだから、十七日の朝、小雨の降るのに、一切の持ち物をカバン一個につめ込み民子とお増に送られて矢切の渡しへ降りた。

⑭伊豆の踊子 小　**川端康成**

道がつづら折りになって、いよいよ天城峠に近づいたと思うころ、雨脚が杉の密林を白く染めながら、すさまじい早さで麓から私を追ってきた。

⑮笛吹川 小　**深沢七郎**

その夏の大雨に笛吹川は出水して川の瀬が変わった。笛吹橋の袂から石和の西を回って川田の境を流れて本瀬となり、元の川は広い河原になって、流れも小川のようになってしまった。

⑯氷壁 小　**井上靖**

魚津は裏穂高登攀のスケジュールを作った。七月十日夜東京出発。岐阜で高山線に乗り替え、十一日古川駅で下車、…。

⑱あゝ野麦峠 ノ　**山本茂実**

日本アルプスの中に野麦峠と呼ぶ古い峠がある。かつては飛驒と信濃（岐阜県と長野県）を結ぶ重要な交通路であったが、今ではその土地の人にさえ忘れ去られた道になっている。

⑲夜明け前 小　**島崎藤村**

深い森林の光景が展けた。妻籠から福島までの間は寿平次のよく知っている道で、福島の役所からの差紙でもある折には半蔵も父吉衛門の代理としてこれまで幾度となく往復したことがある。

西日本

㉚隠岐やいま木の芽をかこむ怒濤かな　加藤楸邨

㊳葛の花　踏みしだかれて、色あたらし。この山道を行きし人あり　釈迢空

㉔ゆく秋の大和の国の薬師寺の塔の上なる一ひらの雲　佐佐木信綱

㉒清水へ祇園をよぎる桜月夜こよひ逢ふ人みなうつくしき　与謝野晶子

㊱谺して山ほととぎすほしいまま　杉田久女

⑳城のある町にて 小　**梶井基次郎**

「高いとこの眺めは、アアッ（と咳をして）また格段でごわすな。」

片手に洋傘、片手に扇手と日本手拭を持っている。

㉑高瀬舟 小　**森鷗外**

高瀬舟は京都の高瀬川を上下する小舟である。

㉓浄瑠璃寺の春 随　**堀辰雄**

「なあんだ、ここが浄瑠璃寺らしいぞ。」

僕は突然足を止めて、声をはずませながら言った。

「ほら、あそこに塔が見える。」

㉕泥の河 小　**宮本輝**

堂島川と土佐堀川がひとつになり、安治川と名を変えて大阪湾の一角に注ぎ込んでいく。その川と川がまじわる所に三つの橋が架かっていた。

㉖夫婦善哉 小　**織田作之助**

実家に帰っているという柳吉の妻が、肺で死んだという噂を聴くと、蝶子はこっそり法善寺の「縁結び」に詣って蠟燭など思い切った寄進をした。

㉗枯木灘 小　**中上健次**

秋幸は立ちどまった。そこから、川に沿った国道が見えた。秋幸は置いてある車を見た。徹に逃げろと言われ、とっさに本宮に抜け、田辺に出ようとしたのだった。枯木灘へ出ようとした。

㉘二十四の瞳 小　**壺井栄**

昭和三年四月四日、農山漁村の名が全部あてはまるような、瀬戸内海べりの一寒村へ、若い女の先生が赴任してきた。

㉙濠端の住ひ 小　**志賀直哉**

一ト夏、山陰松江に暮らしたことがある。町はずれの濠に臨んだささやかな家で、独り住まいには申し分なかった。庭から石段ですぐ濠になっている。

㉛放浪記 小　**林芙美子**

海が見えた。海が見える。五年ぶりに見る、尾道の海はなつかしい。汽車が尾道の海へさしかかると、煤けた小さい町の屋根が提灯のように拡がってくる。

㉜夏の花 小　**原民喜**

わたしは厠にいたため一命を拾った。八月六日の朝、わたしは八時ごろ床を離れた。

㉘小豆島・岬の分教場

㉗枯木灘

㊴柳川

㉞足摺岬

㉛尾道

㊶摩文仁の丘とひめゆりの塔

㊵草千里

㉝坊つちゃん 小　夏目漱石

おれはここへ来てから、毎日住田の温泉へ行くことに極めている。ほかの所は何を見ても東京の足元にも及ばないが温泉だけは立派なものだ。

㉞足摺岬 小　田宮虎彦

私は机も本も布団も持っているかぎりをたたき売って、ふらふらと死に場所にえらんだ足摺岬にたどりついた。ちょうど梅雨のころであった。

㉟青春の門 小　五木寛之

香春岳は異様な山である。決して高い山でないが、その与える印象が異様なのだ。

㊲恩讐の彼方に 小　菊池寛

見ると、川の左に聳える荒削りされたような山が、山国川に臨む所で、十丈に近い絶壁に切り截たれて、そこに灰白色のギザギザした襞の多い肌を露出しているのであった。

㊴「思ひ出」序 詩　北原白秋

私の郷里柳川は水郷である。そうして静かな廃市の一つである。

㊵艸千里浜 詩　三好達治

われ嘗てこの国を旅せしことあり…
肥の国の大阿蘇の山
駒あそぶ高原の牧
名もかなし艸千里浜

㊶ひめゆりの塔 小　石野径一郎

大きな声でのんきそうに言うのが虚勢とわかるのでだれもとりあわない。彼らは摩文仁ときいただけで、それは島のどんづまりで玉砕を意味し、あと数日の命かと思う。

東京文学地図

❶五重塔 小　**幸田露伴**

類の少ない仕事だけにぜひしてみたい受け合ってみたい、欲得はどうでもかまわぬ、谷中感応寺の五重塔は川越の源太が作りおった、ああよくでかしたなと言われてみたい…

❷たけくらべ 小　**樋口一葉**

廻れば大門の見返り柳いと長けれど、お歯ぐろ溝に灯火うつる三階の騒ぎも手に取る如く、…

❸雁 小　**森　鷗外**

岡田の日々の散歩は大抵道筋が極まっていた。寂しい無縁坂を降りて、藍染川のお歯黒のような水の流れ込む不忍の池の北側を廻って、上野の山をぶらつく。

❹三四郎 小　**夏目漱石**

三四郎がじっと池の面を見つめていると、大きな木が、幾本となく水の底に映って、そのまた底に青い空が見える。

❺婦系図 小　**泉　鏡花**

「何だかこの二三日、鬱込んでいらっしゃるから、あなたの氏神様もおんなじ、天神様へおまいりをなさいまし、私も一所にッて、とてもいけないと思って強請ったら、こうして連れて来てくれたんですもの。」

❻浅草紅団 小　**川端康成**

浅草新八景——というものを選ぶとすれば、伝法院境内の小堀遠州作の名園、弓子も地震のときに逃げこんだところだが、「へえ、あれが名園なの？」と、こうだ。

1 五重塔とその跡

4 三四郎池

5 湯島天神

7 隅田川

❼すみだ川 小　**永井荷風**

正面に待乳山を見渡す隅田川には夕風をはらんだ帆かけ船がしきりに動いていく。

❽森 小　**野上弥生子**

校門もなければ、学校ならどこにも懸かっている校名をしるした看板も見あたらない。

❾赤ひげ診療譚 小　**山本周五郎**

登は支度をして出かけた。伝通院の脇までいったとき、横丁から走り出てきた中年の女が、登を見て呼びとめた。

❿楡家の人びと 小　**北　杜夫**

一本の釘、一片の木片れが、そこでは全く別の魔法的な存在になったりする。ましてようやく新建築にとりかかった青山の楡脳病科病院分院の普請場には、おもしろいものがたんとあった。

⓫舞踏会 小　**芥川龍之介**

明治十九年十一月三日の夜であった。当時十七歳だった——家の令嬢明子は、頭のはげた父親といっしょに、今夜の舞踏会が催さるべき鹿鳴館の階段を上がって行った。

⓬青果の市 小　**芝木好子**

築地川に近い我家から本願寺の見える大通りへ出て右に回ると、そこは築地終点で、電車を降りた人々が急にざわざわと群れをなす人盛りである。

⓭僕って何 小　**三田誠広**

びっしりと蔦が絡みついた図書館の壁に沿って、一日じゅう陽のあたらない湿っぽい日かげの帯が続いている。そのひんやりとした陰の中に僕は包まれている。

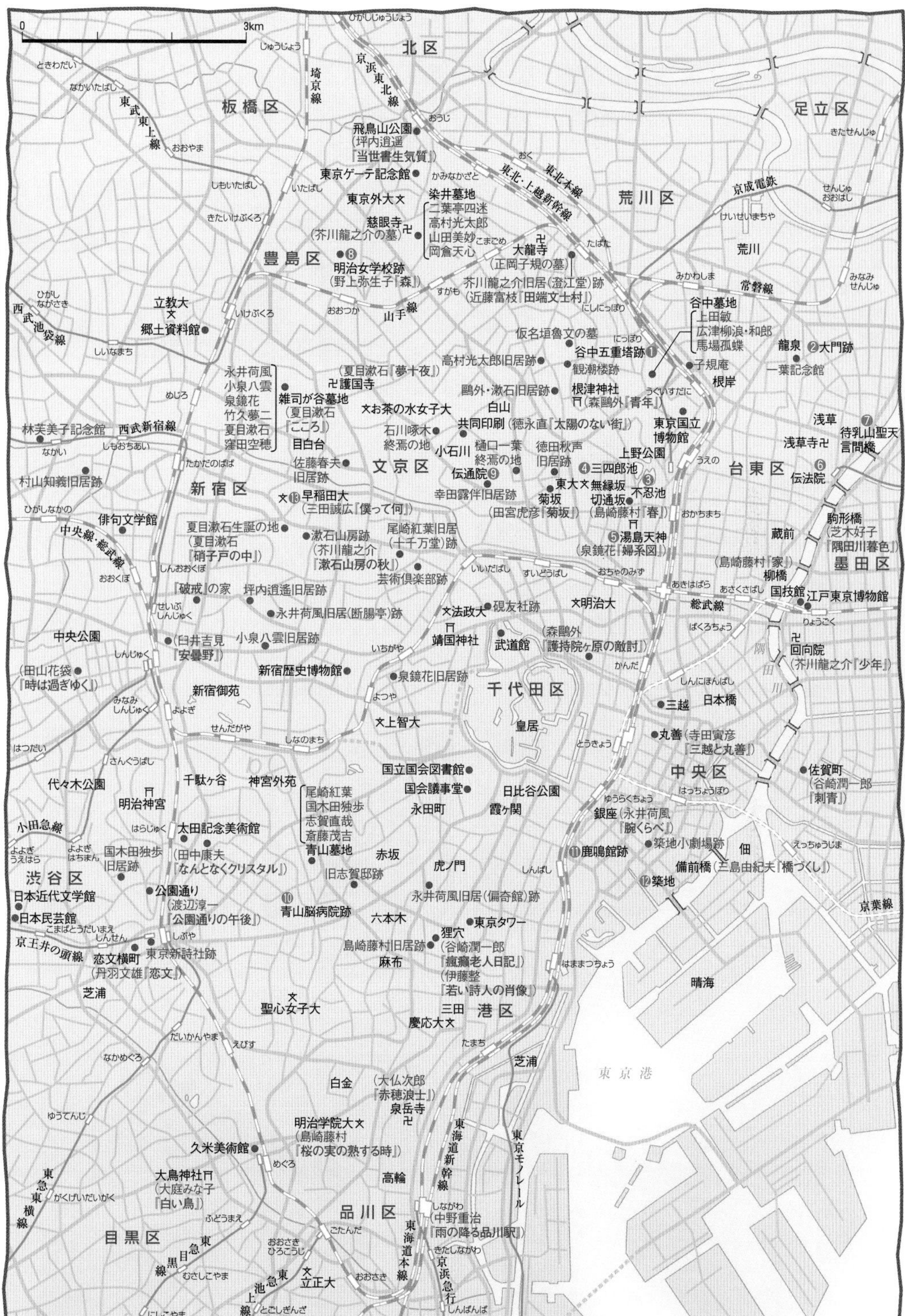

0
3km
ひがしじゅうじょう
じゅうじょう
北区
京浜東北線
ときわだい
なかいたばし
東武東上線
埼京線
板橋区
おうじ
足立区
飛鳥山公園
（坪内逍遥『当世書生気質』）
おおやま
きたせんじゅ
おく
東京ゲーテ記念館
かみなかざと
東北本線
東北・上越新幹線
荒川区
京成電鉄
しもいたばし
いたばし
せんじゅおおはし
東京外大
染井墓地
二葉亭四迷
高村光太郎
山田美妙
岡倉天心
きたいけぶくろ
慈眼寺
（芥川龍之介の墓）
けいせいまちや
こまごめ
大龍寺
（正岡子規の墓）
たばた
荒川
豊島区
明治女学校跡
（野上弥生子『森』）
芥川龍之介旧居（澄江堂）跡
（近藤富枝『田端文士村』）
みかわしま
常磐線
みなみせんじゅ
ひがしながさき
立教大
すがも
にしにっぽり
谷中墓地
上田敏
広津柳浪・和郎
馬場孤蝶
西武池袋線
郷土資料館
いけぶくろ
おおつか
山手線
しいなまち
仮名垣魯文の墓
にっぽり
谷中五重塔跡
龍泉
大門跡
高村光太郎旧居跡
観潮楼跡
子規庵
一葉記念館
永井荷風
小泉八雲
泉鏡花
竹久夢二
夏目漱石
窪田空穂
めじろ
（夏目漱石『夢十夜』）
護国寺
雑司が谷墓地
（夏目漱石『こころ』）
お茶の水女子大
鷗外・漱石旧居跡
根津神社
（森鷗外『青年』）
うぐいすだに
根岸
白山
林芙美子記念館
西武新宿線
石川啄木終焉の地
共同印刷（徳永直『太陽のない街』）
東京国立博物館
浅草
待乳山聖天
言問橋
なかい
しもおちあい
目白台
小石川
樋口一葉終焉の地
徳田秋声旧居跡
上野公園
浅草寺
たかだのばば
佐藤春夫旧居跡
文京区
三四郎池
うえの
台東区
伝法院
村山知義旧居跡
新宿区
伝通院
東大
無縁坂
不忍池
幸田露伴旧居跡
菊坂
（田宮虎彦『菊坂』）
切通坂
（島崎藤村『春』）
ひがしなかの
早稲田大
（三田誠広『僕って何』）
おかちまち
俳句文学館
夏目漱石生誕の地
（夏目漱石『硝子戸の中』）
漱石山房跡
（芥川龍之介『漱石山房の秋』）
尾崎紅葉旧居
（十千万堂）跡
湯島天神
（泉鏡花『婦系図』）
蔵前
駒形橋
（芝木好子『隅田川暮色』）
中央線・総武線
おおくぼ
しんおおくぼ
芸術倶楽部跡
いいだばし
すいどうばし
おちゃのみず
（島崎藤村『家』）
柳橋
墨田区
『破戒』の家
坪内逍遥旧居跡
あきはばら
あさくさばし
国技館
江戸東京博物館
せいぶしんじゅく
永井荷風旧居（断腸亭）跡
法政大
硯友社跡
明治大
総武線
りょうごく
中央公園
（臼井吉見『安曇野』）
小泉八雲旧居跡
いちがや
靖国神社
武道館
（森鷗外『護持院ヶ原の敵討』）
ばくろちょう
回向院
（芥川龍之介『少年』）
しんじゅく
（田山花袋『時は過ぎゆく』）
新宿歴史博物館
泉鏡花旧居跡
かんだ
隅田川
しんにほんばし
新宿御苑
千代田区
みなみしんじゅく
よよぎ
よつや
三越
日本橋
せんだがや
上智大
皇居
しなのまち
丸善（寺田寅彦『三越と丸善』）
はつだい
とうきょう
さんぐうばし
国立国会図書館
中央区
佐賀町
（谷崎潤一郎『刺青』）
代々木公園
千駄ヶ谷
神宮外苑
国会議事堂
日比谷公園
明治神宮
尾崎紅葉
国木田独歩
志賀直哉
斎藤茂吉
永田町
霞ヶ関
はっちょうぼり
ゆうらくちょう
小田急線
はらじゅく
太田記念美術館
銀座（永井荷風『腕くらべ』）
よよぎうえはら
よよぎはちまん
国木田独歩旧居跡
（田中康夫『なんとなくクリスタル』）
青山墓地
赤坂
鹿鳴館跡
築地小劇場跡
佃
えっちゅうじま
渋谷区
虎ノ門
しんばし
備前橋（三島由紀夫『橋づくし』）
日本近代文学館
旧志賀邸跡
公園通り
（渡辺淳一『公園通りの午後』）
永井荷風旧居（偏奇館）跡
築地
京葉線
日本民芸館
青山脳病院跡
六本木
東京タワー
こまばとうだいまえ
しんせん
しぶや
京王井の頭線
恋文横町
（丹羽文雄『恋文』）
東京新詩社跡
島崎藤村旧居跡
麻布
狸穴
（谷崎潤一郎『瘋癲老人日記』）
（伊藤整『若い詩人の肖像』）
はままつちょう
晴海
芝浦
聖心女子大
三田
港区
慶応大
だいかんやま
えびす
たまち
なかめぐろ
芝浦
東京港
白金
（大仏次郎『赤穂浪士』）
泉岳寺
ゆうてんじ
明治学院大
（島崎藤村『桜の実の熟する時』）
東海道新幹線
東京モノレール
久米美術館
めぐろ
大鳥神社
（大庭みな子『白い鳥』）
高輪
東急東横線
がくげいだいがく
品川区
しながわ
（中野重治『雨の降る品川駅』）
ふどうまえ
目黒区
ごたんだ
東海道本線
東急目黒線
おおさきひろこうじ
きたしながわ
京浜急行
むさしこやま
東急池上線
立正大
おおさき
にしこやま
とごしぎんざ
しんばんば

▲明治初期の民家(復元模型)

明治に入って、都市の表の顔として近代化が進む一方、その裏の庶民の暮らしには、江戸時代そのままの家屋や生活様式が引き継がれていた。

▲銀座煉瓦街(復元模型)

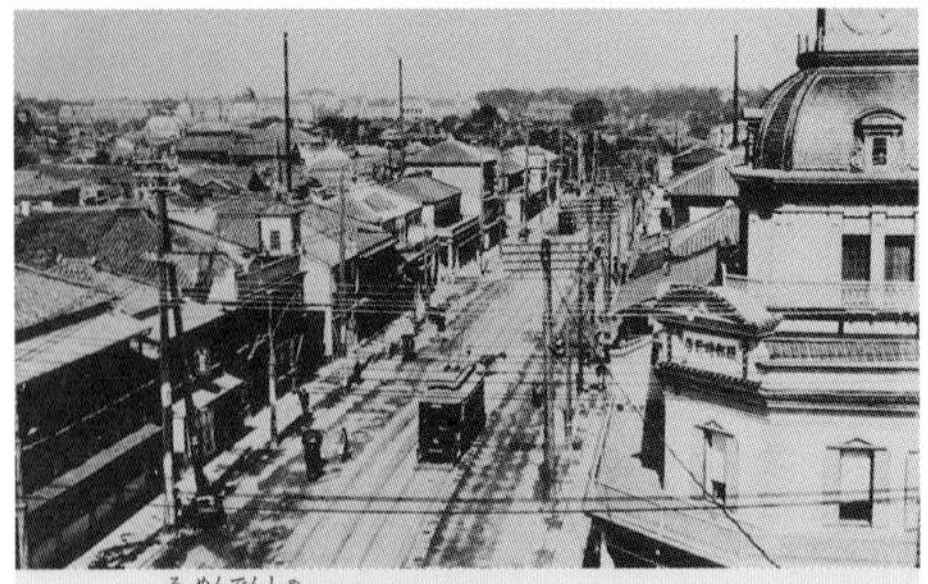

路面電車創業後の銀座(明治38年ごろ)

鉄道馬車開通時の銀座(明治15年)

▶浅草繁華街

大正期から昭和初期にかけて、浅草は日本一の娯楽のメッカとして栄えた。

大正中期の銀座

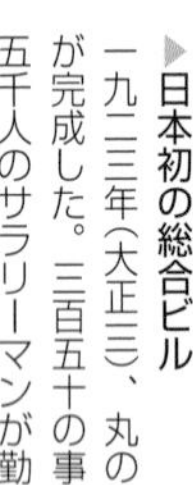

▶日本初の総合ビル

一九二三年(大正一二)、丸の内に丸ビルが完成した。三百五十の事務所が入り、五千人のサラリーマンが勤務した。

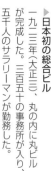

▶日本初のデパート

一九〇四年(明治三七)、三越呉服店が「デパートメントストア宣言」を行った。写真は、一九〇八年(明治四一)、日本橋に完成した木造三階建ての仮店舗。

交通

乗用車やトラックが普及する以前は、人力で輸送する人力車や大八車が、庶民生活の重要な足となった。

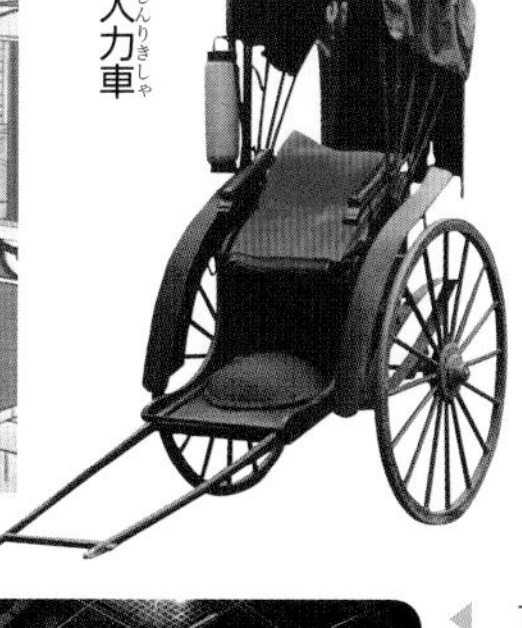

▶人力車（じんりきしゃ）

▲大八車（だいはちぐるま）

一八七二年（明治五）、新橋—横浜間を五十三分で結んだ鉄道は、新たな輸送手段の要（かなめ）として発展を続け、一九一二年（明治四五）に登場した特急列車は、新橋—下関間を二十五時間八分で結んだ。

◀1号機関車

鉄道馬車

路面電車（東京は1903年〈明治36年〉創業）

▲新橋・横浜間に鉄道開通

貨幣制度

＊一円＝百銭（せん）＝千厘（りん）

一八七一年（明治四）、「新貨条例」を制定、円を正式な貨幣単位とし、金で決済を行う金本位（きんほんい）制をとった（実際には銀の通用も認める金銀複本位制）。政府は、金・銀の正貨に代わる兌換（だかん）紙幣を発行し、これを民間銀行にもゆだねたが、一八八二年（明治一五）に日本銀行を設立して貨幣の発行を統一した。一八九七年（明治三〇）の「貨幣法」で金本位が確立するが、世界的規模の金融恐慌によって破綻（はたん）する。代わって生み出された通貨制度が現在の管理通貨制度で、一九四二年（昭和一七）の「日本銀行法」で正式に制定された。

◀「新貨条例」による貨幣

二銭銅貨　二十円金貨

貿易一円銀

五十銭銀貨

▼最初の日本銀行券

銀貨兌換券「大黒札」（明治18年）

◀「貨幣法」による新貨幣

最初の金貨兌換券

十円金貨

二十円金貨

五円金貨

明治通宝札（明治5年）

▲兌換紙幣

▼「日本銀行法」前後の貨幣

「日本銀行法」に基づく最初の日本銀行券（昭和18年）

最後の日本銀行兌換券（昭和17年）

昭和初期の男子学生

明治末期の男子学生

大正期の小学生

大正期の女子学生

銀座を闊歩するモガ・モボは、昭和初期のモダニズムの象徴的存在であった。

モガとモボ

昭和初期の人々（大阪市梅田駅）

▲新聞縦覧所
明治初期、新聞普及の一環として新聞縦覧所が設けられた。

◀「キング」創刊号
一九二五年（大正一四）に創刊され、大衆に支持された月刊娯楽雑誌。

◀ラジオ開局記念ポスター
一九二五年（大正一四）、東京・大阪・名古屋の各局によってラジオ放送が開始された。

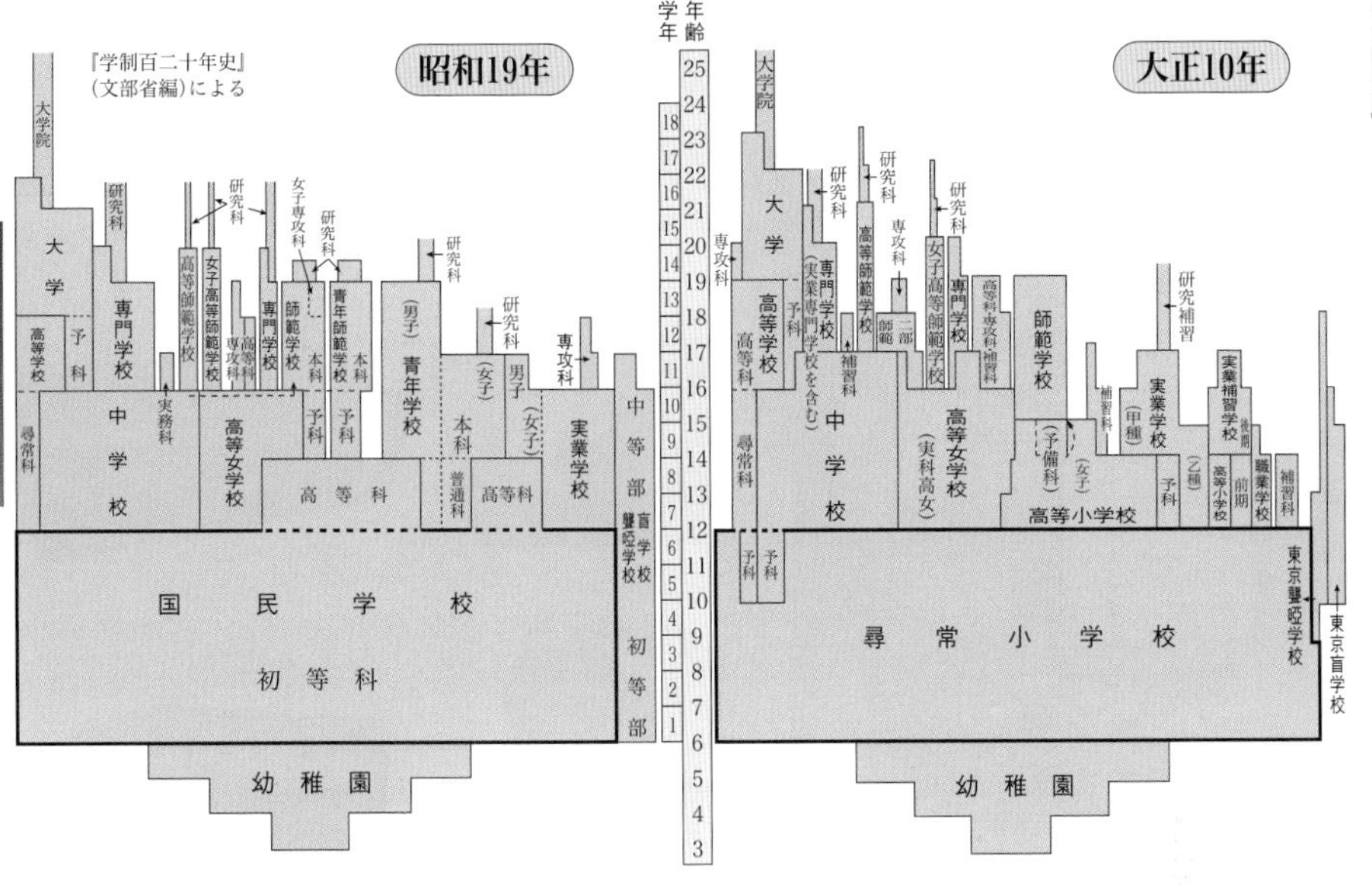

旧制高等学校

明治二十七年の「高等学校令」によって発足した男子の高等教育機関。当初は専門学科の教育を主とし、医学部・法学部などが置かれたが、併設された大学予科のほうに学生が集中し、結局学部はのちに分離して、大学予科機能が高等学校の主体となった。明治期に第八高等学校までが設立され、一般にナンバースクールと呼ばれた。

◀旧制高校の生徒（明治・大正・昭和）

日本の学制の骨格は、大正時代に整った。義務教育は尋常小学校の六年制。卒業すると半数前後の者は、現在の中学校にあたる高等小学校（二年制）に進み、一部の者は、現在の高等学校にあたる中等学校（原則的に中学校・実業学校は五年制、高等女学校は四年制）に進んだ。中等学校を終えると、さらに限られた少数の者が、現在の大学にあたる各種の専門学校（三年制）や高等師範学校（四年制）などに進んだり、現在の大学教養学部にあたる高等学校（三年制）や大学予科を経て最高学府といわれる大学（三年制）に進学したりした。

戦争末期の数年間は、軍国主義強化のため、小学校を国民学校と改称し、軍事教育のための青年学校を設立して義務化した（五年制）。

七高（鹿児島）明治34年　五高（熊本）明治19年　三高（京都）明治19年　一高（東京）明治19年
八高（名古屋）明治41年　六高（岡山）明治33年　四高（金沢）明治19年　二高（仙台）明治19年

＊年度は設置年度。

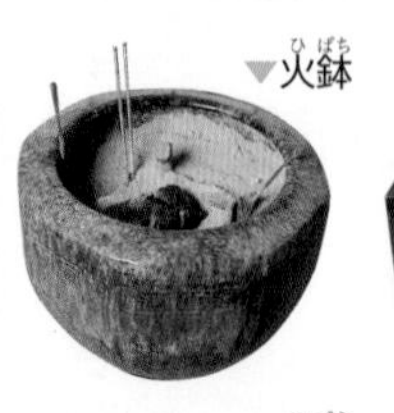
▼火鉢（ひばち）

▼長火鉢（ながひばち）

▼葛籠（つづら）

▼柳行李（やなぎごうり）

▼箱膳（はこぜん）

▼木製の米櫃（こめびつ）

◀足踏み式ミシン

戦後の洋装化に伴い、急速に普及した。

▲キセル

▶火のし

炭火を使うアイロンの類。

◀たらいと洗濯板

▲衣桁（いこう）

▲トランジスタラジオ

◀昭和三十年代の家電製品

高度経済成長の時期にあたる昭和三十年代、テレビ・洗濯機・冷蔵庫は「三種の神器」と呼ばれ、豊かな生活の象徴とされた。また、一九五五年(昭和三〇)に販売が開始された国内初のトランジスタラジオは、国内だけでなく、国外でも大ヒットし、日本企業の名を世界に広めた。

◀蓄音機

◀燭台（しょくだい）

◀冷蔵庫

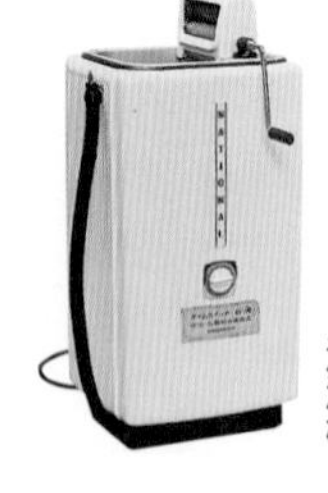
◀洗濯機

▼テレビ

▼ラジオ

▼電話機

▲座り流し

昭和30年以前は、台所の流しは土間に置く「座り流し」が主流であった。

▶座敷　床の間を背にする席が「上座」でいちばん格式が高い。

玄関と上がり框▼

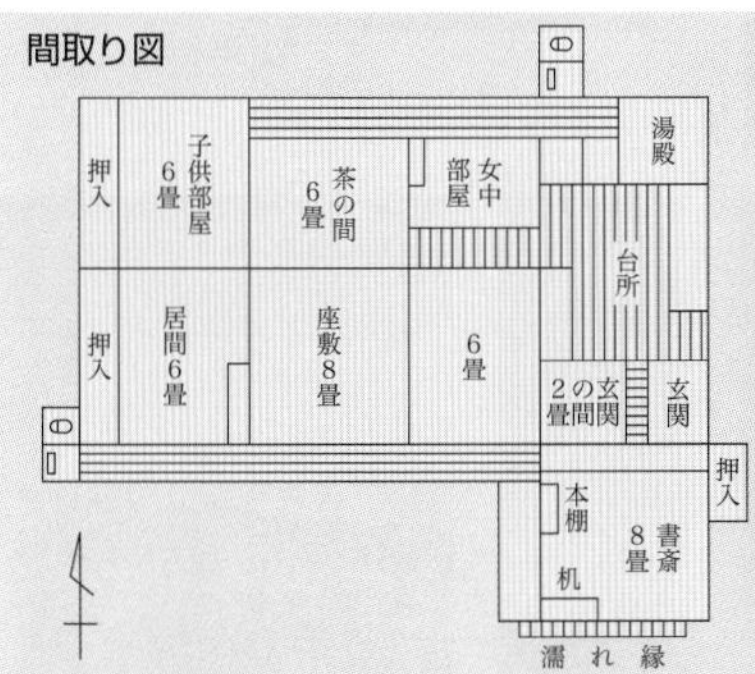

鷗外・漱石の住んだ家　明治期中流家庭の典型的な和風建築の住宅。接客中心の伝統的な室構成がされている。日当たりのよい南側が外向きの空間、日当たりの悪い北側が内向きの空間と区分けされている。

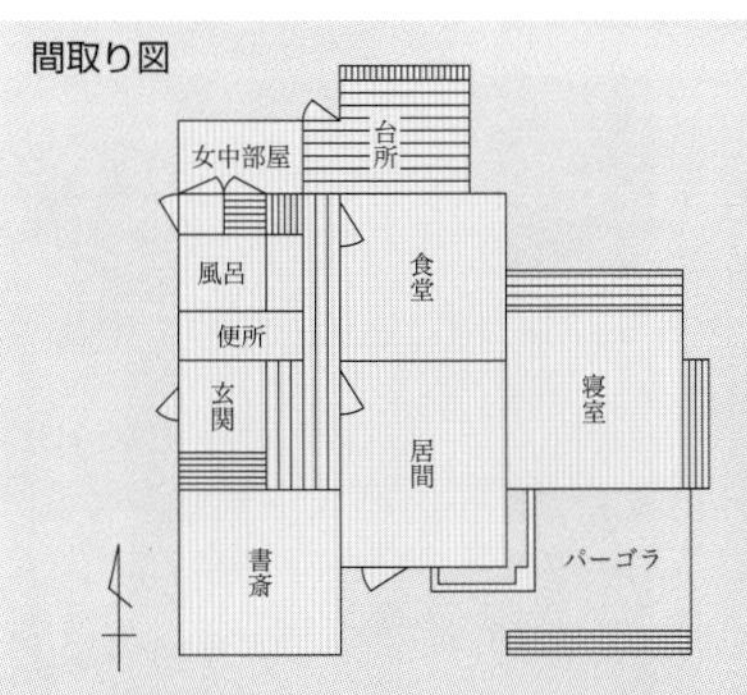

文化住宅(1925年〈大正14〉建築)　経済発展とともに台頭してきた中産階級(サラリーマン層)の住宅需要に応えるために開発された、和洋折衷の住宅。家族の生活を重視して、居間を中心とした室構成がされている。

戦時下の生活

▼配給制と配給切符

▼家庭の防備品

防空頭巾、水筒

鉄かぶと、防毒面、ゲートル

▼千人針

千人が一針ずつ刺して糸のこぶをつけ、兵士の無事と武運を祈った。

▼臨時召集令状（赤紙）

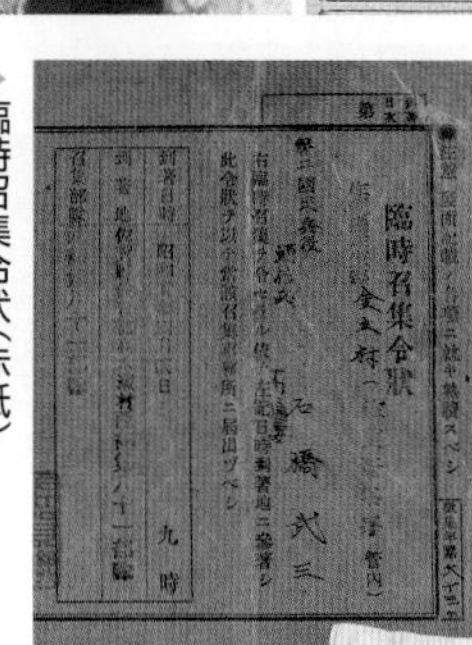

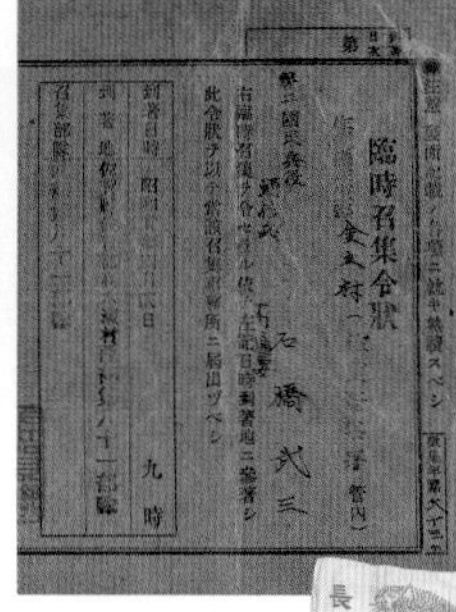

臨時召集令状

▼戦時下の服装

もんぺ姿

国民服

▼代用品

金物類は日用雑貨に至るまで強制徴収されたため、国民は陶器製あるいは木製の代用品を工夫して使用した。

湯タンポ

食品保存容器

▼空襲で炎上する銀座（石川光陽撮影）

一九四二年（昭和一七）に始まった空襲は、一九四五年（昭和二〇）から大規模となり、全国各地の都市が爆撃目標となった。東京は三月十日の大空襲で焦土と化した。

戦時下にあって、国民の生活は国の統制下におかれ、質素・倹約が強いられた。米軍による本土空襲が始まると、防空壕を掘って身を守り、夜間は光が外に漏れないように、光源や窓を黒布で覆った（写真上）（写真下）。

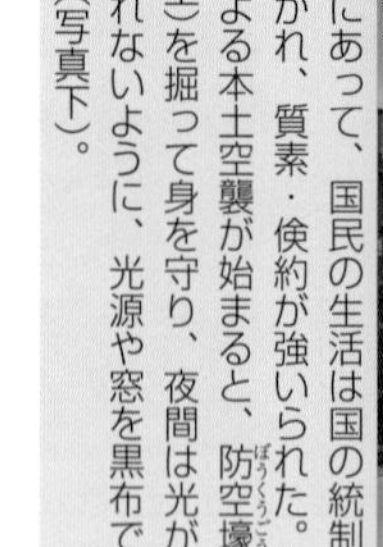

▼集団疎開

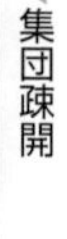

学徒出陣(1943年)

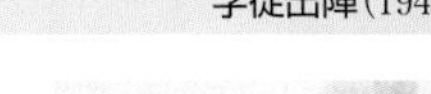

▶国家総動員　戦争の長期化に伴い、学生の徴兵猶予は停止され、また、労働力不足を補うため学童まで動員された。

第三十八回
陸軍記念日
撃ちてし止まむ
陸軍省

◀「陸軍記念日」ポスター

国民の戦意高揚に利用された。

国民学校女子生徒の勤労奉仕

陸軍の階級と主な任務

身分	階級	階級章	主な任務
将官	大将		軍司令官
	中将		師団長
	少将		旅団長
将校	大佐		連隊長
	中佐		
	少佐		大隊長
	大尉		中隊長
	中尉		
	少尉		小隊長
下士官	准尉(特務曹長)		統括 連絡
	曹長		経理 事務
	軍曹		分隊長
	伍長		
兵	兵長		
	上等兵		初年兵教育
	一等兵		
	二等兵(初年兵)		

戦争と文学

戦後、自由な表現が許可されるようになって、戦争の事実や背景を正確に記録したり、生死の極限状況におかれた人間の本性を追究したりする作品が、数多く生み出された。さらに今後は、個人的な心情やイデオロギーにとらわれることなく、人間性の本質を追究し、生命の価値を生み出していく姿勢の中に、戦争というものを冷静に対象化してとらえる方向が求められている。

背景	作品(作者)
中国侵攻	麦と兵隊(火野葦平) 生きてゐる兵隊(石川達三) 山西省(宮柊二)
思想弾圧	迷路(野上弥生子) 風にそよぐ葦(石川達三)
軍隊生活	真空地帯(野間宏) 遁走(安岡章太郎)
南方作戦	テニヤンの末日(中山義秀) 硫黄島(菊村到) レイテ戦記(大岡昇平)
学徒出陣	きけわだつみのこえ(日本戦没学生記念会編)
九大事件	海と毒薬(遠藤周作)
本土空襲	桜島(梅崎春生) 火垂るの墓(野坂昭如)
原爆	夏の花(原民喜) 黒い雨(井伏鱒二) 空き缶(林京子)
抑留	極光のかげに(高杉一郎) 黒パン俘虜記(胡桃沢耕史)
軍人評伝	井上成美(阿川弘之)

生きてゐる兵隊[小]　中国戦線の兵士たちの、人間として生きている姿を描いた作品。虐殺や略奪などの記述があるとして、起訴され、有罪。発売禁止処分を受けた。

山西省[歌]　一兵士として大陸で転戦。悲惨な戦闘の中に、敵味方を通じて浮かび上がっている、人間としての深さ、立派さに感動した、と作者は言う。

迷路[小]　昭和初期の左翼学生運動から脱落した主人公が、太平洋戦争に至るまでの軍国主義国家の下で苦悩しながら生きていった歩みを描く。

真空地帯[小]　大阪の部隊の兵営(内務班)を舞台として、異常な人間関係や理不尽な機構を描き、軍隊が人間性を奪い尽くす真空地帯であることを糾弾した作品。

テニヤンの末日[小]　二人の軍医を主人公に、戦場におけるヒューマニズムを描く。

海と毒薬[小]　太平洋戦争の末期、九大医学部で行われた米軍捕虜に対する生体解剖事件を題材にした作品。

火垂るの墓[小]　神戸大空襲で母を失い、浮浪生活をおくる少年と、その幼い妹とが、焼け跡で生き続けようとしながら、栄養失調のため死んでゆく悲惨な物語。

レイテ戦記[小]　一兵士として参加したレイテ戦を巨視的に再現した戦記文学。

きけわだつみのこえ[ノ]　昭和十八年末、学業を強制的に中断され、戦場に動員された学生(学徒兵)たちの遺した手記集。死と直面した若い知性と心情の記録。

原爆の子[ノ]　副題は「広島の少年少女のうったえ」。原子爆弾を投下されて被爆した、広島市中心部の少年・少女たちの体験記。

沖縄

一九四五年四月一日に米軍が沖縄本島に上陸、六月二十三日に組織的戦闘が終了するまで、約三か月にわたって地上戦が行われた。本島人口五十万人のうち四十二万の民間人が巻き込まれ、約十二万人が犠牲となった。

▶首里（しゅり）城公園
琉球（りゅうきゅう）の歴代国王の居城であった首里城は、沖縄戦において米軍の爆撃により焼失したが、一九九二年に正殿が復元され、二〇〇〇年に「琉球王国のグスク及び関連遺産群」として世界遺産に登録された。

守礼門（しゅれいもん）

沖縄県平和祈念資料館

—— 米軍の進撃ライン
辺戸岬（へど）
4/13
4/19
4/20
4/15
4/15
4/11
4/8
名護（なご）
4/7
4/8
4/6
4/5
4/4
0　10km

1945年4月1日、米軍は本島中西部に上陸して北・中飛行場を確保、4月4日には中部を占領して南北を分断した。

読谷（よみたん）
石川（いしかわ）
米軍上陸
嘉手納（かでな）
4/4
× 嘉数（かかず）の戦い

日本軍は戦力を南部に結集し、丘陵と地下壕を利用した持久戦法をとったが、4月24日、嘉数高台が陥落した。

6.13 海軍部隊壊滅
6.18 米軍司令官戦死
5.30 司令部、摩文仁に撤退
5.31 首里陥落
首里（しゅり）　守備軍司令部
豊見城（とみぐすく）
南風原陸軍病院跡（はえばる）
6/13
海軍司令部
6/3
アブチラガマ
ガラビ壕野戦病院跡
糸満（いとまん）
白梅の塔
6.23 司令官自決
ひめゆりの塔
平和祈念公園
魂魄の塔（こんぱく）
摩文仁の丘（まぶに）
荒崎海岸（あらさき）
0　5km

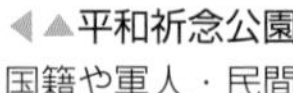

◀▲平和祈念公園
国籍や軍人・民間人の区別なく、沖縄戦で亡くなったすべての人々の氏名を刻んだ平和の礎（いしじ）、平和願望、戦没者追悼の象徴である沖縄平和祈念堂、沖縄県平和祈念資料館などがある。

沖縄平和祈念堂

▶ひめゆりの塔と慰霊碑
沖縄県のすべての中等学校から生徒が動員され、男子は通信、伝令など、女子は看護を命じられた。動員された二千数百人の生徒のうち、約半数が犠牲となった。

広島

一九四五年八月六日午前八時十五分、広島市上空で炸裂した原子爆弾は摂氏百万度の火の玉となり、強烈な熱線と爆風で人々を殺傷し、街を破壊した。同年末までに約十四万人が亡くなったと推定されている。

▼原爆による被害の状況

▼原爆ドーム

▲峠三吉詩碑

▶「原爆の図」（丸木位里・俊筆）

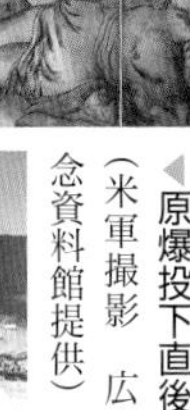

◀原爆投下直後の広島（米軍撮影　広島平和記念資料館提供）

原爆で破壊された兵器工場とその周辺
『祭りの場』の主人公は、兵器工場に学徒動員中に被爆した。

長崎

一九四五年八月九日午前十一時二分、広島に続いて長崎にも原爆が投下され、同年末までに約七万四千人が亡くなった。現在もなお、多くの人々が白血病やがんなどの放射線傷害に苦しめられている。

▶原爆による被害の状況

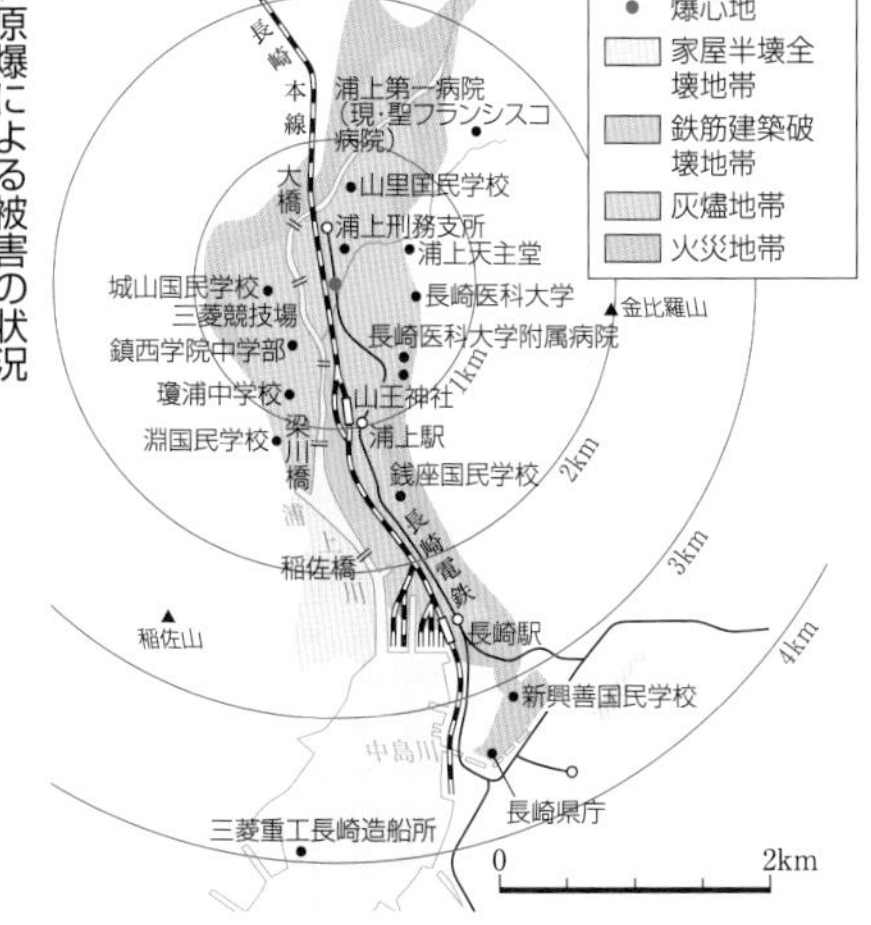

▲廃墟となった浦上天主堂と現在の浦上天主堂（下）

礼拝中の信者や神父が犠牲となった。この地を戦後訪れた水原秋桜子は、「麦秋の中なるが悲し聖廃墟」の句をよんだ。

近現代文学史年表

＊発行年は初出を原則とした。〈雑誌に発表のものは、雑誌掲載年次、書き下ろしのものは、単行本刊行年次、長期に渡るものは、初編発表年次〉
＊著作者名は初出の場合は姓名を示すが、二度めからは姓を略した。ただし同名でまぎらわしいものはすべて姓を付した。
＊ジャンルは〈評論↓評〉のように頭の文字で示した。ただし歌論・俳論は短歌・俳句欄に評として示した。

西暦	年号	小説	評論・随筆・戯曲	詩・短歌・俳句
一八七〇	明治三	西洋道中膝栗毛（仮名垣魯文）	[評]西国立志編（スマイルズ、中村敬宇訳）	
一八七一	四	安愚楽鍋（魯文）		
一八七二	五		[評]学問のすゝめ（福沢諭吉）	
一八七五	八	寄笑新聞（梅亭金鵞）	[評]文明論之概略（諭吉）	
一八七八	一一	鳥追阿松海上新話（久保田彦作）	[評]開明新論（植木枝盛）	
一八八二	一五	自由乃凱歌（デュマ、宮崎夢柳訳）・西洋血潮小暴風（デュマ、桜田百衛訳）	[評]民約訳解（ルソー、中江兆民訳）	[詩]新体詩抄（外山正一・矢田部良吉・井上哲次郎）
一八八三	一六	経国美談前編（矢野龍渓）	[評]維氏美学上冊（ヴェロン、兆民訳）	
一八八五	一八	当世書生気質（坪内逍遙）・佳人之奇遇（東海散士）	[評]詩歌の改良（逍遙）・[評]小説神髄（逍遙）	
一八八六	一九	雪中梅（末広鉄腸）	[評]小説総論（二葉亭四迷）	[詩]新体詞選（山田美妙編）
一八八七	二〇	浮雲（二葉亭四迷）・武蔵野（山田美妙）	[評]浮雲の褒貶（石橋忍月）	[評]国学和歌改良論（小中村義象）
一八八八	二一	あひゞき（ツルゲーネフ、四迷訳）	[評]言文一致論概略（山田美妙）	[詩]孝女白菊の歌（落合直文）
一八八九	二二	細君（逍遙）・蝴蝶（美妙）・露団々（幸田露伴）・色懺悔（尾崎紅葉）	[評]小説論（森鷗外）・[評]「しがらみ草紙」の本領を論ず（鷗外）	[詩]楚囚之詩（北村透谷）・[詩]於母影（森鷗外ほか訳）
一八九〇	二三	舞姫（森鷗外）・うたかたの記（鷗外）・一口剣（露伴）	[評]舞姫（忍月）	[短]日本歌学全書（佐佐木弘綱・信綱）
一八九一	二四	文づかひ（鷗外）・五重塔（露伴）	[評]早稲田文学の没理想（鷗外）	[詩]蓬莱曲（透谷）
一八九二	二五	即興詩人（アンデルセン、鷗外訳）	[評]厭世詩家と女性（透谷）	[評]獺祭書屋俳話（正岡子規）
一八九三	二六	さゝ舟（露伴）・暁月夜（樋口一葉）	[評]人生に相渉るとは何の謂ぞ（透谷）・[評]内部生命論（透谷）	[評]湖処子詩集（宮崎湖処子）・[評]芭蕉雑談（子規）
一八九四	二七	滝口入道（高山樗牛）・大つごもり（一葉）	[戯]桐一葉（逍遙）	[短]亡国の音（与謝野鉄幹）
一八九五	二八	たけくらべ（一葉）・変目伝（広津柳浪）・書記官（川上眉山）・にごりえ（一葉）	[評]西鶴の理想（島村抱月）・[評]運命と悲劇（高山樗牛）	
一八九六	二九	多情多恨（紅葉）・照葉狂言（泉鏡花）	[随]福翁百話（諭吉）	[短]東西南北（鉄幹）

西暦	歴史事項
一八六八	明治維新。五か条の御誓文を掲示。
一八六九	版籍奉還。東京遷都。
一八七〇	平民の苗字使用認可。
一八七一	廃藩置県。岩倉具視ら欧州視察。
一八七二	学制公布。官営富岡製糸場開業。新橋―横浜間鉄道開通。
一八七三	地租改正。征韓派敗北、西郷隆盛ら下野。
一八七四	民撰議院設立建白書。
一八七五	讒謗律・新聞紙条例公布。
一八七六	廃刀令。
一八七七	西南戦争。第一回内国勧業博覧会。大森貝塚発見。
一八七八	パリ万国博覧会参加。
一八八〇	集会条例。刑法・治罪法公布。
一八八一	明治十四年の政変。国会開設の勅諭。
一八八二	板垣退助、岐阜で遭難。
一八八三	鹿鳴館開館。

スは、自分の無知を自覚し、真の知識を得るためのものとした。

一八九七	三〇	金色夜叉(紅葉)・源叔父(国木田独歩)	[戯]ハムレット(シェイクスピア、逍遙訳)	[詩]若菜集(島崎藤村)
一八九八	三一	武蔵野(独歩)・忘れえぬ人々(独歩)・不如帰(徳冨蘆花)・恋慕ながし(小栗風葉)	[評]審美新説(フォルケルト、鷗外訳)・[随]福翁自伝(諭吉)	[詩]星落秋風五丈原(土井晩翠)・[評]歌よみに与ふる書(子規)
一八九九	三二	己が罪(菊池幽芳)・湯島詣(鏡花)	[評]日本之下層社会(横山源之助)	[詩]天地有情(晩翠)
一九〇〇	三三	高野聖(鏡花)・思出の記(蘆花)	[随]自然と人生(蘆花)	[詩]鉄道唱歌(大和田建樹)
一九〇一	三四	牛肉と馬鈴薯(独歩)	[随]墨汁一滴(子規)	[短]みだれ髪(与謝野晶子)
一九〇二	三五	はやり唄(小杉天外)・重右衛門の最後(田山花袋)・地獄の花(永井荷風)	[随]病床六尺(子規)・[評]自然主義とは何ぞや(長谷川天渓)	[短]つゆ艸(太田水穂)・[詩][短]うもれ木(鉄幹)
一九〇三	三六	非凡なる凡人(独歩)・天うつ浪(露伴)	[評]社会主義神髄(幸徳秋水)	[詩]独絃哀歌(蒲原有明)
一九〇四	三七	火の柱(木下尚江)・水彩画家(藤村)・良人の自白(尚江)	[評]露骨なる描写(花袋)・[戯]日蓮上人辻説法(鷗外)	[詩]君死にたまふこと勿れ(晶子)・[短]竹の里歌(子規)
一九〇五	三八	倫敦塔(夏目漱石)・吾輩は猫である(漱石)・青春(風葉)・幻影の盾(漱石)	[随]第二軍従征日記(花袋)・[評]表象主義の文学(天渓)	[詩]あこがれ(石川啄木)・[詩]海潮音(上田敏訳)・[俳]仰臥漫録(子規)
一九〇六	三九	野菊の墓(伊藤左千夫)・運命(独歩)・破戒(藤村)・坊っちゃん(漱石)・草枕(漱石)	[評]囚はれたる文芸(抱月)・[評]神秘的半獣主義(岩野泡鳴)	[詩]孔雀船(伊良子清白)・[詩]白羊宮(薄田泣菫)・[短]舞姫(晶子)
一九〇七	四〇	野分(漱石)・南小泉村(真山青果)・虞美人草(漱石)・蒲団(花袋)・平凡(四迷)	[評]文学論(漱石)・[評]今の文壇と新自然主義(抱月)	[短]わがおもひ(金子薫園)・[短]静夜(尾上柴舟)
一九〇八	四一	坑夫(漱石)・何処へ(正宗白鳥)・春(藤村)・生(花袋)・あめりか物語(荷風)・三四郎(漱石)・新世帯(徳田秋声)	[評]文芸上の自然主義(抱月)・[評]自然主義の無特色(後藤宙外)・[随]欺かざるの記(独歩)	[詩]有明集(有明)・[詩]御風詩集(相馬御風)・[俳]稿本虚子句集(高浜虚子)
一九〇九	四二	耽溺(泡鳴)・ふらんす物語(荷風)・それから(漱石)・ヰタ・セクスアリス(鷗外)・田舎教師(花袋)・すみだ川(荷風)	[評]自然主義論最後の試練(御風)・[戯]南蛮寺門前(木下杢太郎)	[詩]邪宗門(北原白秋)・[詩]廃園(三木露風)・[俳]子規句集(河東碧梧桐・虚子編)・[評]食ふべき詩(啄木)
一九一〇	四三	家(藤村)・門(漱石)・青年(鷗外)・網走まで(志賀直哉)・土(長塚節)・かんかん虫(有島武郎)・刺青(谷崎潤一郎)	[評]客観描写と印象描写(漱石)・[評]時代閉塞の現状(啄木)・[戯]人形の家(イプセン、抱月訳)	[詩]路傍の花(川路柳虹)・[短]NAKIWARAI(土岐哀果)・[短]酒ほがひ(吉井勇)・[短]一握の砂(啄木)
一九一一	四四	或る女のグリンプス〈『或る女』の一部〉(武郎)・お目出たき人(武者小路実篤)・妄想(鷗外)・黴(秋声)・雁(鷗外)	[評]善の研究(西田幾多郎)・[随]千曲川のスケッチ(藤村)・[評]元始女性は太陽であつた(平塚らいてう)・[戯]修禅寺物語(岡本綺堂)	[詩]思ひ出(白秋)・[詩]呼子と口笛(啄木)・[短]春泥集(晶子)・[短]路上(若山牧水)

一八八五 天津条約。
一八八六 帝国大学創立。甲府雨宮製糸工場女工スト(日本初)。
一八八九 大日本帝国憲法公布。
一八九〇 教育勅語発布。第一回帝国議会。
一八九一 内村鑑三の不敬事件。大津事件。足尾銅山鉱毒事件。
一八九四 日清戦争始まる。
一八九五 日清講和・三国干渉。
一八九七 志賀潔、赤痢菌発見。

物価の変遷①

年代＼事項	総理大臣給料(明治は年俸)	国会議員報酬(明治大正年俸)	公務員初任給(月俸基本給)
1907年(明治40)	12000円(明43)	2000円(明32)	50円
1920年(大正9)	1000円	3000円	70円(大7)
1950年(昭和25)	60000円(昭26)	78000円(昭27)	7650円(昭27)
1975年(昭和50)	1250000円(昭49)	680000円	80500円
2019年(令和元)	2010000円	1294000円	231040円

 汝自身を知れ。(ギリシャのデルフォイのアポロン神殿の玄関の柱に刻まれていたという言葉) ソクラテ

一九一二	四五 大正元	彼岸過迄(漱石)・悪魔(潤一郎)・哀しき父(葛西善蔵)・大津順吉(直哉)・興津弥五右衛門の遺書(鷗外)・行人(漱石)	評黎明期の文学(御風)・戯道成寺(郡虎彦)・戯雪(久保田万太郎)	評童馬漫筆(斎藤茂吉)・短悲しき玩具(啄木)・短ほろびの光(伊藤左千夫)
一九一三	二	清兵衛と瓢簞(直哉)・阿部一族(鷗外)・銀の匙(中勘助)・桑の実(鈴木三重吉)・大菩薩峠(中里介山)・范の犯罪(直哉)	随みみずのたはごと(蘆花)・評生の要求と文学(片上伸)・評ファウスト考(鷗外)	詩珊瑚集(荷風)・短桐の花(白秋)・短馬鈴薯の花(島木赤彦・中村憲吉)・短赤光(茂吉)
一九一四	三	大塩平八郎(鷗外)・こころ(漱石)・安井夫人(鷗外)・老年(芥川龍之介)・桜の実の熟する時(藤村)・若き日の悩み(藤森成吉)	評生の創造(大杉栄)・随三太郎の日記(阿部次郎)・戯牛乳屋の兄弟(久米正雄)	詩道程(高村光太郎)・詩白金之独楽(白秋)・短銀(木下利玄)・短鍼の如く(節)
一九一五	四	あらくれ(秋声)・山椒大夫(鷗外)・入江のほとり(白鳥)・道草(漱石)・宣言(武郎)・最後の一句(鷗外)・羅生門(龍之介)	評悪魔主義の思想と文芸(泡鳴)・戯その妹(実篤)・戯法成寺物語(潤一郎)	詩聖三稜玻璃(山村暮鳥)・短雲母集(白秋)・短無花果(若山喜志子)・俳新傾向句集(碧梧桐)
一九一六	五	渋江抽斎(鷗外)・高瀬舟(鷗外)・鼻(龍之介)・明暗(漱石)・善心悪心(里見弴)・芋粥(龍之介)・貧しき人々の群(宮本百合子)	随貧乏物語(河上肇)・戯項羽と劉邦(善郎)・戯出家とその弟子(倉田百三)	詩農民の言葉(福田正夫)・俳碧梧桐句集(大須賀乙字編)
一九一七	六	城の崎にて(直哉)・カインの末裔(武郎)・和解(直哉)・戯作三昧(龍之介)・神経病時代(広津和郎)	評惜みなく愛は奪ふ(有島武郎)・随東京の三十年(花袋)・戯父帰る(寛)	詩月に吠える(萩原朔太郎)・短寒紅集(杉浦翠子)・俳俳句提唱(荻原井泉水)
一九一八	七	小さき者へ(武郎)・おかめ笹(荷風)・生れ出づる悩み(武郎)・子をつれて(善蔵)・地獄変(龍之介)・田園の憂鬱(佐藤春夫)	評新しき村に就きて(実篤)・戯俊寛(百三)	詩愛の詩集(室生犀星)・詩自分は見た(千家元麿)・詩抒情小曲集(犀星)・短渓谷集(牧水)
一九一九	八	恩讐の彼方に(菊池寛)・或る女(武郎)・蔵の中(宇野浩二)・友情(実篤)・性に眼覚める頃(犀星)	評旧劇と新劇(小山内薫)・評古寺巡礼(和辻哲郎)・戯藤十郎の恋(寛)	詩月光とピエロ(堀口大学)・詩砂金(西条八十)・詩食後の唄(杢太郎)
一九二〇	九	死線を越えて(賀川豊彦)・小僧の神様(直哉)・真珠夫人(寛)・杜子春(龍之介)	戯嬰児殺し(山本有三)	詩牧羊神(敏)・評短歌に於ける写生の説(茂吉)・短氷魚(赤彦)
一九二一	一〇	暗夜行路(直哉)・冥途(内田百閒)・招魂祭一景(川端康成)・理想の女(豊島与志雄)	評愛と認識との出発(百三)・評唯物史観と文学(平林初之輔)	詩黒衣聖母(日夏耿之介)・詩殉情詩集(春夫)・短あらたま(茂吉)
一九二二	一一	藪の中(龍之介)・トロッコ(龍之介)・海神丸(野上弥生子)・多情仏心(弴)	評宣言一つ(武郎)・評第四階級の文学(初之輔)	詩空と樹木(尾崎喜八)・短靉日(石原純)
一九二三	一二	青銅の基督(長与善郎)・子を貸し屋(浩二)・日輪(横光利一)・蠅(利一)	評階級闘争と芸術運動(青野季吉)・随侏儒の言葉(龍之介)	詩青猫(朔太郎)・詩ダダイスト新吉の詩(高橋新吉)

一八九八	初の政党内閣成立。
一九〇〇	治安警察法公布。
一九〇一	八幡製鉄所操業開始。
一九〇三	国定教科書制度制定。平民社設立。
一九〇四	日露戦争開始。
一九〇五	日本海海戦。日本最初のメーデー。
一九〇六	鉄道国有法公布。
一九〇七	義務教育六か年となる。
一九〇七	伊藤博文暗殺される。
一九一〇	大逆事件。日韓併合条約調印。
一九一二	第一次護憲運動。天皇機関説論争。第五回オリンピックに初参加。
一九一三	大正の政変(桂内閣総辞職)。
一九一四	第一次世界大戦勃発。
一九一五	二十一ヵ条の要求。
一九一八	シベリア出兵宣言。富山県に米騒動(全国に波及)。
一九一九	朝鮮各地に三・一独立運動。中国に五・四運動。パリ講和会議。
一九二〇	国際連盟成立。市川房枝ら新婦人協会結成。
一九二一	原首相暗殺される。

ときは特に意識することはないが、大切な生命は天与のものである。

西暦	和暦	小説	評論・戯曲	詩歌
一九二四	一三	痴人の愛（潤一郎）・聴き分けられぬ跫音〈『伸子』〉（百合子）・頭ならびに腹（利一）・注文の多い料理店（宮沢賢治）	評本格小説と心境小説と（中村武羅夫）・評新感覚派の誕生（千葉亀雄）	詩春と修羅（宮沢賢治）・短太虚集（赤彦）・短一路（利玄）
一九二五	一四	檸檬（梶井基次郎）・大導寺信輔の半生（龍之介）・濠端の住ひ（直哉）・十七歳の日記〈のち「十六歳の日記」と改題〉（康成）	評女工哀史（細井和喜蔵）・戯平将門（青果）	詩純情小曲集（朔太郎）・詩月下の一群（大学訳）・短海やまのあひだ（釈迢空）
一九二六	一五 昭和元	セメント樽の中の手紙（葉山嘉樹）・伊豆の踊子（康成）・春は馬車に乗って（利一）・嵐（藤村）・生きとし生けるもの（有三）・海に生くる人々（嘉樹）	評無産階級文芸論（藤森成吉）・戯愛慾（実篤）・戯驟雨（岸田国士）	詩爪色の雨（サトウ・ハチロー）・詩半分開いた窓（小野十三郎）・短柿蔭集（赤彦）
一九二七	二	玄鶴山房（龍之介）・河童（龍之介）・無限抱擁（滝井孝作）・歯車（龍之介）・或阿呆の一生（龍之介）・丹下左膳（林不忘）	評文芸的な、余りに文芸的な（龍之介）・評芸術に関する走り書的覚え書（中野重治）	詩富永太郎詩集・俳花氷（日野草城）・俳澄江堂句集（龍之介）
一九二八	三	業苦（嘉村礒多）・キャラメル工場から（佐多稲子）・冬の蠅（基次郎）・波（有三）・放浪記（林芙美子）・一九二八年三月十五日（小林多喜二）・蓼喰ふ虫（潤一郎）	評プロレタリヤ・レアリズムへの道（蔵原惟人）・評誰だ？花園を荒す者は！（武羅夫）・戯傷だらけのお秋（三好十郎）	詩貧しき信徒（八木重吉）・詩第百階級（草野心平）・短屋上の土（千樫）・俳多摩川（中塚一碧楼）
一九二九	四	蟹工船（多喜二）・夜明け前第一部（藤村）・太陽のない街（徳永直）・山椒魚（井伏鱒二）・浅草紅団（康成）	評文学形式問答（谷川徹三）・評「敗北」の文学（宮本顕治）・評様々なる意匠（小林秀雄）	詩軍艦茉莉（安西冬衛）・詩白のアルバム（北園克衛）・評超現実主義詩論（西脇順三郎）
一九三〇	五	南国太平記（直木三十五）・機械（利一）・聖家族（堀辰雄）・寝園（利一）	評「ナップ」芸術家の新しい任務（惟人）・評アシルと亀の子（秀雄）	詩測量船（三好達治）・俳葛飾（水原秋桜子）
一九三一	六	吉野葛（潤一郎）・風琴と魚の町（芙美子）・盲目物語（潤一郎）・つゆのあとさき（荷風）	評意識の流れと小説の構成（春山行夫）	詩平戸廉吉詩集・短鵲（順）・俳折柴句集（孝作）
一九三二	七	鮎（丹羽文雄）・夜明け前第二部（藤村）・日本三文オペラ（武田麟太郎）・青年（林房雄）・女の一生（有三）・蘆刈（潤一郎）	評新心理主義文学（伊藤整）・評芥川龍之介と志賀直哉（井上良雄）・評Ｘへの手紙（秀雄）	詩南窗集（達治）・詩帆・ランプ・鷗（丸山薫）・俳凍港（山口誓子）・俳山廬集（飯田蛇笏）
一九三三	八	転換時代〈のち「党生活者」と改題〉（多喜二）・若い人（石坂洋次郎）・春琴抄（潤一郎）・禽獣（康成）・万暦赤絵（直哉）・美しい村（辰雄）・暢気眼鏡（尾崎一雄）	評故郷を失った文学（秀雄）・評社会主義リアリズムの問題について（百合子）・評末期の眼（康成）・随陰翳礼讃（潤一郎）	詩Ambarvalia（順三郎）・詩氷（北川冬彦）・短青牛集（千樫）

一九二二 全国水平社創立。
一九二三 関東大震災。
一九二四 第二次護憲運動。
一九二五 治安維持法公布。普通選挙法公布。日本プロレタリア文芸連盟結成。ラジオ放送開始。
一九二六 円本ブーム。
一九二七 第一次山東出兵。金融恐慌勃発。岩波文庫発刊。
一九二八 張作霖爆殺事件。特

物価の変遷②

年代＼事項	国立大授業料（東京大学）	私立大授業料（早稲田大学）	総合雑誌（「中央公論」）
1907年（明治40）	50円（明43）	50円（明45）	20銭（明42）
1920年（大正９）	50円	75円	60銭
1950年（昭和25）	6000円（昭27）	10000円	90円
1975年（昭和50）	96000円（昭52）	160000円	450円
2019年（令和元）	535800円	100900円（文学部）	950円

世界の名言 生命は黄金を積むも、これを買うことができない。（ホメロス、ギリシャの詩人、前８世紀ごろ） 健康な

西暦	昭和	小説	評論・戯曲	詩歌
一九三四	九	紋章(利一)・百夜(村山知義)・白い壁(本庄陸男)・あにいもうと(犀星)・銀座八丁(麟太郎)・ダイヴィング(舟橋聖一)	評所謂転向について(佐野学)・戯斬られの仙太(十郎)・戯鼬(真船豊)	詩氷島(朔太郎)・詩閒花集(達治)・詩山羊の歌(中原中也)・俳川端茅舎句集
一九三五	一〇	夕景色の鏡〈のち「雪国」と改題〉(康成)・故旧忘れ得べき(高見順)・蒼氓(石川達三)・村の家(重治)・道化の華(太宰治)	評転向作家論(中村光夫)・評純粋小説論(利一)・評私小説論(秀雄)	詩わがひとに与ふる哀歌(伊東静雄)・詩中野重治詩集・俳松本たかし句集・俳石田波郷句集
一九三六	一一	くれなゐ(稲子)・いのちの初夜(北条民雄)・鶴は病みき(岡本かの子)・普賢(石川淳)・風立ちぬ(辰雄)	評トルストイについて(正宗白鳥)・評描写のうしろに寝てゐられない(順)	詩藍色の蟇(大手拓次)・短暖流(五島美代子)・俳長子(中村草田男)
一九三七	一二	二十世紀旗手(治)・路傍の石(有三)・濹東綺譚(荷風)・旅愁(利一)・生活の探求(島木健作)・かげろふの日記(辰雄)	評現代日本の文化的状況(徹三)・戯新選組(知義)・戯火山灰地(久保栄)	詩萱草に寄す(立原道造)・詩厄除け詩集(鱒二)・詩鮫(金子光晴)・俳花影(原石鼎)
一九三八	一三	生きてゐる兵隊(達三)・麦と兵隊(火野葦平)・石狩川(陸男)・還らぬ中隊(文雄)	評人生論ノート(三木清)・評神々の復活(亀井勝一郎)	詩在りし日の歌(中也)・詩蛙(心平)・短万葉秀歌(茂吉)
一九三九	一四	如何なる星の下に(順)・源氏物語(潤一郎訳)・多甚古村(鱒二)・歌のわかれ(重治)・女生徒(治)・生々流転(かの子)	評農民作家論(窪川鶴次郎)・評新たなる出発(健作)	詩艸千里(達治)・詩体操詩集(村野四郎)・短くれなゐ(前川佐美雄)
一九四〇	一五	受胎告知(今日出海)・夫婦善哉(織田作之助)・走れメロス(治)・姨捨(辰雄)・オリンポスの果実(田中英光)・弥勒(稲垣足穂)	評国民文学への道(浅野晃)・戯大仏開眼(長田秀雄)	詩萩原恭次郎詩集・詩山之口貘詩集・短鹿鳴集(会津八一)・俳旗(西東三鬼)・俳穂高(加藤楸邨)
一九四一	一六	東京八景(治)・菜穂子(辰雄)・縮図(秋声)・花ざかりの森(三島由紀夫)・曠野(辰雄)・佗日記(上林暁)	評転向について(房雄)・評森鷗外(石川淳)	詩智恵子抄(光太郎)・詩一点鐘(達治)・俳万緑(草田男)・俳天の狼(富沢赤黄男)
一九四二	一七	古譚(中島敦)・七つの荒海(田宮虎彦)・光と風と夢(敦)	評二葉亭四迷伝(光夫)・評無常といふ事(秀雄)	詩涙した神(薫)・短白桃(茂吉)・俳雪国(山口青邨)
一九四三	一八	東方の門(藤村)・細雪(潤一郎)・弟子(敦)・李陵(敦)・右大臣実朝(治)	評司馬遷(武田泰淳)・評鷗外の精神(唐木順三)	詩春のいそぎ(静雄)・俳磐梯(秋桜子)
一九四四	一九	新釈諸国噺(治)・礎(健作)・津軽(治)	評魯迅(竹内好)	詩或る遍歴から(津村信夫)
一九四五	二〇	パンドラの匣(治)・黒猫(健作)	評歌声よ、おこれ(百合子)	
一九四六	二一	赤蛙(健作)・死霊(埴谷雄高)・播州平野(百合子)・暗い絵(野間宏)・白痴(坂口安吾)・桜島(梅崎春生)	評第二芸術—現代俳句について(桑原武夫)・戯なよたけ(加藤道夫)	短つゆじも(茂吉)・短群鶏(宮柊二)・俳病雁(波郷)

年	事項
	別高等警察新設。パリ不戦条約調印。
一九二九	世界恐慌。清水トンネル開通。
一九三一	柳条湖事件(満州事変)。
一九三二	上海事変。五・一五事件。
一九三三	日本、国際連盟脱退。京大滝川事件。小林多喜二虐殺。
一九三五	天皇機関説問題化(美濃部達吉)。
一九三六	二・二六事件。講座派学者・左翼文化団体員一斉検挙。
一九三七	日中戦争(盧溝橋事件)。南京大虐殺。
一九三八	国家総動員法。
一九三九	ノモンハン事件。第二次世界大戦勃発。
一九四〇	国民徴用令公布。大政翼賛会発足。大日本産業報国会創立。
一九四一	ゾルゲ事件。太平洋戦争勃発。国民学校発足。
一九四二	日本本土初空襲。
一九四三	学徒動員。学徒出陣。大日本言論報国会。
一九四四	軍事教育全面強化。女子挺身隊勤労令。

としてとどまるものはない。

西暦	昭和	小説	評論・戯曲ほか	詩歌
一九四七	二二	五尺の酒(重治)・肉体の門(田村泰次郎)・ビルマの竪琴(竹山道雄)・夏の花(原民喜)・青い山脈(洋次郎)・斜陽(治)	[評]近代文学の運命(中野好夫)・[評]1946 文学的考察(加藤周一・中村真一郎・福永武彦)	[詩]古代感愛集(迢空)・[詩]水の精神(薫)・[詩]反響(静雄)・[短]寒燈集(八一)・[俳]初鴉(高野素十)
一九四八	二三	俘虜記(大岡昇平)・人間失格(治)・屍の街(大田洋子)・野火(昇平)	[評]小説の方法(整)・[戯]火宅(由紀夫)	[詩]日本沙漠(心平)・[詩]定本蛙(心平)・[短]早春歌(近藤芳美)
一九四九	二四	仮面の告白(由紀夫)・春の城(阿川弘之)・少将滋幹の母(潤一郎)・闘牛(井上靖)	[評]芸術と実生活(平野謙)・[戯]夕鶴(木下順二)	[詩]花電車(冬彦)・[短]白き山(茂吉)
一九五〇	二五	遥拝隊長(鱒二)・鳴海仙吉(整)・チャタレイ夫人の恋人(ロレンス、整訳)・赤い繭(安部公房)	[評]風俗小説論(光夫)・[評]昭和文学論(謙)・[戯]キティ颱風(福田恆存)	[俳]瘤(秋元不死男)
一九五一	二六	真空地帯(宏)・壁(公房)・広場の孤独(堀田善衛)・冥府山水図(三浦朱門)	[評]伊藤整氏の生活と意見(整)	[評]原民喜詩集・[詩]原爆詩集(峠三吉)・[俳]都鳥(中村汀女)
一九五二	二七	風媒花(泰淳)・ノリソダ騒動記(杉浦明平)・或る「小倉日記」伝(松本清張)	[評]日本文壇史(整)・[評]国民文学(臼井吉見)	[詩]二十億光年の孤独(谷川俊太郎)・[短]帰潮(佐藤佐太郎)
一九五三	二八	銀貨(永井龍男)・人工庭園(阿部知二)・ひもじい月日(円地文子)	[評]第三の新人(山本健吉)	[詩]転位のための十篇(吉本隆明)・[短]日本挽歌(柊二)
一九五四	二九	むらぎも(重治)・潮騒(由紀夫)・アメリカン・スクール(小島信夫)・プールサイド小景(庄野潤三)	[評]近代絵画(秀雄)・[評]日本の近代小説(光夫)・[戯]ひかりごけ(泰淳)	[詩]ひとりの女に(黒田三郎)
一九五五	三〇	姨捨(靖)・流れる(幸田文)・白い人(遠藤周作)・太陽の季節(石原慎太郎)・森と湖のまつり(泰淳)	[随]わたくしの歩いた道(平塚らいてう)・[戯]どれい狩り(公房)	[詩]狼がきた(関根弘)・[詩]倖せそれとも不倖せ(入沢康夫)・[短]倭をぐな(迢空)・[俳]少年(金子兜太)
一九五六	三一	地唄(有吉佐和子)・金閣寺(由紀夫)・紫苑物語(淳)・書かれざる一章(井上光晴)・楢山節考(深沢七郎)・挽歌(原田康子)	[評]もはや「戦後」ではない(好夫)・[戯]鹿鳴館(由紀夫)	[詩]四千の日と夜(田村隆一)・[短]装飾楽句(塚本邦雄)・[俳]ロダンの首(角川源義)
一九五七	三二	梨の花(重治)・点と線(清張)・海と毒薬(周作)・死者の奢り(大江健三郎)・パニック(開高健)	[評]現代小説は古典たり得るか(由紀夫)・[評]奴隷の思想を排す(江藤淳)	[詩]われに五月を(寺山修司)・[詩]返礼(富岡多恵子)
一九五八	三三	芽むしり仔撃ち(健三郎)・楼蘭(靖)・第四間氷期(公房)・娼婦の部屋(吉行淳之介)	[評]昭和文学盛衰史(順)・[評]物語戦後文学史(本多秋五)	[詩]僧侶(吉岡実)・[短]日本人霊歌(邦雄)
一九五九	三四	敦煌(靖)・日本三文オペラ(健)・われらの時代(健三郎)・海辺の光景(安岡章太郎)	[評]考へるヒント(秀雄)・[戯]千鳥(田中千禾夫)	[詩]氷った焰(清岡卓行)・[詩]亡羊記(四郎)

西暦	社会の動き
一九四五	東京大空襲。沖縄戦守備軍全滅。広島・長崎に原爆投下。ポツダム宣言受諾。
一九四六	天皇、人間宣言。日本国憲法公布。極東国際軍事裁判開廷。農地改革。
一九四七	教育基本法・学校教育法(六・三制)公布。
一九四八	昭電疑獄。帝銀事件。
一九四九	国立新制大学(69校)発足。下山・三鷹・松

物価の変遷③

年代＼事項	新聞購読料(月決め定価)	理髪料金(東京・大人)	映画館入場料(東京・一般)
1907年(明治40)	45銭(明39)	10銭(明42)	20銭(明36)
1920年(大正９)	１円20銭	30銭	30銭(大10)
1950年(昭和25)	53円	60円	80円(昭24)
1975年(昭和50)	1700円(昭49)	1400円	1000円
2019年(令和元)	4344円	3854円	1815円

◆世界の名言　万物は流転する。(ヘラクレイトス、ギリシャの哲学者、前500ごろ)　万物は移り変わっていき、何一つ

年	昭和	小説	評論・戯曲など	詩歌
一九六〇	三五	宴のあと(由紀夫)・いやな感じ(順)・パルタイ(倉橋由美子)・夜と霧の隅で(北杜夫)・忍ぶ川(三浦哲郎)	評日本浪曼派批判序説(橋川文三)・戯パリ繁昌記(光夫)	詩失はれた時(順三郎)・俳原泉(井泉水)
一九六一	三六	憂国(由紀夫)・セヴンティーン(健三郎)・雁の寺(水上勉)・古都(康成)・瘋癲老人日記(潤一郎)	評純文学は存在し得るか(整)・戯有間皇子(恆存)	短青春の碑(芳美)
一九六二	三七	島へ(島尾敏雄)・楡家の人びと(杜夫)・砂の女(公房)・出発は遂に訪れず(敏雄)・悲の器(高橋和巳)	評純文学の過去と現在(順)・戯オットーと呼ばれる日本人(順二)	詩地中海(靖)・俳寒夜句三昧(蛇笏)
一九六三	三八	狂ひ凧(春生)・砂の上の植物群(淳之介)・鮫(真継伸彦)	評純文学は可能か(奥野健男)・戯世阿弥(山崎正和)	詩何処へ(飯島耕一)
一九六四	三九	他人の顔(公房)・されどわれらが日々―(柴田翔)・個人的な体験(健三郎)	評「近代文学」派の問題(隆明)	詩死の淵より(高見順)・俳晩華(秋桜子)
一九六五	四〇	黒い雨(鱒二)・甲乙丙丁(重治)・春の雪(由紀夫)・憂鬱なる党派(和巳)	戯サド侯爵夫人(由紀夫)	詩抒情の変革(長田弘)・詩音楽(那珂太郎)
一九六六	四一	沈黙(周作)・英霊の声(由紀夫)・夏の砦(辻邦生)・華岡青洲の妻(佐和子)	評孤立無援の思想(和巳)	詩田舎のモーツアルト(喜八)・詩葡萄の女(田中冬二)
一九六七	四二	万延元年のフットボール(健三郎)・レイテ戦記(昇平)・奔馬(由紀夫)・燃えつきた地図(公房)	評内と外からの日本文学(佐伯彰一)・評土着の情況(桶谷秀昭)	評いつの日にも愛の詩を(高田敏子)・短雉(上田三四二)
一九六八	四三	海市(武彦)・輝ける闇(健)・三匹の蟹(大庭みな子)・わが子キリスト(泰淳)	評日本の現代小説(光夫)・評文化防衛論(由紀夫)	詩表札など(石垣りん)・俳酒中花(波郷)
一九六九	四四	暗室(淳之介)・赤頭巾ちゃん気をつけて(庄司薫)・アカシヤの大連(卓行)	評わが解体(和巳)・戯かさぶた式部考(秋元松代)	詩蕩児の家系(大岡信)・俳操守(石原八束)
一九七〇	四五	心優しき叛逆者たち(光晴)・天人五衰(由紀夫)・回転扉(河野多恵子)	評核時代の想像力(健三郎)・評漱石とその時代(淳)	詩黄金詩篇(吉増剛造)・俳土がたわれは(兜太)
一九七一	四六	行隠れ(古井由吉)・嵯峨野明月記(邦生)・彼の故郷(小川国夫)	随私の中の地獄(泰淳)・戯吸血姫(唐十郎)・戯写楽考(松代)	俳春の道(飯田龍太)
一九七二	四七	たつた一人の反乱(丸谷才一)・れくいえむ(郷静子)・恍惚の人(佐和子)	評批評とは何か(秀昭)	短藤棚の下の小室(柊二)・俳遠岸(鷹羽狩行)
一九七三	四八	約束の土地(李恢成)・椿の海の記(石牟礼道子)・死海のほとり(周作)・月山(森敦)	評「こころ」の構造(昇平)・戯北斎漫画(矢代静一)	詩わたしの天気予報(白石かずこ)

川事件。湯川秀樹、ノーベル物理学賞受賞。法隆寺金堂焼失。
一九五〇 レッドパージ。金閣寺全焼。朝鮮戦争。
一九五一 サンフランシスコ平和会議。日米安保条約。
一九五二 破防法反対スト。メーデー流血事件。
一九五三 奄美群島返還。NHKテレビ本放送開始。
一九五四 水俣病患者第一号。防衛庁、自衛隊発足。ビキニ水爆実験で第五福竜丸被災。
一九五五 第一回原水爆禁止世界大会。森永ひ素ミルク事件。
一九五六 日本、国連加盟。
一九五七 日本、南極観測開始。
一九五八 米国、初の人工衛星。
一九五九 安保阻止統一デモ隊国会構内に入る。三井、三池争議激化。
一九六〇 新安保条約発効。
一九六一 小児マヒ流行。
一九六一 ばい煙規制法（東京スモッグ・四日市公害。）
一九六三 部分的核実験停止条約。新潟水俣病発生。

一九七四	四九	異床同夢(藤枝静男)・追放と自由(恢成)・あの夕陽(日野啓三)	評内的生活(秋山駿)・評不機嫌の時代(正和)	詩やわらかい闇の夢(鈴木志郎康)・短煙波の道(服部忠志)
一九七五	五〇	祭りの場(林京子)・夢魔の世界―「死霊」第五章(雄高)・甘い蜜の部屋(森茉莉)・岬(中上健次)・火宅の人(檀一雄)	評岡倉天心(信)・戯七人みさき(松代)	詩田園に死す(修司)・短湧井(三四二)・短独石馬(柊二)・俳西行の日(源義)
一九七六	五一	夢の碑(高井有一)・限りなく透明に近いブルー(村上龍)・ピンチランナー調書(健三郎)・人称代名詞(野坂昭如)	評『薤露行』の構想(昇平)	評サフラン摘み(吉岡実)・俳磊磈集(石塚友二)
一九七七	五二	引潮(潤三)・行き帰り(後藤明生)・天の湖(高橋たか子)・墓まいり(川崎長太郎)・母の霊(耕治人)・過ぎし楽しき年(阿部昭)	評本居宣長(秀雄)・戯水中都市(公房)	詩北入曽(吉野弘)・短佐佐木幸綱歌集
一九七八	五三	九月の空(高橋三千綱)・夕暮まで(淳之介)・寵児(津島佑子)	評神話と文学(栗田勇)・戯子午線の祀り(順二)	詩夜間飛行(吉原幸子)・短馬場あき子歌集
一九七九	五四	身世打鈴(古山高麗雄)・落城記(野呂邦暢)・同時代ゲーム(健三郎)	戯東海道おらんだ怪談(宮本研)	俳わが旅路(五所平之助)
一九八〇	五五	帰路(立原正秋)・神聖喜劇(大西巨人)・狂風記(石川淳)	評日本文学史序説(周一)	詩バルバラの夏(長谷川龍生)
一九八一	五六	本覚坊遺文(靖)・愁いの王―「死霊」第六章(雄高)・吉里吉里人(井上ひさし)	評隠喩としての建築(柄谷行人)・戯黄金バット(十郎)	俳漁歌(平畑静塔)
一九八二	五七	夏の栞(稲子)・別れる理由(信夫)・裏声で歌へ君が代(才一)	随サハリンへの旅(恢成)・戯吾輩は漱石である(ひさし)	詩王国の構造(高橋睦郎)
一九八三	五八	はみだした明日(中野孝次)・パルチザン伝説(桐山襲)	評魂と意匠―小林秀雄(駿)・評近代日本の日記(小田切進)	詩脳膜メンマ(ねじめ正一)
一九八四	五九	群棲(黒井千次)・冷い夏、熱い夏(吉村昭)・方舟さくら丸(公房)	評小林秀雄とその時代(饗庭孝男)・評忠臣蔵とは何か(才一)	短望郷(福島泰樹)
一九八五	六〇	水平線上にて(中沢けい)・憂愁(光晴)・世界の終りとハードボイルド・ワンダーランド(村上春樹)	評自伝の世紀(彰一)・戯きらめく星座(ひさし)	短昭径(三四二)・俳ひとつとや(長谷川双魚)
一九八六	六一	逸民(国夫)・優駿(宮本輝)・アマノン国往還記(由美子)	評探求(行人)	詩ビスケットの空カン(川崎洋)
一九八七	六二	懐かしい年への手紙(健三郎)・阿部昭18の短篇(阿部昭)	評萩原朔太郎(磯田光一)	短サラダ記念日(俵万智)

一九六四	教科書無償配布。東海道新幹線開通。東京オリンピック。
一九六五	教科書裁判始まる。朝永振一郎、ノーベル物理学賞受賞。
一九六八	小笠原諸島返還。川端康成、ノーベル文学賞受賞。
一九六九	東大安田講堂の占拠解除に機動隊を導入。
一九七〇	日本万国博覧会開催。三島由紀夫、市ケ谷

物価の変遷④

年代＼事項	鉄道旅客運賃(上野～青森)	白米(10kg当たり)	塩(1kg当たり)
1907年(明治40)	5円79銭(明35)	1円56銭	7銭1厘
1920年(大正9)	7円23銭	3円86銭(大8)	9銭4厘
1950年(昭和25)	720円	445円	18円25銭
1975年(昭和50)	5300円(昭51)	2495円	50円(昭51)
2019年(令和元)	10340円	4468円	111円

 自分自身を幸福だと思わない人間は、決して幸福ではない。(サイラス、ペルシャ王、前600ごろ―前529)

西暦	年号	小説	評論・戯曲・随筆	詩歌
一九八八	六三	キッチン（よしもとばなな）・岐路（加賀乙彦）・トパーズ（龍）・時の筏（加藤幸子）	【評】小説家夏目漱石（昇平）・【評】世界という背理（竹田青嗣）	【詩】水辺逆旅歌（入沢康夫）
一九八九	六四 平成元	孔子（靖）・TUGUMI（ばなな）・少年アリス（長野まゆみ）	【評】近代日本の批評（柄谷行人ほか）・アジアという鏡（川村湊）	【詩】悪霊（粕谷栄市）・【短】不變律（邦雄）・【俳】独坐（村松夏風）
一九九〇	二	文学部唯野教授（筒井康隆）・やすらかに今はねむり給え（京子）	【評】私のチェーホフ（佐々木基一）・【評】人生の検証（駿）	【詩】螺旋歌（剛造）・【詩】幽明過客抄（那珂太郎）
一九九一	三	夕陽の河岸（章太郎）・背負い水（荻野アンナ）・大いなる夢よ、光よ（佑子）	【戯】シャンハイムーン（ひさし）・【随】崩れ（文）	【詩】春と同い年（新川和江）・【俳】樹影（桂信子）
一九九二	四	僕が本当に若かった頃（健三郎）・軽蔑（健次）・彼岸先生（島田雅彦）	【評】昭和精神史（桶谷秀昭）・【評】森のバロック（中沢新一）	【詩】群青、わが黙示（辻井喬）・【俳】十友（狩行）
一九九三	五	深い河（周作）・女ざかり（才一）・マシアス・ギリの失脚（池澤夏樹）	【評】中勘助の恋（富岡多恵子）	【詩】世間知ラズ（俊太郎）
一九九四	六	百年の旅人たち（恢成）	【評】志賀直哉（弘之）	【詩】夕陽に赤い帆（清水哲男）
一九九五	七	豚の報い（又吉栄喜）	【評】ペルソナ（猪瀬直樹）	【詩】鎮魂歌（太郎）
一九九六	八	蛇を踏む（川上弘美）・海峡の光（辻仁成）・家族シネマ（柳美里）	【評】荷風と東京（川本三郎）	【詩】俳諧辻詩集（辻征夫）・【短】天泣（高野公彦）・【俳】果実（長谷川櫂）
一九九七	九	鉄道員（浅田次郎）・イン ザ・ミソスープ（龍）・少年H（妹尾河童）	【評】敗戦後論（加藤典洋）・【評】声の祝祭（坪井秀人）	【詩】晴夜（池井昌樹）・【俳】仮幻（八束）
一九九八	一〇	ゲルマニウムの夜（花村萬月）・日蝕（平野啓一郎）・赤目四十八瀧心中未遂（車谷長吉）・街の座標（清水博子）	【評】存在論的、郵便的（東浩紀）・【戯】金襴緞子の帯しめながら（別役実）	【詩】川のほとりに（多田智満子）・【詩】めにはさやかに（八木幹夫）・【短】大洪水の前の晴天（岡井隆）
一九九九	一一	蔭の棲みか（玄月）・長崎ぶらぶら節（なかにし礼）・エイジ（重松清）	【評】戦後的思考（典洋）・【評】郵便的不安たち（浩紀）	【詩】倚りかからず（茨木のり子）・【俳】響灘（宗左近）
二〇〇〇	一二	きれぎれ（町田康）・プラナリア（山本文緒）・ミューズ（赤坂真理）	【評】作家の値うち（福田和也）	【詩】モー将軍（田口犬男）・【短】水苑（公彦）
二〇〇一	一三	中陰の花（玄侑宗久）・世界の中心で、愛をさけぶ（片山恭一）	【評】身体感覚を取り戻す（齋藤孝）	【短】手紙魔まみ、夏の引越し（ウサギ連れ）（穂村弘）
二〇〇二	一四	パーク・ライフ（吉田修一）・泳ぐのに、安全でも適切でもありません（江國香織）	【戯】屋根裏（坂手洋二）	【詩】遐い宴楽（康夫）・【短】井泉（春日井建）
二〇〇三	一五	蛇にピアス（金原ひとみ）・蹴りたい背中（綿矢りさ）・博士の愛した数式（小川洋子）	【評】ユートピア文学論（沼野充義）・【随】バカの壁（養老孟司）	【短】夏のうしろ（栗木京子）

年	事項
	自衛隊内で自決。
一九七二	沖縄返還。浅間山荘事件。札幌で冬季オリンピック。
一九七三	石油危機。江崎玲於奈、ノーベル物理学賞受賞。
一九七四	佐藤栄作、ノーベル平和賞受賞。
一九七五	第一回先進国首脳会議（サミット）。
一九七六	ロッキード事件。
一九七八	新東京国際空港開港。
一九七九	共通一次試験始まる。
一九八一	ローマ法王ヨハネ・パウロ二世来日。福井謙一、ノーベル化学賞受賞。
一九八三	参院選全国区、初の比例代表制。
一九八五	男女雇用機会均等法。
一九八六	東京サミット。防衛費GNP一％枠突破。
一九八七	国鉄分割民営化。利根川進、ノーベル医学生理学賞受賞。
一九八八	青函トンネル開業。瀬戸大橋開通。
一九八九	消費税導入。
一九九一	自衛隊の海外派兵。雲仙岳噴火。
一九九二	国連平和維持活動

間であるとも、価値判断は各人ごとに相対的なものとも解される。

西暦	和暦	小説	評論・随筆	詩歌
二〇〇四	一六	アフターダーク(春樹)・電車男(中野独人) 対岸の彼女(角田光代)	随死の壁(孟司)・評頭がいい人、悪い人の話し方(樋口裕一)	詩長篇詩　ごろごろ(剛造)
二〇〇五	一七	その日の前に(清)・半島を出よ(龍)・東京タワー(リリー・フランキー)	評さおだけ屋はなぜ潰れないのか?(山田真哉)	歌プーさんの鼻(万智)・歌ドラえもん短歌(枡野浩一)
二〇〇六	一八	一瞬の風になれ(佐藤多佳子)・夜は短し歩けよ乙女(森見登美彦)	評鏡の法則(野口嘉則)・評ウェブ進化論(梅田望夫)	句忘れ貝(黛まどか)
二〇〇七	一九	悪人(修一)・のぼうの城(和田竜)・夢をかなえるゾウ(水野敬也)	評女性の品格(坂東眞理子)・評生物と無生物のあいだ(福岡伸一)	詩歳月(のり子)・詩それは消える字(川田絢音)
二〇〇八	二〇	食堂かたつむり(小川糸)・乳と卵(川上未映子)・流星の絆(東野圭吾)・告白(湊かなえ)・悼む人(天童荒太)	評悩む力(姜尚中)・評偽善エコロジー(武田邦彦)	句而今(小原啄葉)・歌河野裕子歌集
二〇〇九	二一	運命の人(山崎豊子)・1Q84(春樹)・植物図鑑(有川浩)・天地明察(冲方丁)	評しがみつかない生き方(香山リカ)・評日本辺境論(内田樹)	歌夏至(正木ゆう子)・句星雲(大峯あきら)
二〇一〇	二二	歌うクジラ(龍)・タイニーストーリーズ(詠美)・下町ロケット(池井戸潤)	評老いの才覚(曽野綾子)・評国家の命運(藪中三十二)	詩くじけないで(柴田トヨ)・歌たんぽぽの日々(万智)
二〇一一	二三	苦役列車(西村賢太)・ジェノサイド(高野和明)・舟を編む(三浦しをん)	評大人の流儀(伊集院静)・評日本のデザイン(原研哉)	詩偶然(銀色夏生)・歌たとへば君(河野裕子・永田和宏)
二〇一二	二四	鍵のない夢を見る(辻村深月)・何者(朝井リョウ)・abさんご(黒田夏子)	評聞く力(阿川佐和子)・評「私」とは何か(啓一郎)	詩水瓶(未映子)・句風車(和田悟朗)
二〇一三	二五	ホテルローヤル(桜木紫乃)・爪と目(藤野可織)・羊と鋼の森(宮下奈都)	評集合知とは何か(西垣通)	詩奇跡—ミラクル—(長田弘)・句光源(澤好摩)
二〇一四	二六	春の庭(柴崎友香)・サラバ!(西加奈子)	評境界の現象学(河野哲也)	詩グラフィティ(岡本啓)
二〇一五	二七	火花(又吉直樹)・君の膵臓をたべたい(住野よる)	評〈自分らしさ〉って何だろう?(榎本博明)	詩詩に就いて(俊太郎)・歌暮れてゆくバッハ(岡井隆)
二〇一六	二八	コンビニ人間(村田沙耶香)	評応仁の乱(呉座勇一)	句十年(高橋睦郎)
二〇一七	二九	騎士団長殺し(春樹)・かがみの孤城(深月)	評未来の年表(河合雅司)	句黙示(有馬朗人)
二〇一八	三〇	そして、バトンは渡された(瀬尾まいこ)・ある男(啓一郎)	評AI vs.教科書が読めない子どもたち(新井紀子)	詩天国と、とてつもない暇(最果タヒ)・歌薄明の窓(内藤明)
二〇一九	令和元 三一	流浪の月(凪良ゆう)・熱源(川越宗一)	評街場の平成論(樹)	歌遅速あり(三枝昻之)

(PKO)協力法施行。
- 一九九四　大江健三郎、ノーベル文学賞受賞。
- 一九九五　阪神・淡路大震災。地下鉄サリン事件。
- 一九九七　香港返還。
- 一九九八　日韓共同宣言。
- 一九九九　東海村核燃料施設で臨界事故。
- 二〇〇一　アメリカ同時多発テロ事件。
- 二〇一一　東日本大震災。
- 二〇一六　選挙権年齢引き下げ。

物価の変遷⑤

年代＼事項	カレーライス(東京)	食パン(一斤 400g)	ガス料金(／㎥・東京)
1907年(明治40)	5～7銭(明35)	10銭	6銭8厘(明44)
1920年(大正9)	7～10銭(大6)	14銭(大7)	8銭(大8)
1950年(昭和25)	80円(昭26)	23円	11円3銭
1975年(昭和50)	280円	100円(昭51)	112円77銭
2019年(令和元)	714円	174円	145円31銭

◆世界の名言　人間は万物の尺度である。(プロタゴラス、ギリシャの哲学者、前485?—前410?)　価値判断の中心は人

近現代文学系統図

明治元（一八六八）　10（一八七七）　20（一八八七）　30（一八九七）　40（一九〇七）　45／大正元（一九一二）

小説・評論

- **戯作文学**　仮名垣魯文「安愚楽鍋」
- **翻訳小説**　織田純一郎「花柳春話」
- **政治小説**　矢野龍渓「経国美談」　東海散士「佳人之奇遇」
- **写実主義**　坪内逍遙「小説神髄」　二葉亭四迷「浮雲」
- **擬古典主義**　〈硯友社〉尾崎紅葉「二人比丘尼色懺悔」　幸田露伴「風流仏」
- **観念小説**　川上眉山「うらおもて」
- **深刻小説**　広津柳浪「黒蜥蜴」
- 樋口一葉「たけくらべ」
- **浪漫主義**　〈文学界〉北村透谷「内部生命論」　森鷗外「舞姫」　徳冨蘆花「不如帰」　泉鏡花「高野聖」
- **自然主義**　小杉天外「はやり唄」　永井荷風「地獄の花」　島崎藤村「破戒」　田山花袋「蒲団」　徳田秋声「新世帯」　正宗白鳥「何処へ」
- **反自然主義**
  - **高踏派・余裕派**　森鷗外「雁」　夏目漱石「こころ」
  - **白樺派**　武者小路実篤「お目出たき人」　志賀直哉「網走まで」
  - **耽美派**　永井荷風「すみだ川」　谷崎潤一郎「刺青」
- **新現実主義**
- **奇蹟派**

詩歌

詩

- **新体詩**　外山正一ら「新体詩抄」
- **浪漫詩**　森鷗外「於母影」　北村透谷「楚囚之詩」　島崎藤村「若菜集」　土井晩翠「天地有情」
- **象徴詩**　上田敏「海潮音」　薄田泣菫「白羊宮」　蒲原有明「有明集」
- **耽美詩**　北原白秋「邪宗門」　三木露風「廃園」
- **口語自由詩**　川路柳虹「路傍の花」
- **理想主義の詩**　高村光太郎「道程」

短歌

- （御歌所派）
- **浅香社**　落合直文
- **明星派**　与謝野鉄幹　与謝野晶子「みだれ髪」
- **竹柏会**　佐佐木信綱
- **根岸短歌会**　正岡子規　〈馬酔木〉伊藤左千夫　長塚節
- **耽美派**　北原白秋「桐の花」
- **アララギ派**　斎藤茂吉「赤光」　中村憲吉「林泉集」
- **生活派**　石川啄木「一握の砂」

俳句

- 月並調
- **日本派**　正岡子規「獺祭書屋俳話」
- **ホトトギス**　高浜虚子　河東碧梧桐　水原秋桜子　阿波野青畝　山口誓子　高野素十
- **自由律俳句**　河東碧梧桐　荻原井泉水　中塚一碧楼　尾崎放哉　種田山頭火

戯曲

- （歌舞伎）　（散切物）　（活歴物）
- **新派**　（壮士芝居）（書生芝居）川上音次郎
- **新劇**　〈文芸協会〉坪内逍遙
- **芸術座**　島村抱月　松井須磨子
- **自由劇場**　小山内薫　市川左団次

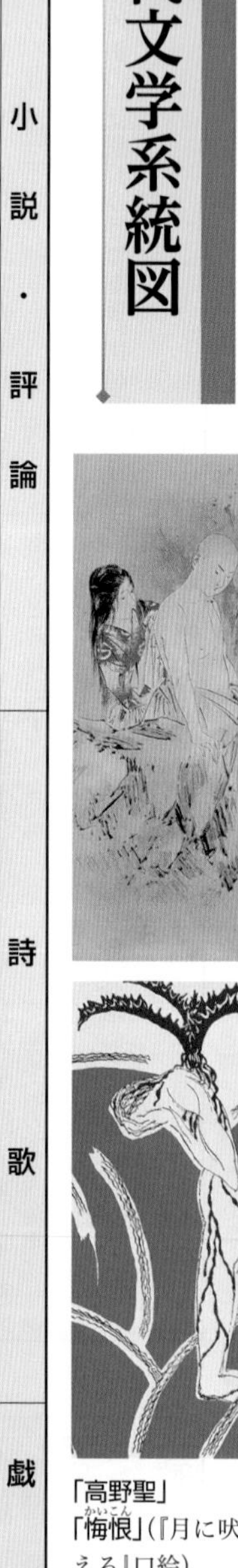

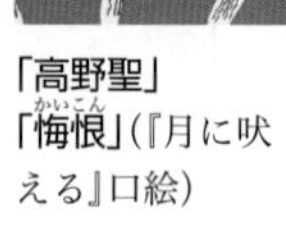

「高野聖」
「悔恨」(『月に吠える』口絵)

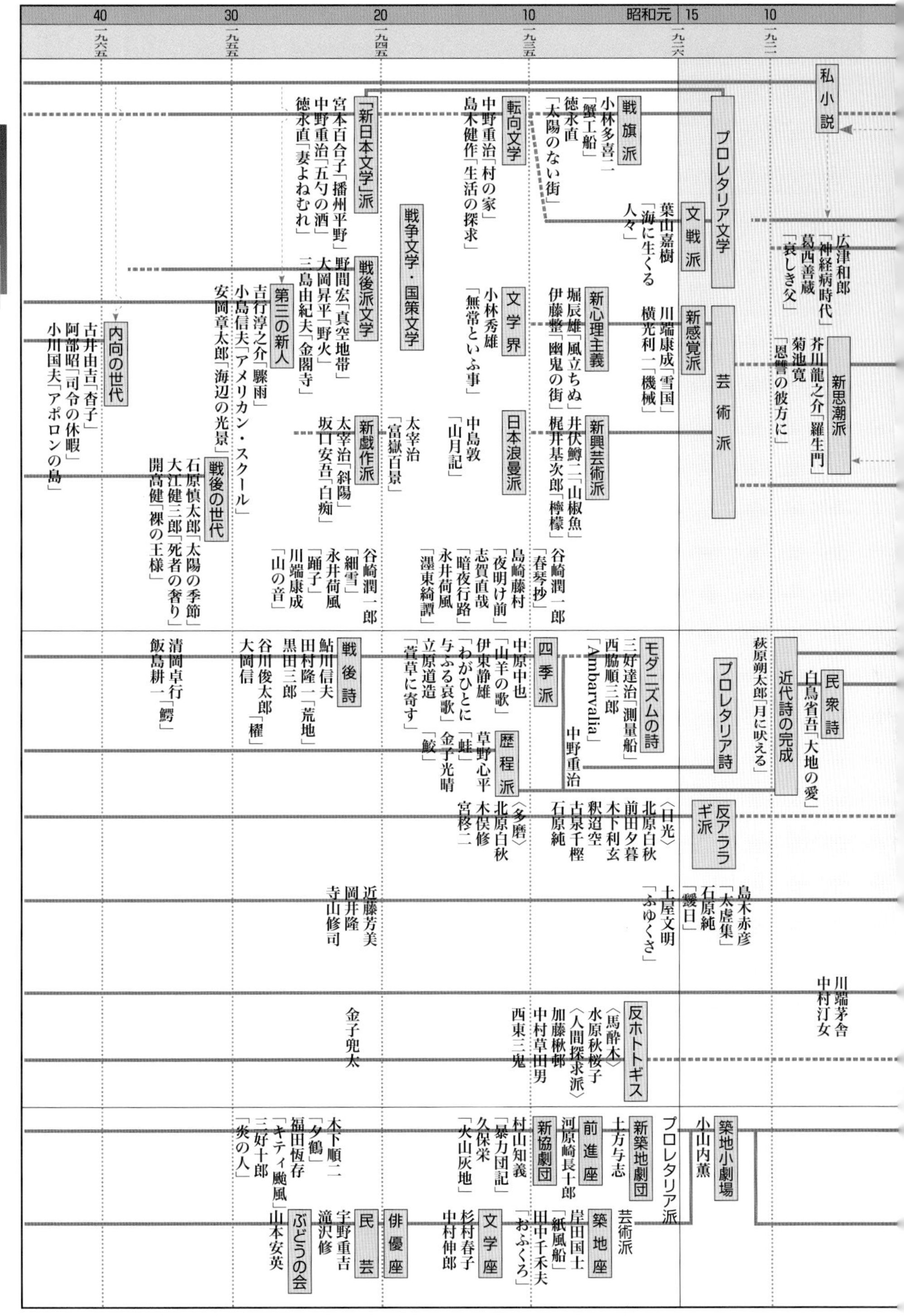

◆世界の名言 術(じゅつ)は長く、生(せい)は短し。(ヒポクラテス、ギリシャの医学の父、前485？―前415？) 人生は短いのに、医術

近現代文芸思潮一覧

小説・評論

時代：明治時代（10・20・30・40）

思潮		解説	主な作家と作品
黎明期	戯作文学	江戸末期文芸の流れを受け継いでおり、新時代の表層を描くにとどまった。	仮名垣魯文『西洋道中膝栗毛』『安愚楽鍋』
	翻訳小説	西欧の社会や政治、思想、風俗などを紹介したもので、知識人に多くの読者を得た。	織田(丹羽)純一郎『花柳春話』
	政治小説	自由民権運動を背景に政治の理想を物語の形で述べ、青年の政治意識に影響を与えた。	矢野龍溪『経国美談』 東海散士『佳人之奇遇』
写実主義		社会の実情や人間心理をありのままに写そうとする文学的立場・方法。	坪内逍遙『小説神髄』 二葉亭四迷『浮雲』
擬古典主義	硯友社	尾崎紅葉・山田美妙らによって創立された文学結社。西欧化への反動から、古典回帰の傾向を持ち、西鶴などの写実性を取り入れた。機関誌「我楽多文庫」。	尾崎紅葉『二人比丘尼色懺悔』『伽羅枕』 山田美妙『武蔵野』『蝴蝶』
	幸田露伴	漢学や仏教・儒教の精神を基底に、理想的・男性的・意志的な世界を中心に描き、尾崎紅葉と並んで紅露時代を画した。	幸田露伴『風流仏』『一口剣』『五重塔』
	樋口一葉	独自の写実的描写を用い、ひっそりと息づく世界を叙情性豊かな作品として著した。	樋口一葉『うもれ木』『にごりえ』『たけくらべ』
浪漫主義		前近代的な因習や倫理を否定し、内面の真実を重んじて理想や恋愛に自我を解放しようとした。	森鷗外『舞姫』 北村透谷『内部生命論』 高山樗牛『滝口入道』 国木田独歩『武蔵野』
自然主義		フランス自然主義の影響の下に、人間や社会の実相を科学的態度で客観的に描こうと出発した。後に作家自身の身辺を描く「私小説」「心境小説」が出てくるもととなった。	島崎藤村『破戒』 田山花袋『蒲団』 徳田秋声『新世帯』 正宗白鳥『何処へ』
反自然主義	高踏派 余裕派	身辺雑記に傾いた自然主義に批判的な立場から、創造性を重視して主として知識人や近代の問題を描いた。高踏派として森鷗外、余裕派として夏目漱石をさすことが多い。	森鷗外『青年』『雁』『阿部一族』『渋江抽斎』 夏目漱石『吾輩は猫である』『草枕』『こころ』
	耽美派	自然主義のもつ日常性の閉塞的で陰鬱な描写を否定し、美の世界を重視した。次第に官能的・享楽的な傾向を強めた。	永井荷風『あめりか物語』『腕くらべ』 谷崎潤一郎『刺青』『痴人の愛』『卍』『細雪』
	白樺派	自然主義がややもすると暴露的自己否定的な人生観を表すのに対し、理想主義的な人道主義を掲げ、個の尊厳を主張し、芸術全般に影響を与えた。同人誌「白樺」。	武者小路実篤『お目出たき人』『友情』 志賀直哉『城の崎にて』 有島武郎『或る女』

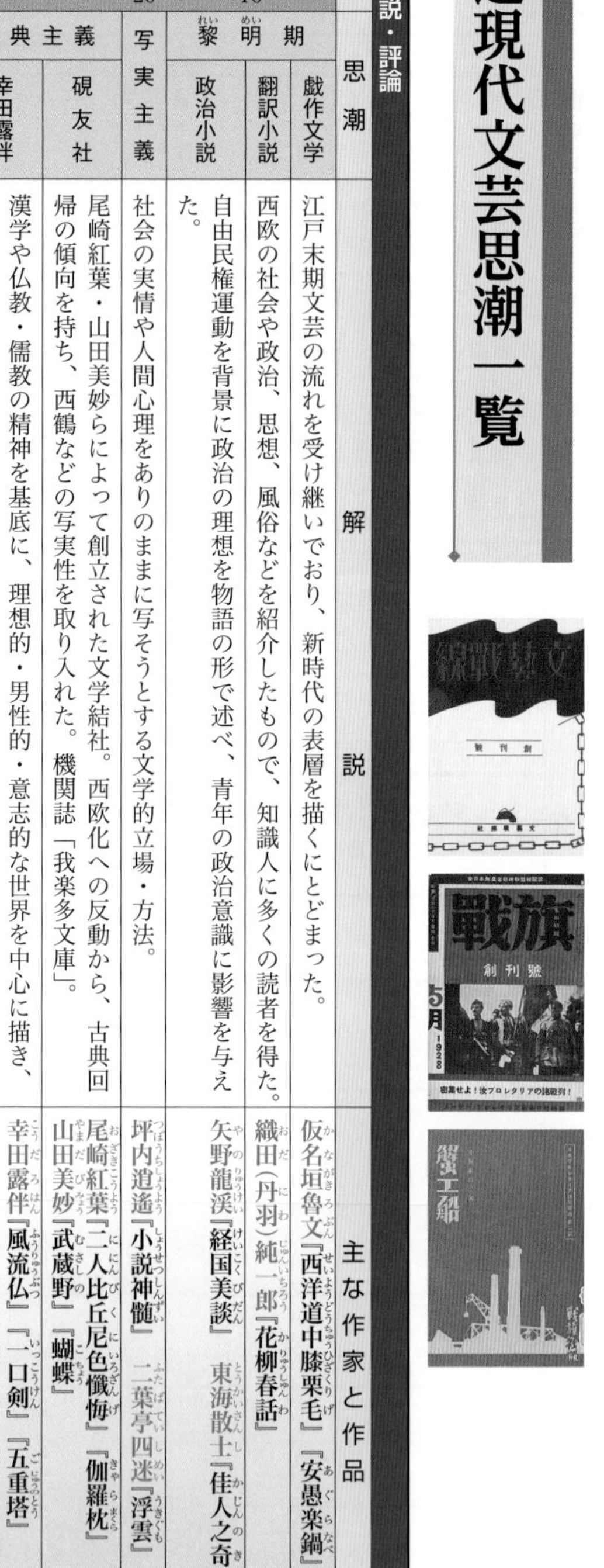

ろ一前426ごろ）　人間にとって最も大切なものは信用である。

時代	年	区分	流派	特色	主な作家と作品
大正時代	元〜10	新現実主義	新思潮派	同人誌第三次・第四次「新思潮」によった人々。現実を理知的に捉え、技巧的な表現によって、大正期を代表した。	芥川龍之介『鼻』 菊池寛『恩讐の彼方に』 久米正雄『破船』
			奇蹟派	日常生活の考察に徹し、かつての自然主義につながる伝統的な側面を持つ。新早稲田派ともいう。同人誌「奇蹟」。	広津和郎『神経病時代』 葛西善蔵『哀しき父』『子をつれて』
		プロレタリア文学		ロシア革命の世界的影響の下で、大正時代に起こった共産主義的・社会主義的な革命文学運動。労働者階級の解放を目指した革命運動の一翼を担った。	葉山嘉樹『海に生くる人々』 小林多喜二『蟹工船』 徳永直『太陽のない街』
昭和時代	元〜	芸術派	新感覚派	自然主義的な写実の手法を批判し、感覚的表現の斬新な方法を用いて、新しいイメージの文学を創造しようとした。同人誌「文芸時代」。	横光利一『蠅』『日輪』 川端康成『伊豆の踊子』『雪国』
			新興芸術派	反プロレタリア文学の立場に立ち、奇抜な発想で一時は注目を浴びた。しかし、主流は退廃的・享楽的傾向に流れ、傍流の作家に優れた作品がみられる。	井伏鱒二『山椒魚』 中河与一『天の夕顔』 梶井基次郎『檸檬』 阿部知二『冬の宿』
			新心理主義	新感覚派の流れを受け継ぎながら、ジョイスらの影響を受けて、人物の深層心理を芸術的に表現しようとし、内容主義的なかつての心理主義からの脱却を試みた。	堀辰雄『聖家族』『風立ちぬ』 伊藤整『幽鬼の街』『新心理主義文学』
		転向文学		プロレタリア文学運動の作家たちが転向後、その苦悩などを作品に描いたもの。	中野重治『村の家』 島木健作『生活の探求』
	10	文芸復興		昭和初年代後半から十年代にかけて、芸術派や旧世代の作家などが活躍した風潮。	小林秀雄『無常といふ事』
		日本浪曼派		古典美の復興、古代への回帰を志向したが、次第に日本中心主義になっていった。	保田与重郎『日本の橋』
		国策文学		戦争遂行上、国家権力による文壇統制によって生じたもので、文学的価値は低い。	
	20	戦後文学	新戯作派	既成の文学観や道徳観、また安易に時勢の権威に追随する世相を批判し、自己の生活そのものに倫理の基盤を据えた作品を書いた。	太宰治『斜陽』『人間失格』 坂口安吾『堕落論』 織田作之助『夫婦善哉』
			戦後派	戦争責任・組織と個人・政治と文学などの問題を追求した同人誌「近代文学」によった人々を中心にし、近代人の主体性と文学の自立性とを指向して、多くの作品が登場した。	野間宏『真空地帯』 大岡昇平『野火』 安部公房『壁』 三島由紀夫『仮面の告白』
			『新日本文学』派	かつてのプロレタリア文学の担い手を中心に「新日本文学」を発刊し、戦後民主主義文学の中心的な存在となった。	宮本百合子『播州平野』 中野重治『むらぎも』 佐多稲子『私の東京地図』
	30	第三の新人		戦後派の政治的思想性や観念性とは異なり、日常の生活に潜む不安や不安定さ、危機意識などを描き出した。市民性を先取りした点でも注目される。	安岡章太郎『海辺の光景』 吉行淳之介『驟雨』 遠藤周作『沈黙』 曽野綾子『遠来の客たち』
	40	内向の世代		文学の大衆化に距離を置き、都市の家族や人間関係における自己の存在の不安や手ごたえを追憶・幻想・非現実などの心理的イメージを用いながら追求した。	小川国夫『アポロンの島』 黒井千次『群棲』 後藤明生『挟み撃ち』 阿部昭『司令の休暇』

 ◆世界の名言　金で信用を作ろうと思うな。信用で金を作ろうと考えよ。（テミストクレス、ギリシャの政治家、前528ご

詩

時代	思潮	解説	主な詩人と作品
明治時代 10	新体詩	西洋の詩の影響を受けて、それまでの漢詩とは違う新体の詩を作ろうとした。	外山正一ら『新体詩抄』
明治時代 20	浪漫詩	鷗外らによるヨーロッパ浪漫主義詩の訳詩や、その影響を受けた「文学界」同人による詩が中心となり、近代詩の実質的な幕開けをもたらした。	森鷗外ら訳『於母影』　島崎藤村『若菜集』　北村透谷『楚囚之詩』　土井晩翠『天地有情』
明治時代 30	象徴詩	フランス象徴詩の影響の下に、詩の言葉を意味伝達よりも寓意的・暗示的なイメージを表すためのものとして用いた。	上田敏訳『海潮音』　薄田泣菫『白羊宮』　蒲原有明『独絃哀歌』『春鳥集』
明治時代 40	口語自由詩	自然主義文学運動の影響下、自由律・平明な口語によって生活の情感を表現した。	川路柳虹『路傍の花』
明治時代	耽美派	反自然主義の立場から、唯美的な作風を競った。	北原白秋『邪宗門』　木下杢太郎『食後の唄』
大正時代 元	理想主義	白樺派の影響を受け、肯定的な人生観を基に人道主義の詩を作った。	高村光太郎『道程』　千家元麿『自分は見た』
大正時代	民衆詩派	自由・友愛・平等の理念を掲げて、民衆の生活の諸面を平易な言葉でうたった。	白鳥省吾『大地の愛』
大正時代 10	近代詩の完成	大正期に多くの個性的な詩人が活躍する中、萩原朔太郎らによって口語自由詩の芸術的完成を見た。	萩原朔太郎『月に吠える』『青猫』　室生犀星『抒情小曲集』　佐藤春夫『殉情詩集』
大正時代／昭和時代 元	昭和詩への潮流	未来派を掲げた平戸廉吉、ダダイズムの高橋新吉、アナーキズムの萩原恭次郎、芸術的前衛詩運動の安西冬衛や北川冬彦ら、多彩な活動が昭和詩への流れを作っていった。	平戸廉吉『日本未来派宣言』　高橋新吉『ダダイスト新吉の詩』
昭和時代	プロレタリア詩	労働者解放の革命運動の一翼を担ったもので、生活遊離の叙情性・浪漫性を否定して労働者の生活を基底に据えて詩作した。	中野重治『中野重治詩集』　壺井繁治『壺井繁治詩集』
昭和時代	モダニズムの詩	「詩と詩論」（春山行夫・北川・安西ら）を中心に、従来の詩の感傷性やプロレタリア詩の観念性を否定し、イメージ重視の主知的・超現実的な詩を多く作った。	安西冬衛『軍艦茉莉』　北川冬彦『戦争』　西脇順三郎『Ambarvalia』
昭和時代	四季派	同人誌「四季」を中心とした詩人らの活動であり、失われつつあった伝統的な叙情性を詩にうたった。	三好達治『艸千里』　丸山薫『物象詩集』　立原道造『萱草に寄す』　中原中也『山羊の歌』
昭和時代	歴程派	同人誌「歴程」によった人々の活動であるが、全体として一定の主義や特色を持つことなく、詩人個々がそれぞれの主張に基づいて個性的な詩風を発揮した。	草野心平『第百階級』『蛙』　宮沢賢治『春と修羅』　山之口貘『思弁の苑』
昭和時代 20	戦後の詩	戦争責任など詩人の社会性を問う戦後直後の動きから出発し、その後多くの詩誌が創刊・復刊され、さまざまな活動が見られている。	黒田三郎『ひとりの女に』　石垣りん『表札など』　谷川俊太郎『二十億光年の孤独』

由は、自分のわがままを抑え、他人から認められるものでなければならぬ。

短歌

時代	思潮	解説	主な歌人と作品
明治時代（20）	短歌の革新	和歌改良運動の落合直文（浅香社）や革新運動の正岡子規（根岸短歌会）らによった。	落合直文『萩之家遺稿』 正岡子規『竹乃里歌』
明治時代（30）	明星派	与謝野鉄幹の主宰する「明星」を中心とした活動。古人を模倣せず、自我の詩を発揮しようとして、個性的・芸術至上主義的な浪漫主義短歌の時代を生み出した。	与謝野晶子『みだれ髪』 与謝野鉄幹『紫』 山川登美子『恋衣』
明治時代（40）	自然主義	明星派の叙情性とは異質な、自然主義的傾向の叙情を歌った前田夕暮・若山牧水の活動を中心としたもの。	前田夕暮『収穫』 若山牧水『別離』『山桜の歌』
明治時代	生活派	日常生活や自己を見つめながら、社会的関心につながった石川啄木らがいる。	土岐善麿『NAKIWARAI』 石川啄木『一握の砂』
明治時代	耽美（頽唐）派	パンの会や雑誌「スバル」によった北原白秋らを中心とする退嬰的官能的短歌。	吉井勇『酒ほがひ』 北原白秋『桐の花』
明治時代・大正	アララギ派	子規門下による「アララギ」は、写生と万葉集尊重の精神を踏まえた多くの歌人の輩出によって、歌壇で圧倒的勢力を誇った。	伊藤左千夫『左千夫歌集』 長塚節『鍼の如く』 島木赤彦『太虚集』 斎藤茂吉『赤光』
大正	大正期	中心はアララギ派にあったが、大正末には反アララギの「日光」が創刊された。	釈迢空『海やまのあひだ』
昭和	昭和期	新興短歌運動やプロレタリア短歌も見られたが、主流はアララギ派にあった。	土屋文明『山谷集』
昭和	戦後	大家の活躍・リアリズムの台頭・前衛的活動・女性や若手の活躍など諸相を呈している。	宮柊二『群鶏』 近藤芳美『早春歌』

俳句

時代	思潮	解説	主な俳人と作品
明治（20）	俳句の革新	正岡子規は、それまでの旧派の句を月並流として厳しく批判し、写生による句作を提唱する。この運動が「ホトトギス」へ展開していった。	正岡子規『獺祭書屋俳話』
明治（30）	新傾向俳句	河東碧梧桐は季語を個性社会性発揮のものと考え、また俳句無中心論を唱えた。	河東碧梧桐『続春夏秋冬』
大正	自由律俳句	新傾向俳句の挫折打開のために提唱され、季題無用論と関係づけられたこともある。	荻原井泉水『井泉句集』
大正	ホトトギス派	子規の門下の高浜虚子が中心となり、子規の写生の考えを発展させ、花鳥諷詠と客観写生を中心に多くの俳人が育ち、四S、人間探求派などもここから登場した。	高浜虚子『五百句』 村上鬼城『鬼城句集』 飯田蛇笏『山廬集』
昭和（5）	新興俳句	水原秋桜子・山口誓子・日野草城らはホトトギスに飽きたらず、主観の導入によって俳句を近代化すべきとした。	水原秋桜子『葛飾』 山口誓子『黄旗』 日野草城『昨日の花』
昭和（20）	戦後	第二芸術論を機に、俳句のあり方がさまざまに模索され、人生を探求する傾向、社会性や思想性を探求する傾向、前衛的な傾向などがさまざまに展開されている。	橋本多佳子『紅糸』 大野林火『早桃』 森澄雄『雪櫟』 飯田龍太『春の道』

時代背景

鹿鳴館（着色写真）

製糸工場の女工

明治

明治新政府は、四民平等・文明開化のスローガンのもと、欧米の近代的な文物・制度の導入に全力を傾注した。学制・徴兵制・地租改正の大改革が行われ、**殖産興業**・**富国強兵**の方針に基づく近代産業の育成が始まった。

交通・通信の進歩、公教育の普及、新聞・雑誌の流行などは、社会的な情報や意思の伝達、吸収に大きな役割を果たした。

武力的な反政府勢力は、西南戦争（一八七七）を最後に一掃されたが、続いて起こった**自由民権運動**は、**国会開設**（一八九〇）に至るまで言論の弾圧と抵抗を生んだ。

清国の示威行動やロシアの南下政策に直面する小国日本は、軍事力強化を急務とした。**日清戦争**（一八九四）の勝利は、日本人の国家意識を強め、軍備拡充のための産業振興を促した。**日露戦争**（一九〇四）の結果は、日本人の強国意識を肥大させた。それは、アジア諸民族に対する蔑視感を増幅させ、欧米列強の帝国主義的方策に伍していこうとする気運を強めていった。

大国化の幻影の裏に悲惨な現実があった。農村の疲弊、都市の労働問題などが深刻化し、足尾銅山争議をはじめとする反国権的な社会主義運動が盛んになっていった。

日韓併合条約調印と、幸徳秋水の大逆事件とは、同じ年（一九一〇）のことである。それは、明治という時代を総括した観のある出来事であると同時に、のちの時代の進む方角を示唆する出来事でもあった。

大正

明治憲法に拠る藩閥体制を、議会中心の政党政治に変えることがこの時期の課題であった。政府や軍上層部の打ち出す軍拡の推進は、一般国民の厭戦気分や生活苦の抵抗によって阻まれていた。

第一次世界大戦が起こる（一九一四）と、日本は軍需景気にわき返り、空前の「大戦ブーム」を現出した。しかし、参戦した日本は、さらにロシア革命に乗じて、無謀なシベリア出兵も強行した。この出兵は、民衆にインフレによる生活難をもたらし、全国的な米騒動を引き起こした。

大戦が終結すると、バブルがはじけ、深刻な経済恐慌が襲来した。階級打破の風潮や、西欧文化の流入によるデモクラシーの思想が、各分野で急激に花開いた。労働組合や農民組合の結成、普通選挙法制定要求の運動、新婦人協会の出発、被差別部落解放を宣言する全国水平社の結成などの活動が相次いだ。封建的な道徳や、旧来の風俗習慣が、個人本位の自由主義的な風潮によって否定される傾向も起こった。こうした新しい空気を大づかみに**大正デモクラシー**と呼んでいる。

関東大震災（一九二三）は、経済的な不況に追い打ちをかけた。世情の混乱を背景に、政府は軍部官僚と護憲政党との政権争奪に明け暮れる。大正末（一九二五）、成人男子だけを対象とする**普通選挙法**が公布された。しかしそれは、**治安維持法**成立の見返りとして成立したものであった。

米騒動（一九一八年）

関東大震災（鹿子木孟郎筆）

らなければならないと、服毒する前に弟子たちを諭した言葉。

二・二六事件（一九三六年）

真珠湾攻撃（一九四一年）

昭和〜平成

【戦前】一九二九年の**世界恐慌**の影響で、日本は物価の暴落、生産・貿易の低下、中小企業の倒産、失業者の増加、労働争議の続発など、生活不安が増大した。

震災後復興した東京の文化的イメージは、マスコミによって全国に拡大、再生産されるようになった。産業・経済の変動は、地方人口の都市流入を促し、都市やその周辺には給料生活者を主体とする新しい中間層が生まれた。「家庭」や「文化」が流行語となる一方で、エロ・グロ・ナンセンスの享楽的風潮も起こった。

しかし、不景気の中で労働者の現実は厳しく、**小作争議・労働争議**が頻発、拡大していった。政府は特別高等警察（特高）を新設し、治安維持法を強化して、共産党の検挙・弾圧に力を注いだ。

軍の暴発による**満州事変**（一九三一）が起こると、日本は一気に**軍国主義**に踏み入った。財界は息を吹き返し、共産党は転向・検挙が相次いで壊滅的打撃を受けた。軍は統帥権独立制度を盾にとって政党を無力化すると、内部抗争をはらみながら、五・一五、二・二六などの諸事件を起こす。政府は軍主導のもとに、**日中戦争**、**太平洋戦争**への道を走った。その間、多くの思想統制がなされ、新聞などのマスコミはこぞって「非常時」「挙国一致」のキーワードで軍国主義路線を煽り立てた。

広島・長崎への原爆投下とソ連の侵攻を機に、日本はポツダム宣言を受諾する。

【戦後】戦後、来日したＧＨＱ（連合国軍最高司令官総司令部）は、直ちに財閥解体・農地改革・労働組合法公布などの政策を示し、思想犯の釈放、戦争協力者の公職追放を行った。ＧＨＱの勧告・援助の形で**日本国新憲法**が制定・公布（一九四六）され、**主権在民・基本的人権の尊重・戦争放棄**の理念が示された。

米・ソの対立激化を反映して、国内の社会状態が混乱しているとき、朝鮮戦争が起こり（一九五〇）、**日米安全保障条約**が調印（一九五一）された。朝鮮戦争は、特需と輸出増加によって日本経済を救い、その後の経済成長の基礎を作った。

【現代】「神武景気」（一九五五）を経て「黄金の六〇年代」と呼ばれる経済成長期が来る。安保阻止闘争・全共闘学園紛争など、都市型の新しい政治行動が若者を中心に展開されたが、一般の国民にとっては「猛烈社員」「マイホーム主義」の新しい生活設計が関心の中心だった。

高度経済成長期に入ると、産業公害や過疎荒廃、環境破壊などの問題が起こり、やがて地価の高騰と利益誘導型の政治とを生んで、大きな課題を残した。

平成に入ると、米・ソ対立解消後の国際的貢献と責任、バブル経済の反省に立った経済構造の改革、政治・行政の改革などの課題のほかに、介護、臓器移植、宗教、いじめ、差別など、人間の精神と生き方についての根本的な問いかけをなされる課題が数多く提起されている。

東京オリンピック（一九六四年）

東大安田講堂占拠事件（一九六九年）

◆世界の名言　悪法も法である。（ソクラテス、ギリシャの哲学者、前469―前399）　たとえ悪い法律でも法は法として守

小説

■啓蒙の時代（明治開化期）■ 明治の初めから二十年間ほどの開化期には、新しい思想や科学に関する啓蒙活動が展開された。文学については、次の三つの活動が啓蒙の柱となった。

⑴**近世末期の戯作の系統にあるもの** 旧幕時代の戯作を継承して、西洋や開化の世相風俗を描いたが、時代の転換に対応しきれず、急速に衰えた。小説に**仮名垣魯文**（一八二九—一八九四）の**『西洋道中膝栗毛』『安愚楽鍋』**、随筆に**成島柳北**（一八三七—一八八四）の**『柳橋新誌』**などがある。

▲『安愚楽鍋』表紙・挿絵

⑵**西欧的な思想・文化を伝えたり、翻訳したりするもの** 欧米の近代的な思想を導入・育成しようとする**福沢諭吉『学問のすゝめ』**や**『西国立志編』**（英・スマイルズ）などの啓蒙的な評論活動とともに、従来の戯作とは異質な文学概念を紹介する翻訳小説が刊行された。後者の翻訳小説には、**『八十日間世界一周』**（仏・ベルヌ）、**『花柳春話』**（英・リットン）、**『人肉質入裁判』『自由太刀余波鋭鋒』**（英・シェイクスピア）などがあった。

⑶**政治を主題とするもの** 国会の開設が決まるまでの間、自由民権思想を鼓吹するよりどころになった。**矢野龍渓**（一八五〇—一九三一）の**『経国美談』**、**東海散士**（一八五二—一九二二）の**『佳人之奇遇』**、**末広鉄腸**（一八四九—一八九六）の**『雪中梅』**などがある。

■写実とロマン（逍遙の時代）■ 一八八五年（明治一八）、**坪内逍遙**（⇩p.306）は評論**『小説神髄』**で、小説は旧来の勧善懲悪の観念にとらわれず、人情世態をありのままに描くべきだとする「模写」論を唱え、実験作として**『当世書生気質』**を発表したが、表面的なものにとどまった。**二葉亭四迷**（⇩p.306）は、逍遙の提唱をさらに進め、ロシア文学のリアリズム理論に基づいた**『小説総論』**を著し、その実践として**『浮雲』**などの小説や、**『あひゞき』**（露・ツルゲーネフ）などの翻訳を発表した。それらの文体は、近代的個人の内面を描くのにふさわしい、自由で洗練された**「言文一致体」**として、当時の作家たちに画期的な影響を与えた。

一方、**森鷗外**（⇩p.294）は、ドイツのロマン主義をふまえて、雑誌**「しがらみ草紙」**などによって自我解放の思想的立場を展開し、典雅な古文体で、小説**『舞姫』**や翻訳**『即興詩人』**（アンデルセン作）などを発表した。また、**北村透谷**（⇩p.322）も、キリスト教的な精神文化を取り入れた浪漫主義を雑誌**「文学界」**を中心として展開した。この雑誌には、**樋口一葉**（⇩p.304）の**『たけくらべ』**が連載さ

一葉の一家
右より一葉、母滝子、妹邦子

主な文芸雑誌①

我楽多文庫 一八八五—一八八九 硯友社の機関誌。わが国最初の純文芸雑誌で、筆写回覧形式でスタートした。のち『文庫』と改題。擬古典主義。主な執筆者に尾崎紅葉・山田美妙・川上眉山・巌谷小波・広津柳浪ら。

しがらみ草紙 一八八九—一八九四 森鷗外主宰の文芸・評論雑誌。ロマン主義。鷗外の翻訳『即興詩人』、小説『うたかたの記』、逍遙との『没理想論争』などが載る。『早稲田文学』と対立。他の執筆者に落合直文・小金井喜美子ら。

早稲田文学 一八九一—一八九八 坪内逍遙主宰の早稲田大学関係の文芸雑誌。写実主義。戯曲『桐一葉』掲載。第二次（一九〇六—一九二七）は島村抱月主宰。正宗白鳥・田山花袋・徳田秋声・岩野泡鳴ら。以後数次にわたり断続的に刊行。

文学界 一八九三—一八九八 星野天知編集。初期ロマン主義。北村透谷の評論『内部生命論』、樋口一葉の小説『たけくらべ』、島崎藤村の詩などを掲載。上田敏・平田禿木・戸川秋骨・馬場孤蝶ら。

一世に言った言葉。学問の世界にはどんな世俗的権威も通用しない。

れたが、主力は詩や評論におかれていた。

擬古典派の人々(紅露時代) 開国以来の欧化主義の反動として、復古的な思潮も起こった。擬古典主義と呼ばれるものがそれで、**尾崎紅葉**(⇩p.306)と**幸田露伴**(⇩p.307)とがその代表である。紅葉は、機関誌「**我楽多文庫**」や**硯友社**のグループの中心的存在で、世態人情を西鶴ばりの華麗な文章で描いた。『**金色夜叉**』や『**伽羅枕**』などである。露伴は深く広い和漢の学識をもって、東洋的な理想主義の作品『**五重塔**』『**運命**』などを書いた。

紅葉(右)と露伴(1902年)

『金色夜叉』挿絵

硯友社の展開 硯友社の人々は、風俗の写実的描写と表現技巧に心を用い、紅葉の『**多情多恨**』、**山田美妙**の『**武蔵野**』(短編集『**夏木立**』所収)などの言文一致体の試みは世に影響を与えた。また、硯友社の擬古典的な傾向を乗り越えて、新しい現実把握を模索しようとする人たちも次々に活躍した。

広津柳浪 一八六一—一九二八。人生の悲惨な面を写実的に描いて、「深刻小説」と呼ばれた。『**変目伝**』『**黒蜥蜴**』などがある。

川上眉山 一八六九—一九〇八。厭世的な社会批判をこめた『**書記官**』『**観音岩**』などを書いて「観念小説」と呼ばれた。

泉鏡花(⇩p.322) 『**夜行巡査**』『**外科室**』で「観念小説」と呼ばれたが、やがてロマン的・幻想的な作風を確立し、独自の美的世界を築いた。『**高野聖**』『**照葉狂言**』『**婦系図**』『**湯島詣**』『**歌行燈**』などがある。

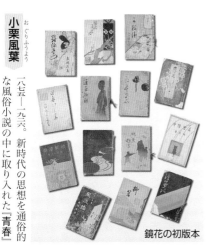

鏡花の初版本

小栗風葉 一八七五—一九二六。新時代の思想を通俗的な風俗小説の中に取り入れた『**青春**』などを発表した。

清新な芽 明治三十年代の、矛盾に満ちた現実を、キリスト教の感化を受けた目でとらえ、それぞれの生き方を作品として表現しようとした、三人の作家がいた。

徳冨蘆花 一八六八—一九二七。肉と霊との対立の中に自己をさぐる宗教的立場と、藩閥や貴族の腐敗を否定する社会主義的立場とに拠って、情感に満ちた作品を書いた。『**不如帰**』『**思出の記**』『**黒潮**』などの小説や、散文詩のような随筆『**自然と人生**』『**みみずのたはごと**』などがある。

▶徳冨蘆花

木下尚江 一八六九—一九三七。キリスト教社会主義者として、普選運動・足尾鉱毒事件・反戦活動などに活躍し、その体験をふまえた社会小説『**火の柱**』『**良人の自白**』などを発表した。その後、母の死を契機に、思想的苦悩を深め、仏典に親しむ生活に入った。

◀『良人の自白』挿絵

国木田独歩(⇩p.322) ささやかな人生のスケッチの中に、真実の重さと悲愁とを描き出して、自然主義文学の先駆者とされた。『**源叔父**』『**武蔵野**』『**牛肉と馬鈴薯**』『**運命**』『**竹の木戸**』などがある。

◆世界の名言 幾何学に王道なし。(ユークリッド、アレクサンドリアの数学者、前300ごろ) エジプト王プトレマイオス

【自然主義（明治末期）】 明治四十年前後、自然主義の運動が力を得てきた。これはフランスを中心に起こった、自然科学的な文学手法に影響されたものである。その主張は、早くから**永井荷風**（⇩p.307）の『**はやり唄**』や、**小杉天外**（一八六五—一九五二）の『**地獄の花**』によって示されていた。しかし、荷風は耽美的な方向に、また天外は、『**魔風恋風**』のような通俗小説の世界に移行してしまう。

▶『地獄の花』

自然主義文学の方向を決定した作品といわれるのは、**島崎藤村**（⇩p.305）の『**破戒**』と**田山花袋**（⇩p.322）の『**蒲団**』とである。だが、『破戒』は、社会的矛盾を認識し批判する科学性が不十分で、作者の内面的な苦悩を仮託することに力点がおかれていた。『蒲団』も、社会性を欠いた、自己告白の作品であった。すなわち、日本の自然主義は、自己の真実を描写することが文学の本道であるという考え方を確立したのである。

とりわけ、雑誌「早稲田文学」は、自然主義理論と作品発表の中心となった。**徳田秋声**（⇩p.323）の『**新世帯**』『**黴**』、**岩野泡鳴**の『**耽溺**』、**正宗白鳥**（⇩p.323）の『**何処へ**』など、多くの作品が生み出された。

【自然主義の限界】 自然主義のリアリズム精神は、近代文学発展の原動力となった。しかし一面では、現実を見つめる基盤となるはずの社会性・実証性が十分でなく、いたずらに人生の醜悪な面を描いたり、自分の個人的体験をこまごまと報告するような傾向に陥りがちであった。

【反自然主義（明治末期〜大正初期）】 自然主義文学に対して、批判的な立場をとる文学者も少なくなかった。その主なものは次の三つである。

⑴高踏派・余裕派　和・漢・洋にまたがる深い学識をそなえ、時流にとらわれない、独自の主知的・倫理的な作風を守った。**夏目漱石**（⇩p.298）、**森鷗外**（⇩p.294）の二人がそれである。彼らは、文壇の流派を超越した「圏外の孤峰」と見なされていたが、漱石の周辺にはその風格を慕って多くの若い人材が集まり、「漱石山脈」と呼ばれる文化的人脈を形成した。

夏目漱石　はじめ『**吾輩は猫である**』『**坊つちやん**』『**草枕**』などで、「低回趣味」「非人情」の世界に遊ぶ「余裕派」の姿勢を示した。ついで『**三四郎**』『**それから**』『**門**』などで、近代的知識人の自我の問題を追求し続けた。やがて「則天去私」の心境を経て、『**こころ**』『**道草**』『**明暗**』などの近代小説を造型した。

「漱石先生之像」（岡本一平筆）

森鷗外　『**舞姫**』『**うたかたの記**』などの清新な浪漫主義から出発して、『**雁**』『**青年**』などの理知的・客観的な作風に移り、さらに『**阿部一族**』などの歴史物、『**渋江抽斎**』などの史伝の領域に入った。

⑵耽美派（芸術至上主義）　感覚を解放し、官能的な美を追求して、新しいロマンを作り出そうとした。雑誌「三田文学」や「スバル」などがその中心であった。

永井荷風（⇩p.307）　日本の自然主義の平板単調さを嫌い、耽美的傾向、特に滅びゆく江戸情緒への愛着を『**腕くらべ**』『**すみだ川**』などに描いた。

谷崎潤一郎（⇩p.307）　非日常的な幻想美に満ちた『**刺青**』『**麒麟**』などで、悪魔主義とも呼ばれた。

⑶白樺派（人道主義）　雑誌「白樺」の同人が、個性を尊重し、自我を主張し、生命の創造力をうたい上げようとする、新しい理想主義を追求した。

武者小路実篤（⇩p.322）　白樺派の中心的存在で、東洋風の楽天的な人生肯定の生き方を『**お目出たき人**』『**友情**』などで描いた。

志賀直哉（⇩p.308）　倫理的な潔癖さ、本能的な正義感が作品の中核をなす。的確な描写力に定評があった。『**清兵衛と瓢箪**』『**城**

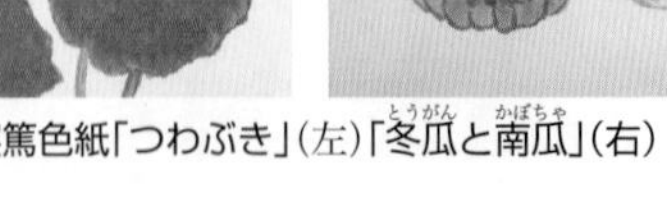
実篤色紙「つわぶき」（左）「冬瓜と南瓜」（右）

るものではなく、集団・都市国家（ポリス）の中で生きるものである。

の崎にて』『和解』などがある。

有島武郎（⇩p.322）社会との対決の中で、自己に誠実に生きることを追求した。『カインの末裔』『生れ出づる悩み』『或る女』などがある。

里見弴　一八八八―一九八三。「まごころ」を作品の主題とした。『多情仏心』などがある。

長与善郎　一八八八―一九六一。誇りに満ちた自我の確立を賛美した。『青銅の基督』などがある。

「白樺」同人（1919年）　前列左から二人目志賀直哉、中列左から三人目武者小路実篤、後列左から二人目高村光太郎。

『私小説（心境小説）』　自然主義の流れをくみ、それを乗り越えようとして、日常の暗い現実を見つめ、孤独な心境を吐露する作品が流行した。雑誌「奇蹟」に拠り、「奇蹟派」と呼ばれた。

葛西善蔵　一八八七―一九二八。実生活の苦悩や破滅を題材とした。『哀しき父』『子をつれて』などがある。

広津和郎（⇩p.323）自意識文学の先駆といわれる『神経病時代』を書いた。

宇野浩二（⇩p.323）冷厳な目と、ユーモラスな話術とで人生の機微を描いた。『苦の世界』『蔵の中』などがある。

『知性と叙情（大正後期）』　これまでの文学傾向とは異なった立場をとって、自分たちの存在を明らかにしようとする作家たちが生まれた。その主なものは次の二つである。

⑴新思潮派（新理知派）　雑誌「新思潮」（第四次）に拠った漱石門下の作家たちをさす。人間心理を分析し、主知的な手法によって、現実に新しい解釈を加えようとした。「新現実主義」と呼ばれることもある。

芥川龍之介（⇩p.310）洗練された技巧と理知的な解釈によって現実を再構成した。『羅生門』『戯作三昧』『秋』などがある。

菊池寛（⇩p.323）健康的な常識とたくましい現実主義の立場から、テーマの明快な作品を発表。『恩讐の彼方に』などがある。

久米正雄　一八九一―一九五二。知性と叙情味に満ちた流麗な語り口を示した。『受験生の手記』などがある。

⑵叙情的ロマン派　近代的な知性や自意識から生まれる憂愁や不安を、清新な詩情で包んで、時代の一面を描き出した。

佐藤春夫　一八九二―一九六四。近代的な感覚で、世紀末的な倦怠感や苦悩を描いた。『田園の憂鬱』『お絹とその兄弟』などがある。

室生犀星（⇩p.349）ヒューマニズムに満ちた叙情的な作品を書いた。『幼年時代』

主な文芸雑誌②

スバル　一九〇九―一九一三……『明星』のあとを継ぎ、森鷗外を指導者とした耽美主義的文芸誌。小説『雁』（森鷗外）、戯曲『和泉屋染物店』（木下杢太郎）、詩『道程』（高村光太郎）、歌『桐の花』（北原白秋）などを掲載。

白樺　一九一〇―一九二三……学習院関係者による、文学・美術中心の同人雑誌。新理想主義。ロダンやセザンヌ、ゴッホなど西欧美術の紹介をした。小説『城の崎にて』（志賀直哉）、『或る女』（有島武郎）などを掲載。

三田文学　一九一〇―一九二五……永井荷風主幹の慶応義塾文科の機関誌。森鷗外・上田敏が顧問。反自然主義の耽美主義。小山内薫・久保田万太郎・佐藤春夫・西脇順三郎・水上滝太郎らを世に送る。以後数次にわたり断続的に刊行。

新思潮　一九〇七―一九七七……東京帝大文科生中心の文芸誌。断続的に刊行。有名なのは第四次（一九一六―一九一七）で、このときの同人が新思潮派（新理知派）と呼ばれた。芥川龍之介の出世作『鼻』、菊池寛の戯曲『父帰る』などを掲載。

◆世界の名言　人間は社会的動物である。（アリストテレス、ギリシャの哲学者、前384-前322）　人間は孤立して生きられ

『性に眼覚める頃』などがある。

【児童文学の開花】 明治末期に、小川未明（童話集『赤い船』）が近代的な児童文学の先駆をなしたが、大正期に入ると、鈴木三重吉が雑誌「赤い鳥」を発刊し、児童中心の芸術運動を展開した。「子供の純性を保全開発するため」のこの運動は、当時一流の作家たちに支えられ、芸術的な童謡（北原白秋・西条八十・野口雨情ら）を生み出したり、生活綴り方運動などをおしすすめたりする原動力となった。

【プロレタリア文学】 大正末期から昭和初期にかけて、社会不安を背景として、階級闘争理論を文学化する運動が盛んになった。

一九二一年（大正一〇）に発刊された雑誌「種蒔く人」は、相次ぐ弾圧を経た後、関東大震災を機に解散したが、翌年これを受けて出発した雑誌「文芸戦線」が、芸術を社会革命に役立てようとするプロレタリア文学の方向を示した。葉山嘉樹（⇩p.321）の『海に生くる人々』『セメント樽の中の手紙』『淫売婦』、黒島伝治（一八九八―一九四三）の『渦巻ける烏の群』『橇』、平林たい子（一九〇五―一九七二）の『施療室にて』などが発表された。

一方、マルキシズム理論による芸術連盟（ナップ）の機関誌「戦旗」が生まれ（一九二八）、急進的な左翼文学のよりどころとなった。小林多喜二（⇩p.321）の『蟹工船』、徳永直（一八九九―一九五八）の『太陽のない街』、宮本百合子（一八九九―一九五一）の『伸子』、佐多稲子（一九〇四―一九九八）の『キャラメル工場から』などがあった。

しかし、官憲の厳しい弾圧が続き、一九三五年（昭和九）には、組織的なプロレタリア運動は壊滅に追い込まれた。

ナップ派の作家（一九三一年） 前列右より宮本百合子、佐多稲子、徳永直、武田麟太郎、後列右より長谷川進、黒島伝治、田辺耕一郎。

【モダニズム文学】 プロレタリア文学と同じ時期に、これとは別の方向をとった文学の流れがあった。芸術派と総称されるが、主に次の三つがあげられる。

(1)新感覚派 現実の断片を感覚的にとらえ、それを知的に再構成することによって、生命感を表現しようとした。雑誌「文芸時代」（一九二四年創刊）によった横光利一（⇩p.320）、川端康成（⇩p.314）が代表的な作家である。横光の『日輪』、川端の『伊豆の踊子』などのほかに、中河与一（一八九七―一九九四）の『氷る舞踏場』、今東光（一八九八―一九七七）の『痩せた花嫁』などがあった。プロレタリア文学が「革命の文学」であるのに対して、新感覚派は「文学の革命」と評された。

川端と横光

(2)新興芸術派（新芸術派） 新感覚派の後を受けて、反マルクス主義と、芸術の自律性とを主張した。さまざまな傾向の作家たちが含まれていて、特定の共通理念はない。井伏鱒二（⇩p.315）の『山椒魚』、牧野信一（一八九六―一九三六）の『ゼーロン』『鬼涙村』、嘉村礒多（一八九七―一九三三）の『業苦』『崖の下』、梶井基次郎（⇩p.320）の『檸檬』『冬の蝿』などがある。これらの作品には、私小説の内的革新を促す、強い影響力をもつものが多かった。

井伏自筆の絵「郷土風景」

(3)新心理主義 西欧の文学思潮の影響のもとに、人間心理の流れを分析的に追求しようとしたもので、堀辰雄（⇩p.320）の『聖家族』『美しい村』、伊藤整（⇩p.323）の『幽鬼の街』などがあった。別に、西欧文芸批評の影響の下に、現実の主知的処理を主張した阿部知二（一九〇三―一九七三）の『日独対抗競技』『冬の宿』などもあった。

【転向と同伴】 権力によるプロレタリア文学弾圧に直面して、左翼活動から離脱した、いわゆる転

性を示した言葉。

向者の中で、その苦悩の生き方を私小説ふうに描いた作品があった。村山知義(一九〇一—一九七七)の『白夜』、島木健作(一九〇三—一九四五)の『癩』『生活の探求』、中野重治(⇨p.321)の『村の家』、高見順(一九〇七—一九六五)の『故旧忘れ得べき』などである。

また、革命的な運動には参加しないが、心情的にプロレタリア文学を支持している作家があり、「同伴者文学」と呼ばれた。『波』『風』などの山本有三(一八八七—一九七四)、『風雨強かるべし』の広津和郎、『海神丸』『真知子』『若い息子』などの野上弥生子(一八八五—一九八五)、『橋の手前』の芹沢光治良(一八九七—一九九三)らである。

【文芸復興(戦争前期)】　いわゆる十五年戦争の前期には、高まってくるファシズムの風潮の中で、一時的ながら、文芸復興と呼ばれる成果が見られた。

まず、大正期の既成文学者たちが、静かで根強い活動を続けた。島崎藤村の『夜明け前』、志賀直哉の『暗夜行路』、永井荷風の『濹東綺譚』、徳田秋声の『仮装人物』、谷崎潤一郎の『春琴抄』、川端康成の『雪国』など、昭和文学を代表するような作品が生まれている。

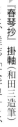

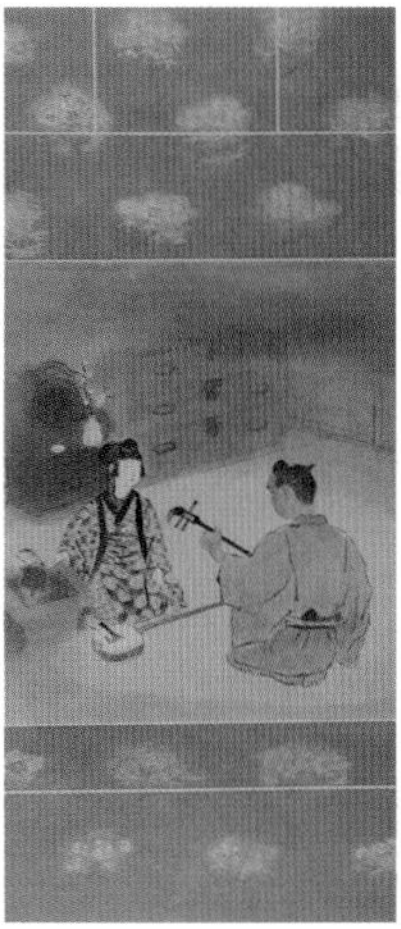

▶『春琴抄』掛軸(和田三造筆)

また、雑誌「文学界」に、プロレタリア文学やモダニズム文学の運動を止揚して、文学の本質を追求しようとする作家たちが集い、新風を生み出した。北条民雄(一九一四—一九三七)の『いのちの初夜』、岡本かの子(一八八九—一九三九)の『鶴は病みき』、太宰治(⇨p.316)の『虚構の春』、中山義秀(一九〇〇—一九六九)の『厚物咲』などが発表された。別に、新しいロマン主義の樹立をめざす雑誌「日本浪曼派」の活躍もあった。

この時期には、そのほかにも多くの新人作家が生まれた。『贅肉』の丹羽文雄(一九〇四—二〇〇五)、『蒼氓』の石川達三(一九〇五—一九八五)、『若い人』の石坂洋次郎(一九〇〇—一九八六)、『善太と三平』の坪田譲治(一八九〇—一九八二)、『普賢』の石川淳(一八九九—一九八七)らである。

【文学の死(戦争後期)】　戦局が拡大していくと、政府による思想・言論の統制や弾圧が強化され、戦争政策に協力する、いわゆる国策文学だけが保護された。国策文学とは、戦意を高めるための宣伝的な戦争文学、生産向上をしいる農民文学、さらに通俗的な小説やルポの類で、軍の方針に迎合するもののほかは、日の目を見ることはできなかった。例えば、徳田秋声の代表作『縮図』も、谷崎潤一郎の『細雪』も、連載中に発表禁止の処分を受けている。

この時期に、中島敦(⇨p.319)は、時流を超えて自己の文学を守り、珠玉のような『李陵』『山月記』などの作品を遺した。

【占領下の文学】　敗戦によって、言論・表現の自由が認められた。GHQの管理・検閲下でもあり、物資窮乏の時勢でもあったが、新旧の文学者たちがめざましい活動を始めた。その主なものは次のとおりである。

(1)既成作家の復活　戦争末期には作品の発表もできなかった既成作家たちが、これまで書きためた作品や新作を次々と発表した。志賀直哉の『灰色の月』、谷崎潤一郎の『細雪』『少将滋幹の母』、永井荷風の『踊子』『勲章』、川端康成の『千羽鶴』『山の音』、武者小路実篤の『真理先生』、井伏鱒二の『遥拝隊長』などがある。

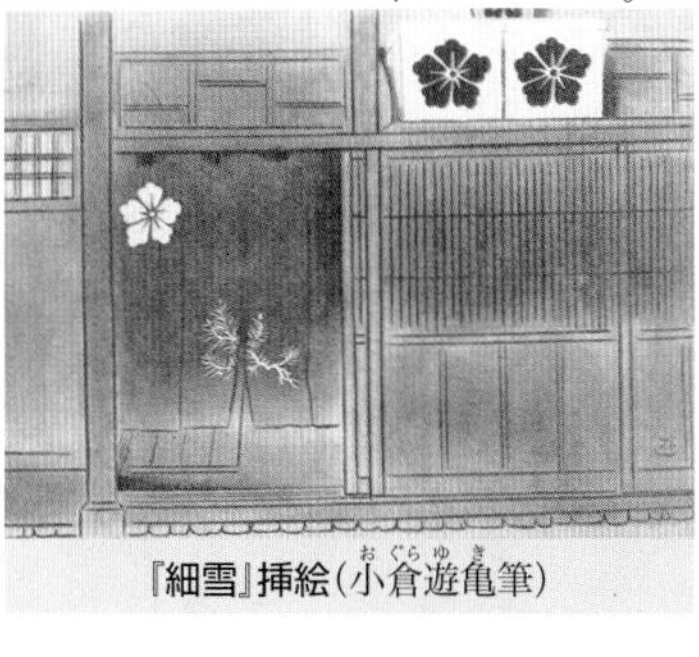

『細雪』挿絵(小倉遊亀筆)

(2)民主主義文学の再出発　プロレタリア文学系の

主な文芸雑誌③

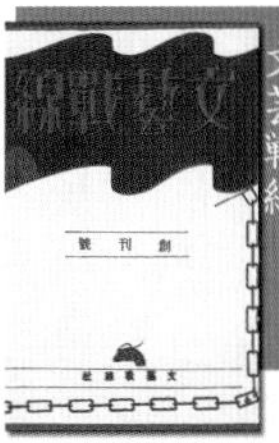

文芸戦線(一九二四—一九三二)……プロレタリア文学運動の代表的発表機関。「種蒔く人」の後継誌。路線の分裂があり、より革命的な「戦旗」(一九二八—一九三一)と対立した。『セメント樽の中の手紙』(葉山嘉樹)、『施療室にて』(平林たい子)などを掲載。

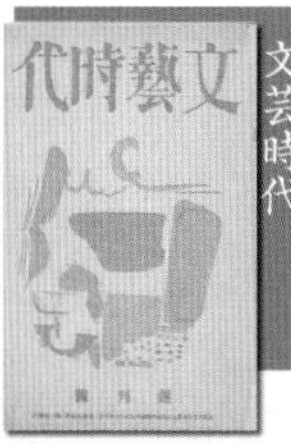

文芸時代(一九二四—一九二七)……『文芸春秋』周辺の新進作家を中心とした文芸雑誌。新感覚派。プロレタリア文学と対立。『ナポレオンと田虫』(横光利一)、『伊豆の踊子』(川端康成)などを掲載。中河与一・岸田国士・稲垣足穂・今東光ら。

◆世界の名言　足場さえあれば地球も動かせる。(アルキメデス、ギリシャの数学者、前287？—前212)　科学のもつ可能

作家たちが、機関誌「新日本文学」を中心として、いわゆる反動的文化への闘争を再開した。宮本百合子の『播州平野』『風知草』『道標』、徳永直の『妻よねむれ』、佐多稲子の『私の東京地図』、中野重治の『五勺の酒』などがある。

⑶新戯作派　戦前・戦中の主流から見て、少数派の傍流であった反俗的な作家たちが、既成の文学観のみならず、戦後の便乗的な思潮にも反撥し、自虐や風刺の中に美と真実を求めようとした。**太宰治**（⇨p.316）の『**斜陽**』『**人間失格**』、**坂口安吾**（一九〇六―一九五五）の『**白痴**』『**道鏡**』、**織田作之助**（一九一三―一九四七）の『**夫婦善哉**』『**世相**』などがある。彼らは破滅型の作家だとして「無頼派」と呼ばれた。

また、**石川淳**の『**焼跡のイエス**』『**紫苑物語**』、**伊藤整**（⇨p.323）の『**鳴海仙吉**』などは、その知的・高踏的な作風から「仮面紳士」と呼ばれた。

⑷戦後（アプレ・ゲール）派　新しい時代の人間観の根底に、近代的自我の拡充ということをすえ、社会と人間とを本格的にとらえ直し、その題材を幅広く拡大した。雑誌「近代文学」に拠る作家が中心であったが、そのほかにも多様な人たちが活躍した。**野間宏**（⇨p.324）の『**暗い絵**』『**真空地帯**』、**椎名麟三**（一九一一―一九七三）の『**永遠なる序章**』『**深夜の酒宴**』、**梅崎春生**（⇨p.324）の『**桜島**』『**日の果て**』、**中村真一郎**（⇨p.325）の『**死の影の下に**』、**武田泰淳**（一九一二―一九七六）の『**蝮のすゑ**』などがある。

⑸風俗小説の流行　戦後の開放的な風俗や、価値観の変化した世相を描いた作品が、新聞や雑誌の発展とともに流行した。**田村泰次郎**（一九一一―一九八三）の『**肉体の門**』、**石坂洋次郎**の『**青い山脈**』、**舟橋聖一**（一九〇四―一九七六）の『**雪夫人絵図**』、**大仏次郎**（一八九七―一九七三）の『**帰郷**』、**林芙美子**（一九〇四―一九五一）の『**晩菊**』、**丹羽文雄**の『**厭がらせの年齢**』などがある。

■第二次戦後派■　敗戦直後の戦後派に続いて、第二次戦後派と呼ばれる作家たちが、精神の廃墟の中に新しい価値を作り出そうとする、観念性の強い作風で登場した。**安部公房**（⇨p.326）の『**壁**』『**砂の女**』、**堀田善衛**（⇨p.325）の『**広場の孤独**』、**大岡昇平**（⇨p.326）の『**俘虜記**』、**三島由紀夫**（⇨p.326）の『**仮面の告白**』『**金閣寺**』などがあった。

■第三の新人■　続いて、第三の新人と呼ばれるグループが登場する。彼らは第一・第二の戦後派が思想性・観念性を重んじたのに対して、自分の日常生活の現実を見つめて、自己の本質をとらえようとする、私小説の伝統を受け継ぐ方法をとった。**安岡章太郎**（⇨p.327）の『**悪い仲間**』『**海辺の光景**』、**小島信夫**（一九一五―二〇〇六）の『**アメリカン・スクール**』、**吉行淳之介**（一九二四―一九九四）の『**娼婦の部屋**』『**驟雨**』、**庄野潤三**（一九二一―二〇〇九）の『**プールサイド小景**』、**遠藤周作**（⇨p.327）の『**白い人**』『**海と毒薬**』、**曽野綾子**（一九三一―）の『**遠来の客たち**』、**阿川弘之**（一九二〇―二〇一五）の『**雲の墓標**』などがある。

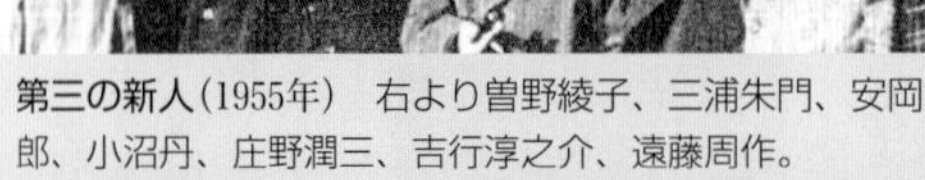

第三の新人（1955年）　右より曽野綾子、三浦朱門、安岡章太郎、小沼丹、庄野潤三、吉行淳之介、遠藤周作。

■戦後の世代■　「黄金の六〇年代」に入ると、昭和生まれで戦後社会に成人した、いわゆる戦後の世代と呼ばれる作家たちが、それぞれ個性的な作風をもって活動し始めた。**石原慎太郎**（一九三二―二〇二二）の『**太陽の季節**』、**大江健三郎**（⇨p.328）の『**飼育**』『**死者の奢り**』、**開高健**（⇨p.328）の『**パニック**』『**裸の王様**』、**北杜夫**（一九二七―二〇一一）の『**夜と霧の隅で**』、**高橋和巳**（一九三一―一九七一）の『**悲の器**』、**三浦哲郎**（⇨p.328）の『**忍ぶ川**』などがあった。

戦後十年文壇万華鏡（横山隆一筆）

43）どんなに深い悲しみも、時間が癒してくれる。

【国民的な文学】経済成長の波に乗って、テレビや週刊誌などのマスコミが発達し、活字文化はコマーシャリズムのもとに量産されるようになった。安保闘争や学園紛争をめぐるイデオロギーの主張・衝突が文学の硬直化をもたらしたこともあって、一般読者は良質の娯楽的小説を歓迎した。従来、文学的には軽視されがちだった大衆小説・通俗小説の分野に、松本清張や司馬遼太郎などのすぐれた作家が次々と出現した。

【内向の世代】昭和四十年前後に、純文学の世界には、内向の世代と呼ばれる作家たちが登場した。イデオロギーにとらわれず、あくまで自己の内面を見つめながら現実をとらえようとする傾向をもつ。これは、経済的な豊かさの中に個人の存在の危機が生まれた時代相が背景となっていた。**阿部昭**（⇩p.334）の**『司令の休暇』**、**小川国夫**（⇩p.336）の**『アポロンの島』**、**黒井千次**（⇩p.337）の**『時間』**、**加賀乙彦**（一九二九—二〇二三）の**『フランドルの冬』**、**辻邦生**（⇩p.340）の**『安土往還記』**などがあった。

【現代文学の課題】七〇年代以降の現代文学については、まだ評価が定まらない。ただ近代的倫理を破棄し、新しい言葉のシステムを創り出した**中上健次**（一九四六—一九九二）の**『枯木灘』**や、現代の問題を積極的に描出する**村上春樹**（⇩p.331）の**『羊をめぐる冒険』**などに、現代文学の新概念が示されている。
情報の氾濫の中、文学と隣接したジャンルには、映画やテレビドラマ、マンガ、音楽やアートなど、強い訴求力をもつものが多い。これらの文化の生態系の中で、文学はどう機能し、どう位置づけられるべきか、また、「純文学」の特異性、自律性などという「近代的」な概念がどう脱皮してゆくのか、それらが今後の課題となっている。

評論

【明治初期】明治初期の啓蒙的な評論は、**福沢諭吉**の**『学問のすゝめ』**に見られるように、実学的なものが多かった。文学意識の改革・近代化を試みたのは、まず**坪内逍遙**（⇩p.306）の**『小説神髄』**、ついで**二葉亭四迷**（⇩p.306）の**『小説総論』**で、写実主義小説論を提唱した。
一方、**森鷗外**（⇩p.294）はドイツ観念論美学に基づく浪漫主義理論を説き、逍遙との間で「没理想論争」（一八九一）を行った。
北村透谷（⇩p.322）は「文学界」に拠り、浪漫主義の立場から、文学の非功利性を説く**『人生に相渉るとは何の謂ぞ』『内部生命論』**などを発表した。

【明治中期】明治三十年代に入ると、ナショナリズムから極端な個人主義、本能主義へと揺れ動いた**高山樗牛**（一八七一—一九〇二）の**『美的生活を論ず』**が浪漫的風潮を強めた。一方、**正岡子規**（⇩p.366）は**『歌よみに与ふる書』**で、写実主義による短歌革新を説いていた。

【明治末期】明治末期に、自然主義文学が展開する。**島村抱月**の**『囚はれたる文芸』『文芸上の自然主義』**や、**長谷川天渓**の**『現実暴露の悲哀』**などが理論を確立した。小説の実作者の立場からは、**田山花袋**（⇩p.322）の**『平面描写論』**、**岩野泡鳴**の**『神秘的半獣主義』**や**『一元描写論』**が提唱された。
また、**『一年有半』**などを残した民権家**中江兆民**の門下であった**幸徳秋水**は、**『廿世紀の怪物帝国主義』『平民主義』**などで、日本社会主義運動と反戦闘争の先駆者となった。秋水の大逆事件の後、**石川啄木**（⇩p.359）は**『時代閉塞の現状』**を書いて、現状打開の道を考察せよと論じた。

【大正期】大正期には、夏目漱石門下のいわゆる大正教養主義の人たちや、白樺派の新理想主義の人たちによって、多彩な評論活動が行われた。
西田幾多郎の**『善の研究』**、**阿部次郎**の**『三太郎の日記』**、**倉田百三**の**『愛と認識との出発』**、**厨川白村**の**『近代の恋愛観』**、**和辻哲郎**（⇩p.235）の**『古寺巡礼』**、**三木清**の**『パスカルにおける人間の研究』**などがよく知られている。小説家の作品には、**有島武郎**（⇩p.322）の**『宣言一つ』**、**広津和郎**の**『作者の感想』**、**水上瀧太郎**の**『貝殻追放』**などがある。

【プロレタリア派】平林初之輔の**『無産階級の文化』**は、プロレタリア文学の理論的支柱となった。同派は、**蔵原惟人**らの急進的な「戦旗」派と、**青野季吉**らの社会民主主義的な「文芸戦線」派とに分かれて活動した。**宮本顕治**の**『「敗北」の文学』**、蔵原の**『芸術的方法についての感想』**、**中野重治**（⇩p.321）の**『芸術に関する走り書的覚書』**などがある。

【反プロレタリア】プロレタリア文学理論に対抗する評論も盛んに発表された。**小林秀雄**（⇩p.234）の**『様々なる意匠』『私小説論』**、**河上徹太郎**の**『自然と純粋』**などは、近代批評の始まりを告げた。また、**亀井勝一郎**は**『大和古寺風物誌』**などで、伝統的精神やその詩美を追求した。

【現代の隆盛】敗戦直後、「近代文学」をはじめとして、数多くの雑誌が評論活動の舞台となった。**荒正人**の**『第二の青春』**、**坂口安吾**の**『堕落論』**、**花田清輝**の**『復興期の精神』**、**桑原武夫**の**『第二芸術』**、**織田作之助**の**『可能性の文学』**などは、すべて敗戦翌年に発表された。その後はさまざまな評論家が、現代を見すえて活動している。

小説家

森　鷗外
もり　おうがい

一八六二(文久二)―一九二二(大一一)　浪漫主義・反自然主義

深い教養と知性で文壇を主導

活発な評論活動で文学界を啓発。浪漫主義文学の先駆者。反自然主義の立場で文壇に復帰。漱石と並ぶ巨峰。

＊年譜の日付は太陽暦(新暦)による。

西暦年号	年	事項
一八六二 文久2	0	二月十七日誕生。
一八七二 明治5	10	上京。西周邸に寄宿し、進文学舎に通学。
一八七四 7	12	東京医学校予科に入学。
一八八一 14	19	東大医学部を卒業。陸軍省に勤務。
一八八四 17	22	ドイツに官費留学。
一八八八 21	26	ドイツから帰国。赤松登志子と結婚。
一八八九 22	27	『於母影』(訳詩集)「しがらみ草紙」創刊。
一八九〇 23	28	『舞姫』
一八九一 24	29	坪内逍遙と没理想論争。
一八九二 25	30	『文づかひ』『即興詩人』(翻訳小説)
一八九六 29	34	「めざまし草」創刊。
一八九九 32	37	小倉十二師団軍医部長になる。
一九〇二 35	40	荒木志げと再婚。「芸文」「万年艸」創刊。
一九〇七 40	45	陸軍軍医総監になる。
一九〇九 42	47	『半日』『ヰタ・セクスアリス』
一九一〇 43	48	『青年』

【生い立ち】　一八六二年、島根県津和野町に生まれる。本名は林太郎。父は津和野藩四万三千石の亀井家の典医であった。典医というのは藩主の主治医であるから、学問ができなければ務まらない。森家の長男林太郎は、学問を通して家を興そうとする一家の期待を一身に集めながら成長していった。

【上京】　鷗外は、津和野町出身の有名な啓蒙学者であり、政治家でもあった西周の勧めで、父に伴われて一八七二年に上京した。一八七四年一月に東京医学校予科に入学したが、このとき、十一歳で年齢が不足していたため、生年を二年繰り上げて一八六〇年生まれとし、以後、公称はこの生年に従った。一八七七年四月、東京医学校は東京開成学校と合併、東京大学医学部と改称され、鷗外はその本科生となった。鷗外の遺書に「余ハ少年ノ時ヨリ、老死ニ至ルマデ一切秘密無ク交際シタル友ハ賀古鶴所君ナリ」とある賀古は、このときの同窓生である。卒業は一八八一年七月、満十九歳という、まさに空前絶後の若い医学士となった。

【エリス事件】　鷗外がドイツから東京に帰ってきたとき、後を追うようにエリスという名のドイツ女性が東京にやってきた。小説『舞姫』に描かれているエリスである。留学を終えて前途洋々というときに、異国の女性を受け入れられるはずもなく、一族の者の説得によってエリスはドイツに帰国した。鷗外が『舞姫』を発表したのは、その一年余りのちのことである。

ドイツ留学時代の鷗外(左)(1885年)

【ドイツ留学】　鷗外は、ドイツ留学の志望を実現するために軍医になった。念願かなって一八八四年から八八年までドイツでコッホやペッテンコーフェルについて衛生学を学んだ。しかし、彼がドイツ留学中に最も大きな影響を受けたのは、ヨーロッパの文学や哲学、なかでもショーペンハウエルやハルトマンの思想であった。鷗外という号は、このドイツ留学中に用い始めたらしい。

【浪漫的小説と戦闘的評論】　留学から帰った鷗外の文学活動は、翻訳と小説と評論とに分けられる。留学時代の体験を盛り込んだドイツ三部作『舞姫』『うたかたの記』『文づかひ』は、浪漫的な雰囲気と雅文体の伝統的文章とがよくマッチして、二葉亭四迷の『浮雲』とともに、近代小説の礎となった。主宰した「しがらみ草紙」「めざまし草」などにおける鷗外の戦闘的な啓蒙評論活動もめざましかった。坪内逍遙との間にかわした没理想論争(⇩p.306)は特に有名である。だが、これらは文学方

▲鷗外の一族(1897年)　前列左より小金井喜美子、二人おいて母峰子、後列左より鷗外、賀古鶴所、篤次郎、一人おいて小金井良精。

体は一体のもので、身体の健康は精神の健康をももたらす。

著書

年	年齢	事項
一九一一 44	49	『妄想』『雁』
一九一二 大正元	50	『興津弥五右衛門の遺書』
一九一三 2	51	『阿部一族』
一九一四 3	52	『大塩平八郎』『安井夫人』
一九一五 4	53	『山椒大夫』『最後の一句』
一九一六 5	54	『高瀬舟』『寒山拾得』『渋江抽斎』『伊沢蘭軒』を連載開始。
一九一七 6	55	『北条霞亭』
一九二二 11	60	七月九日死去。

面の問題であって、医学方面の論戦は一段と激烈なものであり、なかでも和漢方医論争は、圧倒的多数の和漢方医の中で、西洋近代医学を主張した批評活動であった。こうした文学・医学両面にわたる論争の中で、しばしの心をいやす場所として、鷗外は「観潮楼」を建てる。また、原作以上だと評価されたアンデルセン『即興詩人』の名訳も、「しがらみ草紙」に連載された。

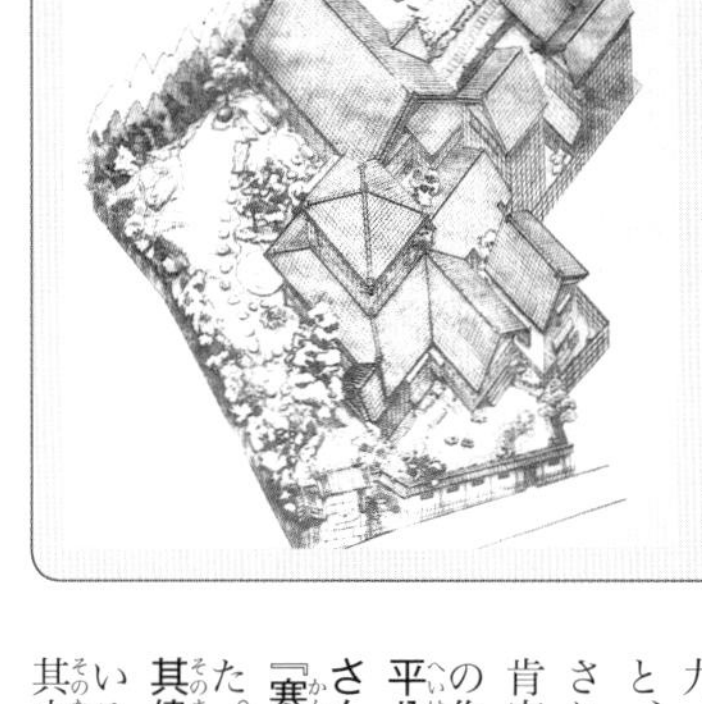

鷗外は、一八九二年一月、東京本郷駒込に「観潮楼」を建て、一種の文学サロンとした。鷗外の文学や教養を慕う人たちが多くの会合を持ったが、その一つに「観潮楼歌会」がある。「明星」の与謝野鉄幹、「アララギ」の伊藤左千夫、「心の花」の佐佐木信綱などのほか、石川啄木、吉井勇、木下杢太郎、斎藤茂吉、北原白秋などの青年歌人たちもこの会に参加している。

【小倉左遷】 鷗外の文学活動の名声をこころよく思わぬ者によって、一八九九年小倉に左遷された。小倉の三年間に小説は一編も書いていない。しかし、その沈黙の中で、かえって人間的な厚みと深みを増し、鷗外文学の完成のためには重要な時期となった。また、この時期に二度目の夫人志げと再婚した。

【文学活動の再開】 鷗外は一九〇七年、四十六歳で軍医としての最高位である軍医総監となり、再び旺盛な文学活動が始まった。一九〇九年に創刊された雑誌「スバル」を拠点として、**『半日』『ヰタ・セクスアリス』『青年』『雁』**などを矢つぎばやに発表した。この当時の文壇は、自然主義の全盛時代であったが、鷗外は漱石とともに、**反自然主義の立場**をとったことは注目に値する。

【歴史小説と史伝】 鷗外の最初の歴史小説**『興津弥五右衛門の遺書』**は、一九一二年七月三十日の明治天皇の崩御と、それに続く乃木希典の殉死に触発されて書かれたものであって、殉死を肯定的に賛美する調子がみられる。この作以後の鷗外は、**『阿部一族』『大塩平八郎』『安井夫人』『山椒大夫』『ちいさんばあさん』『最後の一句』『高瀬舟』『寒山拾得』**など多くの歴史小説を書いた。そしてその創作理論として**「歴史其儘と歴史離れ」**という論文を書いている。「わたくしは史料を調べて見て、其中に窺われる『自然』を尊重する念を発した。そしてそれを猥に変更するのが厭になった。これが一つである。わたくしは又現在の人が自家の生活をありの儘に書くのを見て、現在がありの儘に書いて好いなら、過去も書いて好い筈だと思った。これが二つである」。「歴史其儘」とは、史料を尊重して、勝手な空想をつけ加えないこと、「歴史離れ」とは、史料を離れて小説的なフィクションをつけ加えることをいう。鷗外は、歴史の事実をみだりに変更することを嫌い、正確な史料を現代によみがえらせる史伝の世界を開いていった。**『渋江抽斎』『伊沢蘭軒』『北条霞亭』**などである。これらの史伝の中に、鷗外は近代的な問題意識を鋭く盛りこんだのである。

【その死】 これらの史伝を書き終えた後の鷗外は、やがて**『帝諡考』『元号考』**(未完)のような考証ものの世界に入っていった。しかし、一九二〇年の初めごろから腎臓炎のために病臥することが多くなり、一九二二年七月六日に遺言を筆記させ、七月九日に死去した。

永明寺にある鷗外の墓

1883年（21歳）ごろ

1892年（30歳）ごろ

1899年（37歳）ごろ

1912年（50歳）ごろ

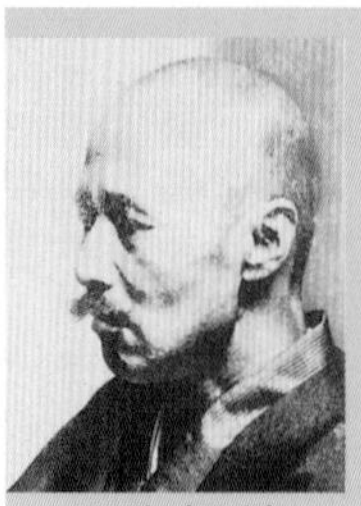
1917年（55歳）

ヰタ・セクスアリス〔小〕　題名はラテン語で性生活の意味。性欲によって人間が支配されるという主張に対する批判としての作品。主人公金井湛は、子供のころからさまざまな性的経験をするが、ついに知識人として理性的に生きぬく。

●**金井湛君は哲学が職業である。**

雁〔小〕　薄幸の女が、恋を知ることで自我に目覚めてゆくが、結局は挫折してゆく女の哀しさを描いた作品。貧しさのために高利貸しの妾となったお玉は、毎日自宅前を通る医学生岡田に惹かれる。しかし、岡田はドイツ留学が決まって、お玉の恋は終わりになる。

●**古い話である。僕は偶然それが明治十三年の出来事だという事を記憶している。**

▶『雁』口絵（横山大観筆）

阿部一族〔小〕　『興津弥五右衛門の遺書』に続く歴史小説の第二作。殉死をめぐって封建時代の武士社会の人々が、いかに非人間的な制約を受けていたかを描いている。主君細川忠利が死去した際、多くの者が許されて殉死したのに、阿部弥一右衛門だけは許されなかった。

●**従四位下左近衛少将兼越中守細川忠利は寛永十八年辛巳の春、……**

山椒大夫〔小〕　逆境における人間の意志、愛するものへの献身など、道義的人間の美しさを描いた作品。姉の安寿と弟の厨子王とは、だまされて山椒大夫に買われ、姉は潮汲み、弟は柴刈りとして働かされる。ある日、姉は弟だけを逃がし、自分は入水する。のちに、厨子王は丹後の国守となり、佐渡で母と再会する。

●**珍しい旅人の一群が歩いている。**

高瀬舟〔小〕　人間が死や財産について持っている常識に対して、主人公の告白という形をとって疑問を投げかけた作品。死、特に安楽死の問題は、鷗外の長女茉莉が重病にかかった際に、実際に生じた問題であった。自殺をはかり苦しんでいる弟を殺した喜助は、罪人として島流しになったのに、その態度が同心庄兵衛には不可解であった。

●**高瀬舟は京都の高瀬川を上下する小舟である。**

渋江抽斎〔史〕　弘前の津軽の侍医、渋江抽斎なる一人物の伝記を、彼の子孫・親戚まで含めて克明に記述した史伝物の代表作。抽斎は、鷗外と同じく医者であり官吏であったので、鷗外の理想とする人間像の諸条件をすべて備えた人間として敬愛の気持ちをもって描かれている。

●**三十七年如一瞬。**

鷗外の遺言状

鷗外は故郷津和野を出てから一度も帰郷しなかったが、死んで再び津和野に帰った。鷗外の遺言に「余ハ石見人森林太郎トシテ死セント欲ス」「墓ハ森林太郎墓ノ外一字モホル可ラズ」とあるように、鷗外は俗世間での高い地位や名声よりも一石見人として死ぬことを願ったのである。鷗外の墓は、津和野の永明寺と東京都の禅林寺とにある。

困難にあって苦しみ悩んでいるときに示される。

『舞姫』参考資料

凱旋塔（戦勝記念塔）

遠く望めばブランデンブルク門を隔てて緑樹枝をさし交はしたる中より、半天に浮かび出でたる凱旋塔の神女の像、……

ブランデンブルク門

マリエ教会　クロステル巷の古寺のモデルの一つ。

余が車を降りしはカイゼルホオフの入り口なり。門者に秘書官相沢が室の番号を問ひて、久しく踏み慣れぬ大理石の階を上り、……

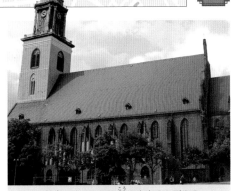

ホテルカイゼルホオフ（1914年）

『舞姫』は鷗外の文壇的処女作ともいうべき作品。近代知識人の自我の目覚めと挫折とを、鷗外自身の青春に重ねながら描いた名作。某省からベルリンへ派遣された主人公太田豊太郎は、踊り子のエリスを知り、愛し合うようになるが、二人の愛は、豊太郎の免職、そして帰国という事態の中で破局を迎える。

● 石炭をば早や積み果てつ。中等室の卓のほとりはいと静かにて、熾熱灯の光の晴れがましきもいたづらなり。

▲『舞姫』原稿

 ◆世界の名言　艱難にあって初めて真の友を知る。（キケロ、ローマの政治家、前106—前43）　友人たちの示す真の友情は、

夏目漱石

なつめ そうせき

一八六七(慶応三)—一九一六(大五)　反自然主義

近代人のエゴイズムの追求

高い教養と鋭い批判精神で人々を感化。晩年は「則天去私」の境地を志向。鷗外と双璧をなす。

西暦 年号	年	事項
一八六七 慶応3	0	二月九日誕生。
一八六八 明治元	1	塩原家の養子となる。
一八七九 12	12	東京府立一中入学。
一八八一 14	14	実母死去。二松学舎に入学し、漢学を学ぶ。
一八八四 17	17	大学予備門予科入学。
一八八九 22	22	正岡子規を知る。
一八九〇 23	23	東大英文科入学。
一八九五 28	28	松山中学校に赴任。
一八九六 29	29	熊本の第五高等学校に赴任。中根鏡子と結婚。
一九〇〇 33	33	イギリス留学。
一九〇三 36	36	帰国。一高・東大講師となる。神経衰弱。
一九〇五 38	38	『吾輩は猫である』『倫敦塔』
一九〇六 39	39	『坊つちゃん』『二百十日』『草枕』
一九〇七 40	40	『野分』。教職を辞し、朝日新聞入社。『虞美人草』連載。胃病発病。
一九〇八 41	41	『坑夫』『文鳥』『夢十夜』『三四郎』
一九〇九 42	42	『それから』。養父塩原

【生い立ち】一八六七年、江戸牛込の名主の家の五男三女の末子として生まれる。その日が、名前に金偏の字を入れないと大泥棒になるという迷信のあった庚申の日であったため、金之助という名をつけられ、すぐに里子に出された。やがて生家に引き取られたが、今度は養子に出されるなど、漱石の幼少時は恵まれていなかった。しかし漱石は、早くから漢籍に親しみ、漢学塾二松学舎で学ぶなど、漱石文学の骨格たる儒教的倫理観や東洋的美意識が、その青少年時代を通して育成されていった。

【青春と厭世】大学に行くには、英語の学力が必須の条件だったので、成立学舎で英語を学び、十七歳で大学予備門に入った。一八八八年、夏目家に復籍、英文学専攻を決意して第一高等中学本科に進学する。同級に正岡子規がおり、その漢詩文集を漢文で評して「**漱石**」と号した。句作においては子規の評を請い、以後、両者は親交を結ぶ。二十三歳で東大英文科に入学するが、このころから厭世主義に陥り、大学院へと進んだころには強度の神経衰弱にとらわれ始める。

【松山落ち】一八九五年、漱石は、大学院在籍のまま勤めていた東京高師の英語教師を突然辞任して、愛媛県尋常中学校（松山中学）の英語教師となった。松山にいたわずか一年の間に『**坊つちゃん**』の素材を得たり、子規と親交を深めたりしている。翌年、熊本の第五高等学校に赴任した彼は中根鏡子と結婚し、この地で四年余りを過ごしている。

【イギリス留学】一九〇〇年、文部省の留学生としてロンドンに渡り、本格的な文学論の研究を始めた。しかし、日本と西洋との違いを痛感した漱石は、自分の研究の意味を疑い、留学費の不足や孤独感なども手伝って、最悪の神経症に陥った。漱石発狂のうわさは文部省にまで伝わり、子規死去の報を受けた年、帰朝の途についた。

イギリス留学時代最後の下宿
(1901年7月20日～2年12月)

【作家漱石の誕生】一九〇三年、東京へ戻った漱石は、一高と東大とに迎えられ、「文学論」などを講義した。漱石の周辺には熊本以来の寺田寅彦をはじめ、鈴木三重吉・森田草平・小宮豊隆・野上豊一郎・内田百閒らの門下生が集まった。（のちには、この会合は「**木曜会**」と呼ばれ、芥川龍之介・久米正雄・松岡譲らも参加した。）

一九〇五年、漱石は高浜虚子の勧めで、句誌「ホトトギス」に発表した『**吾輩は猫である**』が大評判をとり、以後続編を次々と発表し、併行して『**倫敦塔**』などの短編を書いた。さらに『**坊つちゃん**』『**草枕**』『**二百十日**』『**野分**』を書き旺盛な創作力を示した。この時期の作品には、人生を余裕をもって眺めようとする傾向「**低回趣味**」が強く、しゃれたユーモアや美的世界に遊ぼうとする姿勢は「**余裕派**」と呼ばれ、当時主流の自然主義に対抗することになった。

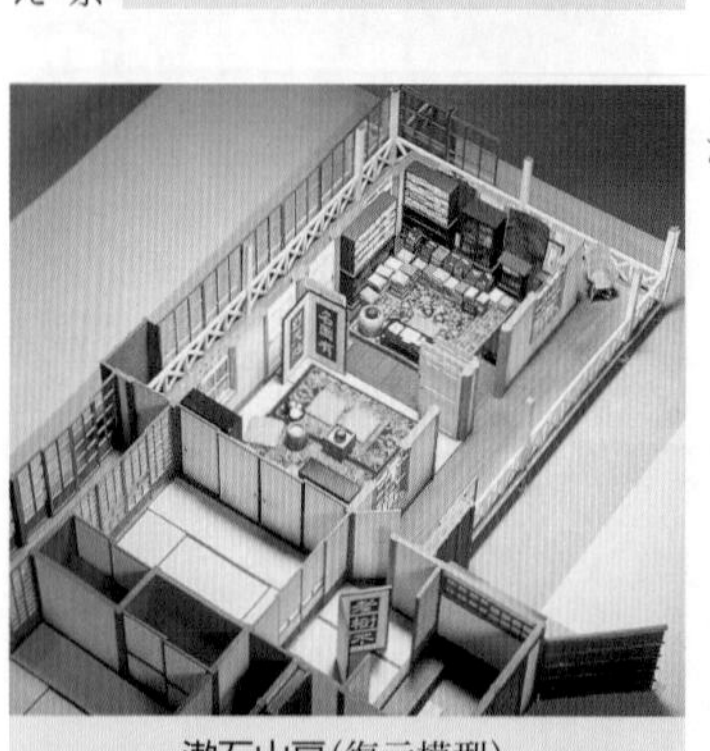

漱石山房(復元模型)

年	年齢	事項
		に金を無心される。
一九一〇（43）	43	『門』。胃潰瘍手術。修善寺で一時危篤状態。
一九一一（44）	44	文学博士号辞退。『現代日本の開化』など講演。
一九一二（45）	45	『彼岸過迄』『行人』
一九一三（大正2）	46	神経衰弱、胃潰瘍再発。
一九一四（3）	47	『こころ』。講演『私の個人主義』
一九一五（4）	48	『硝子戸の中』『道草』
一九一六（5）	49	『明暗』連載中に胃潰瘍悪化、十二月九日死去。

◀**漱石山房と其弟子達**（津田青楓筆） 図中の「則天居士」が漱石。以下左より寺田寅彦、安倍能成、松根東洋城、野上豊一郎、鈴木三重吉、岩波茂雄、赤木桁平、内田百閒（百鬼園）。前列左より小宮豊隆、阿部次郎、森田草平。

【朝日入社から三部作へ】「新聞屋が商売ならば、大学屋も商売である」と述べて、漱石は一九〇七年、東大教授に推す内示を断って東京朝日新聞社に入社する。専属作家としての第一作『**虞美人草**』以後、彼の作品はすべて朝日新聞に掲載された。『**坑夫**』『**夢十夜**』『**三四郎**』を経て、『**それから**』以後の漱石は、初期の作風からしだいに実存的関心を深め、エゴイズムの問題を中心主題とするようになる。彼は「自己本位」を唱えはしたが、常に「我執」の醜さにおびえた点で、「自我」の主張を旗印とする自然主義とは対立した。続いて発表した『**門**』は、『**三四郎**』『**それから**』とともに〈**三部作**〉と呼ばれる。

【修善寺の大患】一九一〇年夏、漱石は胃潰瘍で入院し、転地療養のために伊豆修善寺に出かけたが、そこで大吐血し、生死の間をさまよった。いわゆる〈**修善寺の大患**〉であり、漱石の人間観・死生観に大きな影響を与えた。その後漱石の言う〈**則天去私**〉とは、このときの心境を表したものかもしれない。

◀**漱石の書**

大病の予後を東京の病院で養う間に授与された文学博士号を辞退し、世間を驚かせた。翌年、講演旅行に出かけた漱石は、資本主義社会と人間の孤立化を指摘したり、現代日本文化が外発的であり、これを内発的なものにしなければならないなどと強調したりしている。

▲**漱石の家族と門弟**（1911年） 前列左より恒子、妻鏡子、純一、愛子、筆子、栄子、小宮豊隆、坂元雪鳥、野村伝四。後列左より松根東洋城、森成麟造（大患時の医師）、東新、漱石、野上豊一郎、安倍能成。円内鈴木三重吉、森田草平。

【我執の追求】『門』から一年半ぶりに書いた長編小説『**彼岸過迄**』は、自我に忠実に生きようとする主人公の苦悩と、自然を「考えずに観る」ことによって至る調和的心境とを描いたものであった。しかし漱石は、これで問題が解決したとは考えられず、『**行人**』においては主人公を狂気に追いつめ、『**こころ**』においては主人公を自殺にまで追いつめていった。このころ再び胃潰瘍の発作に苦しむが、小康を得ると、学習院で『**私の個人主義**』を講演、さらに随筆『**硝子戸の中**』を発表した。

【『明暗』その死まで】『こころ』は、漱石の、生者として解脱を描こうとする前提を逸脱して、死（自殺）を書いてしまったことになるが、『**道草**』はこの反省に立ち、自伝の方法で家庭生活の実相を描いた。おそらく漱石は、この方法的延長線上に、『**明暗**』を位置づけようとしたのであろう。しかし、『明暗』連載中に胃潰瘍が悪化し、一九一六年十二月九日に死去した。漱石は、一生涯人間存在の深淵に迫ろうとして苦闘を続けたといってよく、その提起した問題は、今日においても未解決のままである。

漱石の絵「達磨渡江図」

◆世界の名言 いかに長く生きたかではなく、いかに良く生きたかが問題である。（セネカ、ローマの哲学者、前4―65）

1886年（19歳）ごろ

1894年（27歳）

1900年（33歳）

1908年（41歳）

1914年（47歳）

吾輩は猫である［小］　中学教師苦沙弥先生の書斎に集まる迷亭・寒月ら明治の知識人の生活態度や思考方法を、飼い猫の目から風刺的に描いた作品。日本の近代化に対する漱石の文明批評は、現代まで新鮮である。

●**吾輩は猫である。名前はまだ無い。**

◀▲挿絵

坊っちゃん［小］　単純で誠実な主人公が、社会の不正と対決するという勧善懲悪のストーリーを、近代小説に復活させたユーモアあふれる作品。主人公「坊っちゃん」が四国は松山の中学校に数学教師としてやってきた。同僚の山嵐とともに、悪玉の教頭赤シャツや野だいこと戦ったあげく、教師をやめて東京に帰る。

●**親譲りの無鉄砲で子供の時から損ばかりしている。**

三四郎［小］　『それから』『門』とともに、三部作と言われている作品の第一作。明治時代の代表的青春小説ともいうべき作品。熊本から大学に入るために上京した三四郎は、大学構内の池のほとりで出会った里見美禰子に心を引かれるが、美禰子は「迷える羊（ストレイ・シープ）」という言葉を残して去っていく。

●**うとうととして眼が覚めると女はいつの間にか、隣のじいさんと話し始めている。**

それから［小］　漱石三部作の第二作。日本近代の知識人の典型としての代助の生き方を通して、日本近代文明の歪み、矛盾を描いた作品。「高等遊民」とも言うべき主人公代助は、職業も持たず、結婚もせず、父の財産に寄食して生活している。その代助が親友の妻三千代に愛情を抱き、ついには父から勘当され、実社会の中で独力で生きなければならなくなる。

●**誰か慌ただしく門前を馳けて行く足音がした時、代助の頭の中には、大きな俎下駄が空から、ぶら下っていた。**

門［小］　漱石三部作の第三作。友人の妻であったお米を奪って結婚した宗助は、罪の意識から逃れようと宗教に救いを求める。

●**宗助は先刻から縁側へ坐蒲団を持ち出して、日当りの好さそうな所と気楽に胡坐をかいて見たが、……**

明暗［小］　漱石の死により中絶。エゴイズムに振り回されている人間同士を容赦なく描き出した作品。「明暗」の「明」の部分、すなわち「則天去私」の境地によって人間が救済される後半を推測する見解もあるが、漱石の死によって、すべて永遠の謎となった。主人公津田は、以前結婚するつもりでいた清子のことが気になっている。妻のお延は夫の気持ちを知って苦しむ。

●**医者は探りを入れた後で、手術台の上から津田を下ろした。**

▲著書

❖「漱石」の由来

晋の孫楚が「枕石漱流」（石に枕し流れに漱ぐ）と言うべきところを、「漱石枕流」と誤ったが、「石に口すすぐのは歯を磨き、流れに枕するのは耳を洗うためだ。」とこじつけた。漱石は、この故事にちなんで、自らを時代の頑固者に擬したのである。

危険は冒すべきではないとのキリストの言葉。

『夢十夜』参考資料

夢十夜は、十夜からなる短編小説。「こんな夢を見た。」というとおりに、十のエピソードはすべて夢の中の話である。ここでは、あらすじを紹介する。

■第一夜

女が、私が死んだら土に埋めて、百年待ってくださいと言う。女が死に、その言葉のとおりに女を土に埋めた。太陽が何回も昇っては沈み、勘定できないほどの日が過ぎたが、百年がまだ来ない。だまされたのではないかと思ったとき、目の前で百合（ゆり）が咲き、百年はもう来ていたのだと気づく。

■第二夜

侍（さむらい）は座禅を組みに行くが悟れず、和尚に悟れないお前は侍ではないのではないかと言われる。時計が次の時を打つまでに悟って和尚の首を取ってやろうと思うが、悟れない。なんとかして悟ってやろうと、じっと耐えているうちに、時計が鳴り始めた。

■第三夜

六歳の盲目の息子をおぶって歩いていると、見えないはずの景色を次々に言い当てる。気味悪く思っているうちに杉の根の所にかかり、小僧は百年前にここで俺を殺したねと言う。そうだったと思ったとたん、背中の子が石のように重くなった。

■第四夜

自分の年は忘れたと言い、家は臍（へそ）の奥にあると言う爺（じい）さんは、手拭いの周りに書いた輪の上を回って笛を吹き、手拭いが蛇になると言った。爺さんが手拭いを箱に入れて歩き出したので、蛇が見たくてついて行ったが、爺さんは川の中に入って、上がってこなかった。

■第五夜

捕虜になった自分が、死ぬ前にひと目思う女に会いたいと頼むと、敵の大将は鶏が鳴くまで待つと言う。女は裸馬に乗って自分のもとへ急いだが、真っ暗な道の端まで来たとき、天探女（あまのじゃく）がした鶏の鳴き真似（まね）を聞いて手綱を誤り、深い淵に落ちてしまった。

■第六夜

護国寺の山門で運慶が仁王を彫っているというので見に行った。なぜ今でも運慶が生きているのかと不思議に思いながら見ていると、見物人が、あれは木の中から仁王を掘り出しているのだと言った。それなら自分にもできるはずだと家に帰ってやってみたが、いっこうに仁王は出てこない。明治の木には仁王は埋まっていないのだと悟った。

東大寺・金剛力士像（仁王像）

■第七夜

自分は大きな船に乗っていた。波を切って進んでは行くが、どこに行くかわからない。自分は心細くなった。詰まらなくなった自分は死んでしまおうと決心して海に身を投げたが、飛び降りた途端に命が惜しくなった。自分は無限の後悔と恐怖を抱いて、黒い海に向かって落ちて行った。

■第八夜

床屋の椅子に座ると、鏡越しに往来のいろいろな人が見えるが、鏡に映らないところは見えない。床屋は外の金魚売りを見たかときいたが、自分は見ないと答えた。髪を洗うときに振り向いたら、さっきまで帳場で札を数えていた女がいない。外に出ると金魚売りがいて、金魚を見つめてちっとも動かずにいた。

■第九夜

三歳になる子供と母を残して父がいなくなった。夜になると母は子供を連れて、八幡宮（はちまんぐう）に夫の無事を祈りに行く。ひとしきり祈ってから、子供を気にかけながらお百度を踏む。しかしその父はとっくに浪士に斬られて亡くなっていた。そんな悲しい話を、自分は母親から聞いた。

■第十夜

庄太郎は女にさらわれ、七日目の晩に帰ってきた。絶壁（きりぎし）の天辺（てっぺん）で、飛び降りないと豚に舐められると言われたという。次々にやってくる豚の鼻をステッキでたたいたが、ついに豚に舐められて倒れた。庄太郎は助かるまい。パナマ帽は健さんのものだろう。

世界の名言　主なる汝（なんじ）の神を試（こころ）むべからず。（マタイ伝・4）　（守護の）神が自分を護ってくれるかどうかを試すような

『こころ』参考資料

『それから』以後追求してきた近代人のエゴイズムが絶望に至る過程を、漱石が描いて見せた作品。友人Kを裏切って現在の妻を得、Kを自殺に追いやった「先生」は、罪の意識をもちながら生きていたが、鎌倉で知り合って親しくなった青年「私」に遺書を残して自殺する。

●私はその人を常に先生と呼んでいた。だからここでもただ先生と書くだけで本名は打ち明けない。これは世間をはばかる遠慮というよりも、そのほうが私にとって自然だからである。

「東京最新全図」（明治38年ごろ）

帝室博物館
上野公園
上野駅
池の端
不忍池
東京帝国大学
竜岡町
湯島天神
菊坂
伝通院
真砂町
富坂
神田明神
砲兵工廠
水道橋
万世橋
猿楽町
小川町

「精神的に向上心のない者はばかだ」と「私」はKをやりこめる
お嬢さんへの結婚申し込みをした後、「私」は市街を歩き回る

▼下宿の間取り図（推定）

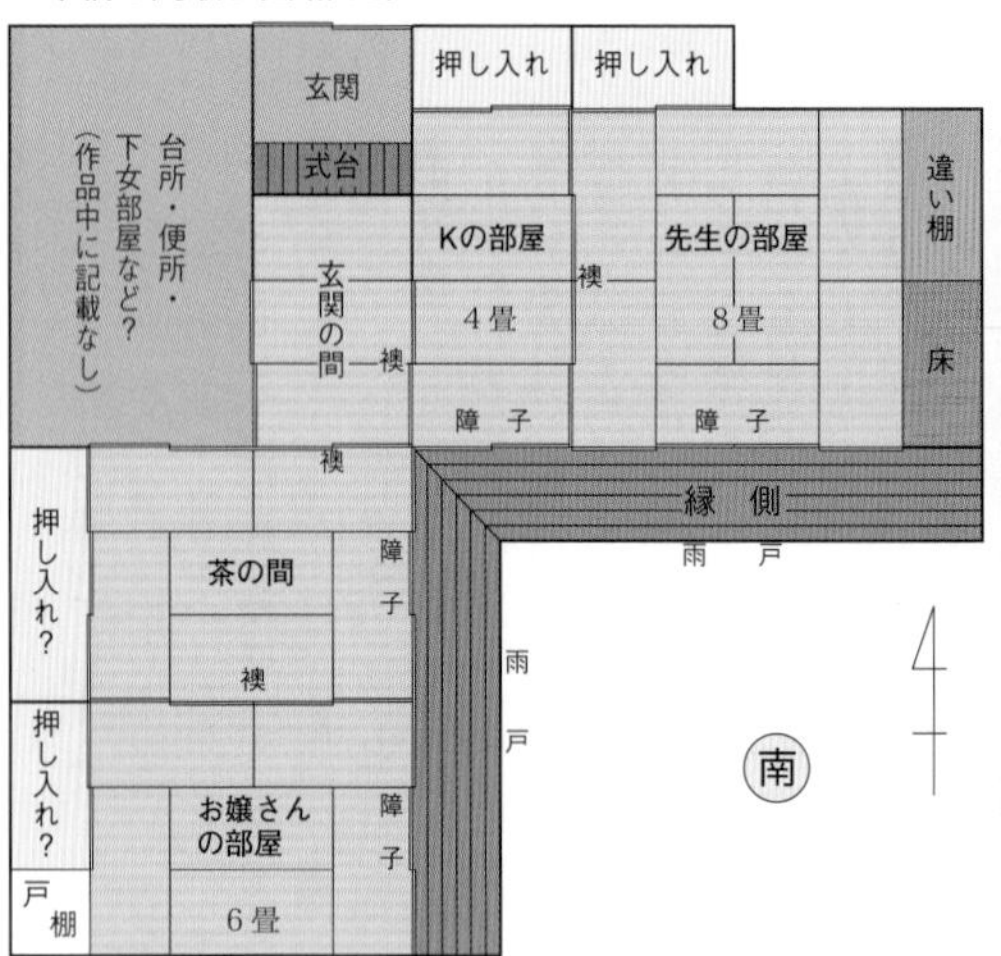

雑司ヶ谷墓地

先生は例月その日になると雑司ヶ谷の墓地にある或る仏へ花を手向けに行く習慣なのだそうである。

精神的な満足や充実も大切だと説いたキリストの言葉。

伝通院
私は食後Kを散歩に連れ出しました。二人は伝通院の裏手から植物園の通りをぐるりと回ってまた富坂の下へ出ました。

伝通院

小石川植物園

不忍池

女学生(明治・大正)

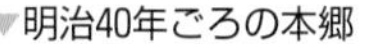

明治40年ごろの本郷

『こころ』原稿

部屋の広さは八畳でした。床の横に違い棚があって、縁と反対の側には一間の押し入れがついていました。窓は一つもなかったのですが、その代わり南向きの縁に明るい日がよく差しました。……私の座敷には控えの間というような四畳が付属していました。玄関を上がって私のいる所へ通ろうとするには是非この四畳を横切らなければならないのだから、実用の点から見ると、至極不便な部屋でした。私はここへKを入れたのです。……玄関から真っ直ぐに行けば、茶の間、お嬢さんの部屋と二つ続いていて、それを左へ折れると、Kの部屋、私の部屋、という間取りなのです……

 ◆世界の名言　人はパンのみに生きるにあらず。(マタイ伝・4)　人間が生きていくためには、物質的な満足だけでなく

小説家

樋口一葉

ひぐち　いちょう

一八七二（明五）—一八九六（明二九）　擬古典主義・浪漫主義

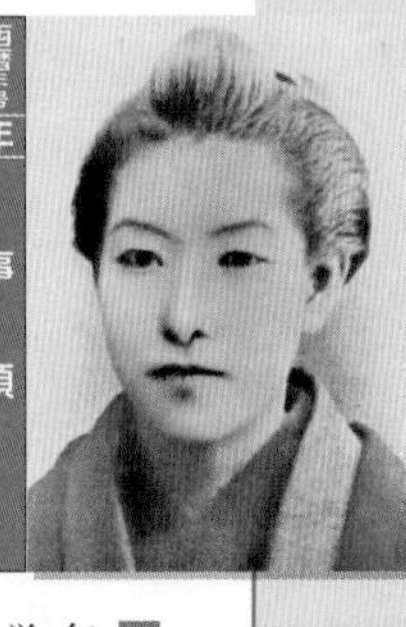

◆明治女性文学の光輝

鷗外に絶賛された、当代随一の女性作家。封建社会に生きる女性の悲哀を、雅俗折衷体で詩情豊かに描く。

西暦年号	年	事項
一八七二 明治5	0	五月二日誕生。
一八八三 16	11	青海学校小学高等科を第四級修了で中退。
一八八六 19	14	歌塾萩の舎に入門。
一八九一 24	19	半井桃水を知り、小説家を志す。
一八九二 25	20	処女作『闇桜』を発表。桃水との交際を絶つ。
一八九三 26	21	『雪の日』下谷龍泉寺町に転居。
一八九四 27	22	丸山福山町に転居。『大つごもり』
一八九五 28	23	『たけくらべ』『にごりえ』『十三夜』
一八九六 29	24	三月、肺結核発病。「めざまし草」で森鷗外から激賞される。十一月二十三日死去。

たけくらべ

【歌人夏子から作家一葉へ】一八七二年、東京に生まれる。本名奈津。青海学校小学高等科の成績は首席だったが、一八八三年、中途退学した。一八八六年、中島歌子の萩の舎塾に入門し、歌を作るために必要な古典の教養をここで身につけた。一八八九年に父が病死すると、一家を一葉が支えなければならなくなる。やがて、同門の姉弟子田辺龍子が小説を刊行したのに刺激され、一八九一年、東京朝日新聞記者半井桃水の指導を受けて小説を書きはじめた。

【桃水との恋】桃水の勧めで近世文学を独学した一葉は、処女作『闇桜』を発表した。桃水は、苦しい一葉の生活を助けたりして、親身の世話を焼いたので、やがて一葉は、桃水を慕うようになる。しかし二人のスキャンダルが広まるに至り、一葉は桃水と別れて小説に専念する。一八九二年に発表した『うもれ木』は、意識的に桃水の作風から離れた幸田露伴風の作品になっているが、これが一葉の出世作となった。

【龍泉寺町の生活】「文学界」の平田禿木・上田敏・島崎藤村などに近づき、ヨーロッパ文学に接することができた一葉は、『雪の日』などを「文学界」に寄稿したあと、生活がゆきづまり、龍泉寺町へ引っ越して、荒物や駄菓子の小店を開くようになった。商売は失敗に終わったが、この龍泉寺町の生活は、のちに一葉の代表作となった『たけくらべ』を生み出す貴重な体験となった。

【一葉文学の開花】一八九四年、本郷丸山福山町に転居した一葉は活発な創作活動を始め、翌年『ゆく雲』が一流雑誌「太陽」に発表されると、その名が広く知られるようになった。このころの作品に『大つごもり』『にごりえ』『十三夜』などがあるが、特に一八九五年から九六年にかけて「文学界」に連載された『たけくらべ』が「文芸倶楽部」に一括発表されると、評論家の激賞を受け、一葉の声価は絶頂に達した。

一葉はさらに新境地を開くべく執筆にとりかかるが、一八九六年の春ごろから身体の変調を自覚し始め、肺結核のため十一月二十三日、二十四歳の若さで死去した。

▲龍泉寺の家（長谷川清筆『雪晴れの朝』）

にごりえ 小　酌婦お力が、自分のためにおちぶれて妻子まで捨てた源七の手にかかって死ぬという話。はかない女の運命がリアルに描かれている。

●**おい木村さん信さん寄つてお出よ、お寄りといつたら寄つても宜いではないか、……**

十三夜 小　お関は、冷たい夫と別れようとしたが、ふと拾った人力車の車夫は、自分を慕っていた幼友だちであった。封建的社会の中で苦しむ女の悲しみを描く。

●**いつもは威勢よき黒ぬり車の、それ、門に音が止まった、……**

たけくらべ 小　吉原の遊女を姉にもつ美登利を中心に、おとなしい寺の息子信如、生意気な正太、乱暴者の長吉を配して、思春期に入っていく少年少女たちの微妙な心理を描く。

●**廻れば大門の見返り柳いと長けれど、お歯ぐろ溝に灯火うつる三階の騒ぎも手に取る如く、……**

▶「大黒屋の美登利　大門の見返り柳」（水谷彩天筆）

対して、愛ですべてを解決せよと説いたキリストの言葉。

しまざき とうそん

島崎藤村

一八七二（明五）—一九四三（昭一八）　浪漫主義・自然主義

◆浪漫詩人から自然主義作家へ

浪漫詩人として明治の青春を叙情的にうたい、大きな影響。のち自然主義に転じ、家と自我の問題を追求。

西暦 年号	年	事項
一八七二 明治5	0	三月二十五日誕生。
一八九二 25	20	明治女学校高等科の英語教師となる。
一八九三 26	21	「文学界」創刊に参加。生徒との恋愛事件により学校退職。
一八九六 29	24	東北学院教師として仙台に赴任。
一八九七 30	25	『若菜集』
一八九九 32	27	小諸義塾教師として赴任。秦フユと結婚。
一九〇一 34	29	『落梅集』
一九〇六 39	34	『破戒』を自費出版。
一九〇八 41	36	『春』
一九一〇 43	38	『家』
一九一一 44	39	『千曲川のスケッチ』
一九一三 大正2	41	姪との事件で渡仏。
一九一八 7	46	姪との関係の清算のため『新生』を執筆。
一九二九 昭和4	57	『夜明け前』
一九四三 18	71	『東方の門』（未完）八月二十二日死去。

【生い立ち】一八七二年、長野に生まれる。生家は馬籠宿の旧家で、その十七代目の当主であった父正樹は、文明開化の時流に抗しながら悲劇的な最期をとげた。この父の生涯は、藤村文学の形成に深い影を落としている。一八八一年に上京、一八八七年に入学した明治学院で、キリスト教の洗礼を受け、西洋文学の清新な魅力に触れながら、一方で日本の古典にも感銘を受けた。

【浪漫詩人藤村】一八九二年に明治女学校の英語教師となった藤村は、翌年創刊された「**文学界**」に参加し、星野天知・北村透谷・戸川秋骨・馬場孤蝶・平田禿木らとともに、浪漫主義文学運動の渦中に身を置いた。明治女学校の教え子との恋や、友人透谷の自殺、相次ぐ苦悩の中から藤村の青春がたどりついたのは、近代の情熱をうたい上げた叙情詩集『**若菜集**』であった。一八九六年の夏、東北学院の教師として赴任した仙台で歌い出され、日本の近代詩の出発を告げる歴史的な記念碑となった。続いて『**一葉舟**』『**夏草**』を発表したのちに、小諸義塾の教師として信州に帰り、『**落梅集**』を残す。

【自然主義作家の誕生】小諸生活は詩から散文への転換期であった。田山花袋らとの交友からフランス、ドイツ、ロシアの自然主義思潮の影響を受け、写生文の習作ののちに、一家をあげて上京し、一九〇六年、最初の長編『**破戒**』を自費出版する。『破戒』は、漱石に「明治の最初の小説」と激賞されるまでの反響を呼んだ、日本文学最初の本格的な自然主義の小説であった。しかし、翌年に発表された田山花袋の『**蒲団**』が文壇の注目を浴びたために、藤村も自己の体験を小説化する方向に進み、「文学界」当時の交友を描いた『**春**』、没落していく二つの旧家を描いた『**家**』などの長編を相次いで発表した。

【『新生』から『夜明け前』へ】一九一〇年妻を失った藤村は、家事を助けていた姪こま子との過失に悩み、一九一三年フランスに渡る。帰国後、この不倫を告白した私小説『**新生**』は多くの議論を招いた。その後、母のない四人の子との生活を描いた『**嵐**』などの短編を発表し、一九二八年再婚する。そして、一九二九年から七年間かけて、父をモデルとした歴史小説の大作『**夜明け前**』を完成する。一九四三年、西洋と日本との関係を見つめて最後の長編『**東方の門**』にとりかかるが、未完のまま、脳出血のため死去した。

若菜集〔詩〕「初恋」「高楼」などの恋愛詩や青春詩が、西欧詩の感覚と伝統的な七五調とでうたい上げられている。近代の日本浪漫詩の記念碑的作品。

破戒〔小〕被差別部落出身の青年教師瀬川丑松は、出身を隠せと父から堅く戒められていたが、苦悩の末、ついにその戒めを破る。自然主義文学運動への道を開いた作品。

●**蓮華寺では下宿を兼ねた。瀬川丑松が急に転宿を思い立って、借りることにした部屋というのは、其蔵裏つづきにある二階の角のところ。**

夜明け前〔小〕父をモデルとした青山半蔵の悲劇的な一生を描いた作品。明治維新という歴史の転変を目撃した人間の証言である。

●**木曽路はすべて山の中である。あるところは岨づたいに行く崖の道であり、あるところは数十間の深さに臨む木曽川の岸であり、……**

▶藤村像（島崎鶏二筆）

◆世界の名言　人もし汝の右の頬を打たば、左をも向けよ。（マタイ伝・5）　モーゼの「目には目を」という報復の掟に

坪内逍遥

つぼうち しょうよう
一八五九（安政六）—一九三五（昭一〇）
写実主義
◆写実主義の提唱者

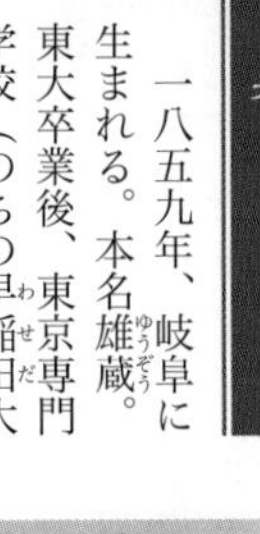

一八五九年、岐阜に生まれる。本名雄蔵。東大卒業後、東京専門学校（のちの早稲田大学）の講師となる。一八八五年、写実主義という新しい文学の理論を『小説神髄』で主張し、その実践として発表した『当世書生気質』は、当時権威のあった文学士の小説であるということも加わり、大評判になった。

二葉亭四迷との親交後は、文芸評論や演劇革新に力を注いだ。中でも、「早稲田文学」を舞台に森鷗外とかわした「没理想論争」は、文学における現実主義と理想主義の対立として有名。演劇革新では『桐一葉』など多くの戯曲を著す一方、島村抱月らと文芸協会を設立して新劇運動を展開した。晩年には『シェークスピヤ全集』を完成させ、演劇界に大きな功績を残した。一九三五年死去。七十五歳。

小説神髄 評　勧善懲悪主義を排して、人間の心理を分析し写実するのが小説であると提唱した。近代文学の基礎をなす理論書。

当世書生気質 小　『小説神髄』の理論を作品で具体化したもの。明治の書生（学生）の生活を、当時の風俗と恋愛とを織り混ぜながら写実的に描いた作品。

二葉亭四迷

ふたばてい しめい
一八六四（文久四）—一九〇九（明四二）
写実主義
◆リアリズム文学の創始者

一八六四年、東京に生まれる。本名長谷川辰之助。外交官を志望し、東京外国語学校露語部に入学、これが四迷をロシア文学の魅力に触れさせることになった。しかし、学制改革で露語部が東京商業学校に併合されたことに憤激し、一八八六年、最終学年で同校を退学した。

当時、坪内逍遥が新文学の旗手と目されていたことに刺激され、逍遥を訪ね文学者となる決意をする。こうした契機から、『小説神髄』に対して『小説総論』を、『当世書生気質』に対しては『浮雲』を発表することとなった。『浮雲』第一編は、小説の文体に初めて「だ」体の口語文を採用したり（言文一致体）、描写の手法にリアリズムを用いたりするなど、人物造型や心理描写は、当時の水準をはるかに越えていた。『浮雲』は第三編で中断し、作家活動から離れるが、約二十年ぶりに発表した『其面影』『平凡』で文壇に復帰した。一九〇九年、ロシア訪問の帰途で死去。四十五歳。

浮雲 小　主人公内海文三と叔父の娘お勢は恋仲であるが、世才に乏しい文三の失職とともに、お勢は文三の同僚の本田に引かれてゆく。

平凡 小　元文士の下級官吏が、平々凡々に終わった半生を語る自伝体の小説。

尾崎紅葉

おざき こうよう
一八六八（慶応四）—一九〇三（明三六）
擬古典主義
◆人情・世態の写実的描写

一八六八年、東京に生まれる。本名徳太郎。一八八五年、東大予備門二年のとき、山田美妙らと文学結社「硯友社」を作り、機関誌「我楽多文庫」を創刊した。井原西鶴に学んだ写実的手法と雅俗折衷体による『二人比丘尼色懺悔』が出世作となり、続く『伽羅枕』『三人妻』も好評を博して、二十四歳で結婚したときにはすでに文壇の大家と仰がれていた。

一時スランプに陥ったが、やがて写実主義の最高傑作と呼ばれる『多情多恨』を発表し、言文一致体の到達点として「である」体を案出する。さらに大作『金色夜叉』を連載して大評判を得るが、胃癌を患い、未完のまま、一九〇三年、三十六歳で死去した。

多情多恨 小　物理学院教授鷲見柳之助は、最愛の妻お類を亡くして悲嘆にくれていた。親友葉山が同情し自宅に同居させるが、柳之助は葉山の妻お種に親しむようになる。『源氏物語』の「桐壺」にヒントを得た作品。

金色夜叉 小　間貫一は早くに両親を失い、鴫沢家に寄食してその娘宮と婚約していた。しかし宮は資産家富山の財産にひかれて彼と結婚する。貫一は高利貸しとなり宮への復讐をはかる。

を防ぎ、荒れ果てたこの世の光となるべき役目を負っている。

こうだ ろはん

幸田露伴

一八六七（慶応三）―一九四七（昭二二）

擬古典主義

◆格調高い理想主義の文学

一八六七年、東京に生まれる。本名成行。電信修技学校を卒業後、北海道に電信技手として赴任したが、逍遙の『小説神髄』や『当世書生気質』などの新文学に触れ、文学への志を固めた。一八八八年帰京し、翌年文芸雑誌「都の花」に『露団々』を発表、続く『風流仏』が出世作となり、作家の地位を固めた。代表作『一口剣』『五重塔』では、芸道に精進する男性の理想像を描き、紅葉の写実派に対して理想派と称されて「紅露時代」を築いた。

一九〇三年、七年ぶりの小説『天うつ浪』が中絶して以後は、随筆や史伝に活動の重点を置き、また、注釈に没頭して『芭蕉七部集』の評釈を完成させた。一九四七年、七十九歳で死去。

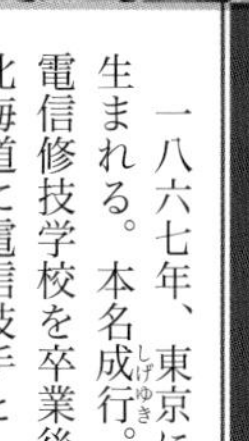

風流仏［小］　若い彫刻家珠運とお辰の悲恋。お辰を連れ去られた珠運が刻む女体仏が、生きたお辰と化して珠運を抱く。

五重塔［小］　名人気質の大工、のっそり十兵衛が五重塔の建設を強引に一人で引き受ける。落成式の前夜に襲った大暴風のさなか、十兵衛は塔の最上階に立ち続ける。

ながい かふう

永井荷風

一八七九（明一二）―一九五九（昭三四）

耽美派

◆反抗・耽美の作家

一八七九年、東京に生まれる。本名壮吉。別号断腸亭主人。東京外語学校入学後は文学に熱中し、広津柳浪の門下生となる。一九〇〇年、巌谷小波の木曜会に入り、ゾラの文学に心酔する。ゾライズムの作品として『地獄の花』『女優ナヽ』などがある。

やがて、アメリカ、フランスに渡り、個人主義や自由の精神を学ぶ。帰国後その体験を『あめりか物語』『ふらんす物語』として刊行し好評を得たが、後者は風俗を害するとして発売禁止になった。この時期は『狐』『すみだ川』など数多く発表、全盛期の自然主義文学に対して耽美派の反旗を翻した。

一九一〇年、「三田文学」を主宰するようになると、江戸趣味に走り始め、『腕くらべ』『おかめ笹』などの後は中だるみになるが、『つゆのあとさき』で復活し、大作『濹東綺譚』で大家の名を不動にした。一九五九年、八十歳で死去。

あめりか物語［小］　異郷で堕落して初めて解放感を味わう留学生の話など、二十一の短編で構成。

濹東綺譚［小］　老作家大江匡は、玉の井の私娼お雪となじみになる。お雪は真剣に大江を頼んで自立を夢見るようになるが、大江は姿を消す。

たにざき じゅんいちろう

谷崎潤一郎

一八八六（明一九）―一九六五（昭四〇）

耽美派

◆女性の官能美を追求

一八八六年、東京に生まれる。『刺青』『麒麟』『少年』などが永井荷風によって推賞されて文壇に登場した。耽美的、退廃的な作品を多く発表し、女性崇拝の立場から女性の優位性や魔性を追求した。こうした傾向は『悪魔』『痴人の愛』のような代表作によく表れている。

一九二三年の関東大震災を契機に関西へと移住し、『卍』『蓼喰ふ虫』『吉野葛』などで古典美への傾斜を示した。一方、女性崇拝に発する谷崎文学の真骨頂は、『盲目物語』『春琴抄』などで一つの極致を迎えた。

一九三五年から『源氏物語』の現代語訳に取りかかり、その完成の翌年から大作『細雪』の執筆を始めるなど、晩年に至るまで旺盛な筆力を示した。一九六五年死去。七十九歳。

春琴抄［小］　美しくて誇り高い盲目の女性春琴と、彼女に献身的に仕える男性佐助。春琴がある夜顔に火傷を負うが、佐助はその顔を見ないために自ら盲目となる。

細雪［小］　大阪船場の商家の四人姉妹の生活を中心に、上方の習俗や四季の伝統的行事などを組み入れた、優美な風俗絵巻ともいえる小説。

◆世界の名言　汝らは地の塩なり。（マタイ伝・5）　イエスを救世主と信じる者は、聖なる塩のように汚れを清め、腐敗

小説家

志賀直哉

しが なおや

一八八三(明一六)—一九七一(昭四六)　反自然主義・白樺派

西暦	年号	年	事項
一八八三	明治16	0	二月二十日誕生。
一八九五	28	13	学習院中等科へ進学。
一九〇一	34	18	鉱毒事件で父と衝突。
一九〇六	39	23	東大英文科入学。
一九〇七	40	24	結婚問題で父と衝突。
一九〇八	41	25	処女作『或る朝』
一九一〇	43	27	「白樺」創刊。『網走まで』。東大中退。
一九一二	大正元	29	父との不和で尾道へ。
一九一三	2	30	『清兵衛と瓢簞』
一九一四	3	31	勘解由小路康と結婚。
一九一七	6	34	『城の崎にて』『和解』
一九二〇	9	37	『小僧の神様』『焚火』
一九二一	10	38	『暗夜行路』前編連載。
一九三三	昭和8	50	『万暦赤絵』
一九三七	12	54	『暗夜行路』完結。
一九七一	46	88	十月二十一日死去。

◆近代日本の「小説の神様」

簡潔な文体と正確な描写による短編小説の名人。長年の父との不和を経て長編小説『暗夜行路』を完成。

【文学への目覚め】　一八八三年、宮城に生まれる。学習院中等科六年のとき、足尾銅山鉱毒視察の件で父直温と衝突、長い父との不和が始まる。志賀は東大入学後に、武者小路実篤・木下利玄・正親町公和と「十四日会」という文学勉強会や回覧雑誌「望野」を作って、処女作『或る朝』や『網走まで』などを書いた。

【「白樺」創刊】　一九一〇年、文芸雑誌「白樺」が創刊された。同人には四人のほかに、有島武郎・有島生馬・里見弴などがいた。彼らは「白樺派」と呼ばれ、自然主義に対抗して、人間の内部にある生命の力を信じる理想主義・人道主義の立場をとった。この年、志賀は東大を正式に退学して文学者としての道を歩むことになり、以後、『母の死と新しい母』『大津順吉』『正義派』『クローディアスの日記』『清兵衛と瓢簞』などの初期志賀文学を代表する作品が次々と書き継がれていった。

【父との不和と和解】　十八歳からの父との不和はますます深刻になり、志賀の結婚問題などもからんで、一九一二年十月、志賀はついに東京を離れて広島県尾道に行った。この時期に志賀は、父との不和を主題とした長編『時任謙作』を起稿するが、心理的葛藤から仕事は進まなかった。一九一七年に父との不和が解けると、まるで堰を切ったように、志賀文学の代表作が次々と発表される。『城の崎にて』『好人物の夫婦』『赤西蠣太』『和解』『小僧の神様』『焚火』『濠端の住ひ』などである。

志賀夫妻(1915年)

【『暗夜行路』の完成】　尾道時代から書き出した私小説『時任謙作』は、その後中断せざるを得なかったが、この主人公の名前は、志賀の唯一の長編小説『暗夜行路』の主人公に引き継がれた。父との不和を主題とした「時任謙作」は、その主人公の名前のように、時の流れに身を任せ与えられた運命に謙虚に従っていこうとする主人公の自我形成に主題を移して、「暗夜行路」として再生したのである。

大山(鳥取県)

清兵衛と瓢簞 小　瓢簞の魅力にとりつかれた少年と、それに無理解な周囲の大人たちとの対立をユーモラスに描く。志賀自身の父子対立が作品に投影されている。

●**これは清兵衛という子供と瓢簞との話である。**

暗夜行路 小　時任謙作は、自分が母と祖父との子であることを知り苦悩する。やがて妻と従兄との過失を知り、苦しみの果てに大山に登る。大自然の中ですべてを許せる心境に達した主人公は、まさに志賀自身の心の曲折をたどったのかもしれない。

●**私が自分に祖父のある事を知ったのは、私の母が産後の病気で死に、その後二月程経って、不意に祖父が私の前に現れて来た、その時であった。**

『城の崎にて』参考資料

蜂と、ねずみと、いもりと、この三つの小さな生き物の死を見守りながら自分の死や運命を考える「心境小説」。

●山の手線の電車に跳飛ばされてけがをした、その後養生に、一人で但馬の城崎温泉に出かけた。

城崎温泉
0　100m
東山公園
一の湯
志賀の逗留した旅館（三木屋）
ロープウェイ
大谿川
山陰本線
円山川
城崎町文芸館
志賀直哉文学碑

◀志賀の文学碑（城崎町）

ある朝のこと、自分は一匹のはちが玄関の屋根で死んでいるのを見つけた。

▼志賀の逗留した旅館

ある午前、自分は円山川、それからそれの流れ出る日本海などの見える東山公園へ行くつもりで宿を出た。「一の湯」の前から小川は往来の真ん中を緩やかに流れ、円山川へ入る。

▼東山公園から望んだ円山川

▼当時の山手線電車

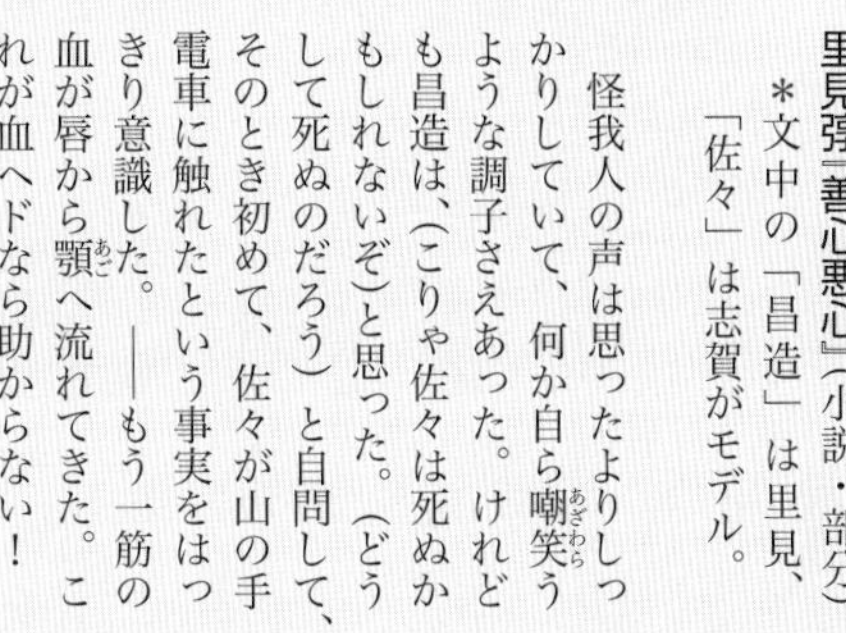

里見弴『善心悪心』（小説・部分）

＊文中の「昌造」は里見、「佐々」は志賀がモデル。

怪我人の声は思ったよりしっかりしていて、何か自ら嘲笑うような調子さえあった。けれども昌造は、（こりゃ佐々は死ぬかもしれないぞ）と思った。（どうして死ぬのだろう）と自問して、そのとき初めて、佐々が山の手電車に触れたという事実をはっきり意識した。――もう一筋の血が唇から顎へ流れてきた。これが血ヘドなら助からない！

◆小説家

あくたがわ　りゅうのすけ

芥川龍之介

一八九二(明二五)―一九二七(昭二)　新思潮派

西暦年号	年	事項
一八九二 明治25	0	三月一日誕生。
一九一三 大正2	21	一高卒業。東大英文科入学。
一九一四 3	22	第三次「新思潮」創刊。
一九一五 4	23	『羅生門』 漱石の門下に入る。
一九一六 5	24	第四次「新思潮」創刊。『鼻』『芋粥』『手巾』 東大卒業。横須賀海軍機関学校に勤務。
一九一七 6	25	『戯作三昧』
一九一八 7	26	塚本文と結婚。『蜘蛛の糸』『地獄変』『奉教人の死』『枯野抄』
一九一九 8	27	海軍機関学校を辞し、大阪毎日新聞入社。『蜜柑』
一九二〇 9	28	『舞踏会』『秋』『杜子春』
一九二一 10	29	中国旅行。『上海游記』
一九二二 11	30	『藪の中』『トロッコ』
一九二三 12	31	『侏儒の言葉』を発表し始める。

◆芸術至上の短編小説家

多彩な様式・文体を駆使した短編小説の名手。歴史的事象に近代的解釈を加え、テーマ小説として再構成。

【異常な秀才】一八九二年、東京に生まれる。誕生日が辰年辰月辰日で、しかもその辰刻に生まれたので龍之介と命名された。牛乳業を営む新原家の長男だったが、生後七か月ごろ実母が精神に異常をきたしたため、母の実家である芥川家に引き取られた。芥川家は下町の旧家で、行儀作法の厳しい反面、江戸の文人的・通人的な趣味が濃く、一家そろって歌舞音曲に親しむ風もあった。だからのちに彼が文学に進むについても、養父母をはじめだれ一人反対する人はなかったという。

　小学校での学業成績はきわめて優秀で、とりわけ文学的な面で早熟の才を示した。〝落葉焚いて野守の神を見し夜かな〟という俳句が、四年生のときの作として伝えられている。読書が好きで、徳冨蘆花・泉鏡花らの作品や、馬琴・近松などの江戸文学、『西遊記』『水滸伝』などを愛好した。また、同級生たちと回覧雑誌を作り、自ら編集して表紙やカットまで描いている。

　中学時代も学業は優秀で、特に漢文の力は抜群で、すでに漢詩の趣味を解していた。古今の文芸書を濫読し、外国作家ではイプセン、アナトール・フランスに興味をもった。また歴史学を好み、歴史家を志したこともあった。

　成績優秀のため、一高に無試験で入学した。同級には久米正雄・菊池寛・山本有三・土屋文明らがいた。彼は超然とした秀才型の生徒で、ボードレール、ストリンドベリイ、ベルグソン、オイケンなどを愛読した。彼が心を許して親しく交わったのは恒藤恭であった。一高の卒業成績は恒藤が一番、彼が二番だったが、恒藤は京大法科に、彼は東大英文科に進学する。以後、彼は学者になるよりも創作の道を選ぶ気持ちになった。

【鮮やかなデビュー】大学に入ると、一高時代の同級生たちと**第三次「新思潮」**を創刊。そのころ、生家の新原家と親交のあった家の女性に恋愛感情を抱き求婚しようとしたが、芥川家の反対によってこの初恋は成就しなかった。彼はこの問題を通して、エゴイズムを離れた愛などはありえないという厭世的な感想をもった。その虚無感を背景として**『羅生門』**が書かれたが、発表当時は文壇から黙殺されていた。

　その年末、彼は人の紹介で夏目漱石宅の木曜会に出席し、漱石の〝**いつでも放射している人格的なマグネティズム**〟にひかれてその門下に入った。

　翌一九一六年、**第四次「新思潮」**を創刊。**『鼻』**を発表すると、漱石の激賞を受け、これが文壇出発の第一歩となった。大学卒業後、**『芋粥』『手巾』**を発表して好評を博し、新進作家としての地位を確保する。

　十二月、横須賀海軍機関学校の嘱託教官（英語）となるが、同じ月の九日、師の漱石が死去した。

【新技巧派の旗手】一九一七年、すでに流行作家とみられていた彼の第一創作集『羅生門』の出版記念会が開かれた。そこに集まった佐藤春夫・谷崎潤一郎・久米正雄らは、反自然主義の立場に立って新しい文学を生み出そうと

『羅生門』出版記念会(1917年)

実現のためには困難と思われる道をも選ぶべきである、という教え。

西暦	年号	年齢	事項
一九二五	14	33	『保吉の手帳から』『大導寺信輔の半生』
一九二六	15	34	『点鬼簿』
一九二七	昭和2	35	『玄鶴山房』『河童』七月二十四日、自宅で服毒自殺。遺稿『歯車』『或阿呆の一生』『西方の人』『続西方の人』など。

『鼻』を激賞した漱石の手紙

する、「新技巧派」と呼ばれる新進作家たちであった。芥川の、すぐれた技巧と知性によって意識的に構成された作品は、新技巧派を代表するものと目されるようになったのである。

一九一八年、結婚して安定した作家生活が始まる。『戯作三昧』『蜘蛛の糸』『地獄変』『奉教人の死』『枯野抄』など、歴史的な題材を取り上げて、さまざまな角度から芸術至上主義ともいえる世界を作り出していった。とりわけ『奉教人の死』は、切支丹文献によるとする作者の仮構が、その真偽をめぐって話題となったりした。また、このころ高浜虚子に師事して俳句に心を向け、「我鬼」と号した。

結婚写真(1918年)

一九一九年、機関学校を辞し、大阪毎日新聞の社員となる。「我鬼窟」と号する書斎に落ち着いて、創作ひとすじの生活に入ることになる。

衰弱と告白　一九二〇年、現代小説『秋』によって作風の転換をはかり、しだいに現代生活を題材とするものが書かれるようになった。そしてそれは、彼自身の生き方や反省を投影する傾向を強めていく。

一九二一年、大阪毎日新聞社の海外視察員として特派され、中国各地を旅行。旅中病を発し、帰国後も病臥することが多くなった。作品には、自己の身辺に関するものを取り上げることが多くなる。『保吉の手帳から』『お時儀』『あばばばば』『文章』『寒さ』『少年』などの〝保吉もの〟と呼ばれる一群の作品は、彼の実生活に取材した、私小説ともいえる。

彼の健康はますます悪化し、精神的な衰弱も進む。一九二五年には、全集本の年譜の中で自ら初めて芥川家の養子であることを明らかにし、また自伝的な作品『大導寺信輔の半生』によって自分の精神形成の根にあたる生いたちについて語り、「信輔は全然母の乳を吸ったことのない少年だった」と述べた。そして翌年は『点鬼簿』を発表して、「僕の母は狂人だった」と痛切な告白をした。創作活動はほとんど停止し、親しい友人に自殺の覚悟を告げたという。また、分裂病質も顕在化していった。

芥川龍之介について語るとき、そのすぐれた友人と師の存在を忘れてはならない。一高の同級生や先輩には、久米正雄・菊池寛・山本有三・豊島与志雄・土屋文明のように、のちに小説家や歌人として大成した人が多く、一九一四年には、これらの人たちとともに第三次「新思潮」を創刊する。また、翌年末、級友に紹介されて夏目漱石の門に入ったことは、芥川の運命の転機となった。一九一六年の第四次「新思潮」創刊号に発表した『鼻』は、漱石の激賞を受け、さらに漱石門下の鈴木三重吉の推薦で書いた『芋粥』『手巾』の成功によって、文壇に新進作家としての地位を定めたのである。

ぼんやりした不安　一九二七年、『河童』『玄鶴山房』を発表。七月二十三日、短冊に「自嘲　水洟や鼻の先だけ暮れのこる」の句を残し、翌未明服毒自殺をした。友人への遺書には、自殺の動機として、「何か僕の将来に対する唯ぼんやりした不安である」とだけあった。

1906年(14歳)ごろ

1911年(19歳)ごろ

1921年(29歳)ごろ

1924年(32歳)

1927年(35歳)

鼻 小　原作の『今昔物語集』が滑稽をねらった話であるのに対して、人間性の弱さに向けられた作者の懐疑や諦観がテーマになっている。極端に長い鼻を持った禅智内供が、苦心の末に人並みの短い鼻にしたところ、今まで同情していた人々が、逆にそれを嘲笑する。途方に暮れていた内供の鼻が、ある朝もとに戻ったとき、内供の気持ちははればれとする。夏目漱石に激賞された出世作である。

●**禅智内供の鼻といえば、池の尾で知らない者はない。**

戯作三昧 小　八犬伝を執筆中の馬琴を主人公に、芥川自身の思想や感情を託したもの。さまざまな利害や愛憎、俗世の束縛に悩まされながらも、それを超越した芸術至上の境地を求めようとする姿を描く。ある日ふと創作に疲れを覚え、絶望に陥ってしまった馬琴に、孫の太郎の言葉が天啓のように感じられる。戯作三昧の心境の中で、人生が輝きを取り戻す。

●**天保二年九月のある午前である。**

▶自筆年賀状

地獄変 小　王朝の絵仏師良秀と堀川の大殿という二つの個性の対立を通して、芸術の栄光が、人間としての倫理をも捨て去ることによって得られるさまを描く。堀川の大殿に地獄変の屏風を描くことを命ぜられた良秀は、自分の娘が牛車の中で焼死するさまをうっとりと眺める。やがて地獄変の屏風は完成するが、良秀は首をくくって死ぬ。

●**堀川の大殿様のような方は、これまではもとより、後の世にはおそらくいらっしゃいますまい。**

枯野抄 小　芭蕉の臨終の床に集まった門人たちの、それぞれの心に潜むエゴイズムを鋭く皮肉に描き分けた作品。「旅に病んで夢は枯野をかけめぐる」この辞世の句を詠んだ一世の俳人芭蕉の死を目前にして、門人たちはだれひとりとして、心底から悲しんでいる者はいない。

●**元禄七年十月十二日の午後である。**

藪の中 小　『今昔物語集』に材を取り、きわめて技巧的な構成の手法を用いて、人間の虚栄心や真理の相対性を示そうとした作品。妻を連れた男が旅の途中で盗賊にあい、殺される。その三人の当事者の告白に大きなくい違いがある。

●**さようでございます。あの死骸を見つけたのは、わたしに違いございません。**

河童 小　架空の河童の社会における、恋愛・芸術・宗教・権力・労働問題などを、機知や逆説を盛り込んで戯画的・寓意的に描く。その底には苦渋に満ちた芥川の痛ましい厭世観が流れている。

●**これはある精神病院の患者、——第二十三号が誰にでもしゃべる話である。**

▼河童の屏風(自筆)

▶著書

しい方法や形式によるべきである。

『羅生門』参考資料

KADOKAWA　1950

参照▶P.151 今昔物語集

『今昔物語集』に材を取り、これを近代的な心理描写によって構成し、人間の生きんがためのエゴイズムをあばいた、王朝物といわれる作品の第一作。主家を追われて失職した下人が、死人の髪を抜いている老婆を見て、決然として自らも盗人になり、老婆の着衣を奪う。

●**ある日の暮方の事である。一人の下人が、羅生門の下で雨やみを待っていた。**

1915年（23歳）

鴟尾
甍
築地（築土）
丹塗りの円柱
▲羅城門復元模型

荒廃した羅城門
（映画「羅生門」）

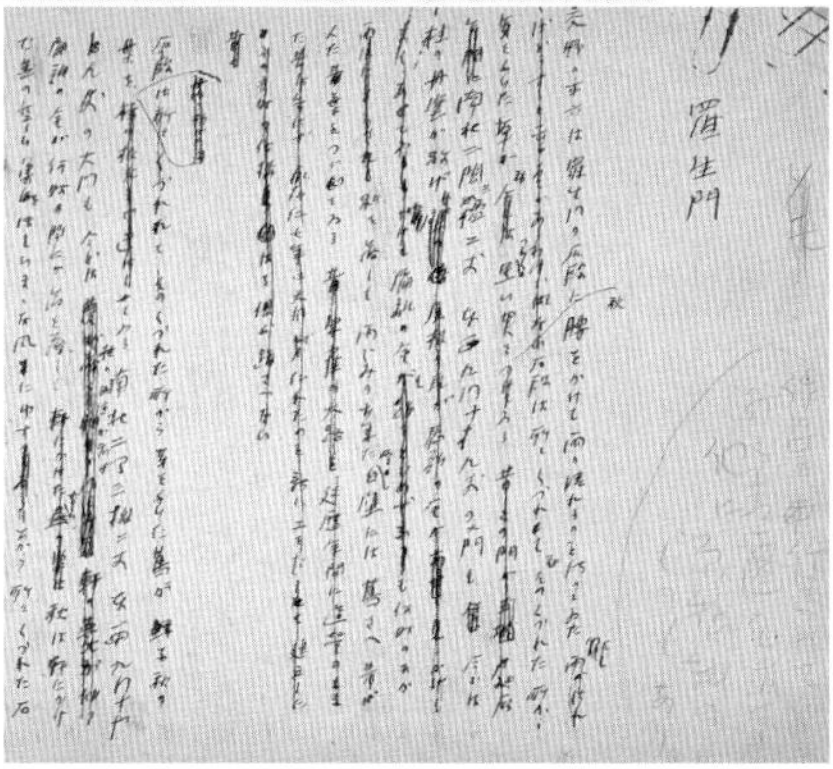

▶**草稿ノート**　ノートの十二箇所に記されたうちの一つ。作家の推敲のあとをうかがうことができる。

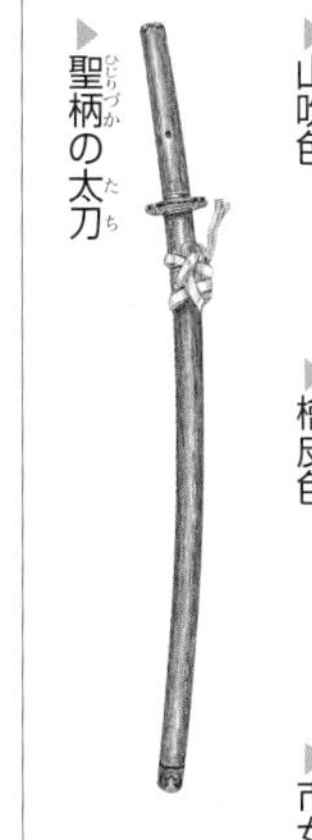
▶聖柄の太刀

▶山吹色

▶檜皮色

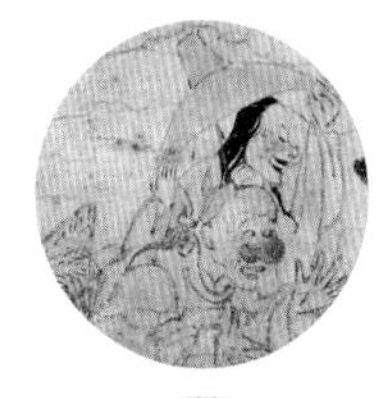
▶市女笠

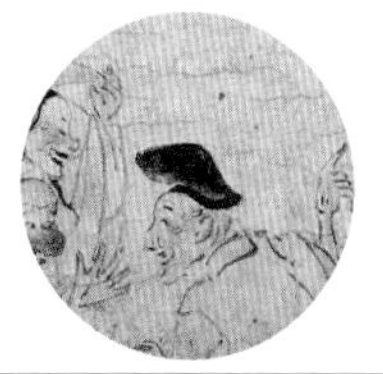
▶揉烏帽子

芥川本人による作品評

＊原文は英文。ノートの五箇所に記されたうちの一つ。

「羅生門」への弁明

「羅生門」は短編小説であり、その中で僕は僕の人生観の一部分――僕に人生観があればの話だが――を具現化したかったのだ。しかし、単なる「遊び心」からは何も創作することはできなかった。

扱いたかったのは「道徳心」である。僕の意見としては、「道徳心」（少なくとも「俗物の道徳心」）は、時折々の感情や気持ちの産物であり、それはまた、時折々の状況の産物でもあるのだ。

小説家

かわばた やすなり

川端康成

一八九九(明三二)―一九七二(昭四七)　新感覚派

日本の伝統美を追求

日本人初のノーベル文学賞受賞。すぐれた感覚表現と伝統的叙情表現を用いて日本的な美の世界を構築。

西暦年号	年	事項
一八九九 明治32	0	六月十四日誕生。
一九一七 大正6	18	第一高等学校入学。
一九二〇 9	21	東大英文科入学。
一九二一 10	22	第六次「新思潮」創刊。
一九二四 13	25	東大卒業。同人誌「文芸時代」創刊。
一九二六 15	27	『伊豆の踊子』連載。
一九二九 昭和4	30	『浅草紅団』連載。
一九三三 8	34	『禽獣』『末期の眼』
一九三七 12	38	『雪国』刊行。
一九四三 18	44	『故園』『夕日』発表。
一九四九 24	50	『千羽鶴』『山の音』の連載開始。
一九六一 36	62	文化勲章受章。
一九六二 37	63	『眠れる美女』連載。
一九六八 43	69	ノーベル文学賞受賞。
一九七二 47	72	四月十六日、ガス自殺。

▲伊豆の踊子

【伊豆への旅】 一八九九年、大阪に生まれる。十五歳で肉親全部を失い、伯父に引き取られた。一九一七年、一高に入学した川端は、翌年秋、伊豆に旅行した。そこで旅芸人の一行と道連れとなり、その旅情と体験とを、のちに美化して創作したのが、名作**『伊豆の踊子』**である。

【作家への道】 一九二〇年、東大英文科に入学（翌年国文科に転科）した彼は、同級生のほかに今東光を加えて、**第六次「新思潮」**を創刊したが、その第二号に載せた**『招魂祭一景』**が菊池寛らに認められ、文壇登場への道が開けた。「新思潮」に関わった機縁で、菊池の恩顧を受けるようになり、また、菊池の紹介で横光利一との親交が始まった。

【『雪国』まで】 一九二四年、川端は、横光らと同人誌**「文芸時代」**を創刊し、新感覚派の担い手として活動した。同誌に連載した**『伊豆の踊子』**は、新感覚派の代表的作品と目された。また川端は、詩の代わりに書いたという**掌の小説**（短編小説）に叙情詩的な特異な才能を発揮し注目されたが、処女作品集**『感情装飾』**にそれがみられる。その後、**『浅草紅団』『禽獣』『末期の眼』**などを経て、名作**『雪国』**が生まれる。越後湯沢の温泉場の風物と登場人物とが調和して日本的な叙情が描かれ、文壇の絶賛を博し、彼の作家的地位を不動のものとした。

【ノーベル文学賞】 『雪国』の後にも、**『名人』『故園』『夕日』**（菊池寛賞）などを発表したが、やがて日本全体を巻き込んだ戦争のために作家活動は中断した。

戦後の、アメリカ礼賛の風潮の中で、「戦争の世相なるものを信じない」と断言した彼は、日本の伝統的美しさを信じて**『千羽鶴』『山の音』**などを次々と発表する。一方、志賀直哉の後を受けて日本ペンクラブの会長を務めて一九五七年の国際ペン大会を東京で開催して成功を収め、翌年国際ペンクラブの副会長に推された。そして一九六八年、**日本人として初のノーベル文学賞**を受賞し、「美しい日本の私」という講演で、世界に向けて日本の美をアピールした。

▼ノーベル賞授賞式

伊豆の踊子 小　十九歳のとき、伊豆の旅で出会った踊り子との淡い恋を、数年後「湯ヶ島での思ひ出」という手記に書き、さらに数年後、小説にした。

●**道がつづら折りになって、いよいよ天城峠に近づいたと思うころ、雨脚が杉の密林を白く染めながら、すさまじい早さで麓から私を追ってきた。**

雪国 小　一九三五年から連作の形で発表され、一九四八年に完結した。越後湯沢の自然を背景に島村という男を通して、駒子という芸者の姿が叙情的に美しく描かれた作品。

●**国境の長いトンネルを抜けると雪国であった。夜の底が白くなった。**

山の音 小　六十二歳の主人公と息子の嫁菊子との間の交情が、戦後の荒廃した世情を背景として描かれる。

●**尾形信吾は少し眉を寄せ、少し口をあけて、なにか考えている風だった。**

喜び以上である。キリスト教的愛の真髄を示した言葉。

井伏鱒二
いぶせ　ますじ

一八九八（明三一）―一九九三（平五）　新興芸術派

◆感傷を抑えた冷徹な観察眼

プロレタリア文学全盛の中、個性的な文学表現を重視。ユーモアとペーソスのある文章で人生を淡々と表現。

西暦 年号	年	事項
一八九八 明治31	0	二月十五日誕生。
一九一九 大正8	21	早稲田大学文学部入学。
一九二二 11	24	早大、美術学校中退。
一九二八 昭和3	30	『鯉』『夜ふけと梅の花』
一九二九 4	31	『山椒魚』『屋根の上のサワン』
一九三七 12	39	『ジョン万次郎漂流記』
一九三九 14	41	『多甚古村』
一九四一 16	43	陸軍徴用を受け入隊。
一九四九 24	51	『本日休診』
一九五〇 25	52	『遥拝隊長』
一九五六 31	58	『漂民宇三郎』
一九五九 34	61	『珍品堂主人』
一九六六 41	68	『黒い雨』 文化勲章受章。
一九九三 平成5	95	七月十日死去。

黒い雨
井伏鱒二

【画家志望】一八九八年、広島に生まれる。本名満寿二。画家を志し、中学卒業ののち、日本画の大家橋本関雪に入門を請うたが断られた。やむなく文学に志望を変え、早稲田大学予科に入学、文学部へと進学した。青木南八と親友になり、習作『幽閉』（『山椒魚』の原型）を送る。画家への夢が捨て切れず、日本美術学校にも入学したが、青木急死の年、早大も美術学校も退学。

【文壇登場】同人雑誌に習作を発表していた井伏は、習作時代の作品を改稿した『**鯉**』や『**山椒魚**』が世に認められるきっかけとなった。プロレタリア文学に同調することを好まず、個性的な芸術表現を重んじる、いわゆる「**新興芸術派**」の一員に連なった。その処女小説集『**夜ふけと梅の花**』は世評もよく、これによって作家としての地位が確立した。

【戦争へ】満州事変以後、文芸復興の気運のなか、『**川**』『**集金旅行**』『**ジョン万次郎漂流記**』『**さざなみ軍記**』『**多甚古村**』などが刊行された。これらは、自然や運命に身をゆだねながらも、かよわくいじらしい人間たちが、それなりに精いっぱいに生きていく姿を描いたものであった。この時代は、彼自身も陸軍に徴用されているが、軍国主義的な立場に同調することもなく、常に庶民の目と心とを保ち続けたのである。

【戦後】戦後、井伏は多くの作品を発表する。戦争への怒りと悲しみをこめた『**遥拝隊長**』『**黒い雨**』、庶民の生活の縮図を描く『**本日休診**』『**駅前旅館**』、運命にもてあそばれる個人を描く『**漂民宇三郎**』、歴史を題材とした『**安土セミナリオ**』『**鞆ノ津茶会記**』、自分の生活史とかかわる『**荻窪風土記**』など、それぞれに世評が高かった。

井伏の文章は、尊敬していた鷗外に似て、冷徹で的確な、格調の高いものであった。ただ、**節度のある表現と庶民としての裸の目**とが、その文章に飄々とした滋味と、深い温かさとを生み出しているのである。

はなにあらしの
たとへもあるぞ
さよならだけが
人生だ
花発多風雨人生足別離
井伏鱒二

▶井伏の書

山椒魚 小 「幽閉」の題で一九二三年に発表したものに加筆し、一九二九年に再発表。岩屋から出られなくなった山椒魚に、若き日の心情を託したユーモラスな作品。
●**山椒魚は悲しんだ。**

ジョン万次郎漂流記 小 幕末期に難破漂流した中浜万次郎の運命を描き、その背景をなす時代相や東西文化や政策を浮きぼりにした作品。
●**ジョン万次郎の生まれ故郷は、土佐の国幡多郡中の浜という漁村である。**

黒い雨 小 広島の被爆体験を、その悲劇が風化されつつある日常生活の中から掘り起こした作品。観念論や政治論に陥ることなく、抑制された静かな口調で語られていて、強い感銘を多くの人々に与えた。
●**この数年来、小畠村の閑間重松は姪の矢須子のことで心に負担を感じて来た。**

▶黒い雨の雨滴の跡（八島秋次郎氏寄贈　広島平和記念資料館所蔵）

◆世界の名言　与うるは受くるよりも幸福なり。（使徒行伝・20）　人に与えることのできる喜びは、人から受けることの

太宰 治

だざい おさむ

一九〇九(明四二)―一九四八(昭二三)　日本浪曼派・新戯作派

世俗への反抗と孤高の精神

プライドとコンプレックスの葛藤から生み出す多彩なスタイルの作品。反抗的・破滅的傾向の無頼派。

西暦年号	年	事項
一九〇九 明治42	0	六月十九日誕生。
一九二七 昭和2	18	弘前高校文科入学。
一九二九 4	20	十二月、自殺未遂。
一九三〇 5	21	東大仏文科入学。共産党シンパ活動。十一月、心中未遂。
一九三一 6	22	二月、小山初代と同棲。
一九三二 7	23	非合法活動から離脱。
一九三三 8	24	『魚服記』『思ひ出』
一九三五 10	26	三月、自殺未遂。『道化の華』九月、東大除籍。
一九三六 11	27	パビナール中毒治療のため入院。『晩年』
一九三七 12	28	三月、初代と心中未遂。六月、初代と離別。『二十世紀旗手』『HUMAN LOST』
一九三九 14	30	一月、井伏鱒二の媒酌で石原美知子と結婚。『富嶽百景』『女生徒』
一九四〇 15	31	『駈込み訴へ』『走れメロス』

【負いめと誇り】 一九〇九年、青森で有数の大地主の六男として生まれる。本名は津島修治。病弱な生母のかわりに、叔母や乳母に育てられた。『津軽』で思慕の対象とされている越野たけも、子守として彼を慈しんだ女性である。

弘前高校文科に入学した直後、かねて尊敬していた芥川龍之介の自殺に激しいショックを受け、学業を放棄し始め、料亭の芸妓小山初代と親しくなる。また、共産主義運動にかかわっていく。三年生の冬に自殺をはかるが、未遂に終わった。

東大入学後、彼は非合法活動のシンパとして関係を続ける。思想的にも実生活上も不安定な状況の中、彼はバーの女給と江の島で心中をはかる。女性は死に、彼だけが生き残った。

初代と同棲を始めた後も、学業を放棄し、シンパ活動を続けていたが、長兄から経済援助を打ち切られ、警察に自首。以後、非合法活動から離脱する。

【苦悩と破滅】 彼は創作に専念し始めた。彼自身が生きてきた苦悩や祈りの姿を、遺書の形で残しておこうとしたのである。『魚服記』『思ひ出』をはじめとする、『晩年』所収の作品群は、この時期に作られた。

一九三五年、大学は落第し、新聞社の入社試験に失敗。鎌倉山で自殺をはかるが未遂に終わった。さらに急性盲腸炎などのため入院している間に、鎮痛のため使った麻薬の中毒となり、病的な日常が続く。『ダス・ゲマイネ』などがこの時期に発表された。

厳しい入院生活の末、中毒は治り、『HUMAN LOST』『二十世紀旗手』が退院直後に書かれた。ところが、彼の入院中に初代が不倫をしていたことがわかり、二人は谷川岳のふもとで心中をはかるが未遂。初代と離別する。

美知子との結婚記念写真(1939年)　媒酌人は井伏夫妻。

富嶽百景 小　富士山のさまざまな姿を通して、自分の心象の変化を描いた、中期の代表的小説。御坂峠の天下茶屋にこもり、文学に精進し、結婚生活に入ろうとする決意が、清潔な自然と人情に照応している。

●**富士の頂角、広重の富士は八十五度、文晁の富士も八十四度くらい、……**

走れメロス 小　ギリシャの古伝説と、シラーの詩に題材をとって、人間の友情と信頼の美しさを簡潔な文体で描いた作品。明るいテーマの中に太宰らしい、純粋な生き方に伴う痛みや含羞が見られて、作品の奥行きを増している。

●**メロスは激怒した。必ず、かの邪智暴虐の王を除かなければならぬと決意した。**

津軽 小　故郷津軽と絶縁状態にあった太宰が、書店の依頼で書いた津軽旅行記。故郷の人情や自然を見事に描き、彼自身の存在の原点を津軽の血の中に確認してゆくさまが自信をもって表現されている。

●**あるとしの春、私は、生まれてはじめて本州北端、津軽半島をおよそ三週間ほどかかって一周した。……**

お伽草紙 小　「前書き」を含め、「瘤取り」「浦島さん」「カチカチ山」「舌切雀」の五部からなる。昔話を自由奔放な発想で翻案した作品で、創作者としての力量をいかんなく発揮している。

●**「あ、鳴った。」と言って、父はペン**

年	年齢	作品・事項
一九四一 16	32	『東京八景』
一九四二 17	33	『正義と微笑』
一九四三 18	34	『右大臣実朝』
一九四四 19	35	『津軽』
一九四五 20	36	『新釈諸国噺』 『お伽草紙』
一九四六 21	37	『冬の花火』（戯曲）
一九四七 22	38	『ヴィヨンの妻』 『斜陽』
一九四八 23	38	『人間失格』 『グッド・バイ』中絶。六月十三日、山崎富栄と入水自殺。

▲富士山と月見草と文学碑

「富士には月見草がよく似合ふ」

■愛と信頼と■ 一九三八年、師と仰いでいた井伏鱒二が、彼を山梨県御坂峠に滞在させた。ここで彼は文筆に生きる者としての、新たな自覚を持つ。彼は石原美知子と結婚し、新居を甲府市に構える。この時期に書かれた『**富嶽百景**』『**女生徒**』『**黄金風景**』などには、孤高の精神を堅く持ちながら、けなげに精いっぱい生きようとする明るさが満ちている。また、『**駈込み訴へ**』『**走れメロス**』『**東京八景**』『**葉桜と魔笛**』などでは、さまざまな文体や形式によって、人間存在の根本を問おうとした。

戦争末期に書かれた『**津軽**』は、生粋の津軽人の特質を通して、彼自身の存在の根源を確かめようとした、きわめて重要な作品とされる。

■あこがれと絶望■ 戦後の、時局に便乗したジャーナリズムの浮ついた民主主義的な傾向に失望して、彼はリベラリストの立場を守ろうとした。いわゆる**無頼派**がそれである。坂口安吾・織田作之助・石川淳らとともに、**新戯作派**とも呼ばれて、戦後文学に新鮮な衝撃をもたらした。しかし、彼の作品は、敗戦後の虚無感を描いた『**トカトントン**』や、深い絶望をくぐりぬけた極限の生き方を描く『**ヴィヨンの妻**』のように、暗い魂の深淵をのぞかせるものになっていた。

『**斜陽**』は、親しい女性太田静子から借りた日記をもとに書かれた。そこには滅びゆく美しいものへのあこがれと、新しい倫理のための自己犠牲との課題が取り上げられている。

『斜陽』発表後、結核の病状が悪化し、一九四八年に入ると心身の衰弱がはなはだしくなる。愛人山崎富栄の看護のもとに書かれた『**人間失格**』は、彼の遺書ともいうべき、精神的な自伝小説となった。それは、人間の弱さと罪の意識に苦しみ、孤独な求道を続けた、いわば漂える魂の呼びかけであった。

疲れはてた彼は、六月十三日、山崎富栄と玉川上水に入水自殺した。遺体が発見された十九日を「**桜桃忌**」と呼ぶが、その日は彼の誕生日でもある。

▲銀座のバー・ルパンにて（一九四六年、林忠彦撮影）

を置いて立ち上る。

斜陽 小 戦後の没落貴族の家庭を題材に、美しくなつかしいものは革命の前には滅びるというモチーフで作られた。男女四人の登場人物はそれぞれ太宰の分身であり、作品はこれまでの技法・文体を集大成した観がある。

●**朝、食堂でスウプを一さじ、すっと吸ってお母さまが、「あ」と……。**

斜陽
太宰治

人間失格 小 太宰が、生涯の終わりに臨んで、他へのサービスでなく、自分のために、自分の内部真実と、それを守るための苦しみの生涯を、真正面からえぐり出した作品。

●**私は、その男の写真を三葉、見たことがある。**

太宰治

小説家

宮沢賢治

みやざわ けんじ

一八九六(明二九)—一九三三(昭八)

献身的生涯が育んだ独自の宇宙

仏教に傾倒して上京、帰郷後は、農業の指導にあたりながら創作をし、独自の文学的位置を占める。

西暦年号	年	事項
一八九六 明治29	0	八月二十七日誕生。
一九一五 大正4	19	盛岡高等農林学校入学。
一九一八 7	22	同校卒業。土壌調査などに従事。童話を書き始める。
一九二〇 9	24	国柱会に入会する。
一九二一 10	25	郡立稗貫農学校の教師となる。
一九二二 11	26	妹トシ死去。
一九二四 13	28	『春と修羅』『注文の多い料理店』刊。
一九二六 15	30	農学校退職。羅須地人協会を設立する。
一九二八 昭和3	32	過労のため病臥。
一九三一 6	35	十一月三日、手帳に「雨ニモマケズ」を記す。
一九三三 8	37	九月二十一日死去。

【信仰と布教と文学と】 一八九六年、岩手に生まれる。生家は、金融業を営み、父親は熱心な浄土真宗の信者で、布教活動もしていた。盛岡中学校から盛岡高等農林学校に進み、在学中、日蓮宗に帰依する。富裕な社会階層に属する生家のことや家の宗教と自己の信仰の違いに悩み、父としばしば衝突した。短歌を盛んに創作し、校友会雑誌に発表した。卒業後、同校に研究科生として残り、研究のかたわら、童話を書き始める。研究科を終えて、日蓮宗の国柱会に入会する。一九二一年一月、両親の改宗を希望したが、聞き入れられず、上京して布教活動に従事する。筆耕や校正で生計を立てる一方、国柱会の先輩の勧めで、文集によって布教することを考え、**『月夜のでんしんばしら』『鹿踊りのはじまり』『どんぐりと山猫』**などの童話を書いた。万人共栄の理想世界の建設を願い、芸術と宗教の融合を希求した。

【詩作と童話創作】 一九二一年九月、妹トシ重態の報で帰郷した。レコードで交響楽を聞いたことがきっかけで、詩の創作を始める。十二月に、稗貫農学校教諭となる。このころ、童話**『狼森と笊森、盗森』『注文の多い料理店』**を書く。翌年十一月、トシが二十五歳で死去。悲傷の思いを**『永訣の朝』『松の針』『無声慟哭』**などの詩に書く。ほかに詩**『岩手山』『原体剣舞連』**などがある。一九二四年四月には、詩集**『春と修羅』**を自費出版した。

【農業啓発活動】 教師生活を通して、岩手の農民の実情を知り、一九二六年、農学校を退職し、羅須地人協会を設立して農業啓発活動を始める。花巻町とその近郊に肥料設計事務所を設けて、無料で相談や指導にあたった。一九二八年に健康を害してからは病気がちになり、一九三一年十一月、病床で**「雨ニモマケズ」**を手帳に書き記す。闘病生活の中で、**『グスコーブドリの伝記』『銀河鉄道の夜』**などの童話を書き遺し、一九三三年九月、三十七歳で死去した。

▶「雨ニモマケズ」手帳

春と修羅 詩 第一集は、生前自費出版された。六十七編の詩を収める。「修羅」は、インドの鬼神を意味するが、悪因業の自己を自嘲して表したもの。賢治の死後、同名で第四集まで刊行された。

なめとこ山の熊 童 淵沢小十郎は、熊捕りの名人である。なめとこ山の熊を捕って、生計を立てていた。彼は、生きるために他の生物を殺すという人間の宿業に悩み、最後には死を選ぶ。

●**なめとこ山の熊のことならおもしろい。なめとこ山は大きな山だ。**

銀河鉄道の夜 童 ジョバンニという少年が、友人を救おうとして死んだカムパネルラとともに、銀河鉄道に乗って宇宙を旅行し、さまざまの幻想的な出来事に遭遇する。未定稿のまま、死後発見された作品である。

●**「ではみなさんは、そういうふうに川だと云われたり、乳の流れたあとだと云われたりしていたこのぼんやりと白いものが……**

▼羅須地人協会

ったとき、同志に教えた言葉。

中島 敦
なかじま あつし

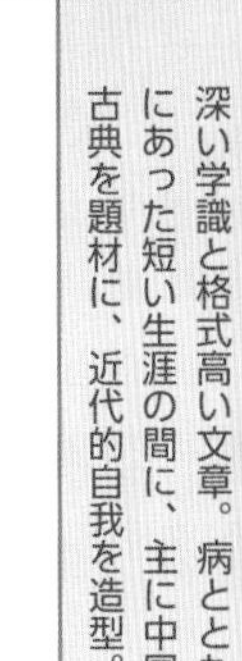

◆教養を武器に自意識を追求
一九〇九（明四二）―一九四二（昭一七）

深い学識と格式高い文章。病とともにあった短い生涯の間に、主に中国古典を題材に、近代的自我を造型。

西暦年号	年	事項
一九〇九 明治42	0	五月五日誕生。
一九一一 44	2	生母と生別。
一九二三 大正12	14	第二の母死去。
一九二六 15	17	一高文科に入学。
一九三〇 昭和5	21	東大国文科入学。
一九三三 8	24	横浜高等女学校就職。
一九三四 9	25	喘息発作。
一九三六 11	27	第三の母死去。『かめれおん日記』
一九四一 16	32	パラオ南洋庁に赴任。
一九四二 17	33	同庁辞任、療養。『光と風と夢』『山月記』『名人伝』『南島譚』十二月四日、喘息のため死去。
一九四三 18		『弟子』『李陵』

【ほんものの教養】 一九〇九年、東京に生まれる。父祖伝来の儒家に生まれ、幼時から漢学の深い素養をつちかわれた。のちに大学で国文学を専攻し、また西欧の古典から現代に至るまでの文学を広く研究した。彼の教養の特長は、単に知識として広く深いものであっただけでなく、自己の精神を自由に表現できる手段となり得ていた点にあった。

一高に入学後、校友会雑誌に習作を発表していたが、このころから喘息の発作に苦しみ始める。大学卒業後、横浜高等女学校に就職したが、翌年には生命も危ぶまれるほどの喘息発作があった。以後、彼はその短い生涯をこの持病に苦しめられ続けるのである。

【病患の日々】 教職のかたわら、登山、草花作り、音楽などに心を慰め、また、いくつかの小説を書く。一九三六年の『**狼疾記**』『**かめれおん日記**』は、彼の精神的私小説ともいうべきもので、病的なまでに鋭い自己反省に生きる不安な孤独感を掘り起こしている。一九三九年には『**悟浄歎異**』、四〇年には『**山月記**』などが書かれた。どちらも中国の古典に取材しているが、登場する沙悟浄も、虎も、彼の精神そのものを具体化したものといえる。

一九四一年、『**ツシタラの死**』（『光と風と夢』の原題）を完成する。これは南海のスティーブンソンを素材にしたもので、旅行を好んだ中島敦の夢につながるとともに、観念の世界からの脱出を試みた作品でもあった。同年、転地療養の目的で教職を辞して、パラオ南洋庁の書記官として赴任したが、風土病のデング熱に冒された。

【短かった光芒】 一九四二年、『**山月記**』『**文字禍**』が国内で発表された。これが文壇へのデビューである。続いて『**光と風と夢**』が発表され、一躍注目を浴びた。帰国後、極度の衰弱と喘息に苦しみながら創作に専念。中国の古典や古伝説を素材として、その中に自己を造型しようとする、格調の高い作品を書いた。『**弟子**』『**悟浄出世**』『**李陵**』『**名人伝**』などであるが、そのほとんどは生前に公刊されることはなかった。秋ごろから発作が激しく、十二月に死去。

▲自筆クレヨン画

山月記 小　中国唐代の伝奇『人虎伝』に基づく。詩に執心して、ついに虎に変身した男のすさまじい宿命の姿を描いて、作者の自嘲と覚悟とを語る作品。
●**隴西の李徴は博学才穎、天宝の末年、若くして名を虎榜に連ね、……**

悟浄歎異 小　『西遊記』が素材。自意識過剰のインテリ沙悟浄の目を通して、孫悟空・猪八戒・三蔵法師らの生き方を分析し、自己の救いについて問いかけた作品。
●**昼餉の後、師父が道傍の松の樹の下で暫く憩うておられる間、……**

李陵 小　『漢書』に基づく。意志的な行動者である蘇武、知的な認識者である司馬遷、運命に殉じていく李陵の三典型を描いた、格調の高い遺作。
●**漢の武帝の天漢二年秋九月、騎都尉・李陵は歩卒五千を率い、辺塞遮虜鄣を発して北へ向かった。**

『李陵』草稿

◆世界の名言　剣を執る者は、剣にて亡ぶ。（マタイ伝・26）　イエスを捕らえようとした者に、イエスの同志が切りかか

小説家

横光利一

よこみつ りいち　一八九八(明三一)—一九四七(昭二二)

新感覚派

◆感覚的表現の斬新な手法

一八九八年、福島に生まれる。本名利一。早大予科に入学したが、長期欠席などで除籍された。一九二三年、『蠅』『日輪』を発表。一九二四年、川端康成らと「文芸時代」を創刊、創刊号に発表した『頭ならびに腹』に対する批評から「新感覚派」という名称が生まれた。『ナポレオンと田虫』『春は馬車に乗って』『上海』などは、この系列の作品に入り、擬人法・比喩などを斬新に用いて鮮やかなイメージを表現した。『上海』を最後に心理主義へと変化し、『機械』『寝園』『紋章』などを発表、自意識の追求がなされた。さらに、純文学と通俗小説とを融和させる立場から「純粋小説論」を主張し、『家族会議』を経て大作『旅愁』を連載するが、未完に終わった。一九四七年、四十九歳で死去。

日輪［小］　耶馬台国の女王卑弥呼を日輪にたとえ、彼女をめぐる王子たちの運命を描く。文体・修辞ともに新感覚派の特色をよく表し、文壇の注目を浴びた作品である。

機械［小］　工場に勤める〈私〉と、主人や職人たちとの心理的なからみあいを「四人称の設定」という新しい方法によって描く。

堀　辰雄

ほり たつお　一九〇四(明三七)—一九五三(昭二八)

新心理主義

◆死と生と愛の文学

一九〇四年、東京に生まれる。第一高等学校在学中から文学に志し、室生犀星や芥川龍之介に師事した。東大に入ると、中野重治らと同人誌「驢馬」を創刊した。芥川の自殺や自身の恋愛を題材にして、一九三〇年に発表した『聖家族』は、ラディゲの新心理主義的手法を消化した記念碑ともいえる作品となった。このころから喀血をするようになり、長い療養生活に入る。

軽井沢での静養中に、プルーストの影響の下で『美しい村』の連作を執筆する。そのとき出会った矢野綾子と婚約するが、翌年、彼女は死ぬ。この体験のもとに書かれた『風立ちぬ』には、彼が追求し続けた永遠のテーマ「死と生と愛」が美しく描かれている。

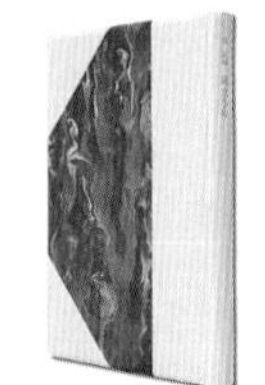

その後、王朝物に題材をとった『かげろふの日記』『姨捨』『曠野』などを発表する一方、『菜穂子』や『大和路・信濃路』のような叙情的な紀行文を発表した。一九五三年死去。四十八歳。

聖家族［小］　一人の作家の死を中心に、その周辺の男女の微妙な愛の姿を描く。

風立ちぬ［小］　療養所で死んでいった婚約者を素材として、死と生と愛との意味を問う作品。死を超えて存在する永遠の生と愛とをうたい上げた、透明で純粋な詩情あふれる作品。

梶井基次郎

かじい もとじろう　一九〇一(明三四)—一九三二(昭七)

新興芸術派

◆詩的感受性による短編作家

一九〇一年、大阪に生まれる。一九一九年、三高に入学。翌年、生涯の宿痾となる結核にかかり、休学する。この時期、退廃的生活の一方、白樺派や浄土真宗に魅かれる。復学後、一九二四年、東大英文科に進学する。

一九二五年、中谷孝雄・外村繁らと同人誌「青空」を創刊、『檸檬』『城のある町にて』を発表した。一九二六年、伊豆湯ケ島に転居、翌年元日、川端康成を湯ケ島温泉に訪問する。一九二八年に上京するが結核は悪化し、郷里の大阪に帰った。一九三〇年、『闇の絵巻』を発表。療養生活の中で『のんきな患者』を書き、一九三二年の「中央公論」に掲載される。小林秀雄はこのとき、『檸檬』を中心とした論評で梶井を評価、梶井の文壇的評価が定まる。病苦による孤独と絶望の色濃い湯ケ島時代の作風が、『のんきな患者』に至って、人生を素直に見る態度に変容した。同年三十一歳で死去。

檸檬［小］　「えたいの知れない不吉な塊」によって圧迫されていた心が、一個のレモンの鮮烈な印象で静まる。小林秀雄に高く評価された作品。

闇の絵巻［小］　湯ケ島の渓谷沿いの五丁ほどの闇の街道を、感情と空想とともに描いた闇の心象スケッチ。

したときの言葉。

葉山嘉樹（はやま よしき）

一八九四(明二七)—一九四五(昭二〇)

プロレタリア文学

◆労働者の怒りを描く

一八九四年、福岡に生まれる。一九一三年、早稲田大学文科に入学したが、すぐ除籍され、海上労働者やセメント会社の事務員などの職業を転々としながら、労働運動に専心した。

一九二三年より、治安警察法違反などで刑務所生活を送るが、その獄中で出世作『淫売婦』が書かれ、『海に生くる人々』が完成した。服役後、『セメント樽の中の手紙』により作家生活に入り、プロレタリア文芸雑誌「文芸戦線」の同人となる。『誰が殺したか』などの作品を発表し、『海に生くる人々』が出版されると大きな反響を呼んだが、プロレタリア文学運動の分裂・解体後は、木曽川畔を転々としながら、半農の作家生活を送った。一九四三年、開拓移民として満州に渡るが、敗戦により帰国途中に病死。五十一歳。

海に生くる人々 小　室蘭—横浜通いの石炭船内での労働者たちの階級的な目覚めと闘争とを描いている。作者の経験に基づく作品。

セメント樽の中の手紙 小　過酷な労働に従事する与三がセメント樽の中に小さな箱を見つけ、その中から出てきた、恋人を失った女工の手紙を読む。与三のやり場のない怒りが表される。

小林多喜二（こばやし たきじ）

一九〇三(明三六)—一九三三(昭八)

プロレタリア文学

◆階級闘争に生きた作家

一九〇三年、秋田に生まれる。一九二四年、小樽高等商業学校を卒業後、北海道拓殖銀行に勤めながら、同人雑誌「クラルテ」を創刊、主宰した。ドストエフスキーやチェーホフなどを読み、志賀直哉に傾倒したが、白樺派の人道主義には批判的で、社会主義思想を学ぶに及んで、彼のヒューマニズムは階級的自覚へと進んだ。『一九二八年三月十五日』をプロレタリア文芸雑誌「戦旗」に発表して注目され、翌年の『蟹工船』によって作家的地位が定まった。やがて『不在地主』が原因で銀行を解雇され、日本プロレタリア作家同盟の中央委員として活動中に、治安維持法違反などで入獄した。厳しい弾圧の中で非合法活動を続け、『党生活者』などを書くが、一九三三年、逮捕され、その日、拷問によって獄死した。三十歳。

蟹工船 小　オホーツク海で違法操業する蟹工船の中で、奴隷のように働かされる労働者が、団結して闘争に立ち上がるまでを描いた作品。

党生活者 小　倉田工業という軍需工場で、労働者たちの反戦・反ファシズムの闘争、それを指導する主人公「私」と党員たちの非合法生活の困難さを描いた作品。

中野重治（なかの しげはる）

一九〇二(明三五)—一九七九(昭五四)

プロレタリア文学

◆民主主義文学の支柱

一九〇二年、福井に生まれる。東大在学中に窪川鶴次郎・堀辰雄らと同人誌「驢馬」を創刊し、室生犀星・萩原朔太郎・高村光太郎・芥川龍之介らが寄稿した。同誌に発表された『歌』などの革命詩は、日本の初期プロレタリア詩の代表作であり、のちに『中野重治詩集』としてまとめられた。以後、日本プロレタリア芸術連盟に加入、次いで全日本無産者芸術連盟(ナップ)を結成、マルクス主義文学の指導的役割を果たした。やがて大弾圧を受けて転向し、『村の家』を中心とする「転向五部作」を書いて、再出発を期している。戦後、宮本百合子・蔵原惟人らとプロレタリア文学運動の再建をめざして、新日本文学会を発足させ、中央委員となった。一九七九年死去。七十七歳。

中野重治詩集 詩　「驢馬」などに発表した初期の詩から戦後の詩までを収録。犀星の叙情の影響を受けつつ、人間的な感受性と精神の強いばねによって、プロレタリア詩を代表する詩。

むらぎも 小　作者の自伝小説。東大に入学した主人公片口安吉は、東大生の革命的組織となっていた「新人会」に入り、さまざまの学生や運動を通して、革命文学者として成長していく。

 ◆世界の名言　働かざる者は食うべからず。(テサロニケ後書)　怠惰な人々に、パウロが率先して働いて模範を示そうと

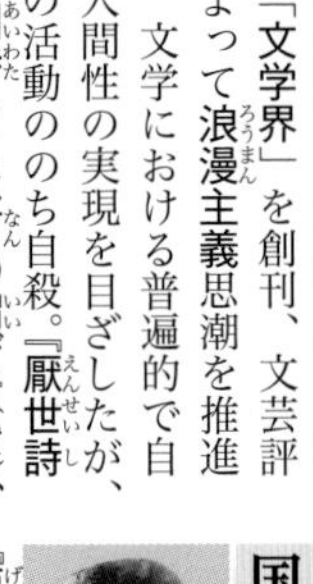

北村透谷（きたむらとうこく）

一八六八—一八九四。神奈川出身。文芸雑誌「**文学界**」を創刊、文芸評論によって**浪漫主義思潮**を推進した。文学における普遍的で自由な人間性の実現を目ざしたが、二年の活動ののち自殺。『**厭世詩家と女性**』（九二）、『**人生に相渉るとは何の謂ぞ**』（九三）、自由律叙事詩『**楚囚之詩**』（八九）などがある。

厭世詩家と女性 評　透谷自身の切実な体験をふまえて、女性は純粋で美しいものとして愛し求められるが、ひとたび結ばれると逆に男性を拘束するものになるという矛盾を論じた。

人生に相渉るとは何の謂ぞ 評　「文学界」掲載。山路愛山が『頼襄を論ず』で文学の功利目的を主張したのに反論して、文学の目的は人間追求にあるとし、のちの『内部生命論』に発展する。

泉鏡花（いずみきょうか）

一八七三—一九三九。石川出身。尾崎紅葉に師事。『**外科室**』『**夜行巡査**』（一八九五）で、**観念小説**の作家として注目されたが、本領は浪漫的・幻想的な美的世界を、豊かな修辞で構成するところにあった。『**照葉狂言**』（九六）、『**高野聖**』（一九〇〇）、『**婦系図**』（〇七）、『**歌行燈**』（一〇）などがある。

高野聖 小　旅の若い僧が山中で蛇や山蛭に苦しめられ、ある一軒家にたどり着く。そこに住む美しい女は、神通力で近寄る男を虫や獣に変えてしまっていたが、僧は仏法の加護によって難を逃れる。

婦系図 小　早瀬主税は、ドイツ語学者酒井俊蔵の内弟子として、その娘妙子と兄妹同様に育った。妙子の縁談が、芸者の子という理由だけで破談になったとき、主税は相手の河野家に復讐を誓う。

国木田独歩（くにきだどっぽ）

一八七一—一九〇八。千葉出身。新聞記者・編集者など、さまざまな職に就きながら文筆活動を行う。平凡な日常の中に人間性にあふれた主題を捉え、のちの**自然主義文学**に大きな影響を与えた。『**源叔父**』（九七）、『**武蔵野**』（九八）、『**忘れえぬ人々**』（九八）、『**牛肉と馬鈴薯**』（〇一）、詩集『**独歩吟**』などがある。

武蔵野 随　独歩が当時の東京の郊外（今の渋谷の高台）に住んでいたときの見聞をもとに、武蔵野の風物を描いて「国民之友」に発表した。清新な自然のスケッチで、自然文学の範となる。

牛肉と馬鈴薯 小　社交クラブに集まった人々が人生観を語り合う。現実主義的な社会人に対して、独歩の分身岡本が自己の不思議な願望を語り出すという、独歩の哲学・思想小説。

田山花袋（たやまかたい）

一八七一—一九三〇。群馬出身。初めは感傷的な叙情小説家として出発。モーパッサンに学んだ冷徹な人間観察の方法で『**重右衛門の最後**』（〇二）と評論『**露骨なる描写**』（〇四）を著し、**自然主義**の主要作家となる。続く『**蒲団**』と『**生**』『**妻**』『**縁**』（〇七—一〇）の三部作は、**私小説**的伝統の出発点となった。

蒲団 小　花袋自身をモデルにした作家竹中時雄が、実在した女弟子をモデルにした横山芳子に性的衝動を抱くという告白的小説。日本自然主義文学の性格を決定づけたとされる問題作。

田舎教師 小　主人公林清三は、中学を出ると寒村の小学校に代用教員として赴任する。貧困ゆえに向学の心も恋も捨ててひたすら耐えてゆこうとするが、肺結核のために寂しく死ぬ。

武者小路実篤（むしゃのこうじさねあつ）

一八八五—一九七六。東京出身。文芸雑誌「**白樺**」を創刊、徹底した自己肯定を主張したが、やがて人道主義的傾向が強まり、その実践たる「新しき村」は社会的反響を呼んで「白樺」全盛を迎えた。『**お目出たき人**』（一一）、『**友情**』（二〇）、戯曲『**わしも知らない**』（一四）、『**人間万歳**』（二二）などがある。

お目出たき人 小　〈自分〉は近所に住む鶴に恋をするが、最後は鶴の結婚で失恋に終わる。口もきけずただ一方的に思うだけの恋と、本当は〈自分〉を愛していたのだという底抜けの楽天主義が描かれる。

友情 小　野島は、友人の妹杉子に心を奪われ、一途に思いを募らせる。杉子は、野島の親友大宮に思いを寄せており、大宮も杉子を愛していた。大宮は苦悩の末、己の自然に従う道を選択する。

有島武郎（ありしまたけお）

一八七八—一九二三。東京出身。米国留学で社会主義思想を学んで帰国、「**白樺**」創刊とともに文学活動を開始し、本然の要求のまま生きる自己の建設と確立を目ざすが、最後は自己懐疑に陥り情死した。『**カインの末裔**』（一七）、『**生れ出づる悩み**』（一八）、『**或る女**』（一九）、『**惜みなく愛は奪ふ**』（二〇）などがある。

或る女 小　近代的自我に目覚めた女主人公早月葉子は、親の決めた結婚相手ではなく、情熱にまかせるまま自由恋愛に走るが、やがて生活は破綻し、悲惨な最期に終わる。近代リアリズムの代表作。

惜みなく愛は奪ふ 評　愛の本能により、人間を束縛する「習性的生活」や「知的生活」を克服したとき、人間の真に自由な生命が樹立する生活＝「本能的生活」が確立する。

ンチ、イタリアの画家、1452—1519）　充実した一生は永遠の安息をもたらす。

徳田秋声

とくだしゅうせい

一八七一―一九四三。石川出身。尾崎紅葉に師事。『新世帯』(〇八)で写実的・人生派的な自己の作風を示し、客観描写を貫いた『黴』(一一)によって、主人公即作者自身という日本の私小説のスタイルを確立した。『あらくれ』(一四)、『爛』(一三)、『仮装人物』(三五―三八)、『縮図』(四一)などがある。

黴[小] 独身の作家笹村は、雇い婆さんの娘お銀と関係して子供ができてしまう。何の解決も見ぬままに出産・結婚・家探しへと引きずられていく日常が、感情を交えずに凝視される。

あらくれ[小] 母親からも養家からも非人間的な扱いを受けたお島は、激しい気性から結婚を破棄し、養家を飛び出す。次々と男を変え、自分の思うままに生きようとするが、現実に押し流されていく。

正宗白鳥

まさむねはくちょう

一八七九―一九六二。岡山出身。『塵埃』(〇七)と『何処へ』(〇八)で自然主義の代表的作家となる。鋭い批評精神と客観的態度とを保ち続け、人間存在の意味を問い続けた。『入江のほとり』(一四)、『牛部屋の臭ひ』(一六)、戯曲『人生の幸福』(二四)、『天使捕獲』(二七)、評論『自然主義盛衰史』(四八)などがある。

何処へ[小] 雑誌記者菅沼健次は、文学博士である師の期待に反して、人生の目標を見失い、怠惰な日々を送る。人生の無意義を知る彼は、何処かへ逃げ出したいと思いながら、方角が定まらない。

入江のほとり[小] 主人公辰男は、代用教員をしながら英語を勉強している。作者の郷里の、入江に沿った貧しい漁村を舞台に、解体期の旧家の様相がリアルに描かれる。

広津和郎

ひろつかずお

一八九一―一九六八。東京出身。父は硯友社の作家広津柳浪。同人雑誌『奇蹟』を創刊。知識層の性格の弱さを普遍化した『神経病時代』(一七)が出世作となる。『死児を抱いて』(一九)、『風雨強かるべし』(三四)、評論『作者の感想』(二〇)、『散文芸術の位置』(二四)、論説『松川裁判』(五八)などがある。

神経病時代[小] 新聞記者鈴木定吉は、意志の力に欠け、現実に何の影響も与えられないまま虚無的な生活を続けていく。実際の事にあたって、決断力も忍耐力もないインテリの脆さを憂えた作品。

風雨強かるべし[小] 大学生佐貫駿一は、時代の流れに同調できず、行動力も伴わない。没落していく実業家の令嬢を妻とし、反動の波が高まる時勢にも背を向け、小市民的生活に埋もれようとする。

宇野浩二

うのこうじ

一八九一―一九六一。福岡出身。ユーモラスな話術と奇抜な発想による『蔵の中』(一九)で文壇に登場し、続く『苦の世界』(二〇)で新進作家の地位を確立。人生の現実を客観的に描破する作品を残した。『子を貸し屋』(二三)、『枯木のある風景』(三三)、『器用貧乏』(三八)などがある。

子を貸し屋[小] 貧しい団子屋の主人が、相棒の死後その子を引き取る。ある日銘酒屋の女が子供を借りにきて大金を支払った。その後次々に他の女も子を借りに来て、団子よりも儲かるようになる。

器用貧乏[小] 魚屋の文三郎と結婚したお仙は、持ち前の器用さから懸命に働き、家を盛り立てようとする。しかし、自分の努力とは裏腹に、夫は病気で死に、不実だった身内も相次いで亡くなる。

菊池寛

きくちかん

一八八八―一九四八。香川出身。『無名作家の日記』(一八)、『忠直卿行状記』(一八)、『恩讐の彼方に』(一九)などの小説で文壇的地位を確立、さらに『父帰る』『藤十郎の恋』などの戯曲でも圧倒的評判を得た。通俗小説『真珠夫人』(二〇)で新生面を切り開く一方、出版や作家の地位向上にも大きな業績を残した。

父帰る[戯] 家族を捨てて女と出奔した父が、落ちぶれて二十年ぶりに戻ってくる。母も弟妹も迎え入れようとするなか、長男賢一郎は許さず追い返すが、悄然と去る父を見てその後を追うのだった。

恩讐の彼方に[小] 主を殺して逐電した市九郎は、出家して諸国を遍歴し、耶馬渓の難所に洞門開削を志す。仇討ちに現れた実之助は、その悲願を知って待つことにし、ついには協力して完成させる。

伊藤整

いとうせい

一九〇五―一九六九。北海道出身。戦前は『新心理主義文学』(三二)を刊行して西欧の新文学を紹介、前衛的手法の『幽鬼の街』(三七)などを発表した。戦後、『鳴海仙吉』(四六)の連載と並行して近代文学論『小説の方法』(四八)を刊行、以後『日本文壇史』(五二)に至る独創的な日本文学史論を打ち立てた。

鳴海仙吉[小] 小説家・評論家である鳴海仙吉を主人公に、二人の姉妹との恋愛を織り込みながら、詩・小説・評論・戯曲などのスタイルを組み合わせて、戦後の思想や文化を風刺的に描く。

小説の方法[評] 日本の私小説を西欧文学との対比から論じ、西欧の文学が現世と調和して生きる仮面紳士的性格、日本の文学が現世を放棄した逃亡奴隷的性格を持つことを解明した。

◆世界の名言 充実した一日が幸せな眠りをもたらすように、充実した一生は幸福な死をもたらす。(レオナルド・ダ・ビ

野間 宏

のま ひろし

一九一五(大四)―一九九一(平三)

◆戦争体験と戦後社会の描写

一九一五年、兵庫に生まれる。高校時代にマルクス主義に接近、京大では、反戦活動をする。卒業後、大阪市役所に勤務し、被差別部落の解放運動家から大いに学ぶ点があった。敗戦後、『暗い絵』を発表し、第一次戦後派の先頭を切って注目された。その後、『顔の中の赤い月』などで戦争が人間の意識や肉体に与えた傷を描いた。その流れにある『真空地帯』(一九五二)で毎日出版文化賞を受賞。

また彼は、人間を生理・心理・社会の三方面から総合的にとらえる〈全体小説〉を唱え、その実現のため『青年の環』に取りかかった(一九四七―五〇)。その後、資本主義の問題を証券界内部からの視点で描いた『さいころの空』(一九五九)や、自伝的作品『わが塔はそこに立つ』(一九六二)を著した。さらに、中断していた『青年の環』(一九六二―七一)を完成し、谷崎潤一郎賞を受賞。また、芸術理論・文明論などにも意欲を示した。一九九一年死去。七十五歳。

真空地帯 小 軍隊を〈真空地帯〉とみなし、その非人間性の描写から軍国主義を批判した作品。

青年の環 小 部落解放運動にかかわる青年たちの環を全体小説のリアリズムで描いた。作者のライフワークともいうべき作品。

梅崎春生

うめざき はるお

一九一五(大四)―一九六五(昭四〇)

◆反戦文学の新しいスタイル

一九一五年、福岡に生まれる。東大在学中の一九三八年に『風宴』を発表したが、反響はなかった。一九四四年、徴用を恐れて東京市教育局を辞職し民間会社に入るが、召集されて敗戦まで九州の海軍基地を転々とした。このときの経験をもとに書いたのが『桜島』である。これは、戦争という極限状況にある青春の苦悩と虚無を、日常生活の視点で描いたもので、戦後派を代表する作品となった。その後、『ボロ家の春秋』(一九五四)で直木賞を受賞。同時期の『砂時計』(一九五五)は現代社会を大きな視野でとらえる野心作で、新潮文学賞を受けた。やがて強度のノイローゼで低迷の時期があるが、一九六三年の『狂ひ凧』(芸術選奨)で低迷を脱出、絶筆となった『幻化』(一九六五)では、青春に回帰しようとする主人公の心象風景を巧みに描いて、毎日出版文化賞を受賞した。一九六五年死去。五十歳。

桜島 小 桜島の基地に配属された通信暗号兵の「私」が、死をいかに自己に納得させていくかという状況下で苦悩する過程を描く。

ボロ家の春秋 小 被害者同士の同居人が意地を張り合い、問題が益々こじれる、といった日常の愚かしさにある真実をユーモラスに描く。

原 民喜

はら たみき

一九〇五(明三八)―一九五一(昭二六)

◆死を見つめ続けた作家

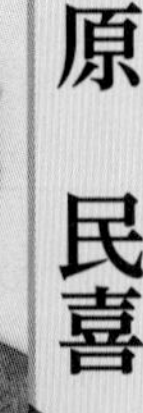

一九〇五年、広島に生まれる。中学時代に詩作を始め、慶応大学英文科時代には、詩と短編小説を書いている。途中、マルクス主義に接し左翼運動に加わるが、のちに離脱。一九三三年結婚。一九三五年に小品集『焔』を自費出版してからの数年間盛んに創作した。

彼は元来内向的で孤独な人柄であり、死に親しむ傾向があったが、一九四四年に最愛の妻を亡くしてからは、いっそうその傾向に沈潜していき、妻を追慕する詩を書いた。そうした彼は、一九四五年広島市で被爆したことから、自己の性向にあらがうかのように「このことを書きのこさねばならない」と決意して『夏の花』を書く。その後の数年間、『壊滅の序曲』『廃墟から』の小説及び『原爆小景』の詩編などで、被爆体験を文学化していった。だが、朝鮮戦争の勃発などで暗い未来を予感し、一九五一年鉄道自殺した。四十五歳。

夏の花 小 作者の被爆体験を静かな筆致で描き出し、そのことが原爆の悲惨さと死者への祈りの深さを増している。原爆文学の代表的作品。

原民喜詩集 詩 亡き妻への追慕の情、原爆の惨状や平和への祈り、死の予感などが痛切な叙情をもたらしている。

意見書の中の言葉。「グレシャムの法則」として有名。

中村真一郎

なかむら しんいちろう　一九一八（大七）―一九九七（平九）

◆西洋的本格長編小説の試み

一九一八年、東京に生まれる。一九四二年、福永武彦・加藤周一らとともに、新たな詩の運動をめざして「マチネ・ポエティク」を結成し、定型押韻詩を試みた。一九四七年、福永・加藤との共同執筆『**1946 文学的考察**』が注目を浴びる。彼の創作の中心は長編小説にあり、私小説に抗して、ヨーロッパ風の本格的な長編小説を書こうとした。一九四七年の『**死の影の下に**』に始まる『**シオンの娘等**』『**愛神と死神と**』『**魂の夜の中を**』『**長い旅の終り**』の五部作が書かれ、この試みは、一九七五年の『**四季**』〈春〉に始まる『**夏**』（谷崎潤一郎賞）『**秋**』『**冬**』（日本文学大賞）の四部作へと大成される。また、江戸時代の漢詩に親しんだ成果が『**頼山陽とその時代**』（芸術選奨）に結実する。ほかに、『**王朝の文学**』などの評論やエッセイがある。一九九七年死去。七十九歳。

死の影の下に 小　すべてが死の影の下にあるような中で、孤独癖を持つ青年の内部に育つ意識の流れを描く。

四季 小　ヨーロッパ文学と『源氏物語』などの王朝文学との融合を企図した四部作。「私」の記憶や旅を通じて、自己の意味を探求している。

福永武彦

ふくなが たけひこ　一九一八（大七）―一九七九（昭五四）

◆知的構成と詩的精神の融合

一九一八年、福岡に生まれる。一九四二年、中村真一郎・加藤周一らと「マチネ・ポエティク」を結成、一九四七年、中村・加藤と『**1946 文学的考察**』を共同執筆。

一九四六年に『**塔**』を書くが、作家としての評価は、一九五四年の『**草の花**』で定まったといえる。彼は愛・孤独・死によってたゆたう人間の心理を多く描くが、創作の方法は作品に応じて変化していった。代表作には、『**風土**』（一九六八年決定版）、夜の三部作『**冥府**』『**深淵**』『**夜の時間**』、連作長編小説で各章ごとに主人公の異なる『**忘却の河**』、主人公が断章によって「私」「彼」と使い分けられる『**海市**』などがある。とりわけ、原爆の問題を魂の問題として深化させた『**死の島**』（一九七一）は重要である（日本文学大賞）。一九七九年死去。六十一歳。作家の池澤夏樹は息子である。

風土 小　画家桂と三枝芳枝との不毛な愛、芳枝の娘道子と早川との愛に見られる不安な予感を、現在・過去・現在の三部構成で描く。

死の島 小　作家志望の相馬は素子・綾子の死の知らせで広島に赴く。相馬が小説の使命を自覚するまでを、過去の世界を交えて描く。

堀田善衛

ほった よしえ　一九一八（大七）―一九九八（平一〇）

◆国際的視野を持った作家

一九一八年、富山に生まれる。一九四二年、慶応大学仏文科卒業。一九四三年、軍令部の調査部に徴用され、ここで国際的な知識の収集癖を身につけた。一九四五年、国際文化振興会から上海に派遣され、敗戦を迎える。

彼は、戦時下と敗戦時の体験から、国際政治の現在をとらえていこうとした。彼が作家として注目されたのは、朝鮮戦争の勃発に直面した知識人の存在の意味を問うた『**広場の孤独**』（一九五二）であり、『**漢奸**』その他と併せて芥川賞を受けた。その後、『**歴史**』『**時間**』などで政治的な問題を考察した。また、六〇年安保と島原の乱を重ね合わせた歴史小説『**海鳴りの底から**』がある。『**ゴヤ**』四部作（一九七七）以後はスペインに長く住んで、『**定家明月記私抄**』などを発表した。ほかに『**インドで考えたこと**』『**方丈記私記**』などがある。一九九八年死去。八十歳。

広場の孤独 小　朝鮮戦争勃発時に、テレックスの翻訳係として新聞社の臨時雇いとなった木垣は、自己の立場にやり場のない孤独を覚える。

ゴヤ 評　戦乱と革命の続く時代に、時代を見据えて絵画史に名を残す傑作を描き続けたスペインの宮廷画家ゴヤの伝記。大仏次郎賞受賞。

◆世界の名言　悪貨は良貨を駆逐する。（グレシャム、イギリスの経済学者、1519？—1579）　エリザベス一世に提出した

三島由紀夫

みしま ゆきお　一九二五(大一四)―一九七〇(昭四五)

◆滅びの美学を実行した作家

一九二五年、東京に生まれる。本名は平岡公威。十六歳のときに『花ざかりの森』を発表、ここにはすでに古典主義・伝統主義の傾向が見られる。初期は滅びの美意識が作品の中心をなし、戦後の現実を虚無的に捉え、『仮面の告白』『禁色』などで反モラルの世界を美的に構築した。一九五二年のギリシャ旅行で、均整のとれた様式美を再発見して以後は、古典主義の立場を示し、肉体の鍛錬を始める。この時期に『潮騒』『金閣寺』などが書かれた。

六〇年安保でナショナリズムに近づき『憂国』を書く。さらに『太陽と鉄』では〈不朽の花＝文学〉と〈散る花＝武〉の文武両道論を唱え、戦後の伝統精神の風化を慨嘆した。一九七〇年、『豊饒の海』を仕上げ、〈楯の会〉のメンバーと自衛隊市ケ谷駐屯地に赴き、決起を促す演説ののち割腹自決して、滅びの美学を自己完結した。ほかに『サド侯爵夫人』などの戯曲も多い。

金閣寺[小]　金閣寺の魅力にとりつかれた主人公が、金閣寺を燃やすことで生の意志を回復する。実際の放火事件を素材とした。

豊饒の海[小]　輪廻転生を軸として、作者の美意識・政治意識・終末観などを総合した四部作。結末が作者の自決を予感させる。

大岡昇平

おおおか しょうへい　一九〇九(明四二)―一九八八(昭六三)

◆戦争体験を冷徹に凝視

一九〇九年、東京に生まれる。小林秀雄や中原中也との交流で文学的青春を送り、スタンダール研究に没頭する。一九四四年、三十五歳で召集されてフィリピンに送られ、米軍の捕虜となる。そのときの経験を『俘虜記』に作品化し、戦後派作家としての地位を確立した。戦争下の極限状況が人間にいかに影響を与えたかを、明確な方法意識で明らかにしたものである。その後、捕まるまでの状況や心理と行動を克明に描いた『野火』などを経て、戦争の大局を捉えた『レイテ戦記』でこの系譜は完成する。

一方、西欧的な小説の方法を取り入れて、恋愛小説『武蔵野夫人』や『花影』、裁判を扱った『事件』などを書き、ベストセラー作家となった。また、『中原中也の思い出』をかわきりに、二十数年にわたって中也の研究を行い、全集を世に送った。一九八八年死去。七十九歳。

俘虜記[小]　山中をさまようちに米軍の捕虜となった「私」の心理を冷静・克明に描く。

花影[小]　酒場に勤める葉子は、男たちへの恋のあげくに自殺に至る。無垢な心を持つ葉子が、詩情をこめて描かれている。

安部公房

あべ こうぼう　一九二四(大一三)―一九九三(平五)

◆全方位的前衛芸術家

一九二四年、東京に生まれる。本名は公房。一九四七年、高校時代の恩師阿部六郎を介して埴谷雄高や花田清輝を知り、シュールレアリスムに関心を抱く。翌年、東大医学部を卒業するが、医師の道を断って文筆に専念、一九五〇年、繭と化す男を描いた『赤い繭』で作家の地位を確立した。その後も、日常性に疑問を呈し、超現実的な手法で、『壁―S・カルマ氏の犯罪』『砂の女』『箱男』など、次々と話題作を発表した。それらは、現実と非現実とが同時に存在する世界を読者に突きつけ、世界や自己の意味を深く考えさせるものである。

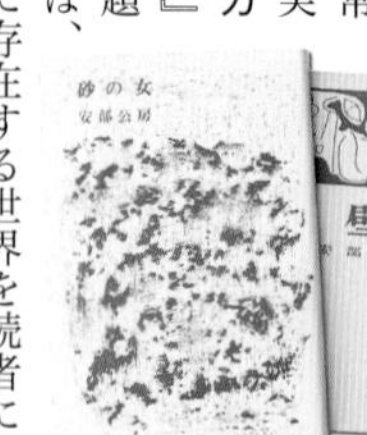

また、彼は戯曲・演劇・放送・映画・展覧会など多方面にわたって、自己の前衛的手法を追求した点で希有な芸術家であり、世界的な存在でもあった。一九九三年、六十八歳で死去。

壁―S・カルマ氏の犯罪[小]　名刺に名前を奪われた主人公が、自分の胸の曠野の中で、壁となって成長していく。

砂の女[小]　砂の穴に落ちて脱出不能となった男が、一人の女と暮らすうちに、その状況を乗り越える可能性に目覚めていく。

きの呟きと伝えられる。何があっても真理は真理であることのたとえ。

いのうえ やすし

井上 靖

一九〇七(明四〇)—一九九一(平三)

◆スケールの大きな歴史小説

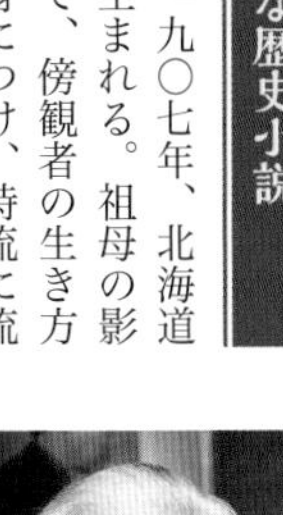

一九〇七年、北海道に生まれる。祖母の影響で、傍観者の生き方を身につけ、時流に流されない客観的な態度をとる。これは彼の創作態度にも基本的な影響を与えている。文壇への登場は、一九四九年、四十二歳のときの『猟銃』『闘牛』で、決して早くはなかったが、芥川賞受賞後は、常にマスコミに注目され、死去まで第一線で活躍した。

彼の作品は、自伝的な『しろばんば』や『わが母の記』といった澄み切った心境を示す私小説、現代人のニヒルな心情を描いた『闘牛』や『氷壁』などの現代小説、歴史上の事件・人物を調査し物語化した『楼蘭』『蒼き狼』『風濤』などの歴史小説に大別されるが、ほかに『西域物語』などの歴史エッセイもある。一九九一年死去。八十三歳。

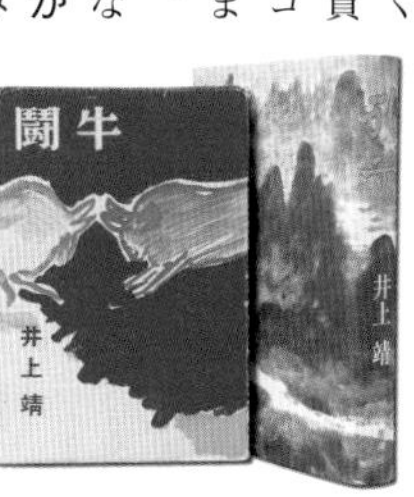

闘牛 小 人生に賭け切れない新聞編集局長の孤独な姿を通して、虚無的な行為者を描き出した作品。

本覚坊遺文 小 千利休の弟子本覚坊の視点から、利休の死と生き方を中心に追求した作品で、作者の歴史小説の到達点を示す。

やすおか しょうたろう

安岡章太郎

一九二〇(大九)—二〇一三(平二五)

◆「私」の日常からの発信

一九二〇年、高知に生まれる。中学卒業後、三年間の浪人中に文学に親しみ、小説家を志す。戦後、脊椎カリエスに苦しみながら創作に打ち込み、『陰気な愉しみ』『悪い仲間』で芥川賞を受賞した。その後、吉行淳之介・遠藤周作らとともに、政治性・観念性よりも小市民的な日常性を重んじる〈第三の新人〉と目された。

彼の作風は、弱者のポーズを見せつつ人間関係の均衡をとる青年を描いた『悪い仲間』に特色が出ている。そこには、徹底して「私」の日常の意識からものをとらえていく姿勢がある。『海辺の光景』では、母親の死と家庭の崩壊を描き、私小説に新境地を切り開いた。エッセイ『アメリカ感情旅行』『僕の昭和史』などの題名にも、「私」重視の態度が見える。二〇一三年死去。九十二歳。

▲自筆原稿

海辺の光景 小 母親の死によって家庭が崩壊したと実感する青年の姿を通して、戦後の社会の一断面が典型的に描かれている。

流離譚 小 安岡家の人々を中心として、幕末から明治維新までの出来事を描く。

えんどう しゅうさく

遠藤周作

一九二三(大一二)—一九九六(平八)

◆神と魂の問題を追求

一九二三年、東京に生まれる。少年期にカトリックの洗礼を受けた。一九五〇年、カトリック留学生として、二年半をフランスで送る。彼の文学のテーマは、キリスト教がいかに日本において可能であるかということであり、人の魂の救済は信仰とどういう関係にあるのかを追求し続けた。『海と毒薬』は、捕虜の生体実験の原因を、日本人の罪意識の欠如に求めた問題作である。『沈黙』では、転びキリシタンを通じて、父権的神とは異なる母性的神の像を提示した。『スキャンダル』では弱さに潜む悪の問題を取り上げ、『深い河』では、挫折した弱者の主人公の姿を通して、人間の魂が求める愛のイメージを追求した。ほかに、軽妙な『おバカさん』や狐狸庵シリーズなどもある。一九九六年死去。七十三歳。

沈黙 小 日本に潜入した司祭のロドリゴが踏み絵に至るまでを描く。作者独自の神のイメージを確立した作品。

深い河 小 インドへのツアー旅行の中で、登場人物それぞれの魂の救済と愛の追求のあり方を配しながら、主人公の生き方と死を描く。

小説家

おおえ けんざぶろう

大江健三郎

一九三五(昭一〇)—二〇二三(令五)

◆戦後世代作家の旗手

一九三五年、愛媛に生まれる。幼少年期に暮らした「谷間の村」は、彼の人間形成と文学に深い影響を与えた。一九五七年、東大新聞の五月祭賞に入賞した**『奇妙な仕事』**が、平野謙に賞賛され、次作**『死者の奢り』**により有力な新人として注目を集めた。翌年、**『飼育』**で芥川賞を受賞し、石原慎太郎・開高健とともに新世代作家として認められた。

六〇年安保では反安保を表明し、政治的・社会的立場を明らかにした。その後は核時代の認識の下に**『ヒロシマ・ノート』『核時代の想像力』**などを出版した。また、障害をもつ息子への思いを、**『個人的な体験』『新しい人よ眼ざめよ』**に結実させた。人間の再生や救いが追求される作品には**『洪水はわが魂に及び』『ピンチランナー調書』**などがある。時代と人間を全体的に捉えようとする持続する志によって、彼は一貫してオピニオン・リーダーとなった。一九九四年、川端康成に次いで日本で二人目の**ノーベル文学賞**を受賞。

死者の奢り 小　解剖用の死体を運ぶアルバイトをする主人公の仕事が、徒労でしかなかったとわかる。

新しい人よ眼ざめよ 小　主人公の作家は、障害のある息子の無垢な精神のはたらきを、全人類の共通の意志に高めることを願う。

かいこう たけし

開高 健

一九三〇(昭五)—一九八九(平元)

◆現代を描く社会派作家

一九三〇年、大阪に生まれる。さまざまなアルバイトで家計を支えるかたわら、種々の同人雑誌に小説の発表を続けた。一九五七年、**『パニック』**が平野謙に賞賛されて注目され、その後、**『巨人と玩具』**を経て、一九五八年、**『裸の王様』**で芥川賞を受賞した。これらの作品は、急速に組織化されつつあった戦後社会における個人の重みを問うたものである。

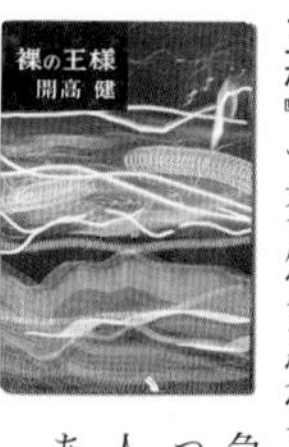

一九五九年の**『日本三文オペラ』**、翌年の**『ロビンソンの末裔』**でも現代の問題を追求した。一九六四年からのベトナム戦場体験は、新たな文学のテーマをもたらし、ルポルタージュ**『ベトナム戦記』**や、**『輝ける闇』**(毎日出版文化賞)**『夏の闇』『花終わる闇』**(未完)の〈闇三部作〉に結実した。一九八三年、自伝的作品**『破れた繭』『夜と陽炎』**(耳の物語)で日本文学大賞を受賞。一九八九年死去。五十八歳。

パニック 小　大繁殖したネズミの処置を通して、保身に汲々とする役人の無能と愚かさを痛烈に風刺した作品。

裸の王様 小　満たされない家庭生活と学校生活で萎縮してしまった少年太郎の気持ちを解き放つべく「ぼく」は努力する。

みうら てつお

三浦哲郎

一九三一(昭六)—二〇一〇(平二二)

◆「血」の悩みからの再生

一九三一年、青森に生まれる。幼年期から青年期に四人の兄・姉を自殺・失踪で失った。一家の「血」を恥辱として思い悩むが、「血」の問題を理解することが自分の生きる道に繋がると自覚。文学を学び、運命に抗して生きる人生を私小説として描いた。

一九六〇年、自分の結婚話を素材として、不幸な生い立ちの男女が愛によって再生する様子を叙情豊かに描いた**『忍ぶ川』**で芥川賞を受賞。**『白夜を旅する人々』**なども同テーマである。

▲自筆原稿

彼は短編小説の名手でもあり、**『拳銃と十五の短篇』『野』**や〈短編集モザイク〉シリーズ**『みちづれ』『ふなうた』『わくらば』**などを刊行。歴史小説**『暁闇の海』『おろおろ草紙』『少年讃歌』**なども注目された。二〇一〇年死去。七十九歳。

忍ぶ川 小　私大生「私」と、料亭で働く志乃が、不幸な境遇の中でひたむきに愛し合い、一体となっていく姿を描く愛の讃歌。

みちづれ 小　日常生活の奥に潜む危うさや情感を描いた短編集。

ふ。王子が母を、誘惑に弱く道徳的に脆い女性と嘆いたもの。

幸田 文
こうだ あや　一九〇四（明三七）―一九九〇（平二）

◆戦後女性文学の草分け

一九〇四年、東京に生まれる。父は幸田露伴で、幼時から厳格な父に厳しい教育を受ける。一九三八年離婚し、実家に帰る。以後、晩年の露伴の看病に当たり、のちの文学活動のもととなる経験をする。父の死後、父を追憶した**『雑記』『終焉』『葬送の記』**で注目を浴び、一九四九年、**『父―その死』**などで随筆家としての評価が定まった。その後、一時絶筆するが、やがて小説を書き始め、一九五四年、**『黒い裾』**で読売文学賞、一九五六年、**『流れる』**で新潮社文学賞・日本芸術院賞を受賞して、小説家としての地歩を固めた。簡潔で張りつめた文体は、確固とした倫理観と調和し、また、勁さの裏にある滅びていくものへの愛惜の念が、詩情となって表れている。ほかに、**『おとうと』『闘』**（女流文学賞）、**『きもの』『木』『崩れ』**などがある。一九九〇年死去。八十六歳。

▶流れる

黒い裾［小］　親族の葬儀のたびに出会っていた男と結ばれなかった千代。最後の親族の葬儀の後、千代は擦り切れた喪服の裾を切り落とす。

木［随］　倒木の上に育つえぞ松、杉の巨木、枯れた檜など、木のさまざまな姿から、自然の中の豊かでしたたかな生命力をとらえる。

向田邦子
むこうだ くにこ　一九二九（昭四）―一九八一（昭五六）

◆昭和の庶民の生活を描く

一九二九年、東京に生まれる。映画雑誌の編集者を経て、一九六〇年にフリーのライターとなってのち、主にテレビドラマの脚本を書く。**『七人の孫』『時間ですよ』『だいこんの花』『阿修羅のごとく』『あ・うん』**など、次々とヒット作を書き、常に第一線で活躍した。二十年間に書いた脚本は千本以上といわれる多作作家だった。脚本は、古風にして自立した人物像を通じて、戦後の依存心の強い風潮や男の身勝手さなどを鋭く突いたものが多い。脚本の一方で小説も書くようになり、のちに**『思い出トランプ』**（一九八〇）に収められる**『花の名前』『かわうそ』『犬小屋』**で直木賞を受賞、生活者としての人間の、その場その場のありようを鋭く切り取って示した。ほかに、**『父の詫び状』『眠る盃』**などのエッセイもある。一九八一年、飛行機事故で死去。五十一歳。

父の詫び状［随］　作者の少女時代の家庭での経験を、父から受け取った手紙とからめて綴る「父の詫び状」など、二十四編を収める。

思い出トランプ［小］　屈託のない妻に人生を楽しませてもらった反面、大切なものを取り落としたように思う男を描く「かわうそ」などを収録。

高樹のぶ子
たかぎ のぶこ　一九四六（昭二一）―

◆女性心理のひだを巧みに描く

一九四六年、山口に生まれる。本名は鶴田信子。出版社を退職した後、福岡に移り、同人誌に小説を書き始める。一九八〇年、同人誌に発表した**『揺れる髪』**が文芸誌「文学界」に転載され、作家としてのデビュー作となった。同年の**『その細き道』**をはじめ、**『遠すぎる友』『追い風』**と続けて芥川賞候補となった。一九八三年、新たな友情から人生に目覚めていく女子高校生の姿をすがすがしく描いた**『光抱く友よ』**で、戦後生まれの女性として初の芥川賞を受賞した。不倫をテーマとした**『波光きらめく果て』**（一九八四）は、映画化されて話題となり、この作品をめぐってフェミニズム論争も起こった。以後も多くの作品を書いており、**『その細き道』**の二十年後を書いた**『時を青く染めて』**や、さまざまな愛の様相を哀切な情感で描いた連作**『哀歌は流れる』**、自身の少女時代をモデルに書いた**『マイマイ新子』**などがある。

光抱く友よ［小］　優等生の涼子は、問題視されていた松尾勝美と友達になり、これまでの価値観の混乱を経験する。さわやかな友情を描く。

街角の法廷［小］　法に追いつめられる若い男女を救うべく奮闘する弁護士を描く。

いのうえ ひさし

井上ひさし

一九三四（昭九）—二〇一〇（平二二）

◆社会を風刺する言葉の錬金術師

一九三四年、山形に生まれる。本名は廈。上智大学在学中から放送作家として活躍し、中でも一九六四年からの『ひょっこりひょうたん島』は、全国的に彼の名を広めた。その後、『表裏源内蛙合戦』『道元の冒険』（岸田戯曲賞・芸術選奨新人賞）で地歩を固めた。一九八四年、自作の戯曲を公演する劇団こまつ座を旗上げし、『頭痛肩こり樋口一葉』をかわきりに、次々と新作を書き下ろした。『きらめく星座』以下の昭和庶民伝三部作でテアトロ賞を受賞。

小説では、一九七二年に『手鎖心中』で直木賞を受賞、『吉里吉里人』が日本SF大賞・読売文学賞を受賞した。彼の作品は、言葉遊びやギャグ、パロディの手法を用いながら、既成の権威や体制を笑いの中に風刺するものが多い。ほかに、伊能忠敬の足跡を克明に追った『四千万歩の男』や、『私家版日本語文法』などがある。二〇一〇年死去。七十五歳。

表裏源内蛙合戦 戯 平賀源内の〈表〉と〈裏〉の二面を捉え、欲望に駆られる源内の悲哀を共感をこめてユーモラスに描いた。

吉里吉里人 小 日本国からの独立を図る吉里吉里国での騒動を描くユートピア物語。作者のパロディ精神・風刺精神がよく発揮されている。

ほし しんいち

星 新一

一九二六（大一五）—一九九七（平九）

◆ショート・ショートの名手

一九二六年、東京に生まれる。本名は親一。東京大学農芸化学科卒業。大学院時代に父が死去、星製薬を引き継いだが倒産。その後始末は大変なものだった。一九五七年、SF同人誌に発表した『セキストラ』が商業誌に転載されてデビュー、新時代のSF文学の旗手として脚光を浴びる。以後、ショート・ショートの第一人者として、膨大な量の作品を書いた。『人造美人』『悪魔のいる天国』『おせっかいな神々』『ノックの音が』『エヌ氏の遊園地』『妄想銀行』（日本推理作家協会賞）など多くの短編集がある。

彼の短編は、意外性のあるプロット、乾いた文体、ユーモアの底にある風刺などで、飽きのこないものになっている。SF長編に『夢魔の標的』『声の網』などがあり、また、父親を描いた伝記小説『人民は弱し官吏は強し』、祖父を描いた『祖父・小金井良精の記』も注目に値する。一九九七年死去。七十一歳。

妄想銀行 小 この短編集では犯罪者やスパイらが主人公となっており、善悪の価値の混乱から意外な世界が展開している。

祖父・小金井良精の記 小 人類学者であった祖父の生涯を、資料の巧みな配置によって描いた作品。（祖母は森鷗外の妹、喜美子。）

つつい やすたか

筒井康隆

一九三四（昭九）—

◆既成の枠を破る実験的小説

一九三四年、大阪に生まれる。大学卒業後、工芸社に勤務しながらSFを書き、その一つ『お助け』が推理小説誌に載ってデビューする。一九六五年、第一短編集『東海道戦争』と長編『48億の妄想』とを刊行して、本格的な作家活動に入った。その後、『ベトナム観光公社』『アフリカの爆弾』『家族八景』が直木賞候補となる。

彼の作品の幅は広く、現代社会の管理主義を風刺する『脱走と追跡のサンバ』、戦後の偽善性を突いた『ベトナム観光公社』、心理学を生かした『家族八景』、実験的な『虚航船団』などがあり、『文学部唯野教授』では文学そのものを問う小説を完成した。一九九四年、表現の自主規制に抗議して断筆を宣言するが、一九九七年、『邪眼鳥』で小説家復帰を果たした。以後、ジュブナイル小説『わたしのグランパ』やライトノベル『ビアンカ・オーバースタディ』なども発表して、活動の幅を広げている。

家族八景 小 エスパー七瀬が、お手伝いとしていろいろな家庭に住み込み、そこで人間の欲望の醜さに直面しながら危機を乗り越える。

文学部唯野教授 小 大学を舞台に、大学教授らの卑俗さを描きながら、一方で唯野の文学講義を盛り込んだ作品。

あらゆる哲学の基礎となるべきだという考えを示す。

宮本 輝（みやもと てる）　一九四七(昭二二)—

◆希代のストーリーテラー

一九四七年、兵庫に生まれる。本名は正仁。大学卒業後、広告代理店に五年間勤めるが、作家を志して退社。一九七七年、『泥の河』で太宰治賞を受賞、続いて『螢川』で芥川賞を受賞し、高い評価を得た。いずれも、市井にひっそりと生きる人々の運命を共感をもって叙情的に描いた作品である。その後、『道頓堀川』を書き、〈川三部作〉が完成する。病弱、父親の残した多大の負債、肺結核など、自己の不運を克服していった彼の作品には、ストーリーの巧みさと人の運命を深く静かに見つめる叙情とが含まれている。『錦繡』『ドナウの旅人』『優駿』『彗星物語』『骸骨ビルの庭』など、素材は多岐にわたる。『青が散る』『海岸列車』『私たちが好きだったこと』など、青春小説の名手でもある。自伝的大河小説『流転の海』は三十六年かかって全九部で完結した。

泥の河 小　うどん屋の息子信雄と、廓舟で暮らす喜一姉弟との出会いとつかの間の交遊、その後の別れを、泥の沈む川を舞台に描いた。

螢川 小　主人公竜夫の父親や親友の死などを描きながら、性に目覚める年ごろの主人公を中心に、生と死をテーマとして描いた作品。

村上春樹（むらかみ はるき）　一九四九(昭二四)—

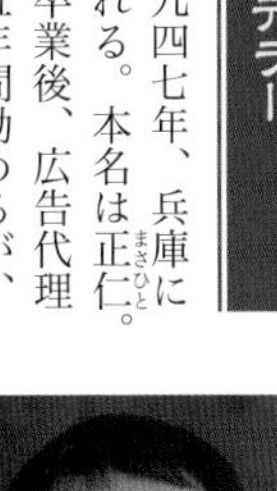

◆前進する現代文学の旗手

一九四九年、京都に生まれる。早稲田大学演劇科卒業。一九七九年、『風の歌を聴け』で群像新人賞を受賞してデビュー。これは、その後の『1973年のピンボール』『羊をめぐる冒険』『ダンス・ダンス・ダンス』とともに、四部作をなす。彼は、一九七〇年代以降の都市生活に存在する喪失感を、洗練された文体で叙情的に描いた。その後、『世界の終りとハードボイルド・ワンダーランド』(一九八五)で、谷崎潤一郎賞を受賞した。一九八七年、恋愛の中にありながら、喪失感にとらわれて現実感を獲得できない男の姿を浮き彫りにした『ノルウェイの森』で〈ムラカミブーム〉を引き起こした。その後も、『ねじまき鳥クロニクル』『アンダーグラウンド』『1Q84』『騎士団長殺し』などの話題作を発表している。アメリカ文学の翻訳・紹介者としても活躍。

羊をめぐる冒険 小　写真の中の羊を捜すことを強要された「僕」の冒険と喪失感を描く。随所にある挿話も魅力的である。

世界の終りとハードボイルド・ワンダーランド 小　主人公の現実の物語と、意識下の世界が交互に語られ、最後に同一化する。

村上 龍（むらかみ りゅう）　一九五二(昭二七)—

◆現代と格闘し続ける作家

一九五二年、長崎に生まれる。本名は龍之介。高校卒業に前後して、8ミリ映画を撮ったり、ロックフェスティバルを行ったりした。一九七六年、『限りなく透明に近いブルー』で芥川賞を受賞し、新しい世代の文学を担う作家として期待された。その後、仮死状態で棄てられ蘇生した子供の強大なエネルギーに基づく破壊衝動を描いた『コインロッカー・ベイビーズ』(野間文芸新人賞)で作家の地位を確立した。その後も、性・暴力などの過剰なまでのイメージを用いて、『愛と幻想のファシズム』『イン ザ・ミソスープ』『エクスタシー』『歌うクジラ』など、現代社会の欺瞞を暴く作品を発表し続けている。また、自身の小説をもとに映画を製作したり、メールマガジンの主宰や電子書籍の制作・販売会社を設立したりするなど、多彩な活動をしている。

限りなく透明に近いブルー 小　基地の町で薬とセックスとロックに明け暮れる青年の、青春の憂愁から生じる破壊の衝動を描く。

愛と幻想のファシズム 小　政治結社狩猟社が敵対勢力を排除しながら政権を掌握する過程を描き、現代のシステムについて考究している。

◆世界の名言　我思う、故に我あり。(デカルト、フランスの哲学者、1596—1650)『方法序説』の一節。考える自我が、

山田詠美

やまだ えいみ

一九五九(昭和三四)—

◆さまざまな愛の姿を描く

一九五九年、東京に生まれる。本名は山田双葉。少女時代は、父親の転勤のために転校を繰り返した。その経験は、のちに『**蝶々の纏足**』などに書かれている。明治大学在学中から本名で漫画をコミック誌に連載していたが、表現手段として不十分と考えるようになり、一九八〇年ごろから小説を書き始めた。一九八五年、『**ベッドタイムアイズ**』で河出文芸賞を受賞し、芥川賞候補にもなる。男女の性愛を真正面から取り上げたこの作品は、一躍世間の注目を浴び、映画化もされて、作者の名が広く知られることになった。次いで『**ソウル・ミュージック・ラバーズ・オンリー**』で直木賞を受賞。ほかに、『**風葬の教室**』『**放課後の音符**』『**晩年の子供**』『**ぼくは勉強ができない**』など学校を舞台にした作品や、思いやりを持ちながらも傷ついてしまう男女を描いた『**トラッシュ**』(女流文学賞)、『**アニマル・ロジック**』、「**熱血ポンちゃん**」シリーズのエッセイなどがある。

ベッドタイムアイズ 小 遊び好きな少女が、いつか心から他者を愛することを知る。現代都会人の性と愛の関係を描いた作品。

風葬の教室 小 いじめを克服する少女の姿を通して、いじめの持つ問題を描いた。

鷺沢萠

さぎさわ めぐむ

一九六八(昭和四三)—二〇〇四(平成一六)

◆人間関係を細やかに描く

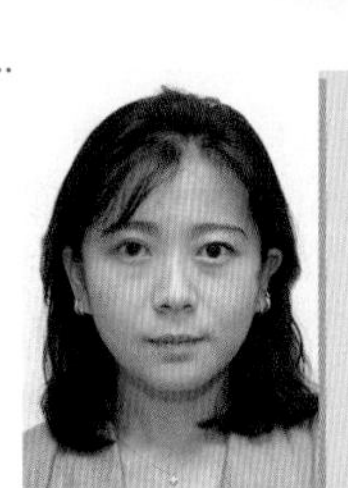

一九六八年、東京に生まれる。本名松尾めぐみ。上智大学外国語学部中退。高校三年生のときに書いた『**川べりの道**』で一九八七年文学界新人賞を受賞。最年少受賞記録であった。のち、『**帰れぬ人びと**』などが芥川賞候補になり、一九九二年には『**駆ける少年**』で泉鏡花文学賞を受賞した。家族や人間関係の苦悩を細やかに描くが、決して閉鎖的にならず、優しく強い人生観を平明な文章で創り上げようとする。新たな文学のモラルを切り開く一人であった。ほかに、『**葉桜の日**』『**大統領のクリスマスツリー**』『**君はこの国を好きか**』、エッセイ『**町へ出よ、キスをしよう**』『**ケナリも花、サクラも花**』などがある。二〇〇四年、三十五歳で死去した。

川べりの道 小 十五歳の吾郎が、家族を捨てて出ていった父親との交流の中で、生きる意味や家族の哀しみを捉える姿を描く。

駆ける少年 小 事業の危機を迎えた龍之は、夢で見た水上を駆ける少年に、自分と父親の生き急ぐ人生を重ねてみるようになる。

江國香織

えくに かおり

一九六四(昭和三九)—

◆繊細な文体で恋愛を描く

一九六四年、東京に生まれる。随筆家江國滋の長女。『**409ラドクリフ**』で学習研究社主催のフェミナ賞を受賞。『**きらきらひかる**』(紫式部文学賞)で一躍有名になる。『**こうばしい日々**』(産経児童出版文化賞・坪田譲治文学賞)『**つめたいよるに**』など著書多数。詩集やエッセイのほか、絵本の翻訳など多方面に活躍する。一九九九年、辻仁成と共作した『**冷静と情熱のあいだ Rosso**』が話題となり、のちに映画化もされた。二〇〇二年『**泳ぐのに、安全でも適切でもありません**』で山本周五郎賞、二〇〇四年には『**号泣する準備はできていた**』で直木賞を受賞した。甘く軽やかな文体と細やかな人物造型で日常を切り取り、特に若い女性の支持を得ている。二〇〇八年、辻との共作第二弾『**左岸**』を発表。

きらきらひかる 小 結婚して間もない内科医の岩田睦月と妻の笑子にはそれぞれ秘密がある。睦月には紺くんという恋人がいて、笑子はアル中……。互いに思いやりを持ちながらそのためにかえって傷つけ合ってしまう関係を描く。

号泣する準備はできていた 小 激しい恋に突然訪れた破局とそれを乗り越えていく姿を描いた表題作など十二編を収める。

浅田次郎

あさだ じろう

一九五一(昭和二六)―

◆自由な筆致が多くの読者を魅了

一九五一年、東京に生まれる。『**地下鉄**(メトロ)**に乗って**』(吉川英治文学新人賞)、『**鉄道員**(ぽっぽや)』(直木賞)、『**壬生義士伝**』(柴田錬三郎賞)、『**お腹召しませ**』(中央公論文芸賞・司馬遼太郎賞)、『**中原の虹**』(吉川英治文学賞)、『**終わらざる夏**』(毎日出版文化賞)、『**帰郷**』(大佛次郎賞)など、多彩な作風で知られる。『**蒼穹の昴**』『**プリズンホテル**』『**天国までの百マイル**』『**一路**』など、映像化された作品も多い。近刊は『**おもかげ**』『**流人道中記**』などがある。二〇一一～一七年、日本ペンクラブ会長。一五年紫綬褒章受章、一九年菊池寛賞受賞。

霞町物語 小 かつて霞町と呼ばれた麻布(あざぶ)界隈が舞台。祖父母と暮らした少年時代と、大学受験を控えつつ恋に遊びに生きた青春時代とを綴った自伝的短編小説集。

椿山(つばきやま)**課長の七日間** 小 過労で突然死した椿山和昭(かずあき)は、美女の姿を借りて七日間だけ現世に戻ることを許された。この世への未練を絶ち、成仏することはできるのか。心温まる長編小説。

川上弘美

かわかみ ひろみ

一九五八(昭和三三)―

◆"あわあわと色濃い"世界

一九五八年、東京に生まれる。高校の生物教諭などを経て、一九九四年、『**神様**』でパスカル短篇文学新人賞を受賞。一九九六年、『**蛇を踏む**』で芥川賞、二〇〇〇年、『**溺**(おぼ)**レる**』で伊藤整文学賞・女流文学賞を受賞。現実世界と幻想世界との境が曖昧で、作品に奥行きがあり、不思議なせつなさを感じさせる作風を特徴とする。二〇〇一年、『**センセイの鞄**(かばん)』(谷崎潤一郎賞)がベストセラーになる。二〇一一年、『**神様２０１１**』を発表。これは、デビュー作『**神様**』の設定を、二〇一一年の福島原発事故後に置き換えたもので、「あのこと」以来変わってしまったことと変わらないこととを浮き彫りにする試みである。ほかに『**古道具**(ふるどうぐ) **中野商店**』『**真鶴**(まなづる)』(芸術選奨文部科学大臣賞)『**どこから行っても遠い町**』などがある。

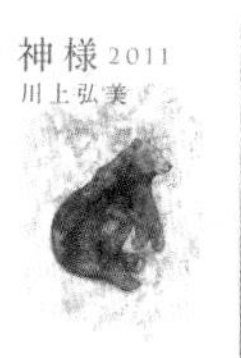

センセイの鞄 小 ツキコさんは、家の近所の居酒屋で高校時代の国語教師に再会する。三十歳以上年の離れたセンセイとの間に、しだいに淡い恋が生まれていく。

ニシノユキヒコの恋と冒険 小 ニシノユキヒコと関わりのあった十人の女性が、それぞれの視点から彼を語る、短編連作集。

重松 清

しげまつ きよし

一九六三(昭和三八)―

◆現代の家族への応援歌

一九六三年、岡山に生まれる。出版社勤務を経て、フリーライターとなる。二十近いペンネームを使い分けていたといい、そのうち岡田幸四郎(おかだこうしろう)という書評家としての名前と、田村章(たむらあきら)という雑誌のライターとしての名前を公表している。一九九一年『**ビフォア・ラン**』で作家デビューし、物語性の強い巧みな筋運びと構成で注目される。『**ナイフ**』で坪田譲治(つぼたじょうじ)文学賞、『**エイジ**』で山本周五郎賞、『**ビタミンF**』で直木賞、『**十字架**』で吉川英治(よしかわえいじ)文学賞を受賞。夫婦や家族を中心とした日常的視点から、心弱くも真摯(しんし)に生きる人々を温かなまなざしで描く。ほかに『**日曜日の夕刊**』『**流星ワゴン**』『**疾走**』『**その日のまえに**』『**とんび**』など、勢力的な執筆活動を続けている。また、ライターとして鍛えた社会的視点から事件現場に迫った『**隣人**』などのルポルタージュがある。

ナイフ 小 わが子へのいじめに苦悩する父親の姿と心理を描いた短編。息子がいじめを受けていると妻から聞き、父親はナイフを手に入れる。

ビタミンF 小 息子や娘との間にいつのまにか生じた距離にとまどいながらも向き合おうとする父親の姿を描いた短編集。

赤川次郎
あかがわ じろう

一九四八―。福岡出身。七六年、『幽霊列車』でデビュー。七八年、『三毛猫ホームズの推理』がベストセラー。映像的なタッチ、軽快なストーリー展開、奇抜なアイデアで、ライトミステリの代表的な作家となった。「幽霊」シリーズ、「三毛猫ホームズ」シリーズのほか、多数の作品がある。

阿川弘之
あがわ ひろゆき

一九二〇―二〇一五。広島出身。志賀直哉に師事。「第三の新人」の一人。戦後、『年々歳々』(四六)で文壇に登場。学徒従軍の体験をふまえた『春の城』(五二)、『雲の墓標』(五五)、『暗い波濤』(七四)などのほかに、評伝『山本五十六』(六五)、『井上成美』(八六)、『志賀直哉』(九四)などがある。

朝井リョウ
あさい りょう

一九八九―。岐阜出身。早大在学中に、『桐島、部活やめるってよ』(〇九)で小説すばる新人賞を受賞してデビュー。高校生の日常を鮮やかに切り取って見せた。在学中にはほかに、男子チアリーダーの青春小説『チア男子!!』(一〇)などを発表。その後も執筆を続け『何者』(一二)で直木賞受賞。

あさのあつこ
あさの あつこ

一九五四―。岡山出身。中学野球を通して少年の成長を描いた『バッテリー』(九六―〇五)が児童文学の枠を超えてベストセラーになる。近未来SF『NO. 6』(〇三―一一)など、十代の少年少女を描いた作品に定評がある。一般小説や時代小説にも活躍の場を広げている。

阿刀田 高
あとうだ たかし

一九三五―。東京出身。国立国会図書館の司書を経て、『来訪者』(七八)で日本推理作家協会賞、『ナポレオン狂』(七九)で直木賞を受賞。ミステリ、ブラックユーモア、恋愛小説から教養書まで、幅広くこなす。小説に『冷蔵庫より愛をこめて』(七八)、『新トロイア物語』(九四)などがある。

阿部 昭
あべ あきら

一九三四―一九八九。広島出身。六二年、『子供部屋』で文学界新人賞。『未成年』(六八)、『大いなる日』(七〇)、『司令の休暇』(七一)など、退役軍人の父と子を主題とした系統と、『千年』(七三)、『人生の一日』(七六)など、家族関係における個人の不安を描く系統の作品がある。短編小説の名手である。

綾辻行人
あやつじ ゆきと

一九六〇―。京都出身。京大在学中に、『十角館の殺人』(八七)でデビュー。謎解きを主体とした本格推理小説は社会派推理小説に押されて衰退していたが、これにより「新本格」ブームが起こる。「館」シリーズのほか、ホラーとミステリとサスペンスを融合させた『Another』(〇九)など著書多数。

有川ひろ
ありかわ ひろ

一九七二―。高知出身。デビュー作『塩の街』(〇四)を含む「自衛隊三部作」で注目され、続く『図書館戦争』(〇六)シリーズが大ヒット。迫力ある戦闘シーンと「ベタ甘」な恋愛ストーリーで読者を魅了し、人気作家となる。ほかに『阪急電車』(〇八)、『県庁おもてなし課』(一一)などがある。

有吉佐和子
ありよし さわこ

一九三一―一九八四。和歌山出身。『地唄』(五六)でデビュー、新旧世代の葛藤を描く『紀ノ川』(五九)、女性心理の深層に迫る『華岡青洲の妻』(六六)、社会的問題を提起した『恍惚の人』(七二)、『複合汚染』(七五)など、常に新しい領域を切り拓いた。ほかに『悪女について』(七八)などがある。

池井戸 潤
いけいど じゅん

一九六三―。岐阜出身。銀行員を経てビジネスコンサルタントとして独立。ビジネス書執筆のかたわら、『果つる底なき』(九八)で江戸川乱歩賞を受賞して作家デビュー。下町の工場の職人魂を描いた『下町ロケット』(一〇)で直木賞受賞。企業小説を得意とし、「半沢直樹」シリーズなどがある。

池澤夏樹
いけざわ なつき

一九四五―。北海道出身。八八年、『スティル・ライフ』で芥川賞受賞。小説家の福永武彦(⇩p.325)は実父。小説に『マシアス・ギリの失脚』(九三)、『氷山の南』(一二)などがある。『イラクの小さな橋を渡って』(〇三)、『カデナ』(〇九)など、社会的な問題への高い関心が表れた作品も多い。

伊坂幸太郎
いさか こうたろう

一九七一―。千葉出身。『オーデュボンの祈り』(〇〇)でデビュー。『重力ピエロ』(〇三)、『ゴールデンスランバー』(〇七)など、著書多数。魅力的なキャラクター造形と巧みなストーリー構成、洒落た文体で人気を博す。舞台や人物が作品間でリンクし、伊坂ワールドを形成している。

しさ、歴史がきわめて小さなことによって変転することの比喩。

いしいしんじ（いしい しんじ）

一九六六―。大阪出身。〇三年、『麦ふみクーツェ』で坪田譲治文学賞受賞。大人も子供も楽しめる、童話のような語り口の物語で親しまれる。小説、エッセイなども幅広く発表している。『ぶらんこ乗り』(〇〇)、『雪屋のロッスさん』(〇六)、『ある一日』(一一)などがある。

石川　淳（いしかわ じゅん）

一八九九―一九八七。東京出身。高踏的な観念小説『普賢』(三六)で芥川賞受賞。戦後、世相を縦横にデフォルメした知的な作風によって、新戯作派の一人とされた。『焼跡のイエス』(四六)、『黄金伝説』(四六)、『紫苑物語』(五六)、『至福千年』(六七)、『狂風記』(七七)などがある。

石川達三（いしかわ たつぞう）

一九〇五―一九八五。秋田出身。南米移民の実態を描いた『蒼氓』(三五)で第一回芥川賞受賞。『生きてゐる兵隊』(三八)は軍部により発禁処分を受けた。たえず社会の直面する問題を正面から取り上げて健康な筆力を示した。『風にそよぐ葦』(五一)、『人間の壁』(五九)、『金環蝕』(六六)などがある。

石坂洋次郎（いしざか ようじろう）

一九〇〇―一九八六。青森出身。同郷の作家葛西善蔵の影響を受けた。処女作『海を見に行く』(二五)の後、『金魚』(三二)、『壁画』(三三)などで注目され、『若い人』(三三―三七)、『麦死なず』(三六)で地位を固めた。戦後は『青い山脈』(四七)で明るい青春像を、『石中先生行状記』(四八―五〇)で庶民の風俗を描いた。

石田衣良（いしだ いら）

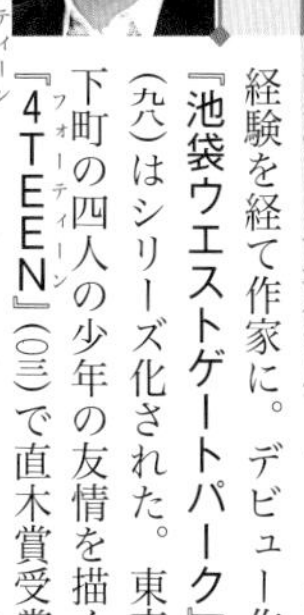

一九六〇―。東京出身。フリーター経験を経て作家に。デビュー作『池袋ウエストゲートパーク』(九八)はシリーズ化された。東京下町の四人の少年の友情を描く『4TEEN』(〇三)で直木賞受賞。続編に『6TEEN』(〇九)がある。社会問題を敏感に取り入れ、メディアへの露出も多い。

石牟礼道子（いしむれ みちこ）

一九二七―二〇一八。熊本出身。五八年、熊本大学研究班の報告に衝撃を受け、『苦海浄土　わが水俣病』(六九)で公害告発。「水俣病対策市民会議」を設立するなど、水俣病患者の救済のため尽力した。『天の魚』(七四)、『椿の海の記』(七六)、『おえん遊行』(八四)、『十六夜橋』(九二)などがある。

伊集院　静（いじゅういん しずか）

一九四九―二〇二三。山口出身。『皐月』(八一)で文壇にデビュー。自伝的長編『海峡』(九一)、妻で俳優の故・夏目雅子がモデルかといわれる『乳房』(九〇)などの注目作を出したあと、野球をモチーフにした短編集『受け月』(九二)で直木賞を受賞した。ほかに『機関車先生』(九四)などがある。

五木寛之（いつき ひろゆき）

一九三二―。福岡出身。苦学、転職、ソ連の旅などの体験を経て、六七年、『蒼ざめた馬を見よ』で直木賞を受賞。『青年は荒野をめざす』(六七)、『デラシネの旗』(六八)などで地位を確立した。長編に『青春の門』(六九―)、『親鸞』(〇九―)など、エッセイに『大河の一滴』(九八)などがある。

上橋菜穂子（うえはし なほこ）

一九六二―。東京出身。文化人類学者。古代日本やアジア的異世界を舞台にした上質のファンタジーを送り出し、児童文学の枠を超えて多くの読者を獲得している。『精霊の守り人』(九六)に始まる「守り人」シリーズ、『獣の奏者　闘蛇編』(〇六)に始まる「獣の奏者」シリーズなどがある。

魚住直子（うおずみ なおこ）

一九六六―。福岡出身。九五年、『非・バランス』で講談社児童文学新人賞を受賞。『超・ハーモニー』(九七)、『象のダンス』(〇〇)、『Two Trains』(〇七)などで、それぞれの日常を精一杯生きる少年少女の姿を温かい筆致で描く。また、大人向け小説に『ピンクの神様』(〇八)がある。

内海隆一郎（うつみ りゅういちろう）

一九三七―二〇一五。愛知出身。『雪洞にて』(六九)、『蟹の町』(七〇)で注目され、長い沈黙を経て、平泉中尊寺の戦後史をたどった『金色の棺』(八五)を刊行。同年の『人びとの忘れもの』以下、『欅通りの人びと』(九一)などの「人びと」シリーズで、日常の中でゆらぐ庶民の心の奥を繊細に描いた。

江戸川乱歩（えどがわ らんぽ）

一八九四―一九六五。三重出身。処女作『二銭銅貨』(二三)と、それに続く『心理試験』『人間椅子』(二五)などで、近代日本探偵小説の基礎を築いた。長編作品に『パノラマ島奇譚』(二六)、『陰獣』(二八)など。通俗探偵小説や少年読み物(「少年探偵団」「怪人二十面相」ものなど)も多い。

大庭みな子
おおば みなこ

一九三〇—二〇〇七。東京出身。原爆後の広島に救援隊として動員されたことが、文学の基底をなす。六八年、むなしさを抱えて生きる女性像を描いた『三匹の蟹』で、群像新人文学賞と芥川賞を受賞。『寂兮寥兮』(八二)で谷崎潤一郎賞受賞。『ふなくい虫』(七〇)、『浦島草』(七七)などがある。

小川国夫
おがわ くにお

一九二七—二〇〇八。静岡出身。ヨーロッパ留学中の体験を作品化した『アポロンの島』(五七)によって、「内向の世代」の作家として注目された。『生のさ中に』(六七)、『試みの岸』(七二)、『或る聖書』(七三)、『逸民』(八六)などの作品で、抑制のきいたイメージの確かな表現で現代人の孤独を描いた。

小川洋子
おがわ ようこ

一九六二—。岡山出身。九一年、『妊娠カレンダー』で芥川賞受賞。小さいもの・異端なものなどへの、偏愛ともいえる慈しみを根底に、静かな喪失感、密やかな悪意を物語にしている。『博士の愛した数式』(〇三)、『ブラフマンの埋葬』(〇四)、『猫を抱いて象と泳ぐ』(〇九)などがある。

荻原　浩
おぎわら ひろし

一九五六—。埼玉出身。広告制作会社、フリーのコピーライターを経て、『オロロ畑でつかまえて』(九七)で小説すばる新人賞を受賞。ユーモアあり感動ありの物語構築が巧み。短編集『海の見える理髪店』(一六)で直木賞受賞。若年性アルツハイマーを題材とした『明日の記憶』(〇四)などがある。

奥田英朗
おくだ ひでお

一九五九—。岐阜出身。広告プランナーとして働きながら『ウランバーナの森』(九七)でデビュー。『空中ブランコ』(〇四)で直木賞受賞。オムニバス小説『ガール』(〇六)、長編犯罪小説『最悪』(九九)、『邪魔』(〇一)、『無理』(〇九)など、多彩な作風の根底には、日常を懸命に生きる人への応援歌がある。

尾崎一雄
おざき かずお

一八九九—一九八三。三重出身。志賀直哉の指導を受けたが、独自の作風を確立。ユーモラスな私小説『暢気眼鏡』(三三)で世に出た。戦時中の大病後は、生死を直視する静かな心境を描いた。『虫のいろいろ』(四八)、『なめくぢ横丁』(五〇)、『芳兵衛物語』(五三)、『まぼろしの記』(六二)などがある。

織田作之助
おだ さくのすけ

一九一三—一九四七。大阪出身。スタンダールの影響を受けて小説家を志し、『夫婦善哉』(四〇)で文壇にデビュー。戦後、新戯作派(無頼派)と呼ばれた。小説に『青春の逆説』(四一)、『土曜婦人』(四六)、『世相』(四七)など、評論に『可能性の文学』(四六)などがある。

恩田　陸
おんだ りく

一九六四—。宮城出身。学園ミステリ『六番目の小夜子』で注目され、九二年にデビュー。『光の帝国 常野物語』(九七)、『ライオンハート』(〇〇)、『夜のピクニック』(〇四)、『チョコレートコスモス』(〇六)、『蜜蜂と遠雷』(一六)など、作品は多彩で、さまざまな鉱脈をもつ作家。

海堂　尊
かいどう たける

一九六一—。千葉出身。大学病院の心臓手術を描く『チーム・バチスタの栄光』(〇六)でデビュー。以後、現役の医師としての活動ともリンクした、医療エンターテインメント小説を続々と発表。死亡時画像病理診断(AI)の必要性を訴える『イノセント・ゲリラの祝祭』(〇八)など多数。

角田光代
かくた みつよ

一九六七—。神奈川出身。早大在学中は別名でジュニア小説を執筆。『幸福な遊戯』(九一)で海燕新人文学賞、『対岸の彼女』(〇四)で直木賞受賞。長編小説『八日目の蟬』(〇七)、本にまつわる短編集『さがしもの』(〇八)など著書多数。特にニートやフリーターを通して現代を描くことにたけている。

金原ひとみ
かねはら ひとみ

一九八三—。東京出身。〇四年のデビュー作『蛇にピアス』で芥川賞を受賞。現代に生きる若者の違和感や焦燥を饒舌な文体で描き、鮮烈な才能を示した。『TRIP TRAP』(〇九)で織田作之助賞を受賞。『アッシュベイビー』(〇四)、『憂鬱たち』(〇九)、『マザーズ』(一一)などがある。

川上未映子
かわかみ みえこ

一九七六—。大阪出身。〇七年にデビュー。翌年『乳と卵』(〇八)で芥川賞を受賞。社会に生きる女性の抱える困難や違和感をテーマとした作品を多く発表している。『愛の夢とか』(一三)、『あこがれ』(一五)、『夏物語』(一九)、詩集『先端で、さすわ さされるわ そらええわ』(〇八)などがある。

一節。封建的権力者の横暴に悩む民衆の恨みを代弁した皮肉。

貴志祐介（きしゆうすけ）

一九五九—。大阪出身。保険会社勤務を経て、ホラー小説『十三番目の人格—ISOLA』(九六)、『黒い家』(九七)で作家活動に入る。同じくホラー色の強い近未来SF『新世界より』(〇八)、サイコホラー『悪の教典』(一〇)などのほか、密室トリックに挑んだ『硝子のハンマー』(〇四)シリーズがある。

北村薫（きたむらかおる）

一九四九—。埼玉出身。高等学校の国語教師をするかたわら『空飛ぶ馬』(八九)でデビュー。日常に潜む謎を軽快な語り口で描いたミステリに定評がある。〇九年、『鷺と雪』で直木賞受賞。『スキップ』(九五)、『ターン』(九七)、『語り女たち』(〇四)、『ひとがた流し』(〇六)などがある。

北杜夫（きたもりお）

一九二七—二〇一一。東京出身。斎藤茂吉(⇨p.359)の次男。六〇年、『夜と霧の隅で』で芥川賞を受賞。同年出版した『どくとるマンボウ航海記』は、船医体験をユーモラスに描き、ベストセラーとなった。『楡家の人びと』(六四)、『さびしい王様』(六九)、『輝ける碧き空の下で』(八二)などがある。

京極夏彦（きょうごくなつひこ）

一九六三—。北海道出身。出版社に投稿した『姑獲鳥の夏』(九四)でデビュー。新人離れした力量・分量で注目された。「京極堂」による憑き物落としを描く「百鬼夜行」シリーズは、デビュー以来の代表作。『後巷説百物語』(〇三)で直木賞受賞。妖怪研究家、アートディレクターなどの顔ももつ。

清岡卓行（きよおかたかゆき）

一九二二—二〇〇六。大連生まれ、高知出身。詩誌「鰐」などに参加したシュールレアリスム系の詩人。詩集に『氷った焔』(五九)、『四季のスケッチ』(六六)などがある。『アカシヤの大連』(六九)で芥川賞受賞。以後、『海の瞳』(七一)、『花の躁鬱』(七三)など、清澄な作風の小説を発表した。

桐野夏生（きりのなつお）

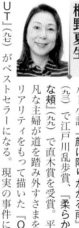

一九五一—。石川出身。ハードボイルド小説『顔に降りかかる雨』(九三)で江戸川乱歩賞、『柔らかな頰』(九九)で直木賞を受賞。平凡な主婦が道を踏み外すさまをリアリティをもって描いた『OUT』(九七)がベストセラーになる。現実の事件に想を得た作品に『グロテスク』(〇三)などがある。

黒井千次（くろいせんじ）

一九三二—。東京出身。大企業に勤務しながら、サラリーマンの内面を描写した『穴と空』(六八)、『時間』(六九)で世に認められた。以後作家活動に専念し、『五月巡歴』(七七)、『群棲』(八四)などで、現代都市生活者の心の内奥を追究し、家族の悩みや問題を描いて「内向の世代」の一人とされた。

小島信夫（こじまのぶお）

一九一五—二〇〇六。岐阜出身。『アメリカン・スクール』(五四)で芥川賞を受賞。「第三の新人」の一人。現代における家庭・人間の奇妙さ、危うさなどを、素朴と技巧が共存する独特の文体で描いた。『小銃』(五三)、『抱擁家族』(六五)、『別れる理由』(八二)、『残光』(〇六)などがある。

小松左京（こまつさきょう）

一九三一—二〇一一。大阪出身。日本のSF小説は、星新一が道を開き小松左京が地ならしをした。『地には平和を』『易仙逃里記』(六三)などでデビュー。人類と文明の、新しい状況における可能性の実験が一貫したテーマ。『日本アパッチ族』『復活の日』(六四)、『日本沈没』(七三)など、著書多数。

坂口安吾（さかぐちあんご）

一九〇六—一九五五。新潟出身。『風博士』『黒谷村』(三一)で文壇にデビュー。『日本文化私観』(四二)、『堕落論』(四六)で、形式的伝統を破壊する合理的精神を唱導した。『白痴』『外套と青空』(四六)、『青鬼の褌を洗う女』(四七)などのほか、エッセイ『安吾巷談』(五〇)などがある。

桜庭一樹（さくらばかずき）

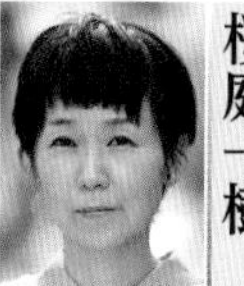

一九七一—。島根出身。ライトノベル作家として活躍中に、地方都市の女子中学生の閉塞感を描いた『砂糖菓子の弾丸は撃ちぬけない』(〇四)が注目され、一般小説に進出。『私の男』(〇七)で直木賞受賞。思春期の少女の危うさを、独特の世界で描く。『赤朽葉家の伝説』(〇六)などがある。

佐多稲子（さたいねこ）

一九〇四—一九九八。長崎出身。不遇な生い立ちと貧窮に苦しんだ労働体験を、『キャラメル工場から』(二八)などの作品で発表。プロレタリア文学作家として、戦前・戦後とも辛酸を嘗めた。『くれなゐ』(三六)、『私の東京地図』(四八)、『女の宿』(六三)、『時に佇つ』(七六)、『夏の栞』(八三)などがある。

 ◆世界の名言　最も強い者の言い分が常に最も正しい。(ラ・フォンテーヌ、フランスの詩人、1621—1695)『寓話詩』の

佐藤賢一 さとうけんいち

一九六八— 。山形出身。東北大大学院在籍中に『ジャガーになった男』で小説すばる新人賞を受賞。以後、主にヨーロッパを舞台とした長編歴史小説を書き続ける。『王妃の離婚』(九九)で直木賞受賞。史実をもとに、ドラマチックなストーリーを展開する。『双頭の鷲』(九九)などがある。

澤地久枝 さわちひさえ

一九三〇— 。東京出身。ノンフィクション作家。『妻たちの二・二六事件』(七二)でデビュー。膨大なデータを集める綿密な取材で、気迫に満ちたノンフィクション作品を発表した。『密約 外務省機密漏洩事件』(七四)、『滄海よ眠れ ミッドウェー海戦の生と死』(八四—八五)などがある。

椎名誠 しいなまこと

一九四四— 。東京出身。エッセイ『さらば国分寺書店のオババ』(七九)がベストセラーになる。その砕けた文体は〈昭和軽薄体〉と呼ばれた。私小説、SF、エッセイなど多彩な作品を精力的に発表。『わしらは怪しい探険隊』(八〇)、『岳物語』(八五)、『アド・バード』(九〇)、『孫物語』(一五)などがある。

椎名麟三 しいなりんぞう

一九一一—一九七三。兵庫出身。戦前は左翼活動に従い、思想的苦闘を経て、戦後はキリスト教の洗礼を受けた。四七年、『深夜の酒宴』『重き流れのなかに』で文壇に認められる。実存主義的作風で自由を追求した。『永遠なる序章』(四八)、『自由の彼方で』(五四)などがある。

芝木好子 しばきよしこ

一九一四—一九九一。東京出身。四一年、『青果の市』で芥川賞受賞。浅草の商家に生まれた経験から、時代の変遷と女性の生き方を重ねて浮き彫りにした。歓楽街が舞台の『洲崎パラダイス』のシリーズ、工芸や染色が題材の『青磁砧』のシリーズが有名。ほかに『湯葉』(六〇)などがある。

柴田よしき しばたよしき

一九五九— 。東京出身。ハードボイルド警察小説『RIKO 女神の永遠』(九五)で横溝正史賞を受賞してデビュー。本格推理、SF、伝奇、ファンタジーなど、ジャンルを超えて多彩な作品を発表し続けるエンターテインメント作家。『蛇』(〇三)、『激流』(〇五)、『小袖日記』(〇七)など著書多数。

司馬遼太郎 しばりょうたろう

一九二三—一九九六。大阪出身。『梟の城』(五九)で直木賞受賞。以後、歴史小説の改革者として活躍。国民的作家として親しまれる。『竜馬がゆく』(六三—六六)、『国盗り物語』(六五)、『殉死』(六七)、『坂の上の雲』(六九—七二)、『世に棲む日日』(七一)、『街道をゆく』(八四)、『韃靼疾風録』(八八)などがある。

島尾敏雄 しまおとしお

一九一七—一九八六。神奈川出身。特攻隊指揮官として奄美群島に赴くも、発進命令を受けずして終戦を迎えた。戦後、『単独旅行者』(四八)で注目される。精神を病んだ妻との生活を題材にした『われ深きふちより』(五五)、『死の棘』(六〇)、戦争体験を題材にした『魚雷艇学生』(八五)などがある。

島木健作 しまきけんさく

一九〇三—一九四五。北海道出身。左翼運動のため二八年に検挙され、転向。その苦悩を『癩』(三四)などで発表。病のためわずか十年ほどの作家生活であったが、多くの作品を発表した。求道的な生き方を描いた『生活の探求』(三七)が代表作。遺作に心境小説『赤蛙』(四六)がある。

島田雅彦 しまだまさひこ

一九六一— 。東京出身。『優しいサヨクのための嬉遊曲』(八三)でデビュー。軽やかな筆致で小説の新たな可能性を切り拓く、多彩な作品を発表している。『夢遊王国のための音楽』(八四)、『ドンナ・アンナ』(八六)、『彼岸先生』(九二)、『徒然王子』(〇八—〇九)などがある。

清水義範 しみずよしのり

一九四七— 。愛知出身。上京後、広告会社に勤めながら創作を続け、『昭和御前試合』(八一)刊行を機に執筆に専念。パスティーシュ(模倣作品)『蕎麦ときしめん』(八六)で注目を浴びた。『国語入試問題必勝法』(八七)、『永遠のジャック&ベティ』(八八)、『大剣豪』(〇〇)など、著書多数。

瀬尾まいこ せおまいこ

一九七四— 。大阪出身。中学で国語を教えながら、二〇〇一年、『卵の緒』で坊っちゃん文学賞を受賞。『図書館の神様』(〇三)、『天国はまだ遠く』(〇四)、『幸福な食卓』(〇四)、『そして、バトンは渡された』(一八)などがある。ほのぼのとした筆致で、ささやかでも確かに成長していく人の姿を描く。

に許される限りの絶対的な権力を行使した。

瀬戸内寂聴（せとうち じゃくちょう）

一九二二—二〇二一。徳島出身。『夏の終り』(六三)で作家の地位を確立。情熱的な生き方を貫いた女性像を追求する作品『田村俊子』(六一)、『女徳』(六三—六四)、『かの子撩乱』(六五)、『美は乱調にあり』(六六)など多数。七三年、中尊寺で得度。その後、『寂聴巡礼』(八三)などがある。

曽野綾子（その あやこ）

一九三一—。東京出身。十七歳のときキリスト教受洗。『遠来の客たち』(五四)で文壇に出た。『火山列島』(六一)、『円型水槽』(七四)、『神の汚れた手』(八〇)などがある。八一年、失明寸前の病患を経てのち、障害者・ハンセン病患者・世界各地の難民などの救済活動に、地道な献身を続けている。

高橋和巳（たかはし かずみ）

一九三一—一九七一。大阪出身。戦後知識人の内面的苦悩を主体的・観念的に描いた。その全否定の論理は、学園闘争の時期の学生に強く支持された。作品に『悲の器』(六二)、『憂鬱なる党派』(六五)、『邪宗門』(六六)など、評論に『孤立無援の思想』(六六)、『わが解体』(六九)などがある。

高橋三千綱（たかはし みちつな）

一九四八—二〇二三。大阪出身。『退屈しのぎ』(七四)によって、若い世代を表現できる新人として注目された。『九月の空』(七八)で芥川賞受賞。青春の悩みをドライなタッチで描いた。ほかに『彼の初恋』(七七)、『葡萄畑』(七八)、『あの時好きだと言えなかったオレ』(八七)などがある。

高見　順（たかみ じゅん）

一九〇七—一九六五。福井出身。昭和初期、左翼活動のため検挙され、その後転向。『故旧忘れ得べき』(三五)、『如何なる星の下に』(三九)などを発表。戦後は『いやな感じ』(六〇)、『対談現代文壇史』(五五)などがある。病床で作られた詩集『樹木派』(五〇)、『死の淵より』(六四)は評価が高い。

高村　薫（たかむら かおる）

一九五三—。大阪出身。九〇年、『黄金を抱いて翔べ』で日本推理サスペンス大賞を受賞しデビュー。『マークスの山』(九三)で直木賞受賞。社会派サスペンスを重厚な筆致で描いている。『レディ・ジョーカー』(九七)、『晴子情歌』(〇二)、『新リア王』(〇五)、『太陽を曳く馬』(〇九)などがある。

武田泰淳（たけだ たいじゅん）

一九一二—一九七六。東京出身。戦後派作家の代表。社会的な問題意識と人間悪の追究の姿勢の底に仏教的な虚無感が横たわっている。『蝮のすゑ』(四七)、『風媒花』『ひかりごけ』(五四)、『森と湖のまつり』(五八)など、評伝に『司馬遷』(四三)、評論に『人間、文学、歴史』(五四)などがある。

竹西寛子（たけにし ひろこ）

一九二九—。広島出身。戦争末期に学徒動員で働き、被爆を体験したことが、のちの文学活動の根幹をなす。評論『往還の記—日本の古典に想う』(六四)で田村俊子賞を受賞。古典と現代をつなぐ批評で注目された。小説に『儀式』(六九)、『鶴』(七五)、『管絃祭』(七八)、『兵隊宿』(八二)などがある。

立松和平（たてまつ わへい）

一九四七—二〇一〇。栃木出身。二十歳代に、日本各地、アジア各地を放浪し、豊かな感受性と想像力を育て、その感覚体験を小説として再構成した。『ブリキの北回帰線』(七八)、『遠雷』(八〇)、『歓喜の市』(八一)、『春雷』(八三)、『性的黙示録』(八五)、『砂の戦記』(八八)などがある。

田辺聖子（たなべ せいこ）

一九二八—二〇一九。大阪出身。六四年、『感傷旅行』で芥川賞を受賞。大阪の言葉を文体に取り入れ、人生の妙味を軽快に描いた小説、エッセイなどを多数発表した。小説に『甘い関係』(七五)、『私的生活』(七六)、『ジョゼと虎と魚たち』(八五)、エッセイに『性分でんねん』(八九)などがある。

田宮虎彦（たみや とらひこ）

一九一一—一九八八。東京出身。歴史小説『霧の中』(四七)、『落城』(四九)で文壇に認められる。自伝的作品『足摺岬』(四九)、『絵本』(五一)などが代表作。格調が高く、哀切な詩情をたたえた作風で知られる。病死した妻と交わした書簡集『愛のかたみ』(五七)はベストセラーになった。

檀　一雄（だん かずお）

一九一二—一九七六。山梨出身。戦前から太宰治と親交があり、『小説太宰治』(四九)を発表。敗戦直後の窮乏の中で病死した妻を描いた『リツ子・その愛』『リツ子・その死』(五〇)で、一瞬の生の燃焼にすべてを賭けようとする作風を示した。ほかに『火宅の人』(七五)などがある。

 朕は国家なり。(ルイ14世、フランス国王、1638—1715)　王権は神から授けられたものとして、彼は人間

つかこうへい
つかこうへい
一九四八—二〇一〇。福岡出身。劇作家・演出家として『戦争で死ねなかったお父さんのために』（七一）、『熱海殺人事件』（七三）などを発表。諧謔と風刺精神に満ちた笑いの中に現代の問題をえぐり出し、高い支持を得た。『蒲田行進曲』（八一）で直木賞を受賞。エッセイに『娘に語る祖国』（九〇）がある。

辻　邦生
つじくにお
一九二五—一九九九。東京出身。西欧での思索体験を背景に『廻廊にて』（六三）を発表して注目された。精神の高貴さを格調高い知的表現で追究し造型する作風。『安土往還記』（六八）、『背教者ユリアヌス』（七二）、『春の戴冠』（七七）、『西行花伝』（九五）など、評論に『小説への序章』（六八）などがある。

辻　仁成
つじひとなり
一九五九—。東京出身。八一年、ロックグループ「エコーズ」結成。以後ライブハウスを中心に活動。八九年、『ピアニシモ』ですばる文学賞、『海峡の光』（九七）で芥川賞受賞。『音楽が終わった夜に』（九六）、『白仏』（九七）など、江國香織との共作に『冷静と情熱のあいだ Blue』（九九）、『右岸』（〇八）がある。

津島佑子
つしまゆうこ
一九四七—二〇一六。東京出身。太宰治（⇩p.316）の次女。夢・記憶・想像などに潜む自意識の痛みを掘り下げようとした。『葎の母』（七六）、『草の臥所』（七七）、『寵児』（七八）、『光の領分』（七九）、『黙市』（八二）、『火の河のほとりで』（八三）、『夜の光に追われて』（八六）、『火の山—山猿記』（九八）などがある。

辻村深月
つじむらみづき
一九八〇—。山梨出身。『冷たい校舎の時は止まる』（〇四）でメフィスト賞を受賞してデビュー。『ツナグ』（一〇）で吉川英治新人賞、『鍵のない夢を見る』（一二）で直木賞を受賞。ドラえもんファンを公言していたことから、映画『ドラえもん のび太の月面探査記』（一九）の脚本を担当した。

天童荒太
てんどうあらた
一九六〇—。愛媛出身。デビュー作『孤独の歌声』（九四）以降、ベストセラーとなった『永遠の仔』（九九）まで、親子関係の暗部をえぐり出す、強烈な印象の作品を残す。『包帯クラブ』（〇六）、直木賞受賞の『悼む人』（〇八）以降は、心に傷を負った人に寄り添うような優しい作風へと変化を見せている。

徳永　直
とくながすなお
一八九九—一九五八。熊本出身。労働者として自身が参加した共同印刷大ストライキを描いた『太陽のない町』（二九）は、プロレタリア文学の記念碑的な作品の一つである。専業作家となってからも、労働者を支持する姿勢を貫いた。『光をかかぐる人々』（四三）、『妻よねむれ』（四八）などがある。

中上健次
なかがみけんじ
一九四六—一九九二。和歌山出身。同人誌「文芸首都」に『十八歳』（六六）を発表。故郷の紀州を舞台に、土俗の生態を通して人間の原型を描く『岬』（七五）で芥川賞を受賞。力強い筆致で既成の価値観を打破した。『枯木灘』（七七）、『鳳仙花』（八〇）、『千年の愉楽』（八二）などがある。

中　勘助
なかかんすけ
一八八五—一九六五。東京出身。自身の幼年時代を繊細な描写と彫琢された筆致で描いた処女作『銀の匙』（一三）が夏目漱石に絶賛された。研ぎ澄まされた感性を持つ理想主義者で、人間の愛欲や妄執に対する強い嫌悪が示された『提婆達多』（二一）、『犬』（二四）などの観念小説もある。

中島京子
なかじまきょうこ
一九六四—。東京出身。出版社勤務などを経て、『FUTON』（〇三）で小説家としてデビュー。『小さいおうち』（一〇）で直木賞。認知症の父とその家族を描いた連作短編集『長いお別れ』（一五）で日本医療小説大賞を受賞した。『冠・婚・葬・祭』（〇七）、『妻が椎茸だったころ』（一三）などがある。

中村　航
なかむらこう
一九六九—。岐阜出身。文藝賞を受賞した『リレキショ』（〇二）と『夏休み』（〇三）、『ぐるぐるまわるすべり台』（〇四）の「始まりの三部作」で文壇に登場。若者特有の浮遊感を感じさせる恋愛小説・青春小説を書く。ほかに『100回泣くこと』（〇五）、『トリガール！』（一七）などがある。

南木佳士
なぎけいし
一九五一—。群馬出身。医師としての体験を生かし、感傷を排した筆致で、人間への愛、生命の尊さを描く。『破水』（八一）で認められ、『ダイヤモンドダスト』で八八年の芥川賞を受賞。短編集『冬物語』（九七）、長編小説『医学生』（九三）、『阿弥陀堂だより』（九五）などがある。

ては、数万言の言葉より無言の涙のほうが雄弁である。

西 加奈子（にしかなこ）
一九七七—。テヘラン生まれ、大阪出身。デビュー二作目の『さくら』(〇五)がベストセラーになり、『サラバ！』(一四)で直木賞受賞。関西弁も生かした軽快な文体で、生きる力にあふれる作品を生み出している。ほかに、『きいろいゾウ』(〇六)、『おまじない』(一八)などがある。

新田次郎（にったじろう）
一九一二—一九八〇。長野出身。五六年、気象庁に勤務するかたわら書いた『強力伝』で直木賞受賞。『八甲田山死の彷徨』(七一)は、旧陸軍の雪中行軍事故を題材とした作品で、ミリオンセラーとなった。ほかに『孤高の人』(六九)、『武田信玄』(六九)、『アラスカ物語』(七四)、『劔岳・点の記』(七七)などがある。

野上弥生子（のがみやえこ）
一八八五—一九八五。大分出身。夫の野上豊一郎が漱石に師事した縁で、小説の手ほどきを受ける。主知的・倫理的な道徳観をもって、自己と周辺の状況を描いた。『真知子』(三一)、『迷路』(三七—五六)が代表作。『秀吉と利休』(六三)で女流文学賞受賞。ほかに『海神丸』(二二)、『森』(八五)などがある。

野坂昭如（のさかあきゆき）
一九三〇—二〇一五。神奈川出身。空襲、焦土の闇市、多様なアルバイト、雑文やCMソングの作者などの体験を経て、『エロ事師たち』(六三)を発表。『アメリカひじき』『火垂るの墓』(六七)で、「焼跡闇市派」と呼ばれた。特異な文体で生の原点を直視する作風。『とむらい師たち』(六七)などがある。

乃南アサ（のなみあさ）
一九六〇—。東京出身。『幸福な朝食』(八八)でデビュー。女性刑事音道貴子シリーズ『凍える牙』(九六)で直木賞受賞。サスペンスから警察小説、大河小説など、幅広いジャンルの作品を、安定して生み出し続けている。『しゃぼん玉』(〇四)、『駆け込み交番』(〇五)、『地のはてから』(一〇)などがある。

畠中 恵（はたけなかめぐみ）
一九五九—。高知出身。漫画家を経て、『しゃばけ』(〇一)で日本ファンタジーノベル大賞優秀賞を受賞。江戸の大店の病弱な若旦那と、彼を取り巻く妖たちが巻き込まれる事件を描いた同シリーズで、時代小説の読者層を大きく広げた。現代小説に『とっても不幸な幸運』(〇五)などがある。

林 京子（はやしきょうこ）
一九三〇—二〇一七。長崎出身。十四歳で上海から帰国し、長崎市で被爆。その体験をふまえて『祭りの場』(七五)、『ギヤマン ビードロ』(七八)、『やすらかに今はねむり給え』(九〇)などを発表した。『三界の家』(八四)で川端康成文学賞を受賞。ほかに『無きが如き』(八一)、『上海』(八三)などがある。

林 芙美子（はやしふみこ）
一九〇三—一九五一。山口出身。不遇な半生をアナーキスト的な明るさで描いた『放浪記』(三〇)が出世作。『風琴と魚の町』『清貧の書』(三一)も同系の作品。戦後は感傷を捨て、重い現実に厳しく取り組む姿勢を示した。『晩菊』(四八)、『浮雲』(五〇)、『めし』(五一)などがある。

林 真理子（はやしまりこ）
一九五四—。山梨出身。エッセイ集『ルンルンを買っておうちに帰ろう』(八二)がベストセラーとなる。八六年、『最終便に間に合えば』『京都まで』で直木賞受賞。小説に『不機嫌な果実』(九六)、『西郷どん！』(一七)、エッセイに『嫌いじゃないの』(九三)、『美女の七光り』(一三)などがある。

原田マハ（はらだまは）
一九六二—。東京出身。『カフーを待ちわびて』(〇五)で小説家デビュー。『キネマの神様』(〇八)などを発表。一二年、美術館のキュレーターの経験を生かしたアートミステリ『楽園のカンヴァス』がベストセラーとなり、山本周五郎賞を受賞。小説家の原田宗典は実兄。

東川篤哉（ひがしがわとくや）
一九六八—。広島出身。『密室の鍵貸します』(〇二)でデビュー。本格トリックを用いたユーモアミステリを書き続け、一一年、『謎解きはディナーのあとで』(一〇)が本屋大賞に選ばれてブレイクした。ほかに、「烏賊川市」シリーズ(〇二—)、「鯉ケ窪学園探偵部」シリーズ(〇四—)などがある。

東野圭吾（ひがしのけいご）
一九五八—。大阪出身。エンジニアとして働くかたわら、『放課後』(八五)で江戸川乱歩賞を受賞。『名探偵の掟』(九六)、『秘密』(九八)が出世作となる。力作『白夜行』(九九)を経て、『容疑者Xの献身』(〇五)で直木賞受賞。『新参者』(〇九)、『人魚の眠る家』(一五)など映像化された作品も数多い。

◆世界の名言 涙は悲しみのもの言わぬ言葉である。(ボルテール、フランスの文学者、1694—1778) 悲しみの表現とし

干刈あがた
ひかり あがた

一九四三―一九九二。東京出身。不確実な社会に拡散してゆく都会人の不安を、軽妙平易な筆致で描いた。『樹下の家族』(八二)で文壇に登場。『ゆっくり東京女子マラソン』(八四)で各種新人賞を受賞した。『ウホッホ探険隊』(八四)、『黄色い髪』(八七)などがある。

火野葦平
ひの あしへい

一九〇七―一九六〇。福岡出身。応召出征中に『糞尿譚』(三七)で芥川賞受賞。その後、軍報道部に配属され、『麦と兵隊』(三八)などの兵隊ものを書く。戦後は平凡な庶民の生きる姿を描き続けた。『青春と泥濘』(五〇)、『赤道祭』(五一)、『花と竜』(五三)、『革命前後』(六〇)などがある。

日野啓三
ひの けいぞう

一九二九―二〇〇二。東京出身。読売新聞社勤務中の特派員経験がのちの創作に影響を与えた。『あの夕陽』(七五)で芥川賞を受賞。『還れぬ旅』(七一)、『此岸の家』(七四)、『抱擁』(八二)、『聖家族』(八三)、『夢の島』(八五)、『砂丘が動くように』(八六)、『台風の眼』(九三)などがある。

平野啓一郎
ひらの けいいちろう

一九七五―。愛知出身。京大在学中に発表した『日蝕』(九八)で芥川賞を受賞してデビュー。三島由紀夫を髣髴させる大型新人の登場として話題になった。耽美的・悲劇的な恋愛譚『一月物語』(九九)、壮大な長編『葬送』(〇二―〇五)、実験的な作品集『高瀬川』(〇三)などがある。

藤沢周平
ふじさわ しゅうへい

一九二七―一九九七。山形出身。七一年、オール讀物新人賞に入選した『溟い海』で文壇に登場、時代短編『暗殺の年輪』(七三)で直木賞を受賞。巧みなストーリーテリングと人情のきめ細かい描写とが光る時代小説を多数発表した。『冤罪』(七六)、『海鳴り』(八四)、『蝉しぐれ』(八八)などがある。

辺見　庸
へんみ よう

一九四四―。宮城出身。記者として北京、ハノイなどに駐在した経験を持ち、現代社会に対する不信や怒りを、深い思索を通して語るノンフィクションを多数発表。『もの食う人びと』(九四)、『水の透視画法』(一一)など。小説『自動起床装置』(九一)、『赤い橋の下のぬるい水』(九二)などがある。

堀江敏幸
ほりえ としゆき

一九六四―。岐阜出身。早稲田大学でフランス文学を教えるかたわら小説を書く。『おぱらばん』(九八)で三島由紀夫賞を受賞、〇一年、『熊の敷石』で芥川賞を受賞。端正で流れるような文体に特徴がある。『雪沼とその周辺』(〇三)、『なずな』(一一)、『燃焼のための習作』(一二)などがある。

又吉直樹
またよし なおき

一九八〇―。大阪出身。お笑い芸人、小説家。文学好きの芸人として知られ、西加奈子や中村文則とも小説執筆以前から交流があった。一五年、芸人の世界を描いた『火花』でデビュー、同作で芥川賞を受賞した。『劇場』(一七)、『人間』(一九)、エッセイに『第2図書係補佐』(一一)などがある。

松浦寿輝
まつうら ひさき

一九五四―。東京出身。東大でフランス文学を教えるかたわら、詩人として出発し、『冬の本』(八七)で高見順賞を受賞。続いて評論活動を行い、最後に小説を手がけて、『花腐し』(〇〇)で芥川賞を受賞した。小説に『川の光』(〇七)、詩集に『吃水都市』(〇八)、評論に『青の奇蹟』(〇六)などがある。

松本清張
まつもと せいちょう

一九〇九―一九九二。福岡出身。四十歳を過ぎて『西郷札』(五一)、『或る「小倉日記」伝』(五二)により作家として出発。『点と線』『眼の壁』(五七)は社会派推理小説の先駆けとなった。時代小説に『天保図録』(六四)など、ノンフィクションに『日本の黒い霧』(六〇)など、史論に『古代史疑』(六七)などがある。

丸谷才一
まるや さいいち

一九二五―二〇一二。山形出身。欧米や日本古典の学識を生かした柔軟な思考を示す。小説に『笹まくら』(六六)、『年の残り』(六八)、『たった一人の反乱』(七二)、『裏声で歌へ君が代』(八二)、『女ざかり』(九三)、『輝く日の宮』(〇三)など、評論に『後鳥羽院』(七三)、『新々百人一首』(九九)などがある。

三浦しをん
みうら しおん

一九七六―。東京出身。就職活動体験を生かして書かれた『格闘するものに○』(〇〇)でデビュー。『まほろ駅前多田便利軒』(〇六)で直木賞、『舟を編む』(一二)で本屋大賞を受賞。あたたかなまなざしと端正な文体が魅力の小説と、妄想爆発のエッセイを書き分けている。

な立派な名目であろうと戦争は悪である。平和であることが良い。

三崎亜記（みさき あき）

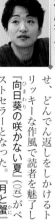

一九七〇―。福岡出身。〇四年、『となり町戦争』でデビュー。街の住民が突然消失する現象とその広がりを描いた『失われた町』(〇六)など、不条理な世界を通して、現代の日常や社会のありようを問い直す作品を多く発表している。『鼓笛隊の襲来』(〇八)、『コロヨシ!!』(一〇)などがある。

水上勉（みずかみ つとむ）

一九一九―二〇〇四。福井出身。自伝的推理小説『雁の寺』(六一)で直木賞を受賞。『飢餓海峡』(六三)などで社会派推理作家の花形となる一方、薄幸な女性を描く『五番町夕霧楼』『越前竹人形』(六三)など、耽美的作風を示した。『霧と影』(五九)、『金閣炎上』(七九)などのほか、『宇野浩二伝』(七一)がある。

道尾秀介（みちお しゅうすけ）

一九七五―。兵庫出身。『背の眼』(〇五)でデビュー。伏線をはりめぐらせ、どんでん返しをしかけるトリッキーな作風で読者を魅了し、『向日葵の咲かない夏』(〇五)がベストセラーとなった。『月と蟹』(一〇)で直木賞受賞。ほかに『カラスの親指』(〇八)、『光媒の花』(一〇)、『いけない』(一九)などがある。

湊かなえ（みなと かなえ）

一九七三―。広島出身。青年海外協力隊、高校家庭科の非常勤講師などを勤めたのち、『告白』(〇八)でデビュー。人の心の暗部に踏み込む作風で衝撃を与えた。続く『少女』(〇九)、『贖罪』(〇九)でもこれを貫き、作家としての地位を確立した。ほかに『リバース』(一五)、『カケラ』(二〇)などがある。

宮下奈都（みやした なつ）

一九六七―。福井出身。〇四年、『静かな雨』でデビュー。『スコーレNo.4』(〇七)、『よろこびの歌』(〇九)、『太陽のパスタ、豆のスープ』(一〇)など、日々の生活をすくいとるような描写と誠実な筆致で、迷いながらも成長していく人々を描く。『羊と鋼の森』(一六)で本屋大賞受賞。

宮部みゆき（みやべ みゆき）

一九六〇―。東京出身。八七年、『我らが隣人の犯罪』でデビュー。巧みなストーリー構成とあたたかなまなざしが特徴で、幅広いファンをもつ。『火車』(九二)、直木賞受賞の『理由』(九八)、『模倣犯』(〇一)などの現代ミステリと並行して、時代小説やSF、ファンタジーも書き続けている。

村田沙耶香（むらた さやか）

一九七九―。千葉出身。大学卒業後、フリーターをしながら新人賞に応募。〇五年、『授乳』でデビュー。一六年に、コンビニで十八年働き続けている独身女性の人生の転機をユーモラスに描いた『コンビニ人間』で芥川賞を受賞。『しろいろの街の、その骨の体温の』(一二)などがある。

森絵都（もり えと）

一九六八―。東京出身。児童文学の専門学校を卒業後、『リズム』(九一)でデビュー。以後、中学生の揺れる心を描き、ヤングアダルトのジャンルを牽引する。『永遠の出口』(〇三)を経て、『風に舞いあがるビニールシート』(〇六)で直木賞受賞。ほかにスポーツ小説『DIVE!!』(〇〇)などがある。

森博嗣（もり ひろし）

一九五七―。愛知出身。名古屋大学工学部で助教授をしていた九六年、『すべてがFになる』でデビュー。以後、理系ミステリを量産する。代表作は『スカイ・クロラ』(〇一)シリーズ。『科学的とはどういう意味か』(一一)など、専門や多趣味を生かしたエッセイがある。

森見登美彦（もりみ とみひこ）

一九七九―。奈良出身。京大大学院在籍中に『太陽の塔』で日本ファンタジーノベル大賞を受賞してデビュー。京都を舞台に、妄想とロマンに彩られた虚構世界を、独特の韜晦的な文体で綴る。山本周五郎賞受賞の『夜は短し歩けよ乙女』(〇六)や『宵山万華鏡』(〇九)などがある。

柳広司（やなぎ こうじ）

一九六七―。三重出身。『黄金の灰』(〇一)でデビュー。歴史・文学上の人物を探偵にした推理小説を次々と発表。漱石関連の『贋作「坊っちゃん」殺人事件』(〇一)、『吾輩はシャーロック・ホームズである』(〇五)、『漱石先生の事件簿』(〇七)や、『山月記』をモチーフにした『虎と月』(〇九)などがある。

山川方夫（やまかわ まさお）

一九三〇―一九六五。東京出身。五四年、第三次「三田文学」を創刊。『演技の果て』(五八)が芥川賞候補になるなど注目される。都会的なシャープな感覚で現代の若者の不安を描いた。短編集『海岸公園』(六一)、『愛のごとく』(六五)などがある。将来を嘱望されていたが、交通事故のため夭折した。

山崎豊子
やまさきとよこ

一九二四—二〇一三。大阪出身。五八年に『花のれん』で直木賞を受賞、『ぼんち』(五九)など、大阪を舞台にした作品を発表する。『白い巨塔』(六五)以降は、巨大な組織や権力の非人間性と、それに抗う人々を描いた長編を次々に発表。『華麗なる一族』(七三)、『二つの祖国』(八三)、『沈まぬ太陽』(九九)などがある。

山本周五郎
やまもとしゅうごろう

一九〇三—一九六七。山梨出身。『須磨寺附近』(二六)で頭角を現し、『日本婦道記』(四二)が直木賞に選ばれたが辞退。庶民の哀歓を剛直な精神で描き続け、すべての賞を辞退した。『赤ひげ診療譚』(五八)、『樅の木は残った』(五八)、『青べか物語』(六〇)、『季節のない街』(六二)など、著書多数。

山本文緒
やまもとふみお

一九六二—二〇二一。神奈川出身。会社員、少女向け小説家を経て、〇一年、『プラナリア』で直木賞を受賞。現代人の仕事や恋愛を描いた。『ブルーもしくはブルー』(九二)、『絶対泣かない』(九五)、『恋愛中毒』(九八)、『ファースト・プライオリティー』(〇二)、『アカペラ』(〇八)などがある。

山本有三
やまもとゆうぞう

一八八七—一九七四。栃木出身。第三次「新思潮」に参加。新劇作家として『嬰児殺し』(二〇)などを発表。二五年ごろ、文芸家協会を設立。小説も手がけ、現実と理想の相克の中での生き方を主題として、『波』(二八)、『女の一生』(三二)、『真実一路』(三五)、『路傍の石』(三七)などを発表した。

柳　美里
ゆうみり

一九六八—。神奈川出身。高校を中退し、劇団「青春五月党」を結成、主宰。戯曲『魚の祭』で岸田戯曲賞を受賞。『フルハウス』(九六)で泉鏡花賞、『家族シネマ』(九七)で芥川賞を受賞。家族をテーマに、自他を妥協なく直視する作風を示す。『ゴールドラッシュ』(九八)、『命』(〇〇)などがある。

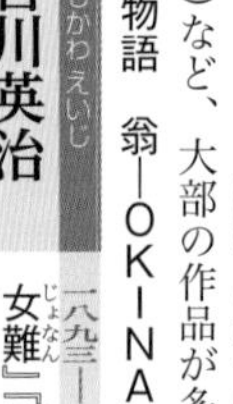

夢枕　獏
ゆめまくらばく

一九五一—。神奈川出身。伝奇バイオレンスを得意とするエンターテインメント作家。安倍晴明が主人公の『陰陽師』(八八—)シリーズ、僧空海が主人公の『沙門空海唐の国にて鬼と宴す』(〇四—一一)など、大部の作品が多い。ほかに、『秘帖・源氏物語　翁—OKINA』(一一)などがある。

吉川英治
よしかわえいじ

一八九二—一九六二。神奈川出身。『剣難女難』『神州天馬侠』(二五)で注目され、『鳴門秘帖』(二六)など伝奇時代小説で活躍。『宮本武蔵』(三五—三九)は時代小説を国民文学に高めたとされた。以後は『三国志』(四一—四六)、『新・平家物語』(五〇—五七)など、人間性豊かな歴史小説に力を注いだ。

吉田修一
よしだしゅういち

一九六八—。長崎出身。九七年、『最後の息子』で文學界新人賞を受賞。〇二年、『パレード』で山本周五郎賞、『パーク・ライフ』で芥川賞を受賞。「大衆文学と純文学のクロスオーバー作家」として話題になる。その後も、『悪人』(〇七)、『横道世之介』(〇九)など、多彩な作品がある。

吉本ばなな
よしもとばなな

一九六四—。東京出身。評論家吉本隆明の次女。『キッチン』(八七)で文壇にデビューし、ベストセラー作家となる。ストーリーの巧みさ、オカルトなどの素材、会話文の魅力などで、特に若い女性の支持を得る。『TUGUMI』(八九)、『アムリタ』(九四)、『なんくるない』(〇四)などがある。

米澤穂信
よねざわほのぶ

一九七八—。岐阜出身。『氷菓』(〇一)でデビュー。高校古典部のメンバーが「日常の謎」に挑む本作は、シリーズ化された。〇四年の『さよなら妖精』で注目され、ほろ苦い青春ミステリの書き手として支持されている。ほかに『ボトルネック』(〇六)、『インシテミル』(〇七)などがある。

米原万里
よねはらまり

一九五〇—二〇〇六。東京出身。ロシア語の同時通訳者として第一線で活躍するかたわら、九四年、エッセイ集『不実な美女か貞淑な醜女か』を発表。知的でユーモラスな筆致が人気を博した。『嘘つきアーニャの真っ赤な真実』(〇一)、小説『オリガ・モリソヴナの反語法』(〇二)などがある。

綿矢りさ
わたやりさ

一九八四—。京都出身。高校在学中に『インストール』(〇一)でデビュー。〇四年、『蹴りたい背中』で芥川賞を受賞。当時十九歳という年齢は、賞の最年少受賞記録を更新して話題となった。『勝手にふるえてろ』(一〇)、『かわいそうだね?』(一一)、『ひらいて』(一二)などがある。

演劇

演劇の改良 明治初期、文明開化の風潮にのって、**河竹黙阿弥**は古典歌舞伎の改良を試み、散切物・活歴物と呼ばれた。明治中期に、**坪内逍遙**(⇩p.306)は『**史劇論**』を著して『**桐一葉**』などを書き、**森鷗外**(⇩p.294)は西欧の演劇理念を輸入し、新史劇を上演して、歌舞伎に新風を吹き込んだ。

一方、自由民権運動の世相を反映して起こった壮士芝居や書生芝居は、歌舞伎(旧劇)に対して新派と呼ばれ、『**金色夜叉**』『**不如帰**』などの通俗小説を上演して、昭和に至るまで大衆を引きつけた。

新劇の出発 明治末期に、新劇が幕を開く。**坪内逍遙・島村抱月**らによる「文芸協会」と**森鷗外・小山内薫**らによる「自由劇場」である。どちらも西欧近代劇を多く翻訳し、上演した。

島村抱月 一八七一―一九一八。美学と哲学の研究の上に、創見に満ちた『新美辞学』を書く。欧州留学後、「早稲田文学」を主宰、自然主義評論を展開する。芸術座を設立し、イプセンの社会劇を上演。

小山内薫 一八八一―一九二八。イプセンに学んで近代演劇を確立しようとした。一九二四年の築地小劇場の設立にかかわり、『どん底』や『桜の園』などを演出。

創作戯曲 明治から大正にかけて、新しい演劇活動にふさわしい創作戯曲が生まれ始めた。**岡本綺堂**(一八七二―一九三九)の『**修禅寺物語**』、**木下杢太郎**(一八八五―一九四五)の『**和泉屋染物店**』、**菊池寛**(⇩p.323)の『**父帰る**』『**藤十郎の恋**』、**久保田万太郎**(一八八九―一九六三)の『**末枯**』などである。

カチューシャ 大正初期、逍遙の古典的傾向に飽き足りなかった抱月が、俳優松井須磨子と組んで「芸術座」を設立。トルストイの『復活』を上演し、劇中歌の「**カチューシャの歌**」が全国に流行した。「芸術座」から脱退した**沢田正二郎**らは、男性的な大衆演劇、「新国劇」を創立した。

演劇の実験室 関東大震災の後、小山内薫らは「築地小劇場」を創立した。**武者小路実篤**(⇩p.322)の『**愛慾**』、**藤森成吉**(一八九二―一九七七)の『**何が彼女をさうさせたか**』など、問題作を次々と上演し、「演劇の実験室」と呼ばれた。

また、歌舞伎の若手による新劇の「心座」が生まれたが、左翼化して解散し、「前進座」として再出発した。

▲築地小劇場とポスター

昭和前期 昭和に入ると、築地小劇場は分裂し、左翼的な「新協劇団」「新築地劇団」と、芸術派の「築地座」(のちに「文学座」が継承)とに生まれ変わった。それぞれの演劇理念のもとに、**久保栄**の『**火山灰地**』、**岸田国士**の『**紙風船**』、**田中千禾夫**(一九〇五―一九九五)の『**おふくろ**』、**真船豊**(一九〇二―一九七七)の『**鼬**』などが創作された。

久保　栄 一九〇〇―一九五八。築地小劇場文芸部に入り、のちに「日本プロレタリア演劇同盟」に参加。安易な社会主義リアリズムの移植を批判する。戯曲に『五稜郭血書』などがある。

岸田国士 一八九〇―一九五四。戯曲に『チロルの秋』『牛山ホテル』などがある。一九三七年、岩田豊雄らと文学座を創設した。

昭和中期 戦後は、歌舞伎・新派のほか、新劇では、「文学座」「俳優座」「民芸」などに加え、「ぶどうの会」「雲」「四季」、その他多様な劇団が生まれ、すぐれた作品が輩出した。**森本薫**の『**女の一生**』、**三好十郎**の『**炎の人**』、**木下順二**の『**夕鶴**』、**飯沢匡**の『**崑崙山の人々**』などがある。

森本　薫 一九一二―一九四六。文学座の座付き作者となり、『富島松五郎伝』の脚色(のちに『無法松の一生』として映画化)、『怒濤』『女の一生』などを執筆。

木下順二 一九一四―二〇〇六。『夕鶴』『風浪』など、戦後に次々と発表。平家物語に材をとった『子午線の祀り』で、戯曲文学の新生面を開拓したと評された。『夕鶴』は世界十か国に訳されている。

平成まで 昭和後期には、テレビが発達して、既成の劇団活動が伸び悩んだ。前衛演劇として、**寺山修司**の「**天井桟敷**」、**唐十郎**の「**状況劇場**」、それに**野田秀樹**の「**夢の遊眠社**」などが風俗的な関心をひいた。戯曲では、『**道元の冒険**』などの**井上ひさし**(⇩p.330)、『**熱海殺人事件**』などの**つかこうへい**(一九四八―二〇一〇)らが活躍している。

 尊敬ということがなければ、真の恋愛は成立しない。(フィヒテ、ドイツの哲学者、1762—1814) 相手の

詩

【新しい詩の提唱】近代詩は、まず明治初期の西洋詩模倣から始まった。外山正一（一八四八—一九〇〇）らによる『新体詩抄』が、作品は未熟ながらも、韻文改良運動の第一歩となった。

【浪漫詩】一八八九年（明治二二）に森鷗外（⇩p.294）らの流麗な訳詩集『於母影』が刊行されると、その新しい詩形が清新な思想や感情のうつわとなることを人々に期待させた。そして、一八九七年（明治三〇）、島崎藤村（⇩p.305）の第一詩集『若菜集』が刊行され、みずみずしい自我のめざめをうたったその作品は、近代叙情詩の先駆けとなった。また、雑誌「明星」や「文庫」の詩人が世に出た。格調の高い理想をうたった土井晩翠（一八七一—一九五二）の『天地有情』や、与謝野鉄幹（一八七三—一九三五）の『東西南北』、薄田泣菫（一八七七—一九四五）の『ゆく春』などがあった。

【象徴詩】一九〇五年（明治三八）、上田敏（一八七四—一九一六）が、翻訳詩集『海潮音』によって、フランスの高踏派・象徴派の詩を紹介した。その影響で、蒲原有明（一八七六—一九五二）の『有明集』や、薄田泣菫の『白羊宮』などが生まれ、三木露風（一八八九—一九六四）の『廃園』に至って、日本の象徴詩は完成したとされた。

【耽美派】一方、雑誌「スバル」に拠って、新しい感覚と耽美的な情緒をうたう、新浪漫主義の詩が人々に迎えられた。北原白秋（⇩p.348）の『邪宗門』、木下杢太郎（一八八五—一九四五）の『食後の唄』などである。

【理想主義】明治末期から、自然主義の影響を受けて、口語自由詩の運動が起こっていた。大正期の初め、高村光太郎（⇩p.348）は、白樺派の影響のもとに、理想主義的傾向の詩を作り、『道程』によって、口語自由詩の推進に大きな力を果たした。理想主義の詩人として、ほかに『自分は見た』の千家元麿（一八八八—一九四八）、『聖三稜玻璃』の山村暮鳥（一八八四—一九二四）、『抒情小曲集』の室生犀星（⇩p.349）らがあった。

一方、大正デモクラシーのもと、口語自由詩によって詩を大衆のものにしようとする百田宗治（一八九三—一九五五）らの民衆詩派が起こった。

【近代詩の完成】萩原朔太郎（⇩p.349）は『月に吠える』『青猫』などによって、近代の憂愁と孤独を、すぐれた音楽性をもって表現し、日本近代詩の確立者と評価された。

【大正末の新風】永井荷風（⇩p.307）がフランス近代詩を独自の感覚と表現で翻訳した『珊瑚集』は、堀口大学（一八九二—一九八一）らに大きな影響を与えた。大学は、フランス象徴詩などを訳詩集『月下の一群』で紹介し、自身も『月光とピエロ』などの作品を発表して、詩壇に新風を起こした。日夏耿之介（一八九〇—一九七一）は、ゴシック・ロマン詩体と称する、高踏的・神秘的な作風を『黒衣聖母』などで示した。西条八十（一八九二—一九七〇）は『砂金』などで、ロココ風の幻想的な美しさをうたった。

▲朔太郎自筆の絵はがき

【昭和初期の混乱】昭和初期までは、モダニズムの試みとして、未来主義・ダダイズム・超現実主義などが雑然と起こり、プロレタリア文学の一環としての作詩活動もあった。しかし、十分に成熟したものとはいえず、わずかに高橋新吉（一九〇一—一九八七）の『ダダイスト新吉の詩』が世の関心を集めた。

【「詩と詩論」】一九二八年（昭和三）、雑誌「詩と詩論」が発刊、芸術派の詩人たちが、詩の純粋性を取り返し、主知的な詩法を実践するために結集した。『三半規管喪失』の北川冬彦（一九〇〇—一九九〇）、『軍艦茉莉』の安西冬衛（一八九八—一九六五）、『月の出る町』の春山行夫（一九〇二—一九九四）、『測量船』の三好達治（⇩p.350）、『若いコロニイ』の北園克衛（一九〇二—一九七八）、『黄蜂と花粉』の竹中郁（一九〇四—一九八二）、『体操詩集』の村野四郎（⇩p.351）、『帆・ランプ・鷗』の丸山薫（一八九九—一九七四）、『Ambarvalia』の西脇順三郎（一八九四—一九八二）など、その後の昭和詩形成の基幹をなす人々であった。

【「四季」派】「詩と詩論」で新しい詩の洗礼を受けた人たちは、各自の個性に従って進路を決めていった。三好達治らは雑誌「四季」（一九三三年創刊）によって、主知派やプロレタリア派から離れた、新しい叙情派を結成した。『山羊の歌』の中原中也（⇩p.350）、『萱草に寄す』の立原道造（一九一四—一九三九）らがいる。

「四季」よりやや硬質な叙情詩をめざした雑誌に「コギト」（一九三二年刊）があり、『わがひとに与ふる哀歌』の伊東静雄(一九〇六―一九五三)らがいた。

【歴程派】詩誌「歴程」(一九三五年創刊)は一党一派に片寄らず、詩そのものの創造をめざして、各人の個性を伸ばそうとするものであった。『第百階級』の草野心平(⇩p.351)を中心として、『鮫』の金子光晴(⇩p.351)など多様な詩人が集まった。

【戦後詩から現代詩へ】戦後、荒廃した風土の中に人間性の回復をめざし、「詩は破滅に抗する精神の存在証明である」として「荒地」派が活動した。鮎川信夫(一九二〇―一九八六)、田村隆一(⇩p.352)、黒田三郎(⇩p.352)、吉本隆明らがいる。また、社会主義の立場から前衛詩の方向をめざす「列島」派があった。関根弘、長谷川龍生、菅原克己、安東次男らがいる。

「歴程」には、以前と同じく個性的な詩人が集まった。山本太郎、宗左近、安西均、会田綱雄、那珂太郎らがいる。

叙情詩は、「地球」「櫂」「氾」「貘」などのグループの詩人によって推進された。秋谷豊、谷川俊太郎(⇩p.353)、川崎洋、大岡信(⇩p.237)、茨木のり子(⇩p.353)、吉野弘(⇩p.352)、新川和江らである。

女性の進出が盛んになったのも、昭和後期の特色である。前記のほかに、石垣りん(⇩p.353)、三井ふたばこ、高田敏子、高良瑠美子、富岡多恵子、白石かずこ、吉原幸子らが主な詩人としてあげられる。

【言語詩派】安保闘争の時期に、新世代の詩人たちが現れる。彼らは、言語の意味を解体し、詩的言語の自立をはかる、言語至上主義の傾向を特色とした。長田弘、三木卓、鈴木志郎康、吉増剛造、吉岡実、中江俊夫らである。彼らは現代詩の重要な指標を打ち立てたが、その一面で、言葉の日常的な意味や論理を否定し、難解なイメージを構成しがちで、一般の読者を現代詩から遠ざける状況を作ったといえる。

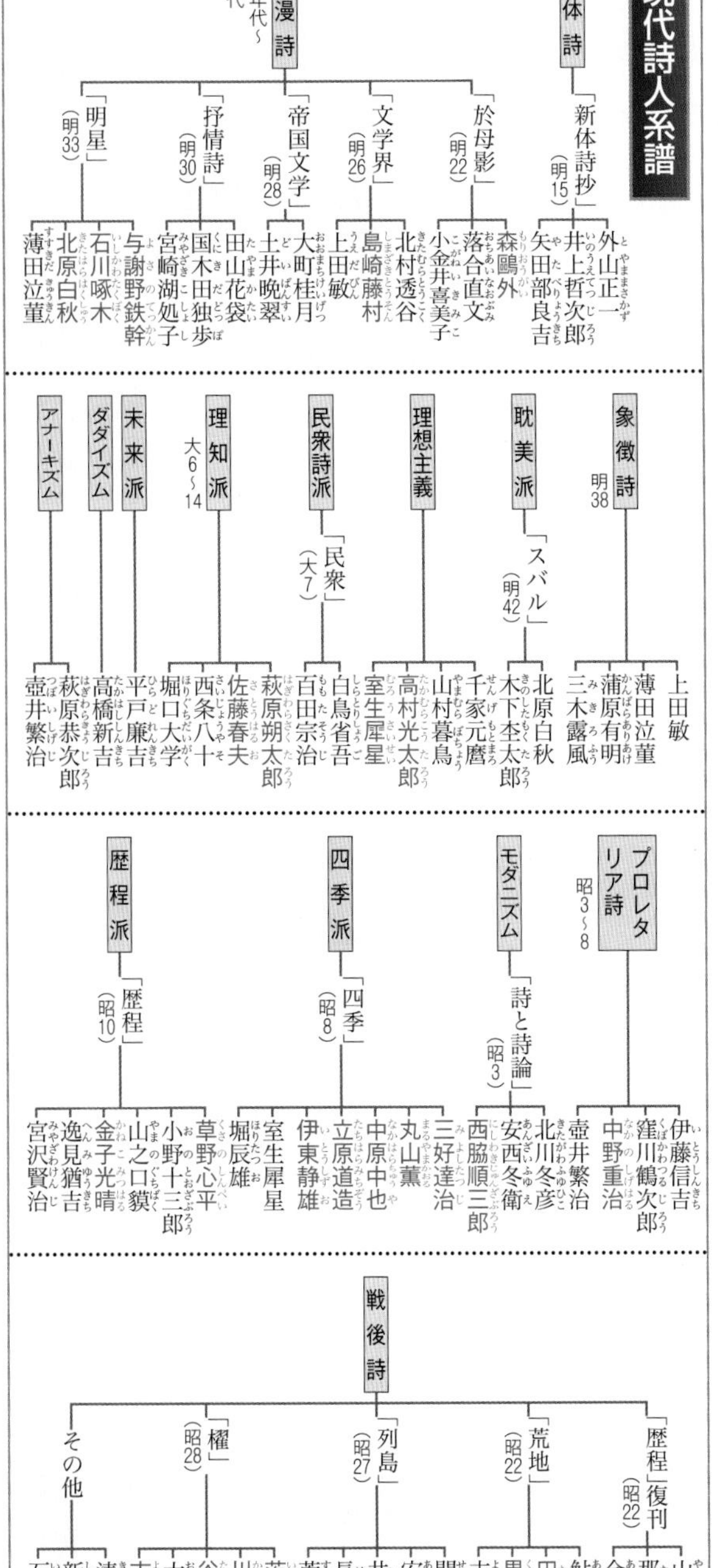

◆世界の名言　苦悩を突き抜けて歓喜に至れ。(ベートーベン、ドイツの作曲家、1770―1827)　病気・貧窮と悩みが絶え

きたはら はくしゅう

北原白秋

一八八五(明一八)—一九四二(昭一七)　耽美派・浪漫主義

西暦年号	年	事項
一八八五 明治18	0	一月二十五日誕生。
一九〇四 37	19	中学を中退、上京して早大英文科予科に入学。
一九〇六 39	21	「明星」に詩歌を発表。
一九〇九 42	24	「スバル」創刊。『邪宗門』刊行。
一九一一 44	26	『思ひ出』刊行。「朱欒(ザンボア)」創刊。
一九一三 大正2	28	『桐の花』刊行。福島俊子と結婚(のち離婚)。
一九一六 5	31	江口章子と結婚(のち離婚)。
一九一八 7	33	「赤い鳥」創刊に協力。
一九二一 10	36	佐藤菊子と結婚。
一九三五 昭和10	50	「多磨」創刊。
一九三七 12	52	眼底出血を病む。
一九四二 17	57	十一月二日死去。

◆言葉の魔術師

詩・短歌・童謡に才能を発揮。明治から昭和まで活躍した比類なき総合詩人。

一八八五年、福岡に生まれる。本名は隆吉。酒造業を営む旧家の長男として柳川で幼少期を過ごす。中学時代に白秋の号で詩歌を雑誌に投稿、詩才を認められる。中学中退後、早稲田の予科に進むと、同級に牧水・善麿がいた。

一九〇六年、与謝野鉄幹の誘いにより「明星」に詩歌を発表、新進の第一人者と目された。一九〇八年、「パンの会」を創設、耽美派文学を起こし、「スバル」に参加。処女詩集『邪宗門』を刊行、新しい象徴詩風を開いた。

また叙情詩集『思ひ出』を刊行、名声を確立した。一九一三年、第一歌集『桐の花』を刊行、新鮮な感覚で歌人としての位置を定めた。その後、鈴木三重吉の「赤い鳥」に協力、童謡運動を起こした。一九三五年、「多磨」を創刊し、「新幽玄」「新象徴」を唱え、歌壇に影響を与えた。晩年視力を失い、五十七歳で死去した。

邪宗門［詩］　一九〇九年刊。異国情緒と頽唐美にあふれた感覚詩・官能詩百二十編。

思ひ出［詩］　一九一一年刊。柳川の風物を背景に、幼少年時代の感情をうたった百九十編。

たかむら こうたろう

高村光太郎

一八八三(明一六)—一九五六(昭三一)　耽美派・理想主義

西暦年号	年	事項
一八八三 明治16	0	三月十三日誕生。
一八九七 30	14	東京美術学校予科に入学。翌年本科に進む。
一九〇〇 33	17	鉄幹の新詩社に入る。
一九〇二 35	19	東京美術学校卒業。
一九〇六 39	23	米・英・仏に外遊。
一九〇九 42	26	帰国。「パンの会」「スバル」に参加。
一九一四 大正3	31	長沼智恵子と結婚。『道程』刊行。
一九二三 12	40	『猛獣篇』の詩作。
一九三八 昭和13	55	智恵子死去。
一九四一 16	58	『智恵子抄』刊行。
一九四五 20	62	花巻市に疎開。
一九五〇 25	67	『典型』刊行。
一九五六 31	73	四月二日死去。

▶光太郎作「うそ鳥」

◆口語自由詩の推進者

退廃美から智恵子との出会いを経て愛の美へ。自身の戦争責任を追及。

一八八三年、東京に生まれる。彫刻家、高村光雲の長男で、自らも彫刻に親しんだ。東京美術学校在学中、「明星」に短歌を発表。また、ロダン作品に熱中した。一九〇六年から三年余り、米・英・仏に学び、文化的衝撃を受けた。帰国後、彼を取り巻く封建的社会との戦いに疲れ、デカダンスに身をゆだねた。その思いは「スバル」の詩に表現された。

長沼智恵子との運命的な出会いにより、浄化された健全な生活感覚による詩が生まれた。一九一四年、『道程』を刊行、智恵子と結婚。一九三一年ごろ、智恵子の精神的異常で、悲劇の時期を迎え、智恵子への思いは、『智恵子抄』に結晶した。

戦争に協力的態度をとったが、敗戦直前に岩手県花巻市に疎開してからは、自らの戦争責任を追及し続けた。晩年、その成果を『典型』に結実させ、七十三歳で死去した。

道程［詩］　一九一四年刊。詩七十五編、小曲三十二編。智恵子によって再生する精神の軌跡。

智恵子抄［詩］　一九四一年刊。詩二十九編、短歌六首、散文三編。純一無垢の愛を求めた詩。

なるべきものとして述べた言葉。功利主義を要約した名言。

はぎわら さくたろう

萩原朔太郎

一八八六(明一九)—一九四二(昭一七) 芸術派

西暦年号	年	事項
一八八六 明治19	0	十一月一日誕生。
一九〇〇 33	14	前橋中学に入学。
一九〇七 40	21	熊本の五高英文科入学。
一九〇八 41	22	岡山の六高に転校。
一九一〇 43	24	慶応大に籍を置く。
一九一三 大正2	27	「朱欒(ザンボア)」に詩を発表。
一九一六 5	30	犀星(さいせい)と「感情」を創刊。
一九一七 6	31	『月に吠(ほ)える』を刊行。
一九一九 8	33	上田稲子と結婚。
一九二三 12	37	『青猫』を刊行。
一九二五 14	39	家族と上京。『純情小曲集』を刊行。
一九二九 昭和4	43	稲子と離婚。
一九三四 9	48	『氷島』を刊行。
一九三八 13	52	大谷美津子と結婚。『日本への回帰』刊行。
一九四二 17	55	五月十一日死去。

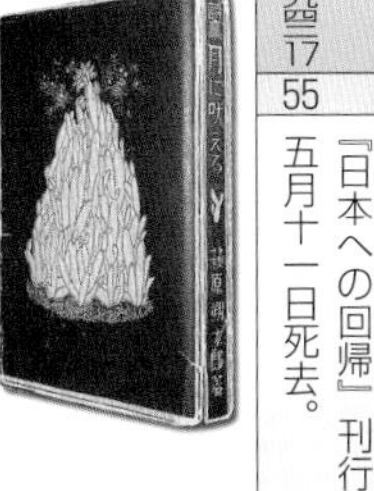

◆日本近代詩の確立者

口語自由詩を芸術的に完成。病的な神経と、孤独・倦怠を鋭い感受性で表現。

一八八六年、群馬に生まれる。前橋中学在学中に文学に目覚め、「文庫」「明星」などに短歌を投稿。中学卒業後、五高、六高、慶応大に入学したが、どれも長続きせず、二十五歳ころから西洋音楽に熱中した。

一九一三年、白秋(はくしゅう)主宰の「朱欒(ザンボア)」に詩が掲載され、詩壇に出た。同じ号に掲載されていた室生犀星(むろうさいせい)の「小景異情」に感激、彼と詩誌「感情」を創刊し、新風を送りながら、独自の詩境を開拓したのが、第一詩集『**月に吠(ほ)える**』である。一九二三年には、新風の詩をまとめて『**青猫(あおねこ)**』を刊行、「日本口語詩の真の完成者」という不動の評価を得た。

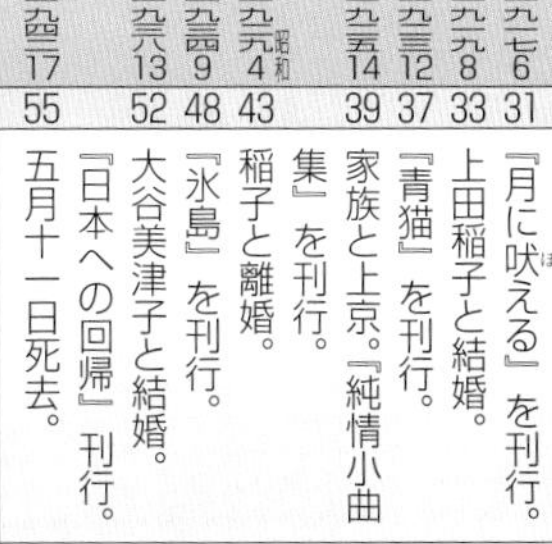

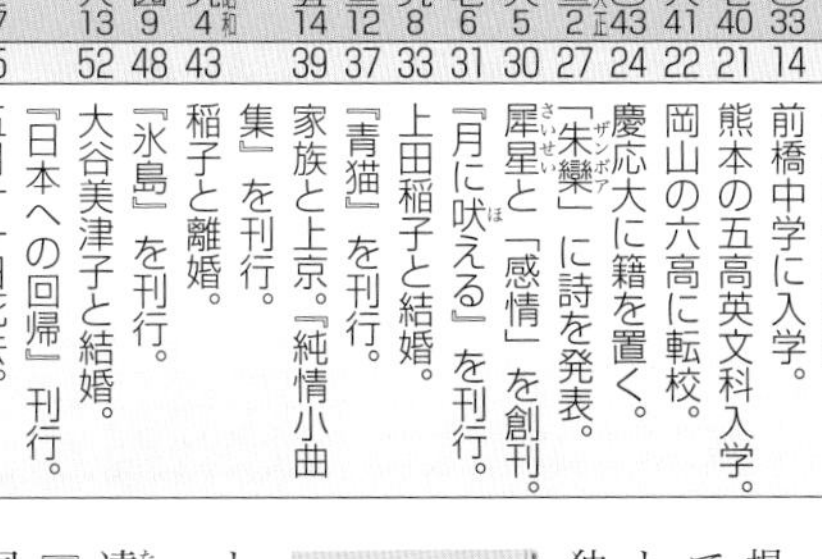

一九二五年、上京し、芥川龍之介(あくたがわりゅうのすけ)や三好達治(みよしたつじ)など多くの文人と交際。『**氷島(ひょうとう)**』以後は、『**日本への回帰**』など評論を中心に、「四季」同人と活発な文学活動をしたが、一九四二年、五十五歳で病死した。

月に吠(ほ)える 詩 一九一七年刊。第一詩集。五十四編の詩を収める。感覚的表現に特色あり。

青猫(あおねこ) 詩 一九二三年刊。第二詩集。詩五十五編、散文一編を収める。ダルな趣がある。

むろう さいせい

室生犀星

一八八九(明二二)—一九六二(昭三七) 理想主義・叙情的ロマン派

西暦年号	年	事項
一八八九 明治22	0	八月一日誕生。
一九〇二 35	13	金沢高等小学校を三年で中退し、金沢地方裁判所に勤務。
一九一〇 43	21	上京。以後、帰郷と上京を繰り返す。
一九一六 大正5	27	「感情」を創刊。
一九一八 7	29	『愛の詩集』『抒情小曲集』。浅川とみ子と結婚。
一九一九 8	30	『幼年時代』『性に眼覚(めざ)める頃(ころ)』
一九三四 昭和9	45	『あにいもうと』
一九五七 32	68	『杏(あんず)っ子』『随筆女ひと』
一九五九 34	70	『蜜(みつ)のあはれ』『かげろふの日記遺文(いぶん)』
一九六二 37	72	三月二十六日死去。

◆新しい日本叙情詩

生母への思慕から詩心を養い、望郷・愛などを叙情的にうたう。小説でも活躍。

一八八九年、石川に生まれる。本名は照(てる)道。出生の事情から生後すぐに雨宝院住職の室生真乗、内妻赤井ハツに預けられた。九歳で実父は死亡、生母は行方不明。高等小学校を中退したころから俳句や詩を雑誌等に投稿。

一九一〇年に上京。以後、東京と金沢の往復を繰り返す。「**小景異情**」の絶唱が生まれ、それが縁で萩原朔太郎(はぎわらさくたろう)を知り、詩誌「感情」等を創刊。『**愛の詩集**』『**抒情(じょじょう)小曲集**』を刊行して詩壇に新風を巻き起こした。

一九一九年、小説に転じ、叙情詩的な『**幼年時代**』『**性に眼覚(めざ)める頃(ころ)**』などを発表、一九三四年には、本格的な『**あにいもうと**』を発表した。戦後は、小説『**杏(あんず)っ子**』で読売文学賞、『**かげろふの日記遺文(いぶん)**』で野間文芸賞を受賞、七十二歳で病死した。

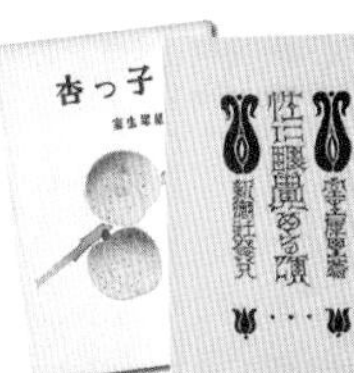

愛の詩集 詩 一九一八年刊。第一詩集。詩五十編、散文一編。幸福や愛のテーマが多い。

抒情(じょじょう)小曲集 詩 一九一八年刊。第二詩集。詩九十四編を収める。広く愛唱されている。

詩人

なかはら ちゅうや

中原中也

一九〇七（明四〇）―一九三七（昭一二）　四季派

倦怠と悲哀をうたった詩人

平明な言葉と自在な韻律で、生への倦怠や虚無観を表現。

西暦年号	年	事項
一九〇七 明治40	0	四月二十九日誕生。
一九二〇 大正9	13	山口中学に入学。
一九二三 12	16	京都立命館中学に転校。
一九二四 13	17	長谷川泰子と同棲。
一九二五 14	18	上京。泰子が小林秀雄のもとへ去る。
一九二九 昭和4	22	同人誌「白痴群」創刊。
一九三一 6	24	東京外語専修科に入学。
一九三三 8	26	上野孝子と結婚。
一九三四 9	27	『山羊の歌』刊行。
一九三五 10	28	「四季」「歴程」の同人となる。
一九三六 11	29	長男文也死去。
一九三七 12	30	千葉の精神病院に入院。その後、鎌倉に転居。『在りし日の歌』編集。十月二十二日死去。

一九〇七年、山口に生まれる。山口中学に在学中から短歌に才能を示す。一九二三年、落第を機に京都の立命館中学に転校。『ダダイスト新吉の詩』を読んで共鳴した。富永太郎を知り、長谷川泰子と同棲する。

一九二五年に上京、小林秀雄らを知り、ランボーやヴェルレーヌなどの影響を受け、象徴派風の詩風を形成する。泰子が秀雄のもとへ去った事件で深い心の傷を受けた。

一九二九年、大岡昇平らと同人誌「白痴群」を創刊する。一九三三年、上野孝子と結婚。翌年、第一詩集『**山羊の歌**』を刊行。このころから、「四季」「歴程」の同人となる。

一九三六年、長男文也を失った悲しみから、神経衰弱に悩み、鎌倉に転居、山口に帰ることを考えながら、『**在りし日の歌**』を編集。一九三七年に三十歳で病死した。

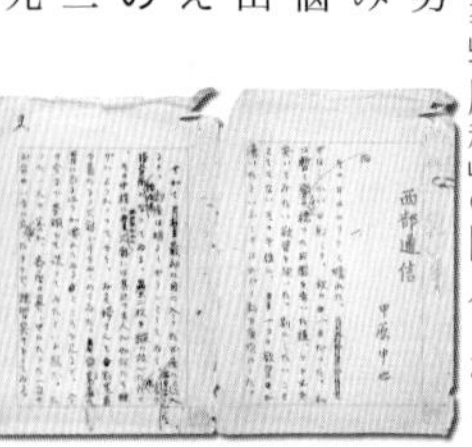
▶自筆原稿

山羊の歌 詩　一九三四年刊。第一詩集。苦悩する魂をうたう青春譜。四十四編。

在りし日の歌 詩　一九三八年刊。死後、小林秀雄によって出版。五十八編。

みよし たつじ

三好達治

一九〇〇（明三三）―一九六四（昭三九）　四季派

昭和詩壇の主流を形成

知性と伝統的感性の上に新しい叙情性を回復。叙情と風刺・批評精神の融合。

西暦年号	年	事項
一九〇〇 明治33	0	八月二十三日誕生。
一九一三 大正2	13	大阪府立市岡中学入学。
一九一五 4	15	大阪陸軍幼年学校入学。
一九二一 10	21	陸軍士官学校退学。
一九二二 11	22	三高文科に入学。
一九二五 14	25	東大仏文科に入学。
一九三〇 昭和5	30	『測量船』を刊行。
一九三四 9	34	佐藤智恵子と結婚。「四季」（二次）を創刊。
一九三九 14	39	『艸千里』を刊行。
一九四四 19	44	福井県に疎開。離婚し萩原アイと結婚。
一九四九 24	49	上京。
一九五二 27	52	『駱駝の瘤にまたがって』刊行。（芸術院賞）
一九六二 37	62	芸術院会員。
一九六四 39	63	四月五日死去。

一九〇〇年、大阪に生まれる。一九二五年、東大仏文科に入学。大学では、小林秀雄など多くの文人を知り、同人誌「青空」「椎の木」に参加。東大卒業後、「詩と詩論」の創刊に参加、ボードレールの散文詩集『巴里の憂鬱』の全訳を刊行した。

一九三〇年、第一詩集『**測量船**』を刊行、高い評価を得る。三四年、佐藤智恵子と結婚。堀辰雄らと詩誌「**四季**」を創刊、のちに多くの同人を加え、四季派と呼ばれるグループを形成した。三九年、『**艸千里**』を刊行。

一九四四年、福井県に疎開。智恵子と離婚し、萩原アイと結婚するが、翌年離婚。

一九五二年、『**駱駝の瘤にまたがって**』で芸術院賞を受ける。のち、芸術院会員。六三年には、詩人論『**萩原朔太郎**』を刊行。一九六四年、六十三歳で死去した。

測量船 詩　一九三〇年刊。叙情典雅な詩風と西欧象徴詩風からなる三十九編。

駱駝の瘤にまたがって 詩　一九五二年刊。第二十詩集。作者晩年の代表的詩集。

ァルガー海戦のとき、旗艦ビクトリー号に掲げた信号の文句。

草野心平

くさの しんぺい

一九〇三(明三六)―一九八八(昭六三)

◆庶民の意識を描いた詩人

一九〇三年、福島に生まれる。慶応普通部中退。二一年に中国広州に渡り、嶺南大学に学んだころから詩作を始め、一九二五年、詩誌「銅鑼」を創刊。帰国後、詩誌「学校」を創刊。一九二八年、第一詩集『第百階級』を刊行。前衛的な詩的アナーキストとしての面目を示した。

三一年、転居していた前橋市から上京、三五年、中原中也らと詩誌「歴程」を創刊。三八年、詩集『蛙』を刊行。四〇年、中国南京に赴き、敗戦により帰国。四七年、「歴程」を復刊、詩人たちの自由な大グループとなった。

草野心平詩集
第百階級 西暦
千九百貳拾八
年 銅鑼社刊行

四八年、『定本蛙』を刊行、集大成された蛙の詩により第一回読売文学賞を受賞。モリアオガエルについての文章が機縁となって、六〇年には福島県川内村の名誉村民に推され、のち、同村に天山文庫が建設された。数多くの詩集のほかに、童話集・評論もあり、光太郎や賢治の紹介者としての功績も大きい。八七年、文化勲章を受章。一九八八年、八十五歳で死去した。

第百階級 詩 一九二八年刊。四十五編を収める。「蛙」の詩人としての出発点を示す詩集。

定本蛙 詩 一九四八年刊。生命力の賛美とアナーキスティックな感情を蛙に託した四十九編。

金子光晴

かねこ みつはる

一八九五(明二八)―一九七五(昭五〇)

◆異邦人の眼で権力に抵抗

一八九五年、愛知に生まれる。本名は保和。生家は大鹿姓だが、三歳のとき養子縁組によって金子姓となる。早大英文科、東京美術学校、慶大英文科をいずれも中退。一九一六年ごろから詩作を始め、一九年、『赤土の家』を刊行、美術商に連れられて渡欧。帰国して二三年、フランス象徴詩の影響を受けた『こがね虫』で詩壇に登場。一九二四年、森三千代と恋愛の末結婚。

二八年から四年間、妻と東南アジアからヨーロッパまで放浪して、詩人として大きく成長。三七年に刊行した『鮫』は、当時世界を支配していた帝国主義を徹底したリアリズムで批判し、注目された。戦時中は主として抵抗と反戦の詩を書き続け、戦後それらの詩を収めた『落下傘』『蛾』などを刊行し、反戦詩人として有名になる。五三年、『人間の悲劇』を刊行し、読売文学賞を受賞。六五年、『IL』で歴程賞受賞。詩の翻訳や小説・評論など、多数の著作がある。一九七五年、八十歳で死去。

鮫 詩 一九三七年刊。七編の詩を収める。軍事支配の重圧に対する抵抗を示す昭和期の代表作。

落下傘 詩 一九四八年刊。二十四編を収める。戦時中の抵抗詩の悲痛な叫びが定着している。

村野四郎

むらの しろう

一九〇一(明三四)―一九七五(昭五〇)

◆実存的思考のモダニスト

一九〇一年、東京に生まれる。慶応大学在学中に井泉水の「層雲」で自由律俳句を作る。その後詩作に転じ、二六年に川路柳虹の「炬火」同人となり、第一詩集『罠』を刊行。

一九二七年、大学卒業と同時に理研コンツェルン本社に入社、のちに理研電解工業の社長となる。文学と実業を両立させ、多くの詩誌に参加して詩作を続けたが、特にドイツ文学の影響を受け、「新即物性文学」を創刊。その成果である『体操詩集』を三九年に刊行し、文芸汎論詩集賞受賞。モダニストの立場を明確に示した。

戦後は「現代詩」「GALA」「季節」の同人を経て実存的思考を深める独自の詩の道を歩み、一九五九年、『亡羊記』で読売文学賞を受賞。さらに『蒼白な紀行』『芸術』と深まっていく。また、日本現代詩人会を設立し、会長を二期務めるなど新人の育成に尽力し、戦後の詩壇に大きく寄与した。一九七五年、七十四歳で死去。

体操詩集 詩 一九三九年刊。スポーツの題のついた十九編。スポーツする人間を即物的に表現。

亡羊記 詩 一九五九年刊。四十二編を収める。現代の人間が見失いがちな事物の真相を追う。

黒田三郎

くろだ さぶろう　一九一九(大八)―一九八〇(昭五五)

◆小市民の生活感情を表現

一九一九年、広島に生まれる。七高在学中、北園克衛の「VOU」に参加、詩作を始める。四〇年、東大経済学部に入学、ニーチェやドストエフスキーなどに熱中する。卒業後、南洋興発株式会社に入社、ジャワ島に赴任。

四六年、敗戦により帰国し、上京、日本放送協会に入局。翌年、鮎川信夫らと詩誌「**荒地**」を創刊。四八年、結核の診断を受け、治療を続ける。多菊光子と結婚。五一年、長女ユリ誕生。五四年、第一詩集『**ひとりの女に**』を刊行、H氏賞を受ける。

翌年、妻光子が結核のため入院、長女ユリの世話をしながらの生活が続く。この生活に題材を求めたのが第四詩集『**小さなユリと**』(一九六〇)である。その後、「歴程」に参加、日本現代詩人会の理事長に就任、日本放送協会中央研修所教授、「詩と批評」創刊、「詩人会議」運営委員長になるなどの活躍をした。小市民の生活感情を平明な言葉でうたい、戦後詩人中最も幅広い読者を持つ。一九八〇年、六十一歳で死去。

ひとりの女に 詩　一九五四年刊。十一編収める。妻光子との恋愛体験に基づく代表的恋愛詩集。

小さなユリと 詩　一九六〇年刊。十二編収める。父と娘の心の交感を平明な日本語でうたう。

田村隆一

たむら りゅういち　一九二三(大一二)―一九九八(平一〇)

◆文明批判的主題を追求

一九二三年、東京に生まれる。府立三商時代、同級の北村太郎らと詩作を始め、当時のモダニズム系の詩誌「新領土」「LE・BAL」などに参加。四一年、明治大文芸科に入学、小林秀雄らに学ぶ。四三年、学徒動員で海軍に入隊。敗戦後、黒田三郎らと「**荒地**」を創刊。その後、年刊「荒地詩集」を創刊し、旺盛な詩作活動を続けた。五六年、第一詩集『**四千の日と夜**』を刊行。その悲劇的な観念詩によって詩壇の注目を集めた。

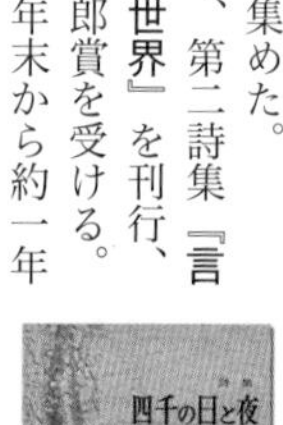

六二年、第二詩集『**言葉のない世界**』を刊行、高村光太郎賞を受ける。六七年、年末から約一年間、米国に滞在。帰国後、しばらく季刊誌「都市」の編集に当たる。七三年、文明批評的な一貫した主題の追求と体験的に身につけた自然観とを一体化した詩集『**新年の手紙**』を刊行。八四年、詩集『**奴隷の歓び**』で読売文学賞を受賞。その他の詩集に『**死語**』『**陽気な世紀末**』などがあり、『**若い荒地**』をはじめとする評論集・エッセイ集なども多い。一九九八年死去。七十五歳。

四千の日と夜 詩　一九五六年刊。二十三編を収録。現代文明への危機意識に貫かれた第一詩集。

新年の手紙 詩　一九七三年刊。二十九編を収める。アフォリズムを十分に効かせた簡潔な文体。

吉野　弘

よしの ひろし　一九二六(大一五)―二〇一四(平二六)

◆人間への共感と批評精神

一九二六年、山形に生まれる。四二年、酒田商業学校を戦争のため繰り上げ卒業。翌年、酒田市内の石油会社に入社。四四年、徴兵検査合格、翌年入隊日の五日前に敗戦、大きな衝撃を受ける。戦後、労働組合運動に従事、五〇年、肺結核に倒れ、三年間の療養生活を送る。そのころから詩作を始め、「保健同人」「詩学」へ投稿。五三年、同人誌「**櫂**」に参加。五七年、自家版のガリ版刷り詩集『**消息**』を出版。秀作「**I was born**」が含まれている。

五九年、『**幻・方法**』を出版。七一年、『**感傷旅行**』を刊行、読売文学賞を受ける。八九年、『**自然渋滞**』を刊行、詩歌文学館賞を受賞。その他の詩集に『**北入曽**』『**叙景**』『**陽をあびて**』、詩論集・エッセイ集に『**詩への通路**』『**現代詩入門**』『**遊動視点**』などがある。戦後の現実の中で、社会的疎外にさらされる人々を冷徹な批評精神とともに、優しい眼差しで見つめ、日常的な語法と、緊密な構成で表現した詩に特色がある。二〇一四年死去。八十七歳。

幻・方法 詩　一九五九年刊。三十八編収録。「夕焼け」など人間への愛情が根底に流れる。

感傷旅行 詩　一九七一年刊。第四詩集。五十四編収録。社会派の詩、新しい認識を発見する詩。

軍がみじめな総退却をしたときの言葉。

石垣りん

いしがき りん 一九二〇(大九)—二〇〇四(平一六)

◆洞察とユーモアの視線

一九二〇年、東京に生まれる。幼時に生母、祖母を相次いで亡くし、嫁いできた義母二人も亡くなるという環境にあって、死を非常に恐れ、自分も三十歳まで生きられるか不安に思っていたという。高等小学校に通うころから詩に興味を持ち、詩を書いて作文の時間に提出していた。卒業後、十五歳で銀行に就職し、七五年の定年まで勤め上げた。四三年に女性だけの詩誌「断層」を創刊するが、戦争激化のため、やがて廃刊。空襲で家屋が全焼し、病気の祖父、半身不随の父、義母、病弱な弟二人の生活を彼女一人で支えなければならなかった。戦後は年刊「銀行員の詩集」に詩を発表。働く女性として養った社会批判と現実洞察の目を通して、等身大の詩を書き続けていた。五九年に第一詩集『**私の前にある鍋(なべ)とお釜(かま)と燃える火と**』を刊行。六六年刊の第二詩集『**表札など**』でH氏賞、七一年刊の『**石垣りん詩集**』で田村俊子賞、七九年刊の『**略歴**』で地球賞を受賞。エッセイに『**ユーモアの鎖国**』『**焔(ほのお)に手をかざして**』などがある。二〇〇四年、八十四歳で死去。

表札など 詩 三十七編を収める。なにげない身近なものに生活の悲しみを見いだす。

茨木のり子

いばらぎ のりこ 一九二六(大一五)—二〇〇六(平一八)

◆平明な叙情で現代批判

一九二六年、大阪に生まれる。本姓は三浦。四二年、上京して帝国女子薬専(現東邦大学薬学部)に入学。四六年に卒業。その前後、読売新聞第一回戯曲募集で佳作となる。また、童話二編がNHKラジオで放送される。そのころから劇作に志すが、四九年、医師三浦安信と結婚した後は、主として詩を書く。戯曲の台詞(せりふ)が十分に生きていないことを感じたためである。

五〇年から「詩学」へ投稿、村野四郎の選を受ける。五三年には同じ投稿仲間である川崎洋(かわさきひろし)と同人誌「櫂(かい)」を創刊。その後、谷川・吉野・大岡など有力な詩人たちを同人に加えてゆく。

詩集に『**対話**』『**見えない配達夫**』『**鎮魂歌**』『**人名詩集**』『**自分の感受性くらい**』などがあり、詩論集・エッセイ集に『**言(こと)の葉(は)さやげ**』『**詩のこころを読む**』などがある。九一年、『**韓国現代詩選**』で読売文学研究・翻訳賞を受賞。平明な叙情の中に、現実感覚や社会意識を表現している。二〇〇六年死去。七十九歳。

▶自分の感受性くらい

見えない配達夫 詩 一九五八年刊行。『わたしが一番きれいだったとき』など二十八編収録。

鎮魂歌 詩 一九六五年刊行。父親への挽歌(ばんか)『花の名』『私のカメラ』『鯛(たい)』などを含む。

谷川俊太郎

たにかわ しゅんたろう 一九三一(昭六)—

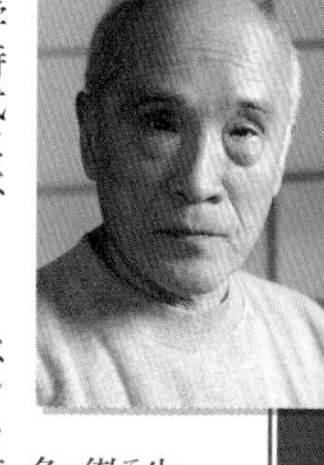

◆新しい叙情詩の出現

一九三一年、東京に生まれる。哲学者谷川(たにかわ)徹三(てつぞう)とピアニストの母多喜子(たきこ)の一人息子。中学時代にベートーベンを聴き、感動して生に目を開く。十八歳ごろから詩を書き始めた。

五〇年に豊多摩高校を卒業したが、大学進学の意志は全くなく、三好達治(みよしたつじ)の紹介で「文学界」に「**ネロ他五篇**」を発表、新進詩人として脚光を浴びた。五二年、第一詩集『**二十億光年の孤独**』を刊行。新しい叙情詩の出現として注目された。翌年、川崎洋・茨木(いばらぎ)のり子が創刊した詩誌「**櫂(かい)**」に参加。

詩集に『**六十二のソネット**』『**あなたに**』『**落首九十九**』『**ことばあそびうた**』『**定義**』『**真っ白でいるよりも**』など多数。詩以外にも、随筆・童話・絵本・脚本・作詞・翻訳など、幅広く活躍している。一九七五年、訳詩集『**マザー・グースのうた**』で日本翻訳文化賞、一九八二年に詩集『**日々の地図**』で読売文学賞を受けた。

二十億光年の孤独 詩 一九五二年刊。第一詩集。十代の清新な詩作五十編は高く評価された。

六十二のソネット 詩 一九五三年刊。第二詩集。青年のもつ生命力が美しく言葉に結晶している。

 荘厳(そうごん)から滑稽(こっけい)へは一歩でしかない。(ナポレオン、フランスの皇帝、1769—1821) 1812年冬、ロシア遠征

主な詩人

鮎川信夫（あゆかわ のぶお）
一九二〇―一九八六。東京出身。多様なテーマと幅広い感覚で詩と詩論を展開、詩誌「荒地」(四七創刊)の指導的地位にあった。『鮎川信夫詩集』(五五)、『鮎川信夫詩論集』(六四) などがある。

安西冬衛（あんざい ふゆえ）
一八九八―一九六五。奈良出身。一九年、中国の大連に渡った。「詩と詩論」同人となり、詩集『軍艦茉莉』(二九)、『亜細亜の鹹湖』(三三) などを刊行。超現実的な連想による構成詩で、自ら「類推の悪魔を駆する男」と称した。三四年帰国。『韃靼海峡と蝶』(四七)、『座せる闘牛士』(四九) などを刊行した。

伊東静雄（いとう しずお）
一九〇六―一九五三。長崎出身。三三年、保田与重郎らの招きで「コギト」に作品を発表し、萩原朔太郎から「失われたリリシズム(叙情的詩調)を発見した」と激賞された。三五年、「日本浪曼派」同人となり、第一詩集『わがひとに与ふる哀歌』を刊行。四一年、「四季」同人となる。他の詩集に『夏花』(四〇)、『春のいそぎ』(四三)、『反響』(四七) がある。

上田 敏（うえだ びん）
一八七四―一九一六。東京出身。柳村と号した。「文学界」同人。評論家として『詩聖ダンテ』(一九〇一) などを刊行、海外文壇の新風を紹介した。また、訳詩集『海潮音』(〇五) によって西欧近代詩を紹介し、日本象徴詩の隆盛に寄与した。ほかに、没後刊行された訳詩集『牧羊神』(二〇) などがある。

長田 弘（おさだ ひろし）
一九三九―二〇一五。福島出身。既成の秩序や既知の観念を拒否し得る方法論を追求し、根源的な自己検証の作業を主張した。『われら新鮮な旅人』(六五)、『メランコリックな怪物』(七三)、詩論に『抒情の変革』(六五) などがある。

小野十三郎（おの とおざぶろう）
一九〇三―一九九六。大阪出身。処女詩集『半分開いた窓』(二六) はアナーキズム詩であったが、やがてマルキシズム詩に転じ、短歌的叙情や、従来の音楽性を否定した。『大阪』(三九)、『風景詩抄』(四三) などがある。

川崎 洋（かわさき ひろし）

一九三〇―二〇〇四。東京出身。五三年、茨木のり子と詩誌「櫂」を創刊、第二次戦後派詩人たちの拠点となった。詩集に『はくちょう』(五五)、『食物小屋』(八〇)、『ビスケットの空カン』(八六)、放送詩劇に『魚と走る時』(五六) などがある。

蒲原有明（かんばら ありあけ）
一八七六―一九五二。東京出身。西欧ロマン派詩人の影響を受け、「明星」に詩を発表。『草わかば』(〇二)、『独絃哀歌』(〇三) で新体詩を完成。上田敏の訳業やフランス象徴詩の影響を受けた『春鳥集』(〇五)、『有明集』(〇八) で日本象徴詩を創始。

西条八十（さいじょう やそ）

一八九二―一九七〇。東京出身。象徴詩に清新な感覚と叙情をもたらした。『砂金』(一六)、『蠟人形』(二二)、『美しき喪失』(二九)、『一握の玻璃』(五二) など、評論に『ランボオ論』(五三―五八) などがある。童謡や流行歌の作詞も多く手がけた。

佐藤春夫（さとう はるお）
一八九二―一九六四。和歌山出身。上京して『病める薔薇』『西班牙犬の家』(一七) などで文壇デビュー。谷崎潤一郎と親交を結ぶが、谷崎夫人千代子と恋愛沙汰を起こし、絶交。処女詩集『殉情詩集』は、千代子と別れた傷心の歌(のち千代子と結婚)。ほかに小説『都会の憂鬱』(二三)、随筆『退屈読本』(二六) などがある。

新川和江（しんかわ かずえ）
一九二九―。茨城出身。西条八十に師事。豊かな情感をなめらかな調べで表現。技巧を感じさせない安定感をもつ。『睡り椅子』(五三)、『絵本・永遠』(五九)、『ローマの秋・その他』(六五)、『比喩でなく』(六八)、『ひきわり麦抄』(八六) などがある。

薄田泣菫 すすきだきゅうきん 一八七七—一九四五。岡山出身。ソネット形式や八六調を試みた『暮笛集』(一八九九)、『ゆく春』(一九〇一)で登場。『二十五絃』(〇五)、『白羊宮』(〇六)で新風の象徴詩を確立した。その後随筆に専念、『茶話』(一六—一九)で名手の名を得た。

高田敏子 たかだとしこ 一九一六—一九八九。東京出身。市民生活の哀歓を母親としての目で見た詩によって、広く一般女性に迎えられた。『月曜日の詩集』(六二)、『母と子の詩集・にちよう日』(六六)、『藤』(六七)、『愛のバラード』(六九)などがある。

立原道造 たちはらみちぞう 一九一四—一九三九。東京出身。一高在学時から堀辰雄に師事。その紹介で室生犀星にも近づいた。「四季」同人となり、三七年に『萱草に寄す』『暁と夕の詩』を刊行。ソネット形式の十四行詩に青春の叙情を託したが、肺結核のため夭折。

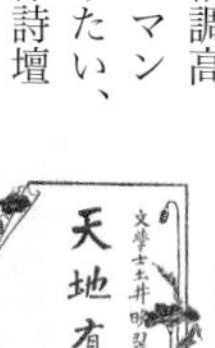

土井晩翠 どいばんすい 一八七一—一九五二。宮城出身。第一詩集『天地有情』(一八九九)は、漢文調の格調高いロマンをうたい、新体詩壇を藤村と二分する評価を得た。次いで『暁鐘』(〇一)、『東海遊子吟』(〇六)を刊行。六十四歳のとき、「つちい」から「どい」に改姓した。

西脇順三郎 にしわきじゅんざぶろう 一八九四—一九八二。新潟出身。ロンドンで英文詩集『Spectrum』(二五)を刊行。帰国後、超現実主義の詩論を展開。『Ambarvalia』『旅人かへらず』(四七)で、詩的言語によるイメージを構成してみせた。『近代の寓話』(五三)、『豊饒の女神』(六二)などがある。

長谷川龍生 はせがわりゅうせい 一九二八—二〇一九。大阪出身。小野十三郎に師事。「列島」などに属した。即物的・映像的な手法で時代の状況を非情に追求した。詩集に『パウロウの鶴』(五七)、『虎』(六〇)、『詩的生活』(七八)、『泪が零れている時のあいだは』(八九)などがある。

堀口大学 ほりぐちだいがく 一八九二—一九八一。東京出身。「新詩社」に属した。欧米生活をした後、フランス近代詩の翻訳『月下の一群』(二五)を発表、日本象徴詩に大きな影響を与えた。創作詩集に『月光とピエロ』(一九)、『砂の枕』(二六)、『人間の歌』(四七)などがある。

丸山　薫 まるやまかおる 一八九九—一九七四。大分出身。初め小説を志したが、のち詩作に専心し、『帆・ランプ・鷗』(三二)を刊行、清新な心象的叙情詩として評価された。「四季」創刊に参加。『幼年』(三五)、『物象詩集』(四二)、『青春不在』(五二)などがある。

三木露風 みきろふう 一八八九—一九六四。兵庫出身。十七歳で第一詩集『夏姫』(〇五)を自費出版。叙情詩集『廃園』(〇九)で、白秋と並び称された。次いで象徴詩を志し、『白き手の猟人』(一三)を刊行。キリスト教信仰を深め、『信仰の曙』(二二)を刊行。

八木幹夫 やぎみきお 一九四七—。神奈川出身。教員を務めるかたわら詩作に励む。九五年に『野菜畑のソクラテス』で各種新人賞を受賞。平易で具体的な言葉を用いて高度な理念を表現する。『秋の雨の日の一方的な会話』(九三)、『めにはさやかに』(九八)などがある。

山村暮鳥 やまむらぼちょう 一八八四—一九二四。群馬出身。情調的な象徴詩『三人の処女』(一三)で出発。未来派的な『聖三稜玻璃』(一五)、平易な表現で人道主義的な思いをうたう『風は草木にささやいた』(一八)など、自己と自然と一如の境地を観照する『雲』(二五)と、その詩風をたえず変革した。

吉原幸子 よしはらさちこ 一九三二—二〇〇二。東京出身。「歴程」同人。朗読その他音声を用いる詩表現に意欲を示した。新川和江と女性詩誌「ラ・メール」創刊。『幼年連祷』(六四)、『魚たち・犬たち・少女たち』(七五)、『ブラックバードを見た日』(八六)などがある。

 世界の名言　事実は小説よりも奇なり。(バイロン、イギリスの詩人、1788—1824)『ドン・ジュアン』中の言葉。

短歌

【短歌革新】明治中期、**落合直文**(一八六一―一九〇三)の浅香社、**佐佐木信綱**(一八七二―一九六三)の竹柏会などによる、短歌革新の気運が起こった。

一八九九年(明治三二)、**与謝野鉄幹**(一八七三―一九三五)が東京新詩社を結成、翌年、雑誌「明星」を発刊して、浪漫主義の歌風を主張した。これに**鳳(与謝野)晶子**(⇩p.358)が参加すると、その第一歌集『**みだれ髪**』の奔放な空想と情熱が世を驚かせた。

同じころ、**正岡子規**(⇩p.366)も『**歌よみに与ふる書**』などで短歌革新を提唱し、根岸短歌会を起こして、新鮮な写生歌を説いた。

与謝野夫妻像(石井柏亭画)

【革新の進展】一九〇八年(明治四一)、子規の後継者**伊藤左千夫**(⇩p.360)らは、雑誌「アララギ」を創刊して、万葉風の写実主義を深めていった。また、明星派の**北原白秋**(⇩p.348)、**吉井勇**(一八八六―一九六〇)らは、雑誌「スバル」を発刊して、耽美的・ロマン的な活動を進めた。「スバル」には、白秋の『**桐の花**』、勇の『**酒ほがひ**』の短歌が掲載された。

一方、当時盛んになった自然主義思潮を受けて、現実生活に目を注いだ歌人があった。『**海の声**』の**若山牧水**(⇩p.358)、『**収穫**』の**前田夕暮**(一八八三―一九五一)らである。こうした生活派の短歌に、さらに社会主義的な思潮を取り入れて、新しい境地を開いたものに、『**一握の砂**』の**石川啄木**(⇩p.359)や『**NAKIWARAI**』の**土岐哀果(善麿)**(一八八五―一九八〇)らがいる。

【アララギの時代】大正期に入り、アララギ派が歌壇の中心勢力となった。その歌風は、子規の写実・写生の考えを引き継ぎ、発展させたものだった。『**氷魚**』の**島木赤彦**(⇩p.360)は作歌を鍛錬道であると説き、『**赤光**』の**斎藤茂吉**(⇩p.359)は実相観入の説を立てた。ほかに、『**鍼の如く**』の**長塚節**(⇩p.360)、『**林泉集**』の**中村憲吉**(一八八九―一九三四)、『**ふゆくさ**』の**土屋文明**(一八九〇―一九九〇)らがあった。

茂吉(前列左から二人目)とアララギの歌人たち

【非アララギの人々】アララギ派に同調しない人々もあった。自由な口語的発想による、破調の新風を始めた『**紅玉**』の**木下利玄**(一八八六―一九二五)、歌壇の外に自立して独自の風格を示した『**南京新唱**』の**会津八一**(一八八一―一九五六)、日常の心理のひだに生命を見いだそうとした『**泉のほとり**』の**窪田空穂**(一八七七―一九六七)、万有愛の精神を提唱した『**雲鳥**』の**太田水穂**(一八七六―一九五五)、ロマンを冷徹にとらえた『**山海経**』の**川田順**(一八八二―一九六六)らが、それぞれの歌風を打ち立てた。

【超流派「日光」】歌壇が、固定した結社の分立によって弊害を生んでいるとして、アララギ派に対抗する各派の歌人たちを結集した、雑誌「日光」が創刊された(一九二四年)。その中心は北原白秋と、『**海やまのあひだ**』の**釈迢空**(⇩p.361)であった。「日光」は、口語短歌や自由律短歌の運動にも刺激を与えた。

【昭和初期の混乱】昭和初期に、プロレタリア短歌や自由律口語短歌が試みられたが、芸術性に欠け、政治的弾圧を受けたりして伸び悩んだ。歌壇の主流はアララギ派にあったが、その歌風は散文化する傾向に変化していった。こうした状況に対抗して、北原白秋は雑誌「多磨」を創刊(一九三五年)、新古今風の幽玄体を近代化した、新しい象徴的浪漫主義を展開した。

【昭和十年代】戦火が拡大する一九三〇年代には、新しい歌人が輩出した。アララギ系の**佐藤佐太郎**・**鹿児島寿蔵**・**五味保義**・**山口茂吉**ら、多磨系の**穂積忠**・**木俣修**ら、プロレタリア系から脱皮した**前川佐美雄**、**筏井嘉一**、**坪野哲久**らのほか、**斎藤史**、**五島美代子**などがいる。しかし、四〇年代に入ると、戦意昂揚・戦争賛美の作品しか発表を許されず、文学としての短歌は荒廃した。

【敗戦直後】一九四六年(昭和二一)、旧プロレタリア系歌人が中心となって「人民短歌」が創刊された。また同じ年に、戦争で青春を失った人たちの超党派グループである「新歌人集団」が結成され、

の訪れることを願い、予言した言葉。

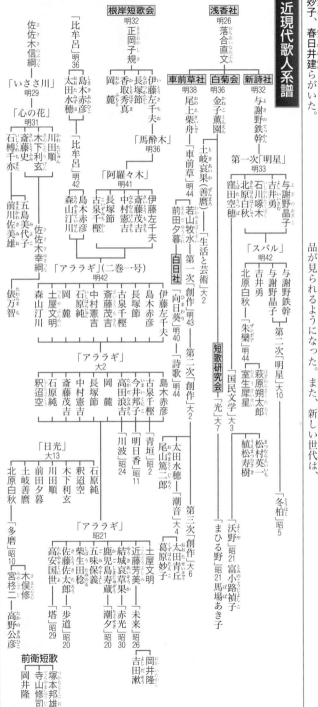

戦後短歌の担い手となった。近藤芳美（⇨p.361）、宮柊二（⇨p.361）、前田透らがいる。

【前衛短歌】 短歌の総合雑誌「短歌」（一九五四創刊）や、戦前から刊行されていた「短歌研究」が、広く歌壇に門戸を開き、前衛短歌などの新傾向の風潮を育てた。

新風は、『乳房喪失』の中城ふみ子（一九二二―一九五四）、『空には本』の寺山修司（⇨p.362）、『水葬物語』の塚本邦雄（⇨p.362）、『斉唱』の岡井隆（⇨p.362）らによって展開された。ほかにも、前登志夫、葛原妙子、春日井建らがいた。

【全共闘の世代】 安保闘争を契機とし、あるいは屈折点として、時代の風圧と対決しようとする、新しい世代が登場する。『意志表示』の岸上大作、『流氷の季』の清原日出夫、『望郷篇以後』の浜田康敬らである。のちに、道浦母都子は『無援の抒情』で、全共闘の体験の中に終焉を見た自己の青春をうたい、佐佐木幸綱（⇨p.363）は『群黎』で、野性的なエネルギーを結実させた。

【現代短歌の行方】 安定した経済成長の時期に入ると、戦中派の世代の、確かな存在感を備えた作品が見られるようになった。また、新しい世代は、対決すべきものをもたない状況の中で、微細な精神の揺らぎを肉声化する傾向を強めてきた。従来の短歌には詠まれなかった、からかい・自嘲・羞恥・アイロニーなどのモチーフを取り込んだり、口語や外来語、記号などを自由に活用して新しい詩語を発掘したりする試みもその現れである。特に、穂村弘、加藤治郎、河野裕子、俵万智（⇨p.363）らのように、話し言葉や口語体表現を定型意識の中でいかに詩化するか、ということが課題となっている。

近現代歌人系譜

- **浅香社** 明26 落合直文
  - **新詩社** 明32 与謝野鉄幹
    - 第一次「明星」明33：与謝野晶子、吉井勇、石川啄木、北原白秋、窪田空穂
      - 「スバル」明42：与謝野鉄幹、与謝野晶子、吉井勇、北原白秋
        - 第二次「明星」大10 ―「冬柏」昭5
        - 北原白秋 ―「朱欒」明44：萩原朔太郎、室生犀星
      - 窪田空穂 ―「国民文学」大3：松村英一、植松寿樹
        - 「沃野」昭21 富小路禎子
  - **白菊会** 明36 金子薫園
    - 土岐哀果（善麿）―「生活と芸術」大2
    - 短歌研究会 ―「光」大7 ―「まひる野」昭21 馬場あき子
  - **車前草社** 明38 尾上柴舟
    - 「車前草」明44
      - 若山牧水 ― 第一次「創作」明43 ― 第二次「創作」大2 ― 第三次「創作」大6
        - 太田水穂、尾山篤二郎
          - 太田水穂 ―「潮音」大4：太田青丘、葛原妙子
      - 前田夕暮 ― 白日社 ―「向日葵」明40 ―「詩歌」明44
- **根岸短歌会** 明32 正岡子規
  - 伊藤左千夫、長塚節、香取秀真、岡麓
  - 「馬酔木」明36
    - 「阿羅々木」明41：伊藤左千夫、斎藤茂吉、中村憲吉、長塚節、古泉千樫
- 「比牟呂」明36：島木赤彦、太田水穂
  - 「比牟呂」明42：島木赤彦、森山汀川
- 「アララギ」（二巻一号）明42：伊藤左千夫、島木赤彦、長塚節、古泉千樫、斎藤茂吉、中村憲吉、石原純、岡麓、土屋文明、森山汀川
  - 「アララギ」大2：島木赤彦、古泉千樫、今井邦子、高田浪吉、岡麓、長塚節、中村憲吉、斎藤茂吉、石原純、釈迢空
    - 古泉千樫 ―「青垣」昭2
    - 今井邦子 ―「明日香」昭11
    - 高田浪吉 ―「川波」昭24
  - 「アララギ」昭21：土屋文明、近藤芳美、結城哀草果、鹿児島寿蔵、五味保義、柴生田稔、佐藤佐太郎、高安国世
    - 近藤芳美 ―「未来」昭26：岡井隆、吉田漱
    - 結城哀草果 ―「赤光」昭30
    - 鹿児島寿蔵 ―「潮汐」昭20
    - 佐藤佐太郎 ―「歩道」昭20
    - 高安国世 ―「塔」昭29
- 「日光」大13：石原純、釈迢空、木下利玄、川田順、前田夕暮、土岐善麿、北原白秋
  - 北原白秋 ―「多磨」昭10：木俣修、宮柊二
    - 宮柊二 ― 高野公彦
- 佐佐木信綱 ―「いささ川」明29
  - 「心の花」明31：川田順、木下利玄、斎藤史、石榑千亦
    - 五島美代子、前川佐美雄
    - 佐佐木幸綱 ― 俵万智
- **前衛短歌**：塚本邦雄、寺山修司、岡井隆

与謝野晶子

よさの あきこ

一八七八(明一一)—一九四二(昭一七) 明星派・浪漫主義

西暦年号	年	事項
一八七八 明治11	0	十二月七日誕生。
一八八八 21	10	堺女学校に入学。
一八九二 25	14	同校卒業。補習科入学。
一九〇〇 33	22	「明星」創刊。社友となり、短歌発表。
一九〇一 34	23	『みだれ髪』与謝野鉄幹と正式結婚。
一九〇四 37	26	「明星」に「君死にたまふこと勿れ」を発表。
一九一二 45	34	『新訳源氏物語』鉄幹とともに欧州歴遊。
一九一六 大正5	38	『人及び女として』。女性解放の評論活動活発。
一九二一 10	43	文化学院創設。学監。
一九三五 昭和10	57	夫鉄幹と死別。
一九三八 13	60	『新々訳源氏物語』
一九四二 17	63	五月二十九日死去。『白桜集』

◆自由奔放な情熱歌人

情熱的・感動的な歌風で、浪漫主義短歌の全盛期を築く。明治期女性文学の巨峰。

一八七八年、大阪に生まれる。本名は志やう。旧姓は鳳。

一九〇〇年、「**明星**」に短歌を発表。来阪した与謝野鉄幹に会い恋に落ち、翌年家出して上京。「明星」に毎月数十首発表し続け、『**みだれ髪**』として刊行、大反響を呼ぶ。激しい情熱と自由奔放な空想のあふれる近代浪漫主義歌風を樹立した。この年の秋、鉄幹と正式結婚。やがて唯美的傾向を示すようになり、さらに王朝趣味による絵画的イメージ美の独自な短歌様式を完成させた。

大正期に入って、外遊体験に基づき、女性解放・母性保護などを主張する評論活動が目立つようになる。自由主義的芸術教育をめざして文化学院を創設した。『**新訳源氏物語**』など、古典の現代語訳にすぐれた成果があり、評釈や伝記にも見るべき業績を上げている。一九四二年、六十三歳で死去。

みだれ髪［短］ 第一歌集。三九九首収録。恋愛感情や青春の官能を大胆に個性的に歌う。

●**やは肌のあつき血汐にふれも見でさびしからずや道を説く君**

舞姫［短］ 第五歌集。三〇二首収録。物質生活は貧困でも、歌三昧に入ると幸福だった。

●**遠つあふみ大河ながるる国なかば菜の花さきぬ富士をあなたに**

若山牧水

わかやま ぼくすい

一八八五(明一八)—一九二八(昭三) 自然主義

西暦年号	年	事項
一八八五 明治18	0	八月二十四日誕生。
一八九九 32	14	延岡中学に入学。短歌・文章等を投稿。
一九〇四 37	19	早大高等予科に入学。尾上柴舟に入門。
一九〇五 38	20	車前草社を結成。
一九〇六 39	21	北斗会を結成。
一九〇七 40	22	園田小枝子と恋愛。
一九〇八 41	23	早大卒業。第一歌集『海の声』を刊行。
一九一〇 43	25	雑誌「創作」の編集者。第三歌集『別離』刊行。
一九一二 45	27	太田喜志子と結婚。帰郷、父と死別。
一九二〇 大正9	35	静岡県沼津に転居。
一九二六 15	41	雑誌「詩歌時代」創刊。
一九二八 昭和3	43	九月十七日死去。

◀自筆短冊

幾山河こえさりゆかば寂しさのはてなむ國ぞけふも旅ゆく　牧水

◆酒と旅を愛した歌人

車前草社を結成し、自然主義短歌を志向。人生の悲哀を自然と漂泊の中にうたう。

一八八五年、宮崎に生まれる。本名は繁。一九〇四年、早大高等予科に入学、尾上柴舟に入門し、翌年、柴舟を中心に前田夕暮らと**車前草社**を結成した。北原白秋・土岐哀果らとも交流があった。級友と北斗会を結成、「北斗」を発行、短編小説を書く。その後、恋愛経験を経て、清新流麗な歌風が確立した。八年、第一歌集『**海の声**』を刊行。一〇年、雑誌「創作」の編集者となり、第三歌集『**別離**』を出版するや、歌壇の花形となった。生活・芸術で悩み、二五年から三回全国を揮毫旅行。二六年、「詩歌時代」を創刊。一九二八年死去。四十三歳。

海の声［短］ 第一歌集。四七五首収録。激しい恋愛の時期の作が多く、甘美な青春歌集。

●**白鳥は哀しからずや空の青海のあをにも染まずただよふ**

山桜の歌［短］ 第十四歌集。七四一首収録。「山ざくら」一三首が晩年の秀歌という。

●**うすべにに葉はいちはやく萌えいでて咲かむとすなり山桜花**

大臣の任命権限は議会にあると論じたもの。

いしかわ たくぼく

石川啄木

一八八六（明一九）—一九一二（明四五）　明星派・生活派

◆生活派の天才歌人

実生活に根ざした生活感情を鋭く描く。口語的発想の三行書き短歌。

西暦年号	年	事項
一八八六 明治19	0	二月二十日誕生。
一八九八 31	12	盛岡中学校に入学。「明星」を愛読。
一九〇二 35	16	中学を退学し、文学で立つべく上京。
一九〇三 36	17	新詩社同人。啄木と号。詩作、評論活動盛ん。
一九〇五 38	19	堀合節子と結婚。第一詩集『あこがれ』
一九〇七 40	21	北海道へ転住。
一九〇九 42	23	東京朝日新聞の校正係。朝日歌壇の選者となる。評論『食ふべき詩』
一九一〇 43	24	第一歌集『一握の砂』
一九一二 45	26	四月十三日死去。『悲しき玩具』

一八八六年、岩手に生まれる。本名は一。盛岡中学校時代、先輩の影響で文学に目覚め、「明星」を愛読、『みだれ髪』に心酔。

一九〇二年、文学で立つべく上京するが、果たさずに帰郷。与謝野鉄幹の知遇を得て、啄木の号で長詩を発表。詩集『**あこがれ**』で天才詩人の名を得る。一方、一家の生計を支えるために、渋民小学校の代用教員を経て北海道へ転住。一九〇八年、小説家をめざして上京するが認められず、翌年、朝日新聞の校正係となり、のち朝日歌壇の選者に抜擢される。一九一〇年、『**一握の砂**』の三行書きや新鮮な表現によって、生活派の歌人として知られる。一九一二年死去。二十六歳。

▶自筆歌稿

一握の砂 短　第一歌集。五五一首を収録。

● **やはらかに柳あをめる／北上の岸辺目に見ゆ／泣けとごとくに**

悲しき玩具 短　第二歌集。一九四首を収録。

● **新しき明日の来るを信ずといふ／自分の言葉に／嘘はなけれど——**

さいとう もきち

斎藤茂吉

一八八二（明一五）—一九五三（昭二八）　アララギ派

◆アララギ派の中心的歌人

「実相に観入して自然・自己一元の生を写す」という写生理論を樹立。

西暦年号	年	事項
一八八二 明治15	0	五月十四日誕生。
一八九六 29	14	上京。斎藤家に寄寓。
一九〇五 38	23	斎藤家に入籍。東大医科に進学。
一九〇六 39	24	伊藤左千夫に入門。
一九〇八 41	26	「アララギ」創刊に参加。
一九一〇 43	28	大学卒業。付属病院勤務。「アララギ」編集。
一九一三 大正2	31	『赤光』刊。生母死去。
一九一四 3	32	斎藤てる子と結婚。
一九一七 6	35	長崎医専教授となる。
一九二〇 9	38	実相観入の写生説。
一九二一 10	39	ドイツに三年間留学。
一九四五 昭和20	63	山形に疎開。
一九五一 26	69	文化勲章受章。
一九五三 28	70	二月二十五日死去。

一八八二年、山形に生まれる。旧姓守谷。親戚の斎藤の勧めで上京。子規の『竹乃里歌』に出会い、作歌を始める。東大医科に入学した翌年、伊藤左千夫を訪ね入門する。

一九〇八年、「**アララギ**」に、左千夫とともに参加。やがて編集を担当する。また、実相観入の写生説を唱えるとともに、『**赤光**』を発表し、中心的歌人となる。三三年、家庭内に悲傷事が起こり、これを契機に柿本人麿研究に打ち込む。『**柿本人麿**』は、四〇年に帝国学士院賞を受けた。四五年、郷里に疎開。終戦後、帰京。自在な歌境を『**白き山**』（一九四九）に示す。五一年、文化勲章受章。一九五三年死去。七十歳。

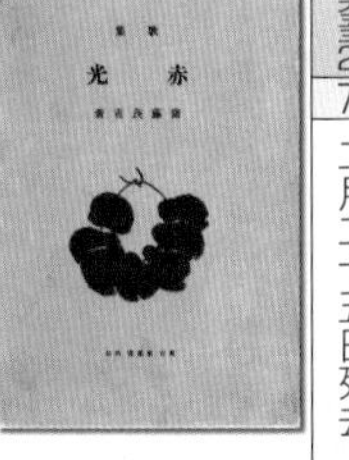

實相觀入　茂吉山人題

赤光 短　第一歌集。八三四首を収録。

● **死に近き母に添寝のしんしんと遠田のかはづ天に聞ゆる**

白き山 短　第十六歌集。八二四首を収録。

● **最上川の上空にして残れるはいまだうつくしき虹の断片**

◆世界の名言　王は君臨すれども統治せず。（ティエール、フランスの政治家、1797—1877）　国王は最高権力者ではなく、

伊藤左千夫

いとう さちお　一八六四(元治元)―一九一三(大二)

◆「馬酔木」「アララギ」を創刊

一八六四年、千葉に生まれる。本名幸次郎。八一年上京、明治法律学校に入学するが、眼病のため中退。八五年再度上京、牧場に勤め、八九年、乳牛改良社を開業。和歌を学び、独自の歌論で子規と論争するが論破される。

一九〇〇年から子規に師事し、三年「馬酔木」を創刊して根岸派の代表歌人として活躍、鷗外主催の観潮楼歌会にも出席した。八年「アララギ」を創刊し、その中心となって活動する。子規に学んだ写生文で、『野菊の墓』『分家』など、小説三十編も残した。また、「叫び」の説を唱え、歌は言語の声化、生の叫びという独自の叙情の世界を作った。後進の育成にも努め、島木赤彦・斎藤茂吉・古泉千樫・土屋文明などを育てた。一九一三年、四十九歳で死去、没後に『左千夫歌集』(一九二〇)が刊行された。

野菊の墓 小　千葉県松戸を舞台にした、政夫と民子の清純な恋物語。若人の「青春の書」。

左千夫歌集 短　一九〇〇年以降の一八七九首を収録。

●**牛飼が歌よむ時に世のなかの新しき歌大いにおこる**

●**おりたちて今朝の寒さを驚きぬ露しとしとと柿の落葉深く**

島木赤彦

しまき あかひこ　一八七六(明九)―一九二六(大一五)

◆「鍛錬道」を説いたアララギ派

一八七六年、長野に生まれる。本名久保田俊彦。九四年、長野師範に入学、同級の太田みづほのや(水穂)と交わり、新体詩を作る。久保田政信の養子となり、その長女うたと結婚。九八年卒業。長野県内で小学校教師、校長などを歴任しながら歌人として歩む。その間、うたと死別し、その妹ふじのと再婚。一九〇三年、雑誌「比牟呂」を刊行、写実主義を主張、伊藤左千夫の門に入る。五年、みづほのやと『山上湖上』を刊行。「馬酔木」にも歌を送って根岸派歌人としての地歩を固めた。九年、「比牟呂」を「アララギ」に合同させ、有力歌人として活躍。

一四年に上京、私立淑徳高女の教師となり、「アララギ」の発行に専念。晩年、「幽寂境」を求め、「鍛錬道」を主張。作品に『切火』『氷魚』『太虚集』『柹蔭集』などがある。一九二六年、四十九歳で死去。

▶柹蔭集

切火 短　一九一五年刊。第二歌集。二六三首収録。

●**夕焼空焦きはまれる下にして氷らんとする湖の静けさ**

柹蔭集 短　一九二六年刊。第五歌集。

●**隣室に書よむ子らの声きけば心に沁みて生きたかりけり**

長塚節

ながつか たかし　一八七九(明一二)―一九一五(大四)

◆写生歌に見る「気品」と「冴え」

一八七九年、茨城に生まれる。家は豪農で父は県会議員を務めた政治家。九六年、茨城県尋常中学校(現水戸一高)を神経衰弱のため中退。中学時代から友人と歌作を始め「新小説」に投稿、しばしば入賞した。一九〇〇年、『歌よみに与ふる書』に感動し、正岡子規に入門。写生の歌と『万葉集』を学ぶ。子規亡き後、三年、左千夫らと「馬酔木」を創刊、歌作・歌論に活躍した。

一九〇七年、小説『佐渡が島』が漱石に認められ、一〇年、「朝日新聞」に長編小説『土』を連載する。このころ、黒田てる子と婚約するが、結核のため婚約解消となる。九大附属病院に診療のため数度入院し、その間に、山陰、四国、九州を旅して神社仏閣を巡った。旅を好んで多くの秀作を残した。晩年、短歌観として「気品、冴え」を唱える。一四年から死の直前まで書き続けられた『鍼の如く』は一代の傑作である。一九一五年、三十五歳で死去。

鍼の如く 短　一九一四年六月から「アララギ」誌上に五回にわたって掲載された。二三一首。

●**白埴の瓶こそよけれ霧ながら朝はつめたき水くみにけり**

●**白銀の鍼打つごときりぎりす幾夜はへなば涼しかるらむ**

しゃく ちょうくう
釈 迢空
一八八七（明二〇）—一九五三（昭二八）

◆古代の心をうたう独特の歌風

一八八七年、大阪に生まれる。本名は折口信夫。祖父は神主で、父は医を本業とした。

九九年、府立五中に進み、多読乱読し、級友の武田祐吉らと短歌を作る。一九〇五年、医学を希望した家人に反して国学院大学に入学、国学者三矢重松の恩顧を受けた。九年、初めて伊藤左千夫らを知る。

一〇年、大学卒業後、大阪今宮中学の教員となるが、三年後に上京、一五年に民俗学者柳田国男と会い、国文学研究への民俗学導入という独自の学を形成する。一七年「アララギ」同人、二四年「日光」同人として活躍。二五年、第一歌集『海やまのあひだ』を刊行。学者としては、国学院大教授、慶大国文科主任教授として活躍。四三年、小説『死者の書』を刊行。戦争は、養子の藤井春洋をはじめ多くのものを奪い去ったが、四八年、『古代感愛集』で芸術院賞を、五六年、『折口信夫全集』で芸術院恩賜賞を受賞。一九五三年、六十六歳で死去した。

海やまのあひだ〈短〉 第一歌集。六九一首を収録。

●**葛の花 踏みしだかれて、色あたらし。この山道を行きし人あり**

倭をぐな〈短〉 第五歌集。一九五五年刊。

●**をとめ子の清き盛時に もの言ひし人を忘れず――。世の果つるまで**

こんどう よしみ
近藤芳美
一九一三（大二）—二〇〇六（平一八）

◆新しい規定で戦後短歌を牽引

一九一三年、旧朝鮮馬山に生まれる。広島二中、広島高校理科を経て東京工大建築科に進む。三八年、卒業、清水建設に入社。七三年以降は神奈川大学教授を務める。工学博士。

広島高在学中の三二年、中村憲吉に会い、「アララギ」に入会。憲吉の死後は土屋文明に師事。四六年、鹿児島寿蔵らと関東アララギ会誌「新泉」を創刊。翌年、文学流派を超えた若手の「新歌人集団」を結成、新しい理論を展開した。科学的視点を持つ健康的なリアリズムの必要性を説いた評論『新しき短歌の規定』は、戦後の代表的な歌論となった。

四八年、『早春歌』と『埃吹く街』を同時に出版して注目を浴びた。特に後者は、苦しい時代をまじめに生きる青春像を典型的に描いた名歌集である。五一年「未来」創刊。六九年『黒豹』で迢空賞受賞。二〇〇六年、九十三歳で死去。

▶早春歌

早春歌〈短〉 第一歌集。三八九首を収録。

●**手を垂れてキスを待ち居し表情の幼きを恋ひ別れ来りぬ**

埃吹く街〈短〉 第二歌集。四四七首を収録。

●**世をあげし思想の中にまもり来て今こそ戦争を憎む心よ**

みや しゅうじ
宮 柊二
一九一二（大元）—一九八六（昭六一）

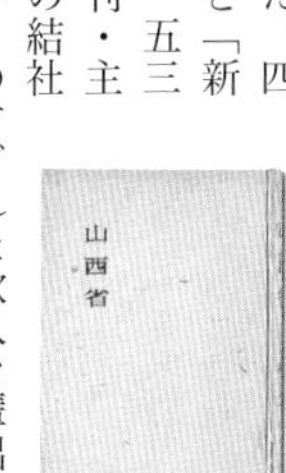

◆最大結社「コスモス」を主宰

一九一二年、新潟に生まれる。本名は肇。三二年に上京、翌年北原白秋を訪ね、三五年の「多磨」創刊に参加。清新な叙情によって注目された。白秋失明後はその秘書となり、口述筆記などを務めた。

三九年、白秋のもとを去り、富士製鉄に入社したが、すぐに応召。四三年、帰還、富士製鉄に勤務。四四年、同門の滝口英子と結婚。四六年、歌集『群鶏』が釈迢空の称賛を受けて私淑するようになり、『小紺珠』『山西省』で戦後歌壇の第一人者となった。四七年、近藤芳美らと「新歌人集団」を結成。五三年「コスモス」を創刊・主宰し、今日の最大の結社にするとともに、多くのすぐれた歌人を輩出した。五五年から朝日歌壇選者。『多く夜の歌』で読売文学賞、『独石馬』で迢空賞、全歌業で日本芸術院賞を受賞。一九八六年、七十四歳で死去。

小紺珠〈短〉 第三歌集。四五六首を収録。

●**たたかひを終りたる身を遊ばせて石群れる谷川を越ゆ**

山西省〈短〉 実質的に第二歌集。三七四首を収録。

●**耳を切りしヴァン・ゴッホを思ひ孤独を思ひ戦争と個人をおもひて眠らず**

◆世界の名言 愛は幸運の財布である。与えれば与えるほど中身が増す。（ミュラー、ドイツの詩人、1794—1827） 愛は

てらやま しゅうじ

寺山修司

一九三五（昭一〇）―一九八三（昭五八）

◆多方面で活躍した前衛歌人

一九三五年、青森に生まれる。青森高校在学中に友人と俳句雑誌「牧羊神」を創刊。五四年、早大入学の年に「チェホフ祭」五〇首によって「短歌研究」新人賞を受け、その清冽な叙情が注目を集める。同年ネフローゼを発病し、五六年、早大教育学部中退。

五七年、中井英夫の勧めで散文詩集『**われに五月を**』、翌年、第一歌集『**空には本**』を刊行、塚本邦雄と並ぶ前衛歌人として不動の地位を確立した。同年夏に退院。ラジオ・テレビ・演劇・映画・ボクシング・競馬と多方面でユニークな才能を発揮し、六七年には横尾忠則らと演劇実験室「天井桟敷」を結成、『**書を捨てよ、町へ出よう**』などの挑発的活動で脚光を浴びた。歌集には『**血と麦**』『**田園に死す**』がある。放送詩劇『**山姥**』でイタリア賞グランプリを受賞するなど表彰多数。一九八三年、四十八歳で死去。

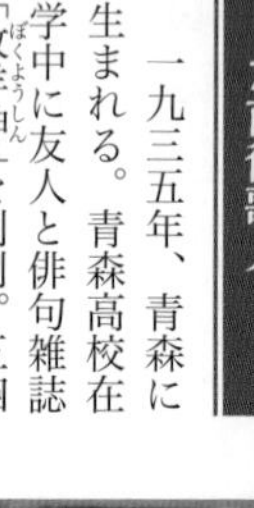

空には本 短　第一歌集。一九五八年刊。

●**マッチ擦るつかのま海に霧ふかし身捨つるほどの祖国はありや**

血と麦 短　第二歌集。一九六二年刊。

●**すでに亡き父への葉書一枚もち冬田を越えて来し郵便夫**

つかもと くにお

塚本邦雄

一九二〇（大九）―二〇〇五（平一七）

◆戦後最大の前衛歌人

一九二〇年、滋賀に生まれる。彦根高商在学中徴用。四五年、三菱系総合商社に入社、八九年、近畿大学教授。

一九四七年、前川佐美雄に師事し、「日本歌人」に短歌を発表。四九年、親友杉原一司と同人誌「メトード」を創刊。短歌結社に所属せず、五一年、第一歌集『**水葬物語**』を刊行。その反写実的で斬新な作品は歌壇からは黙殺されたが、三島由紀夫らに注目され、短歌界の青年たちに支持されるようになった。

五九年、第三歌集『**日本人霊歌**』で現代歌人協会賞を受賞。六〇年、寺山・岡井らと同人誌「極」を創刊、前衛短歌の支柱となって活躍。六三年ごろから多方面な活動を始める。小説に『**紺青のわかれ**』『**藤原定家**』など。八一年から毎日新聞「けさひらく言葉」を連載。八七年、『**茂吉秀歌**』出版。その他の歌集に『**装飾楽句**』『**水銀伝説**』『**感幻楽**』などがある。二〇〇五年死去。

水葬物語 短　「亡き友、杉原一司に献ず」とある。

●**革命歌作詞家に凭りかかられてすこしづつ液化してゆくピアノ**

感幻楽 短　第六歌集。一九六九年刊。

●**馬を洗はば馬のたましひ冴ゆるまで人恋はば人あやむるこころ**

おかい たかし

岡井　隆

一九二八（昭三）―二〇二〇（令二）

◆「アララギ」から前衛の先頭へ

一九二八年、愛知に生まれる。慶大医学部卒。北里研究所付属病院、国立豊橋病院に内科医師として勤務するかたわら、歌人として活躍。八九年より京都精華大学教授。

四五年から作歌を始め、翌年「アララギ」に入会、土屋文明に師事。五一年、近藤芳美らと「未来」を創刊。六三年以降、数年編集責任者を務めた。

第一歌集『**斉唱**』（五六年）以下、『**土地よ、痛みを負え**』『**朝狩**』などをもって塚本邦雄・寺山修司らと前衛短歌運動の先頭に立つ。五六年、青年歌人会議の発足にあずかり世話人を務め、のち東京歌人集会にも参加して世話人を務める。

その後も『**鵞卵亭**』（一九七五）、沼空賞受賞の『**禁忌と好色**』（一九八二）、『**宮殿**』（一九九一）など、短歌史を推進する歌集を刊行してきた。その他、『**海への手紙**』以下の短歌論集、茂吉関係の評論集など、多数の著書がある。二〇二〇年死去。

土地よ、痛みを負え 短　前衛短歌の記念碑的歌集。

●**つややかに思想に向きて開ききるまだおさなくて燃え易き耳**

朝狩 短　第三歌集。一九六四年の刊。

●**海こえてかなしき婚をあせりたる権力のやわらかき部分見ゆ**

佐佐木幸綱
ささき ゆきつな　一九三八(昭一三)―

◆男性的歌風で「心の花」を牽引

一九三八年、東京に生まれる。歌人で万葉学者の佐佐木信綱の孫。父の佐佐木治綱、母の由幾とも歌人である。早大国文科を経て大学院国文科修士課程を修了。

五九年、父治綱が亡くなったころから作歌に励むようになり、在学中に早大短歌会に入り、一八九八年に祖父信綱が創刊した「心の花」に参加した。卒業後、河出書房新社に入り、「文芸」編集長などを務めた。のち、早稲田大学政経学部教授となる。六一年、東京歌人集会に参加。七四年から「心の花」編集長を務める。

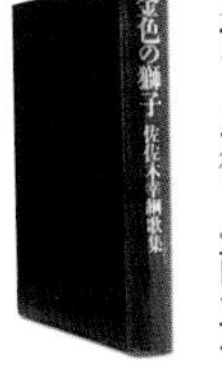

第一歌集『群黎』(一九七〇)で現代歌人協会賞を受賞。以後、『直立せよ一行の詩』『夏の鏡』『火を運ぶ』『反歌』『金色の獅子』などを刊行。骨格の太い男性的な歌風に特色を示す。評論に『極北の声』『柿本人麻呂ノート』などがある。朝日歌壇選者も務めた。

群黎 短　第一歌集。短歌四五〇首。その他一〇首。

●**ジャージーの汗滲むボール横抱きに吾駆けぬけよ吾の男よ**

夏の鏡 短　第三歌集。一九七二年の刊。

●**詩歌とは真夏の鏡、火の額を押し当てて立つ暮るる世界に**

馬場あき子
ばば あきこ　一九二八(昭三)―

◆現代と古典をつなぐ感受性

一九二八年、東京に生まれる。本名岩田暁子。四七年、「まひる野」会に入会し、窪田章一郎に師事。また、能の喜多流宗家に入門。四八年、日本女子高等学院(現昭和女子大)を卒業し、中学・高校の教員となる。

五五年、第一歌集『早笛』の豊かな感受性と清冽な作風によって歌壇に登場。五六年以降、青年歌人会議・東京歌人集会などに参加、現代短歌運動の中心メンバーとして活躍する。古典、特に能への造詣が深く独自の歌風を開く。

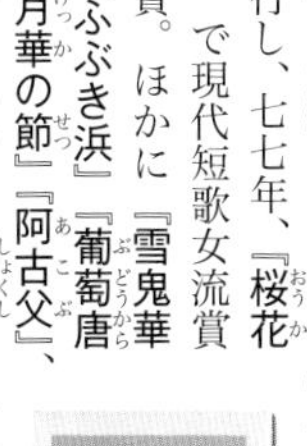

以後、『地下にともる灯』『無限花序』『飛花抄』を刊行し、七七年、『桜花伝承』で現代短歌女流賞を受賞。ほかに『雪鬼華麗』『ふぶき浜』『葡萄唐草』『月華の節』『阿古父』、古典研究・評論に『式子内親王』『鬼の研究』などがある。七七年、教員を退職し、翌年、歌誌「かりん」を創刊。朝日歌壇選者となる。

地下にともる灯 短　第二歌集。三五五首収録。

●**楽章の絶えし刹那の明るさよふるさとは春の雪解なるべし**

桜花伝承 短　第五歌集。二八三首を収録。

●**さくら花幾春かけて老いゆかん身に水流の音ひびくなり**

俵 万智
たわら まち　一九六二(昭三七)―

◆新しい口語定型歌の創出

一九六二年、大阪に生まれる。早大第一文学部在学中の八三年、佐佐木幸綱と出会い、短歌結社「心の花」に入会、作歌を始める。

八五年卒業、神奈川県立橋本高校に勤める。八六年、作品「八月の朝」五〇首で第三十二回角川短歌賞を受賞。八七年、歌集『サラダ記念日』を刊行。二百万部のベストセラーとなる。同書で第三十二回現代歌人協会賞、日本新語・流行語大賞などを受賞。八九年、高校を退職し、創作活動に専念。九一年、史上最年少(二十八歳)の国語審議会委員に選ばれた。作品に、歌集『かぜのてのひら』のほか、『よつ葉のエッセイ』『りんごの涙』『恋する伊勢物語』『短歌をよむ』などがある。俵万智の歌の新しさについて、佐佐木幸綱は、会話体を導入した口語定型の文体の新しさ、暗さと湿っぽさのない失恋の歌としての新しさを指摘している。

サラダ記念日 短　第一歌集。四三四首収録。

●**「この味がいいね」と君が言ったから七月六日はサラダ記念日**

かぜのてのひら 短　第二歌集。四六九首収録。

●**四万十に光の粒をまきながら川面をなでる風の手のひら**

◆世界の名言　人間は道具を使う動物である。(カーライル、イギリスの思想家、1795―1881)　人間は道具を使うことが

俳句

【俳句の革新】明治中期、正岡子規（⇩p.366）は、近世以来の月並俳諧を排して、写生を作句の根本に置き、自己の実感から生ずる新しい詩美を見いだそうとして、俳誌「ホトトギス」を刊行主宰した（一八九七）。子規のもとに集まった人々は「日本派」と呼ばれ、俳壇の主流となった。

子規絶筆三句

【日本派の分裂】子規の死後、日本派は高浜虚子（⇩p.366）と河東碧梧桐（⇩p.367）の二派に分かれた。虚子は「ホトトギス」を主宰し、伝統的な季題や定型を守る立場をとった。碧梧桐は写生主義をさらに徹底させ、自然観照における個性的な実感を重んじる立場をとった。虚子の俳風は、碧梧桐の勢力に圧倒され気味で、虚子自身も「ホトトギス」も一時は俳句を退き、写生文や小説に力を注いだ。

▶碧梧桐短冊「散る頃の桜隣のもふき誘ひくる」

【新傾向俳句】碧梧桐の門には、大須賀乙字（一八八一―一九二〇）、荻原井泉水（一八八四―一九七六）、中塚一碧楼（一八八七―一九四六）らがあった。乙字は写実を象徴に深めよと説き、「新傾向俳句」の呼び名を生んだ。碧梧桐は、無中心論を唱え、主観的な心理描写を重んじた。この傾向をさらに進めた井泉水は、季語無用論を唱え、さらに非定型の自由律俳句を主張した。放浪の俳人尾崎放哉（一八八五―一九二六）や、種田山頭火（⇩p.368）、プロレタリア派の栗林一石路（一八九四―一九六一）は、井泉水の門である。新傾向派は、機関誌「層雲」を創刊したが（一九一一年）、その後あわただしく離合集散を繰り返した。

山頭火（「うしろ姿のしぐれてゆくか」池田遙邨筆）

【ホトトギス派】大正の初め、虚子は再び俳壇に戻り、新傾向派と対立して、季題・定型を提唱した。虚子ははじめ主情的傾向が強かったが、しだいに客観写生の傾向となり、さらに「花鳥諷詠」を説くなど、その句風が変遷したが、常に俳壇の主流を占めた。この派には、村上鬼城（一八六五―一九三八）、飯田蛇笏（一八八五―一九六二）、原石鼎（一八八六―一九五一）、前田普羅（一八八四―一九五四）らをはじめ、昭和に入っても、高野素十（一八九三―一九七六）、阿波野青畝（一八九九―一九九二）、松本たかし（一九〇六―一九五六）、山口青邨（一八九二―一九八八）、富安風生（一八八五―一九七九）、川端茅舎（一九〇〇―一九四一）らのすぐれた俳人を輩出した。

【新興俳句】ホトトギス派の保守的な作風に対して、同派の水原秋桜子（⇩p.367）は、主観的叙情を重んじる立場から、新たに「馬酔木」を創刊（一九二八年）し、同じく山口誓子（⇩p.367）も新時代感覚による主知的構成を唱えてこれに同調した。こういう新興俳句運動に呼応して、吉岡禅寺洞（一八八九―一九六一）の無季俳句や、日野草城（一九〇一―一九五六）のモダニズム俳句などの俳句革新の動きが起こった。

【人間探求派】昭和十年代に入ると、新興俳句の主張は素材論にすぎないとし、俳句は「我はいかに生きるか」という意識を深めるべきものとする「人間探求派」というべき主張が起こった。中村草田男（⇩p.368）、加藤楸邨（⇩p.368）、石田波郷（一九一三―一九六九）らである。

【女性俳人】大正から昭和にかけて、女性俳人の進出が目立った。杉田久女（一八九〇―一九四六）、三橋鷹女（一八九九―一九七二）、中村汀女（一九〇〇―一九八八）、星野立子（一九〇三―一九八四）、橋本多佳子（一八九九―一九六三）、石橋秀野（一九〇九―一九四七）らがいる。

【第二芸術論】敗戦後、桑原武夫の『第二芸術―現代俳句について』（一九四六）によって、短詩型である俳句の限界が指摘された。それを契機に、伝統俳句と新興俳句とが積極的に交流し、新しい俳句についての省察が深まった。総合誌「俳句」が創刊（一九五二）されたことも、流派を越えた活動のために役立った。

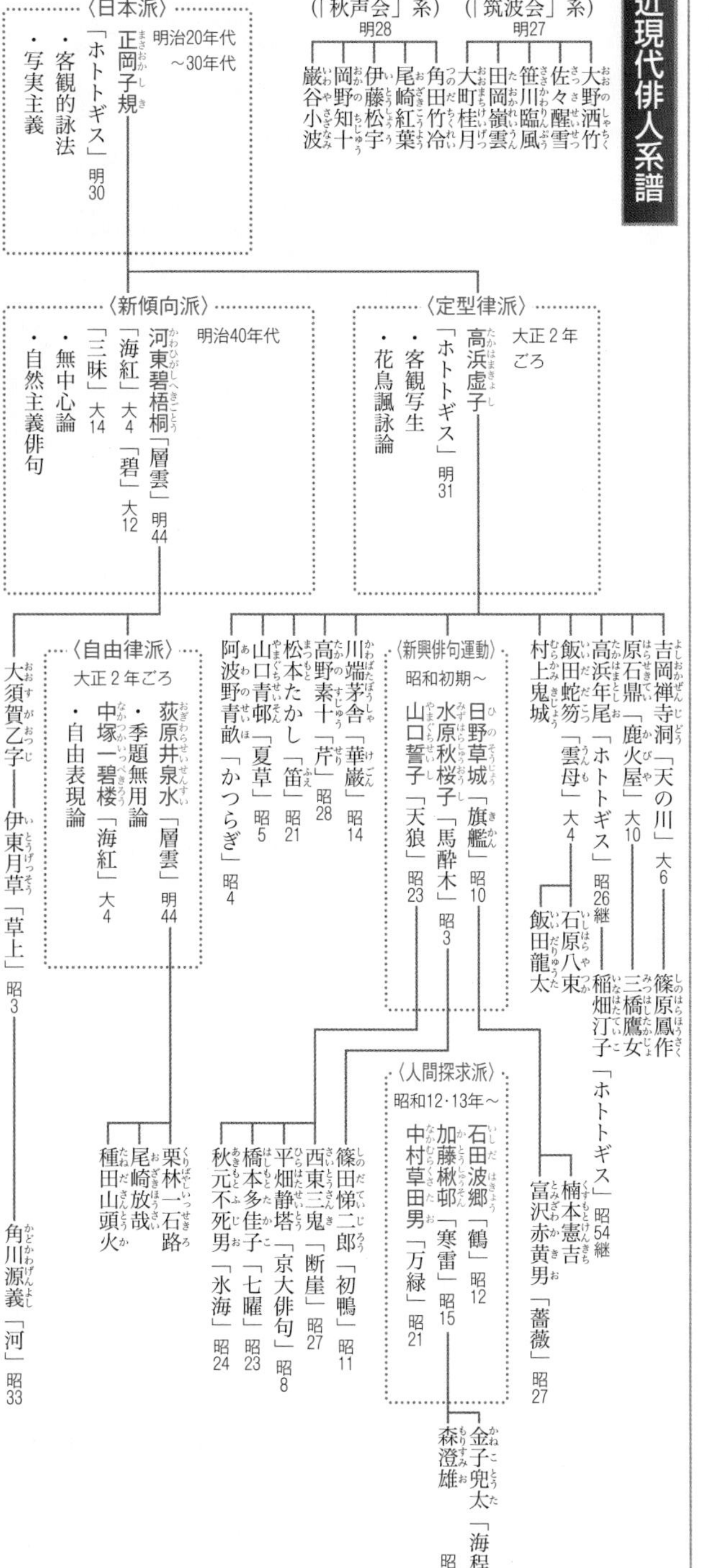

近現代俳人系譜

【論争の時代】
一九四七年（昭和三）には口語俳句運動が起こった。翌四八年には、山口誓子の「天狼」が、新鮮酷烈な俳句精神の発揮を目標として「根源俳句」説を提唱した。西東三鬼（↓p.369）、平畑静塔（一九〇五〜一九九七）、秋元不死男（一九〇一〜一九七七）らがこれに参加した。また一九五三年（昭和六）には、俳句の中に社会的人間を表現しようとする「社会性俳句」論が起こった。これらの論争は、その後長く続いた。

【前衛俳句】
安保闘争の前後、前衛俳句が盛んになった。金子兜太（↓p.369）の「造型俳句論」「意識の造型」などが話題とされた。これに対して、「叙情の回復」を叫ぶ「リアリズム俳句」「季題論」も起こった。前衛俳句は、全共闘運動の鎮静した七〇年代には急速に沈潜していった。

【現代の俳句】
俳句という最短詩型のはらむ可能性が、さまざまな立場や切り口からさぐられている。伝統と前衛、個と社会、諷詠と造形、詩と生活など、俳壇の動向は一言で尽くし難い。流派・傾向にかかわりなく、現代の俳壇で活躍している俳人には、森澄雄、石原八束、三橋敏雄、藤田湘子、鷹羽狩行、上田五千石、和田悟朗、川崎展宏、佐藤鬼房、飯田龍太（↓p.369）、長谷川櫂らがある。

なお、女性の進出はますますめざましい。戦後すぐに、細見綾子、野沢節子、桂信子らが登場して以来、津田清子、稲畑汀子、中村苑子、鍵和田秞子、津沢マサ子、菜子、岡本眸、黒田杏子など、空前の充実ぶりである。

系譜（チャート）

「秋声会」系　明28
「筑波会」系　明27

大野洒竹

〈秋声会系〉　巌谷小波／岡野知十／伊藤松宇／尾崎紅葉／角田竹冷
〈筑波会系〉　大町桂月／田岡嶺雲／笹川臨風／佐々醒雪

〈日本派〉　明治20年代〜30年代
・ホトトギス
・客観的詠法
・写実主義
正岡子規「ホトトギス」明30

〈新傾向派〉　明治40年代
・「海紅」明4
・「三昧」明14
・「碧」大12
・無中心論
・自然主義俳句
河東碧梧桐「層雲」明44

〈定型律派〉　大正2年ごろ
・客観写生
・花鳥諷詠論
高浜虚子「ホトトギス」明31

〈自由律派〉　大正2年ごろ
・季題無用論
・自由表現論
荻原井泉水「層雲」明44
中塚一碧楼「海紅」大4

大須賀乙字 ― 伊東月草「草上」昭3

〈新興俳句運動〉　昭和初期〜
日野草城「旗艦」昭10
水原秋桜子「馬酔木」昭3
山口誓子「天狼」昭23

川端茅舎「華厳」
松本たかし「笛」昭5
高野素十「一片」昭28
山口青邨「夏草」昭21
阿波野青畝

村上鬼城
飯田蛇笏「雲母」大4
高浜年尾「ホトトギス」昭26継
原石鼎「鹿火屋」大10
吉岡禅寺洞「天の川」大6

石原八束
飯田龍太
篠原鳳作
三橋鷹女
稲畑汀子「ホトトギス」昭54継
富沢赤黄男「薔薇」昭27
楠本憲吉

〈人間探求派〉　昭和12・13年〜
中村草田男「万緑」昭21
加藤楸邨「寒雷」昭15
石田波郷「鶴」昭12
篠田悌二郎「初鴨」昭11
西東三鬼「断崖」昭27
平畑静塔「京大俳句」昭8
橋本多佳子「七曜」昭23
秋元不死男「氷海」昭24

森澄雄
金子兜太「海程」昭37

種田山頭火
尾崎放哉
栗林一石路

角川源義「河」昭33

正岡子規

まさおか しき

一八六七(慶応三)—一九〇二(明三五)　日本派・根岸短歌会

西暦 年号	年	事項
一八六七 慶応3	0	十月十四日誕生。
一八八〇 明治13	13	松山中学入学。
一八八四 17	17	大学予備門入学。
一八八九 22	22	五月喀血、子規と号す。
一八九〇 23	23	東京帝国大学国文科入学。
一八九二 25	25	退学。日本新聞社入社。俳句革新運動開始。
一八九五 28	28	日清戦争従軍。喀血。
一八九六 29	29	帰京。以後、病床生活。
一八九八 31	31	『歌よみに与ふる書』を発表。短歌革新開始。
一九〇〇 33	33	写生文提唱。八月、多量の喀血。
一九〇一 34	34	『墨汁一滴』
一九〇二 35		『病牀六尺』九月十九日死去。

▲『仰臥漫録』挿画

◆俳句・短歌の革新

新聞「日本」によって俳句革新・短歌革新の運動を推進。客観写生を提唱。

一八六七年、愛媛に生まれる。本名は常規。松山中学で学友と文学に親しみ、八四年、大学予備門に入学、夏目漱石と出会う。九〇年、東大文科に入学。翌年『**俳句分類**』の仕事に着手。九二年、『**獺祭書屋俳話**』を新聞「日本」に連載、俳句革新の口火を切る。

同年、大学を退学し、「日本」社に入社。九五年、日清戦争に記者として従軍、帰途喀血し、以後病床生活に入る。九八年、「**ホトトギス**」が東京に移り、子規派の拠点となる。『**歌よみに与ふる書**』を発表して短歌革新に着手。根岸短歌会を結成して、「日本」などに作品を発表した。また、文章革新運動を起こし、写生文を提唱。

一九〇〇年、大喀血。脊椎カリエスに苦しみながら、数多くの作品を残した。三十四歳で死去した。『**仰臥漫録**』は病床日記。

竹乃里歌 短　子規没後、門人伊藤左千夫らにより刊行された。短歌五四四首、その他二七首。

● **瓶にさす藤の花ぶさみじかければたたみの上にとどかざりけり**

高浜虚子

たかはま きょし

一八七四(明七)—一九五九(昭三四)　ホトトギス派

西暦 年号	年	事項
一八七四 明治7	0	二月二十二日誕生。
一八八二 15	8	祖母方の高浜家を継ぐ。
一八八七 20	13	伊予尋常中学に入学。河東碧梧桐を知る。
一八九一 24	17	正岡子規を知る。
一八九二 25	18	三高入学(のちに退学)。
一八九七 30	23	大畠いとと結婚。
一八九八 31	24	「ホトトギス」を編集。
一九〇八 41	34	短編集『鶏頭』刊行。国民新聞社に入社。
一九一三 大正2	39	小説から俳壇に復帰。
一九二七 昭和2	53	花鳥諷詠を提唱。
一九三七 12	63	『五百句』
一九四二 17	68	日本文学報国会俳句部会長。四四年小諸疎開。
一九五四 29	80	文化勲章受章。
一九五九 34	85	四月八日死去。

◆花鳥諷詠を提唱

「ホトトギス」編集。客観写生。花鳥諷詠・有季定型の俳句を推進。

一八七四年、愛媛に生まれる。本名は清。祖母方の高浜家を継ぐ。伊予尋常中学に進み、同級の河東碧梧桐を介して子規を知る。虚子という号は子規の命名。

九八年、「**ホトトギス**」を東京に移して発行。虚子の文学活動の拠点となる。子規の写生文の影響を受け、「ホトトギス」に『**浅草寺のくさぐ〳〵**』を掲載。その後、小説『**風流懺法**』『**斑鳩物語**』などを発表する。

「ホトトギス」の小説誌化への批判が起こり、碧梧桐の新傾向俳句に対抗して、雑詠欄を復活し、有季定型句を守ると宣言。昭和二年に「**花鳥諷詠**」を唱導、「ホトトギス」全盛期を迎えた。五四年文化勲章受章。八十五歳で死去した。

五百句 俳　「ホトトギス」五百号記念に自選した句集。明治・大正・昭和の作品を収める。

● **遠山に日の当りたる枯野かな**

● **白牡丹といふといへども紅ほのか**

進むべき俳句の道 評　一九一八年刊。主観の真実、客観の写生などが主張の要点。

原則を示す言葉。ゲティスバーグで行った演説の一節。

河東碧梧桐

かわひがし へきごとう　一八七三（明六）—一九三七（昭一二）

◆新傾向俳句の推進者

一八七三年、愛媛に生まれる。本名は秉五郎。伊予尋常中学校時代、虚子と同級。子規に俳句と野球を教わった。九三年、虚子と三高に入学、翌年二高に転学するが、退学。上京して子規の俳句革新運動に加わり、子規の没後は、新聞「日本」の俳句欄の選者となる。三年、「温泉百句」をめぐり虚子と論争、虚子の伝統的空想趣味に対して、碧梧桐の現実的実写的態度が明らかになる。

六年から二次にわたって全国行脚を行い、紀行文集『三千里』（一九一〇）、『続三千里』（一九一三）を発表、新傾向運動を強めた。一五年、「海紅」を創刊し、ヒューマニズムによる**無季自由律**に向かう。二五年、「三昧」を創刊、**ルビ俳句**を試みる。三三年、俳壇引退を表明。ジャーナリスト・旅行家・登山家・能楽者としても活躍した。一九三七年、六十三歳で死去した。

三千里［紀］　東北地方を回った第一次全国旅行の記録で、巻末に旅中吟四七三句を収める。

碧梧桐句集［俳］　四種ある。㈠一六年刊、㈡四〇年刊、㈢四七年刊、㈣五四年刊（二〇三六句）

●**赤い椿白い椿と落ちにけり**

●**明日雪になるや西空の星を見かけて出る**

水原秋桜子

みずはら しゅうおうし　一八九二（明二五）—一九八一（昭五六）

◆主観的写生による俳句革新

一八九二年、東京に生まれる。本名は豊。一高を経て一九一四年、東大医学部に入学。大学の研究室時代に俳句を始め、自然写生への希求から高浜虚子の門下となる。

二四年、「**ホトトギス**」雑詠で巻頭を占め、しだいに頭角を現して、**阿波野青畝・山口誓子・高野素十**とともに**四S**と呼ばれ、大正末期から昭和初頭の黄金時代をもたらした。三〇年、三十九歳のとき、第一句集『**葛飾**』を刊行。翌年、主宰誌「**馬酔木**」に「自然の真と文芸上の真」の論文を載せ、虚子の客観写生に対して主観写生を主張、「ホトトギス」から離れた。連作俳句を試みたりして新興俳句運動に影響を与えたが、自らは有季定型を守った。多くの俊秀を育て、長年、俳人協会会長を務めた。六三年、日本芸術院賞を受賞。一九八一年、八十八歳で死去。

葛飾［俳］　「葛飾や桃の籬も水田べり」など、葛飾は著者がよく吟行した土地である。

●**啄木鳥や落葉をいそぐ牧の木々**

霜林［俳］　一九五〇年刊。第十句集。戦後の傷心癒えて詠んだ風景俳句五六三句を収める。

●**冬菊のまとふはおのがひかりのみ**

山口誓子

やまぐち せいし　一九〇一（明三四）—一九九四（平六）

◆近代文学俳句への変革運動

一九〇一年、京都に生まれる。本名は新比古。東京、樺太を経て、京都に帰り、京都一中から三高に進み、京大三高俳句会に入った。「ホトトギス」に投句するようになり、水原秋桜子にも会った。二二年、高浜虚子に会い、東大法学部に進み、東大俳句会に参加して句作に専念。二六年東大を卒業。

二九年、「**ホトトギス**」同人となり、**秋桜子と並ぶ四S**の一人と称された。三二年、第一句集『**凍港**』を出版。新しい俳句実践の書として、鮮烈な新風を巻き起こした。

三五年、第二句集『**黄旗**』出版を機に「ホトトギス」を離れ、「**馬酔木**」に加盟。戦後、桑原武夫の「第二芸術論」に対し、俳句の近代化の可能性を求めて「天狼」を主宰。俳句と人間存在とを厳しく追求する「根源俳句」を提唱した。俳句革新の業績により、多くの賞を受賞。九十二歳で死去。

凍港［俳］　二九七句収録。素材・方法・内容に新しさが見られ、「事実から真実へ」を追求。

●**流氷や宗谷の門波荒れやまず**

炎昼［俳］　一九三八年刊。四三〇句収めた第三句集。

●**夏の河赤き鉄鎖のはし浸る**

◆世界の名言　人民の、人民による、人民のための政治。（リンカーン、アメリカ大統領、1809—1865）　民主主義の原理、

中村草田男

なかむら くさたお　一九〇一（明三四）—一九八三（昭五八）

◆人間探求派として人間性を写生

一九〇一年、中国の福建省厦門に生まれる。本名は清一郎。故郷は松山市。東大在学中に斎藤茂吉の歌集を読み、詩歌に開眼。二九年に高浜虚子を訪ね、東大俳句会に入り、秋桜子の指導を受けた。三三年に大学を卒業。成蹊学園に就職、高校、同大学教授を勤めた。三四年、「ホトトギス」の同人となり、川端茅舎・松本たかしらと活躍。三六年、福田直子と結婚、四女の父となる。このころより新興俳句運動に批判的で、石田波郷・加藤楸邨とともに「**人間探求派**」と呼ばれ、「自由主義者」として戦争中弾圧を受けた。「ホトトギス」の客観写生・花鳥諷詠一辺倒にも飽き足らず、同誌から離れ、四六年、「万緑」を創刊。伝統の固有性を継承しながら近代化を進め、現代俳句の中心的存在となった。俳人協会初代会長。虚子没後、「朝日新聞」俳壇選者。死後、芸術院恩賜賞を受賞。一九八三年、八十二歳で死去した。

長子 俳　二十八歳から三十五歳までの三三八句を四季別に収録した第一句集。新鮮なイメージ。

●**降る雪や明治は遠くなりにけり**

美田 俳　第七句集。五四年から五八年までの作品九七七句を自選。「心の美田」として残した。

●**青蛙土下座ならずと高鳴ける**

加藤楸邨

かとう しゅうそん　一九〇五（明三八）—一九九三（平五）

◆生活に密着した人間探求派

一九〇五年、東京に生まれる。本名は健雄。中学卒業後、小学校の代用教員となる。二六年、東京高師第一臨教国漢科に入り、苦学して卒業。二九年、粕壁中学に勤務し、矢野チヨセと結婚。同僚に誘われて俳句を始め、水原秋桜子に師事し、「**馬酔木**」に投句。秋桜子の勧めで三七年、東京文理大国文科に入学。三九年、第一句集『**寒雷**』を出版。四〇年、大学を卒業と同時に八中に勤務、その後、高女を経て青山学院女子短大教授。この年、俳誌「寒雷」を創刊・主宰。唯美的自然諷詠から生活に密着した人間臭の濃い句風に転じ、草田男・波郷とともに「**人間探求派**」と称された。八五年、日本芸術院会員となり、現代俳人の最高峰に立った。森澄雄・安東次男など後進の育成や芭蕉研究でも知られる。現代俳句大賞など多くの賞を受けた。一九九三年、八十八歳で死去。

寒雷 俳　五四〇句収録。内容は「古利根抄」「愛林抄」「都塵抄」の三部から成る。

●**寒雷やびりりびりりと真夜の玻璃**

まぼろしの鹿 俳　第十句集。一九六七年刊。一四九句を収録。第二回蛇笏賞を受賞。

●**原爆図中口あくわれも口あく寒**

種田山頭火

たねだ さんとうか　一八八二（明一五）—一九四〇（昭一五）

◆生涯を流浪した自由律俳句作家

一八八二年、山口に生まれる。本名は正一。家は大地主。母が山頭火十一歳のときに自殺。早大文学科に進んだが、神経衰弱により中退。一九〇四年、帰郷して父の経営する酒造業を営み、結婚。一三年、荻原井泉水に師事し、「層雲」に出句。一六年、選者に加わる。同年、種田家が破産し、流転生活が始まる。妻子を伴って熊本に移住し、額縁商を営むが身が入らず、上京して市立図書館に勤める。この間、弟の自殺、離婚、父の死など不運に見舞われ、さらに二三年、大震災に遭って無常を痛感し熊本に帰った。二五年、報恩寺で出家、句風が一変し、自由律の句を作るようになる。翌年、九州、四国、中国を巡る行乞流転の旅に出る。三二年から山口市に庵を結び、句と酒と旅に生きた。一九四〇年、これまでの句作を集成した『**草木塔**』を刊行。同年、五十八歳で死去。

草木塔 俳　一九四〇年刊。一九二五年から十五年間の作約九〇〇〇句の中から七〇一句を自選したもの。第一句集から第七句集までの句を収録している。

●**分け入っても分け入っても青い山**

●**うしろすがたのしぐれてゆくか**

さいとう さんき

西東三鬼

一九〇〇(明三三)—一九六二(昭三七)

◆都会的感覚による新興俳句派

一九〇〇年、岡山に生まれる。本名は斎藤敬直。二一年、日本歯科医専に入学。卒業後、シンガポールで歯科医を開業するがのち帰国。三三年、神田の共立病院歯科部長に就任。患者の勧めで俳句を始め、「走馬灯」「馬酔木」「天の川」「旗艦」などに都会生活者の虚無感を表現し、新興俳句の花形となる。二六年、第一句集『旗』を刊行し、「天香」を創刊した。四〇年、「京大俳句」事件で検挙されるが、戦後「第二芸術論」を機に復活、四七年、石田波郷らと現代俳句協会を設立。翌年、山口誓子に「天狼」を創刊させた。また、大阪女子医大付属病院歯科部長に就任し医業に戻った。四八年、『夜の桃』『三鬼百句』を刊行。五二年、主宰誌「断崖」を創刊。プロ俳人の道を選び、角川書店「俳句」編集長も務めた。俳人協会設立に奔走中、一九六二年死去。六十一歳。

旗 俳　新興俳句運動とともにあった三五年から三九年までの作品二〇九句を収録。

●**水枕ガバリと寒い海がある**

夜の桃 俳　戦前の作品を含め、戦後四七年までの作品と合わせて二九七句を収録。

●**中年や遠くみのれる夜の桃**

いいだ りゅうた

飯田龍太

一九二〇(大九)—二〇〇七(平一九)

◆現代的な感性で伝統俳句を継承

一九二〇年、山梨に生まれる。四〇年、国学院大国文科に入学。大学生時代より句作。大学を卒業した四七年から父蛇笏が主宰する「雲母」の編集に携わる。その後、山梨県立図書館に勤務しながら、活発な作句、評論活動を行い、戦後俳壇における新鋭として注目された。

五四年、第一句集『百戸の谿』を刊行。五七年、現代俳句協会賞を受賞した。自然に託されたリリシズムは、俳壇の新風として迎えられた。五九年、第二句集『童眸』を刊行。六二年、蛇笏の病没により「雲母」の主宰を継承した。また、毎日新聞学芸欄の俳壇選者となり、後進の指導育成に尽力した。六九年、『忘音』により読売文学賞、八一年、芸術院恩賜賞を受け、八四年には日本芸術院会員となった。九二年、九百号で「雲母」を終刊。現代的な感性と叙情にあふれる句風を完成した。

百戸の谿 俳　五三年までの二五九句を収録。自然や生活をモティーフに、伝統派の典型を示す。

●**春の鳶寄りわかれては高みつつ**

童眸 俳　五八年までの五年間の作品、四八二句を収録。亡き子への鎮魂の思いをこめた書名。

●**大寒の一戸もかくれなき故郷**

かねこ とうた

金子兜太

一九一九(大八)—二〇一八(平三〇)

◆社会性の強い現代俳壇の重鎮

一九一九年、埼玉に生まれる。東大経済学部に進み、全国学生俳句誌「成層圏」に参加。中村草田男・加藤楸邨などの影響を受ける。のちに「寒雷」に投句、同人となる。四三年、日本銀行に入行するが、すぐ海軍に入隊。海軍主計短期現役にてトラック島に赴任、敗戦となる。復員帰国後、四七年に日銀本店に復職。沢木欣一の「風」同人に参加。行内の労働運動に情熱を燃やしたが、福島に転勤となり挫折。その後、神戸、長崎など支店勤務を経て、七四年、定年退職。その間、「風」誌を中心に社会性論議が盛んとなり、「社会性は態度の問題」と主張する。五五年、第一句集『少年』を刊行。翌年、現代俳句協会賞受賞。前衛俳句の旗手として独得の作風を不動にした。六二年、「海程」を創刊、のち主宰。現代俳句協会会長、朝日俳壇選者などを務めた。

少年 俳　二十一歳から三十六歳までの作品四九七句を収録。

●**曼珠沙華どれも腹出し秩父の子**

暗緑地誌 俳　一九七二年刊。一二四句を収録。新しいエスプリに過去の栄光回復を期待。

●**暗黒や関東平野に火事一つ**

◆世界の名言　若い者は美しい。しかし、老いたる者は若い者よりもさらに美しい。(ホイットマン、アメリカの詩人、

主な歌人

会津八一（あいづやいち）

一八八一―一九五六。新潟出身。美術史家・書家。良寛・子規に傾倒。奈良の仏教美術に目を開かれて『南京新唱』(二四)を発表し、独自の歌風を立てた。『鹿鳴集』(四〇)、『寒燈集』(四七)などがある。

●はつなつ の かぜ と なりぬ と みほとけは をゆび の うれ に ほの しらす　(南京新唱)

落合直文（おちあいなおぶみ）

一八六一―一九〇三。宮城出身。号は萩之家。短歌革新の意図で「浅香社」を結成。与謝野鉄幹・尾上柴舟らが集まった。没後『萩之家遺稿』(〇四)、『落合直文集』(二七)などが刊行された。

●さわさわと我が釣り上げし小鱸の白きあぎとに秋の風吹く　(落合直文集)

木下利玄（きのしたりげん）

一八八六―一九二五。岡山出身。学習院中等科在学中の九九年、佐佐木信綱に入門。級友の志賀直哉・武者小路実篤らと回覧雑誌を始め、一九一〇年、「白樺」創刊に参加。第一歌集『銀』(一四)には信綱・白秋らの影響が見られたが、『紅玉』(一九)、『一路』(二四)で写実的傾向もある利玄調を確立。

●やはらかくをさなきもののおごそかに眼つぶりて我より遠し　(銀)

木俣修（きまたおさむ）

一九〇六―一九八三。滋賀出身。北原白秋に師事。「多磨」に参加。第一歌集『高志』(四二)で新ロマン主義の作風を示す。『冬暦』(四八)、『落葉の章』(五五)、『呼べば谺』(六四)、『愛染無限』(七四)などがある。

●みまかりし子の落書のある壁を妻は惜しむか移らんとして　(呼べば谺)

斎藤史（さいとうふみ）

一九〇九―二〇〇二。東京出身。反写実的なモダニズム短歌でデビュー。二・二六事件で父や知人が受刑してのち、自己内部の苦悩と危機を凝視し続けた。『魚歌』(四〇)、『やまぐに』(四七)、『ひたくれなゐ』(七六)、『渉りかゆかむ』(八五)などがある。

●死の側より照らせばことにかがやきてひたくれなゐの生ならずやも　(ひたくれなゐ)

佐佐木信綱（ささきのぶつな）

一八七二―一九六三。三重出身。短歌革新のため「竹柏会」を組織し、歌誌「心の花」を創刊(一八九八)。『思草』(一九〇三)、『新月』(一二)、『山と水と』(五一)などがある。万葉集の研究にも力を注いだ。

●願はくはわれ春風に身をなして憂ある人の門をとはばや　(思草)

土岐善麿（ときぜんまろ）

一八八五―一九八〇。東京出身。哀果と号した。啄木と親交があり、三行書き、ローマ字綴りの歌集『NAKIWARAI』(一〇)を刊行。『黄昏に』(一二)などの生活歌、『作品1』(三三)などの自由律短歌、『六月』(四〇)などの反戦抵抗歌もある。

●あなたは勝つものとおもつてゐましたかと老いたる妻のさびしげにいふ　(夏草)

中村憲吉（なかむらけんきち）

一八八九―一九三四。広島出身。「アララギ」創刊に参加。伊藤左千夫に師事。感覚的でみずみずしい『林泉集』(一六)、実人生への沈潜した観照を示す『しがらみ』(二四)、自由でのびやかな『軽雷集』(三一)などがある。

●夏の土ふかく曇れりふところに蟬を鳴かせて童子行きたり　(林泉集)

前田夕暮（まえだゆうぐれ）

一八八三―一九五一。神奈川出身。尾上柴舟に師事。自然主義的作風の第一歌集『収穫』(一〇)、後期印象派の絵画的効果を取り入れた『生くる日に』(一四)、口語自由律短歌を提示した『水源地帯』(三二)や、随想集『草木祭』(五一)などがある。

●雪の上に春の木の花散り匂ふすがしさにあらむわが死顔は　(夕暮遺歌集)

吉井勇（よしいいさむ）

一八八六―一九六〇。東京出身。「スバル」創刊に参加。『酒ほがひ』(一〇)で、頽唐・耽美派の歌風が注目された。『祇園歌集』(一五)、『人間経』(三四)、『形影抄』(五六)などがある。

●紅燈のちまたに往きてかへらざる人をまことのわれと思ふや　(昨日まで)

教え子たちに残した言葉。

主な俳人

飯田蛇笏（いいだだこつ）

一八八五—一九六二。山梨出身。高浜虚子に入門。「ホトトギス」の全盛時代を築く。彼の句は、高い格調と鮮明な輪郭をもち、孤高の精神を造型した。俳誌「雲母」を創刊・主宰(一五)。句集に『山廬集』(三二)、『霊芝』(四〇)、『心像』(四七)、『雪峡』(五一)、『家郷の霧』(五六)などがある。

●**折りとりてはらりとおもきすすきかな** (山廬集)

荻原井泉水（おぎわらせいせんすい）

一八八四—一九七六。東京出身。河東碧梧桐の新傾向俳句運動に加わり、ともに機関誌「層雲」を発行(一一)して「ホトトギス」に対抗。伝統的季題を廃し、**自由律俳句**を提唱して全国を行脚。彼の俳句は、印象詩から象徴詩へ、さらに求道の詩へと深められていった。句集に『湧出もの』(二〇)、『流転しつつ』(二四)、『無所在』(三五)、『金砂子』(四六)、『原泉』(六〇)、『長流』(六四)などがある。

●**空をあゆむ朗朗と月ひとり** (原泉)

尾崎放哉（おざきほうさい）

一八八五—一九二六。鳥取出身。一高時代の井泉水に影響を受けた。地位・財産・家族すべてを捨てて各地を放浪し、小豆島の寺男として孤独のうちに病死した。無季自由律の俳句に、その個性と生活を表現した。没後、句文集『大空』(二六・井泉水編)が刊行された。

●**入れものがない両手でうける** (大空)

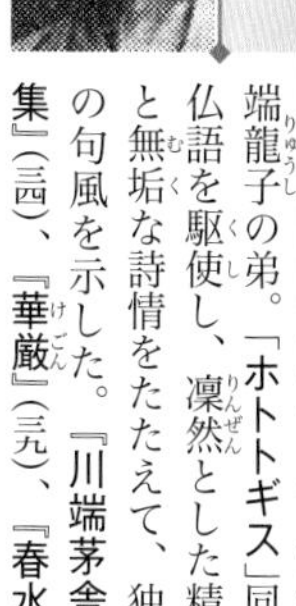

川端茅舎（かわばたぼうしゃ）

一九〇〇—一九四一。東京出身。画家川端龍子の弟。「ホトトギス」同人。仏語を駆使し、凛然とした精神と無垢な詩情をたたえて、独自の句風を示した。『川端茅舎句集』(三四)、『華厳』(三九)、『春水光輪』(四七)などがある。

●**朴散華即ちしれぬ行方かな** (定本川端茅舎句集)

高野素十（たかのすじゅう）

一八九三—一九七六。茨城出身。虚子に師事。「ホトトギス」同人。虚子の「花鳥諷詠」の理論に忠実で、客観写生を重んじた。昭和初期に、秋桜子・誓子・阿波野青畝と並んで四S時代を築いた。『初鴉』(四七)、『雪片』(五二)などがある。

●**野に出れば人みなやさし梅の花** (初鴉)

中村汀女（なかむらていじょ）

一九〇〇—一九八八。熊本出身。「ホトトギス」に投稿し、虚子に学ぶ。こまやかかつ清新な目で身辺日常の風物をとらえる平明な句風。俳誌「風花」を主宰。句集に『汀女句集』(四四)、『都鳥』(五一)、『紅白梅』(六八)などがある。

●**曼珠沙華抱くほどとれど母恋し** (汀女句集)

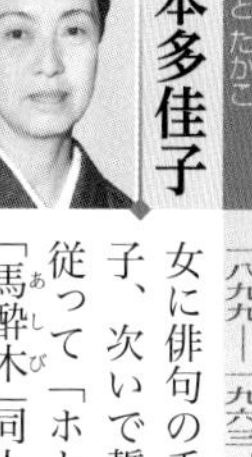

橋本多佳子（はしもとたかこ）

一八九九—一九六三。東京出身。杉田久女に俳句の手ほどきを受け、虚子、次いで誓子に師事。誓子に従って「ホトトギス」を去り、「馬酔木」同人となり、のちに「天狼」同人。女性の情感を厳しい手法で描いた。『海燕』(四一)、『信濃』(四七)、『紅糸』(五一)、『海彦』(五七)などがある。

●**乳母車夏の怒濤によこむきに** (紅糸)

日野草城（ひのそうじょう）

一九〇一—一九五六。東京出身。第一句集『花氷』(二七)で華麗な才能とうたわれ、「ホトトギス」同人に推された。新興俳句推進のため「旗艦」を創刊・主宰(三五)。自由主義的なモダニズムの作風を示したが、戦時下の弾圧を受けた。戦後、「青玄」を創刊・主宰(四九)。平淡・澄明な作品を残した。『青芝』(三二)、『転轍手』(三八)、『人生の午後』(五三)、『銀』(五六)などがある。

●**春の灯や女は持たぬのどぼとけ** (花氷)

▶転轍手

松本たかし（まつもとたかし）

一九〇六—一九五六。東京出身。「ホトトギス」同人。品位の高い端正な風格をもち、「物心一如」の写生観を説いた。『松本たかし句集』(三五)、『鷹』(三八)、『野守』(四一)、『石魂』(五三)などがある。

●**夢に舞ふ能美しや冬籠** (石魂)

村上鬼城（むらかみきじょう）

一八六五—一九三八。東京出身。子規によって俳句に開眼。「ホトトギス」同人。聴覚障害で窮迫した生活を送りながらも、古武士のような風格と気魄を失わなかった。その厳しい自画像的な作風は「境涯の句」と呼ばれた。『鬼城句集』(一七)、『続鬼城句集』(三三)、『定本鬼城句集』(四〇)がある。

●**己が影を慕うて這へる地虫かな** (鬼城句集)

◆世界の名言 少年よ、大志を抱け。(クラーク、アメリカの農学者、1826—1886) 明治10年、札幌農学校を去るとき、

主要外国文学者

◆イギリス

シェイクスピア William Shakespeare 一五六四―一六一六
エリザベス朝ルネッサンス文学の代表者。劇作家・詩人。悲劇『**ロミオとジュリエット**』、喜劇『**真夏の夜の夢**』『**ヴェニスの商人**』、史劇『**ヘンリー四世**』『**ジュリアス・シーザー**』などに続き、四大悲劇『**ハムレット**』『**オセロー**』『**マクベス**』『**リア王**』などの不朽の名作を残した。

▼シェイクスピアの生家

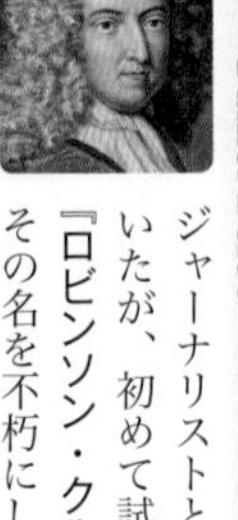

デフォー Daniel Defoe 一六六〇?―一七三一
ジャーナリストとして活躍していたが、初めて試みた長編物語『**ロビンソン・クルーソー**』が、その名を不朽にした。

スウィフト Jonathan Swift 一六六七―一七四五
牧師からジャーナリストに転身。『**ガリヴァー旅行記**』には、当時のイギリスの社会や政治に対する厳しい風刺がこめられている。

ワーズワース William Wordsworth 一七七〇―一八五〇
ロマン派を代表する詩人の一人であり、自然詩人としても高く評価されている。『**抒情歌謡集**』『**序曲**』が代表作。

キーツ John Keats 一七九五―一八二一
ロマン派を代表する詩人の一人。詩集『**レイミア、イザベラ、聖アグネス祭の前夜**』によって世評が高まる。

ブラウニング Robert Browning 一八一二―一八八九
ビクトリア朝の代表的詩人。楽天的理想主義を表現して認められた。上田敏の名訳で有名な『**ピパは通る**』などがある。

ディケンズ Charles Dickens 一八一二―一八七〇
国民的英雄の一人。『**ピクウィック・ペイパーズ**』で有名になり、『**オリヴァー・トゥイスト**』で作家的地位を確立。『**クリスマス・キャロル**』『**デイヴィッド・コッパフィールド**』『**二都物語**』などは、多くの読者を得ている。

エミリー・ブロンテ Emily Brontë 一八一八―一八四八
シャーロット、アンの三姉妹の一人。シャーロットの『**ジェーン・エア**』とエミリーの『**嵐が丘**』は近代女性の自我を描く。

キャロル Lewis Carroll 一八三二―一八九八
童話作家。一人の少女をモデルとした『**不思議の国のアリス**』『**鏡の国のアリス**』は、童話の常識を破った不朽の名作。

スティーヴンソン Robert Louis Stevenson 一八五〇―一八九四 小説家・詩人。冒険小説『**宝島**』によって作家的地位を確立。近代人の分裂的性格を扱った『**ジキル博士とハイド氏**』が有名。

ワイルド Oscar Wilde 一八五四―一九〇〇
詩人・小説家・劇作家。息子たちに書いた童話集『**幸福な王子**』はよく知られているが、その芸術至上主義的立場がよく表されているのは『**ドリアン・グレイの肖像**』である。戯曲に『**ウィンダミア卿夫人の扇**』『**サロメ**』がある。

バーナード・ショー George Bernard Shaw 一八五六―一九五〇 イギリス近代劇の創始者とも言われ、『**人と超人**』『**聖女ジョーン**』『**ピグマリオン**』(ミュージカル『マイ・フェア・レディ』となって世界に流布)などがある。ノーベル賞受賞。

ロレンス David Herbert Lawrence 一八八五―一九三〇
小説家・詩人・批評家。現世からの逃避を理想的な性に求めた。『**息子と恋人**』『**チャタレイ夫人の恋人**』などがある。

サマセット・モーム William Somerset Maugham 一八七四―一九六五 まず戯曲で成功するが、『**人間の絆**』、大ヒットした長編小説『**月と六ペンス**』などの代表作を生む。評論『**世界の十大小説**』では『**源氏物語**』を世界に紹介した。

性の中から、自分自身の責任において自分の人生を選ぶものだ。

エリオット Thomas Stearns Eliot 一八八八—一九六五
アメリカ生まれのイギリスの詩人・批評家・劇作家。長編詩『荒地』は荒廃した現代文明を描く。『四つの四重奏』『批評論集』。一九四八年、ノーベル賞受賞。

◆フランス

モリエール Molière 一六二二—一六七三
フランス古典劇の代表者。『タルチュフ』、風刺精神あふれる心理劇『ドン・ジュアン』、最高傑作『人間嫌い』、晩年の代表作『守銭奴』などで喜劇の地位を高めた。

スタンダール Stendhal 一七八三—一八四二
評論家・小説家。初め『恋愛論』などの評論を書き、一八三〇年七月革命の年に、代表作『赤と黒』を発表。終生礼賛し続けたイタリアを描く晩年の『パルムの僧院』、自選墓碑銘「生きた、書いた、恋した」は有名。

▶『パルムの僧院』の舞台

バルザック Honoré de Balzac 一七九九—一八五〇
小説家。『ゴリオ爺さん』『従妹ベット』『従兄ポンス』『谷間の百合』などの小説群を総合して「人間喜劇」と題し、十九世紀フランス社会史を構想したが、未完に終わる。

ヴィクトル・ユゴー Victor Hugo 一八〇二—一八八五
『静観詩集』などで、フランス文学史上屈指の大詩人として知られているが、わが国では、小説『レ・ミゼラブル』と主人公ジャン・バルジャンの名前がよく知られている。

メリメ Prosper Mérimée 一八〇三—一八七〇
外国旅行の経験を生かして書いた『コロンバ』『カルメン』は、女性の持つ野性的な情熱やエネルギーを表現している。

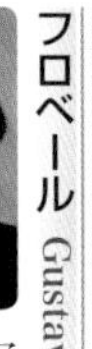

フロベール Gustave Flaubert 一八二一—一八八〇
写実主義小説の創始者として「ボバリー夫人は私だ」の名言を残す。『ボバリー夫人』『サランボー』『感情教育』などの名作を残し、のちのゾラやモーパッサンなどの自然主義作家たちに敬慕され、近代小説の祖と目された。

ボードレール Charles Baudelaire 一八二一—一八六七
近代象徴主義詩の開祖。美術批評家として近代絵画の成立にも寄与。近代詩の聖典『悪の華』は、初版発行の際は公衆道徳良俗侵害の罪で、罰金刑を受けた。また、死後刊行された散文詩『パリの憂鬱』がある。

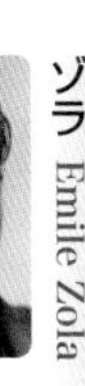

ゾラ Émile Zola 一八四〇—一九〇二
科学的実証主義の影響のもとに人間と社会をとらえようとする、自然主義の代表的作家。『居酒屋』『ナナ』『ジェミナール』『獣人』などの名作がある。

アナトール・フランス Anatole France 一八四四—一九二四
小説家・批評家。『シルベストル・ボナールの罪』『タイス』『赤い百合』などがある。ノーベル賞受賞。国葬で葬られる。

ヴェルレーヌ Paul Marie Verlaine 一八四四—一八九六
象徴詩の詩人。第一詩集『サチュルニヤン詩集』が評価され、傑作『言葉なき恋歌』により音楽的韻律の詩法が完成する。

モーパッサン Guy de Maupassant 一八五〇—一八九三
フロベールの指導でリアリズムの手法を身につけ、『脂肪の塊』を発表。『女の一生』『ベラミ』『ピエルとジャン』などの長編のほかに珠玉の短編を残した。

ランボー Arthur Rimbaud 一八五四—一八九一
象徴主義の代表的詩人の一人。有名な『酔いどれ船』のほか、『イリュミナシヨン（飾り絵）』『地獄の季節』がある。

ルナール Jules Renard 一八六四—一九一〇
反自然主義に立ち、農民や田園生活を描く。『博物誌』で文名をあげた。『にんじん』（のちに劇にもなる）は代表作。

ロマン・ロラン Romain Rolland 一八六六—一九四四
人間主義の小説家・劇作家・評論家。生涯を反戦平和主義の運動に捧げた。代表作は『ジャン・クリストフ』と『魅せられたる魂』。ノーベル賞賞金を赤十字社などに寄付。

◆世界の名言　人間の運命は人間の手中にある。（サルトル、フランスの哲学者、1905—1980）　人間は、さまざまな可能

ジッド André Gide 一八六九―一九五一

『背徳者』『狭き門』によって作家的地位を確立。人生いかに生くべきかの問題に執拗に取り組み、自己告白の『一粒の麦もし死なずば』や『田園交響楽』、彼のモラルと芸術の集大成『にせ金づくり』を発表した。ノーベル賞受賞。

ヴァレリー Paul Valéry 一八七一―一九四五

詩人・批評家。ランボーらの象徴詩の影響のもとに、音楽性の高い『若きパルク』『魅惑』、評論『ヴァリエテ』などを著す。

プルースト Marcel Proust 一八七一―一九二二

自伝的回想小説『失われた時を求めて』は、時間を主人公にした作品。現代文学の先駆的作品として評価が高い。

アポリネール Guillaume Apollinaire 一八八〇―一九一八

詩人にして前衛芸術の旗手。詩集『アルコール』、美術論集『立体派の画家たち』は、現代芸術の可能性を示している。

マルタン・デュ・ガール Roger Martin du Gard 一八八一―一九五八

小説家・劇作家。二十年余を費した大河小説『チボー家の人々』、ノーベル賞の対象となった『一九一四年夏』などがある。

モーリヤック François Mauriac 一八八五―一九七〇

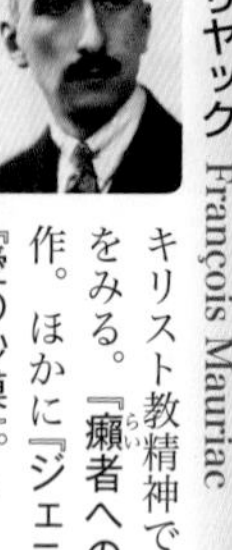

キリスト教精神で人間性の深淵をみる。『癩者への接吻』は出世作。ほかに『ジェニトリックス』『愛の砂漠』。ノーベル賞受賞。

サン・テグジュペリ Antoine de Saint-Exupéry 一九〇〇―一九四四

飛行家・小説家。行動主義文学の代表的作家。処女作『南方郵便機』、代表作『夜間飛行』『人間の土地』などのほかに童話『星の王子さま』がある。

サルトル Jean-Paul Sartre 一九〇五―一九八〇

哲学者・小説家・劇作家。戦後、無神論的実存主義とマルクス主義とで世界に影響を及ぼした。小説に『嘔吐』『壁』『自由への道』、戯曲に『蠅』『出口なし』、評論・哲学書に『存在と無』『聖ジュネ』など。

ボーヴォワール Simone de Beauvoir 一九〇八―一九八六

小説家・評論家。サルトルとともに実存主義の第一線に立つ。『招かれた女』で作家生活に入る。『レ・マンダラン』『娘時代』『女ざかり』などの小説、女性解放運動の思想的原点となった『第二の性』などがある。

カミュ Albert Camus 一九一三―一九六〇

小説家・劇作家。人生の不条理の種々相を浮き彫りにした『異邦人』で世界的に有名になり、小説『ペスト』、戯曲『カリギュラ』『誤解』など全作品によりノーベル賞受賞。

サガン Françoise Sagan 一九三五―二〇〇四

女性小説家・劇作家。十八歳のとき『悲しみよこんにちは』でデビュー。『ブラームスはお好き』など、精力的な創作活動を行った。

◆ドイツ

ゲーテ Johann Wolfgang von Goethe 一七四九―一八三二

詩人・劇作家・小説家。疾風怒濤時代の闘士として小説『若きヴェルテルの悩み』を発表。ドイツ教養小説の代表作『ヴィルヘルム・マイスターの修業時代』『同遍歴時代』、戯曲『ファウスト』、詩集『ヘルマンとドロテーア』など。

▶ゲーテハウス

シラー Friedrich von Schiller 一七五九―一八〇五

詩人・劇作家。ゲーテの親友。戯曲に『群盗』『ドン・カルロス』『ヴァレンシュタイン』『ヴィルヘルム・テル』などがある。

ノヴァーリス Novalis 一七七二―一八〇一

ロマン派の代表詩人。恋人の死をうたった『夜の讃歌』。ゲーテに対抗してロマン派の立場から創作した『青い花』は未完。

ハイネ Heinrich Heine 一七九七―一八五六

ユダヤ系ゆえの圧迫を受け、人類解放の革命詩人となる。詩集に『歌の本』『アッタ・トロル夏の夜の夢』『ロマンツェーロ』。

の自由、恐怖からの自由をさす。1941年の年頭教書で述べた言葉。

トーマス・マン Thomas Mann 一八七五—一九五五
小説家。最初の長編『ブデンブローク家の人々』、『魔の山』『ヨゼフとその兄弟たち』などが代表作。ノーベル賞受賞。

リルケ Rainer Maria Rilke 一八七五—一九二六
オーストリアの詩人・小説家。詩は言葉を素材とする造形であるとして『新詩集』、手記の形をとった小説『マルテの手記』。

ヘルマン・ヘッセ Hermann Hesse 一八七七—一九六二
小説家・詩人。孤独な魂を描き続けた。小説に『郷愁』『車輪の下』『春の嵐』『デミアン』『知と愛』がある。ノーベル賞受賞。

レマルク Erich Maria Remarque 一八九八—一九七〇
第一次世界大戦に志願。戦場の人間精神の荒廃を描く『西部戦線異状なし』や、第二次大戦後の『凱旋門』が有名。

◆ロシア

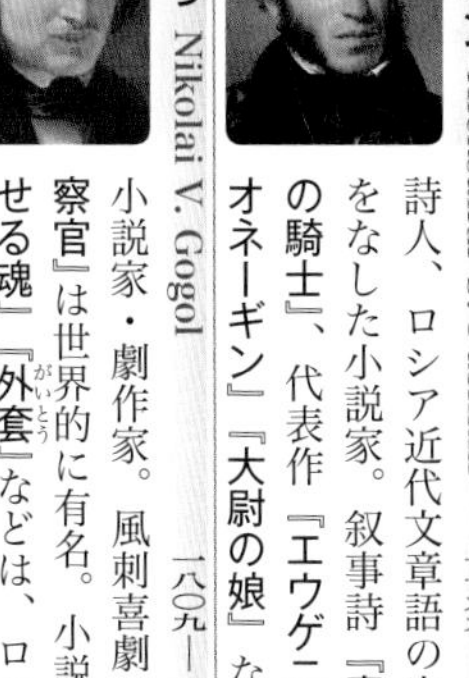

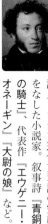

プーシキン Aleksandr S. Pushkin 一七九九—一八三七
詩人、ロシア近代文章語の完成をなした小説家。叙事詩『青銅の騎士』、代表作『エウゲニー・オネーギン』『大尉の娘』など。

ゴーゴリ Nikolai V. Gogol 一八〇九—一八五二
小説家・劇作家。風刺喜劇『検察官』は世界的に有名。小説『死せる魂』『外套』などは、ロシアに小説の黄金時代をもたらす。

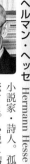

ツルゲーネフ Ivan S. Turgenev 一八一八—一八八三
皇太子アレクサンドル二世に農奴解放の決意をさせた短編小説集『猟人日記』、長編第一作の『ルージン』、悲しい愛の物語『初恋』、世代の断絶を描いた『父と子』などがある。

ドストエフスキー Fyodor M. Dostoevskii 一八二一—一八八一
人間の内面的・心理的な矛盾と相克を追求。近代小説に新しい可能性を開く。『貧しき人々』『罪と罰』『カラマーゾフの兄弟』『死の家の記録』『虐げられた人々』『白痴』『悪霊』『未成年』などがある。

トルストイ Lev N. Tolstoi 一八二八—一九一〇
思想家・小説家。ルソーの「自然に帰れ」を実践した人道主義者。処女作『幼年時代』、最初の長編『戦争と平和』、芸術的完成の頂点に立つ『アンナ・カレーニナ』、民話『イワンのばか』、晩年の長編『復活』などは世界的名作。

チェーホフ Anton P. Chekhov 一八六〇—一九〇四
劇作家、短編の名手。『かもめ』『ワーニャ伯父さん』『三人姉妹』『桜の園』が四大戯曲。近代演劇の完成者として有名。

ゴーリキー Maksim Gorkii 一八六八—一九三六
小説家・劇作家。社会主義リアリズム文学の創始者。革命を予告したとされる散文詩『海燕の歌』は発禁になったが、社会の底辺の人々を描いた戯曲『どん底』は、上演されて大反響を呼んだ。ほかに戯曲『敵』、小説『母』など。

ショーロホフ Mikhail A. Sholokhov 一九〇五—一九八四
小説家。代表作『静かなドン』は、コサックの運命を描き、革命と内戦の歴史を掘り下げた傑作。ほかに、レーニン文学賞を受賞した『開かれた処女地』。ノーベル賞受賞。

ソルジェニーツィン Aleksandr I. Solzhenitsin 一九一八—二〇〇八
小説家。強制収容所体験をもとに『イワン・デニーソヴィチの一日』を発表。続く『収容所群島』で体制を批判し、国外追放となる（一九九五年帰国）。ノーベル賞受賞。

◆アメリカ

エドガー・アラン・ポー Edgar Allan Poe 一八〇九—一八四九
詩人・小説家・ジャーナリスト。『アッシャー家の崩壊』や世界最初の本格推理小説『モルグ街の殺人事件』のほか、『黒猫』『盗まれた手紙』、詩の代表作『大鴉』などがある。

メルヴィル Herman Melville 一八一九—一八九一
処女作『タイピー』は好評だったが、代表作『白鯨』は発表当時は評価されなかった。しかし、人間精神の深淵を描いた大作として、今日では世界文学の傑作の一つとされる。

ホイットマン Walt Whitman 一八一九—一八九二
詩人。初め匿名で出した詩集『草の葉』には、長詩『ぼく自身の歌』が収められている。民主主義詩人として評価された。

◆世界の名言　四つの自由。（ルーズベルト、アメリカ大統領、1882—1945）　言論・表現の自由、信仰の自由、窮乏から

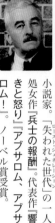

トウェイン Mark Twain 一八三五—一九一〇

小説家。『ジム・スマイリーとその跳び蛙』という笑話で一躍有名になり、大ベストセラー『無邪気な外遊記』のあと、『トム・ソーヤーの冒険』『王子と乞食』『ハックルベリ・フィンの冒険』などの代表作によって名声を得る。

オー・ヘンリー O. Henry 一八六二—一九一〇

公金横領罪で服役中に短編小説を書き始め、出獄後、処女作『キャベツと王さま』を発表。ユーモア、ウィット、ペーソスに満ちた『賢者の贈りもの』『最後の一葉』などの短編を数多く発表し、大衆の人気をさらった。

パール・バック Pearl Buck 一八九二—一九七三

小説家。中国で育つ。処女作『東の風・西の風』に続く『大地』でピュリッツァー賞を受賞。『息子たち』『分裂せる家』とともに三部作『大地の家』を構成。ノーベル賞受賞。

フォークナー William Cuthbert Faulkner 一八九七—一九六二

小説家。「失われた世代」の一人。処女作『兵士の報酬』。代表作『響きと怒り』『アブサロム、アブサロム!』。ノーベル賞受賞。

ヘミングウェイ Ernest Hemingway 一八九九—一九六一

「失われた世代」の代表作家。ハードボイルドといわれる文体で非情なまでの客観描写を貫く。『日はまた昇る』『武器よさらば』『誰がために鐘は鳴る』『老人と海』など。ピュリッツァー賞・ノーベル賞受賞。

ミッチェル Margaret Mitchell 一九〇〇—一九四九

女性小説家。南北戦争を背景に、勝ち気な女スカーレット・オハラと偽悪家の男レット・バトラーの愛と憎しみを描いた大作『風と共に去りぬ』でベストセラーの記録を更新した。また、同作品は映画化されて大ヒットとなった。

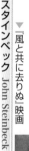

▼『風と共に去りぬ』映画

スタインベック John Steinbeck 一九〇二—一九六八

生命を抑圧するものへの激しい怒りを表す。『怒りの葡萄』はピュリッツァー賞受賞。『二十日鼠と人間』『エデンの東』などがある。ノーベル賞受賞。

サリンジャー Jerome David Salinger 一九一九—二〇一〇

小説家。『ライ麦畑でつかまえて』で脚光を浴びたが、教育界からは批判された。『九つの物語』『フラニーとゾーイ』など。

◆その他

ダンテ Dante Alighieri 一二六五—一三二一

イタリアの詩人。ルネッサンス文学の先駆者。死の直前まで書き続けられた『神曲』は、魂の浄化をめざす構成。

セルバンテス Miguel de Cervantes Saavedra 一五四七—一六一六

スペインの詩人・劇作家・小説家。狂気の郷士が農夫を従えて旅に出る物語『ドン・キホーテ』は、人間の悲喜劇性両面を描いた作品で、最初の近代小説と見なされている。

アンデルセン Hans Christian Andersen 一八〇五—一八七五

デンマークの小説家・童話作家。失恋の痛みを癒すための旅先で書いた『即興詩人』は世界的に有名。近代童話の確立者として、『裸の王様』『マッチ売りの少女』『みにくいアヒルの子』『赤い靴』など百五十編の童話を残す。

イプセン Henrik Ibsen 一八二八—一九〇六

ノルウェーの劇作家。大作『ブラン』で名声を得、代表作『人形の家』では新しい女「ノラ」を描いた。近代劇の第一人者。

メーテルリンク Maurice Maeterlinck 一八六二—一九四九

ベルギーのフランス語詩人・劇作家。『ペレアスとメリザンド』のほか、児童劇『青い鳥』が有名。ノーベル賞受賞。

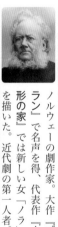

カフカ Franz Kafka 一八八三—一九二四

ユダヤ系のドイツ小説家。異常な事件を淡々と描いて世界に衝撃を与えた。生前『変身』などの作品を発表したが無名だった。死後、『審判』『城』『アメリカ』などが刊行され、注目された。

漢文の学習

蘇州拙政園〈中国〉

中国文学の日本文学への影響

日本人は、長らく中国の古典に親しむとともに、そこにあらわれた言葉や表現、ものの見方や考え方を自分たちの文学の中に広く取り入れることで、豊饒な世界をつくりあげてきた。

土佐日記　紀貫之

いといたくめでて、ゆく人の詠めりける。
棹させどそこひも知らぬわたつみの深き心を
君に見るかな

『土佐日記』は、紀貫之が女性に仮託して仮名で書かれているが、作者の漢学についての素養によって、漢詩文に学んだ手のこんだ表現がなされている。

二十七日、大津から浦戸へ向かう途中、かこのさき（鹿児崎）で詠んだ右の歌は、「棹をさして探ってみても、どれくらい深いかわからぬほどの深い海、ちょうどそのように深い心を、あなた方から感じます。」という意味であるが、この、人の情を水の深さにたとえるという発想は、おそらく李白の、桃花村の酒造り、汪倫の歓待を感謝する「汪倫に贈る」詩によったものである。

李白乗舟将欲行
忽聞岸上踏歌声
桃花潭水深千尺
不及汪倫送我情

紀貫之は、李白の奔放さをさらりと流して、しみじみとした味わいのある歌にまとめあげている。

浦戸・桂浜

枕草子　清少納言

雪のいと高う降りたるを、例ならず御格子参りて、炭櫃に火おこして、物語などして、集まり候ふに、「少納言よ、香炉峰の雪、いかならむ。」と仰せらるれば、御格子上げさせて、御簾を高く上げたれば、笑はせ給ふ。

（二百八十段）

幼いころから古典、特に漢学の素養を身につけていた清少納言は、中宮定子のもとに宮仕えした後、折にふれてその教養を披露した。右のやりとりは、白居易の詩「香炉峰下に新たに山居を卜し、草堂初めて成り、偶東壁に題す」の

遺愛寺鐘欹枕聴
香炉峰雪撥簾看

をふまえている。中宮から質問されると、すぐに白居易の詩句を思い浮かべ、それを動作に移すことができたのである。

また、七十八段では、藤原斉信が「蘭省花時錦帳下」と書いて送ってきたのに対して、「草の庵をたれかたづねむ」と返している。これは、白居易の「廬山の草堂、夜雨に独り宿し、牛二・李七・庾三十二員外に寄す」詩の、

蘭省花時錦帳下
廬山雨夜草庵中

をふまえている。白居易の詩句は、彼女の機知、知性として完全に消化されていた。

源氏物語　紫式部

いづれの御時にか、女御・更衣あまた候ひ給ひける中に、いとやむごとなききはにはあらぬが、すぐれて時めき給ふありけり。

（桐壺）

『源氏物語』には、随所に中国文学、特に白居易の「長恨歌」から受けた影響が見られる。

「いづれの御時にか」は、唐の玄宗皇帝を直接指すのを避けた「漢皇」という表現に類似し、「女御・更衣あまた候ひ給ひける」は、「重色思傾国」と同趣であり、「すぐれて時めき給ふありけり」は、「一朝選在君王側」に相当している。

続く文の「我はと思ひあがり給へる御方々」は「六宮粉黛」にあたり、彼女らが「めざましきものに、おとしめ、そねみ給ふ」のは「無顔色」にあたる。このような関係をつけておいて、紫式部はやがて、「楊貴妃のためしも……」と言い、楊貴妃と玄宗の関係を桐壺の更衣と桐壺帝との関係に重ね合わせていく。

また、「あながちに御前去らずもてなさせ給ひしほどに」は「侍宴無閑暇」を、「あまたの御方々」は「後宮佳麗三千人」を意識している。

このように「桐壺」は、「長恨歌」から多くのヒントを得て書かれているのである。

平家物語

遠く異朝をとぶらへば、秦の趙高、漢の王莽、梁の朱异、唐の禄山、これらはみな、旧主先皇の政にも従はず、楽しみをきはめ、諫めをも思ひ入れず、……（巻一）

『平家物語』は、冒頭の「祇園精舎の鐘の声、諸行無常の響きあり。娑羅双樹の花の色、盛者必衰の理をあらはす。……」とあるところから仏教思想の影響の大きさが知られるが、これに続く右の文からは中国史書の影響も考えられる。

その影響がよくわかる部分としては、巻二の「蘇武」がある。鬼界が島に流された康頼入道が、都に帰れるとの権現のお告げによって千本の卒塔婆を作って海に流したところ、そのうちの一本が厳島に流れ着いたという「卒塔婆流」の段に続けて、それと似通った異国の話として語られている。

また、それとはっきり記されてはいないが、巻九の「木曽最期」の、敗走を続ける木曽義仲の姿、兵数を随所に記しての戦いの様子、その悲壮な最期などから、同じく悲劇の将軍項羽の最期を美しく描いた『史記』項羽本紀との関係がうかがえる。

『平家物語』はこのように、漢語の使用という表現面だけでなく、内容面においても中国の史書などの影響を受けているようである。

烏江で自刎する項羽

徒然草　兼好法師

①去る者は日々に疎しといへることなれば、……はては嵐にむせびし松も、千歳を待たで薪に摧かれ、古き墳は鋤かれて田と為りぬ。（三十段）

②ただし強ひて智を求め、賢を願ふ人のために言はば、智恵出でて偽りあり、才能は煩悩の増長せるなり。（三十八段）

③されば、盗人をいましめ、僻事をのみ罪せんよりは、世の人の飢ゑず、寒からぬやうに、世をば行はまほしきなり。人恒の産なき時は、恒の心なし。（百四十二段）

兼好は『徒然草』十三段に、「文は、文選のあはれなる巻々、白氏文集、老子のことば、南華の篇。」というように、博学多識で、中国の文学、思想にも造詣が深かった。

①は、『文選』にも収録される「古詩十九首」（その十四）の、

去者日以疎　生者日以親
古墓犂為レ田　松柏摧為レ薪

をふまえて、無常観を力説している。

また②は、『老子』第十八章の、

大道廃有二仁義一、知恵出有二大偽一。

をふまえており、道家思想を根底にしている。

さらに③は、『孟子』梁恵王編の、

無二恒産一而有二恒心一者、惟士為レ能。

で始まる儒家の思想をふまえ、安定した生活を基本にすえた政治こそ人間を救う道であるという、兼好の政治観を述べている。

奥の細道　松尾芭蕉

①月日は百代の過客にして、行きかふ年もまた旅人なり。

②行く春や鳥啼き魚の目は泪

③「国破れて山河あり、城春にして草青みたり」と、笠うち敷きて、時の移るまで涙を落としはべりぬ。
夏草やつはものどもが夢の跡

松尾芭蕉は、西行の和歌、宗祇の連歌を師とし、中国の李白・杜甫の詩およびその生き方を範とした。芭蕉の号の「桃青」（もも・あお）は李白（すもも・しろ）を意識して名づけたものである。

『奥の細道』冒頭の①は、李白の「春夜、従弟の桃花園に宴するの序」のはじめにある、

夫天地者万物之逆旅也、
光陰者百代之過客也。

をふまえて、李白の感じた人生有限・無常を、自らの旅立ちのまくらとしたのである。

また、矢立ての初めとして詠んだ②は、杜甫の五言律詩「春望」の頷聯、

感レ時花濺レ涙
恨レ別鳥驚レ心

をふまえているともいわれる。

さらに、平泉に到着した芭蕉が、高館に登って感慨を述べた③は、「春望」詩の首聯、

国破山河在
城春草木深

を強く意識したものであった。

杜甫石壕吏　正岡子規

石壕の村に日暮れて宿借れば
　夜深けて門を敲く声誰そ
墻踰えてをぢは走りぬうば一人
　司の前にかしこまり泣く
三郎は城へ召されぬいくさより
　太郎文こす二郎死にきと
生ける者命を惜しみ死にすれば
　又かへり来ず孫一人あり
おうなわれ手力無くと裾かかげ
　軍にゆかん米炊ぐべく
うつたふる宿のおうなの声絶えて
　咽びなく音を聞くかとぞ思ふ
暁のゆくてを急ぎ独り居る
　おきなと別れ宿立ちいでつ

正岡子規には、「**杜甫石壕吏**」「杜甫新婚別」「杜甫秋興八首」という、いずれも杜甫の詩によった作がある。杜甫の「秋興八首」は、七言律詩の八首連作であるが、それをそのまま八首の短歌に詠み、「石壕の吏」「新婚の別れ」は、前者を七首、後者を八首の短歌に詠んでいる。

右に示した「杜甫石壕吏」七首は、どれも杜甫の原詩の内容にほぼ忠実によっており、自分の気持ちを入れてはいない。「秋興八首」「新婚の別れ」についても同じで、杜甫の詩を短歌に訳したらこうなるだろうと思われるものだ。

子規が漢詩を訳した作は、この三編にすぎないが、それが杜甫の詩ばかりであるところをみると、あるいは杜甫に心をひかれた時期があったのかもしれない。

草枕　夏目漱石

うれしい事に東洋の詩歌はそこを解脱したのがある。採菊東籬下、悠然見南山。ただそれぎりのうちに暑苦しい世の中をまるで忘れた光景が出てくる。……独坐幽篁裏、弾琴復長嘯、深林人不知、明月来相照。ただ二十字のうちに優に別乾坤を建立している。この乾坤の功徳は『不如帰』や『金色夜叉』の功徳ではない。汽船、汽車、権利、義務、道徳、礼義で疲れ果てた後、すべてを忘却してぐっすりと寝こむような功徳である。

『**草枕**』は、夏目漱石が、どこまでも人情の世界に終始する西洋の芸術に対して、東洋の非人情の世界を高唱した作品であり、そこには中国の文学・思想の及ぼした大きな影響がうかがえる。

漱石は、「しばらくでも塵界を離れた心持ちになれる詩」として、陶潜と王維の詩を引用している。もちろん、人間である以上、非人情の世界にはいつまでもいられないが、「少しの間でも非人情の天地に逍遥したい」と願っている彼にとって、陶潜や王維など、中国の自然詩人たちは、すぐれた先達であったろう。

『草枕』の非人情の世界は、晩年の「則天去私」の境地にまで連なっていくもののようであるが、その思想形成に及ぼした中国の脱俗の文学・思想の影響は、大きいものがある。

黄粱夢　芥川龍之介

夢だから、なお生きたいのです。あの夢のさめたように、この夢もさめる時が来るでしょう。その時が来るまでの間、私は真に生きたと言えるほど生きたいのです。あなたはそう思いませんか。

立身栄達を夢見る若者盧生は、あるとき道士の呂翁に出会い、その願いを語る。それを聞いた呂翁は「ひとつ、この若者の心を入れかえてやろう。」と思い、道術によって盧生に夢を見させる。

夢の中で盧生は立身出世したあと、天寿を全うして亡くなる、というところで目が覚める。これで心の迷いが晴れ、人生の執着も熱がさめたろうと得意げな呂翁に対し、盧生は「青年らしい顔をあげて、目を輝かせながら」右のように言った。

芥川龍之介の『**黄粱夢**』はこのような話であるが、これは唐代小説、沈既済の『枕中記』に基づいている。しかし『枕中記』と比べると、その結末部分が正反対になっている。すなわち『枕中記』では、夢からさめた盧生は、自分の欲を除いてくれた呂翁に感謝して去っていく。

これは、日本や中国の昔話を用いて自分の人間観・人生観を表現する、芥川一流の作風によるものである。そのほか、唐代小説『杜子春伝』を素材とした同様の作として『杜子春』がある。

漢文受容の諸類型

換骨奪胎型

『人虎伝』（唐・李景亮）

直以行負二神祇一、一旦化為二異獣一、有レ靦二於人一。

←

『山月記』（中島敦）

おれの場合、この尊大な羞恥心が猛獣だった。虎だったのだ。これがおれを損ない、妻子を苦しめ、友人を傷つけ、果ては、おれの外形をかくのごとく、内心にふさわしいものに変えてしまったのだ。

中国	日本
『列子』湯問編	『名人伝』（中島　敦）
『春秋左氏伝』昭公四年	『牛人』（中島　敦）
『春秋左氏伝』定公・哀公	『盈虚』（中島　敦）
『西遊記』（明・呉承恩）	『悟浄歎異』（中島　敦） 『悟浄出世』（中島　敦）

翻案型

中国	日本
『古今小説』范巨卿鶏黍死生交（明・馮夢竜）	『雨月物語』菊花の約
『剪灯新話』愛卿伝（明・瞿　佑）	『雨月物語』浅茅が宿
『醒世恒言』魚服記（明・馮夢竜）	『雨月物語』夢応の鯉魚

翻訳型

「春暁」（唐・孟浩然）

春眠不レ覚レ暁　処処聞二啼鳥一
夜来風雨声　花落知二多少一

←

『鶯の卵』（土岐善麿）

春あけぼのの　うすねむり
まくらにかよう　鳥の声
風まじりなる　夜べの雨
花ちりけんか　庭もせに

『厄除け詩集』（井伏鱒二）

ハルノネザメノウツツデ聞ケバ
トリノナクネデ目ガサメマシタ
ヨルノアラシニ雨マジリ
散ツタ木ノ花イカホドバカリ

中国	日本
「春江・嘉陵夜有レ懐」（白居易）	句題和歌（大江千里）
『韓非子』守株	「まちぼうけ」（北原白秋）
『史記』項羽本紀・高祖本紀	『項羽と劉邦』（長与善郎）
唐詩	『鶯の卵』（土岐善麿） 『仲秋明月』（井伏鱒二）
杜甫	新訳杜甫詩選（土岐善麿）

類似型

中国	日本
『幽明録』天台二女譚	『万葉集』・『風土記』浦島伝説

引用型

中国	日本
『漢書』蘇武伝・『史記』孟嘗君列伝・刺客列伝	『平家物語』巻二・巻四・巻五
「早行」（唐・杜牧）	『野ざらし紀行』「馬上にむちをたれて」の段

影響型

『詩経』大序

詩者、志之所レ之也。在レ心為レ志、発レ言為レ詩。情動二於中一、而形二於言一。

←

『古今和歌集』真名序

夫和歌者、託二其根於心地一、発二其花於詞林一者也。……感生二於志一、詠形二於言一。

『古今和歌集』仮名序

やまと歌は、人の心を種として、よろづの言の葉とぞなれりける。世の中にある人、ことわざしげきものなれば、心に思ふことを、見るもの、聞くものにつけて、言ひ出だせるなり。

中国	日本
『狂人日記』（魯迅）	『ひかりごけ』（武田泰淳）

その他

中国	日本
『論語』	『弟子』（中島　敦）
『漢書』李陵・蘇武伝	『李陵』（中島　敦）

日本漢文ー中国文学受容の歴史ー

日本では古来、単に中国の古典を味わうばかりでなく、自らの心情や思想を表現する手段として、数多くの漢詩文を制作してきた。その流れについて略述する。

【①漢字輸入期】中国から漢字が伝わったことにより、日本は口承文学の時代から記載文学の時代に入った。八世紀前半の『古事記』(⇩p.85)は万葉仮名ふうの表記を交えた変則的な漢文体、『日本書紀』(⇩p.84・85)は漢文体で書かれている。叙情の手段としても和歌だけでなく漢詩が用いられ、『万葉集』と同じ八世紀の中頃には、日本最古の漢詩集『懐風藻』(⇩p.85)が編纂されている。

【②漢詩文全盛期】平安時代の初期は漢詩文全盛の時代で、公式文書は漢文で書かれ、漢詩も和歌を圧倒して広く流行した。『凌雲集』『文華秀麗集』『経国集』(⇩p.87)の三つの勅撰漢詩集は、わずか十三年の間に相次いで編纂されている。特に平城・嵯峨・淳和の三天皇が漢詩文を愛好し、小野篁や空海、やや遅れて菅原道真らが優れた漢詩文を残した。

菅原道真 〈八四五〜九〇三〉。平安時代の詩人。右大臣にまで昇ったが大宰府に左遷された。

九月十日

去年今夜侍清涼
秋思詩篇独断腸
恩賜御衣今在此
捧持毎日拝余香

大宰府に左遷された道真が、前年の九月十日に清涼殿で重陽の後朝の宴に侍り、席上「秋思」の題で詩を作ったのを回想した作品。その席で天皇から賜った御衣を捧げ持ち、焚きしめられた香の香りに都をしのぶ。

【③仮名文学との両立期】平安時代中期になると、仮名文字の発達や遣唐使の廃止により、漢文学が衰退し、仮名文学が隆盛する。それでも男性にとって公的な文学は漢詩文であり、『扶桑集』『本朝文粋』『本朝続文粋』などの詩文集が編纂された。

参照 P.87 文学概観

【④五山文学期】鎌倉から室町時代にかけては、京都・鎌倉五山を中心とした寺院における禅僧の文学「五山文学」が栄え、多くの僧侶が漢詩文制作に力を注いだ。中でも義堂周信と絶海中津は五山文学の双璧であり、周信は文に優れ、中津は詩に優れると評された。

参照 P.97 五山文学

絶海中津 〈一三三六〜一四〇五〉。室町時代の禅僧。明に渡って禅を修め、帰国後は等持寺・相国寺などで住持となった。

山家

年来縛屋住山中
路自白雲深処通
不用世人伝世事
間懐只慣聴松風

山中の隠遁生活を詠じた作で、白雲が垂れ込める山中に長年家を構え、のんびりした心境で松風の音を聞くことに慣れているから、世人から俗世のことは聞きたくないとうたう。

【⑤漢学・漢詩文隆盛期】江戸時代になると、幕府の学問奨励と長年の平和によって平安初期と並ぶ漢詩文の全盛期が訪れる。

江戸初期にまず藤原惺窩と門人の林羅山、やや後の新井白石によって朱子学が広まり、官学となった。

やがて、京都の伊藤仁斎や江戸の荻生徂徠が古典を正しく理解する必要性を強調、多くの弟子を教えた。特に文は秦漢、詩は盛唐を理想とする徂徠らの主張は、一世を風靡した。

江戸後期になると漢学は三都以外の地にも広がり、備後(広島)の菅茶山、安芸(広島)の頼山陽、豊後(大分)の広瀬淡窓・旭荘兄弟など、各地で多くの漢学者を輩出した。

参照 P.102・103 漢学・国学

頼山陽 〈一七八〇〜一八三二〉。江戸時代の詩人。各地を渡り歩いた後、京都で私塾を開いた。

題不識庵撃機山図

鞭声粛粛夜過河
暁見千兵擁大牙
遺恨十年磨一剣
流星光底逸長蛇

上杉謙信(不識庵)と武田信玄(機山)の川中島の合戦を描いた絵画を題材とした作。夜に紛れて兵を進め早朝に奇襲をかけたが、巨大な蛇のような信玄を討ちもらした謙信の悔しさを思いやっている。

【⑥衰退期】明治になり、西洋の文化が広まるとともに、漢学・漢詩文は衰退していった。その中で、森鷗外・夏目漱石らは積極的に漢詩文を制作し、優れた作品を残している。

夏目漱石 〈一八六七〜一九一六〉。明治時代の詩人、小説家。漢詩制作を好み、晩年まで続けた。

題自画

唐詩読罷倚闌干
午院沈沈緑意寒
借問春風何処有
石前幽竹石間蘭

漱石自身が描いた蘭と竹の絵について詠じた詩。欄干にもたれながら眺めた春まだ浅い中庭を詠じ、春風は画題とした蘭竹の辺りにあると自問自答の形で述べている。

特集

科挙

科挙とは

科挙とは、隋から清末までの千三百年以上にわたって実施された、高級官僚の資格試験制度である。当初、進士・明経などの科目に分かれて選挙（人材任用）していたため「科挙」という。

儒家の理念においては、儒家思想を身につけた「君子」が民の上に立って政治を行うべきとされたため、それにふさわしい人材を選ぶ試験で、主に経学（儒教の経書の知識）・詩文（文学）・論策（政治論文）の三つの分野が出題された。

第一段階の試験である解試の合格率が一%を下回ることもある狭き門であったが、儒教社会においては、知識人である限り、科挙を受験するのは当然とされ、ほぼ全員が科挙合格を目ざしたのである。

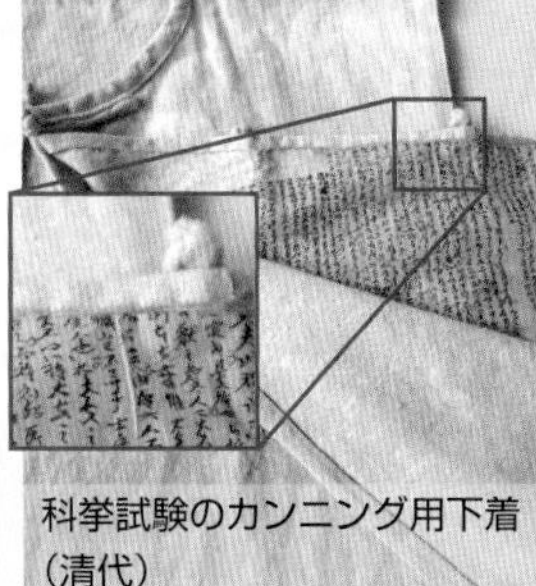
科挙試験のカンニング用下着（清代）

文学と科挙

唐代の試験風景

唐の後半以降、ごく一部の例外を除き、ほぼすべての知識人の前半生における最大の目標は、科挙の合格であった。そのため科挙は文学の全ジャンルにわたって影響を与えている。

以下、科挙と何らかの関わりがある文学作品をいくつかあげる。

①詩　王維「九月九日憶フ二山東ノ兄弟ヲ一」

独リ在リテ二異郷ニ一為ル二異客ト一
毎ニ逢フ二佳節ニ一倍ス思フレ親ヲ
遥カニ知ル兄弟登ル二高キ処ニ一
遍ネク挿シテ二茱萸ヲ一少ク二一人ヲ一

科挙受験の準備のため、王維はひとり都長安に来ていた。時に十七歳。九月九日、重陽の節句でにぎわう人々を見て、故郷の家族に思いをはせ、青年らしい望郷の情を詠じている。このような寂しさを抱えつつ、二十三歳で合格するまで、孤独な受験勉強に耐えていたのである。

②文章　韓愈の「答フル二陳商ニ一書」は、難解な文章を書いてきた陳商に対し、科挙に合格して職を求めたいなら、今の世の人たちの好みに合わせる必要があることを、巧みな比喩を用いて諭した書簡であり、科挙の上級試験になかなか合格できなかった自身の体験を踏まえた、現実的なアドバイスになっている。

後輩に対するこうした面倒見のよさにより、韓愈は多くの弟子を獲得し、「韓門」と呼ばれる一団を形成した。韓愈が行った「古文復興」と呼ばれる散文の文体改革の推進においては、これら韓門の文人の果たした役割も大きかった。

③小説　「邯鄲の夢」「一炊の夢」という故事成語で有名な『枕中記』は、邯鄲（河北省）の青年盧生が道士呂翁から借りた枕で眠り、黍または黄粱が炊き上がるまでのほんの短い間に、浮沈の多い人生を夢に見るという話である。この時呂翁が盧生に夢を見せたのは、彼がなかなか科挙に合格できず、立身出世を果たせないことで不満を抱いているのを見て、その心の迷いを晴らしてやろうと思ったからであった。

夢の中の盧生は、科挙に及第し、当時の合格者がたどる典型的なエリートコースを歩んで出世していくが、これは盧生のみならず、当時の青年が共通に夢見た理想的人生であった。

清代の受験部屋

◆科挙に由来する言葉

及第・落第　科挙の合格者名簿に甲乙の次第があったことから合格者名簿を「第」といい、科挙に合格することを「及第」（第に及ぶ）、不合格になることを「落第」（第より落つ）と称した。

圧巻　科挙の試験で最優秀の答案を一番上に載せたため、他の合格者の答案（巻）を上から押さえるようになったことから、書物の中で最もすぐれた部分をいう。

破天荒　唐代、荊州（湖北省一帯）からは科挙の合格者が一人もでなかったことから「天荒」（不作の地）と呼ばれていたが、劉蛻が及第したことにより「破天荒」（天荒を破った）と称された。

一挙手一投足　唐の韓愈が、科挙の上級試験になかなか合格できなかったため、試験を主宰する高官に手紙を送り、ほんの少し手足を動かす労を惜しまず、助けて欲しいと頼んだことばに基づく。

シルクロード　地中海地域との交易路。中国側の交易品は、絹織物、陶磁器、茶などであったが、なかでも絹が最も重要な交易品であったのでこの名がある。

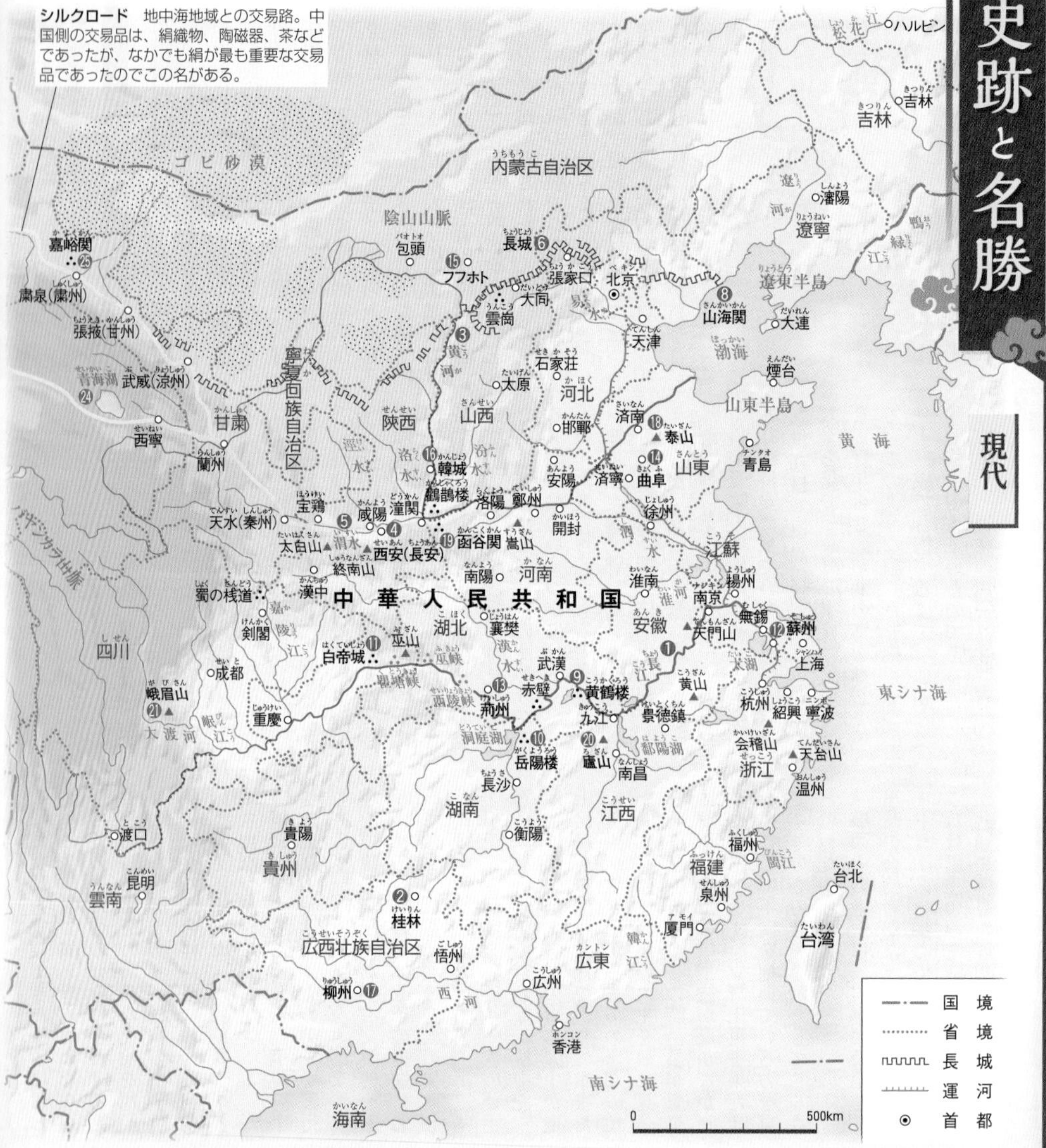

ゴビ砂漠　内蒙古自治区　陰山山脈　松花江　ハルビン　吉林　瀋陽　遼河　遼寧　鴨緑江　遼東半島　大連　山海関　渤海　煙台　山東半島　黄海　青島

嘉峪関　粛泉(粛州)　張掖(甘州)　武威(涼州)　青海湖　甘粛　西寧　蘭州　寧夏回族自治区　包頭　フフホト　長城　張家口　北京　大同　雲崗　黄河　天津　石家荘　河北　太原　山西　陝西　済南　泰山　邯鄲　曲阜　山東　済寧　安陽

ヒマラヤ山脈　天水(秦州)　宝鶏　咸陽　潼関　韓城　鶴鵲楼　洛陽　鄭州　開封　徐州　太白山　渭水　西安(長安)　函谷関　嵩山　終南山　南陽　河南　淮南　江蘇　揚州　蜀の栈道　漢中　中華人民共和国　南京　無錫　蘇州　剣閣　湖北　襄樊　安徽　天門山　上海　四川　白帝城　巫山　巫峡　瞿塘峡　武漢　長江　太湖　成都　峨眉山　重慶　西陵峡　荊州　赤壁　黄鶴楼　黄山　九江　景徳鎮　杭州　紹興　寧波　東シナ海　大渡河　岷江　洞庭湖　岳陽楼　廬山　南昌　鄱陽湖　会稽山　天台山　浙江　温州

長沙　湖南　衡陽　江西　渡口　貴陽　貴州　福州　閩江　福建　台北　雲南　昆明　桂林　泉州　厦門　台湾　広西壮族自治区　梧州　韓江　広東　柳州　広州　西江　香港　南シナ海　海南

―・―	国境
・・・・・	省境
⊓⊓⊓	長城
┼┼┼	運河
⊙	首都

0　500km

❷桂林

カルスト地形の一種であり、山水画のような美しい風景が見られる。

❶長江　全長6,300㎞。揚州付近の下流では揚子江とも呼ばれる。

❸黄河

全長5,464km。長江とともに、古代から農耕生活を支え、文明の発達、都市の形成に寄与してきた。

春寒くして浴を賜ふ　華清の池
温泉　水滑らかにして凝脂を洗ふ
白居易「長恨歌」

❹華清池

❼タクラマカン砂漠

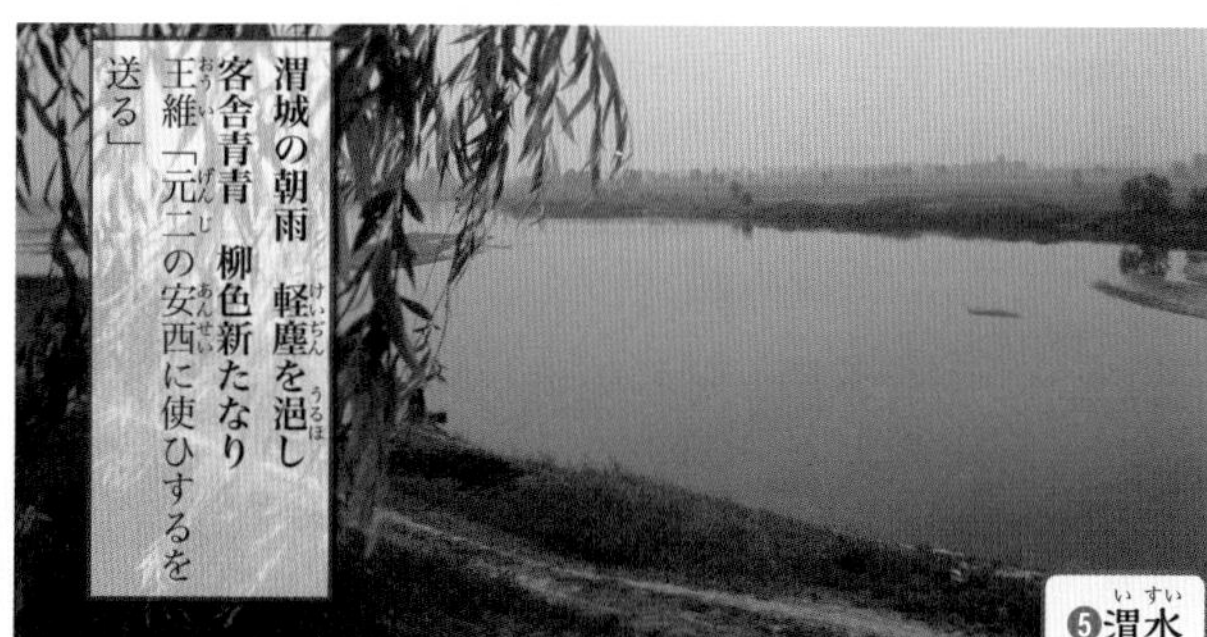

渭城の朝雨　軽塵を浥し
客舎青青　柳色新たなり
王維「元二の安西に使ひするを送る」

❺渭水

❽山海関（長城の東端）

❻万里の長城

主に匈奴の騎兵の侵入を防ぐ目的で建設。秦の始皇帝により造られ、明代に至るまで工事がくりかえされた。

⑨黄鶴楼

昔人　已に白雲に乗りて去り
此の地　空しく余す　黄鶴楼
崔顥「黄鶴楼」

⑩岳陽楼と洞庭湖

昔聞く　洞庭の水
今上る　岳陽楼
杜甫「岳陽楼に登る」

⑪白帝城

朝に辞す　白帝彩雲の間
千里の江陵　一日にして還る
李白「早に白帝城を発す」

⑬荊州古城

長江中流の交通や物流の拠点であり、武将たちの争奪の地であった。

⑫楓橋（蘇州市）

姑蘇　城外　寒山寺
夜半の鐘声　客船に到る
張継「楓橋夜泊」

寒山寺

詩人僧の寒山が住んでいたとされる寺。写真は寒山寺の鐘楼。

⑭曲阜の城壁

孔子廟で有名な曲阜は、明代の城壁が残っている。

⑮王昭君墓（フフホト）

⑯司馬遷祠（韓城市）

⑰柳侯祠（柳州市）

⑱泰山

主峰の玉皇頂は、古来、天子の祭るべき聖山とされていた。

⑲函谷関

古来、河南省の交通の要衝だった。「鶏鳴狗盗」の故事が有名。

⑳廬山

日高く睡り足れども猶ほ起くるに慵し
小閣に衾を重ねて寒さを怕れず
白居易「香炉峰下に新たに山居を卜し、草堂初めて成り、偶東壁に題す」

㉑峨眉山

峨眉山月 半輪の秋
影は平羌江水に入りて流る
李白「峨眉山月の歌」

㉒玉門関

㉓陽関跡の烽火台

陽関、玉門関ともに西域交通の関所。王維「元二の安西に使ひするを送る」の「西のかた陽関を出づれば故人無からん」にあるように、西域（安西）は遥か遠く寂しい地であった。なお、烽火台は異変を知らせるのろし（煙）を上げる所。

㉔青海湖

君見ずや青海の頭
古来 白骨 人の収むる無きを
杜甫「兵車行」

㉕嘉峪関（長城の西端）

㉖敦煌莫高窟

鳴沙山の絶壁に築かれた石窟群。数多くの壁画や仏像が並ぶ。

歴史と文学

春秋時代（前七七〇～前四〇三）

管仲（狩野孝信筆）

春秋時代は、周の封建制がしだいに崩壊して、群雄が割拠した、いわゆる下剋上の時代であった。この時代は覇者の時代ともいわれ、春秋の五覇（⇨p.398）が次々に台頭した。

▼洛陽（河南省）

北狄　燕　薊（北京）　鮮虞　中山　渤海　赤狄　晋陽　白狄　黄河　済水　臨淄　斉　邯鄲　夾谷　西戎　晋　衛　邱　泰山　郕　曲阜　絳　朝歌　楚丘　帝丘　曹　魯　曲沃　虞　匡　曹　鄒　魏　周　商丘　雍　秦　虢　成周（洛陽）　鄭　新鄭　宋　渭水　鎬　驪山　宛丘　淮水　淮夷　葉　陳　州来　新蔡　百濮　蔡　随　呉（蘇州）　呉　楚　漢水　太湖　長江　荊蛮　郢（荊州）　会稽（紹興）　越　会稽山　鄱陽湖　洞庭湖

春秋時代の諸侯
諸侯の居城
0　300km

呉越の争い

越王句践によって父闔廬を殺された呉の太子夫差は、父の復讐を誓い、いつも薪の上に寝て（臥薪）、ついに句践を破った。命だけは助かった句践はいつも苦い胆を嘗め（嘗胆）、呉への復讐を謀った。

越王句践の剣

呉王夫差の矛

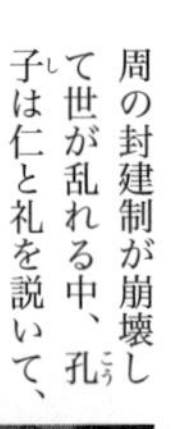

周の封建制が崩壊して世が乱れる中、孔子は仁と礼を説いて、道を示そうとした。戦国時代に入ると、孔子の思想を継ぐ孟子らの儒家に対し、道家、墨家、法家などが現れ、百家争鳴の時代を現出する。

虎丘雲岩寺塔（江蘇省蘇州市）
呉王闔廬を葬った所と伝えられる。

「孔子講学図」

「孫子勒姫兵」（安田靫彦筆）
兵法家の孫武は、闔廬に試されて後宮の女官を指揮した折、従わない女官を斬りすてた。

戦国時代（前四〇三～前二二一）

春秋時代から続いた諸侯の争いは、戦国時代に入ってその激しさを増し、**戦国の七雄**がしのぎを削った。七雄の争いは秦が勝利を収め、**秦の始皇帝は前二二一年に天下を統一**した。

秦の始皇帝

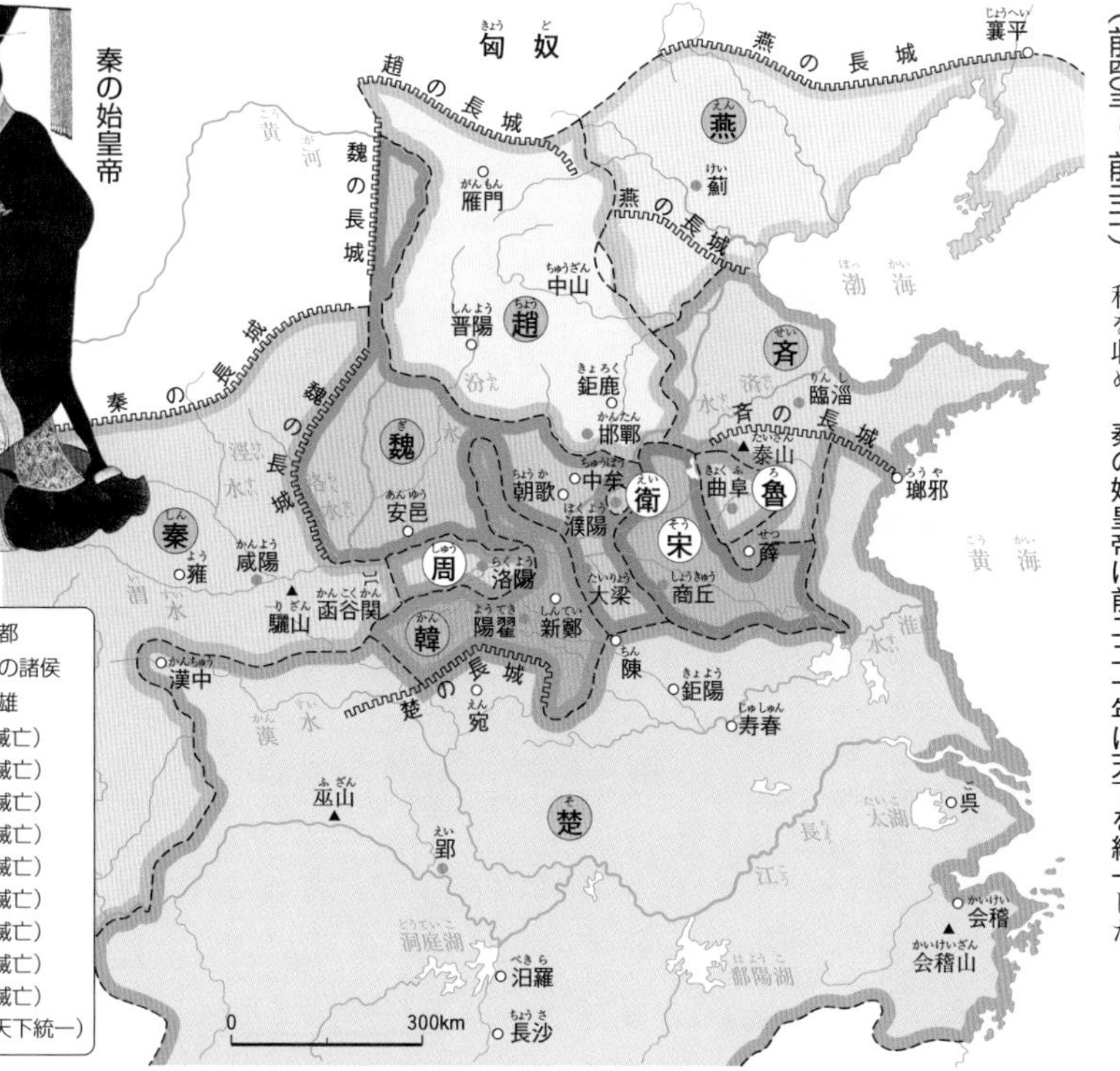

- 各国の首都
- 戦国時代の諸侯
- 戦国の七雄

宋（B.C.286滅亡）
周（B.C.256滅亡）
魯（B.C.249滅亡）
韓（B.C.230滅亡）
魏（B.C.225滅亡）
楚（B.C.223滅亡）
趙（B.C.222滅亡）
燕（B.C.222滅亡）
斉（B.C.221滅亡）
秦（B.C.221天下統一）

▶「易水離別図」（寺崎広業筆）

始皇帝暗殺の刺客として秦に向かった荊軻は、出発にあたって易水のほとりで、悲壮な決意を歌に託した。

「孟子性善図」（范曽筆）

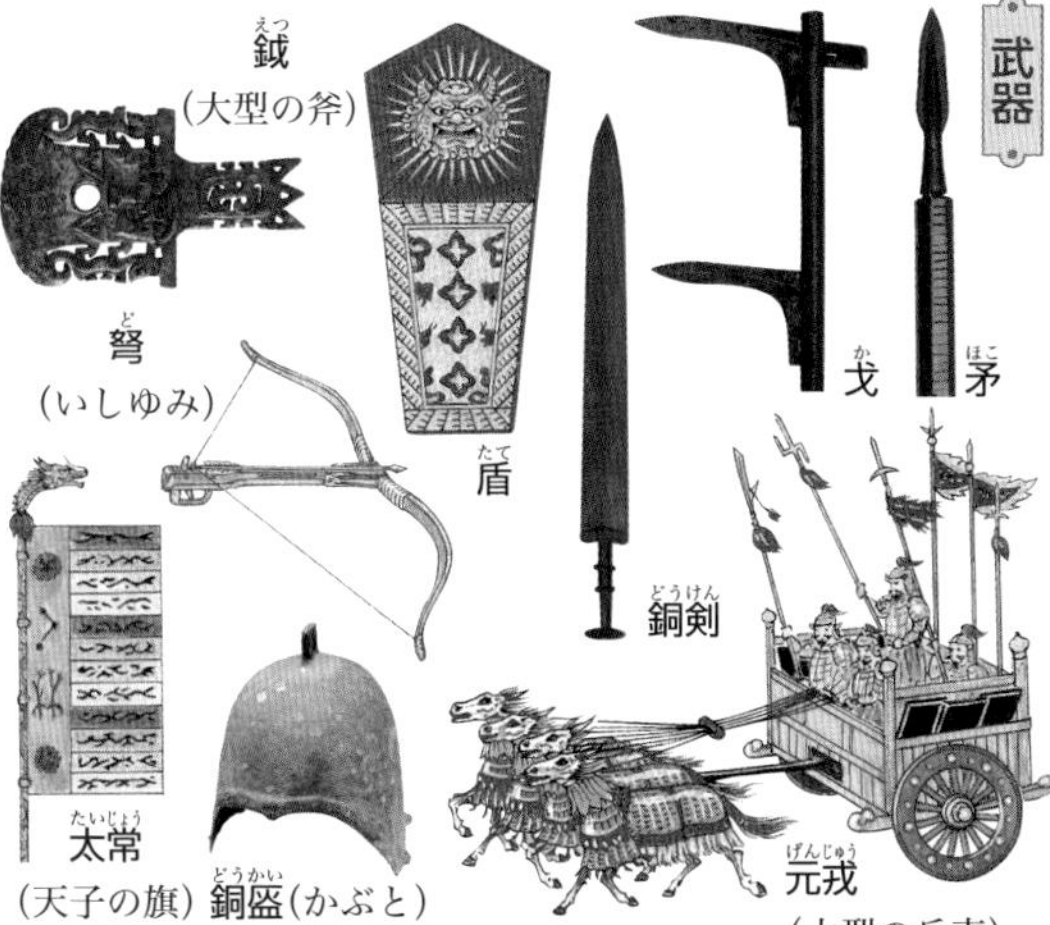

「游刃有余地」（横山大観筆）　『荘子』養生主編にある、庖丁の語源となった寓話。

前漢時代（前二〇二～後八）

秦の苛酷な政治は民衆の反感をかい、各地で反乱が起こった。秦滅亡後、項羽と劉邦が天下を争い、劉邦が勝利して漢を建国、第一代の天子となり、七代目の武帝のときに最盛期を迎えた。←

● 国都　赤字　漢の州名

「漢武帝図」（狩野探幽筆）

南北朝時代

↘司馬炎が天下を統一して西晋を建てたのち、匈奴の反乱によって西晋は滅んだ。その結果、中国北方は異民族の小王朝が乱立する五胡十六国の時代に入り、晋は都を江南の建康（今の南京）に遷して東晋を建てた。その後は、北方には北魏・北斉・北周、南方には宋・斉・梁・陳の国々が興っては滅びる、南北朝時代となった。なお、建業（建康）に都した呉以後の東晋・宋・斉・梁・陳の南方六王朝を総称して、この時代を六朝時代ともいう。

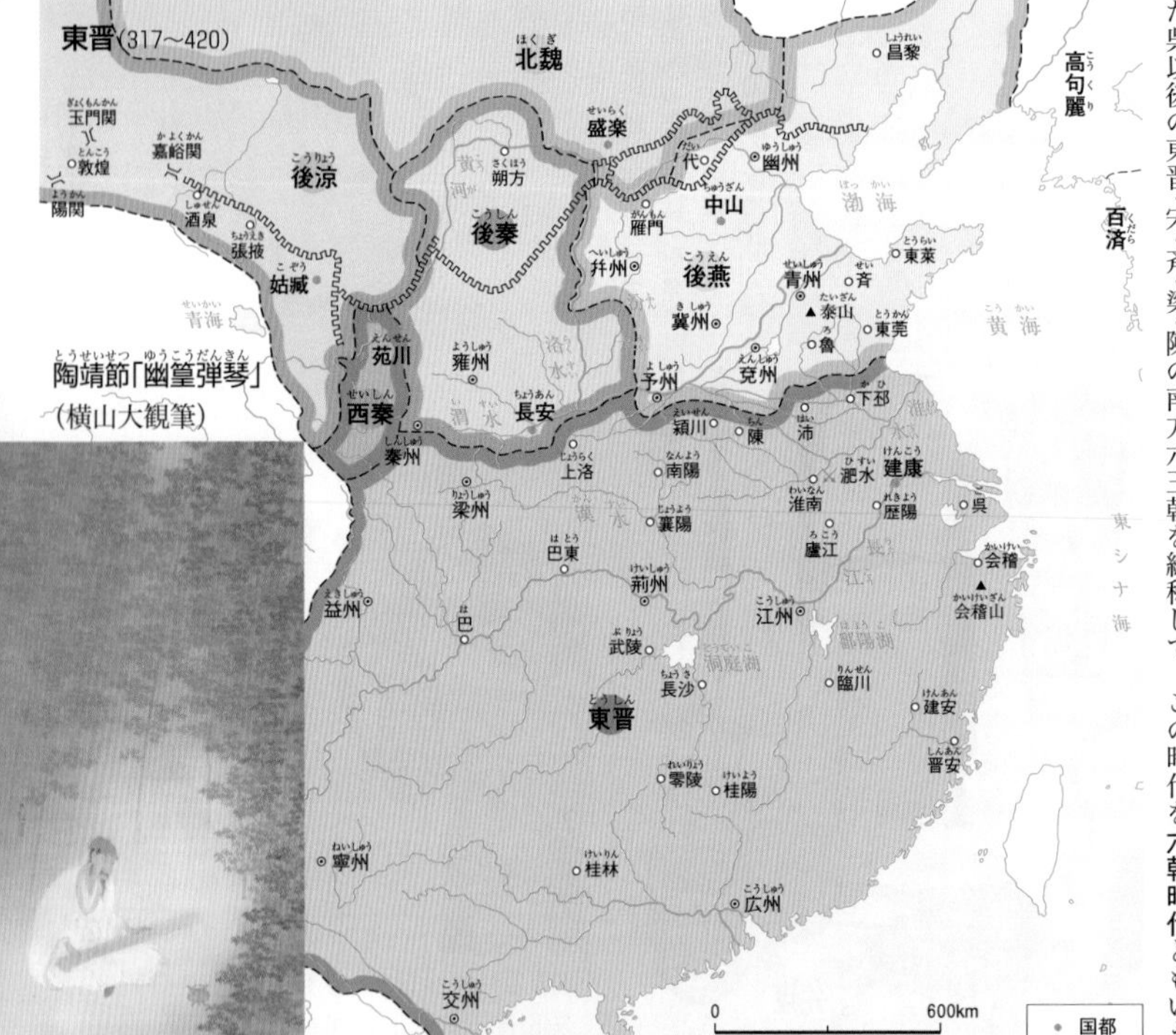

陶靖節「幽篁弾琴」（横山大観筆）

三国時代（二二〇〜二六五）

曹丕が洛陽に都して魏を建てると、ついで劉備が西方に蜀を、孫権が江南に呉を建国した。やがて三国のうち、初めに蜀が、続いて魏、さらに呉が滅び、魏の臣であった司馬炎が天下を統一した。

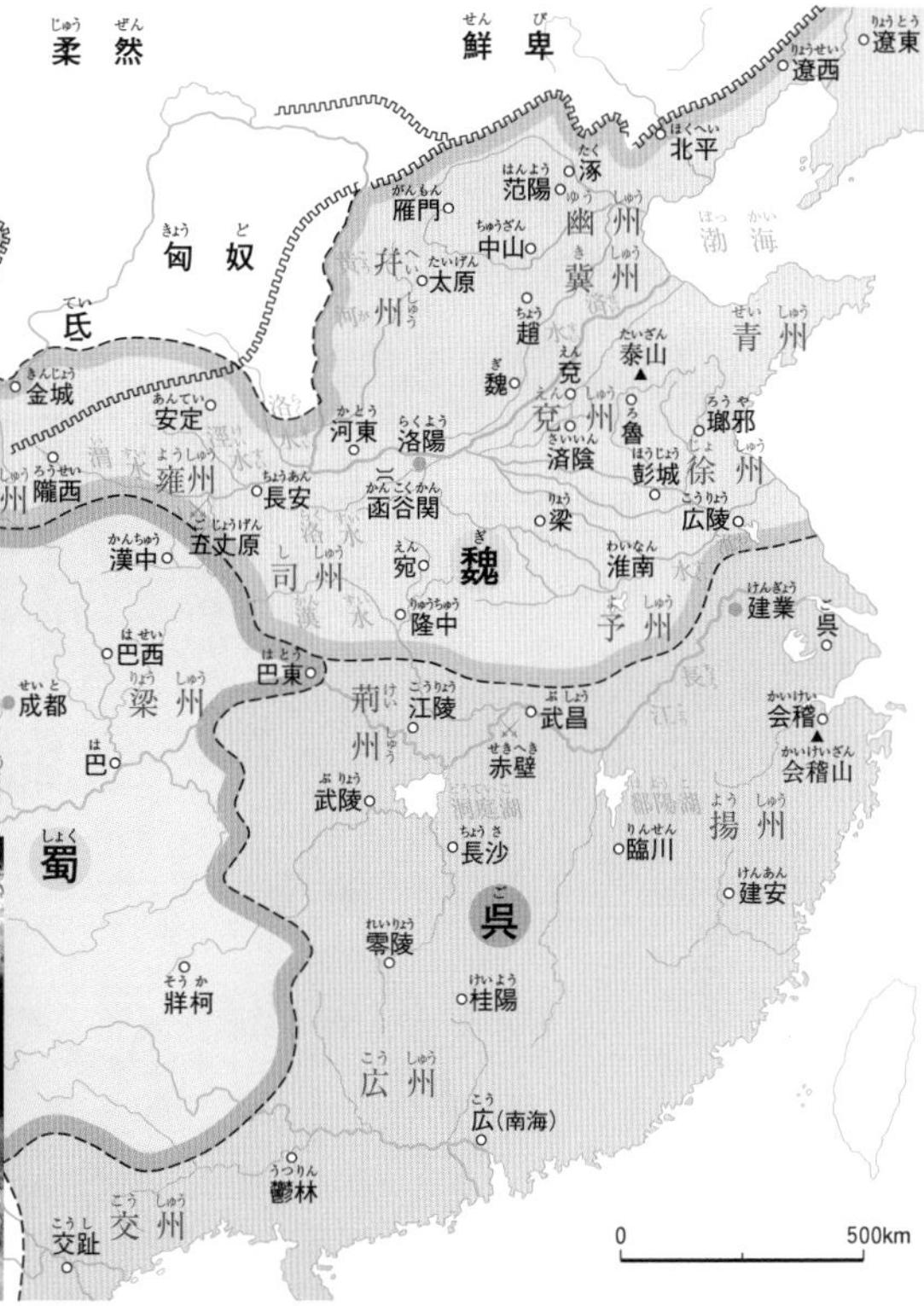

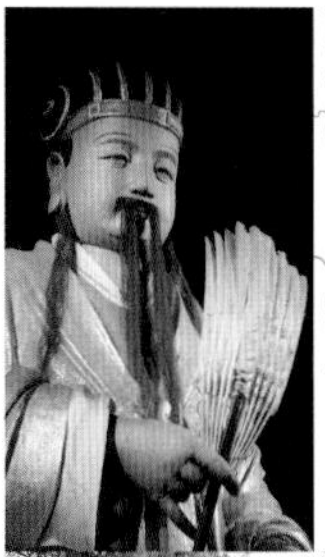

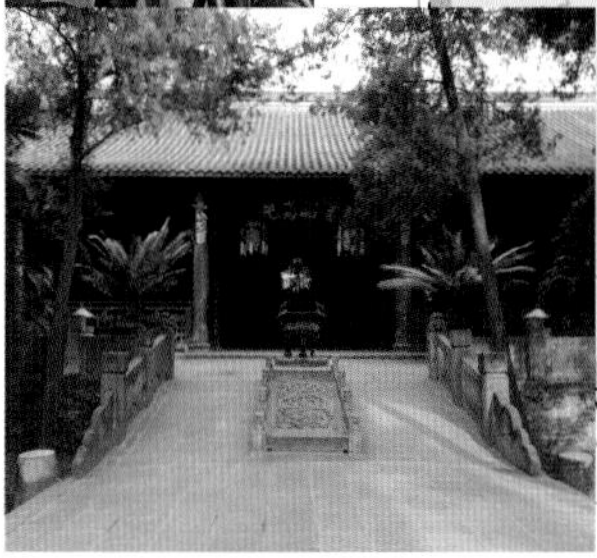

国都
赤字 州名
柔然
鮮卑
匈奴
氐
羌
玉門関
敦煌
陽関
涼州
武威
青海
金城
安定
隴西
秦州
雍州
長安
五丈原
漢中
巴西
梁州
成都
巴
益州
蜀
牂柯
巴東
荊州
江陵
武昌
赤壁
武陵
長沙
呉
零陵
桂陽
広州
広(南海)
鬱林
交州
交趾
河東
洛陽
函谷関
司州
宛
隆中
魏
淮南
予州
建業
呉
会稽
会稽山
揚州
臨川
建安
梁
済陰
兗州
泰山
魯
彭城
徐州
琅邪
広陵
青州
趙
魏
冀州
中山
太原
并州
雁門
范陽
涿
幽州
北平
遼西
遼東
渤海
0
500km

諸葛亮像とその廟(下)

赤壁の戦い
荊州
劉備
関羽
長坂
当陽
江陵
夏口
樊口
周瑜
華容
曹操敗退
烏林
赤壁
劉備軍・孫権軍
劉・孫連合軍
曹操軍

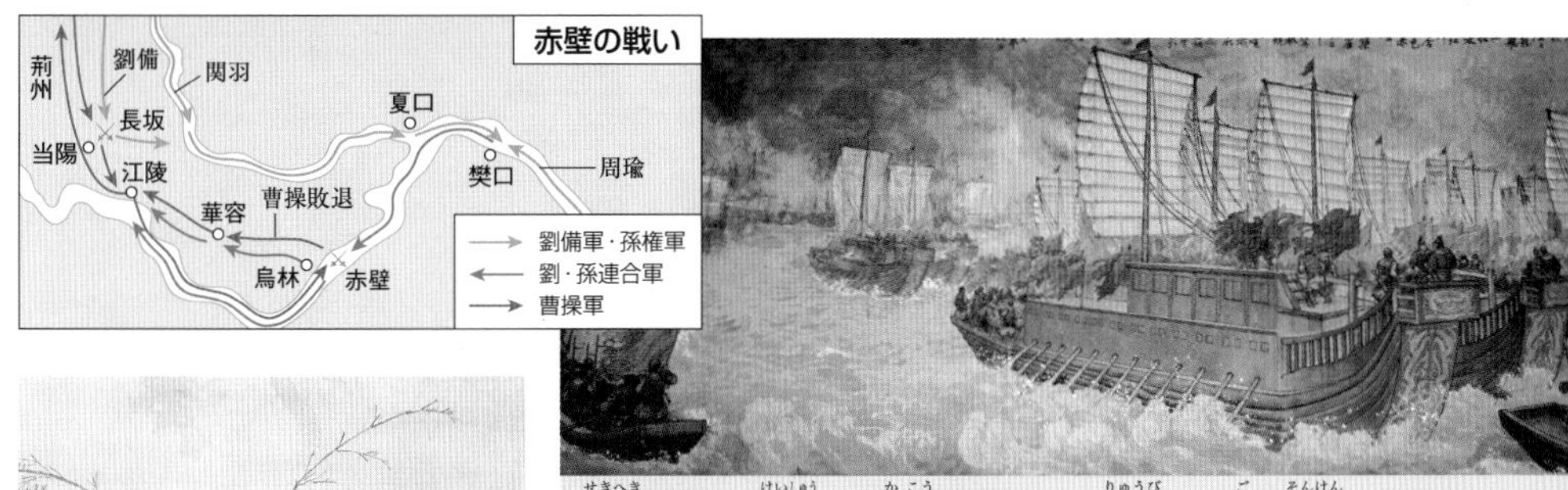

赤壁の戦い 荊州から夏口に難を逃れた劉備は、呉の孫権と同盟を結び、赤壁の戦いで曹操軍を撃退した。

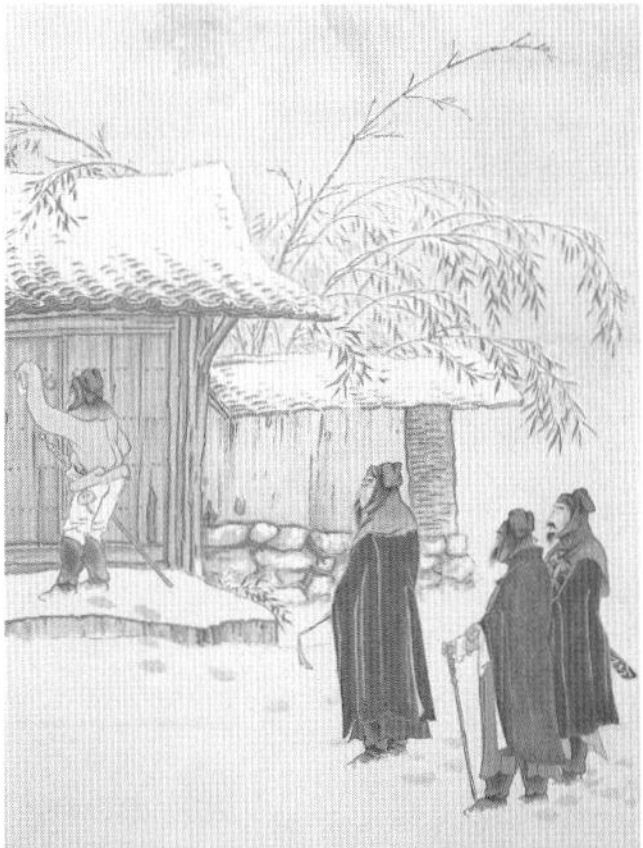

「草廬三顧」(左幅・部分 下村観山筆)

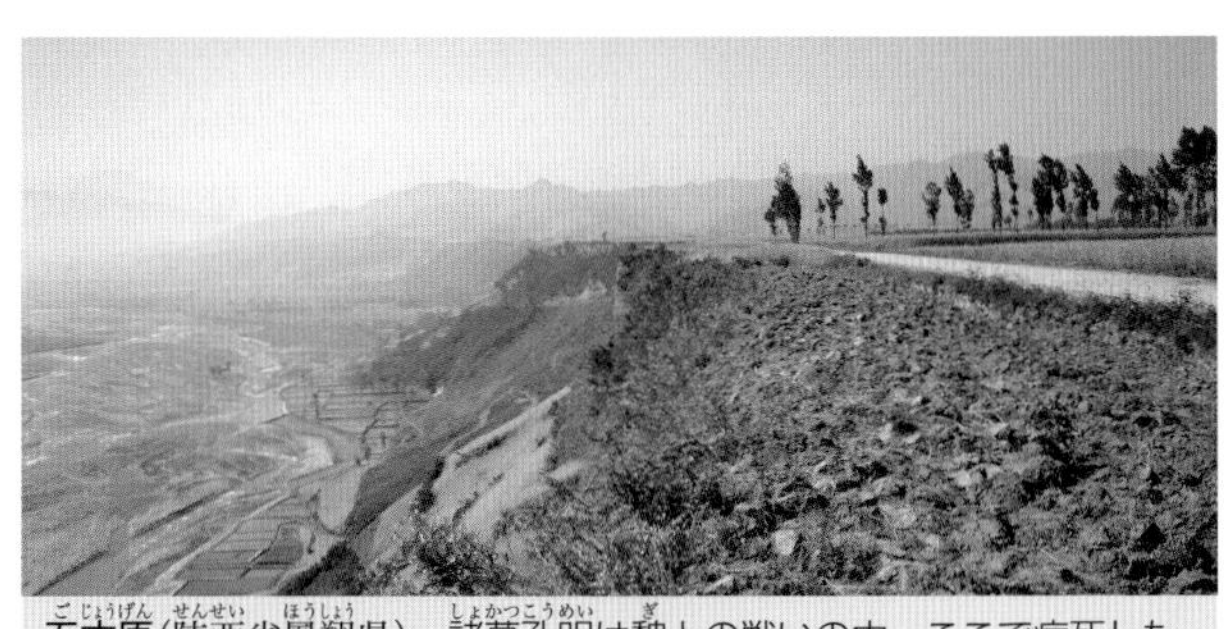

五丈原(陝西省鳳翔県) 諸葛孔明は魏との戦いの中、ここで病死した。

唐時代（六一八～九〇七）

六一八年、唐の李淵が隋を滅ぼし、天下を統一した。唐は二代皇帝太宗の時代に国土も拡張され、国もよく治まった（貞観の治）。中央集権国家としての行政機関が整備され、税収や徴兵のための均田制が敷かれ、農民には租・庸・調が課せられた。しかし七世紀の末、則天武后の専制政治によって、唐王朝は動揺した。六代目の玄宗が一時はそれを立て直した（開元の治）が、やがて楊貴妃に心を奪われて政治を怠り、安禄山・史思明の乱によって天下は大いに混乱した。そのため、これまで政治の実権を握っていた貴族に代わり、節度使が政治に携わるようになり、黄巣の乱によって都の長安を失った唐王朝は、ついに節度使の朱全忠によって滅ぼされた。

▲長安城跡（陝西省・西安市）　多くの王朝がここに都を置いた、西北地区最大の都市。

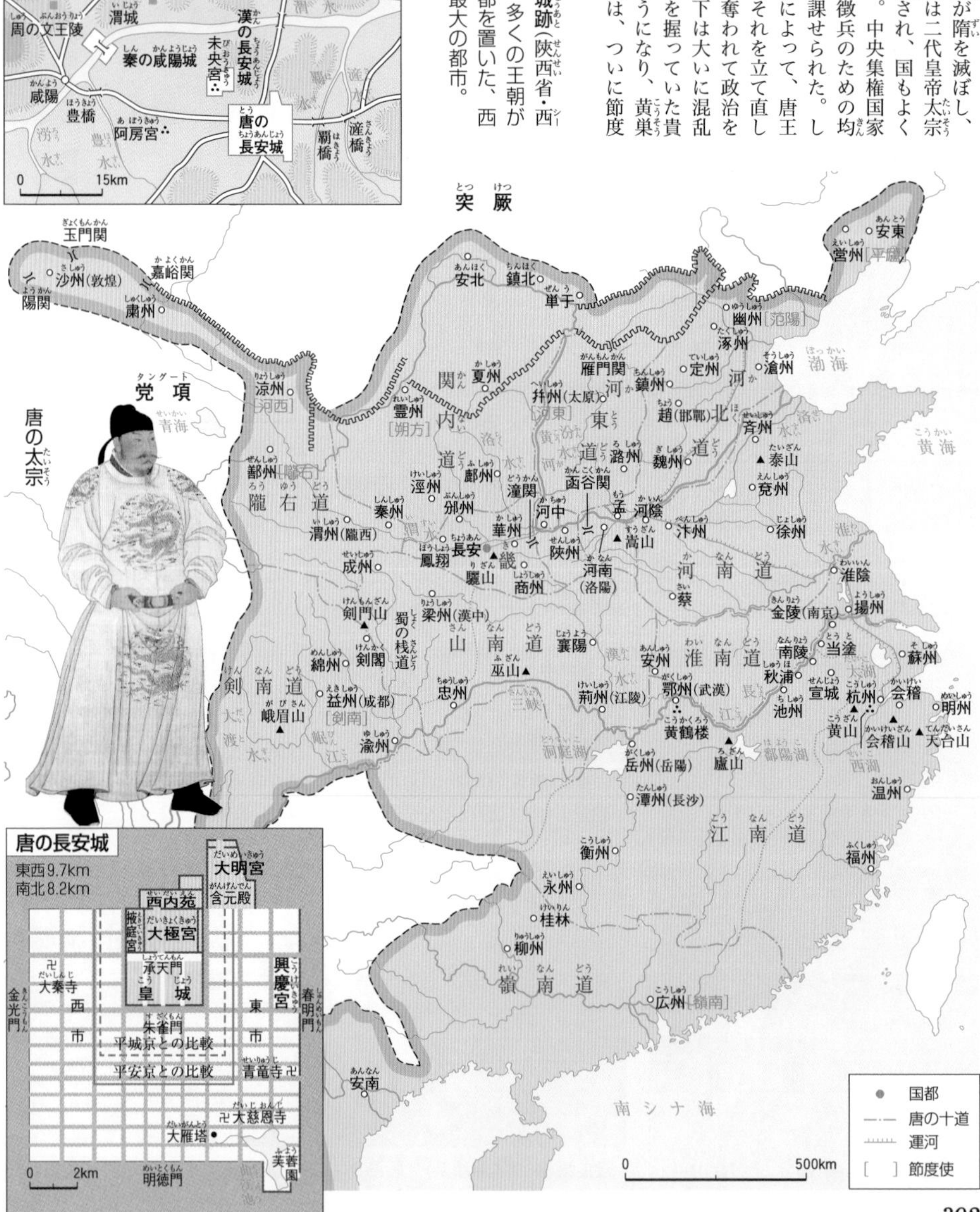

詩の時代

「漢文・唐詩・宋詞・元曲」といわれるように、唐の時代には詩が盛んに作られた。この時期、詩は定型詩として確立していき、それは絶句・律詩に集約された。唐詩の時代は「初・盛・中・晩」の四期に分けられ、盛唐の時期に、**王維**（詩仏）、**李白**（詩仙）、**杜甫**（詩聖）らが活躍した。わが国の文学にも大きな影響を与えた**白居易**、文章家でもある**柳宗元**らは、中唐の詩人である。

長安　一片の月
万戸　衣を擣つの声
李白「子夜呉歌」

▲「長安一片月」（下村観山筆）

車轔轔　馬蕭蕭
行人の弓箭　各腰に在り
杜甫「兵車行」

▼「兵車行」（結城素明筆）

▲「石壕の吏」

春寒くして浴を賜ふ華清の池
温泉水滑らかにして凝脂を洗ふ
白居易「長恨歌」

▼「貴妃賜浴」（中村岳陵筆）

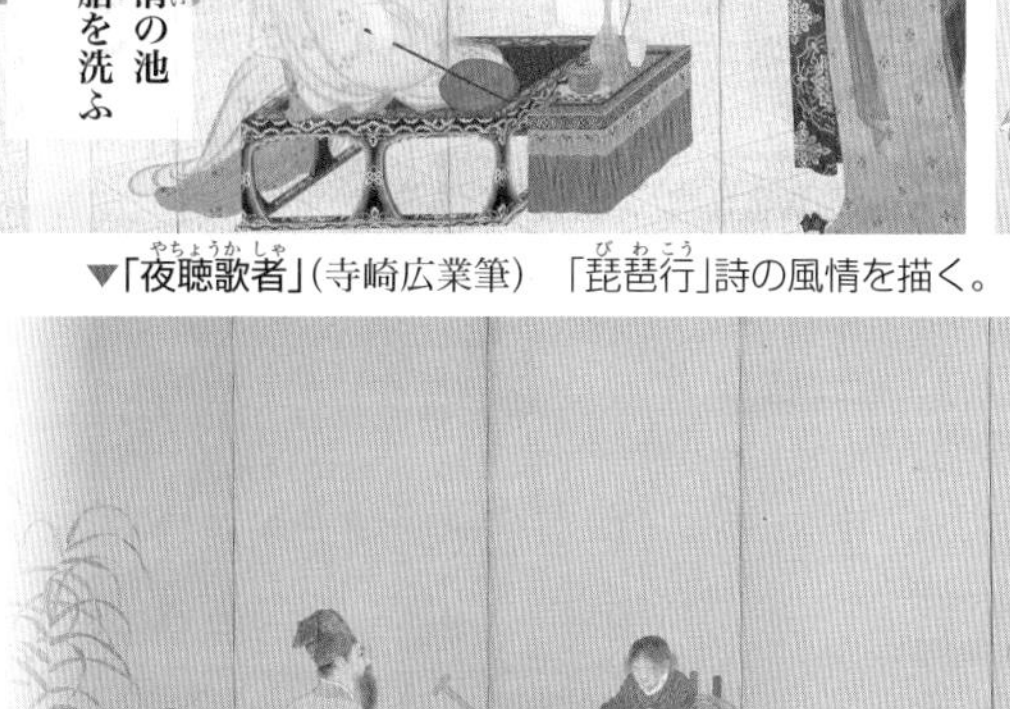

風は仙袂を吹きて飄颻として挙がり
猶ほ霓裳羽衣の舞に似たり
白居易「長恨歌」

▼「長恨歌」（寺崎広業筆）

忽ち聞く　水上　琵琶の声
主人は帰りを忘れ　客は発せず
白居易「琵琶行」

▼「夜聴歌者」（寺崎広業筆）　「琵琶行」詩の風情を描く。

服装

◀唐代の女性（「樹下美人図」）

◀天子の服装（伝閻立本筆「隋の文帝」）

▲唐代の仕女（伝周昉筆「簪花仕女図」）高髻を結い、花冠を飾り、金歩揺を挿している。眉は蛾眉。

将軍

官吏

儒者

童子

玄端　喪服。

褘衣　王后の服。

袞冕　天子の衣冠。

進賢冠　文官または儒者の冠。

遠遊冠　諸侯の常服のときの冠。

通天冠　天子の常服のときの冠。

冕冠　天子の礼服のときの冠。

褘衣　王后の祭服。

袞衣　天子の礼服。

狐白裘　狐のわきの下の毛皮で作った衣。

冕服　貴人の礼服。

璧　環　玦

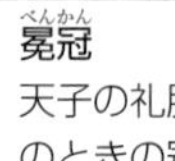
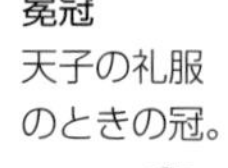

腰に帯びる平たい飾りの玉。

笏　君前でメモするための手板。

紳　礼服に用いる大帯。

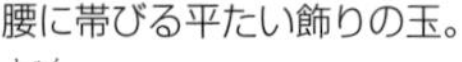

帯鉤　帯をしめるための金具。

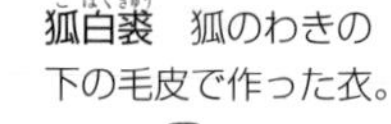

履　短履

木梳　木篦　くし。

▲永泰公主墓の壁画　中宗の皇女の墓。当時の貴族の風俗が多く描かれている。

器物・楽器

盛食の器

簋（き）

豆（とう）

水を入れる器

盤（ばん）　匜（い）

盛酒の器

尊（そん）

方彝（ほうい）

卣（ゆう）

罍（らい）

煮たきの器

鼎（てい）

温酒の器

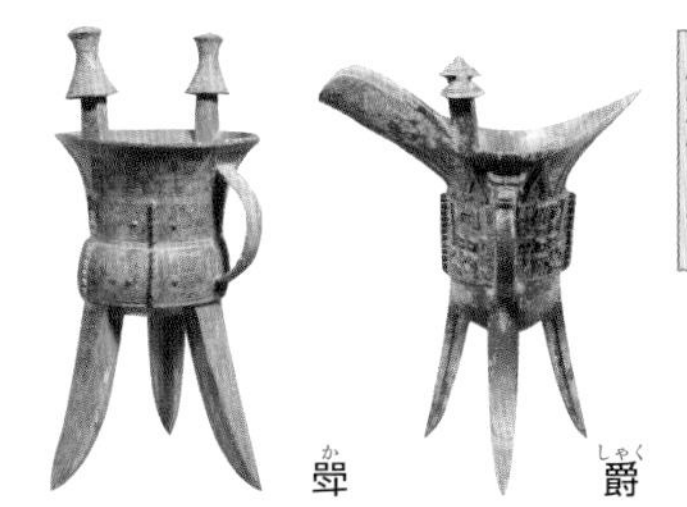

爵（しゃく）　斝（か）

飲酒の器

觚（こ）　觶（し）

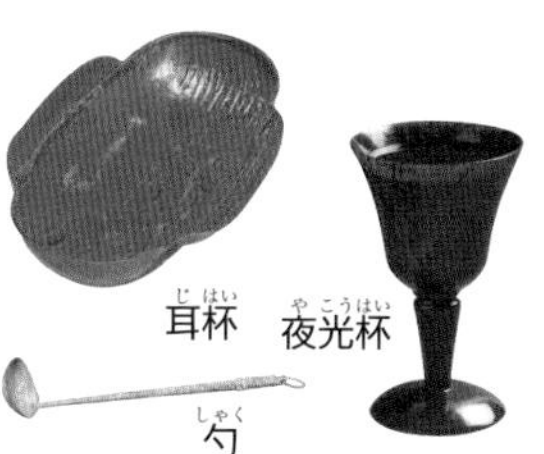

夜光杯（やこうはい）　耳杯（じはい）　勺（しゃく）

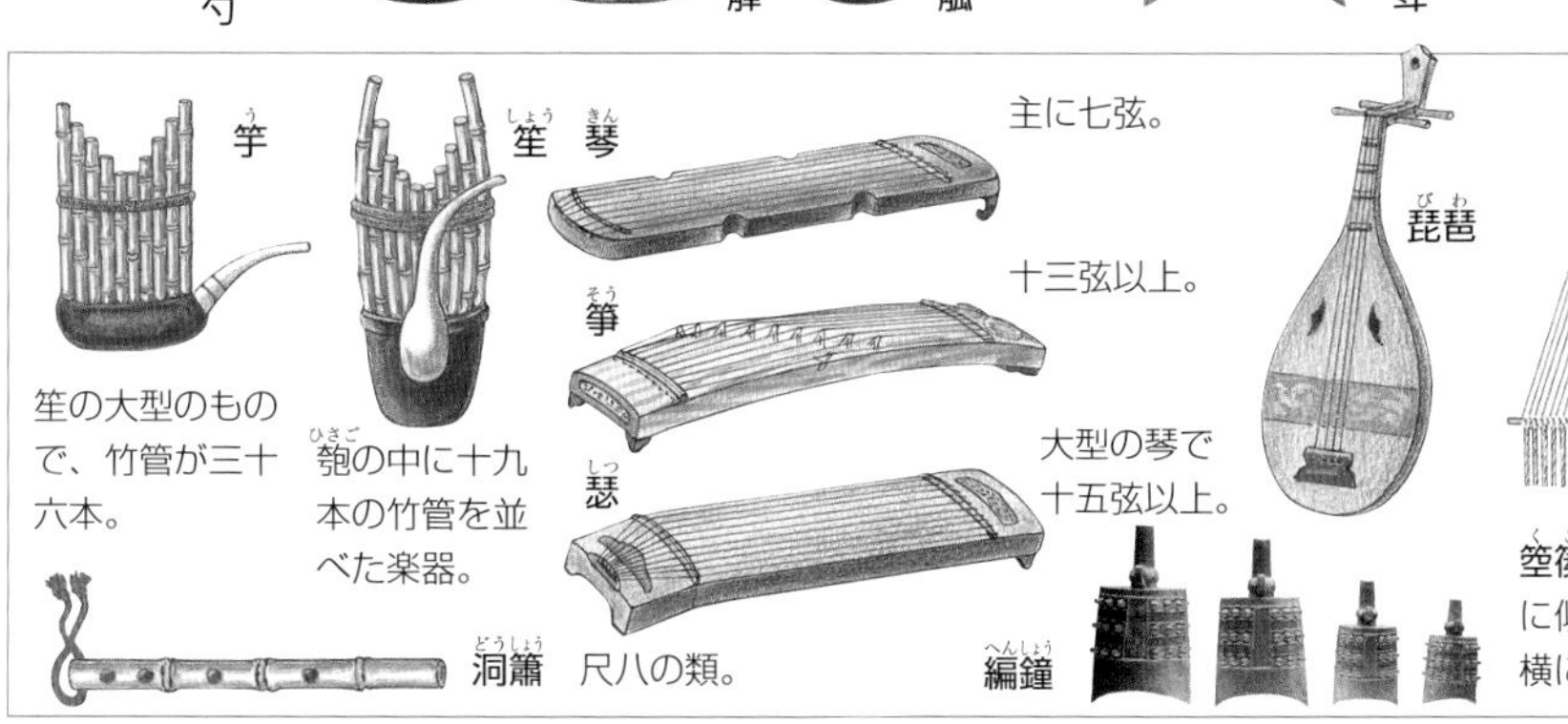

竽（う）　笙の大型のもので、竹管が三十六本。

笙（しょう）　匏（ひさご）の中に十九本の竹管を並べた楽器。

琴（きん）　主に七弦。

筝（そう）　十三弦以上。

瑟（しつ）　大型の琴で十五弦以上。

琵琶（びわ）

箜篌（くご）　ハープに似ており、横にして弾く。

洞簫（どうしょう）　尺八の類。

編鐘（へんしょう）

▶「琴棋書画図（きんきしょが）」

◀並笛図（へいてきず）

中国文化史年表

- 人名の下の数字は没年を示す。
- 人名の下の［　］は書名を示す。

西暦	時代	日本	人名・書名	事項
	伝説時代	縄文文化	三皇（伏羲・神農・女媧） 五帝（黄帝・顓頊・帝嚳・尭・舜） 禹（夏の始祖） 桀（夏の最後の王）	
一〇二四	殷（商）	縄文文化	湯（殷の始祖） 紂（殷の最後の王）	
八〇〇	西周	縄文文化	文王・武王 周公（武王の弟）	武王、紂を討ち、殷を滅ぼす 周公、摂政となる（一〇二三）
七七〇 七〇〇 六〇〇 五〇〇	〔春秋時代〕東周	縄文文化	管仲［管子］（六四五） 孫武［孫子］ 老耼［老子］ 顔回（四九〇？） 孔丘［詩経］［春秋］［論語］（四七九） 子思［中庸］	平王、都を洛邑に移す（七七〇） 斉の桓公、覇者となる（六七九） 晋の文公、覇者となる（六三五） 孔子、魯の大司寇となる（五〇〇） 呉王夫差、越王句践を破る（四九四） 越、呉を滅ぼす（四七三）
四〇〇 三〇〇	〔戦国時代〕		墨翟［墨子］（三九〇） 列禦寇［列子］ 孟軻［孟子］（二八九？） 屈原［楚辞］（二七七？） 荘周［荘子］ 荀況［荀子］ 呂不韋［呂氏春秋］（二三五） 韓非［韓非子］（二三三？）	晋、韓・魏・趙に分裂（四〇三） 合従連衡（三三三） 趙の藺相如、璧を持って秦に行く（二八三） 澠池の会（二七九）

西暦	時代	日本	人名・書名	事項
二二一	秦	弥生文化	始皇帝（二一〇）	始皇帝、天下統一 焚書坑儒
二〇六 二〇〇 一〇〇 紀元	前漢	弥生文化	項羽（二〇二） 韓信（一九六） 高祖（劉邦）（一九五） 劉安［淮南子］（一二二） 司馬相如（一一七） 武帝（八七） 司馬遷［史記］（八六？） 劉向［戦国策］［説苑］（六？）	鴻門の会（二〇六） 垓下の戦い（二〇二） 五経博士を置き、儒学を国教とする（一三六） 張騫を西域に派遣（一二三） 蘇武、匈奴に使いし、捕らえられる（一〇〇） 李陵、匈奴で死没（七四） 仏教伝来
八	新	弥生文化		王莽、漢の帝位を奪う（八）
二五 一〇〇 二〇〇	後漢	弥生文化	班固［漢書］［両都の賦］（九二） 張衡［西京・東京の賦］（一三九） 馬融（一六六）	光武帝、漢を再興（二五） 班超らを遣わし、西域を討つ（八〇） 蔡倫、製紙法を改良 黄巾の乱（一八四） 赤壁の戦い（二〇八）
二〇 二六五	三国（魏・呉・蜀）	弥生文化	曹操（二二〇） 曹植（二三二） 阮籍（二六三）	清談流行
三〇〇	西晋	弥生文化	潘岳（三〇〇） 陸機（三〇三）	五胡十六国の乱、始まる（三〇四）
一八 四〇〇 二〇 五〇〇	北魏／東晋・宋・斉・梁	弥生文化	王羲之（三六一？） 陶潜（四二七） 謝霊運（四三三） 范曄［後漢書］（四四五） 昭明太子［文選］（五三一）	山水詩起こる 仏教流行

五五七 五八九 六〇〇 六一八 七〇〇 八〇〇 九〇〇 九〇七 九六〇 一〇〇〇 一一〇〇 一一一五 一一二七 一二〇〇

王朝	日本	人物・作品	事項
陳・隋			運河をひらく
唐（初唐）	大和時代	高祖(李淵)(六二六) 太宗(六四九) 孔穎達(六四八)	李淵、唐を建てる 玄奘三蔵、インドへ経典を求めに出発(六二九) 経書の解釈を統一し、五経正義を作る(六四〇) 玄宗、開元の治
唐（盛唐）	七一〇 奈良時代	孟浩然(七四〇？) 王昌齢(七五五？) 王維(七六一？) 李白(七六二) 高適(七六五) 杜甫(七七〇) 岑参(七七〇) 顔真卿(七八四)	楊貴妃、玄宗の後宮に入る(七四〇) 安史の乱(七五五—六三)
唐（中唐）	七九四 平安時代	柳宗元(八一九) 韓愈(八二四) 張籍(八三〇？) 元稹(八三一) 白居易[白氏文集](八四六)	古文運動起こる 伝奇小説流行 木版印刷術起こる
唐（晩唐）		杜牧(八五二) 李商隠(八五八)	黄巣の乱(八七五)
五代			朱全忠、唐を滅ぼす
北宋／契丹(遼)		范仲淹(一〇五二) 欧陽脩(一〇七二) 周敦頤(一〇七三) 王安石(一〇八六) 司馬光[資治通鑑](一〇八六) 蘇軾(一一〇一) 蘇轍(一一一二)	王安石、新法を施行(一〇六九) 金軍、宋の都攻略
南宋／金	一一九二	陸九淵(一一九二) 范成大(一一九三) 朱熹[四書集注](一二〇〇)	高宗、臨安で即位(一一二七) 宋学盛んとなる 通俗小説流行

一二三四 一二七九 一三〇〇 一三六八 一四〇〇 一五〇〇 一六〇〇 一六四四 一七〇〇 一八〇〇 一九〇〇 一九一二 一九四九

王朝	日本	人物・作品	事項
元	鎌倉時代	陸游(一二一〇) 元好問(一二五七) 謝枋得[文章軌範](一二八九) 曾先之[十八史略] 羅貫中[三国志演義] 施耐庵[水滸伝]	文天祥、挙兵(一二七五) 元、臨安を攻略、南宋滅亡 演劇(元曲)盛行
明	一三九二 室町時代	高啓(一三七四) 王陽明[伝習録](一五二八) 李攀竜[唐詩選](一五七〇) 呉承恩[西遊記](一五八二？)	朱元璋、即位 陽明学起こる 倭寇、南京に迫る(一五五五)
清	一六〇三 江戸時代 一八六八 明治時代	張玉書[康熙字典] 蒲松齢[聊斎志異](一七一五) 曹雪芹[紅楼夢](一七六三) 沈徳潜[唐宋八家文読本](一七六九)	ヌルハチ即位(後金)のち清と改める 考証学盛行 アヘン戦争(一八四〇—四二) 太平天国(一八五一—六四) 辛亥革命(一九一一)
中華民国	一九一二 大正時代 一九二六 昭和時代	孫文(一九二五) 魯迅(一九三六)	文学革命運動(一九一七) 五・四運動(一九一九)
中華人民共和国	一九八九 平成時代	胡適(一九六二) 老舎(一九六六) 毛沢東(一九七六) 郭沫若(一九七八) 鄧小平(一九九七)	中華人民共和国成立(一九四九) 中華民国政府は台湾へ 文化大革命(一九六六—七七) 天安門事件(一九八九)

中国の文学

伝説時代〜西周時代

時代概観

中国の歴史は、三皇五帝の伝説時代から始まる。五帝の最後の天子舜に代わって、禹が夏王朝を建てた。夏とそれに続く殷・周を三代という。

湯王は、夏の暴君桀を倒して殷王朝を建てたとされる。この民族は青銅器の文明を持ち、農業や牧畜によって生活を支え、その遺跡である殷墟からは、亀の甲や牛の骨に刻まれた文字（甲骨文字）が発見されている。

甲骨文字

▲文王と太公望呂尚（狩野山楽筆）
周の文王は、渭水のほとりで釣りをしていた呂尚を見つけ、「わが父（祖父とも）太公のときから待ち望んでいた人物である。」と言い、迎えて師とした。

▲「伯夷叔斉」（中村不折筆）
伯夷・叔斉兄弟は、周の文王の徳を慕いそのもとで暮らしていたが、文王の子武王が殷を討とうとしたとき、臣の身で主君を討つのは、道にはずれた行為であると諫めた。

殷王朝は今の河南省一帯を本拠地としたが、前一〇二〇年ごろ、殷の暴君紂を倒して武王が建てた周王朝は、今の陝西省一帯を本拠地とした。武王の父の文王は周の文化の基礎を築き、武王の弟の周公はその大成者で、孔子が師と仰いだ人である。

前七七〇年、平王は未開民族の難を避けて洛陽に都した。この遷都以前を西周と呼び、それ以後を東周と呼ぶ。

思想

中国の思想がいつ生まれたかは難しい問題であるが、すでに殷代にはそれらしいものは存在していたであろう。

周代になると、長男以外の皇子や功績のあった家臣に土地を与えて諸侯とする、いわゆる封建制をとった。世を治める者は、神を信仰し、祖先を崇拝して、礼楽を重んじた。

文学

現在に伝わる最古の文学作品は、「五経」の一つ『書経』（尭・舜から周までの政治記録）の中のいくつかの文、同じく五経の一つ『詩経』（⇩p.399）の風雅・頌などの詩で、周代初期のものである。

東周時代（春秋・戦国時代）

東周はその前半を春秋時代、後半を戦国時代という。

時代概観

春秋時代は周の封建制が崩壊していく時期で、いわゆる下剋上の世となり群雄が割拠した。春秋時代は覇者の時代ともいわれ、五覇（斉の桓公・宋の襄公・晋の文公・秦の穆公・楚の荘王）がかわるがわる台頭した。

こうした争いは、戦国時代に入ってますます激しくなり、韓・魏・趙・燕・斉・楚・秦のいわゆる「戦国の七雄」がしのぎを削った。合従の策を考え出した蘇秦や、連衡の策をめぐらした張儀らの遊説家も現れ、各国を飛び回って活躍した。

◆中国人の名◆

中国人の名前には、諱（名）・字・諡・号などがある。

①**諱（名）**　死者の生前の本名をいう。自分を呼ぶとき、親や師が親愛の情をこめて呼ぶときなどに用いる。他人が言うのを忌み避けるので、「いみな」という。

②**字**　男子の元服のときに付ける名。他人が敬意をもって呼ぶときに用い、自分は使わない。

③**諡**　生前の徳行をたたえて、死者に贈る名。

④**号**　いわゆるペンネームのことで、みずから好んで付ける名。

⑤**排行**　同姓の一族で各世代ごとに、年齢の順に「大・二・三」と付けていき、それが同一世代であることを示す呼び方。元二といえば、元氏の二番目の男子、白十二といえば、白氏の十二番目の男子となる。

思想

周代に行われた封建制は、春秋時代になると崩壊し始めた。**孔子**（⇒p.406）は、「仁」と「礼」とを説くことによって、封建制を立て直そうとしたが、その理想とする世界観は、富国強兵をめざす当時の諸侯には容易に受け入れられなかった。

弱肉強食の戦国時代に入ると、この混乱した世をいかにして救うか、またいかにして生きるかということが、さまざまに考えられた。思想の統制もなく、中国思想史上、最もにぎわった時代で、世に**諸子百家**（⇒p.411）、また**百家争鳴**の時代といわれる。その中で、孔子の思想の中心である仁を受け継ぐ**孟子**（⇒p.408）は性善説を、礼を受け継ぐ**荀子**は性悪説を唱えた。これらを**儒家**という。

儒家に対しては、人間の作為を否定して無為自然の道を説く**老子**（⇒p.409）や**荘子**（⇒p.409）の**道家**があり、肉親愛を否定して兼愛（万人を平等に愛すること）を説く**墨子**の**墨家**がある。このほか、始皇帝が国家統一に用いた**商鞅**・**韓非**（⇒p.410）の**法家**、君主も臣もともに耕せと説く**農家**、外交の策略を説く**縦横家**、自然哲学を説く**陰陽家**などがある。

文学

春秋時代、孔子は従来あった多くの詩の中から三百余編を選んで、中国最古の詩集である『**詩経**』を編集し、また政治記録の書『**書経**』、占いの書の『**易経**』、魯国の歴史を中心に春秋時代の歴史をつづった『**春秋**』などを編集整理した。『春秋』の解説書『**春秋左氏伝**』は最古の史伝文学であり、春秋時代の八国の事跡を記した『**国語**』とともに、**左丘明**の編である。

戦国時代には、思想家の活躍はめざましいものがあったが、文学に情熱を燃やす者は少なかった。

ただ、北方文学の『詩経』に匹敵するものとして南方に、長江流域の人々の幻想的な心情をうたった『**楚辞**』が生まれた。代表的作者に**屈原**がおり、『楚辞』には「離騒」「九歌」「天問」「漁夫の辞」などを収める。その作品は激烈で憂愁に満ちた内容を持つ。

秦・漢時代

時代概観

七雄の争いの結果、最後の勝利を収めたのが秦の**始皇帝**で、前二二一年に天下を統一した。

しかし、その苛酷な政治に耐えかねた人民を率いて、陳勝と呉広は中国で初めての農民戦争を起こし、**項羽**や**劉邦**らもこれに呼応した。秦を倒したのち、項羽と劉邦との間で、次の王位をめぐっての戦いがあった。結果は「**三傑**」（張良・蕭何・韓信）らの力で劉邦が勝ち、漢の第一代の天子（**高祖**）となった。七代目の**武帝**は郡県制をしき、領土の拡大をはかって、漢王朝の最盛期を築いた。

その後、王莽が一時天下

陳勝呉広の乱

詩経　中国最古の詩集。周の初めから春秋時代にかけての詩三百五編を孔子が編集したもの。内容的に、風（地方の国々の民謡・百六十編）、雅（周王室の宮廷詩・百五編）、頌（周王室その他の祭祀の歌・四十編）の三つに大別される。また、その作詩法から、賦・比・興の三つに分類され、先の風・雅・頌と合わせて詩の六義という。

楚辞　戦国時代に、長江流域の楚の地に起こった文学。四字句を基調とし、素朴な内容の『詩経』に比べて句の形式も長く複雑になっている。表現も激烈・華麗で、内容はしばしば空想の世界にまで及ぶ。

屈原　前三四三？—前二八三？。名は平、字は原。楚の王族で、懐王に仕える。博学で政治・外交に明るく、文章も巧みな屈原は、国の内外にあって実力を十分に発揮したが、彼をねたむ同僚の中傷により失脚。懐王の後を継いだ頃襄王への讒言により、洞庭湖付近に追放され、楚の前途に絶望して汨羅江（湖南省）に身を投じた。

「屈原」（横山大観筆）

◆中国の名言　天道は是か非か。（史記・伯夷叔斉列伝）　天の道というものは、はたして正しいものか否か。

を取ったが、漢の一族の劉秀がこれを倒し、後漢の一代目の天子**光武帝**となった。

思想

秦の始皇帝は、天下統一ののち、法家理論によって思想を統一し、**焚書坑儒**によって儒家の弾圧を行った。

漢代になってもなお法家思想の余韻が残っていたが、武帝の時代に**五経**（易・書・詩・礼・春秋）博士が置かれて以後、儒教が主流となり、国教となった。そのため**経学**（経書の学問）が盛んになった。儒教を国教とすることは、以後二千年も続き、他の思想が主流となることはなかった。

後漢の明帝の時代には、インドから仏教が伝えられ、宮中に、五帝の一人の黄帝と、老子・仏が祀られるようになった。また、後漢末には、**五斗米道**など、**道教**の初期の姿が見られた。

文学

秦代には、文学として見るべきものはほとんどない。

前漢の時代は、「漢文、唐詩、宋詞、元曲」の言葉があるように、文章（散文）が栄えた。とりわけ、**司馬遷**の**『史記』**（⇨p.412）は、上古から漢の武帝までの歴史をまとめ、以後の正史の模範とされ、文学書としてもすぐれた内容を持っている。このほか、**劉向**の**『戦国策』『説苑』『列女伝』**、**劉安**の**『淮南子』**、**賈誼**の**『新書』**、**揚雄**の**『法言』『太玄経』**などがある。また、神仙説話の**『山海経』**もこのころに書かれた。

韻文としては、**項羽**の**「垓下の歌」**、**劉邦**の**「大風の歌」**、**武帝**の**「秋風の辞」**、**司馬相如・東方朔・枚乗・揚雄**らの**賦**（長編の韻文）、また、**楽府**と呼ばれる民謡風のうたもある。

後漢の時代になると、前代に引き続いて賦が作られ、**班固**の**「両都の賦」**、**張衡**の**「西京の賦」「東**

▶**「王昭君／毛延寿図」**（鳥文斎栄之筆）　前三三年、匈奴との親和政策で単于に嫁がされた王昭君の悲話は、潤色が加わりながら伝承され、文学作品の題材となった。

▲**「蘇李訣別」**（菱田春草筆）
蘇武は武帝の命で匈奴に使いし、降伏を迫られるが屈伏しなかった。前99年、李陵は匈奴と戦って敗れ、降伏した。蘇武は李陵の説得にも応じず、ついに帰朝して功臣と賛えられる。

◆後宮と宦官◆

中国には後宮がある。これは、いわば日本の大奥、アラビアのハレムのようなもので、天子以外の男性は固く立ち入りを禁止された。また、一度後宮に入った女性も、特別な事情がない限り、生きて二度と後宮の外に出ることは許されなかった。

後宮には多くの妃がいたが、『礼記』には、「后一人、夫人三人、嬪九人、世婦二十七人、御妻八十一人」と記されており、それら各々に女官が仕えていた。白居易の「長恨歌」に「後宮の佳麗三千人」とあるのも、単なる誇張ではないのかもしれない。

後宮では、罪を犯して宮刑（生殖器を除去する刑）に処せられた男子を宦官と呼んで、雑役係として力仕事などに当たらせていたが、やがて宦官はしだいにその勢力を伸ばしていき、政治に口出しする者も現れてきた。そのため、権勢を得ることが目的で、みずから志願して宦官になる者まで現れた。

ある。

京の賦」などがその代表作品といえる。また、蔡琰の「悲憤の詩」、無名氏（読み人知らず）の「焦仲卿の妻」のような民歌的なものが現れるほか、五言詩としての完成された形を示す「古詩十九首」がある。特に後者は、五言詩の最古のものとして注目されている。また、張衡の「四愁詩」のような七言詩も現れた。

散文としては、班固が『漢書』を著し、このほか、馬融の『孝経』注、『書経』注なども作られた。

三国・晋・南北朝時代

時代概観

二二〇年、曹丕が洛陽に都して国号を魏と称し、後漢は滅んだ。次いで劉備が蜀、孫権が呉を建てた。この三国分立の時代は、諸葛亮・関羽・張飛ら名将が活躍しただけでなく、思想や文化の面でも顕著な進歩を遂げた。

三国のうち、二六三年に蜀が滅び、魏の臣であった司馬炎が西晋を建て、呉を滅ぼして天下を統一した。やがて、長城内に住んでいた匈奴によって西晋は滅ぼされ、中国北方は小王朝の乱立する五胡十六国の時代になる。北方から江南に逃れた晋の一族の司馬睿は、建康（南京）に都して東晋を建てた。その後は北に北魏・北斉・北周、南に宋・斉・梁・陳の国々が興亡し、この時代を南北朝時代と呼ぶ。

思想

三国時代から南北朝時代までの三百五十余年は、混乱した現実から逃避しようとして、人々が救いや拠り所を求めた時代だといえる。

三国時代では、『易経』『老子』『荘子』の学問が深く掘り下げられて、多くの注釈書が書かれた。また、竹林の七賢（阮籍・嵆康・山濤・向秀・劉伶・王戎・阮咸）と呼ばれる人々が竹林に集まり、清談（老荘思想に基づく哲学論争）を行った。彼らはおおむね儒家の「礼」を無視し、世俗を超越した行いをする者が多かった。

竹林の七賢

『老子』や『荘子』の研究は、晋代になっても続けられる一方、後漢の時代に伝わってきた仏教は、魏・晋になってはじめて知識人の心をとらえた。特に東晋になると、支遁や慧遠らの僧が南方の人々に仏教の理論を説き、また、鳩摩羅什が仏典を漢訳して、仏教の普及に努めた。さらに、戦国時代からあった神仙説（不老長寿を願う思想）を主体に老荘思想を取り入れて成立した道教も、しだいに知識人の心をとらえた。

南北朝には、北方で北魏の時代に仏教が一時禁止されたが、その後また許されて、雲崗（山西省）の洞窟を掘って寺が作られるほどになり、南方でも梁の武帝は五百を越える寺を作って仏教の隆盛に尽くした。

文学

豪族が貴族化し始めた三国時代には、王族を中心としたサロン文学が起こった。魏の曹操とその子の曹丕・曹植は詩文の才があり、いわゆる建安の七子（孔融・陳琳・王粲・徐幹・阮瑀・応瑒・劉楨）を生む土壌となった。

彼らは五言詩を詩形の中心として定着させ、叙情的な詩を作った。また、曹丕はその著『典論』の中で「文章は国を経める大事業である」と述べ、文学に大きな価値を認めた。

西晋から東晋にかけても詩は栄えた。西晋では陸機・潘岳が知られ、東晋では、田園詩人陶潜（⇩p.416）が有名である。また、書（王羲之・王献之）、絵画（顧愷之）が貴族の教養として注目されるようになった。

南北朝においては、南朝のものがすぐれており、宋の謝霊運・斉の謝朓の山水詩、宋の鮑照の人生の怨みを述べた詩などがある。また、梁の沈約らは詩の韻律美を追求し、簡文帝（蕭綱）は宮体詩（恋愛詩）を世に広めた。昭明太子（蕭統）は古今の詩文の名作を集めて『文選』を編纂した。文章は四字六字を基本にした四六駢儷文が流行し、文学評論の書も生まれた。

▲「蘭亭曲水図屛風」（東東洋筆）　王羲之は東晋・穆帝の永和９年（353）３月３日、時の名士41人（42人とも）を会稽山陰の蘭亭（浙江省紹興県）に集め、曲水流觴の宴を催した。

◆中国の名言　大道廃れて仁義あり。（老子・十八章）　仁や義がとりざたされるときは、真の大道がすたれている証拠で

隋・唐時代

時代概観

五八一年、南北朝の分裂を統一した楊堅は、均田制や科挙（官吏任用試験）を実施し、二代目の煬帝は大運河を建設するなど、隋は中央集権国家として発展した。

遠征や工事で苦しむ民衆の反乱によって隋は滅び、六一八年に**李淵**が**唐**を建国した。二代目の**太宗**は国土を拡大し、よく国を治めた（**貞観の治**）。中央と地方とを緊密に結ぶ行政機関が整備され、税収と徴兵のために均田制がしかれ、農民には租・庸・調の税を課した。しかし、唐の中ごろには荘園制が発達して均田制が崩れ、都市に市もでき、商工業が盛んになった。当時、都の長安は人口百万といわれ、外国人も往来する世界第一の都市であった。

ところが七世紀末、唐国家は則天武后の専制政治により動揺した。**玄宗**が**開元の治**によって一時それを立て直したが、やがて楊貴妃に心を奪われて政治を顧みなくなり、**安史の乱**によって天下は極度に乱れた。そのため、それまで政権をとっていた貴族に代わって節度使が実権を握るようになり、朝廷では制度の改革をして国力の回復をはかろうとしたが効果はなかった。八七五年に起こった**黄巣の乱**によって長安を失い、節度使の**朱全忠**によって滅ぼされた。

思想

隋・唐の時代になると、仏教の方法論と宗派が確立した。宗派でいえば、**禅宗**が知識人の心を、**浄土教**が庶民の心をとらえたようである。**玄奘**（**三蔵法師**）は経典を求めてインドへ行き、のちに『**大唐西域記**』を著したが、これは仏教の発展に効果があった。

◀▲玄奘（左）と大雁塔　大雁塔は、玄奘が持ち帰った経典を収めるために建てられた。

また**道教**も、唐王室の姓と老子の姓が同じ李であることから、手厚い保護を受けて多くの信者を得た。

このほか、ゾロアスター教・マニ教・イスラム教・キリスト教などの宗教も伝わり、一部で信仰された。

文学

詩は唐代に完成したといわれ、発展段階により四期に分けて説かれる。まず**初唐**では六朝時代（呉・東晋・宋・斉・梁・陳のいわゆる南朝）の影響を受けながら、**絶句**・**律詩**のきまりが整えられた。**盛唐**の詩人たちは、初唐の詩人が整備した詩の形式によって、深い思想と強烈な感情を表現し、生命ある詩に高めた。この時期の**李白**（⇩p.418）・**杜甫**（⇩p.419）は、中国の詩人の中で最高位に位置する。また、**王維**（⇩p.417）は、自然を美しくうたい上げた。**中唐**では、形式美を追求する者、民衆の苦しみをうたう者、自然美をうたう者など、いくつかの型がみられる。その中で、日本文学に影響を与えた**白居易**（⇩p.420）の存在は忘れることはできない。**晩唐**では、政治の衰えがそのまま詩に反映し、現実を逃避して退廃に傾き、唯美主義的な詩が多くなった。**杜牧**（⇩p.421）・**李商隠**（⇩p.421）がその代表である。

詩以外では、駢儷文に対して**古文**（漢代の文章）**復興**を唱えた**韓愈**（⇩p.422）・**柳宗元**（⇩p.422）の文章が知られている。

また、六朝時代には、社会の混乱によって人心は不安定になり、神仙や妖怪・冥界などに関することを記した**志怪小説**が書かれたが、唐代になっても**伝奇小説**が多く書かれた。艶情をテーマとしたものに**白行簡**（白居易の弟）の「**李娃伝**」、**元稹**の「**鶯鶯伝**」、**陳鴻**の「**長恨歌伝**」が、神怪をテーマとしたものに**沈既済**の『**枕中記**』、**李景亮**の「**人虎伝**」、**李復言**の「**杜子春伝**」などがある。さらに、**唐臨**の『**冥報記**』などの仏教説話も多く書かれた。

◆四六駢儷文◆

内容面よりも、言葉や表現の美しさといった修辞面に技巧を凝らした文章を「四六駢儷文」という。「駢」とは二頭立ての馬車、「儷」とは二人が並んで耕作することで、四六駢儷文とは、四字・六字の対句を多用した文体をいう。また、用いられる言葉の多くは華やかな語彙で、典故に基づく、つまり古くから用いられている語句をふまえた洗練されたものである。そのため、きわめて構成的な美文をなしている。

のないものである。

五代十国〜元時代

時代概観

九〇七年、朱全忠が唐を滅ぼして後梁を建ててのち、華北には短命な王朝（後唐・後晋・後漢・後周）が続いた。

九六〇年、後周の武将趙匡胤が宋（北宋）を建て、開封に都して混乱を収拾した。宋は次の太宗の時代にほぼ天下を統一し、節度使から行政と軍事の権限を取り上げ、文官を重く用いて、中央集権の政治を強化した。

しかし、十一世紀ごろから、北方の遼（契丹）や西夏の侵入に悩まされ、多額の軍事費や外交費を必要とした。この深刻な財政難を克服するため、神宗は王安石（⇩p.423）に命じて国政の改革を行わせた。王安石は新法と呼ばれる政策を打ち出したが、これは司馬光を中心とする保守派の反発を受け、新法党と保守派との対立を生んで政治は混乱した。

宋代（北宋）
(960〜1127)
遼（契丹）
西夏
興慶府
太原府
真定府
萊州
黄河
北京大名府
済南
鳳翔府
東京開封府
南京応天府
京兆府
西京河南府
揚州
興元府
江寧府
成都府
江陵府
長江
杭州
渝州
景徳鎮
潭州
洪州
沅州
福州
泉州
広州
0 500km

十二世紀に入ると、遼を滅ぼした北方民族の国、金が南下し、徽宗らを捕らえた。一一二七年、宋の一族は江南に逃れ、臨安（浙江省）に都した。これが南宋である。

一方モンゴル高原では、遼が滅んだのち、テムジン（チンギス・ハン）がモンゴル帝国を建設した（一二〇六年）。この帝国はモンゴル民族を中心とした諸族で、チンギス・ハンの死後も、一族は勢力を拡大し、十三世紀には、中央アジアから西アジアまでに広がる大帝国となった。一二六〇年にフビライ・ハンが即位して、都を大都（北京）に移し、国号を元と定めた。一二七九年には南宋も滅ぼして、中国を統一した。

チンギス・ハン

思想

宋代においては、儒教、仏教、道教ともに革新の気運が高まり、それぞれに教義の上での論争があり、新しい論理を取り入れた。

特に儒教では、経典の注釈（訓詁）を捨てて、哲学的論理的裏付けの方向に向かい、政治的実践の学問となった。こうした儒学は宋学と呼ばれ、周敦頤がその祖とされる。周敦頤は程顥・程頤（二程子）にその思想を伝えた。やがて、南宋に至り、朱熹がそれを統合整理して、宋学を大成させた。これを程朱の学、または朱子学と呼んだ。

しかし、同時代の陸九淵（象山）は朱子学が空理空論に走るのを非難して、静坐によって自らの心を探り認識することを主張した。これを朱子学に対して陸学と呼んだ。

仏教はようやく中国独自のものが生まれ、中でも禅宗が盛んになり、名僧も輩出した。また、『大蔵経』の出版をはじめ、仏教研究の書も多く刊行された。

道教は、真宗や徽宗の保護を受けたが、世俗的な栄利にとらわれて腐敗した。

元代になると、官吏の文化水準は低下し、朱子学の亜流が幅をきかせて見るべきものはない。

文学

唐末から五代、宋への移行において、貴族社会はしだいに崩壊の道を歩み、庶民が政治や文化の面で台頭してくる。詩文においても、進興の知識階級の欧陽脩や蘇軾（⇩p.423）らが活躍した。王安石（⇩p.423）の詩も高く評価される。蘇軾の門下には黄庭堅・陳師道など江西詩派を生み、さらに陸游・范成大・楊万里などが詩壇の中心となっていった。

この時代にはまた、詞（詩余）と呼ばれる新体の韻文（俗曲として成立したリズムに言葉をあてはめたもの）が隆盛をきわめ、『花間集』なども編集された。

散文では、唐の韓愈・柳宗元の古文復興運動を引き継いで、欧陽脩・王安石・蘇洵・蘇軾・蘇轍・曽鞏らが活躍し、また司馬光・范仲淹らも文章家として知られた。

元代に入ると、元曲が生まれた。いわゆる戯曲であり、元代文学を代表するものとなった。

 知る者は言はず、言ふ者は知らず。（老子・五十六章） 真の知者は、言葉少なく、言葉の多い者は、知恵

明・清代

時代概観

十四世紀になると、各地で農民の反乱（紅巾の乱）が起こった。一三六八年、**朱元璋**が元を滅ぼし、金陵（南京）で即位して**洪武帝**となり、国号を**明**とした。

二代皇帝成祖（永楽帝）は北方民族を討ち、西方へも勢力を伸ばしたが、その死後、宦官の専横、さらに北方民族の侵入や倭寇の被害（北虜南倭）で国力が衰退した。

一六一六年、北方の女真族を統一した**ヌルハチ**が後金を建国し、南下を開始する。二代皇帝太宗は李氏朝鮮を服属させ、国号を**清**と改めた。一方、明国内でも民衆は窮乏し、各地で反乱が起こるなか、**李自成**が農民軍を率いて北京を占領し、明を滅亡させた（一六四四年）。

清の三代順治帝は李自成を破って北京入りし、次の康熙帝が南方の反乱を制圧して中国を統一した。その後、六代乾隆帝の時代に最大版図を形成するが、一八四〇年の**アヘン戦争**（—四二年）、**洪秀全**による**太平天国の建国**（一八五一—六四年）のために勢力が衰えた。

思想

明代に入っても、思想の新しい発展はほとんど見られなかった。しかし、**王守仁**（**陽明**）が現れるに至り、宋の陸象山の説を継いで、学理と実践を合一させ（**知行合一**）、「聖人の道は我が心の中にある」と主張する**陽明学**を打ち立てて朱子学に対抗した。

清代に入ると、宋学への反動として**顧炎武**らが**実学**を起こした。続いて経書の実証的研究により主観的なものから脱出しようとする**考証学**が生まれた。この学問の系統は**清朝六儒**（顧炎武・胡渭・梅文鼎・閻若璩・恵棟・戴震）らによって大成された。

一方、明以来、西洋の文明が盛んに移入されたことに伴い、西洋の学術や思想に影響されて革命的な風潮もしだいに強くなり、清末には**康有為**による革新運動が起こり、それは**孫文**の三民主義革命理論につながっていった。

文学

明代では詩文について特に新しい主張や方向は見当たらず、それまでの文学の模倣的傾向が強い。詩人では、唐詩を学んだ**高啓**、文章家としては、**宋濂**、**王世貞**、**茅坤**らがいる。

この時代を代表する文学は、やはり通俗小説であろう。いわゆる口語体小説で、講談として語られた説話をまとめたものである。「**四大奇書**」が、その代表作といえる。

▲『西遊記』挿絵

また元から明にかけては、庶民の間にも学問が普及し、種々の書物が出版された。**謝枋得**の『**文章軌範**』、**曽先之**の『**十八史略**』、**李攀竜**の『**唐詩選**』などの書がそれである。

清代の文章は唐宋八家への復帰をねらい、簡潔で謹厳な文体が尊重され、**姚鼐**の一派がその中心をなした。詩人としては艶麗な詩風の**呉偉業**、唐宋詩を学んだ**王士禎**・**沈徳潜**らがいる。通俗小説の流れとして、**呉敬梓**の『**儒林外史**』、**曹霑**の『**紅楼夢**』があり、また、文語体小説に『**聊斎志異**』がある。清末には**林紓**が、デュマの『**椿姫**』などを翻訳して西洋文学を紹介した。

四大奇書

明代を代表する四つの通俗小説を「四大奇書」という。

三国志演義 元末から明初の人、**羅貫中**によって書かれたとされ、三国時代の英雄・策士の活躍が描かれている。なかでも、呉の将軍周瑜が曹操の大船団を一挙に焼き払った「赤壁の戦い」や、蜀軍を率いる諸葛亮と魏の司馬懿との「五丈原の戦い」は有名である。

水滸伝 明初に、**施耐庵**によってまとめられたとされている。宋の徽宗の宣和年間（一一一九—一一二五）、宋江ら三十六人が山東で反乱を起こした。悪政に悩まされていた民衆の間で、宋江の徒はしだいに英雄視され、伝説化されて語られるようになった。それらの武勇伝がつなぎ合わされてできたのが『水滸伝』である。

西遊記 **呉承恩**によって、明の中期に書かれた。唐の初め、十六年の歳月をかけてインドへ経典を取りに行き、中国仏教界に大きな貢献をした高僧玄奘（三蔵法師）の苦難の旅を中心にして、奇想天外な話が展開する。玄奘の見聞録『大唐西域記』がそのもとになっているとされる。

金瓶梅 明代末期に成立したと考えられるが、作者は未詳である。『金瓶梅』という題は、物語の中に出てくる代表的女性、潘金蓮、李瓶児、春梅の名前から一字ずつ取ったもの。『金瓶梅』の舞台は宋の徽宗の時代とされているが、実際に描かれている世情や風俗は明代のものので、当時の社会の現実を幅広く描いており、単なる好色物語というだけにとどまっていない。露骨な描写のために、しばしば発刊禁止になった。

中華民国〜現代

時代概観

アヘン戦争、日清戦争、さらに義和団の運動によってぐらついた清朝は、辛亥革命によってとどめをさされ、一九一二年、孫文を大総統として中華民国が発足した。しかし、やがて北方軍閥の実力者袁世凱が大総統となり、実権を握る。

第一次世界大戦後のパリ講和会議に抗議して、北京で五・四運動が起こり、その反封建主義・反帝国主義運動は全国に波及していった。

一九一九年、孫文を中心に国民党が結成され、共産党と手を結んで北方軍閥を打倒するための北伐が始まり、国民政府は中国を統一した。しかし、国・共統一戦線の崩壊により、毛沢東らは中国奥地に根拠地を作り、国民政府と対立した。

満州事変と太平洋戦争を経過し、日本の降伏とともに国・共の内戦が始まった。結果は共産軍の勝利となり、一九四九年、中華人民共和国が成立した。

その後、文化大革命・批林批孔運動など、反革命の動きを封ずる運動を展開しつつ、今日に至っている。

思想

清末、西洋を模範とした近代化によって、崩壊寸前の清国を補強しようとした洋務運動・変法運動はいずれも失敗し、排満革命運動が盛んになった。ここにおいて孫文は、民族解放・民権政治・民生（社会）主義を説く、いわゆる三民主義の革命理論を展開した。

辛亥革命によって清国は倒れたが、革命の成果は軍閥に横取りされ、やがて三民主義の理論を発展させた反封建主義・反帝国主義の思想が広まっていった。そうしてそれは、五・四運動、北伐戦争、国・共内戦、抗日戦争を経過し、民族解放の思想となった。

毛沢東は、このうねりの中に身を置きつつ、マルクス・レーニン主義から中国の社会に適用できるものを吸収し、独自の革命理論を作り上げた。その理論は、労働者・農民をすべての基礎において、革命を推進すべきことを説くものであった。

この毛沢東思想は、中華人民共和国成立ののちも、社会主義国家建設のための原理として、応用されている。

文学

清末の文学界は沈滞ムードの中にあったが、一九一七年、雑誌「新青年」に拠って胡適は『文学改良芻議』を書き、文語文を排して口語文に改めるよう主張した。また、陳独秀は『文学革命論』を書いて、封建文学を倒し、国民文学を建設しようと呼びかけた。そうして翌年、現代文学の最初の作品として魯迅の『狂人日記』が書かれた。

やがて第一次の国・共合作が挫折すると、革命文学が提唱され、それは左翼作家連盟の結成となり、魯迅を指導者として、無産階級の解放をスローガンに掲げて活動を始めた。

一九三六年ごろからは抗日の気運が高まり、周揚らが国防文学を提唱し、魯迅との激しい討論を経て文学界の抗日統一戦線が作られた。

一九四二年には毛沢東の文芸講話によって、文学・芸術はまず第一に人民に奉仕すべきもの、という方向が確認され、以来今日まで、革命の一環としての文学活動が行われている。

魯迅

魯迅（一八八一―一九三六）は本名を周樹人という。「魯迅」はそのペンネームである。浙江省・紹興の官吏の家に生まれたが、祖父の入獄で家は没落した。そのうえ父が重病にかかり、貧困の生活を強いられた。

官立学校を卒業ののち、日本に留学して仙台の医学専門学校に学んだが、講義の合間に見せられたスライド映写―そこには日露戦争でスパイ容疑をかけられ首を斬られようとしている中国人と、それを見物している中国人が写されていた―を見て、中国人の精神を改造することの必要を痛感し、医学から文学へと方向を変えた。

帰国した魯迅は、陳独秀・胡適らが雑誌「新青年」に拠って始めた文学革命運動（口語体で文学作品を書こうという運動）に加わり、初めての口語体小説『狂人日記』を「新青年」に発表した。その後引き続き、『孔乙己』『故郷』『阿Q正伝』などを発表した。

▲魯迅像

狂人日記 小 狂人の日記という体裁を借りて、中国古来の儒教道徳を「人を食う」ものだとして、徹底的に批判した。

故郷 小 少年時代の故郷をモチーフにして、旧社会の実情を描き出した。

 巧言令色、鮮なし仁。（論語・学而） きれいごとを言い、容色をかざるような人には、人間の根本の道で

参照 P.464 孔門十哲

ろんごとこうし

論語と孔子

前五五一—前四七九　名は丘　字は仲尼　春秋時代の思想家

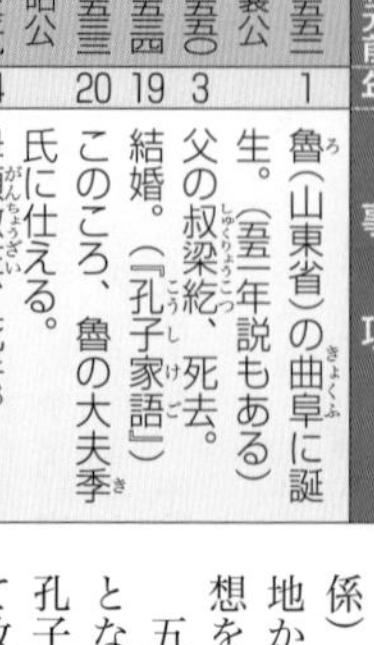

◆「仁」を説いた儒家の祖

「仁」「礼」を説いて徳治主義の政治を主張。弟子とともに諸国を遊説。その言動は『論語』に編纂。

紀元前	年	事項
五五二	1	魯(山東省)の曲阜に誕生。(五五一年説もある)
襄公		
五五〇	3	父の叔梁紇、死去。
五三四	19	結婚。(『孔子家語』)
五三三	20	このころ、魯の大夫季氏に仕える。
昭公		
五二九	24	母顔徴在、死去。
五一七	36	国外に出た昭公のあとを追い、斉に行く。
五一〇	43	このころ、斉から魯に帰り、次第に弟子が増える。
五〇五	48	季氏の臣の陽虎、専制を始める。
四九九	54	魯の大司寇となり、国政に参与する。
四九八	55	三桓子(孟・叔・季)を抑えようとして失敗。
四九七	56	魯を去り、衛に行く。以後十四年間、曹・宋・鄭などの諸国をめぐる。
四八四	69	魯に帰る。弟子を教育し、経書を整理する。
哀公		
四七九	74	死去。

【孔子の生涯】 孔子は、春秋時代の中ごろ、魯に生まれた。二十歳で魯の委吏(会計係)、翌年には司職の吏(牧畜係)となった。その後、彼を慕って各地から集まってきた人々に「仁」の思想を中心とした教育を行った。

　五十四歳で、魯の大司寇(司法長官)となる。しかし、他の重臣の圧力や、孔子の才能をねたむ他国の妨害によって政治改革は失敗し、彼は魯を出て、理想の政治を他国で実現しようとした。

孔子廟大成殿(曲阜)

　その後、十四年の間、諸国を遊説するが、諸侯の下にいる大夫や士の力が強いために、その目的は達成できなかった。孔子は自分の代では理想を実現できないと悟り、魯に帰って門人の教育や、『詩経』『書経』など経書の整理を行い、前四七九年、七十四歳で没した。

【政治への志向】 孔子の教育は、個人の人格的完成をめざしたものであったが、同時に広く世の人々を対象とするとき、彼の思いは政治に向かった。「世の人々が仁人である王のもとで安定した生活を送れるような世の中にしたい。そのような政治を認めてくれる君主を補佐したい。」と考えた孔子は、まず祖国の魯において理想を実現しようと努力したが失敗、他国に主君を求めて弟子たちと旅に出たのであった。

　彼は隠者の長沮・桀溺に「そんなことをして何になる。無駄なことはしないがよい。」と言われたとき、「この人間の仲間と一緒にやっていくのでなくて、いったいだれと手を取り合っていくことができよう。人間以外にはない。」と言った。乱れた世の中を、政治を通して変えていこうとしたのであった。

【「仁」について】 『論語』二十編は、孔子の死後、教えを受けた多くの弟子たちが、孔子やその門人たちの言行を集め、整理・編集したものである。『論語』を読めば、孔子が学問・人間・政治・教育・社会について、どのように考えていたかがよくわかる。

　孔子は、「仁」の心こそがすべての基本であると言う。「仁」とは、人間としての愛情をさし、孔子の別の言葉で言えば「忠」(まごころ)、「恕」(思いやり)であり、その「仁」を形として表したのが「礼」(社会的なきまり)であった。——社会の秩序と調和、人間と人間との関係を維持していくためには「仁」の心が必要である。「仁」は子が親に、目下の者が目上の者に仕えることから始まる。詩や音楽を学ぶことによって、「仁」の実践は広まり、深められていく——周の文王と周公を師と仰ぎ、その後継者を自負する孔子は、「仁」の思想を世に広め、崩れつつあった周王朝を復興させようとしていたのである。

孔子の素顔

　孔子は、いったいどんな顔をした、どんな体格の人だったのであろうか。勉強ばかりしていたようだから、青白い顔をしたインテリ風の人かとも想像されるが、そうではない。『史記』孔子世家や『孔子家語』によると、生まれつき頭のてっぺんが凹んでおり、額が出て、目が引っ込んでおり、身長は九尺六寸(約二・一六メートル)もあり、人々は「長人」と呼んだという。まことにたくましく、容貌は魁偉。インテリという孔子のイメージはがらりと変わってしまう。しかしその超人的な行動力、偉業を思うとき、さもありなんと納得もされる。

孔子の足跡

紀元前	年	足跡
497	56	定公・季桓子、斉の女楽を受け取り、国政を怠る。孔子、職を辞し、衛へ行く。
496	57	衛から陳へ行く途中、匡で拘禁される。衛に戻る。
495	58	衛→曹。曹→宋（宋国の司馬桓魋に命をねらわれる）。宋→鄭→陳。陳に三年間居住。
492	61	陳から蔡に移る。
491	62	蔡→葉（楚の邑）。葉から蔡に帰る途中、長沮・桀溺に会う。
489	64	楚の昭王の招きに応じて行く途中、陳・蔡の大夫に包囲され、危機に陥る。楚に入り、同年、衛に戻る。
484	69	衛から祖国魯に帰る。

（『聖蹟之図』による）

①女楽文馬図　孔子の政治手腕を恐れた斉は、孔子の施策の妨害を図る。②匡人解囲図　衛の大夫の助力で匡人の囲みを解く。③醜次同車図　衛の霊公の徳を見限り、孔子は衛を去る。④子路問津図　長沮・桀溺の逸話。⑤在陳絶糧図　陳・蔡の難。⑥杏壇礼楽図　魯の子弟たちを教え、経書を整理して、望みを後生に託した。

◆中国の名言　義を見て為さざるは、勇なきなり。（論語・為政）　正しい道だと知りながら、あえてそれを行わないのは

孟子

もうし　前三七二?―前二八九?　名は軻　字は子輿、あるいは子車　戦国時代の思想家

◆性善説を説く孔子の後継者

儒家思想を受け継ぎ、「性善説」と「王道政治」を主張。政治は人民の利益を第一の目的とすべきと説く。

紀元前年		事項
三七二	1	鄒（山東省）に誕生か。
三五三	20	このころ孔子の孫子思の門人に学ぶ。
三三七	36	斉の都の臨淄に行き、稷下の学士に学ぶ。
三二三	50	梁の恵王に仁義を説く。
三二〇	53	斉の宣王に厚遇される。
三一四	59	斉を離れる。
三〇九	64	滕の文公に厚遇され、井田法などを実施。
三〇七	66	魯で中傷され、鄒に帰って門人を教育。
三〇三	70	『孟子』七編を著す。
二八九	84	鄒で死去か。

▼亜聖廟

『孔子の後継者』 孟子は、孔子の生まれた魯に近い鄒に、孔子の死後百年あまりして生まれた。孟子の伝記には不明の点が多いが、断片的には次のようなことが伝えられている。

いわゆる「孟母三遷」や「断機の教え」で知られているように、孟子の母は、よい教育環境を求めて三度も転居したり、学問を中断して帰ってきた子を、織りかけの布を断ち切って戒めたりする、熱心な教育者であった。孟子は、孔子の孫子思の門人に学び、また、「稷下の学士」（斉の稷における学者の集まり）に仲間入りして学んだ。

その後、梁の恵王に会い、「**王何ぞ必ずしも利を曰はん、亦仁義あるのみ**」と言って「**仁義**」を説いたり、斉の宣王、滕の文公に仕えたりして、自分の主張を実現しようと努力した。しかし、孔子と同様にその主張が時勢の要求（富国強兵）とあまりにもかけ離れていたために、どこへ行っても受け入れられなかった。遊説をあきらめた孟子は郷里に帰り、弟子の教育や学問に専念し、**『孟子』**七編を著した。

『王道政治』 孔子の思想は仁と礼である。孟子は仁を受け継いで「**性善説**」を唱えた。「人間は生まれながらにして善である」という考え方は、潜在的に孔子の思いの中にあったが、孟子は「**仁・義・礼・智に到る糸口は、すべて人間の本性に宿っている**」と主張して、性善説を前面に押し出した。

孟子は、為政者に、仁の心に基づく「**王道政治**」を期待した。王道政治の基本は仁であるが、孟子はこれをさらに具体化する。衣食住の生活が安定していなければ、人民は礼儀を身につけることはできない。言い換えれば、「**恒産無ければ、恒心無し。**」（定まった生業がなければ、安定した精神は持てない）ということであり、井田法（九百畝の田地を井の字型に九等分し、周囲を私田として八戸に与え、中央を公田として共同で作業し、その収穫を税として納める法）による農業重視こそが、恒産を有するための理想的な方法であるとした。孟子は、道徳による国家の安定を最終の目的としながら、その手段として経済生活に注目したのである。

孟子は「民は貴い。国家の象徴としての土地神・穀物神（社稷）がこれに次ぎ、君主は軽い存在だ。」と言う。「**人民のための政治**」、これが孟子の言う王道政治の中心であった。

『儒家思想の確立』 孟子は楊朱と墨翟とを批判した。「**兼愛**」（無差別愛）を主張する**墨翟**は、儒家の、家族愛から国家愛へと広げていく愛を「別愛」（差別愛）だと非難する。しかし孟子は、墨翟の考え方は、結局は家族愛を否定し、社会の基本的な単位である家族を否定するものだとして対抗する。また楊朱は、国家の問題に気を奪われて自分を見失う当時の思想家を非難して、人間個人の主体性を守ることが大切であり、たとえ自分の毛一本を抜くことで世を救うことができる場合でも、それをすべきではないと主張する。しかし孟子は、それは自分の利益だけを考えるものであって、人のためにする方法ではないとして対抗する。孟子は、こうして儒家思想を守り、世に広めていこうとした。

❖孟母三遷

孟子の母は、息子を賢人に育てるために、いろいろ苦労した。その家が墓場近くにあったころは、孟子はいつも葬式をはじめ、墓を築き死者を埋めるまねをして遊んでいた。好ましくないと思った母は、市場の近くに移転した。孟子は商人のかけ値売りのまねをして遊んだ。また好ましくないと思った母は、学校のそばへ移転した。孟子は祭礼の供え物を並べたり、礼儀作法のまねをして遊んだ。母は、この場所こそわが子をおらせる所と、やっと安心してそこに落ち着いた。

それが人として大切な思いやりの心である。

老子（ろうし）

生没年未詳　姓は李　名は耳　字は耼　戦国時代？の思想家

◆無為自然を説いた道家の祖

自然を一貫している「道」と、処世の術としての「無為」を説く。

老子は、『史記』によれば、姓は李、名は耳、字は耼で、楚の苦県（河南省）に生まれ、周の守蔵室（図書館）の役人となり、のち関所の役人に頼まれて『**道徳経**』（『老子』のこと）五千言を著し、道を修め養生したので百六十歳か二百余歳の長生きであった。

老子の思想と儒家の思想とは、世を経ても対立を続けた。その違いは、たとえば、孔子は仁義や忠臣を力説するが、老子は、それは大道（自然のままに生きる生き方）が廃れ、国家が乱れたための副産物だとして否定する。また孔子は、善悪のけじめをつけよと言うが、老子は、この世には絶対的真理はなく、善悪・大小・貴賤などはすべて相対的なものだとして否定する。

老子の思想は、**他人に干渉せず、欲望も持たず、赤子のように無心の気持ちを持ち、静かに生きていくこと**を説く。これを「**無為自然**」の道と呼び、天地自然の道理に従った生き方であるとする。老子はまた「**柔弱**」な生き方を主張し、その例として水をあげる。水は相手によって形を変えられるが、性質は変わることなく、雨垂れが堅い石を穿つように、最後にはその「柔弱」なる性質によって勝利を収めるのである。

孔老会見

老子に教えを受けたいとやってきた孔子を、老子は一喝した。「君が慕う聖人も、その身はおろか骨さえも朽ち果てて、今はただむなしい言葉を残すだけである。君の傲慢さ、欲深さ、もったいぶり、野心を取り去りたまえ。それらは君には何の益にもならないもの。わたしが君に言いたいのは、ただこれだけだ。」孔子はこのような人間に会ったことはなかった。怒ることも忘れ、帰って弟子たちに、「竜は風雲に乗じて天に上がるというが、私には実体はわからない。私は今日、老子に会ったが、さながら竜といおうか、全くつかみどころがなかった。」と言った。

この話は『史記』老子伝にあるが、真偽は確かでない。

荘子（そうし）

生没年未詳　名は周　字は子休　戦国時代の思想家

◆「無」を説いた老子の継承者

世間の常識を超越して、無為自然の境地で悠々自適することを主張。

紀元前年		事項
三七〇	1	このころ誕生。
三三六	35	このころ楚の宰相に招かれたが、辞退する。
三三三	38	このころ梁の恵王に会う。
三一八	53	「稷下の学士」（斉の威王のもとに集まった学士たち）を批判する。
三一二	59	このころ恵施を弔う。

老子の思想を受け継いだのが**荘子**であるが、彼もまた、その生涯がはっきりしない。名は周、字は子休で、孟子とほぼ同時代の人と思われる。『史記』荘子伝には、宋の蒙（河南省）に生まれたこと、漆園（うるし畑）の役人を務めたこと。また、梁の恵王・斉の宣王と同時代の人であったこと、荘子の思想は老子の思想に基づいていること、十余万言の書物（『荘子』のこと）は、孔子の学をそしり、老子の学を明らかにしていること、それに、楚王が宰相に迎えようとしたが断ったこと、などが記されている。

荘子の思想は、死んで貴ばれる神亀（占いに使う亀）よりも、**生きて泥の中をはいずり回る亀をよしとし**、見たり聞いたり食べたりする穴をあけられて、こざかしい知恵を持った人間になるよりも、**人為を加えないあるがままの状態でいること**を説く。夢で蝶が自分になったのか、自分が蝶になったのかを考えるよりも、**現実と夢、ひいては生と死を一体と見ることをよしとする**。

「人間とは何か」「生死とは何か」を問う荘子は、老子よりも哲学的である。老子が「無為自然」「柔弱」の処世態度を説いたのに対して、荘子は「無」の哲学を説いた。

夢蝶（范曽筆）

　己の欲せざる所は人に施すことなかれ。（論語・衛霊公）　自分の望まないことを、他人にしてはいけない。

韓非(かんぴ)

紀元前	年	事項
二八〇	1	このころ誕生。
二五六	25	秦、周を滅ぼす。
二四六	35	呂不韋(りょふい)、秦の宰相となる。
二四〇	41	このころ『呂氏春秋(りょししゅんじゅう)』成る。
二三六	45	荀子(じゅんし)、このころ死去。
二三三	48	韓の使者として秦に行く。韓非、獄中で死去。
二三〇		韓、亡ぶ。

『韓非子』版本

前二八〇?―前二三三? 名は非 戦国時代の思想家

法家の大成者

荀子(じゅんし)に師事。「法治主義」を唱え、法家を大成。君権伸張と富国強兵の理論。

韓非(かんぴ)は韓王の一族で、李斯(りし)とともに荀子(じゅんし)に学んだ。彼は韓の国がしだいに勢いを失っていくのを見て、しばしば書を奉って韓王を諫(いさ)めたが用いられず、ために韓非は自分の所信を著して十余万言を論述した。それはすべて、法をもって国を治めようとするものであった。秦王(のちの始皇帝)はその説を読み、「この書の著者に会えたら死んでも恨みはしない。」と言ったという。その後韓非は、使者として秦に赴いたが、今は秦に仕える李斯にねたまれ毒殺された。

戦国時代には君主権力の強化と富国強兵が要請され、法家と呼ばれる思想家たちが政治を担当した。韓非は、彼らの説く「法」と「術」(君主の行う術策)の理論と荀子の思想とを結合させて法家を大成した。

韓非の思想は、**荀子の「礼」に代えて法律をもってした**もので、それによって王権と国家の統制を強め、強固な中央集権国家を実現しようとした。たとえば、**「名・実」(職名と職分、言と行のこと)の一致**を、君主が臣下を御する術として厳しく要求する。**『韓非子』**二十巻には、王を説得する際の心得を説いた「**逆鱗**(げきりん)」、儒家の政治思想を批判した「**株(かぶ)を守る**」「**矛盾**(むじゅん)」などの説が、巧みな寓話を通して説かれている。

主な思想家

管仲(かんちゅう) ?―前六四五。春秋時代、斉(せい)の宰相。法家の祖。桓公(かんこう)を補佐して、ついに覇者とした。人民の生活を豊かにすれば国は治まると主張した。著書に『管子』などがある。

顔回(がんかい) 前五二一―前四八二。春秋時代、魯(ろ)の孔子に師事し、門人の中で最も孔子に信頼され、将来を嘱望(しょくぼう)された。若死にして、孔子を嘆かせた。

曽子(そうし) 前五〇五―前四三六? 春秋時代、魯(ろ)の人。孔子の高弟。『孝経』を作り、孔子の学を子思(しし)に伝えた。

荀子(じゅんし) 前三二〇?―前二三六?。戦国時代末期の人。楚の春申君(しゅんしんくん)に仕えた。孔子の学を伝え、礼を重んじ、孟子の性善説に対して性悪説を唱えた。門下に李斯(りし)・韓非(かんぴ)らが出た。『荀子』がある。

子思(しし) 前四九二―前四三一。春秋時代の思想家。孔子の孫。名は伋(きゅう)。子思は字。孔子の弟子の曽子(そうし)に学び、『中庸(ちゅうよう)』を著した。

墨子(ぼくし) 前四八〇?―前三九〇。戦国時代、宋(そう)の人か。人を平等に愛する兼愛説を唱えた。墨家の祖。

楊朱(ようしゅ) 生没年未詳。戦国時代の思想家。個人主義(為我の説)を立て、墨子の兼愛説と対立した。

公孫竜(こうそんりゅう) 生没年未詳。戦国時代の人で、趙(ちょう)の平原君に仕えた。弁論家。荘子とほぼ同時代の人。「白馬は馬に非ずの論」などを唱えた。

商鞅(しょうおう) ?―前三三八。戦国時代、衛の人。公孫鞅(こうそんおう)のこと。秦の孝(こう)公に仕え、秦の法律や土地制度を改革し、刑罰を厳しくした。『商君書』。

嵆康(けいこう) 二二三―二六二。魏・晋の人。老荘を好み、反俗的な生き方を貫いた。「竹林(ちくりん)の七賢(しちけん)」の一人。

周敦頤(しゅうとんい) 一〇一七―一〇七三。北宋の人。宋学の祖といわれ、『太極図説』や『通書』を著し、宇宙の根源である太極から万物が生成してゆくことを説いた。

程顥(ていこう) 一〇三二―一〇八五。弟の程頤(ていい)(一〇三三―一一〇七)とともに北宋の学者。二程といわれる。周敦頤(しゅうとんい)について宋学(性理の学)を学び、宇宙の原理、人性の研究に志した。

朱熹(しゅき) 一一三〇―一二〇〇。南宋の思想家。孔子・孟子の主張を体系的に整理し、周敦頤(しゅうとんい)の宋学を継いだ程顥(ていこう)・程頤(ていい)の学を大成させ、朱子学を立てた。

王陽明(おうようめい) 一四七二―一五二八。名は守仁(しゅじん)。陽明は号。陸九淵(りくきゅうえん)の学を引き継ぎ、知行合一(ちこうごういつ)を唱え、朱子学に対して陽明学を大成した。

諸子百家

戦国時代に輩出した思想家は、『漢書』芸文志に「諸子百八十九家」と記される。主なものは次の十家である。

グループ	解説	思想家
①儒家	孔子に始まり、孟子・荀子に受け継がれた。孟子は孔子の「仁」を発展させて「性善説」「王道政治」を唱え、荀子は「礼」を受け継いで「性悪説」を唱えた。	孔子　孟子　荀子
②道家	老子に始まり、荘子が受け継いだ。老子は「無為自然」の処世態度を説き、荘子は、老子の「無為自然」に基づく「無」の哲学を説いた。	老子　列子　荘子
③陰陽家	鄒衍・鄒奭らが唱えた。陰と陽の二つの原理によって、人間と自然を解釈する。古来の天文、暦法の学・術などに、陰陽五行思想を組み合わせたもの。	鄒衍　鄒奭
④法家	商鞅・申不害が唱え、韓非が大成した。法によって臣民を統治し、術策によって臣下の行動を規制して、君主権を強化させようとした。	商鞅　申不害　韓非
⑤名家	恵施・公孫竜らが唱えたもので、名（概念・名辞）と実（実体・事物）との関係を明らかにしようとした論理学。	恵施　公孫竜　尹文
⑥墨家	墨子を中心とする。万人を平等に愛せよという「兼愛」、戦争を否定する「非攻」、無駄を省けという「節用」を説いた。儒家と激しく対立した。	墨子
⑦縦横家	時勢を正確・冷静に判断して、諸侯に外交政策を説いた人々で、合従策の蘇秦、連衡策の張儀に代表される。ほかに、鬼谷子・公孫衍・蘇代らがいる。	鬼谷子　蘇秦　張儀
⑧雑家	他学派の思想を兼ね合わせたもので、根幹は道家思想である。百科全書的学派といえる。	呂不韋
⑨兵家	古代の司馬の職から出たもので、権謀術数、敵味方の形勢、戦いの技巧など、用兵の道を講ずる。	孫子　呉子
⑩農家	農業を奨励し指導した派と、君臣ともに野を耕すことを主張した派とがある。	許行

思想家系図

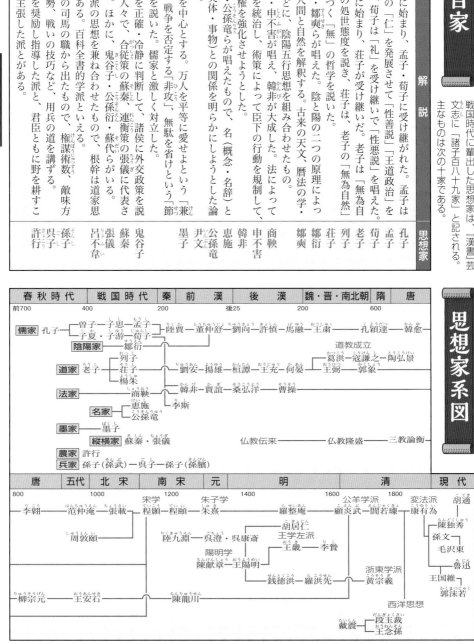

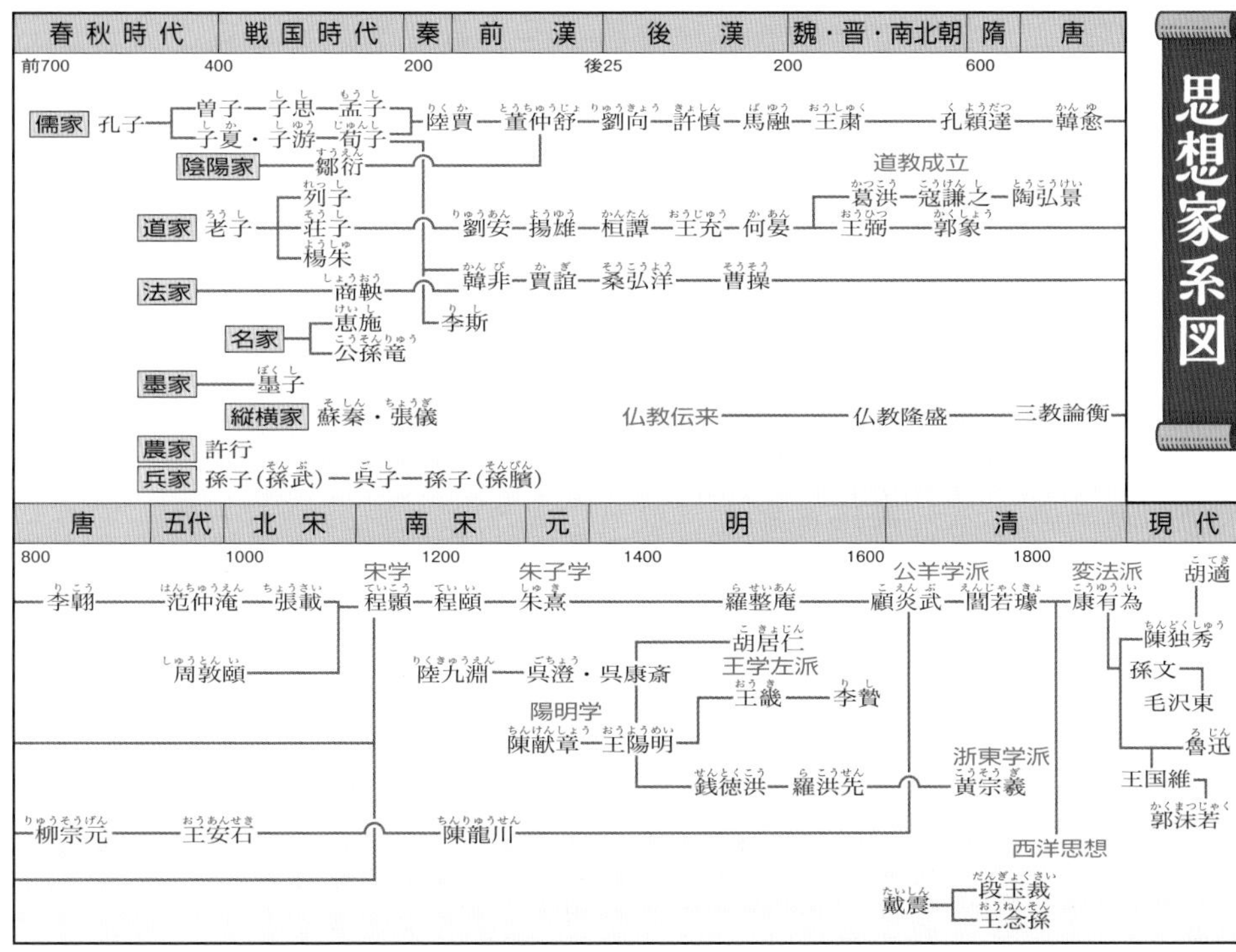

◆中国の名言　自ら反みて縮くんば、千万人と雖も吾往かん。（孟子・公孫丑上）　反省してみて自分が正しいときは、相

史記と司馬遷

しきとしばせん

前一四五？—前八六？　字は子長　前漢の歴史家

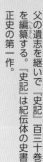

紀元前年		事項
一四五	1	司馬遷、このころ誕生。
一四一	5	武帝、即位。
一四〇	6	父、司馬談、仕えて太史令となる。遷は父に従って都に出る。
一二六	20	長江流域を長期間旅行し、見聞を広める。
一二四	22	仕えて郎中となる。
一一〇	36	武帝の封禅に司馬談は随行を認められず憤死。司馬遷、このころ『史記』を編み始める。
一〇八	38	父の後を継いで太史令となる。
九九	47	李陵、匈奴に降る。
九八	48	司馬遷、李陵を弁護し、武帝の怒りを買って宮刑に処せられる。獄中で『史記』を編纂。
九六	50	獄を出て中書令となる。
九〇	56	このころ、『史記』完成。
八七	59	武帝、崩御。
八六	60	この前後、司馬遷死去。

◆歴史に命を吹き込む

父の遺志を継いで『史記』百三十巻を編纂する。『史記』は紀伝体の史書、正史の第一作。

取材をする司馬遷

【司馬遷の生涯】 司馬遷は、漢の武帝のころの人である。父親の談が仕えて太史令となったために、七歳のときに都長安に出て学問に励んだ。また、二十歳から二年余り、長江流域を周遊して見聞を広めた。

武帝の封禅の儀式に参列を認められなかったことを憤って死んだ父の遺命を受け、『史記』の編纂に取り掛かる。途中、匈奴に降った李陵を弁護して武帝の怒りにふれ、宮刑に処せられるという屈辱を味わう。やがて出獄して中書令（中書省の長官）となったが、その間、精神的苦痛に耐えぬいて『史記』を編み続け、十数年を費やして完成した。没年は武帝の末年か、次の昭帝の初年と考えられている。

【個人発見の書】 司馬遷は、自らの伝記でもある「太史公自序」の中で、『史記』の構成について次のように述べている。「伝説の時代から当代に至る帝王の盛衰を観察した『十二本紀』、事件を年表にまとめた『十表』、礼楽・天文・経済・制度などを記した『八書』、真心をこめて帝王を補佐した諸侯の事跡である『三十世家』、正義を起こし、功名を天下に立てた士民の伝記である『七十列伝』、すべて百三十編、五十二万六千五百字」と。

このように、司馬遷は**個々の人間の伝記を中心に歴史書を編んだ**。この記述様式を**紀伝体**といい、従来の時代順に事実を記録した編年体とは異なる。個人の発見に努めたこの記述様式には、歴史的事実の客観的な記録のほかに、司馬遷の歴史観に基づいた主観的な表現も豊富に見られる。それが最も色濃く出るのが**列伝**である。刺客・循吏・儒林・酷吏・游侠・貨殖などのテーマのもとに並べられた人物の伝記には、文学的色彩が強くにじみ出ている。

【『史記』編纂の意図】 『史記』の内容は複雑で、登場人物はさまざまである。**司馬遷における「個人の発見」とは、単に固有名詞を列挙するのではなく、その人間の心の奥にまで入り込んで、真実を見抜き、表現すること**であったが、いったい何が彼に真実を見抜く力を培ったのであろうか。

そのきっかけとして、二つのことが考えられる。一つは、父の司馬談の影響である。代々周王室の史官である家に生まれた談は、祖先の遺志を継いで、上古以来の歴史を整理しようと考えていた。固定観念を捨て、事実のありのままを記して、すべての真実を見いだそうとする立場で書くつもりであった。しかし、武帝が封禅の儀式を行ったとき、職務柄、当然お召しがあると信じていたのに、それがなかったため、談は憤りのあまり病の床に伏してしまった。談は我が子を枕元に呼び、自分の志を継ぐように遺言したのであった。

もう一つは、憤りのはけ口としてである。『史記』を編纂し始めておよそ十年後、司馬遷は、匈奴に敗れて降った李陵を弁護したために武帝の怒りにふれ、獄につながれた。そのうえ屈辱的な宮刑に処せられた。当然、死を選ぶべきであったが、『史記』を完成させるためには命を絶つことはできなかった。このときの恨みによって、『史記』執筆の執念はさらに強まったのである。

このような背景のもと、司馬遷の、孔子の『春秋』を継ぐ大事業は完成した。

『史記』の群像

紀元前	事項
一一〇〇	周の武王、殷の紂王を討ち即位。伯夷・叔斉、首陽山に餓死する。
七七〇	周の平王、洛陽に遷都。
六七九	斉の桓公、覇者となる。
六三二	晋の文公、覇者となる。
五五二	孔子、魯に生まれる。
四九四	呉王夫差、越王句践を破る。
四七三	越王句践、呉を滅ぼす。
四〇三	晋、趙・韓・魏に分裂。戦国時代となる。
三三三	蘇秦の合従策、成る。
三二八	張儀、秦の相となる。
二九〇	楚の屈原、汨羅に死す。
二八三	趙の藺相如、璧を持って秦に行く。
二七九	斉の孟嘗君、死去。
二二七	荊軻、秦王暗殺に失敗。
二二一	秦の始皇帝、天下を統一。
二一〇	始皇帝、死去。
二〇九	劉邦は沛に、項梁・項羽は呉に挙兵する。
二〇七	秦の宰相趙高、二世皇帝を殺す。
二〇六	秦、滅ぶ。鴻門の会。
二〇二	劉邦、項羽を垓下に囲む。項羽、自殺し、劉邦は漢の高祖となる。
一九五	高祖劉邦死去。

伯夷・叔斉

伯夷・叔斉兄弟は、孤竹君の子であったが、父の死後、国を譲り合い、周の文王の徳を慕ってそのもとで暮らしていた。のちに文王の子の武王が殷を討とうとしたとき、兄弟は武王の馬を止めて、主君である殷を討つことは道にはずれた行為であると諫めたが、聞き入れてもらえなかった。やがて武王が殷を滅ぼして天下を統一するに及び、兄弟は周の穀物を食べることを潔しとせず、首陽山に隠れ住んで蕨を食べて生きていたが、「于嗟 徂かん、命の衰えたるかな」という歌を残して餓死した。

呉王夫差と越王句践

春秋・戦国の時代は、戦乱の絶えない時代であった。中でも呉と越の戦いは前後四十年にもわたるものであった。前四九五年、呉王闔廬は越を討ったが、逆に越王句践のために撃ち破られて死んだ。太子であった夫差は復讐を誓って、いつも薪の上に寝て、部下が部屋を出入りするたびに、「夫差よ、汝は越人の汝の父を殺したるを忘れたるか。」と言わせた。こうして夫差は越を破り、句践を会稽山に囲んだ。句践は夫差の下僕になることを申し出て、命だけは助かった。越に戻った句践は、いつも苦い肝を嘗めては、「汝、会稽の恥を忘れたるか。」と志を奮い立たせていた。そうして二十二年間、会稽の恥を雪ぐべく、部下の范蠡・文種の進言を聞き入れて機の熟するのを待ち、ついに前四七三年、句践は夫差を姑蘇山に追い詰めて呉を滅ぼしたのである。

蘇秦・張儀

戦国時代、中国西部に位置する秦は、徐々にその力を増大し、諸侯に土地の割譲を要求してきた。蘇秦・張儀ら遊説の士はこのような状況にあって、その知恵と弁論を武器に天下を駆けめぐった。蘇秦は燕・趙をふりだしに、斉・楚・魏・韓に遊説して、「寧ろ鶏口と為るとも牛後と為る無かれ。」と諸侯を説得し、ついに合従の策を結ばせ、六国の大臣となった。張儀は蘇秦とともに鬼谷子を師としていた。のちに蘇秦の合従策が破れると、秦王に連衡策を説いて、東方六国のそれぞれと東西に関係を結び、一国ずつ秦に服従させることに成功した。その結果、天下は秦による統一の方向に向かうことになった。

商鞅

商鞅は、戦国時代、秦の政治家で、姓は公孫という。若いころから刑名の学を好んだ彼は、魏の宰相公叔痤に仕えた。病に倒れた公叔痤は、自分の後任として商鞅を推薦し、「もし用いないのならば殺すように。」と遺言した。やがて魏を見限った商鞅は、人材登用に懸命であった秦の孝公のもとに赴き、富国強兵策を説いて孝公の信任を得た。その結果、秦は西方の覇者としての地位を固めることになったが、その改革があまりに苛酷であったため、孝公の死後、貴族らの怨みを買い、車裂きの刑に処せられた。

荊軻

荊軻は戦国時代、斉の人で、諸国を歴遊して燕に至り、荊卿と呼ばれた。酒をたしなみ、読書・撃剣を好んだ彼は、いつも町中で高漸離の徒と酒を飲み歌を歌っていた。秦王（のちの始皇帝）に怨みを抱いていた燕の太子丹は、荊軻を食客として招き、その本心を打ち明けた。秦王暗殺を依頼された荊軻は、秦に至り、王にまみえて刺殺をはかったが、乱闘の末、失敗して殺された。

秦王（右）を刺そうとする荊軻（左）

◆中国の名言　至誠にして動かざる者は、未だ之れあらざるなり。（孟子・離婁上）　至誠をもってすれば、相手は必ず感

▼鴻門の会跡（陝西省）

「鴻門会」（安田靫彦筆）▶

項羽と劉邦

陳勝・呉広らによる秦帝国に対する反乱は失敗に終わったが、これを機に旧六国の人たちが各地で兵を挙げた。その中に項羽と劉邦がいた。項羽は正面から秦軍を攻めて勝ち進んでいったが、自分の力を恃んですべてに強引であった。一方、劉邦は張良ら部下の意見をよく取り入れながら戦いを進めた。

その結果は、劉邦のほうが先に秦の都の咸陽を陥した。しかし後れをとって大怒した項羽は、その兵力にものをいわせて関中に攻め入り、劉邦と対決しようとした。危険をさとった劉邦は謝罪のために項羽の鴻門の陣に向かう。樊噲と張良の活躍によって鴻門の会から脱出した劉邦は、その四年後、反項羽派の諸侯を結集して、ついに項羽を垓下に追い詰めた。項羽は虞美人に別れを告げ、囲みを破って烏江まで逃れて自殺した。

「項羽」（安田靫彦筆）

項羽・劉邦進撃図　（B.C.206ごろ）

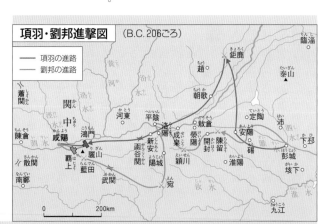

項羽の進路
劉邦の進路

臨淄　鉅鹿　趙　泰山　黄河　洛水　朝歌　蕭関　関中　洛水　涇水　河東　平陰　洛陽　敖倉　定陶　沛　泗水　陳倉　咸陽　鴻門　新安　成皋　滎陽　開封　陳留　安陽　碭　下邳　渭水　驪山　函谷関　彭城　霸上　藍田　陽城　潁川　淮陽　散関　垓下　南鄭　武関　宛　汝水　淮水　九江

0　200km

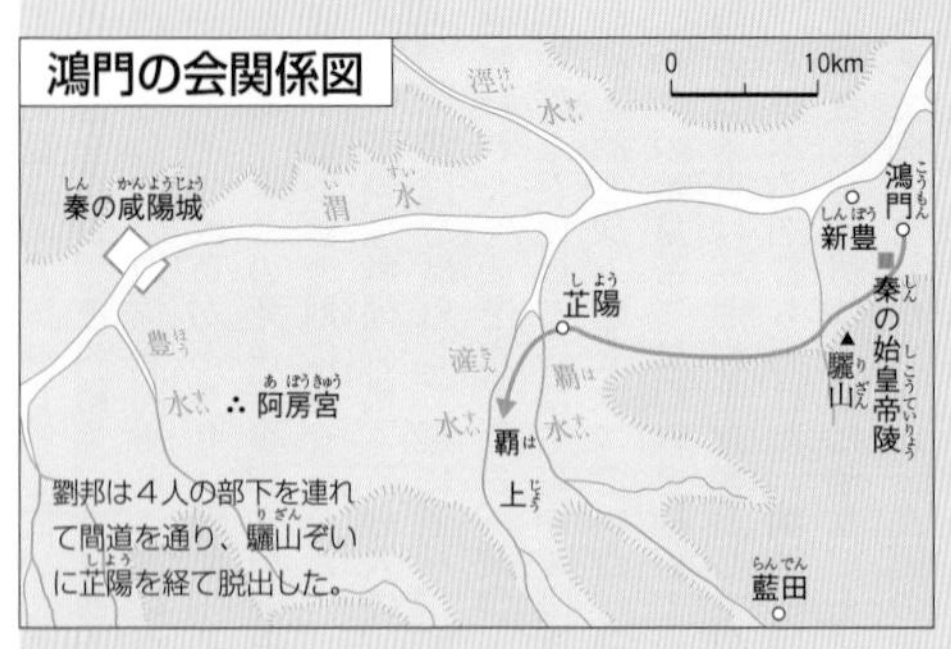

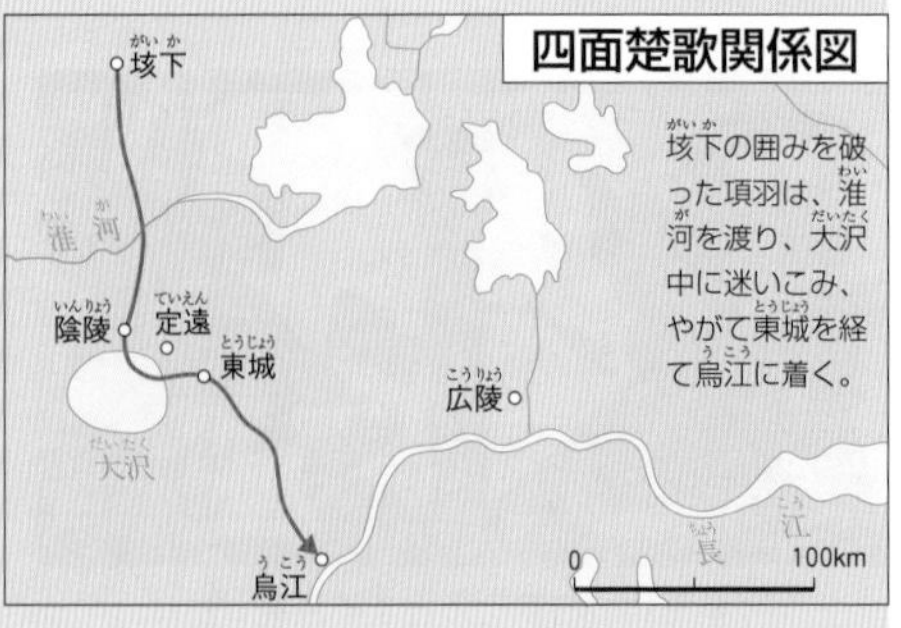

中国の史伝

中国人と歴史

歴史は人間にとって最も意味のあるものであり、行動の規範、政治の「鏡」であると考えた中国人は、歴史を記録することに非常に熱心であった。国の政治からはじまって個人の行為に至るまで、その主要な事柄はすべてそこに記録されていると言ってもよい。宋、**司馬光**の『**資治通鑑**』は、戦国時代の初めから唐末五代まで一三六二年間にわたる編年体の通史であるが、その「**治に資するための通代の鑑**」という書名には、史書の利用目的がそのままに表現されている。

編年体と紀伝体

歴史を記録する方法として、事件や事柄を時間の経過どおりに記述する**編年体**と、その時代に生きた個人の伝記を中心にまとめ、それを通して時代の状況を伝えようとする**紀伝体**とがある。中国の**正史**(各王朝の歴史を次代の王朝の責任でまとめたもの)は紀伝体で書かれ、最初の正史である『史記』以前の『尚書』『春秋左氏伝』『国語』などは編年体で書かれている。

二十四史一覧

清代の乾隆年間に定められた正史の総称。○印は十七史、△印は二十一史、□印は二十二史。

	書名(( )内は巻数)	成立	撰者
一	□△○ 史記(一三〇)	前漢	司馬遷
二	□△○ 漢書(一二〇)	後漢	班固
三	□△○ 後漢書(一二〇)	(南朝)宋	范曄
四	□△○ 三国志(六五)	晋	陳寿
五	□△○ 晋書(一三〇)	唐	房玄齢
六	□△○ 宋書(一〇〇)	梁	沈約
七	□△○ 南斉書(五九)	梁	蕭子顕
八	□△○ 梁書(五六)	唐	姚思廉
九	□△○ 陳書(三六)	唐	姚思廉
一〇	□△○ 後魏書(一一四)	北斉	魏収
一一	□△○ 北斉書(五〇)	唐	李百薬
一二	□△○ 周書(五〇)	唐	令狐徳棻
一三	□△○ 隋書(八五)	唐	魏徴
一四	□△○ 南史(八〇)	唐	李延寿
一五	□△○ 北史(一〇〇)	唐	李延寿
一六	旧唐書(二〇〇)	(五代)晋	劉昫
一七	□△○ 新唐書(二二五)	宋	欧陽脩
一八	旧五代史(一五二)	宋	薛居正
一九	□△○ 新五代史(七五)	宋	欧陽脩
二〇	□△ 宋史(四九六)	元	托克托
二一	□△ 遼史(一一六)	元	托克托
二二	□△ 金史(一三五)	元	托克托
二三	□△ 元史(二一〇)	明	宋濂
二四	□ 明史(三三六)	清	張廷玉

漢書 後漢、班固編。百二十巻。『前漢書』ともいわれる。前漢の高祖から十一代平帝の元始五年までの二二九年間の歴史。儒教的色彩が強いが、文学的にも価値が高い。

旧唐書 五代・後晋、劉昫らの奉勅撰。二百巻。二十本紀、三十志、百五十列伝から成る。唐代の歴史事実を忠実に紹介している。

国語 戦国、左丘明撰。春秋時代の八国、周・魯・斉・晋・鄭・楚・呉・越の事跡を国別に記す。

後漢書 六朝・宋、范曄編。百二十巻。後漢王朝一代の記録。赤眉の乱の中から光武帝が台頭し、黄巾の乱で後漢が滅亡する(献帝)までの歴史。

三国志 晋、陳寿撰。六十五巻。魏・蜀・呉三国の歴史を記したもの。魏志三十巻、蜀志十五巻、呉志二十巻から成り、『資治通鑑綱目』が蜀を正統とするのに対し、魏を正統とする。

資治通鑑 宋、司馬光編。二百九十四巻。周の威烈王から五代後周の世宗まで、一三六〇余年間の歴史を編年体に編集したもの。為政者の政治を資ける鑑となることを願って編まれた通史。

十八史略 元、曽先之編。七巻。『史記』以下『五代史』までの十七史と宋代の史書から、重要で興味ある話を抜き出し簡略化してつないだ、初学用の通史。

晋書 唐、房玄齢・李延寿らの奉勅撰。百三十巻。西晋四代五十四年、東晋十一代一〇二年間のことが記されている。

新唐書 宋、欧陽脩らの奉勅撰。『旧唐書』に欠けたところを補い改修したもの。史料を豊富に用い、文章にも意が凝らされているが、誤謬も少なくない。

戦国策 前漢、劉向編。三十三巻。周の元王より秦の始皇帝までの約二四〇年間に、諸国で活躍した遊説の士の言論と権謀術策を、国別に記録した歴史書。

梁書 唐、姚思廉・魏徴の奉勅撰。本紀六、列伝五十巻。

列女伝 前漢、劉向撰。七巻。尭帝の時代から漢代に至るまでの著名な女性百余人の伝記。

列仙伝 前漢、劉向撰。二巻。古代から漢代に至るまでの仙人の伝記を集めたもの。

『十八史略』版本

陶潜

とうせん

三六五—四二七　字は淵明　六朝時代の詩人

幾度か仕官ののち、田園に隠棲。農耕生活の中で数々の名作。隠逸詩人の祖。唐・宋の詩人に大きな影響。

自然と酒を愛した田園詩人

西暦	年	事項
三六五	1	潯陽（江西省）に誕生。
三七二	8	このころ、父死去。
三九三	29	江州の祭酒。のち州の主簿（文書係）となる。
四〇一	37	桓玄の幕下に入る。
四〇二	38	桓玄、クーデターに成功。
四〇五	41	彭沢の令となる。
四〇六	42	官をやめて郷里に帰る。
四一八	54	このころ、著作郎（朝廷の著作をつかさどる官）に召されたが、辞退。
四二〇	56	東晋滅ぶ。
四二七	63	郷里にて死去。

武陵桃源図（春木南溟筆）

『猛き心』　陶潜は、東晋の末に生まれた。陶潜は若いころ、**世のため人のためにわが人生をささげたいと願う情熱家**であった。世間と交渉を絶ち、儒家の経典である六経（六つの古典）を学び、たくましい野望はこの世界を狭しとし、剣をなでながらあちこちを旅して回った。

幼いころに父を亡くし、貧乏生活をしていたことと、重税と飢饉と兵役に苦しむ人民を救おうとしたことから、この情熱は生まれたようである。

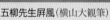

『世渡りの拙さ』　情熱は、二十九歳のとき、江州の祭酒（教育長）となることによって実を結んだが、わずかの日数で辞任している。これ以後、四十一歳までに少なくとも四たび家を出て役人生活を送った。しかし、どの職も一年と続いていない。貧乏から脱出したい一心から就職してみたものの、世渡りの拙さが彼を職場に落ち着かせなかった。故郷にほど近い彭沢県（江西省）の令（知事）になった彼は、義妹の死を口実に職を捨てたが、真意は「**我は五斗米のために腰を折りて、郷里の小人に向かふこと能はず。**」（わずかの給料をもらっているからといって、小役人にぺこぺこすることはできない。）（『宋書』陶潜伝）というものであった。

世のため人のために尽くす場を与えられながら、世と相容れない性格のために、これが最後の役人生活となった。

『帰りなんいざ』　「**帰りなんいざ、田園将に蕪れなんとす、胡ぞ帰らざる**」（「**帰去来の辞**」）と詠じて、郷里に帰った陶潜は、自然を愛し、酒や琴・書を楽しみ、農耕に汗を流す生活を始めた。しかし、役人生活に全く未練がなかったわけではない。折にふれて、名利に対する欲望が頭をもたげたが、そのつど「富や地位は望むところではない」と自分に言い聞かせ続けた。

『孤独感』　歴史家は陶潜を隠者とするが、むしろ、世を救おうとする激しさと、時の流れに身をまかせる静かさとの両面を持った人、というとらえ方が適切であろう。あるときは「死を思へば中心は焦がる」とうたい、またあるときは「万物の変化に任せて世を終へん」とうたう矛盾をはじめ、その心の中には対立する二つの感情が常に行きつ戻りつしていた。彼の内面深くにある孤独感のためであろう。

この孤独をいやすために、彼は酒を飲んだ。しかし、それはその場しのぎにすぎない。そこで陶潜は、**ユートピア（理想郷）**を思い描いた。「**桃花源記**」である。苦悩の末にたどりついた桃源郷は、彼にとって決して架空の世界の事柄ではなかったろう。陶潜の生き方は、「**飲酒**」の詩、「**帰去来の辞**」「**桃花源記**」「**五柳先生伝**」に明らかである。

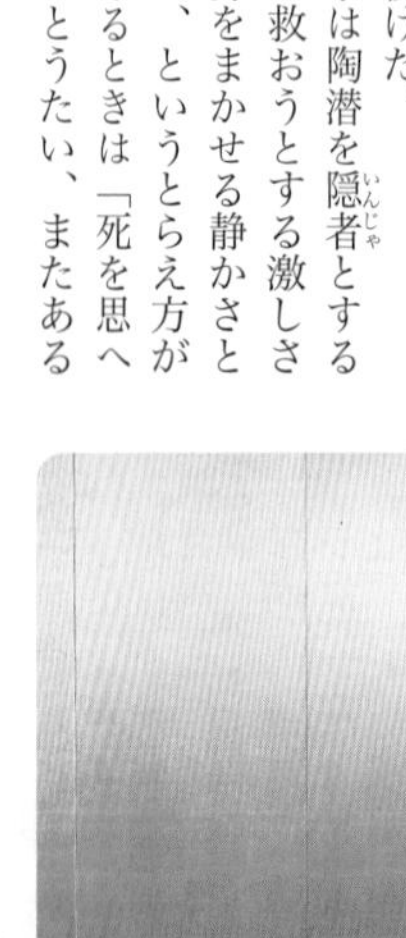

五柳先生屏風（横山大観筆）

もうこうねん

孟浩然

六八九―七四〇　字は浩然　盛唐の詩人

◆盛唐詩の先駆

唐代の四大自然詩人の一人。自然美や静寂な境地をうたう。

西暦	年	事項
六八九	1	襄陽（湖北省）に誕生。
七二八	40	長安に赴き、科挙を受験するも落第、襄陽に帰る。このころ、張九齢・王維と交わったか。
七三七	49	張九齢の従事となる。
七四〇	52	死去。

詩集版本

孟浩然、字は浩然。名を浩、字を浩然とする説もある。襄陽（湖北省）出身であるため、孟襄陽とも呼ばれる。若いころは郷里の鹿門山に隠棲して自由な生活を楽しんでいた。四十歳のころ、科挙受験のため長安に赴き、そこで張九齢や王維と交わったという。試験には落第したが、詩人としての才能は当時の詩壇で高く評価された。

彼にまつわる次のような話がある。あるとき、宮中に仕えていた王維が、孟浩然と文学について語り合っていると、玄宗皇帝がお出ましになった。かねてより孟浩然の詩名を聞いていた玄宗は、詩を吟じよと命じた。浩然が詩を吟じて「不才にして明主に棄てられ、多病にして故人疎んず」という句までくると、玄宗は憤然として、「おまえが仕えようとしなかっただけで、わたしは一度だって棄てた憶えはない。」と言い、浩然を故郷に帰らせてしまった――という。

その後、張九齢が荊州の刺史に左遷されたときに、彼に招かれて、その従事となった。七四〇年、王昌齢が襄陽の孟浩然のもとを訪れた。浩然は腫れ物を患っていたが、酒食をともにし、このときに食べた膾がもとで、病気を悪化させて死んでしまった。

おうい

王維

六九九?―七六一?　字は摩詰　盛唐の詩人

◆唐代四大自然詩人の代表

自然と一体となった境地をうたう。絵画にも優れ、「南画の祖」と呼ばれる。

西暦	年	事項
六九九	1	河東に誕生か。
七二一	23	進士科に及第する。大楽丞となる。
七三四	36	右拾遺となる。
七三七	39	監察御史となる。
七五六	58	安史の乱で捕虜となる。
七五九	61	尚書右丞となる。
七六一	63	死去か。

王維は、河東（山西省南部）に生まれたといわれる。十七歳のころから故郷を離れて都で学問を続け、上流階級の人たちと交わる。特に、玄宗の弟の岐王にかわいがられた。二十三歳で進士科に合格して出世の基盤を固めた。二十三歳で得た大楽丞（音楽をつかさどる官）を振り出しに、右拾遺（天子の過失を諫める官）、監察御史（裁判・刑罰の監督官）となり、尚書右丞（内閣の次官）を最後に、六十三年の生涯を終えた。

王維はもっぱら自然の美を愛し、自然と一体となった人間生活の楽しさを題材とする。世の人は、彼を宮廷詩人と呼び、また自然詩人と呼ぶ。

彼の詩風は、晋の陶潜の田園詩や、宋の謝霊運の山水詩の流れをくむものである。**王維・孟浩然・韋応物・柳宗元**（王・孟・韋・柳という）**の唐代四大自然詩人**のうち、**彼こそがその代表**とされる。

彼の詩は、詩がそのまま画になるという特徴がある。画のほうでも後世、「**南画の祖**」と仰がれ、宋の蘇軾は「**詩中に画あり、画中に詩あり**」と評している。

渭城柳色図（池大雅筆）

◆中国の名言　心ここに在らざれば、視れども見えず、聴けども聞こえず、食へどもその味を知らず。（大学・七章）　何

李白

りはく

七〇一—七六二　字は太白　盛唐の詩人

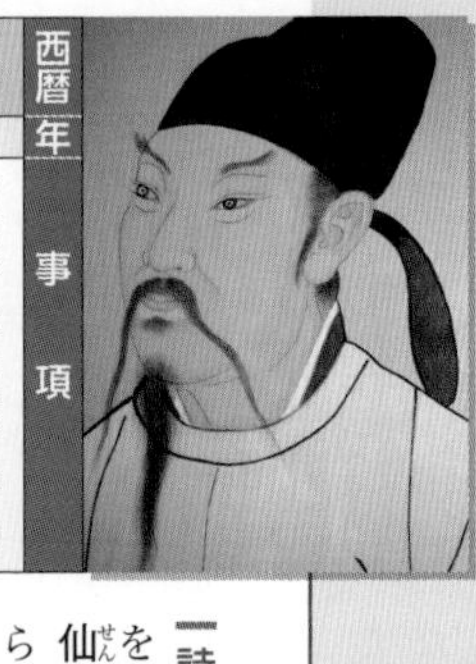

天才的な詩才をもつ「詩仙」

自由奔放で浪漫性に富んだ作品。絶句に長じ、「詩仙」と称される。杜甫と並ぶ、唐代の代表詩人。

西暦	年	事項
七〇一	1	西域(?)に生まれ、のちに蜀(四川省)に移る。
七二〇	20	このころから四十二歳まで、成都・峨眉山・楚・太原・山東に遊ぶ。
七四二	42	長安に至り、玄宗に仕えて翰林供奉となる。
七四四	44	長安を追放される。
七五六	56	長安陥落。玄宗は蜀へ逃亡。李白は永王璘の軍に参加。
七五七	57	永王の軍敗れ、李白は獄につながれる。
七五八	58	死罪を免れ流罪となる。
七五九	59	赦免される。
七六二	62	李陽冰宅で死去。

▼李白吟行図

【詩仙・李白】 **李白**は、天才的な詩才をたたえて、「**詩仙**」とも、「**天上の謫仙人**」とも言われる。両親の名もわからず、西域で生まれたとも伝えられる李白は、幼いころ綿州(四川省)に移り、少年・青年時代を過ごした。

二十五歳のころ、長江を東に下り、さらに黄河の沿岸各地を歴遊する。その間、遊侠の人と付き合ったり、人を斬ったり、湯水のごとく大金を使ったり、道士と交わったりするなど、李白の長安に出るまでの生活は、自由奔放であった。「**峨眉山月の歌**」「**静夜思**」「**黄鶴楼にて孟浩然の広陵に之くを送る**」などの詩は、このころの作である。

【長安】 四十二歳のとき、交遊のあった道士の呉筠に推薦されて待望の長安に出た。そこで賀知章の目にとまり、「天上の謫仙人」と称され、やがて玄宗に詩才を認められて、翰林供奉(天子の詔勅などをつかさどる官)に任ぜられた。意を得た李白の生活は、若いころの自由奔放さにさらに拍車をかけた。とりわけ酒に溺れ、しばしば長安市中で痛飲した。のちに友人の杜甫は、このころの李白の生活を「**李白は一斗　詩百編、長安の市上　酒家に眠る。天子呼び来たれども船に上らず、自ら称す　臣は是れ酒中の仙と**」(「飲中八仙歌」)とうたっている。しかし、限度を知らないこの酒が、長安追放の原因となり、得意な生活もわずか二年で終わった。そして、この年から十一歳年下の杜甫との交遊が始まる。

【晩年】 長安追放後は各地を転々とし、安禄山らが乱を起こしたとき、彼は五十五歳で宣城(安徽省)にいた。翌年、乱を避けて玄宗は蜀へ逃れ、粛宗が即位する。この年、安禄山を倒すために兵を挙げた永王璘の軍に、李白は才を買われて加えられた。しかし、粛宗の命令に背いた永王軍は反乱軍とされて官軍に攻められ、翌年、李白は獄につながれた。処刑を免れた李白は、夜郎(貴州省)に流される途中で大赦にあい、その喜びを「**早に白帝城を発す**」でうたっている。その三年後、万巻の原稿を親戚の李陽冰に託して没した。

【快楽の人生】 **李白の詩の特徴として、率直さ、明るさ、力強さ、連想のたくましさ、**の四つをあげる人がいる。これはある意味では杜甫の詩にはないものであって、李白の性格や生活環境が、こうした詩を作らせたのであろう。そしてまたこのことは、政治家への野心を持ちながら杜甫は何度も科挙に落第しているのに、李白は一度も受験しなかったこと(李白の家は代々商人であったので受験資格がなかった、とする説もある)、杜甫は常に家族を連れて旅をしていたのに、李白は妻子と別居生活をし、一人で旅をしていたこと、なども無縁ではない。「官と家という二つのウ冠が李白の苦手とするところならば、李白の得意とし好むところは二つの人偏である。すなわち侠と仙である。二つのウ冠は上から押さえつけて、窮屈に束縛し、二つの人偏は人間を自由に解放する」という人もいる。

李白はこの世のあらゆる快楽に向かって情熱をたぎらせていたのである。

李白・杜甫足跡図
(8世紀)

杜甫（とほ）

七一二ー七七〇　字は子美　盛唐の詩人

◆唐詩の奥義を極めた「詩聖」

人生の苦悩や社会の矛盾を作品に表現。律詩に長ずる。「詩聖」と称され、後世の詩人に大きな影響を与えた。

西暦	年	事項
七一二	1	鞏（河南省）に誕生。
七三一	20	このころから呉・越・斉・趙に旅を続ける。
七四六	35	長安に出る。
七五五	44	右衛率府の冑曹参軍となる。
七五六	45	安史の乱で長安陥落。賊軍に捕らえられる。
七五七	46	長安を脱出して粛宗の行在所に向かい、左拾遺となる。
七五八	47	華州に左遷される。
七五九	48	官を捨てて秦州に行く。
七六五	54	成都を去り長江を下る。
七七〇	59	舟中で客死。

▼杜子美図

【詩聖・杜甫】杜甫は、「詩聖」という詩人として最高の呼び名で呼ばれる。

代々地方長官を務める家に生まれた杜甫は、七歳で詩文を作り、十四歳で文人の仲間入りをしたが、二十四歳で進士科を受験して不合格となり、以後は官吏になるために奔走するという下積みの生活が続いた。

【安史の乱】三十五歳で長安に出た杜甫ではあるが、試験を受けても落第、高官にとりいろうとしても思うようにならなかった。そのうち、皇帝玄宗は、楊貴妃に愛を傾けすぎて政治を怠り、ために節度使（地方の軍政や行政をつかさどる長官）の安禄山らが反乱を起こした。杜甫は四十四歳で待望の役人となったが、不安な世相のために十分な働きはできなかった。

長安陥落後、粛宗の即位を聞いて行在所に向かった杜甫は、不運にも賊軍に捕らえられ、長安に引き戻された。翌年、長安を脱出して粛宗の行在所に駆けつけた杜甫は、左拾遺（天子を諫める官）に任じられ、疎開先の家族とも連絡がとれた。この数年間の苦難を、「春望」などの詩でうたっている。

【晩年】飢饉のために華州の司功参軍をやめた杜甫は、食糧を求め、家族を連れて西方へ移っていった。ようやくの思いで、四十八歳の暮れに成都に着いた。そこには豊かな食糧、美しい自然があった。節度使となっている幼なじみの厳武と再会し、人々の援助によって新しい家も作った杜甫は、五十九年の生涯で最も幸福な時を送った。しかし、それも束の間、またもや戦乱に巻き込まれ、家族を連れて長江を下っていった。この時期には、**人間を拒否する厳しい自然に接しながらも、詩には逆に人間的な温かさが強くうたわれている。**若いころからの体験が、このころ集大成され、境遇のいかんにかかわらず、杜甫をして詩の極致をきわめさせたのかもしれない。七七〇年、故郷の長安に帰ろうとして果たせないまま、湘江の舟の中で死んだ。

【誠実な人生】「杜甫、一生愁ふ」という言葉がある。杜甫の生きた世は、彼の思う方向へは進まず、「君主を尭や舜以上の存在としたい」という願いはかなえられなかった。内乱と外征のために、多くの人々が兵役に駆り出され、重税に苦しんでいた。「悪を疾んで剛腸を懐く」杜甫は、「兵車行」「石壕の吏」などの詩を作って、これに抗議した。直接に政治に携われないならば、世の不正に対する不満を詩や文に表現し、それが何らかの形で政治に反映され、やがて人民が幸福になっていくのだと、自分の詩人としての使命を信じて疑わなかった。杜甫の人生に対する誠実さがそうさせたのであろう。

杜甫草堂（成都）

―― 李白の足跡
―― 杜甫の足跡
（数字はそのときの年齢）

白居易
はくきょい

七七二─八四六　字は楽天(らくてん)　中唐の詩人

◆政治と人間に心をよせた天才

詩文をもって政治を諷喩(ふうゆ)。左遷により詩境を深め、『白氏文集』をまとめる。日本文学にも大きな影響。

西暦	年	事項
七七二	1	鄭(てい)州(河南省)新鄭県に誕生。
七八七	16	初めて長安に出る。
八〇〇	29	進士科に及第。
八〇六	35	盩厔(ちゅうしつ)県の尉となる。
八〇八	37	左拾遺となる。
八〇九	38	「新楽府(しんがふ)」五十首を作る。
八一五	44	江州(こうしゅう)の司馬(しば)に左遷。
八一七	46	香炉峰(こうろほう)下に草堂を築く。
八二八	57	刑部侍郎(けいぶじろう)(法務次官)となる。
八三六	65	太子少傅(たいししょうふ)となる。
八四二	71	刑部尚書(しょうしょ)で退官。
八四五	74	『白氏文集』完成。
八四六	75	死去。

▼『白氏文集』版本

多於情者也試爲歌之如何…因爲長恨歌
歌意者不但感其事亦欲懲尤物窒亂階垂
於將來也歌既成使鴻傳焉世所不聞者予
非開元遺民不得知世所知者有玄宗本紀
在今但傳長恨歌云爾
漢皇重色思傾國　御宇多年求不得
楊家有女初長成　養在深閨人未識
天生麗質難自棄　一朝選在君王側

【天才】 白居易(はくきょい)は、生後七か月で書物を開き、「之」と「無」の字を教えられると、口で言うことはできなかったが、はっきりと覚えていたという。また五、六歳で詩を作り、九歳で詩の声律(リズム)を暗記していた。十六歳のころ、めったに後輩を認めない顧況(こきょう)が白居易の詩文を見て茫然自失(ぼうぜんじしつ)、「文章の道はとっくに絶えたものと思っていたが、あなたのような後継者がいたとは。」と言って褒(ほ)めたたえたという。代々、地方官を出す程度の低い家柄であったが、彼の才能には、白家の大きな期待がかけられた。

【出世街道】 白居易は期待を裏切らなかった。安史(あんし)の乱をきっかけに社会が変革され、低い階級の者も高い地位に登れる新しい体制ができ始めていたことも、彼にとっては幸運であった。二十九歳で進士科に合格し、三十五歳で盩厔(ちゅうしつ)県(陝西省)の尉(い)となった。以後、翰林(かんりん)学士(皇帝の秘書)、左拾遺(さしゅうい)(皇帝を諫(いさ)める官)や忠(ちゅう)州(四川省)、杭(こう)州(浙江省)、蘇(そ)州(江蘇省)などの地方官を経て、太子少傅(たいししょうふ)(皇太子の教育副主任)となり、刑部尚書(けいぶしょうしょ)(法務大臣)を最後の官として退官し、七十五歳の生涯を終えた。

【諷喩の詩】 白居易は、早熟、順調な出世、左遷という裏の人生の体験、という点で、王維(おうい)と同じ傾向が見られる。だが、悪政を憎み、人民の生活を豊かにしようとして、政府に向けて厳しく自分の意見を主張し、詩文をもって諷喩した点では、全く異なっている。

政治・社会に関して、あるいは称賛し、あるいは諷喩した詩を、彼自身「**諷喩詩**(ふうゆし)」と名づけ、彼の多くの詩の中で最も高く評価し誇りとしている。「諷喩詩」すべて百七十二首のうち「**新楽府**(しんがふ)」(新しい歌謡曲の意)五十首は、その典型的な作品である。特に、「**新豊の臂を折りし翁**(しんぽうのうでをおりしおう)」「**黒潭の竜**(こくたんのりゅう)」は有名である。前者は、兵役を拒否して腕をたたき折ったじいさんの話を素材にして、外国を攻めることを戒め、後者は、竜の威光をかさに豚を食いつくそうとする狐の話を通して、貪欲(どんよく)な役人を憎んでいる。「諷喩詩」に命をかけたのは、性格が剛直であり、また、「人民の苦しみを救い、政治の欠陥を補う」のが詩の使命であるという『詩経』の精神を信じていたからである。その辺の事情は、無二の親友である元稹(げんしん)(七七九─八三一)に与えた手紙に詳しい。なお白居易と交わりのあった張籍(ちょうせき)や王建(おうけん)らも、多くの「諷喩詩」を残している。

【日本文学への影響】 白居易には「諷喩詩」のほかに、人間のふだんの感情をうたった「閑適詩(かんてきし)」、事物に触れて心に動く感傷をうたった「感傷詩」があり、ほかに「雑律詩(ざつりつし)」がある。当時の人々は、白居易が重視し力を入れた「諷喩詩」よりも、それほど力を入れなかった他の詩をもてはやした。なかでも玄宗皇帝と楊貴妃との恋物語である「**長恨歌**(ちょうごんか)」は、長安の妓女(ぎじょ)たちにもよく知られていた。

白居易の詩は、彼の生存中にすでにわが国にも伝わっていた。『源氏物語』の拠(よ)り所は「長恨歌(ちょうごんか)」であるし、『枕草子』には「文(ふみ)は文集、……」とあるように、『白氏文集』は貴族たちの愛読書であった。

長恨歌図屏風(びょうぶ)

高適

こうせき　七〇六?―七六五　字は達夫

高適は、李白・杜甫と同じ時代を生き、交わりもあった。

『仕官を求めて放浪』 五十歳で科挙の試験に合格するまで、仕官の道を求めて各地を旅した。

旅館寒灯独不眠
客心何事転凄然
故郷今夜思千里
霜鬢明朝又一年

とうたわれる「**除夜の作**」は、そのころのものであろう。

科挙の試験に合格したのち、封丘県の尉（県警本部長）となったが、やがてそれを辞し、五十四歳のとき、河西節度使哥舒翰の幕僚となって辺塞に赴く。その後、安史の乱に際しては玄宗に従って成都に行き、また淮南節度使として永王李璘の反乱を討伐した。

『年五十にして詩を作る』 中国の詩人たちは年少のころから詩を作っているが、高適の場合は少々異なり、五十歳を過ぎてから作詩に励むようになったという。その詩は**質実さと気骨にあふれているところに特色があり**、その道の人からもてはやされたといわれる。

岑参

しんじん　七一五―七七〇　字は不詳

岑参は、高適と同じく盛唐の詩人で、特に「**辺塞詩**」で有名。

『二度の西域勤務』 七四四年に科挙に合格。七四九年に安西四鎮節度使高仙芝の幕僚となって安西（新疆ウイグル自治区庫車）に赴任し、さらに七五四年には北庭都護封常清の部下として再び西域に赴き、北庭（ジムサ）、輪台（ウルムチ）に滞在した。安史の乱後は朝廷と地方官を往復し、最後は嘉州（四川省楽山県）刺史となった。

『体験に基づく辺塞詩』 岑参は当時から辺塞詩人として知られていた。**珍しい西域の風物とともに、その発想、表現の新しさが人々に受け入れられた。**

走馬西来欲到天
辞家見月両回円
今夜不知何処宿
平沙万里絶人煙

とうたわれる「**磧中の作**」は、彼が最初に西域に赴くときに作った詩であるが、すでに辺塞の地の孤独感に満ちており、王翰の「涼州詞」など、都にあって辺塞を想像して作った詩とは詩境を異にしている。

杜牧

とぼく　八〇三―八五二　字は牧之

杜牧は、李商隠とともに晩唐を代表する詩人で、その詩にはしだいに衰亡に向かう時代の空気が敏感に反映されている。

『剛直と色好み』 科挙に合格後、地方官として各地で勤務したのち、監察御史となって長安に帰るが、四十歳以降、黄州、池州、睦州、湖州の刺史を歴任。八五二年に中書舎人として帰京したが、その年に亡くなった。官僚としての彼は甚だ剛直で、また兵法にも詳しく、経世家として硬派の側面を示している。しかしそれと同時に、容姿美しく、歌舞を好む彼は、色好みであった。名姫・美女の多い揚州に勤務していたころは、夜ごと街に遊びに出ていたという。

『小杜』 杜牧の詩風は**豪壮・高邁**で、「**烏江亭に題す**」「**赤壁**」などの詠史詩のほか、妓女との恋愛を反映した「**懐ひを遣る**」「**秦淮に泊す**」や、江南の風景を詠じた「**江南の春**」「**山行**」などがある。彼の詩は、杜甫の詩風に通じたところがあるため、杜甫の「**老杜**」に対して「**小杜**」と呼ばれている。

李商隠

りしょういん　八一二―八五八　字は義山

李商隠は、杜牧とはまた違った詩風を持つ晩唐の詩人である。

『牛・李の争いの中で』 天平軍節度使の令狐楚（牛僧孺派）に文才を認められ、その勧めで文章を学んだ。八三七年には令狐楚の子の綯の尽力で科挙に及第したが、その後、令狐楚の政敵である王茂元（李徳裕派）に招かれて、その娘と結婚した。こうして彼は、はからずも「牛・李」の抗争に巻き込まれ、官吏としては生涯不遇であった。

『獺祭魚』 李商隠は博学強記で、その詩文には典故を多用し、修辞に意を払っていた。彼が詩文を作るときには常に多くの書物を調べたが、その左右にある開かれた書物が、ちょうど獺が、捕らえた魚を食べる前に周囲に陳列して神を祭っているように見えたので、人々はそれを「獺祭魚」と言ったという。

詩風は**華麗にして叙情的**であり、特にその「**無題詩**」と呼ばれる一連の恋愛詩は、時間・空間を超えた象徴主義的な作品として、他に類のない存在となっている。

積善の家には必ず余慶あり。（易経・坤・文言伝）　善事を積み重ねた家には、子々孫々ののちに至るまで、

韓愈（かんゆ）

七六八—八二四　字は退之　中唐の文人・政治家

西暦	年	事項
七六八	1	南陽（河南省）に誕生。
七七七	10	兄とともに嶺南へ遷る。
八〇二	35	国士監の教官になる。
八〇三	36	監察御史となる。
八〇六	39	嶺南から中央に帰る。
八〇八	41	国学博士となる。
八一九	52	嶺南に左遷される。
八二〇	53	中央に呼び戻される。
八二三	56	吏部侍郎となる。
八二四	57	死去。

『韓昌黎集』版本

古文復興運動を提唱

装飾を排し、達意を旨とする古文への復帰を唱えた。唐宋八大家の一人。

韓愈は、七六八年、南陽（河南省）に生まれた。幼少のときから、中央と地方を何度も往復した。十歳のとき、兄が左遷されたのについて嶺南（広東省）へ。三十六歳のときと五十二歳のときに嶺南へ左遷された。

二回目の嶺南行きまでは、二十五歳で進士に合格しながら官につけず、三十五歳で国士監（国立大学）の教官になったが、彼の文学はまだ未熟であった。三十九歳で嶺南から帰り、五十二歳で三たび嶺南へ行くまでの十三年間は、長安と洛陽にあって、時にはくじけながらもしだいに高い官位につき、作品も自信に満ちあふれていった。**「南山」**の詩、**「秋懐」**の詩はその代表作である。三回目の嶺南では、すぐれた叙情詩が多い。一年で中央に呼び戻された彼は、国子祭酒（国立大学長）となり、その後、吏部侍郎（官吏任用の省の次官）になって、八二四年に、五十七歳で死んだ。

世に「**韓門の弟子**」と言われるほど、韓愈は人の面倒見がよく、孟郊や張籍はそのうちの秀才であった。また彼は、孟子や揚雄（漢代の学者、文人）を尊敬し、復古の名のもとに、儒教道徳を基盤にすえた**新しい文学の道を求め続けた。**

柳宗元（りゅうそうげん）

七七三—八一九　字は子厚　中唐の文人・政治家

西暦	年	事項
七七三	1	長安（陝西省）に誕生。
七八四	12	父に従って夏口に赴く。
七九三	21	進士科に及第。
七九六	24	秘書省校書郎となる。
八〇一	29	藍田尉となる。
八〇三	31	監察御史裏行となる。
八〇五	33	永州の司馬に左遷される。
八一五	43	長安に召還されるも、改めて柳州刺史に左遷。
八一九	47	柳州で死去。

寒江独釣図（朱端筆）

批判と孤独の文学

韓愈と「韓柳」と並称され、古文復興運動を提唱。唐宋八大家の一人。

柳宗元は、七七三年、長安に生まれた。彼は中央と地方とを行きつ戻りつし、中央での勤務より地方の生活のほうがはるかに長かった。二十一歳で進士に合格し、二十九歳で藍田県（陝西省）の役人、三十一歳で監察御史裏行（裁判・刑罰の監督官見習い）となり、一年足らずではあるが韓愈と同じ職場にいた。三十三歳で礼部員外郎（文部事務官）となったが、同年に永州（湖南省）の司馬（副知事）に左遷された。山水遊記の「**永州八記**」や「**江雪**」の詩はこのころの作で、幽憤と孤独感に満ちている。四十三歳のとき、やっと長安に呼び戻されたが、同年、柳州（広西壮族自治区）の刺史に左遷され、八一九年、四十七歳にしてこの地で没した。

六朝時代に完成した、内容よりも形式を重んずる駢文（四字と六字の対句を多用する文体）を退け、儒教道徳を重んじた、内容のある文章を書こうとする、いわゆる「**古文復興運動**」の気運が、唐初の歴史家たちの提唱によって高まってきた。柳宗元は韓愈とともにその動きに乗じ、文学は「**道を明らかにするための道具**」であると考え、「**種樹郭橐駝伝**」「**蛇を捕らふる者の説**」など、社会や政治を批判する文章を作り続けた。

ない。人も学ばなければ、立派な道を知ることはできない。

蘇軾

そしょく　一〇三六—一一〇一　字は子瞻　号は東坡

◆宋代随一の文学者

蘇軾は、一〇三六年、眉州眉山（四川省眉山県）に生まれた。**宋代随一の文学者**である。父蘇洵、弟蘇轍とともに唐宋八大家に数えられるすぐれた文学者で、世に三蘇と称される。

二十二歳で弟とともに省試（文官試験）に合格した。このときの試験官に欧陽脩・梅尭臣らがいた。

二十六歳のときに制科（特別試験）に合格し、鳳翔府（陝西省）の書記官となり、その後、中央の官となったが、王安石の政策を嫌って地方に出、以後、地方官を歴任した。宋の経済危機打開のために、王安石を中心とする改革派は新法を打ち出したが、蘇軾は、新法は人民を苦しめるものであると反対した。ところが神宗の支持を受けていた新法党は、軾が四十四歳のとき、天子の政治をそしったとして、彼の風刺の詩を取り上げて死罪にしようとした。しかし、大赦にあって黄州（湖北省）に流罪となった。このころ**「赤壁の賦」「後赤壁の賦」**などを作っている。

軾が五十歳のときに神宗が死に、新法党が実権を失い、軾は再び中央に復帰した。やがて杭州の知事となり、さらに兵部尚書（国防大臣）、礼部尚書（文部大臣）の要職に就くに至った。

五十九歳のとき、再び新法党が実権を取り戻し、軾は昌化軍（海南島）まで流され、六十五歳のとき、中央への帰途、常州（江蘇省）で病死した。

欧陽脩

おうようしゅう　一〇〇七—一〇七二　字は永叔　号は酔翁

◆宋代の古文復興の中心人物

欧陽脩は、一〇〇七年、吉州の永豊（江西省永豊県）に生まれた。「欧陽」は複姓で、「脩」が名である。

欧陽脩は、幼いときに父を亡くし、母によって育てられた。貧しかったため筆が買えず、地面に荻の茎で字を書いて学んだといわれている。学問を積んだ脩は、二十三歳のときに進士に及第し、翌年に西京（洛陽）留守推官（皇帝が外遊したときの留守役の属官）に任ぜられ、そこで梅尭臣らと交遊して、詩文の才を磨いた。その後、范仲淹らと政治の革新をめざしたが失敗し、左遷されて揚州、潁州、応天府などの知事を歴任した。四十八歳のときに都に呼び戻され、宋祁とともに**『新唐書』**を編纂した。

脩は五十一歳のときに、翰林学士（天子の詔勅をつかさどる官）として進士の試験を監督した。このときに蘇軾・蘇轍・曽鞏らが及第している。試験官となった脩は、**質朴な文章**を書く人物を採用の基準としたため、これが北宋の文学の転換に大きな影響を与えた。

五十五歳のときに参知政事（副宰相）となり、以後、刑部尚書・兵部尚書などの要職を歴任した。一〇六九年に、王安石が新法を唱えたが、脩はそれに反対した。翌年、蔡州（河南省）の知事となり、のちに潁州で死去した。

王安石

おうあんせき　一〇二一—一〇八六　字は介甫

◆政治改革を進めた唐宋八大家

王安石は、一〇二一年、撫州の臨川（江西省）に生まれた。幼いころから、地方官であった父に連れられ、各地を転々とし、一〇三七年ごろに一家で江寧（江蘇省南京市）に定住した。このような少年時代の流転の生活が、以後の彼の政治観に大きな影響を与えたと思われる。

二十二歳で進士（官吏登用試験）に合格し、簽書淮南判官となり、その後、鄞県の知事、常州の知事など、地方官僚として善政を施した。四十歳のときには**『唐百家詩選』**の編纂もしている。

やがて四十九歳のときに、参知政事（副宰相）として中央に呼び戻され、神宗の支持を得て、翌年には**「新法」**を実施する。当時、宋王朝は、北方の遼や西夏の侵略に悩まされ、国防費は増大する一方であった。このような経済的危機を打破しようとしたのが「新法」であった。新法は、農業・水利・市場・均輸など広範囲にわたり、国力の増強がもっぱらの目的であった。しかし司馬光や欧陽脩らは、均輸法のために運河を開くことは農耕を妨げることになり、塩法によって貧乏人は塩も食えなくなり、青苗法により農民に金を貸して利子を取るのは、人民を苦しめるものであると主張し、新法に反対した。こうした旧法党の反発によって宰相の任を退いた安石は、江寧に帰り、忿懣の中で病死した。

主な文学者

司馬相如 前一七九—前一一七。前漢の文人。辞賦にすぐれ、雄大な構想の賦を詠じて、漢・魏・六朝の文人たちに大きな影響を与えた。「子虚の賦」など。

班固 三二—九二。後漢の歴史家。父、班彪の志を継ぎ、二十数年かかって『漢書』を編纂したが、未完成のまま獄死。妹の班昭が書き継いだ。「両都の賦」など。

曹植 一九二—二三二。三国、魏の人。曹操の子。陳思王に封ぜられた。詩文の才にすぐれていた。「七歩の詩」「洛神の賦」など。

阮籍 二一〇—二六三。魏・晋の人。老荘を好み、酒・琴を愛し、よく詩を吟じた。形式的礼法を好まず、「白眼視」の故事は有名。「詠懐詩」「達生論」など。

潘岳 二四七—三〇〇。晋の文人。陸機とともに晋代を代表する文人。「錦をひろげたよう」だと評される華麗な美文は、六朝でも屈指のもの。

謝霊運 三八五—四三三。六朝、宋の詩人。康楽侯に封ぜられ謝康楽ともいう。山水詩に抜群の才を示し、文帝に厚遇されたが、のちに刑死。

昭明太子 五〇一—五三一。六朝、梁の武帝の子、蕭統。歴代文人の名作を集めた『文選』を編纂。

陳子昂 六六一—七〇二。初唐の詩人。六朝風の装飾が多い詩に反対し、諷喩の作風を主張した。「感遇詩」「幽州の台に登る」の詩など。

王之渙 六九五—七四二。盛唐の詩人。幷州の人。王昌齢・高適・崔国甫らと交わり、情感のある詩を詠じた。「鸛鵲楼に登る」「涼州詞」「九日送別」の詩など。

王昌齢 六九八—七五五？ 盛唐の詩人。官吏となったが行いを慎まず、たびたび左遷され、安史の乱後、故郷で刺史に殺された。李白とともに七言絶句の名手といわれた。辺塞、閨怨の詩人。「出塞行」「閨怨」「西宮の春怨」の詩など。

崔顥 ？—七五四。盛唐の詩人。ばくちと酒を好み、詩も軽薄だと評された。「黄鶴楼」の詩など。

張継 生没年未詳。盛唐の詩人。若くして世に知られ、博識で談論を好んだ。「楓橋夜泊」の詩など。

賈島 七七九—八四三。中唐の詩人。はじめ僧侶であったが、韓愈に認められ、のちに長江県主簿となる。詩は苦労して詠ずるものと主張。「推敲」の故事のもとになった逸話がある。「桑乾を渡る」の詩など。

元稹 七七九—八三一。中唐の詩人。白居易と親交あり。詩は平易で、その詩風は「元和体」といわれる。「白楽天の江州司馬に左降せらるを聞く」の詩など。

范仲淹 九八九—一〇五二。北宋の文人。仁宗の時、西夏の防衛に携わって功績を上げ、参知政事(副宰相)となる。詩文の大家であるが、とりわけ散文をよくし、「岳陽楼の記」は有名。思想家としてもすぐれていた。

司馬光 一〇一九—一〇八六。北宋の文人・歴史家・政治家。王安石の新法に反対した。歴史書『資治通鑑』など。

范成大 一一二六—一一九三。南宋の詩人。官吏としては参知政事(副宰相)にまでなった。「四時田園雑興」六十首は彼の代表作。ほかに紀行文『呉船録』がある。

陸游 一一二五—一二一〇。南宋の文人。壮大で自由な独自の詩風によって多くの作品を作り、生涯に作った詩は一万四千首にものぼるという。

高啓 一三三六—一三七四。明代の詩人。『元史』の編纂にも参加。詩は力強く格調が高く、明代随一と称される。「胡隠君を尋ぬ」の詩など。

胡適 一八九一—一九六二。中華民国の学者。アメリカに留学。のちに北京大学教授。文学革命を首唱し、白話(口語体)文学運動を続け、中国の文学・思想界に大きな影響を与えた。

茅盾 一八九六—一九八一。現代中国の作家・評論家。写実主義文学を提唱。『蝕』『子夜』などの小説。

老舎 一八九八—一九六六。現代中国の作家。庶民の生活を愛情とユーモアにつつんで描いた。『駱駝の祥子』『四世同堂』などの小説。

聞一多 一八九九—一九四六。現代中国の詩人・学者。祖国の現状を憂憤した愛国詩を作った。『詩経』『楚辞』などの研究に大きな業績を上げた。

謝冰心 一九〇〇—一九九九。現代中国の女性作家。キリスト教的素養による、愛を強調する短編や詩で有名。文化大革命ではすすんで農村へ赴いた革命的知識人。詩集『繁星』、小説『寂寞』『小読者に寄す』など。

趙樹理 一九〇六—一九六八。現代中国の作家。大衆的風格を備えた人民芸術家。『李家荘の変遷』など。

丁玲 一九〇七—一九八六。現代中国の女性作家。解放運動の中での文学活動に功績がある。『私が霞村にいた頃』『太陽は桑乾河の上を照らす』などの小説。

主な作品

経書

易経 周以前、作者未詳。五経の一つ。『易』『周易』とも呼ばれる。後世の哲学や易占いなどの基本原理となった。万物の変化と倫理の関係などが説かれている。

孝経 戦国？ 曽子の門流の著。一巻。孔子が孝について語ったものの記録。道徳の根源を「孝」として、個人と天下の秩序を説く。

五経正義 唐、孔穎達・顔師古らの編。二百二十三巻。太宗の勅命によって『易経』『詩経』『書経』『春秋』『礼記』五経に注釈を加えた書物。

四書集注 宋、朱熹撰。十九巻。『大学』『中庸』『論語』『孟子』の四書に注釈を加えたもの。義理を精細に説き、江戸時代の官学に影響。

周礼 周、周公旦撰？ 天地春夏秋冬にかたどって官制を立て、その職掌を詳細に記したもの。「六官」「六典」ともいう。

春秋 春秋、孔子の編といわれる。魯の隠公から哀公まで二四二年間の歴史を編年体で記録。孔子が天下の名分を正す目的で編集したものとして、儒教の経典となっている。

春秋左氏伝 戦国、左丘明著。三十巻。歴史的立場で豊富な資料を使い、『春秋』本文の背後の事実を説明する。『公羊伝』『穀梁伝』と合わせて「春秋三伝」という。

書経 春秋、孔子の編といわれる。二十巻。虞・夏・商・周四代の政治の記録。尭・舜から周の穆王まで、歴代天子の言行を中心に書かれている。『尚書』ともいう。

大学 漢？ 作者未詳。一編。もとは『礼記』の中の一編。漢の武帝が儒教を国教とし、大学を設置した際の教育理念を示したものと思われる。四書の一つ。朱熹が整理し、注釈を加えて『大学章句』を作った。

中庸 春秋、子思（孔伋）著といわれる。一編。もとは『礼記』の一編。「誠」と「中」を根本理念として、偏向しない道理を説く。四書の一つ。

礼記 漢、戴聖編。四十九編。周末から秦、漢にかけての儒者の、「礼」に関する学説を記録したもの。

思想

晏子春秋 春秋、晏嬰著。八巻。春秋時代、斉の宰相であった晏嬰の言行を後人がまとめたもの。『晏子』ともいわれる。

淮南子 前漢、淮南王劉安著。二十一巻。老荘思想を中心とし、儒家や法家の説をまじえて、治乱興亡、伝説や吉凶などを説く。

管子 春秋、斉の管仲著。二十四巻。法家の書で、民を富ませ、法や道徳を重んずることを説く。

近思録 宋、朱熹と呂祖謙の共著。十四巻。宋学の大家の言葉によって、宋学の要点を体系的に示した書物。四書、『小学』などと並び、朱子学では重視された。

孔子家語 魏、王粛著？ 十巻。孔子とその門人たちの言行録。『論語』の姉妹編ともいえる。

呉子 戦国、呉起著。一巻。楚の宰相として名高い呉起が、魏の将軍だったとき、魏の文侯とその子の武侯に説いたもの。八編が現存。

孫子 春秋、孫武著。十三編。万物は変化流動するとし、劣勢・弱者も優位に立てるという論法の兵法書。

伝習録 明、薛侃・銭徳洪らの編。三巻。明の王陽明と門人との問答の記録。「知行合一」（認識と実践との統一）の思想を説く。

抱朴子 晋、葛洪著。内編二十巻、外編五十巻。道家の書。内編は仙道の根本を述べ、外編は仙道の世界観によって、当時の政治・社会を批判。

墨子 戦国、墨翟著。十五巻。五十三編が現存。儒家に対抗した墨子の言行録。乱世に処するため、兼愛・非攻を主張した墨家の書。

呂氏春秋 秦、呂不韋編。『呂覧』ともいう。『淮南子』などと同じく儒家・墨家・道家・法家などの思想だけでなく、当時の学術が総合的に取り入れられている。戦国末期の種々な思想を知る上に重要。

列子 戦国、列禦寇著。八巻。魏・晋代の偽作とされる。道家思想が寓話を用いて述べられる。『荘子』と内容の同じ部分もあり、『荘子』の文章と並び称される。

説話・小説

今古奇観 明、抱甕老人著。四十巻。四十編の短編小説を集めた。世間の出来事に取材した世話物が多い。江戸庶民文学に影響。

紅楼夢 清、曹霑著。別名『石頭記』。絢爛豪華な貴族家庭を背景とした、主人公賈宝玉をめぐる悲恋の物語。

紅楼夢群芳図譜

 彼を知り己を知れば、百戦殆ふからず。（孫子・謀攻編） 敵情を知り、同時にわが実力をも知れば、戦い

儒林外史　清、呉敬梓作。五十五巻。官吏登用試験（科挙）に苦しめられる当時の士大夫たちの姿を描き、その虚偽を批判している。

笑府　明、墨憨斎主人（馮夢竜）撰。十三巻。明末に編集された笑話集。古今の笑話から選んだものと、作者の創作から成る。

説苑　前漢、劉向著。二十巻。春秋時代から漢初までの人々の伝記や逸話を集め、処世訓としたもので、文学的にも評価が高い。

西廂記　元、王実甫作。元曲の代表的作品の一つ。張君瑞と崔鶯鶯との恋愛感情の機微を描き、その表現の巧みさは定評がある。

世説新語　六朝・宋、劉義慶撰。三巻。後漢から東晋までの名士の逸話を集めたもの。徳行・言語・政事などに分類されている。

剪灯新話　明、瞿佑撰。四巻。怪奇なことを記した小説。もとは「剪灯録」といった。

捜神記　晋、干宝撰。二十巻。神仙・妖怪・吉兆などの奇怪な説話を集めた志怪小説集。

枕中記　唐、沈既済作。唐代の伝奇小説。主人公の盧生が、道士呂翁の仙術によって夢の中で枕中に入り、栄華をとげるが、目覚めると、黍飯ができあがるにも足りない短い時間のことであった、という内容。道家的教訓色が濃い物語。

盧生の夢（中村不折筆）

唐才子伝　元、辛文房撰。十巻。唐代および五代の詩人の伝記を集めたもの。二十七人の伝記と、併せて百二十人の伝から成る。

琵琶記　元、高明作。『西廂記』と並ぶ元曲の代表作。両親を大切にみとり、都に上った夫を訪ねる、趙五娘の苦難と貞節を描いた戯曲。

蒙求　唐、李瀚編。三巻。古人の逸話を類別編集した書。故事・故実を四字句で示し、それを五百九十六句連ねた、初学者用の教科書。宋の徐子光が注釈をつけたものが広まった。

聊斎志異　清、蒲松齢著。八巻。妖怪奇異を主題とした話が中心で、幻想的構成を持つ小説集として定評がある。

詩文集

楽府詩集　宋、郭茂倩撰。百巻。太古から五代に至るまでの楽府の総集。内容によって十二類に分け、年代順に配列している。

玉台新詠　六朝・陳、徐陵編。十巻。漢から六朝梁までの五言・楽府などの詩を集めたもの。

元曲選　明、臧懋循編。百種の元曲を収録し、『元人百種選』ともいわれる。

古詩源　清、沈徳潜編。十四巻。『詩経』と『楚辞』を除く、唐代以前の代表的な詩・楽府など九百七十六首を収録。

古文苑　作者未詳。二十一巻。東周から南斉までの詩文を集めたもの。史伝や『文選』にはない、唐以前に散逸した詩文ばかりである。

古文辞類纂　清、姚鼐撰。七十五巻。古文の中から規範となるものを十三の文体に分けて収め、各文体の源流を叙している。

古文真宝　宋、黄堅編。前集十巻、後集十巻。戦国末から宋に至るまでの詩文集。前集は詩、後集は文を載せ、初学者の必読の書とされた。

三体詩　宋、周弼編。六巻。百六十七人の唐代の詩を七言絶句、五言律詩、七言律詩の三体に分けて編集したもの。

全唐詩　清、康熙帝勅撰。彭定求らの撰。九百巻。収録詩人二千二百余人。詩四万八千九百余首。あらゆる階層の人の作品を採録。

唐詩選　明、李攀竜の編といわれる。七巻。唐の詩人百二十七人の作品四百六十五首を、古詩・律詩・絶句・排律に分類した詩集。

唐詩三百首　清、蘅塘退士編。六巻。唐詩の中から七十七人の三百二十首を選び、詩形別に分類して注釈を加えたもの。

唐詩品彙　明、高棅撰。九十巻。六百二十人、五千七百六十九首の詩を収める。「初・盛・中・晩」の唐代の分け方はこの書に始まる。

唐詩別裁集　清、沈徳潜撰。二十巻。李白・杜甫を宗として、詩形別に詩を集め、作者の小伝を付している。

唐宋八家文読本　清、沈徳潜編。三十巻。古文復

るところがあれば、功名を得るか否かなどは論外である。

興運動を起こした唐の韓愈・柳宗元、それを完成させた宋の欧陽脩・王安石・蘇洵・蘇軾・蘇轍・曽鞏の名文を編集。日本でも多く読まれた。

吶喊 中華民国、魯迅著。魯迅の最初の短編小説集。十四編の作品（「狂人日記」「故郷」「阿Q正伝」など）が収められている。

文苑英華 宋、李昉らの奉勅撰。千巻。『文選』に続くもので梁末から唐までの詩文を収める。

文館詞林 唐、許敬宗の奉勅撰。千巻。漢から唐初までの詩文集で、『文選』に次ぐ最古の詩文集。

文章軌範 宋、謝枋得編。七巻。科挙受験のための参考書として、模範となる文章六十九編を選んだもの。主に唐宋代の古文。

文選 六朝・梁、蕭統（昭明太子）編。三十巻。周から梁まで約千年にわたる代表的文学者百三十余人、作品約八百編を収録した、現存する最古の詩文集。三十九種の文体に分けられている。

歴代詩余 清、沈辰垣らの奉勅撰。百二十巻。唐から明に至るまでの詞（詩余）五千余首を集めて、作者の略伝を付している。

その他

一切経音義 唐、釈玄応撰。二十五巻。漢訳仏典に音義注釈を施したもので、音韻学上、貴重な資料である。

永楽大典 明、永楽元年（一四〇三）の奉勅撰。全二万二千八百七十七巻。天文・地理・医卜など、あらゆる方面を網羅した類書（百科事典）。

顔氏家訓 北斉、顔之推著。二巻。身を立て、家を治める方法を述べ、子孫をいましめた書物。

康熙字典 清、康熙帝勅撰。四十二巻。四万九千三十字の漢字の音声・字義を解説し、近来まで最高の字典として扱われた。

三才図会 明、王圻撰。百六巻。天文・地理・人物・草木などの図解。日本の寺島尚順はこれに拠って『和漢三才図会』を作った。

三字経 作者未詳。一巻。児童の啓蒙のため村塾で用いられた。通俗的な歴史事実や故事を含む。毎句が三字から成り、隔句で押韻する。元以後、盛んに用いられた。

詩品 六朝・梁、鍾嶸撰。漢・魏より六朝梁に至るまでの百二十二人の五言詩を上中下の三品にランク付けして品評したもの。

貞観政要 唐、呉兢編。十巻。唐の太宗の貞観年間は「貞観の治」と言われ、太平の世であった。このころの太宗と臣との政治についての問答を記した書物。

初学記 唐、徐堅らの奉勅撰。三十巻。経書や史書の故事を分類し集めた類書（百科事典）。

説文解字 後漢、許慎著。三十巻。当時の古典的字体の小篆に基づいて、部立てをし、漢字の形・音・義を説明した字書。九千三百五十余字についての解説がある。

山海経 作者未詳。十八編。古代の地理書で、晋の郭璞が序と注釈を加えている。中国周辺の動植物、および神話・伝説を述べ、怪奇な国々の、怪奇な人・動物も現れる。

千字文 六朝・梁、周興嗣撰。「天地玄黄」で始まる四字の句を二百五十句選び一千字とした書物。王羲之の書から集めた句で、書の入門書として用いられる。

太平御覧 宋、李昉らの奉勅撰。千巻。宋代の類書（百科事典）で、引用書の数は千六百九十種にのぼり、天地から儀式、飲食、動植物までの五十五部門に分かれる。

唐詩紀事 宋、計有功撰。八十一巻。唐代の詩人千百五十人について、その作品を載せ、あわせて世系爵里や逸話などを記している。

唐六典 唐、張説らの奉勅撰。三十巻。唐の玄宗の勅命により、『周礼』に擬して唐の官職を分類し、その品秩を叙したもの。

読書雑志 清、王念孫撰。八十巻。『戦国策』『荀子』『晏子春秋』『史記』などの誤謬を正す。

日知録 清、顧炎武撰。三十二巻。顧炎武が日々の読書を通して得たところを記録したもの。

佩文韻府 清、張玉書らの奉勅撰。百六巻。作詩の用に供する目的で、全部を百六韻に分類し、毎韻を一巻とし、韻字ごとに二字・三字・四字の語を列挙している。

馬氏文通 清、馬建忠撰。十巻。西洋の文典にならって漢文の語法を組織的に説いたもの。

文心雕龍 六朝・梁、劉勰著。十巻。文章の体裁を論じ巧拙を論じた、中国最古の文学理論書。視野広く、卓抜した意見を述べる。

本草綱目 明、李時珍著。五十二巻。古代から明代までの、膨大な医薬知識の集大成。

 人生意気に感ず。功名誰か復た論ぜん。（唐詩選・魏徴「述懐」） 人生は意気である。互いの意気に感ず

漢和辞典のひき方

①部首がわかっている場合→**部首索引**（漢字を字形により分類）をひく。
②部首がわからず、音または訓がわかっている場合→**音訓索引**（漢字の「音」または「訓」に従って五十音順に配列）をひく。
③部首・音訓の両方ともわからない場合→**総画索引**（すべての漢字について画数の少ない順に配列）をひく。

	順序	（例）広	（例）秋
部首がわかる場合	①部首索引をひく。 ②その字の総画数から部首を除いた画数によってひく。	广―**まだれ**（三画）のページを調べる。 まだれの二画を見ていく。	禾―**のぎへん**（五画）のページを調べる。 のぎへんの四画を見ていく。
音か訓がわかる場合	①音訓索引をひく。	**コウ**（音）か**ひろい**（訓）のページを見ていき、**広**の字をさがす。	**シュウ**（音）か**あき**（訓）のページを見ていき、**秋**の字をさがす。
両方わからない場合	①総画索引をひく。	**広**は五画だから、五画のページを見ていき、**広**の字をさがす。	**秋**は九画だから、九画のページを見ていき、**秋**の字をさがす。

漢文訓読のきまり

訓読

「私は本を買う。」という文を漢文で表現すると「我買書。」となる。日本文は「主語―目的語―述語」の構造であるが、漢文は「主語―述語―目的語」になっている。

我々の祖先はこの漢文を、まず外国語として中国音で読み、それから日本文に訳した。すなわち、「我 買 書」を、wǒ mǎi shū（現代音による）と読み、「私は本を買う。」と訳した。

これは今日、英文などを訳す場合と同じであるが、やがて漢文をそのまま日本文に訳してしまう方法が考え出された。その方法とは、片仮名や符号を使って、

我 買フレ書ヲ。

のようにしるしをつける方法である。このように、漢文のもとの形をそのまま日本文として読んでいく工夫は、長い年月の間に改善が加えられ、次第に固定していった。この伝統的な方法を「**訓読**」という。

訓点

日本文と構造や性質の異なる漢文を訓読するために、符号や片仮名を使う。この符号を「**返り点**」といい、片仮名を「**送り仮名**」という。これに「句読点」を加えて「**訓点**」とよんでいる。訓点のついていない漢文は「**原文**」あるいは「**白文**（はくぶん）」とよぶ。

返り点

日本文と構造が違うため、下から上に返って読まなければならないことがあるが、そのときに用いる符号を「返り点」という。

返り点をつけるときは、漢字の左下に小さくつけることに注意する。

送り仮名

我々が訓読するときには、活用語（動詞・形容詞・形容動詞・助動詞）の活用語尾や助詞などを示す片仮名、すなわち「**送り仮名**」をつけるが、そのときには次のことに注意する。

①漢文は古典であることから、文語文法に従い、仮名遣いは歴史的仮名遣いによる。
②再読文字の二回目に読むものを例外として、原文の漢字の右横下に、片仮名で送るのを原則とする。

なお、漢字に読み仮名をつけるときは、送り仮名と区別して、平仮名を用いることになっている。

書き下し文

訓読したそのままの形を日本文に書き改めたものを、「**書き下し文**」といい、また「**仮名まじり文**」とも「**読み下し文**」ともいう。

【書き下し文のきまり】
①文語文法に従い、歴史的仮名遣いで書く。
②送り仮名は、平仮名で書く。
③原文の漢字は、そのまま用いることを原則とする。ただし次の（ア）と（イ）は平仮名で書く。
（ア）文語文法の助詞と助動詞にあたるもの。
例…之（の）　与（と）　也（なり）　不（ず）
（イ）再読文字で、二度目に読む部分。
例…将（将ニ～トす）
当（当ニ～ベシ）
④訓読しない漢字は、書き下し文には表さない。
例…矣・焉・兮

つである。

返り点の種類と用法

種類	用法	例文と訓読の順序
レ点（雁点（かりがね））	一字から直前の一字へ返って読む。	田中ニ有レリ株。 1 2 4レ 3。
一二点	二字以上隔てて、下から上へ返って読む。	因リテ釈テ二其ノ耒（すき）ヲ一、 1 4二 2 3一、 （一・二・三……といくつ使ってもよい。）
上中下点	「一二点」をつけた句を間にはさんで、下から上へ返って読む。	今欲下スルハ以ツテ二先王之（の）政ヲ一、治メント中当世之民ヲ上、 1 12下 6二 2 3 4 5一、11中 7 8 9 10上、 （上下の二つか、上中下の三つかを用いる。）
一レ点 上レ点	「レ点」と「一点・上点」との併用。	冀（こひねがフ）二復（また）得一レンコトヲ兎（うさぎヲ）。 4二 1 3レ 2。
甲乙点	「上中下点」をつけた句を間にはさんで、下から上へ返って読む。	盍（なんゾ）乙以テ下善クスル二漢文ヲ一者ニ上従ハ甲。 1 8乙 6下 4二 2 3一 5上 7甲。 （甲・乙・丙……といくつ使ってもよい。）
天地点	「甲乙点」をつけた句を間にはさんで、下から上へ返って読む。	（あまり例がないので用例は省略。）

送り仮名のきまり

	きまり	例
①	活用語は、活用語尾を送る。ただし、形容詞・副詞・前置詞から転じた動詞、動詞・副詞から転じた形容詞は、もとの品詞の活用語尾から送る。	読ム・善シ・急ナリ・寂タリ・可シ・使ム 悲シム・以テス・輝カシ・未ダシ・甚ダシ
②	動詞・形容詞から転じた名詞は、もとの品詞の活用語尾から送る。	動キ・戦ヒ・悲シサ
③	副詞・接続詞・前置詞は最後の一字を送る。ただし、活用語を含む副詞・接続詞は①のきまりに従う。	豈（あニ）・能（よク）・乃（すなはチ）・遂（つひニ）・自（より）・従（より） 必ズ・然シモ・然レドモ（しかレドモ）・以テ
④	対話や引用文などの終わりには「ト」を送る。	誉メテレ之ヲ曰ハク、「吾ガ盾之（の）堅キコト、物トシテ莫（なキ）二能ク陥（とほス）一也ト。」
⑤	下から返って連続した二字を読むときは、二字の間に「-」（ハイフン）を用いる。	寄-二食ス門下ニ一。
⑥	再読文字で二度目に読む送り仮名は、その活用語尾を再読文字の左下に送る。	猶（なほ）ホ二レシ花ノ一。将（まさ）ニレ行カント（スルモ）不レ行カ（ず）。
⑦	名詞から転じた動詞は、名詞以外の部分をすべて送る。	雨（フル）・笞（むちウツ）・横（タフ）
⑧	意味上必要な助詞・助動詞が原文にない場合は、送り仮名で補う。	以テ二五十歩ヲ一笑ハバ二百歩ヲ一、則チ何如（いかん）ゾ。 挙ゲテ二伍員（うん）ヲ一謀ラシム二国事ヲ一。

漢文の基本構造

種類		例文
主語―述語	何が・何は　どうする（動作）／どんなである（状態）／なんである（断定）	日没ス。（太陽が沈む。） 山青シ。（山が青い。） 仁ハ人ナリ。（仁は人である。）
主語―述語―目的語	何が・何は・どうする・何を（述語は多く他動詞）	主人送ル㆑客ヲ。（主人が客を送る。） 吾捕ラフ㆑蛇ヲ。（私は蛇をつかまえる。）
主語―述語―（乎・于・於）―補語	何が・何は・どうする・何に（述語は多く自動詞）	良薬ハ苦シ㆓於口ニ㆒。（良い薬は口に苦いものだ。） 烽火連ナル㆓三月ニ㆒。（のろしが三月まで続いている。）
主語―述語―目的語―（乎・于・於）―補語	何が・何は・どうする・何を・何に	孔子問フ㆓礼ヲ於老子ニ㆒。（孔子は礼を老子に聞いた。） 孟子受ク㆓業ヲ子思之門人ニ㆒。（孟子は学問を子思の門弟に受けた。）
主語―述語―補語―目的語	何が・何は・どうする・何に・何を	張良遺（おく）ル㆓漢王ニ書ヲ㆒。（張良は漢王に手紙を送った。） 狙（そ）公与フ㆓狙（さる）ニ芧（しょ）ヲ㆒。（狙公は猿にどんぐりを与えた。）
修飾語―被修飾語	（連体修飾） （連用修飾）	白キ頭。（白い頭。） 已ニ過グ。（もはや通りすぎた。）
対等の語・文―対等の語・文		柳ハ緑、花ハ紅。（柳は緑、花は紅。）
独立語（呼びかけ・感嘆）		小子、識（しる）セヨ㆑之ヲ。（おまえたち、覚えておけ。）

送り仮名に「ヲ」をとるものが目的語、送り仮名に「ニ」「ト」をとるものが補語。「鬼と（ヲ・ニ・ト）会ったら返れ」というのは、目的語や補語に会ったら返り点をつけて、下から上へ返って読めということを教えたものである。

熟語の基本構造

上の語が主語・下の語が述語にあたるもの	鶏鳴（鶏→鳴く）　地震（地→震ふ） 雷鳴（雷→鳴る）　道遠（道→遠し）
上の語が下の語（体言）を修飾するもの	善人（善き→人）　遠路（遠き→路） 飛鳥（飛ぶ→鳥）　怒髪（怒れる→髪）
上の語が下の語（用言）を修飾するもの	予知（予（あらかじ）め→知る） 先導（先に→導く） 林立（林のごとく→立つ）
上の語と下の語が対立するもの	善悪（善↔悪）　長短（長↔短） 大小（大↔小）　尊卑（尊↔卑）
上の語と下の語が類義のもの	飲食（飲―食）　仁義（仁―義） 父母（父―母）　妻子（妻―子）
上の語と下の語が共通の意味をもつもの	身体（身―体）　平定（平―定） 巨大（巨―大）　邸宅（邸―宅）
上の語と下の語とが継続的に連なるもの	迎撃（迎え撃つ）　射殺（射て殺す） 撃破（撃ち破る）　溺死（溺れ死ぬ）
上の語が述語、下の語がその対象または及ぶ場所を示すもの	入学（入る↑学に）　読書（読む↑書を） 抜群（抜く↑群を）　即位（即く↑位に）
上の語が述語で、下の語が主語にあたるもの	有志（有り↑志）　無罪（無し↑罪） 多言（多し↑言）　少恩（少し↑恩） 寡欲（寡し↑欲）　有利（有り↑利）
上の語が否定の語であるもの	不言（ず↑言は）　非常（非ず↑常には） 無情（無し↑情）　勿論（勿かれ↑論ずる）
下の語が状態を表す語であるもの	偶然、突然、悠然、超然、突如、躍如、 断乎、確乎、莞爾（かんじ）、卒爾（そつじ）
上の語と下の語が同じ子音で始まるもの（双声（そうせい））	恍惚（こうこつ）、猶予（ゆうよ）、憔悴（しょうすい）、髣髴（ほうふつ）、悽愴（せいそう）、参差（しんし）、 躊躇（ちゅうちょ）、玲瓏（れいろう）、伶俐（れいり）、磊落（らいらく）
上の語と下の語とが同じ韻で終わるもの（畳韻（じょういん））	散漫（さんまん）、逍遥（しょうよう）、混沌（こんとん）、須臾（しゅゆ）、彷徨（ほうこう）、丁寧（ていねい）、 模糊（もこ）、艱難（かんなん）、綽約（しゃくやく）、寂寞（せきばく）

なくても、事は自然と立派に行われる。

漢文の用字法

返読文字（漢文の訓読の際、下から返って読まなければならない文字。）

不・弗	ず	歳月不待人。（歳月は人を待たず。）
非・匪	あらズ	非我志也。（我が志に非ざるなり。）
不能	あたハず	非不能行也。（行く能はざるには非ざるなり。）
有	あり	宋人有耕田者。（宋人に田を耕す者有り。）
無	なし	臣無罪而罰。（臣は罪無くして罰せらる。）
莫・勿・毋・無	なカレ	過則勿憚改。（過ちては則ち改むるに憚ること勿かれ。）
多	おほシ	多言数窮。（言多ければ数 窮す。）
少	すくナシ	閑靖少言、（閑靖にして言少なく、）
易	やすシ	少年易老。（少年 老い易し。）
難	かたシ	学難成。（学成り難し。）
可	ベシ	汝可疾去。（汝 疾く去るべ〈可〉し。）
欲	ほつス	欲行不能。（行かんと欲するも能はず。）
為	ためニ	為我献之。（我が為に之を献ぜよ。）
毎	ごとニ	毎日見之。（日毎に之を見る。）
雖	いへどモ	雖令不従。（令すと雖も従はれず。）
所	～ところ	是吾剣所従墜也。（是れ吾が剣の従りて墜ちし所なり。）
所以	ゆゑん	法令所以導民也。（法令は民を導く所以なり。）
従・自・由・与	より	禍自怨起。（禍は怨みよ〈自〉り起こる。）
与	～と	富与貴、是人之所欲也。（富と貴とは、是れ人の欲する所なり。）
如・若	ごとシ	花若雪。（花は雪のごと〈若〉し。）
被・見・為	る・らる	信而見疑。（信にして疑はる〈見〉。）
使・令・遣・教	～しム	孔子使子路問津。（孔子 子路をして津を問はし〈使〉む。）

再読文字（漢文訓読の際、二度読む文字。）

未	いまダ～ず	まだ～しない。まだ～でない。	未聞好学者也。（未だ学を好む者を聞かざるなり。）	まだ、学問を好む者を聞いたことがない。
盍（蓋）	なんゾ～ざル	どうして～しないのか。	盍各言爾志。（盍ぞ各 爾の志を言はざる。）	どうして各々君たちの思いを言わないのか。
将	まさニ～す	いまにも～しようとする。～するであろう。	将限其食。（将に其の食を限らんとす。）	その食料を減らそうとした。
且	まさニ～す	いまにも～しようとする。～するであろう。	若属皆且為所虜。（若が属 皆且に虜とする所と為らんとす。）	おまえら一族は残らず捕虜にされるだろう。
当（合）	まさニ～ベシ	当然～するはずである。当然～すべきである。	当如此。（当に此くのごとくなるべし。）	当然このようでなければならない。
応	まさニ～ベシ	きっと～だろう。	応知故郷事。（応に故郷の事を知るべし。）	きっと故郷の事を知っているだろう。
宜	よろシク～ベシ	～するはずだ。～するのがよい。	過則宜改之。（過てば則ち宜しく之を改むべし。）	過ちをおかしたら改めるのがよい。
須	すべかラク～ベシ	ぜひ～しなくてはならない。	須急撃。（須らく急ぎ撃つべし。）	ぜひ急いで攻撃しなくてはならない。
猶（由）	なホ～ごとシ	ちょうど～のようである。	猶水之就下也。（猶ほ水の下きに就くがごときなり。）	ちょうど水が低いほうへ流れていくようなものである。

文末にある助字（訓読するとき読まない助字を、置き字という。）

助字	意味	例文	訳
也	断定の意味を表す。（なり）	其人弗能応也。	その人は答えることができなかった。
	理由を表す。（なり）	知時有利不利也。	時勢に利、不利があるのを知っているからである。
	疑問の意味を表す。（や・か）	不加多、何也。	増えないのはどうしてか。
	反語の意味を表す。（や・か）	何富貴也。	どうして富貴になるだろうか、いや、ならない。
	詠嘆の意味を表す。（や・か）	来何疾也。	何と早く来たなあ。
	（文中の句末で）提示句を作る。（や）	思之於学功也、	考えるということが学問においては、
		其為人也、	その人柄といえば、
矣	断定の意味を表す。（訓読しない）	収畢矣。	回収し尽くした。
	詠嘆の意味を表す。（かな）	甚矣、吾不知人也。	ひどいなあ、私が人を知らないことといったら。
焉	断定の意味を表す。（訓読しない）	俄而匱焉。	やがて貧乏になった。
乎	疑問の意味を表す。（や・か）	馮公有親乎。	馮公には身内がいるか。
	反語の意味を表す。（や・か）	越其可逆天乎。	越は天に逆らうことができるか、いや、できない。
	詠嘆の意味を表す。（や・か・かな）	惜乎。	残念だなあ。
	呼びかけの意味を表す。（や・か）	参乎、吾道一以貫之。	参よ、私の道は一つのもので貫かれている。

助字	意味	例文	訳
耶 邪 与 歟 哉 夫	疑問の意味を表す。（や・か）	今安在哉。	今どこにいるのか。
	反語の意味を表す。（や・か）	奚暇治礼義哉。	礼義を治めるひまがあるだろうか、いや、ない。
	詠嘆の意味を表す。（かな）	哀哉。	かなしいことだなあ。
耳・爾 已・而已	限定の意味を表す。（のみ）	直不百歩耳。	ただ百歩でないだけだ。

文中にある助字（訓読するとき読まない助字を、置き字という。）

助字	意味	例文	訳
於 乎 于	動作の方向・帰着・場所などを表す。	保於会稽。	会稽山にたてこもった。
	動作の起点を表す。	小人之学也、入乎耳。	つまらぬ人の学問は耳から入ってくる。
	比較を表す。	霜葉紅於二月花。	霜に当たって紅くなった葉は、春二月の花よりもあかい。
	受身を表す。	小人役於物。	つまらぬ人間は物質に支配される。
而	順接の接続詞。	折頸而死。	くびを折って死んだ。
	逆接の接続詞。	視而不見。	じっとよく視るけれども見えない。
者	主部を提示する。	兵者凶器也。	兵は凶器である。
之	修飾関係を表す。	父母者人之本也。	両親は人の根本となるものである。
所	次にくる語を体言化する。（関係代名詞の働きをする）	顧計不知所出耳。	ただどう考えていいかわからなかっただけである。

最善である。

主な助字

〈あへて〉

敢 しにくいこと、してはならないことを、押しきってする意。

子無敢食我也。

肯 承知し、納得する意。ガエンズとも読む。

両人自匿、不肯見公子。

〈あらたに〉

新 〜したばかり。

新浴者必振衣。

〈いかん〉

如何 「どうしたらよいか」と問う意。「奈何」「若何」も同じ。

今者、出未辞也。為之奈何。

何如 「どのようか」「どうであるか」を問う意。「何若」も同じ。

以子之矛、陥子之盾、何如。

〈いやしくも〉

苟 「かりそめにも」「すこしでも」の意。マコトニとも読む。

故苟得其養、無物不長。

〈うたた〉

転 車輪の転ずる意より、次第に及ぶ意を表す字となる。イヨイヨとも読む。「愈」より語勢は強い。

客心何事転凄然。

〈かへつて〉

反 ものがひっくりかえって裏になる意からの転用。

信知生男悪、反是生女好。

還 ぐるりと身をめぐらせて返る意より転用。

譬画虎不成、還為狗者也。

却 「退く」意からの転用。

欺人者、却為人所欺。

〈かつ〉

且 進物を台にのせた形を示す字で、台の上に安定して置かれている場合から「かつまた」の意に、仮にしばらく置かれている場合から「しばらく」の意に転用された。

(1) かつ

邦無道、富且貴焉、恥也。

(2) しばらく

且欲与常馬等、不可得。

〈かつて〉

嘗・常 口で食物の味をなめてみる、こころみる、の意から、「〜したことがある」の意に転じた。

嘗一日行千里。

曽 「昔かつて」と「経験」の二つの意味を持つ。「嘗」が「なめる(経験)」の意だけを持つのと異なる。

孟嘗君曽待客夜食。

〈けだし〉

蓋 もののおおい、ふた、の意より転用され、大まかにまとめて「おもうに」「おおかた」と推量する場合と、「そもそも」「いったい」と、言い出しのことばに用いる場合とがある。なお「盍」(なんゾ〜ざル)と通用する。

(1) 推量

屈平之作離騒、蓋自怨生也。

(2) 発語

朕聞、蓋天下万物之萌生、靡不有死。

〈しむ〉

使 人を使って〜させる。

天帝使我長百獣。

令 人に命令して〜させる意より転用。

令将軍与臣有郤。

教 人に教えて〜させる意より転用。

遂教方士殷勤覓。

遣 人をつかわす意より転用。

遣従者懐璧間行先帰。

〈すでに〉

已 「もはや」「とっくに」。「未」(いまダ〜ず)に対する字。

道之不行、已知之矣。

既 「〜してしまった」「〜したうえに、さらに〜」。「将」(まさニ〜す)に対する字。「已」「既」ともに完了を表す字であるが、厳密にいえば、例えば何人かの人が川をわたるのに、まだ一人もわたりはじめていないのが「未済」、一人でもわたりはじめたら「已済」、全員がわたりおえたのが「既済」、という違いがある。

樊噲既飲酒、抜剣切肉、食尽之。

〈すなはち〉

則 (1) 仮定・条件を表す。(レバ則)

衣食足、則知栄辱。

(2) 他との区別を表す。

弟子、入則孝、出則弟。

即 上と下とが同一であることを表す。「とりもなおさず」「すぐに」。「乃」に対する字。

先即制人、後則為人所制。

 戦はずして人の兵を屈するは、善の善なる者なり。(孫子・謀攻編) 戦わずして敵を屈服させることこそ

乃・迺 順接にも逆接にも用いられ、間を置く、強調、驚きや意外性を表すなどの用法もある。

(1) そこで・ここに
於是項王乃悲歌慷慨。

(2) かえって
相国不以此時為利、今乃利賈人之金乎。

(3) はじめて
度我至軍中、公乃入。

(4) いまこそ・それこそ
先生所為文市義者、乃今日見之。

(5) 意外にも・なんとまあ
乃不知有漢、無論魏・晋。

便 便利の便で、「そのまま」「たやすく」「〜するとすぐに」。
林尽水源、便得一山。

輒 「そのたびごとに」「すぐもう」「たやすく」「いつでも」。よく「毎〜、輒〜」の形をとる。
出望見、輒引車避匿。

〈そぞろに〉

坐 そうするつもりはないのに自然にそうなる意。
停車坐愛楓林晩。

〈たちまち〉

忽 にわかに生起する意。「不意に」「にわかに」。
忽逢桃花林。

乍 急に変化して定まらない意。「ひょいと」「ちらと」。
今、人乍見孺子将入於井、

〈たとひ〉

縦 ゆるめる、が本義。「ゆるめてみても」「〜であっても」。
縦江東父兄憐而王我、

〈つひに〉

遂 ある原因・よりどころがあって、そのことが成しとげられる意。「その結果」「かくて」「そのまま」。
虎以為然。故遂与之行。

終 「始」に対する字で、事の結末を表す。「はては」「おわりには」「とうとう」。
亦終必亡而已矣。

竟 結局は〜の意。「とうとう」「あげくのはてに」「しまいに」。
盗跖日殺不辜、竟以寿終。

卒 そのはては、の意。始・中をのぞき、事のしまいだけをいう。
然今卒困於此。

〈ともに〉

与 くみになる意。トとも読む。
遂去不復与言。

共 共同で事にあたる意。ミナ、オナジクとも読む。
玄齢与吾共取天下。

倶 それぞれがいっしょに、の意。ばらばらに行っても行きあう所は一つ、という意味で、共同のトモニとは異なる。
両虎共闘、其勢不倶生。

〈なほ〉

猶 もと、一歩ごとに後をふりかえりながら行く獣の名。それより、ためらい、後もどりする意となる。「やはり」「まだ」「それでもなお」。
至今毎吟猶惻惻耳。

尚 物の上にさらに物を加える意より転じる。「加えるに」「その上に」「まだ」。「猶」は主に上文にかかるが、「尚」はもっぱら下文にかかる。
此句他人尚不可聞。

還 ぐるりと身をめぐらせてなおもまた、の意。
帰来頭白還戍辺。

〈はじめ・はじめて〉

始 子が母親の胎内で成長しはじめる意より転用。事のはじまりをいう。「終」に対する。
賜也、始可与言詩已矣。

初 衣服を作る際の裁ちはじめの意で、時間上のはじめをいう。「始」と「初」は、よく通用されるが、本義には違いがある。「初」はハジメの読みが多く、ハジメテの読みは少ない。「始」はその反対で、たまにハジメと読むことがあっても、それは事のはじまりをいう。
初極狭纔通人。

〈ひそかに〉

私 内心ひそかに、の意。
越乃私喜。

陰 かげでわからないようにこっそりと、の意。
陰謀逆徳、好用凶器。

窃 内部の者がこっそりと盗み取る意より転用。
光窃不自外、言足下於太子也。

〈べし〉

可 「許容」と「可能」の二義がある。

(1) 許容 「〜してもよろしい」。
可以取、可以無取、取傷廉。

(2) 可能 「〜することができる」。「能」と同じ。
兔不可復得、

当 道理にあたる意より、「べきである」「はずである」の意になる。まさニ〜ベシと読む。

応 「当」と同じように用いられるが、その意味は「当」より軽い。

有頃、父亦来、喜曰、当如是。

宜 このようにするのが宜しいから、このようにされよ、の意で、よろシク～ベシと読む。命令の形式ではあるが、その意味は軽い。

君自故郷来、応知故郷事。

惟仁者宜在高位。

須 「必須」の意で、どうしても～せねばならない、と要求するもの。「宜」よりは重く、また強い。すべかラク～ベシと読む。

人生得意須尽歓。

〈まさに〉

正 当たるべき所にちょうど当たって、の意。「まさしく」「ちょうど」。

本所以疑正為此耳。

方 その時とか場に向かいあって、その最中、の意。「いまや」「おりしも」。『文語解』には「正は、その場にあたる意なり。方は、その場に向かう意なり。正は重くして狭く、方は軽くして広し」と説明する。

夜方半、宙不寐。

適 ちょうどそこに行きあう意。タマタマとも読む。

至今適三百歳。

〈まさに～とす〉

将 現在まだその事は起こっていないが、以後にそれが起ころうとする場合などをいう。「～しそうだ」「～するであろう」「～しようと思う」。

不知老之将至。

且 「将」とほぼ同じであるが、「なおなお継続して～しようとする」意がある。

不者、若属皆且為所虜。

〈また〉

又 ある物の上に重ねて、の意。「さらにまた」「そのうえ」。

行人臨発又開封。

復 反復の意。「ふたたびまた」。

死者不可復生。

亦 同類の事物を列挙するときに用いる。「～もまた」。

生亦我所欲也、義亦我所欲也。

還 ぐるりとめぐって、またもとへもどる意。

千金散尽還復来。

〈むしろ〉

寧 二つの事物を比較してその一つを選択し、それに寧んじようとする意。

礼与其奢也寧倹。

〈もし〉

如 「仮定」の意。「もし～であれば」。

富貴如可求、雖執鞭之士、吾亦為之。

若 「如」と同じ意味で、やや重い。

若嗣子可輔輔之。

設 仮に設けていう。

朝廷設問寡人、大夫将何辞以対。

誠 まことに～なら、の意。

誠聴臣之計、可不攻而降城。

〈もとより〉

固 終始かわらぬ意より、「本来」「もとから」、さらに「いうまでもなく」、となる。マコトニとも読む。

然則小固不可以敵大。

故 「今」に対して、以前からの意。「ふるくより」。

阿舒已二八、懶惰故無匹。

素 つむいだままの染めないきぬ糸で織った布が本義。「平素から」「以前から」。

高祖為亭長、素易諸吏。

〈より〉

自 動作の起点を表す。「～から」。

有朋自遠方来。

従 その道にしたがって。「～にそって」。

従酈山下、道芷陽間行。

由 ～のすじから。経由の意。

誰能出不由戸。

〈る・らる〉

被 寝衣が本義。「かけられる」より受身の意となる。

信而見疑、忠而被謗。

見 「見られる」意から、受身の意となる。

衆人皆酔、我独醒。是以見放。

為 「～と為る」意から、受身の意となる。多くの場合「所」と組み合わせて用いられる。

厚者為戮、薄者見疑。

◆中国の名言　無用の用。（荘子・内編）　一見無用と思われるものが、実は非常に大きな役割を果たすことがある。

漢文学習に必要な語彙

悪 a（わるい）→人之性悪。
b にくム→悪似而非者。
c（疑問・反語）
(1)いづクンゾ・なんゾ→悪知之。
(2)いづクニカ→君子悪乎成名。

安 a やすシ・やすンズ→人有礼則安。
b（疑問・反語）
(1)いづクニ・いづクニカ→沛公安在。
(2)いづクンゾ→君安与項伯有故。

已 a すでニ→漢王已出矣。
b やム→死而後已。
c のみ→無不為已。

以 a もツテ・もツテス
(1)で・を→王好戦、請以戦喩。
(2)それで→温故知新、可以為師。
(3)そして→有殺身以成仁。
b おもヘラク→君家所寡有者、以義耳。〔以為も同じ〕
c ゆゑ→古人秉燭夜遊、良有以也。

易 a やすシ→事敗易以亡。
b をさム→喪与其易也、寧戚。
c あなどル→国小不可易。
d かフ→故以羊易之也。

遺 a わすル→不敢遺小国之臣。
b すツ→未有仁而遺其親者也。
c おくル・つかハス→斉遺魯書。
d のこス→遺不滅之令蹤。

為 a なル・なス→化為鳥。其名為鵬。
b たリ→爾為爾、我為我。
c つくル→為法令約束。
d ためニ→為人謀而不忠乎。
e る・らル→父母宗族、皆為戮没。

焉 a いづクンゾ・いづクニカ→仲尼焉学。
b これ→楽莫大焉。
c なり→犯死者二焉。

於 a 文中にあって、上下の語句のさまざまな関係を示す。訓読はしない。
(1)（場所）〜に・〜へ・〜で→東観兵至於孟津。
(2)（対象）〜に向かって・〜に対して→夫差上姑蘇、亦請成於越。
(3)（時間）〜までに→自我居是郷、積於今六十歳矣。
(4)（目的）〜を→孔子亟称於水。
(5)（起点）〜から→青取之於水。
(6)（受身）〜される→雖有名馬、祇辱於奴隷人之手。
(7)（比較）〜よりも→霜葉紅於二月花。
b おイテ・おイテス→於我如浮雲。
c ああ→於、盛哉。

過 a すグ→有過孔氏之門者。
b よぎル→行過洛陽。
c あやまツ→過則勿憚改。

可 a ベシ（可能）→免不可復得。
b ベシ（許可）→可以取、可以無取、取傷廉。
c ベシ（当然・義務）→皆曰、彼可伐。

矣。

蓋 a おほフ→力抜山兮気蓋世。
b けだシ→蓋一歳犯死二焉。

楽 a たのシム・たのシ→発奮忘食、楽忘食。
b がく→先王以作楽崇徳。

敢 a あヘテ→不敢求楽也。

還 a かヘル→還故郷。
b かヘツテ→尽忠竭節、還被患禍。
c まタ→千金散尽還復来。

幾 a いく・いくばく→未幾而死。
b ほとんド→我幾不脱於虎口。
c ちかシ→不幾乎一言而興国乎。
d こひねがフ（庶幾）→幾己得復進。

逆 a さかラフ→逆耳之言。
b むかフ（迎に同じ）→上卿逆於国境。

強 a つよシ→勇者好強也。
b しフ・しヒテ→強飲強食。

苦 a にがシ→良薬苦於口。
b くるシム→天下苦秦久矣。
c はなはダ→艱難苦恨繁霜鬢。

見 a みル→見義不為無勇也。
b まみユ→孟子見梁恵王。
c る・らル→先大王見欺於張儀。
d あらはル→才美不外見。

故 a ゆゑニ→故君子慎独。
b ふるシ→温故知新。
c もとヨリ→非故生於人之性也。
d ことさラニ→故遣将守関者、

わかる。

e（ふるなじみ）→君安与項伯有故。

固 a かたシ→筋骨欲其固也。
b もとヨリ→小固不可敵大。
c まことニ→固一世之雄也。

肯 a あへテ→高祖数譲、衆莫肯為。
b がヘンズ→未肯撃前行。

苟 a いやシクモ→苟得其養、無物不長。
b まことニ→苟志於仁矣。

坐 a ざス→無我之所坐也。
b そぞろニ→停車坐愛楓林晩。

塞 a（とりで・サイ）→近塞上之人、有善術者。
b ふさグ・ふさガル→公道通、私道塞。

之 a これ・この→我非生而知之者。
b これ（強調）→不好犯上、而好作乱者、未之有也。
c の→会稽之恥。
d ゆく→送孟浩然之広陵。

自 a みづから→遂自投汨羅以死。
b おのづから→桃李不言、下自成蹊。
c より→有朋自遠方来。

事 a つかフ→未能事人、焉事鬼。
b こと・ことトス→請事斯語。

爾 a なんぢ→出乎爾者、反乎爾。
b のみ→非死則徙爾。

疾 a にくム→恐其賢於己、疾之。
b はやシ→来何疾也。
c やム→昔者疾、今日愈。

質 a シツ（本質）→性質美也。
b ひとじち（チ）→燕太子丹者、故嘗質於趙。
c にえ（シ）（礼物）→策名委質。

者 a もの・ものハ・こと（事物や人を示す）→非死者難也。処死者難。
b ～は・もの・ものハ（提示）→仁者人也。義者宜也。
c ～ときハ・ハ（場所や条件を示す）→不殺者為楚国患。

若 a ごとシ→其翼若垂天之雲。
b しク→不若与人。
c もシ→若反国将為乱。
d なんぢ→若入前為寿。

就 a つク→出乃就職。
b なル・なス→所以就大務也。
c すなはチ→就加詔許之。

須 a もちヰル・もちフ→不須復煩大将。
b すべかラク～べシ→須常思病苦時。

縦 a たて→合縦連衡。
b ほしいままニス→我実縦欲。
c たとヒ→縦彼不言、…

且 a かツ→臣死且不避。
b しばらク→且進杯中物。
c まさニ～す→引酒且飲之。

所 a ところ（提示。英語の関係代名詞）→富与貴是人之所欲也。
（受身）→所殺者子、上書言。
b る・らル（受身）→所殺者子、上書言。
c〔所以〕ゆゑん（理由・原因・手段・方法）→天下所以治者何也。
d〔所謂〕いはゆる→彼所謂豪傑之士也。

女 a おんな・むすめ→有女二人。
b なんぢ→女奚不言。

如 a ごとシ→如斯而已乎。
b しク→不如子。
c もシ→如詩不成、…

尚 a たつとブ→尚徳哉、若人。
b なホ→今将軍尚不得夜行。

勝 a かツ・まさル→勝人者、…
b たフ→刑人如恐不勝。
c あグ→不可勝食。

少 a すくナシ→礼有以少為貴者。
b わかシ→少之時、血気未定。
c しばらク→少則洋洋焉。

嘗 a なム→飲食亦嘗胆。
b こころム→請嘗言之。
c かつテ→未嘗見天子。

将 a ひきヰル→上自将而往。
b もツテ→年殺豚将餧狐。
c はた→将為君子、将為野人焉。
d まさニ～す→君将何以教我。

食 a くラフ→食之比門下車客。
b し（たべもの）→将限其食。
c やしなフ→食馬者、不知其能千里而食也。

新 a あらタニス→日新其徳。
b あらタニ→新浴者必振衣。

数 a かず・かぞフ→不可勝数。
b しばしば→秦数挑戦。

是 a コレ・コノ・ココニ→於是挙国政属大夫種。
b（正しいとする）→偃之言、是也。
c〔是以〕ここヲもツテ（理由）→是以知君之不肖也。
d〔以是〕コレヲもツテ→以是観之…

説 a とク→使人説子胥。
b よろこブ（=悦）→不亦説乎。

鮮 a あざヤカ→芳草鮮美。
b すくナシ→巧言令色、鮮矣仁。

曽 a すなはチ→爾何曽比予於管仲。
b かつテ→聞先古未曽貴。

走 a はしル→走犬遂狡兎。
b にグ→曳兵而走。

則 a のり→有物有則。
b のつとル→我則天也。
c すなはチ→貧賤則軽易之。

即 a つク→吾初即位、…
b すなはチ→先即制人。
c もシ→即不能、…

卒 a をフ・をハル→維其卒矣。
b つひニ→卒為善士。
c（兵士）→視卒如愛子。
d しゅつス→（高適）永泰元年正月卒。

率 a したがフ→率性、之謂道。
b ひきヰル→率天下之人、…

殆 a ほとんド→殆有甚焉。
b あやフシ→思而不学則殆。

乃 a すなはチ→大禹聖者、乃惜寸陰。
b なんぢ→乃心罔不在王室。

直 a なほシ→友直。
b ただチニ→直使送之。
c ただ→直不百歩耳。

適 a ゆク→将適于田。
b たまたま→適有万金良薬、故得無死。
c かなフ→何適之謂。

転 a てんズ→腸中車輪転。
b うたタ→客心何事転凄然。

動 a うごク・うごカス→不随物而動。
b ややモスレバ→動輒得咎。

道 a みち→道不行。
b みちびク→道之以政、
c いフ→君子道其常、小人道其怪。

能 a よク・よクス→唯士為能。
b あたフ→是不為也。非不能也。
c（才能）→安求其能千里也。

寧 a やすシ・やすンズ→各寧其親。
b むしロ→寧為鶏口、無為牛後。
c いづクンゾ・なんゾ→寧可以急相棄邪。

倍 a ばい→十則囲之、倍則戦。
b そむク→上恤孤而民不倍。
c ますます→毎逢佳節倍思親。

伐 a うツ→天子討而不伐。
b きル→伐木丁丁。
c ほこル→願無伐善。

反 a はんス→反其所好。
b かへル→吾自衛反魯。
c かへりミル→反而求之。
d かへツテ→反以我為讐。

復 a ふたたび・ふたたびス→無復怒。
b かへル・かへス→无往不復。
c まタ→兎不可復得、…

被 a かうむル→被水患。
b らる（受身）→忠而被謗。

方 a あタル・まさニ→方其時、秦王方環柱走。
b（四角）→地方千里。
（方法）→可謂仁之方也。
（方位・所）→遊必有方。

封 a（土地を与えて諸侯にする）→封為武安君。
b（封をする）→封閉宮室、還軍覇上。

亡 a ほろボス・ほろブ→驪戎以美女、亡晋国。
b うしなフ→楚人亡弓。
c にグ→今亡亦死。
d なシ→予美亡此。

欲 a ほつス→王必欲致士、先従隗始。

与 a あたフ→多自与。
b くみス→韓信易与耳。
c ともニ・ともニス→鳥獣不可与同群。
d あづかル→而王天下、不与存焉。
e ～と→懐王与諸将約。
f ～よりハ→礼与其奢也寧倹。

良 a よシ→見此良人。
b まことニ→誅罰良重。
c やや→公子黙然良久。

受け継いで守っていくことのほうが格段にむずかしいということ。

漢文の基礎語彙

〈年齢に関するもの〉

孩提　二、三歳の幼児。「孩抱」ともいう。

志学　十五歳。『論語』為政編の「十有五にして学に志す」による。

加冠　二十歳。二十歳で冠をつけて成人式を行ったことによる。

壮年　三十歳。または三十歳前後。「壮」はさかんの意で、元気盛りのこと。

而立　三十歳。『論語』為政編の「三十にして立つ」による。

丁壮　血気盛んな男子。二十歳、三十歳ぐらいの男子。

不惑　四十歳。『論語』為政編の「四十にして惑はず」による。

知命　五十歳。『論語』為政編の「五十にして天命を知る」による。

耳順　六十歳。『論語』為政編の「六十にして耳順ふ」による。

還暦　六十一歳。六十一年目に同じ干支がめぐってくることによる。

古希　七十歳。杜甫の「曲江」の詩中の「人生七十古来稀なり」による。

従心　七十歳。『論語』為政編の「七十にして心の欲するところに従へども、矩を踰えず」による。

喜字齢　七十七歳。「喜」の字の草書体が七十七に見えることによる。

米寿　八十八歳。「米」の字を分解すると、八十八になることによる。

白寿　九十九歳。百から一をとると「白」となることによる。

垂髫　童児、幼児のこと。幼児が垂らし髪をしていたことによる。

夭折　若死にすること。

〈名前に関するもの〉

字　成人した男子につける名。他人が敬意をもって呼ぶときに用いる。

諱　死者の生前の本名。

謚　死者に対して、生前の功績をたたえておくる名。

号　自ら好んでつける名。ペンネーム。

姓　血統や家系を示す名称。同姓は互いに結婚しないならわしがあった。

排行　同姓の一族の同世代（兄弟、いとこ、またいとこなど）において、出生順に番号をつけて呼ぶこと。

伯・仲・叔・季　兄弟の順序を示す語。「伯」が長子。「仲」が次子。「叔」はその次。「季」は末っ子を示す。

名　生まれたときにつける名。謙遜するとき、また、親や師が呼ぶときに用いる。

〈歴史に関するもの〉

王　①夏・殷・周の天子の称。②戦国時代の諸侯の称。③漢以後、上位の諸侯の称。④徳によって天下を治める者。

王道　仁義・道徳をもって、人民の幸福をはかり、天下を治める方法。孟子が主張した方法。

科挙　科目を設定して、人材をあげ用いる官吏登用試験。隋代に始まる。

革命　王朝の代わること。天子は天命によって位につくという考えから、王朝が代わるのは天命によるものと考えた。

宦官　去勢された男子で、宮中の後宮に勤める役人。

合従連衡　「合従」は戦国時代、蘇秦の説いた政略。韓・魏・趙・燕・楚・斉の六国が同盟して秦と対抗するという政策。「連衡」は張儀の説いた政略。六国を分離させ、秦に仕えさせる政策。

尭・舜　古代の聖天子の尭帝と舜帝。仁徳のある立派な天子。

郡国　漢に始まった行政制度。「郡」は天子直属。「国」は諸侯・王の領土とする制度。

桀・紂　夏の桀王と殷の紂王。暴君の代表とされる。

左遷　①官位をさげられること。②官位をさげて、遠地に流すこと。

社稷　①土地の神と五穀の神。古代の国家のもっとも重要な守護神。②国家。

諸侯　天子から領土をもらって君主となっているもの。いわゆる大名。

進士　①周代では地方より選出された者が試験を受けて、秀士、選士、造士、進士と段階を通り、官職についた。②科挙の試験科目の一つ。またはその試験に合格した者。

節度使　唐・宋代、軍政と行政を司った地方長官。

単于　匈奴の王の呼び名。広大の意。

禅譲　天子が位を有徳の者に譲ること。

千乗之国　諸侯の国をいう。諸侯は兵車千乗を出すことができる。天子は万乗の兵車を持つ。

創業　①事業を始め、その基礎を築くこと。②国を建てるための基礎をつくること。

徳治　道徳で人民を治めること。またその政治。

都護府　唐代に地方の異民族を統治する目的で現地に置かれた役所。

南面　天子や王侯の位につくこと。天子や王侯は公式の場では南向きに座ることによる。

覇道　権力や武力をもって天下を治める方法。

布衣　一般庶民の着物。転じて官位のない人のことをいう。

◆中国の名言　創業は易く守成は難し。（貞観政要・論君道）　新しく事業を始めることに比べると、できあがった事業を

焚書坑儒 ①秦の始皇帝の行った儒家への弾圧政策。書物を集めて焼き、儒者を穴埋めにすること。②学問、思想を弾圧すること。
放伐 徳を失った暴虐な君主を、追放したり討ち滅ぼしたりすること。「禅譲」の反対。
明主 賢明な君主。
庸主 凡庸な君主。

〈思想に関するもの〉

陰陽家 中国古代の学派の一つで、鄒衍を祖とする。五行説と儒教を結びつけたもの。天文、方位などで吉凶を占う。
義 ①礼にかなった正しい行い。②人としてふみ行うべき道。③君・臣の間で守るべき道。
兼愛 墨子の主張する学説。人を差別なく、広く平等に愛すること。
儒家 孔子、孟子の教えをうけついだ学派。「仁」を理想とする実践的思想。
縦横家 戦国時代、合従・連衡の策を諸侯に説いた蘇秦、張儀などの一派。
諸子 ①さまざまの思想家。②諸子百家。春秋・戦国時代の学者・学派をひっくるめて呼ぶ呼称。
信 ①真実、誠実。②ことばと行動とが一致すること。
仁 ①親しみ愛すること。②おもいやり。
誠 まごころ。いつわりのない心。
性悪 荀子の主張した説。人間の生まれつきの性質を悪とする説。
性善 孟子の主張した説。人間の生まれつきの性質を善とする説。
相愛 墨子の主張する学説。人々が互いにいつくしみあうこと。
惻隠 あわれみいたましく思うこと。仁の糸口となる心。
知 ①さとること。②知る働き。
忠恕 まごころと思いやり。孔子が一生心がけたこと。
中庸 中正で、片寄りのないこと。
天命 ①天が人に与えた使命。②天が人に授けた本性や賢愚・運命など。
徳 道徳。人としての価値ある行い。
道家 老子、荘子、およびその説を信奉する人の学派。無為自然を尊び、人為を否定する学派。
兵家 諸子百家の一つ。孫子、呉子など、用兵の術を説く人々。
法家 商鞅、韓非、およびその説をうけつぐ学派。政治の手段として法律・刑罰を重んじ、富国強兵をはかった。
墨家 墨子の説をうけつぐ学派。乱世に処するために、兼愛・非攻を主張する実践の学派。
道 ①人として当然行うべき正しい道理。②道家のいう宇宙の根本原理。
無為自然 天地自然のあるがままの姿が真理であるとし、それに従うことが最善で、人為的に物事をすすめることは悪であるとする考え方。老子、荘子の主張した説。
名家 公孫竜、恵施などの説をうけつぐ学派。一種の論理学で、名と実との関係を明らかにする学派。
礼 人の守るべき秩序。真心の表れとしての行い。

〈人の呼称に関するもの〉

亜聖 ①聖人につぐ立派な人。②孟子のことをいう。
君子 ①有徳の人。②位についている人。③学問・修養に志す人。
卿 ①執政の大臣。②高位・高官の者。③あなた。
賢人 聖人についで徳のある立派な人物。
故人 ふるくからの知人、友人。
子 ①男子の敬称。②二人称の敬称。
士 ①官位における身分上の称。卿、大夫の下位。②学徳にすぐれた人。③学問の修養に志す人。
小人 つまらぬ人間。「君子」に対する。
聖人 知・徳ともにすぐれた理想的な人格者。
足下 その人を直接呼ぶのをはばかっていう語。
匹夫 ①つまらぬ男。②身分の低い男。③ひとりの男。

〈その他の語〉

行宮 天子の仮の宮殿。行在所。
夷狄 未開の地の人。四方のえびす。
隠逸 世を棄てて山林、海辺に隠れること。
宇宙 天地古今の称。「宇」は空間、「宙」は時間。
寡人 諸侯の自称。徳の寡い者の意。
海内 天下。国の内。
河漢 ①天の川。②黄河と漢水。
下第 不合格。落第。「第」は試験のこと。
寒山 人けのない、もの寂しい山。
姦臣 悪い臣下。
干戈 干と戈。武器。転じて戦争をすること。
雁信 手紙。音信。
関中 函谷関より西の地。西は散関、南は武関、北は蕭関に囲まれた地。今の陝西省一帯。
起居 立ち居ふるまい。
規矩 コンパスと指しがね。規範。手本。
宮刑 生殖機能を除去する刑罰。
匈奴 北辺の蛮族。
傾国・傾城 君主の心をまどわし、国をあやうくさせるほどの美人。絶世の美女のこと。
京師 都のこと。「京」は大、「師」は衆の意。
逆鱗 天子の怒り。

乾坤 ①天地。②陰と陽。
孤 孤児(父の亡くなった子)。諸侯の謙称。
江湖 川と湖。転じて世間をいう。
故園 ふるさと。故郷。
渾沌 天地がまだ分離しないときの状態。この世界のはじまり。
股肱 主君の手足となって働く家来。「股」はまた、「肱」はひじ。
胡虜 北方の異民族をさげすんだ呼称。匈奴のこと。
虎狼之心 虎や狼のように残忍で、しかも欲深い心のたとえ。
魂魄 たましい。「魂」は精神の、「魄」は肉体のたましい。
左袒 味方になること。着物の左を片はだぬぎになること。
師事 師として仕える。弟子となること。
私淑 直接には教えを受けないが、内々で尊敬する人の教えを学ぶこと。
駟馬 一台の車に付ける四頭の馬。四頭だての馬車。
師表 人の手本となるべきもの。
孺子 幼い子供。青二才。
旬朔 十日、または一カ月。「旬」は十日、「朔」は陰暦で月のはじめの一日をいう。
城・郭・郊・邑 「城」は町を取り囲んだ壁の内部をいう。または城壁で囲まれた町のこと。「郭」は城の外まわりをいう。「郊」は町のはずれの地。町に接する地。「邑」はむらざと。小さな町、領地などのこと。
蕭蕭 ものさびしいさま。
少壮 若く盛んな年ごろ。
消長 栄えることと衰えること。
丈夫 男子をいう。「大丈夫」は立派な男子。
従容 ゆったりしたさま。
人境 人間の世界。
人倫 人の踏み行うべき道。
数奇 不幸せ。不遇。
正鵠 弓の的の中央の黒点。転じて、目標。要点。
青史 歴史。紙のなかった昔は竹に記録していたため「青」という。
成敗 成功と失敗。
千里馬 一日に千里を駆ける名馬。転じてすぐれた才能の持ち主。
造化 天地の主催者。また天地自然の理。造物主。
造次 わずかの間。
宗廟 天子や諸侯の祖先をまつる所。
疏食 粗末な食事。
泰斗 泰山北斗の略。人に仰ぎ尊ばれる存在をいう。
太牢 ①天子や諸侯の祭りで、神に供える牛、羊、豚、三種の供えもの。②立派なごちそう。
謫居 罪を受けて遠方に流されることをいう。
断腸 腸がちぎれるほど悲しむこと。
致仕 官職を辞すること。「仕を致す」
置酒 酒宴を行うこと。
踟躕 ためらって進まないさま。
中原 辺境に対して、文化の発達した中国中央部をいう。
中興 一度は衰えたものが再び盛んになること。
寵辱 君に寵愛されることと罰されること。
涕泗 涙。目から出るのが「涕」で、鼻から出るのが「泗」。
鼎立 三つのものが並び立つこと。鼎は脚が三本ある。
天涯 天の果て。
天爵 天から授かった仁、義、信などの徳性のこと。
天倫 自然に定まった人の順序。親子、兄弟のこと。
道子 道教の僧。方士ともいう。
登第 試験に及第すること。合格。「下第」の反対。
得失 損得。利害。
斗酒 一斗の酒。(中国の一斗は日本の約一升。)
駑馬 だめな馬。「駿馬」の反対。
佞人 言葉巧みにへつらう者。
徘徊 あたりをゆっくり歩きまわること。
白眉 兄弟や、多くの仲間の中で最もすぐれている者。
伯楽 ①天馬をつかさどる星の名。②春秋時代の孫陽のこと。馬を見わける名人であったのでこう呼ばれた。
百姓 人民のこと。
夫子 先生。
不肖 師や父に似ず、かしこくないこと。
浮世 浮き世。はかない世の中。
辺塞 国境のとりで。
辺境 国境の土地。
法度 おきて。きまり。
蓬萊 神仙の住む島。中国の東方にあるという。
墨守 ①自説を固持して譲らないこと。②伝統や旧習を堅く守ること。
北辰 北極星のこと。
有司 役人。官吏。
遊子 旅人。
梨園 歌舞や演劇を習う所。唐の玄宗が宮中の梨園に子弟・宮女を集めて音楽歌舞を学ばせたことによる。のちに劇壇の意。
狼火 のろし。「狼煙」「烽火」も同じ。
領袖 多くの人の上に立つ頭。
零落 草木が枯れ落ちる。人が落ちぶれる。
陋巷 裏町。「巷」は町なかの小路。
狼藉 取り散らかしてあること。狼が草を藉いて寝たあとのさまから。
禄位 俸禄と官位。

◆中国の名言 禍を転じて福となす。(戦国策・燕策) 禍をうまく処理して、逆に幸いをもたらすきっかけにすること。

漢文の重要句形

一 否定形（動作・状態、事物を打ち消す意味を表す。）

種類		形（訳語）	例文（書き下し文）	口語訳	解説
否定詞	否定	不レ―・弗レ―（…ない） 未レ―（まだ…ない） 無レ―（…ない） 非レ―・匪レ―（…ではない）	春眠不レ覚レ暁。（春眠暁を覚えず。） 未レ成レ列。（未だ列を成さず。） 今無二一人還一。（今一人の還るもの無し。） 無二惻隠之心一、非レ人也。（惻隠の心無きは、人に非ざるなり。）	春の眠りは夜明けに気づかない。 まだ隊列を整えていない。 今や一人の生還する者もない。 哀れみ傷む心のない者は、人ではない。	●「不・弗」は、行為や状態を直接的に否定し、主に用言を否定する。「未」は、時間・場所・境地などに関して、現在まだ到達していないことを表す。「無」は、存在そのものを否定する。「非・匪」は判断的に否定し、主に体言を否定する。
	禁止	勿レ―・無レ―・毋レ―・莫レ―（…てはいけない・…な）	過則勿レ憚レ改。（過ちては則ち改むるに憚ること勿かれ。）	失敗をしたら、改めるのにためらってはいけない。	●否定的命令を表すもので、「なかれ」と訓読する。ほかに「亡・罔」がある。
否定詞＋助字		不レ可レ―（…てはいけない）（…できない）	学不レ可二以已一。（学は以つて已むべからず。） 手指不レ可二屈伸一。（手指屈伸すべからず。）	学問は途中でやめてはいけない。 手の指を曲げ伸ばしできない。	●「不レ可」には、禁止（…てはいけない）と不可能（…できない）の用法がある。
		不レ能レ―（…できない）	不レ能レ信也。（信ずること能はざるなり。）	信じることができない。	●「不レ能」は、「…する能力がない」ことを表す。
		不レ得レ―（…できない）	不レ得二以与一レ人。（以つて人に与ふるを得ず。）	人に与えることができない。	●「不レ得」は、「…する機会に恵まれない」意を表す場合が多い。
		不レ足レ―（…だけの価値がない）	不レ足レ学。（学ぶに足らず。）	学ぶだけの価値がない。	
副詞＋否定詞	全部否定	常不レ―（いつも…ない）	常不レ得レ油。（常に油を得ず。）	いつも灯油が手に入らない。	●副詞の下に否定詞があるときには全部否定。
		必不レ―（必ず…ない）	智者必不レ敗矣。（智者は必ず敗れず。）	智者は必ず敗れることはない。	●ほかに「復不レ―」「甚不レ―」「尽不レ―」「再不レ―」などがある。
		倶不レ―（いずれも…ない）	倶不レ生。（倶に生きず。）	いずれも生きられない。	
否定詞＋副詞	一部否定	不二常―一（いつも…とは限らない）	伯楽不二常有一。（伯楽は常には有らず。）	伯楽はいつもいるとは限らない。	●副詞の上に否定詞があるときには一部否定。
		不二必―一（必ずしも…とは限らない）	師不三必賢二於弟子一。（師は必ずしも弟子より賢ならず。）	先生は必ずしも弟子より賢いとは限らない。	●副詞の読み方が、全部否定のときとは異なることに注意する。
		不二倶―一（いずれも…とは限らない）	両虎共闘、不二倶生一。（両虎共に闘はば、倶には生きず。）	二頭の虎が相争えば、いずれも生き残るとは限らない。	●ほかに「不二復―一」「不二甚―一」「不二尽―一」「不二再―一」などがある。
		無レ不レ―（…ないものはない）	遠無レ不レ服。（遠きは服せざる無し。）	遠い国で服従しないものはない。	●二重否定は、強い肯定の意を表す。

するほど美しい。花には清らかな香りが漂い、月はおぼろに霞む。

分類		句形	例文	訳	注意
二重否定	否定詞＋否定詞	莫レ不レ―（…ないものはない） 莫レ非レ―（…でないものはない） 非レ不レ―（…ないのではない） 非レ無レ―（…ないのではない）	莫レ非レ命。（命に非ざる莫し。） 非レ不レ能、不レ為也。（能はざるに非ず、為さざるなり。） 非レ無二萌蘖之生一。（萌蘖の生ずる無きに非ず。）	天命でないものはない。 できないのではない、しないのだ。 ひこばえが生えないのではない。	●ほかに「無レ非レ―」がある。 ●否定詞を併用して、仮定条件や並列を表す場合があるのと混同しないように注意する。
	否定詞＋名詞＋否定詞	無二A不一―（どんなAでも…ないものはない） 無二A無一―（どんなAでも…ないものはない）	無二物不一レ消。（物として消えざるは無し。） 無二国無一レ民。（国として民無きは無し。）	どんな物でも消滅しないものはない。 どんな国でも人民のいないものはない。	●否定詞の間に名詞が入った例で、「どんな〈名詞〉でも…する（である）」という強い肯定の意を表す。
	否定詞＋助字＋否定詞	不レ可レ不レ―（…なければならない）	父母之年、不レ可レ不レ知也。（父母の年は、知らざるべからざるなり。）	父母の年齢は、知っていなければならない。	
		未三嘗不二―（今までに…なかったことはない）	未三嘗不二嘆息痛恨一。（未だ嘗て嘆息痛恨せずんばあらず。）	今までに嘆き恨まなかったことはない。	●「嘗」は経験を表し、「今までに…」の意。
		不二敢不一―（どうしても…ないわけにはいかない）	不二敢不一レ勉。（敢へて勉めずんばあらず。）	どうしても努力して行わないわけにはいかない。	●「敢」は「どうしても…」の意を表す。
否定詞の併用	仮定条件	不レ―不レ―（…なければ…ない） 無レ―不レ―（…がなければ…ない） 非レ―不レ―（…でなければ…ない）	不レ入二虎穴一、不レ得二虎子一。（虎穴に入らずんば、虎子を得ず。） 人而無レ信、不レ知二其可一也。（人にして信無くんば、其の可なるを知らざるなり。） 非二其君一、不レ仕。（其の君に非ざれば、仕へず。）	虎の穴に入らなければ、虎の子を手に入れることはできない。 人として信義がなければ、その可能性を知ることはできない。 仕えるに足る君主でなければ、仕えない。	●「不レ―」「無レ―」「非レ―」が、「もし…がなければ」という仮定の意味になる。二重否定と間違わないように注意する。
	並列	不レ―不レ―（…ず…ない） 無レ―無レ―（…といわず…といわず）	君子不レ憂不レ懼。（君子は憂へず懼れず。） 無レ長無レ少、（長と無く少と無く、）	君子は心配もせず恐れもしない。 年長者といわず年少者といわず、	●形式的には仮定条件を表す場合と同じであるが、意味の違いに注意する。
その他		不二敢―一（しいて…ない） 亦不レ―（また…ない）	不二敢視一。（敢へて視ず。） 亦不レ詳二其姓字一。（亦其の姓字を詳かにせず。）	進んで見ようとはしない。 またその姓名もはっきりしない。	●「敢不レ―」は反語になる。 ●「不二亦―一」は、反語＋感嘆になる。

二 疑問形（反語形と形式は同じであるから、どちらであるかは文脈で判断する。）

分類	句形	例文	訳	注意
疑問の助字	―乎（か）（や）・―邪（か）（や）・―耶（か）（や）・―哉（か）（や）・ ―也（か）（や）・―与（か）（や）・―歟（か）（や）（…か）	君子亦有レ窮乎。（君子も亦窮すること有るか。） 丞相誤邪。（丞相誤れるか。）	君子でも困窮することがあるのですか。 丞相は誤っているのではないか。	●句末に疑問の助字を用いて「…か？」の意を表す。終止形に接続するときは「や」、連体形に接続するときは「か」と読むのが普通。

	形	例文	訳	備考
疑問詞	誰―・孰―（だれが…か） 孰―・奚―（どれ〈どこ〉が…か） 何―（何を…か） 何―・胡―・奚―・曷―・寧―（どうして…か） 安―・焉―・悪―・烏―・寧―（どうして…か）	誰加衣者。（誰か衣を加ふる者ぞ。） 王以為孰勝。（王以つて孰れか勝つと為す。） 於斯三者何先。（斯の三者に於いて何をか先にせん。） 何及於我。（何ぞ我に及ばんや。） 子奚不為政。（子奚ぞ政を為さざる。） 君安与項伯有故。（君安くんぞ項伯と故有る。）	だれが着物を（私に）かけたのか。 王はどれが勝つと思われますか。 この三つのうち何を先にしますか。 どうして私に及ぼうか。 あなたはどうして政治をしないのか。 あなたはどうして項伯と面識があるのか。	●訓読する場合は、「係り結び」のきまりに従って、句末を連体形で結ぶ。 ●句末に疑問の助字（乎・哉・也）を伴う場合が多い。 ●「何・安・焉・悪」などは、「いづクニ」と読んで、「どこへ」の意になることもある。 ・牛何之。（牛は何くに之くか。）
複合語（疑問詞＋他の語）	何為―・胡為―・奚為―（どうして…か） 何以―（どのように…か） 何由―（どうして…か） 如何―（どのようにすれば…か） 如何・若何・奈何（…をどうしようか） ―何如・―何若・―何奈（…はどうか） ―幾何・―幾許（…はどれくらいか）	何為斬壮士。（何為れぞ壮士を斬る。） 奚為餐之。（奚為れぞ之に餐はしむる。） 何以利吾国。（何を以つてか吾が国を利する。） 何由知我在此也。（何に由りてか我の此に在るを知る。） 如何則可。（如何にすれば則ち可なるか。） 為之奈何。（之を為すこと奈何せん。） 今日之事何如。（今日の事は何如。） 相去復幾何。（相去ること復た幾何ぞ。）	どうして勇士を斬るのか。 どうして民に食べさせるのか。 どのようにしてわが国を富ませるのか。 どうして私がここにいることがわかったのか。 どのようにすればよろしいのか。 これをどうしようか。 今日の事態はどうか。 互いの距離はいったいどれくらいか。	●句末に疑問の助字がつく場合もある。 ・何為不去也。（何為れぞ去らざるや。） ●ほかに「若何―」「奈可―」がある。 ●「如何」（若何・奈何）は、どのように対処、処置するかを問う。（目的語は二字の間に入る。） ●「何如」（何若・何奈）は、状態・程度・是非などを問う。
その他	盍―（どうして…ないのか） ―未（…かどうか） ―否（…かどうか）	盍反其本矣。（盍ぞ其の本に反らざる。） 寒梅著花未。（寒梅花を著けしや未だしや。） 観諸侯集否。（諸侯の集まるや否やを観る。）	どうしてその根本に返らないのか。 寒梅は花をつけていたかどうか。 諸侯が集まるかどうかを観察した。	●「盍」は「何不」の合字で、「何不―」と同じ。 ●「著花未」は「著花＋未著花」の略で、肯定と否定を重ねた疑問形の略。 ●「否」のほかに「不」も用いる。 ・尚在不。（尚ほ在りや不や。）

三 反語形（言おうとする内容と反対のことを疑問形で表す、強調表現。）

	形	例文	訳	備考
疑問の助字	―乎・―邪・―耶・―哉・―也・―与・―歟（…ようか、いや、…ない）	越其可逆天乎。（越は其れ天に逆らふべけんや。） 不仁者可与言哉。（不仁者は与に言ふべけんや。）	越は天に逆らうことができようか、いや、できない。 不仁者とは一緒に話し合えようか、いや、話し合えない。	●句末に疑問の助字を用いるのは疑問と同じだが、読みは「…ンヤ」となる。訳すときは、「いや、…ない」のところまではっきりと表現するのがよい。
	誰―・孰―（だれが…ようか、いや、…ない）	誰知烏之雌雄。（誰か烏の雌雄を知らんや。）	だれが烏の雌と雄の区別ができようか、いや、できはしない。	●句形は疑問と同じであるから、意味を区別するのが難しい。訓点が付いている場合は「…ン

自分の立っている世界がすべて真実のものとして開かれてくる。

	疑問詞	複合語（疑問詞＋他の語）	特別な語	その他
形	孰―・奚―（どれ〈どこ〉が…ようか、いや、…ない） 何―（何を…ようか、いや、…ない） 何―・胡―・奚―・曷―・寧―（どうして…ようか、いや、…ない） 安―・焉―・悪―・烏―・寧―（どうして…ようか、いや、…ない）	何為―・胡為―・奚為―（どうして…ようか、いや、…ない） 何以―（どうして…ようか、いや、…ない） 何必―（どうして…する必要があろうか、いや、必要ない） 如何―（どうして…ようか、いや、…ない）	豈―（どうして…ようか、いや、…ない） 独―（どうして…ようか、いや、…ない） 敢―（どうして…ようか、いや、…ない）	敢不―（どうして…ないことがあろうか、いや、…する） 不亦―（どうして…ないことがあろうか、いや、…する）
例文	孰甚焉。（孰れか焉より甚だしからんや。） 何憂。（何をか憂へんや。） 何富貴也。（何ぞ富貴とならんや。） 焉用牛刀。（焉くんぞ牛刀を用ゐんや。）	何為寸歩出門行。（何為れぞ寸歩も門を出でて行かんや。） 何以異於人哉。（何を以つて人に異ならんや。） 王何必曰利。（王 何ぞ必ずしも利を曰はんや。） 如何不涙垂。（如何ぞ涙の垂れざらんや。）	豈水之性哉。（豈に水の性ならんや。） 籍独不愧於心乎。（籍独り心に愧ぢざらんや。） 役夫敢伸恨。（役夫 敢へて恨みを伸べんや。）	臣敢不聴命乎。（臣 敢へて命を聴かざらんや。） 求剣若此、不亦惑乎。（剣を求むること此くのごときは、亦惑ひならずや。）
訳	どれがこれよりもひどいものであろうか、いや、どれもない。 何を心配しようか、いや、何もない。 どうして富貴の身分になれようか、いや、なれはしない。 どうして牛切り包丁を用いようか、いや、用いない。	どうして一歩でも門を出て行こうか、いや、行かない。 どうして人と異なることがあろうか、いや、ありはしない。 王はどうして利を言う必要があろうか、いや、必要ない。 どうして涙が流れないことがあろうか、いや、流れないことはない。	どうして水の本性であろうか、いや、水の本性ではない。 どうして籍は心に恥じないことがあろうか、いや、そんなことはない。 徴発されて労働する者がどうして恨みを言えようか、いや、言えない。	私はどうして命令を聞かないことがあろうか、いや、聞きます。 剣を探すのにこんなことをするのは、どうして間違いでないことがあろうか、いや、間違いである。
備考	ヤ」は反語とすぐにわかるが、そうでないときは、まず疑問の意にとってみて、うまく意味が合わないときは反語と考える。 ●訳すときは、肯定文の反語は否定の意に、否定文の反語は肯定の意になることに注意する。 ●「安・焉・悪・烏・寧」は、「いづクニカ…」と読むこともある。	●句末に疑問の助字がなくても、「…ンヤ」と結ばなくてはならない。 ●「必」は「かならズシモ」と読み、部分否定「不必―」の場合と同じ。	●反語を示す助字「豈・独・敢」を用いて反語の意を表したもので、句末に疑問の助字（哉・乎）を伴うことが多い。	●「不亦―」は、「なんと…ではないか」という感嘆の意にもなる。

四 使役形（他の者に、あること、ある動作をさせる意を表す。）

	形	例文	訳	備考
使役の助字	使A―・令A―・教A―・遣A―（Aに…させる）	天帝使我長百獣。（天帝 我をして百獣に長たらしむ。）	天帝は私にすべての獣のかしらとさせた。	●主語―使―A―補語の形をとるが、Aや主語が省略される場合もある。

 随処に主と作れば、立処皆真なり。（臨済録・示衆） いつ、どこにあっても、主体性をもって事に臨めば、

	句形	例文	口語訳	備考
		令二騎皆下レ馬歩行一。（騎をして皆馬を下りて歩行せしむ。）	騎兵にみな馬から下りて歩かせた。	
使役を暗示する動詞を伴う	□レA二─（Aに□して…させる） ＊□が動詞。	命二将守一レ関。（将に命じて関を守らしむ。） 説二夫差一赦レ越。（夫差に説きて越を赦さしむ。）	将に命じて関所を守らせた。 夫差を説得して越を許させた。	●使役を暗示する動詞には、「命・説」のほかに「挙・召・招・勧・遣」などがある。
文意から		予助レ苗長矣。（予苗を助けて長ぜしむ。）	私は苗を助けて伸ばしてやった。	●口語訳をしてみてから判断する。

五 受身形（他から動作をはたらきかけられる意を表す。）

	句形	例文	口語訳	備考
受身の助字	見レ─・被レ─・為レ─（…れる〈られる〉）	信而見レ疑、忠而被レ謗。（信にして疑はれ、忠にして謗らる。） 父兄為レ戮二於楚一。（父兄は楚に戮せらる。）	誠実でありながら疑われ、真心を尽くしながら誇られた。 父と兄は楚で殺された。	●「る」は四段・ナ変・ラ変の未然形に、「らる」はその他の動詞の未然形に接続する。
前置詞	─二於A一・─二于A一・─二乎A一（Aに…れる〈られる〉）	労レ力者、治二於人一。（力を労する者は、人に治めらる。） 不レ獲二乎上一。（上に獲られず。）	力をほこる者は、人に支配される。 目上の人に信任されない。	●「於・于・乎」は受身の対象を示し、結果的に受身の意味を表す。英語の受動文における「by」に近い。
為─所	為二A所一レ─（Aに…れる〈られる〉）	為二楚将所一レ辱。（楚の将の辱むる所と為る。）	楚の将軍に辱められた。	●「所」が省略されることもある。 ・身為二宋国笑一。（身は宋国の笑ひと為る。）
受身になる動詞	─レA二（Aに…れる〈られる〉）	以レ功封二定遠侯一。（功を以って定遠侯に封ぜらる。）	功績によって定遠侯に封ぜられた。	●ほかに「命・任・謫・叙・拝・補・流」などがあり、いずれも上の者に「…される」意を表す。
文意から		飛鳥尽、良弓蔵。（飛鳥尽きて、良弓蔵せらる。）	飛ぶ鳥がいなくなれば、良い弓はおさめられる。	●口語訳をしてみてから判断する。

六 仮定形（〈ある条件を仮に想定して、〉「もしそうであれば〜」、また「もしそうであっても〜」と、結論を述べる。）

	句形	例文	口語訳	備考
仮定の副詞	若─・如─・仮─（もし…ならば） 苟─（仮に…としても） 縦─・縦令─・仮令─（たとえ…としても）	若嗣子可レ輔、輔レ之。（若し嗣子輔くべくんば、之を輔けよ。） 苟富貴、無二相忘一。（苟しくも富貴となるとも、相忘るること無からん。） 縦江東父兄、憐而王レ我、（縦ひ江東の父兄、憐れみて我を王とすとも、）	もし後継ぎの子が輔佐するに足るようならば、輔佐せよ。 仮に富貴の身になったとしても、（あなたを）忘れないだろう。 たとえ江東の父兄たちが、憐れんで私を王にしたとしても、	●「もシ」と読む字には、ほかに「設・使・即・誠」などがある。 ●「いやシクモ…トモ」という訓読は、「仮にも…であっても」という意味。 ●「たとヒ」と読む字には、ほかに「仮設・設令」などがある。

	句形	例文	口語訳	注
接続詞	雖レ—(仮に…としても)	雖二晋伐一レ斉、楚必救レ之。(晋 斉を伐つと雖も、楚は必ず之を救はん。)	仮に晋が斉を伐ったとしても、楚は必ず斉を救うであろう。	●「主語＋雖…」の場合は確定条件(…であるけれども)になることが多い。その他の場合は仮定条件となる。
	今—(もしいま…ならば)	今不二急下一、吾烹二太公一。(今急ぎ下らざれば、吾は太公を烹ん。)	もしいま急いで降参しないならば、わしは父親を煮るぞ。	●「今…」は、「今、仮に…するならば」ということで、仮定の意味になる。
	—則(即)—(…ればそのときは…)	先即制レ人、後則為二人所一レ制。(先んずれば即ち人を制し、後るれば則ち人の制する所と為る。)	もし先手を打てばそのときは人を制することができ、後手に回ればそのときは人に制せられる。	
その他	微レ—(…がなかったならば)	微レ禹、吾其魚乎。(禹微かりせば、吾は其れ魚とならんか。)	禹がいなかったならば、私は魚になっていただろう。	●「微」は反実仮想の意で、「もし…でなかったならば…」の意を表す。
	使二A…一(Aに…させたならば)	使三民衣食有二余一、自不レ為レ盗。(民をして衣食余り有らしめば、自づから盗を為さざらん。)	人民に衣食が十分にあるようにさせたならば、自然と盗みはしないようになるだろう。	●使役形は、「実際は…ではないが、…であるようにさせる」ということから、仮定の意を表す。
	不レ—不レ—(…なければ…ない)	人不レ学、不レ知レ道。(人 学ばずんば、道を知らず。)	人は学ばなければ、道理はわからない。	●「不レ—不レ—」「非レ—不レ—」は否定詞が二つあるので、二重否定の場合と間違わないように注意する。ほかに「無レ—不レ—」(…がなければ…ない)がある。 ・民無レ信、不レ立。(民に信無くんば、立たず。)
	非レ—不レ—(…でなければ…ない)	非二其君一不レ事。(其の君に非ざれば事へず。)	優れた主君でなければ仕えない。	
	自レ非レ—(…でないかぎりは)	自レ非二聖人一、所レ難レ免也。(聖人に非ざるよりは、免れ難き所なり。)	聖人でないかぎりは、免れるのは難しい。	
文意から		朝聞レ道、夕死可也。(朝に道を聞かば、夕に死すとも可なり。)	朝に人としての道を悟ったならば、その夕方に死んでもよい。	口語訳をしてみてから判断する。

七 限定形 (程度・分量を限定し、文を強調する。)

	句形	例文	口語訳	注
限定の助字	—耳・—已・—而已・—爾(…だけだ)	楚人沐猴而冠耳。(楚人は沐猴にして冠するのみ。)	楚の人間は猿が冠をかぶっているだけだ。	●ほかに「已矣・也已・而已矣」などがある。
		以為二歓笑一爾。(以つて歓笑を為すのみ。)	お笑いぐさとしただけだ。	●限定の意味(…だけだ)を表す以外に、断定の意味(…だ)を表す場合もある。
限定の副詞	但—・唯—・只—・直—(ただ…だけだ)	但聞二人語響一。(但だ人語の響くを聞くのみ。)	ただ人の声が響いてくるだけだ。	●句末に限定の助字がなくても「のみ」を添えて読むのが普通。詩の場合は句調の関係から「のみ」を省略することがある。
		天下英雄唯君与レ我。(天下の英雄は唯だ君と我とのみ。)	天下の英雄はただあなたと私だけだ。	
	独A—(ただAだけが…だ)	今独臣有レ船。(今独り臣のみ船有り。)	今ただ私だけが船を持っている。	●限定の副詞と助字を併せて用いる場合も多い。 ・直不二百歩一耳。(直だ百歩ならざるのみ。)
	纔—(かろうじて…だけだ)	初極狭、纔通レ人。(初めは極めて狭く、纔かに人を通ずるのみ。)	はじめのうちはとても狭く、かろうじて人を通すだけだ。	●他の限定の副詞に「惟・祇・徒」などがある。

八 比較・選択形（二つの事物の優劣を比較し、また、両者を比較して一方を選ぶ意を表す。）

	比較形：前置詞	比較形：否定詞＋助字	選択形：寧―否定詞	選択形：与を使う複合形
形	―二於A一・―二乎A一・―二于A一（Aよりも…）	A不レ如レB・A不レ若レB（AはBに及ばない、AよりはBの方がよい） A無レ如レ―・A莫レ若レ―（Aは…が一番だ。） A莫レ―レ焉（Aより…なものはない）	寧―無レ～（いっそ…ても～ない） 寧―不レ～（いっそ…ても～ない）	与レ～寧―（～よりは…の方がよい） 与レ～不レ如レ―（～よりは…の方がよい） 与レ～孰二若―一（～よりは…の方がよい）
例文	霜葉紅二於二月花一。（霜葉は二月の花よりも紅なり。） 天下莫レ柔二弱於水一。（天下水より柔弱なるは莫し。）	百聞不レ如二一見一。（百聞は一見に如かず。） 知レ臣莫レ如レ君。（臣を知るは君に如くは莫し。） 衣莫レ若レ新。（衣は新たなるに若くは莫し。） 晋国天下莫レ強レ焉。（晋国は天下に焉より強きは莫し。）	寧為二鶏口一、無レ為二牛後一。（寧ろ鶏口と為るとも、牛後と為る無かれ。） 寧為二刑罰所一レ加、不レ為二陳君所一レ短。（寧ろ刑罰の加はる所と為るとも、陳君の短る所と為らず。）	礼与二其奢一也、寧倹。（礼は其の奢らんよりは、寧ろ倹なれ。） 与二其生而無一レ義、固不レ如レ烹。（其の生きて義無からんよりは、固より烹らるるに如かず。） 与二其有一レ誉二於前一、孰二若無一レ毀二於其後一。（其の前に誉れ有らんよりは、其の後に毀り無きに孰若れぞ。）
訳	霜にうたれた葉は二月に咲く花よりも赤い。 天下に水より柔弱なものはない。	百回聞くことは一回見るのに及ばない。 臣下を知るのは君主が一番だ。 衣服は新しいのが一番だ。 天下で晋国より強いものはない。	いっそ鶏の口になっても、牛の尻にはなるな。 いっそ刑罰を加えられても、陳君に非難されてはならない。	礼というものは贅沢であるよりは、つつましやかな方がよい。 生きていて義でないよりは、煮殺された方がよい。 生前に誉れがあるよりは、死後に非難されない方がよい。
注	●比較を表す前置詞の上には、必ず形容詞・形容動詞が置かれる。送り仮名は「ヨリ」「ヨリモ」と付ける。	●「A不レ如レB」は、AとBを比較した場合、AよりもBの方がまさっていることを表し、「A無レ如レ―」は、Aが最もすぐれていること（比較の最上級）を表す。 ●「A莫レ―レ焉」も最上級を表す形式。	●後者（～）よりも前者（―）を選択する意を表す。 ●「無」は、禁止（…するな）の意。	●前者（～）よりも後者（―）を選択する意を表す。 ●「孰若」と読むものには、ほかに「孰与・何如」などがある。

九 抑揚・累加形（まず程度の低いことを述べておき、次に、述べようとすることを出して強調する。）

	況
形	A―、況B（乎） A―、況於B（乎）（Aでさえ…のに、ましてBはなおさらだ）
例文	天子不レ召レ師、而況諸侯乎。（天子すら師を召さず、而るを況んや諸侯をや。） 庸人羞レ之、況於二将相一乎。（庸人すら之を羞づ、況んや将相に於いてをや。）
訳	天子でさえ先生を呼びよせないのに、まして諸侯の場合はなおさらだ。 凡人でさえそれを恥じるのに、まして将軍・大臣の場合はなおさらだ。
注	●「Aでさえ―であるのに、Bが―であることは言うまでもない」という表現で、「Bが―である」ことを強調する。「乎」は省略されることもあるが、必ず「～ヲヤ」と訓読する。

使い、言ったことには実行をもって応えなければならない。

分類	句形	例文	口語訳	備考
抑揚形　且・尚・猶—況	A且—、A尚—、A猶—、} 況B(乎) / 況於B(乎)（Aでさえも…のに、ましてBはなおさらだ）	死馬且買レ之、況生者乎。（死馬すら且つ之を買ふ、況んや生ける者をや。） 天地尚不レ能レ久、而況於レ人乎。（天地すら尚ほ久しきこと能はず、而るを況んや人に於いてをや。）	死んだ馬でさえも買うのに、まして生きている場合はなおさらだ。 天地でさえも永遠でありえないのに、まして人間の場合はなおさらだ。	●「且・尚・猶」を加えて、「Aが—である」との強調の度を増したもの。「Aでさえも—」の「も」に当たる。 ●ほかに「且猶」も用いる。
抑揚形　且・尚・猶—安・何	A且—、A尚—、A猶—、} 安B—(乎) / 何B—(乎) / 何B(乎)（Aでさえも…のに、Bなどどうして…ようか）	臣死且不レ避、卮酒安足レ辞乎。（臣死すら且つ避けず、卮酒安くんぞ辞するに足らんや。） 今将軍尚不レ得二夜行一、何乃故也。（今の将軍すら尚ほ夜行するを得ず、何ぞ乃ち故なるをや。）	私は死さえも避けはしないのに、杯の酒などどうして辞退しようか。 現役の将軍でさえも夜の通行ができないのに、どうして退役将軍ができようか。	●前項の「況—乎」の部分を反語形に変えたもの。
抑揚形　以—而・且	以A而—（Aをもってさえ…） 以A且—（Aでさえ…）	以二秦王之威一、而我廷二叱之一。（秦王の威を以つてして、而も我は之を廷叱す。） 以二獣相食一、且人悪レ之。（獣の相食むを以つてすら、且つ人は之を悪む。）	秦王の威力をもってさえ、私は彼を朝廷で叱りつけた。 獣が食べ合うことでさえ、人は憎み嫌うものである。	●この後に「況—乎」が省略されており、例文にはそれぞれ「況廉頗乎」「況人相食乎」が続くと考えればよい。
累加形　否定詞＋限定の副詞	不唯—、〜・不独—、〜 非唯—、〜・非独—、〜（ただ…だけでなく、〜）	不二唯忘一レ帰、可二以終一レ老。（唯だに帰るを忘るるのみならず、以つて老いを終ふべし。） 非二徒無一レ益、而又害レ之。（徒だに益無きのみに非ず、而も又之を害す。）	ただ帰るのを忘れるだけでなく、生涯を過ごしてもよい。 ただ益がないだけでなく、かえって害を与える。	●「不唯—」の下には「而又〜」の呼応することが多い。英語の"not only—, but also〜"と類似している。「唯」は「たダニ」と読む。「唯」のほかに「惟・徒・直」なども用いる。
累加形　反語＋限定	豈唯—(乎)・豈独—(乎)（どうしてただ…だけであろうか）	豈唯順レ之乎。（豈に唯だに之に順ふのみならんや。）	どうしてただそれに順うだけであろうか。	●反語の句法を用い、この後に「いや、それだけではない」という語気が加わる。

十 感嘆形（感動の気持ちを、そのまま表す。）

分類	句形	例文	口語訳	備考
感嘆詞	唉—・嗟—・噫—・嗚呼—・嗟乎—（ああ…なあ）	唉豎子、不レ足二与謀一。（唉 豎子、与に謀るに足らず。） 嗚呼、其真無レ馬邪。（嗚呼、其れ真に馬無きか。）	ああ、小僧め、ともに謀るに足らないやつよ。 ああ、本当に名馬はいないのか。	●ほかに「吁・於・嗟夫」などがあり、いずれも「ああ」と訓読する。「嗚」の字に注意する。
感嘆の助字	—哉・—夫・—乎・—也・—也夫・—矣乎（…なあ）	悲哉。（悲しいかな。） 逝者如レ斯夫。（逝く者は斯くのごときかな。）	悲しいなあ。 行くものは、このようであるなあ。	●感嘆詞と感嘆の助字をともに用いる場合も多い。 ・「嗚呼、哀哉。」（嗚呼、哀しいかな。）
その他	〈疑問の形〉 〈反語の形〉 〈倒置法〉	是何楚人之多也。（是れ何ぞ楚人の多きや。） 豈不二誠大丈夫一乎。（豈に誠の大丈夫ならずや。） 甚哉、吾衰也。（甚だしいかな、吾の衰ふるや。）	これはなんと楚人の多いことだなあ。 なんと誠の男子たる者ではないか。 ひどいものだなあ、私の衰えも。	●反語の形には、ほかに「不亦—乎」の形をとるものがある。 ●「吾衰也甚哉。」の倒置で、一種の強調構文。

 人を使ふに心を以つてし、言に応ずるに行ひを以つてす。（古文真宝後集） 人を使うには思いやりの心で

漢詩概説

(1) 漢詩の流れ

詩は中国文学の精粋であり、限られた字句のなかに、作者の無限の思いが述べられる。その詩の流れを略述すれば、次のようである。

周代には、各地の民謡や周王室の歌があり、それらは『詩経』としてまとめられている。いずれも四言を主体とした、素朴でおおらかな内容の詩であるが、すでに、句末の字のひびきを合わせる押韻や、比喩表現などの技巧もこらされている。

漢・魏になると、民謡に文人たちが手を加えて楽府体の詩を完成し、また、古詩とよばれる、形式に束縛されず内容も豊富な詩が作られるようになる。

六朝時代に入ると、宮廷詩人たちによって、平仄、対句など、特に表現の面において検討が加えられ、五言・七言の詩は形式的にはほぼ完成した。

唐代に入ると、初唐の時期に絶句と律詩の形式が確立し、韻律的に美しい詩となり、ついで盛唐に至り、李白、杜甫、王維ら個性豊かな詩人が現れるに至って、詩の内容も多方面にわたる充実を示し、ここに詩の黄金時代が築かれる。

これ以後、宋・元・明・清の詩は、なんらかの意味で唐詩の流れを継いだものといえる。

(2) 漢詩の種類

漢詩は、六朝末から唐の初期にかけて成立した近体詩と、六朝以前の古体詩に分けられる。

●古体詩

古体詩は、全体的に制約が少なく、平仄の規則がなく、句数や構成に制限がなく、押韻も比較的自由である。

●古体詩の種類

四言古詩 中国で最も古い詩形で、黄河流域の民謡として歌われたもの。周代に王室の儀式などで歌われたものもこの形式である。これらを集めたものとして、『詩経』がある。

桃夭　『詩経』

桃之夭夭　灼灼其華
之子于帰　宜其室家
桃之夭夭　有蕡其実
之子于帰　宜其家室
桃之夭夭　其葉蓁蓁
之子于帰　宜其家人

訳 桃の若々しさ、もえるようなその花。この子が嫁いでいったなら、その家によく合うことだろう。
桃の若々しさ、盛り上がったその実。この子が嫁いでいったなら、その家によく合うことだろう。
桃の若々しさ、その葉は茂り合う。この子が嫁いでいったなら、その家の人によく合うことだろう。

詩体	形式分類		一句の字数	句数	平仄	押韻	備考
古体詩	古詩	四言古詩	四字	自由	自由	原則として偶数句末	主として『詩経』の詩。
		五言古詩	五字				他に六言詩などもみられる。
		七言古詩	七字				
	楽府体		不定				もとは音曲に合わせて歌われた詩。
近体詩	絶句	五言絶句	五字	四句	一定	偶数句末	
		七言絶句	七字	四句		一句末と偶数句末	
	律詩	五言律詩	五字	八句		偶数句末	
		七言律詩	七字	八句		一句末と偶数句末	
	排律	五言排律	五字	十句以上の偶数句		偶数句末	長律ともいう。七言排律は例が少ない。
		七言排律	七字			一句末と偶数句末	
現代詩	白話(口語)詩		自由	自由	自由	自由	

り、地の利を得ることより、人の和を得ることが最も大切である。

五言古詩　四言古詩は戦国時代にはすでに衰退し、漢代に入って五言古詩が起こった。「古詩」とよばれる無名氏の作品が残っているが、その後、六朝に至るまで、詩の主要な形式であった。偶数句末に押韻するものが多く、同一の韻字で一首をなすもの（一韻到底格）、途中で韻のかわるもの（換韻格）がある。

飲酒（その五）　陶潜

結廬在人境　而無車馬喧
問君何能爾　心遠地自偏
採菊東籬下　悠然見南山
山気日夕佳　飛鳥相与還
此中有真意　欲弁已忘言

訳 廬を騒がしい人里の中に構えているが、しかし車馬の音のやかましさはない。「お尋ねするが、なぜこのようにしておれるのか」と。「心が名利から遠ざかっていれば、土地もおのずから偏ったものとなるのです」。東の垣根のそばで菊を採りながら(腰をのばせば)、ゆったりと南山が見える。山の気配は夕暮れが殊に佳く、鳥たちは連れだってねぐらに帰ってゆく。この中にこそ人の世の真実の姿があるのだが、これを説明しようとすると、もう言葉を忘れてしまう。

七言古詩　五言古詩と同じころの起こりと考えられる。しかし、主流は五言古詩であり、六朝以前は作品の数も少ない。『史記』に記される項羽の「垓下の歌」や漢の高祖の「大風の歌」などが初期のものである。六朝時代になってしだいに作られるようになり、唐以後になると重視されるようになった。

垓下歌　項羽

力抜山兮気蓋世
時不利兮騅不逝
騅不逝兮可奈何
虞兮虞兮奈若何

訳 我が力は山を抜くほどであり、我が気力は世を覆うに足るほどであるが、時は我に利あらず、愛馬の騅は進もうとしない。騅の進もうとしないのをどうしたらよかろう。虞よ虞よ、おまえをどうしたらよかろう。

楽府　もともと漢の武帝のときに設けられた音楽を司る役所の名で、当時、地方に残っていた楽曲や詩歌を集め、その保存をすると同時に、朝廷での楽曲を作った。後には、これらの楽曲に合わせて作られた詩をすべて楽府、または楽府体の詩とよぶようになった。

子夜呉歌　李白

長安一片月　万戸擣衣声
秋風吹不尽　総是玉関情
何日平胡虜　良人罷遠征

訳 長安の空にぽつんと一つ月が浮かんでいる。町のどの家からも、砧を打つ音が聞こえてくる。秋の風は絶えず吹いてくる。何もかもが玉関の彼方にいる夫を恋しく思わせる。いつになったら胡虜を平らげて、夫は遠くでの戦いをやめて帰ってくるのであろう。

●**近体詩**

近体詩は、古体詩の形式がかなり自由であるのに対して、韻律的な美しさを意識的に作り出すための配慮がなされており、押韻・平仄・句数・構成などについて、こまかくきびしい制約がある。

●**近体詩の種類**

五言絶句　六朝のころから、平仄・対句など表現に工夫がこらされてきたが、初唐に入って絶句・律詩の形式が確立した。一句五字、一首は四句。二句目、四句目末に必ず韻をふみ、平仄のきまりがある。漢字の音には、平声と呼ばれる平板な音、尻上がりの上声、尻下がりの去声、語尾音がt・p・kなど、つまる音の入声があり、平声を「平」とし、他の三つの音を「仄」として、これらの音を韻律上効果的に組み合わせるものである。

春暁　孟浩然

春眠不覚暁　処処聞啼鳥
夜来風雨声　花落知多少

訳 春の眠りの心地よさに夜明けも知らず、うつらうつらしていると、あちこちで鳥のさえずる声が聞こえる。昨夜は風や雨の音がしていたが、庭の花はどれほど散ったことやら。

七言絶句　一句七字であることと、韻を一句目、二句目、四句目末にふむこと以外は、ほぼ五言絶句と同じである。

涼州詞　王翰

葡萄美酒夜光杯
欲飲琵琶馬上催
酔臥沙場君莫笑
古来征戦幾人回

訳 葡萄の美酒を夜光の杯につぎ、飲もうとすると

◆中国の名言　天の時は地の利に如かず、地の利は人の和に如かず。（孟子・公孫丑下）　成功するには、時を得ることよ

琵琶も馬上から飲むよう催促する。酔っぱらって砂漠の上に倒れ伏した私を、世の人々よ、どうか笑わないでほしい。昔から遠く戦いに出た兵士のうち、幾人が生きて帰れただろうか。

五言律詩 「律」とは「きまり」の意で、一定のリズムをもった声調を意味している。初唐の詩人、宋之問、沈佺期らがこの形式を完成したといわれる。一句五字、一首は八句で、韻は偶数句末にふむことになっている。換韻は許されない。二句ずつを一聯といい、首聯、頷聯、頸聯、尾聯の構成となり、頷聯と頸聯は必ず対句を用いる。平仄の規則もととのえられている。

春望　　杜甫

国破山河在　城春草木深
感時花濺涙　恨別鳥驚心
烽火連三月　家書抵万金
白頭掻更短　渾欲不勝簪

訳 国都長安は破壊されたが、山河は変わらずに存在している。町々には春が来て草木は深々と茂っている。このような時勢に心を痛め美しい花を見ても涙が流れ、家族との別れを悲しんで鳥のさえずりにも心をびくつかせる。戦いの狼煙の火はこの三月になっても続いており、家族からの手紙はいっこうに届かず、万金にも相当するほど貴重だ。たまらなくなって白髪頭をかきむしれば、今さらのようにその薄さが手にこたえ、これでは全く冠をとめる簪もさせなくなりそうである。

七言律詩 一句七字。押韻が一句目末と偶数句末になること以外は、五言律詩と同じ。

八月十五日夜、禁中独直、対月憶元九　　白居易

銀台金闕夕沈沈　独宿相思在翰林
三五夜中新月色　二千里外故人心
渚宮東面煙波冷　浴殿西頭鐘漏深
猶恐清光不同見　江陵卑湿足秋陰

訳 銀台のあたり、宮城一帯はひっそりと更けてゆく。私は独り宿直して、あなたを思いつつ翰林院にいる。十五夜の月の光を独り見ていると、二千里のかなたにいる友の気持ちが思われる。そちら渚宮の東側には、もやのかかった波が冷たく光っていることだろう。ここ浴殿の西のあたりからは、時を告げる鐘の音が響いてくる。やはり気にかかるのは、清らかな月の光を同じように見ていないだろうこと。江陵は低地で湿気が多く、秋の曇り日が多いと聞いております。

排律 長律とも呼ばれ、律詩の規則に従う。普通は十二句と十六句のものが多いが、長編のものもみられる。五言排律が多く、七言排律は珍しい。

送秘書晁監還日本国　　王維

積水不可極　安知滄海東
九州何処遠　万里若乗空
向国惟看日　帰帆但信風
鰲身映天黒　魚眼射波紅
郷樹扶桑外　主人孤島中
別離方異域　音信若為通

訳 海は広々と果てもなく、大海のまだ東の方はどのようであるのかわからない。この天下のうちどこが遠いのか(それはあなたの国の日本)。万里の道のりは空に乗っているような思いでしょう。お国に向かわれるには日の出る方向ばかりを目ざし、船の帆は風の吹くに任せるほかはない。途中で大海亀が現れて、空に黒ぐろとした姿を映すこともあろうし、また大魚の赤い目が波に反射することもありましょう。そうしてあなたの故郷は扶桑の樹の生えている所のそのまた向こう。その孤島にあなたはお帰りになる。今ここでお別れして境を異にしてしまえば、いかにして音信を通ずればよいのでしょうか。

白話詩 口語で書かれたもので、特別な規則はない。一句の文字数、句数、押韻、平仄、構成など、すべて自由である。

光明　　朱自清

風雨沈沈的夜裏、
前面一片荒郊。
走尽荒郊、
便是人們的道。
呀！黒暗裏岐路万千、
叫我怎様走好？

である。

上帝！快給二我些光明一罷、
譲二我好向レ前跑一！
　上帝慌着説「光明？
我没三処給二你找一！
你要二光明一、
你自己去造！」

訳 風雨の暗々とした夜、前に広がる荒野。荒野を歩き尽くすのが、人々の道だ。ああ！ 暗闇の中に千万の岐路。どうやって歩いていけばいいのか？「神様！ はやく私に光をくださって、進みやすいようにしてください！」神様は慌てて言った「光明だと？ 私はそんなもの知らないよ。おまえが光明が欲しいなら、おまえが自分で作ればいい」と。

(3) 押韻と平仄

漢字の音は声母と韻母からできており、例えば「清」という字はsが声母、eiが韻母であって、この韻母をそろえることを「韻を押む」という。漢詩では原則として偶数句の終わりの字に押韻するが、これは吟詠するとき、句末のひびきあいの美しさをねらったものである。ただ訓読した場合には、その美しさは表れない。

漢字の音には、平声と呼ばれる平板な音、尻あがりの上声、尻さがりの去声、語尾音がt、p、kなど、つまる音の入声がある。漢詩では、平声を「平」、他の三声を「仄」として、これらの音を、韻律上効果的に組み合わせる習慣が昔からあったが、近体詩ではそれがきまりとして定められた。

このように漢詩は、押韻・平仄の規定によって、音調の面でも美しさが求められている。

●近体詩図式（平仄、韻）

○＝平声、●＝仄声、◐＝平声、仄声いずれとなってもよいもの。◎＝韻字

	五言絶句	七言絶句	五言律詩	七言律詩
正格	正格（仄起式） ◐●○○● ◐○◐●◎ ◐○○●● ◐●●○◎	正格（平起式） ◐○◐●●○◎ ◐●◐○◐●◎ ◐●○○○●● ◐○◐●●○◎	正格（仄起式） ◐●○○● ◐○◐●◎ ◐○○●● ◐●●○◎ ◐●○○● ◐○◐●◎ ◐○○●● ◐●●○◎	正格（平起式） ◐○◐●●○◎ ◐●◐○◐●◎ ◐●◐○○●● ◐○◐●●○◎ ◐○◐●○○● ◐●◐○◐●◎ ◐●◐○○●● ◐○◐●●○◎
偏格	偏格（平起式） ◐○○●● ◐●●○◎ ◐●○○● ◐○◐●◎	偏格（仄起式） ◐●◐○◐●◎ ◐○◐●●○◎ ◐○◐●◐○● ◐●◐○◐●◎	偏格（平起式） ◐○○●● ◐●●○◎ ◐●○○● ◐○◐●◎ ◐○○●● ◐●●○◎ ◐●○○● ◐○◐●◎	偏格（仄起式） ◐●◐○◐●◎ ◐○◐●●○◎ ◐○◐●○○● ◐●◐○◐●◎ ◐●◐○○●● ◐○◐●●○◎ ◐○◐●○○● ◐●◐○◐●◎
例	登鸛鵲楼　王之渙 白●日●依○山○尽● 黄○河○入●海●流◎ 欲●窮○千○里●目● 更●上●一●層○楼◎	早発白帝城　李白 朝○辞○白●帝●彩●雲○間◎ 千○里●江○陵○一●日●還◎ 両●岸●猿○声○啼○不●尽● 軽○舟○已●過●万●重○山◎	旅夜書懐　杜甫 細●草●微○風○岸● 危○檣○独●夜●舟◎ 星○垂○平○野●闊● 月●湧●大●江○流◎ 名○豈●文○章○著● 官○応○老●病●休◎ 飄○飄○何○所●似● 天○地●一●沙○鷗◎	登高　杜甫 風○急●天○高○猿○嘯●哀◎ 渚●清○沙○白●鳥●飛○廻◎ 無○辺○落●木●蕭○蕭○下● 不●尽●長○江○滾●滾●来◎ 万●里●悲○秋○常○作●客● 百●年○多○病●独●登○台◎ 艱○難○苦●恨●繁○霜○鬢● 潦○倒●新○停○濁●酒●杯◎

(4) 漢詩解釈上の注意

●句の切れ目

①五言詩の場合―〇〇＋〇〇〇　上二字と下三字とで構成される。

②七言詩の場合―〇〇・〇〇＋〇〇〇　上四字と下三字とにまとまり、上四字はさらに二字ずつに切れる。

●一首の構成

①絶句の場合―初めから、起句、承句、転句、結句と呼び「起承転結」という。起句でいい起こし、承句はそれを受けて発展させ、転句は一転した内容を持ちこみ、結句で全体を結ぶ。

②律詩の場合―八句を二句ずつ一まとまりとし、首聯（起）、頷聯（承）、頸聯（転）、尾聯（結）とする。頷聯と頸聯は対句となるよう構成されるが、他の聯が対句になってはいけないという規則はないので、さらに首聯、または尾聯が対句となるものや、全聯対句となるものもみられる。

③すべて詩は、二句で一まとまりになっており、さらに四句で大きくまとまる。ただ古詩などでは、六句一まとまりのものもあるから、まず二句ずつまとめたうえで、全体の構成を考えるとよい。

●対句

対句とは、

老妻画レ紙為二棊局一
　名　動　名　動　名
稚子敲レ針作二釣鈎一
（杜甫「江村」）

のようなものをいう。二句を対応させながら、そこに描き出されている世界を読みとらなければならない。

故事成語

朝に道を聞かば、夕べに死すとも可なり 〔春秋『論語』里仁〕孔子の道を求める志の強さを示した語。

羹に懲りて膾を吹く 〔戦国 屈原『楚辞』惜誦〕失敗に懲りて、必要以上に警戒心を強くすること。

衣食足りて栄辱を知る 〔春秋 管仲『管子』牧民〕人は生活が安定してはじめて、名誉や恥を知るようになること。

一葉落ちて天下の秋を知る 〔漢 劉安『淮南子』説山訓〕小さなきざしを見て、物事の大勢を知ること。

一将功成って万骨枯る 〔唐 曹松「己亥の歳」の詩〕一人の将軍の戦功のかげには、万人の兵卒の犠牲があること。

一炊の夢 〔唐 沈既済『枕中記』〕人生の栄華のはかないことのたとえ。

井の中の蛙 〔戦国 荘周『荘子』秋水〕見聞・見識の狭いことのたとえ。

烏合の衆 〔〈六朝〉宋 范曄『後漢書』耿弇伝〕秩序なく寄り集まった衆。

燕雀安くんぞ鴻鵠の志を知らんや 〔漢 司馬遷『史記』陳渉世家〕つまらぬ人物には大人物の遠大な心はわからないという意。

屋下に屋を架す 〔〈六朝〉宋 劉義慶『世説新語』文学編〕すでにあるのに、また同じことを重ねるような、むだな行

青は藍より出でて藍より青し

出典 戦国、荀況『荀子』勧学編

意味 (1)弟子が師よりもすぐれた存在になることのたとえ。(2)藍草からとった染料の青色が、もとの藍草よりも青いというのがもとの意味。「出藍の誉」

君子曰、「学不可以已。青取之於藍、而青於藍。氷水為之、而寒於水。」……故木受縄則直、金就礪則利。君子博学、而日参省乎己、則智明而行無過矣。

口語訳 君子が、「学問は途中でやめてはならない。青色は藍草から取るが、藍草よりも青く、氷は水からできるが、水よりも冷たいものだ。」と言っている。……だから木はすみなわを当てればまっすぐになるし、金属はといしでとげば鋭利になる。学を志す人が広く道理を学び、日になんども自分を反省すれば、学んだ知恵が明確になり、行いにもあやまちがなくなる。

石に漱ぎ流れに枕す

出典 六朝、宋、劉義慶『世説新語』排調編

意味 (1)負け惜しみの強いこと。ひどいこじつけ。(2)晋の孫楚が自分の言いまちがいを、そのまま通した話に基づく。夏目漱石の「漱石」の号もこの話による。

孫子荊、年少時欲隠、語王武子、当「枕石漱流」、誤曰、「漱石枕流。」王曰、「流可枕、石可漱乎。」孫曰、「所以枕流、欲洗其耳、所以漱石、欲礪其歯。」

口語訳 (晋の)孫子荊は若かったとき、隠遁生活に入ろうと思い、王武子に話したが、「石を枕にし、流れで口をすすぐ生活をする」と言うべきところを、まちがえて、「石で口をすすぎ、流れを枕にする」と言ってしまった。王が「流れを枕にし、石で口をすすぐことができるのか。」と問いただしたところ、孫は、「流れを枕にする理由は耳を洗おうとするからであり、石で口をすすぐのは歯をみがこうとするからだ。」と言った。

漁父の利

出典 漢、劉向『戦国策』燕策

意味 (1)両者が争っているうちに、第三者が利を占めること。(2)戦国時代、趙が燕を攻めようとしたとき、蘇代が戦いをやめさせるため趙の恵王に説いた話に基づく。

蘇代過易水、蚌方出曝。而鷸啄其肉。蚌合箝其喙。鷸曰、「今日不雨、明日不雨、即有死蚌。」蚌亦謂鷸曰、「今日不出、明日不出、即有死鷸。」

っと身近に心配ごとが起こるものだ。

為のこと。また、人まねで新味のないこと。「屋上に屋を架す」も同じ。

尾を塗中に曳く〔戦国　荘周『荘子』秋水〕富貴の地位について束縛されるより、貧しくても自由な生活のほうがよいということ。

渇すれども盗泉の水を飲まず〔晋　陸機「猛虎行」〕どんなに困窮しても決して悪事を働かないこと。

鼎の軽重を問う〔春秋　左丘明『春秋左氏伝』宣公三年〕権威、権力を有する者をあなどって、その実力を問うこと。

眼光紙背に徹す〔江戸　塩谷世弘「安井仲平の東遊するを送るの序」〕書物を読む力がすぐれていること。

肝胆相照らす〔唐　韓愈「柳子厚墓誌銘」〕互いに心の中を打ちあけて親しく交わること。

管鮑の交わり〔漢　司馬遷『史記』管晏列伝〕互いに理解し信じあったつきあい。

木に縁りて魚を求む〔戦国　孟軻『孟子』梁恵王上〕方法を誤って目的を達成することができないこと。見当違いの困難な望みをもつこと。

驥尾に付す〔漢　司馬遷『史記』伯夷叔斉列伝〕すぐれた人につけば、愚者でもその力量以上に立派になれること。

杞憂〔戦国　列禦寇『列子』天瑞編〕不必要な心配。取り越し苦労。

九牛の一毛〔漢　司馬遷「任安に報ずるの書」〕多数の中のきわめて少ない部分。

両者不肯相舎。漁者得而并擒之。

口語訳 蘇代が易水を渡ると、蚌（どぶがい）がちょうど口をあけて陽にあたっていた。それを見つけた鷸（しぎ）がその肉をついばんだところ、蚌が口を閉じて鷸のくちばしをはさんだ。鷸が言うに「今日も明日も雨が降らないと、死んだ蚌になるだろう。」と。蚌もまた鷸に言うに「今日も明日もくちばしを出してやらなければ、死んだ鷸になるだろうよ。」と。そうしてどちらも放すことを承知しないでいた。そこで漁師が両方とも捕らえてしまった。

蛍雪の功

出典 唐、李瀚『蒙求』孫康映雪、車胤聚蛍

意味 (1)苦労して学んだ成果。(2)孫康や車胤が、集めた蛍の光や雪あかりで学習して、立派な人となったという話に基づく。「蛍の光」の歌もこの故事による。

孫康家貧無油。常映雪読書。少小清介、交遊不雑。後至御史大夫。

晋車胤、字武子、南平人。恭勤不倦、博覧多通。家貧不常得油。夏月則練嚢盛数十蛍火、以照書、以夜継日焉。終吏部尚書。

口語訳 孫康は家が貧しくて灯油が買えなかったので、いつも雪あかりに照らして書物を読んだ。幼少のころから心清らかで、立派な人を選んで友人とした。後に御史台（役人の不正をただす役所）の長官になった。

晋の車胤は字を武子といい、南平出身の人である。たゆまず励み、博学で多くのことに通じていた。家が貧しくて灯油がたまにしか手に入らなかったので、夏には練り絹の袋に数十匹の蛍を入れ、それで書物を照らして、夜を日についで読んだ。のちに吏部尚書（官吏の選任をつかさどる役所の長官）にまでなった。

虎穴に入らずんば虎子を得ず

出典 六朝、宋、范曄『後漢書』班超伝

意味 (1)危険をおかさなければ大きな利益（または名誉）を得ることはできない。(2)後漢の武将班超がわずかの手勢で匈奴の兵を討つにあたって、家来に告げたことばに基づく。

班超曰、「不入虎穴、不得虎子。当今之計、独有因夜以火攻虜、使彼不知我多少。必大震怖、可殄尽也。」

口語訳 班超が言うに「虎の穴の中に入らなければ、虎の子を捕らえることはできない。今もっともよい策は、夜の闇に乗じ、火を放って匈奴を攻め、我がほうの人数を相手に知らせないことだ。そうすれば敵を大いにふるえおそれさせて、きっ

人遠き慮り無ければ、必ず近き憂ひ有り。（論語・衛霊公）　人間は遠い先のことまでよく考えないと、き

比較できないほどわずかなこと。

牛耳を執る 〔春秋　左丘明『春秋左氏伝』定公八年〕仲間の上に立って、思うままに支配すること。

窮鼠猫をかむ 〔室町　小島法師?『太平記』四〕弱い者でも追いつめられると強者に反撃することのたとえ。

愚公 山を移す 〔戦国　列禦寇『列子』湯問〕たえず努力すれば、いつか必ず成功することのたとえ。

鶏口と為るとも牛後と為る無かれ 〔漢　司馬遷『史記』蘇秦列伝〕強大なものの後につき従うより、たとえ小さくとも頭になれということ。

傾国の美人 〔後漢　班固『漢書』外戚伝〕絶世の美人。国王がその美しさに溺れて国を滅ぼしてしまうほどの美女。

逆鱗に触る 〔戦国　韓非『韓非子』説難〕君主の怒りをかうこと。目上の人の気持ちに逆らって怒らせてしまう意。

捲土重来 〔唐　杜牧「烏江亭に題するの詩」〕一度敗れたものが、再び勢いを盛り返すこと。

紅一点 〔宋　王安石「柘榴を詠ずる詩」〕多くの中で一つだけ異彩を放つもの。多数の男性中のただ一人の女性のこと。

後生畏るべし 〔春秋『論語』子罕〕後から生まれてくる者には無限の可能性があること。

狡兎死して走狗烹らる 〔漢　司馬遷『史記』越世家〕敵国が滅ぶと、そのために働いた功臣は不用となり、殺されて

とみな殺しにできるぞ。」と。

五十歩百歩

出典 戦国、孟軻『孟子』梁恵王(上)

意味 (1)本質的には同じであること。どちらもたいしたことのないこと。(2)梁の恵王の「隣国よりも良い政治をしているのに、我が国の人民は増加せず、隣国の人民が減少しないのはどうしてか」という質問に対して、孟子が答えたことばに基づく。

孟子対曰、「王好戦、請以戦喩。塡然鼓之、兵刃既接。棄甲曳兵而走。或百歩而後止、或五十歩而後止。以五十歩笑百歩、則何如。」恵王曰、「不可。直不百歩耳。是亦走也。」

口語訳 孟子が答えて言うに、「王は戦争がお好きですから、戦争でたとえさせてください。ドンドンと進軍の太鼓がなり、刀を交えての戦いが始まった。よろいを脱ぎ捨て、武器を引きずって逃げ出したが、ある者は百歩で、ある者は五十歩逃げて止まった。五十歩逃げた者が、百歩逃げた者を臆病者と笑ったらいかがでしょうか。」と。恵王が言うに、「それはいかん。ただ百歩でないだけで、これも逃げたことにかわりはない。」と。

塞翁が馬

出典 漢、劉安『淮南子』人間訓

意味 (1)人生の幸・不幸は予測しがたいこと。(2)とりでの近くに住む老人が、自分の馬にかかわって生じた禍いと福とに、落ち着いて対処した話に基づく。「人間万事 塞翁が馬」ともいう。

近塞上之人、有善術者。馬無故亡而入胡。人皆弔之。其父曰、「此何不為福乎。」居数月、其馬将胡駿馬而帰。人皆賀之。其父曰、「此何不能為禍乎。」家富良馬。其子好騎。堕而折其髀。人皆弔之。其父曰、「此何不為福乎。」居一年、胡人大入塞。丁壮者、引弦而戦、近塞之人、死者十九。此独以跛之故、父子相保。

口語訳 国境の塞の近くに住んでいる人で、占いの術の上手な人がいた。その人の馬がどうしたことか逃げて胡の国に入ってしまった。近所の人がこれを見舞った。その爺さんは「これが福となるかもしれんよ。」と言った。数か月して逃げた馬が胡のすぐれた馬を引き連れて帰ってきた。近所の人がみなお祝いに行った。その爺さんは「これが禍いとなるかもしれんよ。」と言った。この家に良馬がふえた。その息子は馬に乗ることが好きであったが、馬から落ちて太ももの骨を折った。近所の人がこれを見舞った。その爺さんは「これが福となるかもしれんよ。」と言った。一年ほどして、胡の大軍がこの塞に攻め込んだ。男たちは弓を引

しまうことのたとえ。

胡蝶の夢〔戦国　荘周『荘子』斉物論〕物と自分、あるいは夢と現実とを区別しない超越した境地。また、人生のはかないことのたとえ。

先んずれば即ち人を制す〔漢　司馬遷『史記』項羽本紀〕先手をとれば人を支配することができる。早いもの勝ち。

酒は百薬の長〔後漢　班固『漢書』食貨志上〕酒は多くの薬の中で最もすぐれた効能をもっていること。

三顧の礼〔晋　陳寿『三国志』諸葛亮伝〕目上の人が礼を尽くして賢者を招くこと。

歯牙にかけず〔漢　司馬遷『史記』叔孫通列伝〕相手を全く問題にしないこと。無視してしまうこと。

自家薬籠中の物〔五代　劉昫『旧唐書』貞元澹伝〕自分の思うがままに利用できるもの。

鹿を逐う者は山を見ず〔漢　劉安『淮南子』説林訓〕一事に熱中すると他の事を考える余裕のないこと。利欲に迷うと道理がわからなくなること。

衆寡敵せず〔晋　陳寿『三国志』張範伝〕少数のものが多数のものに敵対して勝ち目のないこと。

愁眉を開く〔宋　劉兼「春遊」の詩〕危険が去って安心した顔つきになること。

柔能く剛を制す〔春秋　老耼『老子』第七十八章〕一見弱そうな者が、かえって強い者に勝つこと。

いて戦い、塞の近くに住む人は十人のうち九人まで死んだ。ところがこの息子は足が不自由であったので、父子ともに無事であった。

守株

出典　戦国、韓非『韓非子』五蠹編

意味　(1)昔のやり方を守って融通のきかないこと。(2)兎がたまたま畑の中の切り株にぶつかって死んだのを見て、農耕をやめて再び兎を得ようとしたが得られなかったという話に基づく。北原白秋の「まちぼうけ」の歌はこの話によったもの。

宋人有二耕レ田者一。田中有レ株。兎走触レ株、折レ頸而死。因釈二其耒一而守レ株、冀二復得レ兎。兎不レ可二復得一、而身為二宋国笑一。

口語訳　宋の国の人に、畑を耕す者がいた。畑の中に木の切り株があった。兎が走ってきてその株にぶつかり、首の骨を折って死んだ。そのため、そのすきをすてて、切り株を見張り、再び兎を手に入れようと思った。しかし、兎はもう手に入れることはできず、自分は宋の国中の笑いものになった。

助長

出典　戦国、孟軻『孟子』公孫丑（上）

意味　(1)手助けしたために、かえって害を与えてしまうこと。(2)宋の人が苗の成長を早めようとして苗のしんを引っ張り、かえって枯らしてしまった話に基づく。

宋人有下閔二其苗之不一レ長而揠上レ之者。芒芒然帰、謂二其人一曰、「今日病矣。予助レ苗長矣。」其子趨而往視レ之、苗則槁矣。

口語訳　宋の国の人に、自分の畑の苗が伸びないのを心配して苗のしんを引っ張った者がいた。くたくたに疲れて帰ってきて、家の人に「今日はすっかり疲れてしまった。わしは苗の伸びるのを助けてやったよ。」と言う。その子がびっくりして走って畑に行ってみると、苗はみな枯れてしまっていた。

蛇足

出典　漢、劉向『戦国策』斉策

意味　(1)むだな行為。あっても益のないもの。(2)もらった酒を飲むのに、蛇を早く画いた者がそれを飲むことになったが、一番に画きあげた者が、蛇に足を画き足したために酒を飲み損ねた、という話に基づく。

楚有二祠者一。賜二其舎人巵酒一。舎人相謂曰、「数人飲レ之不レ足、一人飲レ之有レ余。請画レ地為レ蛇、先成者飲レ酒。」一人蛇先成。引レ酒且飲レ之。乃左手持レ巵、右手画レ蛇曰、「吾能為二

　君子は必ずその独りを慎むなり。（礼記）　君子は、一人でいるときにも、必ず自らの言行を慎むものだ。

人口に膾炙す〔唐 林嵩「周朴の詩集の序」〕広く人々の口にのぼってもてはやされること。

人事を尽くして天命を待つ〔宋 胡寅「読史管見」〕できる限りの努力をして、結果は運命にまかせること。

心頭を滅却すれば火も亦涼し〔唐 杜荀鶴「夏日、悟空上人の院に題する」の詩〕どんな苦難も、その境遇を超越すれば苦難と感じなくなること。

水魚の交わり〔晋 陳寿『三国志』諸葛亮伝〕水と魚の関係のように、きわめて親密なつきあい。

推敲〔宋 計有功『唐詩紀事』四十〕詩文の字句を練ること。唐の詩人賈島が「敲」か「推」かで迷った故事による。

杜撰〔宋 王楙『野客叢書』杜撰〕出典の引用が不正確な書物。転じて、いい加減なこと。

青雲の志〔唐 王勃「滕王閣序」〕大きな志。立身出世への野望。

前門の虎後門の狼〔？『趙雪航評史』〕やっと禍いをのがれたかと思うと、また次の禍いにあうこと。一難去ってまた一難の意。

千里眼〔北斉 魏収『魏書』楊逸伝〕千里の先まで見える目。遠方や将来、また人の心などを見通す能力。

千慮の一失〔戦国『晏子春秋』雑下〕賢者も時には失敗のあること。十分配慮しても、なお思いがけない失敗のあること。

之足。」未成、一人之蛇成。奪其卮曰、「蛇固無足。子安能為之足。」遂飲其酒。為蛇足者、終亡其酒。

口語訳 楚の国に神主がいた。その使用人に大杯の酒を与えた。彼らは「数人で飲んだのでは足りないが、一人で飲めば余るほどだ。地面に蛇を描いて先にできあがった者がこの酒を飲むことにしよう。」と話し合った。一人が描いた蛇がまずできあがった。酒を引き寄せて飲もうとしながら、左手で杯を持ち、右手で蛇を描きつつ、「わしは足を描くこともできるぞ。」と言った。まだその足ができあがらないうちに、もう一人の描いた蛇ができあがった。その杯を取りあげて、「蛇にはもともと足はない。どうしてありもしない足を描くことができようか。」と言って、その酒を飲んでしまった。蛇の足を描いた者はとうとう酒を飲みそこなってしまった。

知音

出典 唐、李瀚『蒙求』伯牙絶絃

意味 (1)親友。互いに知り尽くした仲。(2)春秋時代、伯牙のひく琴の音を聞いて、その心情を鍾子期がよく言いあてた話に基づく。

列子曰、「伯牙善鼓琴、鍾子期善聴。伯牙鼓琴、志在高山。子期曰、『善哉。峩峩乎若泰山。』志在流水。子期曰、『善哉。洋洋兮若江河。』伯牙所念、子期必得之。」呂氏春秋曰、「鍾子期死。伯牙破琴絶絃、終身不復鼓琴。以為、無足為鼓者。」

口語訳 『列子』に、「伯牙は琴を弾くことがうまく、鍾子期は琴の音を聴きわけることがうまかった。伯牙が琴を弾きながら、高山のことを考えていると、子期が『すばらしい、高く険しくそびえて泰山のようだ。』と言う。また、川の流れを思い浮かべていると、『すばらしいなあ、ひろびろとして長江や黄河のようだ。』と言った。伯牙の考えていることは、必ず子期が言いあてた。」とある。『呂氏春秋』には、「鍾子期が死んだ。伯牙は琴をこわし、絃を切って、生涯二度と琴を弾かなかった。琴を弾いて聞かせるに足る者がいないと考えたからである。」とある。

朝三暮四

出典 戦国、列禦寇『列子』黄帝編

意味 (1)①人をごまかすこと。②表面的な違いにこだわり、結果が同じであることに気づかないこと。(2)宋の狙公が、飼っている猿に、とちの実を朝三つ夜四つやると言うと、猿が怒ったので、朝四つ夜三つにしようと言うと、猿がみな喜んだという話に基づく。

宋有狙公者。愛狙、養之成群。能解狙之意、狙亦得公之心。損其家口、充狙之欲。俄而匱焉。将限其食。恐衆

り戻し、そのすぐれた心を育てることにある。

宋襄の仁〔春秋　左丘明『春秋左氏伝』僖公二十二年〕無用の情け。余計な憐れみ。

他山の石〔春秋　『詩経』小雅　鶴鳴〕どんなものでも、自分の品性・知徳をみがくのに役立つこと。

天網恢恢、疎にして漏らさず〔春秋　老聃『老子』第七十三章〕天は決して悪事を見逃すことはないということ。

頭角をあらわす〔唐　韓愈「柳子厚墓誌銘」〕才能や力量が群を抜いてすぐれてくること。

同病相憐れむ〔後漢　趙曄『呉越春秋』闔廬内伝〕同じ境遇に苦しむ者は、互いに苦痛を察し同情する念の強いこと。

桃李言わざれども下自ずから蹊を成す〔漢　司馬遷『史記』李将軍列伝〕仁徳のある人のもとには、人々が徳を慕って自然に集まってくること。

登竜門〔〈六朝〉宋　范曄『後漢書』李膺伝〕立身出世のための難しい関門。

蟷螂の斧〔漢　劉安『淮南子』人間訓〕弱者が、自分の力を考えないで強者に立ち向かうこと。

涙を揮って馬謖を斬る〔晋　陳寿『三国志』馬謖伝〕全体の規律を保つためには、たとえ愛する者でも処罰すること。

鶏を割くに焉ぞ牛刀を用いん〔春秋『論語』陽貨〕小事を処理するのに大人物の手を借りる必要のないことのたとえ。また、適用の方法が間違っていること。

狙之不レ馴二於己一也、先誑レ之曰、「与二若芧一、朝三而暮四、足乎。」衆狙皆起而怒。俄而曰、「与二若芧一、朝四而暮三、足乎。」衆狙皆伏而喜。

口語訳 宋の国に狙公といわれる者がいた。猿をかわいがり養って、猿が群れをなしていた。狙公は猿の気持ちがわかり、猿のほうもまた狙公の心がわかった。自分の家族の食料を少なくしてまで、猿の食欲を満足させていた。ほどなく食料がとぼしくなった。そこで猿の食べ物を制限しようとした。しかし猿がなつかなくなることをおそれて、はじめに猿をだまして、「おまえたちにとちの実をやるのに、朝三つ夜四つにしよう、足りるか。」と言うと、多くの猿たちがみな立ちあがって怒った。そこですぐに「おまえたちにとちの実をやるのに、朝四つ夜三つにしよう、足りるか。」と言うと、多くの猿たちはみな承服し喜んだ。

虎の威を借る狐

出典 漢、劉向『戦国策』楚策

意味 (1)強い者の威光を借りて、いばりちらす小人物をいう。(2)虎につかまった狐が、虎をだまして後に従えて歩き、百獣がにげ散るのが、あたかも自分の威勢によるかのようにみせた話に基づく。

虎求二百獣一而食レ之、得レ狐。狐曰、「子無二敢食一レ我也。天帝使三我長二百獣一。今子食レ我、是逆二天帝命一也。子以レ我為レ不レ信、吾為レ子先行。子随二我後一観。百獣之見レ我、敢不レ走乎。」虎以為レ然。故遂与レ之行。獣見レ之皆走。虎不レ知二獣畏レ己而走一也。以為レ畏レ狐也。

口語訳 虎が百獣を求めて食べ、狐をつかまえた。狐が「あなたは決して私を食べてはなりません。天帝は私を百獣の王としました。あなたが私を食べるなら、それは天帝の命令に逆らうことになります。あなたが、私の言うことを信用しないならば、私はあなたの疑いを晴らすため先に立って歩きましょう。あなたは私のあとについてきてみなさい。獣たちは私の姿を見て、必ず逃げだしますから。」と言う。虎はもっともなことだと思った。そこで狐とともに出かけた。獣はこれを見てみな逃げだした。虎は自分を恐れて獣が逃げるのだということがわからなかった。虎は、獣たちは狐を恐れているのだと思った。

白眼視

出典 唐、房玄齢『晋書』阮籍伝

意味 (1)気に入らないものを見る目つき。冷淡に扱うこと。(2)魏の阮籍が、気に入らない者には白眼で対し、好む者には青眼で対したという話に基づく。

阮籍不レ拘二礼教一。能為二青白

背水の陣〔漢　司馬遷『史記』淮陰侯伝〕必死の思いで行うこと。また、後にひけない困難な状況のこと。

馬脚を露す〔清　翟灝『通俗編』獣畜〕ばけの皮がはげること。隠していたことが露見すること。

始めは処女のごとく、後は脱兎のごとし〔春秋　孫武『孫子』九地〕はじめ弱そうに見せかけてだまし、後に見ちがえるような強い力を見せること。

破竹の勢い〔唐　房玄齢『晋書』杜預伝〕猛烈な勢いで進むこと。勢いが盛んで抑えがたいこと。

破天荒〔宋　孫光憲『北夢瑣言』〕めったにないこと。前例のないこと。

万事休す〔元　托克托『宋史』荊南高氏世家〕とるべき手段がないこと。すべてが終わりであること。

日暮れて途遠し〔漢　司馬遷『史記』伍子胥列伝〕年をとって、もうあまり先がないのに、目的がなかなか達せられないこと。

人を射んとすれば先ず馬を射よ〔唐　杜甫「前出塞」の詩〕相手を屈服させるには、その人のたのみとするものを倒せば成功するということ。

髀肉の嘆〔晋　陳寿『三国志』先主伝裴松之注〕功名をたて、手腕を発揮する機会がなく、むだな時を過ごすことの嘆き。

百聞は一見に如かず〔後漢　班固『漢書』趙充国伝〕何度も繰り返し聞くよ

眼、見礼俗之士、以白眼対之。及嵇喜来弔、籍作白眼。喜不懌而退。喜弟康聞之、乃齎酒挟琴造焉。籍大悦、乃見青眼。由是礼法之士、疾之若讐。

口語訳 阮籍は礼教にこだわらなかった。青い眼と白い眼とを使い分けることができ、形式的な礼教にこだわる人を見るときには白い眼で対した。嵇喜がやってきて、(母の喪に服していた)阮籍を見舞ったときは、阮籍は白い眼をした。喜はふきげんなおももちで帰った。喜の弟の康がこのことを聞いて、酒を持ち、琴をわきにかかえてやってきた。阮籍はたいそう喜んで青い眼を出した。こうしたことによって、礼教の士が阮籍をにくむことは仇のようであった。

覆水盆に返らず

出典 晋、王嘉『拾遺記』

意味 (1)取り返しがつかないこと。(2)周の太公が、復縁を願う妻に、いちどこぼれた水はもはや盆にはかえらないことを示した話に基づく。

太公初娶馬氏。読書不事産。馬求去。太公封斉。馬求再合。太公取水一盆傾于地、令婦収水。惟得其泥。太公曰、「若能離更合、覆水定難収。」

口語訳 太公ははじめ馬氏と結婚していた。太公は書物ばかり読んで仕事に専念しなかった。馬氏は自分から願って離婚した。太公は後に諸侯として斉に封ぜられた。馬氏は元のさやにおさまりたいと申し出た。すると太公は水の入った盆を持ち出して地に流し、馬氏に水をもとに返させた。馬氏はただ泥だけしかすくうことができなかった。そこで太公は、「おまえがひとたび離婚し、復縁しようとしても、こぼれた水は地にしみこんで、どうしても元にはもどらないようなものだよ。」と言った。

舟に刻みて剣を求む

出典 戦国、呂不韋『呂氏春秋』察今編

意味 (1)時勢の変化に気づかず、いつまでも古いしきたりにこだわっていること。(2)舟から剣を水中に落とした人が、動く舟にしるしをつけて、そこから水中に入って剣をさがした、という話に基づく。

楚人有渉江者。其剣自舟中墜於水。遽刻其舟曰、「是吾剣之所従墜。」舟止。従其所刻者、入水求之。舟已行矣。而剣不行。求剣若此、不亦惑乎。

口語訳 楚の国の人で、長江を渡る者がいた。その剣が舟から水中に落ちた。あわててその舟ばたに目印をつけて「ここからわたしの剣が落ちたの

つかない。いったん口にしたことは違えてはならない。

り、一度実際に見たほうがよくわかる。

百里を行く者は九十を半ばとす 〔漢 劉向『戦国策』秦策〕何事も最後のところが大切であるということ。

豹は死して皮を留め、人は死して名を留む 〔宋 欧陽脩「王彦章画像記」〕豹は死後、その皮を大切にされるが、人は死後に残した名誉、功績で評価されるという意。

風樹の嘆 〔漢 韓嬰『韓詩外伝』〕親に孝行しようとしても、そのときにはすでに親は死んでいないことの嘆き。

刎頸の交わり 〔漢 司馬遷『史記』廉頗・藺相如列伝〕互いに相手のためになら、たとえ首を斬られても恨みに思わないほどの親しい交わり。

先ず隗より始めよ 〔漢 劉向『戦国策』燕策〕遠大な計画は身近なことから始めるべきだということ。

満を持す 〔漢 司馬遷『史記』越王句践世家〕満ちた状態を保つこと。用意を十分にして時期の来るのを待つこと。

水清ければ魚棲まず 〔後漢 班固『漢書』東方朔伝〕あまりに清廉潔白すぎると、かえって人に親しまれないこと。

洛陽の紙価を貴む 〔唐 房玄齢『晋書』左思伝〕著書がもてはやされ、よく売れることのたとえ。

良薬口に苦し 〔魏 王粛『孔子家語』六本〕よい薬は飲みにくいが、病気にはよく利くこと。よい忠告は聞き入れにくいが、身のためになるというたとえ。

だ。」と言った。舟がとまった。その目印をつけたところから、水中に入って、剣を探した。しかし、舟はすでに動いてしまっているのに剣は動いていない。剣を探し求めるのに、このようにするのは、なんとまちがったことではないだろうか。

矛盾

出典 戦国、韓非『韓非子』難編㈠

意味 ⑴つじつまの合わないこと。⑵どんな盾をも突き破る矛と、どんな矛でも突き通せない盾とは、同時には存在しない、という話に基づく。

楚人有鬻盾与矛者。誉之曰、「吾盾之堅、物莫能陥也。」又誉其矛曰、「吾矛之利、於物無不陥也。」或曰、「以子之矛、陥子之盾、何如。」其人弗能応也。

口語訳 楚の国の人に盾と矛とを売る者がいた。自分の売る盾をほめて「私の売る盾の堅いことといったら、どんなものでも突き破ることはできません。」と言い、またその矛をほめて、「私の売る矛の鋭利なことは、どんなものでも突き通さないものはありません。」と言った。ある人が「それなら、あなたの矛であなたの盾を突き通したらどうなるかね。」と言ったら、その人は答えることができなかった。

病膏肓に入る

出典 春秋、左丘明『春秋左氏伝』成公十年

意味 ⑴病気が重くなって治る見込みがなくなること。また、ある物事に熱中して手がつけられなくなること。⑵晋の景公にとりついた病魔が、秦の名医を恐れて肓（横隔膜の上）、膏（心臓の下）にもぐり込んだ、という話に基づく。

晋景公疾病。求医于秦。秦伯使医緩為之。未至、公夢、疾為二豎子曰、「彼良医也。懼傷我。焉逃之。」其一曰、「居肓之上、膏之下、若我何。」医至曰、「疾不可為也。在肓之上、膏之下。攻之不可。達之不及、薬不至焉。不可為也。」公曰、「良医也。」

口語訳 晋の景公の病気が重くなった。秦に医者を依頼した。秦の王は医緩をやって治療させることにした。医者がまだ来ないうちに、公の夢に、自分を苦しめている病気が、二人の子どもになって現れ、「彼は名医だよ。きっとわれわれを苦しめるだろう。どこへ逃げようか。」と言う。その一人が「肓の上、膏の下におれば、われわれをどうすることもできまい。」と言う。医者が到着して言うに「病気は治すことができません。肓の上、膏の下のところに病気がありますので、治療できません。針も届きません。薬も通じません。だから治すことができないのです。」と。景公は（その診断を聞いて）「名医である。」と言った。

唐代官職一覧

三師

官職		
太師(正一品)		訓導の官。適当な人がなければ欠く。時に親王がつくことがあるが、名位だけのもの。多く贈官に用いられる。
太傅(正一品)		
太保(正一品)		

三公

太尉(正一品)		論道の官。時に親王がつくことがあるが、名位だけのもの。
司徒(正一品)		
司空(正一品)		

六省

官署	長官	次官
三省		
尚書省(詔勅を施行)	尚書令(正二品)	左・右僕射(従二品)
六部		
吏部(官吏の選授勲封)	尚書(正三品)	侍郎(正四品上)
戸部(戸籍・年貢)	尚書(正三品)	侍郎(正四品下)
礼部(礼儀・祠祭)	尚書(正三品)	侍郎(正四品下)
兵部(軍衛・武官の選授)	尚書(正三品)	侍郎(正四品下)
刑部(刑罰)	尚書(正三品)	侍郎(正四品下)
工部(百工・屯田・山沢・水利)	尚書(正三品)	侍郎(正四品下)
門下省(詔勅の内容を吟味)	侍中(正三品)	黄門侍郎(正四品上)
中書省(政策の立案・詔勅の起草)	令(正三品)	侍郎(正四品上)
秘書省(経籍・図書)	監(従三品)	少監(従四品上)
殿中省(乗輿・服御)	監(従三品)	少監(従四品上)
内侍省(後宮)	内侍(従四品上)	内常侍(正五品下)

官署	長官	次官
御史台(不法を糾察)	大夫(従三品)	中丞(正五品上)

九寺

官署	長官	次官
太常寺(礼楽・宗廟)	卿(正三品)	少卿(正四品上)
光禄寺(宮中での饗宴)	卿(従三品)	少卿(従四品上)
衛尉寺(宮門の警護)	卿(従三品)	少卿(従四品上)
宗正寺(皇室の簿籍)	卿(従三品)	少卿(従四品上)
太僕寺(廐牧・車輿)	卿(従三品)	少卿(従四品上)
大理寺(検察と裁判)	卿(従三品)	少卿(従四品上)
鴻臚寺(賓客の接待・葬儀)	卿(従三品)	少卿(従四品上)
司農寺(穀物・倉庫)	卿(従三品)	少卿(従四品上)
太府寺(財貨・度量衡)	卿(従三品)	少卿(従四品上)

五監

官署	長官	次官
国子監(儒学・訓導)	祭酒(従三品)	司業(従四品下)
少府監(天子の服御・百官の儀制)	監(従三品)	少監(従四品下)
将作監(土木・建築・工匠)	大匠(従三品)	匠(従四品下)
軍器監(甲弩などの繕造)	監(正四品上)	少監(正五品上)
都水監(川沢の舟・橋)	使者(正五品上)	丞(従七品上)

武官

官署	長官	次官
十六衛(宮廷の警衛)	大将軍(正三品)	将軍(従三品)
左右羽林軍(天子の宿衛)	大将軍(正三品)	将軍(従三品)
諸折衝府(五七四府を諸州に分置)		
上府(兵一二〇〇人)	都尉(正四品上)	果毅都府(従五品下)
中府(兵一〇〇〇人)	都尉(従四品上)	果毅都尉(正六品上)
下府(兵 八〇〇人)	都尉(正五品下)	果毅都尉(従六品下)

太子府

三師		
太子太師(従一品)		道徳をもって太子を補教す。常置せず、その人がいなければ欠く。
太子太傅(従一品)		
太子太保(従一品)		
三少		
太子少師(正二品)		太子につきそい、三師の述べた道徳を教諭する。常置せず、その人がいなければ欠く。
太子少傅(正二品)		
太子少保(正二品)		

官署	長官	次官
太子詹事(東宮の総督)	詹事(正三品)	少詹事(正四品上)
太子家令寺(太子の食事)	家令(従四品上)	丞(従七品上)
太子率更寺(礼楽・刑罰・時刻)	令(従四品上)	丞(従七品上)
太子僕寺(車輿・騎乗)	僕(従四品上)	丞(従七品上)
太子左右衛諸率府(東宮の警備)	率(正四品上)	副率(従四品上)

地方官

官署	長官	次官
京兆・河南・太原府	牧(従二品)	尹(従三品)
都督 大都督府	都督(従二品)	長史(従三品)
都督 中都督府	都督(正三品)	別駕(正四品下)
都督 下都督府	都督(従三品)	別駕(従四品下)
諸州 上州(四万戸以上)	刺史(従三品)	別駕(従四品下)
諸州 中州(二万戸以上)	刺史(正四品上)	別駕(正五品下)
諸州 下州(二万戸未満)	刺史(正四品下)	別駕(従五品上)
都護 大都護府	大都護(従二品)	副大都護(従三品)
都護 上都護府(国境警備)	都護(正三品)	副都護(従四品上)
親王府	傅(従三品)	諮議参軍事(正五品上)
諸県	令(正五品上～)	丞(従七品上～)

唐代の官制

官吏　官と吏とは同じではなく、九品以上のものが官とよばれ、九品官に入らない吏、胥吏・流外・職掌・雑色人などとよばれる官庁勤務者が官と庶民との間にいた。また勤務地によって内、外の区別があった。内は中央官庁に所属するもの、外は地方官庁、すなわち州・県・折衝府などに所属するものである。また文官・武官の区別もあった。

科挙　科挙の試験科目には、秀才・明経・進士・明法・明字・明算の六科があり、中央と地方の学校の優秀者（生徒）と、州・県の予備試験を通過した者（郡貢）が受験した。

中央の官制　唐代では中書省・門下省・尚書省の三省が中核をなした。この中、中書省の長官（中書令）、門下省の長官（侍中）、尚書省の次官（左僕射・右僕射）が宰相の任についた。尚書省の六部は行政を担当する官庁であるが、実務を担当したのは、九寺・五監・十六衛などであった。

地方の官制　唐の地方行政は州県制で、州は時に郡ともよばれた。一州は数県からなり、全国は約三五〇の州と約一五五〇の県に分けられていた。特別の州として三府と都督府があった。三府はこれまで都が置かれた所、都督府は重要な土地に置かれた。三府の長官は牧、都督府の長官は都督、州の長官は刺史とよばれた。都督府、州の次官である別駕・長史・司馬は、唐の中期以後は実務がなくなり、左遷用のポストとみなされた。県は、京・畿・上・中・中下・下の六等級に分かれ、長官は令、次官は丞、その下に主簿、尉が置かれた。節度使・監察使は、必要に迫られて新設された天子直属の官で、数州を管轄し、やがて管内の軍事・民政・財政を一手に握るようになった。

中国の度量衡単位

主な度量衡単位の時代別変遷表

単位＼時代	周〜前漢 (BC10〜BC1)	新・後漢 (1〜3)	魏 (3)	唐 (7〜10)	宋・元 (10〜14)	明 (14〜17)	清 (17〜20)	現代中国 (21)	日本 (21)
分(cm)		0.2304	0.2412	0.311	0.3072	0.311	0.32	0.333	0.303
寸(cm)	2.25	2.304	2.412	3.11	3.072	3.11	3.2	3.33	3.03
尺(cm)	22.5	23.04	24.12	31.1	30.72	31.1	32	33.3	30.3
丈(m)	2.25	2.304	2.412	3.11	3.072	3.11	3.2	3.33	3.03
歩(m)	1.35	6尺, 1.3824	6尺, 1.4472	5尺, 1.555	5尺, 1.536	5尺, 1.555	5尺, 1.6	5尺, 1.666	
里(m)	405	300歩, 414.72	300歩, 434.16	360歩, 559.8	360歩, 552.96	360歩, 559.8	360歩, 576	300歩, 500	3927
畝(a)	100方歩, 1.82	4.58647	5.02653	5.80326	5.66254	5.80326	6.144	6.666	0.99174
頃(a)	182	458.647	502.653	580.326	566.254	580.326	614.4	666.6	
銭(g)				3.73	3.73	3.73	3.73	3.125	
両(g)	16	13.92	13.92	37.3	37.3	37.3	37.3	31.25	
斤(g)	256	222.73	222.73	596.82	596.82	596.82	596.82	500	600
勺(dℓ)			0.02023	0.05944	0.09488	0.17037	0.10355	0.1	0.18039
合(dℓ)	0.194	0.1981	0.2023	0.5944	0.9488	1.7037	1.0355	1	1.8039
升(ℓ)	0.194	0.1981	0.2023	0.5944	0.9488	1.7037	1.0355	1	1.8039
斗(ℓ)	1.94	1.981	2.023	5.944	9.488	17.037	10.355	10	18.039
石(ℓ)				59.44	94.88	170.37	103.55	100	180.39

度量衡主要単位比較表

	単位			単位	
尺度	分(ふん・ぶ)	0.01尺	容量	勺(しゃく)	0.01升
	寸(すん)	0.1尺		合(ごう)	0.1升
	尺(せき・しゃく)	──		升(しょう)	──
	丈(じょう)	10尺		斗(と)	10升
	仞(じん)	7尺		石(せき・こく)	100升
	尋(じん)	8尺	面積	畝(ほ)	周 100平方歩 秦以後240平方歩
	揲(よう)	5尺		頃(けい)	100畝
	跬(けい)	3尺			
	歩(ほ)	唐以前 6尺 唐以後 5尺	重量	銭(せん)	0.1両
	里(り)	清以前 1800尺 中華民国1500尺		両(りょう)	──
				斤(きん)	16両

参考図

主要名数一覧

（日本の名数は581ページ参照）

一人 天子。君主。
二気 陰と陽。
二聖 ①周の文王と武王。②周公と孔子。③夏の禹王と孔子。
二柄 君主のもつ二つの権力。賞罰あるいは文武。
三峡 長江（揚子江）上流の三つのはざま。巫峡・瞿塘峡・西陵峡。
三教 儒教・仏教・道教。
三軍 周の制度で大諸侯の軍隊。上軍・中軍・下軍。
三傑 ①前漢の張良・蕭何・韓信。②三国時代、蜀の諸葛亮・関羽・張飛。
三皇 太古伝説上の三人の王、伏羲・女媧・神農。
三綱 君臣・父子・夫婦の道。
三国 ①中国の魏・呉・蜀。②朝鮮の新羅・百済・高麗。
三才 天・地・人の称。
三史 ①史記・漢書・後漢書。②史記・漢書・東観漢記。
三春 春三か月の称。孟春・仲春・季春。
三蘇 北宋の文人。蘇洵・蘇軾・蘇轍。
三代 ①上代三王朝。夏・殷・周。②祖父・父・子。
三体詩 七言絶句・七言律詩・五言律詩。
三王 三代の聖王、夏の禹王・殷の湯王・周の文王・武王。
三友 ①（白楽天）詩・琴・酒。②（歳寒三友）松・竹・梅。
三余 勉強すべき三つの余暇。冬は年の余り、夜は日の余り、陰雨は時の余り。

三楽 君子の三つの楽しみ。一家の平和・心にやましくないこと・英才教育。
四夷 四方の蛮族。東夷・西戎・南蛮・北狄。
四庫 経・史・子・集の四部の書を収納した書庫。
四恩 天地の恩・国王の恩・父母の恩・衆生の恩。
四科 孔子が門人に教えた四種の学科。徳行・言語・政事・文学。
四海 東海・西海・南海・北海。
四書 大学・中庸・論語・孟子。
四神 天の四方の星宿の形。青竜（東）・朱雀（南）・玄武（北）・白虎（西）。
四声 平声・上声・去声・入声。
四大奇書 水滸伝・三国志演義・西廂記・琵琶記。のちに西廂記・琵琶記を除いて、西遊記・金瓶梅を加えた。
四端 仁・義・礼・知の道に進むいとぐちになる四つの心。惻隠・羞悪・辞譲・是非。
五岳 泰山（山東）・華山（陝西）・衡山（湖南）・恒山（山西）・嵩山（河南）。
五経 詩経・書経・易経・春秋・礼記。
五行 天地の間に広がり、めぐり動いてやむことのない五つの元素。木・火・土・金・水。
五常 仁・義・礼・智・信。
五節供 人日（正月七日）・上巳（三月三日）・端午（五月五日）・七夕（七月七日）・重陽（九月九日）。
五帝 太古伝説上の五人の皇帝。①黄帝・顓頊・帝嚳・尭・舜。②伏羲・神農・黄帝・尭・舜。
五覇 ①斉の桓公・晋の文公・秦の穆公・宋の襄公・楚の荘王。②斉の桓公・晋の文公・秦の穆公・宋の襄公・呉王闔廬。③斉の桓公・晋の文公・越王句践・宋の襄公・呉王闔廬。

五倫 父子有レ親・君臣有レ義・夫婦有レ別・長幼有レ序・朋友有レ信。
六軍 天子の率いる軍隊。一軍は一万二千五百人。
六経 詩経・書経・易経・春秋・礼記・楽記。
六芸 周代に士以上の必須科目とされた六種の技芸。礼・楽・射・御・書・数。また六経の称。
六合 東・西・南・北・上・下の六つの方角。
六書 字のなりたち。象形・指事・会意・形声・転注・仮借。
六親 いっさいの血族。父・母・兄・弟・妻・子。
六尺之孤 十四、五歳のみなしご。
六朝 呉・東晋・宋・斉・梁・陳。
七賢 ①周代の七人の賢人。伯夷・叔斉・虞仲・夷逸・朱張・少連・柳下恵。②晋代の七人の賢人（竹林の七賢）阮籍・嵆康・山濤・向秀・劉伶・阮咸・王戎。
八大家 （唐宋八大家）唐・宋の八人の文章家。唐の韓愈・柳宗元、宋の欧陽脩・蘇洵・蘇軾・蘇轍・曽鞏・王安石。
八景 （瀟湘の八景）江天の暮雪・遠浦の帰帆・洞庭の秋月・漁村の夕照・煙寺の晩鐘・平沙の落雁・山市の晴嵐・瀟湘の夜雨。
九天 天を九つの方角に分けたもの。鈞天（中央）・蒼天（東）・変天（東北）・玄天（北）・幽天（西北）・昊天（西）・朱天（西南）・炎天（南）・陽天（東南）。
九重 天子の御所。宮中。
九流 先秦時代の代表的な九学派。儒家・道家・陰陽家・法家・名家・墨家・縦横家・雑家・農家。
十哲 （孔門十哲）顔淵・子貢・子路・子游・子夏・冉有・宰我・仲弓・冉伯牛・閔子騫。

表現の学習

モエレ沼公園〈北海道〉

よりよく伝え合うために

なぜ「表現」を学ぶのか

人は表現を通して他者との意思疎通を図り、良好な人間関係を形成する。また、独自の見解を表現することで、周囲に新たな問題や展望を認識させることもある。私たちの社会には多くの問題があるが、互いにコミュニケーションをとりながら解決していくことで社会が発展する。

また、自分の思いや考えを他の人に知ってもらうこと自体が、幸福を感じる一つの手段ともなる。言葉にしてみることで、気づいていなかった自分の思いに気づくこともある。

しかし、ただ表現をすれば、このようなことが実現するわけではない。事実を的確に表現できなければ問題を正しく認識することはできないし、他者に理解される表現でなければ問題解決のための考えも共有できない。また、相手に配慮した表現でなければ信頼関係を失ってしまうこともある。

そのため、目的に合った適切な表現が行えるように、場面に応じた表現の方法を学ぶことが重要である。

さまざまな表現活動の例

話し合い

話し合いは、合意を得るために行われることの他、メンバーの共通認識を得たり、アイデアを生み出したりするために行われる。市民どうしの会合や政策論争、チームの活動の改善、商品開発の構想など、あらゆる場面で行われる。

自分の主張に賛同させることを目的とするディベートもあるが、話し合いの多くは、自分の意見を理解してもらおうとするとともに、相手の考えをくみ取り、ともにわかりあおうとする姿勢が重要となる。合意形成のための話し合いで意見が完全に一致するようなことはあまりなく、どこかで妥協点を見いだし、折り合いをつけることが求められる。

話し合いの中から、自分と他人との共通点や相違点が見つかることもある。また、意見が一致しなくとも、真摯な態度で話し合うことで、友好的な関係を築いていくこともできる。

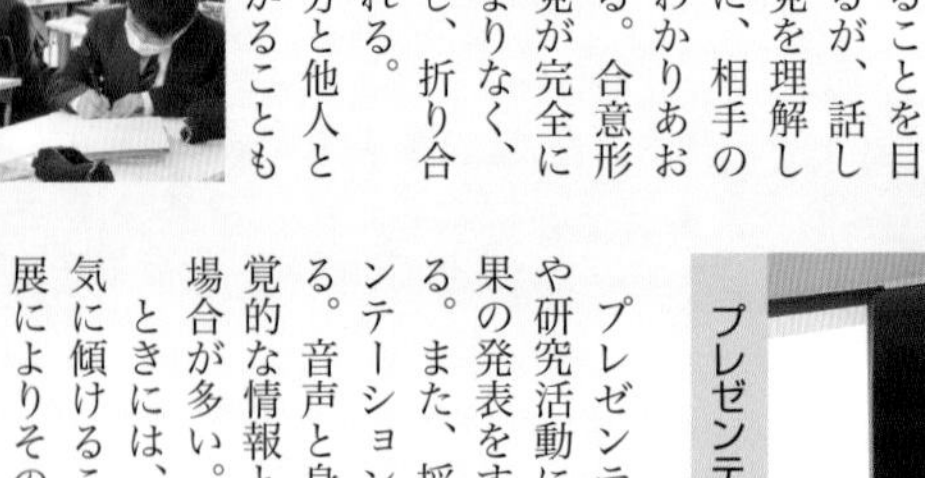

スピーチ、プレゼンテーション

スピーチやプレゼンテーションは、多くの聴衆を納得させ、考えや行動を変えさせる目的で行われる。

スピーチは、自己紹介や関わりのある人の紹介といった場で行われることもある。選挙演説のように現代社会の問題に関わる意見表明を行うような場でも行われる。基本的に音声と身振りで話をする点に特徴がある。

プレゼンテーションを行う高校生

プレゼンテーションは、ビジネスや研究活動において企画の提案や成果の発表をするといった場で行われる。また、採用面接においてプレゼンテーションを求められることもある。音声と身振りだけではなく、視覚的な情報と併せて情報を提示する場合が多い。

ときには、一人の語りが世論を一気に傾けることもある。情報化の進展によりその規模はますます広がっている。自分の思想をどのように語るのかが鍵となる。

レポート

レポートは調査や研究の結果を報告するための文章である。また、そうした報告に基づきながら意見を述べる論文までをもレポートに含むこともある。

自分の体験に基づく個人的な感想を述べる感想文と異なり、レポートは客観的な事実に基づこうとする点に特徴がある。

レポートは、何らかの課題を解決するための基礎資料として用いられることが多い。たとえば、ビジネス場面において、市場の動向を調査し、今後の企業活動の改善方針を作成するために用いられる。また、レポートは企業の取り組みの成果を顧客に伝えるためにも作成される。そのため、読み手にとってわかりやすく書かれているかという点も重要になる。

また、政策の立案や決定の根拠として用いられることもある。そのため、データを正確に報告するレポートは民主主義の基礎ともなる。

「表現の学習」で学ぶこと

❶論理的思考

他者の考えや多様な情報を的確に理解し、自分が伝えたいことを正確に表現するためには、論理的に思考することが不可欠である。そこで、論理的に思考するための基礎として、「相手意識・目的意識」「対比・類比」「具体・抽象」「言い換え・要約」「順序」「原因・結果」「論証（主張・理由）」「帰納・演繹」「隠れた前提」の九つの項目を学習する。また、論理を適切に読み解いたり効果的に表現したりするために必要となる、修辞法や近現代の基礎知識を学ぶ。

参照 P.468 論理のレッスン

❷場面に応じた表現のしかた

表現する内容や形が適切であるかどうかは、表現を行う場面によって異なる。まず、表現するための下準備に関わる項目として、「情報の集め方」、「発想の整理」を学ぶ。そして、音声表現に関わる項目として、「スピーチ」「プレゼンテーション」「討論」「面接」を学習する。また、文章表現に関わる項目として、「感想文」「レポート」「記述・論述問題（小論文）」「志望理由書」「自己PR文」「履歴書」「手紙」「メール」、そして、短歌や小説等の文学的な創作活動について学習する。

参照 P.488 実践編

SNS

SNSは、ソーシャル・ネットワーキング・サービスの略称であり、社会的な関係を作ることのできるオンライン上のサービスのことである。SNSでは、自分の友人や仲間だけではなく、見知らぬ人とも交流をすることができる。

自分のコメントを発信したり、写真や動画、関心のある記事や他人のコメントを共有したりすることもできる。また、特定の人とチャットや通話をすることが可能なこともある。

匿名化したり公開範囲を限定したりしたとしても、予期しない形で情報が広がってしまう可能性もあるため、ネット上に投稿してよいものかを考慮する必要がある。

一方で、自分の考えが多数の人に共有され広まっていくことで、世論の形成に大きな影響を与え、慣習の見直しや政策変更につながる可能性もある。危険性に留意しつつ、効果的に活用したい。

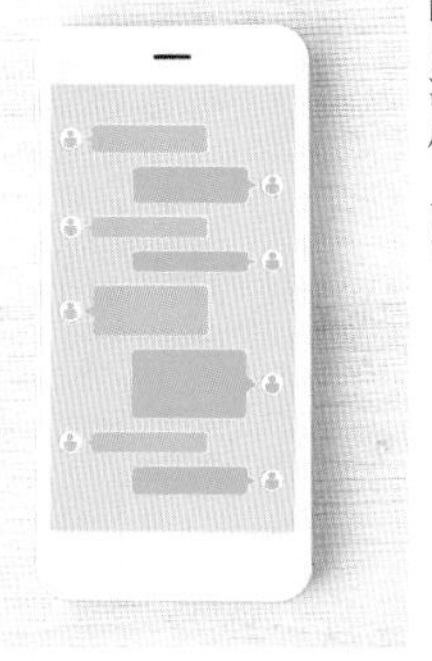

手紙、メール

手紙もメールも、私的な場面だけではなく、インターンシップや就職活動、ビジネスにおけるさまざまな場面で、通信手段として用いられる。依頼やお礼、お詫び、案内等、用途はさまざまである。

手紙は、デジタルなメールと比べると、親しみを感じたり、より丁寧な印象を受けたりする人は少なくない。重要書類の添え状としても手紙が用いられる。

一方、メールは、電話やチャットほどの即時的なやりとりができるわけではないが、手紙に比べれば通信の手間がかからない。コストもあまりかからず、データの添付や長文を記録として残すこと、同一の内容を多人数に一斉に送信することも容易である。

丁寧さを重視するのか、反応の素早さを重視するのか、保存性を重視するのか等、目的や相手の都合に応じて使い分けよう。

小論文、志望理由書、自己PR文

大学入試や就職試験等で、志望先が応募者の採否を決める際に使用されることが多い。知識や思考力、熱意等の資質を志望先が判断するための資料となる。

小論文は、与えられた課題に応じて、自分の考えを筋道立てて論じる文書である。課題や資料を正確に読み取り、根拠ある議論を展開することが重要である。

志望理由書は、なぜその大学で学びたいのかや、その企業で働きたいのかといった動機を述べるための文書である。入学・入社して、どのようなことを実現したいのかを表現することが重要である。

自己PR文は、自分と志望先が望ましい関係を築けるようにするための文書である。単に自分の経験や長所を述べるだけではなく、自分と付き合っていくことで志望先にどのようなメリットがあるのかを理解してもらうことが重要である。

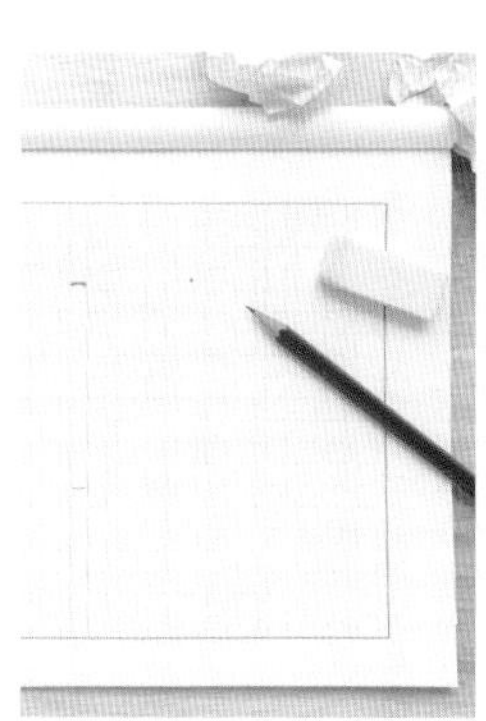

論理のレッスン

自分の言いたいことを相手にわかりやすく伝えるためには、論理的な表現が不可欠である。「論理」の基本を学習しよう。

◆相手意識・目的意識

【概要】**相手意識**とは、誰に向けて話す、書くのかについての意識のことである。たとえば、ある文章を書こうとするとき、読んでほしい相手が子供であれば、表現する人はできるだけ易しい言葉を使うだろう。逆に、その文章を専門家に読んでもらおうと考えるならば、専門用語を使いながらその文章を書くだろう。

目的意識とは、どのような目的で話す、書くのかについての意識のことである。たとえば、話をするとき、その内容をよく知らない相手に理解させることを目的とするならば、表現する人はなるべくわかりやすく、かみ砕いた説明を心掛けるだろう。一方、自分と反対の考えを持つ相手を説得することを目的とするならば、表現する人は根拠を示したり相手に呼びかけたりして、相手の考えが変わるように意識するだろう。

【活用のしかた】話をしたり文章を書いたりする際、相手のことを考えて表現することが、目的の達成につながる。また、相手意識・目的意識を持って話を聞いたり文章を読んだりすることにより、相手の主張の理解も早まる。

文例A

スマホから目を離し、周囲を眺めてみませんか

私は大学まで電車で通学しているが、最近、マナーの悪い人が目につく。混雑しているのに背中の荷物をよけようとしない人、電車の奥が空いているのに扉の近くから動こうとせず、乗客の乗り降りの妨げになっている人などだ。こうした人に共通するのは、スマートフォンの画面に夢中で、周囲の様子に気を配っていないことである。電車という公共の場で、スマホの小さな画面にばかりとらわれていたら、自分が迷惑をかけていることにさえ気づけない。混雑した車内では、ちょっとスマホから目を離し、周囲の様子に気を配ることを心がけてはどうだろうか。

文例B

最近テレビを見ていますか？　今のテレビは面白いですか？　要望や励まし、批判など、テレビに対して言いたいこと、思うことを何でも自由にお書きください。

（二〇一九年七月二日付『朝日新聞』）

【文例の解説】文例A・Bを見てみよう。これらは、両方とも新聞から抜粋した文章である。しかし、それぞれの文章が意識している相手・目的は異なっている。

文例Aは、電車通学の経験をふまえて、公の場でのマナーを訴えている文章である。電車内でスマートフォンを眺めることの多い新聞の読者（相手意識）に、自分の周囲への無関心を省みてもらう（目的意識）ことを目ざして書かれた文章だといえる。

一方、文例Bは、新聞の紙面に載せるためにテレビに関する投書を募集している文章である。こちらの文章は、新聞の読者のうち、テレビに対して何らかの考えがある人（相手意識）に向けて、テレビに関する考えを投稿してもらう（目的意識）ことを狙った文章である。

このように、世の中にあふれている文章や話は、それぞれの相手意識・目的意識のもとで表現されているものなのである。

	相手意識	目的意識
A	電車内でスマートフォンを眺めることの多い、新聞の読者	電車に乗車中、周囲に無関心であることを省みてもらうこと
B	新聞の読者であり、テレビに対して何らかの考えがある人	テレビに関する考えを投書として投稿してもらうこと

力を得て効果的な治療を行うため、病気の内容・治療法・問題点などを話し同意を得ること。

◇対比・類比

【概要】伝えたい内容を相手に伝わりやすくするために、「対比」「類比」という方法が用いられることがある。

対比とは、伝えようとするものを別のものと比べることで、その特徴を際立たせる方法である。たとえば、勉強を継続することの大切さを述べる際に、勉強を継続して取り組まなかった場合のデメリットを述べることにより、物事を継続することのメリットを際立たせることができる。

一方**類比**とは、伝えようとするものと似たものを引き合いに出し、伝えたいものの特徴をよりわかりやすくする方法である。たとえば、勉強を継続することの大切さを伝える際に、スポーツや楽器の演奏の上達には練習を継続しなければならないと述べることが考えられる。

【活用のしかた】話を聞いたり文章を読んだりする際は、何と何が対比・類比されているかを読み取るだけではなく、その対比・類比によって話し手・書き手が何を伝えたいのかを捉えることが重要である。二つのものが対比・類比された場合、話し手・書き手はどちらを重視しているか、また、対比・類比することでわかった相違点・共通点について、話し手・書き手がどう考えているかを読み取ることが求められる。

自分が表現する際にも、伝えたい内容を効果的に伝えるための手段として対比・類比を活用しよう。

文例

古来、温泉の湧出に恵まれていた日本列島では、温泉をめぐる伝説や物語に事欠かない。

『城の崎にて』の主人公「自分」が赴いたのは、城崎温泉。現代の私たちの感覚とは違い、この当時の入湯は、息抜きや観光のための旅行というよりは、治療や健康回復を目的とする「湯治（とうじ）」の性格が強い。さまざまな生と死が描かれる『城の崎にて』は、近代日本の湯治文化を背景とした、「温泉小説」の一つとしてあるのだ。

温泉を舞台とする小説はほかにも多い。梶井基次郎の短編小説『冬の蠅』は、伊豆の湯ヶ島温泉が舞台となっている。『城の崎にて』と同様に、身の回りの小さな生き物へ視線を向けているのが興味深い。

構造図

入湯に対する感覚

『城の崎にて』の主人公
→治療や健康回復を目的とする「湯治」

対比

現代の私たち
→息抜きや観光のための旅行

温泉を舞台とした小説

『城の崎にて』

類比

梶井基次郎『冬の蠅』

身の回りの小さな生き物への視線

【文例の解説】文例は温泉と文学の関係について、志賀直哉の『城の崎にて』を中心に解説したものである。まず、「入湯に対する感覚」という軸で『城の崎にて』の主人公と現代人とを対比させている。現代人の感覚と比較することで、『城の崎にて』の作品世界が観光といった気軽なものではないことを際立たせているのである。

文例の後半では視点を変え、温泉を舞台とする小説がほかにも数多くあることを取り上げている。例示した『冬の蠅』は、『城の崎にて』とは「身の回りの小さな生き物へ視線を向けている」という共通点があることを指摘している。このように、似たポイントがある作品を別途取り上げることで、その特徴をよりわかりやすく示すことに成功している。

◆具体・抽象

【概要】言葉と言葉の関係を考えるうえで重要な考え方の一つに、**具体と抽象**という関係性がある。左の図を見てみよう。

この図では、「動物」というぼんやりと生物を表す言葉が、下にいくほど詳しく（＝**具体的**に）なり、逆に、犬の種類を表す「柴犬」「チワワ」が、上にいくほどぼんやりした（＝**抽象的**な）言葉である「動物」になるのである。

具体と抽象の関係は、ペアとなる言葉との関係性から相対的に決まる。たとえば右の図の「動物」と「犬」のペアの場合、「犬」は「動物」より具体的であると言える。一方、「犬」と「チワワ」のペアの場合、「犬」は「チワワ」より抽象的となる。

【活用のしかた】右の図は単語のレベルで具体と抽象を表した例だが、具体と抽象は、発言や話、文や文章というレベルで考えることもできる。具体と抽象に気をつけて話を聞いたり、文章を読んだりすることで、その表現の構造をわかりやすく捉えることができる。また、自分が表現をするときも具体と抽象を意識することで、わかりやすい表現になる。

文例

世の中には世界の中心がどこにあるかを知っている人間と、それを知らない人間、というより世界に中心などないと考えている人間の、二種類がある。

たとえばイスラム教徒にとってメッカの中央に置かれた巨大な岩は、まさしくアラーの神聖さが顕現したものにほかならない。またユダヤ教徒にとってエルサレムの岩のドームは、いかなる犠牲を払ってでも領有しておかなければならない聖地である。（中略）今、ここにあげた人たちは、幸か不幸か、世界の中心がどこにあるかを知っている。そしてわたしは、これも幸か不幸か知らないが、世界にはもはや中心などというものはないと、あるときから信じるようになった人間である。

（四方田犬彦『心は転がる石のように』ランダムハウス講談社）

構造図

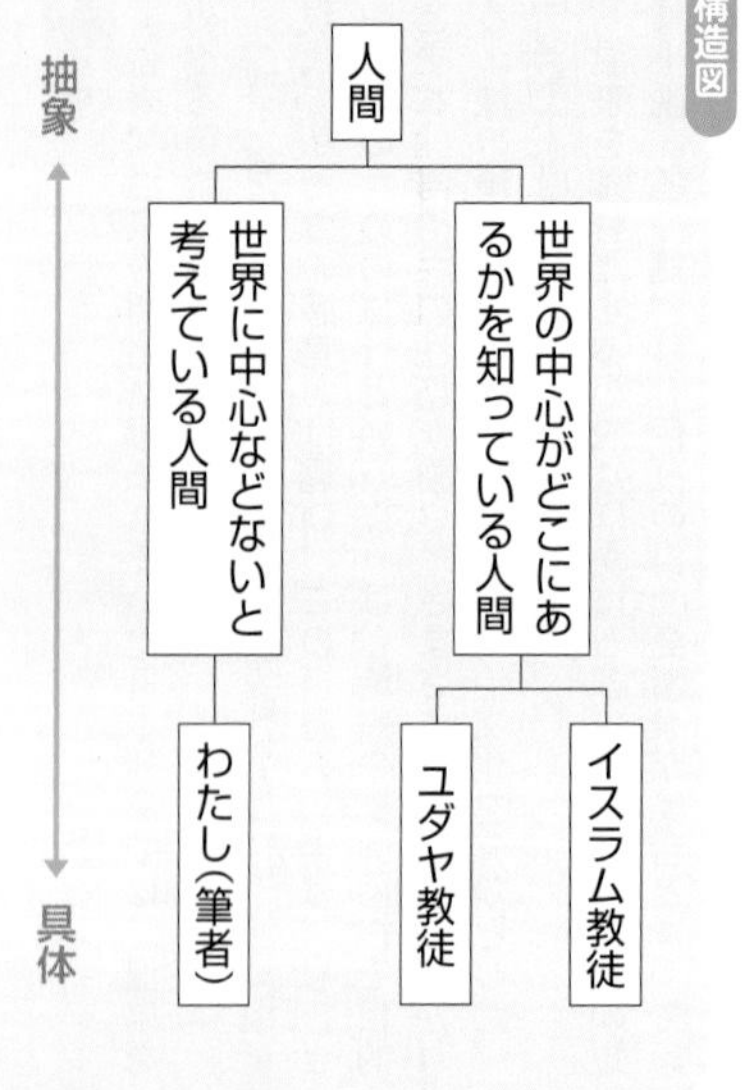

【文例の解説】この文例は、人間にどんな種類があるのかを述べたものである。具体・抽象の関係に着目して読んでみると、構造図に示した関係性が読み取れる。

まず筆者は、「世の中」にいる人間を、「世界の中心がどこにあるかを知っている」人間と、「世界に中心などないと考えている」人間に分けている。つまり、人間という抽象に対して、二つの具体を示しているのである。次に、前者である「世界の中心がどこにあるかを知っている人間」の具体として、「イスラム教徒」と「ユダヤ教徒」をあげている。また、後者である「世界に中心などないと考えている」人間の具体として、自分自身をあげている。

なお、二段落目の最初の「たとえば」という接続表現は、「イスラム教徒」と「ユダヤ教徒」が「世界の中心がどこにあるかを知っている人間」の具体例であることを示している。文章を読むときや文章で何かを述べるときは、具体と抽象を示す接続表現である「たとえば」（抽象→具体）や「つまり」（具体→抽象）を意識するとよい。

働きを抑制したりして治療する方法。

◇言い換え・要約

【概要】 話を聞いたり文章を読んだりするとき、話し手・書き手が何を言いたいのか、内容をまとめることを**要約**という。要約することで、相手が伝えようとしていることをすっきりと理解することができる。
　表現者は、自分の言いたいことを相手に印象づけるために、表現を変えたり具体例をあげたりしながら、同じ内容を何度も繰り返している。

【活用のしかた】 要約する際は、まず、表現者の言いたいこととその**言い換え**部分を分けるとよい。つまり、話や文章の〝骨（＝言いたいこと）〟の部分と、〝肉（＝言い換え）〟の部分に分けるのである。その上で〝骨〟の部分をつなぎ合わせれば、その話や文章の〝骨組み〟となる要約が完成する。

子供がいない
結婚していない
途中でシングルに戻る
つまり、「ライフスタイルは多様化した」ってことね。

文例

⑴人々のライフスタイルや生き方は見事に多様化して、隣の人を見ても自分とは違う人、になってしまった。
　以前のように、すべての家族がマイホーム取得を目ざし、車も主な家電も買い揃え、子供は二人くらいいるのが普通、という時代ではなくなっている。子供がいない夫婦も多いし、結婚していない、あるいは途中でシングルに戻る〝おひとりさま〟も激増している。しかも、人々の好みも、本当に多種多様、バラバラになってきて、「十人十色」どころか「十人百色」とも言われているくらいだ。⑵こうした中で人々は、自分の立ち位置を確認するために何か拠りどころが必要となり、〝自分に似た人〟をウオッチングするようになっているのだ。
　たとえば、読む本ひとつにしても、参考にされているのは、自分とファッション系統や、世界観の似た人が読んでいる本。ストリート系の女の子なら、ストリート系雑誌で紹介されている本、おしゃれコンサバ系の女性なら、そうした系統のファッション誌に出てくるモデルやスタイリストの読んでいる本が参考にされる。
（宮城美幸『あなたは、なぜ「自分に似た人」を探すのか』講談社＋α新書）

⑴の言い換え部分

⑵の言い換え部分

要約例

⑴人々のライフスタイルや生き方は多様化した。⑵その中で人々は、自分の立ち位置を確認するために、〝自分に似た人〟をウオッチングするようになっている。

【文例の解説】 上の文例を見てみよう。まず、「人々のライフスタイルや生き方は見事に多様化」したと筆者は述べる。その後、子供、結婚、生活用品などの話が出てくるが、これらはすべて、「ライフスタイル」が「多様化」したことの言い換えである。その後の「人々の好みも、本当に多種多様、バラバラになってきて、……『十人百色』とも言われているくらいだ。」の箇所も、結局「多様化」という内容の言い換えである。
　続いて筆者は「こうした中で人々は、……〝自分に似た人〟をウオッチングするようになっているのだ。」と述べ、「たとえば」以降で「〝自分に似た人〟をウオッチングする」ことの具体例をあげている。
　つまり、この文章は、

> ⑴「人々のライフスタイルや生き方」が「多様化」したということ
> ⑵人々が「〝自分に似た人〟をウオッチングする」ようになること

これら二つの〝骨〟に、言い換えや具体例という〝肉〟がついて成り立っている。〝肉〟を取り除き⑴⑵を組み合わせて〝骨組み〟とすることにより、この文例を要約することができる。

◆現代用語　遺伝子治療　遺伝子の異常にもとづく疾患を、正常な遺伝子を体内に導入したり、悪影響を及ぼす遺伝子の

◇順序

【概要】 何かを表現したいとき、どのような**順序**で述べるかは、その内容の理解に大きく関わってくる。たとえば文章を読む際には、**出来事（事象）の順序**と**語りの順序**の違いを意識することが大切である。

出来事は過去→現在→未来と時系列に沿って生じる。しかし語り手は、自身の語りたい順序で話を構成することが可能である。たとえば「雨が降る」→「地面が濡れる」という出来事の流れは、「雨が降って、地面が濡れた」と表現できるし、「地面が濡れているのは雨が降ったからだ。」とも表現できる。語り手が語ろうとしている出来事の時間的な順序を捉え、あえて時間的な順序と異なる順序で述べている場合、その意図は何かを考えよう。

【活用のしかた】 自分が表現する際、とくに意図がない場合は、時系列を意識して述べる順序を考えよう。また、「右から左」「手前から奥」「数値や順位の高い順」といった空間的、数値的な順序も意識して説明するように心がけよう。

●●家の三百年の歴史が順に説明されています
年表

文例A

(I)日本では一九九三年の政治改革で小選挙区制が導入されました。その後も(II)制度の変更が進むたびに、(III)全体的な「小選挙区化」が起こっています。そしてその結果、(IV)国会の少数派支配が可能となり、また(V)改憲のハードルが下がっています。

（坂井豊貴「選挙って何だ？」『十八歳からの民主主義』岩波新書）

文例B

(1)大学の講義のあとの試験で、科学的発見の内容から人名を答えさせる問題を出したら、(2)学生にはいたく不評だった。厳しい受験勉強のためか、(3)「人名」というと歴史の問題のように思ってしまうらしい。(4)発見の内容をきちんと理解できていれば別に人名などは覚えなくてもよい、という意見が学生から続出した。(5)これが私にはちょっとした驚きだった。(6)研究者の名前は「覚える」というより、「自然と覚えてしまう」ものだと思っていたからだ。

（酒井邦嘉『科学者という仕事』中公新書）

構造図

	語りの順序	出来事の順序
文例A	(I)→(II)→(III)→(IV)→(V)	(I)→(II)→(III)→…→(II)→(III)→(IV)・(V)
文例B	(1)→(2)→(3)→(4)→(5)→(6)	(6)→(1)→(3)→(2)=(4)→(5)

【文例の解説】 語りの順序は前から後に向かって進む。語られている出来事に焦点を当てると、文例Aの場合(I)から(V)へと、文例Bの場合(1)から(6)へと出来事が順に語られている。一方、それぞれの出来事が生じた時間的な順序は異なる。出来事の順序を捉えるには、接続表現や時制を表す表現に着目するとよい。

文例Aの説明において、「その後も」と「たびに」とあることから、(I)の後に、(II)から(III)が繰り返し生じていることがわかる。また「その結果」とあることから、(III)を原因に(IV)と(V)が生じているという構造になっていることもわかる。そして「また」とあることから、(IV)と(V)に時間的な順序関係はないと捉えられる。

一方、文例Bについては、「たら」と「から」という接続助詞から、一部の出来事の順序関係は捉えられるものの、それだけではすべての出来事の時系列は捉えられない。そのため、内容的に出来事の前後関係を判断することになる。また、(2)の「いたく不評だった」ということと(4)の「意見が学生から続出した」は同じ出来事をさしている。このように、一つの出来事が何度も語られる場合もある。

【「原因・結果」との関わり】 出来事Aが先に起こり、出来事Bが後に起こるという順序関係のうち、AがBを引き起こす関係である場合、**因果関係**という。因果関係については、「**原因・結果**」（⇩p.473）の説明を参照しよう。

に照らし、学際的に論じ研究する応用倫理学の一分野。

◆原因・結果

【概要】Aという出来事（事象）がBという出来事（事象）を引き起こすとき、AをBの**原因**、BをAの**結果**という。そして、原因と結果の関係を**因果関係**という。

因果関係を捉えようとするときには、「なぜなら」「だから」「によって」「なので」のような因果関係を示す表現に着目する。ただし、因果関係を示す表現が用いられていない場合もある。その場合はどの出来事が原因で、どの出来事が結果であるのかを考えていく必要がある。

また、原因あるいは結果が明示されていない場合もある。その場合は明示された出来事を生じさせる原因とは何か、また、ある出来事が引き起こす結果は何かを補って考えていく必要がある。

【活用のしかた】因果関係は、物事の関係を説明するときの基本である。文章を読むときに、因果関係を捉えることは、文章の骨格を捉えることになる。逆に人に説明する場合は、因果関係を明確に示すことを意識しよう。

文例

かつて人々は誰のものでもない草原で牛を自由に放牧していました。一頭牛を増やせば、それだけ多く肉やミルクが取れます。したがって、人々は牛をどんどん増やしていくことになります。その結果、牧草は枯渇し、痩せこけた牛がわずかに残された放牧を求めて争い合う、という事態が到来することになります。これこそ「元祖」環境問題です。経済学者は、それは草原が誰の所有でもない共有地であるがゆえの「共有地の悲劇」だというのです。

（岩井克人「経済の論理／環境の論理」『ひとりひとりが築く新しい社会システム』ウェッジ選書）

因果関係を示す表現

構造図

原因① 一頭牛を増やす
増やせば
結果① 多く肉やミルクが取れる

原因② 多く肉やミルクが取れる
したがって
結果② 人々は牛をどんどん増やしていく

原因③ 人々は牛をどんどん増やしていく
その結果
結果③ 牧草は枯渇し、牛が牧草を求めて争い合う

【文例の解説】ある出来事が、別の出来事の原因である場合があり、かつ、また別の出来事の結果である場合がある。この文例の場合、「多く肉やミルクがとれます」という箇所と「人々は牛をどんどん増やしていく」が、それにあたる。

「多く肉やミルクがとれます」は、「一頭牛を増やす」という原因に対する結果であり、「人々は牛をどんどん増やしていく」という結果を引き起こす原因として語られている。

「人々は牛をどんどん増やしていく」は、「多く肉やミルクが取れる」という原因に対する結果であり、「牧草は枯渇し、牛が牧草を求めて争い合う」という結果を引き起こす原因として語られている。

このように一つの出来事が「原因」にも「結果」にもなる場合もある。出来事どうしの関係がどのように語られているかを捉えるために、接続表現に着目しよう。この文例の場合、「増やせば」「したがって」「その結果」と、順接の表現が用いられている。そのため、前に語られた出来事が時間的に先に起こり、後に語られた出来事が時間的に後に起こると筆者が捉えていることがわかる。

この文例のように、出来事の順序と語りの順序が同じになるものばかりではないので、注意しよう。（詳しくは「順序」の説明を参照）

◆現代用語 バイオエシックス　生命倫理。生命科学の研究者や医療関係者の態度や行為について、道徳的価値観や原則

◇論証（主張・理由）

【概要】話し手・書き手が自分の考えに納得してもらうために聞き手・読み手を説得するときに、**論証**が行われる。論証とは、**自分の考え（主張）**が妥当であることを、**理由**をあげて説明することである。

話し手・書き手は理由を示すときに、**具体例**をあげて、理由の意味を聞き手・読み手に理解させようとする場合が多い。その際、理由と具体例の関係は、抽象と具体の関係になる。

同じ主張をする場合でも、理由の違いによって聞き手・読み手が納得するかどうかは変わる。また、同じ具体例を取り上げても、導き出される主張が話し手・書き手によって異なる場合がある。

【活用のしかた】話し手・書き手が行っている論証を正しく理解し、その説得が妥当かを判断するためには、論証中のどこが主張・理由・具体例にあたるのかを区別することが必要である。そして、それらの関係が適切につながっているのかを検討し判断することが重要である。主張・理由・具体例が登場する順序は決まっていないので、内容で判断しなければならない。

自らが論証を行うときには、主張と理由と具体例の関係が適切につながっていることを明確に示すことが重要である。主張・理由・具体例をどのように組み合わせると、説得力が高くなるのかを考えよう。

文例A

「まさか、厄介なお客様じゃないでしょうね。」と女中が声を潜めて言った。
「厄介な、というと？」
「たとえば、（主張）親子心中しに来たなんて……。」
「あほらしい。」
「だけど、（理由）あの二人、なんだか陰気で、湿っぽいじゃありませんか。（具体例）めったに笑顔を見せないし、口数も妙に少ないし……。」
「それは田舎の人たちで、こんなところに泊まるのに慣れていないから。だいいち、心中なんかするつもりなら、なんでわざわざこんなとこまで遠出してくるのよ。」

（三浦哲郎「とんかつ」新潮社）

文例B

相手に「君が言いたいことはわかった」と言われると、人間は不愉快になるんです。

メッセージの正確な授受ということがコミュニケーションの真の目的だとしたら、（理由）メッセージが正確に受け渡しされたときに不愉快になるというのはおかしいですね。

ということは、もしかすると（主張）コミュニケーションの目的はメッセージの正確な授受じゃないのではないか……という疑問が湧いてきます。

（内田樹『先生はえらい』ちくまプリマー新書）

【文例の解説】文例Aは、自殺が多いことで知られる観光名所の近くにある旅館に二人の母子が宿泊しにきた様子を不審に思った女中が、女将に懸念を伝える場面である。二人の母子が自殺をしにきたのではないかという推測を女中が女将に対して述べたことに対して、女将はそれを否定する。そこで、推測の正しさを訴えるために、女中は二人の母子の様子を理由としてあげている。それでも女将はその理由づけも別の可能性が考えられると否定している。このように、小説などの文学作品においても論証はいたるところに現れる。

一方、文例Bはエッセイの一節である。「ということは」という表現から、「メッセージが正確に受け渡しされたときに不愉快になるというのはおかしい」という理由をもとに「コミュニケーションの目的はメッセージの正確な授受じゃない」という主張を導いていることがわかる。重要なのは、主張と理由がつながる条件が「だとしたら」と示されており、つながる可能性も「もしかすると…ではないか」と限定的であることが示されている点である。

主張
明日は晴れだけどプールには行かないほうがいい！
どうして!?
!?

理由
暑すぎて体調を崩すおそれがあるからだ。
なるほど。

◆帰納と演繹

【概要】何かを論じる方法の型として、演繹法、帰納法という二つの型がある。それぞれ、次の図に示すような方法である。

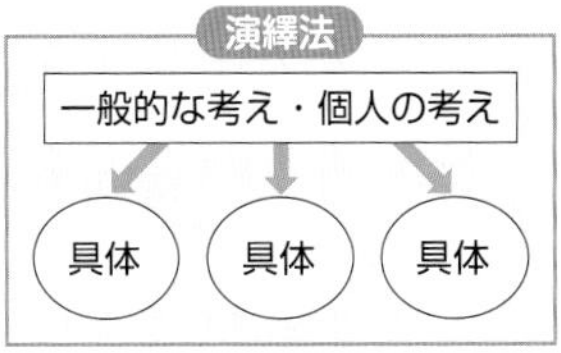

演繹法

一般的な考え・個人の考え
↓
具体　具体　具体

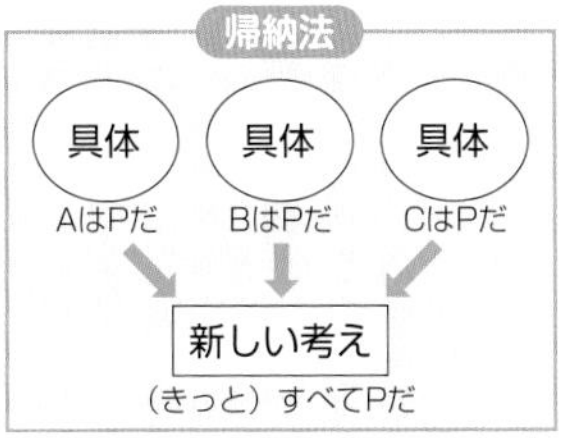

帰納法

具体（AはPだ）　具体（BはPだ）　具体（CはPだ）
↓
新しい考え
（きっと）すべてPだ

演繹法とは、一般的な考えや個人の考えを具体的事例にあてはめて解釈する方法である。一方、帰納法とは、複数の具体的事例から新たな考えを導き出す方法である。

実際の話や文章では、演繹法と帰納法の両方が組み合わされることもある。たとえば、帰納法で導いた考えを、演繹法でほかの事実にあてはめる場合などが考えられる。

【活用のしかた】すべての話や文章で演繹法、帰納法が使われているわけではない。ただ、これらの型を知識として頭に置いておけば、実際の話や文章に出会ったときに、その論理構造を理解しやすくなる。自分が何らかの主張をしたい場合も、帰納的に論じるのか、演繹的に論じるのかで文章構成が変わってくるだろう。

文例

このごろはもうなれっこになってしまったからか、虚空に向かって大声で唸る人を見かけても、そんなに驚かなくなった。そう、公共の場でのあの携帯電話での会話である。が、あれをもし異星人が見たらなんと言うだろうか。小さな機械を手に、口を、眉を、空いた手をたえず痙攣させている人を。

そういう眼であたりを見まわすと、なるほど奇妙な光景がいろいろある。紙の上に印刷されたインクのしみを見て泣く人、笑う人、あるいは欲情する人。小ぶりの箱の中の光の像を見てやはり泣く人、笑う人、欲情する人……。

ヴァーチャル・リアリティなんて大げさな言い方をしなくても、わたしたちは毎日、そこにないはずのものに心を貼りつけている。インクのしみをつけた紙や光る電子の画面を見ながら、感情を深く動かされているのだ。

こういう文字や映像のことを、わたしたちはメディアと呼んでいる。そして日々、そういうメディアに発情しているわけである。わたしたちの現実が想像的なものをその神経としていることは、電子マネー一つとってもすぐにわかる。とすると、わたしたちの現実は、そういうメディアのありようによって深く左右されるということになる。

（鷲田清一『普通をだれも教えてくれない』潮ライブラリー）

事実
個別の物事

構造図

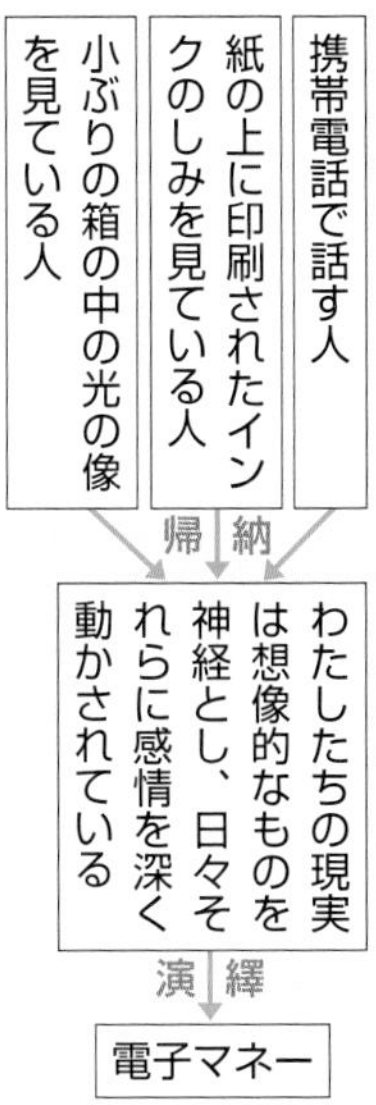

携帯電話で話す人
紙の上に印刷されたインクのしみを見ている人
小ぶりの箱の中の光の像を見ている人
↓ 帰納
わたしたちの現実は想像的なものを神経とし、日々それらに感情を深く動かされている
↓ 演繹
電子マネー

【文例の解説】この文例で筆者はまず、携帯電話で話をする人への違和感を述べる。その後筆者は、「そういう眼であたりを見まわすと」、「奇妙な光景がいろいろある」ことに気づく。たとえば、「紙の上に印刷されたインクのしみを見て」（つまり本や雑誌など紙媒体のメディアを見て）感情を動かす人や、「小ぶりの箱の中の光の像を見て」（つまりテレビを観て）感情を動かす人がいる光景である。それらの光景から筆者は、わたしたちの現実が「想像的なものを神経として」おり、日々それらに対して「感情を深く動かされている」という考えを導いている。ここに、具体的な事実から考えを導く帰納法が使われている。

最後に筆者は、帰納法によって導いた考えを、電子マネーという一つの物事にあてはめる演繹法を使っている。この文章は、帰納法と演繹法が使われている文章だといえる。

【アブダクション】帰納法と似た方法として、**アブダクション**がある。アブダクションは、目の前の事実（複数とは限らない）について、「こう考えればうまく説明がつく」という仮説を新たな考えとして導く型である。必ずしも複数の事実を必要としないという点で、帰納法とは異なる。

◆現代用語　メンタル・ヘルス　心の健康・精神の健康をいう。社会的なストレスの増大で、重要性の認識が高まった。

◆隠れた前提

【概要】ある理由をもとにして主張を導くとき、実際には主張と理由をつなぐ**前提**が存在するはずなのだが、ほとんどの場合、それが明示的に述べられることはない。

たとえば「おなかがすいたから、ご飯を食べよう」という発言を論証と捉えた場合、「おなかがすいた」という理由から、「ご飯を食べよう」という主張を導くためには、「ご飯を食べれば空腹が解消される」という前提が話し手と受け手で共有されていることが必要となる。しかし、すべての情報を示すと「おなかがすいた。ご飯を食べれば空腹が解消される。だからご飯を食べよう」となり、冗長な印象を受けるだろう。

このように、理由から主張を導くための前提を厳密に示そうとすると、まわりくどくなり、逆に理解しにくいものとなってしまう。そのため、すでに示した情報から受け手が補うことができる情報は省略される場合がある。これを「**隠れた前提**」と呼ぶ。

発信側が省略した前提を受信側が誤解なく補えるかどうかは、発信側と受信側の知識や経験の質・量の差、また、発信側の受信側への配慮の程度で決まる。

【活用のしかた】論証を適切に理解したり、妥当であるかどうかを判断したりするためには、省略された前提を意識的に補うことが重要である。自分が表現する際は、相手意識を働かせ、どこまでの情報を省略するか、考える必要がある。

文例

ソクラテスやプラトンが理想とするのは哲人政治であり、これをエリート主義として批判することはできるだろう。実際、「哲人」といえるリーダーが本当にいるかどうかは疑問である。

しかし、ソクラテスやプラトンの民主制に対する指摘は、あたかも社会的メガマシンに組み込まれた反作用のように、資本主義的な大衆消費の快楽に刹那的にのめり込んでいく現代人の姿を見事に予見しているとも言えないだろうか。

すでに二千数百年前、文明のあけぼのとともに身体性遊離が始まり、そこには落とし穴が隠されていたのかもしれない。

（理由）人間とはコミュニティーへの身体的共感なしには、生きていけない生物だ。だから（主張）それが失われたとき、孤独感から暴君の独裁にすら身をゆだねようとするのである。

（西垣通『ネットとリアルのあいだ』ちくまプリマー新書）

構造図

【理由】人間とはコミュニティーへの身体的共感なしには、生きていけない生物だ

【隠れた前提】人間は生きていけない状況ならば、独裁者にも身をゆだねようとする

【主張】コミュニティーへの身体的共感が失われたとき、孤独感から暴君の独裁にすら身をゆだねようとする

【文例の解説】「人間とはコミュニティーへの身体的共感なしには、生きていけない生物だ」という理由と「コミュニティーへの身体的共感が失われたとき、孤独感から暴君の独裁にすら身をゆだねようとする」という主張が、「だから」という接続詞により明示的に関係づけられている。

この関係を適切につなげるためには、「人間は生きていけなくなるくらいなら、暴君に身をゆだねるほうがましと考える」、「人間は孤独を避けるためなら、どんなことでもしてしまう」といった前提が必要となる。

基本的に、隠れた前提には「ならば」や「〜な時は」といった条件が含まれ、理由にあたる内容が条件となって主張にあたる内容が導かれる。また、隠れた前提の内容は、理由や主張より抽象度が高くなる。この文例の場合だと、主張の「暴君の独裁にすら身をゆだねようとする」は、隠れた前提の「どんなことでもしてしまう」の一例として考えることができる。どのような前提を想定するのが適切かは前後の文脈から考えよう。

窓を開けたら涼しい風が入ってくる
暑いから窓を開けて！
隠れた前提
窓が開いていたらエアコンで冷やした室内の空気が外へ逃げる
暑いから窓を閉めて！

しての尊厳を保ちつつ死ねるようにするべきだという考え。

修辞法

修辞法は、レトリックの訳語である。修辞法には、創構(発想)・配置・修辞・記憶・演技という体系がある。修辞は、その一分節である。創構された文章内容を、効果的に配置し、効果的に表現する方法(修辞法)には、❶類比、類推によって形状や状態などを効果的に表現する技法、❷言葉の意味を屈折、制御することで意図する効果をあげる技法、❸言葉の配置の変化や反復、省略、引用などによって表現効果を高める技法などがある。

❶類比・類推による技法

直喩法 「〜のように(な)」「〜のごとく」といった、比喩であることを示す言葉を用いて表現する方法。「まるで」「ちょうど」「あたかも」などの副詞といっしょに用いる場合も多い。

例 **まるで針のような冬の雨が、私の腕を冷たくぬらした。**

隠喩法 比喩であることを示す言葉を用いないで、表現する方法。

例 **私は組織の歯車にすぎない。**

諷喩法(寓喩) たとえによって、その裏にある意味をさとらせる表現法。

例 **弘法も筆の誤り。　朱に交われば赤くなる。**

換喩法 事物の特徴や部分、付属物などを示して、その事物の全体を表現する方法。

例 **ホワイトハウスは日本に対応を求めた。**

擬人法(活喩) 人間以外の事物を人間になぞらえて表現する方法。

例 **バラの香りが、私の心を癒やしてくれた。**

擬物法 何かの事柄を、自然現象になぞらえて表現する方法。

例 **平和へのあこがれは、湖面の波紋のように国民の間に広がっていった。**

擬態法(声喩) 何かの状態や動作を、擬声語や擬態語を用いて表現する方法。

例 **はっしと打ち込んでくる竹刀を、ひらりと身をかわして切り返した。**

パロディ よく知られた文学作品の骨格は残し、内容を組み替えて風刺や滑稽化の意図を表現する方法。

例 **一つとり二つとっては焼いて食う鶉なくなる深草の里**(「夕されば野辺の秋風身にしみて鶉鳴くなり深草の里」のパロディ。)

❷言葉の意味を屈折させ、操作することで意図する表現効果をあげる技法

張喩(誇張法) 事物を実際より大げさに表現する方法。

例 **悲しみに胸が張り裂けんばかりであった。**

反語法(アイロニー) 表面はもっともなこと、肯定的なことを言いながら、その裏には、否定や非難の意味を暗示する表現法。

例 (余計な手出しをされて失敗に終わり)**君の親切にはうれし涙がこぼれるよ。**

逆説法(パラドックス) 表面的には常識に反しているようで、内実は真理を意味する表現法。

例 **急がば回れ。　負けるが勝ち。**

設疑法(修辞的疑問法) あえて疑問の形で提示して、注意を引きつける表現法。

例 **どうして世界中にファースト・フードが広まったのだろうか。それは、都市生活者の生活パターンの変化となんらかの関係を持っている。**

❸言葉の配置を操作することによる技法

反復法 同じ言葉や似た表現を反復することで、文意を強調する表現法。

例 **行け、行け、どんどん進め。**

倒置法 叙述の順序を逆にして、文意を強調する表現法。

例 **本当においしいね、ブラジルのコーヒーは。**

対句法 意味の上でも形の上でも似た表現を並置して、文章にリズムを持たせる表現法。

例 **智に働けば角が立つ。情に棹させば流される。意地を通せば窮屈だ。兎角に人の世は住みにくい。**(夏目漱石『草枕』)

引用法(隠引法) 有名な人の言葉や、有名な作品の一節を引用することで、主張を強化したり、表現に奥行きをもたせたりする表現法。

例 **春宵一刻値千金の桜並木を、友と語らって散歩としゃれこんだ。**

挿入法 一定の文脈の文章に別の視点からの語句を挿入して、奥行きと幅を生み出す表現法。

例 **そのころの私は、今もあまり変わらないが、はなはだ風采もあがらなかった。**

省略法 言い切らずに省略することで、余情を醸し出したり、想像力に働きかけたりする表現法。

例 **皆が懸命に努力しているというのに、自分ときたら……。**

漸層法(クライマックス法) 語句の意味をだんだんと強く、大きく、高くしていって、表現の調子を高揚する方法。

例 **時は春、／日は朝、／片岡に露みちて、／揚雲雀なのりいで、／蝸牛枝に這い、／神そらに知ろしめす、／すべて世は事もなし。**
(ロバート・ブラウニング作　上田敏訳)

◆現代用語　尊厳死　植物状態や極度の苦痛状態の続く患者に対して、単なる延命のための医療をやめ、安楽に、人間と

教育

家庭、学校、社会。私たち現代人の一生は、これら三つの場所との関わりに終始すると言っても過言ではない。そのうちの一つである学校は、まだ成長過程にある子供たちが集まる場所であるため、いじめ、不登校、学級崩壊など、常に問題をはらんでいる。また、グローバル化、人工知能技術の進展といった社会情勢の急激な変化に伴い、教育現場の揺らぎもかつてないほど大きい。

ここでは、子供たちと学校を取り巻く激しい環境の変化の中で、いま教育というものが直面しているさまざまな問題を考えていきたい。学力低下や理数離れなど、日本社会の未来とも関わる重要な問題が、いくつも見つかるはずである。

キーワード① 学力低下と「脱ゆとり教育」

概要

二〇〇二年度より実施の学習指導要領から、「生きる力」の育成のため、「ゆとり教育」が徹底されることとなった。しかし、国際的な学力比較調査の結果や、分数の計算ができない大学生がいるとの調査結果などがマスコミで報じられ、「**学力低下論争**」が一気に過熱した。また、理数教科に対する生徒の関心に低下傾向が見られる「**理数離れ**」への注目も集まった。

背景

学力低下の一因として、「何のために学ぶか」という動機づけの低下や、物事に対する子供の意欲・関心の低下があげられる。また、ゆとり教育のもとでの授業時間数の削減に加え、その分増えると予想された家庭での学習時間が逆に減少したことも、原因の一つと考えられている。

解決に向けて

現代社会はグローバル化が進み、さらには、急速なAI（人工知能）技術の進展、少子高齢化によって、誰もが経験したことのない新たな局面を迎えている。これからの時代に生きる子供たちに必要なのは、社会の変化に対応でき、人との関わりのなかで課題を解決できる力、自ら主体的に学ぶ力であろう。二〇二〇年度から実施された学習指導要領では、知識の理解の質を高め資質・能力を育む「**主体的・対話的で深い学び**」が目標とされている。

キーワード② 教育現場の諸問題

概要

今日の教育現場には対処しなければならない問題が数多い。一九九〇年代半ば以降、児童の私語や勝手な立ち歩きなどで授業そのものが行えなくなる**学級崩壊**が注目を集めた。小・中・高等学校における児童生徒の暴力行為の発生件数も二〇一八年度は約七万三千件だった。スマートフォンの急速な普及でインターネットやSNSが身近になったことで、**ネットいじめ**も増加し、深刻な問題となっている。二〇一一年の大津市の中二男子自殺などをきっかけに、二〇一三年に成立した「**いじめ防止対策推進法**」では、いじめの早期発見や防止のための組織設置が学校に義務づけられた。登校しない、あるいは登校したくてもできないために不登校に陥る子供も多い。二〇一八年度、不登校を理由に年間三〇日以上学校を欠席した小・中学校の児童生徒は約一六万五千人にのぼった。

背景

教育現場における諸問題の背景として、社会全体の価値観が多様化し規範意識が希薄になったことがあげられる。「**小一プロブレム**」と呼ばれる低学年の学級崩壊では、家庭で十分なしつけを受けなかった児童の集団生活への不適応が原因となることもある。また、**ADHD**（注意欠陥・多動性障害）など発達障害との関連にも注意したい。

解決に向けて

児童生徒の心の問題では、臨床心理士などの**スクールカウンセラー**によるカウンセリングや教育支援センターなどのサポートに期待したい。児童生徒の問題行動に対し、学校と関係機関の連携を取り持つ**スクールソーシャルワーカー**が配置されているところもある。一人担任制の限界や、一学級あたりの児童生徒数の多さなどの学校組織上の問題もあげられており、**チーム・ティーチング**や少人数学級の積極的導入が求められる。また、家庭や地域の教育力を高めるしくみも必要だ。

脳死した人からの臓器移植が可能になった一方で、脳死を人の死に含めるかについては慎重な意見もある。

生活・社会

少子化の進行による人口減少社会の到来、そして非正規雇用の増加を背景とする経済的な格差の拡大など、私たちはこれまでに経験したことのない社会の大きな変化に直面している。

なぜこうした変化が問題だと考えられているのだろうか。また、これらの変化は何が原因・背景となって生じたものなのだろうか。そして、それに対応していくために、私たちは現在の生活のあり方をどう見直していけばよいのだろうか。

ここでは、今日の社会で生じているさまざまな問題に目を向け、私たちにとってこれからの課題が何かを考えてみよう。

キーワード① 格差社会

概要

「一億総中流」と表現されたように、高度成長期以降の日本では、経済的な面での平等化が進んだと考えられてきた。ところが近年、富裕層と貧困層が固定化する格差社会へと移行し、収入の低い**非正規雇用**や「**ワーキングプア**」の増加が社会問題となっている。また、雇用機会や収入などで地域間格差や世代間格差の拡大も指摘されている。

背景

一九九〇年代前半のバブル崩壊以降、長引く収益の落ち込みやグローバル化の進展に伴う競争の激化に対応するため、多くの企業はコスト削減を図っていった。その結果リストラにより正社員は減少し、非正規雇用の比率が増加した。格差の拡大は、こうした労働市場の変化によって生じたと考えられる。

解決に向けて

「格差はいつの時代にもある」といった意見もある。しかし、生活の維持に苦しむ人々が多数存在する状況が望ましいとは言いがたい。格差の拡大や固定化を防ぐためには、不安定な雇用状況の改善や職業訓練の充実、税制の見直しによる所得の再分配などが求められる。

子どもの相対的貧困率の国際比較（2010年）

(%) 30 / 25 / 20 / 15 / 10 / 5 / 0

OECD（経済開発機構加盟国）平均

イスラエル　トルコ　メキシコ　チリ　アメリカ　スペイン　イタリア　ギリシャ　ポルトガル　日本　オーストラリア　カナダ　ポーランド　ニュージーランド　ベルギー　エストニア　ルクセンブルク　スロヴァキア　フランス　アイルランド　オランダ　スイス　英国　韓国　ハンガリー　スロベニア　ドイツ　チェコ　スウェーデン　オーストリア　アイスランド　ノルウェー　フィンランド　デンマーク

（注）ハンガリー、アイルランド、日本、ニュージーランド、スイス、トルコの数値は2009年、チリの数値は2011年。

（内閣府　平成26年版　子ども・若者白書）

キーワード② 労働観の変化

概要

産業構造の転換により、戦後の日本では多くの人々がサラリーマンとして企業で働くようになった。そこで広く共有されたのが「会社のためなら自分の生活を多少犠牲にするのは当然」といった考え方である。しかし近年「『就社』から『就職』へ」と言われるように、「どこの会社に入るか」ではなく、入った会社で「どのような仕事ができるか」を重視して職業を選択する若者が増え、愛社精神や会社への忠誠心は薄まりつつあると言われる。また、私生活と仕事とを、自分が望むバランスで実現できるようにする、**ワーク・ライフ・バランス**という考え方も浸透しつつある。

背景

かつて日本企業の多くは、採用した社員の定年までの雇用を保障する**終身雇用**を採用していた。しかし、バブル景気が崩壊した後、リストラなどにより、この制度は大きく揺らいできた。したがって、会社のために尽くすことが、生活の長期的な保障につながるとは言い切れなくなった。若い世代に見られる意識の変化の背景には、こうした雇用のあり方の変化があると考えられる。

解決に向けて

これまで、こうした労働に対する意識の変化は否定的に捉えられることが多かった。しかし、こうした労働観の変化は、「物質的な豊かさ」を追い求める従来の仕事中心の社会では得ることの難しかった満足感、すなわち「精神的な豊かさ」の追求によって生じたものだと考えることもできる。近年では、職場以外のつながりを重視し、仕事とは直接関係のないボランティアなどの社会活動や趣味、勉強に力を注ぐ人々も増加しつつある。こうした、働くことに対する人々の意識の変化は、これまでの生活のあり方を見直し、仕事を通しての社会貢献や、仕事と私生活の両立を実現するきっかけになり得るとも考えられる。

◆現代用語　脳死　生命維持に必要な最低限の機能を司る脳幹を含めた脳全体が機能を停止した状態。臓器移植法の成立で

科学技術

科学技術は今なお日進月歩の進化を遂げつつある。人工知能（AI）やバイオテクノロジーなどの新しい技術の応用、ロボットや新エネルギーの開発をはじめとした、新しい分野・学問も次々に登場してきた。しかしその一方で、原発事故や環境問題に象徴される科学技術の負の遺産もまた、未解決のまま山積している。

科学技術発展の功罪両面を、まずはしっかり押さえておきたい。どうすれば科学技術を私たちの生活に本当に役立てることができるのか。科学者や技術者の責任とは一体何か。私たちはどのように科学技術について捉えればよいのか。ここでは、さまざまな立場・視点から科学技術について考える力を身につけよう。

キーワード①

人工知能（AI）とロボット

概要

「ロボット」とは一九二〇年にチェコの作家カレル・チャペックが戯曲の中に用いて広まった造語。コンピュータや**人工知能**（AI）、ロボット工学の進展により、従来の産業ロボットとは異なる、自ら考え判断し行動する**自律型ロボット**が開発された。

近年の動向

近年、人工知能の分野で革新的な技術開発が進んでいる。ロボットの機体が単独で行える処理の限界を、クラウド上に人工知能のシステムを構築することで解決し、人間の感情を認識し、コミュニケーションを取ることができるロボットも次々と登場している。また、掃除やセキュリティ、介護といった生活支援のためのロボットや、人間に近い動きで作業が可能な組み立てロボット、被災者を救助するレスキューロボットの研究開発もめざましい。

今後に向けて

二十世紀、機械の発達で人は多くの単純肉体作業から解放された。今後、ロボットの役割が増えることで、人間のあり方も問われる。人間らしさを損なわぬよう、ロボットとの共存のあり方を考えたい。

キーワード②

科学技術進展の功罪

概要

アメリカをはじめとする先進国が二十世紀以降経済的に台頭したのは、科学技術の活用によるところが大きい。しかし、利便性や生産効率の向上に邁進（まいしん）してきた結果、生活の質やサービスなどの面での多大なる恩恵とは別に、数多くの負の遺産も残されることとなった。核開発や環境問題などがそれである。本来は価値中立的であるはずの科学技術が、よい結果と悪い結果の両方をもたらした。この事態を問題視して、科学技術進展の功罪と呼ぶことがある。

背景

観察で得られた膨大なデータから法則を発見して体系化する科学と、元来「物事を上手に行う技（テクネー）」という意味を持つ技術とは、互いにとくに密接な関わりを持たない。だが、二十世紀にアメリカを中心に広まった**プラグマティズム**の哲学の影響から、実生活に役立つ科学が求められるようになり、科学を有用に用いる科学技術が発達することとなった。実際、科学技術は人々の生活の向上、企業の収益・規模拡大などに「役立つ」ことになったが、一方で戦争に「役立つ」近代兵器の開発にも利用され、環境破壊の原因物質のような想定外の副産物をも生み出すこととなった。

今後に向けて

バイオテクノロジーなど、安全面や倫理面に課題の残る技術の活用には、新たな「罪」を生み出さぬよう慎重さが求められる。一方、環境負荷を最小限に抑える技術や、地球環境を守り、再生させる技術をさす、**グリーン・テクノロジー**にも注目したい。今後は、利益のみ追求するのではなく、影響や結果を考えた取り扱いがますます重要になる。科学者・技術者の社会的な役割や科学研究を進めるにあたっての説明責任である**アカウンタビリティ**も問い直されるだろう。

学的検査を用いて検査・診断すること。「命の選別」につながると懸念する声もある。

情報

IT（情報通信技術）の進化はとどまるところを知らない。とくに、インターネットの利用は、スマートフォンをはじめとした簡単で便利なメディアの普及に伴って、急速に拡大した。

この技術の利用は私たちの生活に、かつては考えられなかったほどの利便性をもたらした。しかし一方で、情報の真偽がつかみにくくなる、情報を守ることが困難になる、情報に依存しすぎるといった問題も起きている。

これからの社会では「情報」が持つ価値はさらに大きくなっていくと考えられている。技術が生む弊害を乗り越え、新たな価値を生み出していくにはどうするべきなのか、考えてみよう。

キーワード① 情報化社会の問題点

概要

匿名での情報発信が可能であるインターネットは、軽い気持ちで書き込んだ言葉が、周囲の人間や社会に大きな影響を与えるということが少なくない。特定の企業や人が何らかのきっかけによる集中的な誹謗（ひぼう）・中傷を受け、社会的に多大な損害を受けてしまうといった事態も起きている。さらに、インターネットに過剰に依存してしまう「**ネット依存**」やサイバーテロ、ネット犯罪も問題視されている。

ネット犯罪

ネット犯罪も近年ますます多様化している。フィッシング、知的財産権の侵害、コンピュータウイルスなどが問題になっている。

解決に向けて

「不正アクセス禁止法」や「特定電子メール法（迷惑メール防止法）」などの法整備がされているほか、「刑法」などの改正により、二〇一一年七月からコンピュータウイルス作成罪が適用されるようになった。青少年が利用する端末には、閲覧情報を制限する「**フィルタリングサービス**」の加入が推奨されている。情報セキュリティの強化、利用者の情報モラル向上も求められる。

キーワード② メディアリテラシー

概要

メディアから発信されるさまざまな情報を批判的・主体的に受け止め、また、メディアを用いて適切に情報発信を行う能力。①情報を発信者の意図にも注意して読み解く能力（メディア受容能力）、②情報端末を使いこなす能力（メディア使用能力）、③メディアを活用した表現によって他者とコミュニケーションを図る能力（メディア表現能力）、の三層からなるといわれる。

背景

総務省の調査によると、日本における二〇一八年のインターネット利用率（個人）は七九・八％に達している。スマートフォンやタブレット端末からの利用が増え、「いつでも、どこでも、何でも、誰でも」ネットワークにつながり、情報をやり取りできる**情報社会**が到来している。誰もが情報を自由にやり取りできるということは、同時に誰もが個人の権利や利益を侵害する可能性が高まり、不用意に発信した情報が瞬時に世界中を駆けめぐる時代が到来しているということでもある。ツイッターやLINEから個人を特定されてしまう危険も存在する。あらゆる人のメディアリテラシーの向上が求められている。

解決に向けて

インターネットは、誰がその情報を発信しているかわからない場合が多く、情報の**信憑性**（しんぴょうせい）には十分に注意する必要がある。もっとも、新聞やテレビ、ラジオなどの従来メディアの情報ならば正しいというわけでもない。重要なのは、情報発信者の意図を理解したうえで、情報を適切に利用することである。情報を判断するための能力の育成には教育の場での取り組みが欠かせない。情報を鵜呑（うの）みにせず、理性的に見極める態度を育成すべきである。情報を発信する側には中立・公正な立場が、受ける側には、メディアからもたらされる情報を批判的にも見る注意力が求められている。

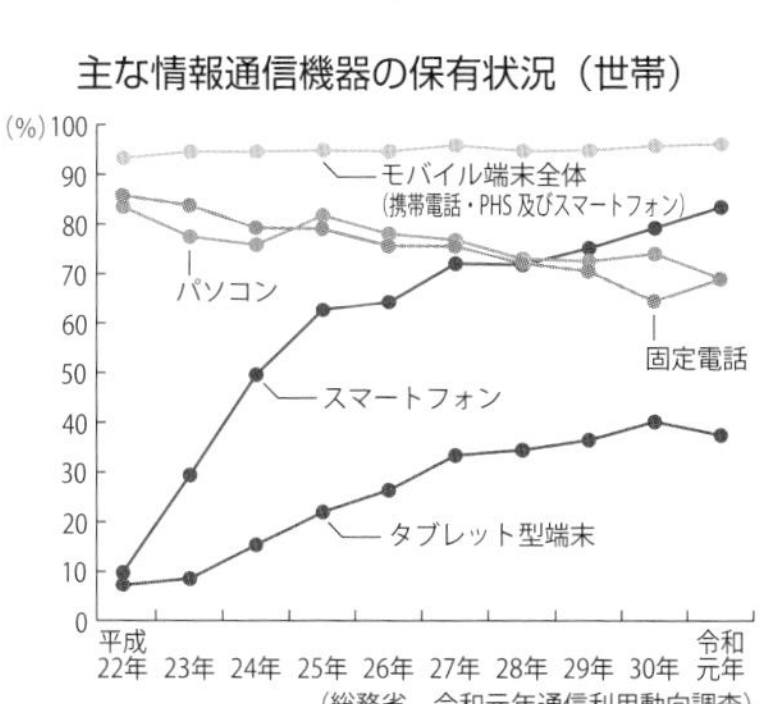

◆**現代用語**　出生前診断　胎児の生まれつきの内臓の形の異常や染色体異常の有無などを、生まれる前に画像診断や遺伝

インターネットなど情報通信技術の発達により、国際社会が身近なものに感じられるようになってきた。同時に、環境問題や国際テロ、食料問題など、解決すべき課題もまた地球規模化しており、私たちの暮らしと密接に関わるものとなっている。

グローバル化が否応なしに進行する現在、国際社会の問題は限られた一部の人たちだけではなく、私たち一人ひとりにとって切実な課題である。誰もが「宇宙船地球号」の一員なのだ。

異文化理解、国際貢献における日本の役割、南北問題、近隣アジア諸国との関係、日本における外国人労働者の問題など、ここでは国際社会に関わる諸問題を、さまざまな角度から考えていこう。

キーワード① グローバリゼーション

概要

人間の活動が、国家や地域の境界を超えて**地球規模化**する現象のこと。**ボーダーレス**とほぼ同意。インターネットなどの情報通信技術や交通手段の発達による世界の一体化、あるいは企業などの国境を超えた活動による市場経済の世界的な拡大の意味で用いられる。

功罪

メリットとしては、ヒト・モノ・カネの世界的移動が容易になり、**市場経済**のさらなる活性化が促進されることや、地球規模の諸問題に共同で取り組む「**宇宙船地球号**」の意識が高まることがあげられる。デメリットには、経済の自由化により、途上国経済に市場原理が浸透し、自由競争がもたらす**貧富の差の拡大**や地域ごとの**固有文化の破壊**、先進国型の大量生産・大量消費による環境破壊を招くことなどがある。

今後に向けて

反グローバル運動は偏狭なナショナリズムなどに転化する危険性を持つ。すべての人に恩恵を与えるグローバル化のためには、自由競争の行き過ぎに対する監視や、富の公平な分配への配慮が必要となる。

キーワード② 定住外国人と外国人労働者

概要

前者は、在日韓国人・朝鮮人など日本に定住する外国籍の住民に、どこまで憲法の保障する人権保障が及ぶかという問題である。たとえば、公務員採用に際し外国人を排除する**国籍条項**の問題や、選挙権・被選挙権が認められていない参政権の問題がある。後者は、単純労働者受け入れに対する慎重論や日本の国籍を持たずに日本国内で就労する外国人労働者に関連して派生する諸問題を言う。日系人を除くと専門技能などを持たない外国人が単純労働のために入国することは認められていない。七万人以上いる不法滞在者（二〇一九年一月現在）の大半が、不法就労者と見られている。

近年の動向

定住外国人について、国籍条項を撤廃する地方自治体は増加しており、地方参政権は認めようとする考えが強まっている。最高裁は、参政権は国民主権に由来するため、国政への参加は日本国籍を有する者に限られるとした。また、外国人労働者の受け入れを拡大する改正「**出入国管理・難民認定法**」（**入管法**）が二〇一九年四月から施行され、一定の技能を持つ外国人や技能実習修了後の希望者に新たな就労資格を与えることで、これまで認めてこなかった単純労働就労に門戸が開かれた。

今後に向けて

労働力減少をもたらす少子高齢化の観点から、外国人労働者の積極的な受け入れを望む声は経済界を中心に多い。だが、近年では強制帰国や最低賃金法違反など、人権侵害や事件が多発している。また低賃金での単純労働を外国人に任せることで、日本人の働き口が減ることを懸念する声もある。この問題は日本社会および日本人に真の国際化を問うものと言えるだろう。社会制度的な壁以上に、心理的な障壁を克服することが求められる。

在留外国人数の推移（総数）

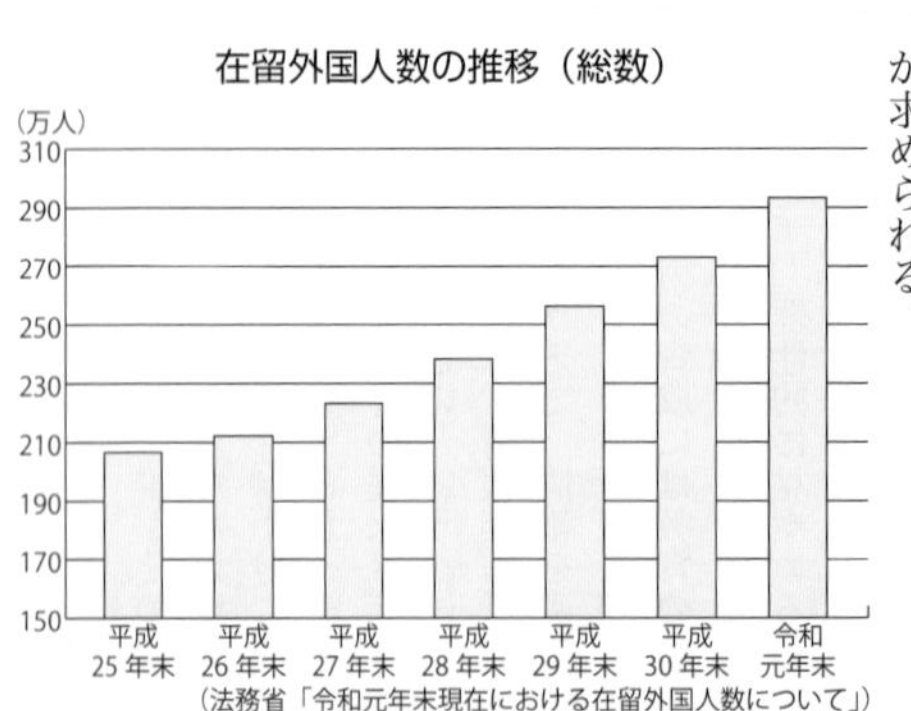

（法務省「令和元年末現在における在留外国人数について」）

大学の山中伸弥教授が作製に成功。再生医療の実現や難病の原因解明などの可能性が飛躍的に高まった。

福祉

社会生活を営んでいれば、時に誰もが自分や家族の幸せを脅かす困難や障害に遭遇する。福祉とは、社会全体でこうした問題を軽減したり取り除いたりする取り組みである。福祉の充実は、人々が夢と希望を持ちながら安心して生活するために欠かせないものであろう。

今、日本の福祉は転換期にある。急速な少子高齢化により、福祉制度そのものの変更が迫られている。福祉対象者に自己負担を求める動きには反発が多いが、一方で福祉サービスの多様化、契約制度化などの改善点もある。超高齢社会に突入した日本社会の一員として、人生の質を左右するとも言える福祉の現状と、その未来を真剣に考えたい。

キーワード① 社会保険制度

概要

病気、けが、失業、老齢、出産、死亡などに際して国が現金やサービスなどを給付し、国民の生存権と生活の安定を守る制度全般を**社会保障**という。日本では、その一つとして**社会保険制度**があり、医療保険、介護保険、年金保険、雇用保険、労働者災害補償保険で構成されている。

背景

深刻化する少子高齢化は、社会福祉を支える社会保障費の増大をもたらしている。本来は国民の医療費負担の軽減を目的とする医療保険制度だが、高齢者の医療費増大を受けて患者の自己負担を引き上げるなど、財源確保の試みが続いている。また、現役世代が納めた保険料を高齢者に給付する**世代間扶養**のシステムをとる年金制度も、少子高齢化により負担額の増加と受給額の減少が見込まれる。

解決に向けて

少子高齢化により、高齢者一人を支える現役世代は一九六五年の九人から二〇五〇年にはほぼ一人になる見込みだ。給付対象の高齢世代の増加、負担者となる現役世代の減少による現制度の破綻（はたん）を防ぐため、世代間・世代内の公平が確保された持続可能な制度が求められている。

キーワード② 認知症とその支援

概要

認知症とは、さまざまな原因で脳の細胞が死んだり働きが悪くなったりすることで、記憶・判断力の障害などが起こり、生活上の支障が出ている状態を言う。高齢者（六十五歳以上）の約四人に一人が認知症患者またはその予備軍と言われる。二〇一二年には高齢者の約七人に一人、四六二万人が認知症だったが、二〇二五年には約五人に一人、七〇〇万人に増加すると予測される。

背景

認知症の原因は、年齢以外にも病気、ストレスなどさまざまである。偏った食生活、運動不足、アルコールの過剰摂取、喫煙などの生活習慣も危険因子となる。日常生活で強いストレスを感じる人も、ストレスホルモンの増加、免疫機能の低下によって認知症になりやすい。認知症患者による自動車運転事故、所在不明者の増加など社会問題も生じている。二〇一六年には、重い認知症をもつ責任能力がない人の賠償責任を、家族が監督責任者となって負うべきかどうかが裁判で争われ、最高裁判所は家族に賠償責任があるかどうかは生活状況などを総合的に考慮して判断するとした。

解決に向けて

厚生労働省は、認知症の人が住み慣れた地域で暮らせる**在宅ケア**中心の介護への転換を目ざして計画を開始し、二〇一八年度からは「認知症施策推進総合戦略（**新オレンジプラン**）」を開始した。また、グループホーム（認知症対応型共同生活介護）も増えている。六五歳以上で要支援二以上の介護認定を受けた人が、一ユニット九人までの少人数で介助を受けながら共同生活をする、地域密着型サービス事業の一つである。役割を持ちながら、みんなと協力し合うことで症状の進行を緩やかにすることが期待されている。本人の意思を尊重し、できる限り住み慣れた地域で自分らしく暮らし続けられるようにする環境整備が求められている。

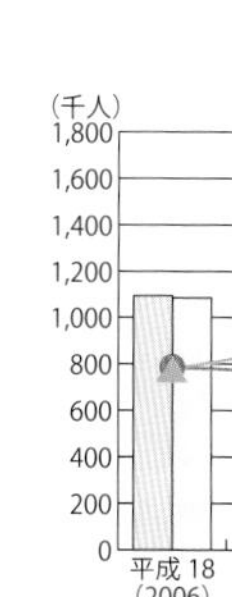

出生数及び死亡数の将来推計

（内閣府「令和元年版高齢社会白書」）

現代用語 iPS細胞　多様な細胞に分化できる分化多能性を持ち、ほぼ無限に増殖する能力を持つ幹細胞。2006年に京都

環境

環境問題は、誰もが無関係ではいられない、地球規模の課題である。そのため環境破壊は私たち一人ひとりのライフスタイルに直接結びついている。

温暖化であれ森林破壊であれ、環境問題はどれも、七十七億人を超える私たち人類の行動にその原因がある。オゾン層の破壊、酸性雨、砂漠化、海洋汚染などのすべてが産業革命以来の人間の活動から生じており、これらの問題により最大の不利益を被るのもまた、私たち人類なのである。

ここではさまざまな環境問題を紹介しながら、解決の糸口を探っていく。自分自身の現在と未来に直接関わることとして、このテーマに臨んでほしい。

キーワード① 循環型社会

概要

廃棄物の発生を抑え、再利用・リサイクル促進のしくみを組み込んだ社会のこと。消費量自体を減らし廃棄物の減量に努める**リデュース**、使えるものは再使用する**リユース**、原材料としての再生利用を行う**リサイクル**を３Ｒ（Reduce（リデュース）・Reuse（リユース）・Recycle（リサイクル））と呼ぶ。二〇〇〇年に施行された「**循環型社会形成推進基本法**」には、国・地方自治体・事業者・消費者がそれぞれに果たすべき責務が示されている。

最近の動向

循環型社会への転換に向け、「資源有効利用促進法」、「グリーン購入法」、「家電リサイクル法」などの「**リサイクル関連法**」と呼ばれる法律が一体的に整備された。二〇〇五年一月からは「自動車リサイクル法」が完全施行され、商品購入時にリサイクル料を支払う流れが進んだ。近年では二〇二〇年七月から「容器包装リサイクル法」の省令改正により、プラスチック製レジ袋の有料化が義務づけられた。

解決に向けて

生産者・消費者の責任意識がなければ循環型社会への転換は困難である。生産者は製品の製造段階からリサイクルしやすい素材を使うことや回収された資源の徹底活用、消費者はごみを分別し、再生可能なもののリサイクルに協力するなど、意識的な取り組みが求められる。また、現在多くの市町村で進められている家庭ごみ収集の有料化のように、地方自治体や国が施策を一層拡充させることも必要である。

キーワード② 生物多様性

概要

生態系や地球全体に多様な生物が存在していることをさす。生物多様性条約では、生態系の多様性・種の多様性・遺伝子の多様性という三つのレベルで多様性があるとしている。地球上の野生生物は約一七五万種、未知の種まで合わせると約三〇〇万〜一億一一〇〇万種と推定されているが、生物多様性は健全な生態系の維持に必要不可欠であり、人間の生存にとっても重要である。

背景

生息地の開発や森林伐採、乱獲や外来種の放置など、さまざまな人為的要因から生態系の微妙な均衡が崩れ、生物種の絶滅が急速に進行している。森林伐採や農地への転用などの理由から、世界の森林面積は二〇〇〇年から二〇一〇年までの平均で毎年五二〇万ヘクタールが失われており、生物多様性を脅かしている。食料、衣料、医薬品などの原料や遺伝子資源の不足にもつながる生物多様性の危機は、人類にとっても大きな脅威と言えよう。

解決に向けて

日本では二〇〇八年「**生物多様性基本法**」が施行され、外来生物の防除や希少生物種の生息状況の把握と監視、生息地への立ち入り禁止措置といった対策の計画と実行が義務づけられた。二〇一〇年に開催された生物多様性条約第十回締約国会議（ＣＯＰ10）では、動植物などの遺伝資源がもたらす利益を原産国と利用国が公平に分け合うための国際ルール「**名古屋議定書**」と、生物多様性の保全を目ざした二〇二〇年までの国際目標が提示され、参加国間で合意された。二〇一二年六月には**国連持続可能な開発会議（リオ＋20）**が開催され、グリーン経済に向けた取り組みや持続可能な開発の推進、防災や未来型の街づくりなどが議論された。

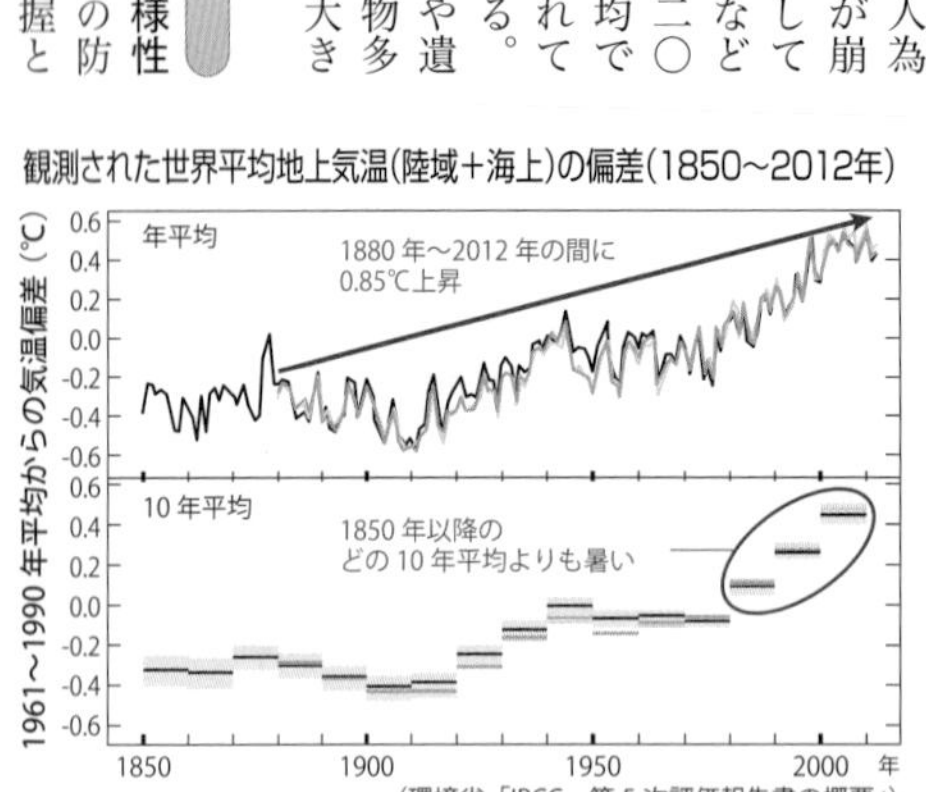

観測された世界平均地上気温(陸域＋海上)の偏差(1850〜2012年)

(環境省「IPCC　第5次評価報告書の概要」)

とができ、絶えず補給されるエネルギー。枯渇せず、環境負荷の少ない点から注目されている。

医療

医療の世界では患者の立場を十分に考慮した医療の実現が重要な課題となっている一方で、生命科学のめざましい進展により、かつては不可能とされていた医療技術が次々に開発され、その活用の是非をめぐる議論が活発化している。また、近年の新型コロナウイルスの感染拡大は、医療分野にとどまらず、私たちの社会生活にまで大きな影響を与えた。

ここでは、医療の現状についての理解を深めたうえで、これからの医療に求められるものとはいかなるものなのか、より望ましい医療を実現するためには何が必要となるのかを考えてみよう。

キーワード① 感染症

概要

感染症とは細菌・ウイルスなどの微生物によるものや寄生虫による疾患である。感染しても症状が現れない場合（不顕性感染）もあり、免疫力の低下した入院患者、乳幼児、高齢者などはとくに注意が必要である。

背景

感染症の流行は社会や経済に甚大な影響を及ぼしてきた。抗生物質やワクチンの開発により、感染症の治療や予防は飛躍的に進歩し、天然痘のように制圧されたものもある。しかし、地球温暖化による気温の上昇で感染媒介動物の生息域が変化し発生域が拡大したり、新たな感染症（**新興感染症**）が出現したり、あるいは、結核のようにいったんは制圧したかに見えたものが再び猛威を振るう感染症（**再興感染症**）も発生したりしている。二〇二〇年には**新型コロナウイルス**が世界的に流行し、社会はもちろん、一般家庭や学校にまで影響が及んだ。日本政府が二〇二〇年四月に緊急事態宣言を発出したことにより、外出自粛の動きが強まり、その結果、日本の経済は大きく落ち込んだ。学校は緊急事態宣言が同年五月に解除されるまで休校を余儀なくされ、長期休校による教育格差の拡大や、授業時間の確保や感染防止のため学校行事の中止・変更の児童生徒への影響などが懸念された。また、感染に対する危機意識の差によるトラブルも問題となった。

新型コロナウイルスの重症患者のケアにあたる医師や看護師ら

解決に向けて

感染症の拡大防止には、手洗いやマスク着用、ソーシャルディスタンス（社会的距離）の維持といった個人での対策と、感染源の排除、感染経路の遮断、患者の隔離など、環境面の対策が重要である。二〇二〇年八月、世界保健機関（ＷＨＯ）が新型コロナウイルス感染症について「特効薬は現時点でなく、今後も存在しない可能性がある」と述べたように、ワクチンや特効薬の開発も急務となる。

キーワード② バイオエシックス

概要

バイオエシックス（bioethics）とは、ギリシャ語で生命を意味する「bios」と倫理学という意味の「ethike」に由来する言葉であり、日本語では「**生命倫理**」と訳される。あらゆる生物の生命をめぐる問題について、従来の枠組みを超えた学際的な研究がなされる学問である。

背景

バイオエシックスは、これまでの医療が患者の意思を十分に反映していなかったこと、さらに新たな医療技術の開発による倫理的な課題の発生などを背景に誕生した。その具体的な研究テーマとしては、遺伝子操作、生殖技術、安楽死などの人間の誕生と死をめぐる問題がある。さらに、臨床医療における**インフォームド・コンセント**（医師による十分な説明と、それに対する患者の同意や自己決定）など、人間の生活の質的向上をめぐる問題などがある。

今後の課題

技術の発展とともに、生殖補助医療やクローン研究のような、国家の枠組みを超えたルール作りが必要な問題が発生している。今後はそれらに対応するための国際的な研究ネットワークの構築が必要だろう。

教育

教育の力
苫野一徳（とまのいっとく）
講談社現代新書

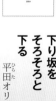

義務教育を中心に、どうすれば〈よい〉教育を実現できるのかを解明し、その実現への道筋を示す。

学力幻想
小玉重夫（こだましげお）
ちくま新書

日本の教育が失敗を繰り返す背景には、子供中心主義とポピュリズムの罠（わな）がある。学力への思い込みをえぐり出し、教育再生への道筋を示す。

小論文入試出題例

日本と欧米各国のいじめの問題への対応について述べた『いじめの国際比較研究』（森田洋司監修）から、図「いじめ被害手口の国際比較（女子）」を読み、日本のいじめの特徴を日本文化と関係づけて考察し、自由に論じよ。日本と欧米におけるいじめに対する考えの違いについても論じよ。

（神戸女学院大学・人間科学部）

SNSの浸透により、いじめが見えにくくなったことに着目しよう。

生活・社会

下り坂をそろそろと下る
平田（ひらた）オリザ
講談社現代新書

日本が直面する重大問題の「本質」に迫り、改めて日本人のあり方について論考した快著。

学力と階層
苅谷剛彦（かりやたけひこ）
朝日文庫

子供の「教育格差」の背景には家庭環境が反映していることを明かし、迷走する教育政策の弊害を指摘する。

小論文入試出題例

子供の経済格差について述べた文章を読み、経済格差が教育に与える影響について、著者が指摘する問題点をまとめよ。著者が述べる問題点や課題について、どのような解決策があるか、あなたの考えを述べよ。

（愛媛大学・法文学部）

経済的な格差が教育や健康面での新たな格差を招くという指摘に留意しよう。

科学技術

AIの衝撃
小林雅一（こばやしまさかず）
講談社現代新書

自律的進化を進めた人工知能「AI」。次世代ロボットは人間社会をどのように変えるのか。人間の存在価値が問われる時代の必読書。

ゲノムが語る生命像
本庶佑（ほんじょたすく）
講談社
ブルーバックス

DNAが解読され、ゲノム工学技術が飛躍的な発展を遂げた。ノーベル賞を受賞した日本を代表する分子生物学者がその新しい生命像を語る。

小論文入試出題例

近年、掃除型ロボットや会話機能を持つ人型のロボットが開発されている。このようなロボットはこれからの社会や生活でどんな存在になっていくと考えられるか、考えを述べよ。

（大同大学・工学部）

IoTやAIの発展により、私たちの生活や働き方に対する大きな変化が期待されていることを押さえよう。

情報

集合知とは何か
西垣通（にしがきとおる）
中公新書

ネット上に出現した多数のアマチュアによる知の集積は、いかなる可能性を持ち、社会をどう変えようとしているのか。二十一世紀の知のあり方を問い、近未来を展望する。

クラウドの未来
小池良次（こいけりょうじ）
講談社現代新書

クラウドの本質とは何か。日本のメーカーやメディアがとるべき、IT革命への対応策について述べる。

小論文入試出題例

『週刊朝日』（津田大介）を読み、新聞や一般書、漫画などのデジタル出版物の望ましい利用のあり方について、著者の見解を参考に、紙面とデジタル版の双方のメリット・デメリットをふまえて考えを述べよ。

（熊本大学・文学部）

電子書籍はいつ、どこでもすぐに購入でき、保管スペースが確保できる一方、著作権保護上の問題があることを念頭に置いておこう。

信ネットワークや蓄電池を利用して、無駄のない電力のやりとりを可能にすることが期待されている。

国際

「逆さ地図」で読み解く世界情勢の本質
松本利秋
SB新書

地図の向きを変えると、世界の本当の姿が見えやすくなる。世界の本音がわかる逆地図的視点のススメ。

国際貢献のウソ
伊勢﨑賢治
ちくまプリマー新書

国際NGO・国連・政府を三十年渡り歩いた著者が痛感した「国際貢献」「国際情勢」のリアルを縦横無尽に語る。

小論文入試出題例

アメリカの不法移民問題について述べた英文を読んで、そこから読み取れる不法移民流入の理由を少なくとも一つあげ、その流入を避けるためにどうすればよいか、意見を日本語で述べよ。

（東京海洋大学・海洋生命科学部）

◎アメリカの不法移民問題には、中南米諸国の経済や治安の悪化などが背景にあることを理解しておこう。

福祉

ルポ 高齢者ケア
佐藤幹夫
ちくま新書

正念場を迎えた「高齢者ケア」の先進的事例を取材し、最善のケア、地域医療、生活困窮者支援の未来を考える。

老いの空白
鷲田清一
岩波現代文庫

「老い」が「問題」としてしか論じられてこなかったことが問題なのではないか。哲学者が現代社会の難問に挑む。

小論文入試出題例

ここ一か月の間にどのような関係の人と話したかを複数回答で尋ねた質問に対する回答の割合を年齢階級別に示した二つの図を読み、その上でこれらの図から読み取れる社会福祉の課題について取り上げ、あなたの意見を述べよ。

（山口県立大学・社会福祉学部）

◎高齢者の孤立は、核家族化や地域のコミュニティ衰退により深刻化している現状を理解しておこう。

環境

異常気象と地球温暖化
鬼頭昭雄
岩波新書

IPCC報告書の執筆者が、異常気象と温暖化の関係を解きほぐし、変動する気候の過去～未来を語る。

生物多様性
本川達雄
中公新書

私たちがこの多様な生物を守らなければならないのはなぜなのか。地球まるごとの生態系システムを平易に解説しながら、リンネ、ダーウィン、メンデルの足跡もたどり直す。

小論文入試出題例

「持続可能な開発目標（SDGs、SD Goals）」における目標を考えると、二〇二〇年からの十年間の対策で人類の命運が決定されるかもしれないと言われている。これに対する自分の立場と意見を述べよ。

（釧路公立大学・経済学部）

◎SDGsでは、「飢餓をゼロに」など十七の目標が掲げられていることを知っておこう。

医療

感染症と文明
山本太郎
岩波新書

防疫対策による封じ込めは悲劇の準備にすぎないのか。感染症との共生の道はあるのか。感染症と人類の関係を文明発祥時点から考察する。

ルポ 看護の質
小林美希
岩波新書

看護現場の深刻な人手不足の中、入院期間短縮化と在宅化が急速に進められている。本来の医療とは何か、真のチーム医療とは何かを問う。

小論文入試出題例

「生活習慣病の予防や改善のために、普段から適正体重の維持や減塩等に気をつけた生活を実践する国民の割合」の調査結果を示した図からわかることを読み取り、このような結果となった背景を想像してあなたが考えたことを述べよ。

（富山大学・医学部）

◎超高齢社会において、予防医療の重要性は非常に高いことを押さえよう。

◆現代用語　スマートグリッド　電力の流れを供給側・需要側の両方から制御し、自動的に最適化する送電網のこと。通

情報の集め方

自分の考えを適切に表現するためには、情報収集が必要だ。情報収集の方法について学び、膨大な量の情報の中から、表現の内容や目的に沿った情報を集めよう。

インタビュー

特徴　一対一、あるいは一対複数の間で行われる対話であり、基本的には調査者からの質問を中心に展開される。一問一答形式の場合もあるが、流れに応じて柔軟に対話を展開することで、期待以上に豊かな情報が得られることもある。特定の人物や集団から、詳しい情報を得る場合に適している。

ここが○　対話により、求める情報を確実に入手できるうえに、情報の内容も深いものを入手できる。
ここが×　質問の内容検討や技術が不十分な場合には、十分な情報が得られないことがある。協力者の負担が大きい。

方法

❶ 目的を確認し、対象を検討する

何を明らかにするためのインタビューなのかを確認し、その目的に適した相手を検討する。現実的には、調査への協力を得られることも必要条件となる。

❷ インタビューの内容を考える

インタビューの対象が複数の場合は、共通で質問する内容をあらかじめ決めておいたほうがデータの分析が容易になる。一方、一人に対してインタビューを行う場合、事前に質問内容を具体的に絞りすぎると、この手法の良さを生かしきれない。核となる質問を決めたうえで、それに対する相手の回答を予想しながら、相手の回答を広げたり、深めたりできるよう、展開を構想しておくとよい。

❸ インタビューを依頼する

相手の都合を優先して日時や場所を調整する。場合によっては調査の目的や質問内容を事前に伝えておく。インタビューの録音や録画、写真撮影をしたい場合は、必ず了承を得ておく。また、相手や内容について、自力で調べられることは事前に確認をしてから調査に臨むのがマナーである。

❹ インタビューを実施する

相手に失礼のないよう、インタビュー中の態度や言葉遣いに気をつけるとともに、適度な相づちを打つなど、相手が気持ちよく話せる雰囲気を作るようにする。

話を聞く際はメモをとる。録音・録画をしない場合はもちろん、する場合もメモを取ることにより、インタビューの流れを確認したり、積極的に聞こうとする姿勢を示すことができる。

対話が進む中で、状況に応じて、質問の追加や変更ができるように、相手の話を能動的に聞くようにする。

❺ インタビュー内容をまとめる

調査後は、メモや録音・録画データを手がかりにデータをまとめる。録音した音声をテキストに変換するソフトやアプリを利用すると効率的だが、話し言葉をそのまま文章化したものは冗長でわかりにくいことが多い。その際には、発言の趣旨が変わらないように注意しながら加筆・修正や再構成を行い、読みやすい形に編集する。また、質問と回答を対応させる形で、表などにまとめていく方法もある。調査の目的に応じて、最も有効な方法を選ぶとよい。

❻ インタビューの相手にお礼の手紙を出す

お礼の手紙を送り、インタビューが冊子などにまとまったらそれも送るか持参する。

図書館

特徴　図書館にはいくつかの種類がある。学校や自治体の図書館が身近であるが、調べたい内容の専門性が高い場合には、必要な手続きをすることで、大学の図書館や専門図書館なども利用できる。開架式の図書館では、棚に並んだ本を実際に見ながら、情報を探すことができる。

ここが○　調べたい内容について、関連する複数の情報を一度に手に入れることができる。
ここが×　必要な情報を探し出すのに労力がかかる場合がある。

方法　各図書館の検索システムより、書籍や調べたい内容について入力し資料を検索することができる。見つからない資料は、図書館間貸出制度に加入している図書館にあれば、そこから取り寄せることができる場合もある。

国立国会図書館ウェブサイト
https://www.ndl.go.jp/

する。

アンケート

特徴 多くの対象者に質問紙を配布し、それに回答してもらうことでデータを得る手法である。統計的に、集団の状態や考えの傾向などを分析する場合に適している。

ここが○ 大きな集団の傾向を客観的に捉えることができる。
ここが× 適切な調査を実施するためには計画、準備、実施、分析に多くの時間がかかる。

方法

❶ 目的を確認し、対象を検討する

アンケートで何を明らかにするのか、その目的をふまえ、誰を対象とするか、どのくらいの人数を対象とするかを検討する。アンケートには、母集団（当てはまる人全員）からデータを収集する「全件調査」と、母集団の中から一部の対象を抽出してデータを収集し、その結果から全体の傾向を推定する「標本調査」がある。「標本調査」の場合、標本の数が少なすぎたり、偏りがあったりすると、正確な結果が得られない。

❷ アンケートを作成する

アンケートは大きく、回答者の特性（年齢や性別など）についての質問（フェイスシート）と、調査内容に関する質問（本体）に分かれる。

フェイスシートについては、調査の目的に基づいて、必要最小限の質問を設定する。これらの回答は個人情報となるので、その取り扱いには十分に留意する必要がある。

本体については、記述式と選択式の質問がある。相手に説明を求めるものであれば記述式が、「はい」か「いいえ」、あるいは「程度」や「順序」で回答できるものであれば選択式が有効である。

いずれの場合にも、一つに複数の内容が含まれる質問（①）や、解釈に幅の生じる質問（②）、回答者を誘導する質問（③）は避ける。

①進学先を決めるときに、将来の目標が定まっており、それに基づいて学部を決めましたか。
②あなたの周りに、当時の選択を後悔している人は多いですか。
③後悔しないためにも、しっかりと考えて大学を選択することは大切だと思いますか。

アンケート調査の整理例

目的：現役大学生が大学選択で重視したことを明らかにする
対象：本学卒業の現役大学生百名程度
方法：同窓会SNSを利用し、ネット上での配布・回答を依頼
質問項目：学年
　重視した項目（選択）
　選択への満足度（選択）
　重視するべきであると感じること（記述）など

❸ アンケートを実施する

紙にアンケートの内容を印刷したものを配布して回収することが多いが、最近はアンケートフォームを利用し、オンラインで実施することも増えている。

❹ 結果を集計し、まとめる

一般的な集計方法の例として次の二つがあげられる。

①単純集計
それぞれの質問について、どのような回答をした人がどのくらいいたのか（N＝人数や％＝割合）を表にまとめ、その分布の特徴について見る。

②クロス集計
項目どうしを掛け合わせて（クロスして）表にまとめ、項目どうしの関連性を見る。

（クロス集計の例）

大学選択に対する満足度

最も重視したこと	満足	どちらともいえない	不満	合計
大学のある地域や場所の魅力	0 0.0%	2 40.0%	3 60.0%	5 100.0%
入学試験の難易度・偏差値	10 47.6%	4 19.0%	7 33.3%	21 100.0%
取得できる免許・資格	47 77.0%	13 21.3%	1 1.6%	61 100.0%
友達関係	0 0.0%	1 50.0%	1 50.0%	2 100.0%
その他	2 66.6%	0 0.0%	1 33.3%	3 100.0%

上段：回答数（人）　下段：割合（％）

インターネット

特徴 世界中のコンピュータのネットワークを、共通のルールを使うことによりお互いをつなげたもののことである。

ここが○ 手軽に世界中の情報にアクセスすることができる。
ここが× インターネット上の情報には信頼性に不安があるものが含まれる。目的の情報にピンポイントでアクセスできる反面、目的の情報に関連する情報についてはわかりにくい。

方法

一般的に、パソコンやスマートフォンで検索サイトに接続し、キーワード検索で表示されたさまざまなサイトから情報を収集する。

インターネット上の情報は、真偽のわからないものや、著しく偏ったものなども含まれる。常に情報の信頼性を問う姿勢を持つことが大切である。

◆現代用語　バイオテクノロジー　生命工学。生物を工学的見地から研究し、応用する技術。遺伝子組み換えなどに利用

発想の整理

自分が伝えたい内容を表現するためには、たくさんアイデアを出し、それらを整理することが必要だ。ここでは発想を広げ、整理する方法について学習する。

発想を広げる

イメージマップ・ウェビング

中心に配置したキーワードやテーマから連想した物事を放射線状につないで図示する方法である。広がりきったところで、ある程度のまとまりごとに捉えてみると、表現に生かしやすいアイデアが生まれやすい。

（AIと社会について）

AIと社会
倫理
人間性
医療
司法
ビッグデータ
データの蓄積や分析
芸術性
コミュニケーション
創造力
教育
国際競争力
科学技術
生活の豊かさ
幸せとは？
ロボット
人間
雇用
効率
賃金
労働環境の変化

ロジックツリー

最上位に検討するテーマ・概念を置き、テーマ・概念について、ツリー状に枝分かれさせながら、発想を具体的に広げていく。問題の原因や解決策を探す際にも用いられる。

（高齢者の孤立への対策）

高齢者の孤立への対策
家族とのつながり
通信機器の充実
同居の推進
地域とのつながり
交流機会の充実
団らん場所の確保
趣味の共有

発想を分類する

ふせんを用いる（KJ法）

情報やアイデアを、一つのふせんにつき一つ書き、同じ系統のものをまとめることで発想を分類・整理する方法である。アイデアをまとめたグループごとに見出しを付けたり、グループどうしの関係を図示したりすることで、情報やアイデアどうしのつながりが見えてくる。

（商店街活性化のアイデア）

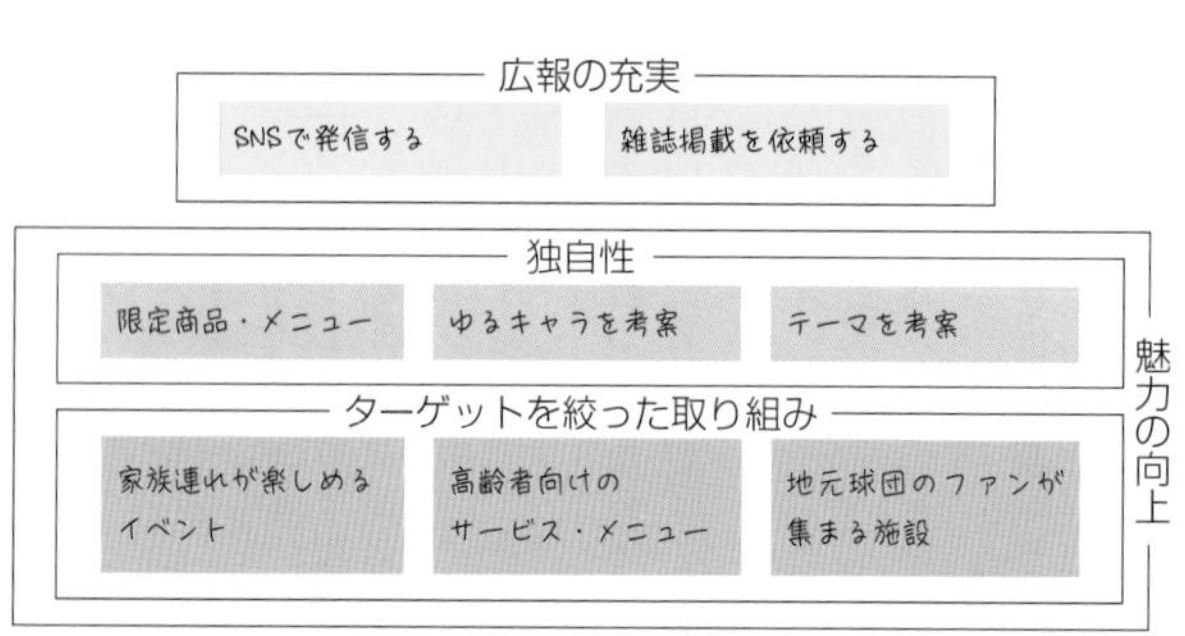

ポジショニング法

縦横に軸を書き、それぞれの端に対比的となるよう基準を設定する。情報やアイデアを位置づけたり、縦横の軸から成る四つの領域に該当するものを考えたりすることにより、発想を分類していく。

（学園祭の出し物について）

大人向け
作品展示
バンド演奏
フリーマーケット
演劇
室内
模擬店
屋外
科学教室
ゲームコーナー
お化け屋敷
子供向け

ベン図

集合の関係を図式化したもの。集合の性質の重なりがわかりやすい。

（留学生との交流イベントについて）

体験的であること
短時間で行えること
日本の文化に触れられること

持たせることができる。医療分野や農業分野で期待される技術だが、倫理的な課題も残る。

スピーチ

スピーチとは、一人の話者が聴衆に向かって話す独話のことである。スピーチでは、話のわかりやすさはもちろん、目的に応じて聞き手を説得する論理性や聞き手の心を動かすメッセージ性なども重要になる。

スピーチの手順

❶ 相手と目的を明確にする
相手意識と目的意識（⇩p.468）を持って取り組む。

❷ アイデア・材料を集める
「情報の集め方」（⇩p.488）を参考にして、テーマに沿ったスピーチの材料・話題を集める。（❷〜❹の順番は柔軟に考え、行き来しつつ進めてもよい。）

❸ スピーチの主題を決める
スピーチで伝えたいことを決める。「スピーチの目的を達成するために、相手に最も伝えるべき内容は何か」を明確にすると一貫性が生まれる。

❹ 話す順番を考えて、内容を構成する
最初に主題を示すと、聞き手が理解しやすい。

❺ スピーチ原稿を作る
話す内容を原稿にしたものを声に出して読むことで、時間や言葉遣いの違和感がわかる。本番ではスピーチの流れや要点をメモしたものをもとに話すとよい。

スピーチの文例

テーマ：教育学部の志望動機
持ち時間：二分
相手：試験監督
目的：試験監督に教育学部で学びたい自分の熱意を伝える
場面（状況）：大学の教室（大学入試の面接）

タイトル：「私が先生を目ざす理由」

私は、小さなころから小学校の先生になるという夢を持ち続けてきました。その夢を持ったきっかけは、小学校五年生のときの担任の先生との出会いです。

私は小学生のころ、自分が大嫌いでした。当時、私は、特別に勉強ができるわけでも、運動ができるわけでもありませんでした。友達が多いわけでも、異性に人気があるというわけでもありませんでした。そんな自分にはよいところがないような気がしてずっと嫌いでした。目立っている他の子を見ては「あの子みたいになれたらよかったのに」といつも思っていました。そんなとき声をかけてくれたのが先生でした。ある日の放課後、一人で教室にいた私に先生は、「あなたは人の話を聞くのが本当に上手だね。あなたと話している人はみんな幸せそうだよ。その魅力を大切にね」と言ってくださいました。その言葉で、私は「自分にもいいところがあるのだ」と少し自信を持つことができました。そして、そこから自分のことを少しずつ好きになることができたような気がします。

私は、いつか小学校の先生になります。そして、あの日、担任の先生が私に気づかせてくれたように、すべての子供が「自分のことが好きだ」と思えるような学級を創っていきたいと思っています。そのために、貴学部で精一杯学びたいと思っています。どうぞよろしくお願いいたします。

スピーチをする際の留意点

- **姿勢**　立位でも座位でも、背筋を伸ばす。
- **声の大きさと速さ**　教室の後ろにも伝わる声量で、聞き取りやすいようゆっくり話す。
- **発音**　語尾まではっきりと発音する。
- **間**　印象づけたい箇所の前で少し間を置くと、聞き手の興味や関心を引きつけやすい。
- **表情**　恥ずかしくても照れ笑いはしない。
- **視線**　手もとを見ずに前を向く。また、聞き手全体に視線を配ることを意識する。

聞き手の態度

- 話し手のほうへ目を向けて、聞いている姿勢を示す。
- 漠然と聞かず、話し手の考えに意識を向けて聞く。

評価のしかた

まずスピーチの目的が達成されているかという観点について検討する。併せて、内容（話題や構成など）と表現（表情や話し方など）のそれぞれの観点から、良かった点、改善するべき点を分析する。

◆現代用語　ゲノム編集　目的とする遺伝子を直接書き換え、編集する技術。遺伝子の性質を変え、生物に特定の性質を

プレゼンテーション

プレゼンテーションは、相手に情報を提示しながら説明し、自分の意図や考えに共感してもらうように働きかけるコミュニケーション活動である。

プレゼンテーションの手順

❶ 計画を立てる

誰に（相手）、何のために（目的）、どのような場で（場面）行うのかを明確にする。併せて、持ち時間や発表場所、使用できる設備などを確認しておく。

プレゼンテーションの成否は「発信した情報が相手の必要に応えられたかどうか」によって決まる。そのためには、相手がどのような情報を求めているのか、どうすればそれが伝わるのかをしっかりと検討したうえで、準備することが大切である。

❷ 情報を収集する

相手に響くプレゼンテーションをするためには、相手を説得する論理性や、相手の心に訴えかけるメッセージ性が重要である。プレゼンテーションの目的やテーマによってどちらを重視するかは変わってくる。

主題を支える論理性やメッセージ性を高めるために、必要な情報（文書・データ・音声・映像など）を集める。

プレゼンテーションの計画例

相手：1年1組生徒
目的：スマホの過剰使用を克服するための方法を提案する
場面：国語の授業「みんなの抱える問題を解決する学級ルールをプレゼンしよう」
時間：10分
発表場所：1年1組教室
設備：パソコン（プレゼンテーションソフト）・プロジェクター・スピーカー
構成（スライドの内容）

1導入　タイトルと発表者（↓スライド例①）

2展開　問題を解決するための学級ルール（↓スライド例②）
0時以降はスマホを利用しない。0時以降はSNSの返信を期待しない。連絡を受けた場合も無理に返信をしない。

3展開　1組のスマホ利用の実態（↓スライド例③）
多くの生徒が、毎日多くの時間と集中力をスマホ利用に割いており、生活に影響があると感じている。

4展開　3の背景となった調査結果（↓スライド例④〜⑥）
「スマホの利用目的」「スマホの一日の平均利用時間」「スマホ利用を負担に感じる時間帯」

5展開　スマホ深夜利用の悪影響（↓スライド例⑦）
健康や友人関係の悪化、勉強時間の減少が見られる。

6展開　提案の背景（↓スライド例⑧）
深夜まで利用しなければ悪影響は少ない。SNSは相手がいるので、自分だけでは改善が難しい。

7まとめ　ルールの再提示と自分たちの思い（↓スライド例⑨）
0時以降のSNSの利用に関するルールの提案。

スライド作成の留意点

- 発表内容をすべて書くのではなく、キーワードや要点、資料を簡潔にまとめる。
- 一枚のスライドには、一つのトピックのみを扱う。
- スライドの色味やデザインに統一感を持たせる。華美になりすぎないようにする。
- 文字や資料の大きさや色に配慮する。

話すときの留意点

- スライドの内容を読み上げることはせず、聞き手の一人一人を見ながら発表する。
- スライドに注目させたいときはレーザーポインターなどを利用する。
- 発表とスライドの内容の対応に注意する。

聞くときの留意点

- 相づちを打つなど、しっかり聞いていることを話し手に示す。
- 漠然と聞かず、話し手の考えに意識を向けて聞く。
- スライドなどの資料の豪華さに惑わされず、発表内容を批評的に聞く。

評価の観点

- 内容や構成は、わかりやすく説得力があったか。
- 話し方は聞き手の注意を引くように工夫されていたか。
- 提示された資料に、妥当性があるか。

❸ 構成を考える

［プレゼンテーションの構成例］

導入　テーマや全体の流れを説明する

・テーマ（タイトル）、発表者、目的、テーマ設定の背景や理由、全体の流れなど

展開　ポイントごとに説明を進める

・資料、分析、考察、自分の意見など

まとめ　全体をまとめる

・結論（自分の考えや主張）、感想、今後の課題、参考にした資料の一覧など

［構成を考える際の留意点］

・発表全体が一つのストーリーとなるように、それぞれの内容（スライド）のつながりや流れを意識して構成する。

・相手の反応や受け止め方を予想して検討する（対立意見への用意をするなど）。

・結論では、内容を簡単に再整理すると、聞き手が理解しやすくなる。

❹ 資料を作成する

プレゼンテーションでは、紙だけでなく、スライドや映像・音楽を資料として用いることができる。相手・目的・場面に合った資料はどんなものか検討し、作成する。

❺ 発表の練習をする

スライドを利用する際は、操作の方法と映すタイミングを確認しておく。スライドの操作に手間取ると、聴衆の集中が途切れるおそれがあるので、打ち合わせや練習を十分に行い、発表の展開に合わせてスムーズに変更できるようにする。

練習を録画しておくと、効果的な振り返りができ、改善につなげることができる。

プレゼンテーションのスライド例

①表紙

1年1組
スマホに関するルールの提案

A班

②展開

提案したいスマホ利用ルール

・0時以降はスマホを利用しない。
・0時直前にSNSで連絡する場合、返信があることを期待しない。
・連絡を受けた場合も、無理をして返信をしない。

③展開

なぜ提案するのか？
1組のスマホ利用実態

①SNS利用が多い
②長時間利用している
③深夜の利用を負担に感じている

（④・⑤は略）⑥展開

③深夜の利用を負担に感じている

スマホを使っていてしんどいと感じるのはいつ？（複数回答可）

朝（6：00－12：00）	8名
昼（12：00－16：00）	4名
夕方～夜（16：00～19：00）	10名
夜（20：00－）	24名
しんどいと思ったことはない	5名

⑦展開

スマホ深夜利用のもたらす悪影響

・睡眠不足による健康悪化
・勉強時間の減少
・友人関係の悪化

⑧展開

提案の背景

・適切な時間帯に使えば悪影響は少ない
・SNSは相手がいるので、一人だけでは解決できない

⑨まとめ

まとめ

・0時以降はスマホを利用しない。
・0時直前にSNSで連絡をする場合、返信があることを期待しない。逆に連絡を受けた場合、無理して返信をしない
⇒互いの負担感を理解し合うことが大切！

箇条書きで書く。

◆現代用語　人工知能（ＡＩ）　人間の脳が行っている知的作業をコンピュータ上で実行するためのプログラム。ＡＩ搭載の

討論（合意形成）

「討論」のやり方は目的に応じてさまざまだが、ここではグループ内のさまざまな意見や方針をすり合わせ、合意形成に至るための話し合いについて学習する。

一般的な討論のルール

大前提として、合意形成を目ざす討論に勝ち負けはない。よりよい結論にたどりつくためには、次のルールを守る必要がある。

・それぞれの立場や考えを尊重し、出された意見を批判しない。
・多くの人が発言できるよう配慮する。
・ほかの人の意見を聞いて思いついたことなども適切なタイミングで発言する。

手順の確認

話し合いを始める前に、次の項目について全体で確認をしておく。

・議題、テーマ、目的　・判断条件
・進行手順　・時間の制限

司会の役割

・テーマや進行手順を参加者に理解させる。
・発言を促したり、軌道修正したりする。
・適宜、議論を整理・確認して、話し合いを円滑に進行する。
・話し合いをまとめる。

合意形成を目ざした討論の例

司会：これから環境委員会の会議を始めます。今日の話し合いでは、一学期中に行う活動を一つ決めたいと思います。あまり期間がありませんので、学校の美化に最も効果のあるもの一つに絞りたいと思います。まず皆さんからどんどん活動のアイデアを出してもらい、その中からどれを採用するかを話し合っていきましょう。時間は三十分程度です。では、意見のある人からお願いします。

A：最近、掃除道具入れの中が乱雑になっているのが目につきます。みんなの意識を啓発するポスターを作って掲示してはどうでしょうか。

B：Aさんのアイデアと関連して、掃除道具入れのチェックを各クラスの環境委員が行うとよいと思います。

C：私はそこまでする必要はないと思いますけど。

司会：検討は後にして、まずは意見を出し合いましょう。

（この後も発言が続く・中略）

司会：さて、ここまで多くの意見が集まりました。ここから一つに絞るための整理・検討をしましょう。

B：最初に「あまり期間がない」と司会がおっしゃいました。これから掃除道具入れの整理整頓を啓発するポスターのデザインを考えて作成するのは難しいと思います。チェックを行うにはチェック表などが必要になりますが、ポスターを作るよりは取り組みやすいと思います。

D：Bさんの意見に賛同します。ただ、校内の掃除道具入れをすべてチェックするのは大変ではないでしょうか。

E：だったら、チェックについては、とりあえずは教室にある掃除道具入れに限定したらいいと思います。

司会：それでは、環境委員会が一学期に行う活動は「各教室の掃除道具入れのチェック」にしたいと思います。

討論の手順

ひろげる

まずテーマについて、各参加者が意見やアイデアを出す。その際は、意見・アイデアの一つ一つについて賛成・反対の判断はせずに、各参加者の考えが出そろうことを優先する。

ふかめる

次のようにして、意見の整理を行う。

・不明瞭な部分を質問したり補足したりする。
・それぞれの意見の共通点や相違点を確認し、整理したり分類したりする。
・討論の目的、判断の条件や基準から、それぞれの意見について検討する。

「ひろげる」「ふかめる」については、「発想の整理」（⇩p.490）で取り上げた方法を用いて意見やアイデアを整理してもよい。

まとめる

出た意見について議論の内容を再確認しながら全参加者で検討し、結論をまとめる。

うまくいかないときは

議論を尽くしても合意にたどり着かない場合には次のような方法がある。

・多数決や投票を行う。
・司会者が議論をふまえて決定する。
・合意が得られた内容と得られなかった内容を整理し、得られなかったものについては、改めて検討の機会を設ける。

討論（ディベート）

ディベートの方法

ディベートとは、一つの論題について、肯定と否定との立場に分かれて、一定のルールに基づいて議論し、勝敗の判定をする、競技形式の討論である。

ディベートの流れ（標準型）〔時間配分〕

❶ **立論**
①肯定側　②否定側　（各3分）
（作戦タイム）　（2分）

❷ **反対尋問（反対質疑）**
①否定側　②肯定側　（各3分）
（作戦タイム）　（2分）

❸ **反駁（反論）**
①否定側　②肯定側　（各2分）
（作戦タイム）　（2分）

❹ **最終弁論**

❺ **判定**
①否定側　②肯定側　（各2分）

ディベート会場の設営（教室の場合）

黒板
司会
肯定側
否定側
審判団

例（部分）

カタカナ言葉を日本語に言い換えるのは是か否か
一年一組　肯定側4名　否定側4名

A₁ A組（肯定側）の立論
カタカナ言葉を日本語に言い換えることに賛成です。生活の中で用いられている電気器具を例に取り上げても、高齢者やその方面に詳しくない人には、カタカナ言葉を使っての説明では理解することができません。日本語に訳されていたら、なんとか見当をつけることができます。確かに、「ノーマライゼーション」を「等生化」と訳されても、理解はできない。しかし、身近な日本語に訳すことで、生活に取り入れたり、日本語を豊かにしたりできます。

B₁ B組（否定側）の立論
私たちは、カタカナ言葉の日本語への安易な言い換えには反対です。カタカナ言葉が氾濫して、理解できないカタカナ言葉が多くあるのも事実です。しかし、「等生化」の例でもわかるように、その前段で「ノーマライゼーション」の意味が十分普及する時間が必要なのです。そして、新しい考え方や技術が、世界規模でやりとりされる国際化の今日では、安易な日本語への言い換えをしても意味が通じず、収拾がつかなくなります。

B₄ B組（否定側）の最終弁論
私たちは、カタカナ言葉を安易に日本語に言い換えるのは反対です。インターネットで世界中がつながる今日では、むしろカタカナ言葉が必要とされ、国際間の通じ合いに役立ちます。

A₄ A組（肯定側）の最終弁論
私たちは、カタカナ言葉を日本語に言い換えることに賛成です。国際間のコミュニケーションも大切だと思いますが、日本語の問題ですから、何よりも国内での通じ合いに便利な表記法を選んだほうがよいと考えます。

ディベートの留意点

役割分担

❶ **討論メンバー**
各組3〜5名程度。各メンバーの役割は、抽選などの偶然で決めるのがよい。

❷ **司会**
司会は、推薦と構成員の合意で決める。

❸ **計時係**
計時係は、司会が兼ねてもよい。

❹ **審判団**
審判員は、3名以上の奇数人数を選出する。学級で行う場合は、討論メンバーと司会以外の全員で構成してもよい。

判定の観点と規準

立論　主張の明確性、確かな根拠による論証性など。

反対尋問（質疑）・反駁（反論）　質疑・反論の根拠の明確性、質疑・反論の根拠と対象との整合性、質疑・反論の積極性など。

最終弁論　討論過程の議論を総合した結論の論理性、弁論の説得性など。

論点の発見と論の組み立て

論点の発見　論点を発見するには、まず否定の立場から根拠を探し、次に肯定の立場から根拠を探す。そのうえで、全体的立場から肯・否の論点と根拠を把握する。

論の組み立て　ディベートの場合、肯定と否定という立場に明確に分かれるので、論題への立場（肯・否）↓根拠1・2・3…↓結論というように、論を組み立てるとよい。

◆**現代用語**　宇宙開発　宇宙空間を観測・探索して、人類の活動領域を拡大しようとする作業。日本では、2003年に宇宙

原稿用紙の使い方

■原稿用紙の使い方

❶原稿用紙の選び方

原稿用紙には縦書き用・横書き用、二百字詰・四百字詰などがあるので、書こうとする内容や量に応じて決める。（四百字詰原稿用紙が一般的）

❷原稿用紙の使い方（〔　〕内は横書きの場合）

a〈題名〉二行めの、上〔左〕から三、四字めから書き始める。

b〈姓名〉三行めの、下〔右〕部（最後の字のあとを一、二字あける程度）に書く。

※小論文の場合は、特段の指示がない限り、解答用紙のマス目に題名・姓名を書く必要はない。

c〈本文〉姓名の次の行から書き始める場合と、姓名から一行あけて書き始める場合とがある。（下は前者）

d〈書き出し〉各段落の初めは一字あけて書く。

e〈句読点〉一字分をとってはっきりと書く。他の符号についても同じ。（「符号の付け方」については五一八ページ参照）

f〈会話文〉改行し、かぎかっこ（「　」）で囲む。

g〈挿入〉できるだけ訂正のない原稿が望ましいが、書き加えたいときは、その箇所がはっきりわかるように、すぐ右〔上〕の空欄に枠で囲んで明示する。

h〈かぎかっこ〉会話文以外にも、この箇所のように言葉を強調したいときや、引用文（m）があるときには、かぎかっこを用いる。

i〈行末の符号〉原則として、次の行の最初には書かない。

j〈訂正〉できれば書き直しが望ましいが、無理なときは不要な語句の上から線を引き、すぐ右〔上〕の空欄に訂正語句を書く。

k〈段落〉この場合のように、自分に関する事柄から作者へと、観点が移行しているところでは段落を立てる。段落を立てるのは、次のようなときである。

(1)場面・題材・観点が変化しているとき

誤用例

■縦書き原稿用紙を用いた例

『富嶽百景』を読んで

二年七組　西村明美

小学三年の時、私は初めて富士を見た。

「わあ、あれが富士山、大きいね。」

と、その時、何の抵抗もなく感激したのを今でも覚えている。やっぱり私も俗な凡人らしい。どうも日本人の心の中には、「富士は日本一」というのが観念的に根づいているようだ。これは、一種の偶像崇拝なのかもしれない。

　だが、作者、太宰治は違う。彼は通俗性をきらい、高尚さを目ざす個性的な人物である。そのことは、冒頭から富士の俗性を否定してかかる所や、富士には、月見草がよく似合う。と平然として言ってのけた所などからもうかがえる。富士を頭から肯定していた私にとって、これは少なからず、衝撃であった。

　それで、この独特な作者に対して、少々、不審を抱きながらも、何度も読み返すうちに

海面上昇や農林業などに大きな影響をもたらす恐れがある。

(2)論旨が展開しているとき
(3)一段落が長すぎてわかりにくいとき
　それぞれの段落が、全体の主題を中心に、有機的につながるように構成することが大切である。


l〈削除〉できれば書き直しが望ましいが、無理なときは不要な語句の上から線を引く。

n〈文末の語尾〉「である」体で書き始めたら、最後までそれで統一する。

o〈番号〉原稿用紙が二枚以上になるときは、整理しやすいように通し番号をつける。

p〈横書きの場合の数字〉原則として算用数字を用いる。ただし、次のような場合は漢数字を用いる。

　一つ、二月、三々五々、四国、一般に、など。

■横書き原稿用紙を用いた例

1 o

宗教改革―その意義について

3年3組　武田義朗

　1517年10月31日，ウィッテンベルク大学教授マルチン＝ルターは，ウィッテンベルク市の城内教会の扉に一枚の意見書をはりだした。いわゆる「95か条の意見書」である。これは教皇レオ10世の免罪符販売に対して，自己の宗教的見解を95か条にまとめたもので，「免罪符を所有しているから，必ず神に救われると信ずる者は，その教師たちとともに永久に呪われるであろう。p(32条)」といった，ローマ教会の形式的な免罪観に対する非難が激しいことばでつづられている。

　しかし，この段階ではルターはローマ教会との絶縁を意図していたわけではなかった。

模範例

1 o

『富嶽百景』を読んで

二年七組　西村明美

　小学三年の時、私は初めて富士を見た。「わあ、あれが富士山、大きいね。」と、その時、何の抵抗もなく感激したのを今でも覚えている。やっぱり私も俗な凡人らしい。どうも日本人の心の中には、「富士は日本一」というのが観念的に根づいているようだ。これは、一種の偶像崇拝なのかもしれない。

　だが、作者、太宰治は違う。彼は通俗性をきらい、高尚さを目ざす個性的な人物である。そのことは、冒頭から富士の俗性を否定してかかる所や、「富士には、月見草がよく似合う。」と平然として言ってのけた所などからもうかがえる。富士を頭から肯定していた私にとって、これは少なからず、衝撃であった。

　それで、この独特な作者に対して、少々、不審を抱きながらも、何度も読み返すうちに

◆現代用語　地球の温暖化　二酸化炭素などの温室効果ガスにより地球の気温が高まり、生態系に悪影響が生じる現象。

感想文

一般的な構成の型

感想文は、ある対象について、自分が思ったこと、感じたことをまとめた文章である。自分の内面をいかに読み手にわかりやすく、情感豊かに伝えるかというところにポイントがあるが、構成としては一般的な「意見文」と類似したものになる傾向がある。ここでは、読書感想文を例に、基本的な構成要素とその配置例を紹介する。

1 導入
・本の紹介
・その本を選んだ理由・動機
・最も述べたい感想を焦点化（**主題**）

2 展開
・感動した部分とその理由
・作品に見いだした自己に切実な意味
・読書の前後で変化した自分の考え方
・自分の体験などと重ねて共感した点
・作品への肯定的意見と批判的意見

3 結尾
・述べてきた感想のまとめ
・読書をして得たもの
・今後の読書について

文例

幸田文さんと田口ランディさんのエッセイを読んで

一年四組　太田　あけみ

幸田文さんの「えぞ松の更新」、田口ランディさんの「屋久島の杉」についてのエッセイを読みました。この二種類のエッセイを読んで心に浮かんできたのは、「神秘さ」ということでした。エッセイを読んでいるうちに自然と、「神秘的な」森の情景が浮かんできました。私たちよりはるかに長い年月を生きてきた樹々だから、そのような感じを生み出しているのだろうかと思いました。

えぞ松の倒木更新――倒れた老木の上に若木が並んで生えていく――という現象や、杉に巻きつくヤマグルマ、屋久島の巨大な縄文杉……などなど、生死輪廻の継ぎ目、樹と樹との生存競争、生の営みといったものを知って、ただただ驚きと感嘆の思いを持たずにはいられませんでした。そして、森や樹々の生命の「強さ」を実感したのです。

「自然」というものは、人間が手を加えることなしに、樹自身が長い年月をかけて築いてきたものだと、私は思います。エッセイの中に、「誰かが植えたメタセコイア」「誰かが放流したヤマメ」などという文がありました。個人の勝手な価値観で、もともとあった自然に手を加えるのはよくないことだと思います。自然というのは、文字どおり「あるがままの姿」ということです。えぞ松の倒木更新も、屋久島の杉とヤマグルマとの生存競争も、みな「自然」なのです。それが、私に「神秘さ」を感じさせたのです。

私たちがふだん知り得ない自然の姿を、このエッセイは教えてくれました。緑の樹々などを見ると心が癒されるように、このエッセイは私の心を癒してくれました。自然というものは、ほんとうによいものだと思います。私たちの、いや地球全体の宝物である「自然」を、いついつまでも守り伝えていかなければならないと、心から思いました。

読書感想文を書く際の留意点

❶ まず、何よりも読むに値する本を選ぶことが大切である。課題図書、推薦図書から選ぶのもよいが、それよりも自分で選び、**自分にとってかけがえのない出会いになるような本**が望ましい。読書感想文を書くためには、深く切実な感想を持つことが必須条件である。

❷ 備忘のため、**読書の過程で心ひかれた部分と感想をメモしておく**。特に感想文に引用するかもしれないような部分は、正確に書き写し、ページ・行を記しておく。

❸ 読書後に読書過程での感想を振り返り、最も深く心に残った感想に焦点化して、**中心的感想（主題）**をまとめる。

❹ 中心的感想を述べるにあたっては、どういう記述・内容からその感想を持ったのか、また、どういう理由でその感想を持ったのか、**感想の根拠を明確に示す**必要がある。そのためにも、読書過程におけるメモ書きを必要十分に行い、書く材料を準備しておくことが肝要である。

❺ 本の内容のあらすじを記すことは、必ずしも必要ではない。ただし、読み手がその本の内容について知っているとは限らないので、特に中心的感想の根拠となる部分の概略については、**冗漫にならない範囲で書く**ことは必要である。

❻ 読書感想文は、課題として課せられることが多い。提出期日や枚数など、指定の条件は厳守するようにする。

せ、不毛の土地となること。

レポート

一般的な構成の型

レポートは、次のような構成要素と配列で書くのが一般的である。

❶レポートの題目
❷提出者氏名
❸提出の日付
（序論）
❹レポートの目的
　1テーマ設定の理由・目的
　2テーマの意義
（本論）
❺研究・調査の方法
　1研究・調査の仮説
　2仮説検証のための方法
　　◯調査や実験対象・資料
　　◯調査や実験の方法・手順
❻研究・調査結果の分析
　1研究・調査の結果
　2結果の分析
（結論）
❼結論
　◯結果について自分なりに考察し、❹の目的に対応させてまとめる。
❽引用・参考文献
❾付録資料
　◯調査・実験の詳細なデータ、アンケート調査項目など。

レポートの例

本校生徒の食生活の実態

1年5組　木山克子
10月25日提出

Ⅰ　レポートの目的

現代の食に関する課題として、食習慣の乱れが指摘されている。私たちの今後の食生活に役立てることを目的として、本校生徒の食生活、とくに朝食の実態について調べることにした。

Ⅱ　調査の方法

本校1年生3クラス（男子56名、女子62名、計118名）を対象に、次の2項目でアンケート調査を実施した。

1　週にどれくらい朝食を食べますか。
①毎日　②週4～6回　③週1～3回　④0回

2　1で②～④と回答した人に尋ねます。その理由は何ですか。自由に書いてください。

Ⅲ　調査の結果と分析

1朝食を食べる頻度　2朝食を食べない理由

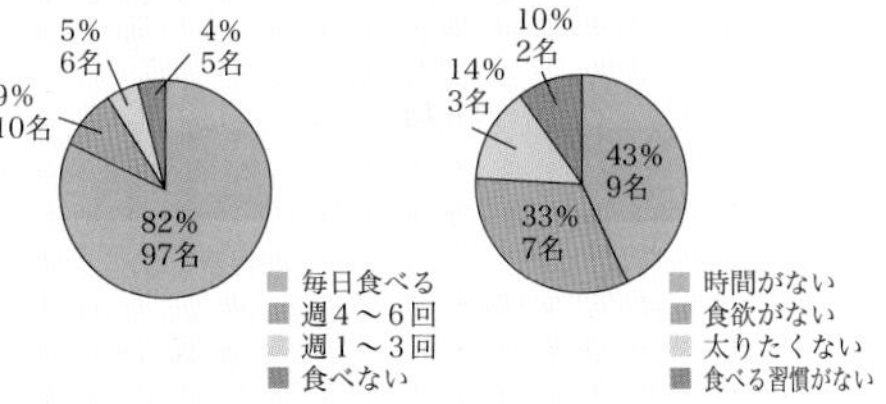

朝食を「毎日食べる」生徒は82%である一方、朝食を食べない日のある生徒は合計18%いる。朝食を食べない理由は、「時間がない」「食欲がない」などである。

Ⅳ　結論

朝食を食べない理由の多くは、時間や食欲がないことであるとわかった。いずれも生活リズムの乱れにより、睡眠時間が短いのが原因と思われる。

レポート作成の留意点

❶ レポートの目的を明示する
レポートを書く場合には、まず何を報告するためのものであるかを明らかにする。すなわち、レポートの課題や目的をはっきりと認識しながら、調査の結果が明確になるように書かなくてはならない。

❷ 調査の方法について説明する
調査の方法や情報の収集方法を、できるだけ具体的に説明しておく。そうすることで、報告する内容が正確で客観的なものであることを示すことができる。

❸ 調査の結果について記述する
調査から得た結果を整理して明示し、内容を分析していく。報告が長文になるときには、見出し・小見出しをつけながら書いていくと、読みやすく、内容の理解も容易になる。調査の結果は、グラフを用いて提示する場合もある。

❹ 結論を述べる
この調査によって得た結論を、レポートの最後にまとめる。

❺ 参考文献・資料を記載する
書物や資料から引用しながら書く場合には、引用部分に参考にした書名や資料名などを必ず示す。また、レポートの最後に「参考文献」として、書物の場合は著者名・書名・出版社名、出版年月日を記載する。インターネットを利用した場合はＵＲＬを記す。

 ◆現代用語　砂漠化　気候変動による干ばつだけでなく、植物の生産力を上回る過剰な放牧や耕作などにより、土地が痩

創作の手引き

短歌を作る

短歌とは

短歌とは、「五七五七七」の三十一音を基本として作る、千年以上も昔から続く日本の詩の形式である。古文の授業では解釈に苦戦することも多く、創作するとなると堅苦しいと感じる人もいるかもしれない。

しかしとくに現代の短歌は、題材や詠み方がとても多様で、自分自身の想いを表現できるジャンルになっている。「五七五七七」という形式は、むしろ誰でもより表現をしやすくするための制約だと言える。

題材を集める

古典和歌の世界では、和歌の題材は春・夏・秋・冬などの季節や恋が中心だった。現在の短歌でも恋の歌は多いが、日常の身近な題材を簡単な言葉で詠んだ歌も少なくない。

> 人間はしっぽがないから焼きたてのパン屋でトングをカチカチ鳴らす
> （岡野大嗣『たやすみなさい』）

これはパン屋での一コマである。美味しそうな食べ物を前にして心が浮き立っているとき、もし自分が犬や猫だったら、尻尾を振ったりピンと立てたりして、その心情を表すかもしれない。けれども、私たち人間にはその尻尾がないので、パン屋でおいしそうなパンを目の前にしたときに、パンを挟むトングをカチカチ鳴らすことで、その浮き立つ気持ちを表現しているのではないか、というさりげない気付きを詠んでいる。

この他にも散歩に出かけたときやふと目にした光景、心の揺れや感動を、五音や七音のフレーズや、単語で具体的に書き取っておくとよい。また、写真からイメージする短歌を作ったり、何気ないエピソードを短歌として詠んだりすることで、短歌の題材を探すことができる。

表現を工夫する

短歌を作るときには、自分独自の視点を交えたり、カメラのアングルのようにどのように対象を描くかの視覚を考えたりなど、いろいろな工夫をしてみよう。

> あ　かぶと虫まっぷたつ　と思ったら飛びたっただけ　夏の真ん中
> （穂村弘『ドライ　ドライ　アイス』）

この短歌は、かぶと虫が飛び立った様子を下から見上げることで成立している。甲羅のように堅い羽が開いて「まっぷたつ」に分かれたように見えたというその瞬間を、夏の象徴的な出来事として描いている。

> 「寒いね」と話しかければ「寒いね」と答える人のいるあたたかさ
> （俵万智『サラダ記念日』）

> きみに逢う以前のぼくに遭いたくて海へのバスに揺られていたり
> （永田和宏『メビウスの地平』）

俵万智の短歌では、「寒いね」という会話を入れて話し言葉のリズムを利用するとともに、恋人同士のやりとりを「私」や「君」といった主語をあえて省略することで、「私」の主観的な想いとして切り取っている。

対して永田和宏の短歌では、「きみ」と「ぼく」を書き込むことで、主人公である「ぼく」が映画やドラマの主人公になり、それを客観的に見ているような印象を与えている。また「僕」ではなく「ぼく」と平仮名で書いたことで、主人公の印象も変わってくるはずだ。

他にも、比喩や擬人法、倒置などの表現技法を使うことで、より豊かな表現を生み出すことができる。

推敲する

短歌を初めて作るときは、説明不足になってイメージが伝わりにくくなったり、具体的に書きすぎて伝えたい想いがぼやけてしまったりすることが多い。そういうときは、各句の単語を別の言葉に置き換えてみて、よりよい表現を探してみよう。

短歌の授業では「二句切れ」「三句切れ」といった「句切れ」を学習する。「五七五七七」のリズムに慣れてきたら、句の順序を入れ替えたり、俳句で学習した「や・よ・かな」などの「切れ字」を使ったりして、表現したいことがよりはっきりと伝わるように工夫しよう。このとき、切れ目がある句が、詠み手がもっとも表現したい想いになることが多い。

また、擬音語を取り入れてリズムを作ったり、体言止めや助詞を使って短歌の最後を工夫したりすることで、歌全体の印象が大きく変わる。

発展　折句を作る

折句とは、「五七五七七」の頭文字(もしくは末尾の文字)を繋げて読むと、一つの言葉になるように作歌する技法である。

> 唐衣きつつなれにしつましあればはるばるきぬる旅をしぞ思ふ
> （『古今和歌集』巻九）

『伊勢物語』「東下り」に登場するこの和歌は、各句の頭文字を繋げると「かきつばた」という植物の名前になる。「あいうえお作文」や、新聞のテレビ欄にしばしば見られる「縦読み」と同じような言葉遊びなので、楽しんで作ってみよう。

物とも、その処理の安全性に多くの問題を抱えている。

随筆を書く

随筆とは

「随筆」というと、「筆に随う」という言葉の通り、筆者の思うまま、自由に書いた文章というイメージがあるが、「自由に書く」と言われても、何を書いたらよいのかわからないという人も少なくないだろう。

ここでは、随筆を書く際の基本的な考え方について学んでいこう。

随筆と文章のジャンル

「随筆」と呼ばれる文章には、さまざまなジャンルが含まれている。体験談、読書感想文や書評、小論文なども広い意味での「随筆」に含まれるが、これらすべての文章に共通して言えるのは、

①創作ではなく、事実を元にしたノンフィクションの文章である。
②自分自身を語り手とした一人称の文章である。
③自分自身の考え、主観が文章の中心的な主題となっている。

という三点である。

何について書くのか（**題材・テーマ**）、どのように書くのか（**記述方法**）、何を書くのか（**自分の考え・主張**）の三つを、あらかじめ計画してから書き始めることで、よりよい随筆が書けるようになる。

題材・テーマを決める

まずは自分の身の回りから、題材になるものを見つけよう。

書きたいテーマや題材が見つからないときは、自分の知っていることについて調べ直したり、新しいものに触れたりしてみよう。図書館で本を探したり、新聞や雑誌の記事を検索したりするのもよいし、テレビ番組や映画を見ること、音楽を聞くこと、美術館や博物館などに行くことも、テーマ探しには有効である。

題材になりそうなものを見つけたら、その題材の何に注目したのか、その題材を一言で説明するとどう言えるのかなど考えをめぐらせ、関連するキーワードをできるだけ多く抽出しておこう。ニュースや、ほかの人が書いた文章の中から気になったものを取り上げてキーワード化するときには、同じテーマで書かれている別の文章も読んでみよう。そのテーマについて社会ではどういうことが取り上げられているのかを知っておくと、文章を構成する材料になる。

このように、題材・テーマと自分自身の考えや感想を結び付ける言葉を確かめておくと、文章の大まかな骨格をイメージしやすくなる。

構成を考える

自由に書く文章であっても、文章のスタートとゴールをしっかりイメージしておくことが重要である。

たとえば自分が読んだ小説について文章を書くときに、第一段落で本のあらすじを、第二段落で自分の考えたことを書くといった具合である。

最終的に自分が何を言いたいのかということから出発して逆算し、どういう内容を、どの順番で説明するのが効果的なのかを考えてみよう。

文章が単調になってしまうと感じたら、自分のエピソードから書きはじめたり、他の人の感想を紹介したりするなど、読み手が自分の文章に興味を持ってくれるよう、書き出しを工夫してみよう。

事実と意見

自分の体験を書くときには、意見・主張に関わる部分と、体験、事実を区別し、できるだけ事実に即して記述したほうが伝わりやすい。

そのため、たとえば出来事を取り上げる場合には、その出来事の流れを、時系列に沿って箇条書きなどで簡潔にまとめておくと、文章を書くときに見通しがよくなる。

また、実際に書き起こす際には、事実に当たる部分と意見に当たる部分とを別の形式段落にしていくと、文章としてまとまりが出る。

表現を工夫する

文章の下書きが終わったら、より魅力的な文章になるように工夫をしてみよう。

たとえば、事実の列挙になっている部分を会話形式でのやりとりに書き換えたりすることで、読み手に臨場感を与え、事実を強く印象づけることができる。

また、文末表現に変化を加えたり、より自分の思いを表現するために適切な言葉を考えたりすることも重要である。

随筆の書き出しの例

ノートは私だけの王国だ。世界がいかに複雑で滑稽で深刻で魅惑的であるか、思い出させてくれる。だからこそ生きるに値する場所なのだと教えてくれる。（小川洋子「ノートは私だけの王国」）

解説 画家の寺田順三からもらい、愛用しているノートを話題にした随筆。新聞の切り抜きやコピー、メモを貼り付けたノートを見て、筆者は世界に想いを馳せる。そのノートに何が書かれているのか、それをなぜ使っているのか、ノートの魅力へと話題を広げていく。

 ◆**現代用語** 放射性廃棄物　原子力発電所や核燃料処理工場・研究所から出る放射能を帯びた廃棄物。高・低レベル廃棄

記述問題・論述問題（小論文）対策

記述問題・論述問題は選抜試験や資格試験でも出題されるオーソドックスな形式である。しかし、何から書き始めればよいかわからないなど、苦手意識を持つ者も多いだろう。ここではさまざまな出題に応じた対策を紹介する。

STEP 1 問題のタイプと基本的なルールを把握する

記述・論述問題とは

記述・論述問題とは、与えられた問題に対する解答を文章で記述させるタイプの問題全般をさすが、文章で解答させる問題を大まかに分けると、次のようになる。

❶**論述問題（小論文）**…解答者独自の意見が求められる。制限字数は数百字以上であることが多い。

❷**記述問題**…解答者の意見を必要としない。制限字数は数十字から百字程度であることが多い。

＊論述問題を記述問題の一種と捉えることもあるが、ここでは区別して解説する。

いずれの問題でも、問題に合わせた解答の基本的な形式・ルールがある。まずはそれらの違いを確認することから始めよう。

記述問題の基本

記述問題は多くの場合、文章や図などの資料を与え、その論旨や因果関係などを解答させる形式をとる。こうした問いに対する解答はおおむね、本文の文言をそのまま抜き出すか、本文中の情報を解釈して説明するかのいずれかである。

そのため、記述問題の解答には、資料の意味内容を理解するための語彙力や解答に必要な情報を把握する力、資料中の情報をもとに推論する力、そして、指定された条件に基づきながら表現をする力などが必要となる。

記述問題の出題形式

出題によっては、一つではなく、複数の資料を組み合わせ、それらの対応関係を文章化させる出題もある。複数の資料の読み取りには、それぞれの資料の情報を整理したり、読み取った内容をほかの事例にあてはめて考えたりする力や、それらを言語化する力も求められる。

資料の種類

記述問題の出題に用いられる資料には、次のようなものがある。

❶**論理的な文章**　例：評論文、論説文
❷**実用的な文章**　例：法律文、説明書、議事録
❸**会話文**
❹**図表・グラフ**
❺**物語、小説**

問いの形式

論理的な文章での記述問題の代表的な問いの形式には次のようなものがある。

❶**具体または抽象を問う**
例：〜とはどのようなことか。
❷**指示内容を問う**
例：「それ」がさす内容を説明せよ。
❸**原因・理由を問う**
例：〜なのはなぜか。
❹**結果・主張を問う**
例：〜によってどうなるか。
❺**対比を問う**
例：〜は…とどのように異なるか。
❻**要約させる**
例：本文全体をまとめよ。

これらの問いに解答する際には、たとえば「〜なのはなぜか。」と理由を問う形式の場合は「〜から。」と理由を答える表現を用いて解答するように、問いがどのような解答を要求しているかを把握し、それに対応した答えになるように注意する必要がある。また、用いなければいけない語句の指定や、字数制限が設けられていることもある。

表記・表現のルール

相手に正確に伝わる解答を作成するための、表記・表現の基本的なルールを確認しておこう。

1 用字・用語を統一する

漢字と仮名の使い分け、送り仮名の付け方、漢数字と算用数字の使い分け等を統一する。

pH5.6以下の雨。森林や農作物・土壌を変化させ、生態系に大きな影響を与えている。

論述問題（小論文）の基本

論述問題の代表的な形式に「小論文」がある。小論文は、与えられた課題について、自分の意見や考えを、他人に理解できるように筋道立てて述べる文章であり、「何を」「どのように」書いたかが評価される。

「何を書いたか」の評価では、「設問の趣旨を理解しているか」「課題文や資料を理解しているか」「客観的な根拠に基づく意見を述べているか」「独創的・個性的な意見を述べているか」といった点が基準となる。そのため、与えられた資料の内容を繰り返したり、常識や一般論をただ述べたりしただけでは、評価が上がらない。また、根拠のない感想を述べると評価が低くなる。

「どのように書いたか」の評価では、「内容に応じた効果的な構成を選択しているか」「明快で客観的な表現となっているか」といった点が基準となる。そのため、語彙の選択や文法が適切でなかったり、意味のまとまりを意識した段落構成がなされていなかったりすると評価が低くなる。

小論文は、書いた人の志望先への適性・資質や思考・人間性が表れやすいことから、大学入試や就職試験等でよく出題される。

また、小論文の課題設定は、測ろうとする能力によって異なる。課題設定の代表的なタイプには、以下のようなものがある。

論述問題（小論文）の出題形式

テーマ型 小論文

テーマのみが与えられ、他に資料がないタイプ。志望学部・職種等への興味・関心、認識・知識の程度などが尋ねられる。また、他のタイプよりも自由度が大きく、独創性や個性を尋ねる場合に用いられやすい。自己推薦型、志望動機型小論文もこの中に含まれる。

課題文型 小論文

資料として課題文が与えられるタイプ。テーマ型と並んで、小論文入試の中心。課題文の内容から、問題点や論述の糸口を見いだし、意見を述べる。小問に課題文の要約を課す場合も多い。また、課題文に英文を課す場合、特に英文型小論文と呼ばれる。

データ型 小論文

与えられたグラフや図表から、特徴や傾向等を読み取り、問題点やその背景にあるものについて考察し、自分の意見を述べるタイプ。データの分析力や統合力などを見る。写真や絵などが提示されることもある。

融合型 小論文

テーマ型・課題文型、データ型を基本スタイルとして、それらを組み合わせたものを融合型小論文という。英文と日本文の融合も、このタイプに含まれる。

専門知識型 小論文

史学部や理工学部などでは、専門知識が必要な出題も見られる。また、理科論述や数学の証明問題など、教科の内容に関する出題もある。

2 語と語を適切に対応させる

主語と述語の対応、修飾語と被修飾語の対応、副詞の呼応、自動詞と他動詞の使い分けに注意する。一文を短くすると対応を確認しやすい。

3 話し言葉を避ける

「ら抜き言葉」や若者にしか通じない「若者言葉」等は避ける。

例：×「してる」→「している」
　　×「食べれる」→「食べられる」

4 文体を統一する

小論文では常体のうち「である体」で統一するのが一般的である。また、体言止めは基本的に避ける。

5 適切な接続表現を用いる

文の成分と成分の関係や文と文の関係を明らかにするために、接続助詞等を用いる。

①原因・結果、理由・主張
・前が原因・理由、後が結果・主張
　例：「〜のため…」「したがって」
・前が結果・主張、後が原因・理由
　例：「なぜなら」「その理由は」
②列挙　例：「〜や…」「また」
③順序　例：「〜した後、…」
　「まず、〜。次に、〜。」
④添加　例：「しかも」「そのうえ」「さらに」
⑤補足　例：「なお」「ただし」
⑥要約　例：「このように」「つまり」
⑦例示　例：「たとえば」「具体的には」
⑧対比　例：「〜に対して…」「一方」
⑨選択　例：「または」
⑩逆接　例：「しかし」

◆現代用語　酸性雨　化石燃料の燃焼から生じた硫黄酸化物（SOx）や窒素酸化物（NOx）などの汚染物質などによる

STEP 2

設問を読み、解答の手順を確認する

例題　資料1『□□□□』のグラフと資料2『△△△』の文章を読んで、●●●●について、あなたの考えを六百字以内で述べよ。

・四つの指示をすべて取り入れて解答する。

① **「資料1（グラフ）」と「資料2（文章）」を両方読む（片方だけではNG）**

② **●●●●について書く**

③ **自分の意見を書く（資料をまとめるだけはNG）**

④ **六百字以内で書く**

・②の「●●●●について」という記載が、資料を読み解く際のポイントになる場合もある。何について書くことが求められているか、よく確認しておこう。

❶ 課題の要求を的確に理解する

(1) 設問文をしっかり読み、何を書くことが求められているのかを正確に理解する。

(2) 資料は何点あるか、どのような種類なのか、すべてを読み解くことが必要なのか、などについて把握する。

❷ 資料の内容、論理構造を捉える

(1) 課題と同時に示された資料の概要を読み取り、要点を整理する。

(2) 複数の資料が提示される場合、各資料の関連性についても考慮する。

※資料がない「テーマ型小論文」の場合は❷❸を飛ばして、❹に進む。

例題　●●について、筆者はどのように述べているかについて、後の(1)～(3)を満たすように書け。

(1) 全体を百二十字以内で書くこと。

(2) 全体を二文に分けて書き、一文目を「●●について筆者は」で書き始めること。

(3) 二文目は「以上のように」で書き始めること。

・自分の意見が求められない記述問題では、例題のように具体的な表現・表記の方法について指示がある場合もある。この場合も必ず指示を守って書こう。

❸ 課題の要求と資料の内容を照らし合わせ、書くべき内容を整理する

(1) 資料から読み取ったことを把握したら、それを解答の中でどう表現することが求められているかを改めて確認する。

※「自分の意見」が求められていない場合は❹～❻を飛ばして、❼に進む。

❹ 課題に対する自分の考え（＝主題）を明確にする

文章構成の基本型

文章構成の基本は、初め・中・終わりという三段型で、その変形として、四段型、五段型の構成がある。文章の基本型を理解しておくことは、自らが文章を書くときにも、人の文章を読み解くときにも役に立つ。

●文学的文章

① 発端（序）―展開（破）―結末（急）

② 発端―展開―やま場―結末

▶事件が始まり、それが一定の方向に進展し、終結するという物語構成の基本型。「序破急」は能楽の用語が由来。展開と結末の間に「やま場」を置くことで引き締まった文章になる。

③ 起―承―転―結

▶「起」、「承」と順に受けて進めてきたことに、「転」で変化と奥行きを与え、「結」で全体を締めくくるという構成法。漢詩の構成法が由来。参照 P.453

●論理的文章

本論

① 序論―論証―結論

② 序論―説話―論証―結論

③ 序論―論証―自説への反論―反論への反論―結論

▶「序論」で論点を提示し、「本論」でそれを証明し、「結論」でまとめる構成法。「本論」部分は意味によって分かれて、全体の構成が四段以上になることもある。

されている部分。スプレーなどに含まれるフロンガスがオゾン層破壊の原因とされる。

例 **自分の将来について問われた場合**
・自分がどれほど将来を真剣に考えているか、志望先に強い関心を持っているかを示す。

例 **ある事柄への是非が問われた場合**
・是非のどちらの立場に立つかを明確にする。あいまい・消極的な立場では評価されない。

例 **課題・問題が提示された場合**
・提示された「課題・問題」を解決する方向での、具体的な考えを示す。

例 **高齢者への支援について問われた場合**
・ある社会問題について問われた場合は、問題とされていることをいかに社会で改善していくか、という方向性で意見をまとめる。「お年寄りに優しくしようと思った。」のような個人的な抱負を述べても評価されない。
・「〜と思う。」という文末表現が続くと、読み手には単調で主題があいまいな内容に映る。事実と意見をしっかり分け、意見を述べる際は「〜と考える。」と書こう。

例 **「がんの告知についての是非」が問われた場合**
・自身の体験を具体例として示すと、独創的な内容になりやすい。うまく使えば理由付けを補強する内容になる。ただし特殊な例と見なされては逆効果なので、自分の主張を支える例なのかをよく考えよう。

(1)主題は前向きで、積極的な内容になるように設定する。
(2)「感想」ではなく「意見」を述べる。

❺ ❹で定めた「主題」を支える「理由」を集める

(1)●何が　●なぜ　●どのように
●どうしたのか　●どこに問題があるのか
などといった観点から、理由を集める。
(2)集めた理由から主題を支えるのに有効なものを選ぶ。ニュースや新聞記事、書物などの引用、自分の体験など、理由に関わる具体例もあげて、説得力を高める。

❻ ❹❺を整理し、文章構成を決める

(1)課題の要求に合った主題が示せているか、最初と最後で一貫した内容になっているかに留意する。

❼ 下書き・推敲をして、清書する

(1)時間配分に留意して、下書き・推敲の時間を確保する。

六百字以内であれば三〜四段落、八百字以内であれば三〜五段落程度を目安としよう。

小論文を書く際の基本的な構成法

■主題提示型（頭括型・双括型）
・頭括型…結論＝主題を最初に述べる
・双括型…結論＝主題を最初と最後で述べる

例 **ボランティア活動について考えを述べよ。**
第一段落　主題の提示
ボランティア活動は、人のためだけでなく、自分の生き方も豊かにするものである。
第二段落　主題の証明（理由・根拠の説明）
老人ホームで、高齢者の笑顔に勇気づけられたり、前向きな気持ちになれたりした。
第三段落　主題の再提示（まとめ）
ボランティア活動は、その体験により自分の生き方を豊かにするものである。

■問題解決型（尾括型）
・尾括型…結論＝主題を最後に述べる

例 **地球温暖化について考えを述べよ。**
第一段落　問題点の提示
温暖化により、世界各地で猛暑や干ばつが起き、植生や人々の生活に直接被害が出ている。
第二段落　考察
温室効果ガス（CO_2）の削減が、各国の経済優先政策により進んでいないのが原因である。
第三段落　解決策の提示
世界のすべての国々が、経済政策よりも優先して温暖化対策に取り組むことが急務である。

◆**現代用語**　オゾンホール　大気の20〜30kmの高さにあり、太陽の紫外線から地球の生物を守っているオゾン層が破壊

記述・論述（小論文）問題に挑戦！

問題 次の資料1〜2を読んで、あとの問いに答えよ。

【資料1】

㊀家族は、社会の基礎的な構成単位である。家族が果たす機能は、家族の構成員の生活を維持し、保障するという生活保持機能が基本に置かれている。具体的には、家族のために生産活動に従事する生産・労働機能、家族が病気になった場合などに助け合う扶助機能や子どもを産み育てる養育教育機能、次の世代を担う者を育む再生産機能などである。家族には、愛情や安らぎの場を提供するという精神的機能も期待されている。

こうした家族が果たす機能は、家族形態や社会経済のあり方によって、大きく変わる。家族の機能の変化を端的に表す現象として、「世帯規模の縮小」がある。同居率の低下もその一つであり、家族の構成員の数が少なくなればなるほど、家族同士が支え合う機能も低下していく。

㊁厚生労働省の国民生活基礎調査によると、【資料2】のように世帯構成の推移が示されている。

さらに、国立社会保障・人口問題研究所（以下「社人研」）の「日本の世帯数の将来推計（二〇一三年一月）」によると、二〇三五年には、単独世帯は三七・二パーセントと、三世帯に一世帯の割合になると見込まれている。「単身化」と呼ばれる動きである。その要因の一つは、「高齢単身者」が増えることである。平均寿命の伸長により、高齢者世帯が増大するとともに、配偶者と死別した後に単身となるケースが増加しており、高齢単独世帯は二〇三五年で一五・四パーセント、七世帯に一世帯になると推計されている。近年、これに加えて単身化の要因となっているのが、晩婚化や未婚化による「壮年未婚者」の急速な増加である。この点は、生涯未婚率（五十歳時点で一度も結婚したことがない人の割合）が著しく上昇したことに表れており、その背景には経済や雇用情勢などの変化がある。

「ひとり親世帯」も増加している。離婚件数は、一九九〇年代に上昇し続け、二〇〇二年にピークに達した後低下傾向にあるものの、現在も年間二十二万組にのぼっている。離婚に伴い、ひとり親世帯が増加し、二〇一一年には母子世帯は一二三・八万世帯、父子世帯は二二・三万世帯となっている。将来推計によると、二〇三五年には、ひとり親世帯は全体の一一・四パーセント（九世帯に一世帯の割合）となり、子どもがいる世帯の三分の一を占めると予測される。

高齢単身者、壮年未婚者、そして、ひとり親世帯は、所得や就労、さらに老後のすまいなどの面で不安を抱えているケースが多く、しかも家族による支え合いの機能が低いという点で、生活上大きなリスクを抱えている。

さらに最近問題となりつつあるのが、子育てと親の介護の両方のケアを同時に担う人が増えていることである。「ダブルケア」と呼ばれており、内閣府委託調査（二〇一六年四月）によると、全国で約二十五万人にのぼると推計されている。この問題は、高齢化に伴う介護問題の深刻化、少子化による家族数の減少、晩婚・晩産化による子育て時期の後ろ倒しという、家族をめぐる三つの大きな変化が重なったことによって生じたものである。

㊂このように一九八〇年代以降、家族の「個人化」が急速に進んでいる状況を捉えて、従来は家族が担うと期待された機能を社会保障が補完していかないと、人々は「孤立」し、それがひいては「社会の解体」に結び付くのではないか。

（山崎史郎『人口減少と社会保障』中公新書より）

2015年の国連サミットで定められ、貧困や環境など17の分野で達成すべき目標が設定された。

【資料2】

世帯構成の推移

(%)

世帯	1975	1985	1995	2005	2015年
三世代以上世帯（注）	23.1	20.5	18.6	16.1	13.0
ひとり親と未婚の子のみ世帯	4.2	4.6	5.2	6.3	7.2
夫婦と未婚の子のみ世帯	42.7	41.9	35.3	31.1	29.4
夫婦のみ世帯	11.8	14.6	18.4	21.9	23.6
単独世帯	18.2	18.4	22.6	24.6	26.8

（注）「三世代以上世帯」は「三世代世帯」と「その他の世帯」の合計。

（厚生労働省「国民生活基礎調査」）

問一 【資料1】では将来（二〇三五年）の世帯構成の推計、【資料2】では過去から二〇一五年までの世帯構成の推移が示されている。これら[A]二つの資料を用いて、[B]日本の世帯構成における「単身化」の動きについて説明せよ。ただし次の(1)〜(3)の条件に従うこと。

(1)八十字以上、百二十字以内で書くこと。
(2)資料1から将来単身化が進むと予想される要因を一つあげること。
(3)資料2から、近年日本の世帯構成で単身化が進んでいることを示すグラフの特徴をあげること。

問二 傍線部「従来は家族が担うと期待された機能を社会保障が補完していかないと、人々は『孤立』し、それがひいては『社会の解体』に結び付くのではないか」とある。では、[A]どのような「補完」のあり方が考えられるか。[B]あなたの考えを[C]六百字以内で述べよ。

課題の要求を的確に理解する

問一 (1)〜(3)の条件に加え、設問文のAとBも重要な要求である。とくにAの「単身化」という語は、資料2には出てこないので、資料1から「単身化」とはどのような世帯のことかを把握しておくことが求められる。

問二 A傍線部で言う「補完」のあり方について書く。B「あなたの考え」を書く。C六百字以内で書く。以上三点の要求であることを確認しよう。難しいのはAである。資料1の筆者の主張を、傍線部を中心として適切に押さえよう。

資料の内容、論理構成を捉える

【資料1の分析】

第一段落 話題の提示

●家族は、社会の基礎的な構成単位である。

●家族が果たす機能は、家族形態や社会経済のあり方によって、大きく変わる。

第二段落 考察

●家族について、次のような傾向がある。

(1)単身化(単独世帯の割合の増加)
…二〇三五年に、単独世帯は三七・二パーセントと、三世帯に一世帯の割合になる(推計)

原因
・高齢単身者の増加
・壮年未婚者の増加

(2)「ひとり親世帯」の増加

※(1)(2)の世帯は、生活面でさまざまな不安やリスクを抱える。

(3)子育てと親の介護を同時に担う「ダブルケア」の増加

第三段落 問題点の提示

●家族の「個人化」が急速に進んでいる。

●従来は家族が担うと期待された機能を社会保障が補完していく必要がある。

【資料2の分析】

●グラフの特徴

①百分率のグラフ
・数量ではなく、割合を示していることに注意。

②過去から現在までの推移のグラフ
・時代ごとの割合の傾向とその動きを捉える必要がある。
・資料1は将来推計のデータが示されていたが、資料2は二〇一五年までの、過去から現在までのデータが示されている。

●グラフが示している傾向

①年を追うごとに、世代数の多い世帯の割合が減り、逆に世代数の少ない世帯の割合が増えている

②未婚の子がいる家庭については、年を追うごとに、ひとり親の世帯が増加し、夫婦が揃っている世帯が減っている

◆現代用語 ＳＤＧｓ(持続可能な開発目標) 2030年に向け、世界のあるべき姿や優先課題を示した世界共通の開発目標。

問一の考え方

問一でまず必要となるのは、複数の資料の関連性の読み取りである。資料2は資料1の中で論拠として提示されている資料なので、どのような文脈で資料が提示されているかをつかむことが解答のカギになる。

問一で説明が求められている「単身化」については、資料1の二段落目に「単独世帯は……三世帯に一世帯の割合になる」ような現象のことだと述べられており、資料2はその前提として示された資料である。資料2の単独世帯の割合を見ると、年を追うごとに増加しており、二〇一五年時点で二六・八%（およそ四世帯に一世帯の割合）になっている。これらのことから、「単身化」は「単独世帯の割合が増加する現象」であると判断できる。すなわち問一の条件(3)については資料2のグラフにおける単独世帯割合の推移を指摘すればよい。

資料1では「単身化」の原因が二つあげられている。一つが「高齢単身者の増加」、もう一つが「壮年未婚者の急速な増加」である。条件(2)では「将来単身化が進むと予想される要因を一つ」あげることを要求しているので、このいずれかを取り上げるとよい。

問一の解答例

「高齢単身者」の増加は単独世帯の増加として表れるが、その単独世帯の推移としては、一九七五年から一九八五年で微増だったものの、一九八五年から一九九五年でその割合をやや大きく四%増加させ、以降は二〇一五年まで毎年約二%の増加を続けている。（117字）

要約のしかた

小論文課題では「要約せよ」とだけ問われることがあるが、小論文に出題される課題文は、何らかの問題提起をしている文章が多い。このようなときは、課題文の示す問題点を明確にする作業と捉え、次の手順で書いてみよう。

①最終的に筆者が提起したい問題点をつかむ

最終的な筆者の問題提起は、文章の終わりのほうにあることが多い。資料1の場合、文の終わりに、家族の「個人化」が進む中、それを補完する社会保障が必要だという問題提起がある。

②筆者の言いたいことと言い換え部分を分ける

筆者は、自分の言いたいことを伝えるために、表現を変えたり具体例やデータを使ったりして、同じことを何度も繰り返す。言いたいことと、その言い換え部分とを分けよう（⇩p.471「言い換え・要約」）。

③全体の流れに沿って制限字数内にまとめる

問題提起と筆者の言いたいことをつなげ、全体の流れに沿ってまとめよう。このとき、制限字数に合うように文字数を調整すること。意味段落を意識するとわかりやすい。

資料1の百字要約

家族は、社会の基礎的な構成単位であるが、現在、単身化や「ひとり親世帯」の増加など、家族の「個人化」が進んでいる。そのため、従来は家族が担うと期待された機能を社会保障が補完していく必要がある。（95字）

グラフや図表の読み取り方

課題文がグラフや図表によって何を説明しようとしているのかを正しく捉えよう。

まず、何のグラフかを理解するために、タイトルを確認しよう。例題のグラフは「世帯構成の推移」とあるので、世帯構成の時系列に従った変化のグラフであると予想できる。

そして、グラフで示されている数値が、量なのか、割合なのか、その単位を捉えよう。例題のように縦軸と横軸があるグラフでは、それぞれの軸が表す数値を見る必要がある。加えて、二つの「単位」が含まれるグラフでは、両者の関係に注意する必要がある。例題は縦軸に割合、横軸に調査年をとった、時間経過に伴う割合の変化を比較させるグラフであり、タイトルからの予想が当たっていたことがわかる。

また、このようなグラフを見た際、「縦軸に世帯数をとることもできたはず」、「調査者が厚生労働省であるから日本の全世帯のデータだ」といったことに気づければ、自分の意見を述べるための材料にできる。

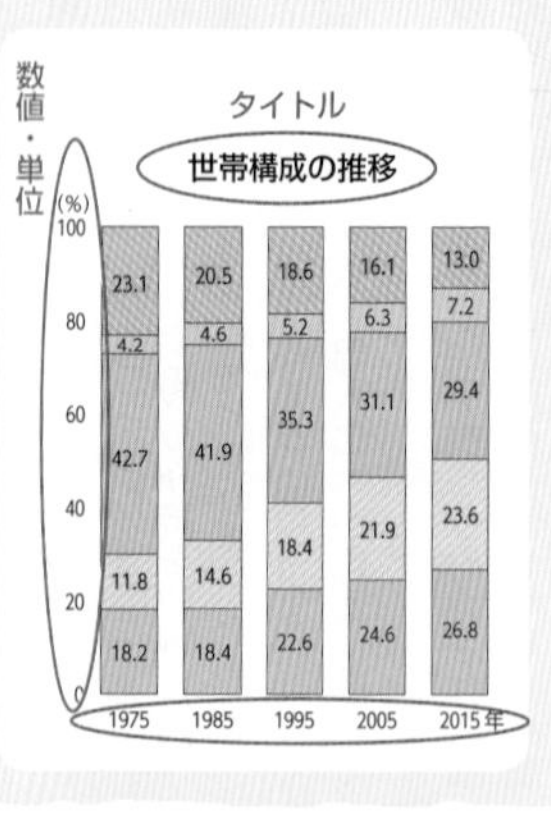

問二の考え方

❶課題を的確に把握する

資料1で筆者は、次のことを示している。

問題点　家族の「個人化」が進んでいる

解決策　家族の機能を社会保障が補完する

問二で求められているのは、筆者の述べた解決の方向性を具体化し、どのような「補完」のあり方があるかについて自分の考えを述べることとである。

❷自分の考えを設定する

右にも述べたとおり、どんな社会保障が考えられるかを具体化したものを自分の考えとして設定しよう。社会保障の具体的な政策を提案してもよいし、社会保障をするうえで留意する事項について論じてもよい。以下の解答例は、社会保障をするうえで留意する事項を考えとして設定した例である。いずれにせよ、はっきりと自分の考えを示すことが重要である。

❸理由や具体例を考える

自分が考える「補完」のあり方が必要となる理由を必ず述べよう。その際、理由を支える適切な具体例をあげると、さらに説得力を高められる。小論文では、自分の言いたいことを適切に論証することが大切である（⇩p.414「論証」）。予想される反論とそれへの反駁を述べることも、説得力を高める有効な方法の一つである。

❹どのような構成で述べるかを考える

構成については、いくつかの型がある（⇩p.505）。自分の主張を伝えるためには、どの構成が適切かを考えよう。

問二の解答例

資料1で筆者は、家族の「個人化」が進む現状をふまえ、従来の家族の機能を社会保障で補完する必要があると述べている。私は、家族の機能すべてを社会保障が担うのではなく、ある程度は家族に委ねることが必要だと考える。

社会保障は、家族が果たしてきた生活保持機能を社会が担保し、個人を支えていくことである。これは同時に、ほかの個人とつながらなくても生活を保持できるようにする仕組みとも言える。このような仕組みの下では、個人間のつながりは弱まるおそれがあるのではないか。たとえば、老人ホームで充実したサービスを受けて暮らしている私の祖父は、私に「すばらしい環境で、衣食住で困ることはないが、だからこそほかの利用者さんと話して仲良くなる必然性を感じない」と話していた。これは社会保障の例ではないが、同じことが社会保障についても言える。つまり、公的な保障が充実すれば、それは人と人とのつながりの必然性を失わせる危険性があるということである。

とはいえ、家族がこれまで担ってきた機能を、再びすべて家族に持たせることも困難である。なぜなら、資料1や資料2のとおり、家族の「個人化」は大きく進行してしまっており、かつてと同じ状況に戻すにはかなりの時間と労力を要すると思われるからである。

以上のことから私は、従来の家族の機能を家族に担わせる部分を残し、社会と家族とがバランスよく従来の家族の機能を担うことが重要だと考える。

（591字）

評価・分析

第一段落…主題の提示

●資料1から読み取れることを記述している。

●筆者がどのような問題点とその解決策を示しているのかを記述している。

●自分自身の考えとして「家族自体の機能を残し、すべての保障を社会が担わないことが必要だ」ということを端的に述べている。

第二段落…主題の証明1

●自分の祖父の話を具体例として記述している。

●「公的な保障」の「充実」が「人と人との繋がりの必然性を減じる危険性がある」と述べ、社会保障だけに任せることはできない理由を記述している。

第三段落…主題の証明2

●第二段落で述べたことを解消するためのもう一つの方向性、すなわち、すべての家族の機能をもう一度家族自体に担わせることの問題点を述べ、社会と家族がバランスよく機能を担う必要があることの理由を記述している。

第四段落…主題の再提示

●第一段落とは表現を変え、自分の主張をもう一度繰り返して記述している。

◆現代用語　生物多様性　生態系や地球全体に多様な生物が存在していること。日本でも、多くの種が開発による生息地減

志望理由書の書き方

「志望理由書」を書くために

志望先を選んだ理由を説明した提出書類が「志望理由書」である。評価されるものは、**志望先へ進む目的がはっきりわかるもの**だ。とくに「志望先でどういったことを実現していきたいのか」「わが校・わが社に合った人材かどうか」という点においてアピールできていれば、高い評価を得られる。そのためには、次の4つのポイントを押さえるとよい。

✓志望理由書の4つのポイント

❶ 目標
将来実現したい目標を明らかにする。
【進学希望】どういう学問を学びたいのか。
【就職希望】どういう仕事に就きたいのか。

❷ 動機
なぜその目標を定めたのか。その動機を説明する。

❸ 過程
どのようなことを学びたいのか、どういう環境が必要なのか。**志望先で何をしたいのか。**

❹ 志望先とのマッチング
志望先でどう学ぶのか、どう仕事するのか、**入学・入社後の見通し**を立てる。将来、どのように成長していきたいのか、抱負を述べる。

文例　あなたが本学を志望する理由を600字以内で述べなさい。

私は貴学の経済学部にて、ビジネスについて専門的に学ぶことを志しています。そして将来は消費者のニーズに対応できる商品開発を自ら行いたいと考えています。

私は以前から化粧品に対して興味を抱いていましたが、学校のキャリア教育授業を通して、マーケティングや会計など、ビジネスを構成する視点から化粧品について考える体験をしました。ここから、会社の利益と消費者のニーズを満たすことで、よりよい化粧品の販売が行えるということを学びました。

貴学経済学部では、経営入門演習の講義においてディスカッションや発表、レポート作成のスキルなどを身につけ、ビジネスに対する幅広い視点を得ることができます。またディスカッションを通して、問題解決のための方法を学ぶことができるため、会社の即戦力となる人材を目ざせると考えました。A教授の授業では、実際にパンの商品開発と販売を行うなどのキャリア学習を通して、実践力も身につけられます。このような貴学の充実したカリキュラムで4年間学ぶことで、自らの目標を達成できると確信しています。

私は「会社の利益と消費者のニーズを充足できる化粧品開発のあり方」をテーマに掲げ、自分なりの研究を4年間進めていきたいと考えています。そして、貴学での成長を糧として、社会において活躍する人材になることを約束します。

文例のチェックポイント

目標
将来実現したい目標がしっかり説明できている。

動機・説明
自分の体験をわかりやすく表現している。また、目標を実現すると社会にどう貢献できるのか、説明している。

過程
目標を実現するためにはどうしたいのか、どのような過程を想定するのか、が述べられている。

志望先とのマッチング
入学後の見通しを示している。志望先へ進学することが目標の実現につながることをうまく説明している。

結び
最後に将来の抱負を述べて、文章を締めくくっている。

自己PR文の書き方

自己PR文を書くために

志望先に自分のことをアピールするための提出書類が「自己PR文」である。評価される自己PR文は、読み手が納得できるもの、志望先での活躍が期待できるものだ。そのような文を書くためには、自分の長所や能力を知ることや、アピールする理由を明確にすること、長所を志望先でどう生かしたいのかを述べることなどがポイントとなる。

✓自己PR文の4つのポイント

❶ 長所
自分の長所を紹介（説明）する。

❷ 理由
なぜその長所を志望先にアピールしようと考えたのかを説明する。

❸ 道のり
どのようにその長所を得たのか、その経緯や体験を説明する。

❹ 将来への抱負
志望先において、長所をどのように生かしたいのかを説明する。
【進学希望】志望先での研究や学習に、長所をどのように生かしたいのか。
【就職希望】志望先での業務に、長所をどのように生かしたいのか。

文例

あなたが本学を志望するにあたり、アピールしたいことを600字以内で述べなさい。

　私が○○大学○○学部を志望するにあたりアピールしたいことは、弱者の視点でものを見たり考えたりでき、社会に貢献する意欲があることです。大学進学後は、福祉を志す人間に必要なこの視点と意欲を生かして社会福祉の分野を専門的に学び、将来社会に出て活動するための基礎を築きたいと考えます。
　私はこの3年間、さまざまなボランティア活動に参加してこの長所を身につけました。特に、高校2年のときはホームレス支援をして直接話を聞くことで、それまで持っていた偏見に気づき、考えを改めることができました。ホームレスの人たちは決して怠けているわけではなく、会社が倒産したり解雇されたりというやむを得ない事情があるのです。しかし、多くの人はホームレスに対して偏見を持ち、邪魔者扱いしています。たとえば、近くの公園や駅などに設置されているベンチにはほとんど肘掛がつけられていますが、それはホームレスがそこで寝ないようにするためだという話を聞きました。それ以来、このような弱者を排除する社会を変えなければいけないという考えを持つようになりました。
　大学では福祉一般から就労支援や自立支援といった具体的な支援にかかわる内容まで幅広く学び、社会福祉士の資格を取ることを目ざしています。そして、将来は弱者を支えられる社会づくりに貢献していきたいと考えます。

文例のチェックポイント

長所
どういう長所をアピールしているのか、簡潔に説明できている。

理由
なぜこの長所をアピールしようとしているのか、理由を説明している。

長所を得た道のり
どういった努力や工夫をして、長所を得てきたのか、道のりが表現できている。

将来への抱負
最後に、志望先において長所をどう生かしたいのか、抱負を述べている。

結び
自分の能力が志望先や社会にどう寄与するのかを述べている。

◆現代用語　循環型社会　廃棄物の発生を抑え、再利用・リサイクル促進のしくみを組み込んだ社会。現在の大量生産・

手紙の書き方

❶拝啓　❷みんみん蟬がわがもの顔に鳴く暑い毎日、❸いかがお過ごしでしょうか。私はもちろん健康そのものです。
❹さて、❺待望かつ恐怖の夏休みを迎えて、四日目にして早くも怠け病にかかってしまい、やらねばという気持ちだけで行動が伴わない状態です。意志が弱いというのでしょうね。まったくこの意志の弱さがたたって、一学期の成績は、これまでの最低で、とにかく目もあてられない結果でした。母から、中学生の時のほうがよく勉強していたと言われるぐらいですから、下がって当然かもしれません。しかし、担任の先生から、数学の先生が、あの子はもう伸びがとまったのではないかと言われたと聞いてショックを受けました。私だって、あの人ぐらいガリ勉すれば――と、いくらか自信があっただけに大ショックでした。しかし、落ちるところまで落ちてしまったのですから、これから、高校生活の残り半分で、じわじわはいあがり、ついには舞いあがろうと決意しています。先生のお心を明るくするようなお便りをさし上げられなくて――本当にすみません。

中学時代にバスケットに熱を入れすぎて、ちっとも本を読まなかった反動でしょうか、高校に入学してからこのかた、本の虫になって、今は漱石の「こころ」を読んでいます。漱石の作品すべてを読破するつもりなのです。いつも本に親しんでいるためでしょうか、中学時代は大嫌いだった国語が、今では大好きな教科となり、大学の志望も文学部か教育学部の文科系かにしようと迷っているくらいです。

夏休み中に一度先生のお宅をぜひお訪ねしたいと思っています。その折にはいろいろ悩みを聞いてくださいね。
❻それではこのあたりで失礼します。きびしい暑さが続きますので、お体を大切にしてください。

❼敬具

❽七月二十三日

❾溝口雅美

❿古谷芳太郎⓫先生

用途別の文例

●合格のあいさつ（恩師へ）

拝啓　陽春の候お変わりございませんか。

さて私、一年間の浪人でご心配をおかけしておりましたが、このたび念願かない○○大学○○学部に合格いたしました。これも折にふれてご指導、ご鞭撻(べんたつ)いただきました先生のおかげと、あらためて深く感謝いたしております。（大学生活への決意と抱負を簡潔に述べる）今後ともよろしくお導きくださいますよう、お願い申し上げます。

敬具

●同窓会の通知（友人へ）

風薫るよい季節となりました。みなさん元気にお過ごしのことと思います。

さて、中学を卒業してはや二年あまりがたちます。それぞれの学校へ進み、なかなか顔を合わさないことが多くなりましたが、久し振りに懐かしいひとときをもちたいと思い、左記のように同窓会を企画しました。「やまちゃん」こと恩師の山本先生もお越しいただけますので、みなさんふるってご参加ください。

令和○年五月十日

鈴木　一郎

記

一　時　六月三日（日）午後二時〜五時

二　場所　喫茶「風月」（場所・電話番号）

三　会費　一五〇〇円

四　出欠　同封のはがきで五月二十六日までにお出しください。

●お見舞い（叔母へ）

手紙の基本形

1 前　文（前文を省略してすぐ主文から入る場合→前略）

❶頭語……書き出しの言葉
・拝啓・拝復（返信）・謹啓（相手への呼びかけ）

❷時候のあいさつ 参照 P.514 時候のあいさつ用語
・新緑の候となりましたが～

❸安否のあいさつ
〈相手の安否を尋ねる場合〉
・先生にはお変わりもなくお過ごしでいらっしゃいますでしょうか。
・その後お変わりありませんか。
・日々お元気でご活躍のことと存じ上げます。
・貴社ますますご隆盛の段、心よりお祝い申し上げます。（相手が企業の場合）
〈自分の安否を伝える場合〉
・私も元気でがんばっています。
・私も別段変わりなく過ごしております。
＊無沙汰のわび・感謝の言葉などを加える場合もある。
・長い間ご無沙汰して申しわけございません。
・ついつい忙しさにまかせ、ご無沙汰しております。
・先日はごちそうにあずかりありがとうございました。
・先日はたいへんお世話になりました。

2 主　文

❹起辞……主文の書き出し言葉
・さて・ところで・ときに・さっそくながら

❺用件……手紙の主要内容

3 末　文

❻結びのあいさつ
・まずは近況のご報告まで。
・まずはご案内まで。
＊健康を祈る言葉・ことづての言葉・返事を求める言葉などを加える場合もある。
・ご自愛のほどお祈りいたします。
・末筆ながらご家族の皆様によろしく。
・折り返しご返事をお待ちしております。
・今後ともご指導のほどよろしくお願いいたします。

❼結語
・敬具・かしこ（女性）・さようなら・ではまた・（前略の場合は）草々・早々

4 後　付

❽日づけ（本文より一、二字下げて）令和○年○月○日

❾署名（日づけの下か、その次の行に、姓名とも書くのが正式）

❿あて名

⓫敬称
・様・殿・先生・君・兄・さん・御中〈団体の場合〉

⓬脇づけ……あらたまった場合にあて名の左下に書き添える敬語
・足下・机下・侍史・みもとへ（に）〈差し出し人が女性の場合〉
＊二枚目を後付だけにしたり、後付の途中で便箋を変えたりしないようにする。

5 副　文（本文に書きもらしたことなどを短く書き添える）
・追伸・追って・二伸・書き忘れましたが、などで書き出す。

> おばさま、その後のご容体はいかがですか。突然倒れてそのまま入院されたとうかがい、本当にびっくりしました。あんなにお元気だったおばさまが、入院されるなんて思ってもみませんでした。でも、しだいに快方に向かっておられると聞き、安心いたしました。
> おばさまはご自分のお仕事のほかに、ボランティアやPTAの活動と、ふだんから大忙しの方ですから、きっとその疲れが出たのだと思います。
> でも、もう大丈夫ですよね。経過は順調なようですので、今度お会いするときにはすっかりよくなられていることと思います。どうぞしっかり養生なさって、一日も早く以前の元気なおばさまにお会いできますよう祈っております。
> かしこ
> ※一般に、お見舞い状には「前文」は書かない。

■季節のあいさつ状を出す時期

年賀状	元日から七日ごろまで。喪中（もちゅう）の場合は十二月に入って間もなく欠礼のあいさつ状を出す。
寒中見舞い	寒の入り（一月五日ごろ）から立春（二月三日ごろ）になる前まで。それ以後は「余寒見舞い」となる。
暑中見舞い	七月二十日ごろから立秋（八月八日ごろ）になる前まで。それ以後は「残暑見舞い」となる。
年末のあいさつ	十二月中。

◆現代用語　子どもの権利条約　「子どもの最善の利益」の保障をうたい、意見表明権や表現・集会の自由・障害をもつ

■封筒の書き方

❶黒または青のインクを使う。

❷〈郵便番号〉赤枠の封筒を使い、算用数字で枠に触れないようにはっきりと書く。枠がない場合、〒マークはつけない。

❸〈住所・宛て名〉住所は、右1cm程度の余白をあけて書き、行変えは区切りのいい箇所で行う。宛て名は、住所よりもやや大きく、封筒の中央にバランスよく書く。

❹〈切手〉縦型の封筒では左上に、横型の封筒では右上に貼る。

❺〈自分の住所・名前〉住所と名前は、封筒裏の中央か、中央より左にまとめて書く。

❻〈日づけ〉封筒裏の右上の余白、または自分の名の上に書く。

❼〈封字〉封を閉じた印(しるし)として「封」「緘(かん)」「〆(しめ)」またはシール・封印などを用いる。

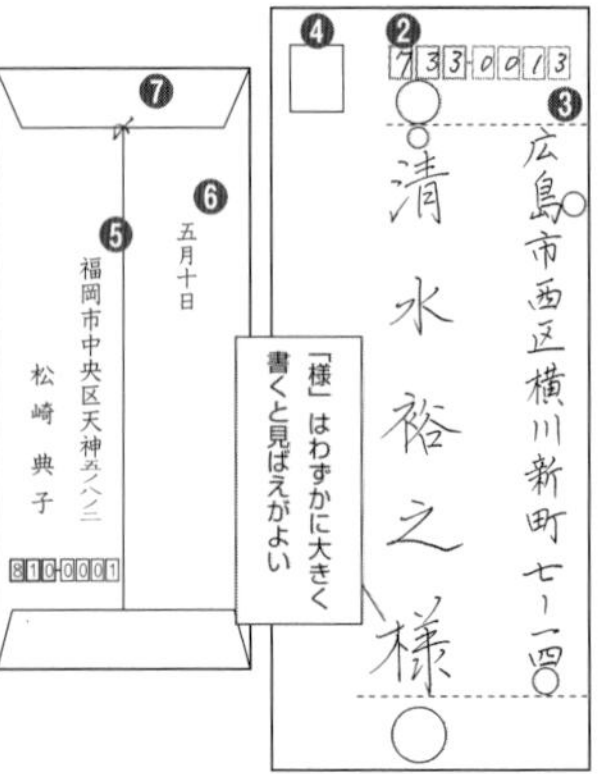

733-0013
広島市西区横川新町七ー一四
清水裕之様
「様」はわずかに大きく書くと見ばえがよい
五月十日
福岡市中央区天神五ノ八ノ三
松崎典子
810-0001

■はがきの書き方

❶基本的に封筒と同じ。

❷〈自分の住所〉切手の下に、宛て名よりも小さく書く。

❸〈通信欄〉はがきの表面は、下部1/2(横長に使うときは左側1/2)の範囲まで通信用に使うことができる。

113-0021
東京都文京区本駒込
5丁目6—17
鈴木一郎様
❷大阪府吹田市広芝町
8—24
東健一
564-0052

■往復はがきの返信

返信を出す場合には、次の点に気をつける。

❶相手の名前の下に「行」とある場合、二本線で消して、左横に「様・御中」などの敬称を書く。

❷出席の場合は、「御出席」の「御」の文字と「御欠席」の文字を二本線で消す。欠席の場合はその逆。

❸欠席の場合は、その理由や催し事に向けてのメッセージ、幹事へのねぎらいなどを簡潔に書き添えておくことが望ましい。

❹「御住所」「御芳名」の「御(芳)」の文字は、二本線で消しておく。

113-0021
東京都文京区本駒込
5丁目6—17
鈴木一郎 行
❶様

❷御出席
御欠席
❸幹事お世話さまです。あいにく試合に重なり出席できません。みなさんによろしく伝えてください。
❹御住所　大阪府吹田市広芝町8—24
御芳名　東健一

■時候のあいさつ用語・用例集

月	用語・用例
新年	謹賀新年・恭賀新年・賀正・迎春・頌春(しょうしゅん)
一月	厳寒の候・厳冬・寒冷・寒風・寒月・寒気 ことのほかきびしく・寒さひとしお身にしむ折から
二月	春寒の候・余寒・残雪・立春・早春・立春とは申せ、なおきびしい寒さが続きますが
三月	早春の候・春色・春雪・春暖・水ぬるむ・雪解け・春雨・寒さもゆるみ、ようやく春めいてまいりましたが
四月	陽春の候・春日・花ぐもり・春たけなわ・春眠暁を覚えずとか申しますが
五月	新緑の候・惜春・若葉・薫風・初夏・青葉が目にしみる季節となりましたが
六月	梅雨の候・入梅・短夜・梅雨晴れ・麦秋・田植え・衣更え・毎日うっとうしい天気が続きますが
七月	酷暑の候・盛夏・炎暑・猛暑・土用・夕立・暑中お見舞い申し上げます
八月	残暑の候・晩夏・立秋・入道雲・ひぐらしの声・立秋とは申せ、残暑きびしき折から
九月	初秋の候・秋色・秋涼・野分・秋晴れ・仲秋の名月・天高く馬肥ゆるの候となりました・草むらの虫の声もしげくなりましたが
十月	秋冷の候・秋晴れ・秋雨・行楽の秋・実りの秋・味覚の秋・読書の秋・紅葉・灯火書に親しむころとなりました
十一月	晩秋の候・暮秋・落葉・霜枯れ・夜寒・ゆく秋の淋しさが身にしみるこのごろ
十二月	師走の候・初冬・こがらし・霜夜・初雪・冬至・クリスマス・年の瀬・除夜・年の瀬もおしつまってまいりました

すことが多い。教育の効率化や視覚障害を持つ子供が学びやすくなるといったメリットがある。

履歴書の書き方

●筆記用具は黒のペン(万年筆)、または黒のボールペンを用いる。
●文字は必ず楷書(かいしょ)で書き、略字や崩し字、マンガ文字を用いない。
●数字は算用数字を用いる。
●誤字・脱字がないようにする。書き誤った場合は、新しい用紙に最初から書き直す。

■各欄の記入上の注意

❶「写真」は、三か月以内に写真店で撮影したものを使い、裏面に学校名と氏名を記入しておく。
❷「ふりがな」は、それにあたる漢字の真上にひらがなで書く。
❸「満年齢」は、欄外の「現在」とした時点までを数える。「何か月」は示さなくてよい。
❹「現住所」は、住民票にある正しい表示で都道府県名から書く。「○丁目」からのふりがなは省略してよい。左上に郵便番号も記入する。
❺「連絡先」は、現住所以外に連絡を希望する場合のみ記入する。寄宿しているような場合は「○○方」とし、「○○様方」とはしない。
❻「学歴」の学校名は、正式名称を都道府県名から書く。欄外の「現在」の時点でまだ卒業していない場合は、「卒業見込み」の旨を記入する。
❼「職歴」には、アルバイトの類は含まれない。
❽「資格等」は、取得した資格や免許の正式名称を、取得順に記入する。ない場合は「特になし」と書く。
❾「趣味」と「特技」は、できるだけ具体的に記入する。
❿「校内外の諸活動」は、学年を示して記入する。部活動だけではなく、ホームルームや生徒会の役員、校外でのボランティア活動なども記入する。
⓫「志望の動機」については、
・その会社を選んだ理由
・その会社で何をしたいか、何ができるか
・入社への意欲、熱意
の三点に中心を置くのがよい。よくわからないのに知ったかぶりをせず、素直に書くこと。

＊下に示したものは全国高等学校統一用紙である。統一用紙は、すべての就職希望者に、公平に就職の機会が与えられることを目的として作成されたものである。この書式は、二〇〇五年に改定され、全国で使用されている。

履　歴　書

令和 ● 年 10 月 1 日 現在

❶ 写真をはる位置 (30×40mm)

ふりがな	❷やま　だ　のぶ　ゆき	性別
氏　名	山　田　伸　行	男
生年月日	平成 ● 年 8 月 7 日生(満 18 歳)❸	
ふりがな	ひろしまけん　ひろしまし　にしく　よこがわしんまち	
❹現住所	〒733-0013 広島県広島市西区横川新町7番14号	
ふりがな		
❺連絡先	〒	

(連絡先欄は現住所以外に連絡を希望する場合のみ記入すること)

❻❼ 学歴・職歴		
	令和 ● 年 4 月	広島県立緑　高等学校入学
	● 年 3 月	同校卒業見込み
	年　月	
	年　月	
	年　月	
	年　月	

(職歴にはいわゆるアルバイトは含まない)

❽	取得年月	資格等の名称
資格等	令和●年8月	日本商工会議所 珠算検定 2級
	令和●年9月	日本英語検定協会 実用英語技能検定 2級

❾ 趣味・特技	読書(歴史小説) サッカー(地区大会得点王)	❿ 校内外の諸活動	1年～3年 サッカー部 1年・2年 保健委員 2年・3年 高齢者介護施設ボランティア

⓫ 志望の動機	私は、高校2年生の春休みから、高齢者のレクリエーションに参加するボランティアを続けています。この活動を通して、人の役に立つことの喜びを知り、また、スタッフの方々の優しさや真剣さに触れて、是非とも福祉の現場で働きたいと強く思うようになりました。求人票や会社案内を拝見して、高齢者介護を中心に幅広く事業を展開し、社会的貢献度の高い貴社に関心を抱きました。貴社の仕事を通じて、自分自身も成長していくことができると考え、先生や両親とも相談のうえ、志望いたしました。
備考	

全国高等学校統一用紙(文部科学省,厚生労働省,全国高等学校長協会の協議により平成17年度改定)

◆現代用語　ICT(情報通信技術)教育　具体的には、電子黒板やタブレット端末、デジタル教科書を用いた教育を指

メールの書き方

電子メールはスマートフォンやパソコンから簡単に送信できる一方、正しく使わないと目的が達成できなかったり、相手に失礼な印象を与えたりしてしまう。志望する学校や会社にメールを送るときの例をもとに、メールの書き方を確認しよう。

■メールの基本形

メールは一般的に次のような書式で書くことが多い。

❶件名　メールを受け取った相手は、まず件名を確認する。メールを開かなくてもどのような用件かわかるように、メールの用件を簡潔に示す件名を書こう。件名を書かずに送るのは失礼にあたる。また、長すぎる件名は受信リストに表示されるときにすべて表示されないことがあるので、注意しよう。

❷宛先の名前・自分の名前　大学や会社などの組織でメールを利用する場合、具体的な用件に入る前に、このメールが誰から誰へ送られたものであるかをはっきり示すことが普通である。宛先を書く際、企業や部署宛てなら「御中」を、個人宛てなら「様」をつけよう。

❸本文　今回メールを送った目的が正しく伝わるよう注意しながら、用件を書く。長い文を書く場合は三十〜三十五文字ごとに改行しよう。また、内容のまとまりごとに行間を空けるとよい。

❹署名　メールでは、送信者の氏名や連絡先などが書かれた署名と呼ばれる文字列をメールの最後につけることが多い。ただし、凝ったものである必要はなく、必要な情報が書かれていればよい。

表記上の留意点

- メールアドレスが一文字でも間違っていると、メールは届かない。とくに初めて送る相手の場合、見間違いやすい文字や勘違いなどもあるので、慎重に入力しよう。二回目以降はアドレス帳を活用して入力の間違いを防ぐことが大切である。
- 丸付き数字（①、②、…）やローマ数字（Ⅰ、Ⅱ、…）、㈱や㈲のように、かっこでまとめられて一字になっているような記号は「機種依存文字」と呼ばれ、機種によって表示されなかったり違う文字として表示されたりすることがある。このような文字を使うのは避けるようにしよう。

送信する前に読み返す

どんなに気をつけていても、誤字や消し忘れた文などが残っていることがある。また、明らかな誤りがなかったとしても、文字だけで用件を伝えることは難しく、意図したことが相手によく伝わらない場合もある。誤字や余分な文、わかりにくい表現などを減らすために、メールを読む人の立場に立って読み返すことが大切である。

■メールの例

相手…入学を志望している専門学校の入試担当者
目的…出願に必要なエントリーシートの書き方を聞く

送信

宛先：nyuusi@daiichi-g.jp

件名：エントリーシートの書き方について　❶

第一専門学校
入試広報課　宮森 裕之 様

第一学園高等学校３年の山田良子と申します。
先日の説明会では大変お世話になり、
ありがとうございました。　❷

エントリーシートの書き方で
わからないところがありましたので、
教えていただけないでしょうか。

お手数をおかけしますが、
よろしくお願いいたします。　❸

========================
第一学園高等学校　３年
山田　良子
E-mail：r.yamada@mail.com
========================　❹

動、スポーツ活動、ボランティア活動など様々な場において行う学習の意味で用いられる。

表記の方法

句読点の付け方

●単語や文をくぎり、文章をわかりやすく、読みやすくする符号を**句読点**といい、その使い方のきまりを**句読法**という。

●**句点**　狭義の句点「。」と、広義の句点（感嘆符「！」や疑問符「？」）がある。

文の意味の切れるところに打つ。

　本を読む。

　花がきれいだ。

●**読点**　狭義の読点「、」と、広義の読点（黒丸「・」や点線「……」）がある。

読点は、文の中で、意味の切れ続きを明らかにしたり、文の調子を示すために用いる。ただし、多く使いすぎて、部分と部分の関係が把握しにくくならないように注意する。

1主語を示す「は」「も」などのあとに用いる。

　私は、何も言うことがない。

　あなたも私も、同じ電車に乗って帰る。

ただし、それが含まれている句や文が非常に短いときは、誤解のおそれがないかぎり省いてもよい。

　彼は学生だ。

2読点がないと誤解のおそれがあるときに用いる。

　私と、美術大学に行った吉村さんは入賞した。

3並列するものを挙げるときに用いる。

　空、山、川、海

4文の初めに置く接続詞、および副詞のあとに用いる。

　だが、二度と彼は生きてもどらなかった。

5条件や限定を表す語句のあとに用いる。

　あなたさえうんと言えば、みんなが幸福になれるのに。

6体言を直接修飾する語句のあとには、原則として用いない。

　コペルニクス的転回とは、意見や説をすっかり変えてしまうことをいう。

7語句を隔てて修飾するときに用いる。

　弟がかわいがっていた、隣の家の犬が死んだ。

8倒置された表現に用いる。

　そのパーティーを計画して何になるだろう、もし彼女が参加しないならば。

数字の書き表し方

●縦書きの場合

①原則として、漢数字を用いる。

　一億三千万六千人

②十、百、千、十億、百億は一を省略し、一万、一千億、一兆は省略しない。

③大きな数字を示す場合には、三ケタごとに位取りの「、」を置く。

　七五、二三六人

④概数を示すときは、次のように書く。

　二、三人　五、六百人

⑤統計的な数字、年号、西暦は次のように略記する。

　二〇・五パーセント

　令和二・一二・八

　一九九五年

⑥金額などを書く場合は、「壱（いち）、弐（に）、参（さん）、拾（じゅう）、阡（せん）」を用いる場合がある。

　金壱万弐阡参百円也

⑦十、二十、三十の代わりに一〇、廿、卅は用いない。

●横書きの場合

①原則として、アラビア数字を用いる。
「万、億、兆」は漢数字で入れる。

　1億　300万

②小数点はカンマを用いない。

　6.8　0.03

③大きな数字は次のように書く。

　8,000　5,836,274　1兆6,000万

④日時、電話番号などは略記する。

　令和2.9.11　7：25　(082) 234-6808

⑤概数は「—」や「〜」を使って書く。

　2—3日　2〜3日

⑥次のような場合は漢数字を用いる。

a固有名詞	八戸　六甲山　四国
b貨幣、紙幣	百円玉　一万円札
c和語の数詞	一つ　二月
d慣用的な語	三々五々　一日千秋　一休み 四天王　七福神
eその他	一般に　二者択一　日本一 一昨年　七転八起　七五三 幾千　何百

◆現代用語　生涯学習　人が生涯にわたり、学び・学習の活動を主体的に続けていくこと。学校教育、社会教育、文化活

現代仮名遣いの要領

昭和61年7月1日内閣告示「改定現代仮名遣い」をもとに、国語を書き表すのに仮名を用いる場合のよりどころを、抜粋して示す。

第1　語を書き表すのに、現代語の音韻に従って、次の仮名を用いる。

1直音（仮名一文字で表される音）
2拗音（小書きの「や・ゆ・よ」で表す）
3撥音（はねる音、「ん」で表す）
4促音（つまる音、小書きの「っ」で表す）
5長音（のばす音）
(1)ア列の長音　ア列の仮名に「あ」を添える。
例　おかあさん　おばあさん
(2)イ列の長音　イ列の仮名に「い」を添える。
例　にいさん　おじいさん
(3)ウ列の長音　ウ列の仮名に「う」を添える。
例　くうき（空気）　きゅうり
(4)エ列の長音　エ列の仮名に「え」を添える。
例　ねえさん　ええ（応答の語）
(5)オ列の長音　オ列の仮名に「う」を添える。
例　おとうさん　きょう（今日）

第2　特定の語については、表記の慣習を尊重して、次のように書く。

1助詞の「を」は、「を」と書く。
例　本を読む　やむをえない
2助詞の「は」は、「は」と書く。
例　では　こんにちは
〔注意〕次のようなものは、この例にあたらないものとする。
いまわの際　きれいだわ
3助詞の「へ」は、「へ」と書く。
例　故郷へ帰る　…さんへ
4動詞の「言う」は、「いう」と書く。
例　ものをいう　いうまでもない
5次のような語は、「ぢ」「づ」を用いて書く。
(1)同音の連呼によって生じた「ぢ」「づ」
例　ちぢ（縮）む　つづ（続）く
〔注意〕「いちじく」「いちじるしい」は、この例にあたらない。
(2)二語の連合によって生じた「ぢ」「づ」
例　まぢか（間近）　おこづかい
なお、次のような語については、現代語の意識では一般に二語に分解しにくいもの等として、それぞれ「じ」「ず」を用いて書くことを本則とし、「せかいぢゅう」「いなづま」のように「ぢ」「づ」を用いて書くこともできるものとする。
例　せかいじゅう（世界中）　いなずま（稲妻）　ほおずき　うなずく　ひとりずつ
〔注意〕次のような語は、「じ」「ず」を用いて書く。
例　じめん（地面）　ぬのじ（布地）　ずが（図画）　りゃくず（略図）
6次のような語（歴史的仮名遣いでオ列の仮名に「ほ」「を」が続くもの）は、オ列の仮名に「お」を添えて書く。
例　おおかみ　おおやけ（公）　とお（十）　ほお（頰）　おお（多）い
付記　次のような語は、エ列の仮名に「い」を添えて書く。
例　かれい　せい（背）　れい（例）

符号の付け方

・（中点・黒丸）
①物を並列する場合
桃・ばらを買う。
②外来語、日付などを表す場合
令和二・六・三

（　）（かっこ）
①ことばに説明を加える
中宮定子（藤原道隆女）と清少納言

「　」（かぎかっこ）
①会話の場合
「お体のぐあい、どうですか」
②あることばを注目させる場合
これが彼のいう「自由」だ。

『　』（二重かぎ）
①かぎかっこの中でかぎかっこを使う場合
「原君は『退部する』と言った」と主将が話した。
②書名・雑誌名などを示す場合
『草枕』『週刊朝日』

〜（波形）
①時・場所などの「…から…まで」を示す場合
朝七時〜十時
日本〜ハワイの飛行距離

＝（つなぎ）
①外国の人名の場合
ルイ＝ナポレオン

‐（つなぎ線）
①外国の地名の場合
サン‐フランシスコ

…（点線）
①省略する場合
赤、青、白……などの光。
②余韻をもたせる場合
そして再び還らなかった……。

―（ダッシュ）
①言い換える場合
昭和二十年――終戦の年――ぼくは生まれた。
②間を置く場合
彼はといえば――蒼白であった。

言葉の学習

土谷棚田(どやたなだ)〈長崎県〉

漢字の構成

◆漢字の性格

表意文字　世界の文字は、**表音文字**（一字だけで意味を表すことなく、音声だけを表す文字）と**表意文字**（一字一字が一定の意味を表す文字）とに分けられる。仮名やアルファベットが前者であり、漢字が後者である。

単音節　漢字は一字一音節で一つの意味を表す。「サン」という一音節が「やま」という意味をもつ一語であり、それを「山」という一字で表す。

形・音・義　漢字は形・音・義から成り立っている。

　山（やまの形）　サン　やま

このうち音は、時代の経過につれてかなり変化しているが、形と義（意味）にはそれほど変化はなく、昔とほぼ同じ字体で意味が表現されている。古代に書かれた『詩経』や『論語』が現代でも読解できるのは、そのためである。

◆漢字の特徴

語順　漢語には、語尾変化や活用、テニヲハなどがなく、ただ語の配列順序によって意味の違いを表す。

　川清──→川が清む　　清川──→清んだ川

声調　漢字には、音が同じで意味の違うものが多いため、**平**（平らな調子）、**上**（のぼり調子）、**去**（くだり調子）、**入**（つまる調子）の四つの声調によって、意味の違いを明らかにする。ただ、現代中国語（普通話）の四声では、入声がなくなり、平声が一声と二声に分かれ、上声が三声、去声が四声となっている。

◆漢字の造字法と運用法（六書）

後漢の許慎は『説文解字』の序文で、あわせて六種の造字法・運用法（六書）を説明しているが、その要点は次のようである。

種類		解説	実例
造字法 第一次（文）	象形	物の形に象ったもの。	（山）（川）（木）（魚）（日）（月）
	指事	一・二・三・上・下のように、抽象的な事柄を形の上に表したもの。	（上）（中）（下）（本）（末）（刃）
造字法 第二次（字）	会意	既成の文字を組み合わせて、新しい意味を示したもの。	木＋木＋木＝森　木がたくさん生えている所 人＋言＝信　人間の言葉は信であるの意
	形声	形（意味）を表す文字と、声（音声）を表す文字を組み合わせたもの。	氵(水)＋工＝江　コウとよばれる川の意 氵(水)＋可＝河　カとよばれる川の意
運用法	転注	本義と関連のある別の意味に利用する方法。	令（いいつける→長官）命令する意から、それをする人の意に使用する。
	仮借	ある字の音だけを借りて、他の意味に転用する方法。	來（ムギ→来ル）本義のムギがクルと同音のために転用。

国字　日本で作られた漢字のことであり、ほとんどが会意文字。多くは訓だけで音はない。

　峠（とうげ）・凪（なぎ）・辻（つじ）・笹（ささ）

◆字体の変遷

字体	時代	解説	実例
甲骨文	殷	亀の甲や獣の骨に刻みつけられた、卜いのことば（卜辞）を記した文字。	
金文	殷末・周	鐘・武器・鼎などの青銅器に刻みつけられている文字。	
古文 大篆（籀文）	戦国時代	古文は中国の東部で、大篆（籀文）は西部、つまり秦の地で行われた文字。籀文とは、周の史官の籀が考案した字体と伝えられることによる呼び名。	
小篆	秦	始皇帝の天下統一により、宰相の李斯が大篆および古文を整理統一した字体。	
隷書	漢・秦	小篆をさらに簡略化したもの。天下統一によって増加した官獄の事務を、隷人（下級官吏）を使って迅速に処理するために使いやすくした字体。	馬
楷書	後漢以後	隷書をさらに簡潔にしたもので、字画を正しくきちんと書くことから楷書という。正書・真書ともよばれる。	馬
行書	後漢以後	楷書の字画を少しくずしたもの。	馬

育。2015年の公職選挙法改正で18歳から選挙権が行使できるようになり、関心が高まっている。

種類	時代	解説	例
草書	秦末以後	小篆・隷書をくずしたもの。また行書をさらにくずしたものともいう。	
簡体字	中華人民共和国	漢字の普及のため、思いきって簡略化したもので、正字として扱われている。	马

◆漢字の音訓

文字をもたなかった日本では、中国から漢字を借りて利用した。初めは「音」で利用していたが、次第に漢字一字ずつに日本語の訳をあてはめていき、「訓」を作った。以来、日本人は、漢字を「音」「訓」併用して使ってきたが、その「音」には、中国の時代や地域によって違いがあり、また「訓」のつけ方にも幾通りかあった。

種類		解説	実例
音	呉音	主に奈良時代に日本に入ってきた音で、六・七世紀の南朝（長江下流地方〈呉〉）の音。（南方音）	経文(キョウ)・外道(ゲ)・修行(ギョウ)・頭痛(ズ)
	漢音	平安時代に遣唐使や留学生によって伝えられた九・十世紀の唐都長安付近の音。（北方音）	経書(ケイ)・内外(ガイ)・旅行(コウ)・先頭(トウ)
	唐宋音	鎌倉・室町時代の禅僧・商人らによって伝えられた宋・元代の音。	看経(キン)・外郎(ウイ)・行脚(アン)・饅頭(ジュウ)
正訓		その漢字に相当する日本語訳をつけたもの。	日(ひ)・月(つき)・山(やま)・雨(あめ)・馬(うま)・足(あし)

訓		
義訓	個々の漢字の意味にこだわらないで、その熟語全体の意味によってつけたもの。	七夕(たなばた)・海苔(のり)・東風(こち)・東雲(しののめ)・長閑(のどか)・蚊帳(かや)
国訓	漢字本来の意味とは関係なく、日本語の訳をあてたもの。	柏(かしわ)・鮨(すし)・椿(つばき)

◆熟語の読み方

音読み（音・音） 牧場(ボクジョウ)・草木(ソウモク)・学校(ガッコウ)・家庭(カテイ)・世界(セカイ)
訓読み（訓・訓） 牧場(まきば)・草木(くさき)・青空(あおぞら)・野原(のはら)・山川(やまかわ)
重箱(じゅうばこ)読み（音・訓） 新芽(シンめ)・素顔(スがお)・役場(ヤクば)・客間(キャクま)・仕業(シわざ)
湯桶(ゆとう)読み（訓・音） 合図(あいズ)・身分(みブン)・手本(てホン)・湯気(ゆゲ)・消印(けしイン)

◆主要部首

偏(へん)

部首	名称	古文字	意味	例示
亻	にんべん		人の体の形。ひと。	仁・信
口	くちへん		孔(あな)の形。口、ことば、ひと。	味・叫
土	つちへん		盛った土の形。土壌、大地。	地・坑
女	おんなへん		身体のしなやかな女がひざまずいている形。女性。	好・婦
子	こへん		小児の形。	孫・孤
山	やまへん		高く聳(そび)える山の形。	崎・峰
彳	ぎょうにんべん		道の形。一説に、股・脛・足の形。	往・待
忄（心）	りっしんべん		心臓の形。こころ、まんなか。	情・快
扌（手）	てへん		手の形。手に持つ。	担・拍
犭（犬）	けものへん		犬の形。	狩・猛
阝（阜）	こざとへん		石のない土山の形。大きな丘。	陸・険
氵（水）	さんずい		水の流れる形。	江・海
日	にちへん		太陽の形。中の印は充実の意を示す。	時・明
月	つきへん		月の形。中の印は日字の場合と同じ。	服・朕
月（肉）	にくづき		切り離した獣肉と、その筋のある形。	肝・肥
木	きへん		木の枝・幹・根の形。	村・松
火	ひへん		火のもえている形。	焼・炊
田	たへん		たんぼの形。	町・略
牜（牛）	うしへん		牛の角と頭とを後ろから見た形。	牧・牲
𤣩（玉）	たまへん		曲(まが)玉の連なった形。	珍・珠
目	めへん		目の形。	眼・眺
石	いしへん		大岩から分かれた小石の形。	砂・破
礻（示）	しめすへん		犠牲(いけにえ)を台の上にのせて神に献ずる形。	神・祈
禾	のぎへん		穂の垂れた稲の形。	秋・穀
米	こめへん		もみがらをやぶって出した粒の形。	粒・精
糸	いとへん		何本かの糸をよりあわせた形。	絵・紛
羊	ひつじ		羊の頭角と尾の形。	美・義
耳	みみへん		耳の形。	職・聴

◆現代用語 主権者教育　社会や政治への関心を高め、社会の意思決定に関わっていくために必要な能力・知識を養う教

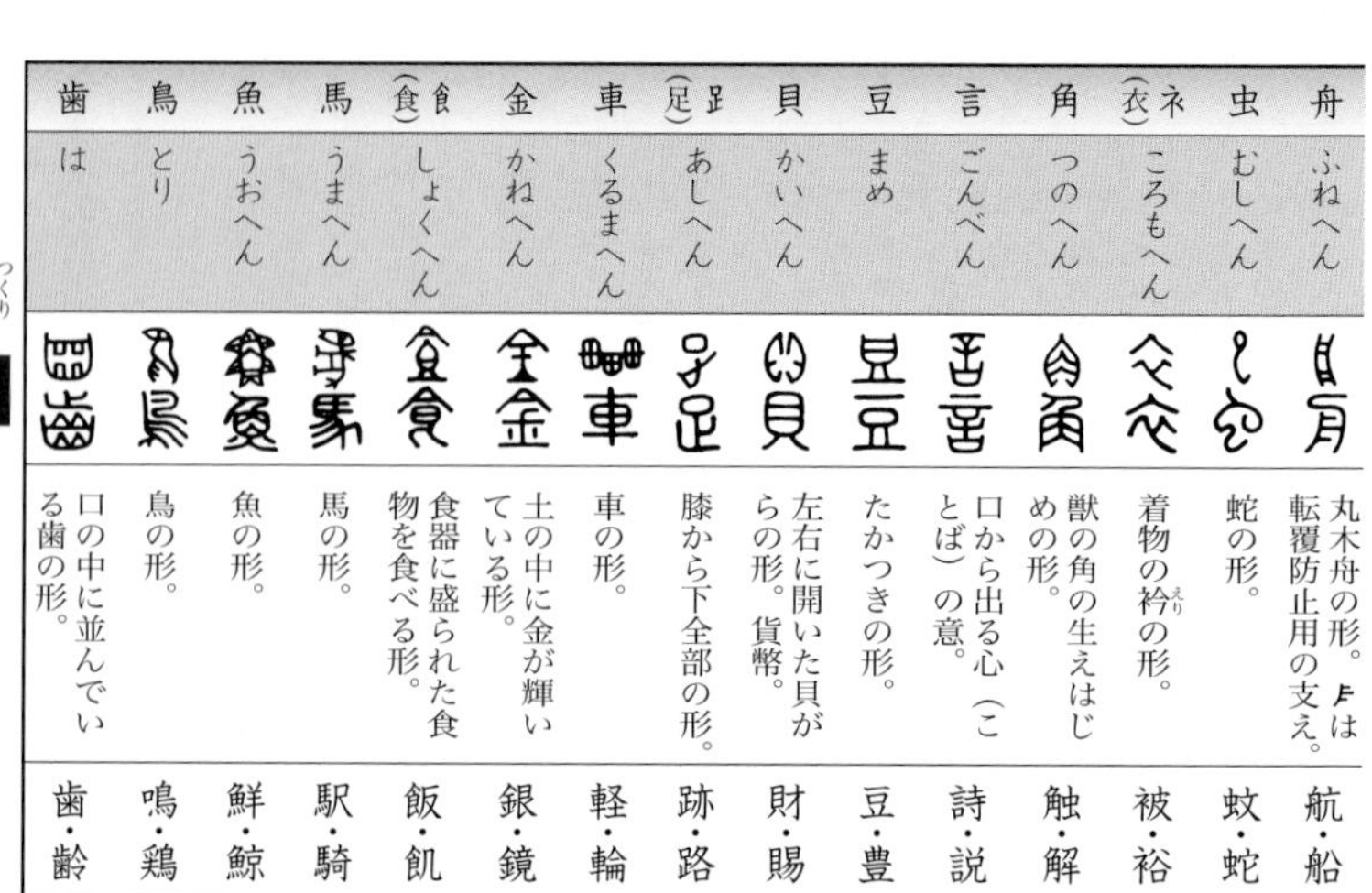

部首	名称	成り立ち	例
舟	ふねへん	丸木舟の形。[illegible]は転覆防止用の支え。	航・船
虫	むしへん	蛇の形。	蚊・蛇
ネ（衣）	ころもへん	着物の衿（えり）の形。	被・裕
角	つのへん	獣の角の生えはじめの形。	触・解
言	ごんべん	口から出る心（ことば）の意。	詩・説
豆	まめ	たかつきの形。	豆・豊
貝	かいへん	左右に開いた貝がらの形。貨幣。	財・賜
𧾷（足）	あしへん	膝から下全部の形。	跡・路
車	くるまへん	車の形。	軽・輪
金	かねへん	土の中に金が輝いている形。	銀・鏡
飠（食）	しょくへん	食器に盛られた食物を食べる形。	飯・飢
馬	うまへん	馬の形。	駅・騎
魚	うおへん	魚の形。	鮮・鯨
鳥	とり	鳥の形。	鳴・鶏
歯	は	口の中に並んでいる歯の形。	歯・齢

旁（つくり）

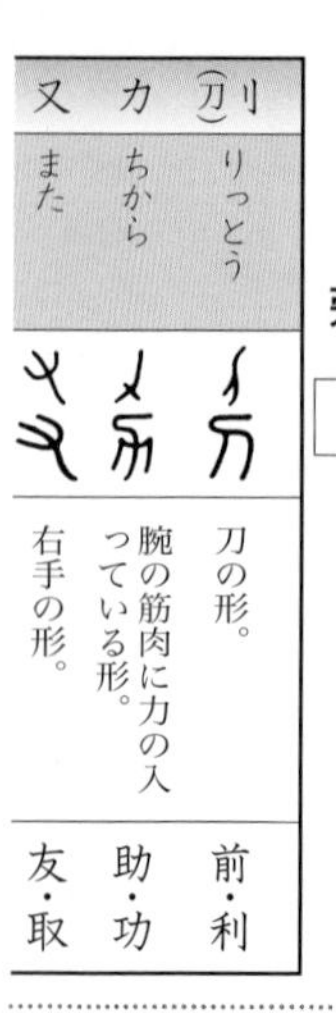

部首	名称	成り立ち	例
刂（刀）	りっとう	刀の形。	前・利
力	ちから	腕の筋肉に力の入っている形。	助・功
又	また	右手の形。	友・取

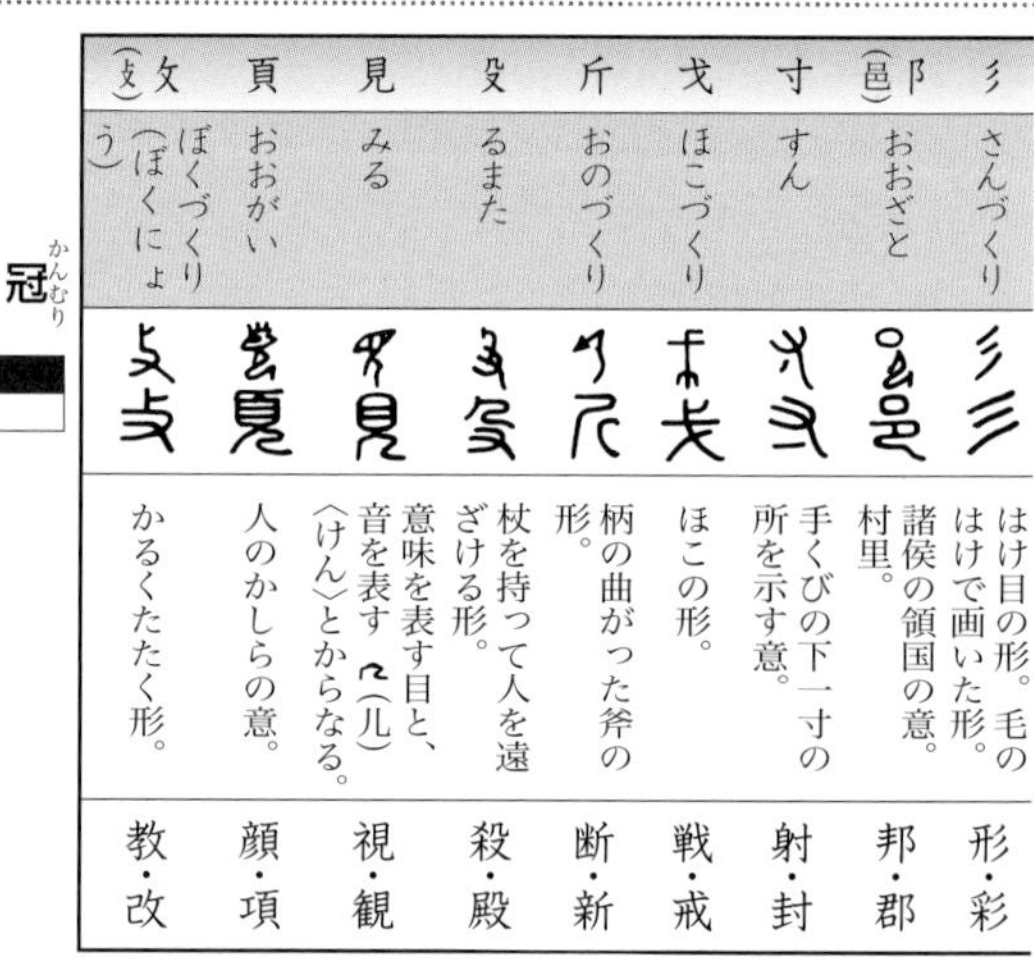

部首	名称	成り立ち	例
彡	さんづくり	はけ目の形。毛のはけで画いた形。	形・彩
阝（邑）	おおざと	諸侯の領国の意。村里。	邦・郡
寸	すん	手くびの下一寸の所を示す意。	射・封
戈	ほこづくり	ほこの形。	戦・戒
斤	おのづくり	柄の曲がった斧の形。	断・新
殳	るまた	杖を持って人を遠ざける形。	殺・殿
見	みる	意味を表す目と、音を表す[illegible]（儿）（けん）とからなる。	視・観
頁	おおがい	人のかしらの意。	顔・項
攵（攴）	ぼくづくり（ぼくにょう）	かるくたたく形。	教・改

冠（かんむり）

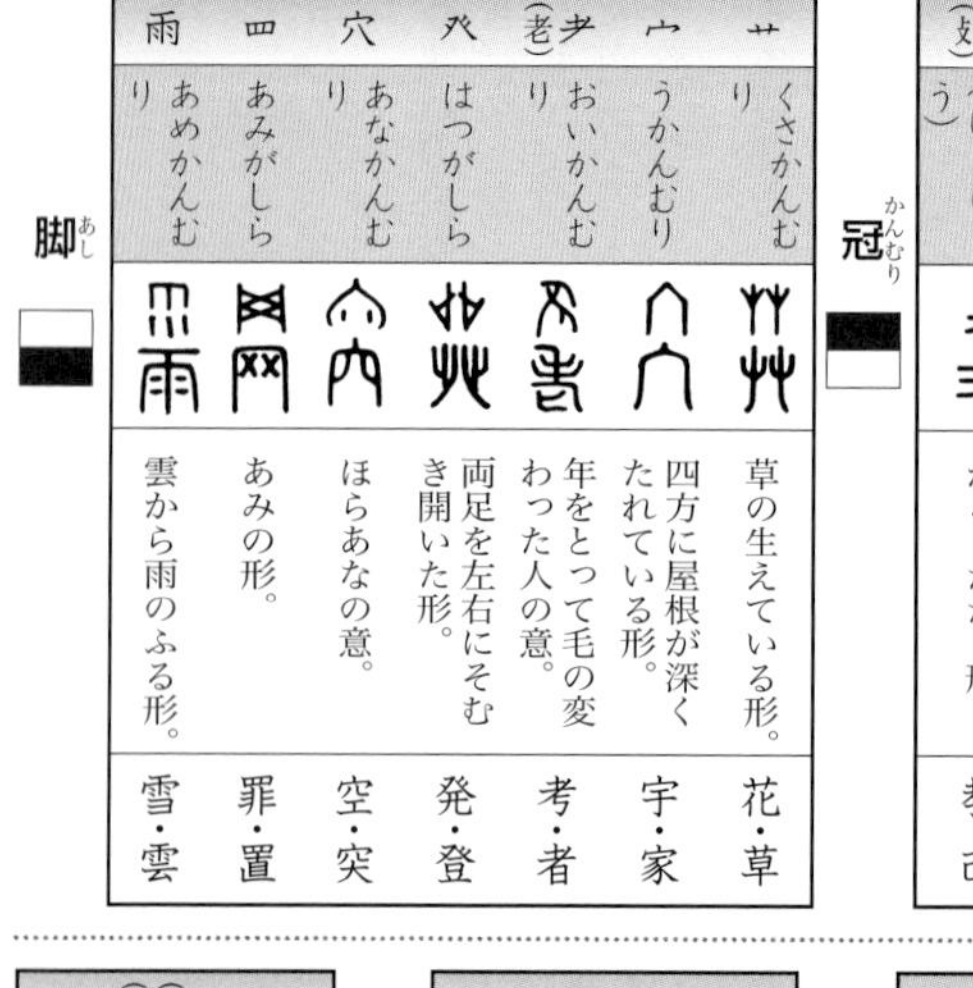

部首	名称	成り立ち	例
艹	くさかんむり	草の生えている形。	花・草
宀	うかんむり	四方に屋根が深くたれている形。	宇・家
耂（老）	おいかんむり	年をとって毛の変わった人の意。	考・者
癶	はつがしら	両足を左右にそむき開いた形。	発・登
穴	あなかんむり	ほらあなの意。	空・突
罒	あみがしら	あみの形。	罪・置
雨	あめかんむり	雲から雨のふる形。	雪・雲

脚（あし）

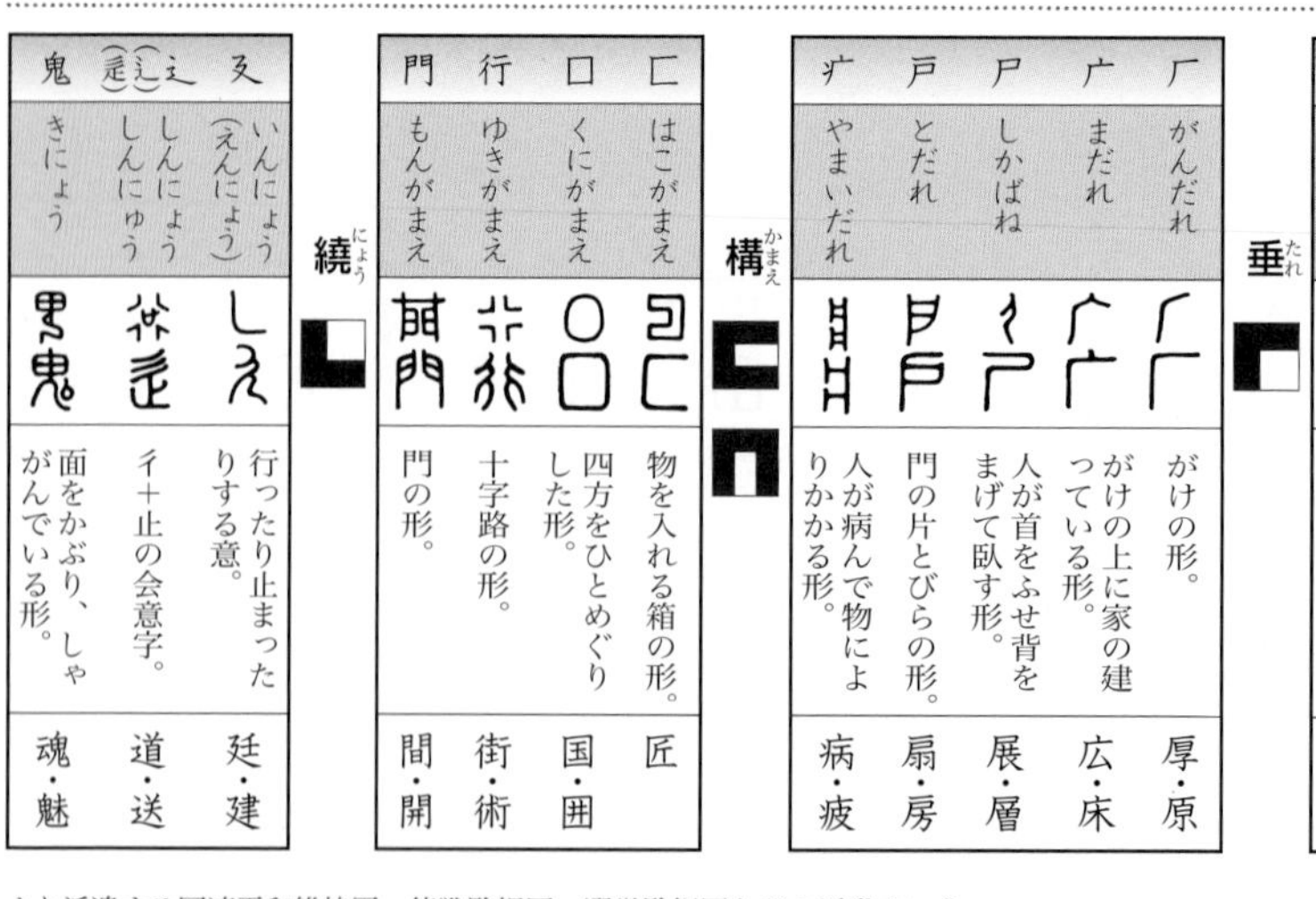

部首	名称	成り立ち	例
儿	ひとあし	人の形。一説に、行歩する人の形。	元・兄
㣺（心）	したごころ	（心に同じ）。	志・慕
灬（火）	れんが れっか	（火に同じ）。	熱・烈
皿	さら	皿の形。	盆・盛

垂（たれ）

部首	名称	成り立ち	例
厂	がんだれ	がけの形。	厚・原
广	まだれ	がけの上に家の建っている形。	広・床
尸	しかばね	人が首をふせ背をまげて臥す形。	展・層
戸	とだれ	門の片とびらの形。	扇・房
疒	やまいだれ	人が病んで物によりかかる形。	病・疲

構（かまえ）

部首	名称	成り立ち	例
匚	はこがまえ	物を入れる箱の形。	匠
囗	くにがまえ	四方をひとめぐりした形。	国・囲
行	ゆきがまえ	十字路の形。	街・術
門	もんがまえ	門の形。	間・開

繞（にょう）

部首	名称	成り立ち	例
廴	いんにょう（えんにょう）	行ったり止まったりする意。	廷・建
辶（辵）	しんにょう しんにゅう	彳＋止の会意字。	道・送
鬼	きにょう	面をかぶり、しゃがんでいる形。	魂・魅

より派遣する国連平和維持軍、停戦監視団、選挙監視団などの活動をいう。

書き誤りやすい漢字

一般に書き誤りやすい漢字を「字・音・意味・用例」の順に示し、五十音順に配列した。

哀(アイ)かなしい　人生の悲哀を感じる
衰(スイ)おとろえる　衰弱がはなはだしい

意(イ)こころ　意志の固い人
竟(キョウ)おわる　畢竟(ひっきょう)むりな話だ

遺(イ)わすれる・のこす　遺失物。遺跡
遣(ケン)つかわす　使者を派遣する

因(イン)もと・よる　原因を追求する
困(コン)こまる　解決困難な問題

隠(イン)かくれる　隣の隠居。隠遁
穏(オン)おだやか　穏健な思想

栄(エイ)さかえる　栄華を極める
営(エイ)いとなむ　会社の経営

延(エン)のびる　時間を延長する
廷(テイ)政治を行う場所　朝廷。宮廷

憶(オク)おもう　追憶にふける
臆(オク)むね　臆病な人
億(オク)万の万倍　中国の十一億の民

瓜(カ)うり　瓜田(かでん)に履(くつ)を納(い)れず
爪(ソウ)つめ　爪牙(そうが)をとぐ

科(カ)しな　授業の科目
料(リョウ)はかる・代金　料簡(りょうけん)が狭い。使用料

貨(カ)たから　貨幣の価値
貸(タイ)かす　品物を貸与する

戒(カイ)いましめる　警戒を厳重にする
戎(ジュウ)いくさ　戎衣を身につける

悔(カイ)くいる　後悔、先にたたず
侮(ブ)あなどる　侮辱を受ける

壊(カイ)こわす　堤防が決壊する
壌(ジョウ)つち　アルカリ性の土壌

慨(ガイ)なげく　慨嘆に堪えない
概(ガイ)あらまし・けだかい心　概略を述べる　気概のある人

格(カク)ただす・きまり　格言。破格の待遇
恪(カク)つつしむ　精励恪勤

穫(カク)とりいれる　収穫の秋
獲(カク)つかまえる　漁獲量の制限

巻(カン・ケン)まく　巻末に掲載。巻雲
券(ケン)わりふ　入場券を買う

竿(カン)さお　物干し竿
竽(ウ)ふえ　竽を吹く

冠(カン)かんむり　戴冠式
寇(コウ)あだ・かたき　外寇を防ぐ

感(カン)おもう　感謝の念
惑(ワク)まどう　たいへん迷惑する

幹(カン)みき　新幹線
斡(アツ)めぐる　仕事を斡旋する

管(カン)くだ　水道管が破裂する
菅(カン)かや・すげ　菅笠(すげがさ)

勧(カン)すすめる　参加を勧誘する
歓(カン)よろこぶ　新入生を歓迎する

眼(ガン)め　眼から鼻へ抜ける
眠(ミン)ねむる　睡眠を十分とる

己(キ・コ)おのれ・つちのと　克己復礼。自己満足
已(イ)やむ・すでに　動詞の已然形
巳(シ)み・へび　巳年(みどし)の生まれ

季(キ)すえ・とし　伯仲叔(しゅく)季。季節
李(リ)すもも　李下に冠を正さず

宜(ギ)よろしい　便宜をはかる
宣(セン)のべる　選手宣誓

疑(ギ)うたがう　疑惑をはらす
凝(ギョウ)こりかたまる　相手を凝視する

休(キュウ)やすむ　体を休める
体(タイ)からだ　名は体を表す

宮(キュウ)みや　宮殿を建てる
官(カン)つかさ　首相官邸

牛(ギュウ)うし　牛のごとき歩み
午(ゴ)うま・ひるの十二時　午前午後

距(キョ)へだたる　長距離電話
拒(キョ)こばむ　申し入れを拒否する

郷(キョウ)ふるさと　郷里に帰る
卿(ケイ・キョウ)くげ　卿相(けいしょう)。公卿(くぎょう)

仰(ギョウ)あおぐ　びっくり仰天する
抑(ヨク)おさえる　人民を抑圧する

苦(ク)くるしむ　苦は楽のたね
若(ジャク・ニャク)わかい　若輩。老若男女

屈(クツ)かがむ　屈伸運動
届(カイ)とどける　手紙を届ける

掘(クツ)ほる　発掘作業
堀(クツ)ほり　外堀を埋める

頃(ケイ)ころ　近頃の世の中
項(コウ)物事の要点　入試要項を発表する

倹(ケン)むだをはぶく　材料を倹約する
険(ケン)けわしい　危険防止に協力する
検(ケン)しらべる　身体検査

孤(コ)みなしご・ひとり　孤児。孤軍奮闘
狐(コ)きつね　虎の威を借る狐
弧(コ)弓なりになった曲線　弧を描いて飛ぶ

甲(コウ)きのえ・よろい　甲子園。装甲自動車
申(シン)さる・のべる　庚申(こうしん)。申請書を出す

効(コウ)ききめ　練習の効果が現れる
郊(コウ)町はずれ　郊外を散歩する
抗(コウ)あたる　抵抗する
杭(コウ)くい　杭を打つ
坑(コウ)あな　坑道を掘る
侯(コウ)大名小名・侯爵　諸侯
候(コウ)まつ・きざし・そうろう　候補者。徴候
綱(コウ)つな　綱紀を粛正する
網(モウ)あみ　法網をくぐりぬける
忽(コツ)たちまち　忽然として消える
怱(ソウ)いそがしい　怱々として働く
構(コウ)かまえる　構内通行禁止
講(コウ)説く　講演を聞く
購(コウ)買う　土地を購入する
済(サイ)すむ・すくう　借金返済。難民救済
剤(ザイ)調合した薬　消化剤を飲む
裁(サイ)たちきる　裁判。洋裁
栽(サイ)うえる　野菜を栽培する
載(サイ)のせる　雑誌に掲載する
戴(タイ)いただく　ありがたく頂戴する
在(ザイ)ある　不在者投票
存(ソン・ゾン)ある・考え　存在。異存なし
罪(ザイ)つみ　無罪放免
罰(バツ)ばち　罰金を払う
漸(ゼン)しだいに　漸次よくなるはず
暫(ザン)しばらく　暫定の処置
仕(シ)つかえる　仕官の口をさがす
任(ニン)まかせる　重大な任務
史(シ)記録　日本の歴史
吏(リ)役人　官吏登用試験
枝(シ)えだ　枝葉末節
技(ギ)わざ　優秀な技術

思(シ)おもう　思索にふける
恩(オン)めぐみ　恩恵を受ける
施(シ)ほどこす　計画を実施する
旋(セン)めぐる　空中を旋回する
師(シ)先生・軍隊　師弟。師団
帥(スイ)ひきいる　全軍を統帥する
字(ジ)もじ　文字を習う
宇(ウ)のき・そら　屋宇(おくう)。広大な宇宙
侍(ジ)はべる　王のそばに侍る
待(タイ)まつ　大きな期待
失(シツ)うしなう　失敗は成功のもと
矢(シ)や　流れ矢に当たる
日(ジツ・ニチ)ひ　本日休業。日月星辰(しん)
曰(エツ)いう　孔子曰(い)わく
住(ジュウ)すむ　住宅地
往(オウ)ゆく　往復の距離
粛(シュク)つつしむ　ご静粛に願います
蕭(ショウ)さびしい　蕭条たる秋の野
順(ジュン)したがう　順番を待つ
須(シュ・ス)まつ・用いる　必須の科目
暑(ショ)あつい　暑中見舞のはがき
署(ショ)役所　警察の署長
徐(ジョ)ゆるやか　徐行運転
除(ジョ・ジ)のぞく　害虫の駆除。掃除
小(ショウ)ちいさい　君子と小人
少(ショウ)すくない　少数精鋭主義
招(ショウ)まねく　お客を招待する
紹(ショウ)ひきあわせる　自己紹介
衝(ショウ)つく　正面衝突
衡(コウ)はかり　均衡をたもつ
臣(シン)けらい　建国の功臣
巨(キョ)おおきい　巨大なタンカー

浸(シン)ひたす　床下浸水
侵(シン)おかす　侵略者
粋(スイ)まじりけなし　純粋な気持ち
砕(サイ)くだく　石を粉砕する
推(スイ)おす　原因を推測する
堆(タイ)もりあげる　土砂の堆積
遂(スイ)とげる　任務を遂行する
逐(チク)おう　敵を駆逐する
井(セイ)いど　市井のうわさ
丼(タン)どんぶり　うなぎ丼
斉(セイ)ひとしい　校歌斉唱
斎(サイ)ものいみ　斎戒沐浴(もくよく)
晴(セイ)はれる　本日は晴天だ
睛(セイ)ひとみ　画竜点睛(がりょうてんせい)
斥(セキ)しりぞける　排斥運動
斤(キン)おの・重さの単位　斧斤(ふきん)。砂糖一斤
積(セキ)つむ　積雪二十センチ
績(セキ)つむぐ・うむ　紡績工場。成績
籍(セキ)ふみ　戸籍抄本
藉(セキ)しく　狼藉(ろうぜき)者
折(セツ)おる　屈折。曲折
析(セキ)わける　成分を分析する
祖(ソ)おじいさん　祖父を大切にする
粗(ソ)あらい　粗末。粗雑
租(ソ)ぜいきん　租税を納入する
卒(ソツ)しもべ・おわる　兵卒。卒業式
率(ソツ・リツ)ひきいる・わりあい　生徒を引率する　男女の比率
宗(ソウ・シュウ)おおもと　宗家(そうけ)。宗(しゅう)派
宋(ソウ)中国の王朝名　唐宋の時代
喪(ソウ)うしなう　戦意を喪失する
衷(チュウ)こころ　衷心より感謝する

制度の不備、核家族化などがその背景にはある。

苔（タイ）こけ	苔が生える
笞（チ）むち	愛の笞
代（ダイ）かわる・よ	代理。時代
伐（バツ）うつ	敵を征伐する
奪（ダツ）うばう	選手権の争奪戦
奮（フン）ふるう	奮起をうながす
旦（タン）あさ	元旦。旦夕
且（ショ）かつ・しばらく	働き且（か）つ学ぶ
矩（ク）さしがね	矩形。規矩
短（タン）みじかい	短気な性格
治（ジ・チ）おさめる	政治を正す
冶（ヤ）とかす	冶金の技術
張（チョウ）はる	勢力を拡張する
帳（チョウ）とばり・覚書（おぼえがき）	几帳（きちょう）。帳簿（ちょうぼ）
鳥（チョウ）とり	鳥小屋。鳥獣
烏（ウ）からす	烏合の衆
追（ツイ）おう	敵を追跡する
迫（ハク）せまる	迫真の演技
低（テイ）ひくい	低空飛行
抵（テイ）あたる	激しい抵抗
提（テイ）さし出す	問題を提起する
堤（テイ）つつみ	防波堤
適（テキ）かなう	適切な処置
摘（テキ）つまみ出す	欠点を指摘する
徹（テツ）とおす	徹夜でがんばる
撤（テツ）とりさる	危険物を撤去する
天（テン）そら	天気予報
夭（ヨウ）若死に	夭折を悲しむ
土（ド）つち	領土の返還
士（シ）さむらい	武士。兵士
努（ド）つとめる	努力を重ねる
怒（ド）いかる	喜怒哀楽の情
悩（ノウ）なやむ	苦悩にゆがんだ顔
脳（ノウ）のうみそ	頭脳明晰（めいせき）
背（ハイ）せなか・そむく	背水の陣。背信行為
脊（セキ）せぼね	脊椎（せきつい）動物
薄（ハク）うすい	意志薄弱
簿（ボ）ちょうめん	出席簿
比（ヒ）くらべる	服装を比較する
此（シ）これ・この	彼此（ひし）を比べる
微（ビ）かすか	微生物。微笑
徴（チョウ）しるし・めす	日本の象徴。徴兵
氷（ヒョウ）こおり	南極の氷原
永（エイ）ながい	永遠の平和
貧（ヒン）まずしい	貧者の一灯
貪（タン・ドン）むさぼる	貪夫（たんぷ）。貪欲
復（フク）かえる・ふたたび	往復。復活
複（フク）二つ以上	複雑な計算
福（フク）しあわせ	幸福な家庭
副（フク）そえる	主食と副食
幅（フク）はば	振幅が大きい
粉（フン）こな	花粉を運ぶ
紛（フン）みだれる	紛争を解決する
噴（フン）ふく	噴出。噴火
憤（フン）いきどおる	悲憤の涙を流す
墳（フン）はか	古墳時代
弊（ヘイ）やぶれる・わるい	弊衣破帽（へいいはぼう）。弊害
幣（ヘイ）ぬさ・通貨	御幣かつぎ。紙幣
壁（ヘキ）かべ	城壁を築く
璧（ヘキ）たま	完璧なできばえ
偏（ヘン）かたよる	偏見を持つ
遍（ヘン）あまねく	諸国を遍歴する
防（ボウ）ふせぐ	防風林
妨（ボウ）さまたげる	交通を妨害する
末（マツ）すえ	末代までの恥辱
未（ミ）いまだ	十八歳未満
漫（マン）みだりに	注意力散漫
慢（マン）おこたる・おごる	職務怠慢。慢心
味（ミ）あじ・あじわい	趣味の広い人
昧（マイ）おろか・くらい	読書三昧にふける
密（ミツ）ひそか	親密な間柄
蜜（ミツ）はちみつ	蜜蜂を飼育する
明（メイ）あきらか	明白な事実
朋（ホウ）とも	朋友。同朋
鳴（メイ）なく	犬の鳴き声
嗚（オ）なげく	嗚咽（おえつ）をこらえる
滅（メツ）ほろびる	破滅。滅亡
減（ゲン）へる	勢力が半減する
免（メン）まぬかれる	授業料の免除
兎（ト）うさぎ	脱兎（だっと）のように逃げる
予（ヨ）あらかじめ	予定の行動
矛（ボウ・ム）ほこ	矛戟（ぼうげき）。矛盾（むじゅん）した意見
幼（ヨウ）おさない	幼年時代
幻（ゲン）まぼろし	夢幻の世界
楊（ヨウ）やなぎ	楊柳（ようりゅう）
揚（ヨウ）あげる	国旗を掲揚する
栗（リツ）くり	桃栗（ももくり）三年、柿八年
粟（ゾク）あわ	肌が粟（あわ）立つ
梁（リョウ）はり	大工の棟梁（とうりょう）
粱（リョウ）あわ	粱は粟（あわ）に似る
緑（リョク）みどり	緑化運動
縁（エン）えにし・よる	前世からの因縁
歴（レキ）すぎる	歴史上の人物
暦（レキ）こよみ	還暦を迎える
練（レン）ねる	訓練にはげむ
錬（レン）きたえる	心身の鍛錬

◆現代用語　少子化　子供の出生率が低下している現象。非婚化・晩婚化が直接の原因ではあるが、経済的な理由や社会

書き誤りやすい語

一般に書き誤りやすい語を「用例・正しい漢字・誤字」の順に示し、五十音順に配列した。

用例	（正）	（誤）
喜怒アイラクの激しい人	哀楽	愛楽
アクタイをつく	悪態	悪体
就職をアッセンする	斡旋	幹施
アットウ的な勢力	圧倒	圧到
アヤマちを認める	過	誤
アンピを気づかう	安否	安非
相手をイアツする	威圧	偉圧
イガイな出来事	意外	以外
イカンの意を表す	遺憾	遺感
イギのある一日	意義	意議
イギをさしはさむ	異議	異義
イク同音に叫ぶ	異口	異句
親のイコウをかさに着る	威光	偉光
イシ薄弱な人	意志	意思
イセキした野球選手	移籍	移席
イチドウに会する	一堂	一同
イッショに帰る	一緒	一諸
イッシン同体の夫婦	一心	一身
危機イッパツの出来事	一髪	一発
人事イドウを行う	異動	移動
契約にイハンする	違反	違犯
イマだに完成しない	未	今
仲間で使うインゴ	隠語	陰語
生徒をインソツする	引率	引卒
物資をイントクする	隠匿	隠得
インボウをくわだてる	陰謀	隠謀
改築をウけ負う	請	受
テレビのエイゾウ	映像	影像
エンゼツを聞く	演説	演舌
エンユウ会の名士たち	園遊	宴遊
客とオウタイする	応対	応待
懸賞にオウボする	応募	応慕
オオいに語る	大	多
政界のオオモノが集まる	大物	大者
誕生日のオクり物	贈	送
オンケンな思想の持ち主	穏健	温健
早くカイケツすべき問題	解決	解結
駅のカイサツ口で待つ	改札	開札
カイシンの作品	会心	快心
カイテキな旅をする	快適	快的
病人をカイホウする	介抱	介胞
借りた本をカエす	返	帰
カクウの話	架空	仮空
合格をカクシンする	確信	確心
カソウ行列に参加する	仮装	化装
話題のカチュウの人	渦中	禍中
カッコをつける	括弧	活弧
カビな服装の学生	華美	花美
カヘイの価値	貨幣	貨弊
本をカりる	借	貸
カン違いをする	勘	感
失敗をカンカする	看過	観過
衆人カンシの中の出来事	環視	観視
たくさんのカンシュウ	観衆	観集
名曲をカンショウする	鑑賞	観賞
ガンゼンでの交通事故	眼前	顔前
要求をカンテツする	貫徹	完徹
カンニンを重ねる	堪忍	勘忍
彼の腕前にカンプクする	感服	感伏
カンペキの備え	完璧	完壁
流行性カンボウにかかる	感冒	寒冒
動作のカンマンな選手	緩慢	緩漫
証人をカンモンする	喚問	換問
カンレキの祝いをする	還暦	環歴
古いキオクをたどる	記憶	気憶
消化キカンが弱い	器官	機官
突然のキグウに驚く	奇遇	奇偶
キケンを冒す	危険	危倹
キゲンが悪い	機嫌	気嫌
不順なキコウが続く	気候	気侯
ギセイを払って確保する	犠牲	議性
相手のキセンを制する	機先	気先
旅券をギゾウする	偽造	欺造
キテキを鳴らす	汽笛	気笛
キトク状態におちいる	危篤	危特
キネンの行事をする	記念	紀念
発展のキバンを作る	基盤	基磐
キュウキョクの目的	究極	究局
知識をキュウシュウする	吸収	吸集
キュウタイ依然とする	旧態	旧体
キョウイの目をみはる	驚異	驚威
組織をキョウカする	強化	強加
恵まれたキョウグウの人	境遇	境偶
すばらしいギョウセキ	業績	業跡
生存キョウソウが激しい	競争	競走
特にキョウチョウする	強調	強張
キョウドウ組合	協同	共同
キョウラクにふける	享楽	亨楽
ギョセンで操業する	漁船	魚船
キンコウを破る	均衡	均衝
キンセイ品の販売	禁制	禁製
グウゼンの出会い	偶然	遇然
敵艦隊をクチクする	駆逐	駆遂
クノウが絶えない	苦悩	苦脳
ケイソツな行動をする	軽率	軽卒
全力をケイトウする	傾倒	傾到
香港ケイユで行く	経由	径由
ゲキヤクに注意する	劇薬	激薬
豪雨でケッカイした堤防	決壊	欠懐
責任感がケツジョする	欠如	欠除
次回でケッシンする	結審	決審
ケッセン投票をする	決選	決戦
ケツロンに従う	結論	決諭
ゲネツ剤を与える	解熱	下熱
ケンシ官が取り調べる	検視	検死
人口がゲンショウする	減少	減小
走者をケンセイする	牽制	索制
ケンゼンな精神の人	健全	建全
慎重にケントウする	検討	検当
ケンヤクした生活をする	倹約	険約
教室でコウギする	講義	講議
記録をコウシンする	更新	更進
ゴウジョウな人	強情	剛情
ゴウソウな邸宅に住む	豪壮	豪荘
監督をコウテツする	更迭	交送
コウトウ試問をする	口頭	口答
ゴカクに戦う	互角	互格
コドクな人生	孤独	弧独
会社のコモンをする	顧問	顧門
コユウの文化	固有	個有

活発にすることを目的とする。離脱を宣言したアメリカを除く11か国によって、2018年に発効された。

ザイゲンを確保する	財源	財原
立派なサイゴをとげる	最期	最後
サイテイの生活をする	最低	最底
草花をサイバイする	栽培	裁培
サイホウを教える	裁縫	栽縫
サギ行為をする	詐欺	詐偽
ザンシンなデザイン	斬新	漸新
注意がサンマンだ	散漫	散慢
シゲキを与える	刺激	剌激
シサを与える	示唆	指唆
犯人の首ジッケンをする	実検	実験
テストをジッシする	実施	実旋
欠点をシテキする	指摘	指適
シヘイを数える	紙幣	紙弊
宴会のあとシマツをする	始末	仕末
ジャッカン二十歳	弱冠	若干
シャレのうまい人	洒落	酒落
シュウカン誌	週刊	週間
切手をシュウシュウする	収集	集収
ジュウジュンな態度	従順	柔順
シュウチ徹底させる	周知	衆知
内容がジュウフクする	重複	重復
規模をシュクショウする	縮小	縮少
日本のシュトは東京です	首都	主都
血液のジュンカンがよい	循環	巡環
ジュンシンな子ども	純真	純心
ショウコがない	証拠	証固
意見がショウトツする	衝突	衡突
ショクゼンに供する	食膳	食前
車がジョコウして通る	徐行	除行
医者のショホウ箋	処方	処法
ジロンを曲げない	持論	自論

権利をシンガイする	侵害	浸害
シンキ一転がんばる	心機	心気
シンギを確認する	真偽	真疑
ジンチクに無害である	人畜	人蓄
シンボウをする	辛抱	辛棒
スウキな運命をたどる	数奇	数寄
セイセキが下がる	成績	成積
学校のセイフクを着る	制服	正服
セイメイを名乗る	姓名	性名
生徒にセッキョウする	説教	説経
外交問題をセッショウ	折衝	接衝
客をセッタイする	接待	接対
ゼッタイ絶命の危機	絶体	絶対
利益をセッパンする	折半	切半
上空をセンカイする	旋回	施回
ゼンゴ策を相談する	善後	前後
センザイ意識を喚起する	潜在	先在
ゼンジ回復する	漸次	暫時
ゼンショを要望する	善処	善所
ゼンゼン理解できない	全然	全々
センモンの科目	専門	専問
ソウゴに助け合う	相互	双互
ソウゴンな寺院	荘厳	壮厳
ソウダイな建物	壮大	荘大
ソウホウの言い分を聞く	双方	相方
生長をソクシンする	促進	速進
ソクセキ料理を食べる	即席	速席
自宅でタイキする	待機	待期
子どもタイショウの番組	対象	対照
タイヨウの黒点	太陽	大陽
タイヨウを航海する	大洋	太洋
不利な局面をダカイする	打開	打解

窮地をダッキャクする	脱却	脱脚
タントウ直入に話す	単刀	短刀
一敗チにまみれる	地	血
公金をチャクフクする	着服	着腹
チョウカイ免職になる	懲戒	徴戒
チョチクを奨励する	貯蓄	貯畜
借金のテイトウにする	抵当	低当
発言をテッカイする	撤回	徹回
責任をテンカする	転嫁	転化
地価がトウキする	騰貴	謄貴
言語ドウダンの行動	道断	同断
戸籍トウホンを請求する	謄本	騰本
トクイな体質	特異	特違
トクギを持つ人	特技	得技
市場をドクセンする	独占	独専
ドンヨクな知識欲	貪欲	貧欲
ニクシンの愛情	肉親	肉身
相手にニクハクする	肉薄	肉迫
稲作のノウカン期	農閑	農間
男性をノウサツする	悩殺	脳殺
ハイグウ者	配偶	配遇
バイショウ金を支払う	賠償	倍賞
異分子をハイセキする	排斥	排斤
ハップンしてがんばる	発奮	発奪
考えをハンエイさせる	反映	反影
悪い虫がハンショクする	繁殖	繁植
黒いハンテンが現れる	斑点	班点
自分の将来をヒカンする	悲観	悲感
条約をヒジュンする	批准	批淮
友人をヒナンする	非難	否難
ビミョウな判定	微妙	徴妙
ヒンシの重傷を負う	瀕死	頻死

社会のフウキを乱す	風紀	風規
フオンな様子がある	不穏	不隠
フクゾウのない意見	腹蔵	腹臓
フハイした政治	腐敗	腐廃
負けてフンキする	奮起	奮気
会議がフンキュウする	紛糾	粉糾
内容をブンセキする	分析	分折
ヘンクツな人	偏屈	変屈
睡眠をボウガイする	妨害	防害
ボウジャク無人な態度	傍若	暴若
友人の家をホウモンする	訪問	訪門
損害をホショウする	補償	保障
ボンサイの好きな老人	盆栽	盆裁
マンジョウ一致で決める	満場	万場
人跡ミトウの地	未踏	未到
無我ムチュウで走る	夢中	無中
五里ムチュウの捜索	霧中	夢中
ムボウな行為をする	無謀	無暴
肝にメイずる	銘	命
メイギを書き換える	名義	名儀
モクヒ権を行使する	黙秘	黙否
客船のモケイを作る	模型	模形
日中ユウコウ条約	友好	友交
海外にユウヒする	雄飛	勇飛
ユウフクな暮らしをする	裕福	有福
執行ユウヨの判決	猶予	裕余
ヨダンを許さない事態	予断	余断
リチギな人	律儀	律気
レイギを重んじる人	礼儀	礼義
レンタイ感を持つ	連帯	連体
ロウコウな選手	老巧	老功
ワイロを受け取る	賄賂	賄路

◆現代用語　ＴＰＰ　環太平洋諸国による経済連携協定。関税の撤廃などを目ざし、太平洋をとりまく諸国の経済活動を

同音異義語の使い分け

読み方が同じで意味が違う語の使い分けを示した。（上段↓語、中段↓語の意味、下段↓用例）

あいしょう	愛称	親しく呼ぶ名前	友人を愛称で呼ぶ
	哀傷	悲しみいたむこと	哀傷の思いを表す
	愛唱	好んで歌うこと	愛唱歌集
あいせき	愛惜	惜しんで大切にする	父の愛惜した楽器
	哀惜	死を悲しみ惜しむ	友の死を哀惜する
あっせい	圧制	権力で押さえつける	圧制に反抗する
	圧政	権力で押さえた政治	圧政に苦しむ民衆
い　ぎ	異議	他と違った議論	異議を申し立てる
	意義	意味　価値	意義を見いだす
いけん	意見	考え　思うところ	私も同じ意見だ
	異見	他と違った意見	異見を唱える
い　し	遺志	故人の生前の志	亡夫の遺志を継ぐ
	意志	何かをする気持ち	意志が薄弱だ
	意思	考え　思い	意思の疎通を欠く
いじょう	異常	普通と違っている	異常な反応がある
	異状	普通と違った状態	室内に異状はない
いどう	異動	地位・勤務が変わる	人事異動
	移動	場所を移ること	隅に移動する
うんこう	運行	決まった道筋を行く	地球の運行
	運航	船が航路を進むこと	赤道近くを運航
えいき	英気	人よりすぐれた性質	英気を養う
	鋭気	鋭く勢いのある性質	天性の鋭気
えんかく	沿革	移り変わり　変遷	町の沿革を述べる
	遠隔	遠く離れていること	遠隔地に就職する
おんじょう	温情	思いやりのある心	温情主義
	恩情	いつくしみ	師の恩情に涙ぐむ
がいかん	概観	ざっと見ること	歴史を概観する
	外観	外部から見たところ	外観で判断するな
かいこ	懐古	昔を懐かしく思う	懐古趣味
	回顧	過去を顧みること	青春期を回顧する
かいしん	改心	悪い心を改めること	改心して自首する
	会心	心にかなうこと	会心の作
かいとう	回答	返事　答え	アンケートの回答
	解答	問題の答え	試験の解答
かいほう	解放	解き放ち自由にする	奴隷を解放する
	開放	出入りの自由を許す	施設を人々に開放
かぎょう	家業	家の職業	家業は呉服屋だ
	稼業	生活費のための仕事	サラリーマン稼業
かくさ	格差	価格・品質などの差	教育格差をなくす
	較差	二者の間のひらき	温度の較差が大だ
かせつ	仮説	説明するための仮定	仮説を立てる
	仮設	かりに作ること	事務所を仮設する
かてい	過程	物事の進行する段階	作業の過程
	課程	期間にあてた仕事	教育課程
かんし	監視	注意して見はること	刑事に監視される
	環視	取りまいて見ること	衆人環視の中
かんしょう	鑑賞	芸術作品を味わうこと	音楽を鑑賞する
	観賞	見て楽しむこと	金魚を観賞する
	観照	対象を客観的に見る	観照的な態度
かんしん	感心	物事に感服すること	感心できない態度
	関心	興味を持つこと	政治に関心を持つ
	寒心	肝をひやすこと	寒心にたえない
	歓心	喜ぶこと	彼女の歓心を買う
かんせい	喚声	叫び声	喚声をあげる
	歓声	喜びのあまり叫ぶ声	歓声に迎えられる
	喊声	ときの声	突撃の喊声
かんだん	歓談	うちとけた話し合い	和やかに歓談する
	閑談	ひまつぶしのむだ話	閑談を打ちきる
きうん	気運	時勢のなりゆき	復興の気運
	機運	時のまわりあわせ	機運が熟する
きかん	季刊	一年に四回刊行する	季刊の雑誌
	既刊	すでに刊行したもの	既刊の書物

1997年にはロシアが参加し、Ｇ８となったが、2014年以降ロシアの参加は停止されている。

きこう
- 紀行　旅行の記事　シベリア**紀行**
- 起工　工事を始めること　**起工**式を行う
- 機構　組み立て　組織　会社の**機構**
- 気候　気象の状態　厳しい**気候**

きせい
- 既成　すでにできている　**既成**の価値基準
- 規正　正しいほうへ直す　行動を**規正**する
- 規制　規律をたて制限する　交通**規制**をする
- 既製　前もって作ってある　**既製**服は買わない
- 期成　成功を期する　**期成**同盟

きてい
- 規定　おきて　さだめ　社内**規定**に従う
- 既定　既に定まっている　**既定**の方針に従う

きてん
- 起点　始まり　東京を**起点**とする
- 基点　基礎となるところ　本店を**基点**とする

きょうい
- 脅威　おびやかしおどす　核戦争の**脅威**
- 驚異　驚きあやしむ　**驚異**的な回復

きょうき
- 狂喜　夢中になって喜ぶ　合格して**狂喜**する
- 驚喜　驚き喜ぶ　奇遇に**驚喜**する

きょうそう
- 競争　勝負・優劣を争う　**競争**相手
- 競走　走る速さを競(きそ)う　百メートル**競走**

きょくげん
- 極限　限り　果て　厳寒の**極限**に挑戦
- 局限　範囲を一部に限る　受信地を**局限**する

くじゅう
- 苦渋　苦しみ悩むこと　**苦渋**に満ちた表情
- 苦汁　苦い経験をする　**苦汁**をなめる

けいせい
- 形成　形を成すこと　人格の**形成**
- 形勢　様子　ありさま　不利な**形勢**

けっさい
- 決済　お金を支払うこと　借金の**決済**をする
- 決裁　決めること　裁決　社長が**決裁**する

こうい
- 厚意　思いやりのある心　**厚意**を無にする
- 好意　親愛感　**好意**を寄せる

こうがく
- 向学　学問に心を向ける　**向学**心に燃える
- 好学　学問を好むこと　**好学**の士
- 後学　今後の役に立つ知識　**後学**のために見る

こうかん
- 交換　取りかえること　贈り物を**交換**する
- 交歓　お互いに楽しむこと　**交歓**会を開く

こうき
- 好機　いいおり　チャンス　**好機**を逃すな
- 高貴　身分が高くて貴い　**高貴**な生まれ
- 綱紀　守るべき秩序　**綱紀**粛正

こうげん
- 広言　無遠慮なことば　**広言**して憚(はばか)らない
- 公言　公然と言うこと　秘密を**公言**する

こうこく
- 広告　一般に知らせる文書　バーゲンの**広告**
- 公告　一般の人に知らせる　法令を**公告**する

こうしょう
- 交渉　かけあうこと　漁業問題の**交渉**
- 考証　文献で実証すること　時代**考証**をする
- 口承　口伝えに伝えること　**口承**の伝説

こうじょう
- 厚情　手厚い情　**厚情**にすがる
- 交情　交際の親しみ　**交情**が深い

こうせい
- 厚生　生活を豊かにする　**厚生**施設の拡充
- 更生　生活を正しく改める　犯罪者の**更生**
- 更正　誤りを改め直す　申告を**更正**する

こじ
- 固辞　固く辞退すること　招待を**固辞**する
- 固持　固く持ち続けること　自説を**固持**する

こじん
- 古人　昔の人　**古人**の教えを守る
- 故人　なくなった人　**故人**を偲(しの)ぶ夕べ
- 個人　個々別々の人間　**個人**の権利を守る

さいけつ
- 裁決　是非を決定すること　**裁決**を下す
- 採決　賛否の決をとること　**採決**まで持ちこむ

さくせい
- 作成　作りあげること　予定表を**作成**する
- 作製　ものを作ること　プラモデルの**作製**

しあん
- 私案　自分個人としての案　**私案**を述べる
- 試案　試みの案　あくまでも**試案**だ

じき
- 時期　時　おり　中間テストの**時期**
- 時機　適当な機会　**時機**が熟する
- 時季　季節　シーズン　海水浴の**時季**だ

しこう
- 施行　実際に行うこと　法律が**施行**される
- 試行　ためしにやってみる　**試行**錯誤を重ねる
- 施工　工事を行うこと　**施工**はわが社だ
- 思考　考え思うこと　**思考**を妨げる
- 指向　目ざし向かうこと　彼の**指向**する方面
- 志向　心が向かうこと　権力**志向**

主要国首脳会議(サミット)　主要国の首脳が1年に1回、国際的な経済・政治的課題について議論する会議。

しざい
資材　材料として役立つ物資　／　資材の値が上がる
私財　個人の財産　／　私財を投げうつ
資財　資産　財産　／　資財を貯える

じったい
実態　実際の状態　／　公害の実態を知る
実体　実物　本体　／　実体をつかむ

じてん
事典　事柄を説明した書　／　百科事典
辞典　ことばを説明した書　／　国語辞典
字典　文字の形・音・義を記した書　／　漢字の字典

しもん
試問　試験のために問うこと　／　口頭試問を受ける
諮問　意見を尋ね求めること　／　諮問機関

しゅうきょく
終曲　歌劇の各幕の結びの曲　／　終曲とともに幕
終局　事件の落着　／　終局を迎える
終極　はて　終わり　／　この世の終極

しゅうしゅう
収集　取り集めること　／　切手を収集する
収拾　乱れたものを整える　／　収拾のつかぬ事態

しゅうせい
修正　悪い点を直し正す　／　軌道を修正する
修整　整え直すこと　／　写真を修整する

しゅうち
周知　広く知れわたること　／　周知の事実
衆知　多くの人の知恵　／　衆知を結集する

しゅうりょう
終了　終わること　／　試合終了の合図
修了　一定の学業を修める　／　博士課程を修了

しゅくせい
粛清　不正を排除すること　／　不平分子を粛清
粛正　厳格に正すこと　／　綱紀粛正

しゅさい
主催　中心となって会を催す　／　集会を主催する
主宰　人の上に立つこと　／　一国の主宰者

しゅし
主旨　主な意味　／　論文の主旨を理解
趣旨　事のおもむき　わけ　／　会の趣旨に賛成

しょうかい
照会　問い合わせ　／　勤務先に照会する
紹介　人と人とのなかだち　／　転校生を紹介する

しょうかん
召喚　官庁が個人を呼び出すこと　／　参考人として召喚
召還　呼びもどすこと　／　大使を召還する

しょうしゅう
招集　招き集めること　／　株主を招集する
召集　召し集めること　／　国会を召集する

じょうれい
条令　箇条書きにした法令　／　緊急条令
条例　県や市町村が発布（はっぷ）した法規　／　県条例

しょくりょう
食糧　米・麦などの主食　／　食糧の買い出し
食料　食用にするもの　／　食料品店に行く

しょよう
所用　用事　用むき　／　所用で外出する
所要　必要なこと　／　所要時間を考える

しんき
心気　気持ち　心持ち　／　心気を平静にする
心機　心の動き　／　心機一転する
新規　新しく物事をする　／　新規に採用する
新奇　目新しく変わっている　／　新奇な傾向に走る

しんちょう
慎重　注意深く大事をとる　／　慎重な態度で臨む
深長　意味深く含みがある　／　意味深長なことば
伸長　長さや力が伸びる　／　才能を伸長する

しんにゅう
進入　進んで中に入ること　／　敵地に進入する
侵入　侵（おか）して中に入ること　／　家宅侵入
浸入　水が入ること　／　床下に浸入した

しんにん
信任　信用して任せること　／　信任投票
親任　天皇が任命すること　／　親任官

しんろ
進路　進んでいく道　／　卒業後の進路指導
針路　船の進むべき道　／　針路を南にとる

せいいく
成育　体が一人前に育つ　／　子どもが成育する
生育　生まれて大きくなる　／　生育の過程

せいぎょう
生業　生活に必要な仕事　／　樵（きこり）を生業とする
正業　かたぎの職業　／　正業に就く

せいこん
精根　根気　気力　／　精根尽きて倒れる
精魂　魂　精霊　／　精魂を込めた作品

せいさく
制作　芸術品などを作ること　／　油絵を制作中
製作　ものを作ること　／　椅子（いす）を製作する

せいさん
精算　細かく計算し直すこと　／　運賃を精算する
成算　成功する見込み　／　成算は全くない
清算　貸借を整理すること　／　借金を清算する

せいちょう

語	意味	用例
成長	人などが育つこと	子どもが成長する
生長	草木などが育つこと	草木が生長する
せいりょく		
勢力	勢い　力	革新勢力を伸ばす
精力	物事をなし遂げる力	精力的な仕事ぶり
せっせい		
節制	控えめにする	酒を節制する
摂生	健康に注意すること	摂生に専心する
そうぎょう		
創業	事業を新しく始める	創業二十周年記念
操業	機械で仕事をする	操業を短縮する
そがい		
阻害	隔て妨げること	計画を阻害する
疎外	うとんじること	疎外感に苦しむ
そくせい		
促成	人工的に成長を促す	促成栽培の野菜
即製	その場で作ること	即製販売をする
速成	速やかになしとげる	速成教育
そくだん		
速断	速やかに決断する	速断を戒める
即断	即座に決断すること	即断を求める
たいしょう		
対象	人の意識の向くもの	対象を克明に描く
対照	他と照らし合わせる	対照的な姉妹
対称	つりあうこと	左右対称
たいせい		
体制	社会組織の様式	体制に反抗する
態勢	身構えや状態	態勢を立て直す
大勢	世の大方の形勢	大勢につく
体勢	体の構え	着地の体勢
たんきゅう		
探究	探しきわめること	学問を探究する
探求	探し求めること	真実を探求する
ちょうしゅう		
徴収	税金を取り立てる	会費を徴収する
徴集	呼び集めること	兵士を徴集する
ついきゅう		
追求	追い求めること	利潤を追求する
追究	尋ねきわめること	真理を追究する
追及	追いつめ食いさがる	余罪を追及する
てきせい		
適正	適当で正しい	適正な処置をとる
適性	性質が適している	教師の適性がある
てんか		
転嫁	罪や責任を他へ移す	責任を転嫁する
転化	他の状態に変化する	水から氷へ転化
どうけい		
同系	同じ系統	同系の色
同形	同じ形	同形の時計
とくちょう		
特徴	特に目立つところ	脱獄犯の特徴
特長	特にすぐれたところ	当社の製品の特長
はんこう		
反抗	てむかうこと	両親に反抗する
反攻	反撃	彼は反攻に移った
はんざつ		
繁雑	物事が多くごたつく	繁雑な事務
煩雑	煩しくごたつく	煩雑な手続き
ひうん		
非運	運が開けないこと	本当に非運な人だ
悲運	悲しい運命	悲運に弄ばれる
ふじゅん		
不順	順序が正しくないこと	天候不順
不純	純真でないこと	不純な動機
へいこう		
平行	交わらない線や面	平行線をひく
平衡	つりあいがとれること	平衡をとる
並行	並んで同時に行うこと	並行して行う
へんせい		
編成	組織立ててまとめる	時間割の編成
編制	団体などを組織する	婦人団体の編制
ほしょう		
保証	確かであると受け合うこと	保証つきの品
補償	損害を金品で埋め合わすこと	事故の補償に悩む
むじょう		
無常	一定しないこと	人生の無常
無情	同情がないさま	無情にも鼻で笑う
めいかい		
明快	さっぱりと気持ちよい	単純明快な論理
明解	はっきりした解釈	明解を与える
やせい		
野生	自然に野山に生長する	野生の馬
野性	本能的性質	野性的
ゆうぎ		
遊戯	遊びたわむれること	子供の遊戯
遊技	遊びのわざ	遊技場
ゆうせい		
優性	次代に遺伝する形質	優性の法則
優生	いい遺伝を保つこと	優生保護法
優勢	勢いが他よりすぐれる	相手チームは優勢
ようけん		
要件	必要な条件	要件を満たす
用件	用事の種類・内容	用件をうかがう

◆現代用語　NGO　非政府組織。民間人や民間団体組織で、環境保全・難民救済・保健医療の向上など、国内だけでな

同訓異義語の使い分け

「常用漢字音訓表」により、同じ読み方で漢字の違うものを示した。昭和48年6月18日に国語審議会漢字部会が作成し、「参考資料」として公表したものを参考に、用例などを整理したものである。

あう
合う―計算が合う。服が体に合う。人に会いに行く。
会う―客と会う時刻。人に会いに行く。
遭う―災難に遭う。にわか雨に遭う。

あがる・あげる
上がる・上げる―地位が上がる。物価が上がる。腕前を上げる。
揚がる・揚げる―花火が揚がる。歓声が揚がる。たこを揚げる。船荷を揚げる。
挙げる―例を挙げる。全力を挙げる。

あく・あける
明く・明ける―夜が明ける。
空く・空ける―席が空く。空き箱。家を空ける。時間を空ける。
開く・開ける―幕が開く。開いた口がふさがらない。窓を開ける。

あし
足―足の裏。手足。客足。
脚―机の脚(足)。えり脚(足)。

あたい
価―価が高くて買えない。商品に価を付ける。
値―そのものの持つ値。未知数xの値を求める。称賛に値する。

あたたかい・あたたかだ・あたたまる・あたためる
暖かい・暖かだ・暖まる・暖める―暖かい気持ち。暖かな毛布。暖まった空気。室内を暖める。
温かい・温かだ・温まる・温める―温かい料理。温かな家庭。心温まる話。スープを温める。

あたる・あてる
当たる・当てる―ボールが体に当たる。予報が当たる。胸に手を当てる。日光に当てる。
充てる―建築費に充(当)てる。

あつい
暑い―今年の夏は暑い。暑い部屋。
熱い―熱い湯。
厚い―厚い壁で隔てる。支持者の層が厚い。手厚いもてなし。

あと
跡―足の跡。苦心の跡が見える。
後―後の祭り。後を頼んで行く。

あぶら
油―油を流したような海面。
脂―仕事に脂がのる年ごろ。

あやまる
誤る―適用を誤る。誤りを見つける。
謝る―謝って済ます。平謝り。

あらい
荒い―波が荒い。金遣いが荒い。
粗い―網の目が粗い。仕事が粗い。

あらわす・あらわれる
表す・表れる―ことばに表す。喜びを顔に表す。喜びの表れ。
現す・現れる―姿を現す。太陽が現れる。怪獣が現れる。
著す―書物を著す。

ある
有る―財源が有る。子が有る。
在る―日本はアジアの東に在る。

あわせる
合わせる―手を合わせて拝む。時計を合わせる。調子を合わせる。
併せる―二つの会社を併せる。両者を併せて考える。

いたむ・いためる
痛む・痛める―足が痛む。腰を痛める。
傷む・傷める―家が傷む。傷んだ果物。建物を傷める。
悼む―死を悼む。故人を悼む。

いる
入る―念の入った話。気に入る。
要る―金が要る。保証人が要る。

うける
受ける―注文を受ける。
請ける―請け負う。下請け。

うつ
打つ―くぎを打つ。碁を打つ。
討つ―賊を討つ。義士の討ち入り。
撃つ―鉄砲を撃つ。

うつす・うつる
写す・写る―書類を写す。写真を写す。写真に写っている人。
映す・映る―スクリーンに映す。壁に影が映る。鏡に姿が映る。

うむ・うまれる
生む・生まれる―新記録を生む。傑作(けっさく)を生む。京都に生まれる。
産む・産まれる―卵を産み付ける。産みの苦しみ。産み月。予定日が来てもなかなか産まれない。

うれい・うれえ
憂い・憂え―後顧(こうこ)の憂い(え)。災害を招く憂い(え)がある。
愁い―春の愁い。愁いに沈む。

える
得る―勝利を得る。許可を得る。
獲る―猟で熊を獲る。

おかす
犯す―過ちを犯す。法を犯す。
侵す―権利を侵(犯)す。
冒す―危険を冒す。激しい雨を冒して行く。

おくる
送る―荷物を送る。卒業生を送る。
贈る―お祝いの品を贈る。感謝状を贈る。故人に位を贈る。

おくれる
遅れる―完成が遅れる。列車が遅れる。
後れる―気後れする。人に後れを取る。

核爆発を伴わない未臨界核実験などは禁止されていない。

おこす・おこる

起こす・起こる—体を起こす。訴えを起こす。事件が起こる。持病が起こる。物事の起こり。

興す・興る—産業を興す。国が興る。

おさえる

押さえる—紙の端（はし）を押さえる。証拠を押さえる。要点を押さえる。

抑える—物価の上昇を抑える。要求を抑える。憤（いきどお）りを抑える。

おさまる・おさめる

収まる・収める—博物館に収まる。争いが収まる。効果を収める。成功を収める。目録に収める。

納まる・納める—品物が納まった。国庫に納まる。税を納める。

治まる・治める—国内がよく治まる。痛みが治まる。領地を治める。

修まる・修める—身持ちが修まらない。学を修める。

おす

押す—ベルを押す。横車を押す。

推す—会長に推す。

おどる

踊る—リズムにのって踊る。盆踊り。

躍る—小躍りして喜ぶ。胸が躍る。

おもて

表—裏と表。表で遊ぶ。表向き。

面—矢面に立つ。

おりる・おろす

降りる・降ろす—電車を降りる。霜が降りる。次の駅で降ろしてください。主役から降ろされた。

下りる・下ろす—幕が下りる。枝を下ろす。貯金を下ろす。

卸す—小売りに卸す。卸し値。

かえす・かえる

返す・返る—もとの持ち主に返す。借金を返す。恩返し。貸した金が返る。正気に返る。返り咲き。

帰す・帰る—親もとへ帰す。故郷へ帰る。帰らぬ人となる。

かえりみる

顧みる—過去を顧みる。

省みる—自らを省みる。

かえる・かわる

変える・変わる—形を変える。観点を変える。位置が変わる。声変わり。

換える・換わる—物を金に換える。名義を書き換える。金に換わる。

替える・替わる—振り替える。替え歌。入れ替わる。社長が替わる。

代える・代わる—書面をもってあいさつに代える。父に代わって言う。

かおる

薫る—風薫る。

香り—茶の香り。

かかる・かける

掛かる・掛ける—迷惑が掛かる。腰を掛ける。壁掛け。掛け売り。

懸かる・懸ける—月が中天に懸かる。優勝が懸かる。賞金を懸ける。

架かる・架ける—橋が架かる。橋を架ける。電線を架ける。

係る—本件に係る訴訟。係り結び。

かげ

陰—山の陰。陰の声。陰口を利（き）く。

影—障子に影が映る。影が薄い。

かた

形—自由形。跡形もない。

型—型にはまる。一九七〇年型。

かたい

堅い—堅い材木。手堅い商売。

固い—団結が固い。頭が固い。

硬い—硬い石。硬い表現。

かわ

皮—皮をはぐ。とらの皮。木の皮。

革—革のくつ。なめし革。

かわく

乾く—空気が乾く。干し物が乾く。

渇く—のどが渇く。渇きを覚える。

きく

聞く—物音を聞いた。話し声を聞く。

聴く—音楽を聴く。国民の声を聴く。

効く—薬が効く。宣伝が効く。

利く—左手が利く。機転が利く。

きわまる・きわめる

窮まる・窮める—進退窮まる。真理を窮（究）める。

極まる・極める—不都合極まる言動。山頂を極める。栄華を極める。

究める—学を究（窮）める。

くら

倉—米倉。倉敷料。

蔵—蔵屋敷。蔵出し。

こえる・こす

越える・越す—山を越える。峠を越す。

超える・超す—人間の能力を超（越）える。百万円を超（越）える額。

こおる・こおり

凍る—湖水が凍る。土が凍る。

氷—氷が張った。氷をかく。氷砂糖。

さがす

捜す—うちの中を捜す。犯人を捜す。

探す—空き家を探（捜）す。あらを探（捜）す。

さく・さける

裂く—布を裂く。仲を裂く。

割く—時間を割く。紙面を割く。

さげる

下げる—値段を下げる。軒に下げる。

提げる—手に提げる。手提げかばん。

さす

差す—腰に刀を差す。差し出す。

指す—指し示す。

刺す—人を刺す。とげが刺さる。

さます・さめる

覚ます・覚める—太平の眠りを覚ます。迷いを覚ます。目が覚める。

冷ます・冷める—湯冷まし。湯が冷める。料理が冷める。熱が冷める。

しずまる・しずめる

静まる・静める—心が静まる。あらしが静まる。気を静める。

鎮まる・鎮める―内乱が鎮まる。反乱を鎮める。痛みを鎮める。
沈める―船を沈める。

しぼる

絞る―手ぬぐいを絞る。絞り染め。
搾る―乳を搾る。搾り取る。

しまる・しめる

締まる・締める―ひもが締まる。引き締まった顔。心を引き締める。申し込みの締め切り。
絞まる・絞める―首が絞まる。首を絞める。羽交(はが)い絞め。
閉まる・閉める―戸が閉まる。ふたを閉める。店を閉める。

すすめる

進める―前へ進める。時計を進める。
勧める―入会を勧める。
薦める―候補者として薦める。

する

刷る―名刺を刷る。刷り物。
擦る―転んでひざを擦りむく。

そう

沿う―川沿いの家。線路に沿って歩く。
添う―連れ添う。期待に添う。

そなえる・そなわる

備える・備わる―台風に備える。調度品を備える。必要品はすべて備わっている。人徳が備わる。
供える―お神酒(みき)を供える。お供え物。

たえる

堪える―任に堪える。鑑賞に堪えない。
耐える―重圧に耐(堪)える。風雪に耐(堪)える

たずねる

尋ねる―道を尋ねる。由来を尋ねる。
訪ねる―知人を訪ねる。

たたかう

戦う―敵と戦う。
闘う―病気と闘う。

たつ

断つ―退路を断つ。快刀乱麻を断つ。
絶つ―命を絶つ。消息を絶つ。
裁つ―生地(きじ)を裁つ。紙を裁つ。

たつ・たてる

立つ・立てる―演壇に立つ。席を立つ。柱を立てる。計画を立てる。
建つ・建てる―家が建つ。ビルを建てる。銅像を建てる。建て前。

たっとい・とうとい

尊い―尊い神。尊い犠牲を払う。
貴い―貴い資料。貴い体験。

たま

玉―玉にきず。目の玉。玉をみがく。
球―電気の球。球を投げる。
弾―ピストルの弾。

つかう

使う―重油を使う。
遣う―気遣う。心遣い。小遣い銭。

つく・つける

付く・付ける―墨が顔に付く。利息が付く。名を付ける。
着く・着ける―席に着く。手紙が着く。船を岸に着ける。仕事に手を着ける。衣服を身に着ける。
就く・就ける―床に就く。職に就く。役に就ける。

つぐ

次ぐ―事件が相次ぐ。富士山に次ぐ山。
継ぐ―布を継ぐ。跡を継ぐ。
接ぐ―木を接ぐ。骨を接ぐ。接ぎ木。

つくる

作る―米を作る。規則を作る。
造る―船を造る。庭園を造る。

つつしむ

慎む―身を慎む。酒を慎む。
謹む―謹んで聞く。

つとめる

努める―完成に努める。解決に努める。
勤める―会社に勤める。勤め人。
務める―議長を務める。

とく・とける

解く・解ける―結び目を解く。包囲を解く。問題を解く。会長の任を解かれる。ひもが解ける。
溶く・溶ける―絵の具を溶く。砂糖が水に溶ける。

ととのう・ととのえる

整う・整える―整った文章。隊列を整える。身辺を整える。
調う・調える―嫁入り道具が調う。晴れ着を調える。費用を調える。

とぶ

飛ぶ―鳥が空を飛ぶ。
跳ぶ―みぞを跳ぶ。三段跳び。

とまる・とめる

止まる・止める―交通が止まる。水道が止まる。息を止める。通行止め。
留まる・留める―小鳥が木の枝に留(止)まる。ボタンを留める。
泊まる・泊める―船が港に泊まる。宿直室に泊まる。友達を家に泊める。

とる

取る―手に取る。資格を取る。
採る―血を採る。会議で決を採る。
執る―筆を執る。事務を執る。
捕る―ねずみを捕る。生け捕る。
撮る―写真を撮る。映画を撮る。

ない

無い―金が無い。無い物ねだり。
亡い―亡き父をしのぶ。

なおす・なおる

直す・直る―誤りを直す。機械を直す。
治す・治る―風邪を治す。傷が治る。

なか

中―箱の中。両者の中に入る。
仲―仲がいい。仲を取り持つ。

ながい

長い―長い髪の毛。長い道。
永い―ついに永い眠りに就く。

ならう

習う―先生にピアノを習う。見習う。

治手法。典型的には論点を極端に単純化し、エリートを敵視して大衆に支持を訴える。大衆迎合主義。

倣う―前例に倣う。

のせる・のる

乗せる・乗る―母を飛行機に乗せて帰す。電波に乗せる。馬に乗る。時流に乗る。

載せる・載る―自動車に貨物を載せる。雑誌に広告を載せる。新聞に載った事件。

のばす・のびる

伸ばす・伸びる―手足を伸ばす。勢力を伸ばす。草が伸びる。身長が伸びる。学力が伸びる。

延ばす・延びる―出発を延ばす。開会を延ばす。地下鉄が郊外まで延びる。寿命が延びる。

のぼる

上る―水銀柱が上る。川を上る。

登る―山に登る。木に登る。

昇る―日が昇(上)る。

はえ・はえる

映え・映える―夕映え。紅葉が夕日に映える。

栄え―栄えある勝利。見事な出来栄え。

はかる

図る―合理化を図る。解決を図る。

計る―時間を計る。計り知れない恩恵。

測る―水深を測る。距離を測る。

量る―目方(めかた)を量る。升(ます)で量る。

謀る―暗殺を謀る。悪事を謀る。

諮る―審議会に諮る。

はじまる・はじめ・はじめて・はじまる

初め・初めて―初めこう思った。初めての経験。

始まる・始め・始める―会が始まる。始めと終わり。仕事を始める。

はな

花―花も実もない。花の都。花形。

華―華やか。華々しい。

はなす・はなれる

離す・離れる―間を離す。離れ島。職を離れる。離れ離れになる。

放す・放れる―鳥を放す。見放す。矢が弦(つる)を放れる。放れ馬。

はやい

早い―時期が早い。気が早い。

速い―流れが速い。投手の球が速い。

ひ

火―火が燃える。火に掛ける。

灯―灯がともる。遠くに町の灯が見える。

ひく

引く―綱を引く。線を引く。

弾く―ピアノを弾く。

ふえる・ふやす

殖える・殖やす―財産が殖える。財産を殖やす。

増える・増やす―人数が増える。人数を増やす。水かさが増える。

ふく

吹く―風が吹く。笛を吹く。

噴く―火山が煙を噴く。

ふける

更ける―夜が更ける。秋が更ける。

老ける―老けて見える。老け込む。

ふた

二―二重。二目と見られない。

双―双子。双葉。

ふね

舟―舟をこぐ。小舟。ささ舟。

船―船の甲板。船で帰国する。船旅。

ふるう

振るう―刀を振るう。

震う―声を震わせる。身震い。

奮う―奮って参加する。奮い立つ。

まざる・まじる・まぜる

交ざる・交じる・交ぜる―麻が交ざっている。漢字仮名交じり文。交ぜ織り。

混ざる・混じる・混ぜる―酒に水が混ざる。西洋人の血が混じる。セメントに砂を混ぜる。

まち

町―町と村。町ぐるみの歓迎。

街―街を吹く風。学生の街。

まわり

回り―身の回り。胴回り。

周り―池の周り。周りの人。

みる

見る―遠くの景色を見る。

診る―患者を診る。脈を診る。

もと

下―法の下の平等。

元―火の元。出版元。

本―本を正す。本と末。

基―資料を基にする。基づく。

や

屋―屋根。酒屋。屋敷。

家―二階家。家主。家賃。

やぶる・やぶれる

破る・破れる―約束を破る。障子が破れる。平和が破れる。

敗れる―競技に敗れる。

やわらかい・やわらかだ

柔らかい・柔らかだ―柔らかい毛布。身のこなしが柔らかだ。

軟らかい・軟らかだ―表現が軟(柔)らかい。軟(柔)らかな土。

よい

良い―品質が良い。成績が良い。

善い―善い行い。

よむ

読む―本を読む。字を読む。秒読み。

詠む―和歌を詠む。一首詠む。

わかれる

分かれる―道が二つに分かれる。意見が分かれる。勝負の分かれ目。

別れる―幼い時に両親と別れる。家族と別れて住む。

わざ

業―至難の業。離れ業。軽業。業師。

技―柔道の技。技をみがく。

わずらう・わずらわす

煩う・煩わす―思い煩う。心を煩わす。

患う―胸を患う。三年ほど患う。

難読語の読みと意味

【音読みの語】

挨拶（あいさつ）儀礼や親愛のことば
哀悼（あいとう）人の死を悲しむこと
曖昧（あいまい）はっきりしないさま
隘路（あいろ）狭い道。障害
齷齪（あくせく）せかせかすること
悪辣（あくらつ）たちの悪いこと
圧巻（あっかん）特にすぐれた部分
斡旋（あっせん）取りもちをすること
軋轢（あつれき）車のきしり。不和
暗澹（あんたん）暗く希望のないさま
安堵（あんど）安心すること
行灯（あんどん）灯火をともす道具
塩梅（あんばい）味や物事のほどあい
慰藉（いしゃ）慰めいたわること
蝟集（いしゅう）寄り集まること
委嘱（いしょく）頼んで任せること
一瞥（いちべつ）ちらりと見ること
一縷（いちる）わずかなつながり
一斑（いっぱん）一部分
夷狄（いてき）未開の人
囲繞（いにょう）周りを取りまくこと
萎靡（いび）なえしおれること
遺漏（いろう）落ちがあること
慇懃（いんぎん）礼儀正しいこと
咽喉（いんこう）のど。大切な場所
隠棲（いんせい）世を避けて住むこと

隠蔽（いんぺい）物事を隠すこと
湮滅（いんめつ）うずもれ消えること
迂回（うかい）遠回りすること
胡散（うさん）疑わしいこと
鬱蒼（うっそう）こんもり茂ったさま
鬱憤（うっぷん）心に積もる不平不満
烏有（うゆう）全く無いこと
蘊蓄（うんちく）つみたくわえた学識
蘊奥（うんのう）学問・技芸等の奥義
英邁（えいまい）すぐれていること
会釈（えしゃく）おじぎをすること
会得（えとく）意味を悟ること
衣紋（えもん）衣服の正しい着方
演繹（えんえき）おし広め述べること
円滑（えんかつ）なめらかなこと
怨嗟（えんさ）うらみ嘆くこと
冤罪（えんざい）無実の罪
横溢（おういつ）あふれみなぎること
押韻（おういん）詩歌で韻をふむこと
押収（おうしゅう）差し押さえること
嘔吐（おうと）食べ物をもどすこと
懊悩（おうのう）悩みもだえること
鷹揚（おうよう）ゆったりしている
嗚咽（おえつ）むせび泣くこと
悪寒（おかん）発熱のための寒け
億劫（おっくう）気乗りがしないこと
汚穢（おわい）けがらわしいこと
恩寵（おんちょう）神や君主の愛
隠密（おんみつ）江戸時代のスパイ
諧謔（かいぎゃく）こっけいな言行
開眼（かいげん）悟りを開くこと
邂逅（かいこう）偶然に出会うこと

膾炙（かいしゃ）人々が称賛すること
介錯（かいしゃく）付き添い。介添え
晦渋（かいじゅう）わかりにくいこと
改悛（かいしゅん）前非を改めること
灰燼（かいじん）灰と燃えがら
凱旋（がいせん）戦いに勝って帰る
街道（かいどう）交通上重要な道路
開闢（かいびゃく）天地の始まり
傀儡（かいらい）あやつり人形
乖離（かいり）そむきはなれること
界隈（かいわい）辺り。近所
瓦解（がかい）ばらばらに崩れる
瑕瑾（かきん）きず。欠点
矍鑠（かくしゃく）老人の元気なさま
馘首（かくしゅ）解雇すること
鶴首（かくしゅ）待ちこがれること
角逐（かくちく）互いに競争すること
攪拌（かくはん）かきまぜること
擱筆（かくひつ）書き終わること
苛酷（かこく）無慈悲でむごいこと
瑕疵（かし）きず。法的な欠陥
鍛冶（かじ）金属を加工すること
呵責（かしゃく）せめさいなむこと
脚気（かっけ）ビタミンB_1欠乏障害
恰好（かっこう）姿。手ごろ
喝采（かっさい）ほめそやすこと
甲冑（かっちゅう）よろいとかぶと
葛藤（かっとう）争い。板ばさみ
喝破（かっぱ）他の説を言い破る
恰幅（かっぷく）体の格好
闊歩（かっぽ）堂々と大またに歩く
割烹（かっぽう）食物を調理すること

刮目（かつもく）注意して見ること
画餅（がべい）役に立たないこと
伽藍（がらん）寺の建物。寺院
歌留多（かるた）遊びなどに使う札
間歇（かんけつ）周期的に起こること
箝口（かんこう）口をつぐませること
癇癪（かんしゃく）怒りっぽいこと
緩衝（かんしょう）衝撃を和らげる
肝腎（かんじん）特に大切なこと
完遂（かんすい）完全に成しとげる
贋造（がんぞう）にせものを作ること
勘当（かんどう）親子関係を絶つこと
艱難（かんなん）苦しみ悩むこと
旱魃（かんばつ）ひでり
甲板（かんぱん）デッキ
完璧（かんぺき）完全無欠
涵養（かんよう）教え養うこと
貫禄（かんろく）身につく威厳や風格
義捐（ぎえん）慈善のための寄付
麾下（きか）将軍の部下。部下
亀鑑（きかん）人のおこないの手本
忌諱（きき）いみきらうこと
飢饉（ききん）不作による食料不足
危惧（きぐ）あやぶみおそれる
揮毫（きごう）書画をかくこと
帰趨（きすう）行きつくところ
毀損（きそん）そこない傷つける
稀代（きたい）世にまれなこと
忌憚（きたん）いみはばかること
吃音（きつおん）どもること
拮抗（きっこう）同等の力で張り合う
屹立（きつりつ）高くそびえ立つこと

化していく現象。世界規模での結びつきを強めた反面、格差の拡大など新たな摩擦と緊張をもたらした。

驥尾（きび）　すぐれた人の後ろ
詭弁（きべん）　道理に合わぬ議論
欺瞞（ぎまん）　人をだますこと
華奢（きゃしゃ）　上品で弱々しいさま
杞憂（きゆう）　無用な心配
糾弾（きゅうだん）　問いただし責める
狭隘（きょうあい）　ものの狭いこと
驚愕（きょうがく）　ひどく驚くこと
恐喝（きょうかつ）　おどすこと
胸襟（きょうきん）　心の中
恐懼（きょうく）　おそれ入ること
校合（きょうごう）　本文を照らし合わす
僥倖（ぎょうこう）　思いがけない幸運
教唆（きょうさ）　教えそそのかすこと
矜持（きょうじ）　自信と誇り
強靱（きょうじん）　しなやかで強い
矯正（きょうせい）　ただし直すこと
形相（ぎょうそう）　顔つき
怯懦（きょうだ）　臆病で気の弱いこと
虚妄（きょもう）　うそ。いつわり
基督（きりすと）　救世主。イエス
羇旅（きりょ）　旅行
僅少（きんしょう）　わずかなこと
金子（きんす）　金銭
究竟（くきょう）　すぐれていること
苦衷（くちゅう）　苦しい心の中
句読点（くとうてん）　「。」と「、」
愚昧（ぐまい）　おろかなこと
工面（くめん）　金のやりくり
薫陶（くんとう）　徳をもって感化する
炯眼（けいがん）　物事を鋭く見抜く力
敬虔（けいけん）　敬いつつしむこと

迎合（げいごう）　他人におもねること
京師（けいし）　みやこ。帝都
形而上（けいじじょう）　無形
閨秀（けいしゅう）　学芸にすぐれた女性
傾城（けいせい）　美女。遊女
軽重（けいちょう）　軽いこと重いこと
軽佻（けいちょう）　軽はずみなこと
稀有（けう）　めったにないこと
怪我（けが）　傷つくこと
逆旅（げきりょ）　旅館
逆鱗（げきりん）　天子の怒り
下向（げこう）　高い所から下ること
夏至（げし）　二十四節気の一つ
化身（けしん）　生まれかわり
外題（げだい）　書物の表紙の題名
解毒（げどく）　体内の毒を消すこと
健気（けなげ）　かいがいしいさま
解熱（げねつ）　高熱の体温をさげる
懸念（けねん）　気がかり
下馬評（げばひょう）　世間の評判
仮病（けびょう）　つくりやまい
下郎（げろう）　人に使われている男
嫌悪（けんお）　きらいにくむこと
狷介（けんかい）　自分に固執すること
乾坤（けんこん）　天と地
減殺（げんさい）　減らすこと
牽制（けんせい）　引きつけて制御する
眷属（けんぞく）　親族
還俗（げんぞく）　僧籍から俗人に帰る
倦怠（けんたい）　あきあきすること
健啖（けんたん）　さかんに食べること
言質（げんち）　証拠となることば

喧伝（けんでん）　盛んに言いふらす
絢爛（けんらん）　華やかで美しいさま
眩惑（げんわく）　目がくらみ迷うこと
語彙（ごい）　語の総体
拘引（こういん）　捕らえて連行する
後裔（こうえい）　子孫
好悪（こうお）　すききらい
劫火（ごうか）　世界を焼く大火
狡猾（こうかつ）　悪賢いこと
巷間（こうかん）　ちまた。世間
交誼（こうぎ）　親しい交際
香華（こうげ）　仏前に供える香と花
肯綮（こうけい）　大切な所。急所
膏肓（こうこう）　体の一番奥深い所
恍惚（こうこつ）　うっとりすること
交叉（こうさ）　十文字に交わること
嚆矢（こうし）　物事のはじめ
格子（こうし）　碁盤（ごばん）の目状の建具
好餌（こうじ）　よいえさ
幸甚（こうじん）　何よりのしあわせ
好事家（こうずか）　物好きな人
巧緻（こうち）　巧みで細かいこと
膠着（こうちゃく）　しっかりつくこと
拘泥（こうでい）　こだわること
更迭（こうてつ）　役を替え改めること
叩頭（こうとう）　額（ひたい）を地につける礼
勾配（こうばい）　傾斜面の傾きの程度
高邁（こうまい）　気高くすぐれている
枯渇（こかつ）　水がかわききること
古稀（こき）　七十歳の称
極意（ごくい）　学問や技芸の核心
沽券（こけん）　体面

股肱（ここう）　最も信頼する部下
鼓吹（こすい）　元気づけること
炬燵（こたつ）　暖をとる器具
滑稽（こっけい）　おもしろいこと
忽然（こつぜん）　にわかなさま
糊塗（こと）　一時、ごまかすこと
誤謬（ごびゅう）　まちがえること
古文書（こもんじょ）　古い文書
固陋（ころう）　頑固で融通性がない
蠱惑（こわく）　心を乱しまどわす
混淆（こんこう）　入りまじること
今昔（こんじゃく）　いまとむかし
紺青（こんじょう）　鮮やかなあい色
渾身（こんしん）　からだ全体
昏睡（こんすい）　前後不覚に眠ること
痕跡（こんせき）　あとかた
渾然（こんぜん）　一つにとけあうこと
献立（こんだて）　料理の品物や順序
混沌（こんとん）　区別がつかないさま
困憊（こんぱい）　ひどく疲れること
猜疑（さいぎ）　ねたみ疑うこと
最期（さいご）　死にぎわ
采配（さいはい）　さしず。指揮
削減（さくげん）　けずって減らすこと
錯誤（さくご）　まちがい。あやまり
錯綜（さくそう）　複雑に入りまじる
索莫（さくばく）　ものさびしいさま
炸裂（さくれつ）　火薬による破裂
些細（ささい）　わずかなさま
桟敷（さじき）　高く作った見物席
挫折（ざせつ）　途中でくじけること
早急（さっきゅう）　非常に急ぐこと

◆現代用語　グローバリゼーション　経済・文化・政治など多方面での活動と影響が、国家の境界を越え、地球規模で一体

颯爽（さっそう）さわやかで勇ましい
早速（さっそく）すぐさま
雑踏（ざっとう）多くの人でこみあう
雑駁（ざっぱく）雑然として不統一
殺戮（さつりく）残酷に殺すこと
蹉跌（さてつ）つまずくこと
茶飯事（さはんじ）ありふれた事柄
茶話会（さわかい）茶を飲み話す会
散佚（さんいつ）ばらばらになくなる
慚愧（ざんき）深く恥じること
懺悔（ざんげ）罪を悔いて告白する
讒言（ざんげん）偽り人を悪くいう
暫時（ざんじ）しばらくの間
斬新（ざんしん）特別趣向が新しい
燦然（さんぜん）きらきらと輝くさま
酸鼻（さんび）むごたらしいこと
参籠（さんろう）おこもり
恣意（しい）かってな考え
思惟（しい）考えること
弛緩（しかん）ゆるむこと
爾後（じご）そののち
施行（しこう）実際に行うこと
嗜好（しこう）たしなみ好むこと
示唆（しさ）それとなく知らせる
仔細（しさい）細かなこと
孜々（しし）熱心にはげむさま
私淑（ししゅく）ひそかに師と仰ぐ
市井（しせい）人家の集まる所
自重（じちょう）自分の行動を慎む
桎梏（しっこく）手かせ足かせ。束縛（そくばく）
昵懇（じっこん）間柄が親しいこと
叱咤（しった）大声で叱（しか）ること

疾病（しっぺい）病気
自負（じふ）自分の才能を誇る
諮問（しもん）意見を求めること
赤銅（しゃくどう）銅と金・銀の合金
灼熱（しゃくねつ）焼けて熱くなる
邪険（じゃけん）不人情
藉口（しゃこう）言い訳をすること
奢侈（しゃし）ぜいたくをすること
洒脱（しゃだつ）あかぬけている
借款（しゃっかん）金銭の貸借（たいしゃく）
若干（じゃっかん）いくらか。多少
惹起（じゃっき）引き起こすこと
娑婆（しゃば）この世界。俗世間
煮沸（しゃふつ）煮たてること
驟雨（しゅうう）にわか雨。夕立（ゆうだち）
終焉（しゅうえん）命の終わる時
祝儀（しゅうぎ）祝いの儀式・金品
祝言（しゅうげん）祝辞。結婚式
蒐集（しゅうしゅう）よせ集めること
執着（しゅうちゃく）物にとらわれる
充填（じゅうてん）満たし詰めること
執念（しゅうねん）物事に執着する心
蹂躙（じゅうりん）踏みにじること
収斂（しゅうれん）集めること。縮む
夙夜（しゅくや）早朝から夜遅くまで
首肯（しゅこう）うなずくこと
首相（しゅしょう）内閣総理大臣
入水（じゅすい）身投げ
呪詛（じゅそ）のろうこと
出来（しゅったい）物事が起こること
撞木（しゅもく）鐘を鳴らす棒
須臾（しゅゆ）少しの間

腫瘍（しゅよう）異常増殖する細胞
修羅（しゅら）阿修羅。戦闘
逡巡（しゅんじゅん）ためらうこと
浚渫（しゅんせつ）水底の土砂を除く
潤沢（じゅんたく）物が豊富にある
蠢動（しゅんどう）虫がうごめくこと
純朴（じゅんぼく）素直で飾らない
駿馬（しゅんめ）足の速いすぐれた馬
承引（しょういん）承知して引き受ける
哨戒（しょうかい）敵襲を見張ること
情誼（じょうぎ）交遊のまごころ
捷径（しょうけい）近道。はやみち
上梓（じょうし）書物を出版すること
瀟洒（しょうしゃ）あかぬけている
成就（じょうじゅ）できあがること
精進（しょうじん）努力する。修行
憔悴（しょうすい）やつれること
饒舌（じょうぜつ）口数が多いこと
焦躁（しょうそう）いらだちあせる
常套（じょうとう）ありふれた仕方
成仏（じょうぶつ）死んで仏となる
招聘（しょうへい）礼を尽くして招く
嘱託（しょくたく）仕事をまかせる
所作（しょさ）ふるまい。しぐさ
所詮（しょせん）つまり。結局
熾烈（しれつ）勢いが盛んで激しい
塵埃（じんあい）ちりやほこり
塵芥（じんかい）ちりあくた
震撼（しんかん）ふるい動かすこと
呻吟（しんぎん）苦しみうめくこと
深紅（しんく）真っ赤な色
箴言（しんげん）戒めとなる短いことば

真摯（しんし）まじめでひたむき
親炙（しんしゃ）親しみ感化を受ける
斟酌（しんしゃく）人の心をくみとる
尽瘁（じんすい）力を尽くし骨折る
甚大（じんだい）はなはだしいこと
浸透（しんとう）しみとおること
辛辣（しんらつ）非常に手厳しいこと
遂行（すいこう）成しとげること
推敲（すいこう）字句を練（ね）り直すこと
垂涎（すいぜん）よだれをたらすこと
出納（すいとう）金銭の出し入れ
推輓（すいばん）人を推挙すること
趨勢（すうせい）なりゆき。傾向
杜撰（ずさん）誤りが多いこと
素性（すじょう）生まれや育ち
寸毫（すんごう）ほんのわずか
精悍（せいかん）荒々しく鋭いさま
逝去（せいきょ）死ぬことの尊敬語
贅言（ぜいげん）よけいなことば
正鵠（せいこく）的の中心。急所
凄惨（せいさん）むごたらしいこと
脆弱（ぜいじゃく）もろくて弱いこと
凄愴（せいそう）悲しくて痛ましいこと
精緻（せいち）細かく念入りなこと
掣肘（せいちゅう）干渉しておさえる
碩学（せきがく）学問の広く深い人
寂寞（せきばく）ものさびしいこと
寂寥（せきりょう）ものさびしいさま
折檻（せっかん）厳しく戒めること
席巻（せっけん）片端から侵略する
折衝（せっしょう）相手とのかけひき
雪辱（せつじょく）恥をすすぐこと

窃盗（せっとう）こっそり盗み取る
刹那（せつな）きわめて短い時間
尖鋭（せんえい）先が鋭いこと。過激
僭越（せんえつ）出過ぎたことをする
銓衡（せんこう）適任者を選び出す
穿鑿（せんさく）探し求めること
漸次（ぜんじ）次第に。だんだん
先蹤（せんしょう）先例
先鞭（せんべん）他に先んじ着手する
羨望（せんぼう）うらやむこと
闡明（せんめい）道理を明らかにする
殲滅（せんめつ）残らず滅ぼすこと
戦慄（せんりつ）恐れおののくこと
川柳（せんりゅう）滑稽な短詩
象嵌（ぞうがん）工芸品の加飾法の一つ
蒼穹（そうきゅう）青空
雑巾（ぞうきん）よごれをふく布
走狗（そうく）人に使われる者
巣窟（そうくつ）悪者のすみか
象牙（ぞうげ）象のきば
造詣（ぞうけい）学問。技芸の奥義
糟糠（そうこう）粗末な食物
相好（そうごう）顔かたち
相剋（そうこく）対立相手が争うこと
雑言（ぞうごん）種々の悪口
操作（そうさ）機械などを動かす
造作（ぞうさ）面倒なこと
相殺（そうさい）差し引きゼロにする
騒擾（そうじょう）騒いで秩序を乱す
雑炊（ぞうすい）おじや。おかゆ
雑兵（ぞうひょう）地位の低い兵
双璧（そうへき）すぐれた二つの存在

挿話（そうわ）逸話。エピソード
遡及（そきゅう）過去にさかのぼる
仄聞（そくぶん）うわさに聞くこと
齟齬（そご）食い違うこと
粗忽（そこつ）そそっかしいこと
咀嚼（そしゃく）よくかみ砕くこと
沮喪（そそう）元気がなくなること
塑像（そぞう）粘土でつくった像
措置（そち）解決のための処置
疎通（そつう）さわりなく通じる
遜色（そんしょく）劣っていること
忖度（そんたく）人の心を推し測る
退嬰（たいえい）しりごみ
大音声（だいおんじょう）大声
対峙（たいじ）相対して立つ
堆積（たいせき）つみ重ねること
対蹠（たいせき）正反対
泰斗（たいと）その道の大家
駘蕩（たいとう）のどかな様子
兌換（だかん）引き換えること
唾棄（だき）軽蔑（けいべつ）すること
拿捕（だほ）船をとらえること
端倪（たんげい）測り知ること
短冊（たんざく）和歌を書く細長い紙
耽溺（たんでき）ふけりおぼれること
堪能（たんのう）満足すること。練達
団欒（だんらん）親しい者の集まり
知己（ちき）自分のよき理解者
逐次（ちくじ）順を追って。次々
逐電（ちくでん）跡をくらまし逃げる
知悉（ちしつ）よく知ること。精通
蟄居（ちっきょ）家の中にひきこもる

緻密（ちみつ）きめの細かいこと
抽出（ちゅうしゅつ）抜き出すこと
抽籤（ちゅうせん）くじを引くこと
紐帯（ちゅうたい）ひもとおび
躊躇（ちゅうちょ）ためらうこと
厨房（ちゅうぼう）食物を調理する所
稠密（ちゅうみつ）密集していること
寵愛（ちょうあい）特別にかわいがる
弔慰（ちょうい）遺族を慰めること
鳥瞰（ちょうかん）高所から見おろす
重畳（ちょうじょう）幾重にも重なる
打擲（ちょうちゃく）人をたたくこと
重複（ちょうふく）物事が重なりあう
凋落（ちょうらく）おちぶれること
跳梁（ちょうりょう）おどりはねる
直截（ちょくせつ）ずばりということ
猪突（ちょとつ）向こう見ずに進む
佇立（ちょりつ）たたずむこと
椿事（ちんじ）思いがけぬ大事件
珍重（ちんちょう）大切にすること
沈澱（ちんでん）液体中の物質が沈む
闖入（ちんにゅう）突然入り込むこと
陳腐（ちんぷ）古くさいこと
追従（ついしょう）おべっかを使う
追悼（ついとう）死者をしのびいたむ
痛痒（つうよう）いたみとかゆみ
定款（ていかん）会社などの根本規則
涕泣（ていきゅう）涙を流して泣く
庭訓（ていきん）家庭の教訓
体裁（ていさい）外から見た様子
抵触（ていしょく）法に触れること
泥濘（でいねい）ぬかるみ

碇泊（ていはく）船がいかりをおろす
剔出（てきしゅつ）ほじくり出すこと
覿面（てきめん）効果が即座に現れる
鉄槌（てっつい）大形のかなづち
転嫁（てんか）他人のせいにする
添削（てんさく）文章を直すこと
恬淡（てんたん）あっさりして無欲
奠都（てんと）都を定めること
顛倒（てんとう）逆さまになること
天稟（てんぴん）天から授かった資質
顛末（てんまつ）一部始終
纏綿（てんめん）まつわりつくこと
韜晦（とうかい）人の目をくらます
恫喝（どうかつ）おどすこと
慟哭（どうこく）声をあげて泣くこと
洞察（どうさつ）見通すこと
踏襲（とうしゅう）受け継ぐこと
搭乗（とうじょう）乗り込むこと
頭取（とうどり）銀行などの代表者
登攀（とうはん）よじのぼること
掉尾（とうび）事の終わり
獰猛（どうもう）わる強く荒々しい
瞠目（どうもく）目を見張ること
陶冶（とうや）鍛（きた）え育成する
逗留（とうりゅう）滞在すること
棟梁（とうりょう）大工のかしら
禿頭（とくとう）はげあたま
匿名（とくめい）実名を隠すこと
髑髏（どくろ）されこうべ
途絶（とぜつ）とだえること
咄嗟（とっさ）あっという間
訥弁（とつべん）口べた

◆現代用語　ユニセフ(UNICEF)　国際連合児童基金。発展途上国の児童への食糧や医療などの援助を目的とする。天災

賭博(とばく) ばくち
吐露(とろ) 隠さずに述べること
頓挫(とんざ) 中途でくじけること
頓着(とんじゃく) 心にかけること
頓首(とんしゅ) 手紙の終わりの敬語
内訌(ないこう) うちわもめ
乃至(ないし) ～から～まで。または
捺印(なついん) 印判を押すこと
難渋(なんじゅう) すらすら運ばない
柔和(にゅうわ) やさしく穏やか
如実(にょじつ) 実際のとおり
刃傷(にんじょう) 刃物で人を切る
佞言(ねいげん) こびへつらうことば
捏造(ねつぞう) でっちあげ
年貢(ねんぐ) 土地の租税。小作料
捻出(ねんしゅつ) ひねり出すこと
徘徊(はいかい) うろつくこと
稗史(はいし) 史話。小説
媒酌(ばいしゃく) 結婚を取り持つ
胚胎(はいたい) きざすこと
背馳(はいち) そむくこと
拝眉(はいび) 会うこと。拝顔
驀進(ばくしん) まっしぐらに進む
剝奪(はくだつ) はぎとること
白眉(はくび) 最もすぐれている
暴露(ばくろ) 秘密をあばくこと
破綻(はたん) やぶれほころびる
跋扈(ばっこ) のさばりはびこる
抜粋(ばっすい) 要所を抜き出すこと
抜擢(ばってき) 引き抜いて用いる
法被(はっぴ) しるしばんてん
潑剌(はつらつ) 元気がみちあふれる

破廉恥(はれんち) 恥知らず
挽歌(ばんか) 人の死をいたむ詩歌(しいか)
晩餐(ばんさん) ごちそうの出る夕食
繁盛(はんじょう) にぎわい栄える
反芻(はんすう) 繰り返し考え味わう
範疇(はんちゅう) 分類。領域
反駁(はんばく) 論じ返すこと
頒布(はんぷ) 広く分けて配ること
伴侶(はんりょ) 仲間。配偶者
凡例(はんれい) 本の初めの例言
庇護(ひご) かばいまもること
非業(ひごう) 思いがけない災難
批准(ひじゅん) 条約を国家が確認
畢竟(ひっきょう) 結局。つまり
逼迫(ひっぱく) 事態がさしせまる
誹謗(ひぼう) 悪口を言うこと
弥縫(びほう) とりつくろうこと
飛沫(ひまつ) とび散るしぶき
罷免(ひめん) 職をやめさせること
剽悍(ひょうかん) すばやくて強い
剽軽(ひょうきん) 気軽で滑稽なこと
剽窃(ひょうせつ) 他人の作品を盗む
豹変(ひょうへん) 急に変化すること
標榜(ひょうぼう) 公然とかかげる
肥沃(ひよく) 土地が肥えている
披瀝(ひれき) すべて打ち明ける
披露(ひろう) 公に発表すること
尾籠(びろう) きたないこと
頻出(ひんしゅつ) しきりに現れる
便乗(びんじょう) たくみに利用する
紊乱(びんらん) 乱れること
吹聴(ふいちょう) 言いふらすこと

訃音(ふいん) 人の死の知らせ
夫子(ふうし) 賢者、先生の敬称
風靡(ふうび) なびき従わせること
敷衍(ふえん) おしひろげること
俯瞰(ふかん) 高い所から見おろす
馥郁(ふくいく) よい香りがただよう
福音(ふくいん) 喜ばしい知らせ
輻輳(ふくそう) 寄り集まり込み合う
浮腫(ふしゅ) むくみ
不肖(ふしょう) おろかなこと
無精(ぶしょう) 精を出さないこと
風情(ふぜい) 味わいのある感じ
敷設(ふせつ) 設備をもうけること
払拭(ふっしょく) ぬぐい去ること
仏頂面(ぶっちょうづら) 無愛想な顔
払底(ふってい) すっかりなくなる
埠頭(ふとう) 波止場。船着場
蒲団(ふとん) 寝具
不如意(ふにょい) 思うにまかせない
不憫(ふびん) かわいそうなこと
俘虜(ふりょ) とりこ
無聊(ぶりょう) たいくつ。つれづれ
雰囲気(ふんいき) ムード。気分
紛糾(ふんきゅう) もつれ乱れること
憤怒(ふんぬ) 大いに怒ること
憤懣(ふんまん) 憤り(いきどお)もだえること
睥睨(へいげい) 横目でにらむこと
閉塞(へいそく) 閉じてふさぐこと
併呑(へいどん) あわせのむこと
辟易(へきえき) 閉口すること
劈頭(へきとう) 事の始め。まっさき
霹靂(へきれき) 激しい雷。その音

瞥見(べっけん) ちらりと見ること
編纂(へんさん) 編集
鞭撻(べんたつ) 強くはげますこと
辺鄙(へんぴ) かたいなか
片鱗(へんりん) わずかな部分。一端
茅屋(ぼうおく) かやぶき。あばらや
萌芽(ほうが) めばえ。きざし
抱懐(ほうかい) 心に考えを抱く
蜂起(ほうき) 一斉に行動を起こす
彷徨(ほうこう) さまよい歩くこと
咆哮(ほうこう) ほえること
芳醇(ほうじゅん) 香り高く味がよい
幇助(ほうじょ) 手助けをすること
豊饒(ほうじょう) 豊かに実ること
呆然(ぼうぜん) あっけにとられる
法曹(ほうそう) 司法官や弁護士など
厖大(ぼうだい) 非常に大きいこと
放擲(ほうてき) うちすてること
放蕩(ほうとう) 酒や女におぼれること
澎湃(ほうはい) 水が激しく逆巻く
朋輩(ほうばい) 仲間。友だち
抱負(ほうふ) 心に抱く計画や決意
彷彿(ほうふつ) ありありと見える
泡沫(ほうまつ) あわ
放埒(ほうらつ) 気ままに振る舞う
木鐸(ぼくたく) 先達(せんだつ)。指導者
朴訥(ぼくとつ) 実直で無口なこと
発起人(ほっきにん) 最初の立案者
発作(ほっさ) 急激な病気の症状
発足(ほっそく) 活動の開始。旅立ち
発端(ほったん) 物事の始まり
布袋(ほてい) 七福神の一人

も域内の統合を目指す。2016年、イギリスがＥＵを離脱し「ブレグジット(Brexit)」と呼ばれた。

補塡（ほてん）欠損をうめ足すこと
梵鐘（ぼんしょう）寺院のつりがね
煩悩（ぼんのう）人間の心を乱すもの
枚挙（まいきょ）一つ一つ数えあげる
邁進（まいしん）力強くすすむこと
埋没（まいぼつ）うずもれかくれる
真面目（まじめ）本気であること
末期（まつご）一生の最後。臨終
抹殺（まっさつ）消し去ること
蔓延（まんえん）はびこりひろがる
未曽有（みぞう）今まで一度もない
冥利（みょうり）神仏から受ける利益
無垢（むく）汚れのないこと
無碍（むげ）何の障害もないこと
謀叛（むほん）反逆。反乱
瞑想（めいそう）目を閉じて考える
酩酊（めいてい）ひどく酒に酔うこと
明媚（めいび）清らかで美しいこと
冥福（めいふく）死後の幸福
妄執（もうしゅう）迷いによる執着
蒙昧（もうまい）物の道理に暗いこと
朦朧（もうろう）おぼろげなさま
耄碌（もうろく）おいぼれること
没義道（もぎどう）むごいこと
文盲（もんもう）読み書きができない
冶金（やきん）金属を精製すること
扼殺（やくさつ）手で首をしめて殺す
揶揄（やゆ）からかうこと
遺言（ゆいごん）死後に言い残すこと
由緒（ゆいしょ）物事の起こり。来歴
誘拐（ゆうかい）だまして誘い出す
雄渾（ゆうこん）力強くよどみない

遊説（ゆうぜい）自説を説いて回る
遊山（ゆさん）遊びに出かけること
容喙（ようかい）横から口を出すこと
夭折（ようせつ）年若くして死ぬこと
揺籃（ようらん）ゆりかご。初期
礼賛（らいさん）ほめたたえること
磊落（らいらく）快活で心が広い
烙印（らくいん）焼き印
落魄（らくはく）おちぶれること
拉致（らち）無理に連れて行く
埒外（らちがい）一定の範囲の外
喇叭（らっぱ）金管楽器の総称
辣腕（らつわん）うできき。すごうで
爛熟（らんじゅく）熟し過ぎること
濫觴（らんしょう）物事の始まり
懶惰（らんだ）おこたること
爛漫（らんまん）花の咲き乱れるさま
襤褸（らんる）ぼろぼろの衣服
俚諺（りげん）俗間のことわざ
罹災（りさい）災害にあうこと
律義（りちぎ）義理がたいこと
掠奪（りゃくだつ）力ずくで奪いとる
柳眉（りゅうび）細くて美しい眉
凌駕（りょうが）他をしのぐこと
領袖（りょうしゅう）人の上に立つ人
凌辱（りょうじょく）はずかしめる
悋気（りんき）やきもちをやくこと
吝嗇（りんしょく）極度な物惜しみ
流罪（るざい）罪人を遠方に送る刑
流転（るてん）たえず移り変わる
流布（るふ）世間に広まること
縷々（るる）こまごまと話すさま

怜悧（れいり）賢いこと。利口
玲瓏（れいろう）透き通って美しい
憐憫（れんびん）あわれむこと
漏洩（ろうえい）もれること
老獪（ろうかい）世慣れていて悪賢い
狼藉（ろうぜき）乱雑な様子。乱暴
壟断（ろうだん）利益を独占すること
籠絡（ろうらく）まるめ込むこと

陋劣（ろうれつ）いやしく劣っている
緑青（ろくしょう）銅の緑色のさび
呂律（ろれつ）ものを言う調子
論駁（ろんばく）他人の説に反論する
歪曲（わいきょく）故意にゆがめる
矮小（わいしょう）丈（たけ）が低く小さい
賄賂（わいろ）不正な贈り物

●同音の漢字による書き換え

愛慾→愛欲	機智→機知	撒布→散布	疏水→疎水
安佚→安逸	奇蹟→奇跡	刺戟→刺激	頽廃→退廃
衣裳→衣装	綺談→奇談	車輛→車両	颱風→台風
遺蹟→遺跡	兇悪→凶悪	蒐集→収集	短篇→短編
一挺→一丁	鞏固→強固	障碍→障害	煖房→暖房
陰翳→陰影	技倆→技量	焦躁→焦燥	智慧→智恵
叡智→英知	決潰→決壊	蒸溜→蒸留	沈澱→沈殿
掩護→援護	月蝕→月食	書翰→書簡	鄭重→丁重
苑地→園地	訣別→決別	抒情→叙情	碇泊→停泊
恩誼→恩義	交叉→交差	試煉→試練	顚倒→転倒
誡→戒	宏大→広大	侵蝕→侵食	曝露→暴露
廻→回	広汎→広範	侵掠→侵略	醱酵→発酵
快闊→快活	曠野→広野	滲透→浸透	抜萃→抜粋
恢復→回復	昂揚→高揚	訊問→尋問	反撥→反発
外廓→外郭	媾和→講和	制馭→制御	諷刺→風刺
潰滅→壊滅	涸渇→枯渇	尖鋭→先鋭	編輯→編集
火焔→火炎	混淆→混交	銓衡→選考	抛棄→放棄
活潑→活発	根柢→根底	煽動→扇動	防禦→防御
管絃→管弦	昏迷→混迷	尖端→先端	諒承→了承
稀少→希少	雑沓→雑踏	綜合→総合	彎曲→湾曲

【訓読みの語】

匕首（あいくち）つばのない短刀
生憎（あいにく）都合の悪いさま
灰汁（あく）灰のうわ澄み
欠伸（あくび）疲れた時に出る深呼吸
胡坐（あぐら）足を組んで座ること
渾名（あだな）ニックネーム。愛称
可惜（あたら）惜しいことに
天晴（あっぱれ）すぐれて見事なこと
袷（あわせ）裏をつけた和服
許嫁（いいなずけ）婚約者
漁火（いさりび）魚を誘うたき火
稲荷（いなり）五穀の神。きつね
刺青（いれずみ）肌へのほりもの
団扇（うちわ）風を起こす道具
自惚（うぬぼれ）自負
産土神（うぶすながみ）鎮守の神
産湯（うぶゆ）赤子を入浴させる
石女（うまずめ）子どもを産めない女
閏年（うるうどし）閏のある年
五月蝿（うるさい）やかましい
胡乱（うろん）疑しく怪しいこと
似而非（えせ）似て非なるもの
大晦日（おおみそか）一年の最後の日
大童（おおわらわ）一生懸命努力する
陸稲（おかぼ）畑に栽培される稲
白粉（おしろい）化粧用の白い粉
十八番（おはこ）最も得意な芸
思惑（おもわく）思うところ。考え
案山子（かかし）鳥獣を脅（おど）す人形
陽炎（かげろう）地面上にゆらめく気
飛白（かすり）かすった模様の織物

気質（かたぎ）職業人特有の気性
固唾（かたず）緊張した時にたまる唾（つば）
合羽（かっぱ）雨の時着るコート
首途（かどで）旅に出発すること
剃刀（かみそり）鋭利な刃物
硝子（ガラス）窓や器に用いる物
生糸（きいと）練っていない絹糸
気障（きざ）いやみなこと
煙管（きせる）タバコを吸う道具
生粋（きっすい）まじりけのないこと
肌理（きめ）表面の細かいあや
香車（きょうしゃ）将棋の駒の一つ
曲者（くせもの）油断できない者
草臥（くたびれ）疲れること。疲労
怪訝（けげん）納得がいかないさま
下戸（げこ）酒の飲めない人
琴柱（ことじ）琴の弦を張る道具
独楽（こま）玩具の一つ
紙縒（こより）和紙をよったもの
声色（こわいろ）声の調子や感じ
月代（さかやき）半月形の頭髪
雑魚寝（ざこね）多数が無秩序に寝る
流石（さすが）やはり。しかし
潮騒（しおさい）寄せ来る波の音
潮干狩（しおひがり）干潟で貝をとる
枝折（しおり）道しるべ。しるし
時化（しけ）海が荒れること
洒落（しゃれ）人を笑わせる文句
不知火（しらぬい）有明海（ありあけかい）に見る火影
頭巾（ずきん）袋状のかぶりもの
菅笠（すげがさ）スゲの葉で編んだ笠
助太刀（すけだち）加勢をすること

双六（すごろく）昔の盤遊戯の一つ
台詞（せりふ）俳優の劇中の言葉
雑木（ぞうき）用材にはならない木
十露盤（そろばん）簡単な計算器
黄昏（たそがれ）夕方の薄暗い時
三和土（たたき）土などで固めた土間
伊達（だて）侠気（おとこぎ）を見せること
店子（たなこ）家を借りている人
煙草（たばこ）煙を吸う嗜好品（しこう）の一つ
手向（たむけ）神仏に物を供える
手水（ちょうず）手や顔を洗う水
提灯（ちょうちん）照明具の一つ
接木（つぎき）木を他の木に接ぐ
氷柱（つらら）雫（しずく）が凍って垂れた氷
常磐木（ときわぎ）常緑樹
心太（ところてん）テングサで作る食品
外様（とざま）直系でなく傍系の人
都々逸（どどいつ）俗曲の一つ
問屋（とんや）卸売を業とする店
等閑（なおざり）真剣でないこと
就中（なかんずく）とりわけ。なかでも
長刀（なぎなた）長い柄をつけた刀
長押（なげし）柱と柱をつなぐ横材
馴染（なじみ）親しい仲の人
納屋（なや）物置用の小屋
苗代（なわしろ）稲の苗を育てる所
納戸（なんど）屋内の物置部屋
熨斗（のし）進物につける飾り物
長閑（のどか）穏やかなさま
海苔（のり）食用の海草の総称
暖簾（のれん）店先にたらした布
暢気（のんき）気楽なさま

旅籠（はたご）宿屋。旅館
法度（はっと）禁止されている事柄
羽二重（はぶたえ）絹織物の一つ
贔屓（ひいき）特に目をかけること
麦酒（ビール）アルコール飲料の一つ
僻目（ひがめ）見まちがい。偏見
抽斗（ひきだし）抜き差しできる箱
只管（ひたすら）いちず。ひとすじに
一入（ひとしお）いちだん。いっそう
天鵞絨（びろうど）パイル織物の一つ
黒子（ほくろ）皮膚にある黒い斑（まだら）
反古（ほご）不要なもの
燐寸（マッチ）摩擦による発火具
莫大小（メリヤス）伸縮性の強い布
木理（もくめ）木の切り口の模様
結納（ゆいのう）婚約のしるしの金品
所以（ゆえん）いわれ。理由

▼追儺・鬼（『政事要略』）

▲追儺・方相氏（『政事要略』）

声がある一方、多くの難民が流入するＥＵなどでは受け入れを巡って意見の対立が生じている。

【古典・宗教関係の語】

- 総角（あげまき）　髪の結い方の一つ
- 阿闍梨（あじゃり）弟子を教える高僧
- 網代（あじろ）　魚をとる仕掛け
- 校倉（あぜくら）古代の高床の倉庫
- 朝臣（あそん）　八色の姓の第二位
- 行脚（あんぎゃ）　仏道修行の諸国遍歴
- 行宮（あんぐう）天子の仮の御殿
- 十六夜（いざよい）陰暦十六日の夜
- 衣鉢（いはつ）　師から伝える奥義
- 郎女（いらつめ）若い女性の愛称
- 因縁（いんねん）由来。原因
- 有卦（うけ）　吉事が続く年まわり
- 永劫（えいごう）長い年月。永久
- 回向（えこう）　死者の霊を弔うこと
- 蝦夷（えぞ）　北海道の旧称
- 干支（えと）　十干と十二支
- 穢土（えど）　けがれた現世
- 烏帽子（えぼし）元服した男子の冠
- 縁起（えんぎ）　起源。社寺の由来
- 厭世（えんせい）世の中をきらうこと
- 往生（おうじょう）死ぬこと
- 和尚（おしょう）僧侶。坊主
- 怨霊（おんりょう）恨（うら）みを抱く亡霊
- 神楽（かぐら）　神事に奏する音楽
- 帷子（かたびら）夏に着る麻のひとえ
- 渇仰（かつごう）厚く信仰すること
- 楽府（がふ）　漢詩の古体の一つ
- 唐衣（からごろも）中国風の衣服
- 勧進（かんじん）勧めること
- 上達部（かんだちめ）公卿（くぎょう）の称
- 帰依（きえ）　神仏を信頼すること

- 牛車（ぎっしゃ）牛に引かせる屋形車
- 後朝（きぬぎぬ）男女が共寝した翌朝
- 公家（くげ）　朝廷。公卿
- 苦患（くげん）　苦しみ。苦悩
- 口伝（くでん）　口頭で教えること
- 功徳（くどく）　善い行為
- 国造（くにのみやつこ）上代の地方官
- 供奉（ぐぶ）　行幸に随行すること
- 公方（くぼう）　おおやけ。幕府
- 供養（くよう）　死者に供物（くもつ）を捧げる
- 庫裡（くり）　寺院付属の調理場
- 境内（けいだい）寺・社の敷地の内
- 戯作（げさく）　江戸後期の通俗小説
- 下衆（げす）　身分の卑しい者
- 懸想（けそう）　思いをかけること
- 解脱（げだつ）　苦から脱すること
- 結縁（けちえん）仏道に入る機縁
- 外道（げどう）　仏教以外の教え
- 検非違使（けびいし）中古の京中の警察
- 虚空（こくう）　大空
- 後生（ごしょう）後の世。来世
- 東風（こち）　東から吹いてくる風
- 近衛府（このえふ）六衛府の一つ
- 虚無僧（こむそう）普化宗の僧
- 御利益（ごりやく）神仏による福利
- 勤行（ごんぎょう）仏前で読経（どきょう）すること
- 権化（ごんげ）　神仏の権現
- 建立（こんりゅう）寺院などを建てる
- 催馬楽（さいばら）日本の古代楽曲
- 防人（さきもり）九州北部を守る兵士
- 指貫（さしぬき）はかまの一種
- 座主（ざす）　僧職の首座

- 散華（さんげ）　花をまき散らす法要
- 参内（さんだい）宮中に参上すること
- 三昧（ざんまい）一つの事に集中する
- 東雲（しののめ）明け方。暁
- 除目（じもく）　官職に任命する儀式
- 十二単（じゅうにひとえ）女官の正装
- 修験道（しゅげんどう）仏教の一派
- 衆生（しゅじょう）一切の生物
- 装束（しょうぞく）身じたくすること
- 定命（じょうみょう）定められた寿命
- 上臈（じょうろう）身分の高い人。高僧
- 神道（しんとう）日本固有の信仰
- 透垣（すいがい）間をすかせた垣
- 垂迹（すいじゃく）仏が神になること
- 受領（ずりょう）諸国の長官。国司
- 旋頭歌（せどうか）和歌形式の一つ
- 遷化（せんげ）　高僧が死ぬこと
- 先達（せんだつ）先輩。案内者
- 宣命（せんみょう）勅を伝える文書
- 僧都（そうず）　僧正の次位の僧官
- 相聞（そうもん）万葉集の部立（ぶだて）の一つ
- 卒塔婆（そとば）墓に立てる細長い板
- 松明（たいまつ）照明に用いたもの
- 内裏（だいり）　天皇が常に住む御殿
- 大宰府（だざいふ）筑前に置いた官庁
- 荼毘（だび）　火葬
- 重陽（ちょうよう）陰暦九月九日の節句
- 築地（ついじ）　泥土で固めた垣
- 追儺（ついな）　悪鬼を追い払う儀式
- 局（つぼね）　曹司。へや
- 殿上人（てんじょうびと）昇殿できる人
- 春宮（とうぐう）皇太子の住む宮殿

- 刀自（とじ）　一家の主婦
- 舎人（とねり）　天皇に近侍（きんじ）する者
- 典侍（ないしのすけ）内侍司の次官
- 仁王（におう）　仏教の守護神
- 女御（にょうご）中宮につぐ女官
- 女房（にょうぼう）一房を賜る女官
- 涅槃（ねはん）　釈迦の死
- 直衣（のうし）　貴人の用いた通常服
- 野分（のわき）　秋に吹く暴風
- 半蔀（はじとみ）戸の一種
- 埴生（はにゅう）埴（粘土）のある土地
- 埴輪（はにわ）　埴の素焼き製の遺物
- 般若（はんにゃ）真実の相を悟る知恵
- 氷雨（ひさめ）　ひょう。あられ
- 直垂（ひたたれ）武家の礼服
- 屏風（びょうぶ）室内に立てる家具
- 奉行（ぶぎょう）行事の担当者
- 布施（ふせ）　僧に施（ほどこ）す金銭物品
- 判官（ほうがん）検非違使尉をいう
- 勾玉（まがたま）古代日本の飾り玉
- 水脈（みお）　船が通れる所
- 澪標（みおつくし）水先案内の杭（くい）
- 神酒（みき）　神に供える酒
- 巫女（みこ）　神に仕える未婚の女
- 御簾（みす）　すだれの敬称
- 御息所（みやすどころ）天皇（親王）の妃（きさき）
- 命婦（みょうぶ）中古の女官の称
- 望月（もちづき）陰暦十五夜の満月
- 夜叉（やしゃ）　暴悪な鬼神
- 山賤（やまがつ）きこり
- 有職（ゆうそく）物知り。学者
- 輪廻（りんね）　生死を重ねること

現代用語　難民　戦争や政治・宗教的な迫害で、国を離れざるをえない人々。劣悪な環境にある難民を救うべきという

四字熟語の読みと意味

愛別離苦（あいべつりく）八苦の一つ。親・兄弟・妻子など、愛し合う者が、生別、死別する苦しみ。

曖昧模糊（あいまいもこ）はっきりせず、あやふやなこと。雲の中にいるような状態。

青息吐息（あおいきといき）苦しさや心配のあまり吐くため息。

悪事千里（あくじせんり）悪い事は、いっぺんに世間に知れるということ。

悪戦苦闘（あくせんくとう）強い敵に対する苦しい戦い。困難にうち勝とうとがんばること。

阿鼻叫喚（あびきょうかん）地獄の苦しみに泣き叫ぶこと。阿鼻は無間地獄、叫喚は焦熱地獄のこと。

阿諛追従（あゆついしょう）人におもねりこびて、従うこと。

安心立命（あんしんりつめい）天命を悟って、心安らかなこと。

暗中模索（あんちゅうもさく）暗い所で手さぐりするように、手がかりのないことを探し求めること。

安寧秩序（あんねいちつじょ）世の中が平和でおだやかに治まり、安全と秩序が保たれていること。

唯々諾々（いいだくだく）事の善悪を考えずにはいはいと承諾する。

意気軒昂（いきけんこう）意気ごみ盛んで、元気いっぱいの様子。

意気消沈（いきしょうちん）気持ちが沈んで元気のない様子。

意気衝天（いきしょうてん）意気ごみが天をつくほど盛んな様子。

意気沮喪（いきそそう）元気がくじける様子。

意気投合（いきとうごう）互いに気持ちが合うこと。

意気揚々（いきようよう）得意になってほこらしい様子。

異口同音（いくどうおん）大勢の人が、口をそろえて同じことを言うこと。人々の意見が一致する。

以心伝心（いしんでんしん）ことばでなく心から心へ伝えること。

一意専心（いちいせんしん）一つのことに心を集中し、努力する。

一衣帯水（いちいたいすい）一筋の帯のように狭い川。転じて、二つの物の間が非常に近いこと。

一言居士（いちげんこじ）何事についても自分の意見をひとことといわなければ気のすまない人。

一期一会（いちごいちえ）一生に一度会う。また一度限りのこと。

一言半句（いちごんはんく）「いちげんはんく」とも。ほんのわずかなことば。

一日千秋（いちじつせんしゅう）一日会わないと千年も待つほどに待ちわびる思いが強いこと。

一汁一菜（いちじゅういっさい）副食が一杯の汁と一種類のおかずであること。簡素な食事のこと。

一念発起（いちねんほっき）心を改めて信仰の道に入ることを思い立つこと。事の遂行を決心する。

一部始終（いちぶしじゅう）一つの事の始めから終わりまで。

一望千里（いちぼうせんり）一目で眺めて千里も見わたせる広々とした見晴らしのよいさま。

一網打尽（いちもうだじん）一度うった網で魚を全部とり尽くすこと。悪人を一度に全部捕らえること。

一目瞭然（いちもくりょうぜん）一目見て明らかにわかること。

一陽来復（いちようらいふく）陰が尽き陽となる冬至のことから、苦難ののちに幸運・良事がくること。

一蓮托生（いちれんたくしょう）託生とも。死後、極楽で同じ蓮の花の上に転生することから、同志が運命・行動をともにすること。

一攫千金（いっかくせんきん）ちょっとしたことで一度に大金を入手すること。

一家団欒（いっかだんらん）一家族が集まってもつ楽しい会合。

一喜一憂（いっきいちゆう）喜んだり不安になったりすること。

一気呵成（いっきかせい）一息に文章を書きあげたり仕事を完成すること。

一騎当千（いっきとうせん）一人で千人に向かう力をもっていること。

一挙一動（いっきょいちどう）ひとつひとつの動作。

一挙両得（いっきょりょうとく）一つの事で二つの利益を得ること。

一刻千金（いっこくせんきん）春宵のいっときが千金にも値すること。すばらしいとき、季節。

一視同仁（いっしどうじん）すべてのものを同様に愛すること。

一瀉千里（いっしゃせんり）一度流れ出すと一気に千里も走ること。仕事が一気に早く進むこと。

一宿一飯（いっしゅくいっぱん）一晩泊まったり一度食事をしたりする厚意に恵まれること。

一触即発（いっしょくそくはつ）ちょっと触れるとすぐ爆発するような危険な状態。

一所懸命（いっしょけんめい）一つの領地をたよりに生活すること。仕事に熱心に従うこと。

一進一退（いっしんいったい）進ん

だり退いたりすること。よくなったり悪くなったりすること。

一心同体（いっしんどうたい）複数の人が心を一つにすること。

一心不乱（いっしんふらん）一つの事に心を集中して、気を散らさないこと。

一世一代（いっせいいちだい）「いっせい」とも。一生を強めた語。俳優や音楽家が引退の時にこれを最後と立派に演じること。

一石二鳥（いっせきにちょう）一つの石で二羽の鳥を落とすこと。一つのことで二つの利を得ること。

一知半解（いっちはんかい）なまかじり。よく知らないこと。

一朝一夕（いっちょういっせき）短い時日、期間のこと。

一長一短（いっちょういったん）よい所もあり、欠点もあること。

一刀両断（いっとうりょうだん）一太刀で物をまっぷたつに切ること。思い切ってしまつすること。

一得一失（いっとくいっしつ）一つの利益があれば他方損もある。

意馬心猿（いばしんえん）馬や猿が騒ぐのが抑えがたいように、欲情で心が迷うのを抑えがたいこと。

威風堂々（いふうどうどう）威厳（いげん）があって盛んな様子。

韋編三絶（いへんさんぜつ）書物を綴じたひもが三度も切れるほど、熱心に読書すること。繰り返し熟読（じゅくどく）すること。

意味深長（いみしんちょう）文章や人の言動などの意味が深く微妙（びみょう）で、さまざまに解釈できること。

因果応報（いんがおうほう）人間の思考行動の善悪に応じて、それ相応の報いがあること。

因循姑息（いんじゅんこそく）古いならわしや考えにこだわり、一時のがれの方法をさがすさま。

隠忍自重（いんにんじちょう）じっとがまんして、軽はずみな行動をしないこと。

有為転変（ういてんぺん）世の中は常に移り変わり、とどまることがないこと。

右往左往（うおうさおう）混乱してあちこち動きまわること。

右顧左眄（うこさべん）右を見たり左を見たりしてためらうこと。

有象無象（うぞうむぞう）有形無形のすべてのもの。多くのつまらぬ人や物のこと。

海千山千（うみせんやません）経験を積んで物事の裏表を知り尽くしている人。

紆余曲折（うよきょくせつ）曲がりくねり入りくんだ複雑な道、事情。

雲散霧消（うんさんむしょう）雲や霧が消えてなくなるようにあとかたもないこと。

栄枯盛衰（えいこせいすい）栄えたり衰えたりすること。

英明闊達（えいめいかったつ）すぐれて賢く物事に通じていること。

栄耀栄華（えいようえいが）大いに栄え、はでぜいたくなこと。

会者定離（えしゃじょうり）会う者は必ず別れる運命にあること。

円転滑脱（えんてんかつだつ）角だたず滑（なめ）らかで、自由自在なこと。

遠交近攻（えんこうきんこう）遠い国と仲よくし近い国を攻撃するというやり方。

厭離穢土（えんりえど）この世をけがれたものとして、きらい離れること。

横行闊歩（おうこうかっぽ）人もなげに気ままに大手をふって歩く。

往事茫々（おうじぼうぼう）「渺茫（びょうぼう）」とも。昔のことはみなぼんやりして夢のようだということ。

温厚篤実（おんこうとくじつ）穏やかでまじめ、情が厚いこと。

温故知新（おんこちしん）古いことを研究し新しい知識を開くこと。

鎧袖一触（がいしゅういっしょく）よろいの袖（そで）をわずかに触れるだけで敵を倒す。わけなくうち負かす意。

外柔内剛（がいじゅうないごう）外見は弱々しく見えながら、内面はしっかりしていること。

快刀乱麻（かいとうらんま）もつれた麻糸をよく切れる刀で断ち切るように、複雑な物事を明快に処理すること。

偕老同穴（かいろうどうけつ）夫婦がともに老いを迎え、死後も同じ墓に葬（ほうむ）られること。そのように固く契（ちぎ）った夫婦のたとえ。

格物致知（かくぶつちち）事物の本質を深く理解し、知識を究める。

臥薪嘗胆（がしんしょうたん）薪（たきぎ）の上に寝たりにがい胆（きも）をなめたりするような苦心ののち、仇（あだ）をうつ。目的達成のために苦労をする意。

佳人薄命（かじんはくめい）美人には早く死ぬ人、不幸な人が多い。

花鳥風月（かちょうふうげつ）風流の心をひき起こす趣（おもむき）のある自然の事物。

隔靴掻痒（かっかそうよう）靴をはいたままで足のかゆい所をかくこと。物事の不徹底なもどかしさ。

合従連衡（がっしょうれんこう）国が南北に合流し、東西に連合すること。強敵に対抗するためにとった戦略、方策。

我田引水（がでんいんすい）自分の田に水を引くように、自分の都合のよいようにはからうこと。

画竜点睛（がりょうてんせい）竜の絵に最後にひとみを入れること。最後の大事な仕上げ。

◆**現代用語**　クラウド(・コンピューティング)　ネットワーク上のサーバーを使ってデータの運用を行うシステム。ネッ

苛斂誅求(かれんちゅうきゅう)税金などをきびしく責めたてて取ること。

夏炉冬扇(かろとうせん)季節はずれで、役に立たないもの。

感慨無量(かんがいむりょう)胸いっぱいにはかり知れないほど深い思いを感じること。

侃々諤々(かんかんがくがく)正しいことを遠慮せずに主張し論ずる。

汗牛充棟(かんぎゅうじゅうとう)引けば牛が汗をかき、積めば棟木(むなぎ)に届くほどの、多くの蔵書があること。

換骨奪胎(かんこつだったい)古人の詩文の表現や着想を少し変えて自分の作品として作り直すこと。

冠婚葬祭(かんこんそうさい)元服・婚礼・葬式・先祖祭りの四大儀式。

勧善懲悪(かんぜんちょうあく)善行を勧(すす)め、悪人をこらしめること。

完全無欠(かんぜんむけつ)不足するところがなく十分に整っている意。

艱難辛苦(かんなんしんく)苦しく難儀で辛(つら)いこと。

頑迷固陋(がんめいころう)頑固で見方が狭く道理にうといこと。

閑話休題(かんわきゅうだい)むだ話はやめて、さて、といった意。

気宇壮大(きうそうだい)心意気、度量、構想などが並はずれて大きいさま。

気炎万丈(きえんばんじょう)盛んな意気を大いにあげること。

機会均等(きかいきんとう)わけへだてなく活動の機会を与える意。

危機一髪(ききいっぱつ)きわめてあぶなくさし迫った状態。

危急存亡(ききゅうそんぼう)生きるか亡ぶか危ない瀬戸際(せとぎわ)。

規矩準縄(きくじゅんじょう)正しい筋道を示す規則、手本。

奇策縦横(きさくじゅうおう)奇抜(きばつ)な計り事を自由自在に用いる意。

起死回生(きしかいせい)死にかかったものを生き返らせること。

旗幟鮮明(きしせんめい)旗じるしをはっきりと示す。自分の立場・態度を明示すること。

起承転結(きしょうてんけつ)漢詩の構成を、書き起こし、承(う)けて展開し、転じて変化をもたせ、全体をまとめて結ぶ四段で行うこと。

喜色満面(きしょくまんめん)喜びの表情を顔いっぱい表すこと。

疑心暗鬼(ぎしんあんき)疑う心があると存在しない鬼まで見える。何でもないことが恐ろしくなること。

奇想天外(きそうてんがい)思いもよらぬ奇抜なこと。

気息奄々(きそくえんえん)呼吸が苦しく死にそうな様子。

喜怒哀楽(きどあいらく)喜びや怒(いか)りや哀(かな)しみ、楽しみなどの情。

牛飲馬食(ぎゅういんばしょく)牛や馬のように、飲んだり食べたりする物の量の多いこと。

旧態依然(きゅうたいいぜん)もとの状態をそのまま保っている意。

急転直下(きゅうてんちょっか)事態が一気に変わって解決する意。

行住坐臥(ぎょうじゅうざが)日常の起居動作(ききょどうさ)。いつも、ふだん。

驚天動地(きょうてんどうち)世の中がひっくり返るほどの意。

興味津々(きょうみしんしん)興味がますます深くなること。

狂瀾怒濤(きょうらんどとう)怒り狂った波。ひどく乱れた情勢。

虚々実々(きょきょじつじつ)はかりごとやわざを巧みに使って戦うさま。

曲学阿世(きょくがくあせい)学問上の道を曲げて、世間の人にこびへつらうこと。

旭日昇天(きょくじつしょうてん)朝日のごとく勢いのよいこと。

玉石混淆(ぎょくせきこんこう)よいもの悪いものが混じること。

虚心坦懐(きょしんたんかい)すなおでわだかまりのない心境。

毀誉褒貶(きよほうへん)そしったりほめたりすること。

金科玉条(きんかぎょくじょう)価値ある大切な規則、きまり。

欣喜雀躍(きんきじゃくやく)喜び、雀のように小躍りすること。

緊褌一番(きんこんいちばん)褌(ふんどし)をきつく締め、固い決意で事に当たること。

金枝玉葉(きんしぎょくよう)天子の一族。皇族の比喩的美称。

禽獣夷狄(きんじゅういてき)鳥獣、野蛮人のごとく道理を知らぬものの意。

金城鉄壁(きんじょうてっぺき)きわめて守りの固い城とその様子。

金城湯池(きんじょうとうち)金で造った城に熱湯のたぎった池。守りの堅固な城と堀。

空前絶後(くうぜんぜつご)これまでにも例がなく、これからもないと思われるほどの珍しいこと。

空理空論(くうりくうろん)実際の役に立たない絵空事(えそらごと)の理論。

苦心惨憺(くしんさんたん)ひどく心を苦しめ痛めて悩むこと。

君子豹変(くんしひょうへん)君子は誤りをすぐに改める意。転じて、変わり身の早い意にも用いる。

群雄割拠(ぐんゆうかっきょ)多くの英雄が各地に拠り所をもって、競いあっていること。

軽挙妄動(けいきょもうどう)軽はずみで、むやみな行動をする意。

者の死後70年間保護される。近年、インターネット上に違法に配信された海賊版が問題視されている。

経世済民（けいせいさいみん）世の中を治め、民衆を救うという意。

軽佻浮薄（けいちょうふはく）軽はずみで、薄っぺらなこと。

鶏鳴狗盗（けいめいくとう）鶏の鳴きまねで人をだます、犬のように盗みをするといった小利口者。

月下氷人（げっかひょうじん）男女の縁を取りもつ人、仲人。

牽強付会（けんきょうふかい）自分の都合に合わせてこじつける意。

乾坤一擲（けんこんいってき）運命をかけ、のるかそるか冒険する意。

捲土重来（けんどちょうらい）「じゅうらい」とも。一度失敗をしたものが勢力を盛り返してくること。

堅忍不抜（けんにんふばつ）がまん強く耐え忍んで、動揺しない意。

権謀術数（けんぼうじゅっすう）人をだます謀りごとをめぐらす意。

行雲流水（こううんりゅうすい）雲や水が流れるように、自然になりゆきにまかせること。

厚顔無恥（こうがんむち）あつかましく、恥知らずなこと。

綱紀粛正（こうきしゅくせい）物事の基本・規律を正すこと。

剛毅木訥（ごうきぼくとつ）意志が強く不屈で、飾り気がないこと。

巧言令色（こうげんれいしょく）ことばを飾り顔色をつくろうこと。

荒唐無稽（こうとうむけい）言うことがとりとめなく根拠がない意。

好評嘖々（こうひょうさくさく）評判がよく口々にほめそやすこと。

公平無私（こうへいむし）かたよらず私心をはさまないこと。

豪放磊落（ごうほうらいらく）気が大きく、こまかいことにこだわらないこと。

公明正大（こうめいせいだい）隠す所なく正しく堂々としている意。

甲論乙駁（こうろんおつばく）甲は主張し、乙は反論して、議論がまとまらないこと。

高論卓説（こうろんたくせつ）きわめてすぐれた議論や論説。

呉越同舟（ごえつどうしゅう）敵同士が一つ所に居合わせること。

狐疑逡巡（こぎしゅんじゅん）あることに際して疑いためらうこと。

孤軍奮闘（こぐんふんとう）ただ一人で一生懸命がんばること。

古今無双（ここんむそう）昔から今まで並ぶもののないこと。

虎視眈々（こしたんたん）鋭い目で機会をねらっていること。

孤城落日（こじょうらくじつ）ぽつんとある城と落日。勢いが衰えて心細い様子。

古色蒼然（こしょくそうぜん）いかにも古びている様子。

故事来歴（こじらいれき）昔から伝わっている話やいわれ。

五臓六腑（ごぞうろっぷ）肺・心・脾・肝・腎の五つの内臓と大腸・小腸・胃・胆・膀胱・三焦の六腑のこと。腹の中のすべて。心のうち。

五風十雨（ごふうじゅうう）五日目ごとに風が吹き、十日目ごとに雨が降ること。農作に好都合な気候。

鼓腹撃壌（こふくげきじょう）天下泰平で、人民が安らかに暮らす意。

鼓舞激励（こぶげきれい）鼓をうち舞いを舞ってはげますこと。

孤立無援（こりつむえん）一人取り残されて助けのないさま。

五里霧中（ごりむちゅう）濃い霧の中で方角がわからないこと。

欣求浄土（ごんぐじょうど）死後、極楽に行くことを願い求めること。

金剛不壊（こんごうふえ）非常に堅固でこわれないこと。

言語道断（ごんごどうだん）ことばで言い表せない。もってのほか。

斎戒沐浴（さいかいもくよく）飲食・言行を慎み身を清めること。

才気煥発（さいきかんぱつ）才知が、活発にひらめくこと。

才子多病（さいしたびょう）才能のある人は、とかく病気がちの意。

才色兼備（さいしょくけんび）才能も容貌も兼ね備えた女性。

三寒四温（さんかんしおん）冬とその前後に、三日寒さが続いた後、四日温暖な日が続く気候。

三々五々（さんさんごご）小人数の人間がばらばらに行くさま。

山紫水明（さんしすいめい）山が紫に見え、水の流れが澄んでいる自然の美しいさま。

三拝九拝（さんぱいきゅうはい）何度も拝むこと。心から頼む意。

三面六臂（さんめんろっぴ）仏像で顔が三つ、腕が六つあるもの。転じて一人で何人分も働くこと。

自画自賛（じがじさん）自分でかいた絵を自分でほめること。てまえみその意。

自家撞着（じかどうちゃく）同一人の言動に、前後食い違いのある意。

時期尚早（じきしょうそう）まだそのときでないこと。

色即是空（しきそくぜくう）万物は形はさまざまだが、本質は空である。つまり、形は仮のもので、不変のものではないという意。

自給自足（じきゅうじそく）自分で自分の必要な物資を獲得し、まかなうこと。

自業自得（じごうじとく）自分でした悪事の報いを自分で受ける意。

獅子奮迅（ししふんじん）ししが怒り狂うように激しく闘うさま。

自縄自縛（じじょうじばく）自分のなわで自分をしばる。自分の言動に自分が束縛されて動けないこと。

◆現代用語　著作権　音楽・美術・文芸などの著作物を、その著作者が独占的に利用できるようにした権利。一般に著作

志操堅固（しそうけんご） 強い意志をもって、志と節操を守り、何物にも動かされないこと。

時代錯誤（じだいさくご） その時代に合わない考えで対応すること。

七転八倒（しちてんばっとう） 苦しみのため繰り返し転んだり倒れたり、のたうちまわること。

質実剛健（しつじつごうけん） 飾り気なくまじめで、強いこと。

実践躬行（じっせんきゅうこう） 自分で実際にふみ行うこと。

疾風迅雷（しっぷうじんらい） 早い風と激しい雷。転じて、すばやく激しい意。

四分五裂（しぶんごれつ） ちりぢりばらばらになること。

自暴自棄（じぼうじき） 自分をそまつにし、やけくそになること。

揣摩臆測（しまおくそく） 事情を推しはかること。あて推量。

四面楚歌（しめんそか） 四方すべて敵に囲まれること。

自問自答（じもんじとう） 自分で問い自分で答えを出すこと。

弱肉強食（じゃくにくきょうしょく） 弱い者が強い者のえじきになること。弱者の犠牲で強者が栄える意。

寂滅為楽（じゃくめついらく） 欲望の境地をはなれて、それを真の安楽とすること。

縦横無尽（じゅうおうむじん） 思うままに自在にやること。

周章狼狽（しゅうしょうろうばい） うろたえ、まごつくこと。

秋霜烈日（しゅうそうれつじつ） 秋の霜と夏の日。転じて刑罰や節操にきびしいこと。

十人十色（じゅうにんといろ） 人によって、それぞれ考え方や好みが違うこと。

主客転倒（しゅかくてんとう） 主人と客の立場が逆になること。重要視すべきことを取り違えること。

熟読玩味（じゅくどくがんみ） 意味を深く読みとって味わうこと。

熟慮断行（じゅくりょだんこう） よく考えて決断し、実行すること。

取捨選択（しゅしゃせんたく） よいのを取り悪いのを選び捨てる意。

守株刻舟（しゅしゅこくしゅう） 切り株に兎が当たるのを待ったり、舟に印をつけて落ちた剣を探すように、古いやり方やしきたりにこだわり、進歩のないこと。

酒池肉林（しゅちにくりん） 酒の池、肉の林をしつらえた故事のように、ぜいたくをきわめた酒宴のこと。

首尾一貫（しゅびいっかん） 始めと終わりが一貫していること。

春風駘蕩（しゅんぷうたいとう） 春の風がのどかに吹いておだやかなさま。転じて、人柄が温厚でおだやかなことにたとえられる。

順風満帆（じゅんぷうまんぱん） 舟が追い風を帆にいっぱい受けて航海すること。順調に事が進む意。

盛者必衰（じょうしゃひっすい） 栄えたものは、必ず衰え亡ぶということ。世は無常という意。

生者必滅（しょうじゃひつめつ） 生命のある者は必ず死ぬという意。

常住座臥（じょうじゅうざが） 平常、座るにも寝るにも。いつも。

少壮気鋭（しょうそうきえい） 年が若く、元気で意気盛んなこと。

枝葉末節（しようまっせつ） 物事の大切でない事柄。

諸行無常（しょぎょうむじょう） 世のすべての物は常に変転するの意。

支離滅裂（しりめつれつ） ちりぢりばらばら。めちゃくちゃの意。

神出鬼没（しんしゅつきぼつ） 鬼神のように、自由自在に現れたり隠れたりすること。

信賞必罰（しんしょうひつばつ） 功績のある者は必ず賞を与え、罪ある者は、必ず罰すること。

針小棒大（しんしょうぼうだい） 針ほどの小さいことを、棒ほどに大きく言う。大げさに言うこと。

深謀遠慮（しんぼうえんりょ） 深い考えに立ってはかりごとを立て、広く考えをめぐらすこと。

人面獣心（じんめんじゅうしん） 顔は人でありながら、獣の心をしていること。冷酷非情の人間。

森羅万象（しんらばんしょう） 世の形あるすべての物の意。

酔生夢死（すいせいむし） 生きがいある事をせず、うかうか一生を送る。

晴耕雨読（せいこううどく） 晴れた日は田畑を耕し、雨の日は読書に励む。悠々と心のままの生活。

生殺与奪（せいさつよだつ） 生かすも殺すも思いのままにすることができること。

青天白日（せいてんはくじつ） 青空に輝く太陽。無実で潔白の意。

精励恪勤（せいれいかっきん） 職務に一心にはげむこと。

清廉潔白（せいれんけっぱく） 心清く正しくうしろ暗いところがない意。

是々非々（ぜぜひひ） よいことはよいとし、悪いことは悪いとする意。

切磋琢磨（せっさたくま） 互いに励まし合って努力すること。

切歯扼腕（せっしやくわん） 歯がみし、腕を握ってくやしがること。

絶体絶命（ぜったいぜつめい） 追いつめられた困難な立場、場合。

浅学非才（せんがくひさい） 学識も才能も乏しいという謙遜の語。

千客万来（せんきゃくばんらい） 多くの客が次々にやってくる意。

増大傾向にある。従来の法律では取り締まれないものも多く、法整備が急がれている。

千軍万馬（せんぐんばんば）戦場の経験を数多く積んでいること。
千載一遇（せんざいいちぐう）千年に一度会うようなまれな機会。
千差万別（せんさばんべつ）きわめて多くの差異・区別があること。
千紫万紅（せんしばんこう）種々さまざまの色どり。その色の花。
千辛万苦（せんしんばんく）さまざまな苦労、辛苦（しんく）をすること。
戦々恐々（せんせんきょうきょう）恐れおののくこと。びくびく。
前代未聞（ぜんだいみもん）これまで聞いたことのないまれなこと。
前途遼遠（ぜんとりょうえん）行く先がはるかに遠いこと。
千篇一律（せんぺんいちりつ）多くの詩編が同じ調子で作られていることから、みんな同じようで、変わりばえがしないこと。
千変万化（せんぺんばんか）さまざまに変化すること。
先憂後楽（せんゆうこうらく）徳のある人は、世人に先立って世を憂（うれ）え、世人に遅れて楽しむこと。
創意工夫（そういくふう）物事を新しく考え出したり、あれこれ考えをめぐらしたりすること。
相即不離（そうそくふり）深く密接に関係していて切り離せないこと。
率先躬行（そっせんきゅうこう）人より先に立って自ら実行すること。

率先垂範（そっせんすいはん）人の先頭に立って模範を示すこと。
大器晩成（たいきばんせい）大人物は、若いときは目立たず、だんだんに実力を養い、後に大成する意。
大義名分（たいぎめいぶん）人として守るべき道義と本分。
大言壮語（たいげんそうご）ぶんに過ぎたことをいばって言うこと。
大山鳴動（たいざんめいどう）「泰山」とも。大きな山が大きな音を立てて揺れ動くこと。大げさなさま。
泰然自若（たいぜんじじゃく）ゆったりと落ち着いた様子。
大胆不敵（だいたんふてき）きもが大きく事にのぞんで恐れない意。
大同小異（だいどうしょうい）だいたいは同じで、少し違っていること。
大同団結（だいどうだんけつ）たくさんの人や団体が、少しの違いは無視して一つにまとまること。
多岐亡羊（たきぼうよう）分かれ道が多く羊を見失うこと。事が多くて真実をつかみにくいこと。
多士済々（たしせいせい）すぐれた人材がたくさん揃っていること。
暖衣飽食（だんいほうしょく）暖かい着物を着、腹いっぱいに食べること。満ち足りた暮らし。
胆大心小（たんだいしんしょう）大胆でありながら、細やかな心配りもできること。
単刀直入（たんとうちょくにゅう）単身敵中に切り込むこと。前おきなしにずばり本論に入ること。
談論風発（だんろんふうはつ）談話や議論が活発におこなわれる意。
遅疑逡巡（ちぎしゅんじゅん）疑い迷い、ためらうこと。
知行合一（ちこうごういつ）知識と行動は合致していなければならず互いに不可分の存在であること。
魑魅魍魎（ちみもうりょう）山野にいるいろいろな妖怪変化や化け物のこと。
彫心鏤骨（ちょうしんるこつ）心に刻み骨にちりばめることから、苦心、努力して作品をつくること。
丁々発止（ちょうちょうはっし）激しく音を立てて打ち合うことから、激しく議論をたたかわすこと。
朝令暮改（ちょうれいぼかい）朝出した命令・法律を、夕方には改めたり変えたりすること。
直情径行（ちょくじょうけいこう）ひたむきに行動し気がねしない意。
猪突猛進（ちょとつもうしん）いのししのようにまっしぐらに前進すること。むこうみずにする意。
治乱興亡（ちらんこうぼう）世が治まり栄え、また乱れ亡ぶこと。
適材適所（てきざいてきしょ）その才能や性質にあった仕事や地位を与えること。
徹頭徹尾（てっとうてつび）始めから終わりまで。徹底的に。
天衣無縫（てんいむほう）天人の衣服には縫い目がないこと。転じて、物事にとらわれたりこだわったりせず、自由にふるまうこと。
電光石火（でんこうせっか）いなずまの光や、石をうって出る火のような、きわめて短い時間。すばやい様子。
天災地変（てんさいちへん）天地自然の災害、変動。
天神地祇（てんじんちぎ）天や地の神。
天真爛漫（てんしんらんまん）自然のままで飾らずむじゃきなさま。
天長地久（てんちょうちきゅう）天や地がいつまでも変わらず続くように、永久に続くという意。
輾転反側（てんてんはんそく）眠れないで寝返りをたびたびうつこと。
天罰覿面（てんばつてきめん）悪い事をすると、天のくだす罰がすぐさま与えられるということ。
天変地異（てんぺんちい）天と地にあらわれる異変、災異。
天佑神助（てんゆうしんじょ）天のたすけ、神の援助。
当意即妙（とういそくみょう）その場にうまくあてはまるようにすば

◆現代用語　サイバー犯罪　主にネットワーク上で行われる犯罪の総称。インターネットの普及に伴い、数・規模ともに

やく機転をきかすこと。

同工異曲（どうこういきょく）同じように作られていて、趣が違うこと。少しの違いでだいたいは同じこと。

道聴塗説（どうちょうとせつ）他人の説の受け売り。

東奔西走（とうほんせいそう）あちらこちらに走りまわること。

独立自尊（どくりつじそん）人に頼らず自分の尊厳を守ること。

独立独歩（どくりつどっぽ）一人立ちして自らの道を行くこと。

徒手空拳（としゅくうけん）手に何も持たず素手であること。

内柔外剛（ないじゅうがいごう）気が弱いのに外面は強く見せる意。

内憂外患（ないゆうがいかん）内にも外にも心配ごとがあること。

七転八起（ななころびやおき）七回転んでもひるまず八回起きあがるように、何度失敗しても、ふるいたってがんばること。

難攻不落（なんこうふらく）守りが固く、攻め落としがたいこと。

南船北馬（なんせんほくば）中国南部は船で、北部は馬で旅をする。転じて、各地に旅をすること。

二束三文（にそくさんもん）ひどく安い値段のこと。

日進月歩（にっしんげっぽ）日につれ月とともに進歩すること。

二律背反（にりつはいはん）二つの妥当と思われる原理・考えが互いに食い違って両立しないこと。

博引旁証（はくいんぼうしょう）広く例を引き証拠をあげること。

白砂青松（はくしゃせいしょう）白い砂浜と緑の松原。美しい海岸のこと。

薄志弱行（はくしじゃっこう）意志が弱く実行力に乏しいこと。

博覧強記（はくらんきょうき）広く書物を読み、よく記憶している意。

薄利多売（はくりたばい）利益を少なくしてたくさん売ること。

馬耳東風（ばじとうふう）人の話を右から左へ聞き流すこと。

破邪顕正（はじゃけんしょう）邪悪をうち破り、正義を表すこと。

八面六臂（はちめんろっぴ）八つの顔と六つのひじ。大活躍する意。

八方美人（はっぽうびじん）誰に対してもいい顔で応対すること。

波瀾万丈（はらんばんじょう）事件の変化がはなはだしいこと。

盤根錯節（ばんこんさくせつ）入り組んで解決の難しい事柄。

半信半疑（はんしんはんぎ）半分信じ、半分疑っていること。

繁文縟礼（はんぶんじょくれい）繁雑な規律やこみ入った儀式や礼法のこと。

美辞麗句（びじれいく）美しくきれいに飾りたてたことば。

美人薄命（びじんはくめい）姿・かたちの美しい人は、不運で若死にしやすいこと。

悲憤慷慨（ひふんこうがい）悲しみ憤り、世の不義不正を嘆くこと。

百家争鳴（ひゃっかそうめい）いろんな立場の人が議論しあうこと。

百花繚乱（ひゃっかりょうらん）多くの花が美しく咲き乱れるさま。

百鬼夜行（ひゃっきやこう）たくさんの妖怪が夜中に列をなして歩き回ること。悪人がはびこる意。

百発百中（ひゃっぱつひゃくちゅう）百発うって百発あたること。予想や計画が全部うまくいくこと。

比翼連理（ひよくれんり）深い愛で結ばれた夫婦は一心同体の意。

風光明媚（ふうこうめいび）自然の眺めが明るく美しいこと。

風声鶴唳（ふうせいかくれい）風の音、鶴の声のようなちょっとしたことにも驚き恐れる意。

不易流行（ふえきりゅうこう）本来は、芭蕉の俳論用語。詩の永遠・不変の風体と流行・変化の風体とは、風雅の誠から出るものという意。一般的には、不変のものと変化するものとがあるの意。

不倶戴天（ふぐたいてん）ともに天をいただかずという意味で、必ず倒すべき仇敵。

不言実行（ふげんじっこう）思うことを黙って実行すること。

不惜身命（ふしゃくしんみょう）仏道のために命を惜しまず勤める意。

不即不離（ふそくふり）つかずはなれずの関係を保つこと。

不撓不屈（ふとうふくつ）どんな困難にも負けないで立ち向かう意。

不偏不党（ふへんふとう）一党一派に偏らない公平中立の立場。

付和雷同（ふわらいどう）自分の主義・見識をもたず、むやみに他人の意見に従うこと。

粉骨砕身（ふんこつさいしん）骨を粉にし、身を砕くように、全力を尽くして事にあたること。

焚書坑儒（ふんしょこうじゅ）秦の始皇帝が、医学・農業以外の書物を焼き、学者を生き埋めにしたこと。学問や思想を弾圧すること。

文人墨客（ぶんじんぼっかく）詩文をつくり書画をかく人。風流人。

平身低頭（へいしんていとう）平伏して頭をたれ、恐縮している意。

片言隻語（へんげんせきご）わずかなことば。一言。

暴飲暴食（ぼういんぼうしょく）むやみに飲んだり食べたりする意。

砲煙弾雨（ほうえんだんう）砲弾が煙をあげ激しくとぶ戦場。

暴虎馮河（ぼうこひょうが）素手で虎をうち徒歩で河を渡る無謀な行

組み。相互に使用情報の交換をしたり、ＡＩによって制御されることで、効率化を図ることができる。

為。血気にはやること。

傍若無人（ぼうじゃくぶじん）他人を無視して勝手にふるまうこと。

茫然自失（ぼうぜんじしつ）自分を忘れるほど、ぼんやりすること。

抱腹絶倒（ほうふくぜっとう）腹をかかえ、倒れそうになるほど笑うさま。

奔放不羈（ほんぽうふき）何にも縛（しば）られず、気ままにふるまうこと。

本末転倒（ほんまつてんとう）大事と小事がさかさまになること。

未来永劫（みらいえいごう）将来にわたって永久に。

無為自然（むいしぜん）道教の教理。何も手を加えないであるがままを尊ぶ意。

無我夢中（むがむちゅう）われを忘れて熱中すること。

矛盾撞着（むじゅんどうちゃく）食い違い、つじつまが合わない意。

無知蒙昧（むちもうまい）知識がなく道理に暗いこと。

無念無想（むねんむそう）雑念をはらって何も考えない境地。

無味乾燥（むみかんそう）味気なく、うるおいのないこと。

無欲恬淡（むよくてんたん）欲がなくさっぱりとしていること。

明鏡止水（めいきょうしすい）くもりのない鏡と静かな水面。かげりのない澄んだ心境。

明眸皓歯（めいぼうこうし）明るいひとみと白い歯。美人の比喩（ひゆ）。

明窓浄机（めいそうじょうき）明るい窓と清潔な机。転じて、きちんと整理された明るく清潔な書斎。

面従腹背（めんじゅうふくはい）表面では従っている様子をして、内面ではそむいていること。

面目躍如（めんぼくやくじょ）世間の評価・評判どおりの活躍をすること。

孟母三遷（もうぼさんせん）孟子の母が、子どもの教育にふさわしい場所を求めて三度も転居したこと。教育環境の大切さを説く教え。

門前雀羅（もんぜんじゃくら）門の前に雀をとる網を張ること。たずねてくる人もなくさびしい家の様子。

夜郎自大（やろうじだい）中国西南の民夜郎が漢の強大さを知らず自分を誇った故事。うぬぼれの意。

唯我独尊（ゆいがどくそん）世界で自分が一番尊い存在だという意。

勇往邁進（ゆうおうまいしん）勇ましく目標に向かって突き進む意。

優柔不断（ゆうじゅうふだん）ぐずぐずして、決断できない様子。

優勝劣敗（ゆうしょうれっぱい）強い者は栄え、弱い者は亡びる意。

融通無碍（ゆうずうむげ）何物にも拘束されず、自由でのびのびしていること。

有職故実（ゆうそくこじつ）朝廷や武家の礼式・法令・典故など。

有名無実（ゆうめいむじつ）評判だけで、実物は劣っていること。

悠々自適（ゆうゆうじてき）世俗のわずらわしさを離れて、ゆったりと心ゆく生活をすること。

油断大敵（ゆだんたいてき）うっかり心を許していると、大きな失敗をするということ。

余韻嫋々（よいんじょうじょう）音のあとに残ったひびきが、細く長く引いている様子。

羊頭狗肉（ようとうくにく）羊の頭を看板にかかげて犬の肉を売ることから、見せかけだけ飾って、ごまかすこと。

余裕綽々（よゆうしゃくしゃく）ゆとりが十分にあってゆったりとしたありさま。

利害得失（りがいとくしつ）利益と損害。得るものと失うもの。

離合集散（りごうしゅうさん）離散（りさん）したり、集合したりすること。

理非曲直（りひきょくちょく）道理の通った正しいことと道理に合わない曲がったこと。

流言飛語（りゅうげんひご）根も葉もないうわさ、デマ。

竜頭蛇尾（りゅうとうだび）竜の頭に蛇の尾。初めは勢いよく立派だが、あとはふるわない意。

粒々辛苦（りゅうりゅうしんく）米の一つぶずつを汗を流し苦心してつくりあげる意から、こまかいところまで苦労してしあげること。

良風美俗（りょうふうびぞく）立派な風俗や習慣。

臨機応変（りんきおうへん）その機会・場所に応じて、それにふさわしい対策・処置ができること。

老少不定（ろうしょうふじょう）人間の死は、年齢に関係なく若者にも老人にもいつ訪れるかわからないということ。

老若男女（ろうにゃくなんにょ）老人も若者も男も女もすべての人。

六根清浄（ろっこんしょうじょう）目耳鼻舌身意の六つの迷いを生む根もとを断ち切って、けがれをなくすること。

和気靄々（わきあいあい）やわらかで穏やかな気分が、いっぱいに満ちている様子。

和光同塵（わこうどうじん）徳や知恵をやわらげ隠して、俗世間にまじること。

和魂洋才（わこんようさい）日本人としての魂に西洋の才知をあわせもつこと。

和洋折衷（わようせっちゅう）日本風と洋風とをうまく折り合いをつけ、うまくとりあわせること。

◆現代用語　IoT(Internet of Things)　家電製品や自動車など、あらゆるモノがインターネットを通してつながる仕

動物・植物の読み

【動物】

海豹	アザラシ
浅蜊	アサリ
鯵	アジ
家鴨	アヒル
虻	アブ
信天翁	アホウドリ
鮎	アユ
鮑	アワビ
烏賊	イカ
鼬	イタチ
蝗	イナゴ
猪	イノシシ
鰯	イワシ
鵜	ウ
鶯	ウグイス
蛆	ウジ
鶉	ウズラ
鰻	ウナギ
海胆	ウニ
雲丹	ウニ
海老	エビ
蝦	エビ
鸚鵡	オウム
鳳	オオトリ
鴛鴦	オシドリ
牡蠣	カキ
蜉蝣	カゲロウ
鵲	カササギ
河鹿	カジカ
蝸牛	カタツムリ
鵞鳥	ガチョウ
鰹	カツオ
郭公	カッコウ
蟹	カニ
甲虫	カブトムシ
蝦蟇	ガマ
鴨	カモ
羚羊	カモシカ
鷗	カモメ
烏	カラス
雁	カリ
鰈	カレイ
川獺	カワウソ
雉	キジ
啄木鳥	キツツキ
螽蟖	キリギリス
麒麟	キリン
水鶏	クイナ
孔雀	クジャク
轡虫	クツワムシ
蜘蛛	クモ
水母	クラゲ
鯉	コイ
蝙蝠	コウモリ
蟋蟀	コオロギ
駒鳥	コマドリ
犀	サイ
鷺	サギ
鮭	サケ
栄螺	サザエ
鯖	サバ
鮫	サメ
山椒魚	サンショウウオ
秋刀魚	サンマ
鴫	シギ
獅子	シシ
蜆	シジミ
四十雀	シジュウカラ
鯱	シャチ
軍鶏	シャモ
十姉妹	ジュウシマツ
猩々	ショウジョウ
鱸	スズキ
海象	セイウチ
鶺鴒	セキレイ
蟬	セミ
鯛	タイ
鷹	タカ
蛸	タコ
太刀魚	タチウオ
駝鳥	ダチョウ
鱈	タラ
蝶	チョウ
狆	チン
燕	ツバメ
鶴	ツル
貂	テン
泥鰌	ドジョウ
馴鹿	トナカイ
鳶	トビ
蜻蛉	トンボ
海鼠	ナマコ
鯰	ナマズ
鳰	ニオ
鰊	ニシン
鼠	ネズミ
蚤	ノミ
蠅	ハエ
貘	バク
蜂	ハチ
蛤	ハマグリ
鱧	ハモ
隼	ハヤブサ
雲雀	ヒバリ
豹	ヒョウ
鵯	ヒヨドリ
蛭	ヒル
鱶	フカ
河豚	フグ
梟	フクロウ
鮒	フナ
鰤	ブリ
頬白	ホオジロ
時鳥	ホトトギス
子規	ホトトギス
蜀魂	ホトトギス
不如帰	ホトトギス
杜鵑	ホトトギス
鮪	マグロ
鱒	マス
蓑虫	ミノムシ
蚯蚓	ミミズ
木菟	ミミズク
百足	ムカデ
椋鳥	ムクドリ
土竜	モグラ
百舌	モズ
山羊	ヤギ
山雀	ヤマガラ
守宮	ヤモリ
葦切	ヨシキリ
駱駝	ラクダ
栗鼠	リス
驢馬	ロバ

【植物】

葵	アオイ
茜	アカネ
薊	アザミ
葦	アシ
紫陽花	アジサイ
馬酔木	アセビ アシビ
梓	アズサ
粟	アワ
杏子	アンズ
苺	イチゴ
無花果	イチジク
瓜	ウリ
榎	エノキ
豌豆	エンドウ
荻	オギ
女郎花	オミナエシ
万年青	オモト
楓	カエデ
杜若	カキツバタ
樫	カシ
柏	カシワ
桂	カツラ
樺	カバ
蕪	カブ
南瓜	カボチャ
蒲	ガマ
枳殻	カラタチ
落葉松	カラマツ
甘藷	カンショ
桔梗	キキョウ
黍	キビ
胡瓜	キュウリ
夾竹桃	キョウチクトウ
桐	キリ
銀杏	ギンナン
楠	クス(ノキ)
葛	クズ
櫟	クヌギ
茱萸	グミ
栗	クリ
胡桃	クルミ
芥子	ケシ
欅	ケヤキ
紫雲英	ゲンゲ(レンゲ)
苔	コケ
牛蒡	ゴボウ
胡麻	ゴマ
昆布	コンブ
榊	サカキ
柘榴	ザクロ
笹	ササ
山茶花	サザンカ
百日紅	サルスベリ
山椒	サンショウ
椎茸	シイタケ
紫蘇	シソ
羊歯	シダ
石南花	シャクナゲ
秋海棠	シュウカイドウ
棕櫚	シュロ
生姜	ショウガ
菖蒲	ショウブ
沈丁花	ジンチョウゲ
西瓜	スイカ
水仙	スイセン
睡蓮	スイレン
菅	スゲ
薄	ススキ
鈴蘭	スズラン
菫	スミレ
李	スモモ
芹	セリ
栴檀	センダン
蕎麦	ソバ
橙	ダイダイ
筍	タケノコ
橘	タチバナ
蓼	タデ
玉葱	タマネギ
蒲公英	タンポポ
茅	チガヤ
土筆	ツクシ
柘植	ツゲ
蔦	ツタ
躑躅	ツツジ
椿	ツバキ
籐	トウ
冬瓜	トウガン
玉蜀黍	トウモロコシ
木賊	トクサ
橡	トチ
団栗	ドングリ
梨	ナシ
茄子	ナス
薺	ナズナ
棗	ナツメ
撫子	ナデシコ
楢	ナラ
人参	ニンジン
大蒜	ニンニク
葱	ネギ
合歓	ネム
海苔	ノリ
萩	ハギ
蓮	ハス
帚木	ハハキギ
浜木綿	ハマユウ
薔薇	バラ
柊	ヒイラギ
稗	ヒエ
檜	ヒノキ
向日葵	ヒマワリ
白檀	ビャクダン
瓢簞	ヒョウタン
枇杷	ビワ
蕗	フキ
葡萄	ブドウ
芙蓉	フヨウ
糸瓜	ヘチマ
鳳仙花	ホウセンカ
朴	ホオ
牡丹	ボタン
槙	マキ
柾	マサキ
松茸	マツタケ
蜜柑	ミカン
茗荷	ミョウガ
海松	ミル
木槿	ムクゲ
葎	ムグラ
木犀	モクセイ
樅	モミ
椰子	ヤシ
寄生木	ヤドリギ
藪柑子	ヤブコウジ
柚(子)	ユズ
百合	ユリ
蓬	ヨモギ
林檎	リンゴ
若布	ワカメ
山葵	ワサビ
勿忘草	ワスレナグサ
蕨	ワラビ
吾木香	ワレモコウ

いて精度の高い予測を立てられるため、防災、行政、医療などの分野でも活用が期待される。

対義語

愛護—虐待
赤字—黒字
悪評—好評
甘口—辛口
安全—危険
安楽—苦労
已然—未然
一定—不定
移動—固定
違反—遵守
違法—合法
陰鬱—明朗
韻文—散文
迂回—直行
雨季—乾季
運動—静止
永遠—瞬間
鋭角—鈍角
栄転—左遷
栄誉—恥辱
演繹—帰納
遠心—求心
遠大—狭小
延長—短縮
王者—覇者
往信—返信
応分—過分
大手—搦手

奥書—端書
解雇—採用
開国—鎖国
解散—招集
開始—終了
解放—束縛
快楽—苦痛
加害—被害
拡大—縮小
各論—総論
可決—否決
仮設—常設
過度—適度
華美—質素
歓喜—悲哀
簡潔—煩雑
閑職—激職
幹線—支線
乾燥—湿潤
簡単—複雑
貫徹—挫折
完敗—圧勝
陥没—隆起
刊本—写本
緩慢—敏速
寛容—厳格
簡略—詳細
記憶—忘却

既決—未決
起工—竣工
起稿—脱稿
奇襲—正攻
帰順—反逆
起床—就寝
奇数—偶数
帰着—出発
吉報—凶報
起点—終点
機敏—遅鈍
起伏—平坦
義務—権利
給水—排水
急性—慢性
許可—禁止
仰角—俯角
虚偽—真実
凝固—融解
強硬—柔軟
虚数—実数
共同—単独
驕慢—謙譲
緊張—弛緩
勤勉—怠惰
具体—抽象
君子—小人
軽快—鈍重

鶏口—牛後
軽視—重視
軽率—慎重
経度—緯度
軽薄—重厚
軽微—甚大
軽蔑—尊敬
嫌悪—愛好
謙虚—高慢
倹約—浪費
原理—応用
高遠—卑近
高雅—低俗
公海—領海
攻撃—防御
高尚—低俗
向上—堕落
強情—従順
公転—自転
購入—売却
興奮—冷静
巧妙—拙劣
交流—直流
興隆—滅亡
硬論—軟論
固定—浮動
困難—容易
根本—枝葉
債権—債務
栽培—自生
雑然—整然
散在—密集

斬新—陳腐
散漫—緻密
自然—人工
質疑—応答
失効—発効
質素—贅沢
質問—回答
自動—他動
支配—従属
雌伏—雄飛
釈放—拘禁
主観—客観
主食—副食
善美—醜悪
集合—離散
就任—離任
出家—還俗
饒舌—寡黙
拾得—遺失
需要—供給
順境—逆境
駿馬—駄馬
序盤—終盤
上昇—下降
承諾—拒絶
消滅—発生
自律—他律
自立—依存
進撃—退却
紳士—淑女
進取—退嬰
進展—停滞

親密—疎遠
青眼—白眼
成功—失敗
生産—消費
生息—死滅
正則—変則
正道—邪道
整頓—乱雑
静寂—喧騒
精読—乱読
精密—粗雑
正比例—反比例
正編—続編
正装—略装
節約—濫費
絶対—相対
是認—否認
先頭—後尾
接近—離反
創刊—廃刊
早熟—晩成
創造—模倣
俗語—雅語
促進—抑制
粗製—精製
粗野—優雅
脱退—加入
退場—入場
胎生—卵生
多額—少額
高値—安値

宅診—往診
多作—寡作
大胆—小心
単一—複合
単純—複雑
短慮—深慮
恥辱—名誉
中央—周辺
抽象—具体
中枢—末梢
徴収—納入
直喩—隠喩
直列—並列
抵抗—屈服
定例—臨時
頭韻—脚韻
得意—失意
特別—普通
独創—模倣
特殊—一般
鈍感—敏感
内角—外角
内向—外向
内包—外延
内容—外観
難解—平易
濃厚—稀薄
能弁—訥弁
破壊—建設
舶来—国産
暴露—隠蔽
繁栄—衰微

販売—購買
繁忙—閑散
必然—偶然
表面—裏面
譜代—外様
副業—本業
分解—合成
分散—集中
分析—総合
分裂—統一
保守—革新
放任—統制
豊富—欠乏
暴落—高騰
本局—支局
本義—転義
本家—分家
無常—常住
有為—無為
裕福—貧困
優勝—劣敗
与党—野党
予習—復習
落第—及第
楽天的—厭世的
楽観—悲観
隣接—遠隔
理論—実践
冷遇—優遇
冷静—興奮
老練—幼稚

筆順の原則

①上から下へ
三 一 二 三
工 一 丅 工
客 ・ 宀 客
②左から右へ
川 丿 川 川
学 丶 ⺍ 学
派 氵 沠 派
例外《簡単な繞(にょう)〈辶〉などはあとから》
近 斤 近
建 聿 建
直 直 直
③横画から縦画へ
十 一 十
七 一 七
共 一 十 廾 共 共
用 月 月 用
耕 耒 耕 耕 耕
例外
田 冂 冂 田 田
曲 冂 巾 曲 曲
王 一 丅 干 王
④中央から左右へ
小 亅 小 小
赤 赤 赤 赤
当 ⺌ 当 当
楽 白 泊 楽
承 了 承 承
例外
性 丶 忄 性
火 丶 丷 火
⑤外側から内側へ
国 丨 冂 国 国
内 丨 冂 内
月 丿 月 月
田 丨 冂 田 田 田
例外
区 一 ㄨ 区
歯 歯 歯 歯
⑥左の払いから右の払いへ
文 亠 ナ 文
金 ノ 人 金
人 ノ 人
⑦貫く画は最後に
中 口 中
書 書 書
平 一 丆 平
子 了 子
女 く 女 女
母 母 母
例外
世 一 廿 世
里 日 甲 里
重 重 重 重
⑧a横画から左の払いへ
左 一 ナ 左
在 一 ナ 在
b左の払いから横画へ
右 ノ ナ 右
有 ノ ナ 有
布 ノ ナ 布

体の部分を使った慣用句

（目）

目が利く　鑑識力がある。＝目が高い。
目が肥えている　多く見て鑑識力がある。
目が出る　①驚く。②幸運がめぐりくる。
目がない　①非常に好む。②鑑識力がない。
目が長い　寛容である。
目から鼻へ抜ける　聡明である。
目から火が出る　顔面を強く打った感覚。
目と鼻（の先）　距離が近いさま。
目に余る　程度が甚だしくて無視できないさま。
目に入れても痛くない　非常にかわいがる。
目に角を立てる　怒った目つきをする。
目正月　見て楽しむこと。＝目の保養。
目には目を　相手に同じ仕返しをすること。
目に物見せる　ひどいめにあわせる。
目の黒いうち　生きている間。
目の毒　見ると欲しくなるような物。
目の寄る所玉がよる　同類が集まる。
目引き袖引き　ことばに出さずうわさするさま。
目もあてられぬ　ひどくて正視できない。
目を疑う　意外なことを見て信じられないと感じる。
目を奪われる　強く目を引きつけられる。すっかり魅了される。
目を掠める　ひそかにする。＝目を盗む。
目を皿にする　目を大きく見開く。
目を三角にする　こわい目つきをする。
目をつぶる　①死ぬ。②そしらぬふりをする。
目を抜く　人をごまかす。
目をはばかる　人に見られないようにする。
目を光らす　きびしく見張る。
目を引く　人の注意をむけさせる。
目を細める　うれしさにほほえむ。

（鼻）

鼻が高い　得意なさま。
鼻であしらう　すげない態度をとる。
鼻で笑う　軽蔑して笑う。
鼻にかける　自慢する。
鼻につく　飽きていや気がおこる。
鼻の下が長い　①おろかだ。②女にあまい。
鼻の下が干上がる　貧乏して食うに困る。
鼻もひっかけぬ　相手にしない。
鼻を明かす　だしぬいて驚かせる。
鼻をうごめかす　自慢する。
鼻を折る　慢心をくじく。恥をかかせる。
鼻を突き合わせる　近くよりそう。
鼻つまみ　きらわれ者。
鼻を鳴らす　甘えたりすねたりするさま。
鼻をならべる　一線にならぶ。

（口）

口が合う　言うことが一致する。
口があく　①事が始まる。②弁解できる。
口が奢る　美食になれる。
口がかかる　芸人などが客から招かれる。
口が堅い　言ってはならないことは他言しない性質。
口が酸っぱくなる　繰り返して言う。
口がすべる　言ってはいけないことをつい言う。
口が減らない　へらずぐちをきく。
口が曲がる　罰当たりなことを言った時うける罰。
口から先に生まれる　口数の多い者をいう。
口に合う　飲食物が好みの味と一致する。
口に風邪を引かせる　言ったことがむだになる。
口に年貢はいらぬ　勝手な放言のたとえ。
口にのぼる　うわさされる。
口に糊する　貧しく生活する。
口に乗る　①話題にされる。②だまされる。
口に針がある　ことばに悪意がこもっている。
口のはたが黄色い　若くて未熟なさま。
口の端にかかる　話の種にされる。
口は重宝　口先だけなら何とでも言える。
口八丁手八丁　ことばも行動も達者なさま。
口をかける　わたりをつける。申し入れる。
口を固める　①他言を禁ずる。②約束する。
口をそろえる　同じことを言う。
口をとがらせる　怒りや不満の表情。
口をぬぐう　そしらぬふりをする。
口をよせる　巫女が霊魂を呼び、語らせる。
口を割る　白状する。

的で発信される、うそのニュース。時に真実だと思いこまれて拡散されることから社会問題となっている。

（耳）

耳が痛い　弱点をつかれて、聞くのがつらい。
耳が肥える　音曲などをよく聞き分ける。
耳が早い　情報などをよく聞きこむ。
耳から口　すぐに受けうりして話す。
耳にさわる　聞いていて不快だ。
耳にたこができる　同じことを聞き飽きる。
耳にはさむ　ちらっと聞く。
耳の穴をひろげる　注意して聞く。
耳を疑う　聞いたことが信じられないこと。
耳を貸す　相手の相談に乗る。
耳を澄ます　注意して聞く。＝耳をたてる。
耳をそろえる　金額をきちんと整える。

（手）

手が上がる　技量が上達する。
手が空く　仕事がひまになる。
手が後ろにまわる　罪人として捕らえられる。
手が長い　盗癖がある。
手がふさがる　他のことをする余裕がない。
手が焼ける　めんどうをみて苦労する。
手に汗を握る　緊張・興奮・不安のさま。
手に余る　自分の力では及ばない。
手に乗る　①欺かれる。②自由になる。
手の切れるような　新しい紙幣の形容。
手も足も出ない　困りきったさま。
手をあげる　①降参する。②打とうとする。
手を負う　負傷する。
手を折る　指を折って数える。
手を切る　関係を清算する。
手を拱く　①腕を組む。②考えこむ。③傍観する。
手を通す　礼服などを着る。
手を濡らさず　少しも骨を折らないで。

（足）

足がつく　露顕のいとぐちになる。
足が出る　赤字になる。
足が早い　①腐りやすい。②売れ行きがよい。
足が棒になる　足が疲れる。
足を洗う　よくない社会から抜け出る。
足を奪う　交通の手段を奪う。
足をすくう　すきにつけこみ失敗させる。
足をのばす　①くつろぐ。②遠くへ行く。
足を引っぱる　人の仕事をさまたげる。
足を向けて寝ない　恩への感謝の態度。

（その他）

頭の黒い鼠　物をかすめとる悪い人。
頭の蠅を追う　自分自身の始末をする。
頭をはねる　うわ前をかすめ取る。
頭を丸める　出家する。
顔が立つ　世間への面目が立つ。
顔を汚す　面目をつぶす。＝顔に泥をぬる。
顔を貸す　頼まれて相談にのる。
毛のはえた　すこしたちまさった。
尻が暖まる　同じ位置に長くとどまる。
尻が長い　訪問して長居をする。
尻に敷く　あなどってわがままをする。
尻に火がつく　物事がさし迫るさま。
尻に帆をかける　あわてて逃げ出す。
尻の毛を抜く　人の油断をみてだます。
尻をもちこむ　事後の責任をとう。
尻を割る　隠していることを暴露する。
すねに疵をもつ　うしろ暗いことがある。
すねをかじる　親の世話になる。
背中に眼はない　陰の悪事には気づかない。
爪が長い　欲深い。
爪に火をともす　ひどくけちであるさま。
爪の垢を煎じてのむ　その人にあやかる。
爪をとぐ　機会を待ちかまえる。
歯牙にもかけぬ　問題にもしない。
歯が浮く　不快なさま。
歯に衣着せぬ　露骨にものを言う。
腹が痛む　身銭を切る。＝自腹を切る。
腹が黒い　根性が悪い。
腹が淋しい　金銭に困っている。
腹が煮える　激怒をおぼえる。
腹の皮をよじる　大笑いするさま。
腹を合わす　心を通じて共謀するさま。
腹を肥やす　私利をむさぼる。
ひげの塵を払う　ご機嫌をとる。
膝が笑う　膝のあたりの力が抜ける。
膝とも談合　膝を抱いて考える。
膝を進める　乗り気になる。
膝をたたく　はっと思い当たる。
へそが宿替えする　＝へそで茶をわかす。ばかげたことをして、おかしくてたまらないさま。
へそを固める　かたく決意する。
へそを曲げる　機嫌をそこねて意地悪くなる。
胸に一物　ひそかに考えることがあること。
胸に落ちる　得心がゆく。
胸をさする　怒りをおさえる。
胸をたたく　しっかり引きうける気持ち。
指をくわえる　①傍観。②はにかむ。③羨望。
指をさす　①指示。②非難。③見つもる。

◆現代用語　フェイクニュース　主にＳＮＳやウェブサイト上で、政治的な世論操作や愉快犯的なデマ、誹謗中傷といった目

動物を使った慣用句

犬が西向きゃ尾は東　当たり前。
犬と猿　仲の悪いたとえ。
犬になるなら大所の犬になれ　仕えるならしっかりした主人を選べ。
犬の糞で敵を討つ　卑劣な手段で復讐する。
犬の遠吠え　臆病者がかげで威張るさま。
犬の逃げ吠え　逃げながら口返答するさま。
犬の蚤の噛み当て　まぐれあたり。
犬骨折って鷹にとられる　苦労して得た物を他に奪われる。
犬も食わぬ　全く相手にされない。
犬も朋輩鷹も朋輩　地位の差はあっても同じ主人をもつ同僚の意。
犬をよろこばせる　嘔吐すること。
飼い犬に手を噛まれる　恩をかけた者に裏切られること。
夏の風邪は犬もひかぬ　夏にかぜをひくのはつまらないことだ。
吠える犬は噛まぬ　むやみに威張る者には実力がない。
煩悩の犬は追えども去らず　煩悩はいくら追っても人の心から去らない。
借りてきた猫　ふだんよりおとなしく、小さくなっているさま。

鳴かぬ猫が鼠をとる　口数の少ない者に実力がある。
猫に紙袋　あとずさりするさま。
猫にかつおぶし　あやまちの起きやすいことのたとえ。
猫に小判　無知な者には真価がわからないさま。
猫の手も借りたい　非常に忙しいたとえ。
猫の額　面積の狭いたとえ。
猫の目　たえず移り変わるさま。
猫ばば　悪事を隠してそしらぬ顔をする。
猫も杓子も　何もかもすべての意。
猫よりまし　いないより多少は役立つこと。
猫をかぶる　本性を隠して上品ぶるさま。
猿が仏を笑う　小才の者が偉い人をあざける。
猿の尻笑い　自分の欠点を知らず人を笑う。
生き馬の目を抜く　すばしこいさま。
馬が合う　意気投合する。気が合う。
馬と猿　仲のよいたとえ。
馬には乗ってみよ人には添うてみよ　物事は経験しないとわからないの意。

馬の骨　素姓のわからぬ者をあざける語。
馬の耳に念仏　言ってもききめのないさま。
馬を牛にのりかえる　すぐれたものを捨てて劣ったものにかえるたとえ。
馬脚をあらわす　ばけの皮がはがれる。
牛にひかれて善光寺まいり　思いがけないことが縁で、偶然、よいほうに導かれること。
牛の歩み　進みぐあいの遅いたとえ。
牛の角を蜂がさす　何とも感じないさま。
牛ののどから出たよう　汚れた衣服。
牛のよだれ　だらだら続く。＝**牛の小便**。
牛は牛づれ(馬は馬づれ)　同類の者が集まって事を行うさま。
暗がりから牛　物の区別がつきにくいさま。また、動作のにぶいさま。
うさぎの逆立ち　(忠告などを聞いて)耳が痛い。
うさぎの角　実際には無いことのたとえ。
うさぎの糞　きれぎれで続かないさま。
頭の黒い鼠　物をかすめとる悪い人。
家に鼠、国に盗人　どんな社会にも、害をなすものがいる。
窮鼠猫をかむ　追いつめられた弱者の逆襲。
ただの鼠ではない　油断できない者だ。

鼠が塩を引く　小事がつもって大事となる。
鼠に引かれそう　家で一人ぼっちでいるさま。
鼠の尾まで錐の鞘　どんな物も役に立つ。
虎になる　酔っぱらう。
前門の虎、後門の狼　一つの災いをのがれても、さらに他の災いにあうこと。
虎につばさ　＝**鬼に金棒**。**虎に角**。
虎の尾をふむ　きわめて危険なさま。
虎の子　大切に秘蔵するもの。
虎のひげをひねる　きわめて危険なさま。
張り子の虎　実力がなく虚勢をはるさま。
尾のない狐　男をだます商売女性。
狐と狸　人をだますくせもの同士。
狐につままれる　わけのわからぬさま。
狐の嫁入り　日照り雨。
狐を馬に乗せたよう　落着きのないさま。
狸の念仏　途中で立ち消えになるさま。
狸寝入り　眠ったふりをすること。
いたちの最後っ屁　最後の非常手段。
いたちの道　往き来がぷっつり絶えること。
河童の川流れ　＝**猿も木から落ちる**。どんな達人も失敗することがある。

河童の屁　物事がたやすくできること。
蛙の行列　むこう見ずなこと。
蛙の子は蛙　凡人の子はやはり凡人だの意。
蛙の面へ水　平気な顔つきをいう。
蛙の頬かぶり　目先のきかないさま。
蛙の目借りどき　春の眠い時期をいう。
手負いの猪　気が立って危険なさま。
山より大きな猪は出ぬ　入れ物より大きな中味はない。
狼に衣　悪者が善人のそぶりをすること。
送り狼　すきあらば害を加えようとして親切そうについてくるさま。
鹿を逐う猟師山を見ず　一事に熱中すると他をかえりみなくなること。
中原に鹿を逐う　政権などを得るために競争すること。
蛇が蚊をのんだよう　腹にたまらぬさま。
蛇に見こまれた蛙　こわいものの前で身がすくむさま。
蛇の生殺し　物事を不徹底なままにしておくさま。
蛇の道はへび　同類の者はその道に詳しい。
蛇は寸にして人を呑む　すぐれた人物は幼い時から異質である。
烏の足あと　年とった人の目尻のしわ。
烏の髪　黒くてつややかな髪。
烏の行水　入浴の短いたとえ。
烏の鳴かぬ日はあっても　一日として欠かさずの意。
着たきり雀　着ているものだけで着がえのないこと。
雀の涙　ほんのわずかなこと。
閑古鳥がなく　不景気でさびしいさま。
鶴の一声　権威者の一言で決着がつくこと。
はきだめに鶴　場に不相応な立派な人。
焼野の雉子夜の鶴　親が子を思う情。
雉子も鳴かずば打たれまい　無用の発言が災難を招くたとえ。
鳩に豆鉄砲　驚いてきょとんとしたさま。
鵜の目鷹の目　物をさがす鋭い目つき。
鳶が鷹を生む　平凡な親がいい子を生む。
鳶に油揚をさらわれる　大事なものを横あいから奪われる。
いすかの嘴　物事が食い違うこと。
鳥なき里の蝙蝠　すぐれた人のいない所でつまらぬ者が勢力をふるうさま。
立つ鳥あとを濁さず　去り際をきれいにする。
鷺を烏　白いものを黒いものに言いくるめる。
蟻の思いも天にとどく　無力な者の念願も達成できることがある。
蟻も軍勢　つまらぬ者でも多いほうがよい。
千里の堤も蟻の穴から　小さなことから大事が崩れる。
富士の山を蟻がせせる　小さなものが大きなことをくわだてる。
蚤取りまなこ　小さなものを見のがすまいとする目つき。
蚤にも食わさぬ　大事にする。
蚤の皮をはぐ　小さなことにあくせくするさま。
蚤の小便蚊の涙　少量のもののたとえ。
蚤の夫婦　妻が夫より大きい夫婦。
しらみつぶし　はしからこまかく調べるさま。
蚊が鳴くよう　力弱く細い声。
蚊のすね　やせ細った手足。
自分の頭の蠅を追え　人の世話をやくより自分のすべきことをやれ。
蝶よ花よ　女の子を大事に育てるさま。
虻蜂とらず　両方ねらってどちらも手に入らないこと。
蜘蛛の子を散らす　多くの人が八方に逃げ散るさま。
蟹が爪をもがれたよう　頼みとするところを失ったさま。
蟹の念仏　口の中でぶつぶつ言うさま。
蟹の死にばさみ　執念深いさま。
蟹は甲羅に似せて穴を掘る　自分の力量に応じた言動をするさま。
月夜の蟹　内容の乏しいこと。
海老雑魚の魚まじり　つまらぬ者が立派な者の仲間入りをしているさま。
蛸は身を食う　自己資金を使いつぶす。
うなぎの寝床　狭くて細長い場所。
うなぎのぼり　ぐんぐん上昇するさま。
ごまめの歯ぎしり　弱小者がくやしがってもかいがないさま。
鯉の滝登り　立身出世のたとえ。
まな板の鯉　相手のなすがままに覚悟を決めているさま。
ざるの中のどじょう　人が群れてごったがえすさま。
柳の下のどじょう　一度味をしめると、それを繰り返そうとするたとえ。
泥に酔った鮒　息も絶え絶えのさま。
魚心あれば水心　相手が好意をもてばこちらもそれに応じる心をもつこと。
呑舟の魚　善悪ともに大人物のたとえ。
逃がした魚は大きい　失った物は大きく思われる。
一寸の虫にも五分の魂　弱い者にもそれなりの意地がある。
仕事の虫　仕事にうちこむ人。
獅子身中の虫　内部にいてわざわいをなすもの。
飛んで火に入る夏の虫　みずから進んで災難に身を投ずること。
虫がいい　あつかましい。
虫が知らせる　予感がする。
虫が好かぬ　なんとなく気に入らない。
虫の居所が悪い　不機嫌なさま。
虫にさわる　気にくわない。腹が立つ。
虫も殺さぬ　おとなしく上品なさま。
虫を殺す　腹の立つのをこらえる。

◆現代用語　待機児童　認可保育所に入園を希望しながら、定員超過などの理由で入所できない状態の児童のこと。人口

誤りやすい敬語

――日常生活に用いられる敬語表現の中から問題になりがちなものを挙げて、基準となる考え方を示す。

田中様でございますか

「田中であるか」という問いかけにおいて、田中という人を尊敬する表現としては「田中様でいらっしゃいますか」というのが適当である。「ございますか」は「あるか」をていねいに表現したにすぎず、田中様への敬意が示されてはいない。これは魚をさして「これは魚でございますか」と問うのと同じである。

お求めやすいお値段

「お」と「になる」の間に動詞の連用形を入れて尊敬表現をつくるが、「求める」の尊敬表現は「お求めになる」である。「やすい」を加えると「お求めになりやすい」と言うべきである。形容詞に「お」をつけて「おうつくしい」「お強い」などということはあるが、動詞にあてはめて「お買いやすい・お読みやすい」などと言うのは標準的・一般的表現とは言えない。

御芳名・御尊父

「芳名・尊名・高名」などは、それ自体尊敬の意のこもっていることばであるから、さらに「御」をつけるのは敬語の重複である。「尊父・令息・令室・父兄」なども同様。

御訪問される

正しい尊敬表現は「訪問される」「御訪問になる」「御訪問なさる」である。すなわち「サレル」「ゴ(オ)～ナサル」「ゴ(オ)～ニナル」が標準的な型である。元来「ゴ(オ)～スル」は、「お迎えする・お預りする」のように自己の動作について相手に敬意を表す謙譲表現だから、その下に尊敬の「レル」をつけるのは矛盾(むじゅん)しているわけである。

先生は何時ごろ参られますか

「参る」は「行く・来る」の謙譲語であるから、自分の動作について用いるべきで、相手の動作につけるのは失礼である。尊敬の「れる」をつけても失礼に変わりはない。「いらっしゃいますか」などを用いるのがよい。ただし「行く・来る」対象となる場所に敬意をはらう必要がある場合には、「参られる」を用いるのは正しい表現である。

うちの子におもちゃを買ってあげる

「あげる」は本来、下の者が上の者に渡す言い方だから、他人に対して右のように言うと、身内である自分の子を高めて待遇(たいぐう)することになる。「買ってやる」でよい。これを謙譲語とみるよりも、ことばをやわらげ上品らしくものをいうためのていねい語（美化語）と解する意見もあるが、現在のところ、まだ正しい表現とは言えない。

御質問がおありですか

「御質問がございますか」とともによく使われる。「ございますか」はていねい語であるから、「はい、質問がございます」と言うこともできる。「おありです」は相手に対する尊敬表現であるから「はい、おありです」とは言えない。二つの質問ともに誤りではないが、直接相手を尊敬する気持ちを表すには「おありですか」のほうが適当だと言える。

みんなを御紹介していただきたい

前記「御訪問される」の項でとりあげたように「御紹介する」は自分の動作につける謙譲語だから、尊敬すべき相手の動作について用いるのは誤りである。「紹介していただきたい」などとすべきである。また「御紹介してください」も同様に誤りで、「紹介してください」「(御)紹介なさってください」「御紹介ください」などとすべきである。なお「御紹介を願う・御紹介をいただく・御紹介をたまわる」などは正しい表現。

手軽にお求めできる品物

「オ～デキル」は、「オ～スル」の可能表現である。「オ～スル」は前記のように謙譲表現であるから、これが可能の形になっても尊敬表現になることはない。だから、尊敬の「オ～ニナル」の型を用いて「お求めになれる」と言わなくてはならない。

おかぜをひいた皇后陛下

「おかぜを召した」とすれば問題はない。しかし、敬語形を省略するなら、前のほうを省いても後のほうは省かないこと。「かぜをひかれた」とすればよい。「あらかじめ電話をなさって行くほうが安全でしょう」も「電話をして行かれるほうが」とするのがよい。

お話しになられる

「オ～ナル」と「レル」とを重複して用いるのは不適当。「おっしゃる」に「れる」をつけたり、「お召し上がり方」などといったりするのも同様に不適切。

案内所でうかがってください

「うかがう」という語は、目上の人にものを尋ねる謙譲語である。案内所で尋ねるのは相手の動作であるから、「案内所でお尋ねになってください。」と言うべきである。

する。

いろはかるた

「江」は江戸系、「京」は京系、「大」は大阪系とされるものを示す。「△」印」はその他。

い **犬も歩けば棒にあたる**
動きまわると禍いにあう。(幸運にあうととる説もある)　江

一寸先は闇
未来のことは全く予測できない。　京

石の上にも三年
じっと辛抱すれば報われる。　京

一を聞いて十を知る
理解力がたいそうすぐれている。　大

ろ **論より証拠**
理論よりも実証が重要である。　江

論語読みの論語知らず
頭で学んでも実行できないこと。　京

六十の三つ子
年老いると幼児にかえるさま。　大

六十の手習い
年とってから学び始めること。　△

は **花より団子**
外観よりも実質を重んじること。　江・大

針の穴から天のぞく
狭い見識で大きな物事を判断する。　京

に **憎まれ子世にはばかる**
憎まれ者が世間では威勢をふるう。　江

二階から目薬
あまり遠くて効果がないさま。　大

にくまれ子頭かたし
わんぱくな子は丈夫なものだ。　大

似た者夫婦
夫婦は趣味・性格が似ているもの。　△

ほ **骨折損のくたびれもうけ**
苦労したばかりで利益がないこと。　江

仏の顔も三度
穏和な人も無法が重なれば、しまいには立腹する。　京

ほれたが因果
ほれたのも前世の宿縁で、なんともいたしかたがない。　大

仏作って魂入れず
最も肝要な点が抜けている。　△

へ **屁をひって尻つぼめ**
過失をあわててとりつくろう。　江

下手の長談義
口べたの人に限って長話をする。　京・大

下手の横好き
下手なくせに熱心に好むこと。　△

と **年寄りの冷や水**
老人に不相応な元気のよい行動。　江

豆腐にかすがい
意見をしてもききめのないさま。　京

遠い一家より近い隣
遠方の親類より近所の他人のほうが頼りになる。　大

とんびが鷹を生む
平凡な親が優秀な子を生むこと。　△

灯台もと暗し
手近な事情がかえってわかりがたい。　△

ち **ちりもつもれば山となる**
微小な物も集まれば高大になる。　江

地獄の沙汰も金しだい
金さえあれば何事もかなうものだ。　京・大

ちょうちんにつり鐘
身分のつりあいがとれないさま。　△

り **律義者の子だくさん**
まじめな人には子どもが多い。　江

綸言汗のごとし
帝王の発言は撤回できないものだ。　京・大

ぬ **盗人の昼寝**
何事にもそれなりの思惑がある。　江・大

ぬかに釘
「豆腐にかすがい」と同じ。　京

濡れ手で粟(のつかみどり)
何の苦労もなく利益を得ること。　△

る **瑠璃も玻璃も照らせば光る**
すぐれた人物はどこにいても目立つ。　江

類をもって集まる
似た者同士は自然に集まる。　京・大

を **老いては子に従え**
老人になったら何事も子に従え。　江

鬼も十八(蛇もはたち)
どんな人も年ごろになれば、情を解し、美しくなるものだ。　京

鬼の女房に鬼神
どちらもこわい、似合いの夫婦。　大

尾を振る犬は打てぬ
従順な者をいじめることはできない。　△

わ **割れ鍋にとじ蓋**
どんな人にもそれなりの配偶者があるということ。　江

笑う門には福来る
和やかな家には幸福がおとずれる。　京

若い時は二度ない
若い時には何でも思い切ってせよ。　大

か **蛙のつらに水**
何の反応もなく、平気なさま。　京

可愛い子には旅をさせよ
子を愛するならば苦労をさせよ。　△

かせぐに追いつく貧乏なし
働きさえすれば貧乏を克服できる。　△

よ **よしのずいから天のぞく**
「針の穴から天のぞく」と同じ。　江

夜目遠目笠のうち
女性が美しく見えるのは、夜間・遠方、そしてかぶり笠の中の顔だ。　京

横槌で庭を掃く
あわてて来客をもてなすさま。　大

た **旅は道づれ世は情け**
旅も人生も、助け合い、思いやりの心をもつことが大切だ。　江

立て板に水
とどこおりなくしゃべるさま。　京

大食上戸の餅くらい
大飯・大酒のうえ餅まで食べる。　大

尊い寺は門から
価値ある物は外見からもわかる。　△

れ **良薬は口に苦し**
有益なものはうけつけがたいものだ。　江

◆現代用語　夫婦別姓　結婚しても夫婦がそれぞれもとの姓を名乗ること。子供の姓は、両親の姓のどちらか一方で統一

れんぎで腹切る　京・大
できもしないことをしようとするさま。「れんぎ」はすりこぎ。　江

そ 総領の甚六
長男はおっとりしていること。

袖すり合うも他生の縁　京・大
人とのちょっとした触れあいもすべて前世からの深い因縁による。

損して得とれ　△
一時的に損をしても、後で大きな利益を得るように考えよ。

つ 月夜に釜をぬく　江・京
油断することのいましめ。「ぬかれる(盗まれる)」が原形。

爪に火をともす　大
はなはだしく倹約をするさま。

月にむら雲(花に風)　△
よいことには故障がおこりがちだ。

ね 念には念を入れ　江
注意したうえにも注意をする。

猫に小判　京
無知のため真の価値がわからない。

寝耳に水　大
思いがけないことを聞いて驚くさま。

な 泣きつらに蜂　江
不幸のうえに不幸が重なるさま。

済す時の閻魔顔　京
借金を返す時は苦い顔をする。「借る時の地蔵顔」と対。

習わぬ経は読めぬ　大
知らないことは簡単にはできない。

泣く子と地頭(には勝てぬ)　△
まともな道理が通らないさま。

ら 楽あれば苦あり　江
安楽と苦労とはあいともなうこと。

来年のことを言えば鬼が笑う　京
将来のことは予知しがたいこと。

楽して楽知らず　大
苦労しない人に安楽のありがたさはわからない。

む 無理が通れば道理ひっこむ　江
非道の権力の前には道理が行われない。

馬の耳に念仏　京
忠告などを聞き流すさま。

無芸大食　大
大食いのほかに取りえがないさま。

う 嘘から出たまこと　江
うそで言ったことが結果として事実になって現れること。

氏より育ち　京
家柄より教育が大切である。

牛を馬にする　大
劣ったものを捨ててすぐれたものをとる。

瓜のつるに茄子はならぬ　△
平凡な親に非凡な子はできない。

鵜のまねする烏(水におぼれる)　△
能力を考えずに人まねをして失敗するさま。

ゐ 芋の煮えたもご存じない(か)　江
世事にうとく常識の足りないさま。

いわしの頭も信心から　京

信仰心があればどんな物でも信仰の対象となるのだ。

いり豆に花(が咲く)　大
思いがけない吉事が実現するさま。

井の中の蛙(大海を知らず)　△
狭い見識にばかりとらわれるさま。

の のど元すぎれば熱さを忘れる　江
苦い経験をすぐ忘れること。

のみといえばつち　京
すばやく機転のきくさま。

野良の節句ばたらき　大
怠け者にかぎって人の休む時に忙しげにふるまうこと。

能ある鷹は爪かくす　△
能力のある人はむやみに手腕をあらわさない。

お 鬼に金棒　江
強者にさらに強みが加わるさま。

負うた子に教えられて浅瀬をわたる　京
弱い者にかえって助けられるさま。

陰陽師身の上しらず　大
人のことはよくわかっても、自分のことはわからないものだ。

同じ穴のきつね(むじな)　△
同じ仲間。多く悪い者をいう。

く 臭い物には蓋をする　江
醜悪なことが外にもれないように一時しのぎの手段を用いる。

臭い物には蠅がたかる　京
よくないことに悪者が集まる。

腐っても鯛　京

価値のある物は、いたんでもやはりそれなりの価値がある。

果報は寝て待て　大
幸運はあせらず気長に待つがよい。

や 安物買いの銭失い　江
安物を買うとかえって損を招く。

闇に鉄砲　京・大
あてずっぽうで効果のないさま。

やぶから棒　△
だしぬけに事が行われるさま。

ま 負けるが勝ち　江
部分的に負けても、全局的には勝つこと。

まかぬ種ははえぬ　京
原因があってこそ結果がある。

待てば甘露(海路)の日和あり　大
気長に待てばよい時節がくる。

け 芸は身を助ける　江
身につけた芸は、困った時に生計の助けになる。

下駄と焼き味噌　京
よく似てはいるが違う物のたとえ。

下戸の建てた蔵はない　大
金のことは気にせず酒を楽しめ。

喧嘩両成敗　△
争い事は両者に非がある。

ふ 文をやるにも書く手はもたぬ　江
恋文をやろうにも字が書けない。

武士は食わねど高楊枝　京・大
武士は貧しくとも誇りを失わない。

ふくろうの宵だくみ　△
計画だけ立派で実行できないこと。

両方を充実させる働き方・生き方のこと。

こ **子は三界の首っかせ**　江
子への愛情は、親を一生束縛する。

これに懲りよ道斎坊　京
これにこりて二度と繰り返すな。

志は松の葉　大
わずかな贈り物でも真心がこもっていればよい。

ころばぬ先の杖　△
事前の用心・準備が大切だ。

紺屋の白袴　△
自分のことは後まわしになるさま。

え **得手に帆をあげ**　江
好機に得意のことを行うさま。

縁と月日　京
やがてよい時機がくるから、あせらずに待つがよい。

栄耀に餅の皮をむく　京
度を越してぜいたくなさま。

閻魔の色ごと　△
似つかわしくないさま。

て **亭主の好きな赤烏帽子**　江
どんな珍奇でも、亭主の好みなら家族が従うさま。

寺から里へ　京
物事の筋道が逆であるさま。

天からふんどし　京
長いもののたとえ。

天道人を殺さず　大
天は恵み深くて人を見捨てない。

あ **頭かくして尻かくさず**　江
一部かくして全部かくしたつもりでいるさま。

足もとから鳥が立つ　京
あわただしいさま。また、不意に身辺に事の起こるさま。

あきないは牛のよだれ　△
商売は気長な辛抱が大切である。

さ **三べんまわって煙草にしよ**　江
手落ちなく仕事をした後で休憩しよう。

竿の先に鈴　京
おしゃべりのとまらないさま。

さわらぬ神にたたりなし　大
かかわらなければ害も受けない。

猿も木から落ちる　△
名人もその道で失敗することがある。

三人よれば文珠のちえ　△
凡人でも何人か集まればよい知恵が出る。

き **聞いて極楽見て地獄**　江
聞くのと見るのとでは大違いだ。

義理とふんどし　京・大
どんな時にも義理(と褌)を欠いてはならない。

ゆ **油断大敵**　江・大
油断はわが身を害する大敵である。

幽霊の浜風　京
元気がなく、しょんぼりしたさま。

め **目の上の(たん)こぶ**　江・大
自分より上で邪魔になるもの。

み **身から出たさび**　江
自分の行為のむくいで苦しむさま。

身は身で通る(裸ん坊)　京
人は身のほどに応じて生きていける。

箕売りが古箕　△
箕(ふるい)売り自身は古い箕を使っている。＝「紺屋の白袴」

し **知らぬが仏**　江
当人だけが知らないで平気でいるさま。

しわん坊の柿の種　京
柿の種まで惜しむ、極端なけちんぼう。

尻くらえの観音　大
恩を忘れて知らん顔をするさま。

ゑ **縁は異なもの(味なもの)**　江
男女の縁は微妙でふしぎなものだ。

縁の下の舞い　京
かげの功労が人に知られないさま。

縁の下の力持ち　大
「縁の下の舞い」と同じ。

ひ **貧乏ひまなし**　江
貧しいと生活に追われて暇がない。

ひょうたんから駒　京
思いもよらぬことが現実となること。

貧僧の重ね斎　大
飢えた者が一度に多くの食べ物にありつくこと。「とき」は食事。

ひょうたんでなまず　△
ぬらくらして要領を得ないさま。

も **門前の小僧習わぬ経を読む**　江
身近な環境から影響をうけること。

餅は餅屋　京
物事はその専門の人が一番である。

桃栗三年柿八年　大
発芽して実を結ぶまでの年数。

せ **背に腹はかえられぬ**　江
大事のために犠牲もやむをえない。

性は道によって賢し　京
専門家はその道に熟達している。

雪隠で饅頭　京
こっそりとうまいことをするさま。

せいては事をしそんじる　△
急ぐと物事を失敗する。

す **粋は身を食う**　江
粋人として遊興に深入りすると身を滅ぼしてしまう。

雀百まで踊り忘れず　京
人は死ぬまで本性を失わない。

墨に染まれば黒くなる　大
人は環境によって強く影響される。

好きこそ物の上手なれ　△
好きなことは上達するものだ。

京 **京の夢、大阪の夢**　江
(定説がない。一説に、夢の話をする前にとなえることばという。)

京に田舎あり　京
物事は完全でなく、よいものにも必ず欠点がある。

◆現代用語　ワーク・ライフ・バランス(仕事と生活の調和)　働く人々が「仕事」と「仕事以外の生活」との調和をとり、

日本のことわざ

相手変われど主変わらず　相手は何度も変わるが、こっちは変わらず一人でうんざりだ。

青菜に塩　力なくしおれているさま。

悪銭身につかず　悪事でかせいだ金はすぐなくなること。

あと足で砂をかける　恩知らずの別れ方をするさま。

あばたもえくぼ　愛していると、欠点までも美点に見えること。

雨降って地固まる　もめごとののち、かえって前より物事が落ち着く。

合わせ物は離れ物　結びつけたものはいつか離れるものだ。

石の上にも三年　一箇所にがまんしていればいつかは成功する。

一文惜しみの百知らず　目前の小さな損害にこだわって将来の大損を考えないこと。

一寸の虫にも五分の魂　どんなにつまらない者にも、それなりの意地があること。

命あっての物種　何よりも命が大事との意。

言わぬが花　はっきり言わないほうがかえってよいということ。

魚心あれば水心　相手にその気持があれば、こちらにも応ずる気持ちが起こること。

雨後の筍　物事が次々に発生するたとえ。

うどの大木　大きいばかりで役に立たないこと。

江戸のかたきを長崎でうつ　恨みを別のところではらすこと。

えびで鯛を釣る　少しの負担・投資で大きな利益・収穫を得ること。

岡目八目　局外者のほうが当事者よりもよく情勢がわかること。

小田原評定　長びいて決まらない相談。

鬼の目にも涙　無慈悲な者にも時には情けがあること。

帯に短し(たすきに長し)　どっちつかずで役にたたぬさま。

溺れる者はわらをもつかむ　困った時はどんなつまらぬ物にもすがりつくこと。

親の光は七光り　親の威光が子に及ぶさま。

快刀乱麻を断つ　もつれた物事をすっきりと解決する。

かなわぬときの神頼み　困った時はふだん信心しない神様にまで助けを求める。

壁に耳あり障子に目あり　秘密はとかくもれやすいという教え。

亀の甲より年の功　年長者の経験はおろそかにできないということ。

枯れ木も山のにぎわい　つまらないものでもないよりはましだの意。

可愛さ余って憎さ百倍　愛情が強かっただけ、憎む心も強くなる。

勘定合って銭足らず　理論と実際とが一致しないさま。

木に竹をつぐ　物事のつながりが不自然なさま。

清水の舞台から飛びおりる　危険をかえりみず思い切って事を行う。

義理ばるより頬ばれ　義理を立てるより自分の利益を考えよ。

臭いもの身知らず　自分の欠点には気づかないものだ。

怪我の功名　思いがけぬことが手柄になる。

下衆の逆恨み　心の卑しい者は、感謝すべきことをも逆に恨むものだ。

ことばは国の手形　ことばの訛りはその人の出身地を示すもの。

子はかすがい　子は夫婦仲を結びつける。

紺屋のあさって　約束期日があてにならず、延期しがちなこと。

細工はりゅうりゅう（仕上げを御覧じろ）　批評は結果を見てから言え、の意。

地震・雷・火事・親父　世の中で恐ろしいものを順に並べたもの。

士族の商法　手馴れぬ商売で失敗すること。

死人に口なし　死人は弁明も証言もできない。人の批判のままである。

重箱のすみを楊枝でほじくる　つまらないことまであれこれつつくこと。

上手の手から水がもれる　上手な人でも時に失敗する。

沈香もたかず屁もひらず　格別よいことも悪いこともしないこと。

親は泣き寄り　血縁の者は不幸の時にも頼りになるものだ。

住めば都　自分の住む所が一番よいこと。

船頭多くして船山にのぼる　さしずする人が多くて仕事がすすまないこと。

象牙の塔にこもる　学者が俗世間を離れて研究に没頭するさま。

その手は桑名の焼きはまぐり　その手に乗ってだまされたりはしないの意。

対岸の火事　直接自分に利害関係のないこと。

高嶺の花　あこがれても手に入らないもの。

蓼食う虫も好きずき　人の好みはまちまち。

棚から牡丹餅　思いがけぬ幸運にあうこと。

他人の飯を食う　世間にもまれて苦しい経験を積むこと。

旅の恥はかきすて　旅先での恥はその場限りだ。

卵に目鼻　愛らしい顔の形容。

受容する考え方。LGBTや障害者、外国人労働者、女性の積極的雇用などの文脈で用いられることが多い。

血で血を洗う　悪事に悪事で対抗する。また血縁の者同士の争い。

血は水よりも濃い　血縁の者のつながりは他人よりも強い。

月夜に提灯　あっても無用なもの。

敵は本能寺にあり　真の目的は別にあること。

出る杭は打たれる　出すぎたことをすると人から憎まれる。

天に唾する　他人を傷つけようとすると、かえって自分が傷つくことになる意。

問うに落ちず語るに落ちる　問われても言わないのに、自分が話すうちにうっかり真実を語ってしまうこと。

十日の菊、六日のあやめ　時期おくれで役に立たないこと。

十で神童、十五で才子、はたち過ぎればただの人　成長するにつれて平凡な人になること。

毒をくらわば皿まで　一度悪事をしたら、とことんまで悪いことをしようとすること。

取らぬ狸の皮算用　まだ手に入っていないものを、手に入れたつもりになること。

無い袖は振れぬ　何とかしてやりたくても、無いものはしかたがない。

長い物には巻かれろ　権力のある者には服従するのがよい。

無くて七癖　誰にも癖がある。

情けは人のためならず　人に情けをかけておけばいつかは自分のためになる。

生兵法は大怪我のもと　未熟者がなまはんかな知識で事を行うと、かえって大失敗を招く。

習うより慣れろ　学ぶより体験せよ。

二足の草鞋をはく　二つの職を兼ねる。

盗人に追い銭　損のうえに損を重ねること。

盗人を捕らえて縄をなう　準備しないで、いざというときうろたえるさま。

濡れぬ先こそ露をもいとえ　身にけがれのないうちに自重せよ。

寝た子を起こす　せっかく収まっていたのに無用な事をしてまた問題をおこすこと。

のど元過ぎれば熱さを忘れる　すんでしまうとその苦しさを忘れる。

乗りかかった船　すでに手がけたので、あとへは引けぬさま。

暖簾に腕押し　手ごたえのないさま。

箸にも棒にもかからぬ　ひどすぎて、どうにもならない。手がつけられない。

はだしで逃げる　とてもかなわない。

花も実もある　外見も実体もともにすぐれているさま。

話半分　事実は半分程度しか入っていない誇張された話。

腹も身のうち　食べすぎを戒めることば。

ひいきの引き倒し　ひいきしすぎて、その人に不利・迷惑をおよぼすこと。

引かれ者の小唄　負けおしみで平気なふりをすること。

庇を貸して母屋を取られる　助けてやったのにつけこまれ、恩を仇で返される。

人の噂も七十五日　世間の評判もやがては消えてしまうということ。

人の花は赤い　よその物はよく見える。

人の褌で角力をとる　他人の物を利用して自分のことに役立てる。

人を呪わば穴二つ　他人を傷つけようとすると自分にもその害が及ぶこと。

火のない所に煙は立たぬ　噂が出るからには根拠となる事実があるはずだ。

貧すれば鈍する　貧乏すれば人間がだめになる。

笛吹けど踊らず　手をつくしても人がこちらの思い通りに動かない。

古川に水絶えず　昔からの財産家は、衰えてもやはりそれなりのことがある。

坊主憎けりゃ袈裟まで　その人が憎いと、関係した物まで憎くなる。

判官びいき　弱者に味方したい気持ち。

丸い卵も切りようで四角　物は言いようで円満にも角立つこともある。

真綿で首をしめる　じわじわと苦しめる。

ミイラ取りがミイラになる　働きかけた者が逆に相手方に引き入れられること。

水清ければ魚すまず　清潔すぎると人がよりつかない。

三つ子の魂百まで　幼い時の性質は一生消えない。

昔取った杵柄　かつて習練したわざはのちまで使えるの意。

無用の長物　大きいくせに役に立たない物。

本木にまさる末木なし　新しい知り合いよりは古い知り合いがよい。

元の木阿弥　ふたたび以前のつまらない状態に戻るさま。

焼け石に水　労力をかけても効果がないさま。

焼けぼっくいに火がつく　いったん切れていた男女の関係がよみがえること。

柳に雪折れなし　無理をしなければ安全に生きていける意。

湯の辞儀は水になる　遠慮も時による。

寄らば大樹の陰　同じ頼るなら有力なものに頼るのがよい。

弱りめにたたりめ　不運に不運が重なること。

わが仏尊し　自分の信ずることだけを重んじる態度をいう。

◆**現代用語**　ダイバーシティ　多様性。企業においては性別・人種・国籍など多様な価値観や属性を持つ従業員の働き方を

古文重要単語450

類は類義語、反は反意語、派は派生語、慣は慣用的表現（578ページ参照）を示す。現は現代の意味を示す。

1 あいなし 形ク
①不都合である・よろしくない
②おもしろくない・気に食わない
③（「あいなく（う）」の形で）むやみに・わけもなく 類13あぢきなし

2 あからさまなり 形動ナリ
①（「あからさまに」の形で）ほんの少し・ちょっと 類159かりそめなり

3 あからめ 名
①わき見 ②浮気 類ことごころ

4 あきらむ（明らむ） 動マ下二
①明らかにする・心の中を明かす
②心を晴らす 現断念する

5 あくがる（憧る） 動ラ下二
①さまよい出る・場所を離れる
②上の空になる 現思い焦がれる

6 あさまし 形シク
①驚いたことだ・意外だ
②嘆かわしい 現根性が卑しい

7 あし（悪し） 形シク
①悪い・不快だ 類444わろし
②卑しい・醜い 反424よし
③下手だ・まずい 反432よろし

8 あした（朝） 名
①朝・翌朝 類284つとめて 反ゆふべ

9 あそばす（遊ばす） 動サ四
①（尊・動）なさる・お弾きになる・お詠みになる 現遊ばせる
②（尊・補）…なさる・お…になる

10 あそぶ（遊ぶ） 動バ四
①詩歌や管弦の遊びをする

11 あだなり（徒なり） 形動ナリ
①不誠実だ・浮気だ 反372まめなり
②無駄だ 類47いたづらなり
③むなしい 類335はかなし

12 あたらし 形シク
①（惜）惜しい 類449をし
②（新）新しい 現⇩②

13 あぢきなし 形ク
①おもしろくない 類1あいなし
②つまらない 類189こころづきなし

14 あつし（篤し） 形シク
①病弱だ・病気がちだ 類なやまし

15 あづま（東） 名
①東国 ②鎌倉幕府

16 あてなり（貴なり） 形動ナリ
①高貴だ 類413やむごとなし
②上品だ・優美だ 類36いうなり
類317なまめかし 類91えんなり

17 あと（跡） 名
①足・形跡・筆跡・前例 類289て
反26あやし 反68いやし

18 あな 感
①ああ・まあ・あら 類あはれ
慣3あなかしこ 4あなかま

19 あながちなり 形動ナリ
①強引だ・無理だ 類443わりなし
②一途だ 類347ひたぶるなり

20 あなづらはし（侮らはし） 形シク
①みくびりたくなる感じだ・遠慮がいらない 派あなづる

21 あはれなり 形動ナリ
①しみじみと心に深く感じる
②趣がある 類117おもしろし
③いとしい 反251すさまじ
④かわいそうだ・悲しい 現⇩④

22 あふ 動ハ四／ハ下二
①（会・四）出会う・結婚する
②（敢・下二）こらえる・…しきる
慣5敢へず 6敢へなむ

23 あへしらふ 動ハ四
①応答する・相手をする

24 あへなし（敢へ無し） 形ク
①張り合いがない・気抜けする
②どうしようもない 類253ずちなし

25 あまた（数多） 副
①たくさん・数多く 類182ここら 類ここだ 類261そこら

26 あやし 形シク
①（怪）奇妙だ・奇怪だ・不都合だ 類354びんなし 類175けし
②（賤）粗末だ・身分が低い 反16あてなり 類68いやし

27 あやなし（文無し） 形ク
①筋が通らない 類443わりなし
②理由がない 類425よしなし

一夫多妻制だから多い「あからめ」

「あからめ」の語源は「離ら目」か。目をそらすこと、「わき見」の意味が、他の異性に心を移す「浮気」の意味に転じた。「異心」「あだし心」「二心」ともいう。

驚きを表す「あさまし」

「意外さに驚く」「あきれる」意を表す動詞「あさむ」が形容詞に転じた。現在、「あさましい」は否定的な意味にしか用いないが、古文では善悪いずれにおいても、事の意外さに驚きあきれる意味を表す。

「あし」は善悪の四段階評価の最低

中古では、「よし」⇩「よろし」⇩「わろし」⇩「あし」の順に評価が行われた。意味は、「よい」⇩「まあよい・悪くはない」⇩「まあ悪い・よくはない」⇩「悪い」となる。多義語であるから、「あし」についても、文脈に応じて「下手だ」「見苦しい」「不快だ」などと適訳を心がける。

「夕べ」から「あした」までの時間帯

昼の部分を「朝」「昼」「夕」で表すのに対し、夜の部分は「夕べ」から「暮れ」て「宵」となり、「夜更け」て子の刻午前零時の「夜なか」を迎える。夜明けに間のあるまだ暗い「夜深く」なって「暁」を迎え、「明け」て「あした」となる。「明くるあした」といわれるように、「あした」は「夕べ」に始まる夜の終わりと考える。

結果として就業機会が狭まり、自らも貧困に陥ってしまう「貧困の連鎖」という社会問題が生じている。

28あやにくなり(生憎なり)　形動ナリ
①意地が悪い・あいにくだ
29あらはなり(顕なり)　形動ナリ
①まる見えだ・はっきりしている
30あらまし　名
①願望・予期・概略　派あらます
②おおよそ　類107おほかた
31あらまほし(有らまほし)　形シク
①(形)望ましい・理想的だ
②(動＋助動)そうありたい
32あり(有り)　動ラ変
①存在する　②生きている
③無事でいる　④時がたつ
⑤(補)…ている・…てある
⑥(補・「にあり」の形で)…である
慣9ありありて　10ありし
11ありつる　12ありとある
13ありもつかず　14あるかなきか
33ありがたし(有り難し)　形ク
①めったにない　類136かたし
②立派だ　現感謝する気持ち
34ありく(歩く)　動カ四
①歩き回る・動き回る
②(補)…て回る　類あゆむ
35あるじ(主)　名
①主人　反374まらうど
②主人役として客をもてなすこと
派あるじまうけ　類362まうけ
36いうなり(優なり)　形動ナリ
①優美だ・上品だ　類91えんなり
②すぐれている　類317なまめかし
類408やさし　類435らうらうじ

37いかが(如何)　副　類38いかで
①どのように・どう　類40いかに
②どうして…か、いや…でない
慣15いかがはせむ
38いかで(如何で)　副
①何とかして　派いかでか
②どうして…か　派いかでかは
③どうして…か、いや…でない
類37いかが　類312など
39いかなり(如何なり)　形動ナリ
①どうだ・どのようだ・どんなわけだ　類37いかが　派いかさま
40いかに(如何に)　副／感
①どんなに・どのように
②なぜ・どうして　類いかばかり
③どんなにか　類37いかが
④(感)もしもし　類38いかで
41いぎたなし(寝汚し)　形ク
①寝坊だ　反いざとし
42いさ　感
①さあねえ・ええと　派いさや
慣いさ知らず　さあどうだかわからない(「いさ」は副詞)
43いざ　感
①さあ・さて・どれ　派いざや
慣いざさせたまへ　さあ、なさいませ・さあ、おいでくださいませ
44いさよふ　動ハ四
①ためらう・漂う　類たゆたふ
45いそぎ(急ぎ)　名
①支度・用意・準備　類362まうけ
②急ぐこと・急用　現⇩②

46いたし(甚し)　形ク
①甚だしい　類51いと
②大変すぐれている　類66いみじ
47いたづらなり(徒らなり)　形動ナリ
①無駄だ・むなしい　類11あだなり
②暇だ　類287つれづれなり
48いたはる(労る)　動ラ四
①大切にする・世話をする
②病気になる　派いたはし
49いつく(傅く)　動カ四
①大切に育てる　類133かしづく
50いづく(何処)　代名
①どこ・どちら　派いづかた
派いづこ　派いづち　派いづら
51いと　副
①非常に
②(打消語を伴って)たいして
52いとたけ(糸竹)　名
①弦楽器と管楽器　②管弦の音楽
53いとど　副
①ますます・いっそう
②その上さらに　派いとどし
54いとふ(厭ふ)　動ハ四
①いやに思う・嫌う
慣世をいとふ　出家する
55いとほし　形シク
①気の毒だ　類187こころぐるし
②いとわしい　類83うとまし
③かわいい・いとしい　現⇩③
56いぬ　動ナ変／ナ下二　類ぬ
①(往・変)行ってしまう・死ぬ
②(寝・下二)寝る　慣23寝も寝ず

「ありがたし」は感謝の意ではない

「ありがたし」の語源は、「存在する」意のラ変動詞「あり」に形容詞「難し」が結合したもので、「存在することが難しい」という意味から「めったにない」という意味になった。ここからさらに、めったにないほど「立派だ」という意味にも転じたりする。

「ありく」を「歩む」ととり違えやすい

「歩む」が足を一歩一歩進めて移動する意味であるのに対し、「ありく」はあちこち動き回る意味を表す。

『竹取物語』の中で、貴公子たちがかぐや姫の家のまわりを「ありく」とあるのも、姫をひと目見たいとうろつき回る姿を表したものである。

また、「舟にてありく」「蠅が飛びありく」のように、足で歩くだけではなく、舟や動物などが動き回る意味も表す。

失望・空虚感を表す「いたづらなり」

何の役にも立たない失望や空虚感を表す「いたづらなり」は、「むなしい」「無駄だ」の意味にもっぱら使われる。また、「いたづらになる」は「むなしくなる」「はかなくなる」「あさましくなる」とともに「死ぬ」意を表す。

「いとたけ」がなぜ「音楽」を表すのか

「いと(糸)」は、四弦の琵琶の琴・七弦の琴の琴・十三弦の箏の琴などの弦楽器を表し、「たけ(竹)」は笙・篳篥・横笛などの管楽器を表す。

57いはけなし(稚けなし) 形ク
①幼い・あどけない 類をさなし
類いとけなし 反99おとなし

58いふ(言ふ) 動ハ四
①話す ②称する ③うわさする
④求婚する ⑤詠む
慣18言はむ方なし 19言ふかひなし
20言ふべきにあらず

59いぶせし 形ク
①うっとうしい・不快だ・心もとない 類いぶかし 反409やすし

60いほり(庵) 名
①草庵・粗末な仮の家 派いほ

61いま(今) 副
①目下・すぐに・まもなく・もう
慣今は限り もうこれでおしまい・臨終

62いまいまし(忌忌し) 形シク
①不吉だ 類365まがまがし
現腹立たしい・しゃくにさわる

63います(坐す) 動サ四／サ変
①(尊・動・四)いらっしゃる
②(尊・補・変)…なさる・…ていらっしゃる
類105おはす 派64いますかり

64いますかり(在すかり) 動ラ変
①(尊・動)いらっしゃる
②(尊・補)…ていらっしゃる
派いまそかり 派みまそかり

65いまめかし(今めかし) 形シク
①当世風だ・派手だ
反198こだいなり 反ふるめかし

66いみじ 形シク
①甚だしい 類51いと
②非常にすばらしい 類46いたし
③たいそうひどい 類420ゆゆし

67いも(妹) 名
①男性が女性(妻・恋人・姉妹)を親しんで呼ぶ語 反せ(背・兄)

68いやし(卑し・賤し) 形シク
①身分が低い 反16あてなり
②下品だ・見苦しい 類26あやし

69いらふ(答ふ・応ふ) 動ハ下二
①返事をする 類23あへしらふ

70いろいろ(色色) 名／副
①(名)さまざまな色 類くさぐさ
②(副)さまざまに 現⇩②

71うけたまはる(承る) 動ラ四
①いただく 類271たまはる
②お聞きする 反109おほす

72うし(憂し) 形ク
①つらい・情けない 類286つらし
②不快だ・いやだ 類441わびし
類185こころうし 類390むつかし

73うしろめたし(後ろめたし) 形ク
①心配だ 反74うしろやすし

74うしろやすし(後ろ安し) 形ク
①安心だ 反73うしろめたし

75うす(失す) 動サ下二
①消える・なくなる・姿を消す
②死ぬ 類かくる 類381みまかる

76うたて 副
①不快に・気味悪く 派うたてし
②異様に・厄介に 派うたた

77うち(内・内裏) 名
①内部・内面・心の中 反そと
②宮中・天皇 類170くもゐ

78うちつけなり 形動ナリ
①突然だ・不意だ
②軽率だ 類418ゆくりなし

79うつくし(美し・愛し) 形シク
①かわいい 類55いとほし
②きれいだ 類147かなし 現⇩②
③立派だ 類434らうたし

80うつつ(現) 名
①現実 反ゆめ 反まぼろし
②正気・本気 類ひとごこち

81うつろふ(移ろふ) 動ハ四
①場所が変わる 派うつる
②心が変わる・容色が衰える

82うとし(疎し) 形ク
①親しくない 反したし

83うとまし(疎まし) 形シク
①不快だ・いやだ 類うたてし
②気味が悪い 類390むつかし

84うへ(上) 名
①ほとり・身の上 類361ほど
②殿上の間・天皇・上皇 類77うち

85うらなし(心無し) 形ク
①心を隠さない・隔てがない

86うるさし(煩し) 形ク
①煩わしい・厄介だ

87うるはし(美し・麗し) 形シク
①端正で美しい 類79うつくし
②壮麗だ・見事だ 反241しどけなし
反みだりがはし 反433らうがはし

ダブルの「忌忌」「禍禍」は大凶を表す

「いまいまし」は、「(不吉なことや縁起の悪いことなどを)嫌う」意を表す四段活用動詞「忌む」の連用形「忌み」を重ねて形容詞化した、「いみいみし」が転じた語である。

「まがまがし」は、「災い」「邪悪」「凶事」の意味を表す名詞「禍」を重ねて形容詞化した語である。

現代語の「しゃくにさわる」意と間違えやすい「いまいまし」も、「まがまがし」と同じように、古語では「不吉だ・縁起が悪い」の意味を表す。

「気がかり」「不安」の内容もさまざま

将来のことが気がかりで不安だと思われる場合は「うしろめたし」で表し、先々が安心だと思われる場合は「うしろやすし」で表す。

素性のわからない人に大金を持たせて使いに出すが、帰らないので不安になる。はっきりしなくて不安を感じる場合は「おぼつかなし」で表す。

「うつくし」と「うるはし」の違いは

現代語では、「人の心を打つ」「心があたたまる」意味で、「美しい話だ」とか「うるわしい話だ」とかいい、「うつくしい」と「うるわしい」との言葉の区別がつきにくい。

しかし、古語では、「うつくし」は小さいもの、か弱いものに対して抱く愛らしさを表し、「うるはし」は整っていてきちんとした美しさを表す。

家庭参加をしやすくすることで、性別にかかわらず、すべての人が活躍できる社会づくりが行われている。

88 **うれふ**（憂ふ・愁ふ） 動ハ下二
①嘆き訴える 類129かこつ
②心を痛める・心配する 現⇩②

89 **え** 副
①（打消語を伴って）…できない
慣24 **え避らず** 25 **えならず**
26 **えも言はず**

90 **えうなし**（要無し） 形ク
①役に立たない 類やくなし

91 **えんなり**（艶なり） 形動ナリ
①優美だ 類36いうなり
②あでやかだ 類317なまめかし

92 **おいらかなり** 形動ナリ
①おっとりしている・穏やかだ
類112おほどかなり

93 **おうな**（嫗） 名
①老女 反をみな 反おきな

94 **おきつ**（掟つ） 動タ下二
①取り決める・計画する 派おきて
②命じる・処置する 類さだむ

95 **おくる**（後る） 動ラ下二
①死に後れる・取り残される
②劣る 反さきだつ

96 **おこたる**（怠る） 動ラ四
①病気がよくなる 反319なやむ
②休む・なまける 現⇩②

97 **おこなふ**（行ふ） 動ハ四
①仏道を修行する・勤行（ごんぎょう）する
②処置する・執り行う 現⇩②

98 **おとど**（大臣・大殿） 名
①大臣・公卿（くぎょう）の敬称・殿 類300との
②貴人の邸宅の敬称・お屋敷

99 **おとなし**（大人し） 形シク
①大人びている 類をさをさし
②思慮分別がある・頭立（かしらだ）っている

100 **おとなふ**（訪なふ） 動ハ四
①音を立てる 類203こととふ
②訪れる 類たづぬ 類とふ
③手紙を出す 類301とぶらふ

101 **おどろおどろし**（驚驚し） 形シク
①仰々（ぎょうぎょう）しい 類202ことごとし
②不気味だ 類250すごし
③騒々（そうぞう）しい 類かまびすし

102 **おどろく**（驚く） 動カ四
①はっと気づく ②目を覚ます
現びっくりする

103 **おのがじし**（己がじし） 副
①各自それぞれに 類おのおの

104 **おのづから**（自づから） 副
①たまたま 類437わくらばに
②もしも・万一 類じねんに
③自然に 現⇩③

105 **おはす**（御座す） 動サ変
①（尊・動）いらっしゃる
②（尊・補）…ていらっしゃる
類63います 類64いますかり

106 **おぼえ**（覚え） 名
①評判・人望 ②寵愛（ちょうあい） 類きこえ

107 **おほかた**（大方） 副
①大体・一般に
②（打消語を伴って）少しも・全然
類232さらに 類263たえて

108 **おほけなし** 形ク
①身分不相応だ ②恐れ多い

109 **おほす** 動サ下二／サ四
①（仰・下二）おっしゃる・命じる
②（負・下二）背負わせる・罪を着せる・名づける・税を課す
③（果・下二）なし遂げる

110 **おぼす**（思す） 動サ四
①お思いになる 派おぼしめす

111 **おぼつかなし**（覚束なし） 形ク
①はっきりしない 類おぼめかし
②不安だ 類73うしろめたし
③待ち遠しい 類194こころもとなし

112 **おほどかなり** 形動ナリ
①おおらかだ 類92おいらかなり

113 **おほとのごもる**（大殿籠る） 動ラ四
①お休みになる

114 **おほやけ**（公） 名
①天皇・朝廷 類みかど
②国家・公共 反わたくし

115 **おぼゆ**（覚ゆ） 動ヤ下二
①思われる 派106おぼえ
②思い出される・思い出して語る
③似る 類155かよふ

116 **おぼろけなり**（朧けなり） 形動ナリ
①（打消語を伴って）普通だ・並一通りだ 類313なのめなり
②格別だ・並一通りでない

117 **おもしろし**（面白し） 形ク
①趣がある・美しい・興味深い
②風変わりだ・楽しい
類446をかし 反251すさまじ

118 **おもだたし**（面立たし） 形シク
①名誉だ・晴れがましい

「おうな」と「をうな」では大違い

「おうな」は、「おみな」⇩「おむな」⇩「おうな」⇩「おんな」と転じた語で、「年老いた女性」「老婆」を表す。「をうな」は、「をみな」⇩「をむな」⇩「をうな」⇩「をんな」と転じた語で、広く「女性」一般をさしていう。

「あはれ、をみなよ」と若い女性を称美する言葉も、「あはれ、おみなよ」となると、老婆を葬送する悲嘆の言葉にもなりかねない。「お」と「を」の仮名遣いに注意する。

「おぼえ」の原義を理解する

「おもふ」の未然形に上代の助動詞「ゆ」の付いた「おもはゆ」が、「おもほゆ」⇩「おぼほゆ」⇩「おぼゆ」と転じ、その連用形「おぼえ」が名詞となった。「思われること」が原義で、人から思われると、「人望」「寵愛」となる。

「趣がある」意を表す語の対象に注意

中古の「おもしろし」には、現代語の「あの人の言葉はおもしろい」といった批評めいた用法はない。多くは心ひかれる自然の情景を対象とし、「趣がある」「美しい」意を表す。

「あはれなり」「をかし」も、「趣がある」意を表す点では「おもしろし」と共通するが、「あはれなり」は自然・人事を問わず、しみじみと深く感じる感動を表す。一方「をかし」は、客観的・理知的に対象を見つめ、心ひかれる興味を表す。

現代用語 男女共同参画社会 男女が社会の対等な構成員として、あらゆる分野で活動できる社会。女性の就労や男性の

119 **おもてぶせ**(面伏せ) 名
①不名誉 反おもておこし

120 **おもふ**(思ふ) 動ハ四
①想像する・判断する
②愛する・しのぶ 類いとほしむ
③心配する・悩む 類おもひわぶ
④願う・望む
慣27 **思はずに**

121 **およすく** 動カ下二
①成長する・大人ぶる 類329ねぶ
②質素にする 類410やつす

122 **おろかなり** 形動ナリ
①(疎)おろそかだ・いい加減だ・並一通りだ 類313なのめなり
②(愚)鈍い・未熟だ 類447をこなり
慣21 **言ふもおろかなり** 現⇩②

123 **おろそかなり** 形動ナリ
①いい加減だ 類316なほざりなり
②粗末だ・簡素だ 類26あやし

124 **か**(彼) 代名
①あれ・あちら・あの人 反179こ

125 **かかり**(斯かり) 動ラ変
①こんなだ・こうだ 類さり
②(連体形)このような 類しかり

126 **かぎり**(限り) 名
①限度・時期・最後・臨終
②全部 ③…だけ 派かぎりなし

127 **かく**(斯く) 副
①こう・このように・そのように
類214さ 類238しか 類291と

128 **かげ**(影) 名
①光・姿・面影 ②恵み・庇護(ひご)

129 **かこつ**(託つ) 動タ四
①他のせいにする・かこつける
②嘆く・愚痴(ぐち)を言う 派かごと

130 **かしかまし**(囂し) 形シク
①やかましい 類かしまし

131 **かしこし** 形ク
①(畏)恐れ多い・尊い・恐ろしい
類420ゆゆし 類137かたじけなし
②(賢)才知がある・すぐれている
類146かどかどし 類219さかし

132 **かしこまる**(畏まる) 動ラ四
①恐縮する・遠慮する・承諾する

133 **かしづく**(傅く) 動カ四
①大切に育てる・世話をする
類49いつく 類うしろみる

134 **かた**(方) 名
①場所・位置 ②ころ・時分
③手段・方法 ④方面 派方違(かたたが)へ
慣44 **せむ方なし**

135 **かたくななり**(頑なり) 形動ナリ
①頑固だ・ものわかりが悪い
②情趣を解さない
③見苦しい 類こはし 反424よし

136 **かたし**(難し) 形ク
①難しい・困難だ 反409やすし
②めったにない 類33ありがたし

137 **かたじけなし**(忝し) 形ク
①恐れ多い・もったいない
②ありがたい 類131かしこし

138 **かたち**(形・容貌) 名
①顔かたち・容貌(ようぼう)・美しい顔だち
②姿・外見・様子 類382みめ

139 **かたはらいたし**(傍ら痛し) 形ク
①みっともない 類350ひとわろし
②気の毒だ 類187こころぐるし
③きまりが悪い 類337はしたなし

140 **かたへ**(片方) 名
①片方・一部
②そば・そばにいる人・仲間 類かたはら

141 **かたみに**(互に) 副
①互いに・代わる代わる

142 **かたらふ**(語らふ) 動ハ四
①親しく話す ②交際する
③説得する ④男女が契る

143 **かつ**(且つ) 副/接
①(副)一方では・すぐに
②(接)その上に・それに加えて

144 **かつがつ**(且つ且つ) 副
①ともかくも・かろうじて
②とりあえず・急いで 類からく

145 **かづく**(被く) 動カ四/カ下二
①(四)かぶる・褒美としていただく 類かがふる
②(下二)かぶせる・褒美として与える 派かづけもの

146 **かどかどし** 形シク
①(才才)才気がある 派かど(才)
②(角角)とげとげしい・角が多い

147 **かなし** 形シク
①(愛)かわいい・心ひかれる
類55いとほし 類434らうたし
②(悲・哀)いたましい 現⇩②

148 **かねて**(予て) 副
①前もって・以前 類400もとより

「かしこき馬」は、頭のよい馬か

古文の「賢(かしこ)し」は「すぐれている」ことを表す。現代語の「かしこい」は「頭脳がすぐれている」ことをいうが、古文で「かしこき馬」といえば、足の速い駿馬(しゅんめ)(すぐれた馬)のことをいう。

「賢し」は「畏し」に通じ、すぐれていることに対する畏敬の念がある。他方、同じ「賢」の字を当てる「さかし」にはそれがなく、「こざかしい」「生意気だ」などといった意味がある。

「語る」ことが男女の結婚に至る過程

「かたらふ」は、「語る」の未然形に反復・継続の意を表す上代の助動詞「ふ」が結合したもので、原義は「繰り返し話す」「語り続ける」意を表す。繰り返し話し、語り続けることから発展して、「親しく話す」⇩「交際する」⇩「説得する」⇩「男女が夫婦の約束をする」と意味が転じた。

「黄昏」は「かはたれ」か「たそかれ」か

「かはたれ」は、「彼は誰（あれは誰だ）」という意味で、薄暗く、だれとは見分けられない「明け方」や「夕暮れ」を意味した。

「たそかれ」は「誰そ彼(誰だ、あれは)」で、人の顔が見分けにくい「夕暮れ」に用いることが多く、「かはたれ」は「明け方」ということになった。近世以降は「たそがれ」。

「黄昏(こうこん)」は「夕暮れ」を意味する漢語で、「たそかれ」の当て字とした。

149 **かはたれどき**(彼は誰時) 名
①薄暗いころ・朝の薄暗い時刻
類あけぐれ 反たそかれどき

150 **かひなし**(甲斐無し) 形ク
①効き目がない・無駄だ
②価値がない 反かひがひし

151 **かへりごと**(返り事) 名
①返事・返歌 類かへし

152 **かまふ**(構ふ) 動ハ下二
①建てる ②用意する
③計画する・策略をめぐらす
④振る舞う 類たくむ

153 **かまへて**(構へて) 副
①注意して ②必ず
③(打消や禁止の語を伴って)決して

154 **かみ**(上) 名
①上の方・川の上流・年長者
②天皇の尊称・身分の高い者
③和歌の上の句 反しも(下)

155 **かよふ**(通ふ) 動ハ四
①男が女のもとに行く 類255すむ
②行き来する・似通う 現⇩②

156 **からうた**(唐歌) 名
①漢詩 反やまとうた(和歌)

157 **からし**(辛し) 形ク
①つらい・不快だ 類185こころうし
②むごい・ひどい・危うい

158 **がり**(許) 名
①…のもとへ・…の所へ 類399もと

159 **かりそめなり** 形動ナリ
①一時的だ・仮だ 類335はかなし
②ちょっと 類2あからさまなり

160 **かる**(離る) 動ラ下二
①離れる・遠ざかる・間があく
②よそよそしくなる 類あかる

161 **かれ**(彼) 代名
①あれ・あのもの 反213これ

162 **きこしめす**(聞こし召す) 動サ四
①お聞きになる
②召し上がる 類376まゐる
③お治めになる 類しろしめす

163 **きこゆ**(聞こゆ) 動ヤ下二
①耳に入る・評判である
②理解される・意味がわかる
③(謙・動)申し上げる・献上する
類267たてまつる 派きこえさす
④(謙・補)お…申し上げる
類363まうす 類375まゐらす

164 **きは**(際) 名
①端・境目・時 類361ほど
②家柄・身分・才能 類242しな

165 **きよらなり**(清らなり) 形動ナリ
①清らかで美しい
②華やかで美しい 派けうらなり

166 **ぐす**(具す) 動サ変
①備わる・そろう ②付き従う
③連れていく ④添える
類ともなふ 類445ゐる(率る)

167 **くすし** 名/形シク
①(薬師・名)医師
②(奇し・形)親しみにくい

168 **くちをし**(口惜し) 形シク
①残念だ 類くやし 類359ほいなし
②つまらない・もの足りない

169 **くまなし**(隈無し) 形ク
①見えないところがない
②欠けた点がない 反くまぐまし

170 **くもゐ**(雲居) 名
①大空・雲・遠く離れた所
②宮中 類ここのへ 類ももしき

171 **くんず**(屈ず) 動サ変
①気がふさぐ・気がくじける

172 **けいす**(啓す) 動サ変
①(皇后・中宮・皇太子などに)申し上げる 類260そうす

173 **けうなり**(希有なり) 形動ナリ
①めったにない 類33ありがたし
②とんでもない 類136かたし

174 **けさう**(懸想) 名
①思いをかけること・求婚

175 **けし**(怪し・異し) 形シク
①異様である・変だ 類26あやし

慣30 **けしからず**

176 **けしき**(気色) 名
①顔色・様子・態度 類ありさま
②趣・情趣・景色 派けしきばむ
③機嫌・気分・意向 類けはひ

慣31 **気色おぼゆ** 32 **気色ばかり**

177 **げに**(実に) 副
①なるほど
②本当に 類まことに

178 **げらふ**(下﨟) 名
①官位の低い者・身分の卑しい者
類げす(下衆) 反じやうらふ

179 **こ**(此・是) 代名
①これ・ここ 反124か 類259そ

「やまとうた」か「からうた」か

『枕草子』や『源氏物語』を読むと、王朝の女子は「やまとうた(和歌)」「手(習字)」「琴(音楽)」、男子は「文(漢学・漢詩)」「やまとうた(和歌)」「笛(音楽)」を学問とし教養としたことがわかる。特に女子は「やまとうた」、男子は「からうた」の教養が求められた。和歌は「大和言の葉」ともいい、和歌の道・歌道を「敷島の道」という。漢詩を作ることを「作文」といった。

「きよらなり」は最高の美しさ

「きよらなり」は、けがれない美しさを表す形容詞「清し」から派生して、形容動詞化した語である。「キヨウラ」と発音したことから転じて、「けうらなり」ともいう。

光源氏の誕生について、「世になくきよらなる玉の男皇子さへ生まれ給ひぬ」といい、三月で成人したかぐや姫を、「この児のかたち、けうらなること世になく」という。古典の物語の中で最も理想的とする男女を、「世になく」といって形容した「きよらなり」は、最高の美しさといえよう。

皇居・宮中を表す「雲居」

「雲居」は「雲のある所」が原義だが、庶民とは遠く離れた所の意から「皇居・宮中」を表す。「宮中」は、ほかに「雲の上」「雲上」「九重」「百敷」ともいう。「上達部」を「月卿」といい、「殿上人」を「雲客」「雲の上人」ともいう。

◆現代用語 CSR(企業の社会的責任) 企業が、従業員・投資家・消費者・地域社会などに対して責任ある行動をとる

180 **こうず**(困ず) 動サ変
①苦しむ・困る
②疲れる・弱る・病気が重くなる

181 **ここち**(心地) 名
①気持ち・感じ・様子・病気
②考え・思慮・心構え 類183こころ

慣 **心地違ふ** 気分がすぐれない

182 **ここら**(幾許) 副
①たくさん・多く 類261そこら

183 **こころ**(心) 名
①精神・心情・意志・希望・意味
②風情・情趣・恨み 類181ここち

慣 34**心あり** 35**心をやる**

184 **こころう**(心得) 動ア下二
①理解する・わかる 類163きこゆ
②心得がある・たしなみがある

185 **こころうし**(心憂し) 形ク
①つらい・情けない
②いやだ・不愉快だ 類うたてし

186 **こころおそし**(心鈍し) 形ク
①気が利かない 反こころとし

187 **こころぐるし**(心苦し) 形シク
①つらい・苦痛だ 類72うし
②気の毒だ 類いたはし

188 **こころざし**(志) 名
①意志・考え・心持ち・誠意
②愛情・礼・贈り物 類431よろこび

189 **こころづきなし** 形ク
①気に食わない・不快だ 類72うし
類185こころうし 反196こころゆく

190 **こころづくし**(心尽くし) 名
①いろいろともの思いをすること

191 **こころなし**(心無し) 形ク
①思慮がない
②思いやりがない
③情趣を解さない 類ゆゑなし
類なさけなし 反345ひがひがし

192 **こころにくし**(心憎し) 形ク
①奥ゆかしい・心がひかれる
類310なつかし

193 **こころばへ**(心延へ) 名
①性質・心遣い 類こころばせ
②風情・趣向 類309なさけ

194 **こころもとなし**(心許無し) 形ク
①待ち遠しい・じれったい
②はっきりしない・気がかりだ

195 **こころやすし**(心安し) 形ク
①安心だ・気楽だ・親しい
②容易だ 反194こころもとなし
類おぼめかし 類111おぼつかなし

196 **こころゆく**(心行く) 動カ四
①せいせいする
②満足する 類あく(飽く)

197 **こぞ**(去年) 名
①昨年

198 **こだいなり**(古代なり) 形動ナリ
①昔気質だ・古風だ

199 **こちたし**(言痛し) 形ク
①仰々しい 類101おどろおどろし
②煩わしい 類202ことごとし
③おびただしい 類ものものし

200 **こちなし**(骨無し) 形ク
①無作法だ・不躾だ 類318なめし
②無風流だ・無骨だ 類ゐやなし

201 **こと** 名
①(言)言葉・和歌・評判
②(事)仕事・行事・事件・事情

202 **ことごとし**(事事し) 形シク
①おおげさだ・ものものしい
類101おどろおどろし

203 **こととふ**(言問ふ) 動ハ四
①尋ねる 類100おとなふ 類とふ
②見舞う・訪れる 類301とぶらふ

204 **ことなし**(事無し) 形ク
①平穏無事だ・面倒なことがない
類202ことごとし 類ものものし

205 **ことに**(異に・殊に) 副
①普通と違って・ほかと違って
②特に・とりわけ・ほかに

206 **ことわり**(理) 名
①道理・筋道・当然であること
②わけ・判断 派ことわりなり

207 **ことわる**(理る) 動ラ四
①判断する・筋道立てて説明する

208 **このかみ**(兄) 名
①年上の人・兄・姉 反おとうと

209 **こほつ**(毀つ) 動タ四
①うち壊す・破壊する 派こほる

210 **こまやかなり** 形動ナリ
①細々としている・綿密だ
②情が深い・親切だ 現⇩②
③色が濃い 類330ねんごろなり

211 **こよなし** 形ク
①格段の差がある・格別だ

212 **ごらんず**(御覧ず) 動サ変
①御覧になる

露骨で不躾で無作法を嫌う王朝人

「こちなし」の「こち」は「礼儀作法」の「骨」。「骨無し」だから「無作法」の意を表す。「うちつけなり」は「突然」だから配慮がなく、「あらはなり」の「まる見え」も嫌う。「なめし」は気配りのない振る舞いを咎め、「ゐやなし」は「礼無し」で「無礼だ」を表す。

「このかみ」と「そのかみ」との違い

「年少の者」や「弟」「妹」を表す「おとうと」に対し、「このかみ」は「子の上」の意で、「年長者」や「兄」「姉」を表す。「そのかみ」は「其の上」で、「昔」「過去」「そのころ」の意を表す。

「さうざうし」と「つれづれ」「わびし」

いずれも「さびしい」の意味を持つが、「さうざうし」は現代語の「さわがしい」「やかましい」とは全く逆で、当然あるはずのものがなくてさびしい、「もの足りない」意を表す。「索索し」「寂寂し」の音便かといわれる。「つれづれなり」は「連れ」を重ねた語で、「ある状態が長々と続く」意から、「することがなく手持ち無沙汰でさびしい」意に転じた。一人でもの思いに沈む、所在ない孤独なさびしさだからこそ、そのさびしさに徹してものが見えてきたのが、兼好法師ではなかったであろうか。同じ「さびしい」意でも、「つらい」「情けない」と、そのさびしさを嫌悪する「わびし」とは違うのである。

213 **これ**(此・是・之) 代名
①これ・ここ・この人 反161かれ

214 **さ**(然) 副
①そう・そのように・その通りに
慣38 **さもあらばあれ**

215 **さうざうし** 形シク 類441わびし
①もの足りない・寂しい
現 やかましい・騒がしい

216 **さうぞく**(装束) 名
①衣服・装いを整えること・飾り
②準備・支度 類45いそぎ

217 **さうなし** 形ク
①(双無し)並ぶものがない・すぐれている 類325になし
②(左右なし)どれとも定まらない・あれこれ考えない・無造作だ

218 **ざえ**(才) 名
①学問・特に漢学 類357ふみ
②芸能・技能 反412やまとだましひ

219 **さかし**(賢し) 形シク
①賢い・才知がある・生意気だ
派 さかしらなり 類131かしこし

220 **さがなし**(性無し) 形ク
①性質がよくない・意地が悪い
②腕白(わんぱく)だ・口やかましい

221 **さしも** 副
①あんなに・あれほど
②(打消語を伴って)それほど

222 **さすがに**(流石に) 副
①そうはいってもやはり

223 **させる**(然せる) 連体
①(打消語を伴って)これという

224 **さたす**(沙汰す) 動サ変
①評定する・処置する

225 **さて**(然て) 副／接
①(副)そういう状態で・そのまま
②(接)そして・そこで・ところで
慣37 **さてありぬべし**

226 **さながら**(然ながら) 副
①そのまま・すっかり・残らず
②(打消語を伴って)全く・全然

227 **さはる**(障る) 動ラ四
①さしつかえる・邪魔になる

228 **さはれ**(然はれ) 感／接
①(感)ままよ・どうともなれ
②(接)しかし・でも

229 **さぶらふ**(候ふ・侍ふ) 動ハ四
①(謙・動)お仕え申し上げる・伺候する
②(丁・動)あります・ございます
③(丁・補)…です・…ます・…でございます 類340はべり 派さうらふ

230 **さま**(様) 名
①様子・姿・形式・歌の体裁
②わけ・事情・趣・趣向
慣 **様を変ふ** 出家する

231 **さらなり**(更なり) 形動ナリ
①言うまでもない・もちろんだ
慣22 **言へばさらなり**

232 **さらに** 副
①その上に・改めて
②(打消語を伴って)決して・全然
慣40 **さらにも言はず**

233 **さらば**(然らば) 接
①そうであるならば・それならば

234 **さる** 連体／動ラ四
①(然・連体)そのような・そんな・しかるべき・立派な
慣42 **さるべき** 43 **さるものにて**
②(避・動)避ける・辞退する
慣41 **避(さ)らぬ別れ**

235 **さるは**(然るは) 接
①それというのは・実は
②そうであるが・そのくせ

236 **されど**(然れど) 接
①しかし・けれども・そうだが

237 **されば**(然れば) 接
①そうだから・そういうわけで

238 **しか**(然) 副
①そう・その通り 派しかり

239 **したたむ**(認む) 動マ下二
①処理する・片づける
②準備する・支度する 類まうく

240 **しづ**(賤) 名
①身分の卑しい者・卑しいこと

241 **しどけなし** 形ク
①気楽だ・無造作だ
②だらしない・秩序がない

242 **しな**(品) 名
①家柄・身分・地位 類164きは
②人柄・品位 類361ほど

243 **しのぶ** 動バ四／バ上二
①(偲・四)恋い慕う
②(忍・上二)我慢する・人目を避ける 類331ねんず 類たふ(耐ふ)

学問の優等生が社会の優等生ならず

漢詩や漢文を読み、作る才能など「漢学についての素養」「学才」を表す「ざえ(才)」に対し、度量・実行力・決断力といった「世俗的処世の才能」を「やまとだましひ(大和魂)」という。

中の関白藤原道隆(ふじわらのみちたか)の子であり、一条天皇の中宮定子の兄である伊周(これちか)は、天皇の御前で学問を講義し、才女清少納言が激賞するほどの「ざえ」の人であったが、父の死後、「やまとだましひ」に長(た)けた叔父道長と関白を争って敗れ、晩年は不遇のうちに生涯を終えている。

子供に「意地が悪い」はかわいそう

「さが」は「性」の字を当て、「生まれついての性質」「性格」の意味を表す。

「なし」の付いた「さがなし」は、「さが」の否定的な意味が強調され、「性質がよくない」「意地が悪い」意を表すが、無邪気ないたずら好きの子供については、「やんちゃだ」「腕白だ」と、子供にふさわしく訳出する。

打消語を伴って用いる呼応の副詞

「ず」「で」「なし」の打消語を伴って「決して」「少しも」「全然」の意味を表す呼応の副詞に、「いかにも」「おほかた」「かまへて」「さらに」「すべて」「たえて」「つやつや」「つゆ」「むげに」「よに」などがある。「をさをさ」は「決して」「少しも」と「めったに」「ほとんど」の意味がある。

244 **しめやかなり** 形動ナリ
①もの静かで落ち着いている
②しんみりとしている

245 **じやうず**（上衆） 名
①身分の高い人 反げす（下衆）

246 **しりうごと**（後言） 名
①陰口・本人のいない所での話

247 **しる** 動ラ四／ラ下二
①（知・四）わかる・見分ける
②（領・四）治める・領有する
③（痴・下二）愚かになる 派しろしめす

248 **しるし** 名／形ク
①（験・名）効き目・効果・ご利益（りやく）
②（徴・名）前兆・きざし
③（著し・形）はっきりしている

249 **すきずきし**（好き好きし） 形シク
①きわめて風流だ 反345ひがひがし
②好色めいている 類あだあだし

250 **すごし**（凄し） 形ク
①気味が悪い・非常に恐ろしい
②すばらしい 現⇩①②
③もの寂しい・荒涼とした感じだ

251 **すさまじ**（凄じ） 形シク
①おもしろくない・興ざめだ
②荒涼としている 類250すごし

252 **すずろなり**（漫ろなり） 形動ナリ
①何という理由もない
②思いがけない 派すずろごと
③むやみに 類そぞろなり

253 **ずちなし**（術無し） 形ク
①どうしようもない 類すべなし

254 **すなはち**（即ち・則ち） 副／接
①（副）すぐに 類407やがて
②（接）つまり・そこで

255 **すむ**（住む） 動マ四
①居住する 現⇩①
②妻のもとに通う 類155かよふ

256 **せうそこ**（消息） 名
①便り・手紙 類357ふみ
②取り次ぎを頼むこと 類あない

257 **せちなり**（切なり） 形動ナリ
①一途だ 類19あながちなり
②しきりに・ひどく 類ひとへに

258 **せめて**（迫めて） 副
①無理に ②しきりに 類しひて

259 **そ**（其・夫） 代名
①それ・そこ 類124か 類179こ

慣47 **そのことと**なく

260 **そうす**（奏す） 動サ変
①（天皇・上皇に）申し上げる
派奏聞 類172けいす

261 **そこら**（其処ら） 副
①たくさん・多く 類182ここら
②たいそう・ひどく

262 **そらごと**（虚言） 名
①うそ・作りごと 類いつはり

263 **たえて**（絶えて） 副
①すっかり・全く
②（打消語を伴って）少しも・全然 類つやつや

264 **たがふ**（違ふ） 動ハ四
①違う・食い違う
②逆らう・そむく 反おもむく

265 **ただ**（直・唯・只） 副
①すぐに・そのまま・じかに
②ただもう・たった 派ただなり

266 **たづき** 名
①手段・方法 類426よすが

267 **たてまつる**（奉る） 動ラ四
①（謙・動）献上する・参上させる
②（尊・動）召し上がる・お召しになる・お乗りになる
③（謙・補）お…申し上げる
類375まゐらす 類162きこしめす

268 **たのむ**（頼む） 動マ四／マ下二
①（四）頼みにする・あてにする
②（下二）頼みに思わせる・あてにさせる 派269たのもし

269 **たのもし**（頼もし） 形シク
①心強い・頼みになる 現⇩①
②裕福だ・豊かだ 反335はかなし

270 **たぶ**（賜ぶ・給ぶ） 動バ四
①（尊・動）お与えになる・下さる
②（尊・補）お…になる

271 **たまはる**（給はる） 動ラ四
①（謙・動）いただく 派272たまふ
②（謙・補）…ていただく

272 **たまふ**（給ふ） 動ハ四／ハ下二
①（尊・動・四）お与えになる
②（尊・補・四）お…になる
③（謙・補・下二）…ます・…させていただく 派たまはす

273 **ためし**（例し） 名
①例・前例・手本・模範

「しりうごと」「そらごと」「ひがこと」

この三語は、意味とともに読みにも注意すべき名詞である。

「しりうごと（後言）」は、「しりへごと（後方言）」が転じた語で、「陰口」の意味を表す。多くは悪口だが、人のいない所で、その人のことを話すことから、よい場合にも使う。

「そらごと（虚言・空言）」は「うそ」「作りごと」の意を表す。「そら」は「うそ」「無駄」の意を添える接頭語で、「そら寝」は「うそ寝」を表す。

「ひがこと（僻事）」は「悪事」「間違い」の意を表す。「ひが」は「正しくない」「ゆがんだ」の意を添える接頭語で、「僻目（ひがめ）」は「見間違い」の意を表す。

清少納言が説明する「すさまじ」とは

『枕草子』の「すさまじきもの」に、「昼ほゆる犬」「牛死にたる牛飼（うしかひ）」「博士のうち続き女児（をんなご）生ませたる」とある。時期はずれ、不調和、期待はずれで、「興ざめだ」という事例である。

説話に多い「裕福になる」結末

「裕福だ」を表す古語には、「にぎはふ」が形容詞に転じた「にぎはし」や、「豊かなり」「たのもし」がある。

「たのもし」は「頼みとする」「期待する」意を表す四段動詞「頼む」が形容詞に転じた語で、『宇治拾遺物語』などの説話において、経済的豊かさを表す「裕福だ」の意味に用いられることが多い。

274 **ためらふ**(躊躇ふ) 動ハ四
①ちゅうちょする 現⇩①
②心を静める・気を取り直す

275 **たより**(頼り・便り) 名
①よるべ・つて・縁故 類426よすが
②機会・好機・便宜 類278ついで
③手段・具合・配置 類266たづき

276 **ちぎり**(契り) 名
①約束・前世からの約束・宿縁
②ゆかり・夫婦の縁・男女の逢瀬(おうせ)

277 **ついたち**(朔日) 名
①月の第一日・上旬 反つごもり

278 **ついで**(序) 名
①順序・次第・機会 類275たより

279 **つかうまつる**(仕うまつる) 動ラ四
①(謙・動)お仕え申し上げる・いたす 類229さぶらふ
②(謙・補)お…申し上げる 派つかまつる

280 **つかはす**(遣はす) 動サ四
①派遣なさる・お与えになる
②やる・行かせる・贈る

281 **つきづきし**(付き付きし) 形シク
①ふさわしい 反つきなし

282 **つたなし**(拙し) 形ク
①愚かだ・下手だ・運が悪い
類123おろそかなり 反131かしこし

283 **つつまし**(慎まし) 形シク
①遠慮される・きまりが悪い
②遠慮深い 派つつむ

284 **つとめて** 名
①早朝・翌朝 類8あした

285 **つゆ**(露) 副
①ほんの少し 類263たえて
②(打消語を伴って)少しも・全然 類つやつや

286 **つらし**(辛し) 形ク
①苦痛に感じる・つらい
②思いやりがない 類157からし

287 **つれづれなり**(徒然なり) 形動ナリ
①手持ち無沙汰だ・退屈だ
②しんみりとして寂しい
類こころぼそし 類215さうざうし

288 **つれなし** 形ク
①さりげない・平然としている 現⇩②
②冷淡だ 類286つらし

289 **て**(手) 名
①筆跡・文字 ②手段・方法
③技量 ④傷 類266たづき

290 **てうず**(調ず) 動サ変
①祈り伏せる・懲(こ)らしめる

291 **と** 副
①そう・そのように・あのように 類127かく

292 **とが**(咎・科) 名
①過失・罪・欠点 類あやまち
慣48**とありかかり**

293 **とかく** 副
①あれこれと・なにやかやと

294 **とき**(時) 名
①時間・ころ・季節・時代
②時機・好機・勢いの盛んなとき
慣49**時しもあれ** 50**時に遇(あ)ふ**

295 **ときめく**(時めく) 動カ四
①時にあって栄える・寵愛される
現胸がどきどきする

296 **ところ**(所) 名
①場所・土地・箇所・地位・役所
慣51**所を得(う)** 52**所を置く**

297 **ところせし**(所狭し) 形ク
①場所が狭い・一杯だ・窮屈だ
②重々しい 類ものものし

298 **とし** 形ク
①(疾・敏)早い・機敏だ 反おそし
②(鋭・利)するどい 反にぶし

299 **としごろ**(年頃) 名／副
①長年・数年来

300 **との**(殿) 名
①お屋敷・御殿・貴人・主君

301 **とぶらふ** 動ハ四
①(訪)問う・訪問する・見舞う
②(弔)死を悼(いた)む・供養する 類とふ

302 **とみなり**(頓なり) 形動ナリ
①急である・突然だ 派とみに

303 **ともし**(乏し) 形シク
①貧しい・少ない 反323にぎははし

304 **な** 名／副
①(名)呼び名・評判・名声 類きこえ
慣53**名に負(お)ふ**
②(副)(「そ」を伴って)…するな

305 **なかなか** 副
①なまじっか・かえって・むしろ 現ずいぶん

306 **なかなかなり** 形動ナリ
①中途半端だ・なまじっかだ

307 **ながむ** 動マ下二
①(眺)もの思いに沈んでぼんやりと見やる ②(眺)見渡す 現⇩②
③(詠)詩歌を口ずさむ

多様な「恥ずかしさ」を表す古語

「つつまし」は、「気後(きおく)れする」「遠慮する」意の動詞「慎(つつ)む」が形容詞に転じた語で、現在の「きまりが悪い」を意味する「恥ずかしい」に最も近い。

「はづかし」は「気まりが悪い」が原義であるが、こちらが気後れするほど相手が「立派だ」「すぐれている」という、客観的評価をも表す。

「まばゆし」も、「まぶしいほど立派だ」と、目がくらむほど立派で「恥ずかしい」「気まりが悪い」意を表す。

ほかに、「やさし」「おもなし」「ひとわろし」があり、それぞれ苦悩・面目・体裁を基調とした微妙な違いの羞恥心を表す。

「つれなし」はポーカーフェイス

「つれなし」は心の動きを表面に出さず平然としていて、「さりげない」「平然としている」意を表す。心に思っていることを顔に出さないから、「冷淡だ」の意味となる。自然現象についても「表面に現れない」意を表す。

男と女が「ときめく」とき

現在の「ときめく」は、期待などのために「胸がどきどきする」ことだが、古語では「時運に恵まれて栄える」ことを表し、男であれば「立身出世をする」こと、女であれば「寵愛される」ことを表す。

現在の「心おどる」は、古語では「こころときめく」という。

◆**現代用語** マイナンバー制度　国民に割り当てた番号をもとに年金・納税・災害対策の情報を管理する制度。2016年に

308 なごり(名残) 名
①余情・惜別の情・忘れ形見

309 なさけ(情け) 名
①情趣・風流・情趣を解する心
②真情・愛情 類あはれ

310 なつかし(懐かし) 形シク
①心がひかれる・慕わしい
反82うとし 現昔が慕わしい

311 なでふ 連体／副
①(連体)何という・何ほどの
②(副)どうして・何だといって

312 など 副
①どうして・何だって
②どうして…か、いや…でない
類37いかが 類38いかで 派などか

313 なのめなり 形動ナリ
①並一通りだ・普通だ・平凡だ
②いい加減だ 類116おぼろけなり
慣54なのめならず

314 なべて(並べて) 副
①一般に・総じて・普通 類すべて
慣55なべてならず

315 なほ(猶・尚) 副
①やはり・何といっても
②さらに・ますます

316 なほざりなり 形動ナリ
①いい加減だ・おろそかだ
②ほどほどだ 類122おろかなり
反372まめなり 反330ねんごろなり

317 なまめかし(艶めかし) 形シク
①優美だ・上品だ 類91えんなり
②若々しく美しい 派なまめく

318 なめし 形ク
①無礼だ・無作法だ 類200こちなし

319 なやむ(悩む) 動マ四
①病気になる 派なやまし
類いたつく 反96おこたる

320 ならふ(慣らふ・習ふ) 動ハ四
①慣れる・慣れ親しむ・なつく
②学習する 類まねぶ 現⇩②

321 なる 動ラ四／ラ下二
①(成・四)実現する・任官する
②(萎・下二)着古す
③(慣・下二)なれる 類320ならふ

322 なんず(難ず) 動サ変
①非難する・そしる 類くたす

323 にぎははし(賑ははし) 形シク
①裕福だ・豊かだ 類269たのもし
②にぎやかだ 反303ともし

324 にくし(憎し) 形ク
①気に入らない・いやだ・不快だ
類189こころづきなし 類328ねたし

325 になし(二無し) 形ク
①たぐいない 類217さうなし

326 にほふ(匂ふ) 動ハ四
①色美しく映える・照り輝く
②香る 派にほひ 現⇩②

327 ね(音) 名
①音・泣き声 慣56音(ね)を泣く

328 ねたし(嫉し・妬し) 形ク
①しゃくだ・憎らしい 類324にくし

329 ねぶ 動ハ上二
①年をとる・成長する 類121およすく
②大人びる

330 ねんごろなり(懇ろなり) 形動ナリ
①熱心だ・ていねいだ
②親切だ 類210こまやかなり

331 ねんず(念ず) 動サ変
①我慢する 類243しのぶ 類たふ
②祈る 現⇩②

332 のたまふ(宣ふ) 動ハ四
①おっしゃる 派のたまはす

333 のち(後) 名
①以後・将来・死後・子孫
慣のちのこと 死後のこと・供養(くよう)

334 ののしる(罵る) 動ラ四
①大声で騒ぐ
②評判になる・威勢をふるう

335 はかなし(果無し) 形ク
①頼りない・弱々しい
②つまらない・ちょっとした
③とりとめがない 反269たのもし

336 はかばかし(果果し) 形シク
①しっかりしている・頼もしい
②はっきりしている・際立つ
③はきはきしている
類248しるし 類269たのもし

337 はしたなし(端なし) 形ク
①中途半端だ・どっちつかずだ
②きまりが悪い 類350ひとわろし

338 はつ(果つ) 動タ下二
①尽きる・消える・死ぬ
②(補)すっかり…する

339 はづかし(恥づかし) 形シク
①きまりが悪い・気が引ける
②(相手が)すぐれている・立派だ

「なつかし」と「懐かしい」

古語の「なつかし」は「慣れ親しむ」意の動詞「なつく」が形容詞に転じた語で、「心ひかれる」「慕わしい」意を表す。現在の「懐かしい」は「過去の記憶」に限定して、「心ひかれて慕わしい」ことを表した語である。

「悩む」ことと「加持祈禱する」こと

現在の「悩む」は「思い苦しむ」ことだが、古語では「病気になる」ことを表し、「いたつく」「いたはる」「ここちたがふ」「困(こう)ず」「わづらふ」ともいう。「病気」は「なやみ」「篤(あつ)しさ」「いたつき」「いたはり」「ここち」「わづらひ」といい、病気で苦しむことを「なやまし」「あつし」「いたはし」「わづらはし」という。

以上の病気を表す言葉が示すように、古人は病(やまい)を精神的なものが原因と考えたので、加持祈禱で病気を治そうとしたのである。

病気が快方に向かうことを「おこたる」「おこたりざまなり」という。

「ならう」より「なれろ」という金言

現在の「習(なら)う」は「学ぶ」ことであるが、古語の「ならふ」は「慣(な)る」に反復・継続の「ふ」が付いて、「経験を重ねて慣れる」「慣れ親しむ」意を表す。

一つのことを真に身につけるには、人から学ぶよりは自分から進んで経験し、慣れるようにしたほうが早いという金言は、熟考に値(あたい)する。

よる決済方法が普及しつつある。一方、サイバー犯罪から利用者を保護する環境整備も急務とされている。

340 **はべり**(侍り) 動ラ変
①(謙・動)お仕え申し上げる・伺候する 類229さぶらふ
②(丁・動)あります・ございます
③(丁・補)…です・…ます・…でございます

341 **はやく**(早く) 副
①以前に・すでに・もともと
②(「けり」を伴って)実はなんと

342 **はらから**(同胞) 名
①(同腹の)兄弟姉妹 反ことはら

343 **ひ**(日) 名
①日・日にち・太陽・天候

344 **ひがこと**(僻事) 名
①悪事・過ち・間違い

345 **ひがひがし**(僻僻し) 形シク
①ひねくれている・まともでない

346 **ひごろ**(日頃) 名／副 現⇩②
①何日かの間・数日来 ②ふだん

347 **ひたぶるなり**(一向なり) 形動ナリ
①一途だ・向こう見ずだ

348 **ひつ**(漬つ) 動タ上二／タ下二
①(上二)水につかる・濡れる
②(下二)水につける・濡らす

349 **ひとげなし**(人気無し) 形ク
①人並みに扱われない

350 **ひとわろし**(人悪し) 形ク
①外聞が悪い 類339はづかし

351 **ひな**(鄙) 名
①田舎・地方 派ひなぶ 反みやこ

352 **ひねもす**(終日) 副 類ひぐらし
①一日中 反430よもすがら

353 **ひま**(隙・暇) 名
①すき間・絶え間・よい機会
②仲たがい・手ぬかり 類いとま

354 **びんなし**(便無し) 形ク
①不都合だ・具合が悪い
類356ふびんなり 類367まさなし

355 **ふ**(経) 動ハ下二
①時を経過する・歳月を送る
②ある地点を通過する

356 **ふびんなり**(不便なり) 形動ナリ
①不都合だ・困る 類354びんなし
②かわいそうだ・かわいい 現⇩②

357 **ふみ**(文・書) 名
①書物・文書・文章・手紙
②漢詩・漢文・漢学 類さくもん

358 **ふるさと**(古里・故郷) 名
①旧都 ②昔なじみの地

359 **ほいなし**(本意無し) 形ク
①不本意だ・残念だ 類168くちをし

360 **ほだし**(絆) 名
①手枷(てかせ)や足枷(あしかせ)・足手まとい・係累(けいるい)

361 **ほど**(程) 名
①(時間的範囲)間・ころ・月日
②(空間的範囲)距離・場所・大きさ
③(人事的程度)身分・年齢・間柄

362 **まうけ**(設け・儲け) 名
①準備・用意 類45いそぎ
②ご馳走(ちそう)・食物・饗応(きょうおう) 類35あるじ

363 **まうす**(申す) 動サ四
①(謙・動)申し上げる
②(謙・補)お…申し上げる 類163きこゆ

364 **まがふ**(紛ふ) 動ハ下二
①区別できないようにする
②見間違える

365 **まがまがし**(禍禍し) 形シク
①不吉だ・憎たらしい 類420ゆゆし

366 **まかる**(罷る) 動ラ四
①(謙・動)高貴な所から退出する
②(謙・動)高貴な所から他へ行く
③(丁・動)参ります 類まかづ
反まうづ 反376まゐる

367 **まさなし**(正無し) 形ク
①よくない・見苦しい

368 **まじらふ**(交じらふ) 動ハ四
①交際する・宮仕えする

369 **まだき**(未だき) 副
①まだその時にならないうちに

370 **まどふ**(惑ふ) 動ハ四
①あわてる・途方に暮れる・悩む
②(補)ひどく…する 派まどはす

371 **まほなり**(真秀なり) 形動ナリ
①完全だ・まともだ 反かたほなり

372 **まめなり**(忠実なり) 形動ナリ
①まじめだ・誠実だ 反11あだなり
②実用的だ 派まめまめし

373 **まもる**(守る) 動ラ四
①じっと見つめる 反307ながむ
②防ぎ守る 類もる 現⇩②

374 **まらうと**(客人) 名
①客 反35あるじ

375 **まゐらす**(参らす) 動サ下二
①(謙・動)差し上げる・献上する
②(謙・補)お…申し上げる

「はらから」と「ことはら」

一夫多妻制のもとでの、それぞれの子供の母親たちを「腹腹(はらばら)」といい、母を同じくする兄弟姉妹を「同胞(はらから)」という。転じて一般に兄弟姉妹もいう。

父は同じで母が異なる腹違いのことを「異腹(ことはら)」といい、父または母の異なる兄弟姉妹を「異同胞(ことはらから)」という。

貴人の正妻は寝殿造の北の対(たい)の屋(や)に住んだところから「北(きた)の方(かた)」といい、その正妻(嫡妻(むかひめ))から生まれた子を「向かひ腹」「当腹(とうふく)」といった。

理想的男性像は光源氏か業平(なりひら)か

「不誠実」を表す「あだなり」に対し、「まめなり」は「誠実だ」「まじめだ」の意を表す。特に女性関係において、移ろいやすい「あだ」に対し、女性に誠実を尽くした光源氏や在原業平は「まめ」の理想的な男性像とされ、多くの女性が心ひかれた。

謙譲語「まゐる」の尊敬用法

一般に動詞「まゐる」は「行く」「来」「与ふ」の謙譲語として、「うかがう」「参上する」「差し上げる」意を表すが、「食ふ」「飲む」「す」の尊敬語として、「召し上がる」「なさる」の意味も表す。

同じ謙譲語の動詞「奉る」も、一般には「与ふ」「遣る」の謙譲語として、「差し上げる」「参上させる」の意を表すが、「飲む」「食ふ」「着る」「乗る」の尊敬語として、「召し上がる」「お召しになる」「お乗りになる」意も表す。

◆現代用語 キャッシュレス社会 現金を使わず、電子決済で取引や支払いが行われる社会。電子マネーや二次元コードに

376 **まゐる**(参る) 動ラ四
①(謙・動)参上する・参詣(さんけい)する・出仕する・差し上げる
類まうづ 反まかづ 反366まかる

377 **みぐし**(御頭・御首・御髪) 名
①頭、首の敬称 ②髪の敬称
慣**御髪下ろす** 出家なさる

378 **みそかなり**(密かなり) 形動ナリ
①ひそかだ 反29あらはなり

379 **みち**(道) 名
①道・途中・専門の道・方法
②仏道・仏の教え・道徳

380 **みなひと**(皆人) 名
①その場にいる人みんな

381 **みまかる**(身罷る) 動ラ四
①死ぬ 類かくる 類くもがくる

382 **みめ**(見目) 名
①見た目・顔かたち 類138かたち

383 **みやづかへ**(宮仕へ) 名
①宮中に仕えること・奉公

384 **みやび**(雅び) 名
①上品で優雅なこと 反ひなび

385 **みる**(見る) 動マ上一
①見る・世話をする・結婚する

386 **むくつけし** 形ク
①気味が悪い・怖い 類390むつかし
②無骨だ・無風流だ 類200こちなし

387 **むげなり**(無下なり) 形動ナリ
①最低だ・ひどい・むやみに

388 **むご**(無期) 名
①際限のないこと・久しいこと

389 **むすぶ**(掬ぶ) 動バ四
①両手ですくう

390 **むつかし**(難し) 形シク
①不快でうっとうしい・煩わしい
②気味が悪い ③むさくるしい

391 **むべ**(宜) 副
①なるほど 類うべ

392 **めざまし**(目覚まし) 形シク
①心外だ・目が覚めるほど立派だ

393 **めす**(召す) 動サ四
①お呼びになる・取り寄せなさる
②召し上がる・お乗りになる

394 **めづ**(愛づ) 動ダ下二
①感動する・心がひかれる
②愛する・ほめる 派395めづらし

395 **めづらし**(珍し) 形シク
①すばらしい ②新鮮で目新しい
③例がない 現⇩②③

396 **めでたし** 形ク
①すばらしい 類395めづらし

397 **めやすし**(目安し) 形ク
①見た感じがよい 反みぐるし

398 **もてなす**(もて成す) 動サ四
①振る舞う・ふりをする
②処置する・面倒をみる

399 **もと**(本・元) 名
①起源・根本・そば・所・以前
②和歌の上の句 類154かみ 反すゑ

400 **もとより**(元より) 副
①以前から・もともと・もちろん

401 **もの**(物・者) 名
①人・物・物(もの)の怪(け)・鬼

402 **ものがたり**(物語) 名
①世間話・おしゃべり

403 **ものぐるほし**(物狂ほし) 形シク
①狂気じみている

404 **ものす**(物す) 動サ変
①ある・行く・来る・生まれる・死ぬ
②する・行う・言う・書く

405 **やう**(様) 名
①様子・身なり・姿・風情・趣
②事情・わけ・方法・手段
慣63**やうこそはあらめ**

406 **やうやう**(漸う) 副
①しだいに・だんだん 類414やや

407 **やがて** 副
①そのまま 現まもなく
②すぐに・ただちに 類254すなはち

408 **やさし**(優し) 形シク
①恥ずかしい 類283つつまし
②上品だ・優美だ 類16あてなり

409 **やすし** 形ク
①(安)心穏やかだ・安心だ
②(易)容易だ 反136かたし

410 **やつす**(窶す) 動サ四
①目立たぬように姿を変える
②出家する 類121およすく

411 **やまがつ**(山賤) 名
①山に住む身分の低い人

412 **やまとだましひ**(大和魂) 名
①世俗的な処世の才能 反218ざえ

413 **やむごとなし**(止む事無し) 形ク
①捨てておけない・並々でない
②高貴だ 類16あてなり

「むくつけし」は毛虫を評した言葉

『堤中納言(つつみ)物語』の中に、さまざまな虫を飼育する姫君が登場する。中でも、若い侍女たちが「気味が悪い」「怖い」と言って嫌った「かはむし(毛虫)」を、こよなく愛して観察した。

この物語を読むと、「むくつけし」「むつかし」の語の意味が実感できる。

誇り高い女性が多用した「ものす」

「ものす」は形式名詞「もの」とサ変動詞「す」が結合した語で、種々の動作を行う意を婉曲的に表す語である。「何かをする」の具体的な意味内容は、「涙をものす」であれば「流す」意、「文(ふみ)をものす」であれば「書く」意のことだと、文脈から読み取らなければならない。

婉曲とは、それと直接指示せずに遠回しに言うことで、王朝人の奥ゆかしさをよく表した表現である。

「ものす」は、関白藤原兼家の妻が書いた『蜻蛉(かげろう)日記』に頻出する。作者は、日本三大美人の一人と言われ、三十六歌仙の一人にも数えられる才色兼備の誇り高いその性格が、「ものす」を多用させたといえる。

「やむごとなし」と「あてなり」

「やむごとなし」は「止む事無し」が一語化した形容詞で、「捨てておけない」意を原義とする。一般的な高貴さを表す「あてなり」と違い、「並々でない」最高の高貴さを表す語である。

414 やや(稍) 副
①しだいに 類406やうやう
②いくらか・少し

415 やる(遣る) 動ラ四 現⇩②
①つかわす・与える・送る 反おこす

416 やをら 副
①静かに・そっと 派やはら

417 ゆかし 形シク
①見たい・聞きたい・知りたい
②心がひかれる 類310なつかし

418 ゆくりなし 形ク
①突然だ 類78うちつけなり

419 ゆめ(勤・努) 副
①(禁止語を伴って)決して・必ず
②(打消語を伴って)少しも・全然

420 ゆゆし 形シク
①不吉だ 類62いまいまし
②とんでもない・甚だしい
③すばらしい・立派だ

421 ゆゑ(故) 名
①理由・原因・由緒・家柄
②風情・趣・縁故・ゆかり

422 よ(世) 名
①世間・人生・年齢・時節・生活
②男女の仲・夫婦の仲・境遇

慣67世にあり 68世に知らず

423 ようい(用意) 名
①心遣い・注意・準備

424 よし 名/形ク 派よしなし
①(由・名)理由・方法・由緒・縁
②(良し・形)すぐれている・教養がある・正しい

425 よしなし(由無し) 形ク
①理由、手段、方法がない

426 よすが(縁) 名
①身を寄せる所・夫・妻・子

427 よに(世に) 副
①非常に・たいそう 類51いと
②(打消語を伴って)決して・全然

428 よはひ(齢) 名
①年齢・寿命

429 よも 副
①(「じ」「まじ」を伴って)よもや

430 よもすがら(夜もすがら) 副
①一晩中 類よひとよ(夜一夜)

431 よろこび(喜び) 名
①(任官の)お礼・謝礼・祝い事

432 よろし(宜し) 形シク
①まあよい・悪くない 類424よし

433 らうがはし(乱がはし) 形シク
①乱雑だ・乱暴だ 類241しどけなし
②騒々しい 反87うるはし

434 らうたし 形ク 派らうたげなり
①かわいい・いとしい 類147かなし

435 らうらうじ(労労じ) 形シク
①もの慣れている・才気がある
②優雅だ・上品だ 類317なまめかし

436 れい(例) 名
①先例・手本

慣69例の

437 わくらばに 副
①偶然に 類104おのづから

438 わざと 副
①わざわざ・特に・本格的に

439 わたり(辺り) 名
①ほとり・あたり 類361ほど

440 わづらふ(煩ふ) 動ハ四
①苦しむ・病気になる 類319なやむ

441 わびし(侘びし) 形シク
①つらい・寂しい 類72うし
②つまらない・みすぼらしい

442 わらは(童) 名
①幼い子・子供の召し使い・稚児(ちご)

443 わりなし 形ク
①道理に合わない・無茶苦茶だ
②ひどい・甚だしい 類27あやなし

444 わろし(悪し) 形ク
①よくない・まあ悪い 反432よろし

445 ゐる 動ワ上一
①(居)座る・住む
②(率)引き連れる

446 をかし 形シク
①趣がある・おもしろい 類166ぐす
②美しい・見事だ・かわいらしい
類21あはれなり 類117おもしろし

447 をこなり(痴なり) 形動ナリ
①愚かだ 派をこがまし

448 をさをさ 副
①きちんと・すっかり
②(打消語を伴って)ほとんど

449 をし 形シク
①(愛)かわいい 類434らうたし
②(惜)捨てがたい・惜しい

450 をりふし(折節) 名/副
①(名)季節・時節・場合・折
②(副)ちょうどその時・折から

美しい笛の音がどうして不吉なのか

「ゆゆし」は、不吉なことだとして「嫌って避ける」意の「忌む」を重ねた、「忌忌し」の字を当てる形容詞である。「縁起が悪い」「すばらしい」「とんでもない」などの意を表す。

「ゆゆしき笛の音」「ゆゆしき人の御有様」などと表現するのは、魂を奪われるくらいすばらしいことを形容するためである。昔の人は、魂が肉体から離れることを嫌った。不吉を表す「ゆゆし」を用いることで、逆にそのすばらしさの度合いを表現したのである。

弱い者や無力な者に対する愛の心

「らうたし」は「いたわる」意の「労」と「甚だしい」意の「いたし」が結合した語で、弱い者や無力な者に対して抱く「いとおしい」「いじらしい」「かわいい」という気持ちを表す。

「かわいい」の意を表す「うつくし」「いとほし」「かなし」「をかし」の中にあって、特色のある語といえる。

道理もへったくれもあるもんか

「わりなし」の「わり」は「ことわり」の「わり」で、道理・筋道の意を表し、「道理が通用しない」「無茶苦茶だ」を原義とする。「わりなく苦し」「わりなくめでたし」のように、程度の甚だしい意に用いるが、その根底には、「道理を超えて」苦しい、または、すばらしいという気持ちがある。

◆現代用語 新しい人権 社会情勢や人々の意識の変化から、新たに保障されるべきと要求されるようになった権利。環境

【慣用的表現】

1 飽かず　①あき足りなく　②いやになることがなく
2 跡問ふ　①死後を弔う　②行方を尋ねる
3 あなかしこ　①ああ、怖いことだ　②ああ、恐れ多いことだ
4 あなかま　ああ、やかましい・しっ、静かに
5 敢へず　①耐えきれない　②…しきれない
6 敢へなむ　まあ、よしとしよう
7 文目も知らず　ものの条理もわからない
8 あらぬ　①ほかの　②にせの　③意外な　④つまらない
9 ありありて　①生き長らえて　②あげくのはてに
10 ありし　以前の・昔の・生前の
11 ありつる　さっきの・先ほどの
12 ありとある　ある限り全部の
13 ありもつかず　落ち着かない・住み慣れない
14 あるかなきか　①あるのかないのか、いるのかいないのかわからないさま　②生きているのかいないのかわからないさま
15 いかがはせむ　①どうしようか　②どうにもならない
16 いざたまへ　さあ、いらっしゃい
17 いつしか　①いつの間にか　②いつであったか　③早く

18 言はむ方なし　何とも言いようがない
19 言ふかひなし　①言ってもしかたがない　②ふがいない　③卑しい　④がっかりする
20 言ふべきにあらず　言い表せないほどだ
21 言ふもおろかなり　言うまでもない
22 言へばさらなり　今さら言うまでもない
23 寝も寝ず　眠れない
24 え避らず　避けられない・逃れられない
25 えならず　何とも言いようがないほどすばらしい
26 えも言はず　何とも言いようがないほど甚だしい・ひどい
27 思はずに　意外に・思いのほかに
28 頭下ろす　出家する
29 数ならず　身分が低い・取るに足りない
30 けしからず　①異様だ　②よくない　③甚だしい
31 気色おぼゆ　①趣深く思われる　②あやしく思われる
32 気色ばかり　①ほんのちょっと　②ほんのしるしだけ
33 苔の下　墓の中・草葉の陰
34 心あり　①思いやりがある　②情趣を解する　③道理をわきまえる　④誠意がある

35 心をやる　①心を晴らす　②満足する
36 さしたる　これといって特別の
37 さてありぬべし　そうあってよかろう・そうあって不自然でない
38 さもあらばあれ　どうあろうとかまわない・ままよ
39 さらでも　そうでなくても
40 さらにも言はず　今さら言うまでもない・もちろんである
41 避らぬ別れ　死別
42 さるべき　①しかるべき・適当な　②そうなるはずの　③立派な
43 さるものにて　①それは一応もっともであるが　②もちろんのこと
44 せむ方なし　何ともいたしかたない
45 そことも言はず　別にどことも定めず
46 そことも知らず　どこだか見当もつかず
47 そのこととなく　特別の用件もなく
48 とありかかり　ああだこうだ・なんだかんだ・どうこう
49 時しもあれ　折悪しくそのとき
50 時に遇ふ　時めく・時代に遇う
51 所を得　①よい地位を得て得意になる　②わがもの顔をする
52 所を置く　遠慮する
53 名に負ふ　①名として持つ　②評判を持つ・名高い

54 なのめならず　並一通りでない・格別である
55 なべてならず　並一通りでない
56 音を泣く　声を立てて泣く
57 人やりならず　自分の心からしたことだ
58 穂に出づ　色に出る・表面に表れる
59 胸つぶる　心が乱れる・どきどきする・はらはらする
60 目もあやなり　①まぶしいほど立派だ　②見るに忍びない
61 目も及ばず　正視できないほど立派だ
62 もこそ　…したら大変だ
63 やうこそはあらめ　何かわけがあるのだろう
64 やる方なし　①心を晴らすすべがない　②甚だしい
65 夕さる　夕方になる
66 ようせずは　悪くすると・ひょっとすると
67 世にあり　①生きている・この世にいる　②栄えている
68 世に知らず　①またとない　②非常にすばらしい
69 例の　いつものように
70 我かの気色　正体のないさま
71 我か人かにもあらず　自他の区別がつかないほど我を失う
72 我から　自分から・我ながら
73 折しもあれ　ちょうどそのとき

に改めること。一方で、過度に求める姿勢は言論の自由を抑圧するなどの批判もある。政治的妥当性。

【接頭語】

【勢いを強め、調子を整えるもの】

い—い行く・い隠る・い通ふ
うち—うち語らふ・うち聞く・うち見る
おし—おし立つ・おしなべて
か—か細し・か弱し・か黒し
かき—かき消つ・かき曇る（音便で）かい撫づ・かい放つ
け—けざやかなり・け近し
さ—さ霧・さ迷ふ・さ夜
さし—さし仰ぐ・さし向かふ
た—たなびく・たばかる
たち—たち後る・たち返る
とり—とりつくろふ・とり行ふ
ひき—ひきしたたむ・ひきそふ
もて—もて騒ぐ・もてはやす

【ある意味を添えるもの】

あひ（ともにの意）—あひ乗る・あひ見る
あを（未熟な）—青侍・青女房
いささ・ささ（小さい）—いささ群竹・ささ波
いや（ますます）—いや珍し・いや頻く
うひ（初）—初冠・初学び
うま（甘い・尊い）—うま酒・うまびと
うら（心のなか）—うら寂し・うら悲し
お・おん・おほん・おほみ（御・尊敬）—御前・御時・御歌
おほ（大・尊敬）—大海・大宮人
かた（少し・一方）—片時・片田舎
そら（むだ・うそ）—そら頼み・そら寝
たま（美称）—玉垣・玉藻・玉裳
なま（未熟な）—生受領・生おぼえ
ひが（ゆがんだ）—ひが事・ひが者
ま（純粋・美称）—真心・真木
み（御・尊敬・美称）—御垣守・み山・み雪
もの（何となく）—もの悲し・もの寂し
わ（親愛・軽蔑）—わ殿・わ法師め

【接尾語】

【上の語を名詞化するもの】

く—言ふ⇩言はく　知らず⇩知らなく
さ—白し⇩白さ　寂し⇩寂しさ
み—軽し⇩軽み　茂る⇩茂み
らく—老ゆ⇩老いらく　恋ふ⇩恋ふらく

【上の語を動詞化するもの】

がる—ゆかし⇩ゆかしがる
ぐむ—芽⇩芽ぐむ　涙⇩涙ぐむ
さぶ—神⇩神さぶ
だつ—野分⇩野分だつ
づく—世⇩世づく　秋⇩秋づく
なす—山⇩山なす
ばむ—散る⇩散りばむ　気色⇩気色ばむ
ぶ—鄙⇩鄙ぶ　宮⇩宮ぶ
めく—時⇩時めく　今⇩今めく

【上の語を形容詞・形容動詞化するもの】

がち—眺む⇩眺めがちなり
がはし—乱る⇩乱りがはし
がまし—をこ⇩をこがまし
げ—美し⇩美しげなり
めかし—古し⇩古めかし
やか—貴⇩貴やかなり
らか—清し⇩清らかなり

【上の語を副詞（連用修飾語）化するもの】

すがら—身⇩身すがら　道⇩道すがら
づから—おの⇩おのづから　手⇩手づから
み—山高し⇩山高み　瀬はやし⇩瀬をはやみ

【上の語にある意味を添えるもの】

あまり（数が多い意）—二十日あまり一日
うへ（敬意）—尼上・母上
か（場所）—ありか・住みか
がほ（様子）—かこち顔・心得顔
こ（場所）—みやこ・そこ
こ（親愛の称）—背子・吾妹子
ざま（方角）—方ざま・西ざま
たち（尊敬・複数）—公（君）達・神たち
どち（仲間・複数）—友どち・童どち
ども（謙遜・複数）—身ども・犬ども
ばら（同類・複数）—殿ばら・奴ばら
め（軽蔑・卑下）—小法師め・某め

【特定の意味に用いられる語】

遊び　管弦の遊び。遊女
糸竹　音楽。糸は琴・琵琶などの弦楽器。竹は笛、笙などの管楽器。
薄色　薄い紫色。または薄い紅色。
行ひ　仏前の勤行。「勤め」ともいう。
皮　鼓または三味線。
川・河原　京都の賀茂川。その河原。
濃き色　濃い紫色。または濃い紅色。
節分　立春の前日。本来は季節の分かれ目で、年に四回あった。
大師　弘法大師（空海）をさす。
月　秋の夜の月。
寺　三井寺（園城寺）をさす。「寺門」ともいう。
寺法師　三井寺にいた法師。
鳥　特に鶏。鷹狩りでは雉。
南都　奈良の興福寺。
花　桜の花。古くは梅の花もさす。
真木　檜・杉などをさす。
祭り　陰暦四月の第二の酉の日に行われた京都賀茂神社の祭り。「賀茂の祭り」「葵祭り」ともいう。
真鳥　鷲をさす。鳥の中の王の意。
真虫　毒蛇のマムシ。最も忌むべき虫の意。
紅葉（黄葉）　特に色づいた楓をさす。
山　比叡山、または、そこにある延暦寺。三井寺の「寺門」に対して「山門」といい、興福寺の「南都」に対して「北嶺」という。
山法師　延暦寺にいた法師。

◆現代用語　ポリティカル・コレクトネス　人種・宗教・性別などによる差別や偏見に基づく表現や認識を中立的なもの

【古文必須語彙】

＊読み方は現代仮名遣いによる。

愛敬（あいぎょう）かわいらしさ。
哀傷（あいしょう）人の死を悼むこと。
白馬（あおうま）青馬を見て邪気払いをする正月七日の宮中の節会行事。
閼伽（あか）仏前に供える水。
県召（あがためし）地方官の任命儀式。
浅茅（あさじ）丈の低い茅萱。
案内（あない）取り次ぎを求めること。
海士・海人・蜑（あま）漁夫。潜水して貝や海草などをとる女。海女。
十六夜（いざよい）陰暦十六日の夜。また、その夜の月。
入相（いりあい）夕暮れ時。
初冠（ういこうぶり）男子元服の儀式。
艮（うしとら）北東の方角。
後見（うしろみ）面倒をみること。
卯月（うづき）陰暦四月のこと。
烏帽子（えぼし）成人男子のかぶり物。
奥儀（おうぎ）学問・芸術などの極意。
大殿油（おおとなぶら）宮殿の油灯火。
御座（おまし）貴人などの座る所。
女郎花（おみなえし）秋の七草の一つ。
御衣（おんぞ・みぞ）衣服の敬称。
学生（がくしょう）学問を修めた者。
方違え（かたたがえ）災いを受ける方角を避けるしきたり。
徒歩（かち）足で歩いて行くこと。
狩衣（かりぎぬ）貴族男性のふだん着。
乾飯（かれいい）携帯用の干した飯。
上達部（かんだちめ）公卿の別称。
几帳（きちょう）室内用の隔ての道具。
牛車（ぎっしゃ）牛に引かせた車。
後朝（きぬぎぬ）男女が共寝した翌朝。
公達・君達（きんだち）貴族の子息。
蔵人（くろうど）天皇の近習。
下向（げこう）都から地方に行くこと。神仏に参詣して帰ること。
下衆（げす）身分の低い人。
検非違使（けびいし）都の治安に当たった官職。
験者（げんざ）修験道を修めた行者。
更衣（こうい）女御に次ぐ後宮の女官。
小袿（こうちき）貴族女性のふだん着。
後世（ごせ）来世。あの世。
東風（こち）東から吹く風。春風。
防人（さきもり）九州北辺を守る兵士。
作文（さくもん）漢詩を作ること。
指貫（さしぬき）袴の一種で、括り袴。
早蕨（さわらび）芽を出したばかりのわらび。
時雨（しぐれ）晩秋から初冬にかけて、降ったりやんだり定めなく降る雨。
地下（じげ）昇殿を許されない官人。
紙燭（しそく）室内用の照明具。
東雲（しののめ）夜明け方。
除目（じもく）人事異動の行事。
上臈（じょうろう）身分の高い人。年功を積んだ高僧。
透垣（すいがい）間を透かした垣根。
随身（ずいじん）貴人に付き従う者。
誦経（ずきょう）読経すること。
宿世（すくせ）前世からの因縁。
従者（ずさ）供の者。召し使い。
簀子（すのこ）濡れ縁。竹や葦の敷物。
炭櫃（すびつ）いろり。または角火鉢。
受領（ずりょう）地方を統治する長官。
節会（せちえ）節の日の行事や宴会。
前栽（せんざい）庭の植え込み。
仙洞（せんとう）上皇の御所。上皇。
曹司（ぞうし）女官や役人の部屋。
雑色（ぞうしき）雑役をする下級役人。
僧都（そうず）僧正に次ぐ位の僧。
帥（そち）大宰府の長官。
対屋（たいのや）寝殿造別棟の建物。
内裏（だいり）皇居。
薫物（たきもの）いろいろな香をまぜ合わせて作った練り香。
匠・工（たくみ）職人。大工。細工師。
立蔀（たてじとみ）格子の衝立・板塀。
重陽（ちょうよう）陰暦九月九日の行事。五節句の一つで、菊の節句。
築地・築土（ついじ）屋根つきの土塀。
追儺（ついな）大晦日の宮中の厄払い。
司召（つかさめし）京官の任命儀式。
局（つぼね）女官や女房の部屋。女官。
殿上人（てんじょうびと）清涼殿の殿上の間に昇殿を許された人。
刀自（とじ）主婦。婦人の敬称。
春宮・東宮（とうぐう）皇太子の別称。
舎人（とねり）皇族や貴人に仕える人。
宿直（とのい）宿泊して勤務すること。
主殿司（とのもりづかさ）後宮の役所。
内侍（ないし）後宮の内侍司の女官。
長押（なげし）母屋と廂の境に、柱から柱へ渡した横木。
南殿（なでん）紫宸殿の別称。
難波（なにわ）大阪市一帯の古称。
女御（にょうご）中宮に次ぐ位の女官。
閨（ねや）寝室。
直衣（のうし）貴族男性のふだん着。
野分（のわき）秋の激しい風。台風。
半蔀（はじとみ）上半分を蔀にして外側につり上げるようにした戸。
廂（ひさし）母屋と簀子の間の部屋。
直垂（ひたたれ）公卿や武士の平常服。
発心（ほっしん）出家すること。
籬（まがき）柴や竹などで編んだ垣根。
真字・真名（まな）漢字。
澪標（みおつくし）水路を示した杭。
御門（みかど）天皇の尊称。皇居。
神酒（みき）神に供える酒。酒の敬称。
御息所（みやすどころ）天皇の寵愛を受けた女官。皇太子・親王の妃。
行幸・御幸（みゆき）天皇などの外出。
命婦（みょうぶ）女官の称の一つ。
乳母（めのと）母親代わりの女性。
裳（も）腰から下にまとう女性の衣服。
物忌み（ものいみ）災いを忌み、一定期間身心を清めて家にこもること。
物怪（もののけ）人にとりつく悪霊。
母屋（もや）寝殿造で、中央の部屋。
唐土（もろこし）中国の古称。
文集（もんじゅう・ぶんしゅう）中国の白居易の詩文集『白氏文集』。
遣水（やりみず）寝殿造の庭に、川の水を引き込んで造った流れ。
渡殿（わたどの）屋根のある渡り廊下。

よる資金調達という手法はあったが、情報技術の発達によって、より手軽に誰でも行えるようになった。

主要名数一覧

（中国は464ページ参照）

一院　上皇（法皇）が二人ある場合の前の上皇。本院。
一人　天皇。
一の人　摂政・関白。一座・一の所。
二聖　①（書道）嵯峨天皇と僧空海。②（和歌）柿本人麻呂と山部赤人。
三界　①欲界・色界・無色界。②過去・現在・未来。
三関　①鈴鹿（伊勢）・不破（美濃）・愛発（越前）、後に逢坂（近江）。②奥羽では勿来・白河・念珠。
三景　松島（陸奥）・厳島（安芸）・天橋立（丹後）。
三元　上元（正月十五日）・中元（七月十五日）・下元（十月十五日）。
三公　①太政大臣・左大臣・右大臣。②左大臣・右大臣・内大臣。
三国　日本・唐（中国）・天竺（印度）。
三山　①（大和）畝傍山・天の香具山・耳成山。②（熊野）新宮・本宮・那智。③（出羽）月山・羽黒山・湯殿山。
三社　伊勢神宮・石清水八幡宮・賀茂神社（または春日神社）。
三舟の才　漢詩・和歌・管弦の三道にすぐれること。

三種の神器　八咫鏡・草薙剣（天叢雲剣）・八坂瓊曲玉。
三世　①過去・現在・未来。②父・子・孫。
三蹟　小野道風・藤原佐理・藤原行成。
三夕の歌　『新古今集』所収。
・寂しさはその色としもなかりけり槙立つ山の秋の夕暮れ（寂蓮）
・心なき身にもあはれは知られけり鴫立つ沢の秋の夕暮れ（西行）
・見渡せば花も紅葉もなかりけり浦の苫屋の秋の夕暮れ（定家）
三尊　①阿弥陀如来、観世音・勢至の菩薩。②釈迦如来、文殊・普賢の菩薩。
三大河　利根川（坂東太郎）・筑後川（筑紫次郎）・吉野川（四国三郎）。
三代集　古今集・後撰集・拾遺集。
三大人　荷田春満・賀茂真淵・本居宣長。平田篤胤を加えて国学四大人。
三大門　平安京の羅城（生）門・朱雀門・応天門。
三筆　嵯峨天皇・橘逸勢・空海。
三宝　仏・法・僧。
四鏡　大鏡・今鏡・水鏡・増鏡。
四座　観世・金春・宝生・金剛。喜多を加えて「四座一流」という。
四姓　源・平・藤原・橘の四氏。
四天王　①（仏教）持国天（東）・広目天（西）・増長天（南）・多聞天（北）。②（頼光の臣）渡辺綱・坂田金時・碓井貞光・卜部季武。③（中世和歌）頓阿・兼好・浄弁・慶運。

五戒　不殺生戒・不偸盗戒・不邪淫戒・不妄語戒・不飲酒戒。
五街道　東海道・中山道・日光街道・奥州街道・甲州街道。
五畿　山城・大和・河内・和泉・摂津。
五穀　米・麦・粟・黍・豆。
五山　①（京都）天龍寺・相国寺・建仁寺・東福寺・万寿寺。②（鎌倉）建長寺・円覚寺・寿福寺・浄智寺・浄妙寺。
五舎　昭陽舎（梨壺）・淑景舎（桐壺）・飛香舎（藤壺）・凝華舎（梅壺）・襲芳舎（雷鳴壺）。
五節会　元日・白馬（正月七日）・踏歌（正月十四日）・端午（五月五日）・豊明（十一月の新嘗祭りの翌日）。
五摂家　近衛・九条・二条・一条・鷹司。
五人　（梨壺五人）大中臣能宣・坂上望城・源順・清原元輔・紀時文。
六歌仙　在原業平・僧正遍昭・大友黒主・小野小町・喜撰法師・文屋康秀。
六根　眼・耳・鼻・舌・身・意。
六道　地獄・餓鬼・畜生・修羅・人間・天上。

七福神　大黒天・恵比寿三郎・弁財天女・毘沙門天・寿老人・布袋和尚・福禄寿。
七部集　（芭蕉）冬の日・春の日・曠野・ひさご・猿蓑・炭俵・続猿蓑。
七堂伽藍　金堂・講堂・塔婆・経蔵・鐘楼・食堂・僧房。
七宝　金・銀・瑠璃・玻璃・硨磲・珊瑚・瑪瑙。
七草　①（春）せり・なずな・ごぎょう・はこべら・ほとけのざ・すずな・すずしろ。②（秋）萩・尾花・葛・撫子・女郎花・藤袴・桔梗。
八代集　古今集・後撰集・拾遺集・後拾遺集・金葉集・詞花集・千載集・新古今集。
八景　（近江八景）比良の暮雪・矢橋の帰帆・石山の秋月・瀬田の夕照・三井の晩鐘・堅田の落雁・粟津の晴嵐・唐崎の夜雨。
八省　中務省・式部省・治部省・民部省・兵部省・刑部省・大蔵省・宮内省。
九品　上品上生・上品中生・上品下生・中品上生・中品中生・中品下生・下品上生・下品中生・下品下生。
十哲　（蕉門十哲）其角・嵐雪・許六・去来・支考・丈草・北枝・杉風・野坡・越人。

◆現代用語　クラウドファンディング　インターネット経由で不特定多数の人々から出資を募る仕組み。これまでも寄付に

主要単位呼称一覧

A基本となる単位呼称

はかろうとするものの形状、容器の種類によって次のような基本呼称がある。

一籠　籠にはいったもの
一罐　罐にはいったもの
一切　切ったもの
一串　串にさしたもの
一組・一揃　合わせてひとそろいになるもの
一束・一把　細いものをまとめたもの
一箱　箱にはいったもの
一袋　袋にはいったもの
一枚　薄いもの
一冊　とじた本状のもの
一足　両足にはくそろいもの
一頭　主として大きめな動物
一杯　コップ・さじ・さかずきなどの容器にはいったもの。
一匹　主として小さめな動物や魚、虫類
一俵　俵にはいったもの
一本　細く長いもの

B注意すべき単位呼称

A以外にも、はかろうとするものによって次のような呼称がある。

【動　物】
あわび　一杯
烏賊・蛸　一杯
魚　一尾
うさぎ　一羽
馬　一騎（騎乗のとき）
かれい・鱒・鯛　一枚

【植　物】
植木　一株・一鉢
木　一株
草　一株
茄子　一顆
花　一輪
葡萄　一粒・一房

【飲食物】
饂飩　一玉
鏡餅　一重
菓子　一折
果物　一顆
酒　一献
ざるそば　一枚
茶　一封・一椀
豆腐　一丁
海苔　一帖
羊羹　一棹

【服　飾】
袷　一領
衣服　一重・一具
烏帽子　一頭
帯　一条・一筋
織物　一反
被衣　一領
裃　一具
狩衣　一具
絹　一疋
小袖　一重
手拭　一条・一筋
布　一幅・一端
羽織　一領
袴　一対・一下
紐　一条・一筋
木綿　一締

【住居・調度】
行燈　一張
家　一軒・一戸・一棟
鏡　一面・一口
掛軸　一幅・一軸・一対
蚊帳　一張・一垂・一条
几帳　一基
砧　一枚
脇息　一脚
鏡台　一基・一台
倉　一棟
簾　一張・一垂・一連
箪笥　一棹
ちょうちん　一張
机　一脚
壺　一瓶・一口・一壺
堂　一宇
灯籠　一張・一基
長持　一棹

【日用品】
笠　一笠・一枚
傘　一張
剃刀　一挺・一口
櫛　一枚
膳　一膳・一人前
扇子　一柄・一本
煙草盆　一面
樽　一樽・一荷
箸　一膳・一具
旗　一旒・一流
包丁　一柄・一挺
ろうそく　一挺

【武　具】
刀　一振・一口
太刀　一腰・一振・一柄
鉄砲　一挺・一門・一口
薙刀　一柄・一振
矢　一筋
槍　一条
弓　一張

【文　具】
紙　一締・一葉・一帖
書籍　一巻・一編
硯　一面
手紙　一本・一通・一封
巻物　一巻・一軸

【楽器】
琴　一張・一面
三味線　一棹・一挺
つづみ　一張
琵琶　一面
笛　一管

【娯楽・芸能】
生け花　一杯・一鉢
歌合　一番
謡いもの　一段
碁・将棋　一局・一番
詩　一編
芝居　一場・一幕・一景
すもう　一番
川柳　一句
短歌　一首
能　一番
俳句　一句
舞楽　一曲
舞　一指

【宗　教】
経　一巻・一部
袈裟　一領
珠数　一貫・一連
神体　一柱
塔婆　一基・一層
鳥居　一基
仏像　一頭・一体

【乗り物】
駕籠　一挺
貸車　一両・一台
車　一両・一台
航空機　一機
列車　一両・一本・一列車

【その他】
薬　一服・一錠・一包み
事件　一件
証文　一札
煙草　一服
履歴書　一通

す場合が多い。日本独自の文化として海外でも人気が高く、政府による国内外への発信も行われている。

文語文法要覧

文語文法入門

仮名遣い

定義 平安時代中期ごろの用例を基準とした仮名遣いを**歴史的仮名遣い**という。

歴史的仮名遣いの読み方

①語中・語尾の「は・ひ・ふ・へ・ほ」は「ワ・イ・ウ・エ・オ」と読む。

例 い**は**ひ（祝ひ）⇩イ**ワ**イ　ま**ふ**（舞ふ）⇩マ**ウ**

②次のように**母音が重なる場合**は、長音で読む。

・アウ（アフ）⇩オー　例 やう（様）⇩ヨー
・イウ（イフ）⇩ユー　例 いふ（言ふ）⇩ユー
・エウ（エフ）⇩ヨー　例 けふ（今日）⇩キョー
・オウ（オフ）⇩オー　例 思ふ（思ふ）⇩オモー

③「ゐ・ゑ・を」は「イ・エ・オ」、「ぢ・づ」は「ジ・ズ」と読む。

例 **ゐ**なか（田舎）⇩**イ**ナカ　なん**ぢ**（汝）⇩ナン**ジ**

④助動詞「む」、助詞「なむ」などの「**む**」は、「ン」と読む。

例 行か**む**⇩行カ**ン**

文・文節・単語

定義 ひとまとまりの思想や感情を表す表現を**文**という。書くときには終わりに句点「。」をつけて示す。文を、音読するときに不自然にならない範囲で区切った一区切りを**文節**という。文節をさらに小さく分けた、言語の最小単位を**単語**という。

文節の種類

文節の種類	例
主部（ナニガ）	ほととぎす　鳴く。
述部（ドウスル・ドンナダ・ナニダ）	ほととぎす　鳴く。 雪　白し。　汝は　女なり。
修飾部（ドノヨウニ）（ドノヨウナ）	連用修飾語　風　激しく　吹く。 連体修飾語　黒き　雲　出ず。
接続部	雨降る。　されど、　行かむ。
独立部	あな、　うらやまし。

文節相互の関係

文節相互の関係	例
主・述の関係	夜（主）　更けぬ（述）。　月（主）　おもしろし（述）。
修飾・被修飾の関係	連用修飾・被修飾　いと（修飾）　をかし（被修飾）。 連体修飾・被修飾　苦しき（修飾）　こと（被修飾）。
接続・被接続の関係	雨　降れど（接続）、　行かむ（被接続）。
並列（対等）の関係	あるじと（並列）　すみかと（並列）　無常を争ふ。
補助・被補助の関係	秋の　来るには（被補助）　あらず（補助）。
独立の関係	いざ（独立）、　帰りなむ。

品詞分類表

- 単語
  - 自立語
    - 活用がない
      - 主語となる…（体言）……1 名詞
      - 修飾語となる
        - 主として用言を修飾する……2 副詞
        - 体言のみを修飾する……3 連体詞
      - 接続語となる……4 接続詞
      - 独立語となる……5 感動詞
    - 活用がある
      - 述語となる…（用言）
        - ウ段音（ラ変動詞は「り」）で言い切る……6 動詞
        - 「し」で言い切る……7 形容詞
        - 「なり・たり」で言い切る……8 形容動詞
  - 付属語
    - 活用がある……9 助動詞
    - 活用がない……10 助詞

自立語と付属語

定義 単独で文節になることができる単語を**自立語**という。単独では文節になることができない単語を**付属語**という。

体言と用言

「翁」「竹」「こと」など、実体を表す自立語（名詞）を**体言**という。「取る」「久しく」「なり」など、活用のある自立語（動詞・形容詞・形容動詞）を**用言**という。

例

翁、	竹	を	取る	こと	久しく	なり	ぬ。
自	自	付	自	自	自	自	付

◆現代用語　ポップカルチャー　大衆向け文化のこと。近年日本では、特に漫画・アニメ・映画・ゲームなどのことを指

品詞各説

1 名詞

定義 自立語で活用がなく、単独で主語となる。事物の名前を表す。体言。

名詞の種類

普通名詞	共通した事物をひとまとめにして表す。	心 雨 文 男 静けさ
固有名詞	特定の事物を表す。	清少納言 京
数詞	数量や順序を表す。	二つ 三番
代名詞	事物を直接指し、名の代わりに用いる。	われ これ そこ いづこ
形式名詞	具体的な意味を失い、上に連体修飾語がくる。	ため こと もの とき

代名詞の種類

		自称（話し手）	対称（聞き手）	他称 近称	他称 中称	他称 遠称	不定称
人称代名詞	人	あ・あれ わ・われ おのれ それがし	な・なれ なんぢ おん身 いまし みまし	こ・これ	そ・それ	あ・あれ か・かれ	た・たれ なにがし
指示代名詞	事物			こ・これ	そ・それ	あ・あれ か・かれ	いづれ なに
指示代名詞	場所			ここ	そこ	あしこ かしこ	いづこ いづく いづら
指示代名詞	方向			こち こなた	そち そなた	あち あなた かなた	いづち いづかた

2 副詞

定義 自立語で活用がなく、主として連用修飾語となる。

副詞の種類

状態の副詞	状態を説明する。	しばし ほのぼの
程度の副詞	程度を説明する。	いと 少し すべて
呼応の副詞	下に決まった語を要求する。	え なんぞ ゆめ

呼応の副詞の種類

種類	主な呼応の副詞	呼応する表現
打消	あへて え さらに つゆ	ず じ まじ なし
疑問	いかが いかで なんぞ	や か 連体形
反語	あに いづくんぞ いはんや	や か 連体形
仮定	たとひ もし よし よしや	ば とも ども
禁止	な ゆめ ゆめゆめ	そ な べからず
推量	いかばかり さだめて	む べし らむ
願望	いかで なにとぞ	む なむ ばや
比況	あたかも さながら なほ	ごとし ごとくなり
当然	すべからく よろしく	べし

呼応の副詞の訳し方

例
- あへて…ず（決シテ〈全ク〉…ナイ）
- え…ず（…スルコトガデキナイ）
- たとひ…ば（モシ…ナラ）
- たとひ…とも（タトエ…テモ）
- な…そ（…スルナ）
- あたかも…ごとし（マルデ…ノヨウダ）
- すべからく…べし（当然…ベキダ）

3 連体詞

定義 自立語で活用がなく、単独で連体修飾語となり、すぐ下の体言を修飾する。すべて他の品詞から転成したもの。

連体詞の種類

種類	例
動詞から転成した語	ある さる 来たる
動詞＋助動詞から転成した語	あらゆる ありし ありつる いんじ させる さんぬる

4 接続詞

定義 自立語で活用がなく、単独で接続語となって、前後をつなぐ。

接続詞の種類

種類		例
条件接続	順接	かかれば かくて さらば
条件接続	逆接	かかれども されど さるを
対等接続	並列・添加	および ならびに また かつ
対等接続	選択・対比	あるいは あるは または
その他の接続	補足	けだし ただし また
その他の接続	話題転換	さて そもそも

5 感動詞

定義 自立語で活用がなく、単独で独立語となる。

感動詞の種類

種類	例
感動	ああ あつぱれ あな あはれ すは
呼びかけ	いかに いざ いで これ なう や
応答	いな いや えい おう しかしか

分配しない民間の団体を指す。

6 動詞

定義 自立語で活用があり、単独で述語となることができる語（用言）のうち、動作・作用・存在を表し、言い切るとウ段（ラ変動詞はイ段）で終わる。

動詞の活用表

種類	基本形	語幹	行	未然形	連用形	終止形	連体形	已然形	命令形
四段活用	思ふ	おも	ハ行	は -a	ひ -i	ふ -u	ふ -u	へ -e	へ -e
上一段活用	見る	(み)	マ行	み -i	み -i	みる -iる	みる -iる	みれ -iれ	みよ -iよ
下一段活用	蹴(け)る	(け)	カ行	け -e	け -e	ける -eる	ける -eる	けれ -eれ	けよ -eよ
上二段活用	過ぐ	す	ガ行	ぎ -i	ぎ -i	ぐ -u	ぐる -uる	ぐれ -uれ	ぎよ -iよ
下二段活用	たづぬ	たづ	ナ行	ね -e	ね -e	ぬ -u	ぬる -uる	ぬれ -uれ	ねよ -eよ
カ行変格活用	来(く)	(く)	カ行	こ -o	き -i	く -u	くる -uる	くれ -uれ	こ(こよ) -o
サ行変格活用	す	(す)	サ行	せ -e	し -i	す -u	する -uる	すれ -uれ	せよ -eよ
ナ行変格活用	死ぬ	し	ナ行	な -a	に -i	ぬ -u	ぬる -uる	ぬれ -uれ	ね -e
ラ行変格活用	あり	あ	ラ行	ら -a	り -i	り -i	る -u	れ -e	れ -e

7 形容詞

定義 自立語で活用があり、単独で述語となることができる語(用言)のうち、状態・性質・感情を表し、言い切ると「し」で終わる。

形容詞の活用表

種類	基本形	語幹	未然形	連用形	終止形	連体形	已然形	命令形
ク活用	よし	よ	く から	く かり	し	き かる	けれ	かれ
シク活用	美し	うつく	しく しから	しく しかり	し	しき しかる	しけれ	しかれ

8 形容動詞

定義 自立語で活用があり、単独で述語となることができる語（用言）のうち、状態・性質を表し、言い切ると「なり」「たり」で終わる。

形容動詞の活用表

種類	基本形	語幹	未然形	連用形	終止形	連体形	已然形	命令形
ナリ活用	静かなり	しづか	なら	なり に	なり	なる	なれ	(なれ)
タリ活用	堂々(だうだう)たり	堂々	(たら)	たり と	たり	たる	(たれ)	(たれ)

動詞活用の見分け方

① おぼえておくべきもの

- 上一 干(ひ)る・射る・鋳(い)る・着る・似る・煮(に)る・見る・居(ゐ)る〔など十数語〕
  ＊「ヒイキニミヰル」とおぼえる。
- 下一 蹴る〔一語〕
- カ変 来〔一語〕
- サ変 す（複合語が多い）・おはす
- ナ変 往(い)ぬ・死ぬ〔二語〕
- ラ変 あり・をり・侍(はべ)り・いまそ(す)かり〔四語〕

② 打消の助動詞「ず」をつけてみると、未然形の活用語尾の音が、

ア段音となる。⇩四段
イ段音となる。⇩上二
エ段音となる。⇩下二

音便 発音の便宜のために単語の音が変化することを、音便という。**イ音便・ウ音便・撥(はつ)音便・促(そく)音便**がある。

	イ音便	ウ音便	撥音便	促音便
動詞	咲きて⇩咲いて	思ひて⇩思うて	死にて⇩死んで	ありて⇩あつて
形容詞	よきかな⇩よいかな	近くて⇩近うて	多かるめり⇩多かんめり	／
形容動詞	／	／	豊かなるなり⇩豊かなんなり	／
助動詞	べき⇩べい	まじく⇩まじう	なるめり⇩なんめり	／

◆現代用語 ＮＰＯ 非営利組織。さまざまな分野の社会貢献活動を行い、政府の支配に属さず独立し、利潤を構成員に

9 助動詞

定義 付属語で活用があり、用言その他について、さまざまな意味を添える。

助動詞の活用表

接続	助動詞の種類	助動詞	主な意味（　）は訳語	未然形	連用形	終止形	連体形	已然形	命令形	活用の型	接続
未然形	自発・可能・受身・尊敬	る	自発(自然ニ…レル、ラレル)	れ	れ	る	るる	るれ	○	下二段型	四段・ナ変・ラ変の未然形
		らる	可能(…コトガデキル、…レル)	られ	られ	らる	らるる	らるれ	○		右以外の動詞の未然形
		る	受身(…レル、…ラレル)	れ	れ	る	るる	るれ	れよ		四段・ナ変・ラ変の未然形
		らる	尊敬(オ…ニナル、…レル)	られ	られ	らる	らるる	らるれ	られよ		右以外の動詞の未然形
	使役・尊敬	す	使役(…セル、…サセル)	せ	せ	す	する	すれ	せよ		四段・ナ変・ラ変の未然形
		さす	尊敬(オ…ニナル、…レル…、…ラレル)	させ	させ	さす	さする	さすれ	させよ		右以外の動詞の未然形
		しむ		しめ	しめ	しむ	しむる	しむれ	しめよ		用言の未然形
	打消	ず	打消(…ナイ)	ず ざら	ず ざり	ず	ぬ ざる	ね ざれ	ざれ	特殊型	活用語の未然形
	打消推量	じ	打消推量(…ナイダロウ) 打消意志(…ナイツモリダ)	○	○	じ	(じ)	(じ)	○	特殊型	
	推量	む(ん)	推量(…ダロウ)意志(…ウ、…ヨウ、…ツモリダ)適当・勧誘(…ベキダ、…ノガヨイ、…タラドウダ)仮定(…トシタラ)婉曲(…ヨウナ)	(ま)	○	む(ん)	む(ん)	め	○	四段型	
		むず(んず)		○	○	むず (んず)	むずる (んずる)	むずれ (んずれ)	○	サ変型	
	反実仮想	まし	反実仮想(モシ～ダッタラ…ダロウニ)実現不可能な希望(…ダッタラヨカッタノニ)迷い・ためらい(…タモノダロウカ)	ましか (ませ)	○	まし	まし	ましか	○	特殊型	
	願望	まほし	願望(…タイ、…テホシイ)	まほしく まほしから	まほしく まほしかり	まほし	まほしき まほしかる	まほしけれ	○	形容詞型	動詞と助動詞(す・さす・ぬ)の未然形
連用形	過去	き	過去(…タ)	(せ)	○	き	し	しか	○	特殊型	活用語の連用形(カ変・サ変には未然形にもつく)
		けり	過去(…タ、…タソウダ) 詠嘆(…ナア、…タノダナア)	(けら)	○	けり	ける	けれ	○	ラ変型	活用語の連用形
	完了	つ	完了(…タ、…テシマッタ)確述(強意)(キット…スル、タシカニ…ダ)並列(…タリ…タリ)	て	て	つ	つる	つれ	てよ	下二段型	
		ぬ		な	に	ぬ	ぬる	ぬれ	ね	ナ変型	
		たり	存続(…テイル、…テアル) 完了(…タ、…テシマッタ)	たら	たり	たり	たる	たれ	(たれ)	ラ変型	

助動詞の注意事項

━る・らる・す・さす・しむ━

◎「れ給ふ」「られ給ふ」の「る」「らる」は、尊敬ではなく、自発か受身である場合が多い。

◎「せ給ふ」「させ給ふ」の「す」「さす」は、尊敬と使役の場合があるが、尊敬である場合が多い。

◎「す」「さす」「しむ」の上下に尊敬語がない場合は使役。

━らむ・けむ━

◎「らむ」は現在、「けむ」は過去を推量。

◎「らむ」には、次のような用法がある。

> **現在推量**…直接見ていない事柄について、「今ごろは…しているだろう」と推量。
> **現在の原因推量**…直接見ている事柄について、その背後にある原因・理由を「…だからであろう」と推量。

━む・むず━

◎「むず」は、推量の助動詞「む」＋格助詞「と」＋サ変動詞「す」の「むとす」が縮まってできた語。「む」よりも意味がやや強い。

━まし（反実仮想）━

◎「反実仮想」とは、事実に反することを仮に考えて結果を想像することで、「もし…だったら…だろうに」という意味を表す。普通、次のパターンで表現される。

> ましかば…まし　ませば…まし
> せば…まし　活用語の未然形＋ば…まし
> ＊「せば」の「せ」は過去の助動詞「き」の未然形。

現在も進行している。少子化と合わせて、生産年齢人口の減少による労働力不足が懸念される。

接続	種類	語	意味・用法	未然形	連用形	終止形	連体形	已然形	命令形	活用の型	主な接続
連用形	過去推量	けむ(けん)	過去推量(…タダロウ)過去の原因推量(…タノダロウ)過去の伝聞(…タソウダ)過去の婉曲(…タヨウナ)	○	○	けむ(けん)	けむ(けん)	けめ	○	四段型	活用語の連用形
	願望	たし	願望(…タイ、…テホシイ)	たく たから	たく たかり	たし	たき	たけれ	○	形容詞型	動詞と助動詞(る・らる・す・さす)の連用形
終止形	推量	べし	推量(…ニチガイナイ、…ダロウ)意志(…ウ、…ツモリダ)適当(…ノガヨイ、…ノガ適当ダ)当然・義務(…ハズダ、…ベキダ)強い勧誘・命令(…ベキダ、…セヨ)可能(…デキル)	べく べから	べく べかり	べし	べき べかる	べけれ	○	形容詞型	活用語の終止形(ラ変型には連体形につく)
	現在推量	らむ(らん)	現在推量(今ゴロハ…テイルダロウ)現在の原因推量(…ノダロウ、…ダカラダロウ)現在の伝聞(…ソウダ)現在の婉曲(…テイルヨウナ)推量(…ダロウ)	○	○	らむ(らん)	らむ(らん)	らめ	○	四段型	
	推定	らし	推定(…ラシイ、…ニチガイナイ)	○	○	らし	らし(らしき)	らし	○	特殊型	
		めり	推定(…ヨウニ見エル、…ヨウダ)婉曲(…ヨウダ)	○	(めり)	めり	める	めれ	○	ラ変型	
		なり	推定(…ヨウダ、…ラシイ)伝聞(…トイウコトダ、…ソウダ)	○	なり	なり	なる	なれ	○	ラ変型	
	打消推量	まじ	打消推量(…ナイダロウ)打消意志(…ナイツモリダ)禁止・不適当(…テハナラナイ、ナイホウガヨイ)打消当然(…ベキデハナイ、…ハズガナイ)不可能推量(…デキソウニナイ)	まじく (まじから)	まじく まじかり	まじ	まじき まじかる	まじけれ	○	形容詞型	
体言 連体形	断定	なり	断定(…ダ、…デアル)存在(…ニアル)	なら	なり に	なり	なる	なれ	(なれ)	形容動詞型	体言・活用語の連体形(一部の助詞や副詞にも接続)
体言		たり	断定(…ダ、…デアル)	たら	たり と	たり	たる	たれ	(たれ)		体言
その他	完了	り	存続(…テイル、…テアル)完了(…タ、…テシマッタ)	ら	り	り	る	れ	(れ)	ラ変型	サ変の未然形・四段の已然形(四段は命令形の説あり)
	比況	ごとし	比況(…ト同ジダ、…ヨウダ)例示(…ノヨウダ、…ナドダ)	ごとく	ごとく	ごとし	ごとき	○	○	形容詞型	体言・活用語の連体形・助詞(が・の)
		やうなり		やうなら	やうなり やうに	やうなり	やうなる	やうなれ	○	形容動詞型	活用語の連体形・助詞(が・の)

き・けり

き…自分が直接経験した過去の出来事を回想。

けり…自分が間接的に知った過去の出来事(間接経験)を回想。

○「き」が力変動詞・サ変動詞に接続する場合

			き	し	しか
カ変	未然形	こ		こ―し	こ―しか
	連用形	き		き―し	き―しか
サ変	未然形	せ		せ―し	せ―しか
	連用形	し	し―き		

つ・ぬ

つ…意識的・作為的な動作の完了。

ぬ…無意識的・自然的な動作の完了。

○下に推量の助動詞が接続している場合は、完了ではなく、確述(強意)を表す。
例 てむ・つべし・てまし・つらむ
　なむ・ぬべし・なまし・ぬらむ

らし・めり・なり

らし…眼前の客観的事実に基づく根拠のある推定。普通、文中に根拠を示す表現がある。

めり…目で見た事柄に基づく推定。

なり…耳で聞いた事柄に基づく推定。

む・べし・じ・まじ

未然形に接続…む　―打消→じ
　　　　　　↑強め　　↑強め
終止形に接続…べし―打消→まじ

◆現代用語　超高齢社会　65歳以上の高齢者の割合が全人口の21%を超えた社会。日本は2007年に超高齢社会に突入し、

10 助詞

定義 付属語で活用がなく、他の語について付属的はたらきをする。

助詞の意味・用法・接続

種類	助詞	主な意味・用法（ ）は訳語	接続
格助詞	が	主格（…ガ、…ノ）連体修飾格（…ノ、…ノヨウナ）体言の代用（…ノ、…ノモノ、…ノコト）同格（…デ）	体言・連体形
	の	主格（…ガ、…ノ）連体修飾格（…ノ、…ノヨウナ）体言の代用（…ノ、…ノモノ、…ノコト）同格（…デ）比喩（…ノヨウニ）	
	へ	方向（…ヘ）	
	を	対象（…ヲ）起点（…ヲ、…カラ）通過する場所（…ヲ、…ヲ通ッテ）継続する期間（…ヲ、…ノ間ヲ）	
	に	時間・場所（…ニ、…時ニ、…デ）方向・帰着点（…ニ）対象（…ニ）目的（…ニ、…ノタメニ）原因・理由（…ノタメニ、…ニヨッテ）手段・方法（…デ、…ニヨッテ）結果（…ニ、…ト）使役の対象・受身の相手（…ニ）比較の基準（…ト比べテ、…ヨリ）累加・添加の基準（…ニ、…ノ上ニ）内容（…ト、…トシテ、…デアルト）資格・状態（…トシテ、…デ）	
	と	動作をともにする相手（…ト）変化の結果（…ト、…ニ）比較の基準（…ト、…ニ比べテ）引用・内容（…ト、…トシテ、…ト言ッテ、…ト思ッテ）並列（…ト…ト）比喩（…ノヨウニ）強調（…スベテ）	体言・引用句
	にて	場所・年齢（…デ）手段・方法・材料（…デ、…ニヨッテ）原因・理由（…デ、…ニヨッテ）資格・状態（…トシテ、…デ）	体言・連体形
	より	起点（…カラ）通過する場所（…ヲ通ッテ、…カラ）手段・方法（…デ、…ニヨッテ）比較の基準（…ヨリ）範囲の限定（…ヨリ、…以外）即時（…ヤイナヤ、…トスグニ）	
格助詞	から	起点（…カラ）通過する場所（…ヲ通ッテ、…カラ）手段・方法（…デ、…ニヨッテ）原因・理由（…ニヨッテ、…次第デ）	体言・連体形
	して	手段・方法・材料（…デ、…ニヨッテ、…ヲ使ッテ）ともに動作を行う人数・範囲（…デ、…ト、…トトモニ）使役の対象（…ニ、…ヲ使ッテ）	
接続助詞	ば	順接の仮定条件（モシ…ナラ）	未然形
		順接の確定条件（…カラ、…ノデ）順接の偶然条件（…ト、…トコロ）順接の恒時（恒常）条件（…トイツモ）	已然形
	と・とも	逆接の仮定条件（タトエ…テモ）	終止形
	ど・ども	逆接の確定条件（…ノニ、…ケレドモ、…ガ）逆接の恒時（恒常）条件（…テモイツモ、…タトコロデ）	已然形
	ものの・ものを・ものから	逆接の確定条件（…ノニ、…ケレドモ、…ガ）	連体形
	て・して	単純接続（…テ〈デ〉、…ノ様子デ、…ノ状態デ）順接の確定条件（…カラ、…ノデ）逆接の確定条件（…ノニ、…ケレドモ、…ガ）	連用形
	が・に・を	逆接の確定条件（…ノニ、…ケレドモ、…ガ）順接の確定条件（…カラ、…ノデ）単純接続（…ガ、…トコロ）	連体形
	で	打消接続（…ナイデ、…ズニ）	未然形
	つつ	反復・継続（…テハ、…続ケテ）並行（…ナガラ、…ツツ）	連用形
	ながら	存続（…ママデ）並行（…ナガラ、…ツツ）逆接の確定条件（…ノニ、…ケレドモ、…ガ）	
副助詞	だに	程度の軽いものを示して、より程度の重いものを類推させる（…サエ）最小限の限定（セメテ…ダケデモ）	種々の語
	すら	一つのものを示して、それ以外のものを類推させる（…サエ）	
	さへ	添加（…マデモ）	
	のみ	限定（…ダケ）強意（ヒドク…、トクニ…）	
	ばかり	限定（…ダケ、…バカリ）およその程度（…クライ、…ホド）	
副助詞	まで	限界（…マデ）程度（…マデ、…ホド）	種々の語
	など	例示（…ナド）引用句を受ける（…ナドト）婉曲（…ナド）	
	し・しも	強意〔下に打消を伴い〕部分否定（必ズシモ…デハナイ）	
係助詞	は	提示（…ハ）対比（…ハ）強調（…ハ）	
	も	並列（…モ…モ）添加（…モ、…モマタ）ある事柄を示して、他を類推させる（…デモ、…ダッテ）最小限の希望（セメテ…ダケデモ、…デモ）強意（…モ）	
	ぞ・なむ・こそ	強意	
	や〈やは〉・か〈かは〉	疑問（…カ）反語（…ダロウカ、イヤ、…デハナイ）	
終助詞	な	禁止（…ナ）	終止形
	そ	禁止（…ナ、…ナイデクレ）	連用形
	ばや	自己の願望（…タイ）	未然形
	なむ	他に対する願望（…テホシイ）	
	しが・てしが・てしがな・にしが・にしがな	自己の願望（…タイモノダ）＊「しか」「てしか」「てしかな」「にしか」「にしかな」も同じ。	連用形
	もがな・がな	願望（…ガアレバナア、…トイイノニナア）	種々の語
	な	詠嘆（…ナア、…ヨ、…コトヨ）	文末
	か・かな	詠嘆（…ナア）	体言・連体形
	は	詠嘆（…ヨ、…コトヨ、…ナア）	文末
	よ	詠嘆（…ヨ、…ナア）呼びかけ（…ヨ）	体言・文末
	かし	念押し（…ヨ、…ゾ）	文末
	ぞ	念押し（…ヨ、…ゾ）	体言・連体形
間投助詞	や	詠嘆・整調 呼びかけ（…ヨ）	文中・文末
	を	詠嘆・整調	文末

ないことを前提としているので、バリアフリーの概念とは異なる。

助詞の種類

種類	説明
格助詞	主として体言や連体形について、その語が下の語に対してどのような資格に立つかを示す。
接続助詞	活用語について、接続詞のように、上の文節を下の文節に続ける。
副助詞	種々の語について、副詞のように、その語にある意味を添えることによって、下の用言を修飾する。
係助詞	種々の語について、強意・疑問・反語などの意味を添え、文の結び方に一定の活用形を要求する。「は」「も」の結びは終止形となり、「ぞ」「なむ」「こそ」「や(やは)」「か(かは)」には「係り結びの法則」が当てはまる。
終助詞	文末にあって、種々の語につき、禁止・願望・詠嘆などの意味を添える。
間投助詞	文中、または文末にあって、調子を整えたり、詠嘆・呼びかけの意味を添えたりする。

係り結びの法則

○終止形以外の活用形で文を結ぶ。

意味	係り	⇩結び	例 花散りけり。
強意	ぞ なむ	⇩連体形	花ぞ散りける。 花なむ散りける。
疑問 反語	や〈やは〉 か〈かは〉	⇩連体形	花や散りける。 花か散りける。
強意	こそ	⇩已然形	花こそ散りけれ。

係り結びの注意事項

①**結びの省略** 係助詞をうける結びの語が省略されることがある。

例 *( )内が省略されている語。
悲しきことも多くなむ(侍(はべ)る)。
いかなる御心地にか(あらむ)。

②**結びの流れ(結びの消滅)** 結びとなるべき語に接続助詞などがついて文が続く場合、係り結びの法則は成立しない。

例 風なきに花ぞ散りければよめる歌。
*過去の助動詞「けり」に接続助詞「ば」がついて已然形「けれ」となり文が続いているため、連体形「ける」とはならない。

③**「こそ」—已然形の逆接用法** 「こそ」—已然形で文がおわらない場合は、逆接の意味になる。

例 人こそ見えね秋は来にけり
訪れる人もないが、秋だけは(昔ながらに)やってきたことだ。

上代の語法

上代の助動詞の活用表

接続	助動詞	主な意味(( )は訳語)	未然形	連用形	終止形	連体形	已然形	命令形	活用の型	接続
未然形	ゆ	自発(自然ニ…レル、自然ニ…ラレル)可能(…コトガデキル)受身(…レル、…ラレル)	え	え	ゆ	ゆる	○	○	下二段型	四段・ナ変・ラ変の未然形
	らゆ	可能(…コトガデキル)	らえ	○	○	○	○	○		「寝(ぬ)」の未然形のみ
	す	尊敬(オ…ニナル、…レル、…ラレル)	さ	し	す	す	せ	せ	四段型	四段・サ変の未然形
	ふ	反復(繰リ返シ…スル、何度モ…スル)継続(…続ケル、イツモ…スル)	は	ひ	ふ	ふ	へ	へ	四段型	四段の未然形

上代の助詞の意味・用法・接続

種類	助詞	意味・用法	接続
格助詞	つ	連体修飾格(…ノ)	体言
	ゆ よ	時間・場所の起点(…カラ)経由する場所(…ヲ通ッテ)	体言・連体形
終助詞	な	意志・願望・勧誘(…ウ、…タイ、…テホシイ)	未然形

終助詞	意味・用法	接続
もが・もがも	願望(…ガアレバナア、…トイイノニナア)	体言・形容詞・連用形・助詞
なも ね	他に対する願望(…テホシイ)	未然形
かも	詠嘆(…ナア、…ヨ)	体言・連体形
も	詠嘆(…ナア、…ヨ)	文末

敬語表現

敬語の種類

尊敬表現（為手尊敬）	謙譲表現（受け手尊敬）	丁寧表現（聞き手尊敬）
定義 話し手（書き手）が、話題の中の動作をする人に敬意を表す。 例 かぐや姫（中納言ヲ）少しあはれと**おぼし**けり。 かぐや姫は（中納言のことを）少し気の毒にお思いになった。	定義 話し手（書き手）が、話題の中の動作を受ける人に敬意を表す。 例 親王に、右馬頭、大御酒**参る**。 親王に、右馬頭が、お酒を差し上げる。	定義 話し手（書き手）が、話題に関係なく聞き手（読み手）に敬意を表す。 例 翁、皇子に申すやう、「いかなる所にか、この木は**候ひけむ**。」 翁が皇子に申すことには、「どんな所に、この木はございましたのでしょうか。」
あり・をり⇨おはす　います（イラッシャル） 行く・来⇨おはす　います（イラッシャル） 言ふ⇨のたまふ　仰す（オッシャル） 聞く⇨きこしめす（オ聞キニナル） 思ふ⇨おぼす（オ思イニナル） す⇨あそばす（ナサル） 与ふ⇨給ふ　給ぶ（オ与エニナル） 補助動詞⇨給ふ　おはす　ます（…ナサル）	あり・をり⇨侍り　候ふ（オソバニ控エル） 行く・来⇨参る　まうづ　まかる（参上スル） 言ふ⇨聞こゆ　申す（申シ上ゲル） 聞く⇨承る（オ聞キスル） 思ふ⇨存ず（存ジ上ゲル） す⇨つかうまつる　参る（オ…スル） 与ふ⇨参る　奉る（差シ上ゲル） 補助動詞⇨聞こゆ　奉る（オ…申シ上ゲル）	あり・をり⇨侍り　候ふ（ゴザイマス） 補助動詞⇨侍り　候ふ（…デス・…マス・…デゴザイマス）

▼尊敬表現

▼謙譲表現

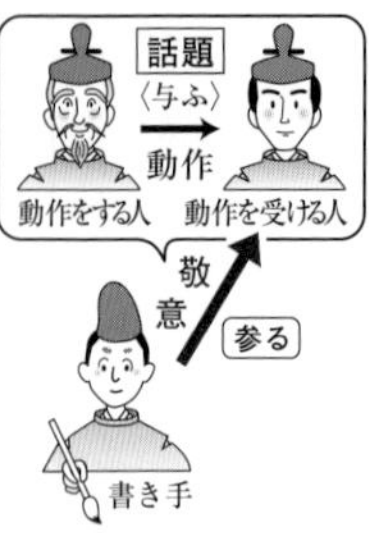

▼丁寧表現

注意すべき敬語表現

①二方面に対する敬語 定義 二種類の異なる敬語を用いて、動作をする人と動作を受ける人とを敬う表現。

例 大納言殿の（中宮ノ御前ニ）**参り給へ**るなりけり。
大納言殿が（中宮の御前に）参上なさったのだった。

右の例では、書き手（作者＝清少納言）は大納言の「来」という動作について、尊敬の補助動詞「給ふ」を用いて大納言に対する敬意を表し、謙譲の動詞「参る」を用いて中宮に対する敬意を表している。

②最高敬語 定義 地の文にあって、動作をする人が最高階級の人（天皇・皇后・上皇・皇子・皇女など）の場合にのみ用いられる敬語。尊敬語を二重に用いるので、**二重敬語**ともいう。

例 延喜の帝、常に笑みてぞ**おはしましける**。
延喜の帝（醍醐天皇）は、いつも微笑んでいらっしゃったそうだ。

なお、会話文では、最高階級の人以外にも最高敬語が使われることがある。

③絶対敬語 定義 地の文、会話文に関係なく、動作を受ける人が最高階級の人の場合にのみ用いられる敬語を絶対敬語という。これには「**奏す**」と「**啓す**」があり、「奏す」は天皇・上皇に、「啓す」は皇后・皇太子などに、何かを「申し上げる」という意味で用いられる。

品詞の識別

語	用例	識別
し	三笠の山に出でし月かも。 花をし見れば物思ひもなし。 心して、あやまちすな。 花摘まして、我に賜へ。	過去の助動詞「き」の連体形。連用形に接続。 副助詞。省いても文意が通じる。 サ変動詞「心す」の連用形の活用語尾。 奈良時代の尊敬の助動詞。未然形に接続。
しか	昨日こそ早苗とりしか。 父はいかになりしか。 今さらに何しか思はむ。 宮はしかのたまはせたり。	過去の助動詞「き」の已然形。係り結び。 過去の助動詞「き」の連体形＋疑問の係助詞「か」。 副助詞「し」＋疑問の係助詞「か」。 副詞。「そのように」の意。
せ	こころよげに笑はせたまふ。 照りもせず曇りもはてぬ月。 雨降りせばうれしからまし。 姿は闇に消え失せにけり。	尊敬の助動詞「す」の連用形。未然形に接続。 サ変動詞「す」の未然形。「…する」の意。 過去の助動詞「き」の未然形。反実仮想。 動詞「失す」の活用語尾。分解できない。
たり	勝者の態度は堂々たり。 小次郎、敗れたり。 君、君たり、臣、臣たり。	形容動詞の活用語尾。上が体言ではない。 完了の助動詞「たり」。連用形に接続。 断定の助動詞「たり」。体言に接続。
て	鳥啼きて山いよ静かなり。 風すさまじう吹きてけり。 一夜待てど、音づれもなし。	接続助詞。連用形に接続し、上下を連結。 完了の助動詞「つ」の連用形。下が助動詞。 四段動詞「待つ」の已然形の活用語尾。
と	竹を切りて花筒としたり。 行列は粛然と進みゆきぬ。 釈迦は長者の子とありき。 はらはらと落葉降る。	格助詞。体言に接続。 形容動詞「粛然たり」の連用形の活用語尾。 断定の助動詞「たり」。「で」と訳せる。 副詞「はらはらと」の一部。状態の副詞。
とも	花、白雪かとも見ゆ。 弱敵たりとも侮るなかれ。	格助詞「と」＋係助詞「も」。 接続助詞。逆接の仮定条件。終止形に接続。
な	花散りなば、山を下らむ。 あなかしこ、人に聞かすな。 花の色はうつりにけりな。 春の鳥な鳴きそ鳴きそ。	完了の助動詞「ぬ」の未然形。連用形に接続。 禁止の終助詞。文末の終止形に接続。 詠嘆の終助詞。文末につく。 禁止の副詞。下に、「連用形＋そ」を要求。

語	用例	識別
なむ	母なむ宮なりける。 桜花咲かば咲かなむ。 春さらば花も咲きなむ。 日暮れぬ。とく往なむ。	強意の係助詞「なむ」。文末が連体形となる。 終助詞「なむ」。他への願望。未然形に接続。 完了の助動詞＋推量の助動詞。連用形に接続。 ナ変動詞「往ぬ」の活用語尾＋意志の助動詞。
なり	雲散りて月明らかなり。 人まつ虫の声すなり。 日記を書かむとするなり。	形容動詞「明らかなり」の活用語尾。 伝聞・推定の助動詞。終止形に接続。 断定の助動詞。体言・連体形に接続。
に	この年二月にみまかりぬ。 遠く訪ひしに留守なりき。 そはいみじき笛に候ふ。 高砂の尾上の桜咲きにけり。 心静かに念仏を唱ふ。 無常の風たちまちに至る。	格助詞。体言・連体形に接続。 接続助詞。逆接の確定条件。連体形に接続。 断定の助動詞「なり」の連用形。体言に接続。 完了の助動詞「ぬ」の連用形。連用形に接続。 形容動詞「静かなり」の連用形の活用語尾。 副詞「たちまちに」の一部。
にて	海辺にて貝を拾ふ。 かの者はわが父にて候ふ。 兄は昨年死にてけり。	格助詞「にて」。場所・手段などを示す。 断定の助動詞「なり」＋接続助詞「て」。 ナ変動詞の活用語尾＋完了の助動詞の連用形。
ぬ	風とともに去りぬ。 年月は人を待たぬものぞ。	完了の助動詞「ぬ」の終止形。連用形に接続。 打消の助動詞「ず」の連体形。未然形に接続。
ね	色こそ見えね香やはかくるる。 夜ふけぬ。とく去りね。 家聞かな。名告らさね	打消の助動詞「ず」の已然形。逆接用法。 完了(強意)の助動詞「ぬ」の命令形。 奈良時代の終助詞。願望。未然形に接続。
ばや	紅葉すればや照りまさるらむ。 心あてに折らばや折らむ。 和歌ひとつよまばや。	順接の確定条件「ば」＋疑問の係助詞。 順接の仮定条件「ば」＋疑問の係助詞。 願望の終助詞。未然形に接続。
めり	竜田川紅葉乱れて流るめり。 幼くして漢籍を読めり。	推定の助動詞。終止形に接続。 動詞「読む」の活用語尾＋完了の助動詞「り」。
らむ	峰の白雪もとけぬらむ。 心知れらむ人に見せばや。 いかで情けあらむ人もがな。 雨降れば水まさるならむ。	現在推量の助動詞。終止形に接続。 完了の助動詞「り」の未然形＋推量の助動詞。 ラ変動詞の活用語尾＋推量(婉曲)の助動詞。 断定の助動詞の一部＋推量の助動詞。
る	筆を取れば物書かる。 花の散るをなげきてよめる歌。 明日なむ人と別るる。	自発の助動詞「る」の終止形。未然形に接続。 完了の助動詞「り」の連体形。已然形に接続。 下二段動詞「別る」の連体形の活用語尾の一部。

口語文法要覧

品詞各説

1 名詞

定義 自立語で活用がなく、単独で主語となる。事物の名前を表す。体言。

名詞の種類

種類	説明	例
普通名詞	共通した事物をひとまとめにして表す。	心　雨　手紙　男　静けさ
固有名詞	特定の事物を表す。	万葉集　東京
数詞	数量や順序を表す。	二つ　三番
代名詞	事物を直接指し、名の代わりに用いる。	わたし　これ　そこ　どこ
形式名詞	具体的な意味を失い、上に連体修飾語がくる。	ため　こと　もの　とき

代名詞の種類

		自称（話し手）	対称（聞き手）	他称 近称	他称 中称	他称 遠称	不定称
人称代名詞	人	わたくし　わたし　ぼく	あなた　きみ　おまえ	これ	それ	かれ　あれ	だれ　どなた
指示代名詞	事物	／	／	これ	それ	あれ	どれ　なに
指示代名詞	場所	／	／	ここ	そこ	あそこ	どこ
指示代名詞	方向	／	／	こちら	そちら	あちら	どちら

2 副詞

定義 自立語で活用がなく、主として連用修飾語となる。

副詞の種類

種類	説明	例
状態の副詞	状態を説明する。	しばらく　はっきり　ほのぼの　がやがや
程度の副詞	程度を説明する。	とても　少し　すべて　もっと
呼応の副詞	下に決まった語を要求する。	全く　なぜ　きっと

呼応の副詞の種類

種類	主な呼応の副詞	呼応する表現
打消	決して　全く　全然　少しも　まだ	ない
打消推量	まさか　よもや	まい　ないだろう
疑問・反語	なぜ　どうして　なんで	か
仮定	もし　仮に　たとえ　万一	でも　たら
推量	きっと　たぶん　おそらく	う　だろう
願望	どうぞ　どうか　ぜひ	たい　ください
比況	まるで　ちょうど	ようだ

3 連体詞

定義 自立語で活用がなく、単独で連体修飾語となり、すぐ下の体言を修飾する。

連体詞の種類

種類	例
「―の」「―が」	この　その　あの　どの　わが
「―る」	ある　あらゆる　いわゆる　さる
「―な」	大きな　小さな　いろんな
「―た」「―だ」	とんだ　たいした　たった

4 接続詞

定義 自立語で活用がなく、単独で接続語となって、前後をつなぐ。

接続詞の種類

種類		例
条件接続	順接	したがって　それで　だから
	逆接	けれども　しかし　だが　でも
対等接続	並列・添加	および　また　それから　なお
	選択・対比	それとも　あるいは　または
その他の接続	補足	ただし　なぜなら　もっとも
	話題転換	さて　ところで　では

5 感動詞

定義 自立語で活用がなく、単独で独立語となる。

感動詞の種類

種類	例
感動	おや　まあ　あら　やれやれ　へえ
呼びかけ	おい　こら　もしもし　あのね　ねえ
応答	はい　いいえ　うん　ええ　いや
あいさつ	おはよう　こんにちは　さようなら

する。世代間格差や年金制度への不信感による納付率低下の問題があり、大きな課題となっている。

6 動詞

定義 自立語で活用があり、単独で述語となることができる語(用言)のうち、動作・作用・存在を表し、言い切るとウ段で終わる。

動詞の活用表

種類	基本形	語幹	行	未然形	連用形	終止形	連体形	仮定形	命令形
五段活用	思う	おも	ア・ワ行	わ-a お-o	い-i 〈つ-u〉	う-u	う-u	え-e	え-e
上一段活用	見る	(み)	マ行	み-i	み-i	みる-iる	みる-iる	みれ-iれ	みろ-iろ みよ-iよ
下一段活用	尋ねる	たず	ナ行	ね-e	ね-e	ねる-eる	ねる-eる	ねれ-eれ	ねろ-eろ ねよ-eよ
カ行変格活用	来る	(く)	カ行	こ-o	き-i	くる-uる	くる-uる	くれ-uれ	こい-oい
サ行変格活用	する	(す)	サ行	さ-a せ-e し-i	し-i	する-uる	する-uる	すれ-uれ	しろ-iろ せよ-eよ

7 形容詞

定義 自立語で活用があり、単独で述語となることができる語(用言)のうち、状態・性質・感情を表し、言い切ると「い」で終わる。

形容詞の活用表

種類	基本形	語幹	未然形	連用形	終止形	連体形	仮定形	命令形
○	よい	よ	かろ	かっ く	い	い	けれ	○
○	美しい	美し	かろ	かっ く	い	い	けれ	○

8 形容動詞

定義 自立語で活用があり、単独で述語となることができる語(用言)のうち、状態・性質を表し、言い切ると「だ」で終わる。

形容動詞の活用表

種類	基本形	語幹	未然形	連用形	終止形	連体形	仮定形	命令形
○	静かだ	静か	だろ	だっ で に	だ	な	なら	○

動詞の活用の種類　文語では九種類あったが、口語では五種類に減少した。

文語	⇩	口語
四段活用　下一段活用 ナ行変格活用　ラ行変格活用	⇩	五段活用
上一段活用　上二段活用	⇩	上一段活用
下二段活用	⇩	下一段活用
カ行変格活用	⇩	カ行変格活用
サ行変格活用	⇩	サ行変格活用

動詞活用の見分け方

①おぼえておくべきもの
カ変―来る(一語)　サ変―する(複合語が多い)

②打消の助動詞「ない」をつけてみると、未然形の活用語尾の音が、
ア段音となる。⇩五段
イ段音となる。⇩上一
エ段音となる。⇩下一

補助動詞 **定義** 本来の意味を失って、他の語の下について補助の働きをする動詞を、補助動詞という。

例 本　動　詞　男が**いる**。
補助動詞　男が立って**いる**。

自動詞と他動詞 **定義** 目的語を必要とせず、その語だけで動作・作用を表す動詞を**自動詞**という。動作・作用が他にはたらきかけている動詞を、他動詞という。

例 自動詞　**起きる**――他動詞　**起こす**

可能動詞 **定義** 五段活用動詞から派生し、可能の意味を表す動詞を、可能動詞という。

例 普通動詞　**書く**――可能動詞　**書ける**

◆**現代用語**　公的年金制度　国によって運営される公的な年金。20歳以上60歳未満のすべての人が加入し、保険料を納付

9 助動詞

定義 付属語で活用があり、用言その他について、さまざまな意味を添える。

助動詞の活用表

接続	助動詞の種類	助動詞	主な意味	未然形	連用形	終止形	連体形	仮定形	命令形	活用の型	接続
未然形	受身・尊敬	れる	受身・尊敬	れ	れ	れる	れる	れれ	れろ れよ	下一段型	五段の未然形 サ変の未然形「さ」
未然形	受身・尊敬	られる	受身・尊敬	られ	られ	られる	られる	られれ	られろ られよ	下一段型	右以外の動詞の未然形
未然形	可能・自発	れる	可能・自発	れ	れ	れる	れる	れれ	○	下一段型	五段の未然形 サ変の未然形「さ」
未然形	可能・自発	られる	可能・自発	られ	られ	られる	られる	られれ	○	下一段型	右以外の動詞の未然形
未然形	使役・尊敬	せる	使役・尊敬	せ	せ	せる	せる	せれ	せろ せよ	下一段型	五段の未然形 サ変の未然形「さ」
未然形	使役・尊敬	させる	使役・尊敬	させ	させ	させる	させる	させれ	させろ させよ	下一段型	右以外の動詞の未然形
未然形	打消	ない	打消	なかろ	なく なかっ	ない	ない	なけれ	○	形容詞型	動詞・助動詞の未然形
未然形	打消	ぬ(ん)	打消	○	ず	ぬ(ん)	ぬ(ん)	ね	○	特殊型	動詞・助動詞の未然形
未然形	推量	う	推量・意志 勧誘	○	○	う	(う)	○	○	不変化型	五段・形容詞・形容動詞の未然形
未然形	推量	よう	推量・意志	○	○	よう	(よう)	○	○	不変化型	右以外の動詞の未然形
連用形	過去	た(だ)	過去・完了 存続	たろ	○	た	た	たら	○	特殊型	活用語の連用形
連用形	様態	そうだ	様態	そうだろ	そうだっ そうで そうに	そうだ	そうな	そうなら	○	形容動詞型	動詞型活用語の連用形 形容詞・形容動詞の語幹

敬語表現

敬語の種類

尊敬表現(為手尊敬)

定義 話し手(書き手)が、話題の中の動作をする人に敬意を表す。

例「森先生が彼にそう**おっしゃった**。」

謙譲表現(受け手尊敬)

定義 話し手(書き手)が、話題の中の動作を受ける人に敬意を表す。

例「私が森先生にそう**申し上げた**。」

丁寧表現(聞き手尊敬)

定義 話し手(書き手)が、話題に関係なく聞き手(読み手)に敬意を表す。

例「私が森先生にそう話**します**。」

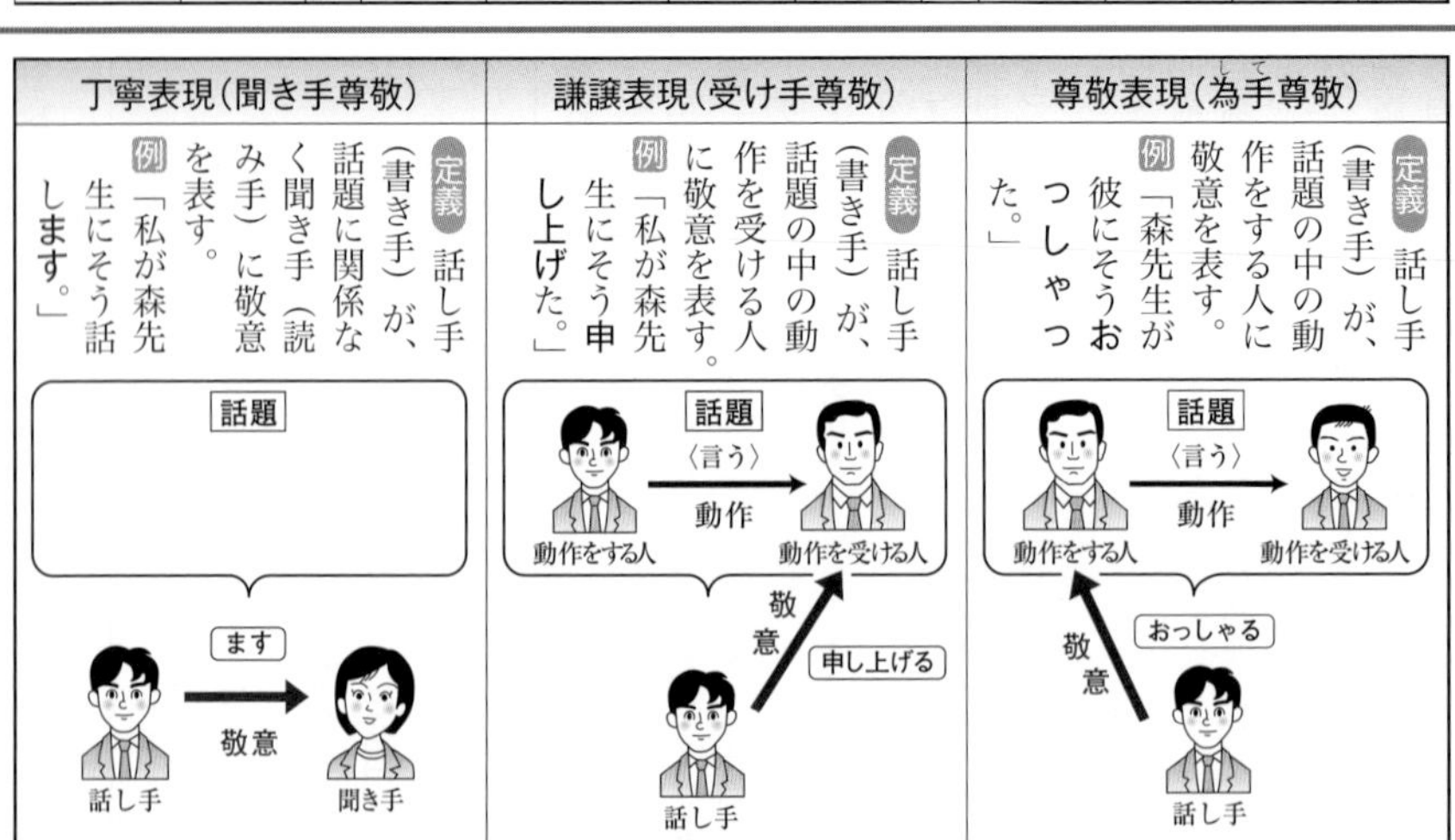

接続	種類	語	意味							活用の型	接続
連用形	様態	そうです	丁寧な様態	そうでしょ	そうでし	そうです	（そうです）	○	○	特殊型	動詞型活用語の連用形 形容詞・形容動詞の語幹
連用形	希望	たい	希望	たかろ	たく たかっ	たい	たい	たけれ	○	形容詞型	動詞型活用語の連用形
連用形	希望	たがる	希望	たがら たがろ	たがり たがっ	たがる	たがる	たがれ	○	五段型	動詞型活用語の連用形
連用形	丁寧	ます	丁寧	ませ ましょ	まし	ます	ます	ますれ	ませ まし	特殊型	動詞・助動詞の連用形
終止形	打消推量	まい	打消推量 打消意志	○	○	まい	（まい）	○	○	不変化型	五段の終止形 その他は未然形
終止形	推定	らしい	推定	○	らしく らしかっ	らしい	らしい	らしけれ	○	形容詞型	体言・形容動詞の語幹 動詞・形容詞の終止形
終止形	伝聞	そうだ	伝聞	○	そうで	そうだ	○	○	○	形容動詞型	活用語の終止形
終止形	伝聞	そうです	丁寧な伝聞	○	そうでし	そうです	○	○	○	特殊型	活用語の終止形
体言・連体形	比況	ようだ	比況・例示・不確実な断定・願望・軽い命令	ようだろ	ようだっ ようで ように	ようだ	ような	ようなら	○	形容動詞型	活用語の連体形 格助詞「の」 連体詞
体言・連体形	比況	ようです	丁寧 同右	ようでしょ	ようでし	ようです	（ようです）	○	○	特殊型	活用語の連体形 格助詞「の」 連体詞
体言・助詞	断定	だ	断定	だろ	だっ で	だ	（な）	なら	○	形容動詞型	体言 助詞
体言・助詞	断定	です	丁寧な断定	でしょ	でし	です	（です）	○	○	特殊型	体言 助詞

敬語への言い換え例

普通の語	尊敬語	謙譲語
いる	いらっしゃる	（おる）
行く 来る	いらっしゃる	参る
言う	おっしゃる	申し上げる
聞く	／	うかがう 承る
思う	／	存じる 存ずる
する 行う	なさる	いたす
与える	下さる	さしあげる
食べる 飲む	上がる 召し上がる	いただく

敬語のその他の例

尊敬語	謙譲語	丁寧語
お（ご）…になる （お・ご）…くださる …れる・られる 御社 母上 お父様	お(ご)…申し上げる …いただく …さしあげる 弊社 小社 拙文 愚作 粗茶 卑見 手前	ございます（⇧ある） …です …ます …ございます 御飯 お正月 お漬物

◆現代用語　健康寿命　健康上の問題で日常生活が制限されることなく生活できる期間。どのくらい生きられるかを示した

10 助詞

定義 付属語で活用がなく、他の語について付属的はたらきをする。

助詞の意味・用法・接続

種類	助詞	意味・用法	接続
格助詞	が	主格 対象	体言・連体形・助詞「の」など
	の	主格 連体修飾格 体言の代用 並列	
	を	対象 通過点 起点	
	に	時間 場所 帰着点 比較の基準 変化の結果 対象 目的 受身の相手 使役の対象 原因・理由 並列 方法 状態	
	へ	方向	
	と	動作の共同 変化の結果 比較の基準 引用 内容 並列 比喩 強調	
	より	起点 比較の基準 限定	
	から	起点 通過点 原因・理由 受身の対象	
	で	場所 時間 手段・材料 原因・理由 状態	
	や	並列	
接続助詞	ば	順接の仮定条件 順接の確定条件 単純接続 並列	仮定形
	ても(でも)	逆接の仮定条件 逆接の確定条件	連用形
	と	順接の仮定条件 順接の確定条件 逆接の仮定条件 単純接続	終止形
	けれども	逆接の確定条件 単純接続	終止形
	が	逆接の確定条件 単純接続	終止形
	のに	逆接の確定条件	連体形
	ので	順接の確定条件(原因・理由)	連体形
	から	順接の確定条件(原因・理由)	終止形
	て(で)	逆接の確定条件 順接の確定条件 単純接続	連用形
	し	並列	終止形
	たり	並列 例示	連用形
	ながら	逆接の確定条件 動作の同時並行	連用形 形容詞の終止形
副助詞	は	他の事物と区別し強調する	種々の語
	も	同じおもむきの事柄を付け加える 並列 強意	
	こそ	強意	
	か	不確か 選択	
	さえ	極端な事例を示して他を類推させる 限定して他を顧みない 添加	
	でも	極端な事例を示して他を類推させる 漠然とした指示	
	しか	(下に打消を伴い)限定	種々の語
	なり	並列して選択の余地のあることを表す	
	やら	不確か 並列	
	ほど	およその程度 「につれて」の意	
	だけ	限定 程度	
	まで	範囲 限定 添加	
	ばかり	だいたいの程度 限定	
	など	例示 軽視や謙遜の意を添える	
終助詞	な	禁止	終止形
	か	疑問 反語 感動	体言 連体形
	の	断定 質問	連体形
	な(なあ)	感動	終止形
	ぞ・ぜ	念を押す 強意	終止形
	とも	強意	終止形
	よ	念を押す 強意 呼びかけ	体言 終止形 命令形
	わ	軽い感動	終止形
	こと	感動	終止形
	もの	不満 理由	終止形
	ね(ねえ)	感動 念を押し調子を強める	種々の語
	さ	念を押し調子を強める	

施設へ隔離するのではなく、社会環境を整備しようという考え方。現代の福祉の基本理念となっている。

品詞の識別

語	用例	識別
が	目がさめたが、まだ眠い。 目がさめたが、まだ眠い。 目がさめた。が、まだ眠い。	格助詞。**体言に接続。** 接続助詞。逆接の確定条件。**終止形に接続。** 接続詞。文のはじめに用いてある。
けれども	寒いけれども仕事に出かけた。 彼は無知だ。けれども正直だ。 わたしが山田ですけれども。	接続助詞。逆接の確定条件。**終止形に接続。** 接続詞。文のはじめに用いてある。 終助詞。完結した文のおわりにつく。
させる	朝早く掃除をさせる。 カラー写真を写させる。 生徒に古美術を見させる。	サ変動詞の未然形「さ」＋使役の助動詞。 動詞の未然形「写さ」の一部＋使役の助動詞。 使役の助動詞。カ変・上一・下一につく。
そう	北国では雪が降ったそうだ。 今にも泣きそうな顔だ。 急にそう言われても困るよ。 そう、もう十年にもなるね。	伝聞の助動詞「そうだ」の一部。**終止形に接続。** 様態の助動詞「そうだ」の一部。**連用形に接続。** 副詞。一文節をつくる。 感動詞。接続も修飾もしないで独立。
だ	もうすっかり秋だ。 野菜のとりいれもすんだ。 祭りの風俗もはなやかだ。 友人の姉さんは美しいそうだ。 兄はいかにも悲しそうだ。 今夜も星が降るようだ。	断定の助動詞。体言に接続。 過去の助動詞「た」。音便について濁る。 形容動詞の終止形の活用語尾。 伝聞の助動詞「そうだ」の一部。**終止形に。** 様態の助動詞「そうだ」の一部。**語幹に。** 比況の助動詞「ようだ」の一部。**連体形に。**
だろう	多分犯人は彼女だろう。 山の宿はきっと静かだろう。 人目には気楽そうだろう。	断定の助動詞「だ」の未然形＋推量の助動詞。 形容動詞の未然形の活用語尾＋推量の助動詞。 様態の助動詞未然形の活用語尾＋推量の助動詞。
で	彼は立派な芸術家である。 山の頂上で握手をした。 子どもが二人遊んでいる。 彼女は聡明（そうめい）で明朗なひとだ。 その涙は真珠のようである。 明朝出発予定だそうである。	断定の助動詞「だ」の連用形。**体言に接続。** 格助詞。体言に接続。 接続助詞「で」。 形容動詞の連用形の活用語尾。 比況の助動詞「ようだ」の一部。「の」**に接続。** 伝聞の助動詞「そうだ」の一部。**終止形に接続。**

語	用例	識別
でも	海でも川でも泳いだものだ。 いくら騒いでも怒られない。 手紙を読んでもくれない。 雪でも降りそうな空模様だ。 顔は晴れやかでも心は闇だ。 そう高価な品物でもない。 買いたい。でも、金がない。	格助詞「で」＋副助詞「も」。**体言に接続。** 逆接の接続助詞。これ以上分解できない。 逆接の接続助詞「で」＋副助詞「も」。 副助詞「でも」。これ以上分解できない。 形容動詞の連用形の活用語尾＋副助詞「も」。 断定の助動詞「だ」の連用形＋副助詞「も」。 接続詞。文のはじめに用いてある。
な	学生なのに勉強をしない。 朝のさわやかな空気を吸う。 お化けの出そうな古屋敷だ。 小さな秋、みつけた。 まるでタヌキのような犬だ。 あまりひどいことをするな。 やあ、よく来てくれたな。	断定の助動詞「だ」の連体形。 形容動詞の連体形の活用語尾。 様態の助動詞「そうだ」の連体形の一部。 連体詞の一部。「大きな」も。 比況の助動詞「ようだ」の連体形の一部。 禁止の終助詞。文末にくる。 感動の終助詞。文末にくる。
ない	本を読む時間がない。 ちっとも本を読まない。 どうも合格はおぼつかない。	形容詞。独立して述語となっている。 打消の助動詞。**未然形に接続。** 形容詞「おぼつかない」の一部。
の	月の明るい夜のことだった。 もっと大きいのをください。 君、仕事はもうすんだの？ あの人は行ってしまった。	格助詞。**体言や連体形に接続。** 格助詞。体言の代用のはたらきをもつ。 終助詞。文末につく。質問や断定。 連体詞の一部。「この・その・どの」も同じ。
ので	寒いので焚火（たきび）をはじめた。 このペンは君のではないか。	接続助詞。順接の確定条件（原因・理由）。 体言の代用の格助詞＋断定の助動詞の連用形。
のに	顔は美しいのに口が悪い。 列車は朝早いのに乗ろう。	接続助詞。逆接の確定条件。連体形に接続。 体言の代用の格助詞＋格助詞「に」。
よう	ゆっくり話をしよう。 君のような人ははじめてだ。 あとで教員室に来るように。	意志の助動詞。**未然形に接続。** 例示の助動詞「ようだ」の連体形の一部。 軽い命令の助動詞「ようだ」の一部。
らしい	また物価があがるらしい。 いかにも男らしい男だ。	推定の助動詞。**終止形に接続。** 形容詞「男らしい」をつくる接尾語。
れる	この海でも真珠貝がとれる。 先生に呼ばれる。 警官に呼びとめられる。	動詞「とれる」の一部。（可能動詞） 受身の助動詞。**未然形に接続。** 受身の助動詞「られる」の一部。

総合索引

●見出し語（人名・書名）についての詳説ページを太字で示した。右以外に解説を施しているものは色字で示した。
●書名には『　』を付し、雑誌名には「　」を付して表した。

索引

㉕近松記念館　＊近松門左衛門　兵庫県尼崎市久々知1-4-38　Tel06-6491-7555

㉖早稲田大学坪内博士記念演劇博物館　＊坪内逍遙　東京都新宿区西早稲田1-6-1(早稲田大学内)　Tel03-5286-1829

㉗三沢市寺山修司記念館　青森県三沢市大字三沢字淋代平116-2955　Tel0176-59-3434

㉘中野重治記念文庫　福井県坂井市丸岡町霞3-10-1(丸岡図書館)　Tel0776-67-1500

㉙中原中也記念館　山口県山口市湯田温泉1-11-21　Tel083-932-6430

㉚新宿区立漱石山房記念館　＊夏目漱石　東京都新宿区早稲田南町7　Tel03-3205-0209

㉛萩原朔太郎記念・水と緑と詩のまち前橋文学館　群馬県前橋市千代田町3-12-10　Tel027-235-8011

㉜一葉記念館　＊樋口一葉　東京都台東区竜泉3-18-4　Tel03-3873-0004

㉝堀辰雄文学記念館　長野県北佐久郡軽井沢町大字追分662　Tel0267-45-2050

㉞松山市立子規記念博物館　＊正岡子規　愛媛県松山市道後公園1-30　Tel089-931-5566

㉟芭蕉・清風歴史資料館　＊松尾芭蕉・鈴木清風　山形県尾花沢市中町5-36　Tel0237-22-0104

㊱山寺芭蕉記念館　＊松尾芭蕉　山形県山形市大字山寺字南院4223　Tel023-695-2221

㊲江東区芭蕉記念館　＊松尾芭蕉　東京都江東区常盤1-6-3　Tel03-3631-1448

㊳芭蕉翁記念館　＊松尾芭蕉　三重県伊賀市上野丸之内117-13　Tel0595-21-2219

㊴山中湖文学の森「三島由紀夫文学館」　山梨県南都留郡山中湖村平野506-296　Tel0555-20-2655

㊵宮沢賢治記念館　岩手県花巻市矢沢1-1-36　Tel0198-31-2319

㊶調布市武者小路実篤記念館　東京都調布市若葉町1-8-30　Tel03-3326-0648

㊷室生犀星記念館　石川県金沢市千日町3-22　Tel076-245-1108

㊸文京区立森鷗外記念館　＊森鷗外住居「観潮楼」跡　東京都文京区千駄木1-23-4　Tel03-3824-5511

㊹森鷗外記念館　島根県鹿足郡津和野町町田　Tel0856-72-3210

㊺さかい利晶の社　与謝野晶子記念館　大阪府堺市堺区宿院町西2-1-1　Tel072-260-4386

㊻沼津市若山牧水記念館　静岡県沼津市千本郷林1907-11　Tel055-962-0424

㊼若山牧水記念文学館　＊若山牧水　宮崎県日向市東郷町坪谷1271　Tel0982-68-9511

㊽本居宣長記念館　＊本居宣長旧宅「鈴屋」　三重県松阪市殿町1536-7　Tel0598-21-0312

㉗寺山修司記念館

㉛前橋文学館

㊱山寺芭蕉記念館

㊽鈴屋

全国文学館ガイド

北海道立文学館

日本近代文学館

山梨県立文学館

各地の総合文学館・図書館

❶小樽文学館　＊小林多喜二・伊藤整など　北海道小樽市色内1-9-5　Tel0134-32-2388
❷函館市文学館　＊石川啄木など　北海道函館市末広町22-5　Tel0138-22-9014
❸北海道立文学館　＊伊藤整など　北海道札幌市中央区中島公園1-4　Tel011-511-7655
❹青森県近代文学館　＊太宰治・三浦哲郎など　青森県青森市荒川字藤戸119-7　Tel017-739-2575
❺弘前市立郷土文学館　＊太宰治など　青森県弘前市大字下白銀町2-1　Tel0172-37-5505
❻日本現代詩歌文学館　＊近現代中心　岩手県北上市本石町2-5-60　Tel0197-65-1728
❼仙台文学館　＊島崎藤村・井上ひさしなど　宮城県仙台市青葉区北根2-7-1　Tel022-271-3020
❽新潮社記念文学館　＊川端康成など　秋田県仙北市角館町田町上丁23　Tel0187-43-3333
❾いわき市勿来関文学歴史館　＊和歌　福島県いわき市勿来町関田長沢6-1　Tel0246-65-6166
❿こおりやま文学の森資料館　福島県郡山市豊田町3-5　Tel024-991-7610
⓫さいたま文学館　＊永井荷風・中島敦など　埼玉県桶川市若宮1-5-9　Tel048-789-1515
⓬白樺文学館　＊白樺派・志賀直哉など　千葉県我孫子市緑2-11-8　Tel04-7185-2192
⓭国文学研究資料館　＊文学全般　東京都立川市緑町10-3　Tel050-5533-2900
⓮国立国会図書館
東京都千代田区永田町1-10-1　Tel03-3581-2331
⓯世田谷文学館　＊ゆかりの文学者　東京都世田谷区南烏山1-10-10　Tel03-5374-9111
⓰田端文士村記念館　＊芥川龍之介・室生犀星・萩原朔太郎・堀辰雄・菊池寛・中野重治など　東京都北区田端6-1-2　Tel03-5685-5171
⓱日本近代文学館　＊近現代全般　東京都目黒区駒場4-3-55　Tel03-3468-4181
⓲俳句文学館　＊近現代中心　東京都新宿区百人町3-28-10　Tel03-3367-6621
⓳小田原文学館　白秋童謡館　＊北原白秋・北村透谷・谷崎潤一郎・三好達治など　神奈川県小田原市南町2-3-4　Tel0465-22-9881
⓴神奈川近代文学館　＊近現代中心　神奈川県横浜市中区山手町110　Tel045-622-6666
㉑鎌倉文学館　＊万葉集・平家物語・金槐和歌集・夏目漱石・高浜虚子・川端康成・小林秀雄など　神奈川県鎌倉市長谷1-5-3　Tel0467-23-3911
㉒石川四高記念文化交流館　＊泉鏡花・室生犀星など　石川県金沢市広坂2-2-5　Tel076-262-5464

石川四高記念文化交流館

㉓福井県ふるさと文学館　＊三好達治・高見順など　福井県福井市下馬町51-11　Tel0776-33-8866
㉔山梨県立文学館　＊芥川龍之介など　山梨県甲府市貢川1-5-35　Tel055-235-8080
㉕軽井沢高原文庫　＊堀辰雄・有島武郎など　長野県北佐久郡軽井沢町塩沢湖202-3
Tel0267-45-1175
㉖伊豆近代文学博物館　＊川端康成など　静岡県伊豆市湯ヶ島892-6　Tel0558-85-1110
㉗西尾市岩瀬文庫　＊枕草子・奈良絵本など　愛知県西尾市亀沢町480　Tel0563-56-2459
㉘姫路文学館　＊和辻哲郎・椎名麟三など　兵庫県姫路市山野井町84　Tel079-293-8228
㉙吉備路文学館　＊ゆかりの文学資料　岡山県岡山市南方3-5-35　Tel086-223-7411
㉚ふくやま文学館　＊井伏鱒二など　広島県福山市丸之内1-9-9　Tel084-932-7010
㉛徳島県立文学書道館　＊瀬戸内寂聴など　徳島県徳島市中前川町2-22-1　Tel088-625-7485
㉜高知県立文学館　＊土佐日記・清岡卓行など　高知県高知市丸ノ内1-1-20　Tel088-822-0231
㉝北九州市立文学館　＊森鷗外・林芙美子など　福岡県北九州市小倉北区城内4-1　Tel093-571-1505
㉞くまもと文学・歴史館　＊夏目漱石など　熊本県熊本市中央区出水2-5-1　Tel096-384-5000
㉟かごしま近代文学館　＊向田邦子など　鹿児島県鹿児島市城山町5-1　Tel099-226-7771

ネットワーク

①日本図書館協会　＊全国の図書館にリンク
http://www.jla.or.jp/
②能楽協会　＊能全般
http://www.nohgaku.or.jp/
③日本ペンクラブ（電子文藝館）
＊会員のホームページにリンク、作品原文
http://www.japanpen.or.jp/

ふくやま文学館

北九州市立文学館

資料館

❶高岡市万葉歴史館　＊万葉集　富山県高岡市伏木一宮1-11-11　Tel0766-44-5511
❷奈良文化財研究所　飛鳥資料館　＊万葉集　奈良県高市郡明日香村奥山601
Tel0744-54-3561
❸奈良県立万葉文化館　＊万葉集　奈良県高市郡明日香村飛鳥10　Tel0744-54-1850
❹因幡万葉歴史館　＊万葉集　鳥取県鳥取市国府町町屋726　Tel0857-26-1780
❺古今伝授の里フィールドミュージアム　＊古今和歌集・和歌全般　岐阜県郡上市大和町牧912-1　Tel0575-88-3244
❻源氏物語ミュージアム　＊源氏物語　京都府宇治市宇治東内45-26　Tel0774-39-9300
❼風俗博物館　＊源氏物語・六条院「春の御殿」・日本服飾史・平安貴族の生活　京都府京都市下京区堀川通新花屋町下る（井筒左女牛ビル5階）　Tel075-342-5345
❽奥の細道むすびの地記念館　岐阜県大垣市船町2-26-1　Tel0584-84-8430
❾江戸東京博物館　＊江戸・東京の暮らし　東京都墨田区横網1-4-1　Tel03-3626-9974

個人文学館

❷石川啄木記念館

❽茨木市立川端康成文学館

❿北原白秋生家

㉒斜陽館

❶**有島記念館**　＊**有島武郎**　北海道虻田郡ニセコ町字有島57　Tel0136-44-3245

❷**石川啄木記念館**　岩手県盛岡市玉山区渋民字渋民9　Tel019-683-2315

❸**泉鏡花記念館**　石川県金沢市下新町2-3　Tel076-222-1025

❹**井上靖記念館**　北海道旭川市春光５条7-5-41　Tel0166-51-1188

❺**井上靖文学館**　静岡県長泉町東野クレマチスの丘515-57　Tel055-986-1771

❻**長崎市遠藤周作文学館**　長崎県長崎市東出津町77番地　Tel0959-37-6011

❼**小豆島尾崎放哉記念館**　香川県小豆郡土庄町本町甲1082　Tel0879-62-0037

❽**茨木市立川端康成文学館**　大阪府茨木市上中条2-11-25　Tel072-625-5978

❾**菊池寛記念館**　香川県高松市昭和町1-2-20（サンクリスタル高松３階）　Tel087-861-4502

❿**北原白秋記念館**　＊**北原白秋生家復元**　福岡県柳川市沖端町55-1　Tel0944-72-6773

⓫**いわき市立草野心平記念文学館**　福島県いわき市小川町高萩字下夕道1-39　Tel0246-83-0005

⓬**窪田空穂記念館**　長野県松本市大字和田1715-1　Tel0263-48-3440

⓭**長崎孔子廟・中国歴代博物館**　長崎県長崎市大浦町10-36　Tel095-824-4022

⓮**一茶記念館**　＊**小林一茶**　長野県上水内郡信濃町柏原2437-2　Tel026-255-3741

⓯**西行記念館**　大阪府南河内郡河南町弘川43　Tel0721-93-2814

⓰**斎藤茂吉記念館**　山形県上山市北町字弁天1421　Tel023-672-7227

⓱**新宮市立佐藤春夫記念館**　和歌山県新宮市新宮１番地　Tel0735-21-1755

⓲**司馬遼太郎記念館**　大阪府東大阪市下小阪3-11-18　Tel06-6726-3860

⓳**藤村記念館**　＊**島崎藤村**　岐阜県中津川市馬籠4256-1　Tel0573-69-2047

⓴**虚子記念文学館**　＊**高浜虚子**　兵庫県芦屋市平田町8-22　Tel0797-21-1036

㉑**高村光太郎記念館**　岩手県花巻市太田3-85-1　Tel0198-28-3012

㉒**太宰治記念館「斜陽館」**　＊**太宰治生家**　青森県五所川原市金木町朝日山412-1　Tel0173-53-2020

㉓**芦屋市谷崎潤一郎記念館**　兵庫県芦屋市伊勢町12-15　Tel0797-23-5852

㉔**田山花袋記念文学館**　群馬県館林市城町1-3　Tel0276-74-5100

▶**写真・資料 提供・撮影協力者**（敬称略・五十音順）

アーテファクトリー・秋田県立近代美術館・秋田市立千秋美術館・赤穂市立歴史博物館・朝日新聞社・芦屋市谷崎潤一郎記念館・アスミック・エース・足立区立郷土博物館・跡見学園女子大学/㈱コウ写真工房・アフロ・アマナイメージズ・綾部高等学校・石川近代文学館・石川四高記念文化交流館・石黒敬章・石山寺・出雲大社・出雲大神宮・いつきのみや歴史体験館・嚴島神社・一茶記念館・出光美術館・糸魚川市歴史民俗資料館・岩波書店・宇治市源氏物語ミュージアム・馬の博物館・雲南市観光振興課・永青文庫・江差町教育委員会・えさし藤原の郷・江戸東京たてもの園・江戸東京博物館・愛媛県美術館・MOA美術館・オアシス・大阪青山歴史文学博物館・大阪歴史博物館・太田記念美術館・岡本茂男/岡本写真工房・岡谷蚕糸博物館・奥村彪生・大佛次郎記念館・柿衞文庫・橿原市教育委員会・橿原市役所観光政策課・ＫＡＤＯＫＡＷＡ・神奈川近代文学館・神奈川県立金沢文庫・神奈川県立歴史博物館・上賀茂神社・川崎市市民ミュージアム・観音寺・北野天満宮・北野美術館・九州歴史資料館・共同通信社・京都国立近代美術館・京都国立博物館・京都市埋蔵文化財研究所・京都市歴史資料館・京都大学大学文書館・京都大学附属図書館・京都府・京都文化博物館・虚子記念文学館・宮内庁京都事務所・宮内庁三の丸尚蔵館・宮内庁式部職楽部・宮内庁正倉院事務所・宮内庁書陵部・公文教育研究会・慶應義塾図書館・幻冬舎・原爆の図 丸木美術館・講談社・光文社・高野山持明院/高野山霊宝館・國學院高等学校・国立劇場・国立公文書館・國立故宮博物院・国立国会図書館・国立能楽堂・国立歴史民俗博物館・古都飛鳥保存財団・五島美術館・ColBase・斎宮歴史博物館・斎藤茂吉記念館・サイネット・C.P.C・JT生命誌研究館・滋賀県立美術館・紫紅社/吉岡幸雄著『日本の色辞典』・時事通信フォト・集英社・小学館・松竹株式会社・消防博物館・昭和のくらし博物館・神宮司庁・神宮徴古館・神宮文庫・神護寺・真珠庵・新宿歴史博物館・新潮社・須磨寺・駿府博物館・静嘉堂文庫・全教図・ソニー株式会社・台東区立一葉記念館・台東区立下町風俗資料館・武井家・田中家・知恩院・筑摩書房・中央公論新社・中尊寺・朝護孫子寺・調布市武者小路実篤記念館・鎮国守国神社・敦井美術館（新潟市）・DNPアートコミュニケーションズ・帝塚山大学・鉄道博物館・天理市・天理大学附属天理図書館・東京ガス ガスミュージアム・東京藝術大学大学美術館・東京国立近代美術館・東京国立博物館・東京大学駒場図書館・東京大学史料編纂所・東京都現代美術館・等持院・藤村記念館・東大寺・東宝・東北大学史料館・徳川美術館・豊橋市美術博物館・長崎歴史文化博物館・中原中也記念館・永山久夫・奈良県立万葉文化館・奈良国立博物館・奈良文化財研究所・西本願寺・日活・日本SF作家クラブ/山中智省・日本銀行金融研究所貨幣博物館・日本近代文学館・日本芸術院・日本古典籍データセット（国文研等所蔵）・日本相撲協会相撲博物館・仁和寺・沼津牧水会・能楽協会・野村美術館・萩原朔太郎記念・水と緑と詩のまち前橋文学館・博物館 明治村・パシフィックボイス・芭蕉翁顕彰会・原デザイン研究所・阪急文化財団 逸翁美術館・PPS・PIXTA・彦根城博物館・美術院・姫路市立美術館・平等院・広島平和記念資料館・風俗博物館・フォトオリジナル・福岡市博物館・福岡市美術館・ふくやま文学館・普賢院・藤田美術館・藤森武・文化庁・文京区立森鷗外記念館・文藝春秋・平凡社・平和祈念展示資料館・星野道夫事務所・北海道立近代美術館・ポニーキャニオン・毎日新聞社・松岡美術館・松山市立子規記念博物館・三木屋・三沢市寺山修司記念館・宮沢賢治記念館・妙心寺・明星大学図書館・本居宣長記念館・薬師寺・靖国神社・山寺芭蕉記念館・山梨県立文学館・湯木美術館・ユニフォトプレス・陽明文庫・横浜開港資料館・横山隆一記念まんが館・吉野石膏美術振興財団・よしもとクリエイティブ・エージェンシー・読売新聞社・立命館大学国際平和ミュージアム・両備文化振興財団 夢二郷土美術館・林風舎・冷泉家時雨亭文庫・霊友会妙一コレクション・早稲田大学坪内博士記念演劇博物館

▶**図版作製** 木村図芸社・第一クリエイツ

訂正情報配信サイト 36040-03
利用に際しては、一般に、通信料が発生します。

https://dg-w.jp/f/1f0b4

新訂総合国語便覧

1978年11月10日 初版 第１刷発行
2023年１月10日 改訂５版第１刷発行
2025年１月10日 改訂５版第３刷発行

編　者　第一学習社編集部
発行者　松本洋介
発行所　株式会社　第一学習社
印刷所　TOPPANクロレ株式会社

広　島：〒733-8521　広島市西区横川新町７番14号　☎082-234-6800
東　京：〒113-0021　東京都文京区本駒込５丁目16番７号　☎03-5834-2530
大　阪：〒564-0052　吹田市広芝町８番24号　☎06-6380-1391
札　幌：☎011-811-1848　仙　台：☎022-271-5313　新　潟：☎025-290-6077
つくば：☎029-853-1080　横　浜：☎045-953-6191　名古屋：☎052-769-1339
神　戸：☎078-937-0255　広　島：☎082-222-8565　福　岡：☎092-771-1651

書籍コード　36040―03　（落丁・乱丁本はおとりかえします。）

ISBN978-4-8040-3604-5　ホームページ　https://www.daiichi-g.co.jp/

旧国名・都道府県名対照図

＊陸奥は、もと東山道との境が明らかでなかったが、一八六八年（明治元）に、陸奥を磐城・岩代・陸前・陸中・陸奥とし、出羽を羽前・羽後に分けた。

----- 都道府県境界
―― 旧国境界

東山道

大 近江（滋賀）
上 美濃（岐阜）
下 飛驒（岐阜）
上 信濃（長野）
大 上野（群馬）
上 下野（栃木）
大 陸奥（青森・岩手・秋田・宮城・福島）
上 出羽（秋田・山形）

北陸道

中 若狭（福井）
大 越前（福井）
上 加賀（石川）
中 能登（石川）
上 越中（富山）
上 越後（新潟）
中 佐渡（新潟）

畿内

上 山城（京都）
大 大和（奈良）
大 河内（大阪）
下 和泉（大阪）
上 摂津（大阪・兵庫）

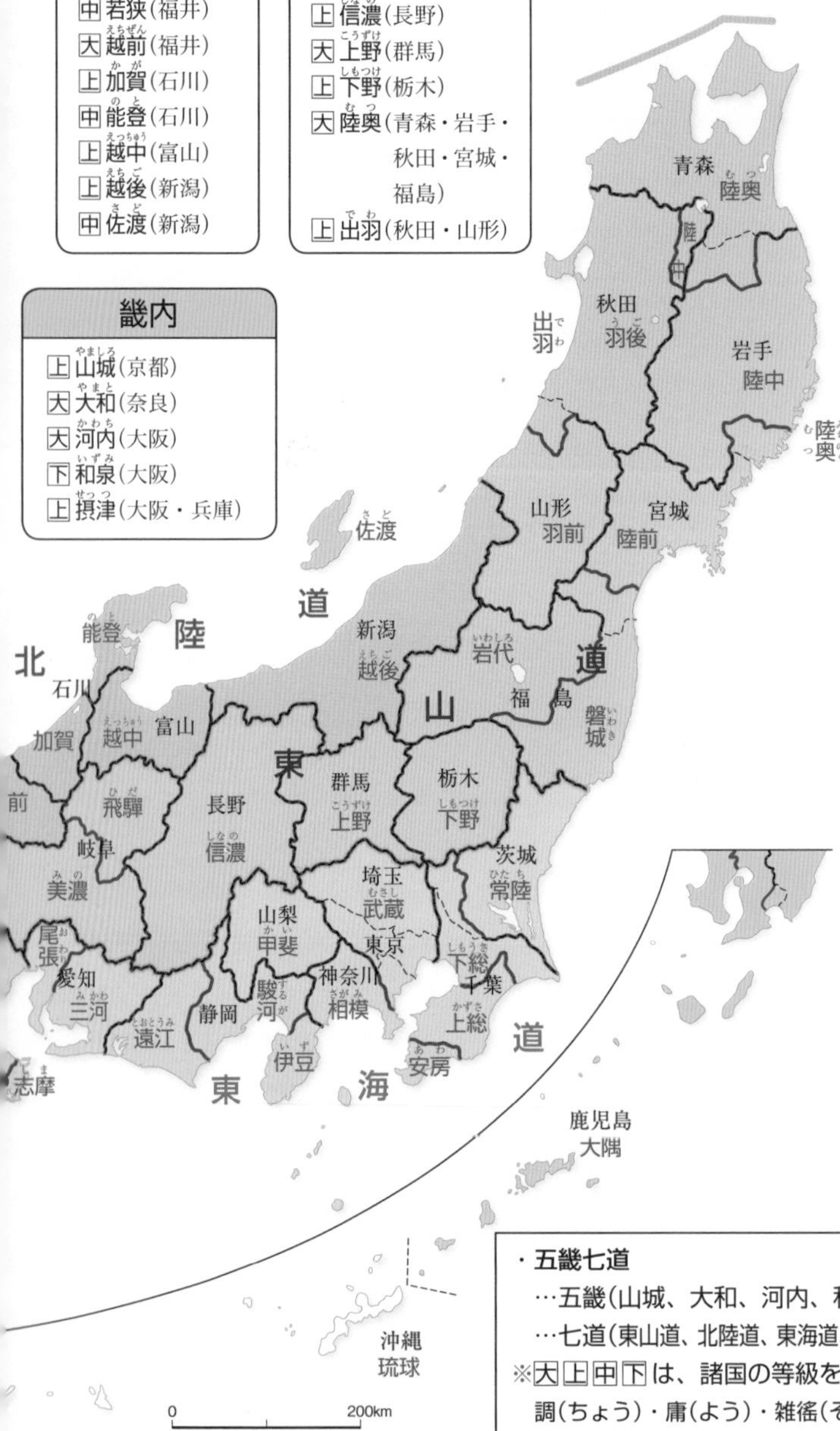

東海道

下 伊賀（三重）
大 伊勢（三重）
下 志摩（三重）
上 尾張（愛知）
上 三河（愛知）
上 遠江（静岡）
上 駿河（静岡）
下 伊豆（静岡・東京）
上 甲斐（山梨）
上 相模（神奈川）
大 武蔵（東京・埼玉・神奈川）
中 安房（千葉）
大 上総（千葉）
大 下総（千葉・茨城）
大 常陸（茨城）

・**五畿七道**

…五畿（山城、大和、河内、和泉、摂津）

…七道（東山道、北陸道、東海道、山陰道、山陽道、南海道、西海道）

※大上中下は、諸国の等級を表す。

調（ちょう）・庸（よう）・雑徭（ぞうよう）などの課役負担の数量を基準とする。

※大…大国。大和など13か国。　上…上国。山城など35か国。

中…中国。丹後など11か国。　下…下国。和泉など9か国。